JP/MB   # BIBLIOTHÈQVE NATIONALE

CABINET DES MANUSCRITS
LE CONSERVATEUR EN CHEF

COLLECTION H. de ROTHSCHILD

REGLEMENT

1. Les volumes de la Collection H. de ROTHSCHILD sont communiqués à la table de la Réserve des manuscrits, les mercredis et vendredis.

2. Aucun ouvrage relié ne peut être photographié, sous quelque prétexte que ce soit, sans l'autorisation du Conservateur en chef. La photographie est libre pour tout le reste.

J. PORCHER

CATALOGUE
DES LIVRES

DE LA BIBLIOTHÈQUE

DE M. LE BARON

JAMES DE ROTHSCHILD.

TOME PREMIER.

QUATRE CENTS EXEMPLAIRES NUMÉROTÉS

N° 245

CATALOGUE
DES LIVRES

COMPOSANT LA BIBLIOTHÈQUE
DE FEU M. LE BARON

JAMES DE ROTHSCHILD.

TOME PREMIER.

PARIS,
DAMASCÈNE MORGAND, LIBRAIRE,
55, PASSAGE DES PANORAMAS.

1884.

LE BARON
JAMES DE ROTHSCHILD

1844-1881

  Trois ans se sont écoulés depuis que la mort a ravi James de Rothschild, et son souvenir est encore si vivant en nous, le vide que sa perte a laissé dans notre existence est encore si profond, que ce n'est pas sans une bien douloureuse émotion que nous prenons la plume pour retracer en quelques mots une vie si noblement remplie. Peut-être eussions-nous réussi à hâter la publication, depuis si longtemps attendue, de ce catalogue, si nous n'avions reculé de jour en jour devant l'accomplissement de cette pénible tâche.

  Nathan-James-Édouard de Rothschild naquit à Paris le 28 octobre 1844. Il était fils du baron Nathaniel et de la baronne Charlotte de Rothschild. Il tenait de son père cet esprit droit et lucide, cette entente des affaires, cette mémoire prodigieuse qui ont fait l'étonnement de tous ceux qui l'ont connu. Quant à sa mère, qui occupe une place si distinguée dans la haute société parisienne, elle ne nous en voudra pas de dire qu'il lui devait par-dessus tout l'amour du beau.

De bonne heure le jeune James entra au lycée Bonaparte (aujourd'hui lycée Condorcet), et nul n'apporta plus de zèle ni de régularité dans ses études classiques. Ce fut sur les bancs du collège que nous eûmes la bonne fortune de nous lier avec lui. Nous pourrions dire le jour où commença cette liaison : ce fut au banquet de la Saint-Charlemagne de l'année 1859, et, depuis lors, elle n'a jamais cessé d'être intime ; elle n'a été rompue que par la mort !

James de Rothschild n'avait pas plus de douze ans qu'il commençait à se former une petite bibliothèque. Les livres étaient les seuls cadeaux qui lui fissent plaisir le jour des étrennes. A peine adolescent il se mit en relations avec M. Potier, le savant libraire dont la maison était le rendez-vous de tout ce que Paris comptait d'amateurs distingués. Ce n'étaient pas alors les productions du XVIIIe siècle, ni les ouvrages des romantiques que l'on recherchait avec passion ; la mode était aux classiques ; on s'intéressait même encore aux auteurs grecs et latins. James de Rothschild se familiarisa ainsi avec les livres sérieux, et, lorsqu'il se consacra plus spécialement à l'étude de nos vieux poètes et des grands écrivains du XVIIe siècle, il n'en conserva pas moins le respect des lettres anciennes.

En 1862, James de Rothschild quitta le lycée, laissant à ses maîtres et à ses camarades les plus excellents souvenirs. Il entra à l'école de droit, où beaucoup d'entre nous le suivirent. Après les cours, nous nous réunissions souvent chez lui, dans cet hôtel de la rue Taitbout qui disparut lors du percement de la rue La Fayette. Notre ami nous surprenait sans cesse par ses goûts simples et par son ardeur au travail. L'activité de son esprit lui permettait d'embrasser à la fois les recherches les plus diverses. Entraîné dans les conférences, alors en grande vogue parmi les jeunes gens, il s'y fit remarquer par le soin avec lequel il suivait toutes les questions qui y étaient discutées. Il publia en 1863 un *Essai sur les Satires de Mathurin Régnier*, dont il avait donné lecture à la Conférence du Rez-de-Chaussée. Cet essai, qu'il eût voulu plus tard refondre et développer, atteste déjà une véritable connaissance de notre ancienne poésie ; il est écrit de ce style clair et châtié que nous retrouvons dans tout ce qui est sorti de sa plume.

Bien qu'une partie de son temps fût consacrée à des lectures variées et, qu'il suivît avec une ponctualité exemplaire tous les cours de la faculté de droit, il voulut encore se familiariser avec la jurisprudence pratique. Il se fit clerc d'avoué, et fréquenta l'étude de Mᵉ de Brotonne. Ce ne fut pas là une fantaisie passagère. Il avait compris que la connaissance approfondie des lois et de la procédure lui serait d'un précieux secours dans le maniement des grandes affaires dont il était appelé à s'occuper un jour.

Après avoir passé dix mois de l'année dans un labeur assidu, il prenait généralement ses vacances en Italie, de préférence à Venise et, là, il visitait les musées et fouillait les boutiques des libraires. Il lui arriva plusieurs fois de sauver de la dispersion des collections précieuses. Ce fut ainsi qu'il conserva à l'Italie un millier de pièces, presque toutes italiennes, relatives à la bataille de Lépante. Cette réunion unique est aujourd'hui une des curiosités de la Bibliothèque Marcienne. Une autre fois, il se rendit acquéreur des archives de la famille Mocenigo ; il les offrit à la Bibliothèque de la Sorbonne.

Quand venait la fin des vacances, James reprenait ses études au jour dit. Le 9 août 1865, il fut reçu licencié en droit, et, le 14 novembre suivant, il prêta serment comme avocat stagiaire. Le 17 février 1866 il plaida pour la première fois à la cour d'assises, et, pendant trois ans il fut fréquemment appelé à prendre la parole devant les jurés. Mais les audiences criminelles n'étaient pas les seules qu'il suivît ; il plaida aussi diverses affaires devant la juridiction civile. L'étonnement de ses clients était grand quand ils se voyaient en présence d'un avocat qui ne réclamait pas d'honoraires et qui parfois ne les aidait pas moins de sa bourse que de ses conseils.

Entre les audiences, il assistait presque chaque semaine aux conférences des stagiaires ou à celles des attachés au parquet de la cour. Ce fut à l'une des réunions des attachés qu'il lut un mémoire intitulé : *De la naturalisation en France, sous la loi du 3 Décembre 1849, et des modifications introduites par la loi du* 29 *Juin* 1867. Ce mémoire fut imprimé au mois d'octobre 1867 dans la *Revue pratique de droit français*.

James de Rothschild se rappela toujours avec bonheur le temps qu'il avait passé au palais. Il avait conservé les plus cordiales relations, non seulement avec le jeune barreau, mais avec les avocats plus anciens, avec une foule de conseillers et de juges, qui avaient été unanimes à l'apprécier.

En dehors du palais, il ne négligeait aucune occasion de faire le bien. Choisi comme délégué cantonal pour le VIIIe arrondissement de Paris, il visitait les écoles, distribuait des encouragements aux maîtres et aux élèves ; il s'intéressait à la Société d'instruction élémentaire, à la Société protectrice de l'enfance, à la Société de patronage des jeunes détenus et à toutes les œuvres du même genre. Les établissements de bienfaisance israélites, dus pour la plupart à la munificence de sa famille, ne pouvaient le laisser indifférent ; il prodiguait à tous son argent et, chose plus rare, son temps et sa peine.

Une société à la fondation de laquelle James de Rothschild prit une part importante fut la Société de médecine légale, qui se constitua le 10 février 1868. Il fut nommé secrétaire des séances, tandis que la présidence était dévolue au Dr Alph. Devergie. Il exposa lui-même plusieurs affaires délicates, et ne cessa de prendre part aux travaux communs qu'après s'être convaincu que l'existence de la société était assurée et qu'elle pouvait se passer de son concours.

Au mois de février 1870, James de Rothschild perdit son père, le baron Nathaniel à qui l'unissait la plus tendre affection et qu'il avait toujours entouré des soins les plus touchants. Le premier usage qu'il fit de sa fortune fut d'honorer par une œuvre durable le souvenir de ce père bien-aimé.

En visitant les écoles israélites du Marais, il avait été frappé d'y voir un grand nombre d'enfants chétifs et débiles ; ce fut à ces enfants qu'il résolut de venir en aide. La ville de Paris avait récemment fondé à Berck-sur-Mer, sous le haut patronage de l'impératrice Eugénie, un hôpital destiné au traitement des jeunes scrofuleux par l'hydrothérapie maritime ; on y constatait déjà des cures merveilleuses ; il n'y avait qu'à suivre cet exemple, à créer dans des proportions réduites un établissement où les petits malades fussent reçus sans aucune de ces formalités administratives dont la lenteur pouvait compromettre leur guérison. Telle fut l'origine de l'hôpital Nathaniel de Rothschild.

Le commencement de l'année 1870 fut une époque laborieuse. James de Rothschild, qui jusque là n'avait pas voulu distraire une heure de ses études en s'occupant d'affaires financières, fut appelé à remplir dans le bureau de la rue Laffite l'importante place que la mort de son père y laissait vacante. Dès le premier jour ses aptitudes naturelles se révélèrent ; il devint pour ses oncles un précieux collaborateur. En même temps il fut nommé membre du comité de direction du chemin de fer du Nord, où ses talents d'administrateur, son horreur de la routine et sa sollicitude pour le personnel de la compagnie ne tardèrent pas à se montrer.

Quelques mois plus tard la guerre éclata entre la France et l'Allemagne. Le baron James, qui était né Anglais, mais qui, à sa majorité, avait réclamé la nationalité française, tint à remplir son devoir de citoyen. Il eût pu exciper de sa qualité de fils aîné de veuve et laisser à d'autres le soin de défendre la patrie ; il préféra s'enrôler dans un bataillon de marche et s'exposa volontairement à toutes les souffrances, à tous les dangers du siège de Paris. Sa noble conduite lui valut la médaille militaire, distinction dont il eût eu le droit d'être fier, mais dont il ne fit jamais parade. Nul ne se rappelle lui avoir entendu raconter ses campagnes ; par contre, ses camarades du régiment n'ont pas oublié les services qu'il leur rendit pendant ces longs mois où la famille Rothschild soulagea tant de misères.

A peine les portes de Paris furent-elles ouvertes que le baron James voulut avoir des nouvelles de son hôpital de Berck. Les travaux étaient fort avancés au moment de la déclaration de guerre, et les bâtiments, qui devaient recevoir des enfants, avaient donné asile à des soldats blessés ou convalescents. N'était-ce pas là une inauguration digne de cette belle œuvre ?

VI

Le voyage de James dans le Nord fut marqué par un triste accident. Il se cassa la jambe dans la gare de Boulogne, et dut rester dans cette ville jusqu'à guérison complète ; mais, par une juste compensation, un événement heureux marqua sa convalescence. Il célébra ses fiançailles avec sa cousine, Mlle Thérèse de Rothschild, de Francfort-sur-Mein, que les qualités les plus charmantes rendaient digne de devenir sa compagne. Le mariage fut célébré à Francfort le 18 octobre 1871.

James de Rothschild avait de tout temps aimé la vie calme et tranquille ; aussi le mariage ne changea-t-il guère ses habitudes. Il partageait ses journées entre sa famille, ses affaires et ses livres. Il avait peu de penchant pour les voyages et ne quittait guère Paris que pour faire de rapides excursions à Francfort ou à Londres. Les séjours qu'il fit en Angleterre furent toujours profitables soit à sa bibliothèque, soit à ses études favorites. Il était bien connu, non seulement chez les libraires de Piccadilly et de Bond-Street, mais encore au Musée Britannique, où il venait travailler avec ardeur dès qu'il pouvait s'échapper de la Cité.

Les autres déplacements auxquels le baron James se prêtait volontiers, c'étaient ses excursions en Médoc, où il visitait régulièrement sa propriété de Mouton. Là aussi il marqua son empreinte par une œuvre utile : la fondation d'une école et d'un asile.

Sa bienfaisance intelligente rendit son nom populaire dans tout le Médoc ; aussi un groupe important d'électeurs lui offrit-il dans le département de la Gironde une candidature législative qui eût probablement rallié tous les suffrages ; mais il n'avait pas d'ambition politique. Il ne comprenait pas qu'un professeur pût quitter sa chaire, qu'un savant s'éloignât de ses livres ou de son laboratoire, pour se lancer dans les luttes le plus souvent stériles des partis. Il repoussa donc les ouvertures qui lui étaient faites, et le triste spectacle que nos assemblées parlementaires ont offert depuis quelques années ne nous fait pas regretter qu'il n'ait pas eu le désir d'y siéger.

Nous avons dit que James de Rothschild rêvait une existence tranquille et ne se déplaçait qu'à regret. Le seul véritable voyage qu'il fit dans les dernières années de sa vie fut le voyage de Russie. Il se mit en route au mois de janvier 1874, avec son oncle le baron Edmond de Rothschild. Son absence se prolongea pendant plus de six semaines. Le grand pays qu'il visitait et dont il put contempler les splendeurs lors des fêtes données à la cour au moment du mariage de la grande duchesse Marie Alexandrovna avec le duc d'Édimbourg, l'intéressait à plus d'un point de vue. Il était bien aise d'étudier chez eux ces peuples slaves qui lui paraissaient appelés à jouer un grand rôle dans le monde; puis il se rappelait les relations que la Russie avait entretenues avec la France, surtout au XVIIIe siècle, et il était curieux de voir les collections réunies à l'Ermitage et dans les autres palais impériaux. Chaque jour il communiquait à sa femme ses impressions dans de charmantes lettres qui seront peut-être publiées un jour, et qui donneront une haute idée de son esprit et de son talent d'observateur.

Il avait espéré découvrir pendant son séjour en Russie quelques livres précieux apportés de France par les gentilshommes de la grande Catherine; il eut à cet égard une déception : il ne trouva pas un seul volume digne de lui; aussi se dédommagea-t-il, dès son retour à Paris, en se rendant acquéreur de la petite bibliothèque formée par M. Ernest Quentin-Bauchart.

En 1874 commença pour James de Rothschild la période de grande activité littéraire. Il s'occupait depuis longtemps d'une *Bibliographie des poésies anonymes du XVe et du XVIe siècle*; il laissa provisoirement de côté ce travail, qu'il pensait avoir l'occasion de compléter dans le cours de ses recherches ultérieures, et profita de la connaissance qu'il avait acquise de notre ancienne littérature pour reprendre avec M. A. de Montaiglon le *Recueil de Poésies françoises des XVe et XVIe siècles*, resté inachevé depuis 1865. Les tomes X, XI, XII et XIII de cette précieuse collection, qui parurent de 1875 à 1878, sont presque entièrement de lui. Ils contiennent 95 pièces puisées en grande partie dans sa propre bibliothèque, et accompagnées de notices érudites. Sentant bien qu'un recueil semblable ne peut rendre de réels services que grâce à des tables complètes, il entreprit de dresser un index détaillé des neuf volumes antérieurement publiés et de ceux auxquels il attacha son nom. Cet index existe ; peut-être serait-il déjà imprimé si les vicissitudes subies par la *Bibliothèque Elzévirienne* et la mort de M. P. Daffis n'avaient entravé bien des projets. Il était d'ailleurs nécessaire de soumettre le travail à une révision qui aurait encore exigé de longues veilles.

A l'année 1874 appartient également la fondation de la Société des anciens Textes français, qui se constitua définitivement le 15 avril 1875. James de Rothschild devint l'âme de cette société, qu'il aida de toutes les manières. Non seulement il lui recruta de nombreux adhérents parmi ses amis et les membres de sa famille, mais il entreprit pour elle une vaste publication dont il fit généreusement les frais, le *Mistère du viel Testament*, qui ne doit pas compter moins de six forts volumes in-8. M. Gaston Paris, dans un discours prononcé par lui le 21 décembre 1881, à la séance annuelle de la société dont il était alors le président, a rendu un digne hommage à la mémoire de celui que nous venions de perdre, et nous ne pouvons mieux faire que de reproduire ses paroles :

« Le baron James de Rothschild, mort à trente-six ans il y a quelques semaines, est, messieurs, le véritable fondateur de la Société des anciens Textes. C'est lui qui, en 1874, à Vichy, où j'avais eu l'honneur de faire sa connaissance, me dit un jour, après plusieurs entretiens où il m'avait surpris et charmé par l'étendue et la sûreté de ses connaissances autant que par la finesse de son esprit : « Pourquoi ne fonderiez-vous pas, vous, M. Paul Meyer et les autres savants qui s'intéressent au moyen-âge littéraire, une société des anciens Textes français, analogue à l'Early English Text Society ? » — « Nous y avons pensé plus d'une fois, lui répondis-je ; mais nous craignons un insuccès. Les affaires de ce genre ont un côté *temporel* qui nous est étranger et qui nous effraie. » Sa proposition me fit cependant réfléchir, et le lendemain je lui dis en l'abordant : « Eh bien ! la société dont vous me parliez hier, nous la fonderons si nous pouvons la présenter comme ayant pour trésorier le baron James de Rothschild. » — « J'y consens de grand cœur », dit-il aussitôt, et la société existait l'année suivante.

« Vous savez quel intérêt il a toujours porté à vos travaux, et quel précieux concours il nous a donné et valu. Qu'il fût un trésorier hors ligne, c'est ce qu'on pouvait attendre ; qu'il fût en même temps un donateur libéral, on n'en était pas non plus étonné ; mais ce qui surprit fort ceux qui ne le connaissaient que de nom, ce fut de trouver en lui un excellent éditeur de textes. Je ne parlerai pas ici des ouvrages qu'il a publiés ou commencés ailleurs, et qui auraient justement fondé la réputation d'un littérateur sérieux ; mais le *Mistère du viel Testament*, dont il a pu nous donner deux volumes, et dont la suite, grâce à la générosité de Mme la baronne James de Rothschild et à l'active amitié de M. Émile Picot, ne nous fera pas défaut, est une publication hors ligne. Pour les soins à donner au texte, le baron James étonnait parfois les éditeurs les plus diligents par la rigueur de sa méthode et la minutieuse exactitude de son travail ; pour le commentaire, il a montré une information que peu de savants auraient possédée au même degré. Vrai Français de cœur, et s'intéressant à la France de toutes les époques, surtout de celle qui termine le moyen-âge et ouvre les temps modernes, fidèle en même temps à la race dont son nom est une des gloires, il trouvait un attrait particulier à publier et à illustrer cette grande œuvre, où se reflète la manière dont les Français d'autrefois ont compris l'histoire d'Israël. Il y avait du reste conçu bien d'autres projets pour la société. Elle perd avec lui tout ce qu'elle pouvait en espérer, tout ce qu'elle s'en promettait légitimement pour une longue suite d'années. »

Bien que James de Rothschild eût spécialement porté ses investigations sur le XVe et le XVIe siècle, il ne négligeait pas l'étude des auteurs classiques du XVIIe siècle, dont il s'efforçait de réunir les ouvrages. Ce fut lui qui nous encouragea à publier la *Bibliographie Cornélienne*, et ce livre ne put être improvisé en aussi peu de temps que grâce à son active collaboration. Il eut aussi l'occasion de lire les gazettes rimées du temps de Louis XIV, et d'apprécier les renseignements qu'il était possible d'en tirer pour l'histoire littéraire. Il s'attacha dès lors à recueillir toutes les notes imprimées ou manuscrites de Loret et de ses continuateurs qu'il put rencontrer chez les particuliers. MM. Ravenel et Pelouze avaient commencé une réimpression de la *Muze historique* dont le tome Ier seul avait paru ; le baron James décida M. Daffis à se rendre acquéreur de l'édition et à charger M. Livet de l'achever. De son côté, il se donnait une tâche plus aride encore : il poursuivait dans toutes les bibliothèques publiques ou privées les gazettes publiées par les continuateurs de Loret. Il les fit copier, les classa et en constitua une série s'étendant de 1665 à 1689. Il ne se proposait pas de les imprimer avant d'avoir terminé les divers ouvrages qu'il avait entrepris ; mais, cédant aux instances de son ami M. Ludovic Halévy, il en mit sous presse le premier volume. Ce fut la dernière publication dont il put lui-même s'occuper.

Bien d'autres projets occupaient pourtant le baron James. Il se proposait d'achever l'édition des œuvres de Gringore, commencée en 1858 par MM. d'Héricault et de Montaiglon; son nom figure même sur le titre du second volume, publié en 1877, bien qu'il n'y eût pas travaillé ; sa collaboration devait commencer avec le tome III, et déjà il avait transcrit tous les poèmes du célèbre héraut d'armes qui devaient être réimprimés. Les chansonniers l'intéressaient également. Il en avait copié ou fait copier un grand nombre, qu'il devait annoter lui-même ou qui devaient paraître sous sa direction. Les *Noelz de Jehan Chaperon*, publiés par nous en 1879, étaient le premier volume d'une collection d'anciens chansonniers qui ne sera peut-être pas reprise.

Outre le *Viel Testament* bien d'autres mystères avaient attiré l'attention de James de Rothschild. Non content d'avoir réuni tous les ouvrages modernes consacrés à notre ancien théâtre, il fit copier les plus importants manuscrits conservés dans nos bibliothèques publiques. Il transcrivit lui-même le *Mistère de sainct Pierre et sainct Paul*, puis la *Vie de sainct*

Christofle composée par maître Anthoine Chevalet. Épris de ce dernier ouvrage qui renferme des parties si vivantes et si curieuses, il se proposait de le réimprimer en y joignant l'ancien *Mistère de sainct Christofle* déjà reproduit en 1833 par la société des Bibliophiles français.

Ces copies et bien d'autres encore, il les faisait de sa main ; c'était, disait-il, le meilleur moyen de lire, et, en effet, grâce à sa mémoire, il se rappelait les moindres détails d'un texte qu'il avait une fois transcrit.

En voyant ces énormes cahiers copiés par lui, on se demande comment James de Rothschild, absorbé par les affaires financières et par l'administration d'un chemin de fer, si occupé de ses livres et des mille soins matériels qu'entraîne la formation d'une grande bibliothèque, recevant tant de lettres auxquelles il était obligé de répondre, a pu suffire à de si nombreux travaux. C'est qu'il avait un ordre et une méthode inflexibles. Quand il avait entrepris un ouvrage quelconque, il n'eût voulu pour rien au monde laisser passer un seul jour sans y consacrer au moins quelques instants. S'il copiait un mystère, il ne se serait jamais couché sans avoir transcrit ne fût-ce que vingt ou trente vers, pour « sauver le principe ». Il avait sans doute relu bien des fois l'épître dans laquelle le vieux Jehan Bouchet insiste sur les résultats inattendus que peuvent produire quelques heures d'un labeur quotidien.

Nous ne mentionnerons plus qu'un seul projet de publication formé par James de Rothschild, celle des papiers de Rasse des Nœux, le médecin de Charles IX. Ces papiers, bien connus de ceux qui étudient l'histoire du protestantisme et celle des guerres de religion, contiennent une multitude de pièces satiriques, d'épigrammes, de chansons, etc., qui peuvent servir d'introduction au recueil de Pierre de L'Estoille. La copie de ce vaste répertoire est entièrement terminée, quant à l'impression, il ne fallait y songer que plus tard.

Nous arrivons à la dernière fondation du baron James, à la Société des études juives, qu'il organisa sur le modèle de la

Société des anciens Textes, et dont il fut élu président. Dès la séance constitutive du 10 novembre 1879, il montra la largeur de ses vues en faisant écarter des travaux qu'il proposait d'encourager toute œuvre de polémique ou même de simple édification. La société ne devait avoir d'autre but qu'un but scientifique ; les orientalistes de profession, aussi bien que ceux qui se livrent à des recherches historiques, pourraient en faire partie au même titre que les Israélistes eux-mêmes. Ces principes libéraux ont été féconds en résultats. La *Revue des études juives* a pris rang, dès ses débuts, parmi les publications les plus sérieuses et les plus estimables. Nul doute qu'elle ne contribue puissamment à développer chez nous le goût d'études trop longtemps négligées.

Tant de travaux divers avaient causé chez James de Rothschild une grande fatigue. Sa santé, dont il avait peu de soin, inquiétait souvent ses amis, qui eussent voulu lui voir prendre quelque repos ; ils étaient pourtant loin de supposer que le mal fût déjà si grave. Pendant l'été de 1881, le baron éprouva plus d'une fois des accidents congestifs d'une nature inquiétante ; à l'entrée de l'automne, ces accidents devinrent plus fréquents, et il fut emporté subitement le 25 octobre 1881 : il allait avoir trente sept ans !

Nous n'essaierons pas de peindre le deuil dans lequel ce coup inattendu jeta non-seulement sa famille et ses amis, mais tous ceux dont il avait été le bienfaiteur. On en eut la preuve dans le long défilé d'hommes de toute condition qui suivirent le convoi funèbre. Ses obsèques n'eurent pas d'autre pompe. Conformément à un désir souvent exprimé, aucun discours ne fut prononcé. Il avait voulu être simple jusqu'au bout.

Nous avons retracé les principaux événements de la vie de James de Rothschild ; mais nous n'en n'avons pas assez dit pour faire apprécier les excellentes qualités de son cœur. Le nombre de ceux qu'il obligea, soit parmi ses anciens camarades, soit parmi le personnel du chemin de fer du Nord, soit dans le monde des inconnus, est vraiment incalculable. Il n'aimait pas à donner d'une manière banale ; quand il s'intéressait à une infortune, il suivait ses protégés jusqu'à ce qu'il les eût vus hors du besoin. Sa munificence s'étendait particulièrement sur les libraires, les encolleurs, les relieurs : on eût dit qu'il leur était reconnaissant des jouissances que les livres lui procuraient. Nous ne dévoilerons pas ici les secrets de sa générosité ; aussi bien n'aimait-il pas à les divulguer. Nous-même, qui pendant des années avons eu avec lui un commerce de chaque jour, nous découvrons souvent des bienfaits qu'il nous avait cachés avec soin. Outre ce qu'il donnait lui-même, plusieurs de ses amis, ses anciens maîtres pour la plupart, étaient les distributeurs attitrés de ses aumônes. Le baron James suivait ainsi les traditions de sa famille, qui s'est toujours montrée aussi désireuse de faire le bien que de dissimuler la main qui donne. Son frère, le baron Arthur, qui coopéra toujours à ses bonnes œuvres, ne nous permettrait sans doute pas de dire quelle part il y a prise.

Nous voudrions avoir la compétence nécessaire pour rappeler les services rendus par James de Rothschild à la maison de banque dont il était l'associé ; tout ce que nous pouvons dire, c'est que la justesse de ses vues et son extrême prudence y furent constamment appréciées. Ainsi qu'il l'avait pensé, ses connaissances juridiques lui furent de la plus grande utilité et lui valurent des missions de la plus haute importance.

Nous avons plutôt à parler ici du bibliophile et, sur ce terrain, nous nous sentons plus à l'aise. Nous ne craignons pas d'affirmer qu'il n'y eut pas dans ce siècle un amateur plus délicat que le baron James. Sa collection, commencée vers 1856, ne prit un développement considérable qu'à partir de 1863. Il acheta lui-même, à la vente Double, les *Libri de re rustica*, aux armes de J.-A. de Thou, et l'exemplaire des *Œuvres et Meslanges poétiques d'Estienne Jodelle* qu'on croit avoir appartenu à la reine Marguerite de Valois. En 1864, à la vente d'Auteuil, il se fit adjuger un superbe exemplaire de l'*Atalanta fugiens*, de Michel Maier, relié en mosaïque pour Girardot de Préfond. Ce précieux volume fut le premier article d'une série unique de ces riches reliures exécutées pour les plus illustres bibliophiles du XVIIIe siècle. Dès lors, il n'y eut pas une vente marquante à laquelle il n'enlevât quelques morceaux importants. Il nous suffira de rappeler les ventes de Techener (1865), du prince Radziwill (1866), de Yemeniz (1867), de J.-Ch. Brunet (1868), du baron J. Pichon (1869), de M. L. Potier (1871-1872), de MM. Bordes, Perkins et Tufton (1873), de M. W. Tite (1874), de MM. Capron et Benzon (1875), de M. Lebeuf de Montgermont (1876), de M. R.-S. Turner (1878), de M. A.-F. Didot (1878, 1879 et 1881), du docteur Desbarreaux-Bernard (1879), du comte O. de Béhague (1880), du marquis de Ganay (1881), etc. Dans ces ventes, le baron James se contentait d'un petit nombre d'articles; mais il excellait à choisir, et c'est là surtout qu'il montrait la sûreté de son goût.

D'ailleurs, il n'était pas de ces bibliophiles qui dépensent de grosses sommes d'argent dans les enchères publiques, soit parce que la galerie les contemple, soit parce qu'ils espèrent ainsi retrouver plus facilement, en cas de revente, le prix qu'ils auront payé, et qui ne se décident qu'avec peine à faire une transaction amiable; il estimait au contraire que le vrai plaisir de l'amateur, c'est d'aller soi-même à la découverte. Les volumes les plus précieux peut-être de sa bibliothèque, il les avait acquis dans ses visites journalières à M. Potier, à M. Porquet, aux frères Tross, à MM. Morgand et Fatout. Ajoutons que ses trésors bibliographiques reçurent un accroissement notable à la mort de son grand'père, le baron de Rothschild, qui lui légua une collection unique de livres d'heures, de classiques et de dessins originaux, acquis pour la plupart aux ventes de Renouard et de La Bédoyère. La baronne douairière compléta cette dernière série en faisant acheter pour son petit-fils les dessins exécutés par Boucher pour les œuvres de Molière, suite admirable qui était la perle du cabinet formé par M. le baron Pichon.

Pendant dix ans, James de Rothschild exerça sur le marché des livres une sorte de suprématie. Il y avait des amateurs plus anciens que lui et dont les collections étaient encore plus importantes que la sienne; il n'y en avait pas de plus appliqué ni de plus soigneux. Sa mémoire lui permettait de reconnaître à des années d'intervalle les exemplaires qui lui étaient soumis; il possédait un véritable flair pour découvrir les restaurations ou les défauts que nul parfois n'avait remarqués avant lui, et, comme il croyait avoir le temps de compléter sa bibliothèque, il ne voulut jamais fixer son choix que sur des volumes irréprochables. Il se priva souvent de tel ou tel ouvrage qui l'aurait intéressé, parce qu'il n'en trouvait pas un bel exemplaire et qu'il ne voulait pas faire baisser le niveau de sa collection en y introduisant des choses médiocres.

Chaque jour, un peu après trois heures, le baron James quittait la rue Laffitte et se dirigeait vers le passage des Panoramas. Il venait s'asseoir dans la librairie de MM. Morgand et Fatout, où sa place était marquée, et où de nombreux amateurs faisaient cercle autour de lui, désireux d'entendre ses appréciations et de profiter de ses conseils. C'est là qu'on pouvait le mieux juger et de son érudition et de son esprit. Il n'avait pas, comme causeur, la timidité qu'il avait dû surmonter comme orateur; il trouvait sans cesse des mots heureux, qu'il lançait avec un fin sourire ; mais s'il connaissait la malice, il ignorait la méchanceté.

A quatre heures et demie, il regagnait son bureau; puis, après avoir expédié sa correspondance, il faisait une nouvelle séance chez M. Rouquette, dans le passage Choiseul. Il y retrouvait, à quelques exceptions près, les mêmes bibliophiles, auxquels venaient s'ajouter ceux qui ont voué un culte particulier aux romans et aux ouvrages illustrés du XIXe siècle. Il avait bien quelques épigrammes contre ces amateurs d'un genre nouveau : il tint un jour à leur montrer que, s'ils avaient révélé au monde l'importance des couvertures imprimées qui recouvrent les éditions originales des romantiques, ils n'avaient pourtant pas encore poussé la minutie à ses dernières limites : ils avaient, en effet, négligé de conserver à la postérité les inscriptions placées sur le dos des livres. Il venait d'acheter un exemplaire de la première édition des *Chansons* de Béranger, dans sa brochure primitive, en vilain papier jaune; ne voulant pas dépouiller le volume d'un aussi précieux habit, ni soustraire aux regards l'étiquette en papier blanc qui portait le titre, il fit faire en maroquin un élégant étui dans lequel il enchâssa le livre broché. Nous ne savons si la raillerie fut remarquée ; après tout, les amateurs de littérature moderne pouvaient s'en consoler en pensant que la baron James collectionnait, lui aussi, les œuvres des romantiques.

Dans ces conversations intimes, James de Rothschild avait sur les bibliophiles une influence incontestée et l'on peut dire que beaucoup ne le devinrent qu'à cause de lui. Les uns achetaient des livres parce qu'il le leur avait conseillé ; d'autres pour faire comme lui ; d'autres, peut-être, avec la secrète pensée de les lui revendre. Les livres une fois achetés, il fallait s'occuper de la reliure, et c'est alors qu'on le consultait de toute part. Il avait acquis sur l'art du relieur aux différentes époques les connaissances les plus sûres. Après avoir réuni de brillants spécimens de l'art ancien, il ne contribua pas peu au perfectionnement de l'art moderne. Ce fut lui qui mit en relief les rares qualités de M. Trautz. Cet excellent homme, victime d'une modestie excessive, était presque à la fin de sa carrière quand le baron James réussit à le faire ranger parmi les maîtres. Il publia dans le *Bulletin de la librairie Morgand et Fatout*, au mois de mai 1876, une notice dans laquelle il justifiait sa prédilection pour M. Trautz et décrivait en détail toutes les opérations par lesquelles un volume doit passer avant de prendre place sur les rayons d'un collectionneur délicat. Ce fut pour lui que le grand relieur exécuta ses œuvres les plus importantes, ses dentelles les plus riches et ses mosaïques les plus étincelantes. L'amateur était difficile, et l'artiste tâchait de se surpasser pour le satisfaire.

Après la mort de M. Trautz, le baron James sauva de la dispersion les dessins et les fers réunis dans l'atelier de la rue du Four, et veilla à ce que les traditions s'y maintinssent.

James de Rothschild devait ses succès de bibliophile moins à sa fortune qu'à la sûreté de son goût, et ce goût le guidait en toute chose. Ce ne sont pas seulement les livres de sa bibliothèque qui brillent par une qualité sans laquelle les autres ne sont rien, les objets d'arts acquis par lui, depuis le grand meuble en tapisserie du duc de Parme jusqu'au buste de Melle Dotinville par J.-J. Caffieri, peuvent être cités comme des objets exquis. Au sein d'une famille qui compte tant d'amateurs passionnés et de fins connaisseurs, aucune voix n'était plus écoutée que la sienne ; jamais une acquisition faite d'après ses conseils n'a causé de regrets.

Le baron James se montrait particulièrement sévère pour certains architectes contemporains qui font la leçon à Michel-Ange et s'enorgueillissent de rompre avec les traditions glorieuses des siècles passés. En voyant ces pauvretés qui coûtent des millions, il se prenait à regretter que l'amour des livres ne fût pas plus répandu ; il eût volontiers invité tel ou tel artiste en vogue à feuilleter avec lui les œuvres de Du Cerceau, de Bérain, de Meissonnier et de Delafosse. Quand le pic du démolisseur faisait tomber quelqu'une des merveilles de l'ancien Paris, il s'efforçait de sauver du naufrage les épaves les plus précieuses. C'est ainsi qu'il se rendit acquéreur des admirables boiseries exécutées pour la bibliothèque du roi sur les dessins de Robert de Cotte, lorsque M. Labrouste, les jugeant sans doute indignes de figurer dans un édifice construit sur ses plans, les fit vendre avec les matériaux de rebut. Il préserva de même de la destruction le joli fronton et la principale cheminée de l'hôtel Choiseul. Il avait surtout la passion des boiseries, et l'on en verra de superbes, tant dans son hôtel de l'avenue de Friedland que dans le château qu'il a fait construire près de Chantilly.

Tel fut James de Rothschild : à ceux qui l'ont connu de dire si nous exagérons son mérite ou si nous ne restons pas plutôt au-dessous. Jamais plus bel exemple ne fut donné, jamais homme ne trouva moyen en si peu d'années de se vouer à plus d'œuvres utiles. Ces œuvres heureusement ne périront pas avec lui ; grâce à l'inépuisable générosité de sa famille, elles ont, au contraire, reçu, en souvenir de lui, un nouveau développement. Malgré une santé délicate, la baronne James veille avec une piété touchante à l'exécution des volontés ou des désirs de son mari. Pendant ses séjours à Berck, elle prodigue à ses petits malades des soins maternels. Les résultats médicaux obtenus à l'hôpital Nathaniel de Rothschild sont supérieurs à ceux qu'on peut observer dans les autres établissements du même genre. On n'en sera pas surpris si l'on songe que les enfants y sont admis dès que la nécessité du traitement par l'air marin a été constaté. Ils n'ont pas à subir cette longue attente pendant laquelle le mal s'aggrave au point de devenir quelquefois incurable.

Quant à l'héritage littéraire de James de Rothschild, il a été remis entre nos mains. C'est à nous qu'incombe la lourde tâche de terminer les vastes publications qu'il avait entreprises et qui auraient suffi à remplir une vie entière. Nous nous sommes consacré de tout notre cœur et de toutes nos forces à l'accomplissement de ce devoir. Nous avons déjà publié les tomes III et IV du *Viel Testament* et le tome II des *Continuateur de Loret;* nous donnons aujourd'hui le tome I du Catalogue des livres rares et précieux réunis par le baron James. Ce travail, auquel nous avons été associé, mais auquel il a eu la part principale, ne porte que sur les articles choisis. Il n'y est fait aucune mention, ni d'une bibliothèque moderne composée de plus de vingt mille volumes, ni d'une collection de pièces historiques relatives au règne de Louis XIII, collection acquise à la mort de M. Pécard, et considérablement augmentée depuis.

Bien que toutes les divisions contiennent des livres importants, on verra que James de Rothschild avait surtout concentré ses recherches sur les productions de nos anciens poètes et sur la littérature française en général.

En dressant l'inventaire de ses richesses, il a tenu à consigner une foule d'observations que lui suggérait son expérience d'amateur, et qui seront sans nul doute utiles aux bibliographes de l'avenir. Au lieu de publier une simple nomenclature des livres qu'il avait groupés sur ses tablettes, il s'est proposé de faire une œuvre scientifique. Il a voulu que tous ses volumes fussent décrits avec une précision rigoureuse; il a supprimé toutes les attributions douteuses ou contestables. Il lui aurait été facile de se conformer à l'usage et d'attribuer toutes ses reliures anciennes aux Du Seuil, aux Padeloup et aux Derome; il a cru préférable de s'abstenir de toute attribution quand les livres ne portent pas de signature. Il a de même supprimé ces épithètes, chères aux faiseurs de catalogues, de

« bel exemplaire », de « rare » et de « précieux ». Ceux qui ont pénétré dans les deux cabinets de l'avenue de Friedland seront probablement d'avis que ces qualificatifs eussent été superflus. Ils ont été remplacés par des notices littéraires qui ne paraîtront peut-être pas sans intérêt, si l'on en juge par la peine qu'elles ont coûté. De nombreux fac-simile, obtenus à l'aide de la photographie, permettent de se faire une idée précise des impressions les plus rares, surtout de celles qui ne portent pas le nom du typographe qui les a exécutées. Elles devront servir à fixer l'origine de plus d'un volume curieux.

Le catalogue était déjà en grande partie rédigé lorsque la mort a frappé James de Rothschild. Il voulait qu'il fût entièrement composé en placards avant de commencer la révision des épreuves. Cette manière de procéder devait permettre d'y intercaler toutes les acquisitions faites au cours de l'impression; la correction et la mise en pages eussent pu s'opérer ensuite rapidement, et l'ouvrage eût été presque complet. Les évènements ont modifié le plan primitif. Nous n'avons pas cru devoir attendre que la rédaction et la composition du tome second fussent achevées pour donner au public le tome premier. La bibliothèque du baron James reste ce qu'elle était, en attendant que son fils soit en âge de la continuer ; il n'y avait donc pas à s'inquiéter des additions. Par contre, nous nous sommes astreint à revoir toutes les descriptions sur les originaux et à contrôler rigoureusement toutes les notices.

Nous avons apporté tous nos soins à cette tâche, et, si nous avons échoué, si l'ouvrage auquel James de Rothschild attachait le plus d'importance, n'est pas ce qu'il avait rêvé, qu'on ne s'en prenne qu'à notre incapacité de mieux faire ; qu'on ne nous accuse pas d'ingratitude ni d'indifférence envers sa mémoire.

Émile PICOT.

Paris, le 7 décembre 1884.

CATALOGUE
DES LIVRES

DE LA BIBLIOTHÈQUE
DE M. LE BARON JAMES DE ROTHSCHILD.

THÉOLOGIE.

I. — ÉCRITURE SAINTE.

1. — *Versions de la Bible et des livres séparés.*

1. BIBLIA SACRA, vulgatæ editionis, Sixti V. Pont. Max. authoritate recognita. Nunc vero jussu Cleri Gallicani denuo edita. *Parisiis, excudebat Antonius Vitré, Regis, & Cleri Gallicani Typographus. M. DC. LII* [1652]. 8 tomes en 10 vol. pet. in-8, mar. r., fil., comp., dos orné, tr. dor. (Anc. rel.)

> T. Ier (divisé en 2 parties) : 11 ff., y compris un front. gravé, tiré sur un f. séparé, et 758 pp. — T. IIe : 714 pp. et 1 f. pour la marque de Vitré. — T. IIIe : 622 pp. — T. IV^u : 648 pp. et 2 ff — T. V^e (divisé en 2 parties) : 780 pp. — T. VIe : 583 pp — T. VIIe : 480 pp. — T. VIIIe : 447 pp. et 28 ff. pour l'*Index*, l'*Hebraicorum*, *Chaldæorum*, *Græcorumque nominum Interprstatio* et l'indication du nom de l'imprimeur.
> Exemplaire de M. J.-CH. BRUNET (Cat., n° 4), provenant en dernier lieu de la bibliothèque de M. PASQUIER (Cat, 2^u partie, n° 2).
> M. Brunet attribuait la reliure à *Le Vasseur*, célèbre relieur, qui a exercé de 1650 à 1695.

2. LA BIBLE, || qui est || toute la Saincte || Escriture du Viel || & du Nouueau Testament : || Autrement || L'Ancienne & la Nouuelle Alliance. || Le tout reueu & conferé sur les Textes Hebrieux & Grecs par les || Pasteurs & Professeurs de l'Eglise de Geneue. || *A Geneue,* || *De l'Imprimerie de Matthieu Berjon.* || 1605. In-8 de 4 ff. lim., 412 ff. pour le *Vieil Testament*, 96 ff. pour les *Livres Apocryphes*, 130 ff. pour le *Nouveau Testament*, 2 ff. pour la *Table*. — LES CL. || PSEAVMES || DE DAVID mis en || Rime Françoise, ||

Par Clement Marot, & Theodore de Besze. || Auec la Forme des Prieres || ecclesiastiques, et la Maniere || d'administrer les Sacremens, & celebrer || le Mariage. || *A Geneue,* || *De l'Imprimerie de Matthieu Berjon.* || 1605. In-8 de 80 ff. n. chiffr. — Ensemble deux parties en un vol. in-8, mar. r. à comp. de mos., riche dor. à petits fers, tr. ciselée. (*Reliure des premières années du XVIIe siècle.*)

Éditions imprimées en très petits caractères. Les *Pseaumes* sont accompagnés des mélodies. Chaque partie porte sur le titre la marque suivante, qui manque au recueil de Silvestre :

Mathieu Berjon était frère de l'imprimeur parisien *Jean Berjon*; dès l'année 1598, il imprimait les *Commentarii in Genesim* de Jean Mercier (Biblioth. nat., A 1242).

3. LE PSEAVLTIER DE || DAVID, contenant || cent cinquante Pseaumes. || Auec les Cantiques : ausquels les || accens requis & necessaires pour bien prononcer chacun || mot, sont diligemment obseruez. || *A Paris,* || *Chez Iamet Mettayer Imprimeur du Roy,* || *deuant le College de Laon.* || M. D. LXXXVI [1586]. In-fol. de 6 ff. lim. et 235 pp., impr. en rouge et en noir, plus 1 f. blanc, v. br., comp., tr. dor. (*Anc. rel.*)

Texte latin des Psaumes.
Les plats de cette reliure sont décorés d'ornements à froid qui représentent des emblèmes funèbres : larmes, squelettes, bières, faux, sabliers, chandeliers, etc. Cet exemplaire passe pour avoir appartenu au roi HENRI III ; il provient des ventes SOLAR (Cat., n° 22) et DOUBLE (n° 335).

4. PSALTERIUM DAVIDIS, ad Exemplar Vaticanum Anni 1592 *Lugduni, apud Joh. et Dan. Elservirios Anno* 1653. Pet.

in-12 de 381 pp. et 1 f. blanc, mar. r., fil., dos orné, doublé de mar. r., dent., tr. dor. (*Anc. rel.*)

<small>Exemplaire de J.-J. DE BURE (Cat., n° 8), provenant en dernier lieu de la bibliothèque de M. PASQUIER (Cat., 2ᵉ partie, n° 5).
Haut. 122 mm.</small>

5. PSALMES || du Royal || Prophete Dauid. || Fidelemēt traduicts de Latin en Fran- || coys. Ausquelz est adiouxté son argu- || ment, & sommaire à chascun || particulierement. || *Chés Estienne Dolet à Lyon.* || 1542. || Auec priuileige du Roy. Pet. in-16 de 381 pp. mal chiffr. et 1 f., mar. br., comp., dos orné, doublé de mar. amar., fil., comp,. tr. dor. (*Trautz-Bauzonnet.*)

IV. 5.83

<small>Au titre, un bois qui représente David agenouillé devant Dieu. — Le dernier f. est blanc au r°. et contient au v° une petite marque de *Dolet* (Silvestre, n° 383), avec la devise : *Preserve moy, o seigneur, des calumnies des hommes.*
Ce petit volume, resté inconnu au biographe françois de Dolet, M. Boulmier, mais décrit au contraire dans l'ouvrage anglais de M. R. C. Christie (*Etienne Dolet*, 522, n° 44), contient une traduction en prose des *Psalmes* de David et des *Cantiques* « lesquelz on chante journellement aux eglises. » La traduction ne paraît pas être de Dolet lui-même, car celui-ci dans son avis *Au Lecteur* ne fait mention que des sommaires ajoutés par lui. Le recueil se termine (pp. 369-391) par un *Opuscule de sainct Athanase sur les Psalmes de David..., premièrement traduict de grec en latin par Politian, et de latin en françoys par Estienne Dolet.*
La pagination est des plus fautives (elle saute par exemple de 67 à 78), en sorte que la dernière p. est cotée 391.
Le volume ne contient aucun extrait du privilège.</small>

6. CALENDRIER || HISTORIAL || *A Lyon* || *Par Ian de Tournes.* || M. D. LXIII [1563]. In-8 de 16 ff. non chiffr., titre encadré. — LES || PSEAVMES || mis en rime Françoise, || Par || Cl. Marot, & Theodore de Beze. || *A' Lyon* || *Par Ian de Tournes.* || *Pour Antoine Vincent.* || M. D. LXIII [1563]. || Auec Priuilege du Roy. In-8 de 432 ff. non chiffr., sign. A-Z, Aa-Pp, a-q par 8, titre et texte encadrés, mus. — Ens. 2 part. en un vol. in-8.

II. 3.45

<small>Le *Calendrier*, imprimé en rouge et en noir, porte au titre la marque de J. de Tournes ; il est orné de douze jolies figures sur bois.
Le texte des *Pseaumes* est encadré d'ornements gravés sur bois avec une grande finesse. Ces encadrements avaient été précédemment employés par *Jean de Tournes* pour la *Métamorphose* d'Ovide (voy. le n° 406), et plusieurs représentent des sujets grotesques.
Le volume se termine par la *Forme des Prières ecclesiastiques*, et par la *Confession de foy faicte d'un commun accord par les Eglises qui sont dispersées en France, et s'abstiennent des idolatries papales.* Cette dernière partie est l'œuvre de CALVIN.
Les *Pseaumes*, complétés par le *Calendrier* et par la *Forme des Prières*, étaient le manuel liturgique des protestants, aussi est-il surprenant que le libraire *Antoine Vincent* ait obtenu un privilège du roi. Ce privilège, dont le texte occupe le f. Aij lui est accordé pour dix ans, à la date du 26 décembre 1561. Il s'applique aux « Pseaumes du prophète David,</small>

THÉOLOGIE.

traduicts selon la verité hebraïque, et mis en ryme françoise et bonne musique. »

Nous parlerons avec détail du *Calendrier historial* en décrivant une édition de ce petit livret datée de 1566. Voy. le n° 205.

7. LE PSEAUTIER DE DAVID. Traduit en François, Avec des Notes courtes, tirées de S. Augustin & des autres Peres. Dixiéme Edition. Corrigée & augmentée des Cantiques de l'Eglise, avec des Notes tirées des Saints Peres. *A Paris, Chez Elie Josset, ruë Saint Jacques à la Fleur-de-Lys d'or.* [*De l'Imprimerie de Pierre le Petit.*] M. DC. XCVIII. [1698.] In-12 de 4 ff. (y compris une fig.), 497 pp. et 5 ff. pour la *Table* et le catalogue du libraire, titre r. et n., mar. bl. jans., doublé de mar. r., dent., tr. dor. (*Anc. rel.*)

L'abbé Goujet dans le *Dictionnaire* de Moréri attribue cette traduction des Psaumes à Nic. Fontaine ; Barbier croit au contraire qu'elle est d'Antoine Le Maître, frère de M. de Sacy. On voit par le catalogue de *Josset* que le traducteur est en réalité le célèbre prédicateur NICOLAS LE TOURNEUX, né à Rouen en 1640, mort à Paris en 1686.

Le privilège, daté du 24 septembre 1695, est continué à *Josset* pour quinze ans.

8. LE NOUVEAU TESTAMENT de Notre Seigneur Jesus Christ, Traduict en François Selon l'edition Vulgate, avec les differences du Grec. *A Mons, Chez Gaspard Migeot, en la ruë de la Chaussée, à l'enseigne des trois Vertus.* M. DC.LXVII [1667]. Auec Priuilege & Approbation. — LES EPISTRES de S. Paul. Les Epistres canoniques. L'Apocalypse. *A Mons, etc.* — Ensemble 2 vol. in-12, mar. r., fil., dos ornés, doublés de mar. r., dent., tr. dor. (*Anc. rel.*)

Nouv. Test.: front. gravé par P. van Schuppen d'après De Champagne ; 22 ff. n. chiffr. 538 pp. et 4 ff. de *Table*. — *Epistres* : 462 pp. et 8 ff. pour la *Table* et les *Fautes à corriger*.

D'après une note ms. de Louis Racine, reproduite par Barbier, cette traduction est l'œuvre de MM. LOUIS-ISAAC LE MAISTRE DE SACY, ANTOINE ARNAULD, ANTOINE LE MAISTRE, PIERRE NICOLE et le duc DE LUYNES. Bien qu'elle eût obtenu l'approbation de l'archevêque de Cambrai, Gaspard Du Bois [Nemius], de l'évêque de Namur, Jean [de Wachtendonck], et du censeur des livres de l'Université de Louvain, Jacques Du Pont [Pontanus], l'archevêque de Paris la frappa d'interdit aussitôt qu'elle parut. Voici en quels termes en parle Robinet, dans sa *Lettre en vers à Madame* du 3 décembre 1667 :

Ledit grand prélat Perefixe,
Par un ordre solide et fixe,
Et, bref, emané de ses mains,
Defend à ses diocesains
D'acheter, ni lire, ni suivre
Du Port Royal un certain livre,
Où l'on croit avoir nullement
Traduit le *Nouveau Testament*,   *Imprimé à Mons.*
Quoy qu'on voye qu'avec emphase,
On n'ait fait qu'un beau paraphrase
Au lieu d'une traduction
De la naïve diction.

THÉOLOGIE. 5

Voy. Paquot, *Mémoires*, éd. in-fol., I, 174 ; Sainte-Beuve, *Port-Royal*, II, 359 ; VI, 226, etc., et Willems, *Les Elzevier*, n° 1389.
Édition originale, imprimée à *Amsterdam*, par *Daniel Elzevier*. Le privilège, dont un extrait est rapporté à la fin des ff. lim., est accordé par Charles II, roi de Castille, de Léon et d'Aragon, duc de Bourgogne et de Brabant, au libraire montois *Gaspard Migeot*, le 24 juillet 1666 ; il s'applique au *Nouveau Testament* « traduit du latin en françois par un docteur de la Sorbonne » ; la durée en est de six ans.
Exemplaire de M. J.-Ch. Brunet (Cat., n° 17) et de M. Lebeuf de Montgermont (n° 6).

9. Le Nouveau Testament de Nostre Seigneur Jesus-Christ. Traduit sur l'ancienne Edition Latine corrigée par le commandement du Pape Sixte V. Et publiée par l'autorité du Pape Clement VIII. Nouvelle Edition revûe & corrigée. Par le R. P. D. Amelote Prestre de l'Oratoire, Docteur en Theologie. *A Paris, Chez F. Muguet, Imprimeur ordinaire du Roy, & de M. l'Archevesque, ruë de la Harpe, à l'Adoration des trois Rois*. M. DC. LXVIII [1668]. Avec Approbation, & Privilege du Roy. 2 vol. pet. in-12, mar. r., fil., dos ornés, doublés de mar. r., dent., tr. dor. (*Anc. rel.*)

Nouveau Testament : front. gravé ; 42 ff. lim. et 552 pp. — *Epistres :* 314 et 126 pp. ; 7 ff. de *Table*.
Le P. Amelote fut chargé par l'assemblée du clergé de France de publier cette traduction. Il obtint un privilège en date du 24 mars 1665, mais ne put faire paraître son ouvrage qu'après celui de Port-Royal.

10. Iesvs Christ || Gvre Iavnaren || Testamentv || Berria. || Matth. XVII. || Haur da ene Seme maitea, ceinetan neure atseguin ona || hartzen baitut, huni beha çaquizquiote. || *Rochellan*. || *Pierre Hautin, Imprimiçale*. || 1571. 2 parties en un vol. in-8, mar. r., fil., dos orné, tr. dor. (*Anc. rel.*)

Traduction du Nouveau Testament en basque, à l'usage des protestants, par Jean de Liçarrague, de Briscous.
La première partie se compose de 20 ff. lim., 459 ff. chiffr. et 33 ff. non chiffr.
Les ff. lim. comprennent : le titre, qui est orné des armes de Jeanne d'Albret ; 6 ff. pour une dédicace du traducteur. « A tres illustre dame Jeanne d'Albret, roine de Navarre, dame souveraine de Bearn. etc. » (Cette dédicace, datée de la Rochelle le 22 août 1571, est écrite en françois et suivie d'une traduction basque) ; 13 ff. pour l'avertissement, le sommaire et la table (en basque).
La version de l'Apocalypse s'arrête au r° du f. 459 ; au v° de ce même f. commence la « Déclaration des noms propres hébreux et grecs qui se rencontrent dans le nouveau Testament » (*Testament Berrian diraden icen propri hebraico eta greco balzuén Declarationea*); ce lexique occupe le f. suivant.
Les 32 ff. non chiffr. qui viennent ensuite et qui terminent la seconde partie contiennent diverses tables ; le dernier f. est blanc.
La seconde partie compte 56 ff. non chiffr., signés *A-G* ; elle renferme :
1° La Forme des Prières ecclésiastiques (*Othoitza ecclesiasticoen Forma*), fol. Ai-Bvij ;

2° Le Cathéchisme (*Catechismea, cein erran nahi baita Jesus Christen doctrinán haourrén iracasteco formá....*) fol. Bviij-Fvj ;

3° La Confession de foi (*Jesus Christ gure jaunarem evangelioco Doctrina puraren araura vicitzeco desira duten franceséc consentimendu commun batez berén fedeaz eguin duten Confessionnea*), précédée d'un epître au roi (*Regueri*) en 2 ff., fol. Fvij-Gviij.

On trouvera le texte français de ces diverses pièces à la suite de la *Bible* imprimée par *Mathieu Berjon* à *Genève*, en 1605 (ci-dessus n° 2) et des *Pseaumes* imprimés par *Jean de Tournes*, à *Lyon*, en 1563 (n° 6).

Jean de Liçarrague nous apprend dans son epître à Jeanne d'Albret qu'il a été poussé à entreprendre cette traduction par « les exhortations vehementes de monsieur de Gramont (qui était alors lieutenant général de la reine), ensemble les frequentes sollicitations de messieurs de Belsunce et de Maharin. »

Notre exemplaire, qui porte au titre la signature de FRANÇOIS DE BEAUVAU, archevêque de Narbonne, mort en 1739, a passé plus tard dans la famille de Choiseul ; il provient d'une vente faite par M. Labitte au mois d'avril 1880 (Cat., n° 12).

Haut. 162 ; larg. 100 mm.

2. — *Histoires abrégées des Livres Saints. — Figures de la Bible.*

III. 7. 28

11. L'HISTOIRE DV VIEVX ET DV NOVVEAV TESTAMENT, Représentée avec des Figures & des Explications édifiantes, tirées des SS. PP. pour regler les mœurs dans toute sorte de conditions. Dediée à Monseigneur le Dauphin, par le Sieur de Royaumont, Prieur de Sombreval. *A Paris, Chez Pierre le Petit, Imprimeur & Libraire ordinaire du Roy, ruë S. Iacques, à la Croix d'Or*. M. DC. LXX [1670]. Avec Approbation & Privilege de sa Majesté. In-4 de 6 ff. lim. et 546 pp., plus 8 pp. chiffr. CCXCIX - CCVI entre les pp. 296-297, mar. r., doublé de mar. r., dent., tr. dor. (*Anc. rel.*)

On prétend que *Royaumont* n'est qu'un pseudonyme adopté par NICOLAS FONTAINE et LOUIS-ISAAC LE MAISTRE DE SACY.

Cet exemplaire, où l'on trouve toutes les remarques, notamment les deux figures de *Sébastien Le Clerc* (pp. 21 et 331), provient de M. le comte DE LA BÉDOYÈRE (Cat. 1837, n° 8) et de M. J.-CH. BRUNET (n° 20).

VI (bas). 1. 9-10

12. HISTOIRE DU VIEUX ET DU NOUVEAU TESTAMENT [par David Martin], Enrichie de plus de quatre cens Figures en Taille-Douce, &c. Avec Privilege de Nos Seigneurs les Etats de Hollande et de West-Frise. *A Amsterdam, Chez Pierre Mortier, Libraire* M. DCC [1700]. 2 vol. in-fol., mar. r. fil., tr. dor. (*Anc. rel.*)

Tome premier : 10 ff. lim. (y compris un front. gravé par *Gouwen*, d'après *O. Elliger*), 282 pp., 4 ff. de *Table*, plus 141 figg. — *Tome second* : 12 ff. lim (y compris un front. dessiné par *David Vander Plaes*, sans nom de graveur), 154 pp. 6 ff. et 20 pp. de *Table*, plus 73 figg. et 5 grandes cartes.

Les figures, dessinées par *O. Elliger* ou *Elgers* (94), *J. Goeree* (49),

Gerhard Hoet (2), Bernard Picard (25), Ph. Tiedeman (6), Jan Luycken (2), J. Tiedeman (1), D. Vander Plaes (8) et par divers anonymes (27), ont été gravées par Gouwen (11), J. Baptist (36), Milder (21), J. De Laeter ou Later (14), A. de Blois (12), Petting (1), Sylved (1), Hendrik Elant (7), J. Luycken (8), Andreas Reinhard (13), Sluyter (3), Vianne (1), C. Huyberts (10), Kaelwegh (4), Laurens Scherm (10), M. Pool (4), J. Goeree (4), G. Valck (1), Ph. Tiedeman (2) et divers autres anonymes (50). La planche n° 121 du tome Ier a été gravée par Baptist et Sluyter. Deux des cartes sont signées de J. van Luchtenburg.

Exemplaire en GRAND PAPIER, épreuves avant les clous, relié pour HILAIRE-BERNARD DE REQUELEYNE, BARON DE LONGEPIERRE, et portant ses insignes (la toison d'or) sur le dos et sur les plats de chaque volume.
De la bibliothèque de M. J.-CH. BRUNET (Cat., n° 22).

13. Histoire de l'ancien Tobie, et de son fils le jeune Tobie, contenant comme un bon Pere doit endoctriner son fils, et L'enfant craignant Dieu doit rendre obeissance à son Pere. L'Histoire de la vaillantise de la Veûve Judith. Le vertueux fait de la noble & honneste Dame Susanne, avec la Sentence du Jeune Prophete Daniel. Ensemble L'Histoire de la belle Reine Esther. *A Lille, Chez Gilles-Eustache Vroye, Imprimeur sur la Grand'Place. S. d. [vers* 1720], in-4 de 16 ff., impr. à 2 col. en caract. de civilité, vign. sur bois au titre, mar. bl. jans., tr. dor. (*Closs.*)

Spécimen des livrets populaires imprimés dans la Flandre française au siècle dernier. Ce volume a presque l'aspect d'une impression faite au XVIe siècle.

Gilles Eustache Vroye exerça de 1708 à 1753. Quand il mourut, sa fille obtint de M. de Sartines l'autorisation de terminer certains ouvrages dont il n'avait pu achever l'impression; parmi ces ouvrages est cité : « *Tobie*, lettres gothiques, comprenant 5 feuilles d'impression. » Voy. J. Houdoy, *Les Imprimeurs lillois* (Paris 1879, in-8), 123-125.

Exemplaire de HEBBELINCK (Cat., n° 43).

14. [LA VITA DE LA PRECIOSA VERGINE MARIA]. — Qui finisse la vita de la preciosa vergine Maria e del suo vnico || fiolo Iesu Christo benedecto. *Stampata in la inclita cita de Milano per* || *Petro Martiro de mantegatio. ad instantia de Maistro zoanne d' Le* || *gnano regnante lo excellentissimo principe sigonre* [sic] *Ludouico Sforza* || *vesconte Ducha de Milano. ne lanno del nostro signore Iesu christo.* || M.ccccxxxxviiij [1499]. *adi vltimo de luio.* In-4 goth. de 76 ff. n. chiffr. de 38 lignes à la page, sign. *i* par 4, *a-z* par 8, mar. citr., ornements de mosaïque, doublé de mar. r., dent., gardes de tabis (*Anc. rel.*)

Le texte n'est précédé d'aucun intitulé ; il commence au recto du f. i par ces mots : *Tavola de quelle cose che se conteneno in la vita del nostro signore Misere Jesu Christo e de la sua gloriosa vergine madona sancta Maria.*

Le f. a i r° est entouré d'un encadrement. — Au v° du dernier f. est placé un bois qui représente l'Assomption de la Vierge Ce bois est signé en gros caractères : *Joannis Pagani, Mediolanensis*.

Ce volume provient des bibliothèques de GAIGNAT, BRANCAS-LAURAGUAIS, GIRARDOT DE PRÉFOND, MAC-CARTHY (Cat. n° 653) et J.-J. DE BURE (n° 40). Acheté à la vente de ce dernier amateur par le libraire Boone, il est resté en Angleterre jusqu'en 1872, époque à laquelle il a été acquis à la vente de M. ANDREW B. KNOX (n° 302).

15. HISTORIARVM VETERIS || INSTRVMENTI ICO || NES ad uiuum expressæ. || Vnà cum breui, sed quoad fieri potuit, dilucida || earumdem expositione. || *Lugduni*, || *sub Scuto coloniensi* || M. D. XXXVIII [1538]. — [Au recto du dernier f., dans un cartouche :] *Excudebant Lugdu* || *ni Melchior et Gaspard Trechsel* || *fratres*. 1538. Pet. in-4 de 48 ff. non chiffr., sign. A-M, avec 92 figg. en bois, mar. br., doublé de mar. r., riches comp. à petits fers, tr. dor. *(Trautz-Bauzonnet.)*

Au titre, une marque des *Trechsel*, qui diffère de celle qu'a reproduite Brunet (V, 1691).

Au verso du titre, se trouve un avis de FRANÇOIS FRELLON au lecteur (FRANCISCUS FRELLAEUS Christiano lectoris.)

Les figures, gravées sur bois d'après *Holbein*, ne sont accompagnées que d'un texte latin. La plupart des auteurs attribuent l'exécution des gravures au célèbre *Hans Lützelburger*, dit *Franck*, que Passavant n'hésite pas à proclamer « le prince de tous les graveurs sur bois ».

Les quatre premiers bois sont empruntés aux *Simulachres et historiées Faces de la mort*.

Haut. 189 , larg. 133 mm.

16. ICONES || HISTORIA- || RVM VETERIS || TESTAMENTI. || Ad viuum expressæ, extremáque diligentia emenda- || tiores factæ, Gallicis in expositione homœo- || teleutis, ac versuum ordinibus (qui priùs || turbati, ac impares) suo nu- || mero restitutis. || *Lugduni*, || *Apud Ioannem Frellonium*, || 1547. In-4 de 52 ff. non chiffr., sign. A-N, avec 98 figg. sur bois, mar. r. jans., tr. dor. *(Trautz-Bauzonnet.)*

Au titre, une marque de *Jean Frellon*, semblable à celle que Silvestre reproduit sous le n° 399, sauf qu'elle est un peu plus petite et qu'elle n'est entourée que d'un triple cercle.

Au v° du titre est l'avis de FRANÇOIS FRELLON, qui, cette fois, s'appelle en latin FRANCISCUS FRELLONIUS. Le f. A 2 contient deux pièces latines et un distique grec de NICOLAS BOURBON de Vandœuvres. Ces vers sont d'une haute importance pour l'histoire du livre ; c'est en effet par Nicolas Bourbon que nous connaissons le nom de l'auteur des figures : *Hans Holbein*. Le f. A 3 est occupé par une pièce française de GILLES CORROZET « Aux Lecteurs ».

Le f. N 3 contient, au r°, un huitain de « l'Autheur », signé de la devise de Corrozet : *Plus que moins*, et, au v°, quatre médaillons représentant les évangélistes.

Le dernier f. porte, au r°, la souscription suivante: *Lugduni*, || *Excudebat Ioannes* || *Frellonius*, || 1547.

L'édition contient six figures de plus que la précédente, savoir : deux figures dans le corps de l'ouvrage, et les portraits des quatre évangélistes qui occupent le v° de l'avant-dernier f. Chaque planche est accompagnée du texte latin et d'un quatrain français de Corrozet.

Exemplaire de premier tirage (voy. Brunet, III, 253).

THÉOLOGIE. 9

II. — LITURGIE.

17. [Heures a l'usage de Rome]. —[A la fin :] *Ces presentes heures a lusage de Ro-* || *me furent acheuees a Paris pour Anthoi-* || *ne verard demourant sur le pont nostre-* || *dame a lenseigne sainct iehan leuangeli-* || *ste. le xxii. iour doctobre. Lan mil quatre* || *cens quatre vingtz et xviii* [1498]. Gr. in-4 goth. de 96 ff. n. chiffr., impr. en grosses lettres de forme, sign. *a-m*, mar. citr., fil., dos orné, tr. dor. (*Anc. rel.*)   I.3.21

<blockquote>
Ces Heures ne sont précédées d'aucun frontispice; elles commencent par un calendrier imprimé en rouge et en noir.
Le texte latin est suivi de prières françaises, dont deux sont en vers.

Voici l'indication des ces dernières :

1° Glorieuse vierge Marie,
A toy me rens et si te prie (fol. ki, v°);

2° Saincte vraie croix aorée,
Qui du corps Dieu fus aornée... (fol. kv, r°).

Cf. ci-après n° 21, fol. kv, r°.

Les figures sont au nombre de 16, savoir :

1° (fol. av, r°), saint Jean écrivant son évangile ; — 2° (fol. aviij, v°) l'Arbre de Jessé ; — 3° (fol. bi, r°), l'Annonciation ; — 4° (fol. dvj, r°). la Visitation ; — 5° (fol. ciij, v°), Marie et Joseph adorant l'enfant Jésus ; — 6° (fol. cvj, r°), l'Annonciation aux bergers ; — 7° (fol. cviij, v°), l'Adoration des mages ; — 8° (fol. diij, r°), la Présentation au Temple ; 9° (fol. dv, v°), la Fuite en Égypte ; — 10° (fol. ei, r°), le Couronnement de la Vierge, — 11° (fol. fij, r°), la Pénitence de David ; — 12° (fol. giij, v°), Job ; — 13° (fol ivj, r°), le Crucifiement ; — 14° (fol. iviij, r°). la Pentecôte ; — 15° (fol. kviij, r°), la Trinité ; — 16° (fol. lviij, r°), le Christ au jardin des Oliviers.

M. Brunet, qui décrit ce volume sous le n° 129, n'indique que 14 figures.

Exemplaire imprimé sur VÉLIN, provenant de la vente MAC-CARTHY (Cat. n° 265). Les figures sont enluminées au frotton, à l'aide du procédé particulièrement employé par *Vérard*. Le texte a été soigneusement rubriqué, et les marges d'un grand nombre de pages ont reçu des bordures entièrement exécutées à la main.
</blockquote>

18. [Heures a l'usaige de Romme]. — *Ces p̄sentes heures a lusaige de Rōme au long sans* || *requerir ont este faictes pour Simō vostre Libraire de-* || *mourant a Paris a la rue neuue nostre dame a lēseigne* || *saint Iehā leuangeliste. S. d.* [vers 1501], gr. in-4 goth. de 76 ff. n. chiffr., sign. *a-i* par 8, *k* par 4, figg. sur bois, mar. br., fil. et comp. à froid, doublé de vél. bl., tr. dor. (*Trautz-Bauzonnet.*)   II.1.24

<blockquote>
Au titre la marque de l'imprimeur *Philippe Pigouchet* (Brunet, V, 1539 ; Silvestre, n° 71).
Calendrier de 1501 à 1520.
Ces Heures, que M. Brunet n'a pas décrites, se terminent par des prières
</blockquote>

françaises ; elles sont ornées de 23 grandes figures et de 24 petites. Les pages sont toutes décorées d'encadrements, où l'on remarque l'histoire de Joseph, celle de Suzanne, celle de l'Enfant prodigue, la vie de Jésus-Christ, la Danse des morts, les Sibylles, etc.

Voici la description et le placement des grandes figures :

1º (fol. aij, rº), l'Homme anatomique ; — 2º (*ibid.*, vº), le Triomphe du Saint-Sacrement ; — 3º (fol. avj, rº), le Martyre de saint Jean ; — 4º (fol. aviij, rº), le Baiser de Judas ; — 5º (fol. biij, vº), l'Arbre de Jessé ; — 6º (fol. biiij, rº), l'Annonciation ; — 7º (fol. bviij, vº), la Visitation ; — 8º (fol. ciij, vº), le Crucifiement ; — 9º (fol. ciiij, vº), la Pentecôte ; — 10º (fol. cv, vº), Marie et Joseph adorant l'enfant Jésus ; 11º (fol cvij, vº), l'Adoration des bergers ; — 12º (fol. cviij, rº), l'Annonciation aux bergers ; — 13º (fol. dij, rº), l'Adoration des mages ; — 14º (fol. diiij, rº), la Présentation au temple ; — 15º (fol. dvj, rº), la Fuite en Égypte ; — 16º (fol. dviij, rº), la Mort de la Vierge ; — 17º (fol. eiiij, vº), la Mort d'Urie ; — 18º (fol ev, rº), David et Bethsabée ; — 19º (fol. fij, vº), le Jugement dernier ; — 20º (fol. fiij, rº), le Mauvais Riche ; — 21º (fol. gv, rº), le Triomphe de la Trinité ; — 22º (fol. gvj, vº), la Résurrection de Lazare ; — 23º (fol hvj, vº), la Messe de saint Grégoire.

Exemplaire imprimé sur VÉLIN.
Haut. 231, larg. 151 mm.

19. [HEURES A L'USAGE DE ROME]. — [A la fin :] *Ces presentes heures a lusage de Rome ont* || *este imprimees et acheuees A paris le cīquiesme* || *iour dapuril. Lā mil. cinq cēs ꝓ trois* [1504 n.s.]. *Par Ichā* || *pychore: ꝓRemy de laistre: demourāt au croissāt* || *en la grāt rue des carmes dessʸ la place maubert.* Gr. in-4 goth. de 95 ff. n. chiff. et 1 f. blanc, sign. A-M par 8, figg. et bordures gravées sur bois, mar. v., riches comp., dos orné, tr. dor. (*Anc. rel.*)

Au titre la marque de *Jehan Pychore* et *Remy de l'Aistre* (Brunet, V, 1666 ; Silvestre, nº 49).

Le texte latin des Heures est suivi de prières en français et de deux pièces en vers :

1º *Le Horloge de la Passion nostre sauveur et redempteur Jesuchrist* [par JEHAN QUENTIN] :

Cest(e) Hor[o]loge est de la Passion...

Voy. la note sur le nº 25 ci-après.

2º *Oraison tresdevote a nostre seigneur Jesuchrist :*

Mon createur, redempteur et vray pére...

Voy. les notes sur les nºˢ 25 et 22 (art. 9).

Le volume est orné de 15 figures dont voici la description et le placement :

1º (fol. Ai, vº), l'Homme anatomique ; — 2º (fol. Avj, rº), le Martyre de saint Jean ; — 3º (foi. Bi, rº), le Crucifiement ; — 4º (fol. Bv, rº), l'Annonciation ; — 5º (fol. Ciij, vº), les Prophètes du Christ ; — 6º (fol. Cviij, rº), le Crucifiement (répétition du nᵇ 3) ; — 7º (fol. Di, rº), la Pentecôte ; — 8º (fol. Dij, rº), Marie et Joseph adorant l'enfant Jésus ; — 9º (fol. Diiij, vº), l'Annonciation aux bergers ; — 10º (fol. Dvij, rº), l'Adoration des mages ; — 11º (fol. Ei, vº), la Présentation au temple ; — 12º (fol. Eiiij, rº), le Massacre des Innocents ; — 13º (fol. Eviij, rº), la Mort de la Vierge ; — 14º (fol. Fvij, rº), David et Urie ; — 15º (fol. Gvj, vº), la Résurrection de Lazare.

Toutes les pages sont ornées d'encadrements variés ; on y remarque l'histoire de Jésus et la vie de saint Jean Baptiste, accompagnées de vers français.

THÉOLOGIE.   11

Les bois et les encadrements sont tirés des Heures de *Simon Vostre*.
Exemplaire imprimé sur VÉLIN.

La reliure, qui est dorée en plein, offre un élégant assemblage de compartiments et de feuillages dans le goût du XVIe siècle. On lit sur les plats, au r[o] : ADRIAN DE LA RIVIÈRE, et au v[o] : CHEVALIER DE L'ORDRE DU ROY. SEIGNEUR DE CHEPY. Ce personnages, dont les armes sont peintes sur la garde du volume, était seigneur de Champlemy, de Chepy, d'Anthiol, de Souffin, etc., chevalier de l'ordre du roi et capitaine de cent lances ; il mourut, dit Moreri, en 1569.

Le volume provient de la bibliothèque du château de Saint-Ylie, dans le Jura, bibliothèque fondée en 1745 par J.-A. de Tesseau, évêque de Bellay et de Nevers, et dont la vente a eu lieu à Paris en 1869.

20. [HEURES A L'USAIGE DE REINS.] — *Ces presentes heures a lusaige de Reins tou* || *tes au long sans reqrir : auec les figures* ✢ *signes* || *de lapocalipse : la vie du sainct hõme thobie* / *et de* || *la bõne dame iudic* / *les accidēs de lhõme* / *le triũ-* || *phe de cesar* / *les miracles ñre dame : ont este faites* || *a Paris pour Symõ vostre libraire : demourant* || *a la rue neufue : pres la grant esglise. S. d.* [*vers* 1513], gr. in-4 goth. de 106 ff., sign. *a, b* par 8, *c* par 4, *d-k, ã, ẽ, ĩ* par 8, *õ* par 6, figg. sur bois, mar. br. jans., tr. dor. (*Trautz-Bauzonnet.*)

Au titre, la grande marque de *Simon Vostre* (Brunet V, 1585 ; Silvestre, n° 32).

Calendrier de 1513 à 1530.

Le r[o] du 2e f. est occupé par un petit bois de l'Homme anatomique.

Toutes les pages de ces Heures sont ornées d'encadrements variés, composés de petits sujets et de rinceaux dans le goût de la Renaissance. Le volume contient 14 grands bois, dont voici la description et le placement :

1[o] (fol. aviij, v[o]), Jésus renversant les idoles du temple ; — 2[o] (fol. biij, r[o]), le Baiser de Judas ; — 3[o] (fol. di, r[o]), l'Annonciation ; — 4[o] (fol. dv, r[o]), la Visitation : — 5[o] (fol. ei, r[o]), la Crèche ; — 6[o] (fol. eiij, v[o], l'Annonciation aux bergers ; — 7[o] (fol. evj, r[o]), l'Adoration des mages ; — 8[o] (fol. eviij, r[o]), la Présentation au temple ; — 9[o] (fol. fij, r[o]), la Fuite en Égypte ; — 10[o] (fol. fv, r[o]), le Couronnement de la Vierge ; — 11[o] (fol. fvij, r[o]), le Christ en croix ; — 12[o] (fol. gi, r[o]), la Pentecôte ; — 13[o] (fol. hi, r[o]), David jouant de la harpe ; — 14[o] (fol. iiij, r[o]), la Résurrection de Lazare.

Outre ces grands bois, le volume en contient dix de moyenne grandeur, savoir :

1[o] (fol. aij, r[o]), l'Homme anatomique ; — 2[o] (fol. ciiij, v[o]), l'Arbre de Jessé ; — 3[o] (fol. ev, v[o]), l'Adoration des bergers ; — 4[o] (fol. gviij, v[o]), la Mort d'Urie ; — 5[o] (fol. iij, v[o]), le Festin du mauvais Riche ; — 6[o] (fol. aiij, r[o]), l'Adoration des anges ; — 7[o] (fol. aiij, v[o]), saint Michel, — 8[o] (fol. aiiij, v[o]), l'Assomption de la Vierge ; — 9[o] (fol. avij, v[o]), sainte Catherine ; — 10[o] (fol. evij, v[o]), la Mise au tombeau.

Ces heures, qui contiennent des prières en latin et en français, se terminent par trois pièces en vers, savoir :

1[o] (fol. Iv, v[o]) :

Saincte vraye croix aourée
Qui du corps Dieu fut aornée...

2⁰ (fol. lvj, r⁰) :

    O royne qui fustes mise
        Et assise...

2⁰ (fol. lviij, v⁰) :

    A toy, royne de hault paraige,
    Dame du ciel et de la terre...

Ces trois pièces sont les mêmes que celles qui se trouvent à la fin des *Heures a l'usaige de Amiens* (voy. le n⁰ suivant).

21. [HEURES A L'USAIGE DE AMIENS]. — Les presentes heures a lusaige de Amiens || sont au long sans riens requerir : auec les mira- || cles nostre dame / ⨍ les figures de lapocalipse ⨍ de || la bible, ⨍ des triumphes de Cesar. S. l. n. d. [*Paris, pour Simon Vostre, vers* 1508], gr. in-4 goth. de 100 ff., figg. et encadrements gravés sur bois, sign. *a, b* par 8, *c* par 4, *d–h* par 8, *l* par 10, ã, ẽ, ĩ par 8, õ par 6, mar. r. jans., tr. dor. (*Thibaron et Joly*).

Au titre, la grande marque de *Simon Vostre* (Brunet, V, 1585 ; Silvestre, n⁰ 32), au-dessous de laquelle se trouvent les 4 lignes de l'intitulé, le tout placé dans des encadrements.

Au verso du titre *Almanach pour xxi ans* (de 1508 à 1528).

Le volume contient 15 bois occupant toute la page et placés de la manière suivante :

1⁰ (fol. aij, r⁰), l'Homme anatomique, au-dessus duquel est placé un fou tenant une marotte ; — 2⁰ (fol. aviij, v⁰), saint Jean l'Évangeliste ; 3⁰ (fol. biij, r⁰), le Baiser de Judas ; — 4⁰ (fol. di, r⁰), l'Annonciation (ce bois ne mesure que 184 mm. de haut et l'on a pu imprimer au-dessous 2 lignes de texte) ; — 5⁰ (fol. diiij, v⁰), la Visitation ; — 6⁰ (fol. dviij, v⁰), le Christ en croix ; — 7⁰ (fol. ei, v⁰), la Pentecôte ; — 8⁰ (fol. eij, v⁰), la Nativité ; — 9⁰ (fol. ev, r⁰), l'Annonciation aux bergers ; — 10⁰ (fol. evij, v⁰), l'Adoration des mages ; — 11⁰ (fol. fij, r⁰), la Circoncision ; — 12⁰ (fol. fiiij, v⁰), la Fuite en Égypte ; — 13⁰ (fol. fvij, v⁰), le Couronnement de la Vierge ; — 14⁰ (fol. gij, v⁰). David ; — 15⁰ (fol. hiij, v⁰), la Résurrection de Lazare.

Le volume contient en outre un certain nombre de bois plus petits ; toutes les pages sont décorées d'encadrements.

Ces Heures contiennent des prières en latin et en français. Elles se terminent par trois pièces en vers, savoir :

1⁰ *Oraison de la Croix* (fol. v, lv⁰) :

    Saincte vraye croix aorée,
    Qui du corps Dieu fut aornée...

Voy. ci-dessus le n⁰ 17, fol. kv, r⁰.

2⁰ [*Prière à la Vierge*] (fol. lvj, r⁰) :

    O royne qui fustes misse
        Et assise...

Cette pièce, que M. Kervyn de Lettenhove a insérée dans les *Œuvres de Georges Chastellain* (VIII, 293), tout en constatant que l'attribution était fort douteuse, se retrouve dans un ms. appartenant à l'abbaye de Westminster (voy. *Bull. de la Société des anciens Textes français*, 1875, 29) et elle a été imprimée séparément sous le titre de : *Oraison tresdevote a Nostre Dame* (s. l. n. d., pet. in-8 goth. de 4 ff., dont un exemplaire est conservé au Musée britannique, sous le n⁰ $\frac{11475.\ a}{7}$). Elle se confond probablement avec les

Oraisons tresdevotes a l'honneur de la tressacrée et glorieuse vierge Marie... composées par reverend père en Dieu monsieur l'evesque de Senlis [Guillaume Petit]. M. Brunet (IV, 199), cite de ces *Oraisons* une édition publiée par *Simon de Colines* vers 1540, mais elles avaient paru longtemps auparavant avec le *Viat de Salut* du même auteur (Brunet, IV, 393).

3° *Oraison de Nostre Dame fort devote et bien composée...* (fol. ōi, r°) :

A toy, royne de hault parage
Dame du ciel et de la terre...

Cette édition des *Heures* d'Amiens paraît être celle que M. Brunet cite sous le n° 77, mais dont il n'a pu voir lui-même aucun exemplaire.

Le corps du volume est orné d'initiales en couleur.

Haut. 227 ; larg. 151 mm.

22. [Heures a l'usage de Paris.] — [Au r° du 1ᵉʳ f., au-dessous de 9 lignes de texte :] *A la louenge de dieu de sa tressaincte et* || *glorieuse mere / et a ledification de tous bōs* || *catholiques furent commencees ces presen-* || *tes heures par le cōmandemēt du roy nostre* || *sire pour āthoyne verard libraire demourāt a* || *paris sur le pont nostre dame a lymage saint* || *iehan leuangeliste ou au palays au premier* || *pilier deuant la chapelle ou len chante la mes* || *se de messeigneurs les presidens. S. d.* [*vers* 1488], gr. in-4 goth. de 168 ff. non chiffr., figg. et encadrements gravés sur bois, mar. ol., comp., tr. dor. (*Rel. du XVIᵉ siècle.*)

Ces Heures, connues sous le nom de grandes Heures de Verard, diffèrent sensiblement de la description donnée au *Manuel du Libraire* (V, 1600, n° 118). Elles se composent de deux parties bien distinctes, savoir :

1° Introduction ; almanach pour vingt ans, de 1488 à 1508 ; calendrier ; extraits des évangiles en latin ; *Hore intemerate virginis Marie secundum usum Parisiensem* ; ensemble 78 ff. sign. *A* par 6, *B a b c* par 8, *d* par 10, *e* par 8, *f* par 10, *ā* par 8, *ē* par 4 (le vᵒ du dernier f. est blanc).

2° Prières diverses en latin et en français, 90 ff. sign. *p̄* par 8, *p̄ A* par 6, *B C A B C D E F* par 8, *G* par 6.

La seconde partie contient les sept psaumes de la pénitence (en français), l'*Office de Nostre Dame de Pitié* et une série de prières aux saints, intitulée : *Suffragia plurimorum sanctorum, quorum* [sic] *nos necesse est habere continuos apud Altissimum intercessores*.

Le volume est orné à toutes les pages de larges bordures divisées en quatre compartiments : trois le long des marges latérales extérieures et un à la marge inférieure. Ces compartiments contiennent un texte en vers français ou en latin.

Les figures, au nombre de 17, sont placées de la manière suivante :

1° (fol. Ai, v°), l'Auteur adorant la Trinité ; — 2° (fol. Bij, r°), Dieu séparant les élus des réprouvés ; — 3° (fol. ai, v°), la Création d'Ève ; — 4° (fol. aij, r°), le Procès de Paradis et l'Annonciation ; — 5° (fol. bij, r°), Joseph et Marie ; la Visitation ; — 6° (fol. bvj, r°), l'Adoration des bergers ; — 7° (fol. bviij, v°), répétition du bois précédent ; — 8° (fol. cij, v°), l'Adoration des Mages ; — 9° (fol. civ, v°), la Circoncision ; — 10° (fol. cvj, v°), le Massacre des Innocents ; — 11° (fol. di, r°), le Couronnement de la Vierge ; — 12° (fol. diij, r°), la Pénitence de David ; — 13° (fol. eiij, v°), Service funèbre dans une église ; — 14° (fol. aj, r°), un Roi faisant

THÉOLOGIE

pénitence ; — 15° (fol. av, r°), la Pentecôte ; — 16° (fol. aviij, v°), reproduction du n° 5 ; — 17° (fol. pi, r°), reproduction du n° 12.

La première figure est particulièrement curieuse. On voit dans la partie supérieure la Vierge et les trois personnes de la Trinité ; au-dessous est l'auteur, c'est-à-dire Verard lui-même, agenouillé, dans l'attitude de la prière. Dans le fond, on aperçoit à droite un roi, près de son palais, et à gauche ce même roi faisant abattre un arbre. Suivant la remarque de M. Renouvier (*Des gravures en bois dans les livres d'Anthoine Verard*, 16), ce dernier détail est une allusion au bois qui doit fournir les planches commandées à Vérard.

Les sept derniers cahiers (A-G) contiennent 185 petits bois qui représentent des saints.

Ce volume renferme un très grand nombre de pièces en vers français, insérées pour la plupart dans les bordures ; nous en donnons pour la première fois une notice détaillée :

1° (fol. Ai, r°), trois quatrains :

    A. Jesus soit en ma teste et mon entendement...
    B. Qui du tout son cueur met en Dieu...
    C. Tout bon, loyal et vaillant catholique...

2° (fol. Ai, v° - Aiij, r°), Ballade :

    Royne du ciel, mére du Dieu des dieux...
    Refr. Comme celle que l'en doit honorer.

3° (fol. Aiij, v° - Aiv, r°), deux strophes de huit vers :

    O roy du ciel, redempteur des humains,
    A jointes mains je te veuil requerir...

4° (fol. Av, r° - Bi, v°), six quatrains sur les mois. Voici le premier :

    .I. est mauvais et .XX. [et] .IIII.
    En janvier ; le quart de fevrier
    Et .XXV. sans plus rabattre.
    Ces quatre jours portent danger.

5° (fol. Bij, r° - Bvij, v°), douze strophes de 8 vers (la 7e est incomplète) :

    Protecteur des bons catholiques,
    Donne nous croire tellement ..

6° (fol. Bviij, r° - Ci, v°), Huitain :

    Ouvrez vos yeulx, incredules ingras...

7° (fol. ai, r°), Prière en trois quatrains :

    Mon createur, redempteur et vray pére,
    Verité, vie et la voye d'adresse...

Cette pièce se retrouve avec le nom de JEHAN QUENTIN, dans les *Hore beate Marie virginis*, imprimées par *Pierre Le Rouge*, en 1491 (fol. 94, v°) Voy. ci-dessous, le n° 25 ; voy. aussi le n° 19.

8° (fol. bvj r° - ciij, v°), Dits des Sibylles :

    Ung roy viendra,
    Qui court tiendra
    Imperiale...

Montaiglon et Rothschild, *Recueil de Poésies françoises*, XIII, 272-280. Le texte de Verard offre de très nombreuses variantes.

9° (fol. civ, r°), Prière à la Vierge :

    Thresoriére de charité,
    Regarde la fragilité...

10° (fol. civ, v°), Huitain à la Vierge :

    Tout ainsi que le soleil entre
    Par my la vitre sans offence..

11º (fol. cv, rº), Prière à la Vierge :

> O souveraine,
> De grace pleine,
> Ton hault nom bruit...

12º (fol. cv, vº - cvj, rº), Prière à la Vierge :

> Vierge, donne nous la prudence
> Qui fut en toy quant Gabriel .

13º (fol. cvj, vº), Prière à la Vierge ·

> O fragrant beauté,
> Bonté excellente...

14º (fol. cvij, rº et vº), Rondeau

> Je ne sçay cause plus certaine
> En toy que simple humilité...

15º (fol. cviij, rº), Prière en 7 vers :

> O noble roy, empereur triumphant,
> Prince excellent, hault et immensurable...

16º (fol. cviij, vº), Prière à la Vierge en 7 vers :

> O Vierge de Dieu preesleue,
> Cloistre divin, chambre angelique...

17º (fol. di, rº), Traduction de *Sum quod eram* :

> Tousjours suis ce que estre souloye ;
> Pas n'ostoye ce que je suis...

18º (fol. di, vº - dij rº), Rondeau :

> Veuillent ou non ces mauldits envieux,
> Je suis le filz a la vierge pucelle...

Ce rondeau est de frère GUILLAUME ALEXIS ; il se retrouve, sous son nom, dans un ms. de la Biblioth. nat. (franç., 2206, fol. 229).

19º (fol. dij, vº) Rondeau :

> Ou est creature qui sache
> Estimer la doleur amére...

20º (fol. diij, rº - div, rº), Prière à Dieu :

> O pére Dieu, qui de tes propres mains
> Feis et formas du monde la haultesse. .

21º (fol. div, vº), Sixain en vers batelés :

> Las ! que diront povres pecheurs coupables,
> Detestables, par leurs pechés dannables...

22º (fol. dv, rº) Prière à Dieu :

> Mon pére Dieu, ayez mercy de moy :
> C'est a toy seul que j'ay commis offence...

23º (fol. dv, vº - dvj, rº), Prière en deux huitains :

> Mon Dieu, escoute ma clameur
> Et exauce mon oraison...

24º (fol. dvj, vº - dvij, rº), Rondeau :

> Se recorder
> Veulx et garder...

25º (fol. dvij, vº - dx, vº), Prière à Dieu, aux anges et aux saints :

> Mon Dieu, mon Dieu, escoute mes complaintes,
> Mes grans douleurs et mes adversitez...

26º (fol. ei, rº), Sixain en vers batelés :

> O filz de Dieu, triple en unité,
> Ayez pitié du peuple crestien...

27º (fol. ei, vº), Prière en 7 vers :

> Juge immortel de toute creature,
> Hault plasmateur, regarde ton ouvrage...

THÉOLOGIE.

28° (fol. eij, r°), Prière en 7 vers :
>Sire Dieu, ta misericorde
>Est si grande et si plantureuse...

29° (fol. eij, v°-eiij, r°), Prière pour l'église militante et pour le roi :
>Vray Dieu, regnant en trinité,
>Par ta saincte grace puissante...

30° (fol. eiij, v°-eiv, r°), Douzain :
>Au val parfond, au centre de misére,
>Au puyz de dueil et de captivité...

31° (fol. eiv, v°-ev, r°), Rondeau :
>Mes maulx sont grans, mes vertus sont petites,
>Et si ung jour rendre compte me faut...

32° (fol. ev, v°-evj, v°), Rondeau :
>Je te requier pardon, pére celeste,
>Du grant peché et venimeux inceste...

33° (fol. evij, r°-eviij, v°), Lay :
>De pouldre suis premier tiré
>Et comme boe ensemble mis...

34° (fol. fi. r°), Septain :
>O corps humain de matére fragile,
>Qu'est ce toy ? Ce n'est que pourriture...

35° (fol. fi, v°-fij, v°), Lay :
>Homme nasqui du ventre maternel
>Moult a d'ennuy, de misére et de mal...

36° (fol. fiij, r°), Septain :
>Mon povre cueur est aussi noir que fer
>Pour la crainte que j'ay du jugement..

37° (fol. fiij, v°-fiv, r°), 2 Septains :
>J'ay souvent dit aux pourritures :
>Vous estes mes péres et méres...

38° (fol. fiv, v°), Sixain :
>Je congnois de vray sans doubter
>Que permis suis a tormenter...

39° (fol. fv, r° et v°. Douzain :
>Pour quoy fuz je tiré du ventre
>De ma mére premiérement...

40° (fol. fvj, r°), Rondeau :
>Prince du ciel, escoute ma priére,
>Veuilles avoir de moy compassion...

41° (fol. fvj, v°), Quatrain :
>Prions Dieu par devocion
>Qu'il doint aux vifz paix et concorde...

42° (fol. fvij, r° et v°), Paraphrase de la première strophe du *Dies irae* :
>O quel jour, quel jour, quel journée
>Que sera mon ame adjournée ..

43° (fol. fviij, r° et v°), Lay :
>J'ay dit au parmi de mon aage
>Par oultraige...

44° (fol. fviij, v°-fx, r°), Ballade :
>Juge de toutes creatures,
>Ayes en recordation...
>*Refr.* Ce que tu as fait de tes mains.

THÉOLOGIE. 17

45° (fol. fx, v°), Septain :
> O plain d'amour et de pitié,
> En qui tous bons ont esperance...

46° (fol. āi, r°-āiv, v°), Prière sur la Passion :
> Pére eternel, sapience immueble,
> Verité, vie et chemin de lyesse...

47° (fol. āv, r°-āviij, r°), Prière sur la Passion :
> Mon benoit Dieu, regnant en trinité
> Et unité, sans inequalité...

48° (fol. āviij, v°-ēij, v°), Poème sur la Vierge :
> On doit croire que Marie (la) pucelle
> Fut exempte de tache originelle...

49° (fol. ēiij, r° et v°), Prière à la Vierge :
> Royne du ciel, sur tous sainctz extollée
> Trosne d'honneur noble Vierge pudique...

50° (fol. ēiij, v°-ēiv, r°), Rondeau :
> O quel concep admiratif
> Ou le vray filz de Dieu le pére...

51° (fol. pi, r°-pij, r°), Prière en 24 vers :
> O createur de l'universel monde,
> Ma povre ame est troublée grandement...

52° (fol. pij, v°-pvj, v°), Chant royal :
> Je suis certain que les afflictions,
> Les sayettes, les persecutions...
> *Refr.* Misericorde a rigueur de justice.
> Misericorde doit preceder justice.

53° (fol. pvij, r° et v°), Rondeau :
> En tous mes faiz c'est mon oppinion
> De proposer la supplication...

54° (fol. pvij, v°-pij, r°), Ballade :
> O quel douleur, quel grant attricion
> Elle eust au cueur de la vendicion..
> *Refr.* O quel pitié, quel lamentacion.
> O quel confort, quel consolacion.

55° (fol. pij, v°-piv, r°), Prière à Dieu :
> O haulte et parfaicte bonté,
> Espoir de salut et la voie...

56° (fol. piv, v°), Prière à Dieu en 12 vers :
> Prince glorieux,
> Regnant sur les cyeulx...

57° (fol. Ai. r° et v°), Prière :
> Roy tout puissant, sire paterne,
> Clarté et splendide lucerne...

58° (fol. Aij, r°), Septain :
> O bon Jesus, pére tresdoulx,
> Qui voulustes pour les humains...

59° (fol Aij, v°), Huitain :
> Ou prendront les humains confort
> Que l'ennemy trouble si fort...

60° (fol. Aiij, r°-Aiv, v°), Prière à Dieu :
> Pére des cieulx, premier pére sans pére,
> De nul creé sans generacion...

61° (fol Av, r°), Neuvain :
> Mére de Dieu, Viergo benigne,
> Preesleue eternellement...

THÉOLOGIE.

62º (fol. Av, vº), Neuvain :
> Las ! comment pourray je finer,
> Moy, miserable creature...

63º (fol. Avj, rº et vº), Prière à la Vierge :
> O fontaine plaine de grace,
> Fontaine mondificative...

64º (fol. Avij - Biij, vº), Prière à la Vierge :
> Vray Dieu, ce n'est pas de merveille...
> Se ta móre est superlative...

65º (fol. Biv, rº - Bvj, rº), Ballade :
> Glorieuse Vierge pucelle,
> Qui de ta tressaincte mammelle...
>
> *Refr.* Et fut la plus belle des troys.

66º (fol. Bvj, rº), Quatrain :
> En aucun lieu
> N'y a plus belle...

67º (fol. Bvj, vº), Septain :
> Dieu tout puissant, souverain sire,
> Que sus tous autres adorons...

68º (fol. Bvij, rº - Bviij, vº), *Ave verum :*
> *Ave*, celuy que nous croyon
> *Verum* Dieu d'humaine nature...

69º (fol. Ci, rº), Septain :
> Pour tous ceulx qui sont tribulez,
> Mon Dieu, je te ferai requeste...

70º (fol. Ci, vº), Septain :
> Redempteur des povres pecheurs,
> Qui portas des peines assez...

71º (fol. Cij, rº et vº), Prière :
> O doulx Jesus, qui voulus en croix pendre
> Pour reparer celle premiére offence...

72º (fol. Ciij, rº - Cv, rº), Prière à la Vierge :
> O consolateure,
> Auxiliateure...

73º (fol. Cv, vº), Septain :
> Anges de Dieu, patriarches, prophétes,
> Apostoles, martirs et confesseurs...

74º (fol. Cvj, rº), Huitain :
> Je proteste que je vueil vivre
> Et mourir en ta saincte foy...

75º (fol. Cvj, vº), Septain :
> La saincte croix soit tousjours devant moy,
> La saincte croix soit ma protection...

76º (fol. Cvij, rº - Cviij, rº), Prière à Dieu :
> Mon Dieu, regnant en celique haultesse,
> Je te confesse, vray omnipotent pére...

77º (fol. Cviij, vº), Méditation sur la Passion :
> Corps humain prist
> En grant simplesse...

78º (fol. Ai, rº - Aij, rº), Prière à la Vierge :
> O lis luisant, fleur et fruit produisant,
> Doulx et plaisant, haultain et magnifique...

79º (fol. Aij, vº - Fviij, vº), Prières pour toutes les fêtes de l'année.

THÉOLOGIE.

Les prières, divisées en 93 strophes de diverses mesures, contiennent des invocations aux saints principaux du calendrier, depuis saint Rigobert (4 janvier) jusqu'à saint Sylvestre (31 décembre); elles commencent ainsi :
>Saint Rigobert, qui retires mainte ame
>De la flame...

Cette partie est de beaucoup la plus importante, non seulement par son développement, mais en raison des détails curieux qu'elle contient. On y trouve en effet l'indication de la plupart des maladies pour lesquelles on invoquait tel ou tel saint en particulier.

80° (fol. Gi, r° - Gij, v°), Ballade :
>O redempteur, o vray liberateur,
>Parfait pasteur, prudent et raisonnable...
>*Refr.* Quant pour nous prins en vierge humanité.

81° (fol. Giij, r° - Giv, v°), Ballade :
>Voyant Sathan que Crist en sa nature
>Estoit parfait sans qu'il peust percevoir...
>*Refr.* Le premier jour de ceste quarantaine.

82° (fol. Gv, r° - Gvj, r°), Paraphrase du *Credo* :
>Quicunque veult avoir salvacion,
>Il doit croire ung Dieu en trinité. .

83° (fol. Gvj, v°, dans le texte, au-dessous de la marque de *Verard*), Huitain :
>En la parfin de l'œuvre louer Dieu.
>Chascun de nous doit pour avoir sa grace...

84° (fol. Gvj, v°, dans la bordure) :
>Nobles François, regardez cest escu,
>En priant Dieu, se le bon roy de France
>Triumfamment a ce monde a vescu,
>Que si face Il toujours par abundance...

Cet exemplaire, imprimé sur VÉLIN, a fait partie de la bibliothèque des Carmes déchaussés de Charenton, qui l'avaient reçu, en 1632, de M. D'ALMERAS, comme on le voit par une note inscrite sur le titre. Il provient, en dernier lieu, des ventes PERKINS (Cat., n° 366), BENZON (n° 24) et SAUVAGE (n° 15).

23. OFFICE DE LA SEMAINE SAINTE. Latin et François, à l'usage de Rome et de Paris... *A Paris, Chez Nicolas Pepie, rue S. Jacques, à l'Image S. Basile, près la Fontaine S. Severin.* M.DCCXVI [1716]. Avec Approbation, & Privilege du Roy. In-8 de 5 ff. (y compris un front. gravé par *Bazin*), 662 pp. et 1 f., mar. citr., ornements de mosaïque, doublé de tabis, tr. dor. (*Anc. rel.*)

Exemplaire de dédicace, ayant appartenu à Françoise-Marie de Bourbon, dite Mlle DE BLOIS DUCHESSE D'ORLEANS, fille de Louis XIV et de Mme de Montespan, et femme du Régent. Les plats de la reliure portent les armes de la princesse exécutées en mosaïque et accompagnées de riches compartiments en maroquin de diverses couleurs.
De la bibliothèque de M. ODIOT.

24. L'OFFICE DU S. SACREMENT pour le jour de la Feste, et toute l'Octave... *A Paris, en la Boutique de Pierre le Petit. Chez Jean Villette, ruë S. Jacques à la Croix d'or.* M.DC.LXXXXIII [1693]. Avec Approbation & Privilege du Roy. 2 vol. in-12, mar. citr., tr. dor. (*Anc. rel.*)

Le dos et les plats de la reliure sont décorés des insignes de LONGEPIERRE.

25. HORE BEATE MA || RIE VIRGINIS ad || vsum ecclesie roma || ne || Qui en veult auoir on en treuue || A tres grant marche et bon pris || A la Rose en la rue neuue || De nostre dame de paris — [A la fin :] Ces p̃ntes heures || a lusaige de rome furẽt || acheuees le neufuies- || me iour de may Mil || CCCC quatre vĩgs || et xi [1491]. par pierre le rou- || ge libraire du roy pour || vincent cõmin demeu || rant a la rose en la rue || neufue deuant nostre || dame de paris. Gr. in-8 goth. de 98 ff. n. chiffr., impr. à 2 col., sans sign., figg. sur bois, v. br., comp., tr. dor. (Anc. rel.).

Calendrier de 1488 à 1508.

Ces Heures contiennent des prières en français et en latin. On trouve à la fin trois pièces de vers français, savoir :

1° (fol. 92, v°), *Horologe de la Passion nostre Seigneur, contenant xxiiij heures; composé par maistre* JEHAN QUENTIN :

Cest(e) horologe est de la Passion
De Jesucrist, qui le veult mediter...

Il existe diverses éditions séparées de ce poëme (voy. Brunet, IV, 1009) on le retrouve dans plusieurs livres d'heures, notamment dans celui de *Jehan Pychore et Remy de L'Aistre*, 1503, (voy. ci-dessus le n° 19).

2° (fol. 94, v°), *Priés pour Jehan Quentin* :

Mon createur, redempteur et vray pére
Verité, vie et la voye d'adresse...

Cette prière figure également dans les Heures de *Vérard* et de *Jehan Pychore* (voy. ci-dessus les n°s 22, art. 7, et 19).

3° (fol. 94, v°), *Les Honneurs de la Table* :

Sy tu veulx estre bien courtois
Garde ces régles en françois...

Cette petite pièce est probablement du même auteur.

Le volume est orné de 29 grandes et 29 petites figures peintes avec une grande perfection. Les marges, restées blanches à l'impression, sont enrichies de bordures exécutées en or et en couleur avec autant de soin que dans les mss. du XVe siècle.

Voici le placement et la description des 29 grandes figures :

1° (fol. 1, v°) l'Homme anatomique ; — 2° (fol. 9, r°), Dieu le père ; 3° (fol. 14, v°), le Christ en croix ; — 4° (fol. 16, v°), l'Annonciation ; au-dessous, les prophètes du Christ ; — 5° (fol. 17, r°), le Mariage de la Vierge ; — 6° (fol. 21, v°), Marie et Joseph en prière devant l'enfant Jésus ; au-dessous, les prophètes du Christ ; — 7° (fol. 22, r°), la Visitation ; — 8° (fol. 26, v°), la Crèche ; au-dessous, les prophètes du Christ ; — 9° (fol. 27, r°), l'Annonciation aux bergers ; — 10° (fol. 29, v°), l'Enfance de Jésus ; au-dessous, les prophètes du Christ ; — 11° (fol. 30, r°), l'Adoration de Marie et de Joseph ; — 12° (fol. 31, v°), la Fuite en Égypte ; au-dessous, les prophètes du Christ ; — 13° (fol. 32, r°), l'Adoration des mages ; — 14° (fol. 33, v°), la Vierge et les prophètes du Christ ; — 15° (fol. 34, r°), la Présentation au temple ; — 16° (fol. 35, v°), Scène de la Passion ; au-dessous, les prophètes du Christ ; —17° (fol. 36, r°), la Fuite en Égypte ; — 18° (fol. 41, v°), Scène de la Passion ; au-dessous, les prophètes du Christ ; — 19° (fol. 42, r°), le Couronnement de la Vierge ; — 20° (fol. 54, v°), Scène de la Passion ; au-dessous, les prophètes du Christ ; — 21° (fol. 55, r°), David et Goliath ; — 22° (fol. 63, r°), la Résurrection ; au-dessous, les prophètes du Christ ; — 23° (fol. 63, v⁰), Chasse au faucon ; — 24⁰ (fol. 64 . r⁰), les trois Morts ; — 25⁰ (fol. 66, v⁰), le Ciel et l'Enfer; — 26⁰ (fol. 78, v⁰), le Christ en croix, au-dessous, les prophètes du Christ ; — 27⁰ (fol. 79, r⁰), le Christ en croix ; — 28⁰ (fol. 80, v⁰), un Roi en prière devant la Vierge ; au-dessous, les prophètes du Christ ; — 29⁰ (fol. 81, r⁰), la Pentecôte.

Les figures où sont représentés les prophètes du Christ sont divisées en compartiments ; elles offrent un grand intérêt pour l'étude des traditions religieuses.

Exemplaire imprimé sur VÉLIN.

Les bordures peintes sont toutes différentes ; quatre d'entre elles (fol. 42 r⁰, 54 v⁰, 76 r⁰ et v⁰) sont formées par des banderoles, dans lesquelles on lit le nom de MAISTRE GUILLAUME DE NORRY, pour qui les Heures ont dû être enluminées.

La reliure, qui date du XVIᵉ siècle, porte sur les plats le nom de JEHANNE CHUBY.

26. HORE INTEMERATE VIRGINIS MARIE secundū ‖ vsum Romanum cum pluribus oratiōibus ‖ tam in gallico q̄ in latino. — [A la fin :] *Ces presentes heures a lusaige de Rōme ‖ furent acheuees le premier iour de Decembre ‖ Lan Mil cinq cens ⸮ deux* [1502]. *Par Thielman ‖ Keruer imprimeur : et libraire iure de l'uniuer- ‖ site de Paris / pour Gillet Remacle libraire : ‖ demourant sur le pont sainct Michel a lensei- ‖ gne de la Licorne.* In-4 goth. de 96 ff. n. chiffr., sign. A-M par 8, rel. en velours r., tr. dor.

Au titre la marque de *Thielman Kerver* (Brunet, V, 1616; Silvestre. n⁰ 50). Calendrier de 1497 à 1520.

Ces Heures, ornées à chaque page d'encadrements variés, contiennent 19 figures, savoir :

1⁰ (fol. Ai, v⁰), l'Homme anatomique; — 2⁰ (fol. Aviij, r⁰), le Martyre de saint Jean ; — 3⁰ (fol. Biij, r⁰), le Baiser de Judas ; — 4⁰ (fol. Bvij, v⁰), l'Arbre de Jessé; — 5⁰ (fol. Bviij, r⁰), l'Annonciation; — 6⁰ (fol. Cvj. r⁰), la Visitation ; — 7⁰ (fol. Dij, r⁰), la Crèche ; — 8⁰ (fol. Diij, r⁰), l'Annonciation aux bergers ; — 9⁰ (fol. Dv, r⁰), l'Adoration des mages, — 10⁰ (fol. Dvj, v⁰), la Présentation au temple ; — 11⁰ (fol. Dvij, r⁰), la Fuite en Egypte ; — 12⁰ (fol. Eij, r⁰), le Couronnement de la Vierge; — 13⁰ (fol. Evij, v⁰), David et Bethsabée ; — 14⁰ (fol. Fvij, v⁰), le Triomphe de la Mort ; — 15⁰ (fol. Hij, r⁰), le Crucifiement; — 16⁰ (fol. Hiiij, r⁰), la Pentecôte ; — 17⁰ (fol. Hv, r⁰), la Trinité; — 18⁰ (fol. Kvj, v⁰), le Triomphe de la Vierge ; — 19⁰ (fol. Lij, v⁰), le Christ entouré des instruments de la Passion.

Exemplaire imprimé sur VÉLIN. Lettres rubriquées.
Haut. 206 ; larg. 140 mm.

27. ❡ HORE DIVE VIRGINIS MARIE scdm verum vsum Roma- ‖ num cum aliis multis folio sequenti notatis : characteri- ‖ bus suis diligentius impresse Per Thielmannū keruer. — ❡ *Finit officiū beate marie vginis secd'm usu₃ ‖ Romanū cū missa eiusdē : & septē psalmis pe ‖ nitētialib⁹: cum officio mortuorū / sclē crucis ‖ & sclī spūs : vna cū horis conceptionis beate ‖ marie virgīsa : tq₃* [sic] *sclē*

THÉOLOGIE.

barbare : necnõ oratōi || *bus sctī Gregorii* | *& alioru̇ sctōru̇ suffragiis* || *Impssu̇ Parisiis Anno dñi Millesimo qṅgē* || *tesimoquarto* [1504] .*vi. kalendas Augusti. Opera* || *Thielmāni keruer. Venaleq3 est supra ponlē* || *sctī Michaelis in intersignio Vnicornis.* In-8 de 104 ff. n. chiffr., impr. en lettres rondes, en rouge et en noir, sign. *A-M* et *M* par 8, figg. et encadrements gravés sur bois, mar. br., comp. à froid, tr. dor. (*Capé.*)

Au titre la marque de *Thielman Kerver* (Brunet, V, 1616 ; Silvestre, n° 50).
Almanach de 1487 (*lis.* 1497) à 1520.

Ces Heures sont ornées de 18 grandes figures, savoir :

1° (fol. Ai , v°), l'Homme anatomique ; — 2° (fol. Biij, v°), le Baiser de Judas ; — 3° (Bviij, v°), l'Arbre de Jessé ; — 4° (fol. Ci, r°), l'Annonciation ; — 5° (fol. Cviij, v°), la Visitation ; — 6° (fol. Dv, r°), la Crèche ; — 7° (fol. Dvij, r°), l'Annonciation aux bergers ; — 8° (fol. Ei, r°), l'Adoration des mages ; — 9° (fol. Ejij, r°), la Présentation au temple ; — 10° (fol. Ev, r°), la Fuite en Égypte ; — 11° (fol. Eviij, r°), le Couronnement de la Vierge ; — 12° (fol. Giiij, r°), David et Bethsabée ; — 13° (fol. Hiiij,v°), le Triomphe de la Mort ; — 14° (fol. Kiiij, v°), le Crucifiement ; — 15° (fol. Kvj, v°), la Pentecôte ; — 16° (fol. Kviij, v°), la Vierge au milieu de ses attributs ; — 17° (fol. Lvj, v°), la Trinité ; — 18° (fol. Mi, v°), le Christ au milieu des instruments de la Passion.

Le texte contient en outre un certain nombre de petits bois.
Les encadrements, variés à chaque page, renferment des versets de la Bible, et des Évangiles tirés en rouge.

28. HORAE, IN LAVDEM BEATISS. SEMPER || VIRGINIS MARIAE secundum con || suetudinem curiæ Romanæ : vbi or- || thográphia, puncta, & accentus suis || locis habentur. || *Parisiis, apud Magistrum Go-* || *tofredum Torinũ Bituricum. Ad in-* || *signe, vasis effracti, in via Iacobœa.* || *Gallice* || *Au pot casse, en la rue sainct Iaques.* — [In fine :] *Excudebat Simon Coli-* || *nœus Parisiis e regio-* || *ne scholarum Decre-* || *torum : anno a Chri-* || *sti Iesu natiuitate M.* || *D. XXV* [1526 n. s.]. *XVII. Cal. Febr.* In-4 de 152 ff. n. chiffr., sign. *A-T*, car. rom., figg. et encadrements gravés sur bois, v. br., comp., tr. dor., fermoirs. (*Rel. du temps.*)

Au titre, la marque de *Geofroy Tory*. Cette marque, réduction de celle qui a été reproduite par Silvestre (n° 356), est accompagnée des devises : *Menti bonae Deus occurrit* et *Non plus*.
Calendrier de 1523 à 1551.
Ce volume est orné de 13 grandes figures gravées par *Tory* ; les pages sont entourées d'élégantes arabesques, au milieu desquelles figurent à diverses reprises la Salamandre et le chiffre de François 1er, le chiffre de la reine Claude, etc. On trouvera une description minutieuse des figures dans l'ouvrage de M. Auguste Bernard : *Geofroy Tory, peintre et graveur, premier imprimeur royal* (2° édition ; Paris, 1865, in-8), 147-153.
La reliure, décorée d'ornements qui semblent avoir été dessinés par *Tory*

lui-même, porte la devise d'ESTIENNE DOLET, à qui le livre a appartenu. On lit sur le premier plat : *Domine, redime me a calumniis hominum, ut custodiam mandata tua*, et sur le second : *Domine, justicia tua justicia in eternum, et lex tua veritas*.

On a joint au volume une note ms. de M. Paul Lacroix, ainsi conçue :

« Ce livre d'heures, ce beau livre, que tout véritable bibliophile ne saurait voir sans émotion, ni toucher sans respect, n'est pas seulement un des plus précieux, un des plus admirables monuments de l'art typographique du XVI° siècle ; c'est encore un éclatant, un solennel témoin qui vient, pour ainsi dire, après trois siècles de doute et d'erreur, réhabiliter la mémoire du célèbre imprimeur Estienne Dolet, condamné à mort comme *athée relaps*, par arrêt du Parlement de Paris, le 2 août 1546. Il faut lire l'histoire tragique de Dolet dans la savante notice que M. Firmin Didot lui a consacrée et qui fait partie de la *Biographie générale* ; mais M. Firmin Didot ignorait alors que le prétendu athée, dénoncé par la Faculté de théologie, était un bon chrétien, attaché à la foi de ses pères et surtout au culte de la Vierge, lisant ses Heures et pratiquant ses devoirs de piété avec autant de candeur qu'un digne chanoine.

» Voici son livre de prières, relié exprès pour lui et portant sa devise, cette devise prophétique qu'il avait adoptée à la suite de ses premiers démêlés avec la justice humaine et qu'il reproduisait sur tous les ouvrages publiés par ses soins. Ah ! s'il avait eu entre les mains ce volume protecteur dans sa prison, au moment de son procès, il l'aurait présenté à ses juges pour protester contre les calomnies qui allaient le conduire au bûcher ! On peut donc supposer que ce volume avait été saisi avec tous ses livres, et mis au greffe, où il est peut-être resté jusqu'à nos jours. Quoi qu'il en soit, ce magnifique livre d'heures, qui nous révèle aussi les relations d'Estienne Dolet avec l'illustre Geofroy Tory, est devenu aujourd'hui une des pièces les plus remarquables du procès criminel de son innocent et malheureux possesseur. »

Ce volume, qui a fait partie de la bibliothèque de M. DOUBLE (Cat. n° 343), provient de la vente CHEDEAU, 1865 (n° 77).

29. ★ HORÆ IN LAVDĒ BEATIS- || SIMÆ VIRGINIS MARIÆ ad || vsum Romanum. || *Anno domini millesimo* || *quingētesimo tricesimo octauo* [1538] *fuerunt excussæ*. || Cum priuilegio. — [Fol. tviij, v°:] ❡ *Imprime a Paris par .M.* || *Oliuier Mallard libraire* ✝ || *Imprimeur du Roy.* || ❡ *Pour Iehan Petit Librai-* || *re / iure en Luniuer-* || *site de Paris*. — [Fol. Aai, r°:] Sequūtur vespere per || omnes ferias dicēde cū || cōplétorio et precibus || et primo die dominica. — *Finis* 2 part. en un vol. in-8 goth. de 152 et 24 ff. n. chiffr., impr. en rouge et noir, lettres de forme, sign. *a-t, Aa-Cc*, figg. et encadrements gravés sur bois, mar. bl. jans., doublé de mar. or., riches comp. à petits fers, tr. dor. (*Trautz-Bauzonnet*.)

Au titre, un petit bois représentant la Vierge honorée par les anges Au v° du titre, calendrier pour vingt ans, de 1538 à 1557.

Ce volume, inconnu à M. Bernard, qui a donné une bibliographie des heures publiées par *Mallard* avec les figures gravées par *Geofroy Tory*, est orné de 16 figures, savoir :

1°, 2° (fol. cij. v° -- ciij. r°), l'Annonciation ; — 3° (fol. dv, v°), la Visitation ; — 4° (fol. eiv, v°), la Crèche ; — 5° (fol. evij, r°), l'Annonciation aux bergers ; — 6° fol. fij, v°), l'Adoration des mages ; — 7° (fol. fiv, r°), la Circoncision ; — 8° (fol. fvj, v°), la Fuite en Égypte ;

— 9⁰ (fol. gij, v⁰), le Couronnement de la Vierge ; — 10⁰ (fol. hviij, r⁰), la Vierge tenant Joseph embrassé ; — 11⁰ (fol. iiv. v⁰), le Crucifiement ; — 12⁰ (fol. iviij, r⁰), la Pentecôte ; — 13⁰ (fol. kiij, r⁰), la Pénitence de David ; — 14⁰ (fol. lvj, v⁰), le Triomphe de la Mort ; — 15⁰ (fol. ovij, v⁰), la Trinité ; — 16⁰ (fol. rvij, v⁰), l'Assomption.

Il y a de plus au fol. biiij, r⁰, un petit bois, représentant le Christ en croix.

Les encadrements sont les mêmes que dans les Heures de 1536, décrites ci-après (n° 32).

30. HORÆ, IN LAVDEM BEATISS. VIRGI- || NIS MARIÆ, Ad vsum Roma- || num Officium Triplex. || *Parrhisijs, apud Oliuerium Mallard* || *impressorem Regium.* || Cum priuilegio summi Pont. Et || Regis Christianiss. ad Decēniū, & || vltra. vt in calce hui⁹ Operis Patet. — [In fine :] ¶ *Parrhisijs, ex Officina Oliue-* || *rij Mallard Regii impressoris,* || *Ad insigne vasis effracti. Anno Sa* || *lu.* M.D.XLII [1542]. *Mense Augusti.* In-4 de 152 ff. n. chiffr., impr. en rouge et en noir, sign. A-T par 8, lettres rondes, plus une grande pl. pliée, mar. bl. jans., doublé de mar. or., fil., tr. dor. (*Trautz-Bauzonnet.*)

Au titre, une petite marque empruntée par *Olivier Mallard* à *Geofroy Tory* (cette marque est celle que M. Bernard a reproduite sous le n° 10, mais elle ne porte pas la croix de Lorraine) ; on lit au-dessus en grosses lettres rouges : *Menti bonae Deus ocurrit.* La même marque, répétée au v⁰ du dernier f., y est accompagnée de la même devise et de ces mots :

Effracti, lector, subeas insignia Vasis,
Egregios flores ut tibi habere queas.

Soli Deo Laus Honor et Gloria

Au v⁰ du titre, calendrier pour trente ans, de 1542 à 1571.

Ces Heures sont ornées de 18 figures, dont voici la description et le placement :

1⁰ Le Triomphe de la vierge Marie, grande pl. pliée équivalant à 4 pages, qui est placée entre les cahiers D et E (voy. Bernard, *loc. cit.*, p. 168) ; — 2⁰, 3⁰ (fol. Ei, v⁰, -- Eij, r⁰), l'Annonciation ; — 4⁰ (fol. Fij, r⁰), la Visitation ; — 5⁰ (fol. Fvij. r⁰), la Crêche ; — 6⁰ (fol. Gi, r⁰), l'Adoration des bergers ; — 7⁰ (fol. Giij, r⁰), l'Adoration des mages ; — 8⁰ (fol. Gv, r⁰), la Circoncision ; — 9⁰ (fol. Gvij, r⁰), la Fuite en Égypte ; — 10⁰ (fol. Hiij, r⁰), le Couronnement de la Vierge ; — 11⁰ (fol. Hvj, r⁰), l'Annonciation ; — 12⁰ (fol. Liij, v⁰), même sujet en petit format ; — 13⁰ (fol. Nvij, r⁰), le Christ en croix, entouré de quatre compartiments illustrant les vers de Virgile : *Sic vos non vobis* ; — 14⁰ (fol. Oij, r⁰), la Pentecôte ; — 15⁰ (fol. Oiiij, r⁰), la Pénitence de David ; — 16⁰ (fol. Pv, r⁰), le Triomphe de la Mort ; — 17⁰ (fol. Riij, r⁰), la Trinité (petit format) ; — 18⁰ (fol. Tiij, v⁰), la Vierge honorée par les anges (petit format).

Les encadrements sont ceux des grandes Heures de *Tory*, mais le nom du grand artiste a été supprimé par son successeur.

Au r⁰ du dernier f. est placé un extrait des privilèges accordés à *Mallard* par le pape Clément VII et par le roi François Ier; ces extraits ne sont pas datés.

THÉOLOGIE.

31. [HEURES DE L'IMMACULÉE CONCEPTION en vers français.] Ms. sur vélin de 80 ff., miniatures (commencement du XVIe siècle), relié en velours r., tr. dor.

I. 5. 40

Ce ms. mesure 171 mm. sur 107 ; en voici la description :

1º Feuillet blanc ;

2º Feuillet blanc au r⁰ et portant au v⁰ les armes de la famille de REZAY, peintes en or et en couleur, avec la devise : *Si mieulx non pis* ;

3º [*Pater noster* en vers français, farcis de latin] :
> Pater noster, vray amateur,
> Notre Dieu, notre plasmateur....

4º [*Ave Maria*, farci de latin] (fol. 9, v⁰) :
> Ave ! Angelique salut
> A vous et a nous tant valut...

Cette pièce est de JEHAN MOLINET (*Faictz et Dictz*, éd. de 1531, in-fol., fol. 22) ; elle se retrouve dans un recueil de GUILLAUME PETIT, évêque de Senlis. Voy. *La Formation de l'homme et son excellence* (Paris, Ol. Maillard, 1538, in-8), fol. 138-140.

5º *Declamation sur l'evangile de Missus* (fol. 16) :
> Ainsy qu'on va, seul, son ennuy passant,
> Ung jour alloye a tout ce que moy pensent...

Cette pièce, qui se termine par l'acrostiche de GUILLAUME ALEXIS (Guillet Alecis), ne doit pas être confondue avec celle qui a été imprimée sous le titre de *Missus est translaté de latin en françois* (Brunet, III, 1776.) On la retrouve dans un ms. de la Biblioth. municipale d'Amiens, n⁰ 333, et dans un ms. décrit au Catalogue Didot, 1881, n⁰ 27, fol. 15-25 ; Brunet (I, 172) en cite une édition imprimée à *Paris* par *Pierre Levet* et *Jehan Alissot*, au mois de février 1485 (1486 n. s.).

6º *Les Heures de la Conception* (fol. 30) :
> Domine labia mea aperies et os meum annunciabit laudem tuam.
> Dame sans per, vierge trespure et munde,
> L'excellent choys des filles de Sion...

Cette pièce figure également dans le ms. Didot, dont il est question à l'article précédent, fol. 8 r⁰.

7º *Chant royal sur l'Oraison* : Obsecro te, domina, etc. (fol. 36) :
> Je te supply, dame saincte Marie,
> Mere de Dieu et de pitié tresplaine...
> *Refr.* Fay que ton filz son paradis m'accorde.

Le ms. Didot contient encore ce chant royal, fol. 1 r⁰.

8º *Rondeau* (fol. 38) :
> Je vous supply, doulce vierge benigne...

9º *Oraison de nostre Dame, composee sur ceste anthienne* : Sub tuum presidium (fol. 38, v⁰) :
> Soulz l'estandart de toy, vierge et ancelle,
> Celle qui es de Dieu mere et pucelle...

10º *Huyt Clauses composées sus* : Ecce ancilla Domini (fol. 41, v⁰) :
> Ecce.
> Du hault rocher de vraye eternité,
> Ou residoit Verité par essence...

Ces strophes se trouvent sous le nom de « maistre CHARLES MOREL », dans le ms. Didot, fol. 14 v⁰. Elles ont été imprimées sans nom d'auteur à la fin des *Mattines en françoys* de Martial d'Auvergne (voy. ci-après la division *Poésie*).

THÉOLOGIE.

11° *Rondeau de nostre Dame* (fol. 43, v°) :

    Vierge enfantant oultre loy de nature...

    Cf. Biblioth. nat., ms. franç. 2206, fol. 13.

12° *Rondeau a nostre seigneur Jesuchrist en l'arbre de la croix* (fol. 44) :

    En ceste croix, attaché piedz et mains...

13° *Dyalogue de l'Annunciation nostre Dame entre Nature humaine et Marie* (fol. 46) :

    NATURE HUMAINE.
    Que direz vous, vierge pucelle
    Quand Gabriel vous salura...

14° *Chant royal de la Magdaleine* (fol. 48, v°) :

    Après regretz et piteuses clamours,
    Que jeune cueur quiert matières joyeuses...

    Refr. Elle a bien sceu le meilleur party prendre.

Ms. Didot, fol. 25 v°.

15° *Chant royal de la Passion* (fol. 50, v°) :

    Qui de son cœur vouldra larmes tyrer
    Et au prouffit de son salut pretendre...

    Refr. Le bien du corps et le salut de l'ame.

16° *O bone Jesu, per tuam misericordiam esto michi Jesus* (fol. 53) :

    O bon Jesus, fontaine de science,
    Source d'honneur, de doulceur et clemence...

17°
    *Chant royal de devotion
    Des cinq festes de nostre Dame,
    La prouvant en conception
    Pure et nette de corps et de ame* (fol. 55, v°) :

    Ave, cujus conceptio.
    Salut te rens, vierge sens vilité,
    Vierge tressaincte en ta conception...

    Refr. De tout peché exempte et preservée.

Ce chant royal figure sous le nom de JACQUES LE LYEUR dans un ms. de la Biblioth. nationale (franç. 379, fol. 32).

18°
    *Chant royal de devotion
    Qui la vierge royne celique
    Prouve belle en conception
    Par le beau salut angelique* (fol. 57, v°) :

    Ave
    Je te salue en toute reverence,
    Dame regnant près de la Trinité...

    Refr. D'un filz tout beau la mére toute belle.

Cette pièce est de JACQUES DU PARC (Biblioth. nat., ms. franç. 2206, fol. 379; *Palinodz, Chantz royaulx, Ballades, etc.*; Paris, a l'enseigne de Sainct Martin, s. d., in-8 goth., fol. 46, r°).

19° *Chant royal composé sus :* Ave regina Celorum (fol. 59, v°):

    Royne des cieulx, tressaincte et preesleue,
    Esleu vaisseau, je te honnore et salue...

    Refr. Le firmament du soleil de justice.

Cette pièce est de NICOLLE LESCARRE (Biblioth. nat., ms. franç. 379, fol. 9).

20° *Oraison de madame saincte Barbe* (fol. 61, v°):

    A deux genoulx en toute humilité,
    Moy miserable, emply de vilité...

Cette pièce se termine par l'acrostiche de JACQUES LE LIEUR.

21° *Balade de la vierge Marie, composée sur l'antienne* : Sub tuum presidium confugimus, sancta Dei genitrix (fol. 65, v°) :

<small>Soulz ton support, umbre et protection,
Tuition, saulvegarde et defense...</small>

<small>*Refr.* Vers ton cher filz, le redempteur du monde.</small>

22° Deux ff. blancs.

23° [*L'Ecce homo*] (fol. 69) :

<small>Vecy l'homme sainct, innocent et juste
A moy, prevost [des]soulz Thibére Auguste...</small>

Cf. Biblioth. nat., ms. franç. 2307, fol. 37.

24° Feuillet blanc.

25° Un feuillet (fol. 77), dont le v° est blanc et qui contient au r° un grand fleuron peint en couleur. Au milieu de ce fleuron est placée la devise *Vouloir* ; une banderole, enroulée autour d'une couronne de laurier qui sert de cadre, porte : *Fiat pax hominibus bonae voluntatis.*

26° Trois ff. blancs.

Le ms. est orné de 11 miniatures, dont voici les sujets :

<small>1. *La Création.* — 2. *L'Annonciation.* — 3. *La Tentation au paradis terrestre.* — 4. *L'Immaculée Conception* (le Père éternel bénissant, avec ces paroles : *Tota pulchra es*, etc., et tous les emblèmes de la Sainte Écriture appliqués au sujet). — 5. *Vierge mère assise sur un trône.* — 6. *Jésus en croix*, et, au pied, *Jean et Marie.* — 7. *Nature humaine et Marie.* — 8. *La Madeleine* (en grand costume du temps). — 9. *Jésus flagellé, comparaissant devant Pilate.* — 10. *Madame saincte Barbe.* — 11. *Vecy l'homme*, peinture fort curieuse d'une scène du mystère de la Passion, avec acteurs et spectateurs.</small>

32. ¶ Hore in lavdem beatis || sime virginis Mariæ ad || vsum Rothomagensem. || *Venales extant Parrisiis* || *ad insigne Vasis effracti.* || 1536. || Cum Priuilegio. — [In fine :] ¶ *Huiusmodi Hore, nuper absol* || *uebātur ab Oliverio Mallardo,* || *ad insigne Vasis Effracti, Par-* || *rhisiis commorante, Vbi vena-* || *les beneuolis omnibus amica-* || *biliter extant.* || *Galice, Au Pot Casse.* Pet. in-8 de 152 ff. n. chiffr., impr. en rouge et en noir, sign. *a, c-k, A-I* par 8, *b, l,* par 4, lettres rondes, figg. et encadrements gravés sur bois, mar. bl. jans., doublé de mar. citr., riches comp. à petits fers, tr. dor. (*Trautz-Bauzonnet.*)

<small>Au titre, une petite marque de *Tory*. Cette marque est la même que celle que M. Bernard reproduit sous le n° 10 (*Geofroy Tory*, 2ᵉ éd., p. 75), sauf qu'elle ne porte pas la double croix de Lorraine.

Au v° du titre est placé un extrait d'un privilége non daté, par lequel il est défendu « a tous libraires et imprimeurs du royaulme de France d'imprimer ne vendre telle sorte de vignetes, histoires, frises, bordures, couronnemens, entrelas et aultres figures servans a faire imprimer heures en plusieurs usaiges et grandeurs, fors qu'a maistre *Olivier Mallard*, libraire demourant a Paris, a l'enseigne du Pot Cassé, et est le privilége pour dix ans. »

Olivier Mallard acheta, vers la fin de 1536, l'imprimerie et la librairie de *Geofroy Tory.*

Au r° du 2ᵉ f. se trouve un calendrier pour vingt ans, de 1536 à 1555.</small>

28 THÉOLOGIE.

M. Bernard (loc. cit., 268) se borne à citer ces Heures d'après le *Manuel du Libraire* ; il avoue n'en avoir jamais vu d'exemplaire. Nous les décrirons donc avec détail.

Le texte mesure 91 sur 44 mm. à l'intérieur des encadrements et 117 sur 69 mm. à l'extérieur. Les figures sont au nombre de 14, savoir :

1° (fol. ciiij, r°), le Crucifiement ; — 2°, 3° (fol. fviij, v° — gi, r°), l'Anuonciation ; — 4° (fol. gvij, v°), la Visitation ; — 5° (fol. hvij, r°), la Crêche ; — 6° (fol. iij, v°), l'Annonciation aux bergers ; — 7° (fol. ivj, r°), l'Adoration des mages ; — 8° (fol. ki, r°), la Circoncision ; — 9° (fol. kiiij, v°), la Fuite en Égypte ; — 10° (fol. li, r°), le Couronnement de la Vierge ; — 11° (fol. Ai, r°), la Pénitence de David ; — 12° (fol. Bv, v°), le Triomphe de la Mort ; — 13° (fol. Evij, v°), la Trinité ; — 14° (fol. Fi, v°), l'Exaltation de la Vierge.

Les figures ont 62 sur 41 mm. Ce sont, croyons-nous, les bois que *Tory* avait gravés pour l'*Enchiridion preclare ecclesie Sarum*, publié par *Thielman Kerver* en 1528 (Bernard, *loc. cit.*, 257).

Les encadrements présentent une grande variété ; ce sont des arabesques, des guirlandes, des instruments de musique. Ils sont tels qu'ils ont été composés par *Tory* et n'ont pas subi les rallongements maladroits dont parle M. Bernard.

Au v° du dernier f. est une seconde marque (Bernard, n° 9, p. 75).

33. [HORE DEIPARE VIRGINIS MARIE]. — *Finis horarū deipare virginis Marie se* || *cundū ordinē Cartusianum nuperrime effor* || *matarū Parisi⁹ p̄ Thielmānū Kcruer libra* || *rium iuratū preclare vniuersitatis Parisia-* || *ne. Anno dn̄i* .M. ccccxiiij [1514]. *die .ix. Decēbris.* In-8 goth. de 166 ff. n. chiffr. impr. en rouge et en noir, sign. A, B, a-q par 8, r par 6, mar. v., large dent., tr. dor. (*Derome le Jeune.*)

Ces heures à l'usage des Chartreux n'ont pas été citées par M. Brunet ; elles sont ornées de 13 grandes figures en bois, savoir :

1° (fol. [Ai], v°), le Christ entouré des instruments de la Passion ; — 2° (fol. B viij, v°), la Vierge entourée de ses attributs ; — 3° (fol. ai, r°), l'Annonciation ; — 4° (fol. bi, v°), la Visitation ; — 5° (fol. ci, r°), la Crêche ; — 6° (fol. eviij, r°), l'Annonciation aux bergers ; — 7° (fol. fvj, r°), l'Adoration des mages ; — 8° (fol. giij, r°), la Présentation au temple ; — 9° (fol gviij, r°), la Fuite en Égypte ; — 10° (fol. kiij, v°), le Couronnement de la Vierge ; — 11° (fol. kviij, v°), le Songe de Jacob ; — 12° (fol. nvij, r°), le Sacre de David ; — 13° (fol. oviij, r°), le Triomphe de la Mort.

Le calendrier est en outre orné de 12 petits bois.

Exemplaire imprimé sur VÉLIN, avec figures coloriées, rubriques et lettres ornées. Quatre pages, qui ont été intentionnellement laissées blanches à l'impression (fol. Bvj, v° — Bviij, r°), sont occupées par une oraison ms. à saint Martin. Le volume se termine par 2 ff. (rv et rvj), qui étaient également destinés à recevoir des additions mss., mais qui n'ont pas été remplis.

Au v° du 1er f. se trouve l'étiquette du relieur, qui porte : *Relié par* || *Derome le Jeune.* || *demeure présentement* || *rue St. Jacques près le* || *Collége du Plessis. Hôtel* || *de la Couture n° 65, en 1785.* Cette étiquette diffère par certains détails de celle qui est reproduite dans le *Bulletin de la Librairie Morgand et Fatout*, 1880, n° 5954.

Cet exemplaire est probablement celui qui est décrit au Catalogue de M. de

PRECES CHRISTIANAE.

Ms. de Jarry, 1652.

DOUBLURE DE LA RELIURE.

PRECES CHRISTIANAE.

Ms. de Jarry, 1652.

PLAT DE LA RELIURE.

THÉOLOGIE. 29

MAC-CARTHY (n° 374), sous la date de mccccviiij. Le rédacteur aura pris l'*x* goth. pour un *v*. Une autre erreur du même genre s'est glissée dans ce même catalogue (n° 300), où les *Heures de la Vierge* imprimées par *Pierre Le Rouge* pour *Vincent Commin* sont datées de 1486, tandis qu'elles sont de 1496.
Haut. 177; larg. 110 mm.

34. PRECES CHRISTIANÆ cum paruo Officio Beatæ Virginis Mariæ. *Nic. Iarry Paris. scribebat.* M.DC.LII [1652]. In-12 de 4 ff., 172 pp. et 1 f., mar. r., riches comp. à petits fers, doublé de mar. r., comp., tr. dor., fermoirs d'or. (*Anc. rel.*)

« Précieux manuscrit sur VÉLIN, exécuté en lettres romaines et italiques, en noir, en rouge et en or. Le frontispice est décoré d'un riche encadrement formé de fleurs et de fruits, peints en miniature avec une exquise délicatesse. De petites compositions et de nombreuses initiales également peintes, sont répandues dans tout le volume. Chaque feuillet est encadré en or. On remarque au v° du 8ᵉ feuillet, un chiffre très compliqué, surmonté d'une couronne de marquis.

« Ce ms., qui a figuré aux ventes GAIGNAT (Cat., n° 204) et MAC-CARTHY (n° 427), est un des plus parfaits du célèbre calligraphe. Sa conservation ne laisse rien à désirer. La reliure, entièrement couverte à l'intérieur et à l'extérieur d'ornements en or, exécutés à petits fers et au pointillé, est un des chefs-d'œuvre de *Le Gascon*. Cet habile artiste semble s'y être encore surpassé. » L. POTIER.
Haut. 126; larg. 81 mm.

35. HYMNES DES PRINCIPALES FESTES DE L'ANNÉE. Ms. in-12 de 38 ff., dont 3 ff. blancs., relié en velours r., tr. dor.

Ce petit ms. a été exécuté, vers le milieu du XVIIᵉ siècle, par l'un des émules de *Jarry*, s'il n'est dû à la plume du célèbre calligraphe lui-même. Il est écrit en lettres rondes sur VÉLIN. Chaque page est entourée d'un encadrement en or. On y trouve en outre des lettres ornées, des bordures et des culs-de-lampe composés de fleurs richement peintes en couleurs.
Le volume contient : 1° *Hymnes des principales Festes de l'Année* (au nombre de 14) ; — 2° *Litanies du Tres-Sainct Sacrement de l'Autel ;* — 3° *Les sept Pseaumes penitentiaux ;* — 4° *Les Litanies des saincts ;* — 5° *Prières.*
Haut. 145 ; larg. 86 mm.

36. PRIERES SAINTES ET CHRETIENNES POUR MONSEIGNEUR. — *C. Gilbert scripsit*, 1703. Ms. pet. in-12 de 2 ff., 138 et 26 pp., chagr. n., doublé de mar. r., dent. à petits fers, tr. dor. (*Anc. rel.*)

Manuscrit exécuté sur VÉLIN, en lettres rondes et italiques, à l'imitation de *Jarry*.
La dernière partie est intitulée : *Sollicitations pressantes à une âme pour la faire rentrer en elle-même.*
Ces prières ont été écrites pour LOUIS, dauphin, fils de Louis XIV, mort en 1711. La dentelle intérieure de la reliure est ornée de fleurs de lis et de dauphins alternés.
Haut. 126 ; larg 80 mm.

III. — SAINTS PÈRES.

III. 7. 14

37. ΕΥΣΕΒΙΟΥ ΤΟΥ ΠΑΜΦΙΛΟΥ Εὐαγγελικῆς Προπαρασκευῆς Βιϐ. πεντεκαίδεκα. Eusebii Pamphili Euangelicæ præparationis Lib. XV. Ex Bibliotheca Regia. *Lutetiæ. Ex officina Rob. Stephani, Typographi Regii, Regiis typis.* MDXLIIII [1544]. Cum priuilegio Regis. In-fol de 498 pp. et 1 f. — ΕΥΣΕΒΙΟΥ ΤΟΥ ΠΑΜΦΙΛΟΥ Εὐαγγελικῆς Ἀποδείξεως Βιϐλία δέκα. Eusebii Pamphili Euangelicæ demonstrationis Lib. X. Ex Bibliotheca Regia. *Ibid.* M.D.XLV [1545]. Cum priuilegio Regis. In-fol. de 318 pp. — Ensemble 2 parties en un vol. in-fol., mar. r., fil., dos et milieu ornés, tr. dor. (*Anc. rel.*)

Edition originale du texte grec de ces deux traités d'Eusèbe, dont le premier avait été traduit en latin par Georges de Trébizonde (*Venetiis*, 1480), et le second par Donat (*Romae et Venetiis*, 1498). Robert Estienne s'y servit pour la première fois des types grecs gravés par *Garamond.* Voy. Bernard, *Les Estienne et les Types grecs de François I*er (Paris, 1856, in-8), 17.

Le titre de chaque partie est orné d'une marque composée d'un thyrse, sur lequel s'enroulent un serpent et des rameaux d'olivier (Silvestre, n° 161). Au r° du dernier f. de la 2e partie est un achevé d'imprimer des calendes d'avril 1545, et, au v°, une nouvelle marque (Silvestre, n° 508).

La reliure de ce volume porte sur l'un des plats les mots : Io. IA. et sur l'autre le mot : VIEILLART. Cette inscription désigne J.-J. Vieillart, chanoine de Paris, dont la signature se voit sur le titre.

I. 5. 20

38. DIVI IOAN- || NIS CHRYSOSTOMI LI || BER cōtra gētiles, Babylæ An || tiocheni episcopi ac martyris || vitam continens, per Germa || num Brixium Altissiodorē- || sem, Canonicū Parisiensem || latinus factus. || Contra Ioannis Oecolampadij || translationem. || ❦ || *Parisiis* || *Apud Simonem Colinæum.* || 1528. In-4 de 4 ff. lim. et 50 ff. chiffr., v. f., fil. à froid, dent. et ornements dor., tr. peinte. (*Anc. rel.*)

Simon de Colines s'est servi pour le titre de ce volume d'un des encadrements de *Geofroy Tory*, composé de la base à l'F couronné, de deux montants et d'une petite frise. Le montant de droite contient deux cartouches qui portaient primitivement le nom de l'artiste, mais ce nom a été effacé par l'imprimeur. Voy. Brunet, II, 538 ; Bernard, *Geofroy Tory*, 2e éd., 157.

Au v° du dernier f., la grande marque de *S. de Colines* (Silvestre, n° 329).

Exemplaire imprimé sur VÉLIN pour le traducteur même, GERMAIN BRICE, chanoine de Paris, bien connu comme poète latin. On lit sur la garde du volume les mentions suivantes : GERMANUS BRIXIUS *dono me dedit domino* LUDOVICO CANOSSAE, *episcopo Baiocensi.* (Louis III de Canossa fut évêque de Bayeux de la fin de 1517 au commencement de 1531), et plus bas : *Et* HIERONYMUS CANOSSA *comes, ejusdem domini episcopi ex fratris filio nepos,* MARIO BIVILAQUAE *comiti pro augenda bibliotheca dono dedit, anno Domini M.D.LXXX, mense Februario.*

La reliure, qui date du même temps que l'impression du volume, porte sur les plats cette inscription, partagée entre le r° et le v° : *Ocium sine literis mors est, et hominis vivi sepultura.*

THÉOLOGIE.   31

39. Les Confessions de S. Augustin, Traduction nouvelle, sur l'Edition Latine des Peres Benedictins de la Congregation de S. Maur. Avec des Notes, & de nouveaux Sommaires des Chapitres. Quatriéme Edition reveuë, corrigée & augmentée par l'Autheur. *A Paris, Chez Jean Baptiste Coignard, Imprimeur & Libraire ordinaire du Roy, rue S. Jacques, à la Bible d'or.* M.DC.LXXXVIII [1688]. Avec Approbation et Privilege du Roy. Un tome en 2 vol. in-8, régl., mar. r., fil., dos ornés, tr. dor. (*Anc. rel.*)

Cet ouvrage se compose d'un front. gravé; de 6 ff. pour le titre et l'épitre *Au Roy*; xxxvij pp. et 1 f. pour l'*Avertissement* et le *Privilége*; 862 pp. et 22 ff. pour la *Table*.
Le frontispice, dessiné par *J.-B. Corneille*, gravé par *J. Mariette*, a été placé en tête du second volume.
Le traducteur, que le privilège désigne par ***, est Philippe Goibeau-Dubois, de l'Académie française.
Exemplaire provenant de la vente S. Radziwill (Cat., n° 56).

40. Les quarante Homilies ov Sermons de S. Gregoire le Grand, Pape, Sur les Evangiles de l'Année. Traduits en François [par Louis-Charles d'Albert, duc de Luynes]. *A Paris, Chez Pierre le Petit, Imprimeur & Libraire ordinaire du Roy, ruë S. Iacques à la Croix d'Or.* M.DC.LXV [1665]. Avec Approbation & Privilege du Roy. In-4. — Les Morales de S. Gregoire Pape, sur le Livre de Iob. Divisées en XXXV. Livres, compris en VI. Parties. Traduites en François [par le même]. *A Paris, Chez Pierre le Petit, Imprimeur & Libr. ordinaire du Roy, ruë S. Iacques, à la Croix d'Or.* M.DC.LXV [1665 — M.DC.LXIX : 1669]. Avec Approbation et Privilege. 3 vol. in-4. — Ensemble 4 vol. in-4, mar. r., fil., comp., dos ornés, tr. dor. (*Anc. rel.*)

Homilies: titre; 4 ff. pour l'*Avis au Lecteur*; 1 f. pour la *Table*; 644 pp.; 1 f. pour le *Privilége*.
Le privilège, daté du 16 mai 1665, est accordé pour quinze ans au sieur de Laval, pseudonyme du duc de Luynes. L'achevé d'imprimer est du 15 juin 1665.

Morales. — I: portr. gravé par *K. Audran*, d'après *F. Chauveau*; titre; 5 ff. pour l'*Avis au Lecteur*; 2 ff. d'introduction; 820 pp.; 11 ff. pour la *Table*; 1 f. pour l'*Approbation* et le *Privilége*.
Le privilège est le même que ci-dessus. L'achevé d'imprimer est du 20 mai 1666.

II: titre; 1 f. pour l'*Approbation* et le *Privilége*; faux-titre; 788 pp.; 14 ff. pour la *Table*.
L'achevé d'imprimer est du 20 mai 1667.

III: titre; 1 f. pour l'*Approbation* et le *Privilége*; 914 pp. (le faux-titre est compris dans la pagination); 9 ff. pour la *Table*.
L'achevé d'imprimer est du 29 septembre 1669.

IV. — THÉOLOGIENS.

1. — *Théologie dogmatique et parénétique.*

41. — Les enseignemens || Sainct thomas — *Cy finent les enseigne* || *mens Sainct thomas. S. l. n. d.* [*Angoulême, vers* 1492], in-4 goth. de 22 ff. n. chiffr. de 24 lignes à la page pleine, sign. *a*, *c* par 8, *b* par 6, mar. r. jans., tr. dor. (*Trautz-Bauzonnet.*)

L'intitulé, imprimé en lettres de forme, commence par un grand L historié. Au v° du titre est placé un grand bois qui représente un saint, assis dans une chaire gothique et s'adressant à deux hommes debout devant lui, leur bonnet à la main :

THÉOLOGIE.

Les caractères sont ceux qu'ont employés *Pierre Alain* et *André Chauvin*, à *Angoulême*, de 1491 à 1493, pour l'impression des *Questiuncule grammaticales super Donatum minorem* et de plusieurs autres ouvrages (voy. Delisle, *Mélanges de Paléographie et de Bibliographie*; Paris, 1880, in-8, 311-319). Nous en donnerons un fac-similé en décrivant notre édition de la *Doctrine des Princes et des Servans en court*.

Les *Enseignemens* sont la traduction du *Liber quatuor causarum Thomae de Aquino*, dont il existe diverses éditions gothiques. On en connaît trois rédactions françaises, qui ont été imprimées sous des titres différents et qui présentent d'assez nombreuses variantes :

1° *Le Livre appelé les quatre Choses*; s. l. n. d., in-4 goth. de 20 ff. (Cat. Yemeniz, n°s 1635, 1636); 2° *Le Quaternaire*, ou *Quaternaire sainct Thomas*, aultrement dict *Les quatre Choses S. Thomas*; s. l. n. d., pet. in-8 goth. de 16 ff. (Cat. Coste, n° 103); 3° *Les Enseignemens sainct Thomas*.

Un exemplaire de notre édition est porté au Cat. La Vallière, par De Bure, sous le n° 544, sans indication du nombre des ff. Ce même exemplaire a figuré, en 1874, à la vente de la bibliothèque du château d'Héry, où il a été acquis par M. le baron de La Roche Lacarelle. Le Catalogue annonçait qu'il se composait de 24 ff., mais, verification faite, il a été reconnu qu'il n'en avait bien que 22.

42. DE INFERNO, et Statu Dæmonum ante Mundi exitium, Libri quinque. In quibus Tartarea cauitas, parata ibi cruciamentorum genera, Ethnicorum etiam de his opiniones, Dæmonumq; conditio, vsq; ad magnum Iudicij diem, varia eruditione, describuntur. Authore Antonio Rusca Mediolanensi, Collegii Ambrosiani Doctore. *Mediolani, Ex Collegij Ambrosiani Typographia*. M. DC. XXI [1621]. Cum Priuilegio. In-4 de 16 ff., 574 pp., 6 ff. pour l'*Index* et 1 f. pour le *Registrum*, mar. r., large dent., dos orné, doublé de tabis, tr. dor. (*Derome le jeune*.)

VIII. 7.3

La garde du volume porte une étiquette ainsi conçue : *Relié par* || *Derome le jeune*, || *rue S^t. Jacques audessus* || *de S^t. Benoist*.
Exemplaire de MAC-CARTHY (Cat., n° 680).

43. EXPLICATION || de || quelques difficultez || sur les priéres || de la Messe, || à un nouveau Catholique. || Par Messire Jacques Benigne || Bossuet, Evesque de Meaux, Con- || seiller du Roy en ses Conseils, cy-devant || Précepteur de Monseigneur le Dau- || phin, Premier Aumosnier de Madame || la Dauphine. || *A Paris*, || *Chez la Veuve de Sebastien Mabre-* || *Cramoisy Imprimeur du Roy*, || *ruë Saint Jacques, aux Cicognes*. || M DC.LXXXIX [1689]. || Avec Privilége de sa Majesté. In-12 de 6 ff., 334 pp. et 1 f. pour le *Privilége*, mar. r., fil., dos orné, tr. dor. (*Anc. rel.*)

VI. 3.51

Édition originale.
Le privilège, daté du 3 février 1689, est accordé pour huit ans à la veuve de *Sébastien Mabre Cramoisy*. L'achevé d'imprimer est du 11 mai 1689.
Exemplaire aux armes de CLAUDE LE PELETIER, président aux enquêtes,

prévôt des marchands, puis président à mortier, ministre d'état et contrôleur général, mort en 1711.

IV. 9. 28

44. TRAITÉ DE L'AMOUR DE DIEU, necessaire dans le Sacrement de Penitence, suivant la doctrine du Concile de Trente. Ouvrage posthume, Composé en Latin par Jacques Benigne Bossuet, Evêque de Meaux. Donné avec la Traduction Françoise, par Messire Jacques Benigne Bossuet, Evêque de Troyes. *A Paris, Chez Barthelemy Alix, Libraire, ruë S. Jacques, au Griffon.* [*De l'Imprimerie de Claude Simon.*] M. DCC. XXXVI [1736]. Avec Privilège du Roy. In-12 de CLXVIIJ pp., 1 f., 225 pp. et 8 ff. pour la *Table*, le *Privilège* et les *Errata*, mar. r., dos orné, tr. dor. (*Anc. rel.*)

Première édition.
Exemplaire aux armes de l'éditeur J.-B. BOSSUET, évêque de Troyes, neveu de l'évêque de Meaux.

I. 2. 43-44

45. TRAITÉ DE LA VERITÉ DE LA RELIGION CHRÊTIENNE. [Par Abbadie]. Troisiéme Edition, reveüe, corrigée, & augmentée. *A Rotterdam, Chez Reinier Leers*, MDCLXXXIX [1689]. Avec Privilege de Nosseigneurs les Etats de Hollande & de West-Frise. 2 vol. in-12, mar. citr. jans., doublés de mar. r., dent., tr. dor. (*Anc. rel.*)

Première Partie : 10 ff. pour une épître « A son Altesse Electorale monseigneur le mark-grave de Brandebourg », épître signée ABBADIE, et pour la *Préface*; 544 pp.; 4 ff. pour la *Table*. — *Seconde Partie* : 486 pp.; 3 ff. pour la *Table*.
Aux chiffres et aux armes d'ISABELLE-THÉRÈSE LE REBOURS, MARQUISE DE CHAMILLART, femme du ministre de Louis XIV, morte en 1731.

II. 3. 33

46. LINSTRUCTIŌ DES CVREZ || recteurs Et vicaires || pour instruire le simple peuple auec la maniere de faire le || prosne. || ⁋ Ce present liure est tresnecessaire a tous curez / re || cteurs / vicaires / maistres descolles / dhospitaulx / ⁋ a || toutes personnes desirās le salut de leurs ames / ⁋ y a || grās pardons a tous ceulx qui y liront et orront lire. — ⁋ *Cy finist le liure de maistre Iehan de Gerson iadis chancellir* [sic] *de* || *Paris appelle en latin Opus tripertitũ/ cest a dire de troys parties.* || *Cestassauoir des cōmandémens de dieu / de confession / et la science* || *de bien mourir / auec la maniere de faire le prosne. Imprime a Lyon* || *par Oliuier Arnoullet Lan Mil. CCCCC. et* || *xxv.* [1526 n. s.] *le .xviij. iour du* || *moys de Feurier.* In-4 goth. de 34 ff. n. chiffr. de 40 lignes à la page, impr. en

THÉOLOGIE. 35

lettres de forme, sign. *A-G* par 4, *H* par 6, mar. r. jans., tr. dor. (*Thibaron et Joly.*)

Au titre, un grand L encadré, orné de rinceaux, et un bois qui représente le Christ en croix.

Cette édition, que ne cite pas M. Brunet, reproduit le célèbre traité de Gerson, en accompagnant le texte latin d'une traduction française. Elle est précédée d'un mandement de l'évêque de Paris, daté de 1506, qui recommande le *Tripartitum*. « Voulons aussi et ordonnons, y est-il dit, que en toutes escolles, hospitaulx, maisons Dieu et maladeries on ayt ceste doctrine par escript. Et generalement commandons à tous prestres voulant administrer sacremens en nostre diocèse avoir ce livre treutile et necessaire, et le lire songneusement sur peine arbitraire.... » Ces recommandations expliquent qu'un grand nombre d'éditions en aient été publiées.

47. A LA HONOR DE DIEV, & per ‖ lo salut de las armas, Mōsenhor lo Reueren- ‖ dissime Cardenal Darmanhac, Auesqua de ‖ Rodes, & de Vabre, a faict extraire, traduire, ‖ & imprimer lo petit Tractat que sensiec : Cō- ‖ pausat per Venerable & scientificq Persona, ‖ Mestre Ioan Iarson, iadis Chancelier de Pa- ‖ ris, per Linstruction dels Rictors, Vicaris, & ‖ autres ayants charge darmas ausdicts Dioce- ‖ sis : Ausquals per les indusir a la lecture da- ‖ quel, dona Cent & Quarante Iorns de Per- ‖ don, en la forma accoustumada de la Gleysa, ‖ totas & quantas vegadas quels y legiran per ‖ instrusir aquels desquals an charge, & quels ‖ diran deuotament Pater noster & Aue Ma- ‖ ria en sa intention. ‖ 1556 ‖ *A Rodes par Iean Mottier.* ‖ Auec Priuilege. Pet. in-8 de 44 ff. n. chiffr., sig. *a-e* par 8, *G* (au lieu de *f*) par 4, mar. r. jans., tr. dor. (*Thibaron et Joly*.)

IV. 5. 60

Le titre, imprimé en rouge et en noir, porte les armes du cardinal d'Armagnac. — Au v° du titre se trouve un bois représentant les docteurs de l'Eglise, en adoration devant l'enfant Jésus, que la Vierge tient dans ses bras.

Jean Mottier, dont le nom figure sur le titre, n'était que libraire ; l'impression a été faite par *Corneille de Septgranges*, à *Lyon*, comme le prouve la comparaison avec le n° 123.

M. Brunet n'a jamais rencontré ce volume, qu'il cite cependant (II, 1558), d'après Court de Gebelin ; il ajoute que « c'est un livre aussi précieux que rare. »

48. SERMON fait deuant le Roy charles ‖ sixiesme et tout le conseil contenant ‖ les remonstrances touchant le gouuernement ‖ du Roy et du royaulme moult vtille et proufi- ‖ table fait par maistre Iehan gerson de par ‖ luniuersite de paris. ‖ ❡ Francorum regum clara : mitissima proles ‖ Parcere subiectis didiscit punire rebelles. — ❡ *Cy finissent les remōstrances faictes ‖ au Roy Charles sisiesme. Present ‖ son cōseil touchāt le fait et gou ‖ uernemēt du Roy* ✝ *sō*

II. 3. 31

36   THÉOLOGIE.

roy || *aulme.* ⁊ *maistre Iehā* || *Gersō chācelier de* || *lesglise de Pa* || *ris Cōmis* || *de par lu* || *niuer* || *site. S. l. n. d.* [*Paris, vers* 1500], in-4 goth. de 36 ff. de 32 lignes à la page, sign. *A-F* par 6, mar. r. jans., tr. dor. (*Trautz-Bauzonnet.*)

<blockquote>
Au titre, la marque de *Durand Gerlier*, imprimeur parisien, qui commença d'exercer en 1489 (Brunet, I, 1733 ; Silvestre, n° 18). — Au v° du titre, un roi agenouillé, auquel un ange présente un glaive, une flèche et un faisceau.

Au v° de l'avant-dernier f., un bois allégorique figurant la Trinité.

Le r° du dernier f. est blanc.

Edition la plus ancienne du célèbre discours connu sous le titre de *Vivat rex*. Il en a été fait une réimpression à Paris en 1824.
</blockquote>

IV. S. 101

49. H**VICT** || S**ERMONS** || DE LA R**ESVRRECTION DE** || LA C**HAIR**, prononcez au || Chasteau du Bois-de-Vincennes, durant le || tēps de parade & dueil de feu trespuissant & || treschrestiē Charles IX. Roy de Frāce , || vrayement piteux & debonnaire, propugna- || teur de la Foy, & amateur des bons esprits.|| Par A. Sorbin dit De Saincte Foy, son Predica- || teur, Docteur Theologal de Thoulouse. || Au Roy tres-chrestien Henry III. || Psal. 26. || Ie croy que verray les biens de mon Seigneur || en la terre des viuans. || *A Paris* , || *Chez Guillaume Chaudiere, rue Sainct Iaques, à* || *l'enseigne du Temps, & de l'Homme sauuage.* || M.D.LXXIIII [1574]. || Auec Priuilege du Roy. In-8 de 2 ff. lim. et 72 ff. chiffr., mar. r. jans.. tr. dor. (*Trautz-Bauzonnet.*)

<blockquote>
Au titre , la marque de *G. Chaudière* (Silvestre , n° 504). — Au v° du titre , un sonnet de R**ONSARD**.

Le v° du dernier f. contient un sonnet *Au Roy* , signé de la devise de Sorbin : *Plus bien que rien.*

Le privilège, dont on trouve un extrait à la fin du volume, est un privilège général accordé à Sorbin, le 15 décembre 1564 et lui reconnaissant la libre disposition de ses ouvrages pendant neuf ans , à partir de la première impression.

L'achevé d'imprimer est du 7 août 1574.
</blockquote>

IV. 3. 38

50. E**XHORTATION** || A LA N**OBLESSE** || pour les dissuader || et destourner des duels, || & autres combats , contre le com- || mandement de Dieu, deuoir & || honneur deus au Prince. || Par M. Arnauld Sorbin , dict de S. Foy, || Predicateur du Roy. || *A Paris* , || *Chez Guillaume Chaudiere, ruë S. Iaques, à l'en-* || *seigne du Tēps & de l'Homme sauuage.* || 1578. || Auec Priuilege du Roy. In-8 de 39 ff. chiffr. et 1 f. pour l'*Extraict du Privilége*, mar. r. jans., tr. dor. (*Trautz-Bauzonnet.*)

<blockquote>
Le privilège est celui du 15 décembre 1574.
</blockquote>

51. SERMON presché a l'Ouverture de l'Assemblée generale du Clergé de France. Le 9. Novembre 1681. à la Messe solemnelle du Saint Esprit, dans l'Eglise des Grands Augustins; Par M**r**e Jacques Benigne Bossuet Evêque de Meaux, Conseiller du Roy en ses Conseils, cy-devant Precepteur de Monseigneur le Dauphin, & premier Aumônier de Madame la Dauphine. Imprimé par ordre de la même Assemblée. *A Paris, Chez Federic Leonard Imprimeur ordinaire du Roy & du Clergé de France, ruë S. Jaques, à l'Ecu de Venise.* M. DC. LXXXII [1682]. Avec Privilege de Sa Majesté. In-4 de 74 pp., mar. r. jans., tr. dor. (*Trautz-Bauzonnet.*)

    Édition originale.

    Le titre de départ est surmonté d'un grand fleuron gravé par *J. Edelinck*, d'après *H Watelé*.

    Le privilège, daté du 4 décembre 1674, donne à *Federic Leonard*, pour vingt ans, le droit d'imprimer, vendre et débiter tous les « edits, declarations, arrests, remonstrances, et generalement toutes les choses qui luy seront baillées par les assemblées generales, ou par les agents generaux du clergé de France. »

    Haut. : 253; larg. : 190 mm.

52. SERMONS DE M. MASSILLON, Evêque de Clermont, ci-devant Prêtre de l'Oratoire, l'un des Quarante de l'Académie Françoise. Petit Carême. *A Paris, Rue S. Jacques, chez la veuve Estienne & Fils, à la Vertu. Et Jean Herissant, à S. Paul et à S. Hilaire.* M.DCC.XLV [1745]. Avec Approbation et Privilege du Roi. In-12 de 2 ff., xxviij pp., 2 ff., 358 pp. et 1 f. pour le *Privilège*, mar. r. jans., tr. dor. (*A. Motte.*)

    Première édition.

    Le privilège, daté du 12 octobre 1744, est accordé pour vingt ans au sieur Joseph Massillon prêtre de l'Oratoire, à qui il est permis de « faire imprimer et donner au public les œuvres de feu sieur Jean-Baptiste Massillon, évêque de Clermont, son oncle, contenant ses sermons pour l'Avent et le Carême, etc..., dont jusqu'à présent il n'avoit paru que des impressions étrangères, renfermant des pièces tronquées, ou faussement attribuées à cet auteur... »

    L'abbé Massillon déclare céder ses droits à *la veuve Estienne et fils* et à *Jean-Thomas Hérissant*.

    Exemplaire relié sur brochure.

2. — *Théologie morale.*

53. LE PROMTVAIRE || DES EXEM- ||PLES DES VERTVS ET || VICES, recueilli de || l'ancien & nouueau Testament. || Par reuerend Pere en Dieu || M. Nicolas Hanape, jadis patriarche de Ierusalē, || traduit en François par Antoine Tiron. || Auec

l'Indice des Chapitres & lieux Communs ‖ contenuz et traitez en icelui. ‖ *En Anuers,* ‖ *Chez Iean Bellere, à l'aigle d'or* ‖ M.D.LXIX [1569]. ‖ Auec Priuilege. In-8 de 12 ff. et 480 pp., mar. br., comp., dos orné, riche dor. à petits fers, tr. cis. (*Anc. rel.*)

> Les ff. lim. comprennent : 1 f. de titre, au v° duquel est placé l'*Extraict du Privilège* ; 3 ff. pour une épître d'Antoine Tiron à Gérard de Groesbeeck, évêque de Liège, etc., épître datée d'Anvers le 20 décembre 1568 ; 4 ff. pour le *Proëme de l'Aucteur* et le *Catalogue tant des hommes et femmes illustres de l'ancien et nouueau Testament que de ceux et celles qui ont esté peu renommez* ; 4 ff. pour la *Table*.
> Cet ouvrage, écrit en latin au XIII° siècle, fut d'abord attribué à saint Bonaventure ; il est plus célèbre sous le nom de *Biblia Pauperum*.
> Le privilège, daté du 27 juin 1568, est accordé à *Jean Bellère*.
> Exemplaire aux armes d'Henri III, roi de Pologne.

54. Remonstran- ‖ ce charitable avx Dames et Damoysel- ‖ les de France, sur leurs ornemens dissolus, ‖ pour les induire à laisser l'habit du Paganis- ‖ me, & prendre celuy de la femme pudique ‖ & Chrestienne. ‖ Auec ‖ Vne Elegie de la France se complaignant de ‖ la dissolution desdittes Damoyselles. ‖ Par ‖ F. A. E. M. [Frére Anthoine Estienne, Mineur]. ‖ Detourne ta face de la femme trop curieusement parée : ‖ & ne regarde point la beauté d'autruy. Eccles. 9. ‖ *A Paris,* ‖ *Chez Sebastien Niuelle, rue sainct Iaques,* ‖ *aux Cicoignes,* ‖ 1577. ‖ Auec Priuilege. In-8 de 35 ff. et 1 f. pour le *Privilège*, mar. r. jans., tr. dor. (*Thibaron et Joly.*)

> Au titre la marque de *Nivelle* (Silvestre, n° 201).
> L'*Elegie de la France*, écrite en vers, est suivie d'un *Sonnet aux benevoles Lecteurs*, d'une *Epigramme* et d'un *Sonnet du Mary de la Perruquée*. Cette dernière pièce est signée des initiales : F. P. N. et de la devise : *J'espére ou j'aspire*.
> Le privilége, daté du 5 novembre 1570, est accordé pour dix ans à *Sebastien Nivelle*. L'achevé d'imprimer est du 27 août 1577.

55. Le Chancre ‖ ov ‖ Covvre-Sein ‖ feminin. ‖ Vt cancer serpit. 2. Timoth. 2. ‖ Il auance comme le chancre. ‖ Martialis 1. 14. ‖ Det tunicam locuples, ego te præcingere possum : ‖ Essem si diues, munus utrumque darem, ‖ Ensemble, ‖ Le Voile ‖ ou ‖ Couure-Chef ‖ feminin. ‖ Par I. P. Chanoine Theologal ‖ de Cambray. ‖ Genesis 20. ‖ Hoc erit tibi in velamen oculorum. ‖ Cecy seruira pour voiler vos yeux. ‖ *A Doüay,* ‖ *Chez Gerard Patté au Missel d'or* 1635. In-8 de 181 pp. et 1 f., mar. r. jans., tr. dor. (*Thibaron et Joly.*)

> Le titre est suivi d'une épître « A tres-haute, tres-puissante et tres-

vertueuse dame, madame LOUYSE DE LORRAINE, princesse de Ligne, etc.»,
épître signée : JEAN POLMAN.

Les trois dernières pages du volume contiennent des *Approbations* signées
de GEORGE COLVENEERE, « docteur et professeur royal en la saincte theologie,
prevost de l'eglise collegialle de S. Pierre, chancellier de l'université de Douay
et censeur des livres en icelle », FRANÇOIS SYLVIUS [DU BOYS], « docteur et
professeur royal en la saincte theologie, doyen de S. Amé, et vice-chancelier
de l'université de Douay », et VALENTIN RANDOUR, « docteur et professeur
royal en la saincte theologie à Douay ».

3. — *Théologie mystique.* — *Ouvrages sur le quiëtisme.*
— *Pratiques et Exercices de piété.* — *Préparation à la*
bonne mort.

56. THOMÆ A KEMPIS, Canonici regularis Ord. S. Augusti de
Imitatione Christi Libri Quatuor. *Lugduni, Apud Joh. et*
Dan. Elsevirios. S. a. [circa 1653], pet. in-12 de 257 pp..
front. gravé, mar. bl., comp., doublé de mar. r., riches
comp., tr. dor. (*Trautz-Bauzonnet.*)

Cette édition est précédée d'une vie de Thomas van Kempen par HÉRIBERT
ROSWEYD, jésuite.
Haut. 131; larg. 73 mm.
De la bibliothèque de M. le comte de MONTESSON (vente L. Potier, 1870,
n° 148).

57. L'IMITATION || DE || IESVS-CHRIST. || Traduite et paraphrasée
en Vers || François. || Par P. Corneille. || Premiere Partie.
|| *Imprimé à Roüen par L. Maurry.* || *Pour* || *Robert*
Ballard, seul Imprimeur de la || *Musique du Roy, à*
Paris, rue S. Iean de || *Beauuais, au Mont Parnasse.* ||
M.DC.LVI [1656]. || Auec Approbation des Docteurs, &
Priuilege du Roy. In-12 de 12 ff. et 420 pp., figg. — L'IMI-
TATION || DE || IESVS-CHRIST. || Traduite & paraphrasée en
Vers || François. || Par P. Corneille. || Derniere partie. ||
Imprimée à Roüen, par L. Maurry, || *Pour* || *Robert*
Ballard, seul Imprimeur de la || *Musique du Roy, a*
Paris, ruë S. Iean de || *Beauuais, au Mont Parnasse.* ||
M.DC.LVI [1656]. || Auec Approbation des Docteurs, &
Priuilege du Roy. In-12 de 6 ff., 306 pp. et 3 ff. n. chiffr.
pour la *Table*. — Ensemble 2 vol. in-12, mar. noir, fil., dos
ornés, tr. dor. (*Anc. rel.*)

Ces deux parties réunies constituent la 1re édition complète de l'*Imitation*.
Première partie :
Collation des feuillets lim.: frontispice gravé qui représente une draperie
soutenue par deux prophètes; Dieu le Père plane au-dessus d'eux dans les
cieux; ou lit sur la draperie: *L'Imitation* || *de* || *Iesus-Christ* || *mise en* ||
vers françois || *par* || *P. Corneille*, et, en bas de la figure : *H. Dauid fecit;*
— titre imprimé qui porte les instruments de la Passion ; — 7 ff. pour l'épître

Au Souverain Pontife ; — 2 ff. pour l'avis *Au Lecteur* ; — 1 f. pour l'*Approbation des Docteurs* et la 1re figure.

Les pp. 417 à 420 sont occupées par la *Table* ; il n'y a pas d'extrait du privilège.

Ce volume renferme les deux premiers livres de l'*Imitation* et les trente premiers chapitres du troisième livre. Il est orné de 67 figures, dont 60 portent le nom ou le monogramme du dessinateur *H. David*, 13 la signature du graveur *R. Du Dot* et 4 la signature du graveur *J. Du Clos*.

Dernière partie:

Collation des feuillets lim.: frontispice gravé par *H. David*, qui représente un écusson supporté par trois anges, au-dessus d'un paysage ; on lit dans l'écusson : *L'Imitation* || *de* || *Iesus-Christ* || *mise en vers* || *françois par* || *P. Corneille* ; — titre gravé qui porte les instruments de la Passion ; — 3 ff. pour l'*Avis au Lecteur* et le *Privilége* ; — 1 f. pour l'*Approbation des Docteurs* et la figure du chapitre XXXI du livre troisième.

Le privilège, reproduit en extrait dans les feuillets lim., est celui du 30 décembre 1652, avec mention de la cession faite par Corneille à *Ballard*, et par *Ballard* à *Rocolet*, *Sommaville* et *Soubron*. On lit à la fin : *Achevé d'imprimer pour la première fois, le dernier jour de mars, mil six cens cinquante-six, à Rouen par Laurens Maurry*.

Ce volume contient 47 figg., dont 24 signées du dessinateur *F. Chauveau*, 20 dessinées et gravées par *Campion*, 20 gravées par *H. David* et 4 gravées par *Audran* et signées *K. A. F.*

Voy. Picot, *Bibliographie Cornélienne*, n°s 126 et 127.

58. L'IMITATION || DE || IESVS-CHRIST. || Traduite & paraphrasée en Vers François. || Par P. Corneille. || *Imprimé à Rouen par L. Maurry*, || *Pour* || *Robert Ballard, seul Imprimeur du Roy*, || *pour la Musique, Marchand Libraire, A Paris*, || *ruë S. Iean de Beauuais, au Mont Parnasse*. || M.DC.LVI [1656]. | Auec Approbation des Docteurs, & Privilege de sa Majesté. In-4 de 9 ff., 551 pp. et 4 ff.

Collation des feuillets lim.: frontispice gravé représentant une croix entourée d'anges et de saints, au pied de laquelle se trouvent les armes du pape ; une draperie attachée à la croix porte ces mots : *Les* || *Quatres Liures* || *de* || *l'Imitation de* || *Iesus-Christ* || *Traduits et Paraphasez* || *en vers françois* || *Par P. Corneille* ; ce frontispice est tiré sur un feuillet séparé, non compris dans les signatures ; — titre imprimé qui porte les instruments de la Passion entourés de quatre têtes d'anges ; — 5 ff. pour l'épître *Au Souverain Pontife Alexandre VII* ; — 1 f. pour l'avis *Au Lecteur* ; — 1 f. pour l'*Approbation des Docteurs*, et la figure du 1er livre qui représente Jésus enseignant à la multitude, figure signée : *F. Chauueau in. et fe.*

La *Table des Chapitres* commence au v° de la p. 551 et occupe les 3 ff. suivants. Le dernier feuillet est rempli par le privilège du 30 décembre 1653. On trouve à la fin mention de la cession consentie par Corneille au profit de *Ballard*, et de l'association formée entre *Ballard, Rocolet, Sommaville* et *Soubron*, puis on lit ces mots : *Achevé d'imprimer pour la première fois, ce dernier jour de mars mil six cens cinquante-six, à Rouen, par Laurens Maurry*.

La figure du livre second (pp. 111 et 112) représente l'Annonciation ; celle du livre troisième (p. 182), le Christ enseignant à deux pêcheurs qui deviennent ses disciples ; celle du quatrième livre (pp. 457-458), la Cène. Toutes ces figures sont signées *Chauveau*

Picot, *Bibliographie Cornélienne*, n° 128.

Haut. 236 ; larg. 175 mm.

59. DE L'IMITATION DE JESUS-CHRIST. Traduction nouvelle. Par

THÉOLOGIE.

le Sieur de Beüil, Prieur de Saint Val. Nouvelle édition. *A Paris, Chez Guillaume Desprez, Imprimeur & Libraire ordinaire du Roy, ruë S. Jacques, à S. Prosper, & aux trois Vertus, au dessus des Mathurins.* M.DC.XC. [1690]. Avec Privilége & Approbation. In-8 de 1 f. pour le front. gravé, et 618 pp., réglé, mar. r., fil., dos orné, doublé de mar. r., dent., tr. dor. (*Anc. rel.*)

Les 28 premières pp. contiennent : le faux-titre, le titre, une épître « A Son Altesse Royale Mademoiselle », un *Avertissement où il est parlé de l'excellence et de l'auteur de ce livre,* une *Approbation des Docteurs,* rendue en Sorbonne par N. Gobillon et N. Petitpied, le 1er février 1662, une *Autre Approbation,* datée du 8 mars 1662 et signée des curés Mazure, A. de Breda, Marlin et Sachot.
En tête de chacun des quatre livres se trouve une fig. comprise dans la pagination. Ces figg. portent la signature de *Desprez.*
Les pp. 29 et 30 ont été omises dans la pagination.
L'Imitation se termine à la p. 589 ; la p. 590 contient un *Extrait* du privilège accordé à *Guillaume Desprez,* pour 20 ans, le 26 mai 1677 et un achevé d'imprimer du 30 septembre 1678. La *Table des Chapitres* occupe les pp. 591 à 600 ; à la suite viennent : les *Litanies du saint nom de Jesus* et celles de la *Sainte Vierge* (pp. 601-606) et un *Catalogue des Livres de Guillaume Desprez* (pp. 607-618).
Le nom du sieur de Beuil est un pseudonyme de LOUIS-ISAAC LE MAISTRE DE SACY. La première édition de sa traduction parut en 1662, à *Paris,* chez *Charles Savreux,* le libraire ordinaire de Port-Royal.
De la bibliothèque de M. le marquis de GANAY (Cat., n° 41).

60. DE L'IMITATION DE JESUS-CHRIST. Traduction nouvelle [par l'abbé François-Timoléon de Choisy]. *A Paris, Chez Antoine Dezallier, ruë S. Jacques à la Couronne d'Or.* M.DC.XCII [1692]. Avec Approbation, & Privilege du Roi. In-12 de 4 ff., 333 pp. et 5 ff., plus 5 figg., mar. r., fil., dos orné, doublé de mar. r., dent., tr. dor. (*Trautz-Bauzonnet.*)

Le privilège, daté du 10 février 1692, est accordé pour douze ans au sieur abbé DE CHOISY. L'achevé d'imprimer est du 5 mai 1692.
Le frontispice et les 4 figures ont été gravés par *J. Mariette.* La figure du livre second, supprimée dans beaucoup d'exemplaires, représente Mme de Maintenon dans la chapelle de Versailles.
Exemplaire de M. le baron J. PICHON (Cat., n° 56).
Haut. 161 ; larg. 91 mm.

61. LE MIROIR DOR de lame pecheresse || tresvtile et profitable. — *Cy fine le traite nomme le miroir dor de lame pecheresse* || *translate a paris de latin en francoys. et corrige au dit lieu* || *ainsi qu'il appert au commencement diceluy.* S. d. [vers 1500], in-4 goth. de 38 ff. n. chiffr. de 32 lignes à la page, impr. en lettres de forme, sign. *a-d* par 8, *e* par 6, mar. r. jans., tr. dor. (*Trautz-Bauzonnet.*)

M. de La Borderie (*L'Imprimerie en Bretagne au XVe siècle, publiée par la Société des bibliophiles bretons;* Nantes, 1878, in-4, 45), a donné quelques extraits de cet ouvrage, qu'il est tenté, nous ne savons pour quelle raison, d'attribuer au célèbre prédicateur breton Olivier Maillard. L'original latin, dont les éditions ont été multipliées dès les premiers temps de l'imprimerie (voy. Hain, *Repertorium*, n°s 14899-14910), a été composé au XVe siècle par DENIS DE LEUW, dit RICKEL (cf. Campbell, *Annales de la Typographie néerlandaise au XVe siècle*, n° 391).

A la suite du *Miroir*, on trouve ici une ballade qui commence ainsi :

Vous qui mirés par orgueil vostre face
Pour regarder le corps et la vesture....

et dont le refrain est :

C'est le *Miroir de l'ame pecheresse*.

Après cette ballade, vient une *Declaration des Chapitres de ce livre*, pièce en vers qui donne en acrostiche les noms de : ANTHOINE CAILLAUT (1er chap.), LOI[S] MARTINEAU (2e chap.), HECTOR DES CHAMDS [*sic*] (3e et 4e chap.), PHILIPPE PIGOUCHET (5e et 6e chap.), BELART (7e chap.). Trois de ces personnages sont connus pour avoir exercé l'imprimerie ou la librairie à Paris : *Caillaut*, *Martineau* et *Pigouchet*.

Anthoine Caillaut, cité par Lottin, sous la date de 1483, a imprimé plusieurs fois le *Speculum animae peccatricis*, tant en français qu'en latin, et notre édition même paraît avoir été exécutée par lui. Une édition latine, suivie de trois traités traduits en français par Jehan de Custel, se termine par ces mots : *exaratum per Antonium Callyaut* (Cat. Chédeau, 1865, n° 434 ; Cat. Paradis, 1879, n° 207). L'édition française en 40 ff. décrite par M. Brunet (III, 1751), et dont la marque n'a pu être identifiée ni par l'auteur du *Manuel* ni par M. Silvestre (n° 253), sort également des presses de *Caillaut*. La marque se retrouve à la fin d'une édition de l'*Ars moriendi* signée de cet imprimeur (Biblioth. nat., D 6806 A, Rés.).

Caillaut paraît avoir eu pour associé *Loys Martineau* ; leurs deux noms sont réunis dans la souscription d'une édition des *Sermones de Adventu* d'Olivier Maillard (Brunet, III, 1316).

Philippe Pigouchet, qui, d'après Lottin, exerça de 1489 à 1512, commença en réalité à imprimer en 1487 ou 1488 (Brunet, V, 1574); il donna encore en 1526 une édition du *Quadragesimale Opus* d'Olivier Maillard (Cat. Desbarreaux-Bernard, 2e partie, n° 33).

Nous ne savons rien sur *Hector Des Champs*, ni sur *Belart*.

Notre édition est celle que décrit M. Brunet (III, 1751), sans remarquer qu'elle contient les acrostiches des imprimeurs parisiens.

62. INTRODVCTION A LA VIE DEVOTE, de Saint François de Sales, Evesque et Prince de Geneve. Instituteur de l'Ordre de la Visitation de Sainte Marie. Nouvelle Edition. Sur la copie que l'Autheur a reueuë auant son decez. Et augmentée de la maniere de dire devotement le Chapelet, & de bien servir la Vierge Marie. *A Paris, Chez Frederic Leonard, ruë S. Iacques, à l'Escu de Venise*. M.DC.LXVI [1666]. Avec Approbation & Privilege du Roy. In-8 de 8 ff., 624 pp. et 4 ff. pour la *Table*, réglé, mar. r., fil., dos orné, doublé de mar. r., dent., tr., dor. (*Anc. rel.*)

Le privilège, daté du 23 novembre 1662, est accordé pour dix ans à *Sébastien Huré*, libraire à *Paris*. Il n'y est fait aucune mention d'une cession faite à *Frédéric Léonard*.

Exemplaire aux armes de MARIE-ADÉLAÏDE DE SAVOIE, DUCHESSE DE BOURGOGNE.

THÉOLOGIE. 43

63. EXPLICATION DES MAXIMES DES SAINTS SUR LA VIE INTERIEURE. Par Messire François de Salignac Fenelon Archevêque Duc de Cambray, Precepteur de Messeigneurs les Ducs de Bourgogne, d'Anjou & de Berry. *A Paris, Chez Pierre Aubouin, Libraire de Messeigneurs les Enfans de France. Pierre Emery, Charles Clousier, Quay des Augustins, près l'Hôtel de Luynes, à l'Escu de France, & à la Croix d'Or.* M.DC.XCVII [1697]. Avec Privilege du Roy. In-12 de 18 ff., 272 pp. et 1 f. d'*Errata*, mar. r., fil., dos orné, tr. dor. (*Trautz-Bauzonnet*.)

> Édition originale.
> Le privilège, dont un extrait est placé à la fin des ff. lim., est daté du 17 décembre 1696. et accordé pour huit ans à Fénelon lui-même, qui déclare en faire cession à *P. Aubouyn, P. Emery* et *Ch. Clousier*. L'achevé d'imprimer est du 25 janvier 1697.

64. DIVERS ECRITS OU MEMOIRES sur le Livre intitulé : Explication des Maximes des Saints, &c. Sommaire de la doctrine de ce Livre, en Latin & en François. Declaration des Sentimens de trois Evesques, aussi en Latin et en François. Avec Une Preface sur l'Instruction pastorale donnée à Cambray le 15. de Septembre 1697. Par Messire Jacques Benigne Bossuet Evesque de Meaux, Conseiller du Roy en ses Conseils, et Ordinaire en son Conseil d'Estat, cy-devant Precepteur de Monseigneur le Dauphin, Premier Aumosnier de Madame la Duchesse de Bourgogne. *A Paris, Chez Jean Anisson, Directeur de l'Imprimerie Royale, ruë de la Harpe, au dessus de Saint Cosme, à la Fleur de Lis de Florence.* M. DC. XCVIII [1698]. Avec Privilege du Roy. In-8, mar. r., fil., dos orné, tr. dor. (*Anc. rel.*)

> Ce volume se compose de 19 ff. pour le titre et la *Table des Chapitres* ; 34 pp. pour l'*Avertissement* ; cclviij pp. pour la *Preface sur l'Instruction pastorale donnée à Cambray le quinziéme de septembre* 1697 ; 302 pp., chiffr. 3-304, sign. *rij-T* pour *Divers Ecrits ou Mémoires sur le livre intitulé : Explications des Maximes des Saints, etc.;* 12 ff. pour la *Table des matiéres traitées dans la Preface*, l'*Extrait du Privilége* et les *Errata*.
> Le privilège, daté du 25 septembre 1697, est accordé à Bossuet pour huit ans. L'achevé d'imprimer est du 22 février 1697 (*sic* pour 1698).
> Exemplaire aux armes de BOSSUET.

65. RÉPONSES DE MONSEIGNEUR L'EVESQUE DE MEAUX AUX Lettres & Ecrits de Monseigneur l'Archev. de Cambray, Au sujet du livre qui a pour titre, Explication des Maximes des Saints, sur la Vie interieure : Avec quelques autres

ouvrages, dont la Table est à la page suivante. *A Paris, Chez Jean Anisson Directeur de l'Imprimerie Royale, ruë de la Harpe, à la Fleur de Lys de Florence.* M. DC. XCIX [1699]. Avec Privilege du Roy. In-8, mar. r., fil., dos orné, tr. dor. (*Anc. rel.*)

Ce volume se compose de 2 ff. pour le titre et la *Table*, et des pièces suivantes, qui ont chacune un titre et une pagination distincts :

1° *Réponse de Monseigneur l'Evesque de Meaux, à quatre Lettres de Monseigneur l'Archev. Duc de Cambray.* Paris, Jean Anisson, 1698 (1 f. et 100 pp.);

2° *Relation sur le Quiétisme.* Paris, Jean Anisson, 1698 (2 ff. et 148 pp.);

3° *Relazione intorno al Quietismo.* Parigi, Gio : Anissone, 1698 (2 ff.. 154 pp. et 1 f. blanc);

4° *Remarques sur la Réponse de M. l'Archev. de Cambray à la Relation sur le Quiétisme.* Paris, Jean Anisson, 1698 (6 ff. et 239 pp.);

5° *Réponse aux Prejugez décisifs pour M. l'arch. de Cambray.* Paris, Jean Anisson. 1699 (29 pp. et 1 f. blanc),

6° *Les Passages eclaircis, ou Réponse au livre intitulé : les principales propositions du livre des Maximes des saints.* Paris, Jean Anisson, 1699 (2 ff., 16 et 78 pp., plus 1 f. d'*Addition* et 1 f. blanc);

7° *Condamnation et Deffense de nostre Tres S. Pere par la providence divine, Innocent, pape, XII. du nom,* 1699 (24 pp.);

8° *Mandement de Monseigneur l'Evesque de Meaux* (16 pp.).

La traduction italienne de la *Relation* (n° 3) ne figure pas à la table générale et n'est citée par aucun bibliographe; elle a dû être faite pour être soumise à la cour de Rome.

Le privilège, dont l'imprimeur a joint des extraits aux six premières pièces est celui du 25 septembre 1697 (voy. le n° 64).

Exemplaire aux armes de BOSSUET, avec envoi autographe *A M. l'Abbé Bossuet*, son neveu.

66. DIALOGUES POSTHUMES DU SIEUR DE LA BRUYERE, sur le Quietisme. *A Paris, Chez Charles Osmont, ruë S. Jacques, au coin de la ruë de la Parcheminerie, à l'Ecu de France.* M. DC. XCIX [1699]. Avec Approbation & Privilege du Roi. In-12 de 11 ff., 382 pp. et 1 f. pour le *Catalogue d'Osmont.*

Collation des ff. lim. : titre; 2 ff. pour l'*Avis au Lecteur*; 4 ff. pour la *Préface*; 3 ff. pour les *Ouvrages des auteurs quietistes, d'où sont tirées les preuves de ce qui est avancé dans ces Dialogues*, pour la *Table* et les *Errata*; 1 f., formant encart, pour l'*Approbation* et l'*Extrait du Privilège.*

Le privilège, daté du 30 juin 1698, est accordé pour huit ans au sieur *** qui déclare en faire cession à *Charles Osmont*. L'achevé d'imprimer est du 5 décembre 1698.

Les *Dialogues*, publiés par L.-ÉLIE DU PIN, ont été considérés par la plupart des critiques comme un ouvrage apocryphe; cependant le dernier éditeur de La Bruyère, M. Servois, s'est prononcé en faveur de leur authenticité.

67. ELEVATIONS A DIEU sur tous les Mysteres de la Religion Chrétienne; ouvrage posthume de Messire Jacques-Benigne Bossuet, Evêque de Meaux, Conseiller du Roy en ses

Conseils, & ordinaire en son Conseil d'Etat, Precepteur de Monseigneur le Dauphin, Premier Aumônier des deux dernieres Dauphines. *A Paris, Chez Jean Mariette, ruë Saint Jacques, aux Colonnes d'Hercule.* M. D. CCXXVII [1727]. Avec Privilege du Roy. 2 vol. in-12, mar. r. jans., tr. dor. (*Anc. rel.*)

> *Tome premier* : 470 pp. et 6 ff. pour la *Table* et le *Privilége*. — *Tome second* : 528 pp. et 6 ff. pour la *Table*.
> Édition originale de ce traité, imprimé par les soins de Jacques-Benigne Bossuet, abbé de Saint-Lucien de Beauvais. Celui-ci obtint, le 24 mars 1708, un privilège de vingt ans pour la publication des ouvrages posthumes de son oncle. Il déclare avoir cédé ses droits au sieur *Pierre Cot*, dont la veuve, agissant comme tutrice de son fils, les a transportés à *J. Mariette*.
> Exemplaire de M. Parison (Cat., n° 161) et de M. Pasquier (2ᵉ partie, n° 99).

68. Meditations sur l'Evangile. Ouvrage posthume De Messire Jacques-Benigne Bossuet, Evêque de Meaux, Conseiller du Roy en ses Conseil, & ordinaire en son Conseil d'Etat, Precepteur de Monseigneur le Dauphin, Premier Aumônier des deux dernieres Dauphines. *A Paris, Chez Pierre-Jean Mariette, ruë Saint Jacques, aux Colonnes d'Hercule.* M. D. CC. XXXI [1731]. Avec Privilege du Roy. 4 vol. in-12, mar. v., fil., dos ornés, tr. dor. (*Anc. rel.*)

> *Tome premier* : 519 pp. — *Tome second* : 2 ff. et 474 pp. — *Tome troisième* : 2 ff., 454 pp. et 4 ff. — *Tome quatrième* : 2 ff., 506 pp. et 9 ff. pour la *Table* et le *Privilége*.
> Le privilège, daté du 12 décembre 1727, est accordé pour vingt ans à Jacques-Bénigne Bossuet, évêque de Troyes.
> Exemplaire aux armes de Victoire de Bourbon, fille de Louis XV, dite Madame de France.

69. Pensées pieuses tirées des Reflexions Morales du Nouveau Testament [par le P. Pasquier Quesnel]. *A Paris, Chez André Pralard, ruë saint Jacques, à l'Occasion.* M. DCC XI [1711]. Avec Approbation & Privilege du Roy. Pet. in-12 de 4 ff. et 396 pp., mar. citr., comp. de mosaïque, dos orné, doublé de mar. citr., dent., tr. dor. (*Anc. rel.*)

> Les *Reflexions morales*, d'où sont tirées ces *Pensées*, sont le premier ouvrage du célèbre janséniste ; elles parurent en 1671. L'éditeur dit que l'extrait a été fait par « une dame de qualité, qui dans sa retraite s'occupe uniquement de son salut. »
> Le privilège, daté du 20 février 1706, est accordé à *André Pralard* pour vingt ans. L'achevé d'imprimer est du 30 juillet 1711.
> Exemplaire aux armes de Mᵐᵉ de Chamillart.

70. Reflexions sur la Misericorde de Dieu. Par une Dame penitente. Nouvelle Edition augmentée. *A Paris, Chez*

Antoine Dezallier, ruë S. Jacques, à la Couronne d'or M. DCCXII [1712]. Avec Privilege du Roy. In-12 de 12 ff. et 240 pp., mar. v., tr. dor. (*Anc. rel.*)

Les *Reflexions*, publiées pour la première fois en 1680, à Paris, furent presque aussitôt attribuées à Mlle de La Vallière, qui était entrée depuis quatre ans chez les Carmelites. Cette attribution, que le libraire hollandais *Moetjens* contribua surtout à faire accepter en joignant le portrait de Mlle de La Vallière à une réimpression publiée par lui en 1681, est généralement acceptée aujourd'hui, bien qu'elle ne repose sur aucune preuve. Voy. Willems, *Les Elzevier*, n° 1957.

Le privilège, daté du 25 octobre 1711, est accordé pour dix ans à *Antoine Dezallier*.

Exemplaire portant sur le dos et sur les plats les insignes de LONGEPIERRE. Il a successivement appartenu à MM. DE CLINCHAMP (Cat., n° 53), SOLAR (n° 262), PICHON (n° 74) et QUENTIN-BAUCHART (n° 7).

71. EXERCICE DE PIÉTÉ pour la Communion. Par le P. Griffet. Nouvelle Edition. *A Paris, Chez Desaint, Libraire, rue du Foin.* M. DCC. LXVI [1766]. Avec Approbation & Privilege du Roi. In-12 de xij et 369 pp., mar. r., fil., dos orné, tr. dor. (*Anc. rel.*)

Exemplaire aux armes de MARIE-ANTOINETTE, reine de France.

72. ROSARIVM SIVE PSALTERIVM Beatæ Virginis Mariæ, a T. W. A. editum. Cui accesêre pia exercitia varia. *Antuerpiae, Apud Ioannem Keerbergium* M. DCIIII [1604]. Pet. in-12 de 12 ff. (y compris le front. gravé) et 215 pp., figg., mar. r., fil., comp. à petits fers, doublé de mar. r., riche dor. à petits fers, tr. dor. (*Duru.*)

Une préface de l'éditeur, datée de 1599, nous apprend que ce *Rosarium* a été composé en 1584 par un prêtre catholique détenu à la tour de Londres. Le ms. original, dont il avait circulé des copies fautives et des impressions clandestines, a été soigneusement revu et accompagné de figures gravées d'après les intentions de l'auteur. Ces figures, au nombre de 33, ont été exécutées par *J. Collaert*, d'après les dessins de *Martin De Vos*.
Exemplaire de SOLAR (Cat., n° 223).

73. LE TRIOMPHE DE LA GLORIEVSE VIERGE MARIE Contre les calomnies du liure du M^{stre} Simeon Codur, Dressé par Valentin Gerard Ambrunois de la compagnie de Iesus Auec la cottation des impostures contenues au reimprimé scandaleux du mesme Ministre Codur. *A Lyon, pour Abrahã Cloquemin*, 1607, auec priuilege du Roy. In-8 de 12 ff., 999 pp. et 16 ff. pour le *Repertoire*, mar. r., fil., comp., tr. dor. (*Anc. rel.*)

Frontispice gravé par *J. de Fornazeris*.
L'ouvrage de Siméon Codur que le P. Gérard s'est proposé de réfuter est intitulé : *De la saincte et bienheureuse Vierge* ; il en parut deux éditions à Montpellier en 1605. Le théologien catholique a fait précéder sa

THÉOLOGIE.   47

réponse d'une épître à Jean de Bonzi, « evesque et conseigneur de Beziers, grand aumosnier de la Reine, » et de vers latins et français signés : CL. C., GR. G., A. P. Le provincial des Jésuites en Lyonnais, Louis Richeomme, en vertu du privilège général conféré à la compagnie de Jésus le 10 mai 1583 permet au libraire *Abraham Cloquemin* de débiter le livre pendant quatre ans. L'achevé d'imprimer est du 17 janvier 1607.

Cet exemplaire est recouvert d'une riche reliure fleurdelisée. Sur les plats on remarque l'écusson des Jésuites avec la devise : *Laudabile nomen Domini*. La garde porte une dédicace manuscrite des membres du collège d'Embrun au pape PAUL V.

74. L'AIMABLE MERE DE JÉSUS. Traité Contenant les divers motifs qui peuvent nous inspirer du respect, de la devotion & de l'amour pour la tres-sainte Vierge. Traduit de l'Espagnol [du P. Juan-Eusébio de Nierenberg] par le R. P. D'Obeilh, de la Compagnie de Jesus. *A Amiens, Pour la Veuve de Robert Hubant* [sic], *Ruë de Beaupuis*. 1671. Avec Privilege du Roy. Pet. in-12 de 6 ff. lim., 270 pp. et 2 ff., mar. bl., fil., comp., doublé de mar. or., comp. à la rose, tr. dor. (*Trautz-Bauzonnet*.)

Ce volume, dédié à la reine, a été imprimé à *Amsterdam*, par *Daniel Elzevier*, dont le nom, d'après M. Brunet, se trouve sur le titre de certains exemplaires.

Les 2 ff. qui terminent le volume contiennent les *Fautes à corriger* et l'*Extrait du Privilége*. Ce privilège, daté du 23 octobre 1670, est accordé pour sept ans au P. d'[Obeilh], qui déclare en faire cession à la veuve de *Robert Hubant*. L'achevé d'imprimer est du 1er février 1671.

Willems, *Les Elzevier*, n° 1453.

Exemplaire de MM. DE MONTESSON (Cat. L. Potier, 1870, n° 166) et GONZALEZ.

Haut. 133 ; larg. 75 mm.

75. DE LA SAINTETÉ ET DES DEVOIRS DE LA VIE MONASTIQUE. [Par Armand Le Bouthilier de Rancé, abbé de la Trappe]. *A Paris, Chez François Muguet, Imprimeur ordinaire du Roy & de Monseigneur l'Archevesque, ruë de la Harpe.* MDCLXXXIII [1683]. Avec Approbation & Privilege. 2 vol. in-4, mar. r., fil., comp., dos ornés, tr. dor. (*Anc. rel.*)

Édition originale.

[*Tome premier*] : 12 ff. et 460 pp. — *Tome second* : 6 ff. et 547 pp. — Les titres de départ de chaque volume sont surmontés d'une vignette de *S. Le Clerc*.

Le privilège, dont le texte se trouve en tête du premier volume, est accordé à *François Muguet*, pour vingt ans, le 19 décembre 1682. L'achevé d'imprimer est du 15 mars 1683.

Exemplaire en grand papier, aux armes de BOSSUET.

76. TRACTATVS succinctus ac valde ‖ vtilis de arte et scientia perfe ‖ cte viuendi beneq3 mori ‖ endi : varijs historijs ‖ ac orationibus ‖ illustratus. — *Finis*. ‖ ❡ *Impressum Lugduni a Petro Mareschal. S. d.*, in-4 goth. de 20 ff. de 36

lignes à la page, impr. en lettres de forme, sign. *A-E*, figg. sur bois, mar. r. jans., tr. dor. (*Trautz-Bauzonnet.*)

Au titre, la marque de *Pierre Mareschal*·

Le v° du dernier f. est blanc.

Le volume est orné de 11 grandes figures gravées sur bois.

Ce livre est, comme les autres éditions de l'*Ars moriendi* auxquelles on a joint des figures, un abrégé du célèbre traité composé par Mathieu de Cracovie, évêque de Worms.

Notre édition, qui n'est pas datée, a dû être exécutée entre 1515 et 1520, alors que *Pierre Mareschal* avait perdu son associé *Barnabé Chaussard*. M. Péricaud (*Bibliographie lyonnaise du XV° siècle*, 2° partie, p. 10) place la mort de *Barnabé Chaussard* en 1505 et, comme il retrouve, de 1511 à 1515, des impressions signées de *Pierre Mareschal* et *Barnabé Chaussard* (voy. Panzer, *Ann.*, VII, 295, n° 166 ; 299, n° 199 ; 303, n° 221 ; 308, n° 263), il suppose que *Mareschal* a eu successivement pour associés deux membres de la famille *Chaussard*, portant le même prénom. Rien ne nous paraît moins certain que cette hypothèse. En effet, M. Péricaud ne peut citer aucun volume imprimé de 1505 à 1511 par *Pierre Mareschal* seul. Il est vrai que le Catalogue Coste (n° 539) mentionne, sous la date de 1510, une édition du *Livre de Taillevent*, imprimée « à la maison de feu Barnabé Chaussard »; mais, comme l'a remarqué M. Brunet (IV, 647), il faut lire 1515.

Nous croyons, quant à nous, que l'association de *Mareschal* et de *Chaussard* dura sans interruption de 1493 à 1515. A la mort de *Chaussard*, ses héritiers se séparèrent de *Mareschal* et continuèrent d'imprimer jusqu'au milieu du XVI° siècle. *Mareschal*, de son côté, exécuta encore pour son compte personnel diverses impressions. Outre l'*Ars moriendi*, nous possédons de lui une édition non datée du *Doctrinal des filles* et une *Vie de madame saincte Catherine*, datée du 15 janvier 1519 (1520 n. s.).

77. LA MORT DES JUSTES, ou Recueil des dernieres Actions &
des dernieres paroles de quelques Personnes illustres
en sainteté, de l'ancienne & de la nouvelle Loy. Pour
servir de modéle à ceux qui veulent apprendre à bien
mourir. Par le R.P. Lalemant, Prieur de sainte Geneviéve,
& Chancelier de l'Université de Paris. Quatriéme Edition. *A
Paris, Chez George & Louïs Josse, ruë Saint Jacques à
la Couronne d'Epines.* M.DC.XCIII [1693]. Avec Approbation & Privilege du Roy. In-12 de 15 ff. lim., 436 pp. et
10 ff., régl., mar. bl. jans., doublé de mar. r., dent., tr. dor.
(*Anc. rel.*)

Le privilège, daté du 28 juillet 1672, est accordé pour dix ans à *Sébastien Mabre-Cramoisy*. Il est renouvelé au même imprimeur, pour 30 ans, le 15 avril 1677.

Exemplaire aux chiffres et aux armes de Mme DE CHAMILLART.

4. — *Théologie polémique.*

78. LES PROVINCIALES ou Les Lettres escrites par Louis de
Montalte [Blaise Pascal] à vn Prouincial de ses amis, &
aux RR. PP. Iesuites : Sur le sujet de la Morale, & de la
Politique de ces Peres. *A Cologne, Chés Pierre de la
Vallée,* M. DC. LVII [1657]. In-4, mar. r. jans., tr. dor.
(*Trautz-Bauzonnet.*)

Edition originale.
Ce volume est composé de la manière suivante : Titre et 3 ff. d'*Advertissement* ; — 18 *Lettres* ayant chacune 8 pp., sauf la 16e qui en compte 12 (entre la 12e et la 13e *Lettre* est placée une *Refutation de la Reponse*, en 8 pp.) ; — *Lettre au R. P. Annat*, 8 pp.; — *Advis de Messieurs les Curez de Paris à Messieurs les Curez des autres diocéses de France* ; Paris, 1656, 1 f., 8 pp. et 2 ff. pour la *Table des Propositions* ; — *Extrait de quelques-unes des plus dangereuses propositions de la morale de plusieurs nouveaux casuistes*, 20 pp.; — *Suite de l'Extrait de plusieurs mauvaises propositions des nouveaux casuistes* ; Paris, 1656, 1 f. et 8 pp.; — *Principes et Suittes de la probabilité expliquez par Caramouel*, 17 pp.; — *Extrait de plusieurs dangereuses propositions tirées des nouveaux casuistes*, 14 pp. et 1 f.; — *Sommaire de la Harangue de Messieurs les Curez de Paris, prononcée par M^r* ROUSSE, *curé de S. Roch* ; Paris, 1656, 1 f. et 6 pp.; — *Epistola illustrissimi ac reverendissimi D. D.* JACOBI BOONEN, *archiepiscopi Mechliniensis*, 1 f. et 6 pp.; — *Lettre d'un ecclesiastique de Rouen à un de ses amis*, 4 pp.; — *Lettre d'un curé de Rouen* ; Rouen, 1656, 15 pp.

Le titre et les 3 ff. d'*Advertissement* ont été imprimés après coup en Hollande.

La plupart des pièces jointes aux *Provinciales* passent pour être l'œuvre collective d'ANTOINE ARNAULD et de PIERRE NICOLE, qui furent les collaborateurs assidus de Pascal.

Haut. 244 ; larg. 178 mm.

79. PENSÉES || DE || M. PASCAL || Sur la Religion || Et sur
quelques || autres Sujets, || Qui ont esté trouvées aprés sa
mort || parmy ses papiers. || *A Paris,* || *Chez Guillaume*

50 THÉOLOGIE.

Desprez, || ruë Saint Jacques, à Saint Prosper. || M. DC. LXX [1670]. || Avec Privilege & Approbation. In-12 de 41 ff., 365 pp. et 10 ff. de *Table*, mar. r. jans., doublé de mar. r., dent., tr. dor. (*Trautz-Bauzonnet.*)

<small>Edition originale, publiée par ARTUS GOUFFIER, DUC DE ROANEZ.
Collation des ff. lim.: titre avec le monogramme de G. *Desprez*; 31 ff. pour la *Preface*; 7 ff. pour les *Approbations de nosseigneurs les Prelats* et la *Table des Titres*; 1 f. pour l'*Extrait du Privilége*; 1 f. pour l'*Avertissement*. Le privilège, daté du 27 décembre 1666, est accordé pour 5 ans au sieur *Perier*, qui déclare en faire cession à *Desprez*. L'achevé d'imprimer est du 2 janvier 1670.
Comme le remarque M. L. Potier (Catalogue de 1870, n° 180), il existe au moins quatre éditions des *Pensées de Pascal*, sous la date de 1670 et portant le nom de *Desprez*. Celle-ci est la première. On ne peut avoir de doute à cet égard quand on l'a confrontée avec celle dont un exemplaire *unique*, à la date de 1669, se conserve à la Bibliothèque nationale. Les deux éditions n'en font évidemment qu'une seule. Le nombre des pages, les caractères, les fleurons, les dispositions typographiques, etc., sont identiquement les mêmes. L'exemplaire de 1669 diffère seulement de ceux de 1670 par le titre, et parce qu'il n'a pas été cartonné, c'est-à-dire qu'il n'a pas subi les suppressions ou modifications qui furent exigées par l'archevêque de Paris. Ces changements ayant apporté un retard dans la publication, ce volume ne put paraître en 1669, et l'on fit un nouveau titre daté de 1670.
Haut. 155; larg. 86 mm.</small>

80. PENSÉES || DE M. PASCAL || Sur la Religion || Et sur quelques || autres Sujets, || Qui ont esté trouvées aprés sa mort || parmy ses papiers. || *A Paris,* || *Chez Guillaume Desprez,* || *ruë Saint Jacques, à Saint Prosper.* || M. DC. LXX [1670]. || Avec Privilege & Approbation. In-12 de 40 ff., 334 pp. et 10 ff. de *Table*, mar. r. jans., tr. dor. (*Trautz-Bauzonnet.*)

<small>Collation des ff. lim.: titre avec le monogramme de G. *Desprez*; 36 ff. pour la *Preface* et les *Approbations de nosseigneurs les Prelats*; 2 ff. pour la *Table des Titres* et l'*Extrait du Privilége*; 1 f. pour l'*Avertissement*.
Le privilège et l'achevé d'imprimer sont les mêmes que ci-dessus.
Haut. 154; larg. 87 mm.</small>

81. CONFERENCE AVEC M. CLAUDE Ministre de Charenton, Sur la Matiere de l'Eglise. Par Messire Jacques Benigne Bossuet, Evesque de Meaux, Conseiller du Roy en ses Conseils, cy-devant Précepteur de Monseigneur le Dauphin, premier Aumosnier de Madame la Dauphine. *A Paris, Chez Sebastien Mabre-Cramoisy, Imprimeur du Roy, ruë Saint Jacques, aux Cicognes.* M. DC. LXXXII [1682]. Avec Privilege du Roy. In-12 de 22 ff., 504 pp. et 1 f. pour l'*Extrait du Privilége*, mar. r., fil., dos orné, tr. dor. (*Anc. rel.*)

<small>Edition originale.
Le privilège est le privilège général accordé à Bossuet pour vingt ans le 12 août 1682.
Exemplaire aux armes de LOUVOIS.</small>

82. RECUEIL DES OUVRAGES Composés par feu M. Papin. En faveur de la Religion, Dont on verra la Liste à la page suivante. Nouvelle Édition Donnée par sa Veuve, Augmentée de plusieurs Manuscrits posthumes, Et dédiée à Monseigneur l'Évêque de Blois. Avec six Lettres écrites par feuë Mademoiselle de Royere à Madame Rouph sa Sœur. *A Paris, Rue S. Jacques, Chez la Veuve Roulland, vis-à-vis saint Yves. [De l'Imprimerie de J. B. Lamesle, ruë des Noyers, à la Minerve.]* M. D. CC. XXIII [1723]. Avec Approbation & Privilege du Roi. 3 vol. in-12, régl., mar. r., fil., dent., dos ornés, tr. dor. (*Anc. rel.*)

 Tome I : cviij et 408 pp., plus 13 ff. — *Tome II* : 5 ff. et 467 pp. — *Tome III* : 12 ff. et 424 pp., plus 14 ff. et une grande pl. pliée.
 Le privilège, daté du 18 mars 1723, est accordé pour huit ans à « dame Anne Viart, veuve du s' Papin, » qui déclare en faire cession à la veuve Roulland. Cette dernière y associe pour un tiers la veuve *Guérin et fils*.
 Isaac Papin, protestant converti, était le neveu du fameux Denis Papin, l'inventeur de la machine à vapeur. On trouve à la fin du tome Ier de ce recueil une liste des ouvrages de l'oncle et du neveu.
 Exemplaire aux armes du cardinal DE NOAILLES, archevêque de Paris.

83. ALCIPHRON, OU LE PETIT PHILOSOPHE ; en sept Dialogues : Contenant une Apologie de la Religion Chretienne contre ceux qu'on nomme Esprits-forts. [Traduit de l'anglais, de George Berkeley, par P. de Joncourt.] *A La Haye, Chez P. Gosse & J. Neaulme.* M.DCC.XXXIV [1734]. 2 vol. in-12, régl., mar. r., fil., dos ornés, tr. dor. (*Anc. rel.*)

 Tome premier : 4 ff.; 372 pp.; 5 ff. de *Table* et 1 f. blanc.
 Tome second : 1 f. blanc; titre ; 218 pp.; 3 ff. de *Table*, plus 133 pp., 1 planche pliée et 7 ff. de *Table* pour une seconde partie intitulée : *Essay sur une nouvelle Theorie de la Vision* (cette seconde partie continue les signatures de la première).
 L'ouvrage anglais original est intitulé : *Alciphron, or the minute Philosopher, in seven Dialogues, containing an Apology for the Christian Religion against Free-Thinkers* (London, 1732, 2 vol. in-8).
 Le traducteur, P. DE JONCOURT, était un professeur de langues établi à Paris ; il ne doit pas être confondu avec les membres de la famille de Joncourt réfugiés en Hollande.
 Exemplaire de M. DE LA BÉDOYÈRE (Cat. 1837, n° 49) et de M. S. DE SACY (Cat. 1879, n° 158).

IV. — THÉOLOGIE PROTESTANTE.

84. BRIEFVE ‖ INSTRVCTION, ‖ pour armer tous ‖ bons fideles contre les erreurs de la se- ‖ cte commune des Anabaptistes. ‖ Par M. Iehan Caluin. ‖ *A Geneue* ‖ *Par Iehan Girard.* ‖ 1544. In-8 de 190 pp., mar. br. jans., tr. dor. (*Trautz-Bauzonnet.*)

 Au titre, la marque de *Girard* (Brunet, I, 1507 ; Silvestre, n° 918).

85. DECLARATION || pour maintenir la || vraye foy que tiennent tous Chrestiens || de la Trinité des persõnes en vn seul Dieu. || Par Iean Caluin. || Contre les erreurs detestables de Michel Ser- || uet Espaignol. Ou il est aussi monstré, qu'il || est licite de punir les heretiques : & qu'à || bon droict ce meschant a esté executé par iu- || stice en la ville de Geneue. || *Chez Iean Crespin* || *A Geneue*, || M. D. LIIII [1554]. In-8 de 356 pp. et 1 f., mar. r., fil., dos orné, tr. dor. (*Anc. rel.*)

<blockquote>
Cet ouvrage, où Calvin entreprend de justifier l'exécution de Servet, jette un jour sinistre sur l'intolérance et le fanatisme des premiers réformateurs. Le dernier f. contient la liste des « ministres et pasteurs de l'eglise de Genéve qui ont approuvé ce livre et y ont souscrit. » Ces ministres sont : Jean Calvin, Abel Pouppin, Jaques Bernard, Nicolas Des Gallars, François Bourgouin, Nicolas Petit, Remond Chauvet, Matthieu Malesian, Michel Cop, Jean Pirer, Jean de Sainct André, Jean Baldin, Jean Le Févre, Jean Macard et Nicolas Colladon.

Exemplaire de GIRARDOT DE PRÉFOND, d'AIMÉ MARTIN, de BENJAMIN DELESSERT (Londres, 1848) et de R. S. TURNER (Cat., n° 77).
</blockquote>

86. PRO G. FAREL- || LO et collegis e- || ius, aduersus Petri || Caroli theologastri calumnias, defensio Ni- || colai Gallasii. || Psal. CXIX. || Respondebo exprobranti mihi crimen : quo- || niam spes mea in Deo est. || Acto. XXVI. || Multas & graues criminationes afferebant ad- || uersus Paulum, quas non poterant probare. || 1545. *S. l.* [*Genevae*], in-8 de 92 pp.

<blockquote>
Au titre, la marque de *Jean Girard*, imprimeur à Genève (Silvestre, n° 577), accompagnée de ces mots : *Non veni pacem mittere in terram, sed gladium*.

Pierre Caroli, ancien prieur de Sorbonne, converti à la Réforme, avait été nommé ministre à Neufchâtel en 1536. Jaloux de l'influence exercée par Farel, Calvin et Viret, il répandit contre eux des accusations d'hérésie. Ses dénonciations, portées devant les synodes de Lausanne et de Berne, n'eurent aucun effet ; lui-même se vit condamné comme calomniateur. Il prit alors le parti de rentrer en France et revint au catholicisme (1537). Trois ans plus tard, Caroli retourna en Suisse, se réconcilia d'abord avec Farel, puis se livra contre lui à de nouvelles attaques. Il lui adressa une épître « faicte en forme de deffiance », que son adversaire fit lui-même imprimer en y joignant une réponse (Genève, Jean Girard, 1543, in-8). Il est probable que la réponse de Farel et une *Seconde Epistre*, publiée par lui la même année, amenèrent Caroli à reprendre la plume ; cependant, aucun bibliographe ne fait mention du libelle qui décida Nicolas Des Gallars à intervenir dans la lutte. Celui-ci fait, en effet, allusion, dès le début de son livre, à une publication récente : « Cum nuper libellum ediderit Petrus Carolus, sorbonicus theologaster, suo nomine inscriptum licet alieno artificio compositum, in quo omnes quidem piae sanaeque doctrinae ministros, tres tamen praecipue, Farellum scilicet, Viretum et Calvinum atrocibus calumniis proscindit, optandum esset ut unus horum responderet ad ejus maledicta. »

NICOLAS DES GALLARS (en latin GALLASIUS), seigneur de Saules, près de Paris, était depuis 1543 ministre à Genève.

Voy. Haag, *La France protestante*, III, 221 ; IV. 244 ; V, 71.
</blockquote>

87. LE || GLAIVE DE || LA PAROLLE VE- || RITABLE, tiré con- || tre

le Bouclier de defense : duquel vn Corde- || lier Libertin s'est voulu seruir, pour approu- || uer ses fausses & damnables opinions. || Par M. Guillaume Farel. || Heb. 4. || La parolle de Dieu est viue & d'efficace. || *A Geneue,* || *Par Iean Girard*, || 1550. In-8 de 8 ff. et 488 pp., mar. r. jans., tr. dor. (*Thibaron et Joly*.)

 Collation des ff. lim. : titre, avec la marque de l'épée (Silvestre, n° 577) ; 6 ff. pour l'épître ; 1 f. blanc.
 Le cordelier, dont Farel entreprend de réfuter la réponse, est celui que Calvin avait attaqué dans son ouvrage intitulé : *Contre la secte phantastique et furieuse des Libertins qui se nomment spirituels, avec une epistre de la mesme matiére contre un certain cordelier, suppost de ladicte secte, lequel est prisonnier à Roan* (s. l., 1547, in-8).
 Exemplaire de J.-F. OSTERWALD, le traducteur de la Bible. Le titre porte sa signature avec la date de 1683.

88. BRIEF TRAI- || TE DE PVR- || GATOIRE. || * || Non veni vt mitterem || pacem in terram, || sed gladium. Matth. X. = I. Iean I. Le sang de Iesus Christ nous || netoye de tous pechez. || 1551. *S. l.* [*Genève*], pet. in-8 de 31 pp., mar. r., fil., dos orné, tr. dor. (*Anc. rel.*)

 Au titre, la marque de *Jean Girard*, imprimeur à Genève (cette marque diffère légèrement de celle que Silvestre a reproduite sous le n° 919 ; elle est accompagnée de la même devise, mais les initiales n'y sont pas jointes).
 Au v° du titre se trouvent deux petites pièces en vers : un huitain intitulé *Complainte des Prestres* :
  S'il n'estoit point de purgatoire...
et un quatrain intitulé *Consolation des Prestres* :
  Bon cœur, bon cœur, prenons courage ,.
 Ce volume, qui n'a été décrit par aucun bibliographe, est, croyons-nous, l'œuvre de GUILLAUME FAREL. Les frères Haag (*La France protestante*, V, 71) citent parmi les ouvrages du célèbre réformateur un *Traité du Purgatoire*, auquel ils assignent la date de 1543 ; mais la brièveté de leur mention prouve qu'ils n'ont jamais eu le livre même entre les mains.
 Exemplaire de M. R. S. TURNER (Cat., n° 78).
 On trouvera plus loin, dans la section consacrée à l'Histoire de la Réforme, deux pièces relatives aux prédications de Farel à Bâle et à Montbéliard.

89. LES CENSVRES DES THE- || OLOGIENS DE PARIS, par lesquelles ils a- || uoyent faulsement condamne les Bi- || bles imprimees par Robert Estiēne im- || primeur du Roy : auec la response d'i- || celuy Robert Estienne. || Traduictes de Latin en Francois. || *L'Oliuier de Robert Estienne.* || M. D. LII [1552]. *S. l.* [*Genève*], in-8 de 154 ff. inexactement chiffr., 1 f. n. chiffr. et 1 f. blanc., mar. r. jans., tr. dor. (*Trautz-Bauzonnet.*)

 Au titre, la marque de Robert Estienne (Silvestre, n° 163).
 On remarque dans la foliation une erreur d'un n° entre les ff. 81 et 88 ; cette erreur se continue jusqu'au dernier f., qui est coté 155 au lieu de 154.
 Les Bibles publiées par *Robert Estienne* en 1528, 1532, 1540, 1541, 1543

et 1545, excitèrent contre lui la colère des théologiens de la Sorbonne, qui l'accusèrent d'hérésie et le poursuivirent avec une rage implacable. Ayant été nommé imprimeur royal en 1539, il put résister quelque temps, grâce à la protection de François Ier, mais les fanatiques de la Sorbonne eurent bien vite triomphé des scrupules d'Henri II. Estienne sentit que, abandonné par le roi, il n'était plus en sûreté en France, et il partit secrètement pour Genève au mois de novembre 1550. C'est là qu'il publia sa réfutation des théologiens catholiques, qui parut d'abord en latin sous ce titre : *Ad censuras theologorum Parisiensium, quibus Biblia a Rob. Stephano typographo regio excussa calumniose notarunt, ejusdem Rob. Stephani Responsio.* (s. l. [Genevae], 23. junii 1552, in-8). La traduction française, faite par l'auteur lui-même suivit de près l'original latin ; elle porte la date du 13 juillet 1552.

Haut. 177; larg. 115 mm.

90. DIALOGVE || DE M. BERNARDIN || OCHIN SENOIS, touchant le Purga- || toire. || *Par Antoine Cercia,* || M. D. LIX [1559]. *S. l.* [*Genève*], in-8 de 128 pp. et 1 f. blanc, mar. r. fil., large dent. à petits fers, dos orné, doublé de tabis, tr. dor. (*Anc. rel.*)

Au titre, la marque d'*Antoine Cercia*, qui représente le Christ montrant d'une main des renards et, de l'autre, un arbre. Autour de cette marque on lit : *Les renards ont des fosses et les oiseaux du ciel des nids, mais le fils de l'homme n'a point où il puisse reposer son chef.* Matt. 8.
Ce *Dialogue*, composé par Ochin alors qu'il était pasteur de l'église de Zürich, parut d'abord en italien, à Bâle, en 1556, puis fut traduit en latin par Thadaeus Dunus (*Tiguri, apud Gesneros. s. d., mais* 1556). La version française a été réimprimée à Paris en 1878, in-16, par les soins de M. V. T. S
Exemplaire de GAIGNAT, GIBARDOT DE PRÉFOND, MAC CARTHY (Cat. n° 1047), PIXERÉCOURT (n° 57), SOLAR (n° 314) et R.-S. TURNER (n° 102).

91. EXCELLENT || TRAITÉ DE || LA IVSTICE || CHRESTIENNE. || Composé par I. de l'Espine, Ministre || de la Parole de Dieu. || Et nouuellement mis en lumiere, pour || l'instruction & consolation des || enfans de Dieu. || *Imprimé à Londres par Thomas* || *Vautroullier.* || 1577. In-8 de 123 pp., mar. r. jans., tr. dor. (*Cuzin*).

92. TRAICTÉ || seruant à || l'eclaircissement || de la Doctrine || de la || Predestination. || Par Iaques Couet, Pari- || sien, Ministre de la paro- || le de Dieu. || *Imprimé* || *A Basle, par Iean* || *Schrœler.* M.D.XCIX [1599]. In-8 de 22 ff. non chiffr., 337 pp. et 3 ff., mar. bl. jans., tr. dor. (*Cuzin*).

Collation des ff. lim.; titre, au v° duquel sont placés seize vers « A haulte et puissante dame, madame Louyse Juliane de Nassau, electrice Palatine »; 18 ff. pour une *Préface* adressée à la même princesse, préface datée de Bâle le 25 août 1599 ; 3 ff. contenant des extraits des Pères.
Les derniers ff. contiennent une *Action de graces de l'auteur* et un *Advertissement* relatif aux œuvres de saint Augustin.

93. DISCOVRS || THEOLOGIQVE || de la tranquillité || Et vray repos

de l'Ame. || Faict par defunct M. Pierre Merlin viuant Ministre || du S. Euangile, en la maison de Monsei- || gneur le Comte de Laual à Vitré || en Bretagne. || Venez à moy vous tous qui estes trauaillez & chargez, & || ie vous soulageray ; dit nostre Sauueur en l'Euan- || gile de S. Matth. chap. II, ver. 28. || *A la Rochelle.* || *Par Iean Brenouzet.* || 1604. In-8 de 108 pp., mar. r. jans., tr. dor. (*Thibaron et Joly.*)

IV.7.30

 Au titre, la marque de *Jean Brenouzet*, qui reproduit celle des *Haultin*.
 Les pp. 3-4 contiennent une épître de Pierre Merlin « A haute et puissante dame, madame la comtesse de Laval ».
 Les pp. 5-6 sont occupées par un *Advertissement* de JACQUES MERLIN, « l'un des ministres de la parole de Dieu en l'église de La Rochelle » , fils de l'auteur.
 Ce volume n'est pas cité par M. Audiat, qui, dans son *Essai sur l'imprimerie en Saintonge et en Aunis*, a consacré un article à *Jean Brenouzet* (p. 34).
 MM. Haag (*La France protestante*, VII, 390) mentionnent le *Discours* de Pierre Merlin , mais il est probable qu'ils n'en ont jamais rencontré d'exemplaire , car ils n'indiquent ni le lieu d'impression, ni la date, ni le format.

94. LA HONTE || DE BABILON || comprise en || deux parties. || Par D[aniel] C[hamier]. || Premiere Partie. || Tu m'as oublié & tu t'es flé en mensonge , Par- || quoy aussi ai-ie rebrassé tes pans sur ton visage, || & ton ignominie paroistra. Ieremie, 13. 25. || *Imprimé à Sedan ,* || M.DC.XII [1612]. In-8 de 16 ff. non chiffr., 103 ff. chiffr. et 1 f. n. chiffr., mar. r. jans., tr. dor. (*Cuzin*).

IV.8.21

 Collation des ff. lim.: titre, avec la marque de *Jean Janon*, imprimeur à Sedan (au v° du titre est une *Prière à l'Eternel* en 12 vers) ; 5 pp. pour une épître « A tres-haute et illustre princesse, madame Charlotte de Nassau, princesse en Orange, duchesse de Touars, vefve de deffunct tres-haut et tres-illustre monseigneur Claude, duc de La Trimouille et de Touars, pair de France, etc. » ; 25 pp. pour une *Exhortation aux Temporiseurs*.
 DANIEL CHAMIER, né en 1565, fut tué au siége de Montauban, le 17 octobre 1621. Voy. Haag, *la France protestante*, III, 316.

95. TRAITTÉ || DE LA || IVSTIFICATION. || Sermon sur l'Epistre || aux Philippiens chap. 3. vers. 9. || Fait à Sedan le premier Ieudy || de Decembre 1643. || Par Gedeon Cheron. || Esaie XL. Vers. I. || Consolez, consolez mon peuple , dira vostre Dieu: par- || lez à Ierusalem selon son cœur, & lui criez, que son || temps prefix est accompli, que son iniquité est tenuë || pour acquittee, & qu'elle a receu le double de la || main de l'Eternel pour tous ses pechés. || *A Sedan,* || *Par Pierre Iannon, Imprimeur* || *de l'Académie.* || M.DC.XLIV [1644]. || Avec Approbation du Conseil des Moderateurs. In-8 de 32 pp., mar. r. jans., tr. dor. (*Thibaron et Joly.*)

IV.7.59

56 THÉOLOGIE.

96. DEVX SA- || TYRES, || l'vne || du Pape : l'au- || tre de la || Papauté. || Par M. Ioachim de Coignac. || 2. Thess. 2. || Le Seigneur Iesus destruira l'Antechrist par || l'Esprit de sa bouche, & par la clairté de || son aduenement. || 1551. *S. l.* [*Lausanne*], pet. in-8 de 24 pp., mar. r., fil., dos orné, tr. dor. (*Bauzonnet-Trautz.*)

<blockquote>
Au titre, la marque de *Jean Rivery*, imprimeur à Lausanne (Silvestre, n° 1252), avec cette devise : *La coignée est mise à la racine des arbres; parquoy tout arbre qui ne fait pas bon fruit sera coppé et jetté au feu.* Mat. 3.

JOACHIM DE COGNAC, né à Châteauroux vers 1520, mourut dans le pays de Vaud vers 1580. Les frères Haag, qui nous fournissent ce renseignement (*La France protestante*, III, 508), n'ont pas connu nos *Deux Satyres*, que plusieurs bibliographes, M. Tricotel notamment, ont vainement cherchées. Ces pièces, écrites en vers, contiennent des passages fort grossiers.

Exemplaire du marquis DE MORANTE.
</blockquote>

97. LE GLAIVE || DV GEANT || GOLIATH , || Philistin, & ennemy || de l'Eglise de || Dieu. || C'est vn recueil de quelques certains || passages , par lequel il sera aisé à || tous fideles qui le liront, de con- || noistre que le Pape ha la gorge || couppée de son propre glaiue. || M.D.LXI [1561]. *S. l.*, in-8 de 55 pp.

<blockquote>
Au v° du titre, une *Invective* (en vers) *contre la Papauté et son chef l'Antechrist.*

Les pp. 3-6 sont occupées par une épître : *A l'Eligse de nostre seigneur Jesus Christ, qui est en l'isle de Arvert*, épître datée de La Tremblade, le 4 octobre 1561, et qui porte le nom de CHARLES LEOPARD.

Leopard, l'un des apôtres les plus actifs de la Réforme en Saintonge, dut naître vers 1525 ; on ignore la date de sa mort. *Le Glaive du geant Goliath* est le seul ouvrage de lui que l'on connaisse.
</blockquote>

98. RECUEIL DE PIÈCES SATIRIQUES CONTRE LE PAPE ET L'EGLISE ROMAINE , en prose et en vers, mar. r., fil., dos et coins ornés , tr. dor. (*Anc. rel.*)

<blockquote>
Ce recueil, qui provient de la bibliothèque de RICHARD HEBER (*Biblioth. Heberiana*, n° 5391,) de la vente VEINANT (n° 78) , de la vente SOLAR (n° 308), et, en dernier lieu, de la bibliothèque du prince NAPOLÉON, contient 12 pièces, dont voici la description :

1. LA || POLYMACHIE DES || MARMITONS. || En laquelle est amplement descrite || l'ordre que le Pape veut tenir en || l'armée qu'il veut mettre sus pour || l'éleuement de sa Marmite. || Auec le nombre des Capitaines & || Soldats , qu'il veut armer pour met || tre en campagne. || *A Lyon*, || 1562. In-8 de 7 ff. non chiffr. et 1 f. blanc.

Montaiglon, *Recueil de Poésies françoises*, VII, 51-65.

2. LA DESOLATION DES || FRERES DE ROBE || GRISE , pour la perte de la || Marmitte qu'est || renuersée. || S. Matthieu . 7. || Or donnez vous garde des faux prophe || tes, qui viennent à vous en habit de || brebis , mais par dedans || sont loups rauissans. || *A Lyon*, || M. D. LXIII [1563]. In-8 de 4 ff. non chiffr.

Recueil de Poésies françoises, VII, 140-147.

3. LE MANDEMENT DE || LVCIFER , à l'Ante- || crist Pape de Rome , & à tous || ses [*sic*] supposts de son || Eglise. || *A Lyon*, || 1562. In-8 de 19 ff. non chiffr. et 1 f. blanc.
</blockquote>

THÉOLOGIE. 57

Pièce en prose qui nous paraît avoir été inspirée par les mandements joyeux qui se récitaient, au XVe et au XVIe siècles, dans les réunions des confréries facétieuses. On peut en rapprocher notamment les *Lettres de Cailleau l'Enfondu* (Keller; *Romvart*, 154 ; *Bull. de la Soc. des anc. Textes franç.*, 1876, 104-106), *la Lettre d'Escornifierie*, *le Mandement de l'abbé des Mal Prouffitans*, etc.

4. SENTENCE || DECRETALLE , ET CON- || DEMNATOIRE AV FAIT DE LA PAILLARDE PA || PAVTÉ : & punition de ses demerites , || & forfaits , souz la sommaire || narration de longues || procedures. || Sap. 12. || Comme à enfans qui n'ont vsage de raison , tu || as fait iugement en derision : mais eux , qui || par increpations de moqueries & deshon- || neur, ne se sont amendez , resentiront vn || iugement de Dieu , tel qu'il leur apartient. || *Imprimé nouuellement.* || 1561. *S. l.*, in-8 de 23 ff. non chiffr. et 1 f. blanc.

Satire en prose, écrite comme la précédente, dans la forme d'un acte judiciaire. Elle est datée du 1er août 1560.

5. CHANSON || NOVVELLE || CONTENANT LA FORME || & MANIERE DE DIRE LA MESSE , Sur le || chant de Hari , hari l'asne || Hari bouriquet. || Au Lecteur. || Ceste Chanson qui t'est à ceste heure || Presentée , n'est faite sans raison : || Car il faut bien que tu t'asseure, || Que voicy sa droite saison. || Verite decouure tout. || M. D. LXII [1562]. In-8 de 4 ff. non chiffr.

Recueil de Poésies françoises, VII , 46-50; *Chansonnier huguenot*, I, 149.

6. L'ADIEV DE LA MESSE. || *A Lyon,* || 1562. In-8 de 4 ff. non chiffr.

Recueil de Poésies françoises , XIII , 355-361.

7. LA CŌSOMMATION || DE L'IDOLE DE PARIS, || suiuant la parole du pro- || phete Ieremie. || *A Lyon,* || 1562. In-8 de 8 ff.

Commentaire satirique, en prose, de divers passages de Jérémie.

8. BABYLONE || OV, || LA RVINE DE LA || GRANDE CITÉ , ET DV || REGNE TYRANNIQUE DE LA GRAN- || DE PAILLARDE BABYLONIENNE. || Par L. Palercee. || Elle est cheute, elle est cheute Babylone, || ceste grande cité, pourtant qu'elle a ab- || breué toutes nations du vin de l'ire de || sa paillardise. || *A Geneue, || Par François Perrin.* || *M.D.LXIII* [1563]. In-8 de 13 pp. et 1 f. blanc.

Au titre, une marque représentant deux portes , une porte large ornée de fleurs , une porte étroite fermée par des épines. Au-dessus de la première on aperçoit le feu de l'enfer, tandis que la seconde est surmontée d'une couronne. Autour de ce bois on lit : *Entrez par la porte estroite, car c'est la porte large et chemin spacieux qui méne à perdition.* Mat. 7.

Cette satire est écrite en vers. Nous ne connaissons pas d'ailleurs le nom de PALERCÉE, qui est certainement supposé.

9. CONFESSION || DE LA FOY CHRE- || STIENNE, || Laquelle a esté mise en Rime Fran- || çoise à la grande consolation spi- || rituelle de toute personne fidele. || Contenant en somme, les princi- || paux Articles de nostre Foy : & || tresclaire intelligence des saints || Sacremens. Et à celle fin qu'elle || puisse apporter quelque fruit da- || uantage au Lecteur pour se res- || iouir en Dieu . a esté proprement || accōmodee sur le chât du Psalme || cxix. Bienheureuse est la personne, &c. || De façon que par icelle, on peut || estre edifié, la lisant simpleinēt, ou ¦| la chantant spirituellement, pour || la mieux retenir en memoire. || *A Lyon,* || 1562. In-8 de 8 ff. non chiffr.

La *Confession* est précédée d'une dédicace « A trois illustres sœurs et vertueuses dames, mesdames Jeane, Gabriéle et Charlote » ; la dédicace est signée : DE NAKOL, « aveugle nay, de Jesus illuminé ». M. Bordier (*Chansonnier huguenot*, II, 457), avoue n'avoir pu pénétrer « aucun des mystères qui enveloppent ces noms et ces personnages. » Le rédacteur du Catalogue Bancel (n° 237) a supposé à tort que les trois sœurs étaient filles de Guy de Laval : aucune des filles de ce personnage n'a porté le nom de Jeanne ni celui de Gabrielle.

10. DEUX || CHANSONS SPIRI- || TVELLES, l'vne du || siecle d'or auenu, tant

desiré : l'au || tre de l'assistance que Dieu a faite || à son Eglise : avec quelques Di- || zains et Huitains Chrestiens. || Par les Protestans de l'euangile de no || stre Seigneur Iesus Christ. || A la louange de monseigneur || Loys de Bourbon, prince de Côdé. || *A Lyon* || 1562. In-8 de 8 ff. non chiffr.

Recueil de Poésies françoises, VIII, 270-281.

11. ODE || HYSTORIALE || DE LA BATAILLE DE || SAINCT GILE, sur le chant || du Pseaume hui- || tante vn. || Chantons gayement. || *A Lyon*, || 1563. In-8 de 4 ff. non chiffr.

Chansonnier huguenot, II, 236-244.

12. AVERTISSE- || MENT A MESSIEVRS DV || PVY, touchant l'idolatrie || qu'ils commettent en- || uers l'Idole de || leur nostre || Dame, || Sur le chant du Pseaume 40. || Auec vne Chanson spirituelle || à la louange de la Paix, || sur le mesme || chant. || Plus vn Echo qui declaire par ses || responses la source des troubles de || France, & l'effect de la guerre. || *A Lyon*, || 1563. In-8 de 8 ff. non chiffr.

Recueil de Poésies françoises, XIII, 362-382.

99. L'EXTREME || ONCTION DE || LA MARMITE || PAPALE. || Petit traité auquel est amplement discou- || ru des moyens , par lesquels la Mar- || mite Papale a esté iusques icy || entretenue a proffit de || mesnage, || Auec || Les authoritez de la saincte Escriture, de || sa decadence & ruine, || Par Io. du Ch. || Psal. XIII. || Ha mal-heureux, vous vous estudiez || A vous moquer de l'intention bonne , || Que l'immortel au poure affligé donne, || Pource qu'ils sont sur luy tous appuyés, || Et en riez. || *A Lyon*, || M.D.LXIII [1563]. In-8 de 37 pp. et 1 f. blanc, mar. bl., jans., tr. dor. (*Duru*.)

Les initiales portées sur le titre doivent être celles de JOACHIM DU CHALARD, avocat au grand conseil à Paris, né à la Souterraine en Limousin. Cet auteur, qui paraît avoir adhéré à la Réforme, a signé JOACHIM DU CH. son livre intitulé : *Origine des erreurs de l'Eglise* (s. l., 1562).

Cf. La Croix du Maine, II, 3 ; Du Verdier, II, 544.

Exemplaire de SOLAR (Cat., n° 311) et du prince NAPOLÉON.

V. — THÉOLOGIE ÉTRANGÈRE AU CHRISTIANISME.

100. L'ALCORAN DE MAHOMET. Translaté d'Arabe en François , par le Sieur Du Ryer, Sieur de la Garde Malezair. *Iouxte la Copie imprimée à Paris, Chez Antoine de Sommaville*, cIɔ Iɔcxlix [1649]. Avec Privilege du Roy. Pet. in-12 de 6 ff., 416 pp. et 2 ff., mar. r. jans., doublé de mar. r., dent., tr. dor. (*Trautz-Bauzonnet*.)

Exemplaire NON ROGNÉ, provenant du cabinet de M. DE LA VILLESTREUX (Cat. n° 49).

Édition imprimée par *J. Jansson* à *Amsterdam*. Voy. Willems, *Les Elzevier*, n° 1087.

JURISPRUDENCE.

1. — GÉNÉRALITÉS. — DROIT ROMAIN. — DROIT FRANÇAIS.

101. DE L'ESPRIT DES LOIX Ou du rapport que les Loix doivent avoir avec la Constitution de chaque Gouvernement, les Mœurs, le Climat, la Religion, le Commerce, &c. [par Charles de Secondat, baron de La Brède et de Montesquieu], à quoi l'Auteur a ajouté Des recherches nouvelles sur les Loix Romaines touchant les Successions, sur les Loix Françoises, & sur les Loix Feodales. *A Geneve, Chez Barillot & Fils. S. d.* [1748], 2 vol. in-4, mar. r. jans., tr. dor. (*Trautz-Bauzonnet.*)

 Édition originale.
 Tome premier : 4 ff. non chiffr. pour les titres et les 4 premières pp. de la *Préface* ; xxiv pp.; une grande carte pliée ; 522 pp. — *Tome second* : 2 ff.; xvj et 564 pp., plus 1 f. pour les *Fautes à corriger.*

102. DEFENSE DE L'ESPRIT DES LOIX [par Montesquieu], A laquelle on a joint quelques Eclaircissemens. Le prix est de trente sols broché. *A Geneve, Ch   Barillot & Fils.* M. DCC. L [1750]. In-12 de 207 pp.

103. OBSERVATIONS sur un livre intitulé : De l'Esprit des Loix, divisées en trois parties. [Par Cl. Dupin, fermier général.] *S. l. n. d.* [*Paris, Guérin et Delatour*, 1757-1758], 3 vol. in-8, demi-rel. dos et c. mar. r., tête dor., n. r. (*Niedrée.*)

 Première Partie : 1 f. blanc, 1 f. de titre, xxix et 447 pp. — Les pp. 7-8 sont cartonnées. — *Seconde Partie :* 1 f. et 531 pp. — *Troisième Partie :* 1 f. et 521 pp.
 L'auteur de cet ouvrage, après en avoir distribué quelques exemplaires à ses amis, donna l'ordre à l'imprimeur *Delatour* de détruire le reste de l'édition.
 Exemplaire de M. R.-S. TURNER (Cat., n° 121).

104. CORPUS JURIS CIVILIS. Editio nova, Prioribus correctior. M DC LXIV [1664]. *Amstelœdami, Apud Ioannem Blaeu, Ludov. et Dan. Elzevirios. et Lugduni Batavorum, Apud Franciscum Hackium.* 2 vol. in-8, régl., mar. r., fil., dos ornés, doublés de mar. r., dent., tr. dor. (*Anc. rel.*)

 Tomus primus : front. gravé ; 10 ff.; titre imprimé, avec la date de 1664 ; 1037 pp. à 2 col.; 1 f. blanc. — On lit au v° de la p. 1037 : *Amstelœdami,*

60 JURISPRUDENCE.

Typis Joannis Blaeu. M. DC. LIII [sic]. — *Tomus secundus* : 820 pp. et 1 f. portant au r⁰ ces mots : *Amstelædami, ex Typographia Joannis Blaeu*, avec la date de M.D.LXIV.

Willems, *Les Elzevier*, n° 1323.

105. LES ORDŌNANCES faictes par ‖ le roy nostre syre / touchāt le fait ‖ de la iustice du pays de langue- ‖ doc leuez publieez ⁊ enregistreez ‖ en la court de plemēt de tholose : *S. l. n. d.* [*Toulouse, vers* 1491?], in-4 goth. de 30 ff. n. chiffr. de 30 lignes à la page, sign. *A-B*, *D*, par 8, *C* par 6.

Le titre est orné d'un bois qui représente un roi assis sur un trône donnant audience à divers personnages. En voici la reproduction :

Au v° du titre, un grand bois, d'une exécution très incorrecte, qui représente un moine assis dans une chaire gothique et travaillant devant un pupitre.

languedoc leuez pu̅b̅l̅i̅ees et enregistrees en la court de parlement de tholose. le. xxviii. iour d'auril. L'an mil. cccc. lxxxxi.;

Ce même bois est répété au v° du dernier f., au-dessous de trois lignes de texte.

M. Desbarreaux-Bernard attribue l'impression de ce volume à *Jehan de*

Guerlins, ou *Gherlinc*, imprimeur qui arriva, dit-il, à Toulouse en 1491 et qui avait déjà quitté cette ville en 1494.
Cf. Deschamps, *Dictionnaire géographique*, 1248.

106. ❧ Covstvmes ‖ et vsaiges de la ville taille baillieu ꝭ eche- ‖ uinaige de Lille confirmez ꝭ approuuez / ‖ par limperiale Maieste. *Imprime en An* ‖ *uers par Iehan de Ghele / demourant* ‖ *sur la mouraille de Lombard* [sic] *au* ‖ *Leurir* [sic] *blancq.* ‖ ❡ Lesquelles ont par cy deuant este ‖ Imprimees par priuilege impe- ‖ rial dont la copie est icy ‖ annexee. — [Au f. Hiij, r⁰ :] Toutes Lesquelles ‖ coustumes ꝭ vsaiges arrestez ꝭ confirmez comme des ‖ sus / ont este publiez aux plaidz de ladicte ville ‖ de Lille en la presence de la loy / practiciens ‖ ꝭ plusieurs manans dicelle / le treiziesme ‖ iour de Ianuier an Mil. cincq cens ‖ et Trentetrois [1534 n. s.]. — *Fin.* In-4 goth. de 30 ff. chiffr. et 2 ff. n. chiffr., mar. r. jans., tr. dor. (*Trautz-Bauzonnet.*)

> Le titre est orné d'un encadrement, dans lequel sont placés des médaillons représentant les évangélistes et les saints-pères. — Le v⁰ du titre est blanc.
> Le 2⁰ f. contient le texte du privilège accordé par Charles-Quint à *Michel Willem*, libraire à Lille, le 31 janvier 1533 (v. s.).
> Le dernier f. porte, au r⁰, la marque de *Jean van Ghelen* (Silvestre, n⁰ 307), et, au v⁰, une fleur de lis, accompagnée du mot : *Lille.*
> M. Houdoy (*Les Imprimeurs lillois*, 9) cite l'édition des *Coustumes* que *Michel Willem* fit imprimer à *Anvers* par *Martin L'Empereur*, mais ne paraît pas avoir connu celle-ci.

II. — LÉGISLATION DE LA LIBRAIRIE

107. Collectio Judiciorum de novis Erroribus, qui ab initio duodecimi Seculi post Incarnationem Verbi, usque ad annum 1713. in Ecclesia proscripti sunt & notati : Censoria etiam Judicia insignium Academiarum, inter alias Parisiensis & Oxoniensis, tum Lovaniensis & Duacensis in Belgio, aliorumque Collegiorum Theologiæ apud Germanos, Italos, Hispanos, Polonos, Hungaros, Lotharos, &c. Cum notis, observationibus, & variis mouumentis ad Theologicas res pertinentibus. Operâ & studio Caroli du Plessis d'Argentré, Sorbonici Doctoris, Regique à Consiliis & Eleemosinis, & ad Episcopatum Tutelensis Ecclesiæ jam designati. Editio nova. *Lutetiæ Parisiorum, Apud Nicolaum Duchesne, Bibliopolam viâ Sancti Jacobi, ad insigne sani leporis.*

JURISPRUDENCE. 63

M.DCC.LV [1755]. Cum privilegio Regis et Approbatione. 3 vol. in-fol.

Tomus primus, in quo exquisita monumenta ab anno 1100. usque ad annum 1542. continentur: 2 ff., 8 pp. de préface impr. à longues lignes. 418 pp. impr. à 2 col. et liv pp. pour l'*Index* et le *Privilége*. — On lit à la fin : *Parisiis, Typis pro prima parte H. S. P, Gissey, viâ quæ vulgo vocatur, de la Huchette. Et pro secunda Parte : Typis J. B. Lamesle, viâ quæ vulgo dicitur, des Noyers.* M.DCC.XXIV [1724].
Tomus secundus, in quo exquisita monumenta ab anno 1521. *usque ad annum* 1632. *continentur:* 2 ff., xx pp., 546 pp. (chiffr. de 3 à 548) et 384 pp. pour les *Conclusiones et Judicia sacræ Facultatis Theologiæ Parisiensis* et pour l'*Index*.
Tomus tertius, in quo ipsæ Conclusiones et Judicia S. Facultatis Parisiensis adversus novos Errores, tum de rebus Theologiæ, ab anno 1633. *usque ad hanc ætatem exscripta sunt : deinde in altera Parte Voluminis reliqua Monumenta continentur, quæ initio designavimus :* 13 ff. pour les titres, la préface, les tables et le privilège, 608 pp.

Le privilège, daté du 27 août 1723, est accordé pour huit ans à l'auteur.
L'ouvrage de Du Plessis d'Argentré contient uue foule de documents fort précieux pour l'histoire littéraire aussi bien que pour l'histoire religieuse. Il est cependant fort peu connu aujourd'hui, au point que M. Brunet n'en a fait aucune mention. On prétend qu'une partie des exemplaires périt dans un naufrage, ce qui en expliquerait l'extrême rareté.
Les mots *Nova Editio* ne doivent pas faire croire qu'il existe plusieurs éditions de la *Collectio Judiciorum*. Les trois volumes parurent successivement de 1724 à 1736 ; les titres seuls furent renouvelés en 1755.

108. EDICT faict par || le Roy, sur cer- || tains articles, faictz par la faculté de || Theologie de L'uniuersité de Paris, || touchans & concernans nostre foy || & religion Chrestienne & || forme de prescher. || Auec le Cathologue [*sic*] des liures, || censurez par ladicte faculté de theo || logie. Ensemble L'arrest de la court || Faict le .xxiii. iour de Iuing : Et pu- || blié le .xxviii. iour dudict moys, || Mil cinq cens quarante cinq. || Auec priuilege. || *On les vend à Paris, en la grand salle du* || *Palais, au premier pillier, par Iehan André li-* || *braire iuré de L'uniuersité* [sic] *de Paris.* || 1545. —[Au rº du dernier f., au dessous des armes royales :] ❦ *Nouuellement imprimé à Paris, pour Iehan* || *André, libraire iuré en l'uniuersité de Paris,* || *Le vingtiesme iour de Iuillet, Mil cinq cens* | *quarante cinq.* Pet. in-8 de 36 ff. n. chiffr., mar. r. jans., tr. dor. (*Trautz-Bauzonnet.*)

Les censures de la Faculté de Théologie, datées du 6 mars 1542, furent approuvées par un édit royal du 23 juillet 1543, enregistré en parlement le 31 juillet de la même année, et publiées à nouveau, en vertu d'un arrêt de la cour du 23 juin 1545. Le catalogue des livres condamnés est un document des plus importants pour l'histoire de la Réforme. On y voit figurer, parmi les ouvrages latins, ceux de Calvin, de Dolet, d'Érasme, de François Lambert, de Luther, de Melanchthon, d'Œcolampade, de Zwingle ; parmi les livres français, ceux de Brodeau, de Calvin, de Dolet, d'Érasme, de

JURISPRUDENCE.

Farel, de Lambert, le *Sermon du bon et maulvais Pasteur*, de Clément Marot, etc.

Les deux listes, classées par noms d'auteurs, sont suivies d'un Catalogue d'ouvrages dont les auteurs sont incertains; on remarque dans ce dernier catalogue *Gargantua* et *Pantagruel*.

V. 4. 42

109. ORDONNĀTIE ENDE EDICT ‖ des Keysers Kaerle die V. vernieuwt indē April / Int iaer M. ‖ CCCCC. L. Om textirperē eñ te nyetē te brengē die sectē ende ‖ erreuren / opgeresen teghē theylighe kersten ghelooue / ende te- ‖ gen die ordōnantien van onser moeder der heyligher kerc- ‖ ken. Metten Cataloghe vanden ghereprobeerdē ende ‖ verboden boeckē : Ende oick vāden goedē boeckē / ‖ diemen den ionghē scholieren sal moghē leerē. ‖ Gij aduyse vandē Rectoer / ende die van- ‖ der Vniuersiteit van Loeuen. ‖ *Geprint te Loeuen voirk / bij Seruaes Sassenus / ghe-* ‖ *sworen printer. ‖ Duer beuel der Keyserlijcker Maiesteit.* In - 4 de 11 ff. non chiffr. de 36 lignes à la page pleine (non compr. le titre courant) et 1 f. blanc, sign. *a-c*, avec la marque de l'imprimeur au titre. — DIE ‖ CATALOGEN OFT INVEN- ‖ TARISEN vanden quaden verboden boucken : ende ‖ van andere goede / die men den iongen scho- ‖ lieren leeren mach / na aduys der Vni- ‖ uersiteyt van Loeuen. ‖ Met een edict oft mandement der Keyserlijcker Maiesteyt. ‖ *Te Loeuen geprint / bij Seruaes van Sassen / gesworen boeck* ‖ *printer. Int Iaer ons Heeren /* M. CCCCC. L [1550] ‖ Ouer beuel der Keyserlijcker Maiesteyt. In-4 goth. de 12 ff. n. chiffr. de 36 lignes à la page , sign. *a-c*, avec la marque de l'imprimeur au titre. — Ensemble 2 parties en un vol. in-4, mar. r. jans., tr. dor. (*Cuzin*.)

Les livres censurés par l'université de Louvain sont classés d'après la langue dans laquelle ils sont écrits.
L'édit de Charles-Quint, qui promulgue ces défenses, est daté du mois d'avril 1550.

IV. 5. 6

110. PHILIPPI II. ‖ REGIS CATHOLICI ‖ EDICTVM ‖ De Librorum prohibitorum Cata- ‖ logo obseruando. ‖ *Antuerpiæ,* ‖ *Ex officina Christophori Plantini.* ‖ M.D.LXX [1570]. ‖ Cum Priuilegio. In-8 de 8 ff. non chiffr. —INDEX ‖ LIBRORVM ‖ PROHIBITORVM : ‖ Cum regulis confectis ‖ per Patres a Tridentina Synodo ‖ delectos, Auctoritate Sanctiss. D. N. Pij IIII. ‖ Pont. Max. comprobatus. ‖ Cum Appendice in Belgio, ex mandato Regiæ ‖ Cathol. Maiestatis confecta. ‖

Antuerpiæ, || *Ex officina Christophori Plantini.* || M.D.LXX [1570]. In-8 de 108 pp. et 2 ff. blancs.— Ensemble 2 parties en un vol. in-8, mar. r. jans., tr. dor. (*Thibaron et Joly.*)

<small>La première partie, dont le titre est orné d'une marque de *Plantin* que Silvestre n'a pas reproduite, renferme l'édit de Philippe II en français, en néerlandais et en latin. Au r° du dernier f. est placé un extrait du privilège accordé pour six ans à l'imprimeur le 16 février 1569.
La seconde partie, dont le titre porte une autre marque de *Plantin*, également inconnue à Silvestre, présente un grand intérêt. Les livres prohibés sont classés par langues: livres latins, français, néerlandais, espagnols. Parmi les livres français, on remarque deux petites pièces de Marot: l'*Amant despourveu de son esprit* et le *Sermon du bon Pasteur*, les œuvres de Dolet, de Farel, de Calvin, de Rabelais, etc.</small>

111. CODE de la Librairie et Imprimerie de Paris, ou Conférence du Réglement arrêté au Conseil d'Etat du Roy, Le 28 Fevrier 1723, Et rendu commun pour tout le Royaume, par Arrêt du Conseil d'Etat du 24 Mars 1744. Avec les anciennes Ordonnances, Edits, Déclarations, Arrêts, Réglemens & Jugemens rendus au sujet de la Librairie & de l'Imprimerie, depuis l'an 1332, jusqu'à présent. *A Paris, Aux dépens de la Communauté.* [*De l'Imprimerie de Quillau.*] M.DCC.XLIV [1744]. Avec Approbation et Privilege du Roy. In-12 de XXIV et 496 pp., plus 15 ff., mar. r., fil., dos orné, tr. dor. (*Anc. rel.*)

<small>Le privilège, daté du 27 mars 1744, est accordé pour trois ans à *Claude-Marin Saugrain*, père, syndic de la librairie.
Exemplaire aux armes de GUILLAUME II DE LAMOIGNON, acquis à la vente de M. le baron J. PICHON (Cat., n° 99).</small>

III. — MATIÈRE CRIMINELLE.

112. DISCOVRS de l'execra-||ble forfait commis par vn || garson de la ville de Rumilly || En Sauoye || lequel à [*sic*] miserablement pendu & estranglé || sa propre Mere: Ensemble l'execution qu'il || n'a [*sic*] esté faicte à Chambery le xx iour de || May l'an 1606, || *A Chanbery* [sic] || *Par Pierre Pomart* || Auec permission. In-8 de 4 ff. non chiffr., mar. r. jans., tr. dor. (*Cuzin.*)

<small>L'assassin, âgé de vingt ans, s'appelait Georges Mollion.
Pierre Pomart n'est pas cité dans l'ouvrage de MM. Dufour et Rabut sur l'*Imprimerie en Savoie* (Chambéry, 1877, in-8).</small>

113. LA TRISTE || ET LAMENTABLE || cōplainte du Capitaine la Quinte || & de ses compagnons, iusticiez || dans Paris, & à

Chalom [sic] sur Saone, ‖ pour leurs estranges volleries, le‖ lendemain de la S. Iean de la pre-‖ sente annee. ‖ *A Lyon,* ‖ *Pour Michel Cheualier.* ‖ M.DCVII [1607]. ‖ Auec permission. In-8 de 12 pp., 1 f. non chiffr. et 1 f. blanc, mar. r. jans., tr. dor. (*Cuzin.*)

<small>Au titre, un petit bois tiré d'un ancien livre, et qui est censé représenter le coupable.
Le capitaine la Quinte et ses compagnons : La Plante, La Fleur, La Palice, La Vigne, La Jeunesse, Le Gascon et autres, détroussaient les voyageurs entre Orléans et Étampes.</small>

114. La Triste ‖ et Lamentable ‖ Complainte faicte par François de la Motte, ‖ Lieutenant en la garnison de Mets en ‖ Lorraine, pour auoir violé la fille d'vñ ‖ Bourgeois de ladicte ville, & a eu la teste ‖ tranchee à Paris, à la croix du Tirouër le 15. ‖ Ianuier, 1608. ‖ *A Lyon,* ‖ *Pour Loys Clauet.* ‖ *Ioint la Coupie Imprimé* [sic], *à Paris,* ‖ *Chez Fleury Bouriquant.* ‖ Auec permission. In-8 de 15 pp., mar. r. jans., tr. dor. (*Trautz-Bauzonnet.*)

<small>Au titre et au recto du dernier f., de curieuses figures en bois extraites de quelque livret gothique de la première moitié du XVIe siècle.
Cette *Complainte* contient le même récit que l'*Exemplaire Punition du violement et assassinat commis par François de La Motte*, que M. Fournier a réimprimée dans ses *Variétés hist. et litt.* (III, 229-239), mais la date du supplice diffère dans les deux relations. La *Punition* porte le 5 décembre 1607, notre *Complainte* dit le 15 janvier 1608.
On lit dans le *Journal* de L'Estoille, à la date du mois de septembre 1607 : « Un capitaine de la garnison de Metz fut mis, en ce mois, prisonnier à la Conciergerie, pour avoir violé une fille de ladite ville ; lequel, après l'avoir tuée l'auroit coupée par quartiers et mise dans une malle, puis jettée dans la rivière de Moselle, où on auroit pesché ladite malle et trouvé dedans par pièces ceste pauvre creature. Le roy en trouva l'acte si meschant et barbare que M. d'Esparnon, qui aimoit ce capitaine, en voulant toucher quelque mot à sa majesté comme pour sonder s'il n'y auroit point quelque lieu de grace, se mist en colère contre ledit d'Esparnon et le renvoia fort rudement. » *Mémoires-Journal de Pierre de L'Estoile* (Paris, 1875-1882, in-8), VIII, 345.
On trouve dans le *Rozier des chansons nouvelles* (Lyon, Jonas Gautherin, 1609, in-16, p. 33), une pièce relative au même criminel : *Chanson nouvelle sur les regrets du baron de La Motte, capitaine de cinquante hommes d'armes et gouverneur pour le Roy à Mets, lequel a esté executé à Paris, à la Croix du Tiroir, pour avoir ravy et pris à force une fille en ladite ville, et la fit mourir cruellement ; sur le chant :* Or, oyez, filles, etc. :</small>

<small>O douleurs, ô coups pervers,
O tardive repentence....</small>

115. Discovrs ‖ lamentables ‖ de trois ieunes ‖ Enfans, lesquels ont ‖ esté executez & mis à mort dans la ‖ Ville de Tours, ‖ Pour auoir donné plusieurs ‖ coups de cousteau à leur Pere, aagé de soixante ‖ & dix ans, le dix-septiesme d'Auril ‖ Mil six cens & vnze. ‖ Auec les regrets & lamentations de

leur sœur. || *Imprimé à Paris par Federic Morel,* || *Imprimeur ordinaire du Roy.* || Auec Priuilege de sa Maiesté. || 1611. In-8 de 15 pp., mar. r. jans., tr. dor. (*Cuzin.*)

116. HISTOIRE TRAGICQVE || d'vn ieune Gen- || til-homme & d'vne grād' || Dame de Narbonne, les- || quels ont esté executez le || 25. de May 1611. pour a- || uoir empoisonné son pro- || pre pere. || *A Paris,* || *Chez Claude Percherō demeurant rue Ga-* || *lande, aux trois Chappelets* 1611. || Auec permission de la Cour. In-8 de 15 pp., mar. r. jans., tr. dor. (*Cuzin.*)

<small>Le jeune gentilhomme s'appelait Des Hasotes et la grande dame Des Chachastes.</small>

117. RECIT || VERITABLE || aduenu en la ville || de Narbonne, d'vn gentilhomme qui || a empoisonné son pere : & d'vne Da- || moiselle, en laquelle on connoistra || les ruses & cautelles des femmes à de- || ceuoir les hommes. || Ensemble l'execution qui en a esté faicte le 3. de Iuin. | *A Paris,* || *Chez Sebastien Lescuyer,* || *sur le pont neuf.* || M.DC.XXIII [1623]. In-8 de 16 pp., mar. r., jans., tr. dor. (*Trautz-Bauzonnet.*)

<small>*Sebastien Lescuyer* s'est contenté de changer le titre et la date de la pièce précédente. Avec un parfait sans-gêne, il a réimprimé comme une nouveauté l'histoire de M. Des Hasotes et de Mlle Des Chachastes, qui, à douze ans d'intervalle, sont conduits une seconde fois au supplice. Il est vrai que ces grands criminels n'ont peut-être jamais existé.</small>

118. ARREST de la Cour de || Parlement de Prouence, portant || condemnation de mort. || Contre Messire Louys Gaufridy originaire du lieu || de Beau-vezer les Colmars, Prestre Beneficié en || l'Eglise des Acoules de la ville de Marseille, || conuaincu de Magie, & autres crimes abomi- || nables. Du dernier Auril mil six cen. vnze. || *A Paris,* || *Iouxte la copie Imprimee à Aix, par Iean* || *Tholozan.* || M.DC.XI [1611]. In-8 de 9 pp. et 1 f. blanc. mar. r. jans., tr. dor. (*Cuzin.*)

<small>Gaufridy, qui paraît avoir été affecté de folie érotique, fut condamné et exécuté pour avoir séduit et ensorcelé une jeune fille de Marseille, Madeleine de Demandouls, de La Pallud. Voy. Saint-Edme, *Répertoire général des causes célèbres*, IV, 142-162.</small>

119. HISTOIRE || LAMENTABLE d'vne || ieune Damoiselle, laquelle a eu la || teste trāchee dans la ville de Bour- || deaux, pour auoir enterré son en- || fant tout vif au profond d'vne ca- || ue, lequel au bout de six iours fust || treuué miraculeusement

tout en || vie, & ayāt reçeu le Baptesme ren- || dit son ame à Dieu. || *A Lyon,* || *Pour François Yurad.* || 1618. || Auec permission. In-8 de 8 pp., mar. r. jans., tr. dor. (*Cuzin.*)

<small>Au v° du titre est un bois qui représente le diable présidant aux épanchements de la jeune damoiselle avec son amant.</small>

120. Histoire || horrible || et || effroyable || d'vn homme plus || qu'enragé, qui a esgorgé & || mangé sept enfans, dans la ville || de Chaalons en Champagne. || Ensemble l'execution memorable qui || s'en est ensuiuie. || *A Paris,* || *Chez Nicolas Alexandre ruë S. Estienne* || *des Grecs.* || M.DC.XIX [1619]. In-8 de 8 pp., mar. r. jans., tr. dor. (*Trautz-Bauzonnet.*)

<small>Cette pièce a été réimprimée par Fournier, *Variétés historiques et littéraires*, IV, 217.</small>

121. Histoire || tragiqve et pitoiable || sur la mort d'vne ieune Damoiselle agée || de 17. à 18. ans, executée dans la ville de Mets au mois de Nouembre dernier. 1623, || Ensemble la harangue qu'elle a faicte tant à son || pere qu'au public, estant sur l'eschaffaut. || *A Paris.* || *Chez Sebastien Lescuyer, sur* || *le Pont Neuf.* || M.DC.XXIII [1623]. In-8 de 15 pp., mar. r. jans., tr. dor. (*Trautz-Bauzonnet.*)

<small>Au titre la marque de *Lescuyer* (Silvestre, n° 986).
Marguerite de La Rivière, séduite à dix-sept ans par un gentilhomme de Metz, M. de Lorion, et trahie par son amant, s'était rendue coupable du crime d'infanticide.</small>

IV. — DROIT CANONIQUE.

122. La regle constitvtiōs || professions et aultres doctrines pour les || filles penitentes : dictes les filles repen- || ties vtiles ₱ proufitables pour tous ceulx || qui les liront et considereront. || ⁋ *Et qui en vouldra auoir : on en trouuera au* || *pellican en la grant rue sainct Iaques pres* || *sainct yues.* In-4 goth. de 110 ff., sign., a-c par 6 ; d par 4 ; e-h par 6 ; i par 8 ; k-r par 6 ; s par 8, mar. r. jans., tr. dor. (*Thibaron-Joly.*)

<small>Au titre, un bois qui représente le Christ donnant sa bénédiction à des filles agenouillées devant lui.
L'adresse du libraire est celle de *Geffroy de Marnef*, que Lottin cite sous les dates de 1481 à 1526.
Les *Filles repenties* de Paris ou *Pénitentes de Saint-Magloire*, furent instituées en 1492 par Jean Tisseran, cordelier. Le roi Charles VIII autorisa leur ordre par lettres-patentes du 14 septembre 1496, et le pape Alexandre VI l'approuva par une bulle du mois d'octobre 1497. (Piganiol de La Force, *Description historique de la ville de Paris*, éd. 1765, II, 133).</small>

JURISPRUDENCE.

Les *Constitutions*, dont nous venons de reproduire le titre, furent données aux nouvelles religieuses, en 1497, par l'évêque de Paris, Jehan Simon de Champigny (fol. bi, v⁰), mais la publication n'en fut pas faite immédiatement. Il y est dit, en effet, fol. aij, r⁰, que le roi a permis aux Filles repenties de s'établir dans « l'hostel qui fut appelé de Bochaigne »; or, ce ne fut qu'au mois de mars 1499 que le roi Louis XII leur donna la moitié de l'hôtel de Behaigne ou d'Orléans, situé à l'endroit où fut construit depuis l'Hôtel de Soissons (Piganiol, II, 135). Notre recueil a donc paru entre 1499 et 1502, année où mourut Jehan Simon.

Il est curieux de voir quels soins prend le saint prélat pour s'assurer que les religieuses sont véritablement « repenties ». Il leur dit notamment (fol. av, v⁰): « Nulle ne sera receue en vostre dict monastére sinon qu'elle eust peché actuellement du peché de la chair. Et avant qu'elle soit receue sera par aucunes de vous a ce commises et deputées visitée, lesquelles ainsi deputées feront serment es mains des mére ou soubzmére et en la presence des discrétes de faire vray et loyal rapport, tant a sçavoir si elles sont corrompues comme si elles ont aucunes maladies secrétes qui empeschassent que ne deussent estre en vostre congregation. Et vous enjoignons de garder cest article sans enfraindre, car vous sçavez que aucunes sont venues a nous qui estoient vierges et bonnes pucelles, et telles ont esté par vous trouvées, combien qu'elles eussent, à la suggestion de leurs méres et parens, qui ne demandoient qu'a s'en deffaire, afferré estre corrompues. »

Ce texte mérite d'être cité pour l'histoire des mœurs. Nous le signalons aussi aux historiens de la médecine.

L'exemplaire des *Constitutions*, décrit par M. Brunet, était incomplet; l'auteur du *Manuel* n'a connu que les 22 premiers ff., formant les cahiers *a-d*.

Le f. iviij est blanc.

123. STATVTA SYNODALIA || diœcesis Ru- || thenensis.— | In fine :] *Lugduni*, || *Excudi curabat Ioannes Mottier typis Cor* || *nelij à Setemgrangijs, Anno virginei par-* || *tus.* M.D.LVI [1556]. *Mensis Martij die sexto.* Pet. in-8 de 4 ff. et 183 pp.

IV. 5. 59

Le titre est occupé par un grand bois représentant un autel au chiffre et aux armes du cardinal d'Armagnac. Sur l'autel on voit le bon Pasteur; au-dessus, se trouve l'intitulé du livre placé dans un cadre. Des écriteaux suspendus de chaque côté portent des devises empruntées à la Bible. Au bas de l'autel on lit ces mots en caractères gothiques: *Consenuere chari omnibus.*

Au v⁰ du titre est un extrait du privilège accordé pour dix ans par « monseigneur le reverendissime cardinal d'Armaignac » à *Jean Mottier*, libraire de Rhodez, à la date du 27 février 1552, avant Pâques.

Cette publication a été faite par le cardinal lui-même, qui prenait soin d'instruire le clergé et les fidèles de son diocèse. Nous avons cité plus haut une traduction de l'*Instruction* de Gerson, qu'il fit traduire en provençal; un opuscule décrit ci-après (n° 195) nous apprend que le docte prélat s'occupait aussi de propager les connaissances médicales. On voit par les titres des ouvrages que nous signalons que Rhodez, malgré le zèle de son évêque, ne possédait pas encore d'imprimerie. C'est à tort que M. Pierre Deschamps (*Dictionnaire géographique*, v⁰ *Segodunum*) fait remonter à l'année 1556 l'introduction de la typographie dans cette ville. L'*Instruction* de Gerson, décrite ici sous le n° 47 et que M. Deschamps attribue aux presses de *Jean Mottier*, est imprimée avec les caractères qui ont servi à l'impression des *Statuta* et sort par conséquent des presses de *Corneille de Septgranges*, à Lyon. Les *Advis et Remédes souverains pour se garder de peste en temps suspect* sortent des presses de *Guion Boudeville*, à Toulouse.

Les *Statuta* sont précédés de vers latins adressés au cardinal d'Armagnac par NICOLAS DU MANGIN, évêque de Spalatro, et URBAIN LOMBARD, Rémois.

SCIENCES ET ARTS.

I. — SCIENCES PHILOSOPHIQUES.

1. — *Philosophie.*

Philosophes anciens et modernes.

124. TIMÉE DE LOCRES en Grec et en François avec des Dissertations sur les principales Questions de la Metaphisique, de la Phisique, & de la Morale des anciens ; qui peuvent servir de suite & de conclusion à la Philosophie du Bon Sens, par M. le marquis d'Argens, Chambellan de S. M. le Roi de Prusse, de l'Académie Royale des Sciences & Belles Lettres de Berlin, Directeur de la classe de Philologie. *A Berlin, 1763. Chez Haude et Spener, Libraires de la Cour et de l'Académie Roiale des Sciences. [Imprimé chez Georges Louis Winter.]* In-12 de 4 ff., XIV pp., 1 f. et 405 pp., plus une fig. pliée, mar. r., fil., dos ron. tr. doré. (*Anc. rel.*)

Cet ouvrage est dédié au prince Ferdinand de Prusse, père du roi.

125. ἍΠΑΝΤΑ ΤᾺ ΤΟΥ͂ ΠΛΑΤΩΝΟΣ. || Omnia Platonis Opera. — [In fine tomi II :] *Venetiis in aedib. Aldi, et Andreae soceri mense* || *Septembri.* M.D.XIII [1513]. 2 vol. in-fol., mar. r., fil., dos ornés, tr. dor. (*Derome le jeune.*)

I: titre, avec la marque aldine ; 14 ff. lim.; 1 f. blanc ; 502 pp. — II : 439 pp. (la marque est répétée au v° du dernier f.)
Première édition des œuvres de Platon. Elle est précédée d'une dédicace au pape LÉON X et d'un poème de MARC MUSURUS. Voy. sur ce recueil A. Firmin Didot, *Alde Manuce et l'Hellénisme à Venise* (Paris, 1875, in-8), 342-355.
La reliure, exécutée après 1785, porte la même étiquette que celle des Heures de *Thielmann Kerver*, décrites ci-dessus (n° 27).

126. LE BANQUET DE PLATON. Traduit un tiers par feu M. Racine, de l'Academie Françoise, & le reste par Madame de ***. [Rochechouart de Mortemart, abbesse de Fontevrault ; publié par l'abbé d'Olivet]. *A Paris, Chez Pierre Gandouin, Libraire, Quay des Augustins, à la Belle Image. [De l'imprimerie de L. D. Delatour.]* M.DCC.XXXII [1732].

Avec Approbation & Privilege du Roy. In-12 de 6 ff. et 132 pp., v. f.

 Collation des ff. lim.: titre, avec la marque de *Gandouin* ; 2 ff. pour une épître « A Monsieur le marquis de Grave », épître signée Bousquet ; 2 ff. pour un *Avertissement* et pour une *Epigramme de Monsieur* Rousseau *sur le Banquet de Platon* ; 1 f. pour l'*Approbation* et le *Privilége*.
 Le privilège, daté du 14 mars 1732, est accordé pour trois ans au sieur***.
 Voyez sur cette traduction les *Œuvres de Racine*, éd. Mesnard, V, 426, et le *Bulletin du Bibliophile*, février 1869 et février 1870.

127. Les Qve- ‖ stions Tvscvlanes ‖ de Marc Tulle ‖ Ciceron: ‖ Nouuellement traduictes de Latin en Francoys, ‖ Par Estienne Dolet. ‖ *A Lyon, chés Sulpice Sabon:* ‖ *Pour Antoine Con-* ‖ *stantin.* S. d., in-8 de 8 ff. et 224 pp., mar. bl. jans., tr. dor. (*Trautz-Bauzonnet.*)   II. 3. 67

 Au titre une marque reproduite par M. Brunet (II, 54).
 L'auteur du *Manuel du Libraire* décrit cette édition à laquelle il assigne, d'après le catalogue Coste (no 266), la date de 1549. On peut se demander si ce renseignement est exact et si la date portée sur l'exemplaire de M. Coste n'a pas été altérée par suite d'une faute d'impression. Nous ne connaissons, en effet, aucun livre imprimé à Lyon par *Sabon* après 1545, année où Lottin le fait figurer parmi les imprimeurs parisiens. Si nous ajoutons que l'édition dont nous parlons reproduit page pour page l'édition originale donnée par *Dolet* lui-même en 1543 et dont le seul exemplaire connu est conservé à la bibliothèque de Dôle, tandis que l'édition de *Paris*, Jean Ruelle, 1544, in-16, a 133 ff., on sera tenté de conclure que la réimpression de *Sabon* a dû paraître peu de temps après la publication faite par Dolet, c'est-à-dire en 1544 ou en 1545.
 Le biographe françois de Dolet, M. Boulmier, dont nous avons déjà signalé une omission (voy. n° 5), ne fait aucune mention de notre édition des *Questions tusculanes*: M. Richard Copley Christie (*Étienne Dolet*, 538) en cite au contraire un exemplaire, également sans date, qui est conservé au Musée britannique.
 Ce volume porte l'ex-libris de M. le baron de La Roche Lacarelle.

128. Les Livres de Ciceron, de la Vieillesse, et de l'Amitié, avec les Paradoxes du même Autheur : Traduits en François III. 5. 21 sur l'Edition Latine de Grævius, Avec des Notes, & des Sommaires des Chapitres. Par M. Du Bois de l'Académie Françoise. Seconde Edition. Avec le Latin a costé. *A Paris, Chez Jean Baptiste Coignard, Imprimeur ordinaire du Roy, rue S. Jacques, à la Bible d'or.* M.DC.LXXXXVIII [1698]. Avec Privilege de Sa Majesté. In-12 de 22 ff., 348 pp., 30 ff. pour la *Table* et le *Privilége* et 2 ff. blancs, réglé. mar. bl., doublé de mar. r., dent., tr. dor. (*Anc. rel.*)

 Collation des ff. lim.: titre ; 3 ff. pour une épître « A monseigneur Boucherat, chancelier et garde des sceaux de France - ; 18 ff. pour l'*Avertissement*.
 Exemplaire aux chiffres et aux armes de Mme de Chamillart. Ce volume a successivement appartenu à M. le baron J. Pichon (Cat., n° 110), à M. le baron de La Roche Lacarelle et à M. Quentin-Bauchart (*Mes Livres*, n° 13 *bis*).

129. Discours ‖ de la Methode ‖ Pour bien conduire sa raison, & chercher ‖ la verité dans les sciences. ‖ Plus ‖ La Diop- IV. 2. 66

trique. || Les Meteores. || Et || La Geometrie. || Qui sont des essais de cete [*sic*] Methode. || *A Leyde* || *De l'Imprimerie de Ian Maire.* || cIↃ Iↄ c xxxvii [1637]. || Auec Priuilege. In-4 de 78 pp., 1 f. et 413 pp., plus 17 ff. pour la *Table* des Traités de mathématiques, les *Fautes de l'impression* et les *Privilèges*, mar. r. jans., tr. dor. (*Trautz-Bauzonnet.*)

> Édition originale du *Discours* de DES CARTES.
> Au titre, la marque de l'imprimeur *Jean Maire*, marque imitée de nos jours par le libraire *Lemerre*, à Paris.
> La seconde partie du volume est ainsi divisée :
> Pp 1-153 : *La Dioptrique* (le faux-titre qui précède ce traité n'est pas compris dans la pagination ; il appartient au dernier cahier du *Discours de la Methode*, et devrait être chiffré 79-80).
> Pp. 155-294 : *Les Meteores* ;
> Pp. 295-413 : *La Geometrie.*
> Les privilèges qui terminent le volume sont un privilège du « Roy Tres Chrestien », daté du 4 mai 1637 et accordé pour dix ans à « l'auteur du livre intitulé : *Discours de la Methode*, etc. », et un privilège accordé pour neuf ans à *Jean Maire* par les États de Hollande, à la date du 20 décembre 1636.
> L'achevé d'imprimer est du 8 juin 1637.

130. LA LOGIQVE ou l'Art de penser : contenant, Outre les Regles communes, plusieurs Obseruations nouuelles, propres à former le iugement. *A Paris, Chez Charles Savreux, au pied de la Tour de Nostre Dame.* M.DC.LXII [1662]. Avec Privilege du Roy. In-12 de 473 pp. et 3 ff., mar. r. jans., tr. dor. (*Thibaron et Joly.*)

> Edition originale de la *Logique* de Port-Royal, dont les auteurs sont ANTOINE ARNAULD et PIERRE NICOLE.
> Le privilège, dont un *Extrait* occupe le r° du dernier f., est daté du 1ᵉʳ avril 1662 et accordé pour sept ans au sieur LE BON (pseudonyme de Nicole), qui « a choisi pour vendre et distribuer les exemplaires *Jean Guignard*, *Charles Savreux*, *Jean de Launay* et *Guillaume Desprez* ».
> L'achevé d'imprimer est du 6 juillet 1662.

131. ESSAI SUR LE BEAU. Nouvelle Édition, augmentée de six Discours, Sur le Modus, sur le Decorum, sur les Graces, sur l'Amour du Beau, sur l'Amour désintéressé ; Par le feu Pere André, Professeur royal de Mathématiques, de la Société des Belles-Lettres de Caën. *A Paris, Chez L. Étienne Ganeau, Libraire, rue Saint-Severin, aux Armes de Dombes, & à Saint-Louis.* [*De l'Imprimerie de la Veuve Simon & Fils.*] M.DCC.LXX [1770]. Avec Approbation & Priviége du Roi. In-12 de 6 ff. et 501 pp., mar. r., fil., dos orné, tr. dor. (*Anc. rel.*)

> Un Avis placé à la suite de l'*Avertissement* nous apprend que le P. ANDRÉ mourut à Caen le 10 février 1764. Le privilège, daté du 12 janvier 1768, est donné pour douze ans à *Étienne Ganeau* et s'applique à toutes les œuvres du même auteur.
> Exemplaire aux armes de la comtesse D'ARTOIS, provenant de la vente S. DE SACY (Cat., n° 169).

SCIENCES ET ARTS.

2. — *Morale.*

Moralictes ansiens et modernes.

132. ΚΕΒΗΤΟΣ ΠΙΝΑΞ. [Cebetis Thebani Tabula. Basilii Magni Sermo. Plutarchi Opusculum et Xenophontis Hieron, seu de Tyrannide.] *Absque nota*, in-8, mar. r., doublé de mar. r., tr. dor. (*Trautz-Bauzonnet.*)

 Ce volume, qui, d'après Maittaire, Pinelli et Brunet, a été exécuté vers 1517 au gymnase grec fondé à Rome par le pape Léon X, est imprimé avec les caractères de *Zaccaria Calliergi*, célèbre imprimeur, qui vécut à Venise et à Rome à la fin du XVe siècle et au commencement du XVIe. Il se compose de 74 ff. de 22 lignes à la page, formant les signatures α-τ par 8, χ par 2. Le 1er f. est blanc. Le dernier f., qui compte 23 lignes, se termine par le mot ΤΕΛΟΣ.

133. LE TABLEAV DE || CEBES de Thebes, an- || cien philosophe, || & disciple de Socrates : Auquel est || paincte de ses couleurs, la uraye || image de la uie humaine, & quelle || uoye l'homme doit elire, pour || peruenir à uertu & || perfaicte science. || Premieremēt escript en Grec, & main- || tenant exposé en Ryme Francoyse. || Auec Priuilege du Roy || pour cinq ans, || 1543. || *A Paris.* || *De L'imprimerie de Denys Ianot impri-* || *meur Du Roy en langue Francoyse. — Fin du tableau de Cebes de The* || *bes, de la Volupté vaincue, &* || *des Emblemes.* || *Imprimé nouuellement à Paris,* || *par Denys Ionot* [sic] *imprimeur du* || *Roy en langue fraçoise* [sic]. || 1543. In-8 de 64 ff. inexactement chiffr., sign. *A-H*, mar. bl., dos et mil. ornés, doublé de mar. r., fil., comp., tr. dor. (*Trautz-Bauzonnet.*)

 Au v° du titre se trouve le texte du privilège accordé pour cinq ans à *Denys Janot*, à la date du 12 avril 1543. L'achevé d'imprimer est du 26 juillet de la même année.
 Aussitôt après le titre est placée une épître (en vers), en tête de laquelle on lit : GILLES CORROZET, *Parisien, aux viateurs et pelerins de ce monde*. La devise de Corrozet : *Plus que moins*, est répétée plusieurs fois dans le corps du texte.
 Le volume, entièrement imprimé en caractères italiques, contient une traduction en vers du *Tableau de Cébès*, un conte en vers (*La Volupté vaincue*) et divers emblêmes ; il est orné de 29 figures très-finement gravées sur bois, après chacune desquelles est une explication en vers français. La première fig. est signée des lettres J. F. en monogramme. Ces initiales sont attribuées au graveur *J. Ferlato*.
 Une fig. des emblêmes, celle qui représente le *Banquet* (fol 53, r°) est de *Jean Cousin* ; elle se retrouve dans la *Tapisserie de l'Eglise chrestienne*, et M. Didot en a donné une reproduction dans son *Recueil d'œuvres choisies* de cet artiste.
 Les huit derniers ff. (cahier *H*) sont chiffrés par erreur LXII-LXIX, au lieu de LVII-LXIV, ce qui a fait dire à M. Brunet que le volume se compose de 69 ff. L'auteur du *Manuel du Libraire* ne cite du reste cette édition qu'avec l'adresse de *Corrozet* sur le titre et la marque du même libraire à la fin du volume. Il

existe, en effet, deux sortes d'exemplaires, les uns au nom de *Janot*, les autres au nom de *Corrozet* (voy. *Catalogue Cigongne*, n⁰ˢ 783 et 784). M. Potier estimait que les exemplaires au nom de *Janot* étaient d'un tirage antérieur.

Au verso du dernier f., au-dessous de la souscription, se trouve la marque de *Denys Janot* (Silvestre, n⁰ 27), marque qui est accompagnée des devises : *Patere aut abstine* et *Nul ne s'y frotte*, comme la marque, un peu différente d'ailleurs, qui a été reproduite au *Manuel du Libraire* (II, 301).

134. ΘΕΟΦΡΑΣΤΟΥ ΧΑΡΑΚΤΗΡΕΣ ΗΘΙΚΟΙ. Theophrasti Characteres ethici. Græce & Latine. Cum Notis ac Emendationibus Isaaci Casauboni & Aliorum. Accedunt Jacobi Duporti Prælectiones jam primum Editæ. Græca cum vetustissimis MSS. collata recensuit, & Notas adjecit, Pet. Needham, S. T. B. Coll. Div. Joh. Cantab. Socius. *Cantabrigiæ, Typis Academicis. Impensis Cornelii Crownfield, Celeberrimæ Academiæ Typographi*, M.DCC.XII [1712]. In-8 de 8 ff. n. chiffr., cxiii pp., 1 f. blanc, 474 pp. et 8 ff. d'*Index*, mar. r., dos orné à l'oiseau, tr. dor. (*Anc. rel.*)

Les 8 premiers ff. contiennent le titre, la dédicace de P. Needham à Jean More, évêque d'Elyens, la *Préface*, la table des mss., les *Errata* et la table.

Exemplaire en GRAND PAPIER, provenant de COULON, de Lyon, de L. D'OURCHES (Cat. 1811, n⁰ 205) et de M. le marquis DE GANAY (n⁰ 37).

135. ANICII MANLII TORQVATI SEVERINI BOETHII Ex-consulis Ordinarij, Ex-magistri Officiorum, de Consolatione Philosophiæ Libri quinque, Editi à P. Bertio. Accessit Eiusdem de Disciplina Scholarium liber. cIɔ Iɔ cxxxiii [1633]. *Lugdun. Batavor. Ex officina Ioan. Maire.* In-32 de 256 pp. (y compris le front. gravé), mar. r., fil., riches comp. à petits fers, dos orné, tr. dor. (*Anc. rel.*)

Exemplaire de CH. NODIER (vente de 1830) et de VEINANT (Cat. n⁰ 113). La reliure est une de celles qu'on attribue d'ordinaire à *Le Gascon*.

136. LE LIVRE || DE SAIGESSE. Suyuant les || auctoritez des anciens Phi- || losophes. Distinguāt ꝑ plāt || des vices ꝑ des vertus / dont || lon peult estre prise ou despri || se. Ensemble la maniere de || tousiours bien et saigement || parler a toutes gēs de quel- || que estat quilz soient. || ⁋ *On les vend a Paris en la* || *rue neufue nostre dame a l'ensei-* || *gne de lescu de France.* — ⁋ *Cy finist le livre de saigesse / selon les dictz des* || *anciens philosophes / nouuellement impri-* || *me a Paris / par Alain Lotrian / impri* || *meur. Demourans en la rue neuf-* || *ue nostre dame a lescu de Frāce.* S. d. [vers 1530], pet. in-8 goth. de 52 ff. chiffr., impr. en lettres de forme, mar. r. jans., tr. dor. (*Trautz-Bauzonnet.*)

Le titre, entouré d'un encadrement, est imprimé en rouge et en noir. Au v° du titre, un bois qui représente l'auteur faisant hommage de son livre à un personnage assis dans une chaise gothique. Le volume est orné de 22 autres petites figures sur bois.

Le *Livre de Saigesse* est un extrait, rédigé vers la fin du XIVe siècle, de la *Somme le Roy*, de frère LAURENT. Il commence par un prologue en 82 vers, dont voici le début :

> Se fut d'apvril dix septiesme jour,
> En ce printemps, que la rose entre en flour...

Cet ouvrage se retrouve dans plusieurs mss. de la Bibliothèque nationale (franç., n° 572, daté de 1402, fol. 76 ; n° 1746, fol. 1).

Une traduction anglaise, intitulée *The Boke of Wysdome*, fut imprimée à Londres, en 1532, par *Robert Wyer* et réimprimée par *John Alde* en 1562 ou 1563. Voy. *Extracts from the Registers of the Stationers' Company edited by J. Payne Collier* (London, 1853, in-8), I, 69.

137. ¶ LE CHEMĪ d' || lospital / ✝ ceulx qui en sōt || possesseurs. S. l. n. d., pet. in-8 goth. de 8 ff. de 25 lignes à la page pleine, sign. A, mar. r. jans., tr. dor. (*Trautz-Bauzonnet*.)

Y. 4. 99

Le *Chemin de l'Ospital* est une satire morale, composée par ROBERT DE BALZAC, seigneur d'Entragues et de Saint-Amand, sénéchal de Gascogne et d'Agénais, gouverneur de Pise pour Charles VIII. L'auteur y fait une longue énumération des gens qui, placés dans toutes les conditions de la vie sociale, arrivent à la ruine par leurs prodigalités et leurs folies.

Cette pièce paraît avoir eu une grande vogue vers la fin du XVe siècle et au commencement du XVIe. Pierre Gringore s'en est sans doute inspiré dans les *Abus du Monde* ; *Le Catholicon des Maladvisez*, de Laurens Des Moulins, n'en est qu'une amplification poétique ; enfin, D'Adonville, dans ses *Regretz et Peines des Maladvisez* et dans ses *Moyens d'eviter merencolie* (Montaiglon et Rothschild, *Recueil de Poésies françaises*, II, 42-76 ; XII, 327-330) s'est borné à la mettre en rimes. Non-seulement il a suivi pas à pas son modèle, mais il en a reproduit textuellement certains passages, comme il l'a fait dans l'*Honneur des Nobles*, copie en vers du *Blason des Couleurs*, de Sicile (*Recueil de Poésies françaises*, XIII, 68-108, 428). Il est curieux de comparer le début de l'original avec celui des deux paraphrases :

LE CHEMIN DE L'OSPITAL.

1. Ceulx qui ont petit et despendent beaucoup ;
2. Gens qui jouent voulentiers et perdent souvent ;
3. Gens qui n'ont pas grans prises ne rentes, et portent draps de soye et chiers habillemens ;
4. Vieulx gens d'armes qui ont gaudy leur jeunesse...

Voici maintenant les textes de D'Adonville :

Moyens d'eviter merencolie

RAISON.

Toy qui as peu de revenu,
Peu te fault faire de despence ;
Aultrement pour fol seras tenu ;
Entens mes dictz et bien y pence,
Aultrement auras recompense ;
Si meilleure la veulx avoir,
D'honneur n'es digne ny d'avoir.

Regretz et Peines des Maladvisez

LE PREMIER commence.

Moy qui suis ung povre gallant
Que au temps passe avoye du bien,
Je l'ay despendu follement
Et maintenant je n'ay plus rien
Or me convient mourir de fain
Par mon meschant gouvernement,
Ainsi en va communement.

II.

Toy qui au jeu es maleureux,
De plus jouer donne toi garde;
Cy tu veulx estre bien eureux,
Il fault que ton cas tu regarde:
De ce faict, te pri(e), te retarde.
Cy veulx estre riche et joyeulx,
Applique toy a aultres jeulx.

Le Second.

Et moy, qui estoye ung joueur,
J'ai tant joué qu'ay tout perdu,
Dont j'ay acquis grant deshonneur,
Mais j'estoye de sens despourveu;
Je croy que jamais ne fut veu
Homme a jouer tant obstiné;
Maintenant j'en suis diffamé.

III.

Toy qui n'as grans prises ne rentes
Et t'abille de drap de soye,
Ce sont raisons mal aparentes;
De toy enrichir n'est la voye;
Je te supply(e), ne te desvoye;
Par habillemens dissoluz
Ensuyt l'estat des resoluz.

Le Tiers.

Et moy, qui pour ung peu de rente
Portoye le velours et la soye,
Il m'a fallu tout mettre en vente;
Orgueil m'a osté toute joye.
Jamais je n'euz d'argent montjoye,
Et si me suis autant gorré
Com(me) si j'eusse esté bien fondé.

IIII.

Toy aussi qu'es jeune gendarme,
Guyder te convient ta jeunesse,
Tant que par vertu et par arme
El(le) puisse nourrir ta vieillesse,
En sorte qu'en joye et lyesse
El(le) puisse bien finir ses jours.
Cela te viendra a ces jours.

Le Quart.

Et moy, qui suis un beau gendarme,
Durant qu'estoye en ma jeunesse,
Des biens que avoye sur mon ame
J'en ay faict par trop grant largesse.
A present je suis en vieillesse
Et ne puis plus en guerre aller,
La bezace me fault porter.

Le *Chemin de l'Ospital* a été réimprimé par M. Allut dans son *Étude biographique et bibliographique sur Symphorien Champier* (Lyon, 1859, in-8), 119-126.

Notre édition, qui donne un texte différent de celui qu'a reproduit M. Allut, a dû être exécutée vers 1525, elle porte au titre un bois dont voici la reproduction :

SCIENCES ET ARTS.

Le v° du dernier f. contient un bois qui représente Aristote et Alexandre

138. Essais || de Messire || Michel Seignevr || de Montaigne. || Cheualier de l'Ordre || du Roy, & Gentil-homme ordi- || naire de sa Chambre. || *A Bourdeaus.* || *Par S. Millanges Imprimeur ordinaire du Roy.* || M. D. LXXX [1580]. || Auec Priuilege du Roy. 2 vol. in-8, mar. r., fil., dos ornés, doublés de mar. r., dent. à petits fers, tr. dor. (*Trautz-Bauzonnet.*)

> Edition originale.
> Livre premier et second [sic] : titre; 4 ff. lim.; 496 pp. — *Livre second :* titre; 649 pp., inexactement chiffr., et 1 f.
> Le tome premier, malgré l'indication du titre, ne contient que le *Livre premier.*
> Le tome second porte au titre la marque de *Millanges* (Brunet, I, 537 ; Silvestre, n° 477). Par suite d'une faute d'impression, la p. 638 est cotée 639 et, l'erreur se continuant jusqu'à la fin du volume, la dernière page est chiffrée 650, au lieu de 649.
> Le privilège, dont un extrait se trouve en tête du tome premier, est un privilège général accordé à *Simon Millanges*, le 9 mai 1579, et l'autorisant à imprimer tous livres nouveaux « pourueu qu'ilz soient approuués par monseigneur l'archeuesque de Bourdeaus, ou son vicaire, et un ou deux docteurs en theologie. »
> Haut. 161 ; larg. 100 mm.

139. Essais de || Messire || Michel, Seignevr || de Montaigne, || Cheualier de l'Or- || dre du Roy, & Gentil-hom- || me

ordinaire de sa Cham- || bre, Maire & Gouuer- || neur de Bourdeaus. || Reueus & augmentez. || *A Paris,* || *Chez Iean Richer, ruë sainct* || *Iean de Latran, à l'Arbre Verdoyant.* || M. D. LXXXVII [1587]. In-8 de 4 ff., 1075 pp. et 2 ff. blancs.

140. Essais || de || Michel Seignevr || de Montaigne. || Cinquiesme edition, augmen- || tée d'un troisiesme li- || ure : et de six cens || additions aux || deux premiers. || *A Paris,* || *Chez Abel l'Angelier,* || *au premier pillier de la grand* || *Salle du Palais.* || Auec Priuilege du Roy. || 1588. In-4 de 4 ff. lim. et 496 ff. chiffr., titre gravé, mar. r., fil., comp., dos orné, tr. dor. (*Anc. rel.*)

Dernière édition donnée du vivant de l'auteur, et la première qui contienne le troisième livre.
Le privilège, dont un extrait occupe le v° du dernier f., est accordé pour neuf ans au libraire *Abel L'Angelier*, le 4 juin 1588.
Exemplaire de Ch. Nodier (Cat., n° 79), de M. J.-Ch. Brunet (n° 102 et de M. Odiot.
Haut. 258 ; larg. 192 mm.

141. Les || Essais || de Michel Sei- || gnevr de Montaigne. || Edition nouuelle, trouuée apres || le deceds de l'Autheur, reueue & augmentée par luy d'vn || tiers plus qu'aux precedentes Impressions. || *A Paris,* || *Chez Abel l'Angelier, au premier pilier* || *de la grande salle du Palais.* || CIƆ. IƆ. XCV [1595]. || Auec Priuilege. In-fol. de 12 ff., 523 et 231 pp., mar. r. jans., doublé de mar. r., riche dent. à petits fers, tr. dor. (*Trautz-Bauzonnet.*)

Au titre, la grande marque d'*Abel L'Angelier* (Silvestre, n° 703).
Au v° du titre, un extrait du privilège accordé pour dix ans à ce libraire, le 15 octobre 1594.
Les ff. āij īij renferment la *Preface sur les Essais de Michel seigneur de Montaigne, par sa fille d'alliance* [Mlle de Gournay]. Cette préface est suivie de la *Table des Chapitres* et du célèbre avis *Au Lecteur* : « C'est icy un livre de bonne foy, etc. »
Le troisième livre est imprimé avec pagination séparée.
Haut. 349 ; larg. 222 mm.

142. Les Essais || de Michel Seignevr || de Montaigne. || Edition nouuelle prise || sur l'Exemplaire trouué || apres le deceds de l'Au- || theur, reueu & augmenté || d'vn tiers oultre les pre- || cedentes impressions. || Enrichis de deux Tables || curieusement exactes et || elabourées. || Virésq; acquirit eundo. || *A Paris.* || *Chez Abel l'Angelier* || *au premier pilier de la grand'Salle du Palais.* || Auec Priuilege du Roy. || 1602. || In-4 de 4 ff., 1165 pp., 1 f. contenant

des vers de D'Expilly à Montaigne, 37 ff. pour les *Tables* et 1 f. blanc, mar. r. jans., tr. dor. (*Trautz-Bauzonnet.*)

<small>Au v° de la p. 1165 est placé un extrait d'un nouveau privilège accordé pour dix ans à *Abel L'Angelier*, le 1er avril 1602.</small>

143. Les Essais de Michel Seigneur de Montaigne. Donnez sur les plus anciennes et les plus correctes Editions : Augmentez de plusieurs Lettres de l'Auteur; & où les Passages Grecs, Latins & Italiens, sont traduits plus fidèlement, & citez plus exactement que dans aucune des précedentes. Avec des Notes, & de nouvelles Tables des Matieres beaucoup plus utiles que celles qui avoient paru jusqu'ici. Par Pierre Coste. Nouvelle Edition, plus ample & plus correcte que la derniere de Londres. *A Paris, Par la Société.* M. DCC. XXV [1725]. Avec Privilège du Roi. 3 vol. in-4, mar. r., large dent., dos ornés, tr. dor. (*Anc. rel.*)

<small>*Tome premier* : faux-titre; portr. gravé par *Chereau le jeune*, 1725; titre impr. en rouge et en noir; xcvj pp.; 3 ff. pour l'*Avis des Libraires* et la *Table des Chapitres*; 362 pp.; 7 ff. de *Table*. — *Tome second* : titre; 540 pp. et 8 ff. de *Table*. — *Tome troisième* : titre; 413 pp. et 7 ff. de *Table*.
Le privilège. daté du 26 juin 1722, est accordé pour huit ans à *Jean-Antoine Robinot*, libraire à Paris, qui déclare y avoir associé : *Delaulne, la veuve Foucault, la veuve Clouzier, Nion l'aisné, Ganeau, Gosselin* et *Giffart*.
Exemplaire aux armes de Ch.-François de Montmorency, duc de Piney-Luxembourg, maréchal de France (mort en 1764) et de sa première femme, Marie-Sophie Colbert de Seignelay; il provient de la vente de M. le D' Desbarreaux-Bernard (Cat., n° 96).</small>

144. Essais de Michel de Montaigne. Nouvelle Édition. *A Paris, Chez Lefèvre, libraire, rue de l'Eperon, n° 6.* [*De l'imprimerie de Crapelet.*] 1818. 5 vol. in-8, mar. v., fil., tr. dor. (*Trautz-Bauzonnet.*)

<small>*Tome premier* : faux-titre; portr. gravé par *Alexandre Tardieu* d'après *Cocaskis*; titre; 8 ff. pour un *Avertissement de l'éditeur*, avertissement signé : Éloi Johanneau; xliv et 402 pp. — *Tome second* : 2 ff., 419 pp., 1 f. d'*Errata*. — *Tome troisième* : 2 ff.; 574 pp. et 2 ff. — *Tome quatrième* : 2 ff., 598 pp. et 1 f. — *Tome cinquième* : 2 ff, 484 pp. et 1 f.
Exemplaire en papier vélin; portrait avant la lettre.</small>

145. Le || Provmenoir || de Monsievr || de Montaigne. || Par sa fille d'alliance. || *A Paris,* || *Chez Abel l'Angelier, au pre-* || *mier pillier de la grand'* || *salle du Palais.* || M.D.XCV [1595]. Pet. in-12 de 105 ff. chiffr., 1 f. pour l'*Extraict du Privilége* et 2 ff. blancs, mar. r., fil.. dos orné, tr. dor. (*Motte.*)

<small>Seconde édition de ce recueil, dont l'auteur est Mlle de Gournay.</small>

Au v° du titre est placé un avis de l'*Imprimeur au Lecteur*, où il est dit que ce livre a été trouvé dans les papiers de Montaigne après sa mort.

Le privilège, daté du 2 mai 1594, est accordé pour neuf ans à *Abel L'Angelier*.

146. LE || PROVMENOIR || DE MONSIEVR || DE MONTAIGNE. || Par sa fille d'alliance. || Ediction troisiesme plus correcte || & plus ample que les || precedentes. || *A Paris,* || *Chez Abel l'Angelier, au* || *premier pillier de la grand'* || *salle du Palais.* || cIɔ. Iɔ. xcix[1599]. || Auec Priuilege du Roy.In-12, de 5 ff. lim., 132 ff. chiffr. et 1 f. pour le *Privilége*, plus 2 ff. blancs, l'un après le f. 48, l'autre à la fin, mar. r., dos et mil. ornés, tr. dor. (*Trautz-Bauzonnet.*)

Au titre, la marque d'*Abel L'Angelier*.
Le privilège, daté du 4 octobre 1598, est accordé à *L'Angelier* pour neuf ans.
La seconde et la troisième édition de ce recueil présentent de nombreuses différences. On peut relever dans le *Proumenoir* plusieurs variantes qui ne portent guère que sur le style, mais les pièces qui suivent ne sont nullement semblables. En voici la liste :

1° *Version du second livre de l'Æneïde* (en vers).
Les deux éditions comptent le même nombre de vers, mais beaucoup de passages ont été remaniés en 1599. On en jugera par les vers suivants :
1595, fol. 76, v°-77, r° :

> Quand le fleuve escumeux a fait une saillie,
> Sa terrace enfoncée, et qu'il a surmonté
> Par tourbillons vagueux le rempart objetté.
> Cét amas ne s'agitte avec telle furie
> Par les champs labourez ou *la plaine fleurie,*
> *Dont loges et troupeaux il entraine par tout.*
> *Je vis adonc Pyrrhus, de sang avide et glout,*
> *Au massacre enrager, les fils gemeaux* d'Attride,
> *Devers le grand portail* Hecuba Priamide,
> Et cens dames près d'elle, *et si vis* le roy vieux....

1599, fol. 59, v° :

> . . . .
> Par les champs labourez ou *la verte prairie,*
> *D'où loges et troupeaux il a par tout ravis.*
> *Forcener au massacre à ce portail je vis*
> *Le jeune Pelien et les deux fils* d'Atride.
> *Je vis encore, helas !* Hecuba Priamide,
> Et cent dames près d'elle, *avecques* le roy vieux....

2° 1595. *Bouquet poetique, ou Meslanges. — Pastorelle pour une princesse absente de monsieur son mary.*

1599. *Bouquet poetique a Leonor dame de Montaigne, sa sœur d'alliance.*
Le quatrain initial est entièrement différent dans les deux éditions. Celle de 1595 contient plusieurs pièces supprimées en 1599 : *A madamoyselle de Longueville* (deux sonnets); *Vœu du cadet de Gournay à une dame*; *Le mesme sur les nopces du sieur Du Chesnay et de madamoiselle de Villers*; *Pour un poursuyvant de mariage*; *Sur l'image de Nostre-Dame de Liesse*; *Tombeau des sieurs de Bertin, magistrats*; *Sur le chiffre d'une double L pour des futurs mariez.*

3° *Hymne à l'ange S. Michel.*
Les deux éditions offrent un grand nombre de variantes.

4° *Ode au sieur de Brach, sur le tombeau d'Aymée, sa femme.*
Pièce supprimée en 1599.

SCIENCES ET ARTS.

5° *Ode du cadet de Gournay.*
Le titre et la première strophe ont été changés en 1599.

6° *Sur un aveugle né, joueur d'espinette.*
Pièce supprimée en 1599.

7° *Pour une dame eschappée à l'amour.*
Pièce supprimée en 1599.

8° *Masquarades et Cartels.*
Le *Cartel* a été supprimé en 1599.

9° *Epigrammes.*
Trois pièces ont été supprimées en 1599.

10° *Tombeau de ses père et mére.*
Nombreuses variantes.

20° Vingt petites pièces : *Sur le tombeau d'Aymée*, etc., presque toutes supprimées en 1599.

21° *Larmelettes d'une linotte.*

22° *Sur la vache de bronze de Myron.*
L'édition de 1599 ne contient que la première strophe de cette pièce.

23° *Quatrins pour la maison de Montaigne.*
Supprimés en 1599.

L'édition de 1599 se termine par la célèbre *Preface sur les Essais de Michel seigneur de Montaigne.*

147. RESPONSE A PLVSIEVRS INIVRES ET RAILLERIES, Escrites contre Michel Seigneur de Montagne, dans vn Liure intitulé La Logique ou l'Art de penser, Contenant, outre les regles generales, plusieurs obseruations particulieres, propres à former le iugement, de la 2. Edition. Auec Vn beau Traité de l'éducation des Enfans, & cinq cens Excellens passages tirez du Liure des Essais, pour montrer le merite de cet Autheur. Ex vngue leonem. *A Roüen, Chez Laurens Maurry, ruë neuve S. Lo, à l'Imprimerie du Louvre.* M. DC. LXVII [1667]. Auec Permission. In-12 de 347 pp., mar. br., dent., dos orné, doublé de tabis, tr. dor. (*Anc. rel.*)

L'auteur de cet ouvrage, GUILLAUME BÉRENGER, n'obtint de privilége du roi qu'après que le livre avait déjà paru. Il fit alors imprimer un nouveau titre au nom de trois libraires parisiens (voy. l'article suivant).
Exemplaire provenant de la vente du château de Persan, 1880 (Cat, n° 223).

148. RESPONSE AVX INIVRES ET RAILLERIES escrites contre Michel Seigneur de Montagne, dans vn Liure intitulé La Logique, ou l'Art de penser, contenant outre les Regles generales, plusieurs obseruations particulieres propres à former le jugement. De la seconde Edition. Auec Vn beau Traité de l'Education des Enfans, et Cinq cens excellens Passages tirez du Liure des Essais, pour montrer le merite de cét Autheur, ex vngue leonem. *A Paris, Chez Iean*

d'Houry, près les Augustins. Pierre de Bats ruë S. Iacques Et Augustin Besongne, dans la Grand'Salle du Palais. M.DC.LXVIII [1668]. In-12 de 347 pp.

> Cette édition ne diffère de la précédente que par le titre, qui a été réimprimé. Au v⁰ du titre est placé l'extrait d'un privilège daté du 10 avril 1668 et accordé pour cinq ans à GUILLAUME BÉRENGER, bourgeois de Paris. L'achevé d'imprimer est du 17 juillet 1668.

149. DE LA SAGESSE, trois Livres par Pierre Charron. *A Leide, Chez les Elseviers.* 1646. Pet. in-12 de 12 ff., 663 pp. et 4 ff., mar. v. jans., doublé de mar. r., dent., comp. de mos. à la rose, tr. dor. (*Duru.*)

> Collation des ff. lim.: titre gravé; titre imprimé; 2 ff. pour l'*Explication de la figure qui est au frontispice de ce livre* et les armes gravées de l'abbé Maximilien de Bourgogne; 4 ff. pour une épître « A l'illustrissime et reverendissime prince Maximilian de Bourgogne, abbé de Sainct Vaast d'Arras, comte de La Loeve, etc. », épître signée: LES ELZEVIERS; 4 ff. pour la *Préface.*
> Willems, *Les Elzevier*, n⁰ 601.
> Exemplaire de SOLAR (Cat., n⁰ 448).
> Haut. 133; larg. 74 mm.

150. REFLEXIONS || OV || SENTENCES || ET || MAXIMES || MORALES. || *A Paris,* || *Chez Claude Barbin, vis à vis* || *le Portail de la Sainte Chapelle,* || *au signe de la Croix.* || M.DC.LXV [1665]. || Auec Priuilege du Roy. In-12 de 24 ff., 150 pp. et 5 ff. pour la *Table* et le *Privilége,* mar. br. jans., tr. dor. (*Trautz-Bauzonnet.*)

> Edition originale des *Maximes* de LA ROCHEFOUCAULD.
> Collation des ff. lim.: front. gravé, signé: *Steph. Picart Rous*; titre; 3 ff. pour un *Advis au Lecteur;* 19 ff. pour un *Discours sur les Reflexions ou Sentences et Maximes morales.*
> L'*Advis* et le *Discours* ne se retrouvent pas dans les autres éditions publiées du vivant de La Rochefoucauld. La seconde de ces pièces est d'ordinaire attribuée à Segrais; mais les recherches du dernier éditeur des *Maximes*, M. D.-L. Gilbert, rendent beaucoup plus vraisemblable l'attribution à Henri DE BESSÉ, SIEUR DE LA CHAPELLE MILON.
> Les pp. 141-144 ont été cartonnées. Cet exemplaire contient en double le texte primitif et les cartons.
> Le privilège, daté du 14 janvier 1664, est accordé pour sept ans à *Claude Barbin.*
> L'achevé d'imprimer est du 27 octobre 1664.

151. REFLEXIONS || OV || SENTENCES || ET || MAXIMES || MORALES. || Nouuelle Edition. || *A Paris,* || *Chez Claude Barbin, vis à vis* || *le Portail de la Sainte Chapelle,* || *au signe de la Croix.* || M.DC.LXVI [1666]. || Auec Priuilege du Roy. Pet. in-12 de 4 ff., 118 pp. et 3 ff. pour la *Table,* mar. br. jans., tr. dor. (*Trautz-Bauzonnet.*)

> Seconde édition.

Collation des ff. lim.: front. gravé (le même que ci-dessus) ; titre; 1 f. pour un *Avis au Lecteur* ; 1 f. pour l'*Extrait du Privilége*.
L'*Avis* commence ainsi : « Mon cher lecteur, voicy une seconde édition des *Reflexions morales*, etc. »
L'achevé d'imprimer est du 1ᵉʳ septembre 1666.

152. REFLEXIONS || OU || SENTENCES || ET || MAXIMES || MORALES. || Troisiéme Edition, || Reveuë, corrigée & augmentée. || *A Paris*, || *Chez Claude Barbin, au Palais*, || *sur le Perron de la sainte Chapelle*. || M.DC.LXXI [1671]. || Avec Privilege du Roy. In-12 de 6 ff., 132 pp., 5 ff. de *Table* et 1 f. blanc, mar. br. jans., tr. dor. (*Trautz-Bauzonnet.*)

IV.7.24

Collation des ff. lim.: front. gravé (le même que ci-dessus) ; titre · 2 ff. pour l'avis du *Libraire au Lecteur* ; 1 f. pour l'*Extrait du Privilége* ; 1 f. blanc.
L'avis commence ainsi : « Voicy une troisiéme édition des *Reflexions morales*, que vous trouverez plus ample et plus exacte que les deux premières. »
Le privilège, daté de février 1671, est accordé à *Claude Barbin* pour cinq ans ; il n'y a pas d'achevé d'imprimer.

153. REFLEXIONS || OU || SENTENCES || ET || MAXIMES || MORALES. || Quatriéme Edition, || Reveuë, corrigée & augmentée || depuis la troisiéme. || *A Paris*, || *Chez Claude Barbin, au Palais,* || *sur le Perron de la sainte Chapelle*. || M.DC.LXXV [1675]. || Avec Privilege du Roy. In-12 de 5 ff., 157 pp. et 4 ff. de *Table*, mar. br. jans., tr. dor. (*Trautz-Bauzonnet.*)

IV.7.20

Collation des ff. lim.: front. gravé (ce frontispice appartient à l'une des éditions antérieures ; on ne le trouve pas dans les exemplaires de l'édition de 1675 revêtus de leur reliure primitive) ; titre ; 2 ff. pour l'avis du *Libraire au Lecteur* ; 1 f. pour l'*Extrait du Privilége*.
L'avis commence ainsi : « Cette quatriéme édition des *Reflexions morales* est encore beaucoup plus ample et plus exacte que les trois premières. »
Le privilège est celui de février 1671. L'achevé d'imprimer est du 17 décembre 1674.

154. NOUVELLES || REFLEXIONS || OU || SENTENCES || ET || MAXIMES || MORALES. || Seconde Partie. || *A Paris*, || *Chez Claude Barbin, sur le second* || *Perron de la Sainte Chapelle.* || M.DC.LXXVIII [1678]. || Avec Privilege du Roy. In-12 de 4 ff., 76 pp., 7 ff. pour la *Table* et 1 f. blanc, mar. br. jans., tr. dor. (*Motte.*)

IV.7.23

Collation des ff. lim.: 1 f. blanc ; titre ; 2 ff. pour le *Privilége*.
Le privilège, daté du 3 juillet 1678, est accordé pour six ans à *Claude Barbin*.
L'achevé d'imprimer est du 6 août 1678.
Cette *Seconde Partie* contient 107 réflexions, qui furent alors fondues dans la cinquième édition des *Maximes*.

155. REFLEXIONS || OU || SENTENCES || ET || MAXIMES || MORALES. || Cinquiéme Edition. || Augmentée de plus de Cent Nouvelles || Maximes. || *A Paris, || Chez Claude Barbin, sur le second*

IV.7.22

|| *Perron de la Sainte Chappelle* [sic]. || M.DC.LXXVIII [1678]. || Avec Privilege du Roy. In-12 de 3 ff., 195 pp. et 6 ff. de *Table,* mar. br. jans., tr. dor. (*Trautz-Bauzonnet.*)

> Collation des ff. lim.: titre; 2 ff. pour l'avis du *Libraire au Lecteur* et le *Privilége.*
> Dernière édition publiée du vivant de l'auteur ; on y a fait entrer les 107 réflexions qui furent publiées en même temps sous le titre de *Seconde Partie* (voy. le n° 154).
> Le privilège est celui du 3 juillet 1678. L'achevé d'imprimer est du 26 juillet 1678.

156. REFLEXIONS OU SENTENCES MORALES. Sixiéme Edition, augmentée. *A Paris, Chez Claude Barbin, au Palais, sur le second Perron de la sainte Chapelle.* M.DC.XCIII [1693]. Avec Privilege du Roy. In-12 de 12 ff., xxxv et 196 pp., mar. br. jans., tr. dor. (*Trautz-Bauzonnet.*)

> Collation des ff. lim. : titre ; 1 f. pour l'*Extrait du Privilége* ; 3 ff. contenant des *Reflexions morales* (De l'amour-propre); 7 ff. contenant 50 *Maximes*.
> Les XXXV pp. qui suivent sont occupées par le *Discours sur les Reflexions ou Sentences et Maximes morales,* morceau qui n'avait pas été reproduit depuis 1665 (voy. le n° 150) et dont le texte a subi d'assez nombreux remaniements.
> Le privilège, daté du 28 décembre 1692, est accordé à *Claude Barbin* pour six ans.
> L'achevé de « réimprimer » est du 3 septembre 1693.

157. DE LA DÉLICATESSE [par N. de Montfaucon, abbé de Villars]. *A Paris, Chez Claude Barbin, au Palais, sur le Perron de la sainte Chapelle.* M.DC.LXXI [1671]. Avec Privilege du Roy. In-12 de 2 ff. et 364 pp., mar. bl. jans., tr. dor. (*Trautz-Bauzonnet.*)

> Le privilège, dont un extrait occupe le v° du 2ᵉ f., est daté du 30 août 1671 ; il est accordé pour cinq ans au sieur *** , qui déclare en faire cession à *Claude Barbin*.
> L'achevé d'imprimer est du 25 septembre 1671.

158. MAXIMES ET PENSÉES DIVERSES. *A Paris, Chez Sebastien Mabre-Cramoisy, Imprimeur du Roy, ruë S. Jacques, aux Cicognes.* M.DC.LXXVIII [1678]. Avec Privilege du Roy. In-12 de 9 ff., 90 pp. et 6 ff. de *Table,* mar. bl., fil. à froid, tr. dor. (*Trautz-Bauzonnet.*)

> Les *Maximes* sont l'œuvre de MADELEINE DE SOUVRÉ, MARQUISE DE SABLÉ ; elles ont été publiées après sa mort, par l'abbé d'AILLY, précepteur des enfants de Mᵐᵉ de Longueville et chanoine de Lisieux. L'abbé d'Ailly les a fait précéder d'un éloge de Mᵐᵉ de Sablé, dont il avait été l'un des familiers ; il y a joint des *Pensées diverses* écrites par lui-même. On peut consulter sur ce livre l'ouvrage de M. Cousin, *Mᵐᵉ de Sablé*, pp. 118-124.
> Le privilège, daté du 18 mars 1678, est accordé pour six ans à *Sébastien Mabre-Cramoisy.*

SCIENCES ET ARTS.

159. Les || Caracteres || de Theophraste || Traduits du Grec. || Avec || Les Caracteres || ou || Les Mœurs || de ce siecle. || *A Paris, || Chez Estienne Michallet, || premier Imprimeur du Roy, ruë S. Jacques, || à l'Image saint Paul.* || M.DC.LXXXVIII [1688]. || Avec Privilege de Sa Majesté. In-12 de 30 ff., 308 pp., chiffr. de 53 à 360, et 2 ff. pour le *Privilége* et les *Fautes d'impression*, mar. r. jans., doublé de mar. r., dent., tr. dor. (*Trautz-Bauzonnet*.)

    Édition originale des *Caractères* de La Bruyère.
    Les ff. lim. contiennent un *Discours sur Theophraste*. La partie traduite du grec occupe les pp. 53-149. Le reste du volume est consacré aux *Caractères et Mœurs de ce siècle*.
    Le privilège, daté du 8 octobre 1687, est accordé à l'imprimeur *Estienne Michallet* ; l'extrait n'en indique pas la durée.

160. Les Caracteres de Theophraste Traduits du Grec : Avec Les Caracteres ou Les Mœurs de ce siecle. Seconde Edition. *A Paris, Chez Estienne Michallet, premier Imprimeur du Roy, ruë S. Jacques, à l'image S. Paul.* M.DC.LXXXVIII [1688]. Avec Privilege de Sa Majesté. In-12 de 30 ff., 308 pp. régulièrement chiffr. et 2 ff. pour le *Privilége* et les *Fautes d'impression*, mar. r. jans., tr. dor. (*Trautz-Bauzonnet*.)

    Réimpression de l'édition originale, avec pagination rectifiée.

161. Les Caracteres de Theophraste Traduits du Grec : Avec Les Caracteres ou Les Mœurs de ce siecle. Seconde Edition. *A Paris, Chez Estienne Michallet.....* M.DC.LXXXVIII [1688]. Avec Privilege de Sa Majesté. In-12 de 30 ff., 308 pp. et 1 f. pour le *Privilége*, mar. r. jans., tr. dor. (*Trautz-Bauzonnet*.)

    Second tirage de la seconde édition. Les fautes relevées à la p. 56 du *Discours sur Theophraste* et aux pp. 120, 178 , 183 et 300 des *Caractères* ont été corrigées.

162. Les Caracteres de Theophraste Traduits du Grec : Avec Les Caracteres ou Les Mœurs de ce siecle. Troisieme Edition. *A Paris, Chez Estienne Michallet....* M.DC.LXXXVIII [1688]. Avec Privilege de Sa Majesté. In-12 de 31 ff. (y compris un f. placé après le titre et contenant les *Fautes d'impression*), 308 pp. et 1 f. pour le *Privilége*, mar. r. jans., tr. dor. (*Trautz-Bauzonnet*.)

    La seconde et la troisième édition contiennent les mêmes caractères, mais on y remarque quelques transpositions et quelques variantes. Ni l'une ni l'autre n'ont d'achevé d'imprimer.

SCIENCES ET ARTS.

163. LES CARACTERES DE THEOPHRASTE Traduits du Grec : Avec Les Caracteres ou Les Mœurs de ce siecle. Quatriéme Edition corrigée & augmentée. *A Paris, Chez Estienne Michallet*...., M.DC.LXXXIX [1689]. Avec Privilege de Sa Majesté. In-12 de 21 ff., 425 pp. et 2 ff. pour la *Table* et le *Privilége*, mar. r. jans., tr. dor. (*Trautz-Bauzonnet*.)

> Cette édition est imprimée en petits caractères ; le titre est tiré en rouge et en noir, comme celui des éditions suivantes. Le *Discours* n'occupe plus que 20 ff. et les *Caractères de Theophraste* 75 pp. Les additions faites par La Bruyère ont presque doublé l'étendue de son ouvrage.
> Le privilège est celui de 1687, qui, d'après l'extrait, avait une durée de dix ans. L'achevé d'imprimer est du 15 février 1689.

164. LES CARACTERES DE THEOPHRASTE Traduits du Grec : Avec Les Caracteres ou Les Mœurs de ce siecle. Cinquiéme Edition augmentée de plusieurs Remarques. *A Paris, Chez Estienne Michallet*.... M.DC.XC [1690]. Avec Privilege de Sa Majesté. In-12 de 21 ff., 505 pp. et 2 ff. pour la *Table* et le *Privilége*, mar. r. jans., tr. dor. (*Trautz-Bauzonnet*.)

> La Bruyère a conservé ici toutes les additions de 1689, et il en a fait un grand nombre d'autres. Presque tous les chapitres présentent aussi des transpositions.
> L'achevé d'imprimer est du 24 mars 1690.

165. LES CARACTERES DE THEOPHRASTE Traduits du Grec : Avec Les Caracteres ou Les Mœurs de ce siecle. Sixiéme Edition. *A Paris, Chez Estienne Michallet*..... M.DC.XCI [1691]. Avec Privilege de Sa Majesté. In-12 de 16 ff., 587 pp. et 2 ff. pour la *Table* et le *Privilége*, mar. r. jans., tr. dor. (*Trautz-Bauzonnet*.)

> Tous les chapitres ont reçu des additions, excepté le chapitre *Du Cœur*.
> L'achevé d'imprimer est du 1er juin 1691.

166. LES CARACTERES DE THEOPHRASTE. Traduits du Grec : Avec Les Caracteres ou Les Mœurs de ce siecle. Septiéme Edition Reveuë & corrigée. *A Paris, Chez Estienne Michallet*..... M.DC.XCII [1692]. Avec Privilege de Sa Majesté. In-12 de 16 ff., 479 pp. et 4 ff. pour la *Table* et le *Privilege*, mar. r. jans., tr. dor. (*Trautz-Bauzonnet*.)

> Cette édition contient 88 paragraphes de plus que la précédente, sans parler de nombreuses transpositions.
> Le privilège n'est suivi d'aucun achevé d'imprimer.

167. LES CARACTERES DE THEOPHRASTE Traduits du Grec, Avec les Caracteres ou Les Mœurs de ce siecle. Huitiéme Edition. Reveuë, corrigée & augmentée. *A Paris, Chez*

Estienne Michallet..... M.DC.XCIV [1694]. Avec Privilege de Sa Majesté. In-12 de 18 ff., 716 pp., plus xliv pp. pour le *Discours prononcé dans l'Academie Françoise*, 2 ff. de *Table* et 1 f. blanc, mar. r. jans., tr. dor. (*Trautz-Bauzonnet.*)

<small>Le privilège, rapporté in extenso à la suite du *Discours sur Theophraste*, est renouvelé à *Estienne Michallet*, pour dix ans, le 24 septembre 1693.
Les additions sont indiquées par une petite main placée à la marge.</small>

168. LES CARACTERES DE THEOPHRASTE Traduits du Grec, Avec Les Caracteres ou les Mœurs de ce siecle. Neuviéme Edition. Revûë & corrigée. *A Paris, Chez Estienne Michallet.....* M.DC.CXVI [sic pour 1696]. Avec Privilege de Sa Majesté. In-12 de 16 ff., 662 pp., xliv pp. pour le *Discours* et 3 ff. povr la *Table* et le *Privilége*, mar. r.jans., tr. dor. (*Trautz-Bauzonnet.*)

<small>Dernière édition publiée du vivant de La Bruyère, qui mourut à Versailles le 10 mai 1696.
Il n'y a pas d'achevé d'imprimer.</small>

169. LES CARACTERES DE THEOPHRASTE Traduits du Grec, avec Les Caracteres ou Les Mœurs de ce siecle. Dixiéme Edition. *A Paris, Chez Estienne Michallet.....* M.DC.XCIX [1699]. Avec Privilege de Sa Majesté. In-12 de 16 ff., 662 pp., xliv pp. pour le *Discours* et 3 ff. pour la *Table* et le *Privilége*, mar. r. jans., tr. dor. (*Trautz-Bauzonnet.*)

170. INTRODUCTION A LA CONNOISSANCE DE L'ESPRIT HUMAIN, suivie de Reflexions et de Maximes [par Luc de Clapiers, marquis de Vauvenargues]. *A Paris, Chez Antoine-Claude Briasson, rue S. Jacques, à la Science & à l'Ange Gardien.* [*De l'imprimerie de Cl. Simon, père.*] M.DCC.XLVI [1746]. Avec Approbation & Privilege du Roi. In-12 de 10 ff., 384 pp. et 1 f. d'*Errata*, v. f. (*Anc. rel*).

<small>Édition originale.
Collation des ff. lim.: fauz-titre ; titre ; 5 ff. pour le *Discours preliminaire* ; 1 f. pour le *Privilège* ; 2 ff. pour la *Table*.
Le privilège, daté du 21 janvier 1746, est accordé pour trois ans au libraire *Briasson*.
Exemplaire du DUC DE VALENTINOIS, dont la signature se trouve sur le titre. On voit à la page 114 une curieuse note écrite de sa main. Les mots *fausseté* et *dissimulation* sont accompagnés de cette remarque : « Appanages de M. le Prince de M[onaco], mon plus proche parent. »</small>

170 bis. La Même. In-12, mar. bl. jans., tr. dor. (*Trautz-Bauzonnet.*)

3. — *Règles de la vie civile.* — *Éducation.*

II. 7. 12

171. INSTRVCTION || POVR TOVS ESTATS. || En laquelle est sommairement declairé, com- || me chacun en son estat se doit gou- || uerner, et viure selon Dieu. || *A Paris.* || *De l'Imprimerie de Philippe Danfrie, et* || *Richard Breton, Rue S. Iacques, à l'escreuisse* || M.V°.LIX [1559]. || Auec priuilege du Roy. In-8 de 128 ff. chiffr. et 4 ff. n. chiffr., réglé, mar. bl. jans., tr. dor. (*Trautz-Bauzonnet.*)

<small>Au titré, un bois représentant une femme, entourée de deux amours, qui reçoit du ciel un cœur enflammé.
L'auteur de ce livre est GIRARD CORLIEU, d'Angoulême, dont le nom figure en toutes lettres sur le titre de l'edition de 1573 décrite ci-après. Le 128e f. contient une épître de C. D'ARCTOS à Jaqueline de Rohan, marquise de Rotelin, où on lit ce qui suit : « Comme ainsi soit, dame tres-excellente, que l'autheur du present livre desirast de le revoir avant qu'on le remeit sur la presse, il a esté empesché par quelques bonnes et sainctes occupations tellement que ne l'a peu faire, qu'a esté la cause qu'avenant [*sic*] que de l'imprimer, on l'a baillé a un autre pour le revoir, en attendant mieux de la main de l'ouvrier. Despuis quelques chapitres ainsi poursuivis, en estant requis, me suis mis à le revoir du tout.... »
Cette édition, inconnue à M. Brunet, est imprimée en caractères de civilité. Les 4 derniers ff. contiennent la *Table* et un bois finement gravé qui représente une femme debout, entourée d'enfants jouant avec des attributs.</small>

IV. 5. 78

172. INSTRV- || CTION pour || tous Estats. || *.* || En laquelle est sommairement de- || claré comme chacun en son estat || se doit gouuerner, & viure || selon Dieu. Par Gi- || rard Corlieu de || Angoulesme. || *A Paris,* || *Par Claude Micard, rue S. Iean* || *de Latrã, au Loup qui taille.* || 1573. In-16 de 234 pp. et 2 ff. pour la *Table*, mar. bl. jans., tr. dor. (*Trautz-Bauzonnet.*)

<small>Titre encadré, au v° duquel est placé un verset de S. Mathieu. Le nom de l'auteur est répété à la fin de la dédicace à Jaqueline de Rohan.</small>

VII. 7. 13

173. INSTITVTION || D'VN PRINCE || CHRESTIEN. || Au Roy. || Par M. Iean Talpin, Docteur & Chanoine || Theologal à Perigueux. || *A Paris,* || *Chez Nicolas Chesneau, rue S. Iaques, à* || *l'enseigne de l'Escu de Froben,* || *& du Chesne verd.* || 1567. || Auec Priuilege du Roy. In-8 de 77 ff. chiffr. et 3 ff. n. chiffr. — EXAMEN || ET RESOLVTION || DE LA VERITÉ, || & de la vraye || Eglise. || Par M. Iean Talpin, Docteur & Chanoine || Theologal à Perigueux. || *A Paris,* || *Chez Nicolas Chesneau, rue S. Iaques,* || *à l'enseigne de l'Escu de Froben* || *& du Chesne verd.* || M.D.LXVII [1567]. || Auec Priuilege du Roy. In-8 de 112 ff. chiffr. — Ensemble 2

parties en un vol. in-8, réglé, mar. n., fil., comp., dos orné,
tr. dor. (*Anc. rel.*)

<small>L'*Institution* est précédée d'une épître au roi Charles IX, datée « de notre ville de Paris, au collége de Harrecourt, ce 25. de septembre 1567. »
Le titre porte une petite marque de *Chesneau* (Silvestre, n° 502). — Au v° du titre est un extrait d'un privilège de sept ans accordé à Talpin pour tous ses ouvrages le 29 mai 1567.
L'*Examen* est dédié à la reine-mère Catherine de Médicis. L'épître est également datée du collége d'Harcourt, mais du 30 septembre. Le titre porte une marque différente de la précédente et que Silvestre n'a pas reproduite. Le privilège est le même que ci-dessus.
Exemplaire aux chiffres de Louis XIII et d'Anne d'Autriche, provenant de la bibliothèque de M. Perkins (Cat. n° 695).</small>

174. Discours sur la Bienséance, avec des Maximes et des Réfléxions tres-importantes & tres-nécessaires pour réduire cette vertu en usage. [Par Jean Pic.] *A Paris, Chez la Veuve de Sebastien Mabre-Cramoisy Imprimeur du Roy, ruë Saint Jacques, aux Cicognes.* M.DC.LXXXVIII [1688]. Avec Privilége de Sa Majesté. In-12 de 8 ff. et 395 pp., v. f., dos orné, tr. dor. (*Anc. rel.*)

$I.2.25$

<small>Le privilège, daté du 9 juillet 1688, est accordé pour six ans à *S. Mabre-Cramoisy*. L'achevé d'imprimer est du 15 juillet 1688.</small>

175. Education des Filles. Par M. l'Abbé de Fenelon. *A Paris, Chez Pierre Aubouin, Pierre Emery et Charles Clousier. Quay des Augustins, près l'Hôtel de Luynes à l'Ecu de France, & à la Croix d'Or.* [*De l'imprimerie d'Antoine Lambin.*] M.DC.LXXXVII [1687]. Avec Privilege du Roy. In-12 de 4 ff., 275 pp. et 3 ff. pour le *Privilége*, mar. r., fil., dos orné, tr. dor. (*Trautz-Bauzonnet.*)

$VI.5(bis).48$

<small>Édition originale.
Collation des ff. lim. : titre impr. en rouge et en noir ; 1 f. pour la *Table*, 2 ff. pour un *Catalogue de Livres de devotion nouvellement imprimez et qui se vendent dans la même boutique.*
Le privilège, daté du 21 février 1687, est accordé pour dix ans à Fénelon, qui déclare en faire cession aux libraires nommés ci-dessus.
L'achevé d'imprimer est du 29 mars 1687.</small>

176. Avis d'une Mere à son Fils, et à sa Fille. [Par Anne-Thérèse de Marguenat de Courcelles, marquise de Lambert.] *A Paris, Chez Etienne Ganeau, Libraire Juré de l'Université, ruë S. Jacques aux Armes de Dombes, près la ruë du Plâtre.* M.DCC.XXVIII [1728]. Avec Approbation & Privilege. In-12 de 2 ff., 207 pp. et 2 ff. pour le *Privilége*.

$VI.5(bis).46$

<small>Édition originale.
Le privilège, daté du 10 octobre 1727, est accordé pour six ans à *Etienne Ganeau*.</small>

90 SCIENCES ET ARTS.

177. ÉMILE, OU DE L'ÉDUCATION. Par J. J. Rousseau, Citoyen de Genève. *A La Haye, Chez Jean Néaulme, Libraire.* M.DCC.LXII [1762]. Avec Privilége de Nosseign. les Etats de Hollande & de Westfrise. 4 vol. in-8, figg., mar. r., fil., dos orné, tr. dor. (*Anc. rel.*)

Édition originale.
Tome premier : front. gravé ; titre ; viij pp.; 1 f. pour les *Explications des Figures* ; 466 pp.; 2 ff. pour le *Privilége* ; 1 f. pour les *Fautes à corriger dans les deux derniers volumes*, plus une fig. se rapportant à la p. 382. — Tome second : faux-titre ; fig. ; titre ; 407 pp. — *Tome troisième* : 8 ff. (y compris la fig.); 384 pp. — *Tome quatrième* : 3 ff. (y compris la fig.); 455 pp.
Les figures, dessinées par *Ch. Eisen*, ont été gravées par *De Longueil, Louis Le Grand* et *J.-J. Pasquier.*
Le privilège, dont le texte est rapporté en néerlandais, est accordé pour quinze ans à Jean *Néaulme*, bourgeois et libraire d'Amsterdam, le 10 mars 1762.

177 bis. Le Même, 4 vol. in-8, mar. bleu, fil., tr. dor. (*Trautz-Bauzonnet.*)

178. LES DEVOIRS des Maîtres et des Domestiques, par M.ᵉ Claude Fleury, prêtre, abbé du Loc-Dieu. *A Paris, Chez Pierre Aubouin, Pierre Emery, et Charles Clouzier. Quay des Augustins, prés l'Hôtel de Luynes, à* [sic] *l'Ecu de France.* [*De l'Imprimerie de Laurens Rondet*]. M.DC.LXXXVIII [1688]. Avec Privilege du Roy. In-12 de 2 ff. et 308 pp.

Édition originale.
Les pp. 298-308 contiennent un *Catalogue des Livres qui se vendent dans la même boutique*. Un certain nombre de ces livres sont indiqués comme provenant de « la vente qui a été faite du fond de deffunt le sieur *Le Petit*, imprimeur du Roy. »
Le privilège, daté du 21 février 1681, est accordé à Claude Fleury, qui déclare en faire cession aux libraires désignés ci-dessus.
L'achevé d'imprimer est du 20 décembre 1687.

4. — *Politique.*

179. POLITIQUE tirée des propres Paroles de l'Ecriture sainte, par J.-B. Bossuet. *A Paris, Chez Pierre Got.* 1709. In-4, mar. r., fil., tr. dor. (*Anc. rel.*)

Édition originale.
Exemplaire aux armes de JACQUES III, fils de Jacques II, roi d'Angleterre, dit le CHEVALIER DE SAINT-GEORGES.
Ce volume ne figure ici que pour mémoire. Il nous a été soustrait frauduleusement en 1872.

180. LE PHILOSOPHE || DE COVRT. || 🖝 || Autheur, || Philibert de Vienne Champenois, aduocat || en la Court de Parlement à Paris. || *A Lyon,* || *Par Iean de Tournes.* || M.D.XLVII

[1547]. In-8 de 110 pp. et 1 f., mar. bl., dos et milieu ornés, tr. dor. (*Trautz-Bauzonnet.*)

<small>Au titre, la marque de *Jean de Tournes* (Brunet, I, 518; Silvestre, n° 187).
Au v° du titre un sonnet de M[AURICE] SC[ÈVE] *Au Lecteur.*
Le *Prologue* (pp. 3-12) est daté « de Lyon, ce xx. jour de septembre M.D.XLVII. »
La p. 13 est occupée par un sonnet en tête duquel se trouvent les initiales O. B. et qui se termine par le monogramme A. O. et la devise : *Fatali nexu.*</small>

181. LE || MISAVLE, OV || HAINEVX DE COVRT, || Lequel par vn Dialogisme & confabulation fort || agreable & plaisante, demonstre serieuse- || ment l'estat des Courtisans, & autres || suiuans la Court des Princes : || Auec la maniere, coustumes & mœurs des Courtisans || Allemands, prinses de la Court d'Vlrich Hutene || Cheualier Alemand, traduite à la fin, par || l'autheur du Misaule, G. C. D. T. [Gabriel Chappuis de Tours]. || *A Paris,* || *Chez Guillaume Linocier, au mont S. Hilaire,* || *au Vase d'Or.* || cIɔ. Iɔ LXXXV [1585]. || Auec priuilege du Roy. In-8 de 4 ff. non chiffr., 107 ff. chiffr. et 1 f. blanc, mar. r., fil., dos orné, tr. dor.

<small>Au titre, une marque de *G. Linocier* différente des deux marques que Silvestre a reproduites :</small>

<small>Le titre est suivi d'une épître : « A tres-noble et vertueux seigneur, Daniel-Boivin, sieur de Trouville et du Boisguillebert ». Dans cette épître, l'auteur, GABRIEL CHAPPUIS, nous apprend que son *Dialogue* est presque entièrement tiré des œuvres d'ÆNEAS SILVIUS PICCOLOMINI, qui fut pape sous le nom de PIE II.
La seconde partie est la traduction du dialogue d'ULRICH DE HUTTEN, intitulé : *Aula.*
Le privilège, dont un extrait est placé à la fin des ff. lim., est accordé pour dix ans à *Guillaume Linocier,* le 1er mars 1585.</small>

II. — SCIENCES NATURELLES.

1. — *Histoire naturelle.*

Minéralogie. — Botanique. — Zoologie.

182. [C. Plinii Secundi naturalis Historiae Libri XXXVII]. — [Fol. 1, r° :] Plinivs secundus nouocomensis equestribus militiis industrię functus : procu- || rationes quoqʒ splendidissimas atqʒ continuas summa integritate administrauit. Et || tamen liberalibus studiis tantam operam dedit : ... [Fol. ult., v° :] *Quem modo tam rarum cupiens uix lector haber & :* || *Quiq; etiam fractus pene legendus eram :* || *Restituit Venetis me nuper Spira Ioannes :* || *Exscripsitq; libros ęre notante meos.* || *Fessa manus quondam moneo : Calamusq; quiescat.* || *Nanq; labor studio cessit : & ingenio.* || *M.CCCC.LXVIIII* [1469]. In-fol. de 355 ff. de 50 lignes à la page pleine, sans chiffr., récl., ni sign., mar. br., fil., riches comp. à froid, dos orné, tr. dor. (*Capé.*)

Édition princeps, imprimée en lettres rondes et l'une des plus belles productions de la typographie vénitienne.
Cet exemplaire, conforme à la description de M. Brunet, est orné de rubriques et de grandes initiales en or et en couleurs.
Haut. : 395 ; larg. : 283 mm.

183. [C. Plinii Secundi naturalis Historiae Libri XXXVII]. — [Fol. 1, r° :] Caius Plynius Marco suo salutem. || Pergratum est mihi : q tam diligenter libros auunculi mei lectitas : ut hr̄e ōnes || uelis : quærasqʒ qui sint omnes.... [Fol. penult., r° :] *Caii Plynii Secundi naturalis Historiae Libri tri-* || *cesimiseptimi et vltimi Finis impressi Venetiis* || *per Nicolaum Ienson Gallicum.* M.CCCC.LXXII [1472]. || *Nicolas Trono inclyto Venetiarum Duce.* In-fol. de 355 ff. de 50 lignes à la page pleine, sans chiffr., récl., ni sign., mar. br., fil., riches comp. à froid, tr. dor. (*Capé*).

Troisième édition de l'*Historia naturalis*. Elle se termine par une épître du correcteur, Johannes Andreas, « episcopus Aleriensis », au pape Paul II.
Cet exemplaire, soigneusement rubriqué, est orné, au commencement de chaque livre, de grandes initiales en or et en couleurs.
Haut. : 430 ; larg. : 289 mm.

184. Le lapidaire en fran || coys compose par messire Iehan || de mandeuille cheualier. || ❡ *Venundantur Lugduni in offici* || *na Ludouici Lanchart cōmorantis* || *ante intersi-*

gnium magdalene. — ❡ *Deo gratias. S. d.* [vers 1515], pet. in-8 goth. de 24 ff. non chiffr. de 25 lignes à la page, impr. en lettres de forme, sign. *a-c*, mar. r. jans., tr. dor. (*Trautz-Bauzonnet.*)

<small>Le titre porte la marque de l'imprimeur *Louys Lanchart*. Nous en donnons la reproduction :</small>

185. LIBRI DE RE RVSTICA , || · M. Catonis Lib. I. || M. Terentii Varro- || nis Lib. III. || Per Petrum Victoriũ , ad veterum exemplarium || fidem, suæ integritati restituti. || *Parisiis*. || *Ex officina Roberti Stephani typographi Regij.* || M.D.XLIII [1543]. — [In fine :] *Excudebat Rob. Stephanus* || *Typographus Regius,* || *Parisiis. An. M.D.* || *XLIII. XVI. Cal.* || *Augusti.* In-8 de 115 ff. chiffr. et 7 ff. n. chiffr. pour l'*Index.*— L. IVNII MODERATI COLV-||MELLÆ de re rustica ||Libri XII. || Eiusdem de Arboribus liber separatus ab alijs. || *Parisiis.* || *Ex officina Roberti Stephani typographi Regij.* || M.D.XLIII [1543]. — [In fine :] *Excudebat Rob. Stephanus* || *Typographus Regius,* || *Parisiis, ann. M.D.* || *XLIII.*

SCIENCES ET ARTS.

XI. Cal. || *Septembris.* In-8 de 498 pp., 10 ff. pour l'*Index* et 1 f. blanc. — Ensemble 2 part. en un vol. in-8, mar. v., riches comp., dos orné, tr. dor. (*Anc. rel.*)

<small>La reliure, décorée de branchages et de compartiments dans le style du XVIe siècle, porte les premières armes de J.-A. DE THOU. De la bibliothèque de M. L. DOUBLE (Cat., N° 349).</small>

186. LA MANIERE den- || ter et planter en iardins. — ❡ *Finis.* S. l. n. d. [*vers* 1525], pet. in-8 goth. de 4 ff. de 27 lignes à la page, sign. A, mar. r. jans., tr. dor. (*Trautz-Bauzonnet.*)

<small>Au titre, un bois représentant des hommes qui greffent des arbres, bois reproduit ci-dessous :</small>

Voici un fac-similé de la dernière page du texte :

> doibt cueillir par tempz bel et sec q̄ que la lune
> soit en decours par nuyct les mettre en lieu bien
> sec et couurir de menues pailles de froment et se
> le tpz d'iuer est froit q̄ fort du st mettes du foing
> par dessus, et puis les ostez au doulx temps q̄ vo
> stre fruict sera bel et bien adozane.
> ¶ Item le premier tour du croissant faict bon
> edifier planter et semer. ii. iiii. iiii. v. vi. vii. viii.
> ix. x. xi. xii. xiii. xvii. xviii. et les autres ne e
> difier point.
> ¶ Pour auoir roses vertes entez les sur houf.
> for.
> ¶ Pour garder raisins tout aual de lay prenez
> bien de le sablon si les gardera tout l'ay.
> ¶ Item pour faire que le fruict d'ung arbre se
> qu'il soit laxatif faictes ung pertuis en la tige
> ou en la maistresse racle dudict arbre d'ie gros
> se tariere nompas tout outre, mais iusques bien
> dans la mouelle bien auant et emplissez ledict
> pertuis de sene ou de sulle ou de turbich lequel q̄
> vous voulorez des trois qui toutes sont choses
> laxatiues q̄ puis estouppes le pertuis de cire q̄ d
> mousse tresbien si que riens n'en puisse cheoir de
> hors q̄ tout le fruict dudict arbre sera dessors en
> suant relaxatif.
>
> ¶ Finis.

Au v° du dernier f., un bois représentant une chasse au sanglier.

187. Traité || dv || Iardinage || Selon les Raisons || de la Nature et de l'Art. || Diuisé en trois Liures. || Ensemble diuers desseins de Parterres, Pelouzes, Bosquetz, & autres || ornemens seruans a l'embellissement des Iardins. || Par Iacques Boyceau, Escuyer Sieur de la Barauderie, Gentilhomme || ordinaire de la Chambre du Roy, & Intendant de ses Iardins. || *A Paris*, || *Chez Michel Vanlochom, ruë sainct Iacques*, || *à la Rose blanche.* || M.DC.XXXVIII [1638]. || Auec Priuilege du Roy. In-fol. de 6 ff., 87 pp. et 62 planches, v. f. (*Anc. rel.*)

III . 7 . 1

Collation des ff. lim.: front. gravé par *Michel van Lochom*; titre imprimé;

SCIENCES ET ARTS.

Table des Chapitres ; portrait de l'auteur par *A. De Vris*, gravé par *G₁ . Huret* ; 2 ff. pour une épître *Au Roy* et pour le *Privilége*.

L'épître est signée de JACQUES DE MENOURS, qui entreprit la publication du livre, après la mort de l'auteur.

Le privilège, daté du 8 mars 1638, est accordé pour neuf ans à Marie Le Coq, « vefve de feu nostre amé et féal Jacques de Menours, escuyer, nostre conseiller, commissaire ordinaire de nos guerres et intendant de nos jardins, tutrice des enfans mineurs dudit defunct et d'elle ».

Sur les 62 planches, 17 sont doubles ; 6 autres sont d'un format plus grand que celui du volume et sont repliées.

188. DEVIS SVR LA VIGNE, || VIN ET VENDANGES || d'Orl. de Suaue, auquel la façon an- || ciēne du plāt, labour & garde est des- || couuerte & reduitte au present vsage. || Enuie d'enuie enuie. || Auec Priuilege. || *On les vend au Palais, en la Gallerie, pres la Chancelle-* || *rie, en la boutique de Vincent Sertenas, Et au mont* || *sainct Hylaire, à l'hostel d'Albret*. || 1549. In-8 de 48 ff. non chiffr., sign. *A-M* par 4, mar. bl., dos et mil. ornés, tr. dor. (*Trautz-Bauzonnet*.)

Au titre, un bois finement gravé qui représente Bacchus enfant, à cheval sur un tonneau. Ce bois est signé de la double croix de Lorraine.

Au v° du titre est placé un extrait du privilège accordé pour trois ans à *Vincent Sertenas*, le 4 octobre 1549.

Le *Devis sur la Vigne* est l'œuvre de JACQUES GOHORY, Parisien, qui se rendit célèbre au XVI° siècle comme professeur, comme alchimiste et comme poète. Le nom d'ORLANDO DE SUAVE n'est qu'un pseudonyme de cet auteur, qui s'est d'ailleurs fait connaître par sa devise : *Envie d'envie en vie* (cf. La Croix du Maine, I, 411-414).

Les interlocuteurs du *Devis* sont J. PERDIX, sieur de La Barre, maître d'hôtel du cardinal d'Annebaut (voy. fol. Liij, v°) et le jurisconsulte E. PLANCE. Ces personnages dissertent sur la vigne en savants qui connaissent à fond tous les auteurs anciens. Gohory n'est cependant pas un pédant ; c'est un disciple de Rabelais, qui cherche à imiter le style du maître. On rencontre dans son ouvrage un certain nombre de termes techniques, dont il serait curieux de faire le relevé. Gohory cite aussi plusieurs de ses contemporains : Roberval, « à qui le roy a donné toutes les mines de son royaume » (fol. Giij, v°), le sieur de La Morandière, médecin d'Alençon (fol. Liij, r°), G. d'Aiguevive, « maistre d'hostel de monseigneur l'evesque d'Evreux » (fol. Liij, v°) et G. Jobert, « le petit genius de Bazas » (ibid.).

189. ART de faire éclorre et d'élever en toute saison des Oiseaux domestiques de toutes especes, Soit par le moyen de la chaleur du fumier, soit par le moyen de celle du feu ordinaire. Par M. de Reaumur, de l'Académie Royale des Sciences, &c. Commandeur & Intendant de l'Ordre royal et militaire de Saint-Louis. *A Paris, De l'Imprimerie Royale*. M.DCCXLIX [1749]. 2 vol. in-12, mar. r., fil., dos ornés, tr. dor. (*Anc. rel*.)

Tome premier : xij et 342 pp., plus 9 planches pliées. — *Tome second* : 2 ff. et 339 pp., plus 6 planches pliées.

Exemplaire aux armes de LOUIS, DUC D'ORLÉANS, fils du régent, mort en 1752.

SCIENCES ET ARTS.

2. — *Médecine.*

Physiologie. — Hygiène. — Pathologie. — Chirurgie. — Toxicologie. — Parfumerie.

190. ❦ Secreta mv ‖ liervm : Trans ‖ late de latin en ‖ Francoys. — ☙ *Fin du present liure. S. l. n. d.* [*Lyon*, *Jacques Moderne*, *vers* 1540], pet. in-8 goth. de 31 ff. non chiffr, de 22 lignes à la page, et 1 f. blanc, sign. *A-H*.

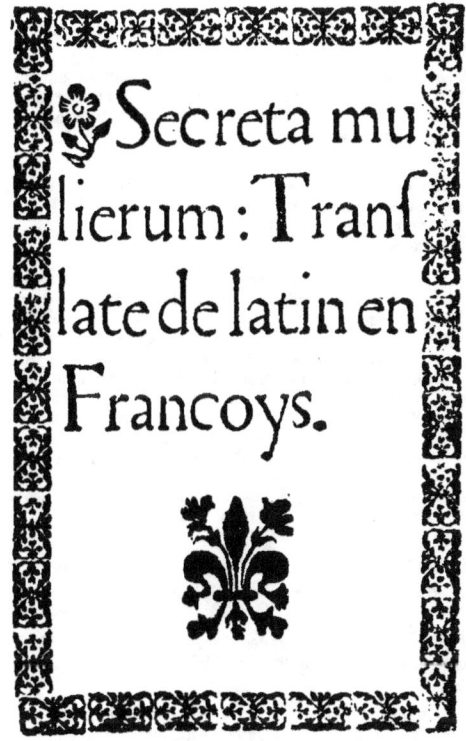

Le titre porte la fleur de lis de *Jacques Moderne*, imprimeur à *Lyon*. Le texte commence au v° même du titre.

Les *Secreta mulierum*, dont nous avons ici une traduction, sont vulgairement attribués à Albert le Grand, mais cette attribution n'est appuyée d'aucune preuve ; tout iudique au contraire que les *Secreta* ne sont pas de lui. C'est, disent les auteurs de l'*Histoire littéraire de la France* (XIX, 373), « l'article qu'il conviendrait le plus d'effacer du catalogue de ses œuvres ». Lenglet du Fresnoy croit que ce traité a dû être écrit par un des élèves d'Albert: Thomas de Cantimpré ou Albert de Saxe. Quoi qu'il en soit, les *Secreta*, qui contiennent un résumé singulièrement naïf des connaissances physiologiques du moyen-âge, furent très répandus. Non seulement le texte latin fut multiplié par de nombreux manuscrits et fréquemment imprimé dès la fin du XVe siècle (voy. Hain, *Repertorium*, 549-568), mais il en fut fait une traduction française plusieurs fois remaniée. Notre rédaction suit de près le texte latin, bien que le préambule: *Fuit quidam sacerdos qui rogavit dominum Albertum*, etc., ait été supprimé. Cette rédaction, qui remonte au commencement du XVe siècle, est celle que des réviseurs anonymes se sont appropriée un peu plus tard en y intercalant un certain nombre d'additions. Voici le début de notre texte comparé à celui qui a été imprimé par MM. les docteurs Colson et Cazin, d'après quatre manuscrits (*Les Secrès des dames, deffendus à révéler*; Paris, Rouveyre, 1880, in-8):

Texte imprimé:	*Textes des manuscrits:*
Au commencement de ce present livre vous devés sçavoir et entendre comme une chascune creature peult prendre chair humaine au ventre de sa mére, et le commencement de son estre.	Au commencement de ce livre devez sçavoir et entendre comme une et ung chacun prant char et commencemant de essence ou estre.
Le philosophe nous donne a entendre comme chascun prend son estre, c'est assavoir de la semence du pére et de la mére...	Les philosophes dient que chacun tient son estre de la semance du pére et de la mére....

Malgré ses rajeunissements, le texte imprimé se tient plus près de l'original latin. Cependant, le nom des philosophes et des médecins cités par l'auteur des *Secreta* ont été fréquemment changés. Ainsi, l'on ne rencontre plus dans le volume publié par Jacques Moderne le nom de « maistre Solnis » ou « Salus », qui a été remplacé par celui de Salomon. Pour le remarquer en passant, ce Solnis ou Salus, que MM. Colson et Cazin n'ont pu identifier, n'est autre que Solin.

L'édition des *Secreta* que nous venons de décrire fait partie d'un recueil du XVIe siècle, qui nous est parvenu dans sa reliure originale en vélin blanc, à recouvrements, et qui est composé des 22 pièces suivantes:

I. Les Ventes || Damours. || Lamant. Lamye *S. l. n. d.*, pet. in-8 goth. de 8 ff. non chiffr.

En vers.

II. Les demandes || damours auec || les respōses ioyeuses || Demāde response. *S. l. n. d.*, pet. in-8 goth. de 12 ff. non chiffr.

En prose.

III. ❧ Plusieurs De- || mandes ioyeuses || en forme de || quolibet. *S. l. n. d.* pet. in-8 goth. de 8 ff. non chiffr.

En prose.

IV. Secreta mu- || lierum: Trans- || late de latin en || Francoys. *S. l. n. d.*, pet. in-8 goth. de 31 ff. non chiffr. et 1 f. blanc.

En prose.

V. Les Parolles || ioieuses et dict [*sic*] me || morables des nobles et || Sages hommes hanciens [*sic*] Redigez par || le gracieulx, & honneste Poete || Messire Françoys || Petrarcque. *S. l. n. d.*, pet. in-8 de 24 ff. chiffr., lettres rondes.

En prose.

VI. ❧ La complaincte || du nouueau marie. Auec le || dict de chascū: Lequel marie || se complainct des extensil || les qui luy fault auoir a son ||

mesnaige. Et est en manie || re de chanson. Auec || la Loyaulte des || hommes. *Lyon*, s. d., pet. in-8 goth. de 8 ff. non chiffr.

En vers.

VII. 🙵 Le testament de || carmentrant a. VIII. per- || sonnaiges. || * || Cestassauoir ||

  Carmentrant.   Caresme.
  Archiepot.   Haren Souret.
  Tyre lardon.   Teste daulx.
  Leche froye.   Ognions.

S. l. n. d., petit in-8 de 8 ff. non chiffr., lettres rondes.

En vers.

VIII. Les sept marchans || de Naples. Cestassauoir / || Laduenturier / Le religieux / Le || scolier/ Laueugle/ Le vila= || geois/ Le marchant / || Et le Bragart. S. l. n. d., pet. in-8, de 8 ff. non chiffr., titre goth. et texte en lettres rondes.

En vers.

IX. ⁋ Le pourquoy || damour. || ⁋ Necessaire a ceulx qui ont desir de || suiuir la triũphãte court du seigneu= || rial prince Cupido. || Translate de Italien en Francoys. *Lyon*, s. d., pet. in-8 goth. de 24 ff. non chiffr. (incomplet des cahiers C et D).

En prose.

X. 🙵 Liure nouueau || nomme le difficile des Receptes. S. l. n. d. pet. in-8 goth. de 8 ff. non chiffr.

En prose.

XI. 🙵 La grãde meruei || leuse desesperatiõ des || vsuriers et reneuiers || cõme il son dãne [*sic*] auec || tous les grans dya- || bles. S. l. n. d., pet. in-8 goth. de 4 ff. non chiffr.

En vers.

XII. Le Liure || de chascun ⁋ Comprenant la diuersite du viure / || gouuernement ⁋ estat des hõ= · || mes. Liure tres vtille ⁋ || profitable a vng || chascun. || *Imprime nouuellement*. S. l. n. d, pet. in-8 goth. de 16 ff. non chiffr.

En vers.

XIII. 🙵 Le diable se moc || que des femmes qui no || sent filer le samedy || apres midy. S. l. n. d., pet. in-8 goth. de 4 ff. non chiffr.

En vers.

XIV. 🙵 Comment Sa- || thã et le dieu Bac || chus accuse les || Tauerniers || qui brouil || lent le || Vin. S. l. n. d., pet. in-8 goth. de 4 ff. non chiffr.

En vers.

XV. 🙵 Les dictz ⁋ com- || plainctes de trop Tost marie. S. l. n. d., pet. in-8 goth. de 4 ff. non chiffr.

En vers. .

XVI. 🙵 Les dictz ⁋ com- || plainctes de trop Tard marie. S. l. n. d. pet. in-8 goth. de 4 ff. non chiffr.

En vers.

XVII. Les grans ⁋ Mer- || ueilleux faictz de Nemo auec || les preuileges quil a / Et la || puissance quil auoir [*sic*] depuis || le commencement du monde || iusques à la fin. S. l. n. d., pet. in-8 de 8 ff. non chiffr., titre goth. et texte en lettres rondes.

En vers.

100 SCIENCES ET ARTS.

XVIII. ❧ La grande con- || frarie des Soulx Douurer / ℭ enragez || de rien faire. Auecques les pardons || ℭ statutz dicelle. Ensemble les || monnoyes d'or ℭ d'argent ser= || uans a ladicte confrarie. || *Nouuellement impri-* || *mee a Lion.* || Labbaye de sainct Lasche. *S. d.*, pet. in-8 goth. de 8 ff. non chiffr.

En prose.

XIX. Sensuyuent || plusieurs Basses dances || tant Cōmunes que In= || communes : comme on || pourra veoyr cy || dedans. *S. l. n. d.*, pet. in-8 goth. de 16 ff. non chiffr.

En prose.

XX. ❧ Liuret nouueau || auquel sont contenuz. XXv. || Receptez : ℭ puuez [*sic*] de prēdre || Poissōs : Cāues : ℭ Oyseaulx || auec les mains : Moclars ; || Filetz : ℭ Morses. ℭc. *S. l. n. d.*, pet. in-8 goth. de 8 ff. non chiffr.

En prose. Le dernier feuillet est en lettres rondes.

XXI. ❧ Les moyens || de euiter melencolye Soy con- || duyre et enrichir en tous estatz , || par lordōnance de Raison / com- || pose nouuellement Par Dan- || douille. || Ce sera que sera. *S. l. n. d.*, pet. in-8 goth., de 24 ff. non chiffr.

En vers.

XXII. ℭ Sensuyt le ser || mon de sainct Belin. || Auec le sermon du poul || ℭ de la pusse. *Nouuelle=* || *ment Imprime. S. l. n. d.*, pet. in-8 goth. de 8 ff. non chiffr.

En vers.

Les pièces contenues dans le recueil sont décrites séparément dans ce Catalogue. Nous nous bornerons à faire ici quelques observations générales sur l'intérêt que présente la collection et sur l'imprimeur à qui elle est due.

Parmi les vingt-deux pièces que nous venons d'énumérer, deux seulement étaient connues dans les mêmes éditions : *Le Testament de Carmentrant* (n° VII) et *Les sept Marchans de Naples* (n° VIII) ; sur les vingt autres, il en est neuf dont les titres mêmes étaient inconnus, savoir : *Livre nouveau nommé le Difficile des receptes* (n° X), *La grande merveileuse Desesperation des usuriers* (n° XI), *Le Livre de Chascun* (n° XII), *Le Diable se mocque des femmes*, etc. (n° XIII), *Comment Sathan et le dieu Bacchus accuse* [sic] *les taverniers* (n° XIV), *Les Dictz et Complainctes de Trop Tard Marie* (n° XVI), qu'il ne faut pas confondre avec le poëme de Pierre Gringore, *Plusieurs basses Dances* (n° XIX), *Livret nouveau auquel sont contenuz XXV receptez*, etc. (n° XX), *Le Sermon de sainct Belin, avec le Sermon du Poul et de la Pusse* (n° XXII).

Toutes ces pièces sont imprimées avec les mêmes caractères (la lettre ronde étant mêlée dans plusieurs d'entre elles à la lettre gothique) et sortent évidemment des mêmes presses. Aucune n'est datée, mais trois, les n°⁵ VI, IX et XVIII, portent la rubrique *Lyon*. En examinant divers volumes imprimés à Lyon au XVI° siècle, nous avons constaté que les caractères sont ceux de *Jacques Moderne*, dit *Grand Jacques*, dont nous connaissons diverses productions exécutées entre 1529 et 1556. C'est à ce typographe qu'appartient la fleur de lys florentine employée comme marque sur le titre du n° IV.

Il ne nous reste plus qu'à justifier les dates que nous avons assignées à l'exercice de l'imprimeur lyonnais. Sans avoir fait sur ce point des recherches particulières, nous pouvons indiquer un certain nombre de volumes datés qui portent le nom de *Jacques Moderne*. Nous les rangerons par ordre chronologique :

1. Vallo , *Livre contenant les appartenances aux capitaines pour retenir et fortifier une cité*, 30 avril 1529, pet. in-8 goth.

Brunet, V, 1064.

2. *Primus* [*et Secundus*] *Liber cum quatuor vocibus*, 1532, 2 livres en 8 part. in-4 oblong.

Voy. *Bibliographie der Musik-Sammelwerke des XVI. und XVII. ahrhunderts*, im Vereine mit Frz. Xav. Habel, Dr. A. Lagerberg und C. F. Pohl bearbeitet und herausgegeben von Robert Eitner (Berlin, 1877, gr. in-8), 24.

3. *Secundus Liber cum quinque vocibus*, 1532, 4 part. in-4 obl. (la 5ᵉ partie est imprimée avec la 4ᵉ).

Eitner, 25.

4. *Livre et Traicté de toute vraye noblesse* [par Josse Clichtove]. 1534, in-4 goth.

Panzer, IX, 526 ; Brunet, II, 107.

5. *Propheties merveilleuses de madame saincte Brigitte*, 1536, pet. in-8 goth.

Brunet, I, 1260.

6. *Tertius Liber Mottetorum ad quinque et sex voces*, 1538, 4 part. in-4 obl.

Eitner, 43.

7. *Le Paragon* [sic] *des Chansons*, 1538, 5 parties in-4 obl.

Eitner, 45-47 ; Cat. Chédeau, 1865, n° 588.

8. *Tertius* [*et Quartus*] *Liber cum quatuor vocibus*, 1539, 2 livres en 8 part. in-4 obl.

Eitner, 48.

9. *Quartus Liber Mottetorum ad quinque et sex voces*, 1539, 4 part. in-4 obl.

Eitner, 49.

10. *Le Parangon des Chansons, quart Livre*, 1539, in-4 obl.

Eitner, 56 ; Cat. Chédeau, 1865, n° 588.

11. *Le Parangon des Chansons, second Livre*, 1540, in-4 obl.
Eitner, 68 ; Cat. Chédeau, 1865, n° 588.

12. *Le Parangon des Chansons, sixiesme Livre*, 1540, in-4 obl.

Cat. Chédeau, 1865, n° 588.

13. *Liber decem Missarum a praeclaris et maximi nominis musicis contextus*, 1540, pet. in-fol.

Eitner, 60.

14. *Le Parangon des Chansons, huitiesme, neufiesme Livre*, 1541, 2 part. in-4 obl.

Eitner, 72 ; Cat. Chédeau, 1865, n° 588.

15. *Quintus Liber Mottetorum ad quinque, et sex et septem vocum* [sic], 1542, 4 part. in-4 obl.

Eitner, 73.

16. *Le Parangon des Chansons, tiers Livre*, 1543, in-4 obl.
Eitner, 83.

17. *Le Parangon des Chansons, dixiesme Livre*, 1543, in-4 obl.
Eitner, 83.

18. *Andreae Alciati Emblematum Libellus*, 1544, pet. in-8.

Biblioth. nat. *Bulletin de la librairie D. Morgand*, 1883, n° 7891.

19. *Epistre sur le bruit du trespas de Clement Marot*, par Jehan d'Abundance, [1544], in-8.

Brunet, I, 21.

20. *La Prophetie merveilleuse de madame saincte Brigide*, 1545, pet in-8 goth.

Cat. Chédeau, 1865, n° 328.

21. *Harmonidos ariston tricolon Ogdoameron, in quo habentur Liturgiae vel Missae tres*, 1546, in-fol.

Eitner, 96.

22. *Harmonidos ariston tricolon Ogdoameron*, etc., 1548, in-fol.

Même édition que celle de 1546, dont la date seule a été modifiée.

Eitner, 96.

23. *Le Difficile des Chansons*, 1555-1556, 4 part. in-4 obl.

Brunet, II, 707.

A ces impressions, datées, on peut ajouter les suivantes qui ne portent pas de date :

24. *Les Faubourgs d'Enfer*, par Jehan d'Abundance, pet. in-8.

Brunet, I, 21.

25. *Adresse profitable a tous viatiques*, par Jehan d'Abundance, pet. in-8.

Ibid.

26. *Captivité du bien public*, par Jehan d'Abundance, pet. in-8.

Ibid.

27. *L'Art de chyromance de excellent et tresexercité et prouvé maistre Andrieu Coram* [Andrea Corvo ?], *translaté par maistre Jehan de Verdellay*, in-8.

Brunet, II, 314.

28. *Le Credo du commun peuple*, pet. in-8 goth.

Cat. Didot, 1878, n° 220.

29. *Le Difficile des Chansons, Premier Livre*, pet. in-8 obl.

Brunet, II, 767.

30. *Notables, Enseignemens, Adages et Proverbes*, par Pierre Gringore, petit in-8 goth.

Bull. de la Librairie Morgand et Fatout, n° 7536.

Sur un certain nombre de ses impressions (par exemple sur les n°s 1, 2, 6, etc.) Jacques Moderne s'intitule *Jacobus Modernus de Pinguento*, ou *a Pinguento*, ce qui indique qu'il était originaire de l'Istrie et qu'il était né à Pinguente (en slovène : Bolzet ou Buzet). La plupart de ses impressions françaises portent : *Jacques Moderne, dict Grand Jacques*. On a vu par la liste que nous avons donnée ci-dessus qu'il avait surtout publié de la musique. D'après Eitner (p. 24), il n'aurait employé que les signes musicaux gravés par *Pierre Haultin*.

A l'appui de notre attribution, nous empruntons au *Bulletin de la Librairie Morgand et Fatout* (n° 7586), le fac-similé d'une impression de Jacques Moderne :

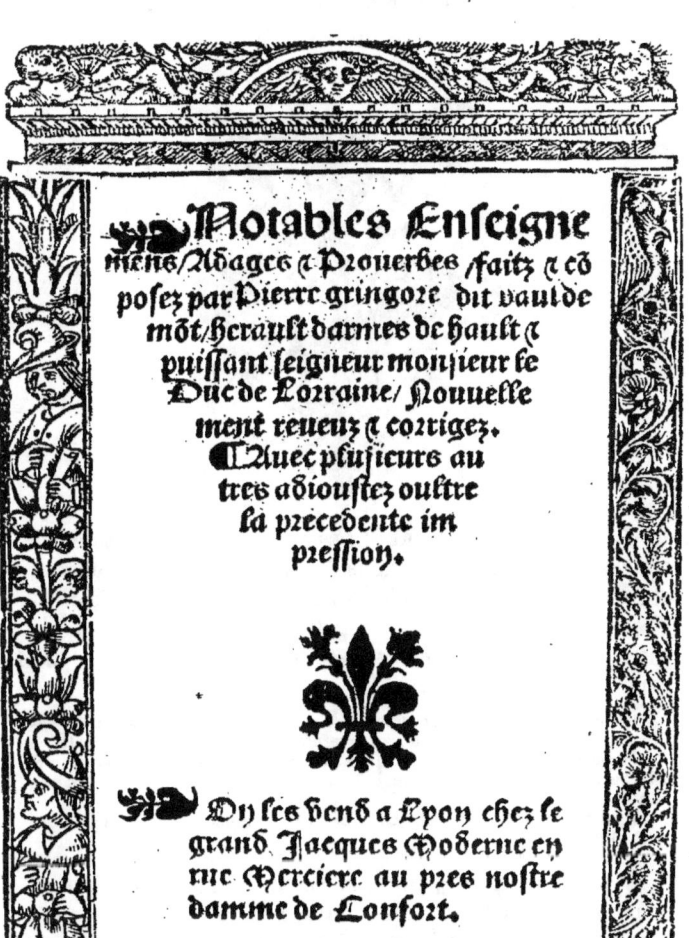

(Au recto du dernier f.)

𝕮Imprime a Lyõ chez le Grand Jacques Moderne/au pres nostre damme de Confort.

191. ❧ Sen || svit les secretz des se || cretz de Aristotele || pour cõgnoistre les || cõditions des hom || mes ⚜ des femmes || Lesquelz il fist pour || le roy Alexãdre son || disciple. — *Finis. S. l. n. d.*, pet. in-8 goth. de 4 ff. de 34 lignes à la page, impr. en petites lettres de forme, mar. br., fil., comp., tr. dor. (*Müller.*)

<blockquote>
Le titre, entouré d'un encadrement, est orné d'une petite fleur de lys florentine, entièrement semblable, quoique dans des proportions plus petites, à celle qui vient d'être reproduite. Il est donc probable que cette édition sort des presses de *Jacques Moderne* à *Lyon*. Le texte commence au v° même du titre.

Exemplaire de Ch. Nodier (Cat., n° 127), de Solar (n° 554) et de Desq (n° 175).
</blockquote>

192. ❧ Sensvyt le se- || cret des secretz de || Aristote : pour congnoistre les || conditions des hõmes et des fẽ || mes. Lesquelz il fist pour le roy || alexandre son disciple. — ❧ *Cy fine le se- || cret des secretz de || Aristote. S. l. n. d.*, pet. in-8 goth. de 8 ff. de 25 et 26 lignes à la page, sign. *A*, mar. r. jans., tr. dor. (*Trautz-Bauzonnet.*)

<blockquote>
Le *Secret des Secrets* d'Aristote est un des plus célèbres traités que les médecins arabes du moyen-âge aient attribués au grand philosophe grec. Une traduction latine, dédiée à Gui de Valence, évêque de Tripoli, par un
</blockquote>

de ses clercs du nom de Philippe, le fit connaître en Occident avant le XIIIe siècle, et, dès lors, il fut sans cesse traduit, augmenté ou abrégé (voy. *Histoire littéraire de la France*, `XXI, 217-224). Le petit livret français que nous venons de décrire ne reproduit qu'un seul chapitre de l'original, le chapitre intitulé : *Physionomia*. Le traducteur l'a fait précéder d'une introduction de son crû, dans laquelle il distingue quatre tempéraments : le « colerique », le « sanguin », le « flematique » et le « merencolique » ; il décrit ensuite les particularités significatives des yeux, des sourcils, du nez, de la face, etc. En comparant ce texte à l'orignal latin, on remarque dans la plupart des paragraphes de notables additions. La rédaction française remonte au XVe siècle; on en connaît une édition exécutée, vers 1485, par *Robin Fouquet* et *Jehan Crès à Bréhant-Loudéac*

Notre édition porte sur le titre un bois que nous reproduisons ci-après :

Au v° du titre est un autre bois, dont voici également le fac-simile :

Le r° du dernier f. contient 7 lignes de texte et une souscription en gros caractères :

> Despiteup et orgueilleup comme le faisant
> Debonnaire comme le poisson
> Luxurieup comme le pourceau
> Fort et puissant comme le camel
> Aduise comme la souris
> Et raisonnable comme les anges
> Et pource est il appelle le petit monde;

¶ Ly fine le secret des secretz de Aristote.

Voici la reproduction de la figure qui orne le v° du dernier f.

193. PLATINE de honesta volu ‖ ptate et valitudine ad ‖ amplissimum ac doctissi ‖ mum. D. B. Rouerellam. S. ‖ Clementis Presbiterum ‖ Cardinalem Lib. incip. *Absque nota* [*circa* 1474], in-4 de 117 ff. de 30 lignes à la page, sans chiffr., récl., ni sign., mar. r., dos et mil. ornés. (*Trautz-Bauzonnet.*)

BARTOLOMEO DE' SACCHI, dit PLATINA, né en 1421, mort en 1481, composa ce traité d'hygiène vers 1470 ; il nous apprend lui-même (fol. 6, v⁰) qu'il l'écrivit « in secessu Tusculano, apud inclitum et amplissimum patrem Franciscum Gonzagam ». Bartolomeo Roverella, à qui l'ouvrage est dédié, fut élevé, en 1461, à la dignité de cardinal et mourut en 1476.

Panzer (II, 554) cite, d'après Audifredi, l'édition que nous venons de décrire et la considère comme la plus ancienne. Elle serait ainsi antérieure à 1475, année où parut la première édition datée. Elle est imprimée en lettres rondes et se compose de 4 ff. de table à deux colonnes, 112 ff. à longues lignes, en tête desquels est placé le titre reproduit ci-dessus, et 1 f. à 2 col. pour le *Registrum*.

Exemplaire non rogné. La première page du texte est ornée d'une grande lettre et d'une bordure en or et en couleurs.

194. LE THRESOR du remede ‖ preseruatif / ⸋ guerison (bien experimentee) de la Peste / ⸋ ‖ Fieure pestientialle / auec declaration dont procedent les gouttes ‖ naturelles / ⸋ comme elles doibuent retourner. Et aussy aucunes al- ‖ legations ⸋ receptes sus le mal caduque Pleuresies ⸋ Apoplexies : ‖ ⸋ ce quil appartient a vng parfaict Medecin. ⸋c. Compose par ‖ Maistre Iehā Thibault Medecin ⸋ Astrologue de ‖ Limperiale Maieste. ⸋c. ‖ Cum gratia & Pri- ‖ uilegio Imperiali. ‖ ❡ Au Lecteur ‖ Tu ne me peulx trop acheter ‖ Ne trop garder ny estimer ‖ Sy tu veulx en moy proufiter ‖ Lis moy donc sans y riens laisser ‖ ❧ Experientia rerum magistra. — [A la fin :] ❡ *Imprime en Anuers par Martin Lempereur* ‖ *Lan* .MD. ⸋ xxxj [1531]. In-4 goth. de 12 ff. non chiffr. de 44 lignes à la page pleine, sign. *A-C.*, mar. r. jans., tr. dor. (*Cuzin.*)

Au titre, un bois qui représente JEHAN THIBAULT, vainqueur de la Mort. Au v⁰ du dernier f. est un blason.

Jean Thibault, d'Anvers, est un des personnages les plus singuliers dont fasse mention l'histoire littéraire du XVIᵉ siècle. Il commença par faire le métier de libraire et de fondeur de caractères (d'après la *Bibliotheca belgica*, de M. Ferd. Vander Haeghen, il publia, en 1519, un traité d'Adr. Barland *De Hollandiæ Principibus*). Après avoir été libraire, il se fit médecin, astrologue et historien. Nous citerons de lui, plus loin, une pièce historique intitulée : *La Triumphe de la Paix celebrée en Cambray*, 1529. Ses *Pronostications* eurent un immense succès, mais lui attirèrent de toutes parts de vives attaques. Nous n'avons pas à citer ici les épigrammes que lui adressèrent Marot et d'autres poètes du temps (cf. Montaiglon et Rothschild,

Recueil, XIII, 12), nous emprunterons seulement à M. Vander Haeghen, le titre d'une curieuse réponse aux *Pronostications*, qui nous fait connaître les diverses qualités de notre personnage : *Defensie responsijf astrologick by Gaspar Laet de Jonghe, op die sotte enn dwalende Apologie tseghen hem doer Jan Thibault, printer enn lettersteker, int jaer van .XXX. wtghegeven* (Antwerpen, by Michel van Hoochstraten, [1531], in-4.

Il est curieux qu'un charlatan tel que l'astrologue anversois ait eu le droit de s'intituler « medecin de l'Imperialle Majesté » ; il est encore plus singulier qu'il ait eu l'occasion de soigner le roi François Ier et qu'un imprimeur rouennais ait pu l'appeler, en 1544, « medecin du roy nostre sire » (voy. Catalogue Desbarreaux-Bernard, n° 183).

195. ADVIS ET RE- || MEDES souuerains pour se garder de || Peste en tems suspect : desquels lon || vse à Rome, Venise, & aux Alle- || magnes : communiqués par tres illu- || strissime & Reuerendissime, Mon-|| seigneur le Cardinal d'Armaignac, || au profit de sa Cité & Diocese de || Rhodez. || *A Tolose* || *Par Guion Boudeuille, iuré de* || *l'Vniversité.* || 1558. || Aueq Priuilege du Seneschal. Très pet. in-8 de 6 ff. non chiffr., mar. r. jans., tr. dor. (*Trautz-Bauzonnet*.)

Nous avons déjà décrit (n°s 47 et 123) deux autres volumes publiés par ordre du cardinal d'Armagnac. Les *Remédes pour se garder de peste* sont une nouvelle preuve du zèle avec lequel le prélat administrait son diocèse.
De la bibliothèque de M. le Comte O. DE BÉHAGUE (Cat., n° 223).

196. DEUX LIVRES || DE CHIRVRGIE. || 1. De la generatiõ de l'homme, || & maniere d'extraire les enfans || hors du vẽtre de la mere, ensem- || ble ce qu'il faut faire pour la faire || mieux, & plus tost accoucher, a- || uec la cure de plusieurs maladies || qui luy peuuent suruenir. || 2. Des monstres tant terrestres que || marins, auec leurs portrais. || Plus vn petit traité des plaies faites || aux parties nerueuses. || Par Ambroise Paré, premier Chirur- || gien du Roy, & iuré à Paris. || *A Paris,* || *Chez André Wechel.* || Auec priuilege du Roy. || 1573. In-8 de 12 ff. et 619 pp., figg.

Collation des ff. lim. : titre, entouré d'un joli encadrement au chiffre et aux armes de Charles IX (au v° de ce titre, est placé le portrait de Paré, entouré de la devise : *Labor improbus omnia vincit*); 5 pp. pour une épître, « A monseigneur le duc d'Uzès, pair de France, conte de Crussol, et de Tonnaire, prince de Soyon »; 5 pp. pour un avis, « Au Lecteur benevole »; 1 p. pour l'*Extraict du Privilége*; 4 ff. pour la *Table*; 1 f. blanc.

Le privilège, daté du 4 juillet 1572, est accordé, pour dix ans, à l'auteur.
Ce volume est un des derniers ouvrages imprimés par *André Wechel* à Paris. Malgré la date portée sur le titre, il a dû paraître avant le 24 août 1572. *Wechel*, obligé une première fois de quitter la France en 1569, était une des victimes désignées de la Saint-Barthélemy; il ne réussit à se sauver que parce qu'il logeait dans sa maison Hubert Languet, agent de l'électeur de Saxe. Aussitôt après le massacre, il émigra définitivement et transporta son imprimerie à Francfort.

SCIENCES ET ARTS.

197. Devx || Livres des || Venins, || Ausquels il est amplement discouru des bestes venimeuses, || theriaques, poisons & contrepoisons : || Par Iaques Greuin de Clermont en Beauuaisis. || Medecin à Paris. || Ensemble, || Les œuures de Nicandre, Medecin & Poëte Grec, || traduictes en vers François. || *A Anuers,* || *De l'Imprimerie de Christofle Plantin.* || M.D.LXVIII [1568]. || Auec Priuilege du Roy.—[Au r° du dernier f. :] *De l'Imprimerie de Christofle Plan-* || *tin ; a Anuers,* M.D.LXVII. *au mois* || *d'Octobre.* In-4 de 4 ff., 333 pp. et 3 ff., figg. sur bois dans le texte. — Les Œvvres || de Nicandre || Medecin et Poete || Grec, traduictes en || vers François. || Ensemble, || Deux liures des Venins, ausquels il est amplement discouru des bestes || venimeuses, theriaques, poisons & contrepoisons. || Par || Iaques Gréuin de Clermont en Beauuaisis, || medecin à Paris. || *A Anuers,* || *De l'Imprimerie de Christophle Plantin.* || M.D.LXVII [1567]. || Auec Priuilege du Roy. In-4 de 90 pp. et 1 f. Ens. 2 part. en un vol. in-4.

<small>Les *Deux Livres des Venins* sont précédés d'une épître « A treshaute et trespuissante princesse, madame Elizabet, royne d'Angleterre ».
Le privilège, dont le texte est placé au v° du titre de chaque partie, est daté de Bruxelles, le 7 juin 1565 ; il est accordé pour six ans à *Plantin*.</small>

198. Le traite des eaues || artificielles/ Les || vertus et pprietez dicel- || les. *Nouuellement ĩpri-* || *me a Rouen Pour Mi-* || *chel ⸗ Girard ditz anger* || *⸗ Iacques berthelot / Li* || *braires demourantz au* || *dict lieu de Rouen en la* || *grãt rue du pont deuãt* || *saint Martin / ⸗ a Caen* || *a lymage sainct Michel* || *prez les Cordeliers.* S. d. [vers 1510], pet. in-8 goth. de 40 ff., sign. *A-K* par 4, mar. r. jans. (*Trautz-Bauzonnet.*)

<small>Cé petit livre contient deux traités que l'on trouve joints à diverses éditions du livre de Bartholomeus Anglicus ou Bartholomeus de Glanvilla *De Proprietatibus rerum*, traduit par frère Jehan Corbichon, de l'ordre des Augustins, en 1372, et revu par Pierre Ferget, docteur en théologie. (Voy. notamment l'édition de *Paris*, *Jehan Petit* et *Michel Le Noir*, VIII. janvier 1518 (v. s.), fol. *x* vj *c* — *AA* vj *b*).
L'auteur nous dit au début qu'il a voulu écrire « a la requeste de ma tresnoble et redoubtée dame, ma dame la contesse de Boulougne ; pource qu'elle est dame pleine de pitié et compassion es povres malades, esquelz elle donne secours tresvoluntier, pour l'amour de Dieu, ainsi que dame bien savante et tresbien apprinse en l'art et science de medecine. » Il s'agit probablement ici de Jeanne, comtesse d'Auvergne et de Boulogne, fille unique de Jean II, comte d'Auvergne et de Boulogne, laquelle épousa : 1°, en 1389, Jean de France, duc de Berry et d'Auvergne, etc., mort le 26 mai 1416 ; 2°, en 1416, Georges, seigneur de La Trémoille. Cette princesse mourut en 1423.</small>

L'édition que nous venons de décrire n'est pas datée et ne porte pas de nom d'imprimeur, mais elle doit sortir des presses de *Pierre Regnault*, imprimeur à *Rouen* de 1489 à 1520 (Frère, *De l'Imprimerie et de la Librairie à Rouen*, 1843, p. 32). *Pierre Regnault* exécuta en 1512 une édition du *Propriétaire des choses* pour *Jean Macé*, à *Rennes*, *Michel Angier*, à *Caen*, et *Richard Macé*, à *Rouen*.

Le libraire *Jacques Berthelot* est resté inconnu à M. Frère. Il devait être parent de *Pierre Berthelot* qui imprima en 1496, à *Lyon*, avec *Jehan Bachelier* le *Quadragesimale J. Gritsch* (voy. Péricaud, *Bibliographie lyonnaise du XVe siècle*, nouvelle édition, n° 132) et les *Auctores octo* (Biblioth. munic. de Toulouse, inc. n° 39). *Jacques Berthelot* paraît avoir transporté sa librairie à *Rennes*, où nous trouvons, en 1544, sa veuve, *Marie Robin*, demeurant « au bout de Cohue, a l'enseigne sainct Jehan l'Evangeliste ». Son nom figure à cette date sur une édition des *Coustumes generalles des pays et duché de Bretaigne*, imprimée par *Thomas Mestrard*. (Biblioth. de Mlle Lesbaupin, à Rennes).

Nous reproduisons ci-après la première page du texte de l'opuscule que nous venons de décrire :

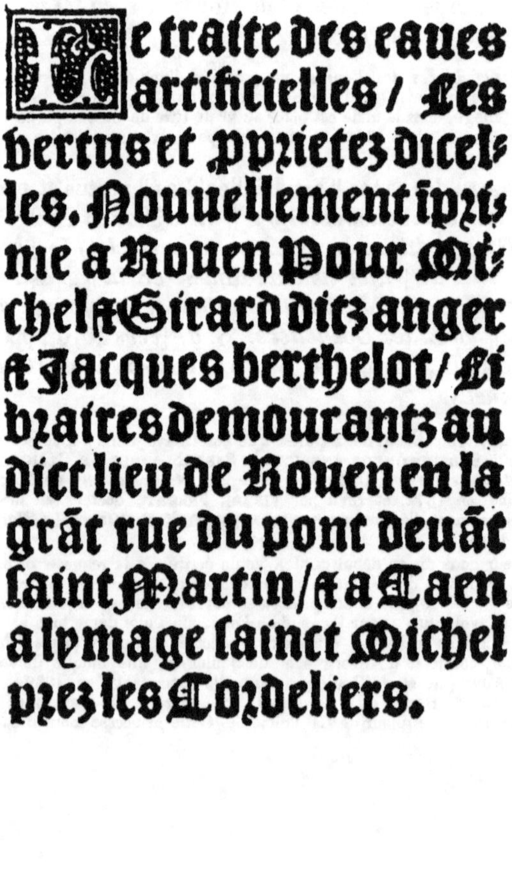

> Le traite des eaues
> artificielles / Les
> vertus et pprietez dicel-
> les. Nouuellement ipri-
> me a Rouen pour Mi-
> chel Girard ditz anger
> & Jacques berthelot / Li-
> braires demourantz au
> dict lieu de Rouen en la
> grāt rue du pont deuāt
> saint Martin / & a Caen
> a lymage sainct Michel
> prez les Cordeliers.

Voici un fac-similé de la dernière page ; elle nous fait connaître « la vertu de scabieuse : »

> La scabieuse est tresbonne herbe. Premieremēt
> pour apostumes du corps et aussi dehors / donnez a
> boire au patiēt du ius de scabreuse et se par trois ou
> quatre iours vous luy en donnez il guarira et met/
> tra hors la dicte apostume du corps par dessoubz.
> Et si lapostume est p dehors le corps broyez la sca/
> bieuse et en faictes emplastre et mettez dessus l'apo/
> stume si effondrera.
> Item vsez souuent de la scabieuse soit cuyte ou
> crue cest braye medicine pour le pis(?) pour l'estomac
> de vieulx hommes ou ieunes.
>
> La vertu de l'ail.
> Les aulx sont chaulx: et premierement ilz sont
> bons a morsure de serpent et de scorpion broyez les
> aulx et puis les mettez sur la morsure si guariront
> et osteront tout le venin.
> Item pour morsure de chien enrage: broyez les
> aulx et les destrempez de miel et en faictes empla/
> stre et mettez sur la morsure si guarira.
>
> ☞ Cy finist le traicte des eaues artificiel
> les. Nouuellement ipr̄ime a Rouen pour
> Michel et Girard ditz âger et Jacqs ber
> thelot libraires) demourātz a Roué en la
> grāt rue du pōt deuāt. s. martin ⁊ a Caen
> a lymage. s. Michel prez les Cordeliers.

199. ☞ LIVRE nouueau ‖ nomme le difficile des Receptes. — *Finis.* S. l. n. d [*Lyon, Jacques Moderne, vers* 1540], pet. in-8 goth. de 8 ff. de 22 lignes à la page, sign. *A-B*, par 4.

   Cette pièce fait partie du recueil décrit sous le nº 190.
   L'édition n'a qu'un simple titre de départ, au-dessous duquel sont 17 lignes de texte.

   Ce petit volume contient une foule de recettes de ménage, les unes qui sont encore employées aujourd'hui, les autres dont l'efficacité est plus douteuse. Au nombre de ces dernières on peut citer la recette contre les taupes : « Pour chasser les talpes d'un jardin, que plus n'y retourneront, plante une herbe dans le jardin qui s'appelle *palma Christi major*, ou en deffault de ce boute des escrevisses mortes par le jardin, et toutes les talpes s'en fuyront. Approuvé. »

La recette contre les rats et les souris n'est pas beaucoup plus sérieuse : « A chasser tous les ratz et souris d'une maison faictes brusler l'ongle d'ung cheval, d'asne ou de mulet et le jectez par petites piéces par la maison et tous [*impr.* tout] les ratz s'en fuyront. Approuvé. »

Voici le fac-similé du r° du 1er f. :

> **Liure nouueau**
> comme le difficile des Receptes.
>
> **Premierement.**
>
> A faire eaue clere cõme cristal q̃ qui sen laueroit seroit oussi noyr quing more.
> Pour se reueiller quant on veult
> A garder dauoir froitz au piedz
> Aleuer tache descarlate & aultre draps
> A oster la pege de dessus ung drap
> A faire petite pelotes a ouster taches
> Pour leuer tache dhuile ou gresse sur papier ou parchemin.
> A faire eaue qui oste tache dancre
> A faire eau qui oste les tache du visage
> Pour garder denrroille espee & harnois
> Pour faire cole merueilleuse
> Aultre cole qui ne craint ne feu ne eau
> Aultre cole q̃ sert a coller toutes choses
> Pour faire vernis epcellent.

200. LE PARFUMEUR FRANÇOIS, qui enseigne toutes les manieres de tirer les Odeurs des Fleurs ; & de faire toutes sortes de compositions de Parfums. Avec le secret de purger le Tabac en poudre; & le parfumer de toutes sortes d'Odeurs. Pour le divertissement de la Noblesse, l'utilité des personnes Religieuses , & necessaire aux Baigneurs & Perruquiers. *A Amsterdam, Chez Paul Marret, Marchand Libraire dans le Beurs-straat.* M.DC.LXXXXVI [1696]. Pet. in-12 de 25 ff , 170 pp., 9 ff. pour la *Table* et un *Catalogue de*

SCIENCES ET ARTS.

livres nouveaux, 1 f. blanc, ensemble 120 ff., sign. *A-K*, mar. citr., doublé de mar. bl., dent., tr. dor. (*Trautz-Bauzonnet*.)

<blockquote>
Le frontispice représente une boutique de droguiste.
L'ouvrage est dédié au prince d'Harcourt, par un parfumeur appelé S. BARBE, qui a signé la dédicace. Il parut d'abord à *Paris*, en 1693.
L'édition hollandaise de 1696 doit être antérieure à la réimpression sans date que cite M. Brunet (III, 369).
Exemplaire relié sur brochure.
</blockquote>

201. SATYRE || CONTRE LES || CHARLATANS, et || PSEVDOMEDECINS EMPYRIQVES. || En laquelle sont amplement descouuertes || les ruses & tromperies de tous Theria- || cleurs, Alchimistes, Chimistes, || Paracelsistes, Distillateurs, Extra- || cteurs de Quintescences, Fondeurs || d'or potable, Maistres de l'Elixir, & || telle pernicieuse engeance d'imposteurs. || En laquelle d'ailleurs sont refutees les erreurs, abus, || & impietez des Iatromages, ou Medecins || Magiciens, qui vsent de charmes, billets, parolles, || characteres, inuocations de Demons, & autres || detestables & diaboliques remedes, en la cure || des maladies. || Par M° Thomas Sonnet Sieur de Courual, || Docteur en Medecine, Gentil-homme || Virois. || *A Paris,* || *Chez Iean Milot, deuant S. Barthelemy au* [sic] || *trois Coronnes : Et en sa boutique sur les* || *degrez de la grand' salle du Palais.* || M. DC. X [1610]. || Auec Priuilege du Roy. In-8 de 16 ff. et 335 pp., mar. bl., fil., dos orné, tr. dor. (*Trautz-Bauzonnet*.)

<blockquote>
Collation des ff. lim. : titre ; 1 f., dont le r° est blanc et dont le v° contient un portrait du comte de Flers ; 4 ff. pour une épître. « A tres-noble et puissant seigneur, Nicolas de Pelvé, comte de Flers, chevalier de l'ordre du Roy, etc. » ; 7 pp. pour un avis *Au Lecteur* ; 2 pp. pour des stances *Au Peuple françois* ; 3 pp. pour une ode d'ANGOT L'ÉSPERONNIÈRE ; 1 p. pour une pièce latine de JACQUES DU CRIOULT, médecin ; 1 p. pour un sonnet signé : J. D. R. ; 1 p. pour un sonnet de J. TOURNET, « advocat en parlement » ; 1 p. pour l'*Extraict du Privilége* ; 1 f. blanc ; 1 f. contenant le portrait de Thomas Sonnet, sieur de Courval, à l'âge de 31 ans. Ce dernier portrait est signé de *L. Gaultier*, 1608.

Le privilège, daté du 11 février 1609, est accordé à *Jean Millot*, pour six ans.

Exemplaire de M. le Dr DESBARREAUX-BERNARD (Cat., n° 133).
</blockquote>

III. — SCIENCES MATHÉMATIQUES.

Astronomie. — Astrologie. — Sciences occultes.

202. ❧ Le traicte de la sphere : translate ∥ de latin en fran-cois par maistre ∥ Nicole Oresme / tresdocte / et ∥ renomme philosophe. ∥ ❧ *On le vent a Paris / en la* ∥ *rue Iudas / chez maistre* ∥ *Simon du bois im-* ∥ *primeur. S. d.* [*vers* 1525], in-4 goth. de 40 ff. n. chiffr. de 32 lignes à la page, sign. *a-k*, figg. en bois, mar. r. jans., tr. dor. (*Trautz-Bauzonnet.*)

<blockquote>
L'original de ce traité est le livre composé au XIIIe siècle par John Holywood, ordinairement appelé Johannes de Sacro Bosco, mathématicien anglais, qui fut professeur en l'Université de Paris.
La traduction, exécutée vers le milieu du XIVe siècle, par Nicole Oresme évêque de Lisieux, conseiller de Charles V et précepteur de Charles VI, se trouve dans deux mss. de la Bibliothèque nationale (franç. 1350 et 1052 Nouv.).
Les figures sur bois, qui représentent des sphères, sont au nombre de trois seulement ; le volume devait en recevoir neuf autres, dont la place est restée blanche à l'impression.
Cet exemplaire porte sur le titre la signature de François Rasse des Neux, « chirurgien à Paris, 1567 ». Le milieu même du titre est occupé par un rectangle tracé à l'encre noire, au milieu duquel on a écrit ces mots à l'encre rouge : *Ex incendio gothico anni D.* 1562.
Cette inscription fait probablement allusion aux exécutions ordonnées par le connétable de Montmorency à Paris, peu de temps après le massacre de Vassy. Les catholiques brûlèrent tout ce que renfermaient plusieurs temples protestants, en particulier le Temple de Jérusalem, situé dans le faubourg Saint-Jacques (Félibien, II, 1081). Il est probable que notre volume aura échappé aux flammes d'un de ces incendies, et qu'il aura ainsi acquis une valeur particulière aux yeux d'un huguenot comme le célèbre chirurgien de Charles IX.
</blockquote>

203. Harmonie des deux Spheres celeste et terrestre; ou la Correspondance des Étoiles aux parties de la Terre. Dediée à son Altesse Serenissime Monseigneur le Duc Du Maine, Prince Souverain de Dombe. *A Paris, Chez Etienne Ganeau, ruë saint Jacques aux armes de Dombe.* M.DCC.XXXI [1731]. Avec Approbation & Privilége du Roy. In-12 de xxviij et 431 pp. plus 3 ff. pour le *Privilége*, mar. v., dent., dos orné, tr. dor. (*Anc. rel.*)

<blockquote>
L'épître est signée : « Joseph Goiffon, Principal du Collége de Dombes. »
Le privilège, daté du 20 janvier 1730, est accordé pour huit ans au même Goiffon, qui y est appelé « aumônier honoraire » du duc du Maine et « official de Dombes ».
Exemplaire de dédicace aux armes du Duc du Maine.
</blockquote>

SCIENCES ET ARTS.

204. REPORTORIO || de los tiēpos — [A la fin :] ❡ Señor muy virtuoso: huuiendo [*sic*] arriba complido || con su merced : en las cosas q̃ dan algun complimien || to ala obra presente. lo qual no solo era prouechoso || mas muy necessario. No era razon que en tan no-||ble ⁊ esclarecida ciudad se imprimiesse cosa que en otro lugar se hallase viciosa. *Porende por obra ⁊* || *estudio del honrado Paulo hurus aleman de Con* || *stancia : ha seydo otra vez agora nueuamente con di* || *ligencia corregido ⁊ emendado el lunario. Porque* || *sin recelo de topar con algū ingenio maliuolo : vaya* || *desembueltamēte por todo. E porque como reza va* || *lerio : no hay ningūa humildad tan pequeña : que* || *no sea algun poquito tocada de dulcedūbre de gloria :* || *lo hizo el imprimir a sus costas en aq̃sta real ⁊ mag-* || *nifica ciudad de çaragoça. Fue acabada a* .x. *dias d'l* || *mes de junio : del año Mil. cccc. xcv* [1495]. In-4 goth. de 72 ff. n. chiffr. de 31 lignes à la page pleine, impr. en belles lettres de forme, sign. *a, b, d-h* par 8, *c* par 10, *i* par 6, figg. sur bois.

Cet ouvrage a été publié par ANDRES DE LI « ciudadano de Çaragoça », auteur du *Tesoro de la Passion de Christo*, imprimé par *Paul Hurus*, en 1494 (Hain , *Repertorium*, n° 6088). Il est précédé d'un prologue adressé à Don Pedro Torrero. Andres de Li nous y apprend qu'il lui est tombé, depuis peu , sous la main un petit calendrier imprimé à Saragosse (una obrezilla pequeña , llamada *Lunario* , notada y impressa en aquesta nuestra muy noble cesarea y augusta ciudad), et qu'il a entrepris d'en donner une nouvelle édition considérablement augmentée. Ce *Lunario*, comme nous le voyons par une mention placée en tête du f. *e viij* , v°, était l'œuvre de BERNARDO DE GRANOLLACH, de Barcelone, maître ès-arts et en médecine; on suppose qu'il était écrit en catalan , mais on ne le connaît aujourd'hui que par une édition espagnole de 1488 et par des éditions latines données à Rome en 1485, 1488, 1494 et 1500.

Le *Reportorio* d'Andres de Li se compose d'un prologue, de considérations générales sur l'année, les saisons, les mois, les semaines, les jours, les heures, les planètes et les signes du zodiaque; d'un calendrier donnant les noms des fêtes et des saints, d'une table des nombres d'or, de la démonstration des signes, et d'une partie astrologique tirée de Bernardo de Granollach. Il est orné de 33 grandes figures et de 36 petites. Le titre du volume est exécuté en xylographie ; en voici la reproduction :

Le r⁰ du dernier f. contient la souscription et la marque de *Paul Hurus*. Nous en donnons le fac-similé :

⁂ Señor muy virtuoso: huuiendo arriba complido con su merced: enlas cosas q̃ dan algun complimiento ala obra presente. lo qual no solo era prouechoso mas muy necessario. No era razon que en tan noble z esclarecida ciudad se imprimiesse cosa que en otro lugar se hallasse viciosa. Porende por obra z estudio del honrado Paulo hurus aleman de Constancia: ha seydo otra vez agora nueuamente con diligencia corregido z emendado el lunario. Porque sin recelo de topar con algũ ingenio maliuolo: vaya desembueltaméte por todo. E porque como reza valerio: no hay ningũa humildad tan pequeña: que no sea algun poquito tocada de dulcedũbre de gloria: lo hizo el imprimir a sus costas en aq̃sta real z magnifica ciudad de çaragoça. Fue acabada a.x. dias dl mes de junio: del año Mil.cccc.xcv.

Notre exemplaire, découvert en 1861 par M. Edwin Tross, provient en dernier lieu de la vente Ch[ÉDEAU] (février 1880). C'est d'après cet exemplaire que M. Brunet a donné sa description, dans laquelle il s'est glissé quelques inexactitudes.

SCIENCES ET ARTS. 117

Il existe une autre édition du *Reportorio*, imprimée par *Juan de Burgos*, à la date du 24 mars 1495 (Mendez, *Tipografía española*, 2ª edicion, corregida por Don Dionisio Hidalgo, 1861, p. 368) ; mais, comme l'année ne commençait qu'à Pâques, elle appartient, en réalité, à l'année 1496.

205. Calendrier || Historial, || & Lunaire. || La Lune est nouuelle à l'endroit || du Nombre d'or : & nous auons || 9. ceste année 1566. || *A Lyon,* || *Pour Antoine Vincent.* || M.D.LXVI [1566]. In-16 de 16 ff. non chiffr., figg. en bois, mar. r. jans., tr. dor. (*Trautz-Bauzonnet.*)

Au titre une petite marque d'*Antoine Vincent* (Silvestre, n° 442).
Le *Calendrier historial*, dont nous avons décrit précédemment une édition datée de 1563 (voy. le n° 6), fut publié par les apôtres de la réforme pour remplacer dans l'usage populaire les prouostications des astrologues. « En lieu que plusieurs ont accoustumé de remplir leurs calendriers et almanachs de je ne say quoy tendant plustost à superstition et idolatrie qu'à édification, nous avons mis en cettui-cy, » dit l'éditeur, « plusieurs histoires et autres choses dignes d'observer, prises tant des escritures saintes que d'autres. » On remarque, en effet, que les noms des saints ont disparu et que l'on y a substitué des éphémérides tirées de la Bible. L'almanach de chaque mois, précédé d'une jolie vignette, est suivi d'une strophe tirée des *Psaumes* de Marot et de Théodore de Bèze. Le volume se termine par la *Supputation des années depuis la creation du monde jusqu'à l'an* 1564, *selon le calcul de M. Luther*, par une table des éclipses de 1566 à 1570, et par une liste d'*Aucunes Foires de France et autres pays*.
Le *Calendrier historial* a fait l'objet d'un intéressant article de M. Ch. Frossard dans le *Bulletin de la Société de l'histoire du Protestantisme français*. 1879, 129-139, 175-182.
Exemplaire relié sur brochure.

206. La prenosti || catiō des hōmes et || des fēmes de leurs natiuitez et influēces selō les || xij. signes de lan et q̄ chascun || pourra facilemēt cōgnoistre || ꝑ entēdre les diuersitez ou bō || nes fortunes q̄ lon doit auoir. — ¶ *Cy finissent* [sic] || *la natiuite des hōmes et des* || *femmes* / *selon les .xij. signes* || *de lā Imprime nouuellemēt. S. l. n. d.* [vers 1525]. pet. in-8 goth. de 8 ff., sign. *A*, mar. r. jans., tr. dor. (*Trautz-Bauzonnet.*)

Le titre est orné d'un bois dont voici la reproduction :

Nous donnons en outre le fac-similé des 13 lignes de texte et des 4 lignes de souscription qui se trouvent au v° du dernier f. :

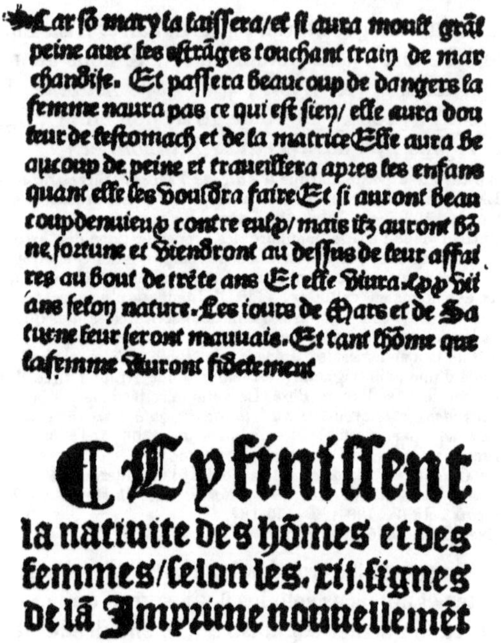

> Car ſō mary la laiſſera/et ſi aura moult grāt
> peine auec les eſtrāges touchant train de mar
> chandiſe. Et paſſera beaucoup de dangers la
> femme naura pas ce qui eſt ſien/ elle aura dou
> leur de leſtomach et de la matrice Elle aura be
> aucoup de peine et traueillera apres les enfans
> quant elle les vouldra faire Et ſi auront beau
> coup denuieux contre eulx/ mais itz auront bō
> ne fortune et viendront au deſſus de leur affai
> res au bout de trēte ans Et elle viura. Lxxviii
> ans ſelon nature. Les iours de Mars et de Sa
> turne leur ſeront mauuais. Et tant lhōme que
> la femme viuront fidelement
>
> ¶ Cy finiſſent
> la natiuite des hōmes et des
> femmes/ſelon les. xij. ſignes
> de lā Imprime nouuellemēt

Cette pronostication traite d'une manière générale de l'influence des douze signes sur le tempérament des hommes ; elle ne contient pas de prédictions politiques. On la trouve jointe à plusieurs éditions françaises du *Proprietaire des choses*, de Barthélemi de Glanville. Voy. notamment l'édition de Paris *Jehan Petit* et *Michel Le Noir* 1519 (n. s.), fol. *AA* vj *c-BB* ij *d*.

207. LA REVELACION ou p̄ || nosticaciō du saint || prophete Es'ras : || la quelle nostre seigneur || luy reuela par lāge pour || scauoir et congnoistre les || annees fertiles. — *S. l. n. d.* [*Lyon, Louis Lanchart, vers* 1515]. Pet. in-8 goth. de 4 ff. non chiffr. de 25 lignes à la page, impr. en lettres de forme, sign. *a*, mar. r. jans., tr. dor. (*Trautz-Bauzonnet.*)

Les caractères sont les mêmes que ceux du *Lapidaire* de Mandeville, dont nous avons donné la description ci-dessus (n° 184). La *Revelation* faisait, du reste, partie du même recueil, ainsi que la pièce suivante.

208. LES IOVRS et heures || perilleux de lannee || reuelez par lāge || au bon sainct || Iob. — *Fin. S. l. n. d.* [*Lyon, Louis*

Lanchart, *vers* 1515], pet. in-8 goth. de 4 ff. non chiffr. de 24 lignes à la page, impr. en lettres de forme, sign. *a*, mar. r. jans., tr. dor. *Trautz-Bauzonnet.*)

Les caractères sont les mêmes que ceux du *Lapidaire* de Mandeville (n° 184). Voy. la note jointe au n° précédent.

209. ¶ Mirabilis liber ‖ qui prophetias Reuelationesq; nec non res mirandas ‖ preteritas presentes et futuras : aperte demonstrat. ‖ ...... ¶ In duas partes presens liber distinguetur : ‖ ¶ Prima ͵pphetias : reuelationesq; : quas latine scriptas ‖ offendimus continebit. ‖ ¶ Secunda vero ⸵ vltima : gallico ydiomate inuentas ‖ enarrabit : quas ob ipsarum difficultatem latinitati do- ‖ nare omisimus. — [A la fin de la 2° partie :] ¶ *On les vend au Pellican en la rue* ‖ *sainct Iacques. S. d.* [*vers* 1525], in-8 goth. de 110 et 28 ff. chiffr., mar. v., dent. à froid, dos orné, tr. dor. (*Vogel.*)

Le titre, entouré de petites bordures, contient, en forme d'épigraphe, des citations de S. Paul, de S. Luc et des Psaumes.

La première partie du volume, imprimée en lettres de forme sur deux colonnes, contient les pièces suivantes, tirées en grande partie des mss. de la bibliothèque de S. Victor :

1° (fol. ij c). *Liber* Ben Echobi, *episcopi ecclesie Paterenis* [?] *et martyris Christi, quem de hebreo et greco in latinum transferre curavit.*

2° (fol. vj b). *Prophetia* Sibylle.

3° (fol. xj a). *Divi* Aurelii Augustini, *Hipponensis epyscopi, Tractatus de Antichristo.*

Extr. du livre IX *in fine.*

4° (fol. xj b). *Prophetia sancti* Severi *archiepiscopi.*

Datée de Ravenne, « prima die Martii, tempore Gregorii primi. » La Prophétie de Saint-Sévère a été publiée à la fin du XV° siècle avec la *Prophetia Caroli imperatoris* (Hain, n° 13411).

5° (fol. xij a). *Pronosticatio quedam mirabilis, divinitus partim revelata, partim celesti constellatione premonstrata super futuro Ecclesie statu tam spirituali quam seculari.... edita per sanctam* Brigidam *de Suevia et* Sibillam *Cretensem et per* Reynardum *heremicolam et per* Cirilum *et abbatem* Joachim, *incidiens* [sic] *anno Domini M. cccc. lxxxiiij, duratura ad annum Domini. Millesi. cccc. lxvij.*

Pour les diverses éditions des Révélations de sainte Brigite, on peut consulter Brunet, I, 1259.

6° (fol. xlviij a). *Principium Malorum.*

Pièce tirée d'un ms. de S. Victor et attribuée à l'année 1045.

7° (fol. lij c). *De angelico Pastore.*

8° (fol. liiij a) *Prophetia* [Johannis de Vatiguerro].

9° (fol. lviij a) *Prophetia antiquitus srcipta, quam habet quidem presbyter nomine* Guillermus Baugé, *in diocesi Turonensi, in parrochia de Noham.*

10° (fol. lix c) Extraits de l'*Historiale venerabilis domini* ANTHONINI.
Il s'agit de saint ANTONINO DE FORCIGNOLI, né en 1389, mort vers 1459.

11° (fol. lx b) *Ex Prenosticis beati* VINCENTII *in antiquo Veterbii repertorio.*

12° (fol. lx d) *Extracta ex libro* THOME DE AQUINO *scripto in quarta pecorina.*

13° (fol. lxj d) Extrait de l'*Historiale venerabilis domini* ANTHONINI.

14° (fol. lxij d) *Revelatio de tribulationibus nostrorum temporum... ostensa Florentiae* HIERONYMO DE FERRARIA.

Ces prophéties, dont l'auteur n'est autre que le fameux SAVONAROLE, furent imprimées séparément à Bologne et à Paris, en 1496 (Hain, *Repertorium*, n°s 14336, 14337). Le compilateur du *Mirabilis Liber* a conservé la préface du premier éditeur : GIROLAMO BENIVIENI, de Florence.

15° (fol. ciiij b) *Admirabilis Epistola noviter ex urbe Roma Parrhisius* [sic] *delata ad quendam litteratum.*

Lettre datée de Rome le 8 avril 1514.

16° (fol. cviij b) JOHANNES DE RUPE SCISSA *de ordine minorum multa predixit.*

JEAN DE LA ROCHETAILLÉE, évêque de Saint-Papoul, de Genève, de Paris, de Rouen, puis cardinal (m. en 1437), est l'auteur d'un traité intitulé : *Opus de consideratione quintae essentiae rerum*, d'où ces prophéties sont probablement extraites.

17° (fol. cix d) *Summa litterarum serenissimi regis Ungarie* [LUDOVICI II] *ad pontificem Leonem decimum.*

Cette lettre est datée de Bude, le 2 juillet 1521.

18° (fol. cx b) Extr. de la *Cronica dicta Mater seu Marc Historiarum.*

Les 18 pièces que nous venons d'énumérer ont été traduites en français moderne et imprimées à Paris, en 1831, in-12, avec la seconde partie, dont on a respecté la forme ancienne.

Cette seconde, rédigée en français, est imprimée en lettres gothiques ordinaires et à longues lignes ; elle est attribuée à l'an 600, alors qu' « estoit pape en Romme sainct Gregoire ; docteur de saincte eglise ». On a cru y découvrir des allusions à la Révolution française.

L'édition, qui n'est pas datée, porte l'adresse d'*Enguilbert et Jehan de Marnef*, à *Paris*. Il existe une édition in-4, publiée par les mêmes libraires, sous la date de 1522 et de 1523 (Brunet , III , 1742) ; celle que nous venons de décrire est un peu postérieure : la préface se termine par une allusion à la bataille de Pavie et à la captivité de François Ier (1525).

Exemplaire de JEAN BALLESDENS dont on voit la signature sur le titre.

210. ¶ VNE PROPHE || TIE faicte par le tresnōme ✞ tresdocte do- || cteur Ioseph Gruempec. Laquelle com- || mēce En lan de .xxxij. ✞ durera iusques || en lan de .xl. Et cōprent en soy de moult || merveilleuses ✞ estranges histoires de || Limperialle Maieste Carolus le cinc- || quiesme de ce nom / ✞ du grāt Turc et de || plusieurs auttres [sic] nations. || ☞ Lises ✞ vous voʒ esmerueilleres. || ¶ *Imprime en Anuers par Martin Lĕ* || *pereur. Lan. M.D. xxxiij.* [1533]

SCIENCES ET ARTS. 121

Pet. in-8 goth. de 8 ff. de 26 lignes à la page pleine, sign.
A-B, mar. r. jans., tr. dor. (*Trautz-Bauzonnet.*)

Au titre, un bois grossier, qui est censé représenter l'auteur.
Cette *Prophetie* est, croyons-nous, le dernier ouvrage de JOSEPH GRUENBECK, de Burkhausen, qui, vers la fin du XVe siècle, se fit connaître à la fois comme syphiliographe, comme poète et comme astrologue. L'original latin est intitulé : *Prognosticon doctoris Josephi Grunbeck ab anno trigesimo secundo usque ad annum quadragesimum, imperatoris Caroli V. plerasque futuras historias continens* (Panzer, *Annales*, IX, p. 153).

211. LIVRE || DE L'ESTAT || ET MVTATION DES || TEMPS. || Prouuant par authoritez de l'Escripture saincte, || & par raisons astrologales, la fin du || Monde estre prochaine. || *A Lyon,* || *Chez Guillaume* || *Rouillé, à l'Escu de Venise.* || 1550. || Auec Priuilege du Roy. In-8 de 180 pp. et 2 ff., mar. r. jans., tr. dor. (*Trautz-Bauzonnet.*)

Au titre, la marque de *Guillaume Roville* (Silvestre, n° 1196).
Au v° du titre est placé un extrait du privilège accordé pour cinq ans à *Guillaume Rouillé* [sic], libraire de Lyon, et lui permettant · d'imprimer ou faire imprimer la *Mutacion des Temps*, composée par M. RICHARD ROUSSAT, chanoyne de Langres.
Les 4 pp. suivantes sont occupées par une épître latine de l'auteur au lecteur et par des vers latins signés de JACQUES DELESTRENS. Dans le titre de ces vers Roussat est appelé « medicus et ecclesiae Lingonensis canonicus. »
Les pp. 7 à 10 (fol. A4-A5) contiennent une dédicace « A tres magnanime, puissant et illustre seigneur Joachim de La Baulme, chevalier, lieutenant du Roy nostre sire en ses païs de Bourgogne, etc. »
L'ouvrage de Roussat est devenu célèbre parce que la Révolution française y est annoncée d'une manière beaucoup plus positive que dans une foule d'autres recueils de prophéties où l'on a voulu y voir des allusions. « Venons à parler, dit-il (p. 162), de la grande et merveilleuse conjonction que messieurs les astrologues disent estre à venir environ les ans de nostre Seigneur *mil sept cens octante et neuf*, avec dix revolutions saturnales ; et oultre, environ vingt-cinq ans après [1814], sera la quatriéme et derniére station de l'altitudinaire firmament. Toutes ces choses imaginées et calculées, concluent les susdictz astrologues que, si le monde jusques à ce et tel temps dure, qui est à Dieu seul congnu, de tresgrandes, merveilleuses et espouventables mutations et alterations seront en cestuy universel monde, mesmement quant aux sectes et loyx. »
Le titre de ce livre soulève un petit problème bibliographique. Le libraire lyonnais qui l'a publié y est appelé *Rouillé*. La Monnoye, dans une note sur La Croix du Maine (éd. de 1772, I, 346) fait observer que la même forme *Rouillé*, avec l'accent aigu, se trouve en quatre endroits de la *Circée de M. Giovan Baptista Gello, mis[e] en françois par le seigneur Du Parc*, 1550, pet. in-8 (Cat. Potier, 1870, n° 1499). Tous les autres volumes sortis de la même officine que nous avons eus entre les mains portent *Rouille*, qu'on doit lire *Roville* ou *Rouville*. Les formes *Rovillius*, *Rovillio*, ou même *Roviglio*, adoptées par le même libraire pour ses publications latines et italiennes, prouvent d'une façon certaine que son nom était bien .!*oville*, et que *Rouillé* est une faute imputable à l'imprimeur, qui paraît avoir composé en même temps les deux ouvrages que nous avons cités. Voy. sur ce point un article de M. Émile Picot, *Revue critique*, 1882, II, 93, et un travail de M. le president Baudrier : *De l'orthographe du nom de Guillaume Rouville et de quelques autres particularités de sa vie, à propos du livre de M. le Dr Guiraudet, de Tours, sur l'origine de l'imprimerie dans cette ville* (Lyon, 1888, in-8)

212. PROGNOSTICATIŌ nou- || uelle pour L'an Mil cinq cens cinquane [sic] qua- || tre, composée sur le meridien de Tolose || par M. Frager Riuiere Docteur || en Medicine. || *Imprime nouuellement a Tolose par Iacques* || *Colomies maistre Imprimeur.* Pet. in-4 de 4 ff. n. chiffr. de 36 lignes à la page pleine, sign. *A*.

Le titre est orné d'un portrait de l'auteur. Nous en donnons la reproduction :

Au v° du dernier f. se trouve un fac-simile gravé sur bois de la signature de Rivière.

SCIENCES ET ARTS.

213. Prophetie merveillevse || commençant ceste presente Année, || & dure iusques en l'An de || grand' Mortalité, que || l'on dira M. d. lxviij. || An de Bissexte. || Par Mi. de Nostradamus. || *A Paris, || Par Guillaume de Nyuerd, Imprimeur || & Libraire, tenāt sa boutique ioignant le || pont aux Musniers vers le Chastellet.* || Auec priuilege du Roy — [A la fin :] *A Paris, || Par Guillaume de Nyuerd Imprimeur || & Libraire, sur le pont aux Musniers. S. d.* [vers 1560], in-8 de 19 ff. chiffr. et 1 f. non chiffr., mar. r. jans., tr. dor. (*Cuzin.*)

<small>Au titre, une figure, signée des initiales de *Guillaume de Nyverd*, qui représente une main sortant des nuages et tenant une sphère armillaire ; une autre main, également sortie des nuages, mesure cette sphère avec un compas ; au-dessus, on aperçoit le soleil, la lune et cinq étoiles.

Au v° du titre est placé un *Dizain au Lecteur*, signé de la devise : *Croyre fault*. Le dizain est suivi d'un *Extraict* du privilège, accordé pour deux ans à *Nyverd*. Ce privilège, dont la date n'est pas rapportée, défend, non-seulement d'imprimer la *Prophetie*, mais encore de « contre-faire le signe de l'autheur et ne faire pocher ny tailler nulle des hystoires estant en icelle ».

La pièce, comme la *Prognostication* de Frager Rivière, se termine par la griffe de l'astrologue, ce que le privilège appelle le « signe de l'autheur » ; elle est suivie d'un *Advertissement de Prophetie et Presaiges*, en vers.</small>

214. Les vrayes Centuries et Propheties de Maistre Michel Nostradamus. Où se void representé tout ce qui s'est passé, tant en France, Espagne, Italie, Alemagne, Angleterre, qu'autres parties du monde. Reveües & corrigées suyvant les premieres Editions imprimées en Avignon en l'an 1556. & à Lyon en l'an 1558. & autres. Avec la vie de l'Autheur. *A Amsterdam. Chez Jean Jansson à Waesberge & la vefue de fu* [sic] *Elizée Weyerstraet, l'an* 1668. In-12 de 16 ff., 158 pp. et 1 f. blanc, front. gravé, mar. or. jans., doublé de mar. or., large dent. à petits fers. (*Trautz-Bauzonnet.*)

<small>Collation des ff. lim. : front. gravé qui représente le supplice de Charles Ier et l'incendie de Londres ; titre ; 2 ff. pour l'*Advertissement au Lecteur* et le portrait ; 12 ff. pour la *Vie do maistre Michel Nostradamus* et la dédicace à Henri II.

Willems, *Les Elzevier*, n° 1797.

Exemplaire non rogné.</small>

215. Prediction || merueilleuse sur || les deux Ecclypses de || Lune, & vne de Soleil, || en l'an present || 1588. || Auec la figure, & sommaire declara- || tion de toute l'Année. || Composé par M. Lucas Tremblay Parisien, || Professeur és bonnes sciences Mathema- || tiques, & Priuilegié du Roy

par tout son || Royaume. || *A Lyon*, || *Par Benoist Rigaud*. || Auec Priuilege du Roy [1588]. In-8 de 15 pp.

Le titre porte une marque qui paraît avoir été particulière à l'astrologue Tremblay :

PREDICTION
MERVEILLEVSE SVR
LES DEVX ECCLYPSES DE
Lune, & vne de Soleil,
en l'an prefent
1588.

Auec la figure, & fommaire declaration de toute l'Annee.

Compofé par M. Lucas Tremblay Parifien, Profeffeur és bonnes fciences Mathematiques, & Priuilegié du Roy par tout fon Royaume.

A LYON,
PAR BENOIST RIGAVD.
Auec Priuilege du Roy.

Au v° du titre est un portrait de Tremblay, accompagné d'un curieux huitain ; en voici la reproduction :

Sçais-tu pourquoy la Croix ie porte
En mon pourtraict ? c'eſt pour monſtrer
Que Ieſus Chriſt ſeul eſt la porte,
Qui faict en Paradis entrer:
C'eſt auſsi pour te demonſtrer
Que ie ſuis homme Catholique,
Qui n'ayme point à rencontrer
Heretique, ny Schiſmatique.

La date de 1530 paraît être celle de la naissance de l'astrologue ligueur.

La p. 15 contient *La Prediction* de JEHAN DE MONTROYAL [JEAN DE KOENIGSBERG], astrologue allemand, sur le discours de l'an mil cinq cens quatre vingtz et huict, mise en françois par ledict Tremblay.

Cette *Prediction* ne compte que cinq vers terminés par la devise : *Dieu est sur tout.*

Lucas Tremblay, à qui M. Brunet n'a pas consacré d'article, fut professeur de mathématiques à Paris et à Orléans. Il publia, en 1563, une édition revue et augmentée de l'*Art d'arythmetique* de Claude de Boissière. La Croix du Maine (éd. Rigoley de Juvigny, II, 67) et Du Verdier (ibid., II, 642) citent de lui deux autres ouvrages : *Traité en vers héroïques du presage de la comète apparue au mois de novembre, jour de saint Martin*, 1577 (Paris, Antoine Houic, 1678, in 8) et *Six Cantiques sur la nativité de nostre Seigneur Jesus-Christ* (Paris, Jean de L'Astre, 1580, in-8).

216. ATALANTA || FVGIENS, || hoc est, || Emblemata || nova || de Secretis Naturæ || chymica, || Accommodata partim oculis & intellectui, figuris || cupro incisis, adjectisque sententiis, Epigram- || matis & notis, partim auribus & recreationi || animi plus minus 50 Fugis Musicalibus trium || Vocum, quarum duæ ad unam simplicem melo- || diam distichis canendis peraptam, correspon- || deant, non absq; singulari jucunditate videnda, || legenda, meditanda, intelligenda, dijudicanda, || canenda & audienda : || Authore || Michaele Majero Imperial. Con- || sistorii Comite, Med. D. Eq. ex. &c. || *Oppenheimii* || *Ex typographia Hieronymi Galleri*, | *Sumptibus Joh. Theodori de Bry*, || MDCXVIII [1618]. In-4 de 211 pp., 1 f. n. chiff. et 1 f. blanc, mar. citr., riches comp. de mosaïque, doublé de mar. r., dent., garde de tabis, tr. dor. (*Anc. rel.*)

L'alchimiste Michel Maier, né à Rendsbourg en 1568, mort à Magdebourg en 1622, eut de son temps une grande réputation. Il fut le médecin de l'empereur Rodolphe qui alla jusqu'à lui conférer le titre de comte palatin. L'*Atalanta fugiens*, dédiée à Christophe Reinart, docteur en droit et sénateur de la ville de Mulhouse en Thuringe, est le plus singulier de ses ouvrages. On y voit 50 figures attribuées à *Jean Théodore de Bry*. Ces figures sont accompagnées d'épigrammes latines et de fugues à trois parties, imprimées en caractères mobiles.
Exemplaire de BRANCAS-LAURAGUAIS, de J.-J. DE BURE (Cat., n° 325), de SOLAR (n° 601), acquis à la vente d'AUTEUIL (Paris, Techener 1864, n° 359). On remarque sur le titre la signature du graveur TH. GALE.

217. LE COMTE DE GABALIS, ou Entretiens sur les Sciences secretes. Quod tanto impendio abscondidur, etiam solum- modò demonstrare, destruere est. Tertull. *A Paris, Chez Claude Barbin, au Palais sur le Perron de la Ste Chapelle.* M. DC. LXX [1670]. Avec Privilege du Roy. In-12 de 2 ff. et 327 pp., mar. r., doublé de mar. v., dent., tr. dor. (*Anc. rel.*)

Élégant badinage sur les sciences occultes. L'auteur est l'abbé DE MONT-FAUCON DE VILLARS.
Exemplaire de LONGEPIERRE, dont l'emblême, (la toison d'or) est répété sur les plats et sur le dos du volume. La garde porte, de plus, la signature et l'ex-libris gravé du célèbre amateur.
Cet exemplaire a fait successivement partie des bibliothèques de CH. NODIER (Cat., n° 135), de J.-J. DE BURE (n° 320) et de M. le marquis DE GANAY (n° 71).

218. LES || CONIVRATIONS || FAITES À VN DEMON || possedant le corps || d'vne grande || Dame. || Ensemble les estranges responses par luy || faites aux saincts Exorcismes en la || Chappelle de Nostre Dame de la || Guarison au Diocœse

d'Auche, le 19. || Nouembre 1618. & iours suiuants. || Suiuant l'attestation de plusieurs personnes || dignes de Foy. || *A Paris,* || *Chez Isaac Mesnier, ruë sainct Iacques,* || *au Chesne verd.* || M.DC.XIX [1619]. In-8 de 16 pp., mar. r. jans., tr. dor. (*Cuzin.*)

IV. — BEAUX-ARTS.

1. — *Dessins originaux.*

219. MEDAILLES DU REGNE DE LOUIS XV. [Quarante-un Dessins originaux de N. Godonnesche]. Très pet. in-4, mar. r. jans., tr. dor. (*Anc. rel.*)

Ce recueil contient les médailles du règne de Louis XV jusqu'à l'année 1780; il correspond aux 40 premières planches de l'ouvrage publié par *Godonnesche*, en 1736. Le frontispice est entièrement différent de celui qui a été gravé. Les 33 premières planches sont accompagnées d'un texte calligraphié et sont ornées de fleurons dessinés par l'artiste. Le tout est exécuté à la plume et lavé à la sépia.

220. DESSINS DE FRANÇOIS BOUCHER pour les Œuvres de Molière. On y a joint la suite des eaux-fortes et des gravures faites sur les dessins pour l'édition de *Paris*, 1734, in-4; le tout provenant des cabinets de Paignon-Dijonval, Morel-Vindé et de Soleinne. *Paris, pour M. Jérôme Pichon.* Gr. in-4, mar. r., compart. à la Derome, dos orné, tr. dor. (*Niedrée.*)

Ce recueil contient les 33 dessins originaux de BOUCHER et deux dessins de fleurons. Les dessins, exécutés au crayon noir et au lavis, sont accompagnés des gravures de *Laurent Cars* et de *Joullain*, en premières épreuves, avec la suite complète des EAUX-FORTES. Les dessins et les gravures sont placés dans des encadrements en couleur. Au portrait de Molière, d'après *Coypel*, qui appartient à l'édition, on a ajouté le portrait peint par *Mignard* et gravé par *Nolin*, épreuve AVANT LA LETTRE, avec la main sortant du cadre.
Le titre indiqué ci-dessus est imprimé. Au milieu sont peintes les armes de l'ancien propriétaire.
Acquis à la vente de M. le baron J. PICHON (Cat., n° 244).

221. DESSINS DE J. DE SÈVE pour les Œuvres de Racine, édition de *Paris*, 1760, mar. v., fil., comp., dos orné, tr. dor. (*Duru.*)

Ce recueil contient 11 grands dessins exécutés à la mine de plomb, accompagnés des gravures correspondantes, et les dessins des 76 fleurons.
Il nous manque le dessin d'*Iphigénie*, dont l'absence avait déjà été constatée à la vente de M. ANT.-AUG. RENOUARD, où cette collection a été acquise (Cat. n° 1588).

SCIENCES ET ARTS.

222. Dessins de Ch. Eisen et de C.-P. Marillier pour les Baisers de Dorat, édition de *La Haye et Paris*, 1770. In-8.

2 grands dessins, 22 vignettes et 20 culs-de-lampe d'*Eisen* et 2 culs-de-lampe de *Marillier*.
Le frontispice et deux vignettes sont exécutés à l'aquarelle; les autres pièces sont dessinées à la mine de plomb.
De la bibliothèque d'Ant.-Aug. Renouard (Cat., n° 1388).

223. Dessins de C.-P. Marillier pour les Œuvres de Le Sage, édition d'*Amsterdam* [*Paris*], 1783. Gr. in-8, mar. br., fil., comp., tr. dor. (*Petit*.)

Trente-deux dessins lavés à l'encre de Chine. On y a joint un portrait de Le Sage et quatre frontispices dessinés par *A. Baudet-Bauderval*.
Des collections Renouard (Cat. 1854, n° 634) et La Bédoyère (n° 296).

224. Dessins de C.-P. Marillier pour les Œuvres de l'abbé Prévost, édition d'*Amsterdam* et *Paris*, 1784. Gr. in-8, mar. v., fil., dos orné, tr. dor. (*Petit*.)

Soixante-dix-huit dessins lavés à l'encre de Chine. On y a joint deux frontispices dessinés par *A. Baudet-Bauderval*.
Des collections Renouard (Cat. 1854, n° 635) et La Bédoyère (n° 297).

225. Dessins de C.-P. Marillier pour le Cabinet des Fées, édition de *Genève* et *Paris*, 1785-1789. 2 vol. gr. in-8, mar. bl., fil., comp., dos ornés, tr. dor. (*Petit*.)

Cent vingt-cinq dessins lavés d'encre de Chine. Il y en a deux pour *Barbe-Bleue* et deux pour le *Petit-Poucet*. Les trois derniers dessins, destinés au *Voyage de Critile et d'Andrénius*, n'ont jamais été gravés. On a joint au recueil 4 frontispices dessinés par *A. Baudet-Bauderval*.
Des collections Renouard (Cat. 1854, n° 637) et La Bédoyère (n° 294).

226. Dessins de C.-P. Marillier pour les Voyages imaginaires, édition de *Paris*, 1787-1789, et pour l'Histoire des Naufrages, édition de *Paris*, 1790. Gr. in-8, mar. br., fil., comp., dos orné, tr. dor. (*Petit*.)

Soixante-seize dessins lavés à l'encre de Chine : soixante-dix pour les *Voyages imaginaires* et six pour l'*Histoire des Naufrages*. On y a joint deux frontispices dessinés par *A. Baudet-Bauderval*.
Des collections Renouard (Cat. 1854, n° 636) et La Bédoyère (n° 295).
Les catalogues de ces deux amateurs portent 76 dessins pour les *Voyages imaginaires*, mais ce chiffre, donné de même par MM. Cohen et Mehl dans leur *Guide de l'Amateur des Livres à figures*, est évidemment inexact. La gravure jointe à l'*Histoire de M. Oufle* porte en effet : *N° 70 et dernier*.

227. Dessins de Ch. Monnet pour les Aventures de Télémaque, édition de *Paris*, 1773. 2 vol. in-4, mar. r. dent., dos ornés, tr. dor. (*Petit*.)

Soixante-douze grands dessins et 24 fleurons, exécutés à la sépia. On y a joint les gravures de *J.-B. Tilliard*, épreuves avant la lettre, sauf les figures

SCIENCES ET ARTS.

des Livres I et II que l'on n'a pu trouver dans cet état, les deux frontispices gravés par le même, et un portrait du duc de Bourgogne, sans nom de graveur.
De la bibliothèque de M. RENOUARD (Cat. 1854, n° 1994).

8. DESSINS DE CH. MONNET, C.-P. MARILLIER, J.-M. MOREAU ET P.-A. MARTINI pour les Romans et Contes de M. de Voltaire, édition de *Bouillon*, 1778. Gr. in-8, cuir de Russie, fil., dos orné, tr. dor. (*Niedrée*.)

Cinquante-sept dessins et quatorze fleurons lavés à la sépia. Parmi les dessins, il y en a 50 de *Ch. Monnet*, 5 de *C.-P. Marillier*, 1 de *J.-M. Moreau le jeune* et 1 de *P.-A. Martini*. Les fleurons sont tous de Monnet. On a joint aux dessins le portrait de Voltaire, gravé par *Cathelin* d'après *Latour*, les gravures des 57 dessins par *M. Deny* (26), *G. Vidal* (13), *Dambrun* (11), *Elisabeth Thiébault* (2), *F.-B. Lorieux* (2), *C. Buquoy* (1), *J.-B.-C. Châtelain* (1) et *Patas* (1), épreuves avant les n°s, et les tirages à part de 6 fleurons, gravés par *Deny*.
De la bibliothèque de M. RENOUARD (Cat. 1854, n° 2420).

9. DESSINS DE J.-M. MOREAU ET DE J.-J.-F. LEBARBIER pour les Œuvres de J.-J. Rousseau, édition de *Londres* [*Bruxelles*], 1774-1783. In-fol. mar. r. jans., tr. dor. (*Thibaron*.)

Trente-un dessins de *Moreau le jeune* et neuf dessins de *J.-J.-F. Lebarbier*. Ces dessins, lavés à la sépia, sont montés à charnière sur bristol.
De la vente HOCHART, de Lille (1872).

30. DESSINS DE J.-M. MOREAU ET D'A. DE SAINT-AUBIN pour les Œuvres de Voltaire. 2 vol. gr. in-8, cuir de Russie, fil., dos ornés, tr. dor. (*Niedrée*.)

Cent-treize dessins par *Moreau le jeune* et trente dessins de portraits par *Saint-Aubin*. Ces dessins, exécutés à la plume et lavés à la sépia, sont les seuls qui aient été faits spécialement pour la *Collection nouvelle de 160 estampes*, publiée par M. Renouard de 1801 à 1804.
Le nombre des dessins n'est pas égal à celui des gravures parce que les portraits de Jeanne d'Arc, de Mme du Châtelet et de Bacon ont été gravés d'après les originaux, et que les portraits supplémentaires ont été tirés sur des cuivres qui n'avaient pas été gravés pour cette suite.
En tête du tome Ier est placée une esquisse à la mine de plomb du portrait de Voltaire. Cette esquisse n'est pas comptée dans les 143 pièces décrites ci-dessus.
De la bibliothèque de M. RENOUARD (Cat. 1854, n° 2416).

31. DESSINS DE J.-M. MOREAU pour les Œuvres de Pierre et Thomas Corneille, édition de *Paris*, 1817. Gr. in-4, mar. r. jans., tr. dor. (*Thibaron*.)

Vingt-trois dessins exécutés à la plume et lavés à la sépia, plus la première esquisse du dessin qui représente les Horaces, un portrait de P. Corneille, et deux portraits de Th. Corneille, exécutés à la mine de plomb par *A. de Saint-Aubin*.
De la bibliothèque de M. RENOUARD (Cat. 1854, n° 1517).

SCIENCES ET ARTS.

232. DESSINS D'EUGÈNE LAMI pour Manon Lescaut, 1869. Gr. in-4, mar. r. jans., tr. dor. (*Thibaron.*)

Un frontispice lavé à la sépia et huit aquarelles.
Ces pièces sont montées à charnière sur bristol ; elles n'ont pas été gravées
Haut. : 120 ; larg. : 90 à 95 mm.

233. LES CONTES DES FÉES DE PERRAULT, par Eugène Lami. M.DCCC.LXXIV [1874]. Gr. in-fol. obl., mar. r., fil., tr. dor. (*Thibaron.*)

Un frontispice et dix dessins exécutés à l'aquarelle et montés sur bristol à charnière. Cette suite n'a pas été gravée.
Haut. : 155 à 160 ; larg. : 235 mm.

234. MAISON MILITAIRE DU ROY, 1720 à 1750. Gr. in-fol. obl., mar. r., fil., tr. dor. (*Thibaron.*)

Un frontispice et huit dessins d'EUGÈNE LAMI, exécutés à l'aquarelle. Ces pièces sont montées à charnière sur bristol ; elles n'ont pas été gravées.
Haut. : 198 ; larg. : 269 à 295 mm.

235. LES SIX RÉGIMENTS DE HUSSARDS, règne de Louis XVI. Gr. in-fol., mar. r., fil., tr. dor. (*Thibaron.*)

Un frontispice et six dessins d'EUGÈNE LAMI, exécutés à l'aquarelle Ces pièces sont montées à charnière sur bristol ; elles n'ont pas été gravées.
Haut. : 245 ; larg. : 188 à 190 mm.

236. DESSINS DE J. WORMS pour les Aventures de Gil Blas.

Six dessins exécutés à l'aquarelle. Ils n'ont pas été gravés.
Haut. : 182 ; larg. : 228 mm.

2. — *Gravure.*

A. Recueils d'estampes.

237. LES SIMVLACHRES & || HISTORIEES FACES || DE LA MORT, autant ele || gammēt pourtraictes, que artifi- || ciellement imaginées. || *A Lyon,* || *Soubz l'escu de Coloigne.* || M.D.XXXVIII [1538].— [Au verso du dernier f., au-dessous de 20 lignes de texte, un cartouche qui contient ces mots :] *Excudebant Lugdu* || *ni Melchior et* || *Gaspar Trechsel* || *fratres.* 1538. Pet. in-4 de 52 ff. non chiff., avec 41 figg. en bois. mar. br. jans., doublé de mar. r., riches comp. à petits fers, tr. dor. (*Trautz-Bauzonnet.*)

Au titre, la marque des *Trechsel* (Brunet, V, 1691 ; Silvestre, n° 338).
Les ff. Aij-Aiv sont occupés par une *Epistre de la Mort* « a moult reverende abbesse du religieux couvent S. Pierre de Lyon, madame Jehanne de Touszele ». Cette épistra est l'œuvre de JEAN DE VAUZELLES, comme l'indique la devise : *D'un vray zéle*, placée immédiatement au-dessous de la dédicace. Le texte et les vers français contenus dans le même volume doivent

SCIENCES ET ARTS. 131

être du même auteur, bien qu'ils soient ordinairement attribués à Gilles Corrozet.

L'*Espitre* est suivie (fol. Bi-Biv, r°) de *Diverses Tables de mort non painctes, mais extraictes de l'escripture saincte*, etc.

Les figures gravées d'après les dessins de HANS HOLBEIN (cf. Brunet, II, 254) occupent les ff. Biv, v°—Giv ; chacune d'elles est accompagnée d'un passage de la Bible en latin et d'un quatrain français.

Le volume se termine par plusieurs petits traités en prose : *Figures de la Mort, moralement descriptes*, etc. (fol Hi) ; *Les diverses Mors des bons et des maulvais du vieil et nouveau Testament* (fol. Ki) ; *Memorables Authoritez et Sentences des Philosophes*, etc. (fol. Liij) ; *De la Necessité de la Mort* (fol. Miij, v°).

Haut. : 189 ; larg. : 132 mm.

238. COLLECTION DE DESSINS, PORTRAITS, VIGNETTES ET FLEURONS pour l'Histoire de la Maison de Bourbon, par Désormeaux (*Paris*, 1779-1788). 5 vol. in-4, mar. v., fil., tr. dor. (*Petit*.)

II. δ. 5-9

Voici la liste des pièces contenues dans cette collection :

Tome premier : 1° Frontispice (les portraits), dessin de BOUCHER, à la mine de plomb, eau-forte, gravure, épreuve d'artiste et épreuve ordinaire ; — 2° fleuron (le lien), dessin de CHOFFARD à la sépia, eau-forte, grav. t. a part ; — 3° en-tête (dédicace), dessin de CHOFFARD à la sépia, eau-forte, grav. t. à part ; — 4° en-tête (S. Louis), eau-forte d'après *Moreau*, grav. t. à part ; — 5° cul-de-lampe (la Croix), dessin de CHOFFARD à la sépia, eau forte, grav. t. à part ; — 6° en-tête (le Tournoi), eau-forte, grav. t. à part ; — 7° cul-de-lampe (la Sainte-Chapelle), id., id. ; — 8° en-tête (l'Accolade), id., id. ; — 9° cul-de-lampe (Philippe IV), id., id. ; — 10° en-tête (l'Hommage), id., id. ; — 11° cul-de-lampe (les Clefs de S. Pierre), id., id. ; — 12° en-tête (le Serment), grav. en épreuve d'artiste montée, grav. t. à part ; — 13° cul-de-lampe (l'Alleu), eau-forte, grav. t. à part ; — 14° en-tête (le Connétable), id., id. ; — 15° Cul-de-lampe (Azincourt), id., id. ; — 16° en-tête (les Cardinaux), id., id. ; — 17° cul-de-lampe (la Licorne), id , id.

Tome second : 18° fleuron (le Pélican), eau-forte, grav. t. à part ; — 19° en-tête (le Héraut), id., id. ; — 20° cul-de-lampe (l'Angleterre vaincue), id., id. ; — 21° en-tête (le Baptême), id., id. ; — 22° cul-de-lampe (Condé), id., id. ; — 23° en-tête (le Mariage), id., id. ; — 24° (la Tutelle), id., id. ; — 25° portrait de Charles III, eau-forte, grav. épreuve d'artiste montée et épreuve ordinaire ; — 26° en-tête (l'Assaut de Rome), eau-forte, grav. t. à part ; — 27° cul-de-lampe (la Trahison). id., id.

Tome troisième : 28° fleuron (les Lys), eau-forte, grav. t. à part ; — 29° portrait du duc de Vendôme, grav., épreuve ordinaire ; — 30° en-tête (le Conseil), eau-forte, grav. t. à part ; — 31° cul-de-lampe (la Navarre), id., id. ; — 32° portrait d'Antoine de Bourbon, grav., épreuve d'artiste montée, et épreuve ordinaire ; — 33° cul-de-lampe (le duc d'Aumale), eau-forte, grav. t. à part ; — 34° portrait de François d'Enghien, grav. épreuve d'artiste montée, et épreuve ordinaire ; — 35° portrait de Jeanne d'Albret, id., id ; — 36° portrait du prince de Condé, id., id. ; — 37° cul-de-lampe (France et Navarre), eau-forte, grav. t. à part.

Tome quatrième : 38° fleuron (la Force et l'Abondance), grav. t. à part ; — 39° en-tête (Souvenez-vous), id. ; — 40° cul-de-lampe (la Valeur et les Plaisirs), id. ; — 41° en tête (Rendons grâce au Tout Puissant), id. ; — 42° cul-de-lampe (le Héros), id. ; — 43° en-tête (la première Armure), id. ; — 44° portrait d'Henri IV enfant, grav. ordinaire, en double ; — 45° portrait du prince Henri de Condé, id. ; — 46° cul-de-lampe (H M unies), grav. t. à part ; — 47° en-tête (le roi libre), id. ; — 43° portrait d'Henri IV jeune, grav.

132   SCIENCES ET ARTS.

ordinaire, en double ; — 49° portrait de Marguerite, eau-forte, grav. ordinaire en double ; — 50° cul-de-lampe (Humanité d'Henri IV), grav. t. à part.

Tome cinquième : 51° fleuron (Les Lauriers), grav. t. à part, en double, — 52° en-tête (Pas de crime), grav. t. à part ; — 53° cul-de-lampe (Concordia), grav. t. à part, en double ; — 54° en-tête (chez Michaut), grav. t. à part ; — 55° portrait du cardinal de Bourbon, grav., en double ; — 56° portrait du duc de Montpensier, id.; — 57° cul-de-lampe (la Haine), grav. t. à part, en double ; — 58° en-tête du roi de Navarre, id.; — 59° portrait du comte de Soissons, grav., en triple ; — 60° portrait de Charlotte de la Trémoille, grav., en double ; — 61° cul-de-lampe (Coutras), grav. t. à part ; — 62° en-tête (Crillon), id.; — 63° cul-de-lampe (*Votum patriae*), id.

Cette collection provient de la Bibliothèque de M. W. HOPE (Cat. n° 466.) Les plats des volumes portent les armes de cet amateur. Nous devons le relevé qui précède à l'obligeance de notre ami M. Eugène Paillet.

239. SUITE D'ESTAMPES Gravées par Madame la Marquise de Pompadour, d'après les Pierres gravées de Guay, Graveur du Roy. *S. l. n. d.* [*Paris,* 1782], in-4 mar. r., dent., tr. dor. (*Anc. rel.*)

Ce recueil contient les pièces suivantes : 1° Portrait de Mme de Pompadour, d'après *Boucher* ; — 2° front. gravé ; — 3° 14 pp. de texte (on lit à la fin : *A Paris, De l'Imprimerie de Prault, Imprimeur du Roi, quai des Augustins,* 1782) ; — 4° 70 planches tirées sur 49 ff.

Toutes les estampes ont été exécutées d'après les dessins de *F. Boucher*. La dernière est la célèbre figure de *Rodogune,* gravée par Mme *de Pompadour* et achevée par *C.-N. Cochin* pour l'édition de la *Rodogune* de Corneille (Au Nord, 1760, in-4).

B. Costumes.

240. DIVERSARṼ NATIONVM HABITVS Centum, et quattuor iconibus in ære incisis diligenter expressi item ordines duo Procession^um. Vnus Summi Pontificis Alter Sereniss. Principis Venetiarum opera Petri Bertellii. Ad Ill^um D. Io: Reinhardum Comitẽ ab Hanau et D. in Liechtemburg. *Apud Alciatum Alcia : et Petrum Bertellium. Patauij.* 1589. — To. Alter Diuersar. Nationum Habitus nunc primum editi à Pe. Bertellio quib. addita sunt Ordo Romani Imperii ab Othone II. institutus Pompa Regis Turcarum & Personatorum Vestitus uarij, quorum est in Italia frequens usus. Ad generosissimũ Equitem, et D. D. Wolfgangum Ludou. ab Hutten, etc. *Patauij,* 1592. — Diversar. Nationum Habitus. Colletore [*sic*] Petro Bertello Tomus iij. Ad illustriss. D. D. Georgium Hartmanum Baronem a Teuffenpach Dominum in Mairhofen, et. c. *Patauij* MDXCVI [1596]. 3 tom. en un vol. in-8, mar. citr., dos et mil. ornés, tr. dor. (*Trautz-Bauzonnet.*)

Tome I : Armoiries de Hanau, titre ; 2 ff. de dédicace au comte de Hanau impr. en car. mobiles ; 104 planches chiffr.; 2 grandes planches pliées. — L'épître dédicatoire est datée de Padoue, le 20 février 1589.

SCIENCES ET ARTS.

Tome II: Armoiries de Hütten; titre; 2 ff. pour la dédicace à Louis de Hütten (dédicace datée de février 1591); 78 planches.

Tome III: Armoiries de Hartmann de Teufenbach; titre; 2 ff. de dédicace (dédicace datée du 1er février 1596) et 78 planches non chiffr.

Il existe des pièces de rapport aux planches 7, 31 (non pas 34 comme l'indique le *Manuel du Libraire*) et 80 de la 1re partie; 16 (non pas 5) et 63 de la seconde.

L'ouvrage est ainsi bien complet et les planches sont toutes de 1er tirage. Il existe des réimpressions de la 1re et de la 2e partie à la date de 1594; les planches y sont beaucoup moins noires et moins nettes; elles ont même subi çà et là quelques retouches; ainsi on lit sur la pl. 16 de la 1re partie : *Nobilis patauina mulierin in italia* (le second *in* a été ajouté pour remplacer le premier qui était presque effacé).

Le *Manuel du Libraire* indique pour la seconde partie une dédicace en 4 ff. qui manquait à l'exemplaire de M. Riva (Cat. 1856, n° 455); cette dédicace ne se compose en réalité que de 2 ff. ou 4 pp. L'exemplaire aux armes de Vignerod-Richelieu qui a figuré à la vente Desq (Cat., n° 265) et qui appartient aujourd'hui à M. le baron de La Roche Lacarelle, et celui de M. Jules Godet, qui s'est vendu chez M. Yéméniz (Cat., n° 3112), offrent tous deux la même collation que le nôtre. Ces exemplaires étant ceux mêmes qui ont servi à la description de M. Brunet, on peut en conclure que la note du *Manuel* doit être rectifiée.

241. DEGLI || HABITI || ANTICHI, ET || MODERNI || di Diuerse Parti del Mondo || Libri due , || fatti || da Cesare || Vecellio , || & con Discorsi da Lui dichiarati. || Con Priuilegio. || *In Venezia*, M.D.XC [1590]. |⊦ *Presso Damian Zenaro.* In-8 de 24 ff. non chiffr., 499 ff. chiffr. et 1 f. bl., mar. citr., dos et plats ornés. (*Trautz-Bauzonnet.*)

Première édition de ce recueil.

Collation des ff. lim. : titre encadré , épître « Al molto illustre signore il signor Pietro Montalbano, conte, cavaliero, ecc. » (4 ff.); avis *Ai Lettori* (1 f.); *Tavola* (18 ff.)

Les 499 ff. de texte renferment 420 figures gravées sur bois.

Exemplaire NON ROGNÉ, provenant de la collection PINELLI, et, en dernier lieu, de la vente R.-S. TURNER (Cat., n° 191).

Haut. : 200; larg. : 124 mm.

242. [GALLERIE DES MODES ET COSTUMES FRANÇAIS , dessinés d'après nature, gravés par les plus célèbres Artistes en ce genre et colorés avec le plus grand soin par Madame Le Beau. Ouvrage commencé en l'année 1778. *A Paris, Chez les Srs Esnauts et Rapilly, rue St. Jacques à la Ville de Coutances.* Avec Priv. du Roi.] 2 vol. in-fol., v. écaille, fil., dos ornés, tr. dor. (*Anc. rel.*)

Ce recueil se compose de 346 planches coloriées, savoir : Cahiers 1 à 12, sign. A.-M. (pl. 1-72); — 12e *Cahier de Coeffures des plus à la mode en* 1785 (6 planches non chiffr.); — *Cahier* 13, sign. *N.* (pl. 73-78); — 13e *Suite de Coeffures à la mode en* 1785 (4 pl.); — *Cahiers* 14 à 29, sign. *O-ee* (pl. 79-174); — 29e *Cahier*, 7e *Suite des Coeffures à la mode en* 1780 (6 pl. chiffr. 169-174); — *Cahier* 30 à 33 , sign. *ff-jj* (pl. 175-198); — 34e *Cahier*, 8e *Suite de Coeffures à la mode en* 1780 (6 pl. chiffr. 199-204); — *Cahier* 35 - 40, sign. *ll-qq* (pl. 199-234); — 34e *Cahier (bis) de Costumes français*, sign. *rr* (pl. 235-240); — 38e *Cahier (bis) des Costumes français*.

134 SCIENCES ET ARTS.

sign. *ss* (pl. 241-246); — 41⁰ *Cahier des Costumes français*, sign. *tt* (pl. 247-252); — 39⁰ *Cahier (bis) des Costumes français*, sign. *vv* (pl. 253-258); — 41⁰ *Cahier (bis) des Costumes français*, sign. *xx* (pl. 259-264); — *Cahiers* 42 à 50, sign. *yy*, *zz*, &&, *aaa-fff* (pl. 265-318); — ensemble 318 pl. numérotées et 28 pl. non chiffrées ou portant des n⁰ˢ doubles.

La plupart de ces planches ont été dessinées par *Desrais* ; les autres sont de *Le Clerc*, *Martin* et *Watteau fils*. Les gravures sont signées de *Le Beau*, *Dupin*, *Voysard*, *Gaillard*, *Pelissier*, *Baquoy* et *Duhamel*.

3. — *Architecture.*

A. Traités généraux.

243. TRAITÉ DU BEAU ESSENTIEL DANS LES ARTS, Appliqué particulierement à l'Architecture, et démontré Phisiquement et par l'Expérience. Avec Un traité des Proportions Harmoniques, et l'on fait voir que c'est de ces seules Proportions que les Édifices généralement approuvés, empruntent leur Beauté réelle et invariable. On y a joint Les Dessins de ces Édifices et de plusieurs autres composés par l'Auteur sur ces Proportions, et leurs différentes divisions Harmoniques tracées à côté de chaque Dessin pour une plus facile intelligence : Les Cinq Ordres d'Architecture des plus célèbres Architectes ; et l'on démontre qu'ils sont réglés par les Proportions. Plusieurs Essais de l'Auteur sur chacun de ces ordres, avec la manière de les éxécuter suivant ses Principes, et un Abrégé de l'Histoire de l'Architecture, par le Sieur C. E. Briseux Architecte, Auteur de l'Art de Bâtir les Maisons de Campagne. *A Paris, Chez l'Auteur ruë Neuve Grange Batelière et Chereau ruë S*ᵗ *Jacques, au grand S*ᵗ *Remy*, M.DCC.LII [1752]. Avec Privilege du Roy. L'auteur debite ces deux prémier [*sic*] Volumes. 2 vol. in-fol., cart. n. r.

Tome premier : Portrait de Briseux, par *J.-G. Will* ; titre gravé ; 108 pp. de texte gravé et orné de fleurons, par *Marvye* ; 40 pl.

Tome second : Titre gravé par *Liébault* (le texte en est plus simple que celui du tome Iᵉʳ) ; 194 pp. de texte gravé et orné de fleurons, par *Choffard* et *Marvye* ; 98 pl. (les pl. 4-75 sont comprises dans la pagination) ; 1 f. gravé pour l'*Approbation* et le *Privilège*. — La pl. 7 contient un titre pour l'*Architecture* de *Vignol*, *Palladio* et *Scamozzi*, gravé par *Marvye* ; les pl. 8, 15, 26, 36, 45, des titres pour chacun des cinq ordres ; la pl. 56, un titre, gravé par *Choffard*, pour *Les Cinq Ordres d'Architecture de Seb. Le Clerc* et *Essays de l'Auteur*. Les planches importantes sont signées de *Marvye*.

Le privilège, daté du 21 août 1752, est accordé pour vingt ans à l'auteur.

La mention qui figure au bas du titre du tome Iᵉʳ peut faire croire que Briseux se proposait de donner une suite à son ouvrage ; cette suite n'a pas paru.

SCIENCES ET ARTS.

244. LIVRE D'ARCHITECTURE contenant les Principes généraux de cet Art, et les Plans, Elevations et Profils de quelques-uns des Bâtimens faits en France & dans les Pays Etrangers, Par le Sieur Boffrand, Architecte du Roy, & de son Academie Royale d'Architecture, Premier Architecte & Inspecteur Général des Ponts & Chaussées du Royaume. Ouvrage François et Latin, Enrichi de Planches en Taille-Douce. *A Paris, Chez Guillaume Cavelier pere, rue Saint Jacques, au Lys d'Or.* M.DCCXLV [1745]. Avec Approbation, et Privilege du Roy. In-fol. de 3 ff., 100 pp. de texte, 68 grandes planches gravées et 1 f. pour l'*Avis au Relieur*. — DESCRIPTION de ce qui a été pratiqué pour fondre en bronze d'un seul jet la figure equestre de Louis XIV, elevée par la Ville de Paris dans la Place de Louis le Grand, en mil six cens quatre-vingt-dix-neuf. Ouvrage François et Latin, Enrichi de Planches en Taille-douce. Par le Sieur Boffrand, Architecte du Roy,... *A Paris, Chez Guillaume Cavelier pere,...* [*De l'Imprimerie de Guillaume Desprez.*] M.DCC.XLIII [1743]. Avec Approbation, et Privilege du Roy. In-fol. de 4 ff., 63 pp. et 20 pl. gravées. — Ensemble 2 parties en un vol. in-fol., v. f., fil., dos orné, tr. r. (*Anc. rel.*)

Chacun de ces ouvrages est écrit en latin et en français et précédé d'un double titre dans chacune des deux langues. L'*Architecture* est dédiée au roi. Au-dessus de l'épître est placé un grand fleuron dessiné par *F. Boucher* et gravé par *Tardieu fils*. Les planches sont au nombre de 68 et non de 70 comme on pourrait le croire, en se reportant à la Table. Elles sont signées de *P. Tardieu* (13), *La Mascade* (12), *Hérisset* (4), *Le Geay* (1), *Blondel* (11), *C. Lucas* (6), *Fonbonne* (2), *Morau* (2), *Mutel* (3) et *Babel* (5); neuf ne portent pas de signature. Les œuvres les plus importantes de Boffrand sont l'hôtel Soubise, à Paris; le projet de palais pour l'électeur de Bavière, à Wurtzbourg, etc.

Le privilège, dont le texte est rapporté au v° de la page 99, est accordé pour douze ans à Boffrand, le 3 décembre 1742.

La *Description* est dédiée « A monseigneur Orry, ministre d'état, controlleur général des finances, etc. » En tête de la dédicace se trouve un grand fleuron de *F. Boucher*, gravé par *C.-N. Cochin*. Les planches sont signées de *N. Lesueur* (1), *Blondel* (15) et *Tardieu* (4). La première planche, représentant la statue achevée, est répétée à la fin du volume.

Le privilège est le même que ci-dessus.

245. DE LA DISTRIBUTION des Maisons de plaisance, et de la Decoration des Edifices en general. Par Jacques-François Blondel. Ouvrage enrichi de cent soixante Planches en taille-douce, gravées par l'Auteur. *A Paris, rue Dauphine, Chez Charles-Antoine Jombert, Libraire du Roy pour l'Artillerie et le Génie, à l'Image Notre-Dame.* [*Impri-*

136   SCIENCES ET ARTS.

merie de Chardon.] M.DCC.XXXVII [1737] — M.DCC.
XXXVIII [1738]. Avec Approbation et Privilege du Roy.
2 vol. gr. in-4, cart. n. r.

<small>Tome premier : Frontispice de *Cochin fils*, gravé par *Soubeyran* ; titre ;
3 ff. pour la dédicace « A monseigneur Turgot, chevalier, marquis de
Sousmons, etc. », l'*Avis au relieur*, l'*Approbation* et le *Privilège*; xvj pp.
pour la *Preface*, la *Table* et l'*Introduction*; 198 pp. et 44 planches.

Tome second : VII et 180 pp., plus 112 planches.
Les fleurons placés en tête des chapitres sont de *Cochin fils*.
Le privilège, daté du 9 septembre 1737, est accordé à *Charles-Antoine Jombert*, pour six ans.</small>

246. RECUEIL ELÉMENTAIRE D'ARCHITECTURE Contenant Plusieurs Etudes des Ordres d'Architecture d'après l'Opinion des Anciens et le Sentiment des Modernes, Différents Entrecolonnements Propres à l'Ordonnance des Façades, Divers Exemples de Décorations Extérieures et Intérieures, à l'usage des Monuments Sacrés, Publics et Particuliers. Composé par le sieur de Neufforge, Architecte, Approuvé le 5 7bre 1757. par M^{rs} de l'Académie Royale d'Architecture. *A Paris, Chez l'Auteur rue St Jacques au Chariot d'Or.* Avec Privilége du Roy. [1757-1768], 8 tomes en 4 vol. in-fol., pl. — SUPPLÉMENT au Recueil Elémentaire d'Architecture contenant Plusieurs Etudes des Ordres d'Architecture d'après l'opinion des Anciens et le sentiment des Modernes, différents Entrecolonnements propres à l'ordonnance des Façades, divers Exemples de Decorations Exterieures et Intérieures &c. à l'usage des Monuments Sacrés, Publics et Particuliers. Composé par le Sieur de Neufforge, Architecte. Approuvé le 5 7bre 1757. par M^{rs} de l'Académie Royale d'Architecture. *A Paris, chez l'Auteur, rue St Jacques au Chariot d'Or.* Avec Privilége du Roy [1772-1780], 2 vol. in-fol. — Ensemble 6 vol. in-fol., cart., n. r.

<small>T. Ier : titre ; — *Table générale des cayers avec l'explication et détail des planches contenues dans chaque volume*, et 76 pl. — T. IIe : titre et 72 pl. (n°s 73-144). — T. IIIe : titre et 72 pl. (n°s 145-216). — T. IVe : titre et 72 pl. (n°s 217-288). — T. V^e : titre et 72 pl. (n°s 289-360). — T. VIe : titre et 72 pl. (n°s 361-432). — T. VIIe : titre et 72 pl. (n°s 433-504). — T. VIIIe : titre et 96 pl. (n°s 505-600).

Supplément. T. Ier : titre et 189 pl., chiffr. de I à CLXXX (le N° VI se compose de 9 pl. distinguées par des astérisques. — T. IIe : titre et 126 pl. chiffr. CLXXXI-CCCVI.

Total des planches : 914.</small>

247. MÉMOIRES sur les Objets les plus importans de l'Architecture. Par M. Patte, Architecte de S. A. S. M^r le Prince

SCIENCES ET ARTS. 137

Palatin Duc régnant de Deux-Ponts. Ouvrage enrichi de nombre de Planches gravées en taille-douce. *A Paris, Chez Rozet, Libraire, rue Saint Severin, au coin de la rue Zacharie, à la Rose d'Or.* M.DCC.LXIX [1769]. Avec Approbation, et Privilege du Roy. In-4 de 4 ff., 375 pp. et 27 planches, mar. v., fil., dos orné, large dent. à petits fers, tr. dor. (*Anc. rel.*)

<small>Exemplaire de dédicace, aux armes d'ABEL-FRANÇOIS POISSON, MARQUIS DE MARIGNY, frère de Mme de Pompadour.</small>

B. Recueil de Monuments d'Architecture.

248. LE PREMIER [ET LE SECOND] VOLUME || des plus excellents Basti- || ments de France. || Auquel sont designez les plans de quinze Bastiments, & de leur contenu : || ensemble les eleuations & singularitez d'vn chascun. || Par Iacques Androuet, du || Cerceau, Architecte. || *A Paris,* || *Pour ledit Iacques Androuet, du Cerceau.* || M. D. LXXVI-M.D.LXXIX [1576-1579]. 2 tomes en un vol. in-fol., mar. r. jans., tr. dor. (*Cuzin.*)

<small>*Premier volume:* 8 ff. pour le titre, une épître : « A tresillustre et tresvertueuse princesse Catherine de Medicis, royne, mére du roy » et la description des planches; 63 planches doubles, montées sur onglets, savoir : *Le Louvre*, 9 pièces sur 9 planches; — *Vincennes*, 2 p. sur 2 pl.; — *Chambourt*, 3 p. sur 3 pl.; — *Boulongne, dit Madril*, 10 p. sur 8 pl.; — *Creil*, 2 p. sur 1 pl.; — *Coussi*, 7 p. sur 4 pl.; — *Folambray*, 2 p. sur 2 pl.; — *Montargis*, 5 p. sur 4 pl.; — *Sainct-Germain*, 6 p. sur 4 pl.; — *La Muette*, 3 p. sur 1 pl.; — *Vaileri*, 5 p. sur 5 pl.; — *Verneuil*, 10 p. sur 9 pl.; — *Anssi le Franc*, 5 p. sur 3 pl. — *Gaillon*, 9 p. sur 7 pl.; — *Maune*, 2 p. sur 1 pl.

Second volume (le titre porte : *A Paris,* || *Chez Gilles Beys, libraire Iuré, rue S. Iacques à* || *l'enseigne du Lis blanc.* || M.D. LXXIX) : 7 ff. pour le titre, l'épître à Catherine de Médicis et l'explication des planches ; 1 f. blanc; 61 planches doubles, montées sur onglets, savoir : *Bloys*, 5 pièces sur 5 planches; — *Amboyse*, 3 p. sur 3 pl. — *Fontainebleau*, 7 p. sur 7 pl.; — *Villiers-Cotteretz*, 3 p. sur 3 pl. — *Charleval*, 5 p. sur 4 pl.; — *Les Thuileries*, 4 p. sur 3 pl.; — *Sainct Mor*, 3 p. sur 3 pl.; — *Chenonceau*, 4 p. sur 3 pl.; — *Chantilli*, 9 p. sur 7 pl.; — *Anet*, 10 p. sur 6 pl.; — *Escouan*, 5 p. sur 5 pl.; — *Dampierre*, 4 p. sur 4 pl.; — *Chaluau*, 3 p. sur 2 pl.; — *Beauregard*, 3 p. sur 3 pl.; — *Bury*, 4 p. sur 3 pl.

Notre collation diffère sur quelques points de celle qui est donnée par M. Destailleur (*Notices sur quelques artistes français*, 1863, 39). Cette différence vient principalement de ce que dans notre exemplaire toutes les pièces sont tirées sur des planches doubles, tandis que l'auteur du livre que nous citons eu a sous les yeux un exemplaire composé de planches simples et de planches doubles et qu'il ne s'est pas préoccupé de les distinguer. Il s'est de plus glissé dans sa description quelques erreurs dues peut-être à des fautes d'impression : ainsi *Le Louvre* ne compte bien que 9 pièces, dont chacune occupe une planche double. *Escouan* ne peut se composer de 5 pièces sur 7 planches, l'impossibilité matérielle d'une telle division saute aux yeux. La collation de M. Destailleur a cependant été reproduite sans corrections dans le *Supplément au Manuel du Libraire.*</small>

138 SCIENCES ET ARTS.

249. VEUES DES PLUS BEAUX LIEUX DE FRANCE ET D'ITALIE, gravées par Perelle. Gr. in-4 obl., mar. r., fil., comp., dos orné, tr. dor. (*Anc. rel. hollandaise*).

Ce recueil se compose de 287 pièces sur 254 planches. Les planches, dont beaucoup sont avant la lettre, ont reçu des n^{os} ms., qui se suivent de 1 à 254. Le n° 120 est double ; le n° 155 a été oublié.

Sur les 253 planches, 236 représentent des monuments de Paris et de Lyon ou des châteaux de France ; les 17 autres représentent des monuments d'Italie. La table suivante renvoie aux n^{os} placés en tête de chaque estampe.

FRANCE.

Ancy le Franc, 71, 72.
Auvers, 130.
Chambord, 236.
Chanteloup, près de Linas, 132.
Chantilly, 82-113 (50 pièces).
Chaunes, 195.
Chaville, 142, 143, 176, 194 (5 pièces).
Choisi, 131.
Clagny, 151 (11 pièces) 152.
Conflans, 23.
Fontainebleau, 114-123.
Iscour, 67.
La Norville, 235.
La Roche, 65 (2 pièces).
Liancourt, 81.
Louvois, 68-70.
Lyon :
   Pont de Chêne, 234.
   » *de la Saône*, 233.
Madrid, 197.
Maison, 141, 196.
Maintenon, 237 (2 pièces).
Marly, 148-150.
Ménilmontant, 157.
Meudon, 49-53, 157, 158 (10 pièces).
Monceaux, 80.
Mont-Louis, 157.
Montmirail, 66, 67 (3 pièces).
Montrouge, 26 (2 pièces).
Paris :
   Arc St Antoine, 209.
   Celestins et Arsenal, 218.
   Chambre des Comptes et Sainte Chapelle, 217.
   Chartreuse, 31.
   Collège des Quatre Nations, 58.
   Église Notre-Dame, 32.
   Fontaines, 33-35.
   Hôpital Saint-Louis, 203.
   Hôtel-de-Ville, 59.
   Hôtel d'Aumont, 15.
   » *de Chanlay*, 17.
   » *de Condé*, 27, 28.
   » *de Dangeau*, 201.
   » *Fieubet*, 202.
   » *de Montigny*, 19.
   » *de Saint-Pouange*, 18.
Ile Notre-Dame, 214. 220.

Invalides, 205, 206, 232.
Jardin des Plantes, 63.
Louvre, 54, 56.
Luxembourg, 37, 54, 55.
Observatoire, 207, 208.
Palais-Royal, 38-41, 231.
Place Dauphine, 57.
   » *des Victoires*, 216, 230.
   » *Royale*, 4, 60.
Pont au Change, 225.
   » *Neuf*, 226, 230.
   » *Notre-Dame*, 222.
   » *Royal*, 227, 231.
   » *Saint-Michel*, 223, 224.
Porte de la Conférence, 215.
   » *Saint-Antoine*, 211.
   » *Saint-Bernard*, 210.
   » *Saint-Denis*, 213.
   » *Saint-Honoré*, 214.
   » *Saint-Martin*, 212.
Quay de la Grève, le Pont Marie et le Pont Saint-Landry, 221.
Samaritaine, 36.
Salpêtrière, 204.
Tuileries, 42-47 (7 pièces).
Val de Grâce, 29, 61.
Vues générales prises des ponts, 48, 228, 229.
Pomponne, 128, 129.
Presles, 135 (2 pièces).
Rainsy, 133.
Richelieu, 73-78.
Rueil, 22.
Saint-Cloud, 6-16 (13 pièces).
Saint-Germain-en-Laye, 144-147.
Saint-Maur, 24, 25.
Saint-Ouen, 20, 21.
Sceaux, 136-140 (6 pièces).
Trianon, 154.
Triols, 64.
Vaux, 124-127.
Versailles, 153, 159-175, 177-193 (37 pièces).
Villaserf, 79.
Villeneuve-le-Roi, 134.
Villers-Cotterets, 156.
Vincennes, 198-200.

SCIENCES ET ARTS. 139

Les planches 1, 2, 30, 62 servent de frontispices ; nous n'avons pu identifier avec certitude les n⁰ˢ 3, 5, 158, qui ne sont accompagnés d'aucune inscription.

ITALIE.

Rome :
Frontispice, 238.
Arc de Constantin, 243, 244.
Arc de Septime Sévère, 242.
Capitole, 241.
Château Saint-Ange, 240.
Colisée, 247.

Saint-Pierre, 239.
Septizonium de Sévère, 245.
Thermes de Dioclétien, 246.
Villa Panfili, 248-252.
Tivoli, 253.
Venise, 254.

La plupart des planches sont signées de *Pérelle*; 3 portent le nom de *Le Bouteux fils* (4, 68, 70) ; 2 ont été dessinées par *Israël Silvestre* et gravées par *Pérelle* (12, 13).

Ce recueil provient de la vente du comte OCT. DE BÉHAGUE (Cat., n° 1605).

250. L'ARCHITECTURE FRANÇOISE, ou Recueil des Plans, Elevations, Coupes et Profils Des Eglises, Palais, Hôtels & Maisons particulieres de Paris, & des Chasteaux & Maisons de Campagne ou de Plaisance des Environs, & de plusieurs autres Endroits de France, Bâtis nouvellement par les plus habils [sic] Architectes, et levés & mesurés exactement sur les lieux. *A Paris, Chez Jean Mariette, Rue S^t. Jacques, aux Colonnes d'Hercules*, M.DCCXXVII [1727]. 2 vol. in-fol., v. f. (*Anc. rel.*)

Ce recueil contient 472 planches, dont 70 sont doubles. La plupart de ces planches ne portent que l'*excudit* de *Mariette* ; quelques-unes sont signées : *Delamonce del.* (1), *Chevotet del.* (25), *F. Blondel sc.* (5), *C. Lucas sc.* (3), *Hérisset sc.* (3), *Prevotet sc.* (2), *Le Blond sc.* (1), *P. Le Pautre del. et sc.* (10) et *Pineau inv.* (19).

251. ARCHITECTURE FRANÇOISE, ou Recueil des Plans, Elevations, Coupes et Profils Des Eglises, Maisons Royales, Palais, Hôtels & Edifices les plus considérables de Paris, ainsi que des Châteaux & Maisons de plaisance situés aux environs de cette Ville, ou en d'autres endroits de la France, bâtis par les plus célèbres Architectes & mesurés exactement sur les lieux. Avec la description de ces Edifices, & des dissertations utiles & interessantes sur chaque espece de Bâtiment. Par Jacques-François Blondel, Professeur d'Architecture. *A Paris, Rue Dauphine, Chez Charles-Antoine Jombert, Libraire du Roi pour le Génie & l'Artillerie, à l'Image Notre-Dame.* [*Imprimerie de J. Chardon, rue Galande, à la Croix d'Or.*] M.DCC.LII — M.DCC.LVI [1752-1756]. Avec Approbation et Privilege

du Roy. 4 vol. gr. in-fol., mar. r., dos ornés, tr. dor. (*Anc. rel.*)

Tome premier, Contenant une Introduction à l'Architecture, un Abrégé Historique de la Ville de Paris, et la description des principaux Édifices du Faubourg St.-Germain. Enrichi de cent cinquante-deux Planches en taille douce, 1752: titre, orné d'un fleuron de *C.-N. Cochin, fils*, gravé par *Flipart*; 1 f. pour une épître « A Monsieur de Vandières, conseiller du Roy en ses conseils, directeur et ordonnateur général de ses bâtimens, jardins, etc. », épître signée: C.-A. JOMBERT (cette épître est précédée d'un grand en-tête de *C.-N. Cochin, fils*, gravé par *C.-O. Galimard*; le personnage à qui elle est adressée est le frère cadet de Mme de Pompadour, qui fut plus tard marquis de Marigny); 5 ff. pour la *Préface* et la *Table*; 298 pp. de texte, précédées d'un en-tête de *Bellicard*, plus 152 planches tirées sur 140 ff. (plusieurs de ces planches sont doubles; 3 sont repliées); et 1 f. pour le *Privilege* et l'*Avis au Relieur*.

Le privilège, daté du 21 août 1752, est accordé à *Jombert* pour dix ans; il se rapporte à toute une série de livres d'architecture.

Tome second, Contenant la description des principaux Edifices du Quartier du Luxembourg, avec ceux de la Cité, du Quartier St.-Antoine et du Marais. Enrichi de cent quarante-huit Planches en taille-douce, 1752: titre, orné d'un fleuron de *C. Cochin, fils*, gravé par *C.-O. Gallimard*; 1 f. pour la *Table*; 164 pp. de texte, précédées d'un en-tête non signé, qui représente le Luxembourg; 148 planches tirées sur 140 ff. et chiffr. 153-300 (9 de ces planches sont pliées; plusieurs pièces sont réunies sous chacun des n°s 239, 246, 247, 257, 258, 278, 279).

Tome troisième, Contenant la description des principaux Edifices des Quartiers Saint-Denis, Montmartre, du Palais-Royal & Saint-Honoré. Enrichi de cent quarante Planches en taille-douce, 1754; titre; 1 f. de *Table*; 160 pp. de texte, précédées d'un en-tête non signé qui représente la Place des Victoires; 141 planches tirées sur 138 ff. et chiffrées 301-441. La pl. 331 est tirée sur 2 ff.; les pl. 343-344, 370-371 sont réunies deux à deux sur un même f.

Tome quatrième, Contenant la Description du Louvre & du Palais des Tuileries, celle du Château, Parc & Jardins de Versailles. Enrichi de cinquante-huit Planches en taille-douce, 1756: 4 ff. pour le titre, l'*Avertissement*, la *Table* et l'*Avis au Relieur*; 156 pp. de texte, précédées d'un en-tête non signé qui représente les Tuileries (l'en-tête de la p. 91 est signé *Perelle delin. et sculp.*); 49 planches (dont 22 pliées), chiffr. 442-500.

La plupart des planches ne sont pas signées: 2 portent *Bouchardon del.*; 25 *J.-M. Chevotet del.*; 7 *Bidault del.*; 1 *Delamonce del.*; 23 *J. Marot fec.*; 5 *P. Le Pautre fec.*; 3 *Cottart fec.*; 4 *La Planche del.*; 8 *Patte sc.*; 11 *Babel sc.*; 5 *Hérisset sc.*; 4 *Lucas sc.*; 2 *P.-C. Prevostel sc.*; 8 *Blondel sc.*; 4 *Blondel del. et sc.*; 7 *Marvye sc.*

Exemplaire en GRAND PAPIER, provenant des bibliothèques de RANDON DE BOISSET (Cat. 1777, n° 223), de M. le baron J. PICHON (n° 255) et de M. le comte O. DE BÉHAGUE (n° 372).

C. — Décoration et Ornementation. — Chiffres et Monogrammes. —

Serrurerie. — Menuiserie.

252. ORNEMENS Inuentez par I. Berain *Et se vendent chez Monsieur Thuret Aux Galleries du Louvre* Auec Priuilege

SCIENCES ET ARTS.   141

du Roy. *S. d.* [*vers* 1705], gr. in-fol., mar. r., fil., comp., dos orné, tr. dor. (*Anc. rel.*)

Ce recueil se compose d'un titre dessiné et gravé par *Bérain* et de 122 planches contenant 126 pièces, savoir :

1º Cahier non signé : lampadaires, panneaux, noce de village — AVANT LA LETTRE — (6 pièces sur 5 planches); — 2º cahier A : commodes, lustres, panneaux (5 pl.); — 3º cahier B : panneaux, corniches, grand pavillon, lampadaires (6 p. sur 5 pl.); — 4º cahiers C D E F : grands panneaux (20 pl.); — 5º cahier G : grands panneaux, chaise à porteur (5 pl.); — 6º cahiers O, X : grands panneaux (10 pl.); — 7º cahier P : horloges, vases, armes, flambeaux (5 pl.); — 8º cahier non signé : grilles (5 pl.); — 9º cahier non signé : grands panneaux — AVANT LA LETTRE — (4 pl.); — 10º cahier L : arabesques (7 p. sur 5 pl.); — 11º 4 cahiers de cheminées, les deux premiers signés I, H , le troisième non signé, le quatrième signé 8 (20 pl.); — 12º cahier, non signé : chapiteaux (5 pl.); — 13º 2 cahiers, non signés : jardins (10 pl.); — 14º mausolées (18 pl.).

La première planche du cahier I porte le titre suivant : *Desseins de Cheminées Dediez A Monsieur Jules Hardouin Mansard, Conseiller du Roy en tous ses Conseils, Chevalier de l'Ordre de S. Michel, Comte de Sagone, etc.*

Les mausolées qui terminent le volume sont ceux que *Bérain* dessina pour le prince de Condé (1687), pour Marie-Louise d'Orléans, reine d'Espagne (1689), pour Marie-Anne-Christine Victoire de Bavière, dauphine de France (1690), et pour Philippe, duc d'Orléans (1701). Une des planches, qui ne porte aucune lettre, est double.

66 planches seulement portent un nom de graveur : 16 sont signées de *J. Dolivar* ou *Dolivart*, 7 de *M. d'Aigremont*, 4 de *J. Le Pautre*, 3 de *P. Giffart*, 25 de *G. J. G. Scotin l'ainé*, 2 de *J.-F. Benard*, 1 de *J.-F. Bojan*, 3 de *D. Marot*, 5 de *J. Mariette*.

Ce recueil a dû être composé entre 1701, date de la pompe funèbre du duc d'Orléans, et 1708, année où mourut Jules Hardouin Mansard.

Exemplaire AVANT LES Nos. — Les plats de la reliure portent dans les angles les initiales A. B. Au centre se voient les armes d'un évêque étranger, probablement polonais. Ces armes ont dû être frappées après coup.

253. ŒUVRES DU Sr D. MAROT, Architecte de Guilliaume III. Roy de la Grande Bretagne, Contenant Plusieurs, pensées utiles aux Architectes, Peintres, Sculpteurs, Orfeures, Jardiniers & autres ; Le tout en faveur de ceux qui s'apliquent aux Beaux Arts. *A Amsterdam,* [*Ce vant Chez L'Autheur.*] Avec Privilege de nos Seigneurr [*sic*] les Etats Generaux des Provinces Unies de *Hollande & d'West-Frise.* MDCCXII [1712]. Pet. in-fol.

237 planches de paysages, tableaux de portes, jardins, parterres, housses, lambris, panneaux, pendules, tombeaux, portes cochères, arcs de triomphe, patrons d'étoffes et de velours, peintures, appartements, décorations, plafonds, cheminées, broderie, serrurerie, berceaux, fontaines, statues, vases, etc.

Les mots *Ce vant Chez L'Autheur* sont ajoutés sur le titre à l'aide d'un petit carton; il y avait primitivement : *Ce van Chez L'Athuer.*

254. ŒUVRES DE GILLE MARIE OPPENORD Ecuier Directeur General des Batiments et Jardins de son Altesse Royale Monseigneur le Duc d'Orleans Regent du Royaume, contenant Differents Fragments d'Architecture, et d'Ornements, à l'usage des Batiments sacrés, publics, et particuliers,

142   SCIENCES ET ARTS.

gravés mis au jour et dedié [*sic*] à Messire Charles François Paul Le Normant de Tournehem, Conseiller du Roy en ses Conseils, Directeur et Ordonateur général des Bâtiments de sa Majesté, Jardins, Arts, Academies, et Manufactures Roïales. Par son très humble et très Obéissant Serviteur Gabriel Huquier. *A Paris chés Huquier rue des Mathurins au coin de celle de Sorbonne.* C[um] P[rivilegio] R[egis]. S. d. [*vers* 1725], gr. in-fol., vél. bl.

Ce recueil se compose d'un titre gravé, d'un *Avis aux Amateurs du Dessein*, également gravé, du portrait d'Oppenort et de 291 pièces tirées sur 158 planches, savoir :

1º *Consoles, Trophées, Portes, Porches et Autels à l'usage des églises, Chandeliers, Lutrins, Girandoles* (30 p. sur 15 pl.); — 2º *Fragments d'architecture, Tombeaux, Fontaines, Cheminées et Lambris d'appartements, Obélisques* (42 p. sur 21 pl.); — 3º *Autels* (8 p. sur 8 pl.); — 4º *Fragments d'architecture, Décorations d'appartements, d'autels et de tombeaux* (37 p. sur 36 pl., dont une double); — 5º *Dix Livres de différents morceaux à l'usage de ceux qui s'appliquent aux beaux-arts* (72 p. sur 30 pl.) — 6º *Profils pour la pierre et la menuiserie* (6 p. sur 3 pl.) — 7º *Fontaines* (12 p. sur 3 pl.); — 8º *Quatorze Suites d'études dessinées à Rome* (84 p. sur 42 pl.)

Toutes ces pièces sont signées de *G. Huquier*, sauf 20 pièces contenues dans les *Dix Livres à l'usage de ceux qui s'appliquent aux beaux-arts*, qui ont été gravées par *C. N. Cochin*.

255. ŒUVRE DE JUSTE AURELE MEISSONNIER Peintre Sculpteur Architecte &c Dessinateur de la chambre et Cabinet du Roy. Premiere partie Executé [*sic*] sous la conduitte de l'auteur. *A Paris, chés Huquier rue St. Jacque au coin de celle des Mathurins* C[um] P[rivilegio] R[egis]. S. d. [*vers* 1733], gr. in-fol., bas., n. r.

Ce recueil se compose d'un titre dessiné par *Meissonnier*, gravé par *P. Aveline*, du portrait de Meissonnier, dessiné par lui-même, achevé par *N.-D. de Beauvais* et de 118 pièces tirées sur 72 planches.

La plupart des planches portent *Huquier sc.* ou *exc.* Les autres graveurs qui ont travaillé à l'œuvre de Meissonnier, sont: *Allouis* (3 p.), *Dubreulié* (1 p.), *Laureolli* (5 p.), *Desplaces* (4 p.), *Obelle* (1 p.), *Chedel* (6 p.), *B. Audran* (2 p.), *Babel* (3 p.), *P. Chenu* (4 p.), *Baquoy* (2 p.), *Angram* (1 p.), *Herisset* (4 p.), *P. Aveline* (2 p.) et *Ballechou* (1 p.).

256. SUITE DES VASES Tirée du Cabinet De Monsieur Du Tillot Marquis de Felino Ministre de S. A. R. &ᵃ Et gravée a l'Eau forte d'apres les Desseins originaux de Monsieur Le Chevalier Ennemond Alexandre Petitot Premier Architecte De S. A. R. L'Infant Dom Ferdinand Duc de Parme & agregé a L'Academie R. d'Architecture de Paris, par Benigno Bossi Stucateur de S. A. R. L'Infant Duc de Parme &ᵃ. *se vend a Parme Chez le meme B. Bossi.* S. d. [1764], in-fol., demi-rel. mar. r., tr. dor.

Ce recueil se compose d'un titre gravé, d'un frontispice, d'une planche

SCIENCES ET ARTS. 143

contenant la dédicace « A monsieur le marquis de Felino », avec la date de 1744, et de 30 planches représentant chacune un vase.

L'architecte Petitot, fils de l'ingenieur dijonnais Simon Petitot, était du nombre des savants et artistes français que le célèbre Du Tillot avait attirés à Parme. Il y était arrivé en 1760.

257. NOUVELLE ICONOLOGIE HISTORIQUE ou Attributs hieroglipliyques [sic], qui ont pour objets les quatre Élémens, Les quatre Saisons. Les quatre Parties du Monde Et les différentes Complexions de l'Homme. Ces mêmes attributs peignent aussi les divers [sic] Nations, Leurs Religions, les Epoques Cronologiques de l'Histoire tant ancienne que moderne; Les Vertus Gloires Renommées, Les divers genres de Poësies, les Passions, les différens Gouvernemens, les Arts et les Talens. Ces Hiéroglyphiques [sic] sont composés et arrangés de maniere qu'ils peuvent servir à toutes sortes de Décorations, puisqu'on est le maîtres [sic] de les appliquer également à des Fontaines, Frontispices, Pyramides, Cartouches, dessus de Portes, Bordures, Médaillons, Trophées, Vases, Frises, Lutrins, Tombeaux, Pendules &c. Dédiés aux Artistes, Par Jean Charles Delafosse Architecte. Décorateur et Professeur en Desseins. *A Paris Chez l'Auteur, rue Poissonnieres* [sic], *en la Maison de M. Menan, Paveur, entre la rue de la Lune et celle de Beauregard, Et chez De Lalain, Libraire, rue S. Jacques.* M.DCC.LXVIII [1768]. *De l'Imprimerie de Maillet, rue S. Jacques.* Gr. in-fol de 23 ff. de texte gravé et 110 planches, v. f.

1519.1.6

M. Destailleur (*Notices sur quelques artistes français*, pp. 283 sqq.) décrit une édition de 1771, mais ne parle point de celle-ci, qui est la première, comme le prouve le privilège daté du 17 février 1768. Elle se compose de 10 livres, dont chacun est précédé d'une table donnant à la fois la liste des planches et l'explication des attributs. Les numéros des planches se suivent de 1 à 108, excepté le n° 13 qui manque, mais les n°s 14, 15 et 90 sont doubles, en sorte que le nombre des planches est bien de 110.

Dans l'édition de 1771, le n° 13 a été rétabli, mais il n'y a plus qu'un seul n° 14.

M. Destailleur n'a pu retrouver aucun document sur Delafosse ; il sait seulement que cet artiste demeurait en 1777 dans la rue Neuve Saint Martin ; nous avons ici l'indication d'un domicile antérieur, qui permettrait peut-être de découvrir quelques documents nouveaux.

258. PREMIER [— SIXIEME] LIVRE DE TROPHÉES Contenant divers attributs d'Eglise Inventés et dessinés par J. C. De La Fosse Architecte. *A Paris, chez Daumont rue St Martin près St Julien.* Avec Privilége du Roi. — [QUATRE CAHIERS D'ATTRIBUTS, par le même]. S. d. [*vers* 1775]. — Ensemble 2 part. en un vol. gr. in-fol., demi-rel. v. f.

1519.1.9

Ces planches, que Delafosse fit entrer plus tard dans le second volume de son *Iconologie*, sont du premier tirage, c'est-à-dire qu'elles ne portent pas de signatures alphabétiques. Les *Trophées* comprennent 30 planches et les *Attributs* 24. Ces planches ont été gravées par *Le Canu* (5), *P.-F. Tardieu* (22), *Fessard* (2), *Jacob* (1), *Voysard* (18), *Littret* (6).

À la fin du volume, on a placé 2 planches d'*Ornements* et *Frises*, dessinées par *Salambier* et gravées par *Juillet* en 1777.

259. RECUEIL D'ORNEMENS à l'usage des jeunes artistes qui se destinent à la décoration des bâtimens; dédié à Monsieur par G. P. Cauvet, sculpteur de S. A. R. *A Paris, chez l'Auteur, rue de Seve* [sic], *près celle du Bacq*, 1777. In-fol. mar. r. jans., tr. dor. (*Cuzin*.)

Ce recueil se compose de 67 ff., savoir : titre ; dédicace ; portrait de Monsieur ; 62 ff. de planches, dont une double et contenant 96 pièces ; 1 f. pour le *Privilége*.

Les planches sont gravées par Mlles *Liottier*, *Miger*, *Le Roy*, *Martini*, *Hemery*, *Petit*, *Viel*. Le privilège est daté de 1777.

260. ŒUVRES contenant un recueil de Trophées, Attributs, Cartouches, Vases, Fleurs, Ornemens Et plusieurs Desseins agréables pour broder des Fauteuils ; Composés et dessinés par Ranson, et gravés par Berthaut et Voysard, 1778. *Se vend à Paris chez Esnauts et Rapilly, rue S^t. Jacques, à la Ville de Coutances*, Avec Privilége du Roi. In-fol., bas., tr. r.

Ce recueil est composé d'un frontispice gravé et de 82 planches.

261. RECUEIL de planches d'architecture et d'ornement, 146 pl. en un vol. in-fol., demi-rel., dos et c. v. f.

Ce recueil contient les pièces suivantes :

1° 50 planches d'architecture dessinées par *Cornille*, gravées par *Monchelet* ;

2° 8 planches représentant des autels pour les églises de Paris. Ces planches, publiées *A Paris, chés Chereau, rue S. Jacques, aux 2 pilliers d'or*, ont été exécutées : 1 d'après des dessins de *M de Coste* (lis. *de Cotte*), 3 d'après des dessins de *Blondel*, 1 d'après un dessin d'*Hénon*, 1 d'après un dessin de *Mansart*, 1 d'après un dessin d'*Ocnort* (lis. *Oppenord*), 1 d'après les dessins de MM. *Sloiste*. 4 de ces planches ont été gravées par *Moreau* ;

3° 6 planches d'ornements dessinées par *Ranson*, gravées par *Berthault* ;

4° 82 planches contenant 102 pièces dessinées par *Delafosse*. Ces planches sont précedees de la *Table* de l'*Iconologie historique*, à laquelle elles servent de supplément. En voici le détail : Frises, 12 p. sur 6 pl., gravées par Mlle *Thouvenin* ; — Tombeaux, 6 p. sur 6 pl., gravées par *Littret* (la 6e de ces pl. porte en outre : *Imper* [sic] *par Maillet*) ; — Vases, 6 p. sur 6 pl., gravées par *C. Baquoy*, — Cartels et Trophées, 8 p. sur 6 pl., les quatre premières gravées par *Germain* ; — Gaînes, 10 p. sur 5 pl., gravées par Mlle *Thouvenin* ; — Frises, 2 p. sur 1 pl., gravée par Mlle *Thouvenin* ; — Consoles et Trumeaux, 6 p. sur 3 pl., gravées par Mlle *Thouvenin* ; — Cartels, 4 p. sur 2 pl. ; — Chenets, 6 p. sur 6 pl., gravées par *Berthault* ; — Girandoles, 6 p. sur 6 pl., gravées par *Berthault* ; — Flambeaux, 6 p. sur 6 pl., gravées par *Berthault* ; — Calices, Ciboires et Burettes, 6 p. sur 6 pl., gravées par *Berthault* ; — Lutrins et Soleils, 6 p. sur 6 pl., gravées

SCIENCES ET ARTS. 145

par *Berthault ;* — Chandeliers d'église, 6 p. sur 6 pl., gravées par *Berthault ;* — Lampes et Cassolettes, 6 p. sur 6 pl., gravées par *Berthault ;* — Chaires, 6 p. sur 6 pl., gravées par *Joly.*

262. [Livre de Meubles, Gaînes, Tables, Commodes, petites Chiffonnières, Secrétaires, Consoles, Cheminées, Portes avec panneaux, Lambris, Armoires, Bibliothèques, Portes avec pilastres, Croisées, Niches, Corniches, Plafonds d'appartement, divers Fragments d'Architecture, Consoles avec profils et avec têtes, Dessus de porte, Façades de maisons, Portes et Grilles de parc, Portes d'hôtels, Feux, Bras, Guéridons, Chandeliers, Grilles pour chapelles, Balcons, Pommes de canne, Etuis de poche, Manches de couteaux, Bougeoirs, Cassolettes, Flacons de poche, etc., par Boucher fils. *A Paris, chés Le Père et Avaulez, Mds d'Estampes rue S. Jacques, vis-à-vis celle du Platre à l'anci^e Poste]. S. d.* [vers 1780], 3 vol. in-fol., cart.

1519. 1. 10 - 12

    Ce recueil contient 342 planches numérotées, formant 57 cahiers. Les planches ont été gravées par *Dupin* (102), *Berthault* (6), *Blanchon* (6), *La Chaussée* (6), *J.-C. Pelletier* (193), *Bichard* ou *Pichard* (23) et *Boutrois* (6).
    La planche n° 60 manque.

263. Nouveau Livre de Chiffres, qui contient en general tous les noms et surnoms entrelassez par Alphabet. Ouurage vtile et necessaire aux Peintres, Sculpteurs, Graueurs & autres ; Inuenté et gravé par Charles Mauelot, graveur Ordinaire de S. A. R. Mademoiselle. Dedié A Monseigneur le Dauphin. *Se vend à paris chez l'Autheur court neuue du Palais aux armes de M^e. la Dauphine, il graue Sceaux et Cachets.* Auec Priuilege du Roy. M.DC.LXXX [1680]. Pet. in-4 de 85 ff., v. br. (*Anc. rel.*)

I. 3. 23

    Ce recueil contient : un titre gravé ; 2 ff. pour une épître « A monseigneur le Dauphin » ; 21 planches et 1 f. blanc pour la première partie ; 58 planches pour la seconde partie ; 2 ff. pour la *Table* et le *Privilége.*
    Le privilège, daté du 20 février 1679, est accordé pour six ans à Charles Mavelot « graveur de notre bonne ville de Paris ».

264. Chiffres, Cartouches, Compartiments, Couronnes, Fleurons, Bordures, Armes, et autres Ornements a l'Usage des Peintres, Sculpteurs, Graveurs, Orphevres, Diamantaires, Metteurs en œuvre, Armuriers, Serruriers, Menuisiers et autres Artistes. Et pour ceux qui font travailler a toutes Sortes de beaux Ouvrages. *a Amsterdam Chez Louis Renard.* Cum Privilegio Ordinum Hollandiæ et Westfrisiæ. *S. d.* [vers 1700], in-fol., cart.

1519. 2. 4

    105 pièces sur 53 planches (y compris un titre gravé).

146   SCIENCES ET ARTS.

265. Bowles's New and Complete Book of Cyphers : Designed and Engraved on Twenty-four Copper-Plates , By John Lockington : Including a curious Print of the Emperor Charlemagne's Crown. *London : Printed for and Sold by Carington Bowles, at his Map and Print Warehouse, N°. 69 in S^t. Paul's Church Yard. Published as the Act directs, 13. Feby 1777*. Price five Shillings. In-4 obl.

<small>Titre gravé ; 23 planches contenant chacune un grand monogramme entouré de chiffres plus petits ; 1 pl. (n° 24) représentant la couronne de Charlemagne ; 1 pl. (n° 25) représentant des couronnes et contenant l'explication des couleurs du blason.</small>

266. A Complete Round of Cyphers for the use of Engravers, Painters, Sculptors, Jewellers, Hair Workers, Enamellers, Pattern-Drawers, &c. Consisting of six hundred Examples for the forming of Cyphers of every Denomination. Designed and Engraved by Garnet Terry. Price 6 s. *London : Printed for the Proprietors Bowles & Carver, N° 69 St. Paul's Church Yard. Just Published Terry's Allegorical Hair Devices containing 200 elegant subjects*. Price 7 s. 6 d. S. d. [*vers* 1780], in-4.

<small>25 planches (y compris le titre gravé), et une 26e planche représentant des couronnes et contenant les couleurs du blason. Cette dernière planche est la même que celle qui termine le recueil précédent, mais la lettre en a été changée.</small>

267. La fidelle Ovvertvre de lart De Serrurier, ou lon void Les principaulx preceptes, Desseings, et figures touchant Les experiences et operations Manuelles dudict Art. Ensemble Vn petit traicté De diuerses trempes. Le tout faict, et Composé par Mathurin Iousse de La fleche. *A La Fleche Chez Georges Griueau Imprimeur Ordinaire du Roy*. 1627. Auec Priuilege du Roy. In-fol. de 4 ff. et 152 pp., mar. r. jans., tr. dor. (*Trautz-Bauzonnet*.)

<small>Collation des ff. lim. : titre gravé ; 1 f. contenant une épitre « A messieurs les reverends Péres de la Compagnie de Jesus » , quatre quatrains de l'auteur et un *Extraict du Privilége*; 2 ff. contenant la *Table* et une grande planche d'ornements.

Le volume renferme en tout 65 figures tirées dans le texte.

Le privilège, daté du 20 mars 1626, est accordé pour dix ans à Mathurin Jousse « marchand et maistre serrurier » à La Flèche.</small>

268. Le Theatre de l'Art de Charpentier Enrichi de Diuerses Figures Auec linterpretation dicelles faict et dresse Par

Mathurin Iousse De La Fleche *A La Fleche Chez Gorges* [sic] *Griueau Imprimeur du Roy.* Auec priuilege de Sa Majeste. 1627. In-fol., mar. r. jans., tr. dor. (*Trautz-Bauzonnet.*)

> Ce volume se compose de 2 ff. lim. et de 93 ff. de texte.
> Les ff. lim. comprennent un f. de titre et un f. occupé par une épître « A haut et puissant seigneur, messire René de La Varenne, marquis dudit lieu, chevalier de l'Ordre du Roy, etc., gouverneur des ville et chasteau de La Fléche », un sonnet de *L'Autheur à son Livre* et l'*Extraict du Privilége*.
> Les ff. de texte sont paginés, mais la pagination en est tellement fautive qu'ils ne peuvent être collationnés qu'à l'aide des signatures (A, C, D, E, F, G, H, I, K, L, M, N, O, P, X, Y par 4 ; B, R, S, T, V par 2 ; Q et Z par 6).
> A partir de la page cotée 133, au lieu de 129, les chiffres se suivent jusqu'à la fin du volume, et la dernière page est cotée 176. Il est possible qu'il n'y ait pas là d'erreur et qu'on ait volontairement fait rentrer dans la pagination les 2 ff. prélim. donnant 4 pages. Du reste Jousse parle lui-même, dans un avis au lecteur placé avant la Table, des fautes survenues à l'impression, pendant son absence.
> Cette première partie est ornée de 125 figures gravées sur bois.
> Le volume se termine par un *Brief Traicté des cinq ordres des colomnes*, en 14 pages (sign. A-C par 2, D par 1), avec 7 figures sur bois insérées dans le texte.
> Le privilège est le même que celui qui figure dans *l'Art de Serrurier*.
> Mathurin Jousse a composé ses deux ouvrages sur le même plan. L'un et l'autre débutent par une liste très complète et très curieuse des divers outils en usage dans la profession. On y trouve aussi une explication de tous les termes techniques employés par les serruriers et les charpentiers, et l'on peut se convaincre que ces mots n'ont pas changé depuis deux siècles.
> Tout en s'excusant de son « rude langage », Jousse était un esprit cultivé, qui ne craignait pas d'aborder la poésie à ses heures. C'est ainsi que les deux traités sont précédés de petites pièces de vers qu'il a composées lui-même.

D. — Catalogues de tableaux, statues, meubles et objets d'art.

269. CATALOGUE HISTORIQUE du Cabinet de Peinture et Sculpture Françoise, de M. de Lalive, Introducteur des Ambassadeurs, honoraire de l'Académie Royale de Peinture. *A Paris, De l'Imprimerie de P. Al. le Prieur, Imprimeur du Roi, rue Saint-Jacques, vis-à-vis les Mathurins, à l'Olivier.* M.DCC.LXIV [1764]. Pet. in-4 de viij et 124 pp., plus 2 figg., mar. r., fil., dos orné, tr. dor. (*Anc. rel.*)

> Le *Catalogue* est orné d'un portrait de M. de Lalive par *N. Cochin* et d'un frontispice de *Le Fèvre*. Ces deux planches ont été gravées par M. *de Lalive* lui-même.

270. CATALOGUE DES LIVRES du Cabinet de feu M. Randon de Boisset, Receveur General des Finances : Dont la vente se fera au plus offrant & dernier Enchérisseur en la maniere accoutumée, le Lundi 3 Février 1777, & jours suivants de

148   SCIENCES ET ARTS.

relevée, en sa maison, rue Neuve des Capucines. *A Paris, Chez de Bure, fils ainé, Libraire, quai des Augustins, près de la rue Pavée, [de l'Imprim. de Didot].* M.DCC.LXXVII [1777]. In-12 de 3 ff., 6, 188 et 28 pp. — CATALOGUE DES TABLEAUX & Desseins précieux des Maîtres célebres des trois Ecoles, Figures de marbres, de bronze & de terre cuite, Estampes en feuilles & autres objets du Cabinet de feu M. Randon de Boisset, Receveur Géneral des Finances. Par Pierre Remy. On a joint à ce Catalogue celui des Vases, Colonnes de Marbres, Porcelaines, des Laques, des Meubles de Boule & d'autres effets précieux, par C. F. Juliot. La Vente se fera le Jeudi 27 Février 1777, à trois heures & demie précises de relevée et jours suivants aussi de relevée, rue Neuve des Capucines, près la Place Vendôme. *Le present Catalogue se distribue A Paris, Chez Musier, pere, Quai des Augustins. Chez Pierre Remy, Peintre, rue des Grands Augustins. Chez C. F. Julliot, Marchand, rue S. Honoré, près celle du Four. Et chez le sieur Charriot, Huissier-Priseur, Quai de la Ferraille. A Londres, Chez M. Thomas Major, Graveur du Roi. A Amsterdam, Chez le Sieur Pierre Fouquet, Junior. A Bruxelles, Chez M. Danoot, Banquier. [De l'Imprimerie de Didot.]* M.DCC.LXXVII [1777]. In-12 de xij, 149 et 158 pp. — Ensemble 2 vol. in-12, mar. r., fil., dos ornés, tr. dor. (*Anc. rel.*)

<small>Exemplaire avec prix manuscrits, aux armes du COMTE DE PROVENCE, qui fut plus tard LOUIS XVIII.
De la vente SINÉTY, 1880. (Cat., n° 99.)</small>

271. LE MUSÉE, Revue du Salon de 1834, Par Alexandre D.... [Decamps]. *Paris, Abel Ledoux, libraire, rue de Richelieu, 95. [Imprimerie Éverat, rue du Cadran, n° 16.]* 1834. In-4 de 102 pp. (non compris la couverture, qui sert de titre) et 25 figg.

<small>Ce volume est orné d'un frontispice de *Célestin Nanteuil* et de 24 figures d'après *Gigoux*, *Decamps* (3), *C. Roqueplan* (1 fig. gravée par *C. Nanteuil*), *P. Huet*, *Cabat*, *Brune* (1 fig. gravée par *C. Nanteuil*), *J. Ziegler* (2 pièces, dont une gravée par *C. Nanteuil*), *Barye*, *Jadin*, *Bigand* (1 fig. gravée par *Guet*), *Feuchère*, *E. Delacroix* (3 pièces, dont 2 gravées par *C. Nanteuil*), *Amaury-Duval*, *Marilhat*, *N. Granet*, *Ary Scheffer* (1 fig. gravée par *Aug. Bouquet*), *Préault* (1 fig. gravée par *C. Nanteuil*), *Paul Delaroche* (1 fig. gravée par *Edouard May*), *Flore* et *A. Johannot*.
Les planches ont été tirées par *Delaunois*.</small>

4. — *Musique.*

272. Essai sur la Musique ancienne et moderne. [Par J.-B. de La Borde et l'abbé Roussier]. *A Paris, De l'Imprimerie de Ph.-D. Pierres, Imprimeur ordinaire du Roi ; Et se vend Chez Eugene Onfroy, Libraire, rue du Hurepoix.* M.DCC.LXXX [1780]. Avec Approbation, & Privilege du Roy. 4 vol. in-4, mar. r., fil., dos ornés, tr. dor. (*Derome le jeune.*)

III. 4. 5-8

> *Tome premier :* faux-titre ; titre; 4 ff. pour la *Table*, l'*Approbation*, le *Privilège* et les *Errata* ; 8 ff. paginés v-xx pour l'*Avant-Propos*, ensemble 14 ff. et 445 pp., plus xx pp. (dont 4 de musique) placées avant le second livre, entre les pp. 200 et 201 ; 54 planches gravées, 3 planches de musique, non comprises dans la pagination, et 2 grands tableaux pliés. — Le fleuron du premier livre est signé de *Masquelier*, celui du second livre de *Malapeau*. Sur les planches, 15 sont signées *Bouland del. et sc.* et 27 *Mirys del.* Les planches dessinées par *Mirys* ont été gravées par *Chenu* (25), *M. Ponce* (1) et *Dorgez* (1).
>
> *Tome second :* 2 ff., 444 pp., plus 2 grands tableaux gravés (pp. 25 et 29), 1 pl. de musique non comprise dans la pagination, 1 fig. de *Paris*, gravée par *Picquenot* (p. 235) et 1 fig. de *Mirys*, gravée par *Chenu* (p. 257). Plusieurs planches de mus. gravée sont comprises dans la pagination (pp. 65-108, 265, 281, 287) ; enfin, le volume se termine par quatre cahiers de musique gravée de 178, 59, 59 et 59 pp. Les fleurons placés en tête des livres III et IV sont de *Masquelier*.
>
> *Tome troisième :* 2 ff. et 702 pp., plus 2 tableaux pliés (pp. 350 et 373, et 3 pl. de musique (p. 611, 612, 699). Un fleuron de *Masquelier*.
>
> *Tome quatrième :* 2 ff. et 476 pp., plus une *Notice d'un manuscrit de la bibliothèque de M. le duc de La Vallière, contenant les poésies de Guillaume de Machau, par M. l'abbé* Rive (27 pp.), une *Lettre de M. l'abbé* Rive *à M. de Laborde, sur la formule Nos, Dei Gratia* (8 pp.) ; lvj pp. pour la *Table*. Le fleuron du titre de départ est de *Malapeau*.
>
> Le privilège, daté du 16 décembre 1778, est accordé au sieur***. La concession de ce privilège lui est faite à perpétuité pour lui et ses hoirs, à condition « que l'impression dudit ouvrage sera faite dans notre royaume et non ailleurs, en beau papier et beau caractère. »
> La reliure porte une marque ainsi conçue :
>
> *Relié par Derome* || *dit le jeune.* || *établie* [sic] *en 1760, rue S^t.* || *jacques pres le college* || *du plessis N° 65.*
>
> Exemplaire du prince Radziwill (Cat., n° 526).

V. — ARTS MÉCANIQUES ET MÉTIERS DIVERS.

1. — *Orfèvrerie. — Armurerie. — Travaux à l'aiguille.*

273. La Liste de Messievrs les Gardes et anciens Gardes de l'Orphevrerie de Paris. La Liste generale des Marchands Maistres Orpheures à Paris. Celle des Gouuerneurs de la

II, 1. 53

Confrairie de Nostre-Dame du Blancmesnil. Celle de la Confrairie de Ste Anne fondée en l'Eglise Nostre-Dame de Paris. Et celle de la Confrairie des Martyrs fondée en l'Eglise des Martyrs à Montmarte [sic]. *Fait à Paris ce 16. Septembre mil six cens cinquante cinq.* In-4 de 7 ff. lim., 75 pp., plus 3 figg., non comptées dans la pagination, et 2 ff. blancs. — LA LISTE GENERALE des Noms et Surnoms des Marchands Maistres Orfévres à Paris, lesquels ont esté receus Maistres audit Art depuis l'an 1555. iusqu'en l'année courante 1656. Tiré extraict [sic] des Registres de la Maison des Orfévres de Paris, par Robert de Berguen [sic], aussi Marchand Orfèvre. *A Paris ce 16. Septembre 1656.* In-4 de 27 pp. — LIVRE D'ALLOIS EN OR, Pour les Maistres Orfévres de Paris. In-4 de 10 pp. et 1 f. blanc. — LIVRE D'ALLOIS EN ARGENT, Pour les Maistres Orfévres de Paris. In-4 de 8 pp. — EXTRAICT des Registres du Conseil d'Estat. In-4 de 3 pp. — Ensemble 5 pièces en un vol. in-4, mar. r., fil., dos orné, tr. dor. (*Trautz-Bauzonnet.*)

Les ff. lim. de la 1re partie comprennent un frontispice gravé, représentant les « Armes de la maison des Orphévres de Paris » ; 1 f. dont le r^0 est blanc et dont le v^0 est occupé par des vers « A saint Eloy », signés R[OBERT] D[E] B[ERQUEN] ; 1 figure représentant saint Éloi ; 4 ff. contenant des vers « A la louange de l'Art de l'orphevrerie », par le même. — Le corps du volume contient : le titre reproduit ci-dessus ; une épître « A Messieurs les Gardes et anciens Gardes de l'Orphevrerie de Paris en charge en l'année 1655 », épître signée : ROBERT DE BERQUEN (pp. 3-13) ; un *Sonnet* (p. 14) ; la *Liste de Messieurs les Gardes et anciens Gardes de l'Orphevrerie à Paris... depuis l'an 1608 jusques en l'année courante 1655* (pp. 15-18); la *Liste generale des noms et surnoms des marchands maistres orphévres à Paris... depuis l'an 1593 jusques en l'année 1655* (pp. 19-35) ; la *Liste des Maistres et Gouverneurs de la Confrairie de Notre Dame du Blancmesnil* (pp. 37-40) ; la *Liste des Maistres et Administrateurs de la Confrairie de sainte Anne* (pp. 41-44) ; la *Liste des Maistres de la Confrairie des Martyrs* (pp. 45-47); la *Liste des Maistres Orphévres et vefves d'Orphévres qui sont logez en la maison commune des Orphévres* (pp. 49-50) ; la *Liste des Vefves* (p. 51) ; un discours signé ROBERT DE BERQUEN, (pp. 53-59) ; une *Autre Liste des noms de Messieurs les Gardes de l'Orphevrerie à Paris... qui ont esté esleus depuis l'an 1600* (pp. 61-75). — Les figures représentent la Vierge, sainte Anne et saint Nicolas ; la première est signée : *R. Sadeler fecit*, *P. Candidus inven.*

Les deux *Livres d'Allois* sont rédigés par demande et par réponse. C'est une sorte de manuel à l'usage des candidats à la maîtrise.

L'*Extraict des Registres du Conseil d'Estat* se rapporte à un différend entre « les maistres et gardes de la marchandise d'orfevrerie de Paris » et Samuel Berny, « compagnon orfèvre ».

Ce recueil provient de la vente DESBARREAUX-BERNARD (Cat., n° 225) ; il contient diverses additions mss. se rapportant aux années 1655 et 1656.

274. LIVRE DE TAILLE D'ÉPARGNE de gout ancien et moderne propre pour les Apprentifs orfeures, auec du petit relief

SCIENCES ET ARTS. 151

comme on le fait sur des ouurages en or d'orfevrerie et d'orlogerie, avec vne breue explication : *Inuenté et graué par I. Bourguet M^{tre} Orfeu. A paris* 1702. *Se vend à Paris chez L'aut^r rüe d'Orleans faub.^g St Marcel à la Provid^e et Chez Crespy rüe St Jacques devant la boëte de la Poste.* Pet. in-4 obl.

<small>Ce recueil est composé de 12 planches, y compris le frontispice.</small>

275. [Ornements dessinés et gravés par] Briceau Maistre Orféure *A Paris* 1709. Pet. in-4 obl.

<small>Ce recueil est composé de 8 planches, y compris le frontispice.
Le frontispice ne contient que le nom de l'artiste, inséré dans un élégant cartouche.</small>

276. Elements d'orfevrerie divisés En deux Parties de Cinquante Feuillets Chacune, Composéz par Pierre Germain, Marchand Orfevre Joaillier à Paris. *Se vendent A Paris chez L'Auteur place du Carousel, A l'Orfevrerie du Roy, et chés la Ve de F. Cherau rue S. Jacques aux 2 Piliers d'Or.* M.DCC.XLVIII [1748], avec privilege du Roy. 2 parties en un vol. in-4, mar. r. jans., tr. dor. (*Trautz-Bauzonnet.*)

<small>Ire Partie : titre gravé; — 1 f. pour la dédicace « à monseigneur de Machault, conseiller ordinaire au Conseil royal, controlleur général des Finances » ; 1 f. d'*Avis* ; 1 f. pour la *Table des desseins contenus dans les deux parties* et 50 pl. chiffr., dessinées par *Germain*, gravées par *Pasquier* (38) et *Baquoy* (12). — IIe Partie : titre gravé et 50 pl. chiffr., dessinées par *Germain* (43) et *Jacques Roettiers* (7), gravées par *Pasquier*.
Exemplaire en GRAND PAPIER.</small>

277. Plusieurs Pieces et Avtres Ornements pour Les Arquebuziers et Les brizures démontée et Remontée [sic] Le tous [sic] designé et graué par Simonin et des plus beaux Ouurages de paris Ce [sic] *Vend Chez la Veufüe a L'entrée du Faubourg St Anthoine A Paris a l'enseigne du Cabinet a fleurs* Auec Priuillege 1693 Le tout dessigné et grauée [sic] Par Claude Simonin et Jacques Simonin Son fils auec Priuilege du Roy. Pet. in-fol. obl.

<small>Ce recueil est composé de 12 planches, y compris le frontispice.
Dimension des planches, prise sur la dernière : haut. 172 ; larg. 235 mm.</small>

278. Plvsievrs Pieces Et Ornements Darqvebvzerie Les plus en Vsage tiré des Ouurages de Laurent le Languedoc Arquebuziers [sic] Du Roy et Dautres Ornement Inuenté et graué Par Simonin *et Se Vend Ledit Liure Chez ledit*

152   SCIENCES ET ARTS.

Languedoc rue de bretagne aux marais A Paris Auec Priuilege du Roy 1705. Pet. in-fol. obl.

<small>Un titre gravé et 10 planches. Les planches 2, 3, 5, 7, 8 sont signées : *Simonin* ; la pl. 6 porte : *Le Languedoc, à Paris* ; les pl. 9 et 10 sont signées : *De Lacollombe*, 1702.
Dimension des planches mesurée sur le titre : haut. 166 ; larg. 246 mm.</small>

279. FOGLIAMI DIVERSI nouamete [*sic*] posti in luce. Operà [*sic*] vtiliss.^{ma} è necessaria, p li Racamatori Scrittoriarij èt lauoranti di ebano et intagliator [*sic*] di lègname. Orefici Argentieri, et altre arte diuerse. *Henrico van schoel excudit Romæ. S. a.* [*circa* 1580.] Pet. in-fol. obl., mar. r. jans., tr. dor. (*Trautz-Bauzonnet*.)

<small>Recueil de 31 planches d'ornements dessinées dans la seconde moitié du XVIe siècle et gravées au trait. C'est une réunion de modèles pour les fabricants de dentelle, les écrivains, les artistes mosaïqueurs en ébène et en ivoire, les orfèvres, les bijoutiers, etc.</small>

280. SPLENDORE DELLE || VIRTVOSE GIOVANI || Doue si contengono molte, & || varie mostre à fogliami. || Cio è punti in aere, et || punti tagliati, bellissimi, & con tale || artificio, che li punti tagliati || seruono alli punti || in aere. || Et da quella ch'e sopra- || gasi far si possono, medesima- || mente moltre altre. || *In Venetia* || *Appresso Ieronimo* || *Calepino.* || 1563. In-4 de 16 ff. non chiffr., sign. *A*, mar. r. jans., tr. dor. (*A. Motte*.)

<small>Le titre est entouré d'un riche encadrement d'architecture.
Au v° du titre est une épître de FRANCESCO CALEPINO « Alla molto honorata M. Anzola, ingegniera », sa belle-mère.
Le volume se compose de 29 planches d'un dessin et d'une exécution remarquables.
Le v° du dernier f. est orné de deux petits bois.</small>

281. NEW MODELBVCH / || Darinnen al- || lerley aussgeschnittene Ar || beit/in kleiner mittelmässiger vnd || grosser form/ erst newlich er- || funden. || Allen tugendsamen Frawen || vnnd lungfrawen sehr || nützlich. || *Gedruckt zu Basel /* || *In verlegung / Ludwig Königs.* MDCI [1601]. In-4 de 3 ff., 1 f. blanc et 84 planches, titre encadré, imprimé en rouge et en noir, mar. r. jans. doublé de mar. bl., riches comp. à petits fers. (*Thibaron-Joly*.)

<small>Les 2 ff. qui suivent le titre contiennent une épître allemande de JACQUES FOILLET, à Sibylle, duchesse de Wurtemberg et de Teck, comtesse de Montbéliard, épître datée du 4 janvier 1598.
Les 84 planches sont signées par cahiers de 4, de B à Y.
Cet ouvrage est une édition allemande du livre de broderies de VINCIOLO, que Jacques Foillet publia d'abord en français, sous le titre suivant : Nouueaux || Pourtraicts || de point coupé || et dantelles en petite || moyenne & grande || forme. || Nouuellement inuentez & || mis en lumiere. || *Imprimé à Mont-*</small>

belliard, || *Par Iaques Foillet.* || cIɔ Iɔ xcIIx [1598]. In-4 de 3 ff. lim., 1 f. blanc et 84 pp. Les bois de l'édition allemande ont été gravés à nouveau, comme on peut le constater à première vue. Trois planches sont entièrement différentes dans les deux éditions ; plusieurs autres occupent des places différentes. Voici le relevé de ces variantes :

Pourtraicts :   Biij — Di Diij Fi Fiij Gi Giij Hiij Hiv Nij Niij Niv
Modelbuch :   — Büj Diij Di Fiij Fi Gij Gi Hiv Hiij Niv — Niij
Pourtraicts :   Oiij — Piij Siv Ti Vi Vij Yiv —.
Modelbuch :   Piij Pi Oiij Vij Siv Ti Vi — Yiv.

L'exemplaire de l'édition française que nous avons eu entre les mains est précédé d'un *Advertissement aux dames et demoiselles* (en prose) et d'une *Exhortation aux jeunes filles* (en 4 quatrains) ; il est probable que d'autres exemplaires contiennent la dédicace à la duchesse de Wurtemberg. Cf. Cat. Bancel, 1882, n° 208.

282. La Pratiqve de l'Aigville indvstrievse, Du tres-excellent Milour Matthias Mignerak Anglois, ouurier fort expert en toute sorte de lingerie. Où sont tracez Diuers compartimens de carrez, tous differans en grandeur d'inuention, auec les plus exquises bordures, desseins d'ordōnances qui se soient veuz iusques à ce iourd'hui tant poetiques historiques, qu'autres ouurages de poinct de rebord. Ensemble Les nouuelles inuencions Françoises pour ce qui est de deuotion & contemplation. A La Tres-Chrestiene Roine de France et de Nauarre. Auec priuilege du Roy. 1605. *A Paris, Per* [sic] *Iean Le Clerc rue St Iean de Latran à la Salamandre Roialle.* In-4 de 4 ff. de texte et 72 planches, mar. citr., dos et mil. ornés, doublé de mar. bl., large dent. à petits fers, tr. dor. (*Trautz-Bauzonnet.*)

II. 4. 28

Collation des ff. lim. : front. gravé (ce front. contient l'intitulé reproduit ci-dessus ; on lit en tête : *Petrus Firens fecit, J. Le Clerc excudit*) ; 3 ff. contenant une épître de Jean Le Clerc « A la Royne », un *Discours du Lacis*, en vers (cette pièce a été réimprimée par M. de Montaiglon dans son *Recueil de Poésies françoises*, VIII, 164-169) et le *Privilége*.
Le privilège, daté du 2 août 1605, est accordé pour dix ans à Jean Le Clerc, « marchand tailleur d'histoires ».
Les planches sont réparties en 18 cahiers de 4 feuillets, signés B-T. Dans les exemplaires décrits jusqu'ici, le cahier T n'avait que 2 ff.; on voit par celui-ci qu'ils étaient incomplets. Cf. Deschamps et Brunet, *Supplément au Manuel du Libraire*, v° Mignerak.

2. — *Art culinaire.*

83. ❡ Le livre de || taillevent grant cuy || sinier du Roy de || France. || ❡ *On les vend a Lyon / en la maison* || *de feu Barnabe Chaussard / pres* || *nostre dame de Confort.* — ❡ *Cy finist le liure de Tailleuët grant* || *cuysinier. Imprime nouuellement : a la* || *maison de feu Barnabe chaussard / pres* || *nostre dame de Confort.* M.D.XLV

II. 5. 51

[1545]. Pet. in-8 goth. de 44 ff. non chiffr. de 22 lignes à la page, sign. *A-E* par 8, *F* par 4, mar. r., dent., dos orné, doublé de mar. r, dent., tr. dor. (*Trautz-Bauzonnet.*)

Le titre est orné d'un bois qui représente la famille royale à table ; en voici la reproduction :

La date qui termine la souscription manque de netteté, ainsi qu'on pourra s'en convaincre par le fac-simile suivant : il semble que le volume porte M.D. xiv [1514], mais à cette date *Barnabé Chaussard* était encore vivant (cf. ci-dessus, n° 70), et d'ailleurs, l'aspect général du volume trahit une époque plus avancée du XVIe siècle.

Exemplaire de M. ROUARD (Cat., n° 890).

SCIENCES ET ARTS.

284. ❡ Livre de Cvy || sine tres vtille ⨍ prouffitable contenāt en soy || La maniere dhabiller toutes viādes. Auec || La **maniere** de seruir es bancquetz ⨍ festins || Le tout reueu ⨍ corrige oultre la p̄miere im- || pression par le grant escuyer de cuysine. || ❡ *On les vend a Paris en la Rue neufue* || *nostre dame a lenseigne sainct Nicolas.* — ❡ *Finis. S. d.* [*vers* 1540], pet. in-8 goth. de 8 ff. lim. et 72 ff. chiffr., sign. *A-K*, par 8, mar. bl., dent., dos orné, doublé de mar. r., dent., tr. dor. (*Trautz-Bauzonnet.*)

Le titre est orné d'un bois qui représente un écuyer tenant un écu ; nous en donnons la reproduction :

La même vignette est répétée au v⁰ du titre.
Les ff. *Aij-Avij* sont occupés par la *Table*. A la suite de la *Table* on a placé une recette intitulée: *Fontaine d'eau dedans un bassin ou plat sur une*

156   SCIENCES ET ARTS.

table; cette recette occupe la fin du f. *Avij*, v° et le r° du f. suivant. Au v° du f. *Aviij* se trouve la marque du libraire *Pierre Sergent* (Silvestre, n° 1011).

Ce *Livre de Cuysine* est entièrement différent de celui de Taillevent, les recettes y sont beaucoup plus développées et beaucoup plus nombreuses. La *Table* ne relève pas moins de 257 articles.

Exemplaire de M. le baron J. PICHON (Cat., n° 273).

285. LE NOVVEAV ET PARFAIT MAISTRE D'HOSTEL ROYAL, enseignant la maniere de couurir les Tables dans les Ordinaires & Festins, tant en Viande qu'en Poisson, suiuant les quatre Saisons de l'Année. Le tout representé par vn grand nombre de Figures. Ensemble vn nouueau Cuisinier à l'Espagnole, contenant vne nouuelle façon d'apprester toutes sortes de Mets, tant en Chair qu'en Poisson, d'vne Methode fort agreable. Par le Sieur Pierre de Lune, Escuyer de Cuisine de feu Monsieur le Duc de Rohan. *A Paris, Chez Iean Guignard, au Palais, dans la Grand'Salle, à l'Image S. Iean.* M.DC.LXII [1662]. Auec Priuilege du Roy. In-8 de 4 ff. et 359 pp. inexactement chiffr., mar. r. jans., tr. dor. (*A. Motte*.)

Collation des ff. lim.: titre; 3 pp. pour une épître « A monsieur de Chantelou, maistre d'hostel de monseigneur le Premier President »; 2 pp. pour un *Advertissement aux curieux d'apprendre à servir à table*; 1 p. pour l'*Extrait du Privilége*.

L'erreur dans la pagination se produit aux pp. 47-48 qui sont doubles. La dernière p. est, en conséquence, cotée 357, au lieu de 359.

Le volume contient 88 figg. insérées dans le texte, qui représentent les diverses dispositions des tables.

Le privilège, daté du 14 février 1662, est accordé pour cinq ans, à *Charles de Sercy*, qui déclare y associer *Estienne Loyson* et *Jean Guignard*.

L'achevé d'imprimer est du 9 septembre 1662.

286. LA MAISON REGLÉE, et l'Art de diriger la Maison d'un grand Seigneur & autres, tant à la Ville qu'à la Campagne, & le devoir de tous les Officiers, & autres Domestiques en general. Avec la veritable Methode de faire toutes sortes d'Essences, d'Eaux & de Liqueurs, fortes & rafraîchissantes, à la mode d'Italie. Ouvrage utile et necessaire à toutes sortes de personnes de qualité, Gentilshommes de Provinces, Etrangers, Bourgeois, Officiers de grandes Maisons, Limonadiers & autres Marchands de Liqueurs. Dedié à Monseigneur Phelipeaux. *A Paris, Chez Michel Brunet, Galerie neuve du Palais, au Dauphin.* [*De l'Imprimerie de Lamb. Roulland rue S. Jacques aux armes de la Reyne*]. M. DC.XCII [1692]. Avec Privilege du Roy.

In-12 de 14 ff., 267 pp.; 7 ff. pour la *Table* et le *Privilége*, et 6 planches pliées, mar. r. jans., tr. dor. (*A. Motte.*)

Collation des ff. lim.: 1 f. blanc; titre ; 2 ff. pour une épître signée : AUDIGER ; 8 ff. pour la *Préface* ; 2 ff., paginés 1-4, pour des vers adressés à l'auteur par M. DUCHESNAY.
Les planches qui terminent le volume représentent des tables servies.
Le privilège, daté du 21 février 1692, est accordé à Audiger pour douze ans.
L'achevé d'imprimer est du 7 mai 1692.

287. LE NOUVEAU CUISINIER ROYAL ET BOURGEOIS, Qui apprend à ordonner toutes sortes de Repas en gras & en maigre, & la meilleure maniere des Ragoûts les plus délicats & les plus à la mode ; & toutes sortes de Pâtisseries : avec des nouveaux Desseins de Tables. Ouvrage très-utile dans les Familles, aux Maîtres d'Hôtels & Officiers de Cuisine. [Par F. Massialot.] Nouvelle Edition, Revûe & corrigée. *A Amsterdam, aux depens de la Compagnie.* M.DCC. XXXIV [1734], 2 vol in-12, titres rouges et noirs, figg.

Tome Premier : 4 ff., 444 pp., 11 ff. pour la *Table* et 1 f. blanc, plus 9 planches gravées dont 2 sont placées à la page 1 et les autres aux pp. 7, 8, 10, 12, 14, 16, 18.
Tome Second : 1 f. de titre, 408 pp., 13 ff. pour la *Table* et 14 figg. pliées, placées aux pp. 218, 220, 223, 226, 230, 232, 233, 244, 250, 252, 253, 255, 256 (2 pl.).
Un avis des Libraires placé en tête du tome Ier avertit le lecteur que cette édition en deux volumes est aussi complète que l'édition de Paris en trois volumes, grâce au petit caractère employé par l'imprimeur.

288. LE CUISINIER MODERNE, Qui aprend à donner toutes sortes de Repas, En Gras & en Maigre, d'une maniére plus délicate que ce qui en a été écrit jusqu'à present ; Divisé en Quatre Volumes, Orné de Figures en Tailles-douces, Dedié A Son Altesse Serenissime, Monseigneur le Prince d'Orange et de Nassau, &c. Par le Sieur Vincent La Chapelle. Son Chef de Cuisine, & ci-devant de Mylord Chesterfielt. *A La Haye, Imprimé chez Antoine de Groot, Aux dépens de l'Auteur, & ce vend, Chez Antoine van Dole, Libraire.* M.DCC.XXXV [1735]. 4 vol. in-8, mar. r. jans., tr. dor. (*Cuzin.*)

Tome premier : titre ; 2 f. pour une épître « A Son Altesse Serenissime Guillaume-Charles-Henri Friso, prince d'Orange et de Nassau, etc. » (cette épître est surmontée des armes du prince, gravées par *J. Rosar*); 261 pp.; 8 ff. de *Table* ; 1 f. blanc, plus 3 grandes planches et un tableau plié, aux pp. 5-7.—*Tome second* : titre ; 258 pp.; 7 ff. de *Table*, plus 3 planches et un tableau pliés aux pp. 2-7. — *Tome troisième* : titre ; 288 pp.; 8 ff. de *Table*, plus 3 planches et un tableau pliés, aux pp. 2-5. La première de ces planches, qui représente une «Terrine or Olio» est signée : *A. Motte sc.*— *Tome quatrième* :

titre; 313 pp.; 10 ff. de *Table*; 1 f. blanc, plus 2 planches et 1 tableau pliés.
— La 1re planche, représentant un surtout, est signée *A. Motte sc.*

Le livre de La Chapelle est le traité le plus complet qui ait paru sur la cuisine au XVIIIe siècle; c'est aussi un ouvrage historique, où l'on trouve les détails les plus précis sur les dîners et les soupers fastueux, que le Régent avait mis à la mode. On y voit, par exemple, le menu d'une table de 40 couverts à 3 services pour un souper; le premier service se compose de 57 plats, le second de 46 et le troisième de 45. Pour 60 couverts, le premier service se compose de 128 plats, le second de 52, le troisième de 160; pour 100 couverts enfin, il n'y a que deux services, mais l'un compte 175 plats, et l'autre 166. Les figures nous montrent la disposition des tables, elles représentent, en outre, quelques élégants surtouts dans le style de l'époque.

Le Cuisinier moderne comprend la nomenclature la plus vaste de tous les mets et la manière de les préparer. Il enseigne l'art d'accommoder les poulets de 68 façons diverses, sans compter les poulardes, auxquelles sont consacrées 61 articles. Les mets destinés aux malades n'y sont pas non plus oubliés et il y en a dans le nombre de fort étranges. Ainsi, nous y trouvons la recette d'un *bouillon de vipère pour purifier la masse du sang.*

289. LE PASTISSIER FRANÇOIS. Où est enseigné la maniere de faire toute sorte de Pastisserie, tres-utile à toute sorte de personnes. Ensemble Le Moyen d'aprester toutes sortes d'œufs pour les jours maigres, & autres, en plus de soixante façons. *A Amsterdam, Chez Louys & Daniel Elzevier. A. M.DC.LV* [1655]. Pet. in-12 de 6 ff. et 252 pp., mar. or., fil., comp., dos orné, doublé de mar. bl. clair, riches comp. à petits fers, tr. dor. (*Trautz-Bauzonnet.*)

Collation des ff. lim. : front. gravé qui représente l'intérieur d'une cuisine; titre; 4 ff. pour l'avis *Au Lecteur* et la *Table.*
Haut. : 130 mm.

290. LES DONS DE COMUS, OU LES DÉLICES DE LA TABLE. Ouvrage non-seulement utile aux Officiers de Bouche pour ce qui concerne leur art, mais principalement à l'usage des personnes qui sont curieuses de savoir donner à manger, & d'être servies délicatement, tant en gras qu'en maigre, snivant [*sic*] les saisons, & dans le goût le plus nouveau. [Publié par François Marin, avec un avertissement par les PP. Pierre Brumoy et Guil.-Hyac. Bougeant]. *A Paris, Chez Prault, Fils, Quay de Conty, vis-à-vis la descente du Pont Neuf, à la Charité.* [*De l'Imprimerie de C. Fr. Simon, Fils*]. M.DCC.XXXIX [1739]. Avec Approbation & Privilege du Roy. In-12 de xlviij et 275 pp., plus un frontispice gravé par *Le Bas*, v. f., tr. dor. (*Anc. rel.*)

Le privilège, dont le texte occupe les pp. 270-275, est accordé pour six ans au sieur ***, le 15 mai 1739.

Titre de *La noble Science des joueurs d'espée* (Anvers, Guillaume Vosterman, 1538, in-4).

VI. — EXERCICES GYMNASTIQUES.

1. — *Escrime.*

291. LA · NOBLE · SCIENCE · DES · IOVEVRS · DESPEE. — [A la fin :] ❡ *Imprime en la ville danuers Par moy Guillame* [sic] *Vosterman* || *demourant a la Lycorne dor. Lan Mil cincq cens et xxxviij* [1538]. In-4 goth. de 36 ff. non chiffr., figg. sur bois, mar. v., fil., dos orné, tr. dor. (*Bauzonnet*, 1838.)

    Ce volume, imprimé en gros caractères néerlandais, présente cette particularité que le texte et les planches sont disposés verticalement. Le titre est de même placé en travers. L'intitulé, qui est xylographié d'une seule pièce, est tiré en rouge ; au-dessous est placée la première des figures, laquelle est imprimée en noir. Une seconde figure occupe le v° du titre. Les figures sont au nombre de 34 en tout.
    Le texte commence au r° du 2ᵉ f. par ces mots : Icy commenche vng tresbeau li || uret contenant la cheualeureuse science des ioueurs despee ; pour aprè ||, dre a iouer de lespee a deux mains / ⁊ aultres semblables espees lesq- ||, lz lon vse a tout deux mains / auecq aussi les braquemars / et aultres || courts coulteaux, lesquelz lon vse a tout vne main / a tout la demy lan || ce hallebardes / guysarmes / ⁊ telz semblables bastōs / a tout le poing || nart / et le bouklie.
    Le dernier f. contient, au r°, 18 lignes de texte, suivies de la souscription reproduite ci-dessus, et, au v°, la petite marque de *Vosterman*, placée entre deux colonnes (Brunet, IV, 86 ; Silvestre, n° 122).
    La disposition de ce volume paraît être semblable à celle d'un traité allemand d'ANDRÉ PAURNFEINDT, intitulé : *Ergrundung Ritterlicher Kunst der Fechterey* (Viennae Austriae per Hieronimum Vietorem, 1516, in-4 obl. de 40 ff.). L'ouvrage de Paurnfeindt contient de même 34 grandes figures sur bois (voy. Weller, *Repertorium*, p. xiij), et, sans avoir été à même de vérifier le fait, nous sommes porté à croire que Vosterman se sera borné à en donner une traduction, après avoir supprimé le nom de l'auteur et la dédicace à l'évêque de Gurck.
    Exemplaire du marquis de BRANDFORD, duc de MARLBOROUGH, de RICHARD HEBER et de M. le baron J. PICHON (Cat., n° 280).

292. TRAICTE || CONTENANT || LES SECRETS DV PREMIER || LIVRE SVR L'ESPÉE SEVLE, mere de || toutes armes, Qui sont espée, dague, cappe, targue, || bouclier, rondelle, l'espée deux mains & les deux || espées, auec ses pourtraictures, ayans les armes || au poing pour se deffendre & offencer à vn || mesme temps des coups qu'on peut tirer, || tant en assaillant qu'en deffendant, fort || vtile & profitable pour adextrer la || noblesse, & suposts de Mars : || redigé par art, ordre || & pratique. || Composé par Henry de Sainct Didier Gentil- ||

homme Prouençal. || Dedié à la Maiesté du Roy || Treschrestien Charles Neufiesme. || *A Paris*, || *Imprimé par Iean Mettayer, & Matthurin Challenge*, || *& se vend chez Iean Dalier, sur le pont Sainct* || *Michel, à l'enseigne de la Rose blanche*, || 1573. || Auec Priuilege du Roy. In-4 de 99 ff. et 1 f. blanc, plus 2 ff. intercalés après le titre et non compris dans la foliation, mar. r., fil., riches comp. à petits fers, tr. dor. (*Trautz-Bauzonnet*.)

Les 2 ff. qui forment encart après le titre contiennent le portrait du roi Charles IX et le portrait de Saint-Didier; au-dessous de chacun de ces portraits est placé un quatrain.

Au 2e f. commence l'*Espitre au Roy*, qui se développe sur le r^0 du f. suivant.

Les *Secrets de l'Espée* occupent les ff. 3 v^0 —- 7 v^0. Les ff. 8-20 contiennent : une élégie *Au Roy* (en vers), par ESTIENNE DE LA GUETTE, gentilhomme; un *Sonnet à l'auteur*, par M. DE L'AIGLE, dont la devise est : *Amour ou Mort*, un *Sonnet*, par JACQUES BROCHER, « metamatesien », de Pertuis en Provence; un *Sonnet* par JEAN EMERY, Provençal, de Berre; une *Elégie* par PIERRE DU FIEF, Poitevin, advocat; un *Sonnet* par PIERRE QUINEFAUT, Poictevin; un *Sonnet* non signé; un *Sonnet* par ESTIENNE DU FOUR; un *Sonnet aux suposts de Mars*, non signé; un *Sonnet* par Monsieur DE VAULUSIEN; un *Sonnet au Roy*, non signé; un *Sonnet* par AMADIS JAMIN, un *Sonnet* par FRANÇOIS DE BELLEFOREST, Comingeois; un *Sonnet* qui se termine par l'anagramme d'Henry de Sainct-Didier : *Desir hardy entend icy*; un *Sonnet* par PIERRE DU FIEF.

Aux ff. 17 r^0 et 18 v^0 se trouvent répétés les portraits du roi et de l'auteur.

Le traité proprement dit (ff. 21-86) est orné de 127 figures sur bois. Il est suivi d'un *Traité sur l'exercice et certains points requis de sçavoir au jeu de la paulme* (ff. 87-89). Immédiatement après ce traité se trouve un avis ainsi conçu : « Amy lecteur, Qui d'entre vous acheptera de ces livres et n'y trouvera le nom, surnom et paraffe de l'aucteur escrit de sa main, tels livres ne seront vendus par la volonté d'iceluy; à ceste cause, il vous prie les luy faire apporter en sa maison, et il vous rendra l'argent qu'ils vous auront cousté, luy disant qui vous les aura vendus, et si vous en donnera autant que luy en apporterez qui ne vous cousteront rien, et outre vous monstrera ledit auteur et declarera le contenu d'iceluy, qui ne vous coustera rien, pour avoir recours par justice à l'encontre de ceux qui tels livres auront vendus ; et luy ferez plaisir. » Signé à la main : *H. de Sainct-Didier.*

Le f. zij, qui devrait être coté 90, contient un nouvel avis au lecteur suivi d'un achevé d'imprimer du 4 juin 1573. Les derniers ff. sont occupés par la *Table* et par le texte du privilège.

Le privilège, daté du 23 janvier 1573, est accordé pour dix ans à l'auteur.

2. — Danse.

293. SENSVYVENT || plusieurs Basses dances || tant Cōmunes que In- || communes : comme on || pourra veoyr cy || dedans. — ¶ *Finis. S. l. n. d.* [*Lyon, Jacques Moderne, vers* 1540], pet. in-8 goth. de 16 ff. non chiffr. de 21 lignes à la page, sign. *A-D.*

Cette pièce fait partie du recueil décrit sous le n° 190. Voici le fac-simile du titre :

Au v° du titre est placé un bois qui représente une dame et un gentilhomme debout dans une salle dallee. Le même bois est repété au v° du dernier f.

Ce volume, complètement inconnu jusqu'ici, contient un traite des mesures de danse, des pas simples, doubles, etc.

L'exposé des principes généraux est suivi du détail des danses « que plus souvent on dance mainctenant ». La musique est indiquée par les timbres de chansons en vogue, tels que : *La marquise, Si j'ai mon joly temps perdu, L'espine, C'est a grand tort*, etc., etc. Les pas sont marqués par des signes conventionnels.

Le système suivi par l'auteur est le même que le système employé par Antoine Arena dans le fameux recueil macaronique qu'il dédia *Ad suos compagnones* (voy. Brunet, 392). Ce rapprochement permet de penser que les notations chorégraphiques d'Arena étaient communes à tous les professeurs de danse au commencement du XVI° siècle.

294. ORCHESOGRAPHIE, || Metode, et Teorie || en forme de Discours et Tablature || pour apprendre a dancer, battre le || Tambour en toute sorte & diuersité de batte- || ries, louër du fifre & arigot, tirer des armes || & escrimer, auec

162   SCIENCES ET ARTS.

autres honnestes || exercices fort conuenables || à la Ieunesse. || Affin || D'estre bien venue en toute Ioyeuse compagnie & y monstrer sa dexterité || & agilité de corps. || Par Thoinot Arbot demeurant a Lengres. || Tempus plangendi, & tempus saltandi. || Eccle 3. || *A Lengres* , || *Par Iehan des Preyz Imprimeur & Libraire* , *tenant sa bouti-* || *que en la ruë des merciers dicte les Pilliers.* || M.D.XCVI [1596]. || Auec Priuilege du Roy. In-4 de 104 ff., mar. r., fil., dos orné, doublé de mar. bl., dent., tr. dor. (*Trautz-Bauzonnet.*)

Au titre, la marque de *Jehan Des Preyz* (Silvestre, n° 1187).

Le nom de Thoinot Arbeau est l'anagramme de Jehan Tabourot, de Langres, oncle d'Étienne Tabourot, le célèbre auteur des *Bigarrures* et des *Touches*. Jean Tabourot, chanoine et official de Langres, s'occupa d'astrologie et de chorégraphie. Il fit paraître en 1582 son *Kalendrier des Bergers en dialouge* [sic], mais il ne voulut pas rédiger lui-même ses leçons sur la danse. Voici, du moins, en quels termes est conçue une épître placée au v° du titre de notre édition :

« A maistre Guillaume Tabourot, filz de feu noble homme et sage maistre Estienne Tabourot, conseiller du roi, notre sire, et son procureur au bailliage de Dijon, sieur des Accordz.

» Dernièrement que j'estois à Dijon, voyant les armoiries de vostre noble famille, où sont un lion de sable en un chef d'argent et trois tambours, avec un chevron d'or en champ d'azeur, il me souvient [sic] qu'entre les papiers rejectez et brouillez que j'ay recuillez [sic] aultres fois soubz feu maistre Thoinot Arbeau, demeurant à Lengres, mon premier maistre, il y avoit certains discours qui parlent du tambour, que je proposay dès lors vous envoyer si tost que je serois de retour audict Lengres. Et advenu que, le feuilletant de plus prez, j'ay treuvé qu'ilz parlent principallement des dances et accessoirement du tambour, j'ay imprimé le tout, que je vous envoye, encor que ledict sieur Arbeau m'eust deffendu de ce faire, disant telles choses, qu'il avoit brouillées seulement pour tuer le temps, ne meriter l'impression, et encor moings vous estre presentées : toutefois j'ay estimé que prenant ceste hardiesse de le vous presenter, j'auray cét honneur de vous faire penser que j'ay bonne affection de vous servir en quelque chose de meilleur.

Votre humble serviteur,

» Jehan des Preyz. »

Comme le *Compost et Manuel Kalendrier*, l'*Orchesographie* a la forme d'un dialogue. Les interlocuteurs sont Capriol et Arbeau. Capriol dit en commençant qu'il est l'élève de J. Tabourot, aussi bien pour la danse que pour l'astrologie : « Je suis vostre disciple, dit-il, à qui vous aprinstes le compot. »

295. Le Maître a danser. Qui enseigne la maniere de faire tous les differens pas de Danse dans toute la régularité de l'Art, & de conduire les Bras à chaque pas. Enrichi de Figures en Taille-douce, servant de démonstration pour tous les differens mouvemens qu'il convient faire dans cet exercice. Ouvrage très-utile non-seulement à la Jeunesse qui veut apprendre à bien danser, mais encore aux personnes

honnêtes & polies, & qui leur donnent [*sic*] des regles pour bien marcher, saluer & faire les reverences convenables dans toutes sortes de compagnies. Par le Sieur Rameau, Maître à danser des Pages de Sa Majesté Catholique la Reine d'Espagne. *A Paris, Chez Rollin Fils, Quai des Augustins, à Saint Athanase & au Palmier.* M.DCC.XLVIII [1748]. Avec Approbation & Privilege du Roi. In-8 de XXIV et 271 pp., plus 60 figg. aux pp. [1], 3, 11, 13, 15, 17, 20, 24, 25, 26, 28, 29, 31 (2 planches), 32, 35, 36, 41, 43, 44, 53 (planche pliée), 61, 62 (pl. pliée), 63 (pl. pliée), 71, 72, 73, 74 (2 pl.), 84, 85, 86, 87, 88, 89, 90 (pl. pliée), 99, 100, 101, 103, 168, 169, 181, 182, 186 (3 pl.), 188, 197, 203, 208, 212, 215, 216, 217, 218, 224, 257, 258, 259.

3. — *Chasse et Pêche.*

<small>Traités généraux. — Vénerie. — Chasse au filet et au fusil. — Pêche.</small>

296. PHEBVS DES DEDVIZ DE LA || CHASSE DES BESTES SAVVAIGES || ET DES OYSEAUX DE PROYE. || *Nouuellement imprime a Paris.* — ❡ *Cy fine le liure de phebus du deduyt* || *de la chasse des bestes sauuages et oyse-* || *aulx de proye Imprime pour Anthoine* || *verard libraire marchant demourant a* || *paris deuant la rue neufue nostre dame a* || *lenseigne de saĩt iehan leũageliste Ou au* || *palais au premier pillier deuant la chap-* || *pelle ou len châte la messe de messei-* || *gñrs* || *les presidens*. S. d. [vers 1500]; in-fol. goth. de 134 ff. non chiffr. de 42 lignes à la page, impr. à 2 col., sig. *a-z* par 6 (sauf les cahiers *a* et *z* qui n'ont que 4 ff.), figg. sur bois, mar. r. jans., doublé de mar. r., large dent. à petits fers, tr. dor. (*Trautz-Bauzonnet.*)

<small>Les trois lignes de l'intitulé sont imprimées en xylographie. — Au v° du titre est placé un grand bois qui représente une chasse au cerf et au sanglier. A la suite de ce bois se trouve une ballade adressée par *Antoine Verard* à un prince qu'il ne nomme pas. Les habitudes bien connues du grand libraire parisien permettent de croire que, s'il a omis le nom du prince, à qui il dédiait son édition, c'est qu'il se proposait de mettre à contribution la générosité de plusieurs de ses protecteurs.
Le traité composé par le comte de Foix GASTON III PHÉBUS, vers 1370, n'est pas le seul ouvrage contenu dans ce volume; il n'en occupe que les ff. a ij *b* — k v *d*, et il est suivi du poëme de GACE DE LA VIGNE, ou DE LA BUIGNE, sur la chasse.</small>

Ce poëme se termine par un envoi de l'auteur à Jean de Tancarville, le célèbre veneur de Charles V, qui :

N'ot en luy ne barat ne guille.

Au v° du dernier f., 2ᵉ colonne, se trouve la grande marque de *Verard* (Brunet, V, 1605; Silvestre, n° 36).

297. L<small>E</small> || R<small>OY</small> M<small>ODVS</small> || <small>DES DEDVITZ DE LA</small> || C<small>HACE</small>, V<small>ENERIE</small> <small>ET</small> || F<small>AVCONNERIE</small>. || Auec Priuilege. || *A Paris,* || *Pour Vincent Sertenas Libraire, tenant sa bou-* || *tique au Palais, en la Galerie, par ou on va à la* || *Chancellerie : & à l'image S. Ian l'Euangeli-* || *ste, en la rue Neuue nostre Dame.* || 1560. In-8 de 8 ff. n. chiffr. et 104 ff. chiffr., mar. r., dos et milieu ornés, doublé de mar. r., dent. à petits fers, tr. dor. (*Trautz-Bauzonnet.*)

Collation des ff. lim.: titre, avec la marque de *V. Sertenas* (Brunet, III, 1157, Silvestre, n° 714) ; 1 f. pour un avis « Aux Princes, Seigneurs et Gentilz-Hommes de France » ; 4 ff. de *Table* ; 1 f. pour les *Vocables et Dictions dont on a acoustumé d'user en la venerie* ; 1 f. pour l'*Extrait du Priuilége*.
Le texte de cette édition a subi plusieurs changements, dont l'éditeur anonyme rend compte dans l'avis mentionné ci-dessus : « Vray est, dit-il, que nous l'avons purgé de lourdes locutions, gardant toutesfois en la faveur de l'autheur, sa manière ancienne de parler, y laissant souvent le plurier pour le singulier, avec le verbe en fin de sentence. Et, combien qu'aions changé aucunes phrases de parler, neantmoins avons voulu user des mesmes termes acoustumez de son temps, affin de les recongnoistre à leur vieille mode. »
Haut. : 161,5 ; larg. : 90 mm.

298. L<small>A</small> || C<small>HASSE</small> || R<small>OYALE</small>. || Composée par le Roy Charles IX. || Et || Dediée au Roy Tres-Chrestien de || France & de Nauarre, || Louys XIII. || Tres-vtile aux curieux & amateurs de Chasse. || *A Paris,* || *Chez Nicolas Roussel,* || *Et* || *Geruais Alliot,* || *Au Palais* || M.DC.XXV [1625]. || Auec Priuilege du Roy. In-8 de 4 ff. et 138 pp., mar. r., fil., dos orné, doublé de mar. bl., dent., tr. dor. (*Trautz-Bauzonnet.*)

Collation des ff. lim. : titre, orné d'un fleuron gravé en taille-douce ; 2 ff. pour une epître « Au Roy » et l'*Extraict du Privilége* ; 1 f. pour la *Table*.
L'auteur de l'epître au roi, le libraire Alliot, y affirme l'origine royale de son livre et insiste sur les avantages que les exercices du corps, la chasse en particulier, ont pour tous ceux qui se destinent au métier des armes. Le traité est divisé en 29 chapitres relatifs au peuplement des forêts, aux mœurs des cerfs et des chiens, à la formation du chenil et à la pratique même de la chasse.
Le privilège, daté du 1ᵉʳ mai 1625, est accordé pour six ans, à *Nicolas Rousset*, qui déclare y associer *Gervais Alliot*.

299. L<small>E</small> P<small>LAISIR DES</small> || C<small>HAMPS</small>, diuisé en qua- || tre parties selon les quatre || saisons de l'annee, par Cl. Gauchet Damp- || martinois, Ausmosnier du Roy. || Ou est traicté de la ||

SCIENCES ET ARTS.

chasse, & de tout autre exercice recreatif, ‖ honneste & vertueux. ‖ A Monseigneur de Ioyeuse, ‖ Admiral de France, & Gouuerneur de ‖ la Normandie. ‖ Le sommaire du contenu se voit au commencement de l'œuure, & ‖ en la fin est un recueil des mots, dictions & manieres de parler ‖ Venerie, auec vne brieue interpretation d'iceux. ‖ *A Paris,* ‖ *Chez Nicolas Chesneau, ruë S. Ia-* ‖ *ques, au Chesne verd.* ‖ M. D. LXXXIII [1583]. ‖ Auec Priuilege du Roy. In-4 de 6 ff., 314 pp. et 4 ff. pour le *Recueil des Mots,* etc., car. ital., mar. bl., fil., dos orné, doublé de mar. r., dent., tr. dor. (*Trautz-Bauzonnet.*)

Première édition de ce poëme; elle renferme plusieurs passages licencieux ou relatifs aux guerres civiles du temps qui n'ont pas été reproduits dans la suivante.

Collation des ff. lim.: titre; 3 ff. pour une épître « A monseigneur de Joyeuse », des sonnets de Pierre L'Escallay, seigneur de Dauval, et de Jaques Le Hericy, seigneur de Baudrilly et du Mesnil, et pour la réponse de Gauchet à ces deux auteurs; 2 ff. pour les *Matiéres et Arguments principaux traictes en ces quatre livres du Plaisir des Champs,* pour les *Faultes advenues à l'impression* et pour l'*Extraict du Privilége.*

Le privilège, daté du 30 mai 1567, est accordé à *Nicolas Chesneau* pour sept ans. L'achevé d'imprimer est du 15 mai 1583.

300. Le Plaisir ‖ des Champs : ‖ diuisé en quatre Liures ‖ selon les quatre Saisons de l'Année. ‖ Par Claude Gauchet Dampmartinois Aumos- ‖ nier ordinaire du Roy. ‖ Reueu, corrigé et augmenté d'vn ‖ deuis d'entre le Chasseur & le Citadin : par lequel on cognoist ‖ tout ce qui appartient tant au mesnage du Gentilhomme ‖ champestre, que du Paisant. ‖ Auec l'Instruction de la Venerie, Volerie, ‖ & Pescherie, & tout honneste exercice qui se peut prendre aux champs. ‖ Dedié à Monseigneur le Duc de ‖ Montbazon Grand Veneur de France. ‖ *A Paris,* ‖ *Chez Abel l'Angelier, au premier pillier de la grand* ‖ *Salle du Palais.* ‖ M. DCIIII [1604]. ‖ Auec Priuilege du Roy. In-4 de 4 ff. et 319 pp., mar. r., fil., dos orné, doublé de mar. bl., dent., tr. dor. (*Trautz-Bauzonnet.*)

Bien que cette édition ne contienne pas les passages auxquels il est fait allusion dans la note précédente, elle est plus complète que celle de 1583; le texte offre de nombreuses variantes, et les noms des personnages auxquels l'auteur s'adresse dans ses poësies ont été changés.

Collation des ff. lim.: titre, 1 f. pour une épître « A monseigneur le duc de Montbazon, pair et grand veneur de France »; 2 ff. pour la *Table* et l'*Extraict du Privilége.*

Le privilège, daté du 10 décembre 1603, est accordé pour dix ans au libraire *Abel L'Angelier.*

166   SCIENCES ET ARTS.

301. LE PARFAIT CHASSEUR, pour l'instruction des personnes de qualité ou autres qui aiment la Chasse, pour se rendre capables de cét Exercice, apprendre aux Veneurs, Picqueurs, Fauconniers, & Valets de Chiens à servir dans les grands Equipages. Il donne avis & enseigne aux personnes de toutes sortes de conditions, quels Equipages leur sont convenables, suivant la dépense qu'ils veulent faire ; les manieres de rendre les Pigeonniers & les Garennes fecondes ; les basses Courts remplies de Volailles avec peu de dépense, les Etangs abondans en poisson, & pour empescher les voleurs de nuit dans lesdits Etangs et les Garennes. Il instruit pareillement des remedes pour la guerison de toutes les maladies qui arrivent aux Chiens, des moyens pour leur faire éviter la rage, & de toutes les choses les plus curieuses touchant cét Exercice de la Chasse, dont le Lecteur pourra faire un tres-grand profit. Par Mr de Selincourt. *A Paris, Chez Gabriel Quinet, au Palais, à l'entrée de la Galerie des Prisonniers, à l'Ange Gabriel.* M. DC. LXXXIII [1683]. Auec Priuilege du Roy. In-12 de 14 ff. lim., 390 pp. et 1 f. pour l'*Extrait du Privilége*, mar. r., dent., dos orné, doublé de mar. r., dent., tr. dor. (*Trautz-Bauzonnet.*)

Collation des ff. lim. : titre ; 3 ff. pour une épître « Aux illustres Chasseurs » ; 3 ff. pour la *Preface* ; 5 ff. pour la *Table des Chapitres* et la *Table des quatre maniéres differentes qui se pratiquent pour toutes les chasses* ; 2 ff. pour la *Table generale des noms de tous les chiens propres à la chasse.*
Le privilége, daté du 17 avril 1683, est accordé pour six ans au sieur JACQUES ESPÉE DE SELINCOURT, qui déclare en avoir fait cession à *Gabriel Quinet.*
L'achevé d'imprimer est du 10 juillet 1683.

302. ALMANACH DU CHASSEUR [par Charles-Jean Goury de Changran]. *A Paris Chez Pissot, Libraire Quai de Conti, à la descente du Pont Neuf,* [*de l'Imprimerie de Prault, Quay de Gévres*] A[vec] P[rivilege] D[u] R[oi] ‖ MDCCLXXIII [1773]. In-12 de 5 ff., 207 pp., 37 pp. de musique et 1 f. blanc.

Les ff. lim. contiennent un faux-titre, un titre gravé par *Choffard*, un f. pour l'*Avertissement* et 2 ff. pour l'*Approbation* et le *Privilége*. Ce privilège, daté du 28 août 1772, est accordé pour trois ans au sieur DE CHANGRAN.
Malgré le titre d'*Almanach*, ce volume est un ouvrage sérieux; aussi l'auteur l'a-t-il fait réimprimer en 1780, sous le titre de *Manuel du Chasseur ou Traité complet et portatif de vénerie, de fauconnerie*, etc., en y ajoutant son nom. On y trouve un *Calendrier perpétuel*, des *Remarques sur la Chasse*, un *Dictionnaire des termes de vénerie*, etc., et un recueil de *Fanfares de Chasse.*

SCIENCES ET ARTS. 167

3̇03. LA || VENERIE || ROYALE || divisée en IV. Parties ; || qui contiennent || Les Chasses du Cerf, du Lievre, du Chevreüil, || du Sanglier, du Loup, & du Renard. || Auec le denombrement des Forests || & grands Buissons de France, où se doiuent placer || les Logemens, Questes, & Relais, pour y chasser. || Dediée au Roy. || Par Messire Robert de Salnoue, Conseiller, & || Maistre-d'Hostel ordinaire de la Maison du Roy, Lieutenant dans || la grande Louueterie de France, Escuyer ordinaire de Madame || Royale Christine de France, Duchesse de Sauoye, & Gen- || til-homme de la Chambre de S. A. R. de Sauoye. || *A Paris,* || *Chez André Soubron, au Palais, à l'entrée de la* || *Gallerie des Prisonniers, à l'Image Nostre-Dame.* || M.DC.LV [1655]. || Auec Priuilege du Roy. In-4 de 14 ff., 437 pp. et 4 ff., plus 38 pp. et 1 f. blanc pour le *Dictionnaire des Chasseurs*, mar. r., fil., dos orné, tr. dor. (*A. Motte.*)

Collation des ff. lim. : frontispice gravé représentant des bêtes sauvages en liberté, et signé d'un monogramme où l'on distingue quatre *C* ; titre ; 2 ff. pour l'épître « Au Roy » ; 4 ff. pour la *Preface* et un *Advis de l'Imprimeur au Lecteur* ; 6 ff. pour la *Table*.

Le *Privilège*, rapporté in-extenso à la suite de la *Table*, est accordé pour neuf ans à Salnove sous la date du 27 novembre 1654. Salnove déclare transporter son droit à *Antoine de Sommaville* et à *André Soubron*.

L'achevé d'imprimer est du 15 avril 1655.

304. LA MEVTTE ET || VENERIE POVR || LE CHEVREVIL. || De haut & puissant Seigneur Mes- || sire Iean de Ligneuille, Cheua- || lier Comte de Bey, Seigneur de || Dombrot & de la basse Vosge, || Berlize Faulcompiere. || *A Nancy,* || *Par Antoine Charlot, Imprimeur du Roy & de la* || *Ville, demeurant deuant la Primatiale.* || M. DC. LV [1655]. In-4 de 164 pp., mar. bl., fil., dos orné, doublé de mar. r., dent., tr. dor. (*Trautz-Bauzonnet.*)

Au titre, une marque qui représente un guerrier, tenant un bouclier, sur lequel on lit : *J'espére en Dieu, qui m'aidera*.

Les pp. 3-20 sont occupées par une *Epistre aux Lecteurs* ; les pp. 21-24 contiennent l'*Approbation* d'Hercule de Rohan, duc de Montbazon, pair et grand-veneur de France, approbation datée du 12 avril 1636 ; une lettre de l'auteur « A monsieur monsieur de Sainct Ravy, gentilhomme de la chambre privée de Sa Majesté le Roy de la Grand Bretaigne et grand veneur de la Reyne », lettre datée de Paris, le 20 janvier 1636 ; la reponse de Sainct Ravy, datée de Paris, le 27 janvier 1636 ; un sonnet.

Le volume se termine (pp. 156-158) par une lettre de Jean de Ligniville [*sic*], comte de Bey, « A monsieur Pradier, abbé de Nostre Dame de La

168   SCIENCES ET ARTS.

Blanche », en date de Paris, 22 janvier 1641, et par la reponse dudit abbé, datée de Paris, le 14 février 1641.

L'auteur dit dans sa lettre : « Il y a quarente cinq ans que j'ay tiré de deffunct monsieur de Vitry une partie des fondements de mes escrips de venerie dans la faveur qu'il me faisoit de m'honorer de ses bons advis et maximes infaillibles en cette science. » Il ajoute qu'il supplie l'abbé de Nostre Dame de La Blanche, maintenant attaché au fils du maréchal de Vitry, de « donner le dernier trait de pinceau » à son travail, de le revoir « en rayant et biffant ce qui pourroit estre au des-avantage des bonnes meurs. » L'abbé lui répond en lui donnant l' « approbation d'un homme d'eglise ».

Les pp. 159-164 ne contiennent que la *Table*.

Exemplaire de M. HUZARD (Cat., n° 4884).

305. LA || CHASSE DV LOVP, || necessaire à la Maison || rustique, par I. de Clamorgan , || Seigneur de Saane , Premier Capitaine || de la Marine de Ponant. || En laquelle est contenüe la nature des Loups, & la || maniere de les prendre, tant par chiens, filets, pie- || ges , qu'autres instruments , le tout enrichy de plu- || sieurs figures & pourtraicts representez apres le || naturel. || Au Roy Charles Neufieme. || *A Paris, || Chez Iacques Du-Puys, demourant en la Rue || sainct Iean de Latran, à l'enseigne de || la Samaritaine.* || M. D. LXVI [1566]. || Auec Priuilege du Roy. In-4 de 22 ff. chiffr., mar. r. jans., tr. dor. (*Trautz-Bauzonnet.*)

Les ff. 2-3 sont occupés par une épître « Au roy Charles neufiéme ».
Le volume est orné de 14 figures finement gravées sur bois. On y a joint un portrait de Charles IX, gravé par *Thomas de Leu*.

306. LES RVSES || INNOCENTES , || dans lesquelles se voit || comment on prend les Oyseaux passagers, & les || non passagers : & de plusieurs sortes de Bestes || à quatre pieds. || Auec les plus beaux Secrets || de la pesche dans les Riuieres & dans les Estangs. || Et la maniere de faire tous || les Rets & Filets qu'on peut s'imaginer. || Le tout diuisé en cinq Liures, auec les figures demonstratiues. || Ouurage tres curieux, vtile & recreatif pour toutes personnes qui || font leur sejour à la campagne. || Dédié à Monseigneur l'Archeuesque de Tours. || Par F. F. F. R. D. G. dit le Solitaire Inuentif. || *A Paris, || Chez Pierre Lamy, au Palais, au second pilier de la || grand' Salle, au grand Cesar.* || M.D.C.LX [1660]. || Auec Priuilege du Roy. In-4 de 8 ff. et 288 pp., plus 66 pl. et 14 ff. intercalaires.

Les ff. lim. comprennent un titre impr. en rouge et en noir ; 1 f. pour une dédicace : « A monseigneur monseigneur l'Archevesque de Tours »; 1 f. pour

SCIENCES ET ARTS.

un avis *Au Lecteur*; 1 f. pour le *Privilége*; 3 ff. pour un « Advertissement sur l'ordre tenu en tout ce Livre » et la « Table des chapitres composant le premier Livre »; 1 f. pour un « Avertissement tres-util ».

Le privilège, datée du 17 mars 1659, est accordé pour dix ans à F. F. F. R. D. G. [FRÈRE FRANÇOIS FORTIN, RELIGIEUX DE GRAMMONT]. Il est suivi d'une cession consentie par l'auteur au profit du libraire *Pierre Lamy*. Le nom de l'auteur se trouve en toutes lettres sur des exemplaires de second tirage.

Les planches tirées hors texte sont placées en regard des pp. suivantes. 1, 5, 6, 8, 12, 18, 20, 60 (2 pl.), 64 (2 pl.), 68 (2 pl.), 72 (2 pl.), 76, 84 (2 pl.), 88, 92, 96 (2 pl.), 100, 102, 121, 124, 128, 130, 132 (pl. pliée), 138, 140, 146, 150 (pl. pliée), 154 (pl. pliée), 164, 168 (pl. pliée), 172, 174, 178, 180 (pl. pliée), 185, 188, 192, 194, 198, 200, 204, 208, 212, 220, 231 (2 pl. pliées), 232, 234, 244 (pl. pliée), 246, 250 (pl. pliée), 252, 254, 256, 260, 262, 264, 266, 268, 272.

L'ouvrage est divisé en cinq parties, entre chacune desquelles sont placés des ff. lim. non chiffr. contenant un avertissement et une *Table*.

La 1re partie, qui finit à la p. 55, contient 7 fig. chiffrées de 1 à 7 et signées: 1 *A-I G*.

La 2e partie, précédée de 4 ff. lim., commence à la p. 57 et finit à la p. 119; elle contient 17 figg. chiffrées de 1 à 17 et signées 2 *A-2 R*.

La 3e partie, précédée de 4 ff. lim., commence à la p. 121; elle contient 16 figg., chiffrées de 1 à 16 et signées 3 *A-3 Q*.

La 4e partie, qui commence à la p. 185, n'est précédée que de 2 ff. lim.; elle contient 10 figg., chiffrées de 1 à 10 et signées 4 *A-4 K*.

La cinquième partie, commençant à la p. 231, est précédée de 4 ff. lim.; elle contient 15 pl., chiffrées de 1 à 16 et signées 5 *A-5 Q*.

L'ouvrage du religieux de Gra**m**mont a été réimprimé à *Paris* en 1688 et 1700, in-4, et à *Amsterdam*, P. Brunet, 1695, 2 vol. in-12. Il en existe une autre édition publiée à *Amsterdam*, en 1700, sous ce titre: *Les Délices de la campagne, ou les Ruses innocentes*.

307. LA CHASSE AU FUSIL, ouvrage divisé en deux parties [par Magné de Marolles]. *A Paris, de l'Imprimerie de Monsieur; Et se vend chez Théophile Barrois, Libraire, quai des Augustins, N° 18*. M.DCC.LXXXVIII [1788]. Avec Approbation et Privilége du Roi. In-8 de XVI et 582 pp., plus 5 ff., 1 planche pour les *Marques des Canoniers de Paris* (p. 82) et 8 autres pl. à la fin du volume. — SUPPLÉMENT AU TRAITÉ DE LA CHASSE AU FUSIL, Contenant Des Additions et Corrections importantes. *A Paris, Chez Théophile Barrois le jeune, libraire, quai des Augustins, n° 18. De l'Imprimerie de P.-F. Didot jeune*, 1791. In-8 de 111 pp. — Ensemble 2 part. en un vol. in-8.

308. LIVRET nouueau || auquel sont contenuz .XXv: || Receptez: 7 ,puuez [*sic*] de prēdre || Poissōs: Cānes: 7 Oyseaulx || auec les mains: Moclars: || Filetz: 7 Morses, 7c. — *Finis. S. l. n. d.* [*Lyon, Jacques Moderne*,

SCIENCES ET ARTS.

v. 1540], pet. in-8. goth. de 8 ff. non chiffr. de 22 lignes à la page, sign. *A-B*.

Cette pièce fait partie du recueil décrit sous le n° 190. Voici le fac-simile du titre :

Au v° du titre commence la table, qui se développe sur le f. suivant.

L'imprimeur manquant de place a dû composer le dernier f. en lettres rondes, ce qui lui a permis de faire tenir 25 lignes à la page.

Aucun bibliographe n'a cité le livret que nous venons de décrire. L'auteur de ce manuel du pêcheur paraît avoir été originaire de la Savoie. Non-seulement il donne le moyen de prendre des truictez et des *ferrez* abondamment (la ferrat ne se trouve que dans le lac de Genève), mais il parle un langage des plus incorrects, rempli de tournures de phrases et de mots empruntés au patois. Il appelle un escargot *carracol* (fol. Aiijb), une pâtée *menestre* ou *bappête* (fol. Bi *a*), une abeille *aville* (fol. Biij *b*), etc.

SCIENCES ET ARTS. 171

309. Les || **Pescheries** || de Christophle || de Gamon. || Diuisées en deux parties. || Où sont contenus, par vn nouueau gen || re d'escrire, & sous des aussi beaux que || diuers enseignemens, les plaisirs in- || connus de la Mer, & et de l'eau douce. || *A Lyon,* || *Par Thibaud Ancelin* || *Imprimeur du Roy.* || M.D. XCIX [1599]. In-12 de 142 ff. chiffr., car. ital.

<small>Au titre, la marque de *Th. Ancelin* (réduction de celle que Silvestre a reproduite sous le n° 452).
Les ff. 2 à 7 sont occupés par un sixain de S. D. M., par un quatrain de **Ch. Du T.**, par une *Ode sur ce mot grec : Gamon .* et par le portrait du poète à l'âge de 24 ans. Nous donnons ici la reproduction du portrait :</small>

VII. — JEUX.

Echecs. — Dés. — Cartes. — Jeux divers.

310. Sensvyvent ieux || ptiz des eschectz || Composez nou- || uellement. Pour recreer tous nobles cueurs || et pour euiter oysiuete a ceulx qui ont voulen || te / desir et affection de le scauoir et aprendre. || *Imprime nouuellement a Paris.* || *On en trouuera a lenseigne sainct Iehan* || *baptiste/*

172   SCIENCES ET ARTS.

en la rue neufue nostre dame. — Finis. S. d. [*vers* 1525].
In-4 goth. de 12 ff. n. chiff., sign., *A-C*, mar. citr., dos et
mil. ornés, n. rogné. (*Trautz-Bauzonnet.*)

> Ce volume est imprimé en grosses lettres de forme et tiré en rouge et en noir. Le titre est orné d'un grand S, qui se détache en blanc sur un fond noir, et d'un échiquier tiré en rouge.
> Au v⁰ du titre est un tableau qui montre la disposition de l'échiquier.
> Les 21 pages qui constituent le corps même du volume, contiennent chacune un problème d'échecs et un tableau indiquant la position des pièces.
> Au v⁰ du dernier f. se trouve la marque de *Jehan Janot* (Brunet, II, 264 ; Silvestre, n⁰ 77).
> Exemplaire de M. le Dʳ DESBARREAUX-BERNARD (Cat., n⁰ 234).

311. LE || DODECHEDRON || DE FORTVNE. || Liure non moins
plaisant || & recreatif, que subtil & ingenieux entre tous les
|| ieux & passetemps de Fortune. Autresfois || composé par
feu M. Ian de Meun, pour || le Roy Charles le quint, &
nou- || uellement mis en lumiere. || Par F. G. L. || Auec
Priuilege. || *A Paris.* || *Pour Estienne Groulleau, demeu-
rant en la rue neuue Nostre* || *dame, à l'enseigne sainct
Ian Baptiste.* || 1556. In-4 de 14 ff. lim., un tableau plié et
144 ff. chiffr., mar. r. jans., tr. dor. (*Trautz-Bauzonnet.*)

> Collation des ff. lim. : titre, avec la marque d'*Estienne Groulleau* (Silvestre, n⁰ 459) ; 6 ff. pour un avis de F. G. L. [FRANÇOIS GRUGET, de Loches] (à la fin de cet avis se trouve la devise : *inter utrumque*) ; 1 f. contenant au r⁰ un sonnet « Au Lecteur » et un sonnet « Au seigneur de Courlay, conseillier, notaire et secretaire du Roy, et controuleur de sa chancellerie », et, au v⁰, les *Erreurs ou Fautes commises en l'impression* ; 6 ff. contenant la description des douze « maisons » ou divisions du jeu.
> M. Brunet cite l'édition de 1556, qu'il considère comme la première de ce livre, mais il ne l'indique que sous le nom de *Vincent Sertenas* ou de *Gilles Robinot*, et ne lui donne que 10 ff. lim.; sa description a dû être donnée d'après un exemplaire incomplet.
> Le privilège, daté du 2 décembre 1555, est accordé pour six ans à *Vincent Sertenas*, qui, d'après ce qui vient d'être dit, y associa plusieurs libraires.

312. LE || PASSETEMPS || DE LA FORTVNE || DES DEZ. || Ingenieu-
sement compilé par maistre Laurens l'Esprit, || pour res-
ponses de vingt questions par plusieurs || coustumierement
faites, & desirees sçauoir. || Les vingt questions sont speci-
fiées en la Roüe || de Fortune, au fueillet sequent. || *A Paris.*
|| *Par Iean d'Ongoys, Imprimeur, de-* || *mourant rue du
Paon, pres* || *la porte S. Victor.* || M. D. LXXIIII [1574].
In-4 de 44 ff., mar. r. jans., tr. dor. (*Trautz-Bauzonnet.*)

> Le titre est entouré d'un joli encadrement. — Au v⁰ du titre sont placés des vers « Au lecteur benevole. »
> Les 3 ff. suivants contiennent une figure de la Fortune et les portraits de vingt rois de France, à chacun desquels correspond une explication.
> Cet ouvrage est la traduction du livre de Lorenzo Spirito *Delle Sorti*, dont

SCIENCES ET ARTS. 173

la première édition fut imprimée à Vienne, avant 1474. Le nom du traducteur français, ANTHITUS FAURE ou FAVRE, figure sûr le titre de l'édition de 1528. Voy. Brunet, V, 493.

L'auteur du *Manuel* ne cite pas l'édition de 1574.

313. LA || MAISON || DES IEVX || ACADEMIQVES, || contenant || vn Recueil general || de tous les Ieux diuertissans || pour se réjoüir & passer le || temps agreablement. || Et augmentée de la Lotterie Plaisante. || *A Paris*, || *Chez Estienne Loyson, au Palais*, || *à l'entrée de la Galerie des Prisonniers*, || *au Nom de Iesus*. || M. DC. LXVIII [1668]. || Auec Priuilege du Roy. In-12 de 6 ff. et 300 pp., mar. r., fil. dos orné, tr. dor. (*Trautz-Bauzonnet*.)

V.9.28

> Collation des ff. lim. : frontispice gravé, signé du monogramme H F et représentant une salle dans laquelle plusieurs personnages jouent à des jeux divers; titre imprimé ; **2 ff.** pour une épître « A Monsieur, frére unique du Roy », épître signée E. L. [ESTIENNE LOYSON] ; 1 f. pour la *Table* ; 1 f. pour l'*Extrait du Privilége*.
> Le privilège, daté du 18 avril 1659, est accordé pour six ans à *Estienne Loyson*. L'achevé d'imprimer est du dernier jour d'août 1668.
> Cet ouvrage, qui est une encyclopédie des jeux de cartes, ne doit pas être confondu avec la *Maison des Jeux* de Charles Sorel (Paris, 1642, 2 vol. in-8), dont nous donnerons la description dans la classe des romans.

314. SENSVYVĒT PLV || SIEVRS BELLES NOV || VEAVLTEZ ioyeuses proffitables ⨍ honnestes Com || sees [*sic*] par Symon de Millan. — *Finis, S. l. n. d.* [*Paris ?, vers* 1525], pet. in-8 goth. de 4 ff. de 28 lignes à la page, sign. A, mar. r. jans.. tr. dor. (*Trautz-Bauzonnet*.)

V.4.93

> Au titre, un bois représentant un homme qui appuie la main sur la garde de son épée et qui parle à une femme (nous donnons la reproduction de ce bois à l'article *Demandes d'amours*).
> Les *Nouveaultez* de Symon de Millan contiennent l'explication d'un certain nombre de tours d'adresse, des leçons d'escamotage et quelques secrets fort divertissants, tels, par exemple, que la recette pour faire paraître les yeux sans tête, pour faire danser un anneau, pour faire p...., etc. On y trouve aussi des remèdes contre les insectes.

BELLES-LETTRES.

I. — LINGUISTIQUE.

Généralités.—Langue grecque.— Langue française.—Argot.

315. GRAMMAIRE || GENERALE || ET RAISONNÉE. || Contenant || Les fondemens de l'art de parler; expli- || quez d'vne maniere claire & naturelle ; || Les raisons de ce qui est commun à toutes || les langues, & des principales differences || qui s'y rencontrent ; || Et plusieurs remarques nouuelles sur la || Langue Françoise. || *A Paris,* || *Chez Pierre le Petit, Imprimeur &* || *Libraire ordinaire du Roy, ruë S. Iacques,* || *à la Croix d'Or.* || M. DC. LX [1660]. || Auec Priuilege de Sa Majesté. In-12 de 147 pp. (y compris le titre), plus 2 ff. pour la *Table*, les *Fautes à corriger* et l'*Extrait du Privilége*, mar. r. jans., tr. dor. (*A. Motte.*)

<small>Première édition de la célèbre grammaire de Port-Royal. Le privilège, daté du 26 août 1659, est accordé pour dix ans à *Pierre le Petit*. L'achevé d'imprimer est du 28 avril 1660.
L'auteur du livre est désigné dans le privilège sous le nom de «sieur D. T.», et à la fin de la dédicace qui précède la *Nouvelle Méthode pour apprendre la langue espagnole*, publiée également en 1660, par *Pierre Le Petit*, on lit en toutes lettres : DE TRIGNY, mais ce n'est là qu'un pseudonyme employé par CLAUDE LANCELOT, qui composa toute une série de livres didactiques avec la collaboration d'ARNAULD et de NICOLE.</small>

316. ΘΗΣΑΥΡΟΣ || Κέρασ ᾿αμαλθείας, καὶ κῆποι ᾿Αδώνιδος. || THESAVRVS || Cornu copiæ. & Horti Adonidis. — Τέλος. || *Venetiis in domo Aldi Romani summa cura : laboréq; præma-* || *gno, Mense Augusto.* M. IIII. D. *Ab Ill. Senatu .V.* || *concessum est nequis &c. ut in cœteris.* || *Vale qui legeris.* In-fol. de 10 ff. lim. et 270 ff. chiffr., mar. r., fil., dos orné, tr. dor. (*Anc. rel.*)

<small>Collation des ff. lim.: 1 f. contenant, au r°, le titre et la table en grec, au v°, la table en latin ; 2 ff. pour deux épîtres latines : ALDUS MANUCIUS,</small>

Basianas Romanus, studiosis omnibus et ANGELUS POLITIANUS *Varino Camerti suo* ; 1 f. contenant des vers grecs d'ANGE POLITIEN, d'ARISTOBULE APOSTOLIDES, de SCIPION CARTEROMACHOS [FORTIGUERRA] et d'ALDE, ainsi qu'une lettre grecque de FORTIGUERRA à Varinus Camers [Guarino Favorino] ; 2 ff. pour une épître de FAVORINO à Pierre de Médicis; 4 ff. pour le traité d'AELIUS DIONYSIUS sur les verbes grecs indéclinables.

Le *Thesaurus* est un recueil de grammairiens grecs, publiés ici pour la première fois, par les soins de plusieurs érudits. « Primus labor in eo fuit », dit Alde dans sa préface, «GUARINI CAMERTIS et CAROLI ANTENOREI Florentini, hominum multi studii ac in graecarum litterarum lectione frequentium. Hi simul ex EUSTATHIO Etymologico et aliis dignis grammaticis accepere hæc canonismata, digessereque per ordinem litterarum, nec sine adjumento et consilio ANGELI POLITIANI, viri summo ingenio ac impense docti. Secundus vero labor meus fuit, qui ea omnia recognovi non parvo labore, cum iis conferens unde excerpta voluminibus fuerant. Multa enim addidi, plurima immutavi adjuvante interdum URBANO, divi Francisci fratre optimo, a quo brevi habebitis quas summa cura ac doctissime composuit in græcam linguam introductiones... Addidi ego libellum ex scriptis HERODIANI, quas magni verbi παρεκβολὰς dicunt... »

Voy. sur ce recueil Ambroise-Firmin Didot, *Alde Manuce et l'Hellénisme à Venise* (Paris, 1875, in-8), 79-84.

Exemplaire en grand papier, dont la reliure porte les chiffres de CHARLES II, roi d'Angleterre. Cet exemplaire a primitivement appartenu au chancelier THOMAS MORUS, dont on voit la signature à la fin du volume (Βιβλίον τοῦ Θώμου [*sic*] Μωρου), et qui a ajouté sur les marges plusieurs notes de sa main ; il est sorti comme double du Musée britannique en 1804.

317. LES || ORIGINES || DE LA || LANGVE || FRANÇOISE. [Par Ménage.] || *A Paris,* || *Chez Augustin Courbé, en la petite Salle* || *du Palais, à la Palme.* || M. DC. L [1650]. || Auec Privilege du Roi. In-4 de 8 ff., xxxviij pp., 1 f., 845 pp. et 14 ff. pour la *Table*, le *Privilége* et les *Fautes*.

Le titre porte une grande marque de *Courbé*, gravée en taille-douce par Jean Picard.
L'épître dédicatoire, adressée à M. Du Puy, « conseiller du Roy en ses conseils », est précédée d'un fleuron signé : F. C. [*François Chauveau*] in., J. B. f.; elle est signée à la fin : MENAGE.
Le privilège, daté du 8 mai 1650, est accordé pour dix ans à « notre amé et féal conseiller et aumosnier ordinaire, le sieur Ménage, doyen de l'église de Saint-Pierre, d'Angers. »
Il est suivi d'un achevé d'imprimer du 31 octobre 1650.
Exemplaire en GRAND PAPIER.

318. DICTIONNAIRE ETYMOLOGIQUE DE LA LANGUE FRANÇOISE, Par M. Ménage, Avec les Origines Françoises de M. de Caseneuve, les Additions du R. P. Jacob, & de M. Simon de Valhebert, le Discours du R. P. Besnier sur la Science des Etymologies, & le Vocabulaire Hagiologique de M. l'Abbé Chastelain. Nouvelle Édition, Dans laquelle, outre les Origines et les Additions ci-dessus, qu'on a insérées à leur place, on trouvera encore les Etymologies de Messieurs Huet, le Duchat, de Vergy, & plusieurs

autres. Le tout mis en ordre, corrigé & augmenté, par A. F. Jault, Docteur en Médecine, & Professeur en Langue Syriaque au Collége Royal. Auquel on a ajouté le Dictionnaire des Termes du vieux François, ou Trésor des Recherches & Antiquités Gauloises & Françoises de Borel, augmenté des mots qui y étoient oubliés, extraits des Dictionnaires de Monet & Nicot, & des Auteurs anciens de la Langue Françoise. *A Paris, Chez Briasson, rue Saint Jacques, à la Science & à l'Ange Gardien. [De l'Imprimerie de Gissey.]* M. DCC. L [1750]. Avec Approbation et Privilege du Roy. 2 vol. in-fol., v. f., fil., dos ornés, tr. dor. (Anc. rel.)

Tome premier: Faux-titre et titre; xix, cviij et 726 pp. et 1 f. pour le *Privilége*. — Les pp. i-xix contiennent une épître « Au Roi de Prusse », épître datée de Berlin le 22 novembre 1749 et signée : FORMEY; un *Avertissement*, la *Vie de M. Ménage*, l'*Épitre dédicatoire de l'édition de 1694* à M. Bignon, l'*Epitre dédicatoire* de M. SIMON DE VALHEBERT à M. Foucault, intendant de Justice, Police et Finances en la généralité de Caen; la *Preface* de M. SIMON DE VAL-HÉBERT *sur les Origines de la Langue Françoise* par M. de Caseneuve, l'*Approbation* et le *Privilége*. — Les pp. i-cviij sont occupées par un *Discours sur les Etymologies françoises pour servir de préface aux Origines de Monsieur Menage*, les *Principes de l'Art des Etymologies* et le *Vocabulaire hagiologique*.

Tome second: 2 ff. et 588 pp., plus 2 ff., xl et 224 p. pour le *Dictionnaire des Termes du vieux François*, etc. — En tête de cette seconde partie on trouve une épître de P. BOREL « A monsieur Conrart, conseiller et secrétaire du Roy », un jugement sur la vie de Borel, par ANT. CARPENTIER, médecin, et des vers latins à sa louange par L. DE H., CLEMENT DURAND, aumônier de la reine, JACQUES CONRART, J. L. M. et H. DE LA V.

Le *Dictionnaire etymologique* n'est qu'une édition augmentée des *Origines de la Langue Françoise*.

Le privilège, dont le texte termine le tome Ier, est accordé pour neuf ans à *Antoine-Claude Briasson*, le 26 janvier 1748; celui qui est reproduit dans les ff. lim. est daté, au contraire, du 4 avril 1750.

Exemplaire de *M.* PARISON (Cat., n° 687), de M. J.-CH. BRUNET (n° 155) et de M. ODIOT.

319. CELT' HELLENISME, || OV, || ETYMOLOGIC || DES MOTS FRANCOIS || TIREZ DV GRÆC || Plus. || Preuues en general de la descente de || nostre langue. || Par || Leon Trippault, sieur de Bardis, || Conseiller du Roy au siege Presidial || d'Orleans. || *A Orléans.* || *Par Eloy Gibier, Imprimeur & Libraire iuré* || *de l'Vniuersité.* 1581. || Auec priuilege du Roy. In-8 de 5 ff. et 311 pp. mar. r. jans., tr. dor. (*Thibaron et Joly*).

Collation des ff. lim. : titre, au verso duquel se trouve l'*Extraict du Privilége*; 2 ff. pour une épître « A mon-seigneur, M. Germain Vaillant de Guellis, abbé de Pimpont, etc. »; 1 f. pour des vers latins et français signés

BELLES-LETTRES.

de J. Christophe, Raimond de Massac, docteur en médecine, et Jacques Binet ; 1 f. pour le portrait de l'auteur, à l'âge de 43 ans. Ce portrait est tiré sur un f. séparé ; nous en donnons la reproduction :

AN. ÆTA. XLIII

ΠΑΡΟΝΤΑ, ΑΜΑ ΚΑΙ ΜΕΛΛΟΝΤΑ.

Le v° du dernier f. porte la marque de Gibier, avec la devise : *In sudore vultus tui vesceris pane tuo*.
Le privilège, daté du 4 mai 1580, est accordé pour six ans à *Eloy Gibier*. L'achevé d'imprimer est du 15 juillet 1580.

320. La Croix ✠ Depardieu. *S. l. n. d.*, in-4 goth. de 8 ff., impr. en lettres de forme, en rouge et en noir, mar. r. jans., tr. dor. (*Trautz-Bauzonnet.*)

Alphabet dont on se servait à la fin du XV° siècle pour apprendre à lire aux enfants. Le r° du 1ᵉʳ f. est presque entièrement occupé par une grande figure de forme circulaire, divisée en sept compartiments ; chacun de ces compartiments contient diverses instructions imprimées en petits caractères et convergeant vers le centre où se trouve la figure du Christ. Les angles sont occupés par les animaux qui symbolisent les quatre évangélistes. Au-dessus de cette figure est placé le titre que nous avons reproduit ; au-dessous se trouve une explication ainsi conçue : « En ce rondeau est contenue l'exposition de l'oraison dominicale et summaire de toute la science requise a ung chascun, contenue en ce petit livret. Au premier cercle de ce rondeau sont contenues les petitions de l'oraison dominicale, au .ii. les .vij. sacrements de l'Eglise, au .iij. les .vij. dons du Saint Esperit, au .iiij. les sept armeures spirituelles, au .v. les .vij. euvres de misericordes doublées, au .vj. les .vij. vertus principales, au .vij. les .vij. pechés mortelz. A commencer a la croix. »

Au v° du 1ᵉʳ f. se trouve un alphabet imprimé en rouge, avec une explication de chaque lettre : $A = Amytié$; $B = Benivolence$; $C = Crainte$; $D = Doulceur$, etc.

L'alphabet est suivi de prières et préceptes moraux, savoir :

1º Le *Pater* (en prose française) ;

2º L'*Ave Maria, en françoys* ;

3º (fol. aij., r°) Le *Credo, en françoys, ou sont contenus les .xij. articles de la foy* (en vers) :

    Je croy en ung seul Dieu, le pére
    Tout puissant, sans [en] rien enquerre...

Cf. Biblioth. nat., ms. franç., n° 952, fol. 188 ;

4º (Fol. a iij, v°) *Les Commandemens de Dieu* (en vers) :

    Icy sont les commandemens (de Dieu)
    Qu'il convient garder et sçavoir,
    Qui veult eschapper aux tormens
    D'enfer, et paradis avoir...

Cf. Biblioth. nat., ms. franç., n° 952, fol. 187 ;

5º (Fol. a v, r°) *Les Commandemens de saincte Eglise* :

    Les dimenches [la] messe orras
    Et (les) festes de commandement...

6º (Fol. a v. v°) *Les OEuvres de misericorde corporelles, de donner a boire et a menger* :

    Aux povres bon pain donneras
    Et point ne les escondiras...

7º (Fol. a vj, r°) *Les OEuvres de misericorde spirituelles, de conseiller et conforter* :

    Tes voisins dois bien conseiller
    En leurs grandes difficultez....

8º (Fol. a vj), v°) [*Définition des sept vertus capitales :*]

    Qui veult sçavoir les bien vivans
    Par les branches de sept vertus,
    Entende les motz ensuyvans
    Comme icy seront contenus...

9º (Fol. a vij, r°) [*Définition des sept péchés capitaux :*]

    Qui veult savoir les defaillans
    Par les branches des sept pechez,
    Entende les motz ensuyvans
    Comme icy s[er]ont declarez...

10° (Fol. a viij, r° [*Définition des six péchés mortels :*]

> Qui veult faire son saulvement
> [Et] eviter son dampnement,
> Fuye les sept pechez morteulx
> Qui sont trestous moult dangereux.

Les péchés sont énumérés en prose.

Telle est la composition de ce petit livret si célèbre pendant plusieurs siècles. L'usage de faire précéder l'alphabet d'une croix s'est conservé jusqu'à nos jours et dans certaines familles on fait encore lire aux enfants : ✠ (croix de Dieu), A, B, C, D, etc. : mais l'ancienne *Croix de par Dieu*, on vient de le voir, était en même temps un catéchisme. Lorsque Molière, dans *M. de Pourceaugnac* (acte I, scène V), fait dire à l'apothicaire : « C'est un homme qui sçait la medecine à fond, comme je sçay ma *Croix-de-Pardieu* », cela signifie : « comme je sais l'alphabet et le catéchisme. »

Notre édition, dont un exemplaire a été sauvé de la destruction par le soin qu'avait pris un collectionneur du temps de le faire relier dans un recueil de pièces, ne porte pas de nom d'imprimeur. Les caractères paraissent être ceux dont se servaient les imprimeurs rouennais à la fin du XVe siècle.

Les auteurs du supplément au *Manuel du Libraire* ont inexactement décrit cet exemplaire en ne lui assignant que 6 ff.

321. TRAICTÉ || DE LA GRĀMAIRE || FRANÇOISE. [Par Robert Estienne.] || *A Paris,* || *Par Rob. Estienne Imprimeur du Roy.* || M. D.LXIX [1569]. In-8 de 128 pp. — GALLICÆ || GRĀMATICES LI- || BELLVS, || Latinè conscriptus in gratiam pere- || grinorum qui eam linguam || addiscere cupiunt. || *Parisiis,* || *Ex officina Roberti Stephani Typographi Regij.* || M. D. LXIX [1569]. — [In fine :] *Excudebat Robertus Ste-* || *phanus Typographus* || *Regius, Lutetiæ* || *Anno M. D. LXIX* || *Cal. Febr.* In-8 de 8 ff., 126 pp. et 1 f. Ensemble 2 part. en un vol. in-8, mar. r. jans., tr. dor. (*Trautz-Bauzonnet*).

Le titre de chacune des deux parties est orné de la marque de l'imprimeur (Brunet, 1, 612 ; Silvestre, n° 168). On lit sur le titre de la *Grammaire françoise* : Present de M. Patisson, 22. janvier 1605.

322. DIALOGVE/de/ || l'Ortografe/ et Prononciacion || Francoese/, de/partì an || deus Liure/s, || Par Iaque/s Pele/tier du Mans. *A Lyon* || *Par Ian de/Tourne/s.* || M. D. LV [1555]. In-8 de 136 pp. et 4 ff., titre encadré, caract. ital.

Les pp. 3-4 contiennent une épître « A tresilustre princesse Jeanne de Navarre, duchesse de Vandome, » épître datée du 29 janvier 1550.
Cette dédicace est suivie (pp. 5-27) d'une *Apologie à Louis Meigret*, datée de Poitiers, le 5 janvier 1549. Dans cette apologie, Jacques Pelletier se montre généralement favorable aux idées émises par l'écrivain lyonnais. Les dialogues ont pour interlocuteurs Jean Martin, secrétaire du cardinal de Lénoncourt, auteur du *Papillon de Cupido* et de divers autres ouvrages, Théodore de Bèze, le célèbre réformateur, Denys Sauvage, l'historiographe d'Henri II, le seigneur Dauron, que La Monnoye croit pouvoir identifier avec Claude Darron, auteur du *Discours des choses memorables faites à l'entrée du*

tres-chrestien roy de France et de Pologne, Henry, en la ville de Venise 1574 (voy. Du Verdier, éd. 1772, I, 840), enfin l'auteur lui-même. Chacun des interlocuteurs expose ses arguments pour ou contre la réforme proposée.

Voici les points principaux du système de Pelletier. Il distingue trois sortes d'*e* à l'aide de signes diacritiques : *e = é* ; *ę = è* ; *e/ = e* muet, comme dans *honnęte/te, ferme/te, defęre/*. Il écrit uniformément les nasales, *an, in* par *an, ein* : *sciance/, commance/ment, mein, pleindre/*, etc., et la diphthongue *oi* par *oę (françoęs, troęs*, etc.). Il retranche « les lettres superflues et qui ne viennent point en la prolation », écrivant : *ecriture/, aloę't, donoę't, foręz, habiz, subtiz* au lieu d'*escripture, alloient, donnoient, foretz, habits, subtils*. Il supprime avec raison les consonnes doubles, sauf le double *r* et le double *s* qui se font entendre dans la prononciation. Pour éviter que l'*s* simple ne s'affaiblisse en *z* entre deux voyelles, il le remplace par ç (*parece/, mariçon*). Les doubles consonnes étant supprimées quand la prononciation n'en fait entendre qu'une seule, le groupe *lh* est employé à la manière provençale et portugaise, pour rendre le son de l'*l* mouillé, sans qu'il soit nécessaire de l'accompagner d'un *i* : *balher=*bailler ; *talher=*tailler ; *boulhir=*bouillir. En outre, sans parler de quelques détails accessoires, comme la suppression de *qu* remplacé par *k* (*keulhir=*cueillir), Pelletier emploie un accent pour distinguer les voyelles longues ou brèves des verbes, toutes les fois que les diverses personnes pourraient être confondues ; il écrit au singulier : *il aloęt, il donoęt*, et au pluriel *iz aloę't, iz donoę't*, etc. Notons enfin la distinction d'*u* et de *v*, d'*i* et de *j*. Cette distinction si rationnelle n'a pu s'établir définitivement en France qu'un siècle plus tard, et Pelletier lui-même n'a pu obtenir des imprimeurs qu'elle fût régulièrement observée dans les titres.

Le volume se termine par une table alphabétique et par une épître de Jacques Pelletier « a Toumas Corbin, Bourdeloęs. » Cette dernière pièce est datée de Lyon, le 14 mai 1555.

323. Devx Dialogves ‖ Du nouueau langage François, ‖ italianizé, & autrement des- ‖ guizé, principalement entre ‖ les courtisans de ce temps : ‖ De plusieurs nouueautez, ǫont ‖ accompagné ceste nouueau- ‖ té de langage : De quelques courtisanismes mo‖dernes, & De quelques singu- ‖ laritez courtisanesques. ‖ Le Liure ‖ au lecteur. ‖ De moy auras proufit si tost que me liras :‖ Grād proufit, grand plaisir, quand tu me reliras. *S. l. n. d. [Genève*, 1578], in-8 de 16 ff. non chiffr. et 623 pp., mar. r. jans., tr. dor. (*Trautz-Bauzonnet*.)

Collation des ff. lim. : titre, au v° duquel sont placés deux quatrains du « Livre au lecteur » et un quatrain de « Celtophile au lecteur » ; 1 f. pour l'épître de « Jan Franchet, dit Philausone, gentilhomme courtisanopolitois, aux lecteurs tutti quanti » ; 6 ff. pour une « Condoleance aux courtisans amateurs du nayf langage françois (en vers) et deux « Remonstrances » (également en vers); 7 ff. pour une « Epistre de monsieur Celtophile aux Ausoniens », etc. (en vers) ; 1 f. pour un « Advertissement au lecteur ».

Édition originale de cet ouvrage, l'un des plus curieux et des plus piquants d'Henri Estienne. Les *Dialogues* lui attirèrent de la part des autorités de Genève des poursuites plus sérieuses encore que celles qu'il avait eu à subir lors de la publication de l'*Apologie pour Herodote* (1566) et des *Epigrammata graeca* (1570). Le 11 septembre 1578, il fut mandé à la barre du conseil et crut prudent de s'éloigner. Il revint à Paris et trouva un refuge auprès d'Henri III. Il est curieux de penser que le roi de France, l'ennemi des protestants, défendit alors contre messieurs de Genève la liberté d'écrire. Voy. Renouard, *Annales des Estienne*, 414, et Haag, *La France protestante*, V, 17.

Cet exemplaire provient de la vente L. POTIER, 1870 (Cat., n° 604) et, en dernier lieu, de la vente R. S. TURNER (n° 209).

324. OBSERVATIONS || DE MONSIEVR || MENAGE || sur || la Langue || Françoise. || *A Paris,* || *Chez Claude Barbin, au Palais,* || *sur le segond Perron de la Sainte* || *Chapelle.* || M. DC. LXXII [1672]. || Avec Priuilege du Roy. In-12 de 4 ff., 486 pp. et 21 ff. pour la *Table* et le *Privilége*.

Première édition de ces *Observations*. M. Brunet n'a connu que la réimpression de 1673, d'après laquelle a été faite l'édition elzévirienne.

Le privilège, daté du 10 mai 1671, est accordé pour dix ans à Ménage, qui déclare faire cession de ses droits à *Claude Barbin*. L'achevé d'imprimer est du 7 avril 1672.

325. REMARQUES DE M. DE VAUGELAS SUR LA LANGUE FRANÇOISE, Avec des Notes de Messieurs Patru, & T. Corneille. *A Paris, rue S. Jacques, Chez Huart, près S. Severin, à la Justice.* [*De l'Imprimerie de la Veuve Delatour.*] MDCCXXXVIII [1738]. Avec Privilege de Sa Majesté. 3 vol. in-12.

Tome Premier: 4 ff. et 480 pp. — *Tome Second*: 2 ff. et 480 pp. — *Tome Troisiéme*: 2 ff., 445 pp., plus 45 ff. pour la *Table*.

Le privilège, dont le texte se trouve en tête du t. 1er, est accordé pour six ans à *Jacques Clousier*, à la date du 29 mars 1737, et ledit *Clousier* déclare y avoir associé les sieurs *Huart*, *Didot*, *Nyon fils* et *de Nully*, chacun pour un cinquième.

326. THRESOR || DE LA LANGVE || FRANCOYSE, tant || Ancienne || que Moderne. || Auquel entre autres choses || sont les Mots propres de Marine, Venerie, || & Faulconnerie, cy deuant ramassez par Aimar de Ranconnet, || viuant Conseiller & President des Enquestes en Parlement. || Reueu et augmenté en ceste derniere || impression de plus de la moitié ; || Par Iean Nicot, viuant Conseiller du Roy, & Me des || Requestes extraordinaire de son Hostel. || Auec vne Grammaire Francoyse et || Latine, & le recueil des vieux prouerbes de la France. Ensemble le Nomenclator de Iunius. || mis par ordre alphabetic, & creu d'vne table particuliere de toutes les dictions. || Dedié || A Monsieur le President Bochart, || Sieur de Champigny, &c. || *A Paris,* || *Chez Dauid Douceur, Libraire juré, ruë sainct Iacques, à l'enseigne* || *du Mercure arresté.* [*De l'Imprimerie de Denys Duval.*]

M. DC. VI. || Auec priuilege de l'Empereur, & du Roy. 4 part. en un vol. in-fol.

Thresor : titre, imprimé en rouge et en noir et orné d'une grande marque (cette marque représente Mercure sous la forme du dieu Terme et est accompagnée du monogramme de *Douceur* ainsi que de la devise : *Constans qui vagus ante*); 1 f. pour une épître du libraire « A monsieur, monsieur Bochart, sieur de Champigny, etc., » et pour les privilèges; 674 pp. (la dernière chiff. 666); 1 f. pour la souscription de l'imprimeur *Denys Duval*.

Voici la description des trois autres parties contenues dans le volume :

Exact || et Tres-Facile || Acheminement a la || Langue Francoise, || Par Iean Masset. || Mis en Latin, par le mesme || Autheur, pour le soula- || gement des estrangers. || A || Illustres et Genereux Seigneurs, || M. Georges Louys, et M. Iean || Casimir freres, Comtes de Leweinstein, || Seigneurs de Scharpfeneck. || *A Paris*, || *Chez Dauid Douceur*..., || M. DC. VI... : 2 ff. et 82 pp.

Nomenclator || Octilinguis omnium || Rerum propria || nomina continens, || Ab Adriano Iunio antehac colle- || ctus : nunc vero renouatus, auctus, et in || capita LXXVII. sic distinctus, vt materiæ singulorum capitum Ordine || Alphabetico dispositæ sint. Quinetiam capita ipsa ad eundem || modum se consequuntur. || Accessit huic postremæ Editioni || alter Nomenclator è duobus veteribus Glossariis. || Hermanni Germbergii Opera et Studio. || Cum Indice Rerum & Capitum. || *Parisiis*, || *Apud Dauidem Douceur*... M. DC. VI... : 2 ff., 190 pp. et 19 ff. pour l'*Index*.

En tête du 2ᵉ f. se trouve une épître de HERMANN GERMBERG «illustri ac generoso domino, domino Simoni, Lippiæ, Stern et Schwalenbergae comiti, Caesariae Majestatis per Germaniam consiliario prudentissimo et provinciarum Westphalicarum praefecto», épître datée de Francfort, le 24 septembre 1599.

Le premier auteur du *Nomenclator*, ADRIANUS JUNIUS, s'appelait en néerlandais ADRIAAN DE JONGHE et, en français, ADRIEN LE JEUNE.

Ioannis Ægidii || Nucerriensis Adagio- || rum Gallis vulgarium, in lepi- || dos et emunctos Latinæ || linguæ Versiculos traductio, 24 pp., précédées d'un simple titre de départ.

Les proverbes traduits par GILLES DE NUITS d'après JEHAN DE LA VESPRIE, sont suivis de *Selectae Sententiae Proverb.*, *ex* M. CORDERIO *et aliis*, et d'*Explications morales d'aucuns proverbes communs en la langue françoyse*. Voy., sur cette 4ᵉ partie, Duplessis, *Bibliographie parémiologique*, n° 259.

Les privilèges placés en tête du *Thresor* ont été donnés au libraire *David Douceur*, le premier par l'empereur Rodolphe, le 31 décembre 1604, pour une durée de 8 ans, le second par le roi Henri IV, le 8 février 1604, pour une durée de dix ans.

327. A DICTIONNARIE OF THE FRENCH AND ENGLISH TONGUES. Compiled by Ramble Cotgrave. Whereunto is also annexed a most copious Dictionarie, of the English set before the French. By R. S. L. *London, Printed by Adam Islip. Anno* 1632. — DICTIONNAIRE, ANGLOIS ET FRANÇOIS, pour l'vtilité de tous ceux, qui sont desireux de [sic] deux Langues. A Dictionarie English and French ; Compiled for the commoditie of all such as are desirous of both the Languages. By Robert Sherwood Londoner. *London, Printed by Adam Islip. Anno* 1632. Ensemble 2 part. en un vol. in-fol.

1ʳᵉ partie : titre entouré d'un riche encadrement; 2 ff. lim.; 485 ff. n. chiffr., impr. à 2 col. et 1 f. blanc, sign. [A] par 3, *B-Nnnn* par 6, plus un tableau plié après le f. *Nnnn* ij.

Le 1ᵉʳ f. lim. contient une épître de Cotgrave « To the Right Honorable and my very good Lord and Maister, Sir William Cecil, Knight, Lord Burghley, and sonne and heire apparent unto the Earle of Exceter » et un avis « Au favorable Lecteur françois » signé : J. L'OISEAU TOURVAL, Parisien. L'auteur de cet avis parle du soin que Cotgrave a mis à rechercher tous les mots de la langue, même les plus anciens. Je t'assure, dit-il au lecteur, que si on l'eut voulu croire, il fut encore après à se tourmenter pour trouver la signification de telz mots, qui, possible, ne seront jamais plus ouyz en ce monde, quoyque luz, et dont, je croy, il n'y a personne qui ait ouy parler depuis cent ans que luy, tant sa curiosité a eté grande et exacte à lire toute sorte de livres, vieuz et nouveauz, et de tous noz dialectes...»

Le 2ᵉ f. lim. est occupé par un avis, en anglais « To the Reader » et par les *Errata*.

2ᵉ partie: titre orné d'un encadrement; 1 f. contenant un avis «Aux favorables Lecteurs, françois, alemans et autres » (en français et en anglais) ; 156 ff. non chiffr., sign. *A-Oo* par 4. *P* par 6, *Q* par 2.

Le dictionnaire de Cotgrave, dont la première édition parut en 1611, nous donne l'explication d'une foule de mots employés par les auteurs français du XVIᵉ siècle et qu'on chercherait vainement ailleurs, même dans le dictionnaire de Nicot. Il contient de plus une foule de proverbes dont M. Le Roux de Lincy a négligé de faire le dépouillement.

L'édition que nous venons de décrire est la seconde; la première partie reproduit, page pour page, l'édition de 1611 ; la seconde partie est entièrement nouvelle.

328. DICTIONNAIRE FRANÇOIS Contenant les Mots et les Choses, plusieurs nouvelles Remarques sur la Langue Françoise : Ses Expressions propres. Figurées & Burlesques, la Prononciation des Mots les plus difficiles, le Genre des Noms, le Regime des Verbes : Avec Les Termes les plus connus des Arts & des Sciences. Le tout tiré de l'Usage et des bons Auteurs de la Langue Françoise. Par P. Richelet. *A Geneve, Chez Jean Herman Widerhold*. M.DC.LXXX [1680]. Avec Permission. 2 parties en un vol. in-4, mar. r. jans., tr. dor. (*Trautz-Bauzonnet*.)

IV. 1. 33

[*Première Partie* :] titre, orné d'une marque qui porte pour devise ces mots : *Gradatim ad sidera tollor* ; 2 ff. pour une épître « A tres-haut, tres-puissant, et tres-excellent prince Ferdinand, evesque de Munster et de Paderborn, burggraff de Stromberg, prince du Saint Empire, comte de Pirmont, seigneur de Borkeloh, etc.» ; 2 ff. pour l'*Avertissement*; 2 ff. pour l'*Explication des marques qu'on a mises aux mots*, etc. et la *Table alphabetique de la plupart des auteurs et des livres citez dans ce dictionnaire*; 2 ff. pour la *Table alphabetique des abbreviations*; 1 f. pour les *Fautes survenues dans l'impression des remarques* ; ensemble 10 ff. lim., 88 pp. pour les *Remarques sur le Dictionnaire* et 480 pp. de texte.

Seconde Partie, M.DC.LXXIX : 560 pp.

Édition originale exécutée dans l'imprimerie du château de Dullier (canton de Vaud). Ce livre fut prohibé en France, à cause des obscénités et des traits satiriques qu'il contient. Richelet, mis en demeure d'expurger son ouvrage, se montra fort peu disposé à tenir compte des réclamations qu'il avait provoquées. Non seulement il ne renonça pas aux mots obscènes, mais il introduisit de nouveaux traits satiriques dans l'édition de Genève,

184   BELLES-LETTRES.

1693. L'édition originale a fait l'objet de diverses observations. Voy. Gaulieur, *Typographie genevoise*, p. 216 ; Cat. Libri, 1847, n° 37 ; *Bulletin du Bibliophile*, XII° série, nov. et déc. 1855, pp. 471 et suiv.

329. DICTIONNAIRE DE L'ACADÉMIE FRANÇOISE. Quatrième Edition. *A Paris, Chez la Veuve de Bernard Brunet, Imprimeur de l'Académie Françoise, Grand' Salle du Palais, & rue basse des Ursins.* M. DCC. LXII [1762]. Avec Privilege de Sa Majesté. 2 vol. in-fol., mar. r., fil., dos et c. ornés, tr. dor. (*Anc. rel.*)

> *Tome Premier* : 2 ff., viij et 984 pp. — *Tome Second* : 2 ff. et 967 pp.
> Les titres sont ornés de grands fleurons gravés en taille-douce, non signés. La dédicace au roi, qui précède le tome 1er, est surmontée d'un beau fleuron de *Coypel*, composé d'ornements gravés par *Audran* et d'un medaillon du roi gravé par *Daullé*. En tête de chaque volume se trouve un joli fleuron de *Watelet*, représentant une couronne de laurier, entourée de rinceaux, avec cette devise : *A l'Immortalité*.
> Le privilège, daté du 30 avril 1750, est accordé pour vingt-cinq ans à l'Académie française, qui déclare en faire cession au sieur *Brunet*, le 20 juin 1750, et à la *Veuve Brunet*, le 1er décembre 1760.
> Exemplaire de Mme DE POMPADOUR, avec ses armes en mosaïque de mar. v. sur les plats (*Catalogue de Mme de Pompadour*, n° 487).

330. LE DICTIONNAIRE DES HALLES, OU EXTRAIT DU DICTIONNAIRE DE L'ACADEMIE FRANCOISE. *A Bruxelles, Chez François Foppens.* M. DC. XCVI [1696]. Petit in-12 de 6 ff. et 228 pp., mar. bl. jans., tr. dor. (*A. Motte.*)

> Collation des ff. lim. : 1 f. blanc; titre; 4 ff. pour un *Avertissement*.
> Ce petit volume est un recueil de locutions triviales qui figurent dans la première édition du *Dictionnaire de l'Académie*. On l'attribue à un nommé ARTAUD, peu connu par ses œuvres littéraires. La préface atteste pourtant une plume aussi fine que spirituelle.

331. Alfred Delvau. — DICTIONNAIRE DE LA LANGUE VERTE. Argots parisiens comparés. Deuxième édition entièrement refondue et considérablement augmentée. *Paris, E. Dentu, éditeur de la Société des gens de lettres, Palais-Royal, galerie d'Orléans.* [*Imprimerie Jouaust.*] 1867. (Tous droits réservés). In-12 de xxxv et 514 pp., plus un f. blanc.

> Exemplaire en papier de Hollande.

332. A NEW DICTIONARY of the Terms Ancient and Modern of the Canting Crew, In its several Tribes, of Gypsies, Beggers, Thieves, Cheats, &c. With An Addition of some Proverbs, Phrases, Figurative Speeches, &c. Useful for all sorts of People, (especially Foreigners) to secure their Money and preserve their Lives; besides very Diverting and Entertaining, being wholly New. By B. E. Gent. *London,*

Printed for W. *Hawes at the Rose in Ludgate-street,* P. *Gilbourne at the Corner of Chancery-lane in Fleet-street, and* W. *Davis at the Black Bull in Cornhill.* S. d. [*v.* 1670], in-8 de 92 ff. non chiffr., plus 2 ff. pour le catalogue des libraires W. *Haws* et P. *Gilbourne,* v. marbr., tr. dor. (*Bedford.*)

II. — RHÉTORIQUE.

1. — *Généralités.*

333. Svbtiles || Conceptions || des plus excellens || Esprits, tant des siecles passez, || que du nostre. || Disposées en forme de lieux communs pour || fournir en toutes matieres, de beaux || traits propres à dire de bouche, ou bien || à coucher par escrit. || *A Paris,* || *Chez Matthieu Guillemot, au Pallais,* || *à la gallerie des Prisonniers.* || M. D. C. IIII [1604]. In-12 de 10 ff. et 663 pp., mar. r. jans., tr. dor. (*Thibaron et Joly.*)

IV. 8. 65

> Collation des ff. lim.: titre avec la marque de *Guillemot* (Silvestre, n° 887); 1 f. pour l'avis *Au Lecteur*; 7 ff. pour la *Table*; 1 f. blanc.
> L'éditeur de ce recueil a groupé sous divers titres, tels que « se rejouir, augurer, advertir, blasmer, se complaindre, consoler, etc. », une foule de passages tirés des auteurs anciens. Les modernes ne sont représentés que par un petit nombre de sentences et de phrases diverses, accompagnées de cette mention : « Auteur ». Quel était cet auteur ? Il nous a été impossible de le découvrir. L'avis du libraire au lecteur ne nous fournit, à cet égard, aucun renseignement et nous avons en vain cherché les *Subtiles Conceptions* dans le *Manuel du Libraire* et dans les autres traités de bibliographie.

2. — *Orateurs grecs et latins.*

334. ΛΟΓΟΙ ΑΡΙΣΤΕΙΔΟΥ. || Orationes Aristidis. — [In fine :] *Impressum bonis avibus optatam contigit metam hoc Aristidis opus* || *die xx. Maii.* M. D. XVII [1517]. *Florentiæ sumptibus* || *nobilis uiri Philippi iuntæ bibliopolæ* || *Leonis X. Pontificis nr̃i* || *anno quinto.* In-fol. de 183 ff. chiffr. et 1 f. n. chiffr., mar. br. jans., tr. dor. (*Trautz-Bauzonnet.*)

V. 1. 20

> Première édition des Discours d'Aristide.
> Au v° du titre se trouve une épître de l'éditeur, **Eufrosino Bonino**, médecin

de Florence, « reverendo patri domino Bernardo Michelotio, episcopo Foroliviensi, patritio Florentino. »

Au r⁰ du 2ᵉ f. est le texte latin du privilège accordé par le pape Léon X à *Filippo di Giunta* et à ses fils, le 15 février 1516 (v. s.), pour une période de dix ans.

335. M. TVLLII CICERONIS || Orationum Volu- || men primum [-tertium], || In quo multa, quæ in aliarum editionum libris cor- || rupte legebātur, ex diligenti uetustorum exempla- || rium collatione sunt emendata. || *Parisiis.* || *Ex officina Roberti Stephani typographi Regij.* || M. D. XLIII [1543], 3 vol. in-8, régl., mar. r., fil., dos ornés, doublés de mar. r., dent., tr. dor. (*Anc. rel.*)

Volumen primum : titre; 2 ff. pour l'avis de *Robert Estienne* « librarius regius » aux lecteurs; 1 f. pour l'*Index*; ensemble 4 ff. et 656 pp. — On lit à la fin : *M. D. XLIII.* || *XIIII. Cal. Martii.*
Volumen secundum, *collatis libris manu scriptis, et adhibito judicio diligenter emendatum* : 539 pp. — On lit à la fin : *M. D. XLIII.* || *X Cal. Aprilis.*
Volumen tertium, post omnes omnium editiones accuratissime emendatum : 556 pp., 1 f. non chiffr. et 1 f. blanc. — On lit au v⁰ du f. non chiffr. : *Excudebat Rob. Stepha-*|| *nus typographus re-*|| *gius, Parisiis,* || *an. M. D. XLIII.* || *VII. Cal.* || *Iulii.*
Avec le 3ᵉ volume est relié l'ouvrage suivant :
Hieronymi Ferrarii ad || Paulum Manutium Emen || dationes in Philippi- || cas Ciceronis. || *Parisiis.* || *Ex officina Roberti Stephani typographi regij.* || M. D. XLIII [1543]. — [In fine :] *Excudebat Rob. Stephanus* || *typographus regius,* || *Parisiis. An. M. D.* || *XLIII. X. Cal.* || *Augusti.* In-8 de 188 pp., 1 f. pour la souscription et 1 f. blanc.
Les quatre parties sont imprimées en lettres italiques. Les titres des trois volumes des *Orationes* portent la marque de *Robert Estienne* (Brunet, I, 612; Silvestre, n⁰ 163).
Exemplaire aux armes du comte D'HOYM, provenant de la vente EDW. VERNON-UTTERSON; acquis à la vente DOUBLE (Cat., n⁰ 57).

3. — *Oraisons funèbres.*

336. LES DEVX SERMŌS FV- || NEBRES ES OBSEQVES || & ENTERREMENT DV FEV ROY TRESCHRESTIEN HENRI || DEVXIEME DE CE NOM, faicts et prononcez par || Messire Ierome de la Rouere, esleu Euesque de || Tholon : l'vn à Nostre Dame de Paris, l'aultre à || Sainct Denis en France. || *A Paris,* || *De l'Imprimerie de Robert Estienne.* || M.D.LIX [1559]. || Par Commandement & Priuilege du Roy. In-4 de 30 ff. non chiffr., dont le dernier est blanc, sign. *A-G* par 4, *H* par 2.

Au titre, une grande marque de *Robert Estienne* (Silvestre, n⁰ 508).

Le 2ᵉ f. est occupé, au r°, par neuf distiques latins de JOACHIM DU BELLAY à Jérôme de la Rovère :

>Glandiferas quercus coluit veneranda vetustas
>Cùm Cereris nondum munera nota forent...

et, au v°, par un sonnet français du même auteur. Ces deux pièces ont été omises dans les œuvres de Du Bellay.

Nous reproduisons, ici, le sonnet français :

>Si Xenophon, bien que la verité
>De son Cyrus quelque fois il ne die,
>Jusques icy pour sa Cyropedie
>Entre les Grecs ha telle auctorité,
>
>Combien as-tu des François merité,
>Docte prelat, d'avoir rendu la vie
>A ce bon roy, qui, plus grand que l'envie,
>Vivra par toy en la postérité ?
>
>Tel Xenophon son Cyrus nous depeint
>Qu'en un tableau soubs un argument feinct
>Se montre l'art de quelque excellent maistre ;
>
>Mais ton Henri tu peins bien autrement,
>Le faisant voir en son accoustrement
>Tel qu'il estoit et tel qu'un roy doit estre.

Jérôme de La Rovère fut évêque de Toulon de 1559 à 1564. Son premier sermon fut prononcé dans l'église Notre-Dame de Paris, le samedi 12 août 1559 ; le second dans celle de Saint-Denis, le lendemain, dimanche, 13 août.

Au v° du 29ᵉ f., est un extrait du privilège accordé pour deux ans à *Robert Estienne*, le 4 septembre 1559.

Haut. 229 ; larg. 170 mm.

337. SERMON FV- || NEBRE FAIT A NAN- || CY, aux obseques & funerailles de feu Mō- || seigneur, Monsieur François de Lorraine, || Duc de Guyse, en l'Eglise, des Cordeliers, || par l'ordonnance de son Alteze, & de mō- || seigneur le Duc, presens. || Par Bernard Dominici, de l'ordre de la saincte || Trinité, & redemption des captifz. || Omne regnum in se diuisum desolabitur, || & domus supra domum cadet. Luc. XI. || *Imprimé à Rheims par Iean de Foigny.* || *Et se vendent à Paris Chez Nicolas Chesneau, rue* || *S. Iacques à L'enseigne de L'escu de Froben,* || *& du Chesne verd.* || 1563. In-8 de 32 ff. non chiffr.

338. ORAISON || FVNEBRE, prononcée || en l'Eglise de Nostre-Dame || de Paris, aux honneurs funebres du Se- || renissime Prince, Cosme de medi- || cis, grand Duc de Toscane : || par || M. Arnauld Sorbin, dit de Saincte Foy, Predica- || teur du Roy de France treschrestien, Char- || les IX. à present regnant, le XXVII. de || May, M.D. LXXIIII. || *A Paris,* || *Chez Guillaume Chaudiere, ruë S. Iaques,* || *à l'enseigne du Temps & de l'hom-* || *me Sauuage.* ||

M.D. LXXIIII [1574]. || Auec Priuilege du Roy. In-8 de 14 ff. chiffr., 1 f. non chiffr. et 1 f. blanc, mar. r. jans. tr. dor. (*Trautz-Bauzonnet.*)

<small>Au titre, la marque de *G. Chaudière* (Silvestre, n° 504).
Au v° du 14ᵉ f. est placé un extrait du privilège général accordé pour neuf ans à Sorbin, le 15 décembre 1567.
Le f. qui suit contient, au r°, un fleuron, et, au v°, un *Tombeau*, en huit vers, de Côme de Médicis, signé de la devise *Moriens vivo*.</small>

339. ORAISON || FVNEBRE DV || TRESHAVLT, PVIS- || SANT ET TRESCHRES- || TIĒ ROY DE FRĀCE, CHARLES IX. || piteux & debōnaire, propugnateur || de la Foy, & amateur des bons es- || prits: pronōcee en l'Eglise Nostre- || dame en Paris, le XII. de Iuillet, || M.D LXXIIII. || Par A. Sorbin, dit De Saincte Foy, || son Predicateur ordinaire. || *A Paris,* || *Chez Guillaume Chaudiere, rue sainct Iacques, à* || *l'enseigne du Temps, & de l'Homme sauuage.* || M.D. LXXIX [1579]. || Auec Priuilege du Roy. In-8 de 32 ff. chiffr. — SECONDE || ORAISON FV- || NEBRE DV TRES CHRES || TIEN ET PVISSANT ROY || DE FRANCE, CHARLES IX. Prin- || ce & debōnaire, propugnateur de || la Foy, amateur des bons esprits: pronōcee en l'Eglise S. Denys en || France, || le XIII. iour du mois de || luillet, M.D. LXXIIII [1574]. || Par A. Sorbin, dit De Saincte Foy, || son Predicateur ordinaire. || *A Paris,* || *Chez Guillaume Chaudiere, rue sainct Iacques, à* || *l'enseigne du Temps, & de l'Homme sauuage.* || M.D. LXXIX [1579]. || Auec Priuilege du Roy. In-8 de 16 ff. chiffr. Ens. 2 part. en un volume in-8, mar. r. jans., tr. dor. (*Trautz-Bauzonnet.*)

<small>Les deux titres portent la marque de *G. Chaudière* (Silvestre, n° 504). La date de M.D. LXXIX est probablement une faute d'impression pour M.D LXXIV, comme l'indiquent les achevés d'imprimer.
Le premier discours est précédé d'une épître à Elisabeth d'Autriche, veuve de Charles IX, et suivi d'une *Elegie* (en vers) de Sorbin, ainsi que de 9 distiques latins de NICOLAS GOULU, gendre de Jean Dorat.
Les deux oraisons funèbres se terminent par un extrait du privilège général du 15 décembre 1564 (*sic* pour 1567) et par un achevé d'imprimer du 23 juillet 1574.</small>

340. ORAISON || FVNEBRE DE MADA- || ME MARGVERITE DE || FRANCE, Duchesse de Sauoye: pro- || nōcée en l'Eglise de Nostre-dame, || en Paris, le vingt-neufiéme iour de || Mars, Mil cinq cens septante-cinq. || Par M. Arnauld Sorbin. Docteur Theologal || de Thoulouse, & Predicateur || ordinaire du Roy. || *A Paris,* || *Chez Guillaume Chaudiere, rue*

sainct || *Iacques, à l'enseigne du Temps*, || *& de l'Homme sauuage.* || M.D. LXXV [1575]. || Avec Priuilege du Roy. In-8 de 15 ff. chiff. et 1 f. pour l'*Extraict du Privilége*, mar. r. jans., tr. dor. (*Trautz-Bauzonnet.*)

<blockquote>
Au titre, la marque de *G. Chaudière* (Silvestre, n° 504).
Le discours est précédé d'une épître « A treshault et excellent prince. François, fils et frére du roy Tres-Chrestien de France , duc d'Alençon, etc. »; il est suivi de deux *Tombeaux*, l'un en quatre, l'autre en six vers. Ces tombeaux ne sont signés que de la devise de Sorbin : *Plus bien que rien*.
Le privilège est celui du 15 décembre 1567.
</blockquote>

341. ORAISON || FVNEBRE DE TRES- || VERTVEVSE PRINCESSE, || CLAVDE DE FRANCE, fille de Tres-hault, & Tres- || Chrestien Roy Henry secōd, sœur des Roys, || Duchesse de Lorraine, prononcée en l'Eglise || de nostre Dame, en Paris, le trentiesme iour || de Mars : || Par M. Arnauld Sorbin, Docteur Theologal || en l'Eglise de Thoulouse, & Predi- || cateur ordinaire du Roy. || *A Paris, Chez Guillaume Chaudiere, rue sainct* || *Iacques, à l'enseigne du Temps,* || *& de l'Homme sauuage.* || M.D. LXXV [1575]. || Avec Priuilege du Roy. In-8 de 24 ff. chiffr., mar. r. jans, tr. dor. (*Trautz-Bauzonnet.*)

IV. 3. 34

<blockquote>
Au titre, la marque de *G. Chaudière* (Silvestre, n° 504).
Il n'y a pas d'extrait du privilège.
</blockquote>

342. ORAISON || FVNEBRE DE || TRES HAVLTE ET VER- || TVEVSE PRINCESSE MARIE || ISABEAV DE FRANCE, Fille de Tres-hault || & Treschrestien Roy Charles .IX. ama- || teur de toute Vertu, & Protecteur de la || Foy. Pronōcee en l'Eglise Nostre-da- || me en Paris, le II. d'Auril .1578. || Par A. Sorbin, dit De Saincte Foy, || Predicateur du Roy. || *A Paris,* || *Chez Guillaume Chaudiere, ruë saint Iaques, à* || *l'enseigne du Temps, & de l'Homme sauuage.* || M.D. LXXVIII [1578]. || Auec Priuilege du Roy. In-8 de 19 ff. chiffr. et 1 f. blanc, mar. r. jans., tr. dor. (*Trautz-Bauzonnet.*)

IV. 3. 35

<blockquote>
Au titre, la marque de *G. Chaudière* (Silvestre, n° 504).
Le discours se termine par un *Tombeau de Marie-Isabeau de France* (en vers).
Il n'y a point d'extrait du privilège.
</blockquote>

343. ORAISON || FVNEBRE || DE NOBLE PAVL || DE CAVSSADE, Seigneur de S. || Maigrin, Gentilhomme ordi- || naire de la Chambre du Roy, || Maistre de camp de la Caualle- || rie legere de France. || Prononcee en l'Eglise S. Paul, en

IV. 3. 36

Paris, le || XXV. de Iuillet, M.D. LXXVIII. || Par A. Sorbin, Euesque de Neuers. || *A Paris.* || *Chez Guillaume Chaudiere, ruë S. Iaques, à l'ensei-* || *gne du Temps & de l'Homme sauuage.* || M.D. LXXVIII [1578]. || Auec Priuilege du Roy. In-8 de 26 ff. chiffr. (le 26ᵉ porte par erreur 25 comme le précédent), 1 f. pour l'*Extraict du Privilége* et 1 f. blanc, mar. r. jans., tr. dor. (*Trautz-Bauzonnet.*)

<small>Au titre, la marque de *G. Chaudière* (Silvestre, n° 504).
Le discours est précédé d'une épître « A tres-vertueux seigneur, noble Jehan Des Cars, seigneur de La Vauguyon, prince de Carancy, etc. »; il est suivi de deux sonnets en l'honneur du défunt.
Le privilège est celui du 15 décembre 1567.</small>

344. ORAISON FVNEBRE, || prononcee en l'Eglise || Sainct André des Arcs, es || obseques de feu messire Christofle de || Thou, en son viuant Cheualier, Conseiller || du Roy nostre Sire en son Conseil priué || & d'Estat, & premier President en || sa Cour de Parlement, || par || M. Iean Preuost Docteur en la faculté || de Theologie, Chanoine Theologal, & || Archiprestre de sainct Seuerin, || Le 14. Nouembre, 1582. || *A Paris,* || *Par Mamert Patisson Imprimeur du Roy,* || *chez Robert Estienne.* || M.D. LXXXIII [1583]. || Auec Priuilege. In-4 de 12 ff.

<small>L'édition ne contient aucun extrait du privilège.</small>

345. DISCOVRS D'HONNEVR à la memoire d'Illustrissime et Reuerendissime Pere en Dieu Messire André Fremiot, Patriarche Archeuesque de Bourges et Primat des Aquitaines. *A Diion. De l'Imprimerie de Pierre Palliot, Graueur & Marchand Libraire, proche le Palais,* M.D.C. XXXXI [1641]. In-4 de 4 ff. non chiffr. et 52 pp.

<small>Collation des ff. lim.: titre; 3 ff. pour une épître « A tres noble et vertueux seigneur monsieur Claude Fremiot, conseiller au Parlement de Bourgongne et seigneur d'Yz-sur-Thille » Cette épître est signée: F. A. NARDOT.
André Frémiot, frère de Mᵐᵉ de Chantal, fut archevêque de Bourges de 1603 à 1622, année où il résigna cette dignité pour se fixer à Paris. En 1626, il fut envoyé en ambassade auprès du pape, et fut chargé, peu de temps après, de l'enquête prescrite par le Saint-Siége sur les miracles attribués à saint François de Sales. Il mourut à Paris le 13 mai 1641.
L'imprimeur de ce livre, *Pierre Palliot*, est l'auteur bien connu de la *Science des Armoiries* (voy. ci-après la division *Chevalerie et Noblesse*).</small>

346. TESTAMENT de feu Messire Iacques Moyron, Baron de Saint Triuier, Seigneur de Chauagnieu et Chambost,

Conseiller du Roy en ses Conseils, & au Conseil de son Altesse Royalle, cy-deuant Lieutenant General en la Senechaussée & Siege Presidial de Lyon, Au Profit des Pauures de l'Aumosne Generale dudit Lyon. Ensemble l'Oraison Funebre faite en sa memoire [par Mre André Clement Voysin, Docteur és Droits, & en Theologie, Predicateur du Roy, & Missionaire de sa Saincteté à Geneue]. *A Lyon.* M. DC. LVI [1656]. In-4 de 62 pp. et 1 f.

<small>Au titre, une gravure en taille-douce qui représente les armes de l'Aumône générale de Lyon.

Les pp. 3-5 contiennent une épître « A monseigneur, monseigneur Camille de Neuf-Ville, archevesque et comte de Lyon, etc. »: épître signée : LES RECTEURS DE L'AUMOSNE GENERALE DE LYON ; les pp. 6-7 renferment un extrait de la délibération du bureau de l'Aumône, ordonnant la publication du testament; les pp. 8-9, un avis au lecteur ; la page 10, un *Sonnet* ; les pp. 11-17, le testament ; la p. 18, un *Sonnet.*

Les pp. 19-62 sont occupées par l'oraison funèbre.

Au r⁰ du dernier f. se trouve une *Epitaphe* en huit vers et, au v⁰, le texte des *Permissions.*

Le baron de Saint-Trivier, mort en 1656, légua toute sa fortune aux pauvres de Lyon. Les membres du bureau de l'Aumône firent, en conséquence, publier son testament et son éloge, et ordonnèrent qu'il en fût tiré un nombre suffisant d'exemplaires « pour fournir à ceux de la province et mesmes en envoyer aux païs étrangers. »</small>

347. RECUEÏL || D'ORAISONS || FUNEBRES. || composées || Par Messire Jacques Benigne Bossuet, || Evesque de Meaux, Conseiller du Roy en ses || Conseils, cy-devant Précepteur de Monsei- || gneur le Dauphin. Premier Aumosnier || de Madame la Dauphine. || *A Paris,* || *Chez la Veuve de Sebastien Mabre-* || *Cramoisy Imprimeur du Roy,* || *ruë Saint Jacques, aux Cicognes* || M. DC. LXXXIX [1689]. || Avec Privilege de Sa Majesté. In-12 de 2 ff., 562 pp. et 1 f. pour l'*Extrait du Privilége,* mar. r. jans., tr. dor. (*Trautz-Bauzonnet.*)

<small>Première édition collective des oraisons funèbres de Bossuet.

Le privilège, daté du 1er août 1689, est accordé pour huit ans à la veuve du sieur *S. Mabre-Cramoisy.*

L'achevé d'imprimer est du 18 août 1689.</small>

348. RECUEIL || DES || ORAISONS || FUNEBRES. || prononcées || Par Messire Jacques Benigne-Bossuet, || Evêque de Meaux. || Nouvelle Édition, || Augmentée de l'Eloge Historique de l'Auteur, || & du Catalogue de ses Ouvrages. || *A Paris,* || *Chez Jean Desaint, Libraire Juré de* || *l'Université, ruë S. Jean de Beauvais.* || M. DCCXXXIV [1734]. || Avec

Approbation & Privilege du Roy. In-12 de xxxi et 494 pp.
plus 1 f., mar. r. jans., tr. dor. (*Anc. rel.*)

Le Catalogue des ouvrages de Bossuet donne surtout de l'intérêt à cette édition. Une note de l'éditeur placée au bas de la p. 494 porte ce qui suit : « Ayant été informé par la Bibliothéque des Historiens de France du Pere Le Long que M. Bossuet, évêque de Meaux, avoit fait une oraison funèbre de Nicolas Cornet, grand-maître de Navarre, j'ai fait mon possible pour la découvrir ; mes peines n'ont pas été inutiles ; mais, après en avoir pris la lecture, j'ai jugé que cet éloge funèbre n'étoit pas tout-à-fait digne de la réputation de ce grand homme, et que ce n'étoit apparemment qu'un essai de la premiere jeunesse de cet illustre prélat. ce qui m'a fait prendre le parti de ne la point ajouter à ce recueil. Si le public en étoit néanmoins curieux, on la pourroit distribuer séparément. » Il faut croire que le public ne manifesta pas cette curiosité, car la pièce ne fut pas réimprimée.

Le privilège, daté du 18 décembre 1733, est accordé à *Jean Desaint* pour six ans, et se réfère aux oraisons funèbres de Mascaron, Fléchier et Bossuet.

Exemplaire aux armes de LOUISE-FRANÇOISE DE BOURBON, dite Mlle DE NANTES, fille légitimée de Louis XIV et de Mme de Montespan, née en 1673, veuve, depuis 1710, de Louis III, duc de Bourbon, d'Enghien, etc., petit-fils du Grand-Condé.

349. ORAISON FUNEBRE DE Me NICOLAS CORNET Grand Maître du College de Navarre. Prononcée dans la Chapelle du Collége où il est inhumé, le 27. Juin 1663. Par Messire Jacques-Benigne Bossuet Evêque de Meaux, Conseiller du Roy en ses Conseils, cy-devant Précepteur de Monseigneur le Dauphin. *A Amsterdam, Chez Henry Weistein*, M.DC. XCVIII [1698]. In-8 de 96 pp., mar. r. jans., doublé de mar. r. fil. à froid, tr. dor. (*Trautz-Bauzonnet.*)

En écrivant cette oraison funèbre, Bossuet voulut acquitter une dette de reconnaissance envers un ancien maître, mais le sujet présentait de graves difficultés. Nicolas Cornet avait le premier dénoncé comme hérétiques diverses propositions de Jansenius ; il avait, dès lors, été en butte à de violentes attaques de la part des amis de la doctrine nouvelle. Ainsi que le remarque M. Sainte-Beuve (*Port-Royal*, 4e éd., VI, 363), le discours de Bossuet fut prononcé dans des circonstances fort délicates, au moment où l'accommodement théologique que l'évêque de Comminges essaya de ménager entre Jansénistes et Molinistes, paraissait sur le point d'aboutir. La situation changeait, pour ainsi dire, d'heure en heure, et l'orateur était obligé d'en tenir compte. Il chercha, tout en faisant l'éloge de Cornet, à tenir la balance à peu près égale entre les deux partis :

« Deux maladies dangereuses, dit-il (p. 11), ont affligé en nos jours le corps de l'Église ; il a pris à quelques docteurs une malheureuse et inhumaine complaisance, une pitié meurtrière, qui leur a fait porter des coussins sous les coudes des pécheurs, chercher des couvertures à leurs passions, pour condescendre à leur vanité et flatter leur ignorance affectée. Quelques autres, non moins extrêmes, ont tenu les consciences captives sous des rigueurs très-injustes ; ils ne peuvent supporter aucune foiblesse, ils traînent toûjours l'enfer aprés eux, et ne fulminent que des anathèmes. L'ennemy de nôtre salut se sert également des uns et des autres, employant la facilité de ceux-là pour rendre le vice aimable, et la severité de ceux-cy pour rendre la vertu odieuse. »

Bossuet ne fit pas imprimer l'oraison funèbre de Cornet et ne voulut même pas qu'elle fût jointe au recueil de ses discours ; ce fut le neveu de Cornet

BELLES-LETTRES.

qui fit publier en Hollande, trente-cinq ans plus tard, l'édition que nous venons de décrire. Celui-ci a joint à l'oraison funèbre les pièces suivantes : cinq distiques latins adressés à Bossuet par les rhétoriciens du collège de Navarre (pp. 42-43) ; treize distiques adressés par ces mêmes écoliers à M. de La Motte-Houdancourt, grand-aumônier de France, évêque d'Auch désigné, qui voulut bien présider lui-même à la cérémonie des obsèques de Cornet (pp. 44-46) ; l'épitaphe de Cornet, en latin (pp. 47-48) ; son éloge, tiré de la *Bibliotheca Anti-Janseniana*, imprimée en 1654 (pp. 49-50) ; un poème latin récité aux obsèques par les rhétoriciens du collège (pp. 51-56) ; une élégie latine récitée par JACQUES DE BERTINIÈRE, élève de seconde (pp. 57-65) ; une épitaphe et une élégie latines composées par JEAN BARON, prêtre, chapelain de Notre-Dame d'Amiens (pp. 66-70); un éloge funèbre dont l'auteur est l'éditeur lui-même, CHARLES-FRANÇOIS CORNET, seigneur de Couvel, Saint-Marc, Graville et autres lieux, conseiller, avocat du roi au bailliage et siège présidial d'Amiens (pp. 71-91) ; enfin un extrait d'un libelle fait contre Me Nicolas Corn t, intitulé : *Considérations sur son entreprise en l'Assemblée du 1. juillet* 1649 (pp. 93-96).

350. ORAISON FUNEBRE DE HENRIETTE ANNE D'ANGLETERRE, DUCHESSE d'Orleans. Prononcée à Saint Denis le 21. jour d'Aoust 1670. Par Messire Jacques Benigne Bossuet, Conseiller du Roy en ses Conseils, Evêque de Condom, Précepteur de Monseigneur le Dauphin. *A Paris, Chez Sebastien Mabre-Cramoisy, Imprimeur du Roy, ruë S. Jacques, aux Cicognes.* M.D.C. LXX [1670]. Avec Privilege de Sa Majesté. In-4 de 53 pp., mar. r. jans., tr. dor. (*Trautz-Bauzonnet*.)

> Édition originale.
> Le titre est orné d'une marque de *Cramoisy*, gravée en taille-douce.
> Au-dessus du titre de départ est un fleuron aux armes de la défunte.
> Au v° du dernier f. est placé un extrait du privilège spécial accordé à *Cramoisy* le 12 octobre 1670, sans indication de durée.

351. ORAISON FUNEBRE DE MARIE TERESE D'AUSTRICHE, Infante d'Espagne, Reine de France et de Navarre. Prononcée à Saint Denis le premier de Septembre 1683. Par Messire Jacques Benigne Bossuet, Evesque de Meaux, Conseiller du Roy en ses Conseils, cy-devant Précepteur de Monseigneur le Dauphin, Premier Aumosnier de Madame la Dauphine. *A Paris, Chez Sebastien Mabre-Cramoisy, Imprimeur du Roy, ruë Saint Jacques, aux Cicognes.* M.D C. LXXXIII [1683]. Avec Privilege de Sa Majesté. In-4 de 1 f. et 61 pp., mar. r. jans., tr. dor. (*Trautz-Bauzonnet*.)

> Édition originale.
> Au titre, un fleuron aux armes de la reine.
> Au-dessus du titre de départ un en-tête de *Sébastien le Clerc*, qui représente le catafalque royal.
> Le privilège, dont un extrait occupe le v° de la page 61, est un privilège général de vingt ans, accordé à Bossuet pour tous ses ouvrages le 12 août 1682. L'achevé d'imprimer est du 12 octobre 1683.

194   BELLES-LETTRES.

352. ORAISON FUNEBRE DE TRES-HAUTE ET TRES-PUISSANTE PRINCESSE ANNE DE GONZAGUE DE CLEVES, Princesse Palatine. Prononcée en présence de Monseigneur le Duc, de Madame la Duchesse, & de Monseigneur le Duc de Bourbon, dans l'Eglise des Carmelites du Fauxbourg Saint Jacques, le 9. Aoust 1685. Par Messire Jacques Benigne Bossuet, Evesque de Meaux, Conseiller du Roy en ses Conseils, cy-devant Précepteur de Monseigneur le Dauphin, Premier Aumosnier de Madame la Dauphine. *A Paris, Par Sebastien Mabre-Cramoisy, Imprimeur du Roy,* M. DC. LXXXV [1685]. Avec Privilege de Sa Majesté. In-4 de 1 f. et 59 pp., mar. r. jans., tr. dor. (*Trautz-Bauzonnet.*)

    Édition originale.
    Le volume est orné de 3 fleurons (au titre, à la page 1 et à la page 59); le premier de ces fleurons est signé de *Sébastien Le Clerc*.
    Il n'y a pas d'extrait du privilège.

353. ORAISON FUNEBRE DE TRES-HAUT ET PUISSANT SEIGNEUR MESSIRE MICHEL LE TELLIER, Chevalier, Chancelier de France. Prononcée dans l'Eglise Paroissiale de Saint Gervais, où il est inhumé, le 25. Janvier 1686. Par Messire Jacques Benigne Bossuet, Evesque de Meaux, Conseiller du Roy en ses Conseils, cy-devant Précepteur de Monseigneur le Dauphin, Premier Aumosnier de Madame la Dauphine. *A Paris, Par Sebastien Mabre-Cramoisy, Imprimeur du Roy, & Directeur de son Imprimerie Royale.* M.DC. LXXXVI [1686]. In-4 de 1 f., 62 pp. et 1 f., mar. r. jans., tr. dor. (*Trautz-Bauzonnet.*)

    Édition originale.
    Au titre, un fleuron aux armes du chancelier.
    Au-dessus du titre de départ, un fleuron gravé par *Roullet*, d'après *J. Parosel* (sic), qui représente Le Tellier entre la Justice et la Force.
    A la p. 62 est un grand fleuron gravé par *S. Thomassin*, d'après *Parosel*.
    Le dernier f. contient un extrait du privilège général du 12 août 1682.
    L'achevé d'imprimer est du 8 mars 1686.

354. ORAISON FUNEBRE DE TRES-HAUT ET TRES-PUISSANT PRINCE LOUIS DE BOURBON Prince de Condé, Premier Prince du sang. Prononcée dans l'Eglise de Nostre-Dame de Paris le 10. jour de Mars 1687. Par Messire Jacques Benigne Bossuet, Evesque de Meaux, Conseiller du Roy en ses Conseils, cy-devant Précepteur de Monseigneur le Dauphin, Premier Aumosnier de Madame la Dauphine. *A Paris, Chez Sébastien Mabre Cramoisy, premier Imprimeur du Roy, & Directeur de son Imprimerie Royale: ruë*

S. *Jacques, aux Cicognes.* M. DC. LXXXVII [1687]. Avec Privilege de Sa Majesté. In-4 de 1 f. et 61 pp., mar. r. jans., tr. dor. (*Trautz-Bauzonnet.*)

<small>Édition originale.
Au titre, un fleuron aux armes des Condé, gravé par *C. Vermeulen*, d'après *P. Sevin*.
Au-dessus du titre de départ, un fleuron gravé par *Roullet*, d'après *J. Parosel* (sic), qui représente le prince conduit par la Force et la Religion.
A la p. 61 est un 3º fleuron non signé, aux armes des Condé.
Il n'y a pas d'extrait du privilège.</small>

355. RECUEIL DES ORAISONS FUNEBRES prononcées Par Messire Jules Mascaron, Evêque & Comte d'Agen, Predicateur ordinaire du Roy. *A Paris, Chez Gregoire Du Puis, rue S. Jacques, à la Fontaine d'Or.* M.DCC.IV [1704]. Avec Approbation & Privilege du Roy. In-12 de 14 ff., 412 pp. et 2 ff. pour l'*Approbation* et le *Privilége*.

<small>Collation des ff. lim. : un f. blanc ; titre ; 12 ff. pour la Vie de *Messire Jules Mascaron* et la *Table*.
Ce recueil, qui ne parut pour la première fois qu'après la mort de Mascaron, décédé le 20 novembre 1703, contient 5 pièces, savoir :

1º *Oraison funèbre d'Anne d'Autriche* (1666);
2º *Oraison funèbre d'Henriette d'Angleterre, duchesse d'Orléans* (1670);
3º *Oraison funèbre de M. le duc de Beaufort* (1670);
4º *Oraison funèbre de Pierre Séguier* (1672);
5º *Oraison funèbre d'Henry de La Tour d'Auvergne, vicomte de Turenne* (1675).

Pour l'édition originale de la dernière pièce, voy. le nº 366.
Le privilège, daté du 9 avril 1701, est accordé, pour douze ans, à *Grégoire Du Puis*.</small>

356. RECUEIL D'ORAISONS FUNÈBRES en l'honneur d'Anne d'Autriche, morte le 20 janvier 1666. 6 pièces in-4.

<small>Voici la description des pièces réunies sous ce nº :

1. ORAISON FVNEBRE d'Anne Infante d'Espagne, Reine de France, et Mere du Roy. Prononcée en la presence de ses Domestiques dans l'Eglise de S. Eustache, par le R. P. IEAN FRANÇOIS SENAVLT, Superieur General de la Congregation de l'Oratoire de Iesus. *A Paris, Chez Pierre le Petit, Imprimeur & Libr. ordinaire du Roy, ruë S. Iacques, à la Croix d'Or.* M.DC.LXVI [1666]. Auec Priuilege de Sa Majesté. In-4 de 4 ff. et 80 pp.

A la fin de cette pièce est placé un extrait du privilège général accordé pour vingt ans au P. Senault ; la date n'en est pas indiquée.

2º ORAISON FVNEBRE de la Reyne Mere du Roy. Prononcée dans l'Abbaye Royalle de S. Denis en France, le 12. Feurier de l'année 1666. Par Messire François Faure, Euesque d'Amiens, Conseiller du Roy en ses Conseils. *A Paris, Chez Antoine Vitré, Imprimeur ordinaire du Roy, & du Clergé de France.* M.DC.LXVI [1666]. Auec Priuilege de Sa Majesté. In-4 de 47 pp.

A la fin de cette pièce est un extrait du privilège général accordé pour dix ans à l'imprimeur *Antoine Vitré*, le 17 février 1661.

3º ORAISON FVNEBRE prononcée dans l'Eglise Collegiale de Beaulne, pour</small>

la Tres Chrestienne Reyne de France et de Nauarre Anne d'Autriche Mere du Roy. Par M. ANDRÉ CARMAGNOLE, Prestre de la Congregation de l'Oratoire, Chanoine, Theologal de cette Eglise, & Recteur Spirituel du Grand Hostel-Dieu de la mesme Ville, le 5. mars 1666. *A Beaulne, Par François Simonnot, Imprimeur de la Ville & du College.* In-4 de 1 f. et 87 pp.

François Simonnot avait introduit l'imprimerie à Beaune en 1659. Voy. Deschamps, *Dict. géogr.*, v° *Belna*.

4. ORAISON FVNEBRE d'Anne d'Autriche. Reyne de France et de Nauarre, et Mere du Roy. Prononcée le 20me jour de Mars 1666. dans la Chapelle du Seminaire des Trente-trois Pauvres Escoliers de la Famille de Nostre Seigneur. Par M^r l'Abbé LE CLERC, Aumosnier de Monsieur Frere Vnique du Roy. *A Paris, Chez Charles de Sercy, au Palais, au Sixiéme Pilier de la Grand'Salle, vis à vis la Montée de la Cour des Aydes, à la Bonné-Foy* [sic] *Couronnée.* M.DC.LXVI [1666]. Auec Permission. In-4 de 4 ff., 46 pp. et 1 f. blanc.

5. ORAISON FVNEBRE d'Anne d'Autriche, Reyne de France et Mere du Roy. Prononcée dans l'Eglise des Benedictines de l'Abbaye Royale de S. Iulien d'Auxerre. Par M. FERNIER Docteur de Sorbonne, grand Archidiacre de la Cathedrale d'Auxerre. *A Paris, Chez George Iosse, ruë saint Iacques, à la Couronne d'Espine.* M.DC.LXVI [1666]. Auec Permission. In-4 de 40 pp.

6. ORAISON FVNEBRE d'Anne d'Austriche, Reyne de France et de Nauarre, Mere du Roy. Prononcée le 19. Janvier 1667. dans l'Eglise de l'Abbaye Royale du Val-de-Grace, par ordre et en presence de Monsieur. Par Monsieur l'Abbé DE DRUBEC, Docteur en Theologie de la Maison de Sorbonne. *A Paris, Chez Frederic Leonard, ruë saint Iacques, à l'Escu de Venise.* M.DC.LXVII [1667]. Auec Permission. In-4 de 32 pp.

357. ORAISON FVNEBRE DE PHILIPES IV. Roy d'Espagne, &c. Dediée à la Reine. Par M. François Ogier, Prestre et Predicateur. *A Paris, Chez Pierre le Petit, Imprimeur & Libraire ordinaire du Roy, rüe S. Iacques à la Croix d'Or.* M.DC.LXVI [1666]. Auec Priuilege de Sa Maiesté. In-4 de 4 ff., 66 pp. et 1 f.

Le dernier f. contient un extrait du privilège général accordé pour quinze ans à François Ogier, le 19 juillet 1665.

358. LE PONTIFE DE LA IVSTICE, ou Eloge funebre de Messire Pierre Scarron, Evesque et Prince de Grenoble. Prononcée dans l'Eglise Cathedrale de Nostre-Dame de Grenoble, le 13. Fevrier 1668. par le R. P. Nicolas de Dijon Capucin. *A Grenoble, Chez R. Philippes, proche les RR. PP. Iesuites.* M.DC.LXVIII [1668]. In-4 de 2 ff. et 50 pp.

Le continuateur de la *Gallia crhistiania* n'a pu découvrir la date exacte de la mort de Pierre Scarron. Il s'exprime ainsi à ce sujet (XVI, 256) : « Obiit, ut ferunt, 8. februari 1668. Aequalis tamen ejus, Nic. Chorerius eum mense Martio 1667 decessisse memorat. » On voit par le discours du P. Nicolas de Dijon que la date indiquée par Chorier doit être la bonne, car l'évêque de Grenoble était déjà enterré depuis longtemps quand son oraison funèbre fut prononcée.

359. ORAISON FVNEBRE DE TRES-HAVTE ET TRES-PVISSANTE DAME DIANE HENRIETTE DE BVDOS, DVCHESSE DE SAINT SIMON.

BELLES-LETTRES. 197

Prononcé [sic] à ses Obseques, en l'Eglise Cathedrale de Senlis, le 19. Decembre de l'Année 1670. Par Monsieur Deslyons, Prestre, Docteur de la Maison et Société de Sorbonne, Doyen et Theologal de Senlis. *A Paris, Chez Guillaume Desprez, ruë Saint Jacques, à Saint Prosper.* M.DC.LXXI [1671]. Avec Privilege du Roy. In-4 de 3 ff. et 43 pp.

<small>Le titre de départ est surmonté d'un grand fleuron.
Il n'y a pas d'extrait du privilège.
Diane Henriette de Budos ou Bédos, première femme du duc de Saint-Simon, mourut le 2 décembre 1670; elle ne laissa que deux filles, Gabrielle-Louise de Saint-Simon, duchesse de Brissac, à qui le discours est dédié, et Marie-Madeleine de Saint-Simon, qui mourut sans alliance (voy. Anselme, *Hist. généal.*, IV, 411).
Le janséniste Jean Deslyons, qui composa cette oraison funèbre, est moins connu comme orateur que comme auteur du *Discours ecclesiastique contre le paganisme des roys de la féve et du roy-boit* (Paris, 1664, in-12).</small>

360. ORAISON FVNEBRE DE MESSIRE HARDOÜIN DE PEREFIXE DE BEAVMONT; Archevesque de Paris, Chancelier et Commandeur des Ordres du Roy, &c. Prononcée dans l'Eglise de Paris le 7. Février 1671. Par Messire Iean-Louis de Fromentieres, Abbé de S. Iean du Iard. *A Paris, Chez Frederic Leonard, Imprimeur du Roy, ruë S. Iacques, à l'Escu de Venise.* M.DC.LXXI [1671]. Avec Privilege de Sa Majesté. In-4 de 67 pp.

<small>Le titre de départ et la fin du discours sont ornés de fleurons allégoriques, non signés. — Il n'y a pas d'extrait du privilège.</small>

361. ORAISONS FUNEBRES composées Par Messire Esprit Flechier, Evêque de Nismes. *A Paris, Chez Antoine Dezallier, ruë saint Jacques, à la Couronne d'Or.* M.DC.LXXXXI [1691]. Avec Privilege de Sa Majesté. 2 tom. en un vol. in-12, mar. r., fil., dos orné, tr. dor. (*Trautz-Bauzonnet.*)

<small>*Tome Premier*: 2 ff., 326 pp. et 1 f. pour l'*Extrait des Priviléges*. — *Tome Second*: 1 f., 297 pp. et 1 f. pour la *Table*.
Les privilèges, dont on trouve des extraits à la fin du 1er volume, sont celui du 6 février 1676, relatif aux oraisons funèbres de Mme de Montausier, de Mme d'Aiguillon et de Turenne, et celui du 9 mars 1679 relatif à l'oraison funèbre de Lamoignon.
Le privilège, rapporté par extrait à la fin du tome IIe, est un nouveau privilège de huit ans accordé à Fléchier pour ses diverses oraisons funèbres, à la date du 14 juillet 1690, et cédé par lui à *Dezallier*.
L'achevé d'imprimer est du 10 mai 1691.
Le titre de chaque volume porte un joli fleuron de *Mariette fils*.
Première édition collective des huit oraisons funèbres, dont les éditions originales sont décrites ci-après (nos 362, 365, 366, 367, 369, 372, 374, 375).</small>

362. ORAISON FUNEBRE DE MADAME JULIE-LUCINE D'ANGENNES DE RAMBOUILLET DUCHESSE DE MONTAUSIÉR, Dame d'honneur de la Reine. Prononcée en présence de Madame l'Abbesse de Saint Estienne de Reims, & de Madame l'Abbesse d'Hiere ses Sœurs, en l'Eglise de l'Abbaïe d'Hiere, le 2. Janvier 1672. Par Monsieur Fléchier. *A Paris, Chez Sebastien Mabre-Cramoisy, Imprimeur du Roy, ruë Saint Jacques, aux Cicognes.* M.DC.LXXII [1672]. Avec Privilege de Sa Maiesté. In-4 de 1 f. et 56 pp.

> Édition originale.
> Le volume est orné de 3 fleurons non signés.
> Il n'y a pas d'extrait du privilège.

363. ORAISON FUNEBRE DE MADAME ANNE MARIE MARTINOZZI PRINCESSE DE CONTY. Prononcée en l'Eglise de saint André des Arts, le 26. Avril 1672. Par Messire Gabriel de Roquette Evesque d'Autun. *A Paris, Chez Guillaume Desprez, ruë Saint Jacques, à Saint Prosper.* M.DC.LXXII [1672]. Avec Privilege du Roy. In-4 de 50 pp.

> Le titre de départ est surmonté d'un fleuron, gravé en taille-douce, qui représente le catafalque de la princesse, avec ses armes.
> Le privilège, dont un extrait est placé au milieu de la p. 50, est accordé pour cinq ans à *Guillaume Desprez*, à la date du 1ᵉʳ mai 1672. Il est suivi d'un achevé d'imprimer du 16 juillet 1672.
> D'après une tradition que Saint-Simon n'a pas dédaigné de recueillir, l'auteur de cette oraison funèbre, Gabriel de Roquette, serait l'original du *Tartuffe* de Molière. Il passait pour réciter des sermons composés par d'autres. On connaît l'épigramme attribuée à Boileau :
>
>> On dit que l'abbé Roquette
>> Prêche les sermons d'autrui ;
>> Moi, qui sais qu'il les achète,
>> Je soutiens qu'ils sont à lui.

364. RECUEIL D'ORAISONS FUNÈBRES en l'honneur de Charles-Paris d'Orléans, duc de Longueville, mort le 12 juin 1672. 2 pièces in-4.

> Voici la description de ces deux pièces :
> 1. ORAISON FUNEBRE DE TRES-HAUT ET TRES-PUISSANT PRINCE CHARLES PARIS D'ORLEANS, DUC DE LONGUEVILLE, &c. Prononcée sur le Corps dans l'Eglise de Coulommiers le premier jour d'Aoust 1672. Par Monsieur l'Abbé BAÜYN, Docteur de Sorbonne. *A Paris, Chez Frederic Leonard, Imprimeur du Roy, ruë S. Jacques, à l'Escu de Venise.* M.DC.LXXII [1672]. In-4 de 42 pp. et 1 f. pour la *Permission*.
> Au titre et au titre de départ, des fleurons aux armes du défunt. Le premier est signé de *F. Chauveau*.
> La permission, signée : DE LA REYNIE, est datée du 6 août 1672.
> 2. ORAISON FUNEBRE DE TRES-HAUT ET TRES-PUISSANT PRINCE CHARLES D'ORLEANS, DUC DE LONGUEVILLE, Prince Souverain de Neuchastel, &c. Prononcée en l'Eglise des Celestins, le Mardy 9. Aoust 1672. jour de son Enterrement. Par Messire GILBERT DE CHOYSEUL, Evesque de Tournay.

A Paris, Chez Guillaume Desprez, ruë Saint-Jacques, à Saint-Prosper.
M.DC.LXXII [1672]. Avec Privilège du Roy. In-4 de 43 pp.

Au titre de départ, un fleuron de *Noël Cossin.*

La p. 43 contient un extrait du privilège accordé pour dix ans à l'évêque de Tournai, le 17 décembre 1671.

365. RECUEIL D'ORAISONS FUNÈBRES en l'honneur de Marie de Vignerod, duchesse d'Aiguillon, morte le 17 avril 1675. 2 pièces in-4.

Voici la description de ces deux pièces :

1. DISCOURS FUNEBRE POUR MADAME LA DUCHESSE D'AIGUILLON; Prononcé à Paris Dans la Chapelle du Seminaire des Missions Etrangeres. Par Mr DE BRISACIER, Prieur Commendataire de St. Pierre de Neuvilliers, Conseiller & Predicateur ordinaire de la Reyne, le 13. May 1675. Troisième Edition. *A Paris, Chez Charles Angot, ruë Saint-Jacques, au Lyon d'or.* M.DC.LXXV [1675]. Avec Permission. In-4 de 48 pp. et 2 ff.

Au titre, les armes de la défunte.

Le titre de départ est surmonté d'un autre fleuron qui représente un catafalque.

Les ff. qui terminent le volume contiennent un bref du pape Alexandre VII, en date du 30 septembre 1658.

2. ORAISON FUNEBRE DE MADAME MARIE DE WIGNEROD DUCHESSE D'AIGUILLON, Pair de France. Prononcée en l'Eglise des Carmelites de la ruë Chapon le 12. jour d'Aoust 1675. Par Monsieur l'Abbé FLÉCHIER de l'Académie Françoise. *A Paris, Chez Sebastien Mabre-Cramoisy, Imprimeur du Roy, ruë Saint-Jacques, aux Cicognes.* M.DC.LXXV [1675], Avec Permission. In-4 de 2 ff. (dont le 1er est blanc), 42 pp. et 1 f. blanc.

Au titre, les armes de la défunte ; au titre de départ, un fleuron représentant un catafalque orné de son chiffre.

Mme de Combalet, depuis duchesse d'Aiguillon, était la nièce de Richelieu ; ce fut à elle que Corneille dédia *le Cid.*

366. RECUEIL D'ORAISONS FUNÈBRES en l'honneur d'Henri de La Tour d'Auvergne, vicomte de Turenne, mort le 27 juillet 1675. 3 pièces in-4.

1. ORAISON FUNEBRE DE TRES-HAUT ET TRES-PUISSANT PRINCE HENRY DE LA TOUR D'AUVERGNE, VICOMTE DE TURENNE, Marechal general des Camps & Armées du Roy, &c. Prononcée à Paris dans l'Eglise des Carmelites du Faux-bourg Saint Iacques, où son Cœur est inhumé, le 30. d'Octobre 1675. Par Mre JULES MASCARON, Evêque et Vicomte de Tulle, Conseiller du Roy en tous ses Conseils, & Predicateur ordinaire de Sa Majesté. *A Paris. Chez la veufve de Jean Dupuis, ruë S. Jacques, à la Couronne d'or.* M.DC.LXXVI [1676]. Avec Privilège du Roy. In-4 de 54 pp. (y compris le titre) et 1 f. pour l'*Extrait du Privilège.*

Édition originale.

Le volume renferme trois grands fleurons et une lettre ornée de *Sébastien Le Clerc.*

Le privilège, dont la date n'est pas indiquée, est accordé pour huit ans à la veuve de *Jean Dupuis.*

2. ORAISON FUNEBRE DE TRES-HAUT ET TRES-PUISSANT PRINCE HENRI DE LA TOUR D'AUVERGNE, VICOMTE DE TURENNE, Maréchal général des Camps & Armées du Roy, Colonel Général de la Cavalerie Légère, Gouverneur du haut et bas Limosin. Prononcée à Paris dans l'Eglise de Saint

Eustache le 10. de Janvier 1676. Par Monsieur FLÉCHIER, Abbé de Saint Severin. *A Paris, Chez Sebastien Mabre-Cramoisy, Imprimeur du Roy, ruë Saint Jacques, aux Cicognes.* M.DC.LXXVI [1676]. Avec Privilege de Sa Majesté. In-4 de 2 ff. (y compris 1 f. blanc) et 55 pp.

Édition originale.

Le volume est orné de trois fleurons. Celui du titre de départ, dessiné par *F. C[hauveau]*, a été gravé par *Louis Cossin*. Le privilège, daté du 22 janvier 1676, est accordé à Fléchier pour dix ans.

3. ORAISON FUNEBRE DE TRES-HAUT ET TRES-PUISSANT PRINCE HENRY DE LA TOUR-D'AUVERGNE, VICOMTE DE TURENNE, Colonel de la Cavalerie Legere, Gouverneur du Haut & Bas Limosin, Mareschal General des Camps & Armées de Sa Majesté. Prononcée à Paris en l'Eglise des Chanoines Reguliers de Premonstré le 11. Janvier 1676. Par M. l'Abbé BAÜYN, Docteur de Sorbonne. *A Paris, Chez Claude Barbin, au Palais, sur le second Perron de la S*te* Chappelle.* M.DC.LXXVI [1676]. Avec Permission. In-4 de 42 pp. et 1 f. blanc.

367. RECUEIL D'ORAISONS FUNÈBRES en l'honneur de Guillaume de Lamoignon, marquis de Baville, mort le 10 décembre 1677. 2 pièces in-4, cart.

1. ORATIO FUNEBRIS IN OBITUM GUILELMI DE LAMOIGNON Senatus Principis, Marchionis de Baville, &c. Inter Anniversaria sacra, Quæ Illius memoriæ celebravit Vniversitas, ejusdem Vniversitatis nomine pronunciata. apud Mathurinenses, à M. BERNARDO COLON, Emerito Eloquentiæ Professore in Marchiano, die 7. Decembris an. 1678. *Parisiis, Apud Viduam Claudii Thiboust, et Petrum Esclassan, Juratum Bibliop. Universit. ordin. vià D. Joan. Later. è regione Collegij Regij.* M.DC.LXXIX [1679]. In-4 de 43 pp.

Le discours est suivi de six distiques latins de NICOLAS TAVERNIER, ancien professeur d'éloquence au collège de Navarre.

2. ORAISON FUNÈBRE DE MONSIEUR LE PREMIER PRÉSIDENT DE LAMOIGNON. Prononcée à Paris dans l'Eglise de Saint Nicolas du Chardonnet le 18. Février 1679. Par Monsieur FLÉCHIER, Abbé de Saint Severin, de l'Académie Françoise. *A Paris, Chez Sebastien Mabre-Cramoisy, Imprimeur du Roy, ruë saint Jacques, aux Cicognes.* M.DC.LXXIX [1679]. Avec Privilege de Sa Majesté. In-4 de 2 ff. (dont le premier est blanc) et 44 pp.

Édition originale.

Le volume est orné de 3 fleurons non signés.

A la fin, un extrait du privilège accordé à Fléchier le 9 mars 1679. La durée n'en est pas indiquée.

368. ORAISON FUNÈBRE DE TRES-ILLUSTRE ET TRES-VERTUEUSE Princesse Madame Marie Eleonor DE ROHAN Abbesse de Malnouë. Prononcée à Paris l'onziéme jour d'Avril 1682 en l'Eglise des Religieuses Benedictines du Prieuré de Chasse-Midy, où elle est enterrée. Par Monsieur l'Abbé Anselme. *A Paris, Chez Sebastien Mabre-Cramoisy, Imprimeur du Roy, ruë Saint Jacques, aux Cicognes.* M.DC.LXXXII [1682]. Avec Privilège du Roy. In-4 de 2 ff. (dont le premier est blanc), 58 pp. et 5 ff.

L'oraison funèbre est suivie d'une longue épitaphe de Marie de Rohan. Le texte français est accompagné d'une traduction latine et d'une traduction italienne. Cette dernière est du « célèbre auteur de *La Congiura di Raffaello della Torre* », c'est-à-dire de GIO P. MARANA, qui fit imprimer à Lyon, en 1682, in-12, un ouvrage intitulé : *La Congiura di Raffaello della Torre, con le mosse della Savoia contra la Repubblica di Genova* (Cat. La Vallière, par Nyon, n° 24704).

Le volume est orné de trois fleurons, dont le second, celui qui surmonte le titre de départ, est signé *P. S. in.* et *E. G. f.*

Le privilège, daté du 5 juin 1682, est accordé pour six ans à *Sébastien Mabre-Cramoisy*.

369. RECUEIL D'ORAISONS FUNÈBRES en l'honneur de Marie-Thérèse d'Autriche, reine de France, morte le 30 juillet 1683. 3 pièces in-4.

1. ORAISON FUNEBRE DE MARIE THERESE D'AUTRICHE, INFANTE D'ESPAGNE, Reyne de France et de Navarre. Par Monsieur DE*** [THERVILLE]. *A Paris, Chez Antoine Dezallier, ruë Saint Jacques, à la Couronne d'Or.* M.DC.LXXXIII [1683]. Avec Privilege du Roy. In-4 de 1 f., 28 pp. et 1 f. pour le *Privilege*.

Le privilège, daté du 29 octobre 1683, est accordé à *Dezallier* pour six ans ; il est suivi d'un achevé d'imprimer du 12 novembre 1683.

2. ORAISON FUNEBRE DE MARIE THERESE D'AUTRICHE, INFANTE D'ESPAGNE, Reyne de France et de Navarre. Prononcée à Langres, le 20. Septembre 1683. Par Messire IULES DE BOLLOGNE, Docteur de Sorbonne, Abbé de Saint Clement de Mets, Chanoine Archidiacre & Theologal de Langres. *A Paris, Chez Antoine Dezallier, ruë Saint Jacques, à la Couronne d'Or.* M.DC.LXXXIII [1683]. Avec Permission. In-4 de 32 pp. et 1 f. blanc.

Au titre, un fleuron de *J. Le Pautre* aux armes de Marie-Thérèse ; au-dessus du titre de départ, un fleuron du même aux armes du cardinal Capissuchi, à qui l'oraison funèbre est dédiée.

À la fin est un permis d'imprimer du 4 décembre 1683.

3. ORAISON FUNEBRE DE MARIE TERESE D'AUSTRICHE, INFANTE D'ESPAGNE, Reine de France et de Navarre. Prononcée à Paris le 24. jour de Novembre 1683. en l'Eglise des Religieuses du Val-de-Grace, où son Cœur repose. En presence de Monseigneur le Dauphin, de Monsieur, de Madame, de Mademoiselle, & des Princes & Princesses du Sang. Par Monsieur FLÉCHIER, Abbé de Saint Severin, Aumosnier ordinaire de Madame la Dauphine. *A Paris, Chez Sebastien Mabre-Cramoisy, Imprimeur du Roy.* M.DC.LXXXIV [1684]. Avec Privilege de Sa Majesté. In-4 de 2 ff., 46 pp. et 1 f. pour l'*Extrait du Privilége*.

Édition originale.

Le titre et le titre de départ sont ornés de fleurons de *S. Le Clerc* ; celui du titre est répété à la fin.

Le privilège, daté du 13 janvier 1684, est accordé pour six ans à *Sebastien Mabre-Cramoisy*.

4. ORAISON FUNEBRE DE MARIE TERESE D'AUSTRICHE, INFANTE D'ESPAGNE, Reyne de France, et de Navarre, Prononcée dans l'Eglise des Carmelites de la ruë du Bouloy, le 20. Decembre 1683. Par Monsieur DES ALLEURS, Abbé de la Reau, Aumosnier de Madame la Dauphine. *A Paris, Chez Estienne Michallet, ruë S. Jacques, à l'Image S. Paul, proche la Fontaine S. Severin.* M.DC.LXXXIV [1684]. Avec Privilege de Sa Majesté. In-4 de 61 pp. et 1 f. blanc.

Au titre, un bois aux armes de la défunte. Au titre de départ un fleuron de *Guérard*.

Le privilège, dont un extrait est placé au v° de la p. 61, est accordé pour six ans à *Estienne Michallet*, le 28 janvier 1684.

370. ELOGE FUNEBRE DE TRES-HAUT, TRES-PUISSANT ET TRES-EXCELLENT PRINCE HENRI DE BOURBON PRINCE DE CONDÉ. et Premier Prince du Sang. Prononcé à Paris le 10. jour de Décembre 1683. en l'Eglise de la Maison Professe des Peres de la Compagnie de Jesus. Par le Pere Bourdaloue, de la mesme Compagnie. *A Paris, Chez Sebastien Mabre-Cramoisy, Imprimeur du Roy, ruë Saint Jacques, aux Cicognes.* M.DC.LXXXIV [1684]. Avec Privilege de Sa Majesté. In-4 de 2 ff. (dont le premier est blanc) et 63 pp.

Édition originale.
Au titre, un fleuron de *Sebastien Le Clerc* représentant la Religion qui tient un écu aux armes des Condé; au-dessus du titre de départ, un second fleuron du même représentant une chapelle; à la fin, un troisième fleuron aux armes des Condé.
Le privilège, daté du 28 janvier 1684, est accordé pour six ans à *Mabre-Cramoisy*, imprimeur du roi.

371. ELOGE FUNEBRE DE TRES-HAUT, ET TRES-PUISSANT SEIGNEUR ERARD DU CHASTELET MARQUIS DE TRECHATEAU, Mareschal de Lorraine, Major General des Camps & Armées de S. A. E. de Cologne, Bailly d'Auxois, & Gouverneur de la Ville de Semeur. Prononcé audit Semeur dans l'Eglise du Prieuré de Saint Jean, où son Cœur est inhumé, le 9. novembre 1684. Par le R. Pere Archange de Bourbon-Lancy Capucin. *A Dijon, Par Jean Ressayre Imprimeur & Libraire, vis à vis le College des Reverends Peres de la Compagnie de Jesus.* M.DC.LXXXV [1685]. In-4 de 60 pp.

Le titre et le titre de départ sont ornés de fleurons gravés à l'eau-forte par *Le Bossu* à Dijon.

372. RECUEIL D'ORAISONS FUNÈBRES en l'honneur de Michel Le Tellier, mort le 30 octobre 1685. 3 pièces in-4.

1. ORATIO IN RECENTI FUNERE MICHAELIS TELLERII Galliarum Cancellarii &c. Cùm ei Parisiensis Academia in Æde Sorbonicà parentaret, a MARCO ANTONIO HERSAN Regio Eloquentiæ Professore pronunciata, VI. Id. Febr. an. cIɔ. Iɔc LXXXVI. *Parisiis, Apud Franciscum Muguet Regis & Illustrissimi Archiepiscopi Parisiensis Typographum.* MDCLXXXVI [1686]. Cum Permissu. In-4 de 42 pp.
Le volume est orné de trois fleurons dont deux ont été gravés par *J. Cotelle*, d'après *L. de Chastillon*.

2. ORAISON FUNEBRE DE TRES-HAUT ET TRES-PUISSANT SEIGNEUR MESSIRE MICHEL LE TELLIER Chevalier Chancelier de France, Prononcée en Latin dans l'Eglise de Sorbonne, au Service de l'Université, le 8. Fevrier 1686. Par M. HERSAN. Professeur Royal de l'Eloquence, Et traduite en François Par M. B[OSQUILLON]. *A Paris, Chez la Veuve Martin, Jean Boudot, & Estienne Martin, ruë S. Jacques, au Soleil d'or. [De l'Imprimerie de Gabriel Martin.]* M.DC.LXXXVIII [1688]. Avec Permission. In-4 de 42 pp. et 1 f. pour la *Permission.*
La permission est datée du 5 juillet 1688.

3. ORAISON FUNEBRE DE TRES-HAUT ET PUISSANT SEIGNEUR MESSIRE MICHEL LE TELLIER, Chevalier, Chancelier de France. Prononcée dans l'Eglise de l'Hostel Royal des Invalides, le 22. jour de Mars 1686. Par M. FLÉCHIER, Abbé de Saint Severin et de Baigne, Aumosnier ordinaire de Madame la Dauphine, nommé par Sa Majesté à l'Evesché de Lavaur. *A Paris, par Sebastien Mabre-Cramoisy, Imprimeur du Roy, & Directeur de son Imprimerie Royale.* M.DC.LXXXVI [1686]. In-4 de 1 f., 36 pp., 1 f. pour le *Privilége* et 1 f. blanc.

Édition originale.

Au titre, un fleuron de *Sébastien Le Clerc*, avec un petit portrait de Le Tellier, gravé par *Roullet*.

Au titre de départ, un fleuron gravé par *Roullet* d'après *J. Parosel* [sic].

Le cul-de-lampe placé à la fin a été gravé d'après le même par *S. Thomassin*.

Le privilège, daté du 9 avril 1686, est accordé à *S. Mabre-Cramoisy* pour six ans.

Pour l'oraison funèbre de Le Tellier par Bossuet. voy. ci-dessus n° 353.

373. RECUEIL D'ORAISONS FUNÈBRES en l'honneur de Louis de Bourbon, prince de Condé, mort le 8 décembre 1686. 4 pièces in-4.

1. ORAISON FUNEBRE DE TRES-HAUT, TRES-PUISSANT, ET TRES-MAGNANIME PRINCE MONSEIGNEUR LOUIS DE BOURBON PRINCE DE CONDÉ, Premier Prince du Sang. Prononcée par Monseigneur l'Evêque & Comte de Châlon sur Saone [HENRY-FÉLIX DE TASSY], dans son Eglise Cathedrale, le 6. Février 1687. *A Paris, Chez Antoine Dezallier, ruë Saint Jacques, à la Couronne d'Or.* [*De l'Imprimerie d'Antoine Lambin.*] M.DC.LXXXVII [1687]. Avec Privilege du Roy. In-4 de 34 pp. et 1 f. pour l'*Extrait du Privilège*.

Le privilège, daté du 16 janvier 1682, est un privilège général accordé pour vingt ans à « Henry-Felix », evêque et comte de Châlon-sur-Saône. »

2. LES HONNEURS FUNEBRES Rendus à la Memoire de Tres-Haut, Tres-Puissant, et Tres-Excellent Prince Monseigneur Louis de Bourbon Prince de Condé et Premier Prince du Sang de France. Dans l'Eglise Metropolitaine de Paris. *A Paris, Chez Estienne Michallet, ruë saint Jacques, à l'Image saint Paul, prés la Fontaine saint Severin.* M.DC.LXXXVII [1687]. Avec Privilege du Roy. In-4 de 2 ff. et 47 pp.

Ce volume présente une particularité qu'il importe de relever :

Le cahier D (pp. 25-32) est suivi d'un second cahier D, imprimé en caractères plus gros et paginé également 25-32. La pagination reprend ensuite à 40, et le dernier cahier est signé F. Il est probable que le cahier E primitif aura dû être réimprimé par suite de quelque suppression qui aura nécessité l'emploi d'un caractère plus fort. C'est lors de cette réimpression que l'erreur de pagination aura été commise. Les réclames placées à la fin des cahiers indiquent du reste qu'il n'y a pas de lacune dans le texte.

Au v° du dernier f. est la *Permission*, datée du 20 février 1687 et signée . DE LA REYNIE.

La pompe funèbre dont nous avons ici une description minutieuse eut lieu à Notre-Dame lors de l'enterrement du prince de Condé. Ce ne fut que plus tard, le 10 mars 1687, que Bossuet prononça son oraison funèbre dans la même église (voy. ci-dessus, n° 354).

L'auteur de la relation est le P. CLAUDE-FRANÇOIS MENESTRIER. La description qu'en donne M. Allut (*Recherches sur la vie et les œuvres du P. Menestrier*, p. 172) paraît se rapporter à une autre édition.

3. LA SOURCE GLORIEUSE du Sang de l'Auguste Maison de Bourbon dans le Cœur de Saint Louis, Roy de France. Suiet de l'Appareil funebre pour l'Inhumation du Cœur de Tres-Haut, Tres-Puissant, Tres-Illustre et Magna-

nime Prince Louis de Bourbon Prince de Condé, Premier Prince du Sang.
*A Paris, Chez Estienne Michallet, ruë saint Jacques, à l'Image saint Paul,
prés la Fontaine saint Severin.* M.DC.LXXXVII [1687]. Avec Permission.
In-4 de 2 ff., 18 pp. et 1 f. pour la *Permission.*

La permission est datée du 20 avril 1687.

Condé avait ordonné que son cœur fût déposé à côté du cœur de son père, dans l'église Saint-Louis, qui dépendait de la maison professe des Jésuites.

La relation que nous venons de décrire est, comme la précédente l'œuvre du P. CLAUDE-FRANÇOIS MENESTRIER. M. Allut, qui en fait mention, ne semble pas en avoir jamais vu d'exemplaire.

4. ORAISON FUNEBRE DE TRES-HAUT, TRES-PUISSANT PRINCE LOUIS DE BOURBON PRINCE DE CONDÉ, Premier Prince du Sang. Prononcée à l'Abbaye Royale de Maubuisson, le 3. May 1687. par Monsieur l'Abbé DU JARRY. *A Paris, Chez Daniel Horthemels, Marchand Libraire, rue Saint Jâques, au Mécénas.* M.DC.LXXXVII [1687]. Avec Privilege du Roy. In-4 de 44 pp. et 2 ff., dont le dernier est blanc.

Au titre de départ un fleuron aux armes des Condé.

Le dernier f. imprimé est occupé par le texte du privilège accordé pour six ans à l'abbé Du Jarry, le 27 mai 1687. L'achevé d'imprimer est du 14 juin.

Cette oraison funèbre fut prononcée en présence de la princesse Palatine, abbesse de Maubuisson.

374. RECUEIL D'ORAISONS FUNÈBRES en l'honneur de Marie-Anne-Christine-Victoire de Bavière, dauphine de France, morte le 20 avril 1690. 3 pièces in-4.

1. ORAISON FUNEBRE DE TRES-HAUTE, TRES-PUISSANTE, ET EXCELLENTE PRINCESSE MARIE ANNE CHRISTINE DE BAVIERE, Dauphine de France. Prononcée à Saint Denis le 5. Juin 1690. en presence de Monseigneur le Duc de Bourgogne. Par Messire PIERRE DE LA BROUE, Evesque de Mirepoix. *A Paris, Chez la Veuve de Sebastien Mabre-Cramoisy, Imprimeur du Roy, ruë Saint Jacques, aux Cicognes.* M.DC.XC [1690]. Avec Privilege de Sa Majesté. In-4 de 1 f. et 51 pp.

Trois fleurons non signés.

Au v° du dernier f., un extrait du privilège accordé pour six ans à la *veuve de S. Mabre-Cramoisy*, le 3 juillet 1690. L'achevé d'imprimer est du 8 juillet.

2. ORAISON FUNEBRE DE MARIE ANNE CHRISTINE DE BAVIERE Dauphine de France. Prononcée dans l'Eglise de Nôtre-Dame le 15. Juin 1690. en présence de Monseigneur le Duc de Bourgogne, de Monsieur, & des Princes & Princesses du Sang. Par Messire ESPRIT FLECHIER, nommé à l'Evêché de Nismes. *A Paris, Chez Antoine Dezallier, ruë saint Jacques, à la Couronne d'or.* M.DC.XC [1690]. Avec Privilege de Sa Majesté In-4 de 2 ff. (dont le premier est blanc) et 40 pp.

Édition originale.
Trois fleurons non signés.
Il n'y a pas d'extrait du privilège.

3. ORAISON FUNEBRE DE MARIE-ANNE-CHRISTINE DE BAVIERE, Dauphine de France. Prononcée dans l'Eglise de l'Abbaye Royale de Maubuisson, le 27. Juin 1690. Par M. l'Abbé DU JARRY. *A Paris. Chez Antoine Dezallier, ruë saint Jacques, à la Couronne d'or.* M.DC.XC [1690]. Avec Privilege de Sa Majesté. In-4 de 72 pp. (y compris le titre), plus 1 f. séparé pour l'*Extrait du Privilége.*

Au titre, un grand fleuron non signé.

Le privilège, daté du 17 juillet 1690, est accordé pour six ans à l'abbé Du Jarry.

Cette oraison funèbre, comme celle de Condé, fut prononcée en présence de la princesse Palatine, abbesse de Maubuisson.

375. Recueil d'Oraisons funèbres en l'honneur de Charles de Sainte-Maure, duc de Montausier, mort le 17 mai 1690. 2 pièces in-4.

    1. Oraison funebre de Tres-Haut et Tres-Puissant Seigneur, Mre Charles de Ste Maure, Duc de Montausier, Pair de France. Prononcée dans l'Eglise des Carmelites du Fauxbourg saint Jacques, le 11. Aoust 1690. Par Messire Esprit Flechier, nommé à l'Evêché de Nismes. *A Paris, Chez Antoine Dezallier, ruë saint Jacques, à la Couronne d'or.* M.DC.XC. [1690]. Avec Privilege de Sa Majesté. In-4 de 1 f. et 51 p.

    Edition originale.
    Trois fleurons non signés.
    Il n'y a pas d'extrait du privilège.

    2. Oraison funebre de Tres-Haut et Tres-Puissant - Seigneur, Mre Charles de Ste Maure, Duc de Montausier, Pair de France. Prononcée dans l'Eglise de Sainte Croix de la Cité, le 23. Aoust 1690. Par M. l'Abbé Jullard du Jarry. *A Paris, Chez Antoine Dezallier, ruë saint Jacques, à la Couronne d'or.* M.DC.XC [1690]. Avec Permission. In-4 de 1 f. et 61 pp.

    2 fleurons non signés.
    Il n'y a pas d'extrait de la permission.

376. Oraison funebre de Haut et Puissant Seigneur, Messire Nicolas Brulart, Premier President au Parlement de Dijon. Prononcée en presence de Messieurs du Parlement, & de la Chambre des Comptes, dans l'Eglise des Reverends Peres Cordeliers, le quinziéme Novembre 1692. Par le Reverend Pere Archange Cenamy, Definiteur des Capucins de la Province de Lyon, *A Lyon, Chez Tomas Amaulry, ruë Merciere, au Mercure Galant.* M.DC.XCIII [1693]. In-4 de 68 pp.

    2 fleurons non signés.

377. Oraison funebre de Tres-Haut et Tres-Puissant Seigneur François Henry de Montmorancy, Duc de Luxembourg et de Piney, Pair et Mareschal de France, Gouverneur de Normandie, Chevalier & Commandeur des ordres du Roy, Capitaine des gardes du corps de sa Majesté, & General de ses armées. Prononcée à Paris dans l'Eglise de la maison Professe de la Compagnie de Jesus, le 21. d'Avril 1695. Par le P. Delarue de la même Compagnie. *A Paris, Chez la Veuve de Simon Benard, ruë S. Jacques, vis à vis le College de Louis le Grand.* M.DC.XCV [1695]. Avec Privilege de Sa Majesté. In-8 de 1 f. et 51 pp.

    Au titre, un fleuron aux armes du défunt.
    Au titre de départ, un portrait gravé par *Roullet* d'après *J. Parosel*.
    Au v° du dernier f., un extrait du privilège accordé pour huit ans à la *veuve de Simon Bénard*, le 30 avril 1695.

206 BELLES-LETTRES.

378. ORAISON FUNEBRE DE MONSEIGNEUR L'ILLUSTRISSIME ET REVERENDISSIME FRANÇOIS DE HARLAY, Archevesque de Paris, Duc & Pair de France, Commandeur des Ordres du Roy, Proviseur de Sorbonne, & Superieur de la Maison de Navarre. Prononcée dans l'Eglise de Paris, le 23. jour de Novembre 1695. Par le Pere Gaillard de la Compagnie de Jesus. *A Paris, Chez Theodore Muguet, Imprimeur & Libraire ordinaire du Roy, ruë saint Jacques, à la Toison d'Or.* MDCXCVI [1696]. Avec Privilege du Roy. In-4 de 46 pp. (y compris le titre) et 1 f. pour l'*Extrait du Privilége.*

> Trois fleurons non signés. Celui qui précède le titre de départ contient le portrait du défunt.
> Le privilège, daté du 22 janvier 1696, est accordé pour dix ans à *Théodore Muguet*. L'extrait se termine par un achevé d'imprimer du 28 janvier.

379. ORAISON FVNEBRE DE TRES-HAUT ET PUISSANT SEIGNEUR MESSIRE LOUIS BOUCHERAT, Chevalier, Chancelier, Garde des Sceaux de France, Commandeur des Ordres du Roy. Prononcée dans l'Eglise de Saint Gervais sa Parroisse [*sic*]. Par le R. P. de la Roche, Prestre de l'Oratoire. *A Paris, Chez Jean Boudot, Libraire de l'Academie Royale des Sciences, ruë Saint Jaques, au Soleil d'Or, prés la Fontaine Saint Severin.* M.DCC [1700]. Avec Privilege du Roy. In-4 de 24 pp.

> Trois fleurons, dont les deux derniers sont signés de *J. Mariette*.
> Il n'y a pas d'extrait du privilège.

380. ORAISON FUNEBRE DE TRES-HAUT ET TRES-PUISSANT PRINCE MONSEIGNEUR PHILIPPE FILS DE FRANCE, Frere unique du Roy, Duc d'Orleans. Prononcée dans l'Eglise de l'Abbaye de S. Denis le 23. Juillet par M. François de Clermont Tonnerre, Evêque Duc de Langres Pair de France. *A Paris, Chez André Pralard, ruë saint Jacques, à l'Occasion.* M.DCCI [1701]. Avec Permission. In-4 de 32 pp.

> Deux fleurons non signés.
> Au v° du dernier f. se trouve le texte de la permission, datée du 28 juillet 1701.

381. ORAISON FUNEBRE DE TRES-HAUT, TRES-PUISSANT, TRES-EXCELLENT ET TRES-RELIGIEUX PRINCE JACQUES II. Roy de la Grand'Bretagne. Prononcée le 19. jour de Septembre 1702. dans l'Eglise des Religieuses de la Visitation de

Chaillot, où repose le Cœur de Sa Majesté. Par Messire Henry Emmanuel De Roquette, Docteur de Sorbonne, Abbé de Saint Gildas de Rhuis. *A Paris, Chez Christophe Remy, ruë Saint Jacques, au-dessus des Mathurins, au grand Saint Remy.* M.DCCII [1702]. Avec Privilege de Sa Majesté. In-4 de 56 pp. (y compris le titre) et 1 f. pour le *Privilége*.

<small>Trois fleurons, dont deux sont signés de *F. Erlinger*.
Le privilège, daté du 15 octobre 1702, est accordé à l'abbé de Roquette pour quatre ans. On trouve à la fin un achevé d'imprimer du 30 octobre.</small>

382. ORAISON FUNEBRE DE MESSIRE JACQUES-BENIGNE BOSSUET Evesque de Meaux, Precepteur de Monseigneur le Dauphin, Premier Aumonier de feue Madame la Dauphine & de Madame la Duchesse de Bourgogne, &c. Prononcée dans l'Eglise Cathedrale de Meaux, le 23. Juillet 1704. Par le P. Delarue de la Compagnie de Jesus. *A Paris, Chez la Veuve de Simon Benard, ruë S. Jacques, vis-à-vis le College de Louis le Grand.* M.DCC.IV [1704]. Avec Privilege de Sa Majesté. In-4 de 1 f. et 41 pp.

<small>Trois fleurons non signés, qui contiennent les armes et le portrait de Bossuet.
Le privilège, dont le texte occupe le v° de la page 41, est accordé pour quatre ans à l'auteur le 3 août 1704.
Exemplaire en GRAND PAPIER.</small>

383. ORAISON FUNEBRE DE TRES-ILLUSTRE ET RELIGIEUSE DAME, MARIE MADELEINE GABRIELLE DE ROCHECHOUART DE MORTEMART, Abbesse, Chef, et Generale de l'Abbayïe [*sic*] & Ordre de Fontevrauld. Prononcée dans la grande Eglise de l'Abbaye de Fontevrauld, le 6. de Novembre 1704. Par Messire Antoine Anselme, Abbé de Saint Sever Cap de Gascogne. *A Paris, Chez Louis Josse, Imprimeur de son Eminence. M. le Cardinal de Noailles, Archevêque de Paris, ruë S. Jacques, à la Couronne d'Epines.* M.DCCV. [1705]. Avec Privilege de Sa Majesté. In-4 de 50 pp. et 1 f. pour le *Privilége*.

<small>Deux fleurons non signés.
Le privilège, daté du 20 décembre 1704, est accordé pour trois ans à l'abbé Anselme.</small>

384. ORAISON FUNEBRE DE TRES-HAUT ET TRES-PUISSANT SEIGNEUR ANNE JULE DUC DE NOAILLES Pair et Mareschal de France. Prononcée à Paris dans l'Eglise des PP. Feüillans,

de la ruë St. Honoré, le 27. de Février 1709. Par le P. Delarue, de la Compagnie de Jesus. *A Paris, Chez Josse, Imprimeur de son Eminence Monseigneur le Cardinal de Noailles, Archevêque de Paris, rue S. Jacques.* M.DCCIX [1709]. Avec Privilege de Sa Majesté. In-4 de 37 pp. et 1 f.

Au titre, un grand fleuron non signé.
Le titre de départ est surmonté d'un second fleuron, signé de *B. Picard*, qui contient le portrait du défunt.
Le privilège, dont le texte commence au v⁰ de la p. 37 et se développe sur le f. suivant, est un privilège général accordé pour douze ans au P. Delarue, le 24 janvier 1706.

385. ORAISON FUNEBRE DE TRES-HAUT, TRES-PUISSANT, TRES-EXCELLENT PRINCE FRANÇOIS-LOUIS DE BOURBON PRINCE DE CONTY; Prononcée dans l'Eglise de Saint André des Arcs sa Paroisse, le vingt-uniéme de Juin 1709. Par le Pere Massillon, Prêtre de l'Oratoire. *A Paris, Chez Raymond Mazieres, Libraire, ruë S. Jacques, prés la ruë de la Parcheminerie, à la Providence.* M.DCCIX [1709]. Avec Approbation et Privilege du Roy. In-4 de 74 pp. et 1 f. pour le *Privilège*.

Édition originale.
Le volume est orné de 3 fleurons. Celui qui surmonte le titre de départ et qui contient le portrait du prince est signé de *N. Pittau*.
Le privilège est un privilège général accordé pour douze ans à Massillon, le 24 janvier 1706. Massillon déclare en avoir fait cession à *Raymond Mazières*, pour ce seul discours, le 28 juin 1709.

386. ORAISON FUNEBRE DE TRES-HAUT, TRES-PUISSANT, TRES-MAGNANIME PRINCE HENRY JULES DE BOURBON, PRINCE DE CONDÉ, Premier Prince du Sang. Prononcée dans l'Eglise de Paris, le 29. jour d'Août 1709. Par le P. Gaillard, de la Compagnie de Jesus. *A Paris, Chez Nicolas Simart, Imprimeur & Libraire ordinaire de Monseigneur le Dauphin, ruë S. Jacques, au Dauphin couronné.* MDCCIX [1709]. Avec Approbation et Privilege du Roy. In-4 de 1 f. pour le titre, 44 pp. et 1 f. pour le *Privilège*.

Le volume est orné de 3 fleurons. Celui qui surmonte le titre de départ est signé: *Desmaretz del.*, *Pittau s.*; celui qui termine le discours porte seulement *Desmaretz del.*
Le privilège, daté du 15 septembre 1709, est accordé pour six ans au libraire *Nicolas Simart*.

387. RECUEIL D'ORAISONS FUNÈBRES en l'honneur de Louis,

dauphin, fils de Louis XIV, mort le 14 avril 1711. 2 pièces in-4.

> 1. ORAISON FUNEBRE DE TRES HAUT TRES PUISSANT ET EXCELLENT PRINCE MONSEIGNEUR LOUIS DAUPHIN Prononcée dans l'Eglise de Paris le 3. de Juillet 1711. Par le P. DELARUE de la Compagnie de Jesus. *A Paris Chez Etienne Papillon, rue S. Jacques, prés l'Église de Saint Benoist, à l'Image Saint Maur.* M DCC XI [1711]. Avec Approbation et Privilege du Roy. In-4 de 41 pp. et 1 f.
>
> Au titre, les armes du Dauphin ; au 2ᵉ f., au-dessus du titre de départ, son portrait, gravé en taille-douce.
> Le privilège, dont le texte commence au v° de la p. 41 et se développe sur le f. suivant, est le privilège général du 24 janvier 1706 (voy. ci-dessus, n° 384).
>
> 2. ORAISON FUNEBRE DE TRES-HAUT, TRES-PUISSANT ET TRES-EXCELLENT PRINCE MONSEIGNEUR LOUIS DAUPHIN, Prononcée dans l'Église de la Sᵗᵉ Chapelle de Dijon, le 8ᵉ. Aout 1711. Par Mʳ. MATHIEU, Prêtre, Mépartiste de l'Eglise Paroissiale Saint Pierre de la même Ville. *A Dijon. Chez Antoine de Fay, Imprimeur & Libraire des Etats de la Province de Bourgogne, Place du Palais, à la Bonne-Foi.* M.DCC.XI [1711]. Avec Permission. In-4 de 42 pp. et 1 f. blanc.
>
> La permission est datée de Dijon, le 7 novembre 1711.

388. ORAISON FUNEBRE DE MESSIRE FRANÇOIS D'ALIGRE, Abbé de Saint Jacques de Provins. Prononcée dans l'Eglise de cette Abbaye le 19. Avril 1712. Par le R. P. Lenet Chanoine Regulier, & Professeur en Theologie dans la même Maison. *A Paris, Chez Jacques Estienne, ruë Saint Jacques, à la Vertu.* M.DCC.XII [1712]. Avec Approbation & Privilége du Roy. In-4 de 1 f. pour le titre, 41 pp. et 1 f. pour le *Privilége*.

> Le privilège, daté du 10 juillet 1712, est accordé pour dix ans à Étienne d'Aligre, chevalier, seigneur de La Rivière-Bois-Landry et autres lieux, maître des requêtes honoraire et président à mortier au Parlement de Paris. Celui-ci déclare en faire cession à J. *Estienne*, libraire de Paris, le 21 juillet 1712.
> Le titre de cet exemplaire porte un envoi autographe de l'auteur « A monsieur le president Le Goux ».

389. RECUEIL D'ORAISONS FUNÈBRES en l'honneur de Louis, dauphin, petit-fils de Louis XIV, mort le 18 février 1712, et de Marie-Adélaïde de Savoie, sa femme, morte le 12 février 1712. 2 pièces in-4.

> 1. ORAISON FUNEBRE DE MONSEIGNEUR LE DAUPHIN ET DE MADAME LA DAUPHINE. Prononcée dans l'Eglise de Paris, le dixiéme May 1712. Par le Pere GAILLARD, de la Compagnie de Jesus. In-4 de 16 pp., avec un simple titre de départ.
>
> 2. ORAISON FUNEBRE DE TRES-HAUT TRES-PUISSANT ET EXCELLENT PRINCE MONSEIGNEUR LOUIS DAUPHIN ET DE TRES-HAUTE TRES-PUISSANTE ET VERTUEUSE PRINCESSE MADAME MARIE-ADELAIDE DE SAVOYE, son Epouse. Prononcée dans la Sainte Chapelle de Paris le 24. de May 1712. Par le P. DELARUE, de la Compagnie de Jesus. *A Paris, Chez Etienne Papillon, ruë*

saint Jacques, prés l'Eglise de saint Benoit, à l'Image saint Maur. M.DCC.XII [1712]. Avec Approbation et Privilege du Roy. In-4 de 1 f., 44 pp. et 1 f.

Trois fleurons non signés. Celui qui surmonte le titre de départ contient le portrait du dauphin.

Le privilège est le privilège général du 24 janvier 1706 (voy. ci-dessus n° 384).

Exemplaire en GRAND PAPIER.

4. — *Mélanges d'éloquence.*

390. ŒUVRES DE MESSIRE EDME MONGIN, Evêque et Seigneur de Bazas, l'un des quarante de l'Académie Françoise, & ci-devant Précepteur de S. A. S. feu Monseigneur le Duc de Bourbon, & de S. A. S. Monseigneur le Comte de Charolois, Princes du Sang. Contenant ses Sermons, Panegyriques, Oraisons Funebres, Mandements, & Piéces Academiques. *A Paris, Chez Claude-François Simon, Imprimeur-Libraire, rue de la Parcheminerie.* M.DCC.XLV [1745]. Avec Approbation & Privilege du Roi. In-4 de XIV pp., 1 f. et 592 pp., plus un portr. gravé par Petit, réglé, mar. r., fil., dent., dos orné, doublé de tabis, tr. dor. (*Anc. rel.*)

Les ff. lim. sont occupés par une épître « A la Reine » et par la *Table*.

Ce recueil contient six sermons, les panégyriques de saint Louis, de saint François d'Assise, de saint Charles et de saint Vincent de Paul, les oraisons funèbres de Louis XIV (19 décembre 1715), de Henri de Bourbon, prince de Condé (2 septembre 1717) et de Louis Ier, roi d'Espagne (15 décembre 1724), 14 instructions ou mandements et 12 pièces académiques.

Exemplaire en GRAND PAPIER, aux armes de FRANÇOIS-TRISTAN DE CAMBON, évêque de Mirepoix (1768-1790).

La pièce principale des armes est répétée sur le dos de la reliure.

391. RECUEIL des Pieces d'éloquence présentées à l'Academie Françoise Pour le Prix de l'année M DCC.XLIII. Avec les Discours qui ont été prononcez dans l'Académie en différentes occasions, &c. *A Paris, Chez Jean-Baptiste Coignard, Imprimeur de l'Académie Francoise*, M DCC XLIV [1744]. Avec Privilege de Sa Majesté. In-12 de 3 ff. et 496 pp., mar. r., fil., dos orné, tr. dor. (*Anc. rel.*)

Ce recueil contient les discours de réception de l'abbé DE ROHAN-VENTADOUR, de l'abbé DE SAINT CYR, de l'abbé DU RESNEL, du duc DE NIVERNOIS, de MARIVAUX, de DORTOUS DE MAIRAN, de PAUL D'ALBERT DE LUYNES, évêque de Bayeux, de JÉRÔME BIGNON DE MAUPERTUIS; les réponses de J.-F. BOYER, ancien évêque de Mirepoix, de N. DESTOUCHES, du duc DE RICHELIEU, de J.-J. LANGUET DE GERGY, archevêque de Sens, de HARDION, de MONCRIF; des pièces couronnées dont les auteurs sont : l'abbé DE L'ÉCLUSE DESLOGES, l'abbé BOUTY, docteur en théologie, curé de Villiers-en-Bierre, le P. GRIFFET et deux anonymes.

Exemplaire aux armes de LOUIS, dauphin, fils de Louis XV.

III. — POÉSIE.

1. — *Poètes grecs.*

392. [Ἀ]ΝΘΟΛΟΓΊΑ ΔΙΑΦΌΡΩΝ ἘΠΙΓΡΑΜΜΆΤΩΝ, ἀρχαίοις συν ‖ τεθειμένων σοφοῖς, ἐπὶ διαφόροις ὑποθέσεσιν, ἑρμη- ‖ νείας ἐχόντων ἐπίδειξιν. Καὶ πραγμάτων ἢ γενομέ- ‖ νων, ἢ ὡς γενομένων ἀφήγησιν... [Fol. ultimo vº :]. Finis. ‖ *Impressum Florentiæ per Laurentium Francisci* ‖ *de Alopa Venetum .III. idus augusti M.CCCC* ‖ *LXXXXIIII* [1494]. In-4 de 279 ff. non chiffr. de 28 lignes à la page, mar. r. jans., tr. dor. (*Thibaron et Joly*.)

> Première édition de l'Anthologie de PLANUDE, publiée par JEAN LASCARIS.
> Cet ouvrage est un des cinq volumes imprimés en lettres capitales par *Francesco de Alopa*. Le titre, dont nous avons reproduit les premières lignes, est placé au vº du 1ᵉʳ f.; le rº de ce même f. est blanc. Le titre est précédé de la table des signatures.
> Notre exemplaire se termine par les 7 ff. qui furent supprimés lorsque Pierre de Médicis fut chassé de Florence (voy. Brunet, I, 306). Ces ff., qui ne sont pas signés, contiennent une épigramme grecque de LASCARIS, une épître latine du même à Pierre de Médicis et la souscription de l'imprimeur.
> Haut. : 224 ; larg. : 154 mm.

393. ANTHOLOGIA GNOMICA. ‖ Illustres ‖ Veterum Græcæ ‖ Comœdiæ Scriptorum ‖ sententiæ, priùs ab Henrico Stephano, ‖ qui & singulas Latinè conuer- ‖ tit, editæ ; ‖ Nunc duplici insuper interpre- ‖ tatione metrica singulæ auctæ, inq; gratiam studiosorum, qui ‖ bus et variæ scutorum natalitiorum imagines libello passim ‖ insertæ vsui erunt, in hoc Enchiridion´, V. CL. D. Ioh. ‖ Posthii, Germersh. Archiatri VVir- ‖ zeburg. & P. L. auspicijs col- ‖ lectæ ‖ A` ‖ Christiano Egenolpho Fr. ‖ Cum gratia & Priuilegio Cæs. Maiest. ‖ M.D.LXXIX [1579]. — [Fol. ultimo vº :] *Impressum Franco-* ‖ *furti ad Mœnum, apud* ‖ *Georgium Coruinum, Impensis* ‖ *Sigismundit Feyera-* ‖ *bendij.* ‖ *M.D.LXXIX.* In-8 de 8 ff. lim. et 190 ff. chiffr., figg., mar. r., fil., dos orné, tr. dor. (*Trautz-Bauzonnet*.)

> Collation des ff. lim. : titre, avec la marque de *Feyerabend* ; 1 f. contenant au rº, une épigramme grecque de JEAN LUNDORP, recteur de l'école de Hirzenheim, et, au vº, les armes de Jean Posthius ; 1 f. occupé par six épigrammes latines de CHRISTIAN EGENOLPH ; 2 ff. pour une épître en vers du même, adressée à Posthius ; 1 f. pour des épigrammes adressées à Johann Knipp et à Pascal Brismann de Perleberg ; 1 f. pour les *Indices* ; 1 f. dont le rº est blanc et dont le vº est orné d'un bois.
> L'anthologie se termine à la p. 172 ; elle est suivie des *Monosticha*

gnomica de JOACHIM LIEBHARD, dit CAMMERMEISTER ou CAMERARIUS, pour lesquels la p. 173 contient un titre particulier.

Les figures sont au nombre de 147, mais les mêmes sujets sont répétés plusieurs fois. Ces figures sont tirées du *Stam-oder Gesellenbuch* de JOST AMMAN, qui parut à Francfort la même année.

Exemplaire de SOLAR (Cat., n° 901).

I.7.28

394. Τάδε ἔνεστι ἐν τῇδε τῇ βίβλῳ. ‖ Θεοκρίτου εἰδύλλια... ‖ Hæc insunt in hoc libro. ‖ Theocriti Eclogæ triginta. ‖ Genus Theocriti & de inuentione bucolicorum. ‖ Catonis Romani sententiæ parænetice distichi. ‖ Sententiæ septem sapientum. ‖ De Inuidia. ‖ Theognidis megarensis siculi sententiæ elegiacæ. ‖ Sententiæ monostichi per Capita ex uariis poetis. ‖ Aurea Carmina Pythagoræ. ‖ Phocylidæ Poema admonitorium. ‖ Carmina Sibyllæ erythræææ de Christo Iesu domino nr̄o. ‖ Differētia uocis. ‖ Hesiodi Theogonia. ‖ Eiusdem scutum Herculis. ‖ Eiusdem georgicon libri duo. — [Fol. ultimo r°:] *Impressum Venetiis characteribus ac studio Aldi Manucii Ro ‖ mani cum gratia &c. .M.CCCC.XCV* [1496, n. s.]. *Mense februario.* In-fol. de 140 ff. non chiffr., mar. v., dent., dos orné, tr. dor. (*Bradel.*)

La plupart des pièces jointes à Théocrite et à Hésiode sont imprimées ici pour la première fois.

Au v° du titre est une épître latine d'Alde Manuce " Baptistae Guarino praeceptori suo ", dans laquelle le grand érudit avoue qu'il doit reproduire les manuscrits avec leurs fautes, en attendant que les textes puissent être corrigés par la critique.

Cet exemplaire appartient au premier tirage indiqué par M. Renouard (*Annales de l'imprimerie des Alde*, 3ᵉ éd., n° 3) et par M. Brunet (V, 780); il provient de la vente GIRAUD (Cat., n° 995).

IV.2.10

395. ΟΜΗΡΟΥ ΙΛΙΑΣ ΚΑΙ ΟΔΥΣΣΕΙΑ Καὶ εἰς αὐτὰς σχόλια, ἡ ἐξήγησις Διδύμου. HOMERI ILIAS & ODYSSEA, Et in easdem scholia, sive interpretatio Didymi. Cum Latina versione accuratissima, Indiceque Græco locupletissimo Rerum ac variantium lection. Accurante Corn. Schrevelio. *Amstelodami, Ex Officiná Elzevirianá.* Anno cIɔ Iɔc LVI [1656]. 2 tomes en un vol. in-4, mar. r., fil., dos orné, tr. dor. (*Trautz-Bauzonnet.*)

I : 8 ff. et 716 pp. — II (1655) : 536 pp. et 22 ff.

Cette édition a été imprimée par *Fr. Hackius*, dont le nom figure sur le titre de certains exemplaires. Voy. Willems, *Les Elzevier*, n° 1202.

Exemplaire de M. L. PASQUIER (Cat., 2ᵉ partie, n° 207).

Haut. : 238 ; larg. : 196 mm.

V.8.3

396. ΑΝΑΚΡΕΟΝΤΟΣ ‖ Τηίου μέλη. ‖ Anacreontis ‖ Teij odæ. ‖ Ab Henrico Stephano ‖ luce & Latinitate nunc primùm donatæ.

BELLES-LETTRES.   213

|| *Lutetiæ.* || *Apud Henricum Stephanum.* || M.D.LIIII
[1554]. || Ex Priuilegio Regis. In-4 de 4 ff., 110 pp. et 1 f.
blanc, mar. r., mil. orné, tr. dor. (*Capé.*)

Première édition.
Au titre, la marque d'*Henri Estienne* (Silvestre, n° 163).
Les 3 ff. qui suivent le titre contiennent une épître grecque d'Estienne.
τοῖς φιλομούσοις, et des vers latins et grecs du même à la louange du poète.

397. ᾽ΑΝΑΚΡΕΟΝΤΟΣ || Καὶ ἄλλων τινῶν || λυρικῶν ποιητῶν μέλη. ||
Anacreontis et aliorum || Lyricorum aliquot poëtarum Odæ.
|| In easdem Henr. Stephani Obseruationes. || Eædem
Latinæ. || *Typis Regiis.* || *Parisiis,* M.D.LVI [1556]. || *Apud
Guill. Morelium, in Græcis typographum* || *Regium, &
Rob. Stephanum.* In-8 de 122 pp. et 1 f. blanc. — ANA-
CREON- || TIS Teii antiquissi- || mi poëtæ Lyrici Odæ, ab Helia
An- || drea Latinæ factæ, || ad || Clariss. Virum Petrum ||
Montaureum Consiliarium, & Bibliotheca- || rium Regium. ||
Nec si quid olim lusit Anacreon, || Deleuit ætas. || *Lutetiæ
|| Apud Robertum Stephanum, || & Guil. Morelium.* ||
M D.LVI [1556]. In-8 de 56 pp. et 1 f. blanc. — Ensemble
2 part. en un vol. in-8.

La première partie reproduit l'édition princeps de 1554, à l'exception des
pièces liminaires, qui ont été remplacées par un extrait de Suidas. Le titre
porte une petite marque de *R. Estienne*, réduction de celle qui a été reproduite par Silvestre, sous le n° 161.
La seconde partie, qui contient la traduction des odes d'Anacréon par le
philologue bordelais ÉLIE ANDRÉ, avait paru pour la première fois en 1555,
in-4. Elle est précédée d'une épître à Pierre de Montdor, conseiller et biblio-
thécaire du roi. Le titre porte la marque de *R. Estienne* (Silvestre, n° 958).

398. LES ODES || D'ANACREON TEIEN, || Traduites de Grec
|| en Francois, Par Remi Belleau de || Nogent au Perche,
ensemble || quelques petites hymnes de || son inuention. ||
Musa dedit fidibus Diuos, puerósque Deorum, || Et pugilem
victorem, & equum certamine primum, || Et Iuuenum
curas, & libera vina referre. || Hora. || *A Paris.* || *Chez
André Wechel, rue sainct Iehan de* || *Beauuais à
l'enseigne du cheual-* || *Volant.* 1556. || Auec priuilege. In-8
de 103 pp.; caract. ital.

Le volume commence (p. 3), par une épître « A monseigneur Chretophle
[*sic*] de Choiseul, abbé de Mureaux », épître datée de Paris, le 15 août 1556.
On trouve ensuite une *Elégie* de P. DE RONSARD, au même Christophe de
Choiseul, et une épigramme latine de JEAN DORAT.
La traduction d'Anacréon est suivie de diverses autres pièces: *Traduction
d'une Ode de* SAPHO; *Petites Inventions par le mesme Belleau*, savoir:
l'Heure, Le Papillon, Le Coral, L'Huitre, Le Pinceau, L'Escargot.

L'Ombre, La Tortue, Le Ver luisant de nuict, La Cerise; *Traduction [latine] de quelques Sonetz de* P. DE RONSARD, *par le mesme* BELLEAU. Il n'y a pas d'extrait du privilège.

399. LES || ODES D'ANACREON || TEIEN, Poete Grec, || traduictes en François || Par Remy Belleau. || Ensemble quelques petites Hymnes || de son inuention. || Plus quelques vers Macaroniques du || mesme Belleau. || Le tout reueu, corrigé & augmenté en || ceste derniere edition. || *A Paris,* || *Pour Gilles Gilles, Libraire demourant en* || *la rue sainct Iehan de Latran, aux* || *trois Couronnes.* || M.D. LXXVIII [1578]. || Auec Priuilege du Roy. In-12 de 83 ff. et 1 f. blanc, car. ital., mar. r. jans., tr. dor. (*Cuzin*.)

Ce volume est un extrait du tome second des *OEuvres poetiques de Remy Belleau* publiées par *Gilles Gilles* en 1578 ; il s'ouvre par une épître de Belleau « au seigneur JULES GASSOT, secretaire du Roy », épître datée de Paris, « ce premier de mars », par l'*Elegie* de RONSARD (qui est adressée à Gassot) et les vers latins de JEAN DORAT. Comme les éditeurs modernes de Belleau et de Ronsard paraissent ne rien savoir de Jules Gassot, nous ferons remarquer que ce personnage, qui fut secrétaire du roi et des finances, mourut le 13 septembre 1623. Il fut enterré à Paris, dans l'église Saint-Germain-l'Auxerrois, à côté de sa femme Renée de La Vau, morte le 23 avril 1608 (voy. L·beuf, *Hist. de la ville et du diocèse de Paris*, éd. Cocheris, I, 152).

Les pièces jointes à la traduction d'Anacréon sont plus nombreuses dans cette édition que dans celle de 1556. Outre la *Traduction d'un ode* DE SAPPHON [sic] et les *Petites inventions*, on y trouve : *Election de sa demeure* (à Amadis Jamin), *Les Cornes, Chant de triomphe sur la victoire en la bataille de Moncontour*, *Dictamen metrificum de bello huguenotico et reistrorum piglamine*, *le Mulet* (à M. Nicolas, secretaire du roy), *Sur l'Importunité d'une cloche* (au même), *Sur la maladie de sa maistresse, A sa maistresse, Ode sur les Recherches de E. Pasquier*, *De Apibus polonis et R. Bellaqua A. B., Traduction de quelques sonnets françois en vers latins, De la perte d'un baiser de sa maistresse, Chanson, Complainte sur la mort d'une maistresse, Le Desir, D'un Bouquet envoyé le mercredy des cendres, A sa maistresse, La Nuict,* deux sonnets *D'une dame*.

La p. 83 est occupée par un extrait du privilège général accordé à Belleau, le 11 septembre 1567, avec mention de la cession spéciale consentie par lui pour dix ans, au profit de *Gilles Gilles*.

400. MOSCHI, BIONIS, THEO- || CRITI, elegantissi- || morum poetarum idyllia aliquot, || ab Henrico Stephano || Latina facta. || Eiusdem carmina non diuersi ab illis argumenti. || *Lutetiæ,* || *Ex officina Roberti Stephani.* || M. D. LVI. [1556]. — [In fine:] *Excudebat Robertus Stepha-* || *nus, Lutetiæ, ann.* M. D. || LVI. III. *Cal. Ian,* In-4 de 28 ff. chiffr., car. ital., mar. r. jans., tr. dor. (*Capé*.)

Au titre la marque de *R Estienne* (Silvestre, n° 958).

Au v° du titre est placé un avis de *Robert Estienne* qui nous apprend que ce volume est le premier qu'il ait imprimé, ajoutant qu'il a voulu donner d'abord au public un ouvrage de son frère.

Le 2ᵉ f. est occupé par une épître d'HENRI ESTIENNE «Joanni Casae, episcopo

Beneventano ». Cette épître est datée de Venise, le 1ᵉʳ octobre ; elle est probablement de l'année 1548. Henri Estienne était alors l'hôte de la famille Manuce.

Le recueil contient 4 petites pièces de MOSCHUS, 4 de BION, 3 de THÉOCRITE et 1 que l'éditeur croit être d'ANACRÉON. La plus grande partie du volume (fol. Biv, v⁰ Giij, v⁰), est consacrée aux églogues composées par HENRI ESTIENNE lui-même.

401. IDYLLES DE BION ET DE MOSCHUS, Traduites en français Par J. B. Gail, Professeur de Littérature grecque au collège de France. Ouvrage orné de Figures dessinées par Le Barbier. *De l'Imprimerie de Didot jeune. A Paris, Chez Gail, au Collège de France, place Cambrai. L'an troisième.* In-18 de 106 pp. et 1 f., plus un portr. et 4 figg., mar. r., fil., dos à comp. de mosaïque, doublé de tabis, tr. dor. (*Bozérian*.)

Le portrait de Gail et les figures ont été gravées, d'après *Le Barbier*, par *C. S. Gaucher, Baquoy* et *Dambrun*.
Exemplaire en GRAND PAPIER VÉLIN ; figures AVANT LA LETTRE et EAUX-FORTES.
De la vente DESBARREAUX-BERNARD (Cat., n⁰ 259). L'eau-forte du portrait de Gail a été ajoutée depuis la vente.

2. — *Poètes latins.*

402. DI TITO LUCREZIO CARO della Natura delle Cose Libri sei tradotti dal Latino in Italiano da Alessandro Marchetti. Dati nuovamente in luce da Francesco Gerbault Interpetre [*sic*] di S. M. Cᵐᵃ per le lingue Italiana e Spagnola. *In Amsterdamo a Spese dell' Editore* [*Parigi*]. M.DCC.LIV [1754]. 2 vol. in-8, figg., mar. r., fil., dos ornés, tr. dor. (*Anc. rel.*)

Tomo primo : front. gravé ; titre gravé ; 2 ff. pour une épître de FRANÇOIS GERBAULT « All'illustrissimo signore Abel Francesco Poisson di Vandières, consigliere di S. M. Cᵐᵃ ne' suoi consigli, ecc. », « depuis marquis de Marigny, et pour la *Protesta del Traduttore* ; 243 pp. et 3 figg.
Tomo secondo : Front. gravé ; titre gravé : 299 pp. chiffrées 245-543, et 3 fig.
Les frontispices et les titres ont été gravés par *N. Le Mire*, d'après *Ch. Eisen*. Les figures, dessinées par *C.-N. Cochin le fils* (5) et *L. Le Lorrain* (1), ont été gravées par *Aliamet, J. Tardieu*, *N. Le Mire* (2) et *D. Sornique* (2).
Les en-tête et fleurons, au nombre de 12, ont été dessinés par *Ch. Eisen* (2), *C.-N. Cochin fils* (9) et *L. Vassé* (1) et gravés par *Sornique, N. Le Mire* (2), *Gellinard* (1), *J. Aliamet* (2), *P. Chenu, Louise L.-D.*, *J. J. Flipart* et *C. Baquoy* (2).
Exemplaire en papier fort.

403. P. VIRGILII MARONIS OPERA ; nunc emendatiora. *Lugd. Batavor. Ex officina Elzeviriana, A⁰.* 1636. Petit in-12 de

20 ff. lim. 411 pp., 43 pp. n. chiffr. pour l'*Index* et 1 f. blanc, plus une carte en regard de la p. 92, mar. citr., comp. de mosaïque, dos orné, tr. dor. (*Anc. rel.*)

<blockquote>
Collation des ff. lim. : titre gravé ; 3 ff. pour la dédicace de DANIEL HEINSIUS à son fils Nicolas Heinsius ; 14 ff. pour TIB. CLAUDII DONATI de *P. Virgilii Maronis vita* ; 2 ff. pour les *Testimonia*.

Edition originale, avec les passages imprimés en rouge. Voy. Willems, *Les Elzevier*, n° 450. Cet exemplaire porte les ex-libris de CARDENAS, de M. E. PAILLET et de M. E. QUENTIN-BAUCHART (*Mes Livres*, 1881, n° 47).

Haut. 122 ; larg. 70 mm.
</blockquote>

404. P. VIRGILII MARONIS OPERA nunc emendatiora. *Lugd. Batavor. Ex officina Elzeviriana.* A° 1636. Petit in-12, mar. r., fil., dos orné, doublé de mar. bl., riches comp. à petits fers, tr. dor. (*Trautz-Bauzonnet*.)

<blockquote>
Autre exemplaire de la première édition elzevirienne.

Haut. 129 ; larg. 73 mm.
</blockquote>

405. P. VIRGILII MARONIS OPERA, Cum Notis Thomæ Farnabii. *Amstelœdami, Typis Ioannis Blaeu, Sumptibus Societatis.* 1650. Pet. in-12 de 384 pp., y compris le titre gravé, mar. citr., fil., comp., dos orné, tr. dor. (*Anc. rel.*)

<blockquote>
Spécimen des anciennes reliures hollandaises. Les plats portent le nom et les armes de MUTIUS UGURGIERIUS.
</blockquote>

406. L'ENEÏDE DE || VIRGILE, PRINCE || DES POËTES || LATINS, || Translatée de Latin en François, par || Loüis des Masures || Tournisien. || *A Lion*, || *Par Iean de Tournes* || *Imprimeur du Roy*. || M.D. LX [1560]. || Avec Privilege. Gr. in-4 de 666 pp. et 3 ff., caract. ital., régl., mar. bl., dos et mil. ornés, tr. dor. (*Trautz-Bauzonnet*.)

<blockquote>
Le titre est entouré d'un joli encadrement et porte la marque de *J. de Tournes* (Silvestre, n° 884). A la p. 3 sont 4 distiques latins de GEORGES DE LA PATRIÈRE [PATRICIUS]. traduits en français par lui-même ; à la p. 4, un sonnet de JOACHIM DU BELLAY, Angevin. Les pp. 5-12 sont occupées par une épître (en vers) « A tres illustre prince, Charles, duc de Lorraine, Bar, Gueldres », et par deux pièces latines, en l'honneur du même.

Les 3 ff. de la fin contiennent le *Privilége*, l'adresse de *J. de Tournes* : *A Lyon, en rue raizin aux deux Viperes*, et une seconde marque de cet imprimeur, avec la devise : *Son Art en Dieu* (Silvestre, n° 191).

Le texte latin original est imprimé en manchette à côté de la traduction française. Chacun des douze chants de l'*Enéide* est précédé d'une jolie figure gravée sur bois. A la fin de chaque chant on trouve un sonnet accompagné de la devise de Des Masures : *Quanto superat discrimine virtus*. Plusieurs de ces sonnets sont accompagnés de distiques latins. Il y a en outre à la p. 216 (à la fin du IV° livre) 4 distiques grecs de CLAUDE RAMMERMILLER, de Tulle, et, p. 279 (à la fin du V° livre). 5 distiques latins de FRANÇOIS DE CLEMBRY. Le sonnet français, qui est la traduction de ces distiques, paraît être du même auteur.

Le privilège, daté du 22 juillet 1559, est accordé à Louis Des Masures pour dix ans.
</blockquote>

QVINTI ORATII FLACCI SERMONVM LIBER PRIMVS·

VI FIT MECOENAS VT NEMO QVAM SIBI SORTEM SEV RATIO DEDERIT SEV SORS OBIECERIT VLLA

Contentus uiuat. laudet diuersa sequentes.
O fortunati mercatores grauis annis
Miles ait multo iam fractus membra labore
Contra mercator nauem iactantibus austris
Militia est potior. quid enim cum curritur horæ
Momento cita mors uenit: aut uictoria læta.
Agricolam laudat iuris legumq̃ peritus:
Sub galli cantu consultor ubi hostia pulsat
Ille datis uadibus qui rure extractus in urbē est:
Solos foelices uiuentes clamat in urbe.
Cætera de genere hoc adeo sunt multa loquacē
Delassare ualent Fabium. ne te morer: audi
Quo rem deducam. si quis deus en ego dicat
Iam faciam quod uultis: eris tu qui modo miles
Mercator. tu consultus modo rusticus. hinc uos.
Vos hinc mutatis discedite partibus. eia
Quid statis nolint. atqui licet esse beatis.
Quid causæ est merito quin illis Iupiter ambas
Iratus buccas inflet. neq̃ se fore post hac

BELLES-LETTRES. 217

407. Virgilo || degvisat, || o || l'Eneido || bvrlesco. || Del Sr de Vales, de Mountech. || *A Toulouso, || De l'Imprimario de Frances Boude Imprimur, a l'Enseinho de* || *sant Toumas d'Aquin, daban le Coulétge des Paires* || *de la Coumpainho de Iesus.* 1648. || *E se benden à la Pourtario enso de Bernard Fouchac.* In-4, mar. r. jans., tr. dor. (*Thibaron et Joly.*)

Ouvrage de la plus grande rareté, dont on n'a décrit jusqu'ici aucun exemplaire complet. Voici la collation du nôtre, qui paraît être bien complet : 2 ff. lim. pour le titre, au verso duquel est un sixain de *L'Autur al Legeire*, et pour une épître en prose « A moussur de Rabastens, seinhou de Couloumiés e de Bressols, counseilhé del Rey é soun jutge-magé al senechal de Mountalba. »

Libré prumié : 58 pp. et 1 f. bl.;
Libré segoun : 74 pp.;
Libré tresieme : 68 pp.;
Libré quatrieme : 75 pp.

L'exemplaire décrit par M. Brunet (V, 1306) paraît avoir été incomplet du IIIe livre; quant à M. Burgaud des Marets, il ne possédait que les trois premiers livres et ne semble pas avoir soupçonné l'existence du quatrième (voy. le n° 1169 de son catalogue).

408. [Quinti Horatii Flacci Opera]. *Absque nota* [*circa* 1471], in-4, rel. en bois recouverte de mar. ol., tr. dor. et ciselées. (*Rel. de la fin du XVe siècle*.)

Cette édition passe à juste titre, dit Van Praet, pour être la première, d'Horace. Elle est imprimée en caractères ronds, sans chiffres, réclames, signatures, initiales, et se compose de 157 ff. imprimés, de 26 lignes à la page, et d'un f. blanc. Hain (n° 8866) ne parle que de 127 ff, mais il y a dans son texte une faute d'impression évidente.

Le texte commence au r° du 1er f., de la manière suivante :

        ECOENAS ATAVIS EDITE
[M]   REGIBVS
        O & præsidium & dulce decus mecum :
        Sunt quos curriculo puluerē olympicū
Collegisse iuuat : metaque feruidis
Euitata rotis : palmaque nobilis. ...

Nous donnons ci-contre un fac-simile des caractères.

Cette édition a dû être exécutée en Italie, mais on ignore dans quelle ville. On connaît plusieurs volumes sortis des mêmes presses : aucun ne porte le lieu d'impression ni le nom de l'imprimeur. Un seul est daté de 1471 ; c'est la traduction latine, faite par Philelphe, de l'épître de S. Basile *De Officiis vitae solitariae*, in-8 de 7 ff.

Notre exemplaire, imprimé sur vélin, présente de légères différences avec celui qu'a décrit Van Praet. (*Cat. des livres sur vélin des bibliothèques publiques et particulières*, II, 59). Les deux lignes d'intitulé placées en tête des odes :

    QVINTI ORATII FLACCI CAR
    MINVM LIBER PRIMVS

n'ont pas été tirées en noir, mais, comme le foulage des caractères est

218 BELLES-LETTRES.

visible sur le vélin, il est probable que le titre devait être doré à la main. M. Van Praet ne parle pas du f. blanc, qui est le 76ᵉ des Odes.

La place des initiales, laissée en blanc à l'impression, est occupée par 9 grandes et belles lettres peintes en or et en couleurs, et par de nombreuses lettres en couleurs. Le 1ᵉʳ f. porte les armes de la famille MARTINENGO: d'argent à 3 fasces d'azur. Les mêmes armes se trouvent en tête d'un autre volume, sorti des mêmes presses, que nous décrirons plus loin, les *Epistolae familiares* de Cicéron.

409. LES MÉTAMORPHOSES D'OVIDE, en Latin et en François, de la Traduction de M. l'Abbé Banier, de l'Académie Royale des Inscriptions & Belles-Lettres: avec des Explications historiques. *A Paris, De l'Imprimerie de Prault.* M.DCC. LXVII— M.DCC. LXXI [1767-1771]. Avec Approbation et Privilége du Roi. 4 vol. in-4, figg., mar. r. fil., dos ornés, tr. dor. (*Anc. rel.*)

Tome premier : faux-titre ; — front. gravé par *Choffard*, qui porte le titre suivant : Les Métamorphoses d'Ovide, gravées sur les desseins des meilleurs peintres Français, par les soins des Sʳˢ le Mire et Basan, graveurs. A Paris, Chez Basan rue du Foin S. Jacques. Le Mire rue S. Etienne des Grès : — titre imprimé en rouge et en noir ; — 2 ff. contenant une dédicace au duc de Chartres, gravée par *Choffard* ; — xc pp. ; — 1 f. pour l'*Approbation* et le *Privilége* ; — 264 pp., plus 47 figg.
Tome second : viij et 355 pp., plus 33 figg.
Tome troisième : viij et 360 pp., plus 37 figg.
Tome quatrième : viij et 367 pp.; 8 pp. pour l'*Explication des vignettes et fleurons*, plus 22 figg.
Les figures, au nombre de 139 (non compris le frontispice), ont été dessinées par *C. Eisen* (59), *C. Monnet* (35), *H. Gravelot* (6), *J.-M. Moreau* (26), *Le Prince* (1), *F. Boucher* (10), *Parizeau* (1), *St. Gois* (1).
Les gravures sont signées de *N. Le Mire* (25), *de Longueil* (5), *J.-J. Le Veau* (15), *N. de Launay* (10), *Massard* (17), *Baquoy* (7), *Née* (11), *J.-F. Rousseau* (3), *Binet* (10), *J.-B. Simonet* (5), *J. Le Roy* (1), *B. de Ghendt* (5), *Duclos* (1), *L.-J. Masquelier* (2), *Aug. de S. Aubin* (3), *Basan* (3), *Louis Legrand* (6), *N. Ponce* (6), *S.-C. Miger* (2), *Helman* (1).— Une pièce, la 136ᵉ, porte : *Gravé à l'eau-forte par S. Aubin* ; *terminé au burin par Le Veau*.
Les figures sont chiffrées de 2 à 140.
L'ouvrage est orné, en outre, de 4 fleurons, dont 3 de *Choffard* et 1 de *Monnet*, et de 30 vignettes, dont 26 de *Choffard* et 4 de *Monnet*. Les pièces dessinées par *Monnet* ont été gravées par *Choffard*.
Cet exemplaire, un des douze qui ont été imprimés sur PAPIER DE HOLLANDE, provient de la bibliothèque de J.-J. DE BURE (Cat., n° 631).

410. LA || METAMOR- || PHOSE D'OVIDE || figurée. || 🐍 || *A Lyon,* || *Par Ian de Tournes.* || M.D. LVII [1557]. || Auec priuilege du Roy. In-8 de 89 ff. non chiffr. et 1 f. blanc, sign. *a-l* par 8. *m* par 4, mar. citr., dos et mil. ornés, tr. dor. (*Trautz-Bauzonnet.*)

Première édition des figures gravées par *Bernard Salomon*, dit *le Petit Bernard*.
Le titre est orné d'un riche encadrement gravé. Le 2ᵉ f. contient une épître (en prose) « A monsieur de La Rivoire, aumonier de monsigneur [*sic*] le Dauphin », épître datée « de Lyon ce 20 aoust 1557 ».

Chaque f. contient au r⁰ et au v⁰ un sujet gravé et un encadrement. Au-dessous de la figure est placé un huitain en vers français.

M. Brunet (IV, 287) dit que les figures sont au nombre de 176 ; le rédacteur du catalogue Didot 1879 (n⁰ 448) prétend qu'elles sont au nombre de 178 ; il n'y en a en réalité que 174, occupant 87 ff.

On ignore le nom de l'auteur des huitains qui accompagnent les figures ; il est possible qu'ils aient été composés par JEAN DE VAUZELLES, à qui l'on doit le texte des *Simulachres et historiées Faces de la Mort*.

411. IOHAN. POSTHII ǁ GERMERSHEMII TETRA- ǁ STICHA in Ouidii Metam. Lib. XV. qui- ǁ bus accesserunt Vergilij Solis figuræ elegantiss. ǁ & iam primùm in lucem editæ. ǁ Schöne Figuren / ausz dem fürtrefflichen ǁ Poeten Ouidio / allen Malern / Goldeschmiden / ǁ vnd Bildthauwern / zu nutz vnnd gutem mit fleisz gerissen durch ǁ Vergilium Solis, vnnd mit Teutschen Reimen kürtlich ǁ erkläret / dergleichen vormals im Truck nie ǁ auszgangen / Durch ǁ Iohan. Posthium von Germerszheim. ǁ Cum Gratia et Priuilegio Rom. ǁ Cæs. & Reg. Maiestatis, ǁ M.D. LXIII [1563].— [Fol. ultimo v⁰ :] *Impressum Francofur-* ǁ *ti, apud Georgium Coruinum, Si-* ǁ *gismumdum Feyrabent, & hæredes Wigandi Galli*. In-8 obl. de 8 ff. lim., 178 pp. et 8 ff. non chiffr., mar. r. jans., tr. dor. (*Cuzin.*)

Collation des ff. lim. : titre imprimé en rouge et en noir, et entouré d'un encadrement ; 7 ff. contenant : une pièce latine de POSTHIUS « Amplissimo viro, nobilitate generis, doctrina et virtutibus insigni, D. Erasmo Neustetter, cognomento Sturmer, canonico Wirtzeburgensi, decano Comburgensi, etc. », une pièce allemande du même : « Vorred in den Ovidium », et deux épigrammes latines de CARL HÜGEL et de G. JOHANN LAUTERBACH.

Le volume renferme 178 figures de *Virgile Solis*, qui sont en grande partie copiées sur celles de *Bernard Salomon* ; chacune de ces figures est accompagnée d'un quatrain latin et d'un quatrain allemand. M. Brunet (IV, 288) dit à tort que les figures sont au nombre de 356 ; il aura été induit en erreur par une description qui évaluait le corps du volume à 178 ff. au lieu de 178 pp.

Le dernier cahier contient l'*Index*, divers poèmes latins de POSTHIUS et une épigramme en son honneur par MARTIN HUBER, de Bâle.

Cet exemplaire a servi d'album à un amateur du XVIᵉ siècle qui l'a fait interfolier de papier blanc et y a inséré un grand nombre de chansons et de morceaux divers, en prose et en vers. Nous allons donner la description de cette partie manuscrite, en renvoyant à la foliation moderne.

1⁰ (2ᵉ garde), *Chansons musycalles*, table qui renvoie à 10 pièces.

2⁰ (fol. 1, r⁰), chanson, avec air noté :
 Allegez moy, doulce, plaisant brunette......

Cette pièce paraît avoir été très populaire ; elle se retrouve dans la *Farce de Calbain* (*Anc. Theatre franç.*, II, 143), et Marot en a cité le refrain (éd. Jannet, II, 185). Les paroles différent de celles qui ont été mises en musique par Josquin (*Melange* de Ronsard, 1572, fol. 68, v⁰).

3⁰ (fol. 1, v⁰), chanson, avec air noté :
 Susanne, ung jour d'amour sollicitée......

Cette pièce a été successivement mise en musique par tous les musiciens français du XVIe siècle : par Cyprian Rore, Nicolas, Millot, Claude Le Jeune (*Melange* de Ronsard, 1572, fol. 9, v⁰, 13, v⁰, 38, v⁰ et 73, v⁰), par Jehan Daniel, dit maistre Mithou (*Premier Livre de Psalmes et Cantiques*; Paris, Fezandat, 1552, in-16, n⁰ 5), etc. Le texte seul figure, dans le *Recueil de plusieurs chansons divisé en trois parties* (Lyon, Benoist Rigaud et Jean Saugrain, 1557, in-16, p. 19), dans le *Recueil de toutes sortes de Chansons nouvelles* (Paris, veufve N. Buffet, 1557, in-16, fol. 16, r⁰) et dans une foule d'autres chansonniers.

4⁰ (fol. 2, r⁰), chanson, avec air noté :

Languyr me fay, sans t'avoir offensée......

Cette chanson est de CLÉMENT MAROT (éd. Jannet, II, 182); elle se retrouve, avec une mélodie à quatre parties, dans les *Trente et sept Chansons musicales* publiées par Pierre Attaingnant, 1531, in-4, fol. 13, r⁰.

5⁰ (Fol. 2, v⁰), chanson italienne, avec air noté :

Si pur ti guardo, dolce anima mia......

6⁰ (Fol. 3, r⁰), chanson espagnole, avec air noté :

Quando bon hombre vienne (?) de vino......

7⁰ (Fol. 3, v⁰), chanson, avec air noté :

Dont vient cela, belle, je vous supply....

Cette pièce est de CLÉMENT MAROT (éd. Jannet, II, 182); on la trouve, avec une mélodie à quatre parties, dans les *Trente et sept chansons musicales* publiées par Pierre Attaingnant, 1531, fol. 4 v⁰.

8⁰ (Fol. 4, v⁰), chanson, avec air noté :

Bon jour, mon cœur, bon jour, ma doulce amye......

Cette pièce est de PIERRE DE RONSARD (éd. Blanchemain, I, 169); elle est notée plus loin en tablature de luth. Voy. le n⁰ 39, fol. 22, v⁰.

9⁰ (Fol. 5, r⁰), chanson, sans musique :

Mon mary est riche
Et n'est qu'un vilain......

Cette chanson se retrouve dans le *Troisiesme Livre du Recueil des Chansons* (Paris, Claude de Montre-œil, 1579, in-16), fol. 48, v⁰. La mélodie nous est connue par le *Recueil des plus belles et excellentes Chansons* (Paris, Locqueneux, 1588, in-16), fol. 111, r⁰.

10⁰ (Fol. 6, r⁰), *Allemande d'amour*, notée en tablature de luth, sans paroles.

Au-dessous de cette pièce on trouve le nom de l'amateur qui paraît avoir formé le recueil : LAURENT DE SAINCT SEIGNE, dont l'anagramme est : *Est si luisant en digne racc*, et la devise : *Durum patientia frango*.

11⁰ (Fol. 6, v⁰). *Allemande de Bourgongne* :

Le feu le traict, le brandon
De ce petit Cupidon......

Notation en tablature, sans paroles.

12⁰ (Fol. 7, r⁰), *Allemande du Prince*. Notation en tablature sans paroles
Les derniers mots seuls sont indiqués : Espoir conforte.

13⁰ (Fol. 7, v⁰), *Allemande d'amour* Bassus. Notation en tablature, sans paroles.

BELLES-LETTRES.

14º (Fol. 8, r°), *Allemande* :
>Fortune, helas ! pourquoy......

Notation en tablature sans paroles.

On trouve les paroles dans le *Recueil et Eslite de plusieurs belles chansons.... colligées.... par J. W[alcourt]* (Anvers, Jean Waesberge, 1576, in-12), fol. 220, r°.

15º (Fol. 8, v°), *Allemande du prince de Parme.* Même notation. Pour les paroles de cette pièce, voy. le n° 59.

16º (Fol. 9, r°), *Allemande de la Torche.* Même notation, sans paroles.

17º (ibid.), *Allemande de la Huguenotte.* Même notation, sans paroles.

18º (Fol. 10, r°), *Allemande* :
>Quand je partys de Lille......

Même notation, sans paroles.

19º (ibid). *Allemande* :
>Les soldatz de Guyse ......

Même notation, sans paroles.

20º (Fol. 11, r°), *Allemande des Estudiantz.* Même notation, sans paroles.

21º (Fol. 12, r°), *Allemande des deux Dames.* Même notation, sans paroles.

22º (Fol. 13, r°), *Allemande* :
>Fortune infortunée......

Même notation, sans paroles.

23º (Fol. 14, r°), *Allemande de Fleurs.* Même notation, sans paroles.

24º (Fol. 14, v°), *Allemande.* Même notation, sans paroles.

25º (Fol. 15, r°), *Allemande* :
>Ne seroit [*sic*] ou dire
>Le mal et martire......

Même notation, sans paroles.

26º (Fol. 15, v°), *Allemande d'Anvers.* Même notation sans paroles.

27º (Fol. 16, r°), *Allemande* :
>Heureux celluy qui pour passer son aage......

Notation en tablature, avec paroles.

28º (Fol. 16, v°), *Allemande de Lorayne.* Même notation, sans paroles.

29º (Fol. 17, r°), *Gaillarde* :
>Belle qui me va[s] martirant......

Même notation, avec le commencement des paroles. Le texte complet se trouve plus loin, au fol. 71, v°, sous le n° 60 ; il figure dans le *Nouveau Recueil de toutes les Chansons nouvelles* (Lyon, Benoist Rigaud, s. d., mais v. 1580, in-16, fol. 49, v°) et dans la *Fleur des Chansons nouvelles* (Lyon, Benoist Rigaud, 1586, in-16), p. 191 de la réimpression.

30º (Fol. 17, v°), *Passemezo* .
>Folye...

Même notation, sans paroles.

31° (Fol. 18°, r°), *Gaillarde* :
>> Cara cossa......

Au-dessous de la musique, notée en tablature, sont les paroles françaises :
>> J'aimerois mieux coucher seullette
>> Que d'avoir un facheux mari......

32° (Fol. 18, v°), *Passemezo de France*. Notation en tablature, sans paroles.

33° (Fol. 19, r°), *Gaillarde* :
>> TYRCIS
>> Si l'amour est de telle qualité......

Notation en tablature, avec paroles. Cf. *Recueil des plus belles et excellentes Chansons* (Paris, Locqueneux, 1588, in-16), fol. 63, v°.

34° (Fol. 19, v°), *Gaillarde* :
>> O Cupido......

Même notation, sans paroles.

35° (Fol. 20, r°), *Gaillarde d'Ytalie*. Même notation, sans paroles.

36° (Fol. 20, v°), *Gaillarde d'Ytalie*. Même notation, sans paroles.

37° (Fol. 21, r° et v°), *Gaillarde* :
>> Qui passe......

Même notation, sans paroles.

38° (Fol. 22, r°). *Gaillarde de Romanesque*. Même notation, sans paroles.

39° (Fol. 22, v°), *Chanson* :
>> Bon jour, mon cœur......

Même notation, sans paroles. Chanson de RONSARD, dont le texte est cité précédemment. Voy. le n° 8, fol. 4, v°.

40° (Fol. 23, r°), *Chanson nouvelle*. Même notation, sans paroles.

41° (Fol. 23, v°), *Chanson* (italienne) :
>> Madonna mia, pietà....

Même notation, sans paroles.

42° (Fol. 24, r°), *Gaillarde d'Espaigne*. Même notation, sans paroles.

43° (Fol. 25, r°), Chanson en notation ordinaire, sans paroles :
>> Tu, traditore....

44° (Fol. 26, r°), Chanson en notation ordinaire, sans paroles et sans titre.

45° (Fol. 27, r°), Chanson en notation ordinaire, avec paroles :
>> Sur la verdure du pret florissant....

La même pièce figure, avec une mélodie à quatre parties de Clemens non Papa, dans le *Second Livre, contenant XXVI chansons nouvelles* (Paris, Nicolas Du Chemin, 1549, in-4), p. xxx.

46° (Fol. 27, v°), Chanson italienne, en notation ordinaire avec paroles :
>> S'io potessi, donna...

47° (Fol. 30, r°), *Bassus* :
>> Vous avez logez......

Notation en tablature, sans paroles.

BELLES-LETTRES.

48⁰ (Fol. 32, v⁰-33, r⁰), *Branle de Champaigne*. Notation en tablature sans paroles.

49⁰ (Fol. 42, r⁰), *Epitafe* (écriture du XVIII⁰ siècle) :
> Si gît un héros, s'il en fut 1 ;
> Il avoit des ennemis, mais il triompha 2......

C'est, avec quelques variantes, l'épitaphe bien connue du maréchal de Saxe.

50⁰ (Fol. 61, r⁰), Essai de plume du XVIII⁰ siècle : *Scillae in parentem et patriam impietas*.

51⁰ (Fol. 62, r⁰ et v⁰), Lettre en prose, signée Λ.δ.σ.σ.]LAURENT DE SAINCT-SEIGNE].
> Madamoiselle, considerant voz tresgrandes beauté [*sic*], accompaigné [*sic*] de tant de graces dont Dieu vous a douez......

52⁰ (Fol. 63, r⁰), *Chanson nouvelle, envoyée par un amant à sa dame : sur la voyx* : Fortune, helas! pourquoy, 1582
> Cupidon, par ton dart
> Ravi ma liberté ......

6 couplets sans musique.
La mélodie se trouve ci-dessus, au fol. 8, r⁰ (n⁰ 14).

53⁰ (Fol. 63, v⁰), *M'amye* :
> Elle est gente comme une souche ;
> Comme ung four elle a grande bouche ......

4 quatrains satiriques.

54⁰ (Fol. 64, r⁰ et v⁰), Pièce en 32 vers, signée V. Q. Q. M. :
> Est-ce mon bien qu'ung torment qui me dure......

55⁰ (Fol. 65, r⁰ et v⁰), Lettre en prose, signée Λ.δ.σ.σ. [LAURENT DE SAINCT-SEIGNE].
> Madamoyselle, si l'on vouloit mesurer les forces que nous souffrons d'en hault, selon la capacité humaine......

56⁰ (Fol. 66, r⁰-67, r⁰), *La Complainte de monsieur de Heze* [d'une autre main :] *de la maison de Horne* :
> Puis qu'il faut partir de ce lieu
> Pour vivre en l'autre monde.....

13 couplets, sans musique.

57⁰ (Fol. 67, r⁰), *Complainte du prince d'Anthoin, gouverneur de Tornay ; fait en chanson l'an* 1581 :
> Depuis qu'ay faulsé la foye
> Que j'avoye ......

30 couplets, sans musique.

Nous possédons de cette pièce une impression contemporaine : *Chanson lamentable contenant les infortunes et desastres survenus au prince d'Espinoy, depuis qu'il s'est retiré de l'obeyssance du roy Catholicque*, 1581: nous en donnerons plus loin la description.

58⁰ (Fol. 69, r⁰-70, r⁰), *Chanson nouvelle* :
> O dieu d'amour, qui nuict et jour me poinctz......

6 couplets sans musique.

Cf. *Recueil et Eslite de plusieurs belles Chansons...colligées par J. W[alcourt]* (Anvers, Jean Waesberge, 1576), in-12, fol. 283, r⁰.

59° (Fol. 70, v°-71, r°), *Chanson nouvelle. Allemande du prince de Parme* :

> Belas, helas ! madame,
> Que ne prend tu pitié......

5 couplets. Pour la musique de cette pièce, voy. le n° 15.

60° (Fol. 71, v°-72, v°), *Complainte d'ung amant* [d'une autre écriture :] *à s'amye* :

> Belle, qui me va [*sic*] marticant......

10 couplets sans musique.
La mélodie se trouve ci-dessus, au fol. 17, r° (n° 29).

61° (Fol. 73, r°-74, v°), *Chanson du succès des Huguenots à la surprinse de Besançon, le tiers jour du mois de juing*, 1575, *sur le chant* Quand ce beau printemps je voys.

> Rend louange au roy des cieulx
> En tout lieu......

19 couplets, sans musique.
Cette pièce a été publiée, d'après un ms. conservé à l'archevêché de Besançon, par M. Belamy, dans son *Recueil de Noëls anciens au patois de Besançon*, 3° édition, 55-57.
La mélodie sur laquelle se chantait la célèbre chanson de Ronsard : Quand ce beau printemps je voys... se trouve dans le *Recueil des plus belles et excellentes Chansons* (Paris, Locqueneux, 1588, in-16), fol. 235, v°.

62° (fol. 75, r° et v°), *La Complainte de madame d'Aumalle sur la mort du sieur d'Aumalle, son mary ; sur le chant* : La Parque est si terrible :

> O Dieu, quelle nouvelle !
> O Dieu, quelle douleur !...

12 couplets sans musique.
Cette pièce, qui remonte à l'année 1573, se retrouve dans le *Sommaire de tous les Recueils de Chansons* (Lyon, Benoist Rigaud, 1576. in-16), 32. Elle a été imprimée d'après notre ms. par M. Tricotel dans l'*Amateur d'autographes*.
La mélodie (La Parque, etc.) figure dans le *Recueil des plus belles et excellentes Chansons* (Paris, Locqueneux, 1588, in-12), fol. 87, r°.

63° (Fol. 76, r°-77, r°), *Chanson du siége de la ville de Sommiére, sur ung chant nouveau* :

> Nous debvons bien mettre en nostre memoire......

13 couplets sans musique.
Voy. *Troisiesme Livre du Recueil des Chansons* (Paris, Claude de Montre-œil, 1579, in-16), fol. 18, r° ; — *Nouveau Recueil de toutes les Chansons nouvelles* (Lyon, Benoist Rigaud, v. 1580, in-16), fol. 25 [23], r° ; — *La Fleur des Chansons nouvelles* (Lyon, Benoist Rigaud, 1586, in-16), p. 12 de la réimpression ; — Le Roux de Lincy, *Chants historiques*, II, 342.

64° (Fol. 77, r° et v°), *Chanson de la complainte des pauvres laboureurs et des gens de village ; sur le chant* : Dames d'honneur, je vous prie à [mains joinctes] :

> Dieu tout puissant, que nul ne peut desdire......

Voy. *Troisiesme Livre du Recueil des Chansons* (Paris, Claude de Montre-œil, 1579, in-16), fol. 30, r°.

65° (Fol. 78°, r°), *Harangue à une jeune fille affin de pouvoir impetrer ses bonnes graces et luy prouver son service* :

> Ayant par long sejour desiré l'heure advenue, m[adamoyselle], maintenant, veu que mon esprit, insatiable de l'amour que je vous pourte........

BELLES-LETTRES.

66º (Fol. 78, vº), *Subscription de la page precedente* :

Or pleut à Dieu, m[ademoyselle], qu'amour eust aussy bien employé......

67º (Fol. 79, rº et vº), *Lettre d'amour correspondant au feuillet precedant* :

M. m. p. q. a. Si j'ay prins l'hardiesse mettre la main à la plume......

68º (Fol. 80, rº et vº), *Epitaphe d'Alix* :

Cy gist, qui est une grand perte..............

CLÉMENT MAROT, éd. Jannet, II, 219.

69º (Fol. 81, rº), *Chanson nouvelle* :

Celluy qui se contente
N'est il pas bien heureux......

4 couplets, sans musique.

Voy. *Sommaire de tous les Recueils de Chansons* (Lyon, Benoist Rigaut, 1576, in-16), 53 ; — *Recueil et Eslite de plusieurs belles Chansons.... colligées.... par J. W[alcourt]* (Anvers, Waesberge, 1576, in-12), fol. 296, vº; — *Le plaisant Jardin des belles Chansons* (Lyon, 1580, in-16), 83.

70º (Fol. 81, vº-82, rº) *Aultre Chanson* :

Nous sommes une bande
De jeunes escoliers......

5 couplets sans musique. On lit à la fin : *Vive Laurent. Fait le 13. d'ap[vril] 1581.*

71º (Fol. 82, vº-83, rº), *Rondeaulx* :

1. D'estre amoureux n'ay plus intention......

CLÉMENT MAROT, éd. Jannet, II, 132.

2. Au feu, quy mon cœur a choysy......

CLÉMENT MAROT, II, 130.

72º (Fol. 83, vº-84, rº), *Rondeaulx* [sic] :

Secourez moy, ma dame par amours......

73º (Fol. 84, vº-85, rº), *Chanson* [s] *musicalle* [s] d'ORLANDE [DE LASSUS] :

1. Maistre Robbin et monsieur son varlet......
2. Soyons joyeux sur la plaisant(e) verdure......
3. Ardent amour souvent me fet instance......
4. A cè matin se seroit bonne estreine......
5. Avec[ques] vous mon amour finira......
6. Je l'ayme bien et l'aymeray......
7. Fleur de quinze ans, Dieu vous sauve et [vous] gard......
8. Du corps absent le cœur je te presente......
9. Las ! voulés vous qu'une personne chante....
10. En espoir vis et crainte me tormente......

Pour les mélodies d'ORLANDE DE LASSUS, voy. Fétis, *Biographie universelle des musiciens*, 2ᵉ éd., V, 207, et Eitner, *Bibliographie des Musik-Sammelwerke des XVI. und XVII. Jahrhunderts*, 659.

74º (Fol. 86, rº-87, vº), [*Les Jours heureux et perilleux de l'année*] :

Qui veult sçavoir les jours de l'année estant les plus heureux de vendre ou achepter......

Nous avons décrit ci-dessus (nº 208) une édition gothique de cette pièce.

75º (Fol. 88, r⁰ et v⁰). Prière de S. Léon, pape. *Haec sunt verba quae Leo Papa Charolo Magno regi ac imperatori misit....*

En résumé, la partie manuscrite de ce recueil contient 45 airs en vogue au XVIᵉ siècle et le texte de divers chants historiques en partie inédits.
La 1ʳᵉ garde du volume porte l'inscription suivante : Ex libris FRANCISCI BOURDOT, Grayani, 1645.

412. CATVLLVS. || TIBVLLVS. || PROPERTIVS. — [Fol. paenultimo r⁰ :] *Venetiis in aedibus Aldi, mense* || *Ianuario. M.DII* [1503 n. s.]. || Nec sine priuilegio vt || in caeteris. In-8 de 144 ff. non chiffr., car. ital., mar. citr., riches comp. de mosaïque, doublé de mar. citr., dent. et mos. (*Padeloup*.)

Au vᵒ du titre est placée une épître latine d'ALDE MANUCE à Marino Sanuto, patricien de Venise, l'auteur bien connu du *Diario*, dont une édition complète est actuellement en cours de publication.
Les œuvres de CATULLE occupent les 41 ff. suivants; elles sont suivies (fol. Fij, vᵒ—Fiv) d'une épître de HIERONYMUS AVANCIUS [GIROLAMO AVANCIO], de Vérone, adressée au même Sanuto.
Les œuvres de TIBULLE remplissent 34 ff.; celles de PROPERCE, 66. Chacune des trois parties offre une série distincte de signatures.
Les deux derniers ff. contiennent la souscription et une répétition du titre. Voy. Renouard, *Annales de l'imprimerie des Alde*, 3ᵉ éd., p. 39.
Exemplaire aux chiffres et aux armes du comte d'HOYM. Les chiffres qui forment la principale décoration du dos, sont répétés dans les angles de la doublure; les armes sont frappées à l'intérieur. Le titre porte une étiquette ainsi conçue :

Relié par Padeloup le jeune, place Sorbonne, à Paris.

Nous donnons ci-contre une reproduction en couleurs de la reliure et de la doublure.
De la bibliothèque de VALENTIN DE BOURDIER DE BEAUREGARD. L'ex-libris de cet amateur est placé en tête du volume.

413. CATVLLVS || PROPERTIVS || TIBVLLVS — Finis. || Catullus Propertius Tibullus || olim magna ex parte emendati, per Aldum || Manutiũ Romanũ uirũ doctissimum. || Nũc Recogniti per Benedi || ctum Philologũ Flo || rentinum. || *Florentiæ impressi opera & impensa* || *Philippi bibliopolæ giũtæ .f. Flo* || *rẽtini .ãno salutis .M.DIII* [1503]. || *Nonis Augustas* [sic] *Petro* || *Soterino Vexilli* || *fero fœlicissi* || *mo.* In-8 de 152 ff. non chiffr., car. ital., mar. gr., dos et mil. ornés, tr. dor. (*Capé*.)

Au vᵒ du titre commence une épître précédée de ce titre : BENEDICTUS, *philologus florentinus, litterato juveni Bonacursio Pepio excellentiss., U. J. Doc., Francisci filio*; cette épître est suivie d'un extrait du livre de PIETRO CRINITO *de Poetis latinis*. Le f. aiv, qui termine les liminaires, est blanc.
Les œuvres de CATULLE occupent 40 ff., signés *b—f* par 8; les trois dernières pages de cette première partie contiennent un nouvel extrait de Crinito, relatif à Properce.
Les œuvres de PROPERCE remplissent 72 ff. signés *A-I* par 8. Les ff. Ivj,

CATULLUS, TIBULLUS, PROPERTIUS, 1502.

Reliure aux armes du Comte d'Hoym,
signée de Padeloup le jeune.

PLAT DE LA RELIURE.

CATULLUS, TIBULLUS, PROPERTIUS, 1502.

Reliure aux armes du Comte d'Hoym,
signée de Padeloup le jeune.

DOUBLURE DE LA RELIURE.

414. MARTIALIS. — [Fol. paenultimo r°:] *Venetiis in aedibus Aldi, men* || *se Decembri. M.DI* [1501]. || Quisquis es qui quo quomodo || huiusce excusionis [*sic*] ergo || aduersus ieris, dam- || natus esto et reus || ill. s. v. Ne dicas || tibi non præ || dictum. || Caue. In-8 de 192 ff. non chiffr., car. ital., mar. r., riches entrelacs à petits fers, doublé de mar. bl., dent. à petits fers, tr. dor. (*Trautz-Bauzonnet.*)

Au v° du titre est placée la lettre de PLINE LE JEUNE à Cornelius Priscus, relative à Martial.
Le dernier f. est blanc.
Voy. Renouard, *Annales de l'imprimerie des Alde*, 3ᵉ éd., p. 30.
Cet exemplaire, imprimé sur VÉLIN, est celui dont parle M. Brunet (III. 1490); il a été découvert dans une petite ville de la rivière de Gênes, par M. H. DE CESSOLES, dont il porte la signature.

415. ¶ LES MOTS DOREZ || DE CATHŌ EN FRAN || COYS ET EN LATIN / Auecques bons et tres- || vtilles Enseignemens / Prouerbes / || Adages / Authoritez / et ditz mo- || raulx des Saiges prouffita- || bles a vng chascun / En- || semble plusieurs questi- || ons enigmatiques / || *Imprimez nou-* || *uellement a* || *Paris.* || ¶ Auec priuilege. || ¶ *On les vend au palays en la Gallerie* || *Comme on va en la Chancellerie.* — ¶ *Finis. S. d.* [1531], pet. in-8 goth. de 112 ff. non chiffr. de 25 et 24 lignes à la page, sign. A-O. mar. r. jans., tr. dor. (*Thibaron et Joly.*)

Le titre est imprimé en rouge et en noir.
Au v° du titre est placé un extrait du privilège accordé pour trois ans à *Jehan Longis*, le 9 février 1530 [1531 n. s.].
Les distiques moraux connus sous le nom de Caton furent, à ce que l'on croit, composés par un grammairien du second siècle, appelé DIONYSIUS CATO. Aucun ouvrage ne fut plus souvent reproduit, traduit, commenté pendant le cours du moyen-âge, et même encore au XVIᵉ siècle.
Le recueil, dont nous venons de reproduire le titre, contient une traduction en quatrains français, accompagnée du texte latin; mais les dits de Caton n'occupent que la plus petite partie du volume. Ils sont suivis d'un *Enseignement de l'autheur* (fol. Di, v° - Dij) et d'un recueil de pièces diverses intitulé: *Bons et tresutiles Enseignemens, Proverbes, Adages, Authoritez et Dictz moraulx des saiges*. Cette seconde partie se compose principalement de proverbes et de sentences; on y trouve aussi plusieurs jeux de mots très connus, par exemple celui-ci (fol. Ei, v°):

    Quant ung cordier cordant
    Veult corder une corde,
    A troys cordons cordant,
    A une corde accorde;
    Mais, se ung cordon cordant
    De la corde descorde,
    Le cordon descordant
    Faict decorder la corde.

La dernière pièce nous révèle le nom de l'auteur de ces poésies françaises :

> Cette escripture ay par ma cure
> Mis en son estre, et, par mesure,
> Selon nature qui luy est dextre,
> Reduicte par diverses testes.
> Pour satisfaire a rectitude,
> Lysez la jours ouvriers et festes,
> Et de GROSNET preuez l'estude.

Pierre Grosnet ou Grognet, de Troyes, est connu par divers ouvrages français et latins (voy. Brunet, II, 1763 ; V, 287). Il a signé la dédicace à Henri de Valois, dauphin de France, et à Charles, duc d'Angoulême, qui est placée en tête de plusieurs éditions postérieures des *Motz dorez de Cathon*.

L'auteur du *Manuel du Libraire* (I, 1670) dit qu'on trouve en tête des *Bons et tresutiles Enseignemens* le nom de J. MACE, à qui, pour ce motif, on attribue l'ouvrage en entier ou en partie ; notre édition, qui est la plus ancienne que l'on connaisse, ne contient pas cette mention et rend inadmissible l'opinion de M. Brunet.

416. AURELII PRUDENTII CLEMENTIS quæ exstant. Nicolaus Heinsius Dan. Fil. Ex vetustissimis exemplaribus recensuit, & Animadversiones adjecit. *Amstelodami, Apud Danielem Elzevirium.* cIɔ Iɔc LXVII [1667]. Pet. in-12 de 12 ff. lim., 327 et 167 pp., plus 17 pp. non chiffr. pour la table, mar. r., fil., dos orné, doublé de tabis, tr. dor. (*Anc. rel.*)

Collation des ff. lim. : titre, imprimé en rouge et en noir ; 6 ff. pour une épître de NICOLAS HEINSIUS « reverendissimo celsissimoque principi, Ferdinando, D. g., episcopo sedis Paderbornensis, etc. » ; 5 ff. pour un avis *Lectori* et les *Testimonia*.

La seconde partie est précédée d'un titre ainsi conçu : *Nicolai Heinsii Dan. F. in Prudentium Adnotata.* Amstelodami, Apud Danielem Elzevirium. cIɔ Iɔc LXVII. Cf. Willems, *Les Elzevier*, n° 1386.

Haut. 131 ; larg. 73 mm.

417. LOVANGES || DE LA || SAINTE VIERGE. || Composées en rimes Latines || par S. Bonauenture. || Et mises en vers François par || P. Corneille. || *A Rouen, & se vendent* || *A Paris,* || *Chez Gabriel Quinet, au Palais* || *dans la Gallerie des Prisonniers,* || *à l'Ange Gabriel.* || M.DC.LXV [1665]. || Auec Priuilege du Roy. In-12 de 5 ff. et 83 pp., mar. r. jans., tr. dor. (*Trautz-Bauzonnet*.)

Collation des ff. lim. : figure signée : *Ludovicus Cossinus* ; titre ; 2 ff. pour l'avis *Au Lecteur*; 1 f. pour l'*Extrait du Privilege*, au v° duquel commence le texte latin.

Le poème original est imprimé en regard de la traduction. Ce poème, composé de 83 huitains, est imprimé dans les œuvres de S. Bonaventure, mais il n'est probablement pas de lui.

Le privilège, daté du 19 juillet 1665, est accordé pour six ans au sieur P. Corneille. L'achevé d'imprimer est du 22 août 1665.

Picot, *Bibliographie Cornélienne*, n° 137.

418. DES || BONNES MEVRS || et honestes Contenan- || ces que

doit garder vn ieu- || ne home, tant à table || qu'ailleurs, auec autres || notables enseigne- || mens. || Euure composé premierement en Latin par || M. Iean Sulpice de saint Alban, dit Verulan : || Et nouuelement tourné & traduit en rime || Françoyse par paraphrase par M. Pierre || Broë practicien de Tournon sur le Rhosne. || *A Lyon,* || *Par Macé Bonhomme.* || 1555. || Auec priuilege du Roy pour dix ans. In-8 de 38 pp. et 1 f. blanc.

> Au titre, la marque de *Macé Bonhomme* (réduction, entourée d'un encadrement nouveau, de la marque reproduite par Silvestre sous le n° 773).
> L'original latin de Sulpicius Verulanus est intitulé : *Libellus de moribus in mensam servandis.* Il en fut publié un grand nombre d'éditions à la fin du XV° siècle et au commencement du XVI°. Etienne Dolet y joignit en 1542 un commentaire de Guillaume Durand. Voy. Brunet, V, 591.
> Il existe une autre traduction du poème de Vérulan en vers français par Michel Bleyn, Lyonnais, de Saint-Symphorien-le-Chastel (Lyon, Benoist Rigaud, 1580, in-8).

419. Strozii Poetae Pa- || ter et Filivs. — [Partis I^æ fol. 99 r°:] *Venetijs in œdib. Aldi, et Andreæ Soceri,* || *Mense Ianuario* M.D.XIII [1514 n. s.]. — [Partis II^æ fol. 152 r°:] *Venetiis in œdibus Aldi* || *et Andreæ Asula-* || *ni Soceri.* M. || DXIII [1513]. 2 parties en un vol. in-8, mar. r., fil. et entrelacs de mosaïque, dos orné, tr. dor. (*Reliure du XVI° siècle.*)

> La 1re partie se compose d'un titre, orné de l'ancre aldine, de 7 ff. pour une épître d'Alde Manuce « Divae Lucretiae Borgiae, duci Ferrariae » et pour l'*Index*, et de 100 ff. chiffr.
> Cette première partie contient les œuvres d'Hercule Strozzi, fils de Titus (1471-1508) ; beaucoup des pièces qu'elle renferme sont dédiées à Lucrèce Borgia.
> Au v° du 99° f., après la souscription, est placée une épitaphe du poète, par Alde Manuce.
> La seconde partie, qui compte 152 ff., est consacrée aux œuvres de Tito Vespasiano Strozzi, le père (né vers 1422, mort en 1505).
> Cet exemplaire porte sur le titre la signature de François Rasse des Neux, chirurgien à Paris, avec la date de 1551.

420. Les || divines Poesies || de Marc Antoi- || ne Flaminius : || Contenantes diuerses Prieres, Meditations, Hymnes, || & actions de graces à Dieu : || Mises en Françoys, auec le Latin respondant l'vn à l'autre. || Auec plusieurs Sonets & Cantiques, ou || Chansons Spirituelles pour louer Dieu. || A Madame Marguerite, sœur du Roy || treschrestien Charles IX. || *A Paris,* || *Chez Nicolas Chesneau, rue S. Iaques, à l'en-* || *seigne de l'escu de Frobē, & du*

Chesne verd. || 1568. || Auec priuilege du Roy. In-8 de 8 ff. et 79 pp., v. f., dent., tr. dor.

Au titre, la marque de N. *Chesneau* (cette marque est à peu près la contre-partie du n° 915 de Silvestre). — Les 7 ff. qui suivent le titre contiennent une épître en prose « A madame Marguerite, sœur du roy Treschrestien Charles IX », épître datée de Poissy, le 15 juin 1568 et signée : S[œur] ANNE DE MARQUETZ ; une épître en vers « A ladicte dame » ; un *Anagrammatisme du nom de Madame* : Margareta a Francia : *Femina grata ac rara* (en vers) ; l'*Extrait du Privilège*.

La traduction des poésies de Marcantonio Flaminio, dont le texte latin est imprimé en manchettes à côté du texte français, n'occupe que les 32 premières pages du volume. Le recueil contient en outre 11 cantiques et 40 sonnets composés par Anne de Marquetz ou Des Marquetz. On possède de cette dame divers autres opuscules poétiques (voy. Brunet, II, 1280 ; V, 445).

Le privilège, daté du 16 février 1567, permet « à seur Anne de Marquetz, religieuse à Poissy, choisir tel libraire et imprimeur que bon luy semblera pour faire imprimer les versions latines de M. Antoine Flaminius, ensemble toutes auttres versions ou œuvres de son invention, moyennant qu'elles soient visitées et approuvées par les docteurs de la faculté de theologie de Paris. » Il est d'une durée de dix ans à compter de la première impression de chaque ouvrage.

421. P. FAUSTI ANDRELINI OPERA POETICA. *Parisiis*, 1496-1513. 9 parties en un vol. in-4.

Voici la description des pièces contenues dans ce recueil :

1. Liuia fausti pœtae lau || reati. — ❡ *Finis*. || *Impressum parrhisiis per* || *Robertum gourmot co-* || *morantem in vico sacti* || *iohannis lateren ad* || *intersignium* || *cornu dame. S. a.* [1492], in-4 de 54 ff. non chiffr. de 24, 25 et 26 lignes à la page pleine, sign. *a, g*, par 8 ; *c, e, i* par 6 ; *b, d, f, h, k* par 4.

Au titre, la marque de *Robert Gourmont* (Silvestre, n° 81).

Le texte commence au verso du titre par un titre de départ ainsi conçu : *Publii Fausti Andrelini Foroliviensis, excellentissimi poetae laurati, ad eminentissimum Francie cancellarium Guielmum de Rupeforti Amorum Liber primus incipit ; qui, posthabitis arduis rebus, velit amores juventutis sue convenientes describere ; cum autem ad maturiorem etatem pervenerit, graviora, si fata permiserint, aggrediatur.*

2. ❡ Publij Fausti andrelini foroliuiésis excellētissi || mi pœtę laureati : ad serenissimū Carolū frācorū|| regē Panegyricum carmen Incipit.—*Finis. Absque nota* [*Parisiis, per Dionysium Roce, circa 1495*], in-4 de 6 ff. de 20 lignes à la page pleine, sign. *A*.

Au titre, la marque de *Denis Rocé* (Silvestre, n° 451). Le v° du titre est blanc.

3. Faustus de neapolitana || Fornouiensiqz victoria. || *Venundatur Parrhisiis a Iohanne Petit. Via diui Ia-* || *cobi sub intersignio Lilij aurei commorante*. —[In fine :] ❡ *Libri duo de gestis gloriosissimi caroli franco-* || *ruz regis octaui a clarissimo poeta fausto Andre-* || *lino foroliuiensi compositi & summa cum diligē* || *tia Parrhisijs A Nicolao de pratis pro Iohanne* || *paruo sub ttersignio Lilij aurei via diui Iacobi cō* || *morāte Impressi anno a natali christiano. M.D.* || *& .xiij* [1513], *quarto Kalendas octobres*. In-4 de 20 ff. non chiffr. de 31 lignes à la page, sign. *a, c*, par 8, *b* par 4

BELLES-LETTRES.

Au titre, une marque de *Jehan Petit* qui reproduit dans ses traits généraux mais avec variantes, celle que Silvestre a donnée dans le n° 25.

Au v° du titre, trois distiques *Ad Lectorem*, au-dessous desquels est placé un bois des armes de France.

La victoire de Fornoue, célébrée par le poète, fut livrée le 6 juillet 1495.

4. Publii Fausti Andrelini Foroliuiensis Regii || poetæ laureati || De obitu Caroli octaui deploratio || Eiusdem de eodem ad Guidonē Rupifortem || Epistola. || Eiusdem de eodem varia epitaphia. || Eiusde carmē de parrhisię vrbis cōgratulationę || in Petri coardi primi frāciæ præsidis electiōe. || Eiusdem carmen ad Laurentium Burellū Car- || melitam: theologum & confessorem regiū. — *Finis*. || *Parrhisiis ipressum. Anno a natali christiano* .1504. || *Ludouico duodecimo regnante : Die .4. mensis octo* || *bris. Pro Iohanne petit.* In-4 de 12 ff. de 20 lignes à la page, sign. *a-b* par 6.

Au titre, la marque de *Jehan Petit* (Silvestre, n° 25).

Le r° du 12° f. est blanc ; le v° contient une marque qui se rapproche beaucoup de celle que Silvestre a publiée dans le n° 636. On y voit de même la devise *Sola fides sufficit* exprimée en rébus, mais, au lieu du nom de *Guyot Marchand*, on y voit les initiales J. M. Cette marque est celle de

Jehan Marchand, son fils, citée par Lotin avec les dates de 1505 et 1511.

Charles VIII mourut le 7 avril 1498. La nomination de Pierre Couard ou Cothard au siège de premier président, remontait à l'année précédente.

5. Elegie Fausti. || *Venditur in Vico Sancti Iacobi in inter-*|| *signio diui Martini — Finis tumultuarii opusculi.* || *Pro Dyonisio Roce. S. a.* [circa 1500], in-4 de 30 ff. non chiffr. de 33 lignes à la page, sign. *a, c, d, e,* par 4, *b* par 8, *f* par 6.

Au titre, la marque de *Denis Rocé*, avec la devise : *A l'aventure ; tout vient a point qui peut attendre* (Silvestre, n° 451).

Au verso du titre, commence une longue épître en prose adressée « ad litteratissimum Thoman Custodiam [Ward], serenissimi anglici regis, oratorem bene merentem ».

Les élégies, divisées en trois livres, sont dédiées au chancelier de France Guy de Rochefort. Elles sont suivies d'une épître à Charles Bureau, trésorier de France, et d'une pièce de vers à la louange de ce personnage.

Le v° du dernier f. est blanc.

6. ¶ Ægloga Fausti Moralissima. — ¶ *Finis. Absque nota* [*Parisiis*, pro *Johanne Parvo, circa* 1500], in-4 de 6 ff. non chiffr. de 29 lignes à la page, sign. *A*.

Au titre, la marque de *Jehan Petit* (Silvestre, n° 25).

7. Faustus de captiuitate || Ludouici sphorcie. — *Finis*. || *Anno a natiuitate domini nostri Iesu christi* || *M. cccce. V. Die xxvi. Maii in almo Parisiesi* || *gymnasio Impressum.* || *Pro Iohanne Petit.* In-4 de 10 ff. non chiffr. de 28 lignes à la page, sign. *a* par 6, *b* par 4.

Au titre, la marque de *Jehan Petit* (Silvestre, n° 25).
Louis le More fut fait prisonnier au mois de juillet 1500.

8. Faustus de secunda || victoria Neapolitana || ❡ *Venundantur parisiis in vico san* || *cti iacobi ad intersigniū diui martini* — [In fine :] ❡ *Impressum Pariisiis per Robertum gormont* || *Anno a natiuitale domini Millesimo quin-* || *gentesimo septimo* [1507] *die vndecima men* || *sis aprilis. Pro dionysio roce* || Vbi dicit olpotēs natura dicas omniparēs natura. In-4 de 11 ff. non chiffr. de 24 lignes à la page, et 1 f. blanc. sign. *a-b* par 6.

Au titre la marque de *Denis Rocé* (Silvestre, n° 451).
Au r° du 2° f. commence une épître en prose à Pierre Couard, ou Cothard, premier président au parlement de Paris, qu'Andrelin appelle son Mécène.

Cette pièce se rapporte à l'entrée des Français dans le royaume de Naples, au mois de juillet 1501.

9. P. Fausti Andrelini Foroliuiensis : illustris poetę lau- || reati regiiq; a c Canonici Baiocensis deploratio de || morte Petri Coardi primi presidis parisiensis sena- || tus : ad Guidonē Rupefortem illustrissimum Fran || ciē Cancellarium. —*Finis. Absque nota* [*Parisiis, circa* 1505], in-4 de 4 ff. de 24 lignes à la page, sans sign.

Le v° du titre est blanc.
Pierre Couard, ou Cothard, mourut le 8 octobre 1505.

422. SYNTRA || Aloisiæ Sygęæ Tole- || tanæ, aliáque eiusdem, ac || nonullorum præthereà doctorum virorum || ad eandem Epigrammata : quibus || accessit Pauli III. P. M. epistola || de singulari eius doctrina, || ac ingenii præstantia. || ⚜ Tumulus eiusdem ab Andrea Resendio, & || Claudio Monsello concinnatus. || *Parisiis*, ⚜ *Ex Typographia Dionysij à Prato, via* || *Amygdalina, ad Veritatis insigne.* || 1566. In-4 de 8 ff. non chiffr., caract. ital., mar. r. jans., tr. dor. (*Thibaron et Joly.*)

Au titre, une marque de *Denys Du Pre* qui diffère de celle que Silvestre a reproduite sous le n° 768.

Voici la liste des pièces qui composent le recueil :

1° Une épître latine de JACOBUS SYGÉE, père d'Aloïsia « illustrissimo ac doctissimo viro D. Joanni Nicot, libellorum supplicum in regia christianissimi Gallorum regis magistro, ejusdem apud regem Lusitaniae legato », épître datée de Lisbonne, le 0 des nones d'octobre 1561 ;

2° Une réponse de JEAN NICOT à Jacques Sygée, datée de Paris, le 1er juin 1566 ;

3° Une épigramme de CLAUDE MONSEAU, de Châteauvillain, à Jean Nicot ;

4° Une épigramme de GEORGE COELHO [COELIUS] *in Loisae Sygaeae Syntram* ;

5° Une épigramme de GASPARD BARREIROS [BARRERIUS], sur le même sujet ;

6° Le texte de *Syntra* ;

7° Trois épigrammes latines d'Aloysia ;

8° Une lettre adressée à Aloysia par le pape PAUL III, à la date du 6 janvier 1547 ;

9° Le Tombeau d'Aloysia en distiques latins par Andres Resende [ANDREAS RESENDIUS], l'historien du Portugal ;

10° L'épitaphe d'Aloysia par le même ;
11° Deux distiques latins de CLAUDE MONSEAU.

Aloysia Sygée, née à Tolède, vers 1530, morte en 1560, fut une des femmes les plus distinguées de son siècle par son esprit et sa vertu. Son père, Jacques Sygée, Français établi en Espagne, avait fait donner à ses quatre enfants, une éducation extraordinaire. Aloysia savait le grec, le latin, l'hébreu, le syriaque, l'arabe, le castillan, le français et l'italien, elle n'avait que treize ans quand elle fut chargée d'instruire l'infante Marie, sœur du roi Jean III.

Trois ans avant sa mort, en 1557, elle épousa Francisco de Cuevas, dont elle n'eut qu'une fille.

Aujourd'hui, le nom d'Aloysia est surtout connu par un livre infâme, la *Satira sotadica de arcanis amoris*, qui fut imprimé clandestinement à Genève, vers 1680, et donné au public, comme la traduction, par Jean Meursius, d'un ouvrage de la docte espagnole. Il est avéré aujourd'hui que ce livre abominable fut composé de toutes pièces par l'historien du Dauphiné, Nicolas Chorier, qui emprunta effrontément deux noms respectés. Aloysia, vengée déjà au siècle dernier par La Monnoye, par l'abbé Des Fontaines et par Lancelot, a été de nouveau justifiée par M. Allut, qui a consacré à sa mémoire une savante dissertation (*Aloysia Sygea et Nicolas Chorier* ; Lyon, 1862, in-8). Le bibliographe lyonnais a reproduit en entier le poème de *Syntra*, élégante description des jardins royaux qui avoisinent Lisbonne, mais il n'a pu consulter qu'une réimpression faite à Lisbonne en 1781, par D. Francisco Cerda y Rico, sur une ancienne copie manuscrite ; il n'a pas réussi, malgré toutes ses recherches, à découvrir un seul exemplaire de l'édition originale, que nous venons de décrire. Cette édition fut publiée par JEAN NICOT, le célèbre auteur du *Dictionnaire françois* (voy. ci-dessus, n° 326), à qui Jacques Sygée avait remis le manuscrit du poème, au moment où il quittait Lisbonne pour rentrer en France.

423. METAPHRASIS || POETICA LIBRORVM || ALIQVOT SACRORVM, || auctore || Iac. Aug. Thuano. || Quorum indicem versa pagina || indicabit. || *Cæsaroduni Turonum.* || *Apud Iametium Messorium typo-* || *graphum Regium,* || CIƆ. IƆ. XCII [1592]. In-12.

Ce recueil se compose d'un f. de titre et de 4 parties ayant chacune un titre séparé :

1. IOBVS, || siue || de Constantia || Libri IIII : || poetica metaphrasi || explicati... 1592. 6 ff. non chiffr., 90 pp. et 1 f. blanc.

Au v° du titre est une épître, en distiques, à Charles de Bourbon, cardinal de Vendôme.

Le poème est suivi d'un distique signé des initiales : R. ST. R. F. R. N., qu'on doit lire : ROBERTUS STEPHANUS, Roberti filius, Roberti nepos. Robert III Estienne avait alors d'étroites relations avec la famille de Thou ; on trouve déjà des vers de lui dans le Tombeau de Christophe de Thou (*Viri ampliss. Christophori Thuani Tumulus*), imprimé par Mamert Patisson, en 1583.

2. ECCLESIASTES, || siue || Salomonis F. Dauidis || de summo hominis || bono Concio || poetica metaphrasi || explicata.... 1592. 19 ff. et 1 f. blanc.

Ce poème est précédé d'une épître à Henri de Bourbon, prince de Dombes, épître datée de Blois, le 31 octobre 1592, et de la réponse du prince « Thuano, amico suo ». Cette réponse est, par suite d'une erreur, datée de Blois, le 28 février 1591.

3. THRENI || Ieremiæ F. Elciæ || poetica metaphrasi || explicati...1592. 11 ff. et 1 f. blanc.

Au v° du titre est une épître, en distiques, à Charles II, cardinal de Bourbon.

4. VATICINIA || Ioelis, Amosi, || Abdiæ, Ionæ, || Habacuci, || poetica metaphrasi || explicata... 1592. 29 ff. et 1 f. d'*Errata* pour les quatre parties.

424. LA CALOTTE || FRANCOISE || traduite du Latin || de Monsieur Morel, Principal || du College de Reims. || *A Paris,* || *Par Iean Libert, demeurant ruë Sainct Iean* || *de Latran, prez le College de* || *Cambray.* || M. DC. XII [1612]. In-8 de 16 pp.

L'original latin de JEAN MOREL parut, en 1611, sous le titre de : *Calotta, salutare admodum capitis operimentum.* La mode des calottes était nouvelle, et le poète entreprit de prouver, dans un élégant badinage, que cette coiffure était la coiffure par excellence.

La traduction française est écrite en vers alexandrins ; nous n'avons pu en découvrir l'auteur. Ajoutons que Morel trouva un contradicteur dans le médecin angevin René Moreau, qui fit paraître, en 1614, une réponse intitulée : *Renati Morelli Anticalotta.*

3. — *Poètes français.*

A. — Introduction.

425. RECVEIL || DE L'ORIGINE DE || LA LANGVE ET POESIE || FRANÇOISE, RYME || ET ROMANS. || Plus || Les Noms et Sommaire || des Œuures de CXXVII. || poetes François, viuans auant || l'an M.CCC. || *A Paris,* || *Par Mamert Patisson Imprimeur du Roy,* || *au logis de Robert Estienne.* || M.D. LXXXI [1581]. || Auec Priuilege. In-4 de 4 ff., 209 pp. et 1 f. pour l'*Extrait du privilége*, mar. br. jans., tr. dor. (*Trautz-Bauzonnet.*)

Au titre, la marque de *Robert Estienne* (Silvestre, n° 1134). Les 2° et 3° ff. contiennent une épître « Au Roy de France et de Pologne », épître signée : « CLAUDE FAUCHET, president en vostre cour des monnoyes » ; le 4° f. est occupé par l'*Indice des chapitres.*
Le privilège, daté du 17 juin 1581, est accordé pour cinq ans à Fauchet.
On lit sur le titre de cet exemplaire : « *Des livres de* CLAUDE EXPILLY, 1598, 30 sept. »

426. LE GRAND & || VRAY ART DE PLAINE RETHORICQVE : || vtile / proffitable et necessaire a toutes gens || qui desirent a bien elegantement parler et es-||cripre. Compile ℱ compose par tresexpert / || scien-|| tifique et vray orateur maistre Pierre fabri / || en son viuāt cure de Meray / ℱ natif de Rouen. || Par lequel vng chascun en le lisant pourra || facilement ℱ aornemēt composer ℱ fai-|| re toutes descriptions en prose : com- || me / oraisons / lettres missiues / || epistres/ sermons/ recitz/ || collations et re- || questes. || M.D.XXXIX [1539]. — [A la fin de la 2ᵉ partie :] ℭ *Cy fine le secōd liure*

de vraye retho- || *rique. Nouuellement imprime a Paris* || *par Estienne caueiller imprimeur.* 2 parties en un vol. in-8 goth., mar. v., fil., dos orné, tr. dor. (*Duru.*)

[*Premier Livre :*] 2 ff. lim. et 164 ff. chiffr. — *Second Livre :* 2 ff. lim. et 64 ff. chiffr.

Pierre Le Fèvre, ou Fabri, de Rouen, mort vers 1520, était curé de Mérey, près de Pacy-sur-Eure. Son livre, dont de nombreuses éditions attestent le succès, parut pour la première fois à Rouen au mois de janvier 1522 (n. s.); il est divisé en deux parties : la première contenant les règles générales de la rhétorique, la seconde étant consacrée spécialement à la poétique française. Bien que Fabri n'ait pas poussé aussi loin que Gratien Du Pont, l'amour de ces combinaisons extravagantes dont le moindre défaut était de rendre les vers absolument inintelligibles, on trouve dans son art de rhétorique une foule de choses curieuses. Citons seulement, à titre d'exemple ce rondeau monosyllabique :

Je
Dy
Que
Je
Le
Vy ;
Jo
Dy.

La plupart des exemples donnés par Fabri sont tirés des auteurs célèbres de son temps : frère Guillaume Alexis, Alain Chartier, Jehan Molinet, Jehan Meschinot, frère Olivier Maillart, Jehan Munier, Nicole Lescarre et N. de Senyghen. Ces trois derniers poètes ne nous sont connus que par des chants royaux, des ballades ou des rondeaux envoyés aux palinods de Dieppe ou de Rouen.

Exemplaire de M. YEMENIZ (Cat., n° 1301).

427. ART POETI- || QVE FRANÇOIS. || Pour l'instruction de's ieunes stu- || dieus, & encore peu avance'z || en la Poë'sie Fran- || çoise. || *A Paris*, || Auec priuilege. || *On le's uend au Palais, en la boutique de* || *Gilles Corrozet.* || 1548. In-8 de 8 ff. non chiffr., 79 ff. chiffr. et 1 f. blanc, mar. r. jans., tr. dor. (*Trautz-Bauzonnet.*)

Première édition du traité de THOMAS SIBILET.

Collation des ff. lim.: titre, au verso duquel se trouve un extrait du privilège accordé pour deux ans à *Gilles Corrozet* à la date du 25 juin 1548 ; — 1 f. contenant au recto un avis *Au Lecteur*, daté de Paris, le 27 juin 1548, et, au verso, un sonnet « A l'envieus » ; — 5 ff. pour la *Table des Dictions et Annotations* ; — 1 f. pour les *Fautes*.

Exemplaire de M. LEBEUF DE MONTGERMONT (Cat., n° 266).

Haut. : 158; larg. : 94 millim.

428. ART POETIQVE || FRANÇOIS, pour l'instruction de's ieu- || || nes studieus, & encor peu auan- || cez en la Pöe'sie Fran- || çoise. || 🙞 || Auec le Quintil || Horatian sur la defence & || illustration de la lan- || gue francoise. || *A Lyon,* || *Par Iean Temporal.* || 1551. || In-16 de 2 ff., 252 pp. et 6 ff. pour la *Table*, mar. r., dos et mil. ornés, tr. dor. (*Trautz-Bauzonnet.*)

Au titre, la marque de *Jean Temporal* (Silvestre, n° 186). Le 2° f. contient l'avis *Au Lecteur* et le sonnet « A l'envieus. »

La dernière p. est cotée par erreur 255.

Seconde édition du traité de THOMAS SIBILET, restée inconnue à M. Brunet; elle parut à *Lyon* aussitôt après l'expiration du privilège obtenu par *Corrozet* en 1548.

Le *Quintil Horatian* de CHARLES FONTAINE est imprimé ici pour la première fois (pp. 169-252); c'est une réponse à la *Defense et Illustration de la Langue françoise* que JOACHIM DU BELLAY avait publiée en 1549.

Haut. 117; larg. 70 mm.

429. ART POETI- || QVE reduict et || abregé, en singulier || ordre et souueraine methode, || pour le soulas de l'aprehension || & recreation des espritz. || Faict & composé par maistre Clau- || de de Boissiere, Daulphinois. || Auec priuilege || du Roy. || *Imprimé à Paris par Annet Briere,* || *à l'enseigne S. Sebastian,* || *rue des porees.* || 1554.—[A la fin:] *Acheue d'Imprimer le 17. iour de Nouembre.* || 1555. In-8 de 20 ff., dont les 16 seuls premiers sont chiffr., v. f., fil., tr. dor. (*Petit, successeur de Simier.*)

Au v° du titre est placé un sonnet «A ma damoiselle de La Haye», signé de l'anagramme *En clairté l'œil s'esblouit*. Cette demoiselle est probablement la même personne que l' «honorable dame nommée Marie de La Hays» à qui sont dédiées plusieurs pièces du *Plaisant Boutehors d'oysiveté* (voy. Montaiglon, *Recueil de Poësies françoises*, VII, 161, 165).

Le volume se termine par cinq vers d'EUSTACHE DE MONTIGNY à l'auteur.

Le 2° f. est occupé par le texte du privilège, accordé pour huit ans à *Jehan Gentil*, marchand de Paris, pour divers ouvrages de Claude de Boissière, le 7 septembre 1554.

430. LA POËTIQVE || DE || JVLES DE LA MESNARDIERE. || *A Paris,* || *Chez Antoine de Sommauille, au* || *Palais, dans la Gallerie des Merciers,* || *à l'Escu de France.* || M.DC. XXXX [1640]. || Auec Priuilege du Roy. In-4 de 39 ff. (y compris 2 titres), 434 pp. et 12 ff. pour la *Table* et l'*Extrait du Privilege.*

Le privilège, daté du 16 octobre 1639, est accordé pour dix ans à La Mesnardière, qui déclare en faire cession à *Sommaville*. L'achevé d'imprimer est du 26 octobre 1639.

Le privilège nous apprend que la *Poëtique* devait avoir trois volumes, mais l'ouvrage resta inachevé par suite de la mort de Richelieu, arrivée le 4 décembre 1642. C'est alors que le libraire substitua au titre primitif du tome Ier un titre général, qui ne porte pas de tomaison.

Les deux titres ont été conservés dans cet exemplaire, l'un qui porte la date de 1640 et qui est orné d'un écu de France gravé en taille-douce, et l'autre, qui porte la date primitive de 1639 et n'a point la marque de *Sommaville*.

431. DICTIONNAIRE || DES RIMES FRAN- || ÇOISES: || Premierement composé par Iean le Feure || Dijonnois, Chanoine de Langres & de || Bar sur Aube; || Et depuis augmenté, corrigé, & mis en bon || ordre, par le Seigneur des Accords. || Dedié à Messire Pierre Ieannin, Seigneur de Monjeu & de || Cour-

celles, Cheualier, Conseiller du Roy, & President || au Parlement de Bourgongne. || *A Paris*, || *Chez Iean Richer*, *ruë S. Iean de Latran*, || *à l'arbre Verdoyant.* || 1588. || Avec Priuilege du Roy. In-8 de 32 ff. non chiffr., et 214 ff. chiffr., mar. br. jans., tr. dor. (*David.*)

Au v° du titre est un quatrain « Au lecteur », signé de la devise d'Estienne Tabourot, *A tous accords*.

Les 3 ff. suivants sont occupés par une épître « A messire Pierre Jeannin, chevalier, conseiller du Roy, etc. »

Jean Le Fèvre, chanoine de Langres, était cousin de Tabourot. En réimprimant son ouvrage, l'avocat dijonnais l'a fait précéder d'un grand nombre de vers français, italiens, latins et grecs, écrits par des poètes du pays en l'honneur des deux auteurs. Ces poètes sont: Jacques Tabourot, chanoine de Langres; Benigne Des Barres, escuyer, sieur d'Espiry; Jean Martin, seigneur de Choisy, chanoine de la sainte Chapelle de Dijon; Guil. Royhier, advocat au parlement de Dijon, dont la devise est: *Roy hier, demain rien*; Artus Desiré; Philippes Grostet; Jean Tabourot, chanoine de Langres (toutes les pièces qui précèdent, sont antérieures à 1540); Theodore Tabourot, chanoine de Langres; Philippe Robert, jurisconsulte dijonnais; Philibert Robert, fils du précédent; J. Brigaulet; Jean Bordes, de Bordeaux, professeur au collège des Jésuites à Dijon; Toussaint Michelot; Jean Baptiste Richard « patronus Divione »; un anonyme qui a pour devise: *Virtus ex labore donata*; Guillaume Le Goulx, sieur de Vallepesle, cousin de Tabourot; F. Juret; Loys de Jurbert, « conseiller du roy et auditeur en sa chambre des Comptes, à Dijon »; Loys d'Ancienville, seigneur de Domoy; N. Bonier; Guill. Tabourot, fils d'Étienne, âgé de douze ans; Pierre Tabourot, frère du précédent, âgé de neuf ans; Jean Des Planches, imprimeur de Bourgone; Poupot, qui a pour devise ces mots: *Felice l'alma che per Dio sospira*; Marc Antoine Millotet, de Dijon; J. Bouchard, médecin dijonnois; Jean Maury, jurisconsulte de Dijon; Jacques Guyon, jurisconsulte, d'Autun [Haeduus]; Giraud Symonin; Jean Boullet; Jean Franchet; Vincent; Guiot; Voillemier; Gervais Boisselier; Le Breth; Coinot; Champaigne; Guill. Berbisey; Prudent Genret; Mellet; Ben. Juret; B. Boulier; Jean Mugnier, de Langres; La Verne; L. de Saint Privat; C. Morel; Picardot; B. Coussin; David; Jean Richard; Bizouard; Laurent d'Avignon; J. Guillaume; Binet; Benigne Poillechat; Prosper de Vintimille; Jacques Choret; Pierre Grangier; J. Maillard; Poissonnier; Fleutelot; François Chapuis; Ant. Chapuis; Jean Berbisey; G. de Lecey; Vitier; Brenot; Jaquinot; A. Bretagne; Blondeau; Bern. Maire; Jean Regnauld; Corcelles; P. Garnier; Berry (?); Jean Frachot; Bernard Des Barres; Franç. Jardeau, de Langres; Prudent Le Goulx; Pierre Guyot, de Langres.

Les vers encomiastiques occupent les 18 ff. qui suivent l'épître; les 10 autres ff. lim. sont remplis par une *Preface du seigneur des Accords* et par le *Privilége*.

Le privilège, daté du 13 octobre 1585, est accordé à Estienne Tabourot, qui déclare en faire cession pour dix ans à *Jean Richer*.

432. Les || Epithetes || de M. de la Porte || Parisien. || Liure non seulement vtile à ceux qui font || profession de la Poësie, mais fort pro- || pre aussi pour illustrer toute au- || tre composition Françoise. || Auec briefues annotations sur les noms & || dictions difficiles. || *A Paris*, || *Chez Gabriel Buon au clos Bruneau* || *à l'image sainct Claude.* || 1571.

BELLES-LETTRES.   239

‖ Auec Privilege du Roy. In-8 de 4 ff. lim., 285 ff. chiffr. (le dernier porte par erreur 284) et 1 f. blanc, mar. v. jans., tr. dor. (*Trautz-Bauzonnet.*)

<small>Première édition de cet ouvrage, où l'on trouve des passages fort singuliers et fort piquants (voy. notamment les ff. 64, v°, et 280, v°).
Le titre est suivi d'une épître « A monsieur M. François Pierron, grand-vicaire de monseigneur l'abbé de Molesmes », d'un *Advertissement au Lecteur* et d'un sonnet de FRANÇOIS D'AMBOISE. Cette dernière pièce nous apprend que l'auteur mourut, à l'âge de 40 ans, le 23 avril 1571. Ce fut sans doute Fr. d'Amboise qui fit achever l'impression du volume.</small>

B. — Poètes français depuis les origines jusqu'à Villon.

433. FABLIAUX OU CONTES, FABLES ET ROMANS du XII° et du XIII° siècle, traduits ou extraits par Legrand d'Aussy. Troisième édition, considérablement augmentée. *Paris, Jules Renouard, libraire, rue de Tournon, n° 6. [Imprimé chez Paul Renouard, rue Garencière, n° 5.]* MDCCC XXIX [1829]. 5 vol. in-8, mar. bl., fil., tr. dor. (*Trautz-Bauzonnet.*)

<small>*Tome premier:* 2 ff.; ix pp.; 1 f. de *Table*; 368 pp.; 4 figg., plus 1 pl. de musique, en regard de la p. 121. — A la fin est une seconde partie intitulée : *Choix et Extraits d'anciens Fabliaux du XII° et du XIII° siècle* ; Paris, de l'imprimerie de Paul Renouard......MDCCCXXIX, 32 pp.
Tome second: 4 ff.; 432 pp.; 3 figg.; 22 pp. pour les *Extraits*; 1 f. blanc.
Tome troisième: 4 ff.; 384 pp.; 4 figg.; 30 pp. pour les *Extraits*; 1 f. blanc.
Tome quatrième: 4 ff.; 400 pp.; 4 figg.; 30 pp. pour les *Extraits*; 1 f. blanc.
Tome cinquième: 2 ff.; 411 pp.; 3 figg.; 31 pp. pour les *Extraits*.
Les 15 figures contenues dans les quatre premiers volumes sont de J. M. Moreau le jeune ; les 3 figures du tome V sont de *Desenne*. Les gravures sont signées de *Bosq et Devilliers jeune* (7), de *Bosq* seul (4), de *Croutelle* (1), de *B. Royer* (4) et de *J.-F. Ribault* (2).
Exemplaire en GRAND PAPIER VÉLIN ; figures AVANT LA LETTRE et EAUX-FORTES. La figure de *Griselidis* (II, p. 297) est en quadruple état.
On a joint à cet exemplaire :
1° Dans le tome Ier (p. 267), une figure non signée pour le *Lai de Narcisse* ; 2° dans le tome III°, un fac-similé exécuté à la main d'un f. du ms. fr. 837 (ancien 7218) ; 3° dans le même volume, un second titre imprimé sur VÉLIN, pour les *Extraits* ; 4° dans le tome V°, p. 171, une figure de *Coiny* AVANT LA LETTRE.</small>

434. LE MIROVER DV MON ‖ DE nouuellement im ‖ prime a. Genefve.— ❡ *Cy finist le Mirouer du mōde. Imprime a.* ‖ *Genefue par Maistre Iaques Viuian. Lan* ‖ *de grace. Mil. CCCCC. ꝝ. xvij* [1517]. In-4 goth. de 94 ff. non chiffr. de 32 lignes à la page, impr. en lettres de forme, sign. *ab* par 4, *c-m* par 8, *n* par 6, mar. r. jans., tr. dor. (*A. Motte.*)

Le titre est orné d'un grand L encadré et d'un bois qui représente un moine travaillant dans une bibliothèque ; nous en donnons la reproduction :

Le v° du dernier f. est blanc.

Ce poème n'est qu'un remaniement de l'*Image du Monde* composée en 1245 par Gauthier de Metz (voy. *Histoire littéraire de la France*, XXIII, 294-335). L'auteur de ce remaniement, Françoys Buffereau, secrétaire du duc de Savoie, « natif de Vendosme ou diocèse de Chartres », n'a pas craint de le dédier à Anthoine de Gingins, seigneur de Divonne, premier président de Savoie, comme un ouvrage qu'il aurait « compilé » lui-même. Il l'a daté à la fin du 17 mars 1517 (n. s.).

Comme le remarque M. J.-V. Le Clerc, auteur de la notice insérée dans l'*Histoire littéraire* (p. 329), Buffereau a substitué au titre d'*Image du Monde* celui de *Mirouer du Monde*, qu'il avait emprunté à un manuscrit de la *Somme le Roi*, de frère Laurens, conservé dans la famille de Gingins.

435. Le Rommant de la Rose.—[Au fol. tvj, r° :] Cest la fin du rōmant de la rose || Ou tout lart damours est enclose. *S. l. n. d.* [*Lyon, Guillaume Le Roy, vers* 1486], in-fol. goth. de 150 ff. non chiffr. de 41 lignes à la page, impr. à 2 col., sign. *a-s* par 8, *t* par 6, mar. r. jans., doublé de mar. bl., riche dorure à petits fers, tr. dor. (*Trautz-Bauzonnet.*)

<ul style="list-style:none">
<li>Première édition du *Romant de la Rose*. Ce poème, commencé vers 1240 par Guillaume de Lorris, fut achevé à la fin du XIIIe siècle par Jehan de Meun.
L'édition est exécutée avec les caractères dont *Guillaume Le Roy* se servit au mois de février 1486 (n. s.) pour l'impression du *Doctrinal de Sapience* (Biblioth. nat., Inv. D. 2388); nous en donnons un spécimen emprunté au fol. av, v°, colonne de gauche :</li>
</ul>

    Pres fut vne ymage escripte
a Qui bien sembloit estre ypocrite
    Papelardie est appellee
Cest celle qui en recellee
Quint nul ne sen peut prendre garde
De nul mal faire ne se tarde
Et fait dehors le marmiteux
Si a le vis pasle et piteux
Et semble doulce creature
Mais dessoubz na malle aduenture
Quelle ne pense en son couraige

242 BELLES-LETTRES.

Le 1ᵉʳ f., que M. Brunet (III, 1171) déclare n'avoir jamais vu, ne porte qu'une ligne d'intitulé et n'est orné d'aucun bois ; le v⁰ en est blanc.

Le texte commence au r⁰ du 2ᵉ f., au-dessous d'un grand bois divisé en deux compartiments ; il est disposé de la manière suivante :

```
              Cy comance le rõmant de la rose
           Ou tout lart damours est enclose
               Aintes gens disent que
                    en songes
      m           Ne sont que fables et
                    mensonges
               Mais on peult telz
                  songes songier
          Qui ne sont mie mensongier
```

Le volume est orné de 89 figures sur bois, dont 87 n'ont que la largeur d'une des deux colonnes.

Exemplaire de M. E. ODIOT.

436. LE ROMANT DE LA ROSE. || Codicille ⸓ testament de || maistre Iehã de meun : || *Nouuellement Imprme* [sic] *a Paris. S. d.* [*vers* 1500], 2 parties en un vol. gr. in-4 goth., mar. r., dos et mil. ornés, tr. dor. (*Trautz-Bauzonnet*.)

La première partie de ce volume se compose de 150 ff. non chiffr. de 41 lignes à la page, impr. à 2 col., sign. *a-z*, ⸓, r/ par 6 (M. Brunet dit à tort 148 ff.) elle est ornée de 87 figures sur bois.

Le 1ᵉʳ f. contient, au r⁰, l'intitulé, imprimé en xylographie, et les mots *Nouuellement Impr[i]me a Paris* ; le v⁰ est en blanc.

Le dernier f. porte, au r⁰, la marque d'*Antoine Verard* (Silvestre, n⁰ 36) Le v⁰ en est blanc.

La seconde partie compte 42 ff. non chiffr., en partie à 2 colonnes, en partie à longues lignes, au nombre de 41 à la page, sign. *a-g* par 6.

Le r⁰ du 1ᵉʳ f. porte un titre ainsi conçu, dont les deux premières lignes son xylographiées :

Le Codicile ⸓ testament || de maistres Iehã de meun || Auecques lepitaphe Du feu roy Charles || septiesme qui trespassa audit Meun.

Les pièces contenues dans cette seconde partie sont :

1⁰ (fol. ai, v⁰-eiij, v⁰), [*Le Codicile de maistre Jehan de Meun* :]

```
      Ly Pere et ly Filz et ly Sainctz Esperis,
      Un Dieu en troys personnes aouré et cheriz......
```

Cette pièce se retrouve dans plus de vingt mss. de la Bibliothèque nationale. Elle est imprimée à longues lignes.

2⁰ (fol. eiiij, r⁰-gij, r⁰), *Le Testament* :

```
         O glorieuse Trinité,
         Une essence en vraye unité.....
```

Cette pièce nous a été conservée, comme la précédente, dans un grand nombre de mss.

3⁰ (fol. gij, v⁰-gvj, v⁰), *L'Epytaphe du roy Charles septiesme* :

```
      Ou temps de deuil, que le roy dit Lyon [lis. d'Illon]
      Se vint seoir ou trosne du lyon......
```

Cette pièce se termine par l'acrostiche de SIMON GREBAN.

Voy. Biblioth. nat., mss. franç. 1661, fol. 112 ; 1956, fol. 61 2008, fol. 77 ; 2141, fol. 110, etc.

BELLES-LETTRES. 243

437. 🙞 Le Rommant de la Rose nou- ‖ uellement Reueu et corrige ‖ oultre les precedentes ‖ Impressions [par Clement Marot] ‖ ¶ *On le vend a Paris par Galliot du pre Li-* ‖ *braire iure ayant sa bouticque* ‖ *au premier pillier de la* ‖ *grant salle du* ‖ *Pallays.* ‖ 1529.— ¶ *Fin du Rommant de la rose veu &* ‖ *corrige oultre les precedentes impres-* ‖ *sions. Et imprime a Paris, par maistre* ‖ *Pierre vidoue, Pour Galliot du pre, li-* ‖ *braire iure, tenant sa bouticque au pa-* ‖ *lays, au premier pillier. Au moys de* ‖ *Mars, mil cinq centz .XXIX.* ‖ *Auant pas-* ‖ *ques* [1530, n. s.]. In-8 de 8 ff. non chiffr., 403 ff. chiffr. et 1 f. pour la marque de *Galliot Du Pré*, mar. r., dos orné, riches compartiments à la rose, doublé de mar. v., dent. à petits fers, tr. dor. (*Trautz-Bauzonnet*.)

Les ff. lim. se composent du titre, lequel est imprimé en rouge et en noir et orné d'un bois, et de 7 ff. pour l'*Exposition moralle du Romant de la Rose* et la *Briefve Recollection des matieres contenues au present livre*.

L'*Exposition* est l'œuvre de Clément Marot, qui a revu et corrigé le texte de Guillaume de Lorris et de Jehan de Meun.

Le volume est orné d'un grand nombre de petits bois.

Le dernier f., dont le r° est blanc, porte au v° la marque de *Galliot Du Pré* (Brunet, II, 1368; Silvestre, n° 48).

Exemplaire de M. le docteur Desbarreaux-Bernard (Cat., n° 328).

Haut. 143 ; larg. 93 mm.

438. C'est le romant de la rose ‖
Moralise cler et net ‖
Translate de rime en prose ‖
Par vostre humble molinet

— ¶ *Cy finist le Romant de la rose translate de* ‖ *ryme en prose Imprime a paris pour Anthoine* ‖ *verard marchant demourant a Paris* ‖ *pres lhostel Dieu deuant la rue neufue nostre* ‖ *Dame A lenseigne Saint Iehan leuangeliste* ‖ *Ou au palais au premier pillier deuāt la chap* ‖ *pelle ou lon chante la Messe de messeigneurs* ‖ *les presidens.* S. d. [vers 1500], in-fol. goth. de 4 ff. lim. et 181 ff. chiffr., impr. à 2 col., mar. r., fil., dos orné, doublé de mar. bl., guirlande à petits fers, tr. dor. (*Trautz-Bauzonnet*.)

Les quatre vers qui forment l'intitulé sont imprimés en xylographie.

Au v° du titre commence la *Table* qui occupe les 3 ff suivants.

Au r° du 1er f. de texte est placé un grand bois, supérieurement gravé, qui représente l'acteur offrant son livre au roi.

L'ouvrage se termine, au r° du 181ᵉ f., par deux huitains du translateur dont le dernier contient la date :

> L'an quinze cens tournay molin au vent
> Et le convent d'amours ouvry ma baille.
> Chargié de grain, s'engrena(y) tellement,
> Que rudement a mon entendement
> Prins du froment la fleur que je vous baille.
> Ruez la paille après, qui maint sot baille
> A la happaille et joings du jardinot :
> Le monnier doit tenir son MOLIN NET.

Le v° du même f. contient la marque de *Verard* (Silvestre, n° 36).

439. ❧ LE ROMANT DES TROIS ‖ PELERINAIGES. ‖ Le premier pelerinaige est de lhomme durāt ‖ quest en vie. ‖ Le second de lame separee du corps. ‖ Le tiers est de notre seigr̄ iesus / en forme de ‖ monotesseron: cestassauoir les quatre euāgi- ‖ les mises en vne : et le tout magistralement/ cointemēt ꝑ si vtilemēt pour le salut de lame ‖ quon ne pourroit mieulx dire ne escp̄re. fait et ‖ ɔpose ꝑ frere guillaume d'deguileuille en son ‖ viuāt moyne de chaaliz de l'ordre de cisteaux. ‖

> Cy sensuit lindice ? la table ‖
> Du pelerin noble romant ‖
> Qui par voye cointe ? delectable ‖
> Enseigne a viure sainctement ‖
> Lequel tresamiablement ‖
> Ont ensemble a comun profit ‖
> Fait imprimer elegamment ‖
> Maistre Barthole et Iehan petit.

— [A la fin :] ❧ *A dieu graces.* ‖ *Clereuaulx.* S. d. [vers 1500], in-4 goth. de 10 ff. non chiffr. et 206 ff. chiffr., impr. à 2 col. en petites lettres de forme, mar. v., fil., dos orné, tr. dor. (*Anc. rel.*)

Le titre, entouré d'un encadrement, porte la marque de l'imprimeur *Berthold Rembold*, qui, dans les vers inscrits sur le titre, est appelé simplement *Barthole* (Silvestre, n° 658).

L'auteur du poème, GUILLAUME DE DEGUILEVILLE, moine de Citeaux et prieur de Chaalis, mourut vers 1360. Son ouvrage fut retouché vers la fin du XVᵉ siècle par PIERRE VIRGIN. Voy. Goujet, *Bibliothèque françoise*, IX, 74.

Cette édition est la seule qui contienne les trois pèlerinages.

440. [LES ŒUVRES DE MAISTRE ALAIN CHARTIER.] Ms sur vélin de 212 ff. de 26 lignes à la page, format in-4, réglé et orné de bordures au commencement des pièces principales et de lettres rubriquées (seconde moitié du XVᵉ siècle). relié en v. f., fil., dos orné. tr. dor. (*Anc. rel.*)

1° [*Le Quadrilogue*], commençant [fol. 1, r°] par : « A la treshaulte et

BELLES-LETTRES.

excellente magesté des princes....», et finissant (fol. 43, r°) par : «prouffiter par bonne exortation que pour autrui reprendre. *Cy finist le Quadrilogue.*»

2° [*Le Breviaire des Nobles*], commençant (fol. 48, v°) par :
>Je, noblesse, damme de bon vouloir,
>Royne des preuz, princesse des haulx faitz......

et finissant (fol. 52, v°) par :
>Sans le droit neu de leur foy desnouer,
>Puis que la fin fait les euvres louer.

3° [*Le Lay de Paix*], commençant (fol. 53, r°) par :
>Paix eureuse, fille du Dieu des dieux,
>Engendrée ou trosne glorieux......

et finissant (fol. 58, v°) par :
>Si qu'a l'issue des fraisles corps mortieulx,
>Leur ame est sauvée avec la Deité
>*Explicit.*

4° [*Le Debat du Cuer et de l'Œil,*] commençant (fol. 59, r°) par :
>En may la premiére sepmaine,
>Que les boys sont parez de vert......

et finissant (fol. 75, r°) par :
>Gaignera, Amours le pourvoye
>De touz ses desirs sans rappel.

5° [*Le Debat Resveille Matin*], commençant (fol. 75, v°) par :
>Après mynuyt, entre deux sommes,
>Lors qu'Amours les amans resveille...

et finissant (fol. 82, v°) par :
>Et le nommérent ceulx qui le firent
>Le *Debat Resveille Matin.*
>*Finis.*

6° [*La Belle Dame sans mercy*]. commençant (fol. 83, r°) par :
>Nagaires chevauchant pansoye,
>Comme homme triste et doulereux......

et finissant (fol. 100, r°) :
>Qu'on peult appeller, ce me semble,
>La Belle Dame sanz mercy.

7° Épître en prose, commençant (fol. 100, r°) par : « Supplient humblement voz loyaux serviteurs, les attendans de votre tresdoulce grace....» et finissant (fol. 101, v°) par : « Et en la marge de dessoulz estoit escript les lectres : Katherine, Marie et Jehanne.»

8° [*Excusation de maistre Alain Chartier*], commençant (fol. 102, r°) par
>Mes dames et mes damoiselles,
>Se Dieu vous doint joye prouchaine......

et finissant (fol. 107, r°) par :
>Du trait d'un tresdoulx riaus yeulx
>Dont il languit, actendant mieulx.

9° [*La Belle Dame qui a mercy*], commençant (fol. 107, r°) par :
>Belle, qui bon renom et los
>Fait sages de touz appeller......

et finissant (fol. 114, v°) par :
>Ne pour autre ne vous changera
>En confortant vostre querelle.
>*Explicit.*

Cette pièce, qui n'est certainement pas d'Alain Chartier, a été imprimée séparément, soit sous le titre de *La Belle Dame qui eut mercy*, soit sous celui de *Complainte d'ung amoreux*. Voy. *Recueil de Poésies françoises* XI. 193.

10° [*L'Ospital d'Amours*], commençant (fol. 115, r°) par :

> Assez joyeux, sans l'estre trop,
> En la conduite de Desir......

et finissant (fol. 189, v°) par :

> C'est mon plus joyeux souvenir
> Et la fin de ce que je vueil.
> *Explicit l'Ospital d'Amours.*

Ce poème, dont nous décrivons plus loin deux éditions, a été faussement attribué à Alain Chartier, puisqu'il y est question de sa mort.

11° [*Le Livre des Quatre Dames*], commençant (fol. 141, r°) par :

> Pour oublier merencolie
> Et pour faire chiére plus lye......

et finissant (fol. 208, v°) par :

> De moy mectre en vostre servise ;
> Faictes du vostre a vostre guise.
> *Explicit.*

Le fol. 140 est blanc, ainsi que les 4 derniers ff. sur lesquels ont été ajoutée diverses petites pièces en prose ou en vers d'une écriture du XVI° siècle savoir : *La Manière de faire venir les meuriers, selon l'opinion de L'Escalle — Autre Manière ; — Autrement ;* — un neuvain :

> Comme Philis au neu du laz de soye
> Pour Demophon se pendit a la porte... ;

un onzain :

> Quant Mellibée du mouton feut bergére,
> Dist a Egon, qu'elle tenoist si chére...

En tête du 1ᵉʳ f. on lit, d'une écriture du même temps : « Se lyvre est a LOYSE DE DAILLON ; qui le trouvera, sy le luy rande. » D'autre part, le 211 f., r°, porte cette note : « De vos seurs la plus loyalle : RENÉE DE DAILLON. » Renée et Louise étaient toutes deux filles de Jehan de Daillon, seigneur du Lude, le célèbre favori de Louis XI. Renée, issue d'un premier mariage (sa mère était Renée, dame de Fontaines, morte en 1457), épousa : 1° Alain seigneur de La Motte-Evé, avec lequel elle vivait en 1492 ; 2° Antoine de Loubes, seigneur de Jenardoil. Louise, née du second mariage de Jehan de Daillon avec Marie de Laval, morte en 1488, épousa Jacques de Miolans, dont elle était veuve en 1499. Voy. Anselme, *Hist. généal.*, VIII, 189.

Au r° du 209° f., on lit : « Elle est du tout a vous, et sera a jamais vostre meilleure seur : LOYSE DE SAVOISY » ; puis, d'une autre main : « Je vous prie que vous croiés qu'il n'y a fame au monde qui plus vous ayme que fait MARIE DE GRASSAY. » Louise de Savoisy était fille de Philippe II de Savoisy, seigneur de Seignelay, d'Auxon, de Boully et de Bassou, conseiller et chambellan du roi, mort avant le 12 janvier 1487 ; elle épousa Jacques Malam, baron de Lux (voy. Anselme, *Hist. généal.*, VIII, 552). Quant à Marie de Grassay, elle était probablement fille de Philippe Vernon, seigneur de Grassay, et nièce de Raoul Vernon, seigneur de Montreuil-Bonin, grand fauconnier de France, mort en 1516 (voy. Anselme, VIII, 755).

441. ❧ LES ŒVVRES ❧ || FEV MAISTRE ALAIN CHARTIER en son || viuant Secretaire du feu roy Char- || les septiesme du nom. Nouuelle- || ment imprimees reueues & || corrigiees oultre les pre || cedētes impressions. || ❧ *On les vend a Paris en la grant* || *salle du palais au premier Pillier en*

|| *la bouticque de Galliot du pre Li-* || *braire iure de Luniuersite.* || 1529. — ¶ *Fin des œuures de maistre Alain chartier* || *Imprimees à Paris p maistre Pierre vidoue,* || *Lan .ccccc. xxix. pour Galliot du pre Librai-* || *re demeurant audit lieu.* In-8 de 12 ff. lim. et 360 ff. mal chiffr., mar. bl., fil. comp. à petits fers, dos orné, doublé de mar. r., dent. à petits fers, tr. dor. (*Trautz-Bauzonnet.*)

<small>Première édition des Œuvres d'Alain Chartier en lettres rondes.

Le titre, imprimé en rouge et en noir, porte la marque de *Galliot Du Pré* (Brunet, II, 1368; Silvestre, n° 48).

Les ff. lim. comprennent : le titre ; 1 f. de table ; 2 ff. pour un *Preambule* (en prose) ; 8 ff. pour une *Briefve Recollection des matiéres contenues es œuvres de maistre Alain Charretier.*

Les ff. 73-80 sont cotés lviij-lxv [*sic*] ; les ff. 81-88 sont cotés lxvij-lxxiiij. La pagination continue ainsi jusqu'à 146, puis passe à 167. Les chiffres se suivent alors jusqu'au dernier f., coté 366 (au lieu de 360).

Haut. 144 ; larg. 91 mm.</small>

442. Les Œvvres de Maistre Alain Chartier, Clerc, Notaire, et Secretaire des Roys Charles VI. & VII. Contenans l'Histoire de son Temps, l'Esperance, le Curial, le Quadrilogue, & autres Pieces, Toutes nouuellement reueuës, corrigées, & de beaucoup augmentées sur les Exemplaires escrits à la main, par André du Chesne Tourangeau. *A Paris, De l'Imprimerie de Pierre Le-Mur, ruë Trauersine, prés la Porte Sainct Victor.* M.DCXVII [1617]. Auec Priuilege du Roy. In-4 de 8 ff. lim., 868 pp. et 10 ff. pour la *Table*, mar. bl., fil., dos orné, tr. dor. (*Trautz-Bauzonnet.*)

<small>Collation des ff. lim.: titre, imprimé en rouge et en noir ; — 2 ff. pour une épître « A monseigneur messire Mathieu Molé, conseiller du Roy en ses conseils d'estat et privé, et son procureur general », épître signée : André Du Chesne, et pour un sonnet au même, par Jean Avril, Angevin ; — 3 ff. pour la *Preface* et pour un *Extraict d'une lettre escrite de Fontenay-le-Comte, le 27. juin 1616, par monsieur* Besly, *advocat du Roy audit lieu* ; — 2 ff. pour les *Tesmoignages des autheurs qui ont parlé de maistre Alain Chartier*, pour l'*Indice* et pour deux petites pièces (un huitain et un quatrain) tirées des anciennes éditions du poète.

Les 260 premières pages du volume sont occupées par l'*Histoire de Charles VII*, attribuée alors à Alain Chartier, mais qui a été restituée depuis à Gilles Le Bouvier. Nous décrirons dans la section consacrée à l'histoire de France l'édition originale de cette chronique.

Le privilège, dont le texte occupe le v° du dernier f., est accordé pour dix ans à *Samuel Thiboust*, libraire, le 23 septembre 1616.

L'achevé d'imprimer est du 25 janvier 1617.</small>

443. La belle dame sans mercy [par Alain Chartier]. — *Cy fine la belle dame sans mercy. S. l. n. d.* [vers 1500],

in-4 goth. de 18 ff. de 26 lignes à la page, sign. *a-c* par 6 mar. r., fil., dos orné, tr. dor. (*Köhler*.)

<small>Au titre, un bois représentant Dieu le Père assis sur son trône, qui tient des deux mains le Christ en croix; le Saint-Esprit, sous la forme d'une colombe, est posé sur une des branches de la croix. Des anges occupent les angles supérieurs de la figure et soutiennent une draperie. En bas, un cartouche destiné à recevoir une inscription, est resté vide. Nous donnons la reproduction de ce titre :</small>

La belledame sans mercy.

Le v° du titre est blanc. Le texte commence au v° du f. *aij*. Voici un fac-similé des premières lignes :

> ¶ Cy commence la Belle
> dame sans mercy.
> 	Lacteur
> Naguerres cheuauchãt pensoye.
> Cõme hõe triste & douloureux
> Au dueil ou il fault que ie soye
> Le plus dolent des amoureux
> Puis que par son dart rigoureux
> La mort ma tollu ma maistresse
> Et me laissa seul langoureux
> En la conduite de tristesse

Exemplaire de CH. NODIER (Cat., n° 293) et de BAUDELOQUE (n° 430), acquis à la vente MORRIS (n° 54).

444. COMPLAINCTE du Bergier : et responce de ∥ la Pastorelle de Gransson Composee p ∥ tresexcellent Rhetoricien maistre Alain ∥ Chartier — ¶ *Cy fine la Pastorelle de Grāsson* ∥ *Imprime a paris. S. d.* [*vers* 1510], pet. in-4 goth. de 4 ff. de 31 lignes à la page pleine, mar. r. jans.; tr. dor. (*Trautz-Bauzonnet.*)

Au haut du titre on lit ces mots : *Initium sapientie timor Domini. Ps. cx.* Au-dessous des quatre lignes de l'intitulé est placé un bois qui représente une femme filant une quenouille et conversant avec un chevalier ; au-dessous de ce bois est une nouvelle citation des Psaumes : *Sperantem in Domino misericordia circundabit. Ps. xxxi.*

Le poème commence, au v° du 1ᵉʳ f., de la manière suivante :

> Une jeune et gent(e) bergerette
> Et un simple loyal bergier....

La Pastorelle de Gransson a toujours été réunie aux œuvres d'Alain Chartier; cependant la paternité de cette pièce lui a été formellement contestée par Clément Marot, dans l'épître à Estienne Dolet qui précède l'édition de ses œuvres imprimée à Lyon en 1542 : « Si Alain Chartier vivoit, » dit-il « croy hardiment, amy, que voluntiers me tiendroit compaignie a faire plaincte de ceulx de leur art qui a ses œuvres excellentes adjoutarent la *Contre Dame sans mercy*, l'*Hospital d'Amours*, la *Complaincte de sainct Valentin* et la *Pastourelle de Granson*, œuvres certes indignes de son nom et aultant sorties de luy, comme de moy la *Complaincte de la Bazoche*, l'*Alphabet du Temps Present*, l'*Epitaphe du comte de Sales* et plusieurs aultres lourderies qu'on a meslées en mes livres. »

Comme le nom d'Alain Chartier figure en toutes lettres sur le titre de notre édition, nous n'avons pas cru pouvoir changer le classement habituel. Il en a

Initium sapientie timor dñi ps. cx

Complaincte du Bergier et responce de sa Pastorelle de Granson Composee p tresexcellent Rhetoricien maistre Alain Chartier

Sperantem in domino mi
sericordia circundabit. ps. xxxi

ete autrement de *l'Ospital d'Amours*, poème qui n'est certainement pas de Chartier, puisqu'il y est question de sa mort, et nous l'avons fait rentrer dans la section des poésies anonymes.

445. LE || BREVIAIRE || DES NOBLES. || Contenant sommairement toutes les vertus, & || perfections, qui sont requises en vn Gentilhom- || me, pour bien entretenir sa Noblesse : Reueu, || corrigé, & augmenté par Iean le Masle, An- || geuin. || Plus deux discours en vers François, traictans de l'o- || rigine du droit, & de la Noblesse; Auecques || quelques autres œuures poëtiques || dudict le Masle. || *A Paris*, || *Par Nicolas Bonfons, ruë neuue nostre Dame*, || *à l'enseigne*

sainct Nicolas. || 1578. In-8 de 1 f. pour le titre et 55 ff. chiffr., mar. bl., fil., dent., dos orné, tr. dor. (*Corfmat.*)

Au titre, la marque de *Nicolas Bonfons* (Brunet, I, 1631; Silvestre, n° 126). Les ff. 1-6 sont occupés par une *Epistre à tous vertueux gentilshommes françois*, épître datée de Baugé, au mois de mars 1578, dans laquelle Jean Le Masle raconte sommairement sa vie. Il nous apprend en particulier qu'après avoir eu une jeunesse assez oisive, il alla étudier le droit à Bourges, où il put « frequenter cest excellent et renommé personnage, monsieur Cujas ». Le cours de ses études fut arrêté par les troubles de 1562 ; il dut rentrer à Baugé, où il suivit, dit-il, « la pratique forense ».

Le Masle n'a pas su qu'ALAIN CHARTIER était l'auteur du *Breviaire des Nobles*, ce qui montre dans quel discrédit les poètes de la pléiade avaient fait tomber leurs prédécesseurs. Il dit simplement : « M'ayant esté, ces jours passez, envoyé par un vieil et tresnotable gentilhomme, nommé le seigneur d'Allencé, quelque petit poéme faict à l'antique en forme de ballades et rondeaux, lequel porte au front ce tiltre : *Breviaire des Nobles*, j'ay pris tel plais'r en la lecture d'iceluy pour le voir remply de plusieurs beaux preceptes et enseignemens, que je me suis mis à le limer et polir un peu, sans toutesfois changer en rien sa première forme de ballades et rondeaux, pour reverence de la venerable antiquité, nonobstant que cela ne soit plus maintenant en usage entre nos poétes françois ; puis, l'ayant ainsi poly, j'ay escrit sur iceluy quelques annotations necessaires à l'intelligence de la matiére.... Quant au nom de l'autheur, il m'est du tout incogneu. »

La Croix du Maine, qui avait mal lu cette épître, a inséré dans sa *Bibliothèque françoise* (éd. de 1584, 26 ; éd. Rigoley de Juvigny, I, 65) un article ainsi conçu : « D'Allancé (Le seigneur), gentilhomme angevin, ancien poète françois. Il a escrit le *Breviaire des Nobles*, selon que Jean Le Masle, Angevin, l'asseure en son livre imprimé l'an 1578; lequel livre a esté autrefois imprimé soubs le nom d'Alain Chartier, etc. Je ne sçay lequel des deux en est l'auteur. »

Les ff. 7-9 contiennent deux pièces latines et trois pièces françaises de Jean Le Masle, puis un sonnet de FRANÇOIS DE BELLEFOREST, gentilhomme commingeois, une épigramme de JEAN LE FRÈRE, de Laval, une épigramme de L. VIVANT, Angevin, des « stanzes » de P[ASCAL] ROBIN, SIEUR DU FAUX, Angevin, et des « stanzes » de GASPARD DE VAUQUELIN, gentilhomme picard.

446. LE CHAMPION DES || DAMES. *S. l. n. d.* [*Lyon, vers* 1485], in-fol. goth. de 185 ff. de 36 lignes à la page, impr. à 2 col., et 1 f. blanc, sign. *a-x* par 8, *y, z, A* par 6, mar. r., fil., dos orné, doublé de mar. bl., dent., tr. dor. (*Trautz-Bauzonnet.*)

Première édition du *Champion des Dames* de MARTIN FRANC. Le 1ᵉʳ f. ne contient que les deux lignes de l'intitulé, lesquelles commencent par un grand L grotesque. Les 3 ff. qui suivent sont occupés par une épître (en prose): « A trespuissant et tresexcellent prince Philippe, duc de Bourgongne, de Lohier, de Braban, etc. » [Philippe le Bon], épître précédée d'un bois qui représente l'auteur offrant son livre au prince. — Le v° du 4ᵉ f. est entièrement rempli par un grand bois, où l'on voit des hommes faire le siège d'un château occupé par des femmes.

L'aspect général de ce volume le rapproche beaucoup de l'édition du *Rommant de la Rose* décrite ci-dessus (n° 435) ; mais les caractères sont différents. Ces caractères ne se retrouvent dans aucune des impressions signées de *Guillaume Le Roy* que nous avons vues à la Bibliothèque nationale, et cependant l'attribution du *Champion des Dames* à ce typographe nous paraît assez vraisemblable. Guillaume Le Roy s'est servi de plusieurs fontes n'ayant entre elles que peu de rapports. Nous retrouvons ici les ligatures qu'il affectionnait et les deux *g* qu'il employait simultanément. Il y a, du reste, entre le *Romant de la Rose* et le *Champion* un véritable air de famille. On peut croire que, dès la fin du XVe siècle, les deux ouvrages se débitaient ensemble, comme le poison et le contre-poison.

Nous donnons un specimen des caractères, emprunté au f. *avj*, col. de droite :

De la beaulte et de la contenance damours : et de son vestement figure diuersement de toutes choses : en signe de sa tres haulte puissance.

Ir des nouuelles vouloie
Car combien que place fermee
Et seure fusse : me douloie
Oue la paix nestoit confermee
Et que la porte deffermee
Ne pouoie auoir mon plaisir
Car certes liesse enfermee
Nest sans souspir et desplaisir.

L'auteur de ce poëme, Martin Franc, était originaire d'Arras ou d'Aumale ; il était secrétaire du duc de Savoie Amédée VIII, lorsque celui-ci fut élu pape, sous le nom de Félix V, en 1439. Félix V, qui ne fut reconnu que par une partie des pays catholiques, se fixa d'abord à Bâle, et ce fut là, selon toute vraisemblance, que Martin Franc composa son poème, qu'il acheva en 1441. C'est une défense des femmes contre les attaques des auteurs du *Romant de la Rose* et des poètes du temps.

Un des passages les plus curieux est celui où « le Champion excuse Jehanne la papesse, et sur ce parle d'aulcuns papes » (fol. *ti*, r°).

Outre les deux figures que nous avons décrites, le volume est orné de 59 petits bois; mais les mêmes sujets sont répétés plusieurs fois.

Exemplaire de CLINCHAMP et de SOLAR (Cat., n° 1078), acquis à la vente TECHENER, 1865 (n° 1916).

447. Le Champiō des Dames, || Liure plaisant copieux & habondant en senten || ces. Contenant la Deffence des Dames, contre || malebouche & ses consors, & victoire di- || celles. Compose par Martin Franc, se || cretaire du feu pape Felix .V. & || nouuellement impri- || me a Paris. || Cum Priuilegio || ¶ *On les vend a Paris en la grand salle du* || *Palays Au premier pillier en la* || *bouticque de Galiot dupre* || *libraire iure de lu-* || *niuersite.* — [A la fin :] *Imprime a Paris par maistre pierre* || *Vidoue, pour honneste personne Galliot* || *du pre marchant libraire iure de luniuer* || *site de Paris.* MDXXX [1530]. In-8 de 12 ff. lim. et 410 ff. chiffr., mar. bl., fil., comp., dos orné, doublé de mar. r., large dent. à petits fers, tr. dor. (*Bauzonnet-Trautz*.)

Le titre, imprimé en rouge et en noir, porte une petite marque de *Galliot Du Pré* (Brunet, II, 1368; Silvestre, n° 48). — Les 11 autres ff. lim. contiennent la *Table* et le *Prologue*.

Le v° du dernier f. porte la marque de *P. Vidoué* (Brunet, II, 1369 : Silvestre, n° 65).

Le volume, imprimé en jolies lettres rondes, est orné d'un grand nombre de petites figures gravées sur bois. Il appartient à la même série d'éditions que le *Romant de la Rose* et les *Œuvres de feu maistre Alain Chartier* publiés dans le même temps par *Galliot Du Pré* (voy. n°s 432 et 436).

Cet exemplaire, le plus grand connu, provient de la bibliothèque de M. le marquis de GANAY (Cat., n° 97).

Haut. 146 ; larg. 94 mm.

448. [L'ESTRIF DE FORTUNE ET DE VERTU, par Martin Franc.] S. l. n. d. [*Bruges, Colard Mansion, vers* 1477], in-fol. goth. de 222 ff. de 24 lignes à la page, sans chiffr., récl., ni sign., mar. bl., fil., dos orné, doublé de mar. r., riche dent. à petits fers, tr. dor. (*Trautz-Bauzonnet*.)

Ce volume est imprimé avec les mêmes caractères que l'édition de *Boèce* en français, sortie des presses de *Colard Mansion*, à *Bruges*, en 1477. Il se compose de 123 ff. et 1 f. blanc pour les deux premières parties, et de 97 ff. et 1 f. blanc pour la troisième partie ; ensemble 222 ff. et non 219 comme le dit M. Brunet. M. Campbell et le redacteur du Catalogue Didot annoncent 224 ff., mais ils font entrer en ligne de compte deux ff. de garde modernes, placés l'un au commencement, l'autre à la fin du volume.

L'ouvrage débute par un prologue, dont voici les premières lignes,

imprimées en rouge : *A treshaut trespuissant et tresexcellent prince* |
Phelippe duc de bourgoingne. etc. Martin le || *franc preuost de lausane
secretaire de nresaint* || *pere pape nicolas, treshumble recommandacion.*
Le prologue débute ainsi :
[*E*]*n quoy plus conuenablement deusse ē* || *ployer aucunes nuis sustraites
des pu-* || *bliques affaires, que lestrif de fortune et* || *vertu escriuant*....
Le v° du 123° f. contient 11 vers.
Voici les premières lignes du f. 125, r° :
Cy commence le tiers liure ou il monstre que || *vertu et noblesse ne
peuent estre subgettes a fortu* || *ne.*
A la fin du f. 221, r° : *Fin de lestrif de* || *fortune et vertu.*
Nous donnons un spécimen des caractères, emprunté au 24° f., r° :

> Est la region haultaine
> De diuin miracle plaine
> Ou le ciel mouuant sans paine
> Entour terre se demaine
> Ma diuine sapience
> Cy ius jette sa semence
> En si grande difference
> Quelle rent vne aparence
> De plaisance souueraine
> Tant que la chose derrame

Tout le volume est rubriqué à la main.
L'*Estrif de Fortune et de Vertu*, où l'auteur a mêlé les vers et la prose, est
postérieur au *Champion des Dames*, puisque Martin Franc prend ici le titre
de prévôt de Lausanne, titre qui ne dut lui être conféré qu'en 1443, lorsque
Félix V vint s'établir dans cette ville, et de secrétaire du pape Nicolas V, élu
en 1447.

Notre exemplaire, l'un des deux seuls connus (l'autre est conservé à la
Bibliothèque Sainte-Geneviève), est celui qui a servi à M. Brunet pour la
description qu'il donne au *Manuel* (II, 1369) ; il a successivement appartenu
à Vander Velde, à R. Heber, au prince d'Essling (Cat., n° 51), à M. Yemeniz
(n° 1611) et à M. A.-F. Didot (1878, n° 150). La reliure a été ajoutée depuis
la vente de ce dernier amateur.

449. Lestrif de Fortvne ⁊ de Vertv — ¶ *Cy finist lestrif
d' fortune ⁊ de vertu fait par maistre mar* || *tin le franc
preuost de lozenne secretaire iadis de pape Felix et* || *de
pape nicolas. Et prothonotaire du siege apostolique. Im-*

|| prime a Paris par Michel le libraire [sic] *iure en luniuersite de paris || demourāt deuāt saint denys de la chartre a lymage nostre dame || Le .viii. iour de mars. Lan mil cinq cens ɫ cinq* [1506 n. s.]. In-4 goth. de 104 ff. de 38 lignes à la page, sign. *a-p*, *r* par 6, *q*, *s* par 4, mar. r. jans., tr. dor. (*A. Motte.*)

Le titre est orné d'un bois allégorique ; en voici la reproduction :

Lestrif de fortune ⁊ devertu

Au v° du dernier f. est la grande marque de *Michel Le Noir*.

M. Brunet décrit une édition de l'*Estrif de Fortune* publiée par *Michel Le Noir* en 1519, mais il ne cite celle que nous venons de décrire que d'après une note de La Croix du Maine.

C. — Poètes français depuis Villon jusqu'à Marot.

450. Le || GRANT TESTAMENT VILL || LON / ✠ LE PETIT. Son codicille. Le iargon || Et ses balades. — *Cy finist le grant testament mai-* || *stre francoys villon Son codicille/* || *et ses ballades : le iargon. Et le petit* || *testament. Imprime a Paris. S. d.* [*vers* 1490], in-4 goth. de 58 ff., dont les pages les plus pleines comptent 25 lignes (elles en comporteraient 27), sign. *a*, *b*, *d*, *e*, *f* par 8, *c*, *g*, *h* par 6, mar. r. fil., doublé de mar. bl., dent., tr. dor. (*Trautz-Bauzonnet*.)

Le titre, dont le verso est blanc, est orné d'un grand L grotesque ; nous en donnons la reproduction :

BELLES-LETTRES. 257

Le recto du dernier f. ne contient que 12 lignes, et le verso est en blanc. Cette édition est celle que l'abbé Prompsault considère comme la plus ancienne. Le seul exemplaire qui en ait été cité jusqu'ici est celui qui se trouve à la Bibliothèque nationale, dans le recueil coté Y 4404, Rés.

451. Le || GRANT TESTAMENT VILLON et || le petit codicille. Le iargon ⁊ ses balades. — ❡ *Cy finist le grant testa-*|| *ment maistre francoys vil* || *lon. Son codicille. ses bala* || *des* ⁊ *iargon. Et le petit te* || *stament. Imprime a paris* || *par Michel le noir demou-*|| *rant a limage nostre dame* || *deuant saint Denys de la* || *chartre. S. d.* [vers 1505] , in-4 goth. de 18 ff. non chiffr. de 39 lignes à la page, impr. à 2 col., sign. *a* par 6, *b c d* par 4, mar. r. jans., tr. dor. (*A. Motte.*)

Le titre est orné d'un grand L historié ; nous en donnons la reproduction :

258   BELLES-LETTRES.

452. LES ŒVVRES DE ‖ MAISTRE FRANCOYS VILLON. ‖ Le monologue du franc archier ‖ de Baignollet. ‖ Le Dyalogue des seigneurs de ‖ Mallepaye & Bailleuent. ‖ *On les vend au premier pillier a ‖ la grand salle du Palays pour Ga ‖ liot du pre.* ‖ M. D. XXXII [1532]. — [Au r° du dernier f. :] *Ce present liure ‖ a este acheue de imprimer a Paris Le ‖ xx. iour de Iuillet M.V.C. XXXII. ‖ pour Galliot du Pre, Libraire iure de ‖ Luniuersite de Paris.* Très pet. in-8 de 146 ff. non chiffr. de 20 lignes à la page (non compris le titre courant), sign. *a-s* par 8, *t* par 2, mar. bl., dos et milieu ornés, doublé de mar. or., riches comp. à petits fers, tr. dor. (*Trautz-Bauzonnet.*)

Première édition des œuvres de Villon en lettres rondes. Elle se compose de deux parties : la première contient les pièces qui sont certainement de Villon ; la seconde, celles qui ont été composées par ses compagnons : les *Repeues franches*, le *Monologue du Franc Archier de Baignollet* et le *Dyalogue des seigneurs de Mallepaye et de Baillevent*.
Haut. : 125 ; larg. : 81 mm.

453. LES ŒVVRES DE ‖ FRANÇOYS VILLON ‖ de Paris, reueues & remises en ‖ leur entier par Clement Ma-‖ rot valet de chambre ‖† du Roy. ‖ Distique du dict Marot ‖ Peu de Villons en bon sauoir ‖ Trop de Villons pour deceuoir ‖ *On les vend a Paris en la grant salle ‖ du Palais, en la bouticque de ‖ Galiot du Pre.* — *Fin des œuures de Françoys Villon de ‖ Paris, reueues & remises en leur entier par ‖ Clemēt Marot, valet de chambre du Roy : ‖ & furent paracheuees de imprimer le der-‖ nier iour de Septembre, L'an mil cinq ‖ cens trente & troys* [1533]. Pet. in-8 de 6 ff. et 115 pp., mar. br., fil., dos orné, doublé de mar. r., comp., tr. dor. (*Trautz-Bauzonnet.*)

Première édition des œuvres de Villon revues par Clément Marot.
Collation des ff. lim. : titre ; 1 f. pour un huitain de MAROT « Au Roy, nostre souverain » et pour l'extrait du privilège ; 4 ff. pour l'avis de MAROT « Aux Lecteurs.
Le privilège, daté du 21 septembre 1533, est accordé pour deux ans à *Galliot Du Pré.*
Exemplaire de RENOUARD (Cat., n° 1270), de CLINCHAMP, de SOLAR (n° 1062) et de M. DE MONTESSON, acquis à la vente L. POTIER, 1870 (n° 774).
Haut. : 134 ; larg. : 93 mm.

454. SERMON DES REPEVZ ‖ FRĀCHES DE MAISTRE ‖ FRANCOYS VILLON. — ⁋ *Cy finist le Sermon des ‖ Repeuez frāchez / de Mai ‖ stre Françoys Villon.* S. l. n. d. [vers 1500?], pet. in-8 goth de 32 ff. non chiffr. de 21 lignes à la page, sign. *A-D*, mar. r. jans., tr. dor. (*A. Motte.*)

Le titre, dont nous donnons la reproduction, est orné d'un bois représentant un homme vêtu du costume des clercs, qui tient à la main une banderole, au milieu de laquelle on lit : *F. Villon.*

Sermon des repeuz fraches de Maultre Francoys villon.

Le v° du titre est blanc, ainsi que le v° du dernier f. Voici un fac-simile des premières lignes du texte :

Le recueil & hystoires des repeue fraches

Vous q serches les repeuez fraches
Et tât iours ouurters q dimenches
Naues pas plante de monnoye
Affin que chascun de Vous oye.
Comme len les peut recouurer
Vueilles Vous au sermon trouuer
Qui est escript dedens ce liure
Mettes peine de se lire
Entre Vous iunes perrucatz

Cette édition, inconnue à tous les bibliographes, doit être antérieure à celles qui portent le titre de *Recueil des Repeues franches* ; on remarquera, en effet, que, dès le début, l'auteur qualifie son poème de « sermon » :

    Veuilliés vous au *sermon* trouver
    Qui est escript dedens ce livre....

455. LE RECVEIL || D'S HYSTOIRES || DES REPEUS [*sic*] || FRANCHES. — *Cy fine le recueil ⁊ hystoires* || *des repeues franches.* S. l. n. d. [Lyon, v. 1500], in-4 goth. de 23 ff. de 30 lignes à la page pleine, et 1 f. blanc, sign. *a* par 8, *b c* par 6, *d* par 4, mar. bl., fil., dos orné, doublé de mar. r., dent., tr. dor. (*Bauzonnet*.)

  Au titre, la marque de *Pierre Mareschal* et *Barnabé Chaussard*, imprimeurs à Lyon (Brunet, II, 244 ; Silvestre, n° 116).

  Exemplaire de YEMENIZ (Cat., n° 1624) et de M. le baron de LA ROCHE LACARELLE.

456. PLVSIEVRS GĒTILES- || SES DE MAISTRE FRĀCOYS VILLION auecque || le Recueil et istoires des Repeus || franches nouellement || Imprimee. — ❡ *Cy fine plusieurs gentilesses de maistre Francoys* || *villon auecque le Recueil ⁊ istoires des repues* || *frāches nouuellement Imprimee a Lyon* || *par la veufue de feu Bernabe chaus-* || *sard demourāt en rue Merciere* || *pres nostre Dame de cō-* || *fort. Lan mil. ccccc.* || *xxxvii. le. xxx.* || *iour de Iuil* || *let.* In-4 goth. de 23 ff. de 30 lignes à la page pleine, et 1 f. blanc, sig. *A-F*, mar. or., dos et mil. ornés, tr. dor. (*Trautz-Bauzonnet*.)

  Le titre, dont le v° est blanc, est orné d'un bois représentant divers personnages à table.

  Exemplaire de CH. NODIER (Cat., n° 306) et de YEMENIZ (n° 1623), acquis à la vente DANYAU (n° 602) par M. le baron de LA ROCHE LACARELLE, qui a fait exécuter la reliure.

457. LE LIVRE DE LA DEABLERIE. — ❡ *Icy finist la deablerie.* S. l. n. d. [*Paris, Michel Le Noir*, 1508], in-fol. goth. de 124 ff. non chiffr. de 48 lignes à la page, impr. à 2 col., sign. *A-T*, par 6, *V* par 4, *X* par 6, mar. bl., fil., dos orné, tr. dor. (*Bauzonnet*.)

  Le r° du 1er f. ne contient que l'intitulé, au-dessous duquel est placé un grand bois qui représente Lucifer trônant sur la gueule de l'enfer et rassemblant tous ses suppôts. — Au v° de ce même f. commence la *Table*, laquelle est précédée des quatorze vers suivants :

    De maistre ELOY D'AMERVAL, sans doubtance,
    Venerable prestre, plain de prudence,
    Icy s'ensuyt, croyez, la *Dyablerie*.
    Il a congé du roy, je vous affie,
    De le faire a Paris imprimer;
    Aultre ne peult que luy le exprimer :
    Sur grandes peines cela est deffendu.

BELLES-LETTRES.

> Jusque(s) a deux ans il doit estre vendu
> Par icelluy qui en a le congé.
> C'est ung bon livre, utille et abregé ;
> L'acteur long temps a vaqué a l'ouvrage
> Pour expliquer son cueur et son courage.
> *Michel Le Noir* faicte a l'impression.
> Tous deux les metta Dieu en sa mansion !

La *Table* se développe sur les 4 ff. qui suivent le titre, et se termine par deux huitains. Le 6ᵉ f. est blanc.

Le poème commence au rº du f. *Bi*, lequel est surmonté d'un grand bois qui représente cinq personnages lisant ou écrivant ; il se termine au f. X*vj*, rº, par une longue souscription rimée, où il est dit que l'ouvrage a été revu par deux docteurs en théologie de la Faculté de Paris : GUILLAUME DE QUERCU (c'est-à-dire DU CHESNE) et PIERRE CHARPENTIER. Voici les derniers vers de cette souscription :

> L'imprimeur est *Michel Le Noir*,
> Qui a Paris a son manoir
> En la rue Sainct Jacques, en somme,
> A la roze blanche. Cest homme
> E[s]t vray libraire et usité
> Juré en l'université,
> Qui l'a mis en impression,
> Et tout a bonne intencion,
> L'an mil cinq cens et huyt sans faulte.
> La matiére en est fort haulte ;
> Mais pardonnez [bien] a l'acteur
> Et depriez le createur
> Qu'en la fin luy soit amyable
> Et qu'il ait joye perdurable.
> Souviengne a tous de ces ditz.
> Dieu doint aux lisans paradis !
>   *Amen.*
>   Icy finist la Deablerie.

Le vº du dernier f. est blanc.

Le volume contient un grand nombre de citations imprimées en manchettes, en lettres rondes.

L'auteur de la *Deablerie*, ELOY D'AMERVAL, qui tirait son nom d'un village situé près de Solesmes (arrondissement de Cambrai), était originaire de Béthune, comme il nous l'apprend lui-même dans son livre, où il s'appelle (fol. *Bi*, rº) :

> Eloy, des enfans de Bethune,
> Subgect a Dieu et a Fortune,
> Vivotant le moins mal qu'il peut,
> Selon que Dieu disposer veult
> Des humains a son appetit ;
> Disciple, voire bien petit,
> Des chantres et musiciens,
> Et clerc de rethoriciens,
> Prestre indigne et povre pecheur,
> Des loys divines transgresseur,
> Indigent en tout temps et lieu
> De la grace et amour de Dieu
> Et de sa grand misericorde.

En 1483, d'Amerval exerçait ses talents à Orléans, où il était « maistre des enffans de cueur de Saincte Croix ». Il reçut alors une indemnité de 104 sols parisis « en recompense et remuneracion de avoir dité et noté en latin et en françois ung motet pour chanter doresnavant es processions qui se font chacun an ledit viij*e* jour de may, etc. » Voy. Quicherat, *Procès de Jeanne d'Arc*, V, 312. La pièce française, composée alors par d'Amerval, nous a été conservée. On en trouvera le texte dans les *Recherches historiques sur Orléans*, de M. Lottin (I, 1, 279) et dans l'ouvrage déjà cité de M. Quicherat (V, 313).

458. 🕮 LE DIABLE SE MOC || QVE DES FEMMES qui no || sent filer le samedy || apres midy. — ¶ *Finis. S. l. n. d.* [*Lyon*,

Jacques Moderne, v. 1540], pet. in-8 goth. de 4 ff. de 22 lignes à la page pleine, sign. *A*.

Cette pièce fait partie du recueil décrit sous le n° 190. Voici le fac-similé du titre :

Le v° du titre est orné d'un bois qui représente une dame et un gentilhomme debout dans une salle dallée.

Au v° du dernier f. sont deux petits bois, dont l'un représente Vénus et l'autre une femme au bain. Nous donnerons la reproduction de cette dernière figure en décrivant un des petits poèmes intitulés : *Complainte du nouveau marié*.

Sous le titre que nous venons de reproduire, l'imprimeur anonyme a donné au public, comme une œuvre nouvelle, le chapitre xli du livre I de la *Deablerie* d'Éloy d'Amerval. L'extrait, qui ne compte que 64 vers, commence ainsi :

SATHAN

Il y a des gens, Lucifer,
Beaucoup, pour parler sans truffer,
Qui peuent moult de choses faire....

Le fragment de d'Amerval est suivi d'une pièce bien connue : *Les Beaultez appartenantes a femme pour estre dicte belle* (voy. *Recueil de Poésies françoises*, VII, 299) et d'un *Dicton* en dix vers :

Femme qui se presente en rue
Femme qui fait le col de grue....

Nous connaissons en tout sept extraits de la *Deablerie*, imprimés de même sous forme de livrets populaires ; nous en donnons la liste, en suivant l'ordre des chapitres :

1° *Le Diable se moque des femmes qui n'osent filer le samedy après midy* (*Deablerie*, I, XLI) ; c'est la pièce que nous venons de décrire.

2° *Luciſer demande frians et gourmans pour les damner* (*Deablerie*, II, XXII), très pet. in-8 goth. de 4 ff., portant à la fin la marque de *James Meunier*, imprimeur ou libraire à *Paris*, qui a publié également les pièces suivantes. Cat. Béhague, n° 549.

3° *L'Avaricieux pensant jour et nuyt a son tresor*, dont nous donnons la description ci-après (*Deablerie*, II, 35). — Notre exemplaire provient de la vente W. MARTIN (Cat. n° 304).

4° *Comment chascun se doibt vestir selon son estat* ; imprimé à Paris (*Deablerie*, II, XXXVII), très pet. in-8 goth. de 4 ff., avec le nom de *Munier* au v° du dernier f. — L'exemplaire qui a figuré aux ventes W. Martin, sous le n° 309, et qui s'est revendu chez M. L. Potier en 1870 (n° 788), se trouve aujourd'hui au Musée britannique, où il est coté C. 39. a.

5° *Comment le père et la mére doivent chastier leurs enfans en jeunesse, par l'exemple de celluy qui arracha le nez de son pére en le baisant* (*Deablerie*, II, CXLII), très pet. in-8 goth. de 4 ff. — Brunet, II, 186.

6° *L'Enfant blasphemant Dieu, lequel morut povrement* (*Deablerie*, II, CXLIII), pet. in-8 goth. de 4 ff. — L'exemplaire vendu chez M. L. Potier en 1870 (Cat., n° 795) a figuré de nouveau, en 1880, à la vente Paradis (n° 219), où il a été acquis par M. Léon Techener.

7° *Des Enfans qui desirent la mort du père et de la mére* (*Deablerie*, II, CXLV), très petit in-8 goth. de 4 ff. — Cat. Béhague, n° 545.

459. LAVARICIEVX || pensant iour et nuyt || a son tresor. *S. l. n. d.* [*Paris*, *vers* 1525], très pet. in-8 goth. de 4 ff. de 22 lignes à la page, sign. A, mar. r. jans., tr. dor. (*Duru et Chambolle*, 1862.)

Au titre, un petit bois qui représente un homme en costume du temps de François Ier, avec la toque à longue plume, le manteau et l'épée.
Sous le titre que nous venons de reproduire, le libraire anonyme a donné au public, comme une œuvre nouvelle, le XXXVe chapitre du livre IIe de la *Deablerie* d'ELOY D'AMERVAL, « comment l'avaricieux ne pense jour et nuyt que a son tresor. » Voy. l'article précédent.

L'extrait compte 130 vers et commence ainsi :

SATHAN

Nuit et jour songe a son tresor :
« Combien ay je de pieces d'or »,
Pense nostre vilain chagrin....

460. SENSVYVENT LES || DROITZ NOVVE- || AVLX Auec le De || bat des dames et des armes / Lēqueste en || tre la simple et la rusee auec son plaidoye || Et le monologue coq̄llart / auec plusieurs || autres choses fort ioyeuses. Compose par || maistre Guillaume coquillart Official de || reims lez champaigne. xxij. || ❡ *On les vend a Paris / en la rue neuf-* || *ue nostre dame. A lescu de france Et au* || *Palays en la gallerie comme on va en* || *la chancellerie.* || Cum Priuilegio. — ❡ *Cy finissent* || *les droitz nouueaulx Auec* || *le debat des dames / et des* || *armes. Imprīe nouuelle-* || *ment*

a paris Par la vefue || *feu iehã trepperel Demou* || *rât en la rue neufue nostre* || *dame. A lenseigne de lescu* || *de france. S. d.* [*vers* 1512], in-4 goth. de 88 ff. non chiffr. de 32 lignes à la page, sign. *aa, bb, A-V*, mar. r. jans., tr. dor. (*Trautz-Bauzonnet.*)

>Cette édition est celle que M. d'Héricault décrit sous le n⁰ 3 (*Œuvres de Coquillart*, 1857, II, 341). Le titre, imprimé en rouge et en noir, porte deux écussons, dont l'un reproduit les armes de Jean Godard, chanoine, grand chantre de Notre-Dame de Reims, lequel avait sans doute participé à l'édition.
>La description de M. d'Héricault est exacte, sauf qu'il indique, par suite d'une faute d'impression, 196 pp., au lieu de 176, que donnent les 22 cahiers.

461. Les Œvvres maistre Gvillav- || me Coqvillart en son uiuant || Official de Reims nouuel- || lement reueues & Im- || primees a Paris. || 1532. || *On les vend a Paris pour* || *Galiot du Pre, en la* || *grant salle du* || *Palays.— Fin des œuvres feu maistre Guillau-* || *me Coquillart official de Reims nou-* || *uellement reueues, corrigees &* || *imprimees a Paris pour* || *Galliot du Pre.* || MDXXXII. Très pet. in-8 de 158 ff. chiffr., mar. or., fil., comp. en mosaïque de mar. bl., dorés à petits fers, doublé de mar. bl., riches comp. à petits fers, tr. dor. (*Trautz-Bauzonnet.*)

>Première édition des œuvres de Coquillart imprimée en lettres rondes. On y trouve pour la première fois le *Monologue du Puis* et le *Monologue du Gendarme cassé*.
>Haut. : 119 ; larg. : 79 mm.

462. Les Œ- || vres Maistre Gvillavme Coqvil.- || lart en son viuant Oofficial [*sic*] || de Reims / Nouuelle- || ment corrigees & im || primees a Pa- || ris. || 1533. || *On les vent a la rue neufue no* || *stre Dame a lenseigne sainct Ni-* || *colas.* — *Fin des œuures Feu Maistre Guil-* || *laume Coquillart Official de* || *Reims Nouuellement re* || *ueues, corrigees & Im* || *princes a Paris* || *p Pierre leber* || *demourant* || *au Coing* || *Du Paue* || *pres la place Maubert.* || M.D.XXXIII [1533]. Très pet. in-8 de 158 ff. chiffr., titre rouge et noir, mar. bl., fil., dos orné, doublé de mar. or., riches comp. à petits fers, tr. dor. (*Trautz-Bauzonnet.*)

>Cette édition reproduit page pour page l'édition publiée par *Galliot Du Pré* en 1532 ; le texte présente cependant quelques légères différences.
>Haut. : 126 ; larg. : 80 mm.

463. Les lvnet || tes des || princes cõ || po || sees par || noble hõ || me Iehan mes || chinot escuier / || en son viuant || grant

maistre || dhostel de la || royne de frāce. *S. l. n. d.* [*Lyon, v.* 1495], in-4 de 88 ff. de 32 lignes à la page, sign. *a, o* par 8, *b, c, d, e, f, g, h, i, k, l, m, n* par 6, mar. r., fil., dos orné, doublé de mar. r., dent., tr. dor. (*Trautz-Bauzonnet.*)

<small>Le titre porte la marque de l'imprimeur lyonnais *Martin Havard* (Brunet, II. 551 ; Silvestre, n° 195). Les quatre premières lignes du titre forment un carré dans lequel les huit autres lignes sont imprimées en travers. Voici la reproduction de ce curieux frontispice :</small>

Au v⁰ du titre est placé un bois du Christ en croix, entouré d'une bordure. Cette figure est accompagnée de ces mots : *Principes persecuti sunt me gratis.*

La marque du titre est répétée au v⁰ du 87ᵉ f.

Le bois du Christ en croix se retrouve au r⁰ du dernier f., dont le v⁰ est blanc.

Pierre Meschinot, de Nantes, mourut le 12 septembre 1491, deux mois avant le mariage d'Anne de Bretagne avec Charles VIII ; il n'est donc pas exact de dire qu'il était grand écuyer de la reine de France. Son fils, Gilles Meschinot, devint enfant d'honneur de cette princesse, qui pourvut à son entretien (voy. Le Roux de Lincy, *Vie de la reine Anne de Bretagne*, III. 7).

Les Lunettes des Princes ne parurent qu'après la mort de l'auteur. Les deux premières éditions furent publiées par *Estienne Larchier*, à *Nantes*, en 1493 et 1494 (voy. La Borderie, *L'Imprimerie en Bretagne au XVᵉ siècle*, 1877, 173-113). Dès lors, les réimpressions se succédèrent avec une rapidité qui témoigne d'un succès extraordinaire. L'œuvre de Meschinot, grâce peut-être à la protection que les ducs de Bretagne avaient accordée au poète, paraît avoir joui d'une vogue plus grande qu'aucun des recueils de poésies qui virent le jour à la fin du XVIᵉ siècle, d'une vogue que n'obtinrent ni Villon, ni Coquillart. M. Brunet en enregistre 22 éditions, dont la dernière est datée de 1539, et sa liste est loin d'être complète. Il n'a connu qu'une des deux éditions d'Estienne Larchier, celle de 1593, et n'a fait non plus aucune mention d'une édition imprimée à *Genève* par *Loys Cruse*, dit *Garbin*. Un exemplaire de cette dernière édition, restée de même ignorée des bibliographes genevois, est conservé à la Bibliothèque municipale de Lyon (n⁰ 2599).

L'impression lyonnaise, que nous venons de décrire, dut paraître fort peu de temps après l'édition originale de 1493.

Sur la foi de l'abbé Goujet, Meschinot est généralement considéré comme un poète médiocre, sinon tout à fait insipide. Rien ne nous paraît plus injuste qu'une telle appréciation. Sans doute il y a dans ses œuvres de nombreuses traces du mauvais goût dans lequel tombèrent, à la suite des poètes de l'école picarde, tous les auteurs de la fin du XVᵉ siècle ; mais on y trouve des sentiments honnêtes, souvent exprimés avec bonheur. Gringore semble avoir beaucoup lu *les Lunettes des Princes*, et s'en être inspiré dans plusieurs de ses ouvrages.

464. LES LVNETTES ‖ DES PRINCES ‖ cōposees p̄ noble hōe lehā meschinot escuier en son vi ‖ uāt grāt maistre dhostel de la Royne de France — [A la fin :] *Imprime a Paris par. Pierre le carō. ‖ demourāt en la rue de quiquāpoit. a lāseig ‖ ne de la croix blanche. S. d.* [vers 1495], in-4 goth. de 88 ff. de 32 lignes à la page, sign. *a-l* par 8, mar. br., fil. à froid, comp. à petits fers, doublé de mar. bl., dent. à petits fers, dos orné, tr. dor. (*Trautz-Bauzonnet.*)

Le titre porte la marque de *Pierre Le Caron*, imprimeur à Paris, marque qui n'a pas été reproduite par Silvestre.

Au v⁰ du titre est placé un bois qui représente le Christ en croix et qui est accompagné de ces mots : *Principes persecuti sunt me gratis.*

L'édition de *Pierre Le Caron* offre le même texte que celle de *Martin Havard*, mais elle contient de plus, à la fin du volume, l'*Espitaphe dudit Meschinot :*

> Vertueux gist, d'onneur bien proche ;
> En armes servit sans reproche...

Cette épitaphe ne se retrouve pas dans l'édition décrite ci-après.

Voici le fac-similé du titre :

les lunettes des princes

cōposees p noblȩ hōe Jehā meschinot escuier en son Bl uāt grāt maistre d'hostel de la Royne de france

465. Les Lvnettes des || Princes auecques || aulcunes balades ✝ || additions composees par noble hom- || me Iehan Meschinot escuyer en son || viuant / et grant maistre dhostel de la || Royne de France. || ☾ *On les vend a Lyon au pres de nostre* || *dame de cõfort cheulx Oliuier Arnoullet.* — ☾ *Cy finissent les lunettes des prin-* || *ces nouuellement imprimees a Lyon* || *par Oliuier Arnoullet. S. d.* [*vers* 1530], pet. in-8 goth. de 124 ff. non chiffr. de 28 lignes à la page, impr. en lettres de forme, sign. *A-P* par 8, *Q* par 4, mar. bl., dos et milieu ornés, doublé de mar. or., riches comp. à petits fers, tr. dor. (*Trautz-Bauzonnet.*)

Le titre, imprimé en rouge et en noir, est orné de deux petits bois, dont l'un est censé représenter « Le Prince » et l'autre « L'Acteur ».
Le v° du dernier f. est blanc.
Exemplaire de M. L. Double (Cat., n° 82), de M. W. Martin (n° 297) et de M. E. Quentin-Bauchart (*Mes Livres*, n° 57).

466. Le debat de la dame et de || lescvyer. — *Explicit. S. l. n. d.* [*Lyon, vers* 1490?], in-4 goth. de 12 ff. de 30 lignes à la page, impr. en lettres de forme, sign. *a-c*.

Le titre est orné de deux bois disposés côte à côte : un seigneur appuyé sur une canne et une dame tenant un sceptre. Nous en donnons un fac-simile :

Le v° du titre est blanc.

BELLES-LETTRES.

Les deux bois du titre sont répétés au v° du 11ᵉ f. ; au-dessous est un bois dans lequel se voit un grand M formé de deux chimères enroulées, que nous croyons être la marque d'un imprimeur lyonnais.

Le dernier f. est blanc.

Le *Debat de la Dame et de l'Escuyer* est l'œuvre du poète **Henry Baude**. M. de Montaiglon en a reproduit le texte dans son *Recueil de Poésies françoises* (IV, 151-179). Une allusion à Charlotte de Savoie, seconde femme de Louis XI, morte le 1ᵉʳ décembre 1483, prouve que le poème a été composé avant cette date.

Notre édition est restée inconnue à M. Brunet et aux autres bibliographes.

467. Le grant blason ‖ de favlces amovrs fait p̄ fre ‖ re Guillaume Alexis Religieux d'lyre ⁑ ‖ prieur de bussy Eu cheuauchāt auec vng ‖ gentil hōe entre Rouen ⁑ vnoil au Perche — ☙ *Imprime a paris par Ia ‖ ques Nyuerd demourant en ‖ La rue de la Iuyfrie a lyma ‖ ge Sainct Pierre / et au Pa ‖ lays a La premiere Porte.* S. d. [*v.* 1525], pet. in-8 goth. de 28 ff. non chiffr. de 28 lignes à la page pleine, sign. *A-C* par 8, *D* par 4, mar.

Le titre est orné de deux bois représentant l'un un clerc, l'autre un gentilhomme. Les deux personnages se font face et sont séparés par une étroite bordure.

468. Le debat de lōme ⁑ de la fem- ‖ me fait ⁑ compose par frere guillaume alexis — *Cy fine le debat de Lōme ⁑ de la fēme ‖ Nouuellemēt. Imprime aparis par Iehā ‖ treperel.* S. d. [*vers* 1500], in-4 goth. de 4 ff. de 36 lignes à la page, sign. *A*, mar. r., fil., dos orné, tr. dor. (*Trautz-Bauzonnet.*)

Cette édition n'a qu'un simple titre de départ en deux lignes, au-dessous duquel est placé un bois qui représente « l'homme » et « la femme ». Les deux personnages, surmontés d'une banderole dans laquelle est placé le nom de chacun, sont séparés par un arbre.

Le r° du 1ᵉʳ f. contient 12 lignes de texte.

Le petit poème du célèbre prieur de Bussy, Guillaume Alexis, dit « le moine de Lyre », a été réimprimé par M. de Montaiglon, *Recueil de Poésies françoises*, I, 1-10.

Exemplaire de YEMENIZ (Cat., n° 1675) et de M. le baron de LA ROCHE LACARELLE.

469. LE MARTILLOGE DES FAVLCES LENGVES || Tenu Autemple de denger — *Cy finist le martilloge des faulses || langues | tenu ou temple de dangier || Imprime a Paris par Iehan Lam || bert. le IX iour de iuillet. Mil cccc. || quatre vingtz ☥ treze* [1493]. In-4 goth. de 20 ff. de 33 lignes à la page pleine, sign. *a-b* par 6, *c* par 8, mar. v., fil., dos orné, tr. dor. (*Bauzonnet*, 1838.)

Le titre, dont le v° est blanc, porte la marque de *Jehan Lambert*, avec la devise : *A espoir en Dieu* (Brunet, II, 545 ; Silvestre, n° 73).

Le v° du dernier f. est blanc.

Cette pièce, écrite en vers et en prose, est attribuée par Du Verdier à frère GUILLAUME ALEXIS, dont le nom figure peut-être sur quelque édition ancienne. Elle commence ainsi :

> En passant par une landelle,
> Près de la nuit, sur le relent...

Notre exemplaire provient d'un recueil qui était chez COLBERT (Cat. n° 11,711) et chez le comte D'HOYM (n° 2249). Ce recueil a ensuite appartenu à M. le baron J. PICHON (n° 459) et à M. le baron de LA ROCHE LACARELLE.

470. LE DEBAT DV LABOVREVR DV PRESTRE ☥ DV || GENDARME fait par Maistre || Robert gaguin. *S. l. n. d.* [*v.* 1490], in-4 goth. de 8 ff. non chiffr. dont chaque page contient trois huitains.

Le titre, dont nous donnons la reproduction, n'est orné d'aucun bois ; le v° en est blanc.

e Debat du Laboureur du Prestre ⁊ du
Gendarme fait par Maistre
Robert gaguin

Ce poème, élégamment écrit, est resté inconnu à tous les bibliographes. Il se compose de 39 strophes de 8 vers et commence ainsi :

LE LABOUREUR

> Pier, inhumain et trop cruel gendarme,
> C'est orendroit qu'a toy je hue et crie...

Le laboureur et le prêtre se plaignent des mauvais traitements que les gens de guerre leur font subir. Le gendarme leur répond qu'il est encore le plus malheureux de tous, puisqu'il lui faut vivre de privations, toujours exposé aux rigueurs de ses chefs et à la mort. Il ajoute que, s'il se permet parfois de pressurer les paysans et les prêtres, les uns et les autres ont mérité cette punition par leurs péchés. Ils n'ont en somme pas à se plaindre :

> Pis vous seroit se Anglois venoient en place.

Un vers de la 26ᵉ strophe, qui paraît contenir une allusion au siège d'Arras (1479), permet de placer la composition de cette pièce vers 1480. Robert Gaguin, mort en 1502, avait alors plus de cinquante ans. Les devoirs de ses fonctions de ministre général des Mathurins, les travaux historiques dont il s'occupait depuis longtemps et les missions diplomatiques qui lui furent confiées, ne l'empêchaient pas de cultiver la poésie. On a de lui un poème latin sur l'immaculée conception de la Vierge (*De puritate conceptionis virginis Mariae*) et un poème français, *Le Passe Temps d'oysiveté*, écrit à Londres au mois de décembre 1489 (Montaiglon, *Recueil de Poésies françoises*, VII, 225-286).

Exemplaire du comte de SUNDERLAND (Cat., n° 5292).

471. RECUEIL DES ŒUVRES POÉTIQUES de Jehan Molinet. Ms. in-fol. sur papier de 201 ff., demi-rel. v. f., tr. r. (*Rel. du XVIIIᵉ siècle.*)

Voici une notice complète de ce ms. qui contient 104 pièces. Nous donnons pour toutes les pièces déjà publiées le renvoi à l'édition des *Faictz et Dictz* de Jehan Molinet imprimée en 1531 (voy. ci-après, n° 472). Les pièces inédites sont marquées d'un astérisque.

1° (fol. 1), *Sermon de Billouart*.

> Introivit in tabernaculo,
> Lacrimans recessit oculo....

On est surpris de voir ce monologue dramatique, un des plus grossiers de ceux qui nous ont été conservés, figurer en tête des œuvres de Molinet. Nous en possédons une édition publiée par *Nicolas Lescuyer*, à Rouen, vers la fin du XVIᵉ siècle ; mais cette édition est entièrement tronquée. Voy. le recueil décrit ci-après, sous le n° 590.

*2° (fol. 2, v°), *Congés de Molinet retrenchiés*.

> Par Borreas, de vent le grand souffleur,
> Bruyant riffleur, deflorant floriture....

*3° (fol. 3), Petite pièce latine :

> Mortuus est rex,
> Pastor ovium....

*4° (fol. 3, v°), Os Lampadis. *Les Regretz et Lamentations de treshault et puissant roy de Castille*, etc.

> Donnés sillence en toutz lieux, hautz et bas,
> A vos esbas, gentilz bergiers des champz.....

Poème en l'honneur de Philippe le Beau, mort en 1506.

5° (fol. 6), *L'Advocat des Ames du Purgatoire.*

Cette pièce commençait au fol. 5, qui a malheureusement été arraché ; mais c'est une de celles qu'on retrouve dans les *Faictz et Dictz*, fol. 17. Le fol. 6 du ms. commence par ce vers :

En fin aurés membres desfigurés.

6° (fol. 6, v°), *Oraison a la vierge Marie.*

Vierge sacrée a qui Dieu acorda
Porter son filz que chérement amas....

Faictz et Dictz, fol. 5.

7° (fol. 8), *Oraison a Nostre Dame.*

Toult a parmoy, affin qu'on ne me voye,
Me suis retraict en ce lieu solitaire....

Faictz et Dictz, fol. 4, v°.

*8° (fol. 11, v°), *Ballade fatrisée ou jumelle, adreschant a sainct Maurice.*

Maurice, le bon chevalier,
Tu es mort : helas ! que feraige ?....

*9° (fol. 12, v°), *Lectres de Molinet envoiées a Fenin.*

Treschier amy, moult voluntiers sça }
De vostre estat, comment on s'y a } roye

*10° (fol. 13), *Ballade figurée.*

Dame, j'ay sentu les façons
Du feu d'amours puys que je vis....

11° (fol. 13, v°), *Ballade adrespante a messeigneurs de Foys, Montpensier et Vendosme, lors estans hostagiers a Valenchienes.*

Qui militer voullés soubz l'estendart
De vif honneur, qui l'ame ravitaille....

Faictz et Dictz, fol. 132, v°.

*12° (fol. 14), *Dictier de l'Arondelle*

Euvre divin, doulce espéce angelicque,
Vif exemplaire a substance mortelle....

*13° (fol. 16, v°), *Les vj Triumphes en latin et en franchois.*

ACTOR

Felix cui primam rerum cognoscere causam
Contigit et finem qui scit novisse supremum.

L'ACTEUR

Bien heureux est celuy a qui advient....

Cette pièce est incomplète par suite de l'absence d'un f. entre le fol. 16 et le fol. 17.

*14° (fol. 17), *Ave Maria*, farci de latin. La 1re strophe manque ; la seconde commence ainsi :

Dominus Dieu, nostre seigneur,
Vostre filz et nostre enseigneur....

15° (fol. 20), *Oraison de madame saincte Anne*

Noble rainceau de tresnoble origine,
Cédre eslevé, portant la fleur virgine....

Faictz et Dictz, fol. 8.

BELLES-LETTRES.

16° (fol. 23), *Dictier a ung prebstre disant sa premiére messe.*
> Noé jadiz l'arche fist et forga
> Pour preserver les justes du deluge....

Faictz et Dictz, fol. 18.

17° (fol. 24), *Dictier envoyet a monseigneur Molinet.*
> Reposons nous entre nous, amoureux
> Du temps jadis ; no saison est passée....

Rondeau qui doit être d'ANTHOINE BUSNOYS.
Jardin de plaisance, éd. de Lyon, Olivier Arnoullet, fol. lxij, a.

*18° (fol. 24, v°), *La Responce de Molinet a maistre Anthoine Busnoys*
> Je soulloye estre ung rebourour de bas,
> Housseur de cuir, fourbisseur de cuiraches....

19° (fol. 27), *La Robbe de l'Archiducq.*
> L'archeduchesse (*lis.* La duchesse) d'Austrice
> A l'archiduc laissa....

Faictz et Dictz, fol. 122. — Pour une édition séparée, voy. Brunet, III, 1813.

*20 (fol. 28), *S'ensuit ung Dictier du dessusdict Molinet pour la nativité du ducq Charles.*
> O quam glorifica luce
> Respend nostre arche archiducalle....

Pièce farcie de latin, composée à l'occasion de la naissance de Charles-Quint.

21° (fol. 28, v°), *Les neufz Preux de gourmandise.*
> La Bible faict mention
> De l'extréme vaillaudise....

Faictz et Dictz, fol. 86, v°. — Un autre texte de la même pièce a été publié par M. de Montaiglon dans son *Recueil de Poésies françoises*, II, 38-41.

*22° (fol. 28 , v°), [*Sixain.*]
> Or ça, monseigneur le bailly,
> Pour escripre m'avés assally....

*23° (fol. 29), *Argumentum operis.*
> Bis natus, non baptisatus,
> Qui fuit in ligno positus....

Pièce farcie de latin.

24° (fol. 29), *Matrimonialle Alianche entre messeigneurs les tresillustres enfans d'Austrice et les tresresplendissans enfans d'Espaigne...,* 1496.
> Le tresillustre, elegent Ortellain,
> De vertu plain, comme l'œuvre tesmongne....

Faictz et Dictz, fol. 121.

25° (fol. 31), *L'Espitaphe de dame Isabel, royne de Castille,* [1504].
> Ouvrés vos cyeulx et vos glorieux throsnes,
> Qui triumphés au reaulme d'honneur....

Faictz et Dictz, fol. 68.

26° (fol. 33), *Le Voyage du roy de France Charles, viij^e de ce nom, quant il alla a Naples.*
> Jachoit ce, treshault et puissant prince, que la
> froide, merveilleuse, trenchant et angoisseuse bize
> ayt converty mon œuvre en glace....

Faictz et Dictz, fol. 69.

27° (fol. 35, v°), *La Complainte de Gréce a la Chrestienté, a la descente des Turcz.*

> Dieu de lassus qui me forma[s] de cendre,
> Vœlle descendres es basses regions....

Faictz et Dictz, fol. 84, v°. — Pour une édition séparée, voy. Brunet, III, 1813.

28° (fol. 37, v°), *Ichy s'ensuit la Complainte de la mort de la duchesse Marie, qui se peult intituler Le Pelerin,* [1482].

> En temps que pert Aurora ses grans pleurs,
> Que Borreas met jus ses grands souffles....

Faictz et Dictz, fol. 46, v°.

29° (fol. 44, v°), *Ceulx qui sont dignes d'estre au nopces de la fille de Ledain.*

> Sachiés que le comte Michault,
> Qui est trop plus que a demy chault....

Faictz et Dictz, fol. 116.

30° (fol. 46), *S'ensuit ung Dictier poetical ayant refrain.*

> En regardant la beauté de Venus
> Au hault manoir ou Saturne est allé....

Faictz et Dictz, fol. 105.

*31° (fol. 47), [*Quatrain en latin.*]

> Lucro nos rapte Nilo mare bina bidentem....

*32° (fol. 47), *S'ensuyt une Ballade... touchant le voyaige d'Espaigne.*

> Prinche excellent, triumphant sans orgueil,
> Hault et puissant, qui sur nous dominés....

Cette pièce ne doit pas être confondue avec celle qui figure dans les *Faictz et Dictz*, fol. 120, et qui se retrouve à la fin du présent ms.

*33° (fol. 48), *Ballade de Molinet fort excellente.*

> Pour chiére faire et demener grand glay,
> En temps d'esté, que de chaleur boullon....

34° (fol. 48, v°), [*Confiteor,* farci de latin.]

> Sur toutz seigneurs estes celuy,
> Confiteor Deo celi....

Faictz et Dictz, fol. 133, v°.

*35° (fol. 49), *Le Throne d'honneur.*

> Durant le temps que Titam triomphoit au significant
> zodiaque en haulte spére, approchant le tresglorieux
> régne du lion....

Faictz et Dictz, fol. 35.

36° (fol. 57), *S'ensuit la Resourse du petit peuple.*

> Pour ce n'a gaires que vent failly de mon molinet qui
> grant multitude des nouvelles istoyres devoit trouver
> entre ses meulles....

Faictz et Dictz, fol. 56. — Pour une édition séparée, voy. Brunet, III, 1814.

37° (fol. 67), *La Nativité de mademoiselle Lyenor d'Austrice, fille de monsieur l'archiduc,* [1498.]

> Gentilz bergiers, veans du ciel le cours
> Et le decours des corps resplendissans....

Faictz et Dictz, fol. 80, v°.

BELLES-LETTRES.

38° (fol. 68, v°), *La Naissance de tresillustre enfant, Charles, archiduc d'Austrice, empereur esleu*, [1500].

    L'arche de paix, des aultres l'outrepasse,
    Porte, qui passe ou Dieu veult reposer....

    Faictz et Dictz, fol. 86, v°. — Pour une édition séparée, voy. Brunet, III, 1813.

*39° (fol. 71), *Le Jeu de palme*.

    Vous qui vollés d'honneur porter la palme,
    Acquerir bruit soubz le sceptre romain....

40° (fol. 72), *La Reconsilliation de la ville de Gand*

    Glorieulx Aigle, imperant patriarche,
    Sceptre romain, espée triumphant....

    Faictz et Dictz, fol. 75, v°.

41° (fol. 75), *Le Present d'un cat nommé Molinet*.

    Je n'ay fin or, mierre, n'encens
    Pour vous presenter, si vous donne....

    Faictz et Dictz, fol. 117.

*42° (fol. 75, v°), *Pour le troncq*.

    Vous qui avés forme d'estre homs
    Et vous, femme, aussy d'estre homache,
    Bouttés chy de vos gros es troncqs
    Affin que l'euvre se parfache.

Ce quatrain facétieux se retrouve, presque sans changements, à la fin du *Moyen de parvenir*; mais aucun des éditeurs modernes de l'ouvrage de Béroalde de Verville n'a remarqué qu'il avait reproduit une plaisanterie déjà vieille.

43° (fol. 76), *A maistre David Walle*.

    Memento, domine David.
    Que Dieu, [qui] te regarde, vit....

    Faictz et Dictz, fol. 104, v°.

44° (fol. 77), *Le Naufraige de la Pucelle*.

    Aguillonnée d'angoiseuse pointure, bersandée de
    menus annois, le cœur plongiet en amertumes....

    Faictz et Dictz, fol. 127.

*45° (fol. 88, v°), *Lettre missive* (en rébus).

    Quant je voy l'ot S....

*46° (fol. 88, v°), *Responce*.

    J'ay lut un re } bus { Fort plaisant a chas } 1
    Vyeulx, sans nul a }   { Et (de) hors du train comm }

*47° (fol. 88, v°), *Fatras*.

    De bon othieu laine
    Bat on a Plaisance....

48° (fol. 89), *Le Chappelet des dames*.

    Quant Zephirus de sa tresdoulce alaine
    Eult donné(e) vie aulx florettes jolies...

    Faictz et Dictz, fol. 27.

49° (fol. 102), *Le Siége d'Amours*.

    L'ACTEUR
    En ung vert boys, desoubz une ramée,
    Je vis Amours tenir sa court royalle....

    Faictz et Dictz, fol. 70, v°.

50° (fol. 108, v°), *La Bataille des deulx nobles deesses*
> Par Zephirus qui vuidoit ses souffles
> Je fus soufflé hors [de] Gallatea....

Faictz et Dictz, fol. 73, v°.

51° (fol. 110, v°), *Ballade*.
> Des Myrmidons la hardiesse emprendre
> Pour envahir le trespuissant Atlas....

Faictz et Dictz, fol. 74.

52° (fol. 111), *Aultre Ballade*.
> Humblesse blesse aigneau qui se humilie
> Desoubz vielz loups plus pelés que basanne....

Faictz et Dictz, fol. 74, v°.

53° (fol. 111, v°), *Le Retour de madame Marguerite de France*
> Fleur de noblesse, odorant Marguerite,
> Germe sacré de royal origine....

Faictz et Dictz, fol. 75.

54° (fol. 113), *L'A B C sauvaige*.
> Depuys que Pan eult mys bucines jus,
> Cyres confus, sauldées et bien louées....

Faictz et Dictz, fol. 77.

55° (fol. 120), *Le Debat de la Chair et Poisson*.
> Char, tendre char, fresle et delicieuse,
> Fort attraiant, plaine de non challoir....

Faictz et Dictz, fol. 87.

56° (fol. 125), *Le Debat de l'Aigle, Harencq et Lion*.
> Aigle royal, imperateur terrestre
> Le nompareil qui puist sur la terre estre....

Faictz et Dictz, fol. 91, v°.

57° (fol. 127, v°), *Dialogue du Leu et du Mouton*.
> Aiguillonné d'angoisseuse pointure,
> Le cœur transy qui en dolent point dure....

Faictz et Dictz, fol. 93.

58° (fol. 132, v°), *Dialogue du Gendarme et Amoureux*
> En un gent et joyeulx pourpris
> Deux hommes tirent grant debat....

Faictz et Dictz, fol. 95, v°.

*59° (fol. 136, v°), *Conditions*.
> Labeur de Picquart,
> Pitié de Lombart....

*60° (fol. 137), *Le Debat d'Apvril et de May*.
> May, gentil May, que tu es endupé!
> Tu es trop gay, trop gay et trop huppé....

Faictz et Dictz, fol. 89, v°.

*61° (fol. 140, v°), *Le Debat des trois nobles oyseaulx, a sçavoir: le Roytelet, le Duc, le Papegay*.
> Veulliés ouir ce qui est advenu
> En ce froit temps, plain de nége et de glace....

BELLES-LETTRES. 277

62⁰ (fol. 143), *A venerable et cachonnieuse personne Jo. de Wisoc, monseigneur maistre N., president de Papagosse.*

<blockquote>
Homme sacré, divin ceraph, cousin aulx augelz,
parent aulx dieux de la lignie de *Te Deum*....
</blockquote>

Faictz et Dictz, fol. 103, v⁰.

63⁰ (fol. 143, v⁰), Facétie sur les nombres 1 à 20.

<blockquote>
1 e pen   2 gibet
Me dit ung   3 ort quolibet....
</blockquote>

Faictz et Dictz, fol. 116, v⁰.

64⁰ (fol. 144), *A monseigneur le doyen de Borne, maistre Anthoine Busnois.*

<blockquote>
Je te rens honneur et tribus
Sur toutz aultres, car je cognois....
</blockquote>

Faictz et Dictz, fol. 104.

65⁰ (fol. 144), [*Vers à double queue annuée.*]

<blockquote>
Mon francq amy, — rons nous en la mort
— je me sens, — vis, chupt a revers....
</blockquote>

Faictz et Dictz, fol. 120, v⁰.

66⁰ (fol. 144), [*Canon.*]

<blockquote>
Qui veult sçavoyr comme mon chant s'areigle,
Double le quart et la fin de sa reigle.
</blockquote>

Faictz et Dictz, fol. 118, v⁰.

67⁰ (fol. 144, v⁰), *Camp real.*

<blockquote>
Quant Terpander sa harpe prepara
De sept cordons, selon les sept planettes....
</blockquote>

Faictz et Dictz, fol. 104, v⁰.

68⁰ (fol. 145, v⁰), *Le Comenchement est par oyseaulx et se finist par oyseaulx. Adrechant a l'empereur.*

<blockquote>
Aigle imperant sur mondaine ma
Roy triumphant, de proessa ra.... } cyne
</blockquote>

Faictz et Dictz, fol. 118.

*69⁰ (fol. 145, v⁰), [*Dit en prose.*]

<blockquote>
D'abondance de biens vient orgueil; d'orgueil
vient guerre....
</blockquote>

70⁰ (fol. 146), Au-dessous d'une répétition des dernières strophes du *Camp real*, quatrain en l'honneur de la Vierge :

<blockquote>
Tout ainsy que descend la fleur sur la rosée....
</blockquote>

Il faut lire :

<blockquote>
Tout ainsy que descend en la fleur la rosée....
</blockquote>

Cette pièce, qui n'est probablement pas de Molinet, se retrouve dans plusieurs mss., notamment à la Bibliothèque du Vatican, mss. Ottoboni, n⁰ 1212 (voy. Keller, *Romvart*, 643). Dans un ms. de la Bibliothèque nationale (fr. 2206, fol. 4) elle a la forme d'un sixain.

71⁰ (fol. 146, v⁰), *Le Retour de monsieur de Nanso en France.*

<blockquote>
Prince de paix, per de proesse,
Chef d'œuvre d'honneur et de meurs...
</blockquote>

Faictz et Dictz, fol. 106. — Cette pièce a été imprimée, on ne sait pourquoi, à la suite de diverses éditions des œuvres de Marot. Voy. notamment le n⁰ 599, ci-après.

72° (fol. 147, v°), *Canon.*

> Qui veult sçavoir comme mon chant se rigle....

Répétition du n° 66.

73° (fol. 147, v°), 14 vers à double queue annuée.

> Seigneur fort gent, — il sang de Bourbon,
> — , bien doé et de vertus la fleur....

Faictz et Dictz, fol. 118, v°.

74° (fol. 148), *Dictier de la benoiste vierge Marie, des cincq festes, commençant chaque couplet* : O mater Dei, Memento mei.

CONCEPTION

> O quelle offense oultrageuse et acherbe
> Mauldicte Éve apporta en ce monde....

75° (fol. 149), *Le Trespas du duc Charles*, [1477].

> Il n'y a pas dix ans que au tresfructueux et oppulent vignoble de Bourgoigne florissoit ung gros arbre....

Faictz et Dictz, fol. 42.

76°, 77° (fol. 157, v°), Répétition du *Canon* qui figure sous les n°s 66 et 72, et des vers à double queue annuée portés sous le n° 73.

78° (fol. 158), *Les Aeges du Monde.*

> Princes puissans, qui du monde univers,
> Dur et divers, querés la seignourie....

Faictz et Dictz, fol. 24, v°.

79° (fol. 161), *La Letanie Molinet.*

> Mon vray dieu, *kirieleson*,
> Povres gens sont fort esbahis....

Faictz et Dictz, fol. 101.

80° (fol. 164), *Le Kalendrier.*

> Kalendrier mys par petitz vers
> Selon le temps dur et divers....

Faictz et Dictz, fol. 101. — Montaiglon, *Recueil de Poésies françoises*, VII, 204-210.

81° (fol. 166), *Graces sans villonnie.*

> *Agimus tibi gracias,*
> Qui nous fis et qui nous syas....

Faictz et Dictz, fol. 103.

82° (fol. 167), *La Complainte de Regnommée.*

> Je suis la belle Regnommée,
> Courant et trachant nuit et jour....

Faictz et Dictz, fol. 53, v°.

83° (fol. 171, v°), *Le Trespas du duc des Aers.*

> Nymphes des boys, Cerainnes bien chantans,
> Dieux esbatans, deesse(s) des fiourons....

Faictz et Dictz, fol. 84.

84° (fol. 173), *Euvre de poiterie.*

> Veullant couvrir le fruict de mon labeur
> Soubz les fœullés rainceaulx de poeterie....

Faictz et Dictz, fol. 85.

BELLES-LETTRES.

*85° (fol. 175), *Les quatre Vins franchoys.*
>> Virgille en son chant bucollicque
>> Monstre par raison poeticque....

86° (fol. 177, v°), *Pronostication veritable.*
>> Pour ce que aulcuns pronosticateurs, doublans
>> l'indignation des princes, ne veullent ou n'osent....

Faictz et Dictz, fol. 97, v°.

87° (fol. 179, v°), *Aultre Pronostication.*
>> Nous vous tenons pour advertis, comme hault, puissant et tres-
>> redoubté et de noble generation, les grans gouvernemens....

Faictz et Dictz, fol. 98, v°.

88° (fol. 183), *Le Donnet bailliet au roy Loys, douziesme de ce nom.*
>> Au trescrestien par regnon
>> Roy franchois, qui sur toutz regente....

Jardin de plaisance, éd. de Lyon, Ollivier Arnoullet, fol. 20, r°. — Dans cette compilation, le *Donnet* est publié comme ayant été « baillé au feu roy Charles, huytiesme de ce nom ». Cf. Brunet, III, 506.

89° (fol. 191, v°), *S'ensuivent les Lectres de Cretin envoyées a maistre Jehan Molinet.*
>> Lettres, alles, sans sejourner en place,
>> Que ne soiés es mains de Molinet....

Faictz et Dictz, fol. 114.

90° (fol. 192, v°), [*Quatrain.*]
>> En escripvant, le palletot de Frise....

Faictz et Dictz, fol. 114, v°.

91° (fol. 192, v°), *Response aux lectres de Cretin par Molinet.*
>> Va, lectre, va soir et matin,
>> Se te fourre au fons du Cretin....

Faictz et Dictz, fol. 114, v°.

92° (fol. 193), *Canon.*
>> Doubles le tiers et le huitiesme....

Faictz et Dictz, fol. 115.

93° (fol. 193), [*Vers en écho.*]
>> Molinet — sans bruyt ne sans nom —
>> Il a son — et, comme tu voys —

Faictz et Dictz, fol. 115.

94° (fol. 193), *Canon.*
>> Haulciés les deulx piedz de derriére....

Faictz et Dictz, fol. 115.

95° (fol. 193), [*Vers à queue annuée.*]
>> Cretin de joingtz, d'osier ou de festu,
>> — — ton fol d'un vermolu molin....

Faictz et Dictz, fol. 115.

96° (fol. 193), *Replicque aulx lectres de Molinet par Cretin.*
>> Va au molin sçavoir comme il se porte
>> Et ne te fains de hurter à la porte.

Faictz et Dictz, fol. 115, v°.

97⁰ (fol. 194), [*Vers en écho.*]
>> Molinet net ne rude [*lis.* rend] son canon, non....
> *Faictz et Dictz*, fol. 116.

98⁰ (fol. 194, v⁰), *Magistro Ludovico Compére.*
>> Compére, vous passés le ▭ [temps]
>> En amour, comme je sup ▭ [pause]....
> *Faictz et Dictz*, fol. 117.

99⁰ (fol. 195), Vers terminés par des rébus.
>> *Domine mi reverem* [figure représentant un *dé*]
>> J'ay receu vostre don no [figure représentant une *table*].
> *Faictz et Dictz*, fol. 120, v⁰.

100⁰ (fol. 195, v⁰), *Le Trespas de l'empereur Federicque.*
>> Comme Titan fist tirer Titirus
>> Soubz les vers saulx pour trouver les umbrages....
> *Faictz et Dictz*, fol. 123.

101⁰ (fol. 198), *Le Testament de la Guerre.*
>> La Guerre suys en train de mort
>> Qui n'atens que a passer le pas....
> *Faictz et Dictz*, fol. 124, v⁰. — Cette pièce, imitée de Villon, a été imprimée séparément. M. Brunet (V, 732) en cite deux éditions, dont la plus ancienne soulève un problème qui n'a pas encore été résolu. Elle porte cette adresse : *On les vend a Lignan, près du grant pont de boys, a l'enseigne des deux jouteux.* Où était situé Lignan ? M. Deschamps, qui a consacré à cette localité quelques lignes de son *Dictionnaire de géographie*, n'a osé risquer sur ce point aucune conjecture. Nous croirions volontiers, quant à nous, qu'il faut lire *Dignan*, c'est-à-dire *Dinant*. Quant à l'autre édition citée par M. Brunet, celle de *Paris, chez la veufve N. Buffet,* 1559, in-8, nous en avons vu un exemplaire dans un des recueils de la Bibliothèque Méjanes, à Aix en Provence (n⁰ 29831).

102⁰ (fol. 189, v⁰), *Ballade.*
>> Manne du ciel, doulce fleur de concorde,
>> Arche de paix, de vertu le sourjon....
> *Faictz et Dictz*, fol. 117, v⁰.

*103⁰ (fol. 200, v⁰), *Revid faict en envoys par maistre Jehan Molinet aulx nopces maistre Pol de Mol, lieutenant du chasteau de Lille.*
>> Je suis ung Molinet sans vent,
>> Sans fourment, sans grain et sans paille....

104⁰ (fol. 201, v⁰), *Molinet pour le premier departement du roy de Castille en Espaigne.*
>> *Charissime princeps, quem amare*
>> Debvons, sur tous servir et reclamer....
> *Faictz et Dictz*, fol. 120.

Ce ms. a été exécuté par JEHAN GARET, chapelain d'Arras, qui a signé à la fin du volume : *Jo. Garet cappellanus me possidet Attrebateñ.* La signature du même personnage se retrouve à la fin du *Dictier de l'arondelle* (fol. 16, r⁰), avec la date du 3 octobre 1526, puis à la fin du *Quolibet* (fol. 29, r⁰), avec la date du 24 novembre 1522. On remarque en outre, à la fin de la *Ressource du petit peuple* (fol. 66, v°), la date du 13 octobre 1520.

Jehan Garet avait probablement connu Molinet ; en tout cas, il professait pour ses œuvres une estime particulière et en possédait plusieurs mss. En effet, une feuille volante jointe au volume et qui en contient la table, est précédée de cette note : *Les nombres en ciffres designent les fueillès de mon grand Molinet escript a la main. Ou n'y a pas de cifre, les vers ne sont pas en mondit grand Molinet.*

De la bibliothèque de M. A.-F. Didot (Cat. 1881, n° 28).

472. ¶ Les faictz et dictz de feu de bō-∥ne memoire Maistre Iehan Molinet: contenans plusieurs beaulx∥Traictez/ Oraisons / et Champs royaulx : comme lon ∥ pourra facill-lemēt trouuer par la table qui sensuyt. ∥ Nouuellement imprimez a Paris Lan ∥ Mil cinq Cens trente et vng le ∥ neufuiesme iour de∥Decembre.∥ ⚜∥Auec priuilege.∥⚜∥*On les vend au Palais en la Gallerie par ou on va a [la]* ∥ *Chan-cellerie. A la bouticque de Iehan Longis* ∥ *et de la veufue Iehan sainct denys.* — ¶ *Fin des faictz et dictz de feu de bōne memoire maistre Iehan* ∥ *molinet nouuellement imprimez a Paris Lan mil* ∥ *cinq cens .xxxi. Pour Iehan longis et la* ∥ *veufue feu Iehan sainct Denys li-* ∥ *braires en ladicte ville. Et les* ∥ *vend on au pallais en la* ∥ *gallerie par ou on* ∥ *va a la chan-* ∥ *cellerie*. Pet. in-fol. goth. de 4 ff. lim., 133 ff. chiffr. et 1 f. blanc , mar. r., fil., dos et coins ornés , tr. dor. (*Trautz-Bauzonnet*.)

Au titre, la marque de *Jehan Longis* (Silvestre, n° 30).
Au v° du titre est placé le texte du privilège accordé pour quatre ans à *Jehan Longis*, à la date du 5 décembre 1531.
Les 2 ff. qui suivent le titre contiennent la *Table* ; le 4e f. lim. est blanc.

473. Le temple de Mars : — *Cy finist le temple de mars Dieu des* ∥ *batailles. Imprime a paris. Par iehā tre* ∥ *perel. demourant sur le pont nostredame* ∥ *A lymaige saint Laurent. S. d.* [vers 1495] , in-4 goth. de 8 ff., dont la page la plus pleine contient 26 lignes , sign. *A*, mar. r. jans., tr. dor. (*Trautz-Bauzonnet*.)

Au titre, la marque de *Jehan Trepperel* (Brunet. II, 265 ; Silvestre, n° 74).
Au v° du titre, un bois qui représente un tournoi.
Le v° du dernier f. est blanc.

Le *Temple de Mars* est l'œuvre de Jehan Molinet et se retrouve dans les *Faictz et Dictz*, décrits sous le n° précédent, fol. lxi, v°-lxiv, r°. Le poème commence ainsi :

> Au temps de dueil que Mavors le tyrant
> Alloit tirant canons , fléches et dars...

L'édition séparée présente cependant d'assez nombreuses variantes avec le texte du recueil. Cette édition est antérieure à l'année 1500. Le 25 novembre 1499, le pont Notre-Dame s'écroula ; Jehan Trepperel s'etablit alors rue Saint-Jacques, à l'enseigne de l'écu de France.

474. **Devote exortation** ‖ pour auoir crainte du grāt iugement de dieu / cō ‖ pose par venerable ✠ discrete psōne maistre. Guil ‖ laume flameng chanoine de langres. — *Amen. S. l. n. d.* [*vers* 1500], in-4 goth. de 6 ff. de 26 lignes à la page, impr. en lettres de forme, sign. *a*, mar. v., tr. dor. (*Koehler.*)

Le titre, dont nous donnons la reproduction, est orné d'un bois extrait d'un livre d'heures et représentant l'Annonciation :

Le même bois est répété au verso du titre.

Guillaume Flameng, auteur de la *Devote Exortation*, a composé divers ouvrages, notamment une *Vie et Passion de monseigneur sainct Didier*, jouée à Langres en 1482 et publiée en 1855. L'éditeur de ce mystère, M. Carnandet, a donné la liste des œuvres de Flameng qui nous sont connues, mais n'a pu réunir que peu de renseignements sur sa vie. On sait seulement qu'il obtint une prébende au chapitre de Langres en 1477, qu'il devint chanoine titulaire en 1495 et que, quatre ans plus tard, au mois de mai 1499, il abandonna son canonicat pour la cure de Montheries. Le titre de chanoine, qui lui est donné en tête de l'*Exortation*, permet de penser que cette pièce a été composée avant 1499. Elle se compose de 27 strophes de 8 vers et commence ainsi :

>Vous qui voyez icelle pourtraicture
>Arrestez vous pensant profondement....

On retrouve la *Devote Exortation* à la fin d'une édition de la *Grant Danse macabre*, imprimée à Lyon, par Claude Nourry, en 1519, gr. in-4 goth. (voy. ci-après, n° 541).

Flameng paraît avoir fini sa vie à Clairvaux, d'où est daté le prologue mis par lui en tête de la *Vie de monseigneur sainct Bernard* (Brunet, V, 1189). Aux ouvrages de lui que cite M. Carnandet, nous ajouterons des mystères représentés à Dijon en 1501, et sur lesquels on trouve quelques renseignements dans les archives de la Côte-d'Or (B 168, 170, 177).

Exemplaire de Ch. Nodier (Cat., n° 842), acquis à la vente Morris (n° 70).

475. ¶ Meditations et oraisons devo-‖ tes en ryme / cōposees nouuellement ‖ par vng Religieux de la reformation ‖ de lordre de Fonteurault pour les re-‖ ligieuses reformees dudict ordre. *S. l. n. d.* [*Paris, Simon Vostre, vers* 1500], pet. in-8 goth. de 80 ff. non chiffr. de 25 lignes à la page, sign. *a-k*, cart.

Le titre, dont le v° est blanc, est orné de la petite marque de *Simon Vostre* (Silvestre, n° 769).

Le « religieux de l'ordre de Fontevrault » qui a composé ces *Meditations* est François Le Roy, auteur de plusieurs ouvrages du même genre, tous imprimés à *Paris*, chez *Simon Vostre*, au commencement du XVIe siècle. Voy. Brunet, III, 1120-1121.

Les *Meditations* sont restées inconnues à l'auteur du *Manuel*, comme à tous les bibliographes. Elles sont précédées d'un huitain dont voici les deux premiers vers :

>Devotes religieuses,
>Las ! meditez la Passion...

Le poème commence ainsi :

>O doulx Jesus, je vous prie
>Et supplie
>Que j'ays rememoration
>Et que jamais je n'oublie
>En ma vie
>Votre mort et passion.

476. Mattines en francoys nouuellemēt fait ‖ tes sur la genealogie et vie nostre dame. — *Cy finēt les matines en frācoys ‖ nouuellement faites sur la genealo ‖ gie et vie nostre dame. S. l. n. d.* [*Lyon, v.* 1490], in-4 goth. de

126 ff. non chiffr. de 24 lignes à la page, sign. *a-x* par 6, mar. bl., fil. à froid, comp. dorés, dos orné, tr. dor. (*Trautz-Bauzonnet.*)

Le titre, dont nous donnons la reproduction, est orné d'un bois qui représente l'Annonciation :

Mattines en francoys nouuellement faittes sur la genealogie et Vie nostre Dame.

Ce même bois est répété au v°.
Cet ouvrage est le même que les *Louanges de la vierge Marie* de Martial

D'Auvergne, dont il existe cinq éditions imprimées de 1492 à 1509 (Brunet, III. 1480), et dont la Bibliothèque nationale possède un ms. (fr. 1804). Il n'en diffère que parce qu'il est divisé en « versets », « antiennes » et « leçons », forme liturgique qui est en rapport avec le titre de *Mattines* et que le même auteur a employée dans ses *Vigilles de Charles VII*, « a neuf psaumes et neuf leçons. » Cette forme, qui ne se retrouve dans aucune édition des *Louanges de la Vierge*, indique évidemment que les *Mattines* doivent avoir été publiées les premières.

Les caractères employés pour l'impression du volume sont les mêmes que ceux de l'édition du *Champion des Dames* de Martin Franc, dont nous avons donné ci-dessus un fac-simile (n° 446). L'usage des ligatures est cependant moins fréquent que dans ce dernier ouvrage ; on ne remarque guère que les ligatures *de* et *vo*. Le volume doit donc être considéré comme ayant été imprimé à *Lyon*, probablement par *Guillaume Le Roy*, vers 1490.

Martial d'Auvergne, né à Paris vers 1430, mourut le 13 mai 1508, après avoir exercé pendant cinquante ans les fonctions de procureur au parlement. Les quelques détails que nous possédons sur sa vie et ses ouvrages ont été réunis par Niceron (*Mémoires des hommes illustres*, IX, 171 ; X, II, 273) et par Goujet (*Bibliothèque françoise*, X, 39). Ses *Mattines* eurent un grand succès, attesté, non seulement par les éditions qui en furent publiées sous deux titres différents, mais encore par un emprunt que lui firent longtemps après les confrères de la Passion. On retrouve, en effet, dans le *Sacrifice d'Abraham*, joué à Paris en 1539, un passage emprunté presque textuellement aux *Mattines*. Voy. le *Mistére du Viel Testament* publié par le baron James de Rothschild, II, lxiij.

Les *Mattines* se terminent (fol. Xv-Xvj) par une oraison sur l'antienne : *Ecce ancilla Domini*, qui n'est pas de Martial d'Auvergne. Cette pièce qui commence par :

> Du hault rocher de vraye eternité
> Ou residoit verité par essence...

se retrouve sous le nom de « maistre **Charles Morel** » dans un ms. décrit au Catalogue Didot, 1881, n° 27, fol. 14 v°.

Dans le ms. qui appartenait à M. Didot, le poème ne compte que deux strophes, par suite de l'absence d'un f.; il en compte sept dans le texte imprimé.

A la suite de cette pièce, au v° du dernier f., se trouve un huitain dont tous les mots commencent par *p* :

> Paradis plaisant, pacificque,
> Prisé par preciosité...

Notre exemplaire est celui que M. Brunet a vu chez M. L. Potier et qui est décrit dans le *Supplément au Manuel du Libraire*. M. Potier l'avait cédé à M. E. Odiot, de qui nous l'avons acquis. Un autre exemplaire, incomplet du titre et de 3 ff., a figuré au Catalogue La Vaillière (1re partie, n° 2400), sous le nom de *Vie de Nostre Dame*, et plus tard à la vente Monmerqué, où il a été acquis par la Bibliothèque nationale.

477. La vie. || saincte regne vierge et martire — ¶ *Cy finist la legēde madame* || *saincte Regne vierge et martire* || *composee par maistre Iehan pi* || *quelin / chapellain de la saincle* || *chapelle du palais royal a paris* || *Et imprimee par maistre nicole* || *de la barre demourant en la rue* || *de la herpe a paris. Lan mil cinq* || *cens / le dernier iour dauril*. In-4 goth. de 13 ff. dont chaque page contient 3 strophes de 11 vers, et 1 f. blanc, sign. *A* par 8, *B* par 6, mar. r. jans., tr. dor. (*A. Motte.*)

Le titre, dont le v° est blanc, est orné d'un bois qui représente la sainte ; nous en donnons la reproduction :

Voici également le fac-similé de la souscription, placée au r° du 13ᵉ f.

⁌ Cy finit la legẽde madame saincte Regne vierge et martire composee par maistre Jehan piquetin, chapellain de la saincte chapelle du palais royal o paris Et imprimee par maistre nicole de la barre demourant en la rue de la herpe a paris. L'an mil cinq cens, le dernier iour d'auril.

Le v° de ce même f. contient deux autres bois que nous reproduisons ci-dessous :

Cette édition est restée inconnue à M. Brunet, qui ne mentionne que l'édition imprimée à *Troyes*, par *Jehan Le Coq*.

JEHAN PIQUELIN, dont le nom nous est révélé par la souscription du poème et par un acrostiche final, n'est cité par aucun bibliographe Il semble pourtant qu'il ait écrit plus d'un ouvrage en vers. Nous croyons du moins pouvoir lui attribuer une jolie composition, plusieurs fois imprimée : *Le Messagier d'Amours* (Montaiglon et Rothschild, *Recueil de Poésies françoises*, XI, 1-33). Cette dernière pièce se termine par un acrostiche qui donne le nom de PILVELIN; mais Pilvelin est inconnu, et l'acrostiche qui atteste son existence contient une faute que nous pouvons désormais corriger. On a dans les éditions que nous possédons :

> P our passetemps, si bien je me remembre,
> I e feiz cecy pour ceulx a qui il duit
> L 'an quatre vingtz et neuf, xv en novembre,
> V eillant ce soir jusques après mynuit,
> E n contemplant quel plaisir et deduit
> L 'on a d'amours. Gens aux penséez haultes,
> I e vous prie, pour oster ce qui nuist,
> N 'oubliez point de corriger les fautes.

Sans prétendre aux « hautes pensées », nous pensons nous conformer aux intentions du poète en corrigeant au troisième vers :

> Quatre vingtz neuf, quinziesme en novembre.

Nous obtenons ainsi un vers plus régulier et nous restituons à Piquelin son œuvre.

478. LE SEIOVR || DHONNEUR S || Compose par reuerend pere en dieu messire || Octouien de sainct gelaiz Euesque dangou- || lesme *Nouuellement imprime a Paris pour* || *Anthoyne verard.* || ❡ *Ilz se vendēt a Paris deuāt la rue neuf-* || *ue nostre dame a lymage sainct Iehan leuan* || *geliste / ou au Palays au premier pillier de-* || *uant la chapelle ou len chāte la messe de mes* || *seigneurs les presidens* || ❡ Cum priuilegio. — ❡ *Cy finist le seiour dhōneur nouuellement* || *imprime a Paris pour Anthoyne verard mar-* || *chant libraire demourant audit lieu deuant la* || *rue neufue nostre dame a lymage sainct Iehan* || *leuangeliste / ou au Palays au premier pillier* || *deuant la chappelle ou len chante la messe de* || *messeigneurs les presidens. Et fut acheue le* || *xxxi*ᵉ *iour Daoust Mil.cccc. et .xix* [1519]. In-4 goth. de 164 ff. non chiffr. de 31 lignes à la page pleine, sign. *a-z*, ϟ, *A-C* par 8 et par 4 alternativement, mar. r. jans., doublé de mar. bl., guirlande à petits fers, tr. dor. (*Trautz-Bauzonnet*.)

Les deux premières lignes de l'intitulé sont xylographiées.
Le v° du titre est blanc.
Au r° du 2ᵉ f. est un petit bois qui représente l'acteur assis dans une chaire gothique. Ce bois est placé dans une sorte d'encadrement, tiré de quelque livre d'heures.
Le dernier f. contient la souscription, suivie de la marque de *Verard* (Brunet, V, 1605 ; Silvestre, n° 36) ; le v° en est blanc.
Cet ouvrage, mêlé de prose, est dédié à Charles VIII. L'auteur dit au roi, pour justifier son titre : « Vous plaise recueillir ce present livre que j'ay voulu baptiser, se ainsi vous plaist, le *Sejour d'honneur* a vous deuement dedyé pour herberger vostre hault nom, comme seul digne entre tous roys. »
Les premiers vers font connaître la date de la composition :

> Estant ou dueil que tousjours je poursuys
> Et de mes ans venu au vingt et quatre,
> Aussi pensif comme souvent je suis....

Octavien de Saint-Gelais étant né vers 1466, le *Sejour d'honneur* a dû être composé vers 1490. En 1494, le poète obtint l'évêché d'Angoulême ; il mourut en 1502.

Exemplaire de YEMENIZ (Cat., n° 1753), ayant appartenu en dernier lieu à M. E. ODIOT, qui a fait exécuter la reliure.

479. LE VERGIER DHONNEVR Nou || uellement imprime a paris. || De lentreprinse et voyage de Naples. Auquel est comprins comment le roy Char || les huytiesme de ce nom a baniere desployee passa et rapassa de iournee en iournee || depuis Lyon iusques a Naples / ⨎ de naples iusques a lyon. Ensemble plusieurs || aultres choses faictes et composees Par reuerend pere en Dieu monsieur Octouien || de sainct Gelais euesque dangoulesme Et par maistre Andry de la vigne secretai || re de la Royne ⨎ de monsieur le duc de Sauoye auec aultres. || ☙ *On les vend a paris en la grant rue sainct Iacques / a lenseigne* || *de la roze blanche couronnee Par Phelippe le Noir*. — ☙ *Cy fine le vergier dhonneur nouuel* || *lement imprime a paris par Phelippe* || *le noir libraire et lung des deux grans* || *Relieurs iurez en luniuersite de Paris* || *demourant en la grant rue sainct Iac* || *ques a lēseigne de la Rose blanche cou-* || *ronnee*. S. d. [vers 1520], pet. in-fol. goth. de 128 ff. non chiffr. de 53 lignes à la page, impr. à 2 col., mar. r. jans., doublé de mar. bl., guirlande de feuillage, tr. dor. (*Thibaron et Joly*.)

Le titre, imprimé en rouge et en noir, est orné d'un grand L grotesque.

Au v° du titre est placé un grand bois qui représente un clerc travaillant devant un pupitre. Une banderole, que soutient un ange, dans l'angle supérieur de droite, est restée blanche.

Le v° du dernier f. porte la marque de *Michel Le Noir* (Brunet, I , 1093 ; Silvestre, n° 59), et non celle de *Philippe*, son fils.

Le *Vergier d'honneur*, dont le titre rappelle celui du *Séjour d'honneur*, se compose de deux parties bien distinctes. La première contient un récit en vers et en prose de l'expédition de Charles VIII en Italie, récit dont on trouve une première esquisse dans deux mss. de la Bibliothèque nationale (fr. 1687 et 1699) sous le titre de *Ressource de la Chrestienté*. La seconde partie se compose des épitaphes de Charles VIII et d'une foule de pièces diverses : ballades, rondeaux, acrostiches, etc., qui sont censés être récitées au vergier d'honneur.

La part d'Octavien de Saint-Gelais dans cette compilation se réduit à la *Complaincte et Epitaphe du feu roy Charles, dernier trespassé* (fol. Kiij, r°); toutes les autres compositions réunies dans le volume ont pour auteur unique André de La Vigne, dont on reconnaît à chaque pas le style bizarre. Quoique les vers équivoqués, les strophes commençant par les quatre bouts et autres combinaisons plus ou moins savantes qu'affectionnait le secrétaire d'Anne de Bretagne, nous paraissent aujourd'hui bien puérils, ces rondeaux et ces ballades mériteraient une étude spéciale. Ainsi une ballade, qui paraît avoir été écrite en 1496, tandis qu'André de La Vigne se trouvait à Seurre en Bourgogne, fait allusion

Au jeu qu'on doit jouer brief a Chaillon.

(fol. Qiij, *b*).

Cette ballade est suivie d'un acrostiche renversé au nom de Jehan de Pontous, qui était probablement celui du correspondant d'André de La Vigne à Châlon. Une autre ballade réunit le nom de Pontous à ceux d'Haquinot et Rondot, « maistres parfaictz et gracieux ».

Voici un relevé des noms propres qui se rencontrent, soit dans les acrostiches, soit dans le texte de la seconde partie :

Amboise (Georges d'), fol. Nv *b*.
Angoulesme (Charles, comte d'), gouverneur et lieutenant general du roy en Guyenne, fol. Pvj *a*.
Anne, Antoine, fol. Qvj *c*.
Aspremont (Monsieur d'), fol. Pvj *c*.
Berbis (Jehanne), fol. Tij *b*.
Bourbon (Charles de), evesque de Clermont en Auvergne, fol. Piij *c*, Pv *d*.
Catherine, fol. Rij *a*.
Catherine, Andrieu, fol. Vi *d*.
Chabot (Jacques), seigneur de Jarnac, fol. Pvj *b*.
Chabot (Magdelayne), *ibid*.
Charles [VIII], fol. Tv *bc*.
Des Cars (Monsieur), fol. Tvj *a*.
Dreux (Catherine de), fol. Pvj *d*.
Gaultier (Maistre), fol. Rvj *a*.
Guemené Sordiac (Cecille), fol. Tiiij *b*.
Gilles (Monseigneur), juge royal et lieutenant, fol. Qi *c*.
Haquinot, fol. Qiiij *a*.

Lorraine (Madame la duchesse de), [Philippe de Gueldre] fol. Tiiij *bc*.
Lorraine (Monseigneur le duc de), [Réné II], fol. Tiiij *cd*.
Lorraine (René) et Philippe de Gueldre, fol. Qi *b*.
Louis (Le petit), fol. Tiij *a*.
Luxembourg (Loys de), fol. Tv *d*.
Maillard (Frère Olivier), fol. Si *a*.
Maillard (Maistre Phelipes), secretaire, fol. Qi *b*.
Nevers (Le comte de), fol. Qi *d*.
Pierre (Messire), fol. Tv *a*.
Ponceau (Jacques), fol. Ri *b*.
Pontous (Jehan de), fol. Qiij *c*, Qiiij *a*.
Refuge (Christofle de), archevesque de Rouan, fol. Niiij *d*.
Robertet (François), fol. Qi *d*, Ri *b*.
Rondot, fol. Qiiij *a*.
Savoie (Philippe, duc de), fol. Niiij *a*.
Tarente (Charlote d'Aragon, princesse de), fol. Pvj *c*.
Tiercelin (George), fol Vi *a*.

A la fin du volume (fol. AAi *c* - AAvj *a*) se trouve une moralité composée par André de LaVigne pour quelque puy de rhétorique et dont les personnages sont : Honneur des Dames, Franc Vouloir, Cueur Loyal, Dangier, Envye et Mallebouche. Cette moralité n'a jamais été signalée.

480. LES BALLADES DE BRVYT COMMVN sur les || aliances des roys / des princes *&* prouin- || ces : auec le tremblemēt de Venyse / fait || par M. A. Delavigne secretaire de la Royne. ||

¶ Pour ce quon dit / que harnoys *&* sallades ||
Auront le bruyt / si lexploit de Mars court ||
Dont lon verra / maintes testes mallades ||
Par bruyt commun / sest forme trois ballades ||
Que De la vigne / a fait porter en court.

S. l. n. d. [*Paris?*, 1509], in-4 goth. de 4 ff. à longues lignes, avec les titres et les notes imprimés en rouge, mar. r. jans., tr. dor. (*Trautz-Bauzonnet.*)

Le titre est orné d'un bois des armes mi-parti de France et de Bretagne.

Au v° du dernier f., au-dessous de 13 lignes de texte, se trouve un bois qui représente Louis XII, suivi de son armée, et à qui des femmes, sortant d'une des portes de Venise, remettent les clefs de la ville.

Le volume contient quatre ballades et un rondeau. Les trois premières ballades sont relatives aux aliances contractées en vue de l'expédition d'Italie en 1509 ; la quatrième, le *Tremblement de Venise*, fait allusion à la frayeur que l'armée du roi de France et celles des autres princes coalisés causèrent à la République.

Voy. Goujet, *Biblioth. franç.*, X, 283-299.

M. Brunet cite quatre adjudications des *Ballades de Bruyt commun*, mais elles se rapportent toutes au même exemplaire, celui qui a été acquis par

M‍gr le duc d'Aumale à la vente Solar (Cat., n° 1093). Ch. Nodier, qui avait eu cet exemplaire dans sa bibliothèque, y avait joint la note suivante : « Pièce fort rare, puisqu'elle a échappé à La Croix du Maine et à Du Verdier. M. Brunet l'a décrite sur cet exemplaire, que je crois le seul connu, et qui a été payé près de 175 fr., vente Heber. » C'est sur la foi de cette indication que le rédacteur du Catalogue Solar a affirmé que son exemplaire était unique. L'existence de celui-ci fait tomber son assertion. Ajoutons qu'un troisième exemplaire a figuré à la vente Yemeniz. Le nôtre est le seul qui soit absolument non rogné.

481. ❧ Les moyens ǁ de euiter melencolye Soy con- ǁ duyre et enrichir en tous estatz / ǁ par lordōnance de Raison / com- ǁ pose nouuellement Par Dan ǁ douuille. ǁ Ce sera que sera. — ❡ *Finis. S. l. n. d.* [*Lyon, Jacques Moderne, vers* 1540], pet. in-8 goth. de 24 ff. non chiffr. de 21 lignes à la page, sign. *A-F*.

Cette pièce fait partie du recueil décrit sous le n° 190. Voici le fac-simile du titre :

Jacques d'Adonville (et non d'Andouville) était né à Épernon, d'une famille noble. Il acheva ses études à Paris, mais s'y laissa entraîner à la dissipation et à la débauche. On présume qu'il s'engagea dans la troupe des Enfans sens soucy et passa avec eux en Italie. Vers 1525, il renonça à ce genre de vie et se fit prêtre ; ce fut alors qu'il composa des œuvres pieuses, destinées à faire oublier ses désordres (voy. *Recueil de Poésies françoises*, XII, 328).

La plus importante des œuvres de d'Adonville est la mise en vers d'une composition morale de Robert de Balsac, intitulée le *Chemin de l'Ospital*. Le poème parut vers 1525, sous le titre de *Regretz et Peines des Maladvisez* ; il est divisé en cent strophes, dont chacune contient une paraphrase très fidèle d'un passage de R. de Balsac, et il se termine par une ballade dans laquelle on trouve les seuls renseignements biographiques que nous possédions sur l'auteur. Quelques années plus tard, d'Adonville refit son poème strophe par strophe et l'intitula : *Les Moyens d'eviter melencolye*. Cette dernière version a un caractère moins personnel, c'est ce qui nous la fait considérer comme la seconde. Tandis que, dans les *Regretz*, le poète se met lui-même en scène et que chaque strophe lui offre l'occasion de revenir sur son passé, dans l'autre pièce au contraire les remontrances qu'il place dans la bouche de Raison sont plus générales et s'adressent à la foule des pécheurs. Cette différence semble bien indiquer que les *Regretz* sont antérieurs aux *Moyens d'eviter melencolye*.

L'édition que nous venons de décrire diffère de celle qui a été reproduite dans le *Recueil de Poésies françoises* (II, 42-76) ; on n'y trouve ni l'extrait du privilège, ni la strophe finale dans laquelle l'auteur, faisant allusion à ce privilège, « se complainct d'aulcuns envieulx qui luy ont par envie frustré l'intitulation du present livre » ; par contre le texte du poème est plus complet. Nous pouvons, grâce à notre exemplaire, restituer la première strophe qui, dans l'édition suivie par M. de Montaiglon, ne compte que six vers :

RAISON.
Toy qui as peu de revenu,
Peu te fault faire de despence,
Aultrement pour fol seras tenu.
Entens mes ditz et bien y pence,
Aultrement auras recompense ;
Si meilleur[e] la veulx avoir,
D'honneur n'es digne ny d'avoir.

Du Verdier (éd. Rigoley de Juvigny, II, 325) attribue à Jehan d'Abundance un volume intitulé : *Les Moyens d'eviter melancolie, soy conduire et enrichir en tous estats*, etc. C'est, comme on le voit, le titre même de l'ouvrage de d'Adonville. Nous sommes tenté de croire que l'auteur de la *Bibliothèque françoise* aura eu entre les mains un recueil composé à peu près comme celui auquel appartient la présente pièce. Il aura trouvé les *Moyens d'eviter melencolye* joints à des œuvres de Jehan d'Abundance, et aura d'autant moins hésité à les lui attribuer qu'ils ne sont signés que d'une devise. Il est bien vrai qu'à la fin de l'édition pour laquelle le lieutenant criminel Morin lui accorda un privilège, le 8 mars 1529 [1530, n. s.], notre poète se plaint d'un plagiat, mais nous croyons, contrairement à l'opinion de M. de Montaiglon, que Jehan d'Abundance, dont nous ne connaissons aucune composition antérieure à 1540, ne pouvait être le coupable.

482. Poésies françoises de J. G. Alione (d'Asti), composées de 1494 à 1520 ; publiées pour la première fois en France, avec une notice biographique et bibliographique, par J. C. Brunet. *Paris, Chez Silvestre, libraire, rue des Bons-Enfants, n° 30. [Imprimerie de Terzuolo, rue de Vaugirard, n° 11.]* 1836. In-8 de 51 pp., impr. en lettres rondes, et 60 ff. non chiffr., impr. en caract. goth., mar. bl., dos et milieu ornés, tr. dor. (*Trautz-Bauzonnet*.)

Un des dix exemplaires sur papier de Hollande. Il provient de la vente R. S. Turner (Cat., n° 272).

A propos des farces composées par Alione, nous renverrons à un article publié par M. É. Picot dans le *Bulletin de la Librairie Morgand et Fatout*, I, p. 303.

483. Les secretz et loix || De mariage Composez par le || secretaire des dames. — ❡ *Cy finissent les secretz* ❡ || *loix de mariage cōposez par* || *le secretaire des dames. S.l.n.d.*, pet. in-8 goth. de 20 ff. de 28 lignes à la page, sign. *A-B* par 8, *C* par 4, mar. or., comp., tr. dor., reliure toute parsemée de fleurs et d'ornements à petits fers. (*Trautz-Bauzonnet.*)

Le titre, dont nous donnons la reproduction, est orné d'un bois qui représente trois personnages : un homme à longue robe, soutenu par deux jeunes gens, dont l'un tient une coupe à la main. Le même bois est répété au v° du titre.

Les *Secretz et Loix de Mariage* sont un poème satirique composé de 123 strophes de 8 vers de 8 syllabes. En voici le début :

> Par ung matin, au sault du lict,
> Après que le ver m'eust picqué...

Le nom de l'auteur, Jehan Divry, « le secretaire des dames », nous est révélé par deux acrostiches.

M. de Montaiglon (*Recueil de Poésies françoises*, III, 168-203) a reproduit cette pièce d'après une édition plus moderne, à laquelle notre édition permet de faire de nombreuses corrections. Il faut lire, par exemple : trop dormir *pallit* (v. 3) ; je me *levay* (v. 5) ; *acompasser* (v. 6) ; *Car quant ce vient a commencer* (v. 19), etc.

Exemplaire de Guyon de Sardière, de M. Coppinger, et de M. E. Quentin-Bauchart (*Mes Livres*, n° 59).

484. LES TRIVMPHES DE FRĀ || CE trāslate [sic] de latin en frācois par maistre Iehā || diury bachelier en medecine selō le texte de char || les curre mamertin. || *Au tiers pillier de la salle au palais* || *Me trouuerez tant par vers que par laiz.* [A Paris, chez Guillaume Eustace, 1509]. In-4 goth. de 52 ff. non chiffr. de 33 lignes à la page pleine, sign. *a-c*, *e, f* par 8, *d, g* par 6, figg. sur bois. — Les faictz et gestes || de tresreuerend pere en dieu mōsieur le legat || trāslatez de latin en frācoys par maistre iehā || Diury bachelier en medecine selon le texte de || Fauste andrelin.— [Au r⁰ de l'avant-dernier f. :] *Fini et acompli Le .xx. iour de may lan mil.* || *ccccc et huyt par Iehan barbier imprimeur* || *et libraire de luniuersite de paris.* In-4 goth. de 28 ff. de 35 lignes à la page pleine, sign. *A* par 10, *aa* par 6, *aaa* par 12. — Ensemble 2 part. en un vol. in-4, mar. r. jans., tr. dor. (*Trautz-Bauzonnet.*)

M. Brunet donne à la 1ʳᵉ partie 54 ff.; il n'a pas remarqué que le cahier *a* n'a que 6 ff., comme le cahier *g*.

Les Triomphes de France portent au titre la marque de *Guillaume Eustace* (Brunet, V, 1637; Silvestre, n⁰ 63), et sont ornés de 10 grandes figures, savoir :

Au v⁰ du titre est placé un bois qui représente l'acteur écrivant à un pupitre;
Au v⁰ du 8ᵉ f., un second bois représentant une bataille ;
Au r⁰ du 17⁰ f., le siège d'un château gothique ;
Au v⁰ du 18ᵉ f., le pape sur son trône, entouré des cardinaux ;
Au v⁰ du 21ᵉ f., trois pièces d'artillerie attelées ;
Au r⁰ du 25ᵉ f., deux gentilshommes devant une tente ;
Au v⁰ du 26ᵉ f., une répétition du bois qui représente des pièces d'artillerie;
Au v⁰ du 29ᵉ f., l'acteur offrant son livre au roi ;
Au r⁰ du 28ᵉ f., une répétition du bois qui orne le v⁰ du titre ;
Au r⁰ du 36⁰ f., une répétition du bois qui se trouve déjà au v⁰ du 29ᵉ f.

Le v⁰ du dernier f. est occupé par un extrait du privilège ainsi conçu :
« De par le prevost de Paris, en ensuyvant la requeste présentée en la court de parlement de par maistre Jehan Divry, respondue et datée du xxv. jour de janvier, l'an mil ccccc et viii [v. s.], il est defendu a tous libraires et imprimeurs de non imprimer ne faire imprimer cestuy livre intitulé : *Les Triomphes de France*, avec ung aultre traictié des *Faictz et Gestes de monsieur Le Legat*, compillez et translatez par le dessudit Divry, de la pasques prochainement venant jusques a ung an fini et acompli, qui sera l'an mil ccccc. et neuf, fors qu'a *Guillaume Eustace*, marchant et libraire au palais de Paris, au tiers pillier et devant le premier, qui est deputé par ledit Divry. »

Les Faictz et Gestes de.... monsieur le Legat portent au titre, comme la première pièce, la marque de *Guillaume Eustace* ; ils contiennent, en outre, 4 grandes figg. sur bois, savoir :

Au v⁰ du titre, le légat assis dans une chaire gothique, et entouré de six personnages ;
Au r⁰ du 17ᵉ f., une répétition du bois qui représente le siège d'un château;
Au r⁰ du 28ᵉ f., Noé endormi par terre près d'une vigne et surpris par ses enfants ;
Au v⁰ du même f., l'arche d'alliance portée par quatre personnages : le pape, l'empereur, un évêque et un quatrième personnage vêtu comme un clerc.

Au v° du 27ᵉ f., se trouve répété le texte du privilège que nous avons reproduit ci-dessus.

La première partie contient : 1° *La Louenge du roy Loys et des Françoys*, avec le texte latin en marge ; 2° une lettre latine de Charles Curre à Béraud Stuart, avec la traduction en prose ; 3° la traduction du poème de Curre, avec le texte latin en marge ; 4° une ballade, des rondeaux et une assez longue pièce de Jehan Divry ; 5° *L'Origine des Françoys*, avec le texte latin en marge.

La seconde partie contient : 1° *Faustus a sa Muse*, avec le texte latin en marge ; 2° une *Epistre aux Rommains* ; 3° *L'Exil de Gennes la superbe*, faict par frère Jehan d'Anton [lis. d'Auton], historiographe du roy ; 4° deux ballades et deux rondeaux « avant la prinse de Gennes » ; 5° *L'Epitaphe de maistre Guy de Rochefort*, avec le texte latin en marge ; 6° une table commune aux deux parties, mais où l'ordre des pièces n'est pas observé.

L'Epitaphe de Guy de Rochefort commence ainsi :

>   Postquam centuplici creverunt undique palma....

et en français :

>   Longtemps après que les lis de valeur,
>   Resplendissans par leur blanche couleur....

Elle est différente de celle que M. de Montaiglon a réimprimée dans le *Recueil de Poésies françoises* (VI, 157-170) et qui avait été déjà publiée dans le *Voyage littéraire de deux benedictins en France*.

485. ❡ Chāts royavlx ‖ oraisons / et aultres petitz traictez / faictz et ‖ composez par feu de bonne me- ‖ moire maistre Guillaume ‖ Cretin : en son viuant ‖ chantre de la saincte cha- ‖ pelle royale a ‖ Paris / et ‖ tresorier du ‖ bois de Vin- ‖ cennes. ‖ ❡Auec priuilege. ‖ ❡ *On les vend a Paris / en la grand ‖ salle du palais au premier pilier ‖ en la boutique de Galliot du pre / ‖ marchant libraire iure de luniuer ‖ site*. — [A la fin :] ❡ *Imprime a Paris par maistre Simon du ‖ bois pour Galliot du pre libraire de luniuersi ‖ te dudict lieu : lan mil cinq cens vingt sept / le ‖ vingt cinquiesme iour Dapuril*. In-8 goth. de 8 ff. non chiffr. et 188 ff. chiffr. de 26 lignes à la page, sign. A-X, AA, BB par 8, CC par 4 pour les ff. chiffr., mar. r., fil., dos orné, doublé de mar. bl., riche dent., tr. dor. (*Trautz-Bauzonnet*.)

> Collation des ff. lim. : titre imprimé en rouge et en noir (au verso se trouve le *Privilège*) ; 1 f. pour la table ; 7 pp. pour une dedicace de François Charbonnier *A treshaulte et trespuissante princesse et dame la royne de Navarre, duchesse de Berry et d'Alençon, contesse d'Armignac et Du Perche* ; 2 pp. pour les *Faultes faictes en imprimant*.
> Le v° du dernier f. porte la marque de *Galliot Du Pré* (Brunet, I, 1148 ; Silvestre, n° 47).
> Le privilège, daté du 16 mars 1526 [1527, n.s.], est accordé à *Galliot Du Pré* pour trois ans. Il porte que le recueil des œuvres de Crétin a été « veu et corrigé à la grand diligence et poursuyte de noble homme maistre François Charbonnier, vicomte d'Arques. »

486. Epistre de Favste Andrelin ‖ de Forly / royal poete lauree : en laquelle Anne tresglo- ‖ rieuse royne de Frāce

exhorte le trespuissant : ⁋ tres vi ǁ ctorieux roy des francoys Loys douziesme de ce nom ǁ son mary : a ce que luy tant desire ⁋ attendu / veueille ǁ auancer son retour en france / apres la triumphante ǁ victoire par luy obtenue sur les veni- siens conquis. ǁ Ladicte epistre translatee de latin en fran- coys : par ǁ maistre Guillemme cretin tresorier du boys de vin- ǁ ciennes. *S. l. n. d.* [*Paris*, 1509], in-4 goth de 6 ff. de 37 lignes à la page, sign. *A*, mar. r. jans., tr. dor. (*Trautz- Bauzonnet.*)

Le titre ne contient que les dix lignes reproduites ci-dessus et n'est orné d'aucun bois ; en voici le fac-simile :

Epistre de fauste andrelin de forly | royal poete fauree : en laquelle Anne tresglo- rieuse royne de frāce exhorte le trespuissantz tresui ctorieux roy des francoys Loys douziesme de ce nom son mary : ace que luy tant desire ⁊ attendu | Veueille auancer son retour en france | apres la triumphante Victoire par luy obtenue sur les Venisiens conquis. Ladicte epistre translatee de latin en francoys : par maistre Guillemme cretin tresorier du Boys de Vin- ciennes.

Le v° du dernier f. est blanc.

L'original latin traduit par GUILLAUME CRETIN, est intitulé :

Publii Fausti Andrelini.... Epistola in qua Anna.... Francorum regina exhortatur maritum potentissimum ... regem Ludovicum XII. ut expectatum in Galliam adventum maturet, postquam de prostratis a se Venetis triumphavit (voy. Brunet, I, 274). Notre pièce n'a été réimprimée dans aucune édition des œuvres de Crétin. Elle commence ainsi :

La femme amée escriptz piteux envoye
Au sien mary qu'elle doeult estre en voye...

487. ⁋ TRAICTEZ SINGV- ǁ LIERS contenus au present opuscule. ǁ ⁋ Les trois comptes intitulez de Cupido et de ǁ Atropos / dont le premier fut inuente par Sera- ǁ phin poete Italien. ǁ ⁋ Le second ⁊ tiers liure de linuention de maistre Ie- ǁ han le maire ⁊ a este ceste oeuure fondee affin de ǁ retirer les gens de folles amours. ǁ ⁋ Les epitaphes de Hector ⁊ Achilles auec le iu ǁ gement de Alexandre le grand / composees par ǁ George chastelain dit lauenturier. ǁ ⁋ Le tēple de mars fait ⁊ cōpose par I. Molinet. ǁ ⁋ Plusieurs chantz royaulx,

BELLES-LETTRES. 297

Balades / Ron- || deaulx et Epistres composees par feu de bonne || memoire maistre Guillaume cretin nagueres || chantre de la saincte chappelle du Palais. || ⁋ Lapparition du feu mareschal de Chabānes || faicte ⁋ composee par ledit Cretin. || ⁋ *Il se vend a Paris en la grant salle du* || *Palais en la boutique de Galliot du pre.* || ⁋ Auec priuilege. — ⁋ *Fin du present opuscule auquel sont com-* || *prinses plusieurs oeuures en rethorique fai-* || *ctes* ⁋ *composees tant par feu maistre Iehan* || *le mayre / George chastelain / Molinet que* || *par feu de bonne memoire maistre Guillau* || *me cretin nagueres châtre de la saincte chap-* || *pelle du palais Nouuellement imprimees a* || *Paris par Anthoine couteau pour Galliot* || *du pre libraire iure de luniuersite dudit lieu* || *en Feurier mil cinq cens. xxv.* [1526, n. s.]. Pet. in-8 goth. de 107 ff. non chiffr. de 25 lignes à la page (non compris le titre courant), sign. *A-N* par 8, *O* par 3, titre rouge et noir, mar. r., comp., dos orné, tr. dor. (*Hardy-Mennil.*)

Au v° du titre est placé le texte du privilège accordé pour deux ans à *Galliot Du Pré* le 8 février 1525 [1526, n. s.].

Au r° du 2° f., un bois qui représente l'Amour sous les traits d'un roi, les yeux bandés, et tenant deux longues flèches ; une femme, agenouillée devant lui, lui présente une clef.

Voici quelques renseignements sur chacune des cinq parties qui composent ce recueil :

1° Le premier des *Trois Comptes* intitulés de Cupido est présenté comme ayant été traduit de SERAFINO AQUILANO, par JEHAN LE MAIRE ; on ne le trouve cependant pas dans les œuvres du poète italien. Les pièces françaises ont été reproduites en tête du *Triumphe de haulte et puissante dame Verolle* (voy. Montaiglon, *Recueil de Poésies françoises*, IV, 214, et la réimpression séparée publiée en 1874).

2° Les *Epitaphes de Hector, filz de Priam, roy de Troye, et d'Achilles, filz de Peleus, roy de Myrmidoine* (fol. Ciiij, v°-Fi, v°) sont une composition en vers et en prose ; le texte en a été reproduit par M. Kervyn de Lettenhove (*Œuvres de Georges Chastellain*, 167-202).

3° Le *Temple de Mars* (fol. Fij, r°-Gi, r°), est le poème de JEHAN MOLINET, dont nous avons décrit ci-dessus une édition séparée (n° 473) et qui a été réimprimé dans les *Faictz et Dictz* (n° 472).

4° Les pièces diverses de GUILLAUME CRETIN, qui forment la quatrième partie, sont : le *Plaidoyé de l'Amant douloureux* (éd. Coustellier, 145), six chants royaulx (Coustellier, 24, 9, 5, 7, 11, 13) ; deux rondeaux (Coustellier, 28, 16) ; une ballade : Puis que laboureurs on semond..., refr. : En sa sainte conception..., qui manque dans l'édition de Coustellier ; l'épître à frère Jehan Martin (Coustellier, 248) ; l'*Epistre du grant vendredy aoré*, envoyée à madame la comtesse de Dampmartin (Coustellier, 258) ; le poème sur Nostre Dame de Lorette (Coustellier, 26) ; un rondeau (Coustellier, 29) ; l'*Oraison a Sainte Geneviéve* (Coustellier, 37) ; l'*Epistre aux Filles penitentes*. Cette dernière pièce, qui manque au recueil de Coustellier, n'est qu'un remaniement de l'épître à frère Jehan Martin ; elle commence ainsi :

> Gectez voz yeulx sur ce present escript,
> Se temps avez, filles en Jesuchrist...

L'une des pièces que nous venons de citer, le *Chant royal faict... pour le pape du Palais* (Coustellier, 13) est daté ici de 1523 ; or, comme l'extrait du privilège et la souscription du volume portent : « feu Guillaume Cretin », il s'ensuit que la mort du poète doit être placée entre 1523 et le 8 février 1526

5° L'*Apparition du Chevalier sans reproche, feu messire Jacques de Chabannes*, est précédée d'un titre particulier qui occupe le f. Li, r°. Ce poème se retrouve dans l'édition de Coustellier, p. 109.

Exemplaire de M. R.-S. TURNER (Cat., n° 275).

488. LEPITAPHE de feu || treshault trespuissant ♣ redoubte prince phe || lippes daustrice Roy de castilles de leon ♣ de || grenade Archeduc daustrice et conte de flan || dre dartois. ♣ c. — [A la fin :] *Et se vendent au bout du pont au* || *meusniez. S. l. n. d.* [*Paris*, 1506], in-4 goth. de 10 ff. de 38 lignes à la page, sign. *a* par 6, *b* par 4, mar. r. jans., tr. dor. (*Trautz-Bauzonnet.*)

Epitaphe de Philippe-le-Beau, mort à Burgos, le 25 septembre 1506.
Le volume n'a qu'un simple titre de départ et ne porte pas le nom de l'auteur, mais cet auteur se fait connaître à nous dès les premiers vers.

Le poète raconte qu'il a vu venir à lui dans un songe :

> Ung chevalier, lequel point je ne nomme,
> Faisant grand deuil autant que jamais homme;
> Alors me dit : « *Songeurs*, pense et regarde
> « Au jour d'uy de vouloir prendre garde
> « Au bon deffunct, prince de grant renom.... »

Ce nom de SONGEUR désigne NICAISE LADAM, dit « le Songeur », dit « Bethune », dit « Grenade », héraut d'armes du roi catholique.

L'épitaphe de Nicaise Ladam, que le P. Menestrier nous a conservée (*Recherches du Blason*, Paris, 1673, in-12, 145-148) et qui a été reproduite par M. de Reiffenberg (*Annuaire de la Bibliothèque royale de Bruxelles*, III. 1842, 85-96) et par M. Dinaux (*Archives du Nord de la France et du Midi de la Belgique*. nouv. sér., III, 463), nous fournit des renseignements précis sur la vie de ce poète historien. Il étoit né à Béthune en 1465 et mourut à Arras en 1547. Nous décrivons ci-après plusieurs de ses ouvrages.

L'*Epitaphe*, qui n'a été citée par aucun bibliographe, compte 724 vers ; en voici le début :

> En ung climat plain de griefves alarmes,
> Plongé au fons de merveilleuses larmes...

L'adresse qui se lit à la fin du poème est celle d'un libraire parisien; la *Paix faicte a Chambray*, qui est sortie des mêmes presses (voy. l'article suivant) porte expressément la mention : *Imprimé a Paris*.

Cet exemplaire, le seul connu, a figuré à la vente BRIGHT (Cat., n° 3401) ; il avait été acquis par M. R.-S. TURNER, qui nous l'a cédé à l'amiable.

489. LA PAIX FAICTE A || CHAMBRAY en || tre lempereur || ♣ le tres crestië || Roy de france auec || leurs aliez. — [A la fin :] ❡ *Imprime a paris pour philipot le cocq li-* || *brayre demourāt a chābray en la rue taueau. S. d.* [1508], in-4 goth. de 10 ff., dont la page la plus pleine contient 36 lignes, sign. *a* par 6, *b* par 4, mar. v., fil., comp., dos orné, tr. dor. (*Petit, successeur de Simier.*)

Au titre, un grand L orné sur fond criblé et un bois qui représente un moine écrivant dans une bibliothèque. Ce bois est une copie réduite de celui que nous avons reproduit ci-dessus (n° 434) d'après une édition genevoise de *Jacques Vivian*.

Le v° du dernier f. est blanc.

Les caractères sont les mêmes que ceux de l'*Epitaphe de Phelippes d'Austrice*.

La première paix de Cambrai fut signée le 8 décembre 1508 entre Louis XII et Charles d'Egmont, duc de Gueldre, d'une part, Maximilien Ier et Charles d'Espagne, d'autre part. Le recueil de vers, destiné à célébrer cet événement, se compose de cinq morceaux, dans lesquels le nom de l'auteur est répété plusieurs fois :

1° Introduction en 122 vers :

> En Chambray ma chambre ay fermée,
> Ou moy Songeur, tout postulé,
> Fis cest ouvrage intitulé
> L'attente de paix refformée...

2° *Ballade* (fol. *aij*) :

> Sacré legat du siége apostolicque....
> *Ref.* Faictes que paix puistre estre reformée.

3° *Le* Veni Creator Spiritus, *faict et composé a Chambray par le* Songeur *dessus dit* (fol. *aij*, v°):

> Veni, creator Spiritus,
> Qui les bons vivans lave et munde....

4° *Le* Conditor, *composé par le* Songeur, *officier de monseigneur l'archiducq* (fol. *avj*, v°) :

> Conditor alme syderum,
> Triumphante essence incree[e]....

5° *Chanson nouvelle de la Paix de France, composée a Chambray* (fol. *biij*, v°) :

> L'an mil cinq cens et huyt pour vray....

Le dernier couplet de cette pièce est ainsi conçu :

> Ceste chanson fit le Songeur,
> Exerçant l'art de rethoricque,
> En attendant ung composeur
> Pour le mettre en l'art de musicque.
> Ung lourdault de lourde façon
> Composa ladicte chanson
> En tel chant que la voix tesmong[n]e,
> Puis chascun chanta en parçon :
> Vive France, Espaigne et Bourgongne!

On a vu à l'article précédent que le Songeur était le nom poétique de Nicaise Ladam.

Cette pièce a été réimprimée par M. Dinaux dans les *Archives du Nord de la France et du Midi de la Belgique* (III° série, III, 487-510), d'après le présent exemplaire, qui appartenait alors à M. Dancoisne, d'Hénin-Liétard. M. Brunet (V, 922, v° *Traité*) n'a pu citer que la réimpression.

490. Cronicques abregiez, commenchans l'an mil quatre cens quatre vingtz et douze, finans l'an mil chincq cens et dix nœf, de plusieurs choses advenues en Franche, en Espaigne, es Italles, en Angleterre et es Paiis d'en batz ; faictz et recœulliez par Nicaise Ladan, dit Bethune, herault d'armes du Roy Catholicque et des Romains, esleu futur empereur. Ms. in-fol. de 22 ff. sur papier, v. f., fil., comp., dos orné, n. r.

Ce ms. contient la chronique rimée de Nicaise Ladam jusqu'à l'année 1519, année où il a dû être exécuté. Il compte 297 quatrains, qui peuvent être décomposés en autant de huitains, chaque vers ayant une double rime intérieure. Voici le premier quatrain :

> En l'an mil quatre cens et quatre vingtz et douze,
> Non trop pourveu de sens, aussy non trop harouge,
> Suyvis les cours des prinches, come a vingt et quatre ans,
> Et en plusieurs provinces je escrips selon le temps.

Notre ms. se termine ainsi :

> Or Dieu doint que Fortune, qui tant m'a fortuné,
> A mon gré me fortune sans estre infortuné,
> Tellement que BETHUNE, une beste au retour,
> Ne soit trouvé beste une en la fin de son tour.

Nicaise Ladam avait probablement commencé à rimer sa chronique dès la fin du XVe siècle. On voit, en tout cas, par un passage de l'*Epitaphe de Phelippes d'Austrice*, qu'il y travaillait en 1506. Le « dolent chevalier » qu'il met en scène lui dit, en effet (v. 85-86) :

> Cesse a jamais et plus ne prens soucy
> De *cronicquer* au present monde icy.

Il existe divers mss. de cette chronique, qui diffèrent tous en étendue. Voici l'indication de ceux qui nous sont connus :

1° *Cronicques abregiez* de 1492 à 1519 (c'est le ms. qui vient d'être décrit);

2° *Chronique* de 1492 à 1527 (Biblioth. de Lord Ashburnham à Battle Place, Sussex : fonds Barrois, n° 481);

3° *Chronique* de 1484 à 1540 (Biblioth. royale de Bruxelles, ms. n° 14865, ayant appartenu à Dulaure et à Lambin);

4° *Chronique* de 1488 à 1541 (Cat. d'Aguesseau, 1785, n° 4923);

5° *Chronique* de 1488 à 1545 (Biblioth. munic. d'Arras);

6° *Chronique* de 1492 à 1545. — M. Gachard a communiqué, le 7 mars 1840, à la Commission royale d'histoire de Belgique, la notice de ce ms. qui dépendait de la succession de M. Goethals, de Courtrai (voy. Reiffenberg, *Annuaire de la Bibliothèque royale de Bruxelles*, III, 91).

7° *Cronique* de 1488 à 1547 (Biblioth. munic. de Valenciennes ; Cat. de Mangeart, n° 520, p. 526. Voy. *Archives du Nord de la France*, nouv. série, III, 461).

Un fragment des quatrains historiques de Nicaise Ladam fut imprimé au XVIe siècle, sous le titre de : *Chroniques abregiées depuis l'an treize jusques a l'an vingt sept* (s. l. n. d., pet. in-4 de 8 ff. — voy. Brunet, I, 1866); il est étonnant que l'ouvrage entier, qui contient tant de faits peu connus, n'ait pas encore trouvé d'éditeur.

491. ¶ LE DOVBLE DES LETTRES ‖ Que le ‖ grant Turc Escript a mōsieur le grāt mai ‖ stre de Rodes Enuiron la sainct Iehan/ là mil ‖ ccccc. xxij Auec vne. epistre de la Cite de Rodes ‖ enuoyee A la Saincte foy Catolicque.—[A la fin :] ¶*Compose par songeur dit bethune, herault darmes ‖ de lempereur Charles daustrice pour Anthoine mē ‖ bre libraire qui fait le libraire.* ‖ Cum Preuilegio. In-4 goth. de 4 ff. non chiffr. dont la page la plus pleine a 31 lignes, impr. en grosses lettres de forme, sans sign., mar. r. jans., tr. dor. (*Trautz-Bauzonnet.*)

Le titre est orné d'un riche encadrement à personnages et d'un bois représentant la cité de Rhodes ; nous en donnons la reproduction :

Cette pièce contient la traduction française d'une lettre adressée par Soliman au grand-maître Philippe de Villiers, le 1er juin 1522. La lettre est suivie d'un poème de NICAISE LADAM, en 17 strophe de 8 vers :

    Salut a toy, sainte foy katholicque,
    Mise et assize au siége appostolicque....

Anthoine Membré, ce «libraire qui fait le libraire», exerçait à Valenciennes, nous en avons trouvé la preuve dans les archives de Douai (CC. 252, fol. 241), où est mentionné un paiement fait « a Anthoine Membru, libraire a Valenciennes, pour vente de deux figures, assavoir de l'empereur, nostre sire, et de la royne, sa sœur. »

Valenciennes ne possédait pas alors d'imprimerie; *Anthoine Membré* a eu recours aux presses d'*Adrian van Bergen*, à Anvers, dont le nom se trouve à la fin de la traduction décrite ci-après.

492. ¶ COPIE DER BRIEVEN || VAN DEN GROOTĒ TURCK ghescreuē aē mijn Heere dē || grootē meestere van Rodes omtrēt sint Ians misse || laetst ledē anno. M. cccc. xxij. En oec eē Epistel vā || d' stadt vā Rodes / aē dat heylich Catholicke geloue. || Rodes. — [A la fin]: ¶ Dese Copie es vandē walsche ghetranslateert in || onsen tale Eñ is eerst gecōponeert par songneur / dict || Bethune. herault darmes. ons ghenadichs heerē dē || Keysere Chaerles. || ¶ *Gheprent Tantwerpē by mi Adriaen van* || *Bergen int gulden Missael.* || ¶ Cum Priuilegio. In-4 goth. de 4 ff. de 33 lignes à la page pleine, impr. en grosses lettres de forme, sign. *A*, mar. r. jans., tr. dor. (*Trautz-Bauzonnet*.)

    Les caractères employés pour l'impression de ce volume sont les mêmes que ceux qui ont servi à l'impression de l'original français, décrit sous le numéro précédent. Le titre est orné du même encadrement et du même bois.

    Voici le début du poème néerlandais :

    Saluut aen v heylich kersten gheloue
    Besittende d'appostelijcke stoel vol eeren....

Cet exemplaire, le seul qui ait été cité jusqu'ici, provient de la vente J. CAPRON, faite à Bruxelles en 1875 (Cat., n° 796).

    Nous venons de décrire quatre pièces de Nicaise Ladam; comme les ouvrages de cet auteur sont de la plus insigne rareté, que la Bibliothèque nationale n'en possède aucun, et que M. Brunet lui-même n'en a pas donné la liste complète, nous croyons intéressant de citer ici ceux que nous avons eus entre les mains :

    1° *Memoire et Epytaphe de feu, de bonne memoire, treshault, trespuissant et tresredoubté prince, domp Fernande, par la grace de Dieu roy catholicque de Castille, de Leon, de Grenade, d'Arragon, des deux Ceciles, de Jherusalem, de Navarre, de Valence, de Majorcque, de Mynorcque, de Serdeigne, de Galice, de Tolette, de Civille, de Cordua, de Mourche, de Courseigne, de Dramellant, des isles Yndes et des isles Canaries, duc d'Athènes, etc.* Anvers, Michiel de Hoochstrate, [1516]. In-fol. goth. de 14 ff.

    Biblioth. de l'université de Gand. — Le même poème se retrouve dans le ms. n° 11148 de la Bibliothèque royale de Bruxelles.

    2° *Epitaphe de feu, digne de bonne memoire, treshault, trespuissant et tresillustre empereur Maximilien d'Austrice.* S. l. [1519], in-4 goth. de 2 ff.

BELLES-LETTRES.

Cette pièce, composée de 88 vers, commence ainsi :

> Entre les empereurs, treshaulx cesariens,
> Pour le sceptre rommain puissans victoriens...

Les caractères sont ceux de l'imprimeur anversois *Adrian van Bergen*.
Biblioth. de l'Université de Gand.

3º *Le joyeux Reveil de le election imperialle, au magnificque honneur de treshault, tresexelent, tresilustre et trespuissant prinche, Charles, par la grace de Dieu roy catholicque des Espaignes*, etc. Imprime pour Anthoine Membru, libraire a la croix sainct Andrieu S. l. n. d. [Valenciennes, 1519], in-4 goth. de 4 ff.

Ce poème, qui compte 112 vers, commence ainsi :

> Cueurs desolez, confiz en larmes d'œul,
> Soubz le recœul de l'Austrice en franchise...

Biblioth. de l'université de Gand.

3º bis. *Le joyeux Reveil de le election imperialle, au magnifique honneur de treshault, tresexcellent, tresillustre et trespuissant prince, Charles*, etc. Imprimé pour Anthoine Membru, libraire de la croix sainct Andrieu. S. l. n. d. [Valenciennes, 1519], in-4 goth. de 2 ff.

Cette édition, qui n'a qu'un simple titre de départ, sort, comme la précédente, des presses d'*Adrian van Bergen*, à *Anvers*.
Biblioth. de l'université de Gand.

4º *Poème sur l'expédition de Charles-Quint à Tunis* [1535], publié par M. Gachet.
Bulletin du Bibliophile belge, XIII, 231.

Nicaise Ladam est très probablement encore l'auteur de la *Complainte faicte pour madame Marguerite, archeduchesse d'Autriche*; mais, comme cette pièce ne porte pas expressément son nom, nous avons dû la classer parmi les poésies anonymes (voy. le nº 537).

5º *Genealogie de la maison d'Autriche*.
Biblioth. royale de Bruxelles, ms. nº 14864.

93. LE CHASTEAV || DE LABOVR, auquel est con- || tenu ladresse de ri- || chesse, & chemin || de pouurete. || Les faintises du monde. || *Imprime a Paris pour* || *Galliot du Pre*. || 1532. — [A la fin]: *Imprime a Paris par Antoine* || *Augereau Imprimeur, pour* || *Galiot du Pre, Libraire de-* || *meurant audict lieu : & fut a-* || *cheue le xvi. Iour de May*. || MDXXXII [1532]. In-16 de 111 ff. mal chiffr. et 1 f. blanc, mar. r., comp., dos orné, doublé de mar. bl. clair, dorure à petits fers, tr. dor. (*Trautz-Bauzonnet*.)

Il y a une erreur dans la foliation de ce volume. Les ff. 87 et 88 sont doubles, en sorte que le dernier f., qui devrait être coté 111, porte 109. Les signatures se suivent régulièrement d'*A* à *O*.

Le *Chasteau de labour* est le plus ancien ouvrage de Pierre Gringore qui nous soit connu. Il parut pour la première fois en 1499, et il en existe au moins quatorze éditions gothiques.

L'édition en lettres rondes donnée par *Galliot Du Pré* est une nouvelle preuve de la vogue prolongée dont jouit cette composition allégorique. Notre petit volume appartient, en effet, à la même série que les éditions de Villon et de

Coquillart que nous avons décrites ci-dessus. Le libraire parisien s'était évidemment proposé de publier dans un format élégant et commode les poètes dont les œuvres étaient, pour ainsi dire, classiques de son temps. Afin de rendre cette publication plus intéressante, il voulut ajouter au texte de chaque auteur quelque pièce nouvelle ; c'est ainsi qu'il joignit aux œuvres de Villon les *Repeues franches*, le *Monologue du Franc Archier de Baignollet* et le *Dialogue de messieurs de Mallepaye et de Baillevent*, et aux œuvres de Coquillart le *Monologue du Puis* et le *Monologue du Gendarme cassé*. Il en agit de même avec Gringore, et fit suivre le *Chasteau de Labour* des *Faintises du monde*, qui ne sont peut-être pas du même auteur.

Nous décrirons plus loin (n° 564) une édition gothique de cette pièce.

494. La pitev || se cōplaī || te q̄ fait la terre || Sainte aux Princes. Pre || latz. ☩ seigneurs crestiēs. — [A la fin :] *Deo gratias*. S. l. n. d. [*Lyon*, vers 1500], in-4 goth. de 6 ff., dont la page la plus pleine contient 30 lignes, mar. r. jans., tr. dor. (*A. Motte.*)

Au titre, un grand L encadré et entouré de rinceaux.
Au dessous de l'intitulé, est placée la marque de *Pierre Mareschal* et *Barnabé Chaussard*, imprimeurs à Lyon de 1493 à 1515 (Silvestre, n° 116).
Le v° du dernier f. est blanc.
Ce poème se rapporte à la croisade prêchée par le pape Alexandre VI, à la fin de l'année 1500 ; en voici les premiers vers :

> Princes triumphans, augmenteurs de foy,
> Regardez moy et ayez souvenance....

L'auteur fait allusion à la ligue formée contre les Turcs par Louis XII, Ferdinand le Catholique, Jean-Albert, roi de Pologne, et Ladislas, roi de Hongrie. Il dit notamment (v. 145 et suiv.) :

> Assemblez vous de gens ung million ;
> Faictes que l'Aigle soit avec le Lyon,
> Et la Croix double face vostre avant garde ;
> Le Porc a pic aye dominacion,
> Tenant l'Armine soubz sa protection,
> Environné de Serpens qui le garde.
> Le Faon de l'Aigle de ça et la regarde ;
> La Vache heurte, le Lièvre court devant,
> Le Cyne volle, qui baille ung passe avant,
> Et les Liepars, enclos d'eaue, sortissent......

La dernière strophe donne en acrostiche le nom de Gringore.
M. Brunet ne cite de notre *complaincte* qu'une édition imprimée par *Martin l'Empereur*, à *Anvers*, pour *Jean de La Forge*, à *Tournay*, en 1532 (*Manuel*, II, 196) ; il n'en a pas connu l'auteur.

495. Les folles entreprises || qui traictent de plusi- || eurs choses morales || *imprimees a Paris* || *En rue neufue ou pent lescu de france* || *Vous trouuerez les folles entreprises* || *Ou les faultes de plusieurs sont oprises* || *A tous venans on les vent et deliure.* || — ❡ *Cy finist le liure des folles entreprises* || *nouuellement Imprime a Paris*. S. d. [vers 1506], in-4 goth. de 48 ff. non chiffr. de 39 lignes à la page pleine, sig. *A*, *D*, *H*, par 8, *B*, *C*, *E*, *F*, *G*, *I*, par 4, figg. sur bois, mar. r. jans., tr. dor. (*A. Motte.*)

Au titre, le bois de Mère Sotte et de ses deux suppots ; nous en donnons la reproduction :

Les folles entreprises qui traictent de plusieurs choses morales imprimees a Paris

En rue neufue ou pent lescu de france
Vous trouuerez les folles entreprises
Ou les faultes de plusieurs sont aprises
A tous venans on les vent et deliure

    Le v° du dernier f. est occupé par un bois qui représente un clerc assis dans une chaire gothique, devant un pupître, et paraissant se livrer à la méditation.
    Le volume est orné de 22 autres bois.
    Les *Folles Entreprises* parurent pour la première fois à la fin de l'année 1505. Gringore, qui avait obtenu un privilège d'un an, les fit d'abord imprimer chez *Pierre Le Dru* (Brunet, II, 1747) et les vendit directement au public,

    Près du bout du pont Nostre Dame,
    A l'enseigne de Mére Sotte.

Le succès de l'ouvrage força l'auteur à en donner plusieurs réimpressions dans un court espace de temps. Notre édition est une de celles qu'il fit exécuter lui-même. On doit admettre, en effet, que la marque de Mère Sotte était personnelle au poète et ne fut employée, de son vivant du moins, que pour les livres édités par lui (voy. Picot, *Pierre Gringore et les Comédiens italiens*, 11). L'adresse portée sur le titre est celle de la *veuve Trepperel*. Le bois placé au dernier f. se retrouve dans plusieurs volumes sortis des mêmes presses, notamment à la fin d'une édition des *Facecies de Pogge*, qui sera décrite plus loin.

Notre édition, qui n'a été citée par aucun bibliographe, paraît être antérieure à une édition publiée à la même adresse, également sans date, mais qui se compose de 10 cahiers, signés *A-K*, et dont le titre porte les mots : *imprimées nouvellement* (Cat. du prince d'Essling, n° 79; *Œuvres de Gringore*, I, 8).

496. Lentreprise ‖ de venise ‖ auec les vil- ‖ les citez. cha ‖ steaulx : forteresses et ‖ places que vsurpent ‖ et detiennent lesditz ‖ veniciēs : des Roys ‖ ductz prīces ⁊ seigñrs ‖ crestiens. — ¶ *Finis. S. l. n. d.* [*Lyon*, 1509], pet. in-8 goth. de 8 ff. de 21 lignes à la page, sign. *a*, mar. r. jans. tr. dor. (*Trautz-Bauzonnet.*)

Au titre, un grand L orné de rinceaux sur fond noir.

BELLES-LETTRES. 307

Au v° du titre, un bois des armes de France, accompagné de ces mots :
A Dieu Venise.
Au v° du dernier f., un bois qui représente l'acteur offrant son livre à un personnage assis dans une chaire gothique. Ce bois est accompagné, comme le premier, des mots : *A Dieu Venise.*
Les caractères sont ceux de *Pierre Mareschal et Barnabé Chaussard*, imprimeurs à Lyon. Nous en donnons un spécimen qui fera connaître les premiers vers du poème :

> Iche cpte faituee (t affife
> Deffus la mer quon dit adziatique.
> Qui par ton nom es appellee venife
> terres dautrup as eues p voie obliq.
> Redoubter dois vangeance deifique
> Car qui dautrup psurpe sheritage
> Sur luy en vient la perte (t le dommaige

L'Entreprise de Venise est un pamphlet politique qui fut publié lors de la conclusion de la ligue formée contre les Vénitiens entre Louis XII, le pape Jules II, le roi d'Aragon et le duc de Ferrare, au mois de décembre 1508. Le nom de GRINGORE ne figure que dans un acrostiche final.
Notre édition diffère de celle qui a été suivie par MM. de Montaiglon et d'Héricault (*Œuvres de Gringore*, I. 145-156) et des deux éditions conservées à la Bibliothèque nationale.

497. LA CŌPLAINCTE DE || TROP TARD MARIE. — *Cy finist la complaincte de trop tard* || *marie faicte et cōposee par Pierre grin-* || *gore nouuellement imprimee a Paris.* || *Pour Pierre sergent.* S. d. (vers 1535), pet. in-8 goth. de 8 ff. de 25 lignes à la page pleine, mar. r. jans., tr. dor. (*Trautz-Bauzonnet.*)

V. 5. 83

Au titre, le bois bien connu de l'homme qui appuie la main sur la garde de son épée et qui parle à une femme. Nous donnons plus loin, à l'article *Complaincte du nouveau marié* (n° 529), une reproduction de ce sujet.
Au v° du dernier f., un bois allégorique qui représente un homme faisant tourner une roue, tandis que sa femme étale fièrement sa robe devant lui.
Cette complainte est un des ouvrages les plus piquants de PIERRE GRINGORE, qui l'a signée dans un acrostiche final. En voici le début :

> Apres esbatz, joyeusetez, soulas,
> On se treuve souventes fois soubz las
> Ou on est prins mieulx que cerf a fillé...

Notre édition n'est pas citée par M. Brunet.

498. LA QVENOVLLE || SPIRITVELLE. — ❡ *Explicit.* S. l. n. d. [vers 1525], pet. in-8 goth. de 24 ff. non chiffr., dont la page

V. 4. 90

pleine aurait 25 lignes, mar. viol., fil., dos et coins ornés, tr. dor.

Au titre, un bois qui représente la *Mater dolorosa*.

La quenoulle spirituelle

Le même bois est répété au verso du titre.
Le dernier f. ne contient que deux bois : au r°, Dieu le père, entouré des anges ; au v°, le Christ prêchant à plusieurs disciples.
Le titre de départ nous apprend que la *Quenoulle* a été « faicte et composée par maistre JEHAN DE LACU, chanoine de Lisle ». Cet auteur, sur la vie duquel on ne possède aucun renseignement, devait s'appeler DU LAC ou VANDEN POELE ; son ouvrage était sans doute écrit en latin ; nous n'en avons ici qu'une traduction due à PIERRE GRINGORE, qui a eu soin d'y ajouter une *Incitation de l'auteur* contenant son acrostiche.
Voici le début du poème :

L'ACTEUR
En chevauchant sur une sentelette,
Auprès d'ung bois, par vraye devocion...

Exemplaire de M. le marquis de GANAY (Cat., n° 104).

Nous connaissons de cette pièce deux autres éditions gothiques du même format, l'une dont le titre porte : *La Quenoîle spiri-* || *tuelle* et dont le premier f. est orné au v° et au r° du même bois que la nôtre, tandis que le dernier f. est blanc (Biblioth. de M. le baron de La Roche Lacarelle), et une édition de *Guillaume Nyverd*, à *Paris*, décrite par M. Brunet (III , 737). Nous n'avons rencontré de notre édition qu'un autre exemplaire, lequel est incomplet de 2 ff. (Mus. britannique, $\frac{11475.\ a}{1}$.).

499. ¶ Hevres de nostre dame translatees en Francoys et mises || en rihtme [*sic*] par Pierre Gregoire [*sic*] dict vaudemõt/herault dar- || mes de treshault et vertueulx prince monseigneur le duc de || Lorraine / de Bar / et de Calabre / par le commandement de || haulte et noble princesse ma dame Regnee de bourbon / du- || chesse de Lorraine. || ¶ Auec le priuilege du Roy nostre sire donne pour troys ans || audict Vaudemont mys dans le present Cayer. || ¶ *Et ce* [sic] *vendent cheuz Iehan Petit / a la rue sainct Iacques* || *a la fleur de lis dor. S. d.* [1525], in-4 goth. de 8 ff. non chiffr., sign. [A]-B et 90 ff. chiffr., sign. *a, c, e, g, i, l, n, p,* par 4, *b, d, f, h, k, m, o* par 8, *q* par 2, figg. en bois, mar. bl. jans., doublé de mar. r., guirlande de feuillage , tr. dor. (*Thibaron et Joly.*)

Le titre est imprimé en rouge et en noir. Les titres et les grandes lettres qui commencent les strophes ou les versets sont imprimés en rouge dans le corps du volume.

Au titre, un bois qui représente la Vierge tenant l'enfant Jésus dans ses bras, et entourée d'anges. — Au verso du titre, un bois de la généalogie de la Vierge.

Le 2ᵉ f. lim. est occupé par une dédicace en vers à la duchesse Renée, et par un bois représentant l'exaltation de la Vierge. — Le 3ᵉ f. contient le texte du privilège.

Au recto du f. [Aiiij] est un bois allégorique, représentant le jardin de la Vierge; au-dessous est un quatrain. Au verso du même f. est un *Almanach pour xv ans* (de 1524 à 1538).

Le cahier B ouvre par un bois de l'homme anatomique, et contient un rondeau et le calendrier. — Au verso du f. Biv est un grand bois de l'*Annonciation*.

Le volume contient, en outre , 12 grands bois dont voici le placement et la description :

1° (fol. 8, r°), la Création ; — 2° (fol. 16, r°), l'Exaltation de la Croix ; —3° (fol. 17, v°), le Saint-Esprit ;— 4° (fol. 18, v°), la Pentecôte ; 5° (fol. 23, r°), la Pénitence de David ; — 6° (fol. 27, v°), Dieu exauçant la femme pénitente ;—7° (fol. 32, r°), le Repas de famille ; — 8° (fol. 36. v°), les Apôtres adorant la Trinité ; — 9° (fol. 43, r°), la Manne ; — 10° (fol. 49, r°), David en prière ; — 11° (fol. 60, r°), la Mort renversant un roi ; — 12° (fol. 66, r°), la Passion.

Le dernier bois offre une scène fort curieuse. Le personnage qui figure le Christ est vêtu, comme un clerc, d'une longue robe à aumusse, et porte sur la tête un bonnet. Autour de lui , divers personnages vêtus de costumes grotesques , lui présentent un fouet , un roseau et une couronne d'épines. On distingue, parmi ces personnages, un fou, qui tient un martinet, un sauvage qui agite un fouet, puis, au second plan, une sorte de polichinelle ou de pierrot, coiffé d'un long chapeau pointu et portant des lunettes. Une femme, bizarrement coiffée, est assise sur un des côtés de la scène, dans une chaire qui porte le monogramme du graveur.

Le bois que nous venons de décrire a fait l'objet d'un travail de M. Émile Picot (*Pierre Gringore et les Comédiens italiens*; Paris, Morgand et Fatout, 1878, in-8), qui croit que le personnage figurant le Christ n'est autre que Pierre Gringore lui-même, que les bouffons italiens, récemment venus en France, accablent de leurs injures. Au moment où parut la traduction des *Heures de Nostre Dame*, la cour réservait, en effet, ses faveurs pour maître André et les acteurs d'Italie; Gringore, l'auteur de tant d'ouvrages populaires, avait dû se retirer en Lorraine, où il mourut à la fin de 1538 ou au commencement de 1539 (voy. Le Page, *Pierre Gringore, extrait d'études sur le théâtre en Lorraine*; Nancy, 1849, in-8, 40).

Quoiqu'il en soit de cette conjecture, la planche où figurent les bouffons fut supprimée en 1528 et remplacée par un bois représentant un homme à genoux, entouré de quatre personnages qui le menacent de bâtons. On dirait que l'artiste a voulu exprimer, sous une autre forme, l'idée de la passion à laquelle était condamné Gringore. Par contre, les *Chantz royaulx*, qui forment la seconde partie de l'édition de 1528, contiennent une gravure nouvelle, dans laquelle la scène de la passion de 1527 a été reproduite dans ses traits généraux, mais en rendant aux personnages le costume grave et sérieux consacré par la tradition.

La figure grotesque de 1527 et le bois de l'homme à genoux qui lui a été substitué en 1528 portent le monogramme *GS*, surmonté de la double croix de Lorraine, que M. Bernard croit être celui de Geofroy Tory (*Geofroy Tory, peintre et graveur, premier imprimeur royal*, 2ᵉ édition, 245). Le même auteur considère d'ailleurs, mais sans preuve suffisante, tous les bois des *Heures* comme étant l'œuvre de Tory (voy. pp. 242-244); ils sont loin pourtant d'avoir tous le même mérite, et ne rappellent en rien le style de Tory.

Au verso du dernier f., au dessous de l'acrostiche de Gringore et de sa devise : *Raison par tout*, se voit la marque de *Jehan Petit* (Silvestre, n° 24).

Le privilège, daté de Lyon le 10 octobre 1525, est accordé pour trois ans à Gringore, à partir de ladite date.

500. ❡ Notables en- ‖ seignemens / adages et proverbes : faitz et com ‖ posez par Pierre Gringore dit vauldemont / ‖ herault darmes de hault et puyssant seigneur ‖ Monsieur le Duc de Lorraine / Nouuellemēt ‖ reueuz ⁊ corrigez. Auecques plusieurs aultres ‖ adioustez oultre la precedente impression. ‖ ❡ Auec priuilege ‖ du Roy nr̃e sire. ‖ ❡ On les vēd a Paris en la rue sainct Iacques ‖ a lēseigne de Lelephāt deuāt les Mathurins. — ❡ Fin de [sic] *notables / enseignemens et adages / ‖ faitz et composez par Pierre Gringore dit ‖ Vauldemōt / auecques plusieurs aultres nou- ‖ uellement adioustez. Imprimez a Paris par ‖ Francoys regnault demourant en la rue sainct ‖ Iaques/ a lenseigne de Lelephant / deuant ‖ les Mathurins. S. d. [vers 1528]*, in-8 goth. de 104 ff. chiffr., et 2 ff. non chiffr., impr. en lettres de forme, mar. r., fil., dos orné, doublé de mar. r., fil., comp. à petits fers, tr. dor. (*Trautz-Bauzonnet.*)

Le titre est imprimé en rouge et en noir.

Au v° du titre est placé un extrait du privilège accordé pour quatre ans à Gringore, le 15 novembre 1527.

Le 2ᵉ f. contient, au r°, le *Prologue de l'acteur*, en 18 vers, et, au v°, un bois qui représente les instruments de la Passion placés dans un écu héraldique. Au-dessous de ce bois on lit : *Redemptoris mundi Arma*.

Le dernier f., dont le r° est blanc, porte au v° la marque de *François Regnault* (Brunet, II, 344 ; Silvestre, n° 43).

La première édition de cet ouvrage fut achevée d'imprimer par *Simon Du Bois* pour *Galiot Du Pré*, à *Paris*, le 1ᵉʳ février 1527 (1528, n. s.). Notre édition dut paraître peu de temps après, puisque l'on y retrouve le texte du privilège. Les additions annoncées sur le titre sont fort nombreuses. L'imprimeur a eu soin de les indiquer dans le corps même du volume, aux ff. 18 v°, 48 v°, 76 v°, 82 v°, 94 r°, et 100 v°.

Le mot *notable* n'est pas ici un adjectif, il est employé par le poète au sens de « chose que l'on doit noter » ; c'est, par conséquent, un synonyme de « maxime » ou de « sentence ».

Le f. non chiffré qui est placé après le f. 104 contient un acrostiche de Gringore, suivi de la devise : *Raison par tout*, puis diverses petites pièces empruntées à divers auteurs, savoir :

1° Huitain, intitulé : *Reméde tresutile pour la santé du corps et le salut de l'ame* :

Lever matin pour bon commencement......

La devise *De bien en mieulx* indique que ce huitain est de MAXIMIEN.
Cf. Biblioth. nat., mss. fr., n° 2307, fol. 60.

2° Huitain :

Humble maintien, joyeux et assuré....

Cf. Biblioth. nat., mss. fr., n° 2307, fol. 61.

3° Sentence en 3 vers :

Oy, voy, parle poy....

4° Sentence :

De foy fy, de lettre plait, de gage reconfort, d'argent content paix et accord.

5° Sentence :

Qui preste non r'a : s'il r'a non tost....

Les trois sentences qui précèdent sont certainement fort anciennes. La dernière se retrouve dans les *Menues Pensées* de GILLES CORROZET.

6° Distique :

Aymer flateurs, croire legierement....

501. NOTABLES ENSEI- ∥ GNEMĒS ADAGES ∥ ET PROVERBES / faitz ⁊ cōposez par Pier- ∥ re Gringore dit Vauldemont herault ∥ darmes de hault ⁊ puissant seigneur ∥ monsieur le duc de Lorraine. Nouuel- ∥ uellemēt [sic] reueuz ⁊ corrigez. Auecques ∥ plusieurs aultres adioutez oultre la ∥ precedente Impression ∥ ✸ *On les vend a Lyon cheulx* ∥ *Oliuier Arnoullet*. — ¶ *Fin des notables / enseignemens / et* ∥ *adages / faictz ⁊ composez p Pierre grin* ∥ *gore dit vaudemōt. Auecq̄s plusieurs* ∥ *autres nouuellemēt*

adioustez ╃ impri- || *mez a Lyō par Oliuier Arnoullet/ le.*
|| *xviij. de Mars. Lā mille .ccccc. xxxiij* [1534, n. s.].
In-8 goth. de 112 ff. non chiffr. de 22 lignes à la page,
sign. *A-O*, mar. r., fil., dos orné, tr. dor. (*Trautz-
Bauzonnet.*)

> Le titre, imprimé en rouge et en noir, porte un bois qui représente l'auteur
> agenouillé devant un personnage à qui il offre son livre. Un cartouche destiné
> à recevoir une inscription est resté vide.
> Cette édition, qui est, croyons-nous, la huitième, ne contient que les
> quatrains qui sont proprement l'œuvre du poète. On en a supprimé l'acro-
> stiche de Gringore, ainsi que les petites pièces qui le suivent dans l'édition
> précédente.
> Exemplaire de M. L. DOUBLE (Cat., n° 99) et de M. LEBEUF DE
> MONTGERMONT (n° 292).

502. ¶Contredictz || de Sōgecrevx. ||

¶Pour euiter les abuz de ce monde ||
De Songecreux lisez les contredictz ||
Et retenez dessoubz pensee munde ||
Ceulx de present et ceulx du tēps iadis ||
En ce faisant par notables edictz ||
Pourrez debatre et le pro et contra ||
Et soustenir alleguāt maintz bons dictz ||
Ce que par eulx en voye rencontra. ||

Auec priuilege. || ¶*On les vend a Paris en la grāt salle* ||
du Palais en la boutique de Galiot || *du pre libraire iure
de Luniuersite.* — [Au recto du dernier f.:] ¶ *Fin des
contredilz de Songecreux cō* || *tenans plusieurs abuz en
chascun estat* || *de ce monde Nouuellement imprimez a* ||
Paris par Nicolas couteau imprimeur || *pour Galliot du
pre libraire.* || *Et fut a-* || *cheue dimprimer le second iour
du moys* || *de may Lan mil cinq et trente* [sic pour 1530].
In-8 goth. de 2 ff. non chiffr. pour le titre et *la Collection
des matiéres contenues au present volume*, 204 ff. chiffr.,
un f. contenant la souscription et la marque du libraire, et
1 f. blanc, mar. bl., dent., doublé de mar. r., large dent. ornée
d'animaux, tr. dor. (*Bauzonnet*, 1841.)

> Le titre est imprimé en rouge et en noir.
> Au verso du titre se trouve le texte du privilège, accordé pour quatre ans
> à *Galliot Du Pré*, par Jehan de La Barre, chevalier, comte d'Estampes,
> etc., premier gentilhomme de la chambre du roi et garde de la prévôté de
> Paris, à la date du 19 février 1529 [1530, n. s.]. — Au v° du 2ᵉ feuillet,
> un bois représentant l'auteur qui offre son livre au roi.
> Les *Contredictz de Songecreux* sont un des livres sur lesquels les. biblio-

graphes ont commis les plus nombreuses erreurs. Cet ouvrage, dont il n'existe pas d'édition moderne, est d'une telle rareté que la plupart de ceux qui en ont parlé ne l'ont jamais eu entre les mains. Ainsi peut s'expliquer la facilité avec laquelle s'est accréditée l'opinion de Goujet (*Bibl. franç.*, XI, 238) qui l'avait un peu à la légère attribué à Gringore. On sait maintenant que Gringore, connu sous le nom de *Mère Sotte*, n'a jamais porté celui de *Songecreux*. Ce surnom appartenait au contraire à son rival, Jean de l'Espine du Pont-Alletz, le célèbre « chef et maistre des joueurs de moralités et farces à Paris », dont ont parlé Gringore (éd. Montaiglon et d'Héricault, I, 207), Marot (éd. Jannet, I, 187) et Du Verdier (éd. Rigoley de Juvigny, IV, 502-503). Un acquit au comptant du règne de François Ier (Arch. nat., J. 961, n° 8, cah. 226) porte ce qui suit : « A Jean de l'Espine du Pontalletz, dict *Songecreux*, qui a par cy-devant suivy ledict seigneur [le roy] avec sa bende et joué plusieurs farces devant luy pour son plaisir et recreation, en don, deux cens vingt et cinq livres tournois, en cent escuz d'or soleil. » Voy. Cimber et Danjou, *Archives curieuses*, I, III, 89 ; Des Périers, éd. L. Lacour, II, 134, et G. Guiffrey. *Epistre de Clorinde la Romaine à Reginus* (Paris, 1875, in-8, 6).

Le document que nous venons de citer n'est pas le seul qui nous fasse connaître la personne de Songecreux ; ainsi Jean Du Pont-Alletz, condamné à la prison par le prévôt de Paris, en 1529 ou en 1530, signe de son nom réel et de son nom de théâtre une requête adressée à Messieurs du Parlement, en vue d'obtenir sa liberté (Biblioth. nat., mss. fr. 2206, fol. 191).

Dans sa requête au Parlement, le comédien fait allusion aux représentations données par lui dans toutes les provinces de France ,

> tant Anjou que Poitou,
> Auvergne aussy, partout je ne sçay ou ;

mais, comme Gringore, ce fut en Lorraine qu'il trouva l'accueil le plus empressé.

M. Lepage a recueilli dans les archives de Nancy de curieux détails sur les représentations données à la cour ducale par les acteurs parisiens. « En commençant à parler de Gringore, dit-il, « j'ai mentionné un personnage, maître Jehan, dit *Songe-Creux*, qui semble avoir été momentanément pour la représentation des farces ce que le poète hérault d'armes était pour leur composition, lorsque, toutefois, ils ne devenaient pas rivaux, en paraissant côte à côte sur la scène. Pendant une période de dix années, ce chef d'une joyeuse troupe d'enfants sans souci devient, à la cour de Lorraine, le directeur obligé de toutes les solennités dramatiques ; il jouit du privilège exclusif de donner « passe-temps » aux princes, et partage avec Gringore, dont sans doute il jouait les pièces, les dons de libéralité du duc Antoine. C'est en 1515 que nous le voyons pour la première fois représenter diverses moralités devant « monseigneur », au lieu de Neufchâteau, et recevoir, pour lui et ses « complices », une gratification de 40 francs. Dans les années suivantes, il dresse successivement son théâtre à Nancy, à Lunéville, puis à Bar, où il vient égayer les réjouissances du carnaval de 1523. Au mois de novembre 1524, on le retrouve encore dans cette dernière ville, où.... des fêtes magnifiques se célébroient à l'occasion du baptême du prince Nicolas. Le chroniqueur auquel on doit la description de ces fêtes, n'a pas omis de parler du rôle qu'y remplirent, à la satisfaction des illustres spectateurs, maître Jehan et sa troupe. « La feste, dit-il, estoit esjouye par *Songe Creux* et ses enfants *Mal me sert*, *Peu d'aquest* et *Rien de vault*, qui jour et nuit jouoient farces vieilles et nouvelles, reboblinées et joyeuses à merveille. » (*Mémoires de la Société des Sciences, Lettres et Arts de Nancy*, 1848, 262.)

On peut consulter encore sur Jehan Du Pont-Alletz une pièce de 1536 intitulée : *le Privilége et Auctorité d'avoir deux femmes* (voy. Fournier, *Var. hist. et litt.* III, 141 ; Marot, éd. Guiffrey, III, 235, 254 ; Saint-Gelais, éd. Blanchemain, I, 171 ; Des Périers, *Nouvelle*, XXII, et Bèze, *Passavant*, p. 19.)

Exemplaire de M. le baron J. PICHON (Cat., n° 464) et de M. LEBEUF DE MONTGERMONT (n° 293).

503. ¶ Contreditz || Dv prince des sotz autrement dit || Songecreux. ||

> ¶ Pour euiter les abuz de ce mōde ||
> De Sōgecreux lisez les contredictz ||
> Et retenez dessoubz pensee munde ||
> Ceulx de p̄sent ꝃ ceulx du tēps iadis ||
> En ce faisant par notables edictz ||
> Pourrez debatre et le pro et contra ||
> Et soustenir allegāt maītz bōs dictz ||
> Ce q̄ par eulx en voye rencontra.

— ¶ *Fin des contreditz du prince des || sotz autrement du Songecreux / || nouuellement imprime a Paris le || xxv. iour daoust* M.D. xxxii [1532]. In-16 goth. de 189 ff. chiffr. et 1 f. non chiffr., mar. or., fil., comp., dos orné, doublé de mar. bl., dent., tr. dor. (*Trautz-Bauzonnet.*)

<small>Le titre est imprimé en rouge et en noir.
Le dernier f. contient, au r°, la *Table* et, au v°, la marque de *Denis Janot*
L'intitulé de cette seconde édition permet de croire que Jehan Du Pont-Alletz venait seulement d'être nommé « prince des sots », puisqu'il ne prend pas cette qualité au mois de mai 1530.
Exemplaire de M. le docteur Desbarreaux-Bernard (Cat., n° 835).</small>

504. ¶ La deploration de leglise militante sur || ses persecutions interiores et exteriores et || imploration de aide en ses aduersitez par || elle sonstenues [*sic*] en lan mil cinq cens dix : et || cinq cēs vnze : que p̄sidoit en la chaire mon- || seigneur sainct pierre Iulius Secundus. || Composee par le trauerseur des voies pe- || rilleuses. || Cum gratia et priuilegio.
— [Au r° du f. *Dij* :] ¶ *Cy finist la deploratiō de leglise militā || te sur ses p̄secutiōs interiores ꝃ exteriores / || ꝃ ĩploratio de aide en ses aduersitez par elle || soustenues en lan mil cinq cens dix / ꝃ cinq || cens vnze. Que presidoit en la chaire mōsi || eur sainct Pierre / Iulius Secundus. Com || posee p le trauerseur des voies perilleuses. || ĩprimee a Paris a la rue iudas pres les car || mes. Lan mil cinq cēs ꝃ douze* [1512] *le q̄nziesme || Iour de may pour Guillaume eustace li- || braire et relieur de liures iure de luniuersite || de paris demourant a la rue de la iuifrie a || lenseigne des deux Sagittaires. Et la se || vendent ou au palays a la grant salle au || troiziesme pillier.* In-4 goth. de 28 ff. de 29 lignes à la page pleine, sign. A-C par 8, D par 4, mar. r. jans., tr. dor. (*A. Motte.*)

<small>Au titre, la marque de *Guillaume Eustace* (Brunet, V, 1647; Silvestre,</small>

n° 63). — Au v° du titre, un bois qui représente l'acteur offrant son livre au pape (ce bois est signé du monogramme d'*Eustace*).

Le poème de JEHAN BOUCHET occupe les ff. *Aij*, r° — *Dij*, r° ; il est suivi d'un *Extraict des registres du parlement* constatant qu'un privilège de trois ans a été accordé à *Guillaume Eustace*, *le 15 mai 1512*. Le volume se termine par quatre distiques latins *Ad magnificum dominum senatus mediolanensis cancellarium*, signés : B. DARDANUS, et par un poème latin du même auteur *In adventu clarissimi ac prestantissimi domini Jacobi Oliverii, juris utriusque doctoris ac senatus Mediolani* [sic] *moderatoris*.

Jacques Olivier, qui devint en 1517 premier président du parlement de Paris, avait été investi, en 1510, des fonctions de chancelier du duché de Milan. Son panégyriste, B. Dardano, paraît l'avoir suivi en France, et, après la mort de cet illustre magistrat, arrivée en 1519, s'être attaché à son frère, Jehan Olivier, vicaire général de l'abbaye de Saint-Denis, puis abbé de Saint-Médard de Soissons et, enfin, évêque d'Angers (1532-1540). Ce fut ainsi que Dardano composa un poème en l'honneur d'un des ouvrages de J. Olivier : *In Pandorae Oliverianne laudem*. Ce poème est joint à l'édition de la *Pandora* publiée par Nic. Constantin, à Reims, en 1618, in-8.

Au v° du dernier f. de la *Deploration* est une seconde marque d'*Eustace* (Silvestre, n° 949).

505. ¶ LE TEMPLE DE BŌNE RENŌ || MEE / et repos des hommes et femmes illustres / || trouue par le Trauerseur de voies peril- || leuses / en plorant le tresregrette deces du || feu prince de Thalemont / vnique || filz du Cheualier et Prince || sans reproche. || Aulx lecteurs. ||

¶ Nobles lecteurs qui desirez sauoir ||
Combien de temps vertuz fait les gēs viure / ||
Ie vous supply que estudiez ce liure ||
Ou vous pourrez plusieurs histoires veoir. ||

¶ Auec le priuilege du Roy nostre sire iusques a || deux ans / comme il appert par ses lettres patētes. || ¶ *Imprime a Paris / pour Galliot du pre marchāt* || *libraire demourant sur le pont nostre Dame a lensei* || *gne de la Gallee / ayant sa bouticle en la grant salle* || *du pallays/au second pillier.* —[Au v° du f. xc :] ¶ *Cy finist la descripcion du temple de bōne renom* || *mee et repos des hōmes et femmes illustres Cōpo-* || *se p le trauerseur des voies perilleuses Imprime a* || *Paris pour Galliot du pre marchāt libraire demou* || *rāt sus le pōt nostre dame a lenseigne de la Galee aiāt* || *sa boutique en la grand salle du Pallays au second* || *pillier vers la chapelle ou len chante la messe de mes* || *sieurs les presidens Et fut acheue de īprimer le secōd* || *iour de ianuier mil cinq cens et seize* [1517, n. s.]. In-4 goth. de 6 ff. lim., 90 ff. chiffr. et 1 f. non chiffr., mar. r., dos et milieu ornés, tr. dor. (*Trautz-Bauzonnet*.)

Collation des ff. lim.: titre, imprimé en rouge et en noir (au v° de ce titre est placé un bois des armes de France, accompagné d'une citation de Virgile); 1 f. pour le texte du privilège accordé pour deux ans à *Galliot Du Pré*, le 10 janvier 1516 [1517, n. s.]; 4 ff. contenant un grand bois qui représente l'acteur offrant son livre au roi, le *Prologue de l'acteur* et la *Table*.

Le dernier f. contient, au r⁰, une répétition du bois des armes de France, et, au v⁰, la marque de *Galliot Du Pré* (Silvestre, n⁰ 47), accompagnée d'une nouvelle souscription en trois lignes.

Le jeune héros, en l'honneur de qui JEHAN BOUCHET a composé le *Temple de Bonne Renommée*, Charles, prince de Talmont, fils de Louis II de La Trémoille, dit le chevalier sans reproche, était né en 1486; il fut tué en 1515 à la bataille de Marignan.

Exemplaire du marquis de COISLIN (Cat. 1848, n⁰ 164) et de M. CIGONGNE.
— La reliure a été renouvelée depuis la vente des doubles de ce dernier amateur.

506. LE TEMPLE IEHAN BOCACE / de la ruyne daulcuns ‖ nobles malheureux / faict par George son imita- ‖ teur. ‖ ¶ Linstruction du ieune Prince. ‖ ¶ Le Chappellet des princes / en cinquante rōdeaulx / et cinq ‖ Ballades / faict et compose par le Trauerseur des voyes pe- ‖ rilleuses. ‖ ¶Lepistre de la royne Marie / a son frere Henry roy Dan- ‖ gleterre faicte et composee par le Trauerseur de voyes pe ‖ rilleuses. ‖ ¶ *Imprime a Paris pour Galliot du pre / marchant libraire* ‖ *demourāt sus le pont nostre Dame / a lenseigne de la Gallee /* ‖ *ayant sa bouticque en la grand salle du Pallays / au second* ‖ *pillier. Mil cinq cens .xvii.* ‖ ¶ Cum priuilegio regis. — [Au r⁰ du 70ᵉ f. :] ¶ *Cy finist le chappellet des princes / ensemble les-* ‖ *pistre de la royne Marie / a son frere le roy Henry* ‖ *Dangleterre. Faict et compose par le Trauerseur* ‖ *des voyes perilleuses. Et fut acheue de imprimer le* ‖ *dixhuytiesme iour de Apuril Mil. ccccc. et .xvii* [1517]. Pet. in-fol. goth. de 4 ff. lim. et lxx ff. chiffr., mar. r., fil., dos orné, tr. dor. (*Anc. rel.*)

Le titre, imprimé en rouge et en noir, est orné d'un grand *L* grotesque, et porte la marque de *Galliot Du Pre* (Silvestre, n⁰ 47).
Au v⁰ du titre est placé un bois des armes de France, au-dessous duquel commence le texte du privilège, qui se développe sur le r⁰ du f. *AAij*. Ce privilège, daté du 10 janvier 1516 [1517, n. s.] est accordé à *Galliot Du Pré* pour deux ans.
Le v⁰ du f. *AAij* et les 2 ff. suivants contiennent la *Table* et un grand bois qui représente l'acteur offrant son livre au roi. Ce bois est le même que celui qui figure dans les ff. lim. du *Temple de bonne renommée*.
Au v⁰ du dernier f. est une répétition de la marque de *Galliot Du Pré*, suivie d'une nouvelle souscription en trois lignes et des mots *Cum privilegio regis*, xylographiés.
Le *Temple de Jehan Bocace* a été composé par GEORGES CHASTELLAIN à la louange de Marguerite d'Anjou, reine d'Angleterre, si célèbre par ses malheurs et par son courage. Cet ouvrage est écrit en prose. L'édition que nous venons de décrire est divisée en chapitres et contient un grand nombre de leçons préférables à celles des manuscrits suivis par M. Kervyn de Lettenhove (*Œuvres de Georges Chastellain*, VII, 75-143).
Le *Temple de Bocace* est suivi (fol. 30-33) d'un traité en prose de JEHAN BOUCHET, intitulé *L'Instruction du jeune prince*, dont nous ne connaissons aucune édition séparée.

Le *Chappelet des Princes*, qui forme la troisième partie du volume, est précédé d'un prologue en prose qui n'a pas été reproduit dans les éditions postérieures.

Les *Rondeaulx et Ballades*, qui viennent ensuite (fol. 52-64), ne semblent pas avoir été imprimés antérieurement.

Le volume se termine par l'*Epistre de tresnoble et tresillustre dame, madame Marie, royne douairiére de France, au puissant roy d'Angleterre, son frére, touchant le trespas du treschrestien roy de France, Loys, douziesme de ce nom, son espoux*. Cette pièce se retrouve dans les *Epistres morales et familiéres du Traverseur*, III, fol. 17 a, et dans les *Annales d'Aquitaine*, éd. de 1644, 341.

Exemplaire de GAIGNAT, de JOHN TOWNELEY, de LAINGS et de M. R.-S. TURNER (Cat., n° 265).

507. LE LABIRYNTH DE FORTVNE ET || SEIOVR DES TROIS NOBLES DAMES Cōpo- || se par lacteur des Renars trauersans/ || et loups rauissans surnomme le trauer || seur des voyes perilleuses : || Aux lecteurs ||

> Homme mortel qui ne veulx mescongnoistre ||
> Ton dieu / ne toy / ce petit euure litz ||
> Et tu verras comme on se peult congnoistre/ ||
> Et que souuent le mal pour bien eslitz/ ||
> Si tu le croys chasseras tous delictz ||
> Dieu ameras sur tout et puis ton proche/ ||
> Regarde tout (combien qu'il soit prolix) ||
> Avant queu dire aulcun mal ne reproche. ||

Cum Priuilegio.∴ || ¶ *Et sont a vendre a Paris en la rue sainct Iacques deuāt* || *sainct yues ⸰ a poictiers deuāt le pallays au pellican par En* || *guilbert de marnef Et a limprimerie a la celle ⸰ deuāt les* || *cordeliers par Iacques Bouchet imprimeur.∴ — Finis.∴ S. d.* [1522], in-4 goth. de 8 ff. lim., sign. A. et 164 ff. non chiffr., sign. A-V par 8, x par 4, mar. r. jans., tr. dor. (*Trautz-Bauzonnet*.)

Au titre, la marque de *Guillaume* et *Jacques Bouchet*, imprimeurs à Poitiers (Silvestre, n° 1267). — Au v° du titre se trouve un extrait du privilège accordé pour trois ans à *Enguilbert de Marnef*, le 6 novembre 1522. Au-dessous de cet extrait est un bois des armes de France.

Le 2ᵉ f. contient, au r°, une épître latine d'ANTHOINE ARDILLON, abbé de Fontaine-Le-Comte, à Jehan Bouchet. Cette épître, datée du 17 des calendes de novembre (15 octobre) 1522, est imprimée en lettres rondes. Elle est suivie de la réponse de JEHAN BOUCHET, en français, réponse datée de Poitiers, le 1ᵉʳ novembre 1522, et signée de l'anagramme *Ha bien touché*, ainsi que de la devise *Spe labor levis*.

Au v° du fol. Aiij commence la *Table*, qui se développe sur le f. suivant et se termine au fol. av, v°.

La *Table* est suivie d'une épître « A tresillustre, tresvertueuse, treseureuse et bien aymée dame et princesse, madame Marguerite, seur germaine du trescrestien roy de France, Françoys, premier de ce nom, duchesse de Berry et d'Alençon », epître signée : JEHAN BOUCHET.

Le 8ᵉ f. lim. est blanc.

Le poème fut composé en l'honneur d'Artus Gouffier, seigneur de Boisy, duc de Roannois, mort à Montpellier, au mois de mai 1519.

Gouffier, ancien gouverneur du roi François Iᵉʳ, était devenu en 1514 grand-maître de France ; Bouchet perdait en lui un protecteur des plus influents.

A la suite du poème se trouvent deux pièces intéressantes :

1° *Epistre envoyée par l'acteur a venerable, circumpect et tresdoct theologue et enunciateur de verité, missire Jacques Prevost, docteur en theologie, regent en l'université de Poictiers, faisant mencion du rabaissement et mespriz des troys vertuz theologalles* (fol. Viiij, r°).

2° *Aultre Epistre envoyée par l'acteur a reverend pére en Dieu frére Jehan d'Authon, abbé d'Angle et croniqueur du feu roy Loys XII, faisant mencion du jeu du monde* (fol. Vvij, r°).

La seconde de ces épîtres, qui est en vers, a seule été reproduite dans les *Epistres morales et familiéres*.

De la bibliothèque de M. E. ODIOT.

508. OPVSCVLES du trauerseur des || voyes perilleuses nouuellement par luy reueuz || amandez et corrigez. || ⁋Epistre de iustice a linstruction et honneur || des ministres dicelles [sic]. || ⁋ Le chappelet des princes || ⁋ Ballades morales || ⁋ Deploracion de leglise excitant les princes a || paix. || Cum priuilegio. — *Finis*. || ⁋ *Imprime a Poictiers par Iacques Bouchet* || *A la Celle. le ix. Dapuril Lan Mil cinq Cens* || *vingt et six* [1526]. In-4 goth. de 88 ff. de 33 lignes à la page, sign. *A-C*, *E-L* par 8, *D*, *M* par 4, mar. r. jans., tr. dor. (*Thibaron*.)

Le titre est entouré d'un encadrement dont la partie de gauche porte les lettre *Ie* et *Mi* réunies par un nœud. Au-dessous des huit lignes de l'intitulé, se trouve la marque de *Guillaume* et *Jacques Bouchet* (Silvestre, n° 1267).

Au v° du titre se trouve une épître latine de frère JEHAN DE TROYES [TROIANUS], datée de Poitiers le 25 [sic] des calendes de décembre.

Au v° du 2ᵉ f. commence une épître (en vers) « A honnourable et scientifique advocat et conseiller, maistre Germain Aymery », épître qui se développe sur le f. suivant. et qui est signée de l'anagramme *Ha bien touché*, ainsi que de la devise *Spe labor levis*.

Le 4ᵉ f. contient une épître latine de ce même GERMAIN AYMERY, datée de Poitiers, le 1ᵉʳ juin.

Les pièces latines sont imprimées en lettres rondes.

Le v° du 4ᵉ f. est blanc.

La première partie de ce recueil, l'*Epistre de justice*, datée de 1524, a été reproduite dans les *Epistres morales et familiéres du Traverseur*, I, II, 20 *b*,—30 *a* ; mais la réimpression présente un certain nombre de variantes.

La seconde partie, le *Chappelet des Princes*, avait paru en 1517, à la suite du *Temple Jehan Bocace*, traduit par Georges Chastellain (voy. le n° 501), mais le poète y a fait, ici, diverses additions.

Les rondeaux, ballades et chants royaux qui forment la troisième partie ne semblent pas avoir été imprimés précédemment.

Une des pièces contenues dans cette partie du recueil, le rondeau :

O bon Jesus, de Dieu eternel filz... (fol. Gvij)

se retrouve dans les œuvres de Marot, où il est donné comme une traduction du latin :

Jupiter ex alto perjuria ridet amantum...

Voy. Marot, éd. Jannet, II, 172.

Quant à la quatrième partie, la *Deploration de l'Eglise militante*, nous en avons décrit ci-dessus l'édition originale (n° 504).

BELLES-LETTRES. 319

509. Les Trivmphes de || La Noble et amovrevse Dame : Et lart de honneste- || ment aymer / Compose par le Trauerseur || des Voyes perilleuses *Nouuelle-* || *ment Imprime a* || *Paris.* ||.⁊⁕. || ℭ *On les vend a Paris en la grant rue sainct Iacques aux* || *deux Cochetz en la maison de Iacques Keruer Libraire* || *iure de Luniuersite.* || ℭ *Mil. D.xxxv* [1535]. — ℭ *Cy prent fin le traicte des Triumphes de* || *la noble dame* / ✝ *lart de hõnestement aymer* || *Compose par le Trauerseur des voyes pe-* || *rilleuses Et nouuellement imprime a Pa-* || *ris par Nicolas couteau/ le .v*ᵉ*. iour de Aoust* || *Mil cinq cens. xxxv* [1535]. In-fol. goth. de 6 ff. lim., 154 ff. chiffr., 1 f. non chiffr. et 1 f. blanc, v. f., fil., dos orné, tr. marbr. (*Anc. rel.*)

<small>Le titre, imprimé en rouge et en noir, est orné d'un grand *L* grotesque, mais ne contient aucun bois ; le v⁰ en est blanc.
Au 2ᵈ f. se trouve une épître en vers « A tresillustre, tresnoble, tresprudente, tresredoubtée dame, madame Eleonor, de l'imperialle maison d'Austriche, royne de France, etc., » épître accompagnée d'un bois aux armes de France et d'Autriche.
Le r⁰ de l'avant-dernier f. contient 14 distiques latins de Nicolas Petit, abbé de Bellozane, « Ad magistrum Jacobum Vallam, Cadomensem, virum juris utriusque consultissimum. »
Le v⁰ de ce même f. porte la marque de *Galliot Du Pré* (Silvestre, n⁰ 47).
Les *Triomphes de la noble et amoureuse dame* sont écrits en prose et en vers. Jehan Bouchet a fait entrer dans un cadre allégorique un véritable traité de théologie et de morale. Voy. Goujet, *Bibliothèque françoise*, XI, 284.</small>

510. Les || Genealogies Effigies & Epitaphes || des Roys de France, recentement re- || ueues & corrigees, par l'Autheur mesmes : auecq' plusieurs aultres opu || scules, le tout mis de nouueau en lumiere par ledict || Autheur, comme on pourra veoir en la || page suyuante. || Auec priuilege || du Roy. || *On les vend a Poictiers, en la Bouticque de Iacques* || *Bouchet, pres les Cordeliers, & a l'enseigne du Pelican* || *par Iehan, & Enguilbert de Marnef, freres.* || M. D. XLV [1545]. In-fol. de 6 ff. lim., 163 ff. chiffr. et 1 f. non chiffr., cart.

<small>Au v⁰ du titre est placé un extrait du privilège accordé pour quatre ans à Jehan Bouchet, le 3 janvier 1543 [1544, n. s.] ; au-dessous de cet extrait se trouve un résumé de la table.
Les ff. aa ij-aa v contiennent la *Table*.
Le f. aa vj est occupé par une épître (en prose) « A tresillustre et reverendissime seigneur Anthoine Du Prat, cardinal du sainct siége apostolicque, arcevesque de Sens et chancelier de France. »
Le volume est divisé en huit parties. La première partie qui renferme les épitaphes des rois de France (fol. 1-67), est ornée de 57 portraits gravés sur bois. Nous en décrivons deux éditions séparées dans la section du présent catalogue consacrée à l'histoire.
La seconde partie, formée des « épitaphes de plusieurs princes et aultres</small>

personnes particulières », est la plus intéressante du recueil. Voici le relevé, par ordre alphabétique, des personnages dont Bouchet a célébré la mémoire :

Almaigne (Florent de), abbé commendataire de Sainct Savin et esleu en evesque de Poictiers, fol. 77 a.

Almaigne (Jehan de), doyen de l'eglise de Poictiers, fol. 79 a.

Anne de Bretaigne, fol. 72 a.

[Arc] Jehanne [d'], fol. 71 b.

Ausserre (Jacques d'), eschevin de Poictiers, seigneur de La Court, et tresnotable advocat a Poictiers, fol. 81 b.

Authon (Jehan d'), abbé d'Angle, fol. 79 d.

Barré (Jehan), marchant non marié, qui mourut a Poictiers, fol. 78 c.

Bergier (Mery), dit Merigot, pastissier, fol. 80 a.

Berry (Jehan, duc de), fol. 71 b.

Blanchet (Pierre), de Poictiers, bon orateur vulgaire, fol. 78 b.

Boiceau (Marie Doyron, femme de Jehan), fol. 76 b.

Boylesve (Jehan), conseiller a Poictiers, fol. 79 a.

Bouchet (Pierre), procureur en court laye a Poictiers, père de l'acteur, fol. 73 d.

Bourbon (Charles de), aultresfoiz connestable de France, fol. 75 b.

Bourbon (Renée de), abbesse de Fontevrault, fol. 81 c.

Brezay (Pierre de), grand senechal de Normandie, fol. 71 d.

Chandault [Chandos] (Jehan), chevalier anglois, en son vivant senechal de Poictou, fol. 71 a.

Charles [le Téméraire], fol. 71 d.

Charles Martel. fol. 71 a.

Claude, royne de France, fol. 73 d.

Claveurier (Maurice), lieutenant general en Poictou, fol. 82 b.

Du Fou (Françoys), chevalier, seigneur du Vigean, fol. 84 a.

Du Guesclin [De Guesquyn] (Bertrand), fol. 71 b.

Du Prat (Anthoine), cardinal de Sens, légat du pape et chancelier de France, fol. 80 c.

Foix (Gaston de), duc de Nemours, fol. 71 d.

Formond (Jehan), fol. 78 b.

Françoys de Valloys, dauphin, fol. 68 a.

Gannay (Marguerite de), fille de feu messire Pierre de Gannay, chevalier et baillif de Berry, fol. 76 a.

Gouffier (Artus), seigneur de Boisy, chevalier de l'Ordre, et grand maistre de France, fol. 73 d.

Gouffier (Guillaume), chevalier de l'Ordre, grand admiral de France, et seigneur de Bonnyvet, fol. 75 a.

Gron (Denys), procureur en parlement a Paris, fol. 79 c.

Herbert (Marie), fol. 77 c.

Jehan [sans peur], duc de Bourgongne, fol. 71 b.

Landoys (Pierre), tresorier et bien aymé de monsieur François duc de Bretaigne, fol. 71 d.

La Tremoille (Charles de), prince de Talmont, fol. 72 a, 78 b.

La Tremoille (François de), vicomte de Thouars, fol. 85 a, 86 c.

La Tremoille (Gabrielle de Bourbon, comtesse de Benon, vicomtesse de Thouars, dame de), fol. 72 c.

La Tremoille (Guy de), fils de François de La Tremoille et de madame Anne de Laval, fol. 84 c.

La Tremoille (Jehan de), cardinal, arcevesque d'Aux et evesque de Poictiers, fol. 72 b.

La Tremoille (Loys de), chevalier de l'Ordre, gouverneur de Bourgongne, etc., fol. 74 c.

[Le Daim] (Olivier), barbier du roy Louis XI, qui fut pendu a Montfaucon, fol. 71 d.

Leon, bon compaignon, fol. 83 d.

Mahommet, fol. 71 a.

Marot (Clement), 85 d.

Mermande (Loys de Bueuil, seigneur de), fol. 83 d.

Milhac (Pierre de), docteur es droictz et conseiller en la court du parlement de Bordeaux, fol. 84 c.

Miraillet, pauvre vieillard, fol. 84 b.

Monberon (Adrian de), prince de Mortaigne, fol. 79 b.

Morus (Thomas), chancelier d'Angleterre, fol. 80 a.

Moussy (Regnaud de), chevalier, seigneur de Puybouillait et Sainct Martin l'Ars, fol. 83 c.

Orleans (Loys, duc d'), qui fut occis a Paris, fol. 71 b.

Orneau (Jehan), maistre des euvres de massonnerie pour le roy, a Poictiers, fol. 82 a.

Regnier (Pierre), docteur es droictz et lieutenant general de Poictou, fol. 82 d.

René d'Anjou, fol. 85 b.

Riviére (Pierre), de Poictiers, qui traduict en françois la *Nef des Folz*, et fut grand legislateur, fol. 78 a.

Royrand (Nicolas), [président à Poitiers, beau-père de Maurice Claveurier], fol. 82 b.
Roland, l'un des XII pers de France, fol. 71 a.
Roussart (Loys de), chevalier, seigneur de La Possonnière et maistre d'hostel de monseigneur monsieur le daulphin, fol. 85 d.
Scipion l'Affricain, fol. 75 d.

Semblançay (Jaques de Beaulne, seigneur de), fol. 75 b.
Tortereau (Julian), licentié en theologie et maistre regent en l'université de Poictiers, au collége du Puygareau, fol. 76 b.
Vendosme (Loys de), vidame de Chartres, fol. 78 c.
Vivonne (André de), seigneur de La Chasteigneraye, seneschal de Poictou, fol. 75 c.

Le morceau le plus important de la seconde partie, la *Deploration et Invective contre tribulation sur le decès de feu monsieur Françoys de La Tremouille, chevalier de l'Ordre*, etc., est précédé (fol. 86, r°) d'un sonnet de JOSEPH BOUCHET, fils de l'auteur.

La troisième partie (fol. 91-102) renferme le *Chappelet des Princes*, dont nous avons déjà cité deux impressions (voy. les n°s 505 et 507).

La quatrième partie (fol. 102-113) contient 13 rondeaux et 26 ballades sur des sujets moraux.

La cinquième partie comprend la *Deploration de l'Eglise militante*, dont nous avons décrit l'édition originale (n° 503), et qui a été reproduite en 1526 dans les *Opuscules du Traverseur* (n° 507).

La sixième partie (fol. 129-142) se compose d'apophthegmes ; on y trouve (fol. 142 c) une épître « A monseigneur, monsieur de Baïf, maistre des requestes ordinaire du roy ».

La septième partie est précédée d'un titre particulier (fol. 143, r°) : *Les angoysses & remedes* || *d'amours.* || *Du Trauerseur, en son adolescence.* Au dessous de ces trois lignes est placé un bois allégorique, signé de la double croix de Lorraine. Le poème, dédié « Au genereux, strennue, diligent, robuste et ingenieux chevalier et seigneur aquitanian, monsieur Loys, seigneur d'Estissac, de Mouclaz, Queuzac, etc. », fut composé par Bouchet avant 1501 ; il en existe des éditions publiées séparément en 1536 et 1527 (Brunet, I, 1162). *L'Amoureux transy sans espoir*, qui fait partie des *Angoysses*, avait paru à part vers 1503 (Brunet, I, 1154).

Le volume se termine par des *Quatrains et Cinquains donnans memoire des temps d'aulcuns memorables faictz*, et des *Patrons selon l'ordre de ABC... pour les filles qui veulent apprendre a escripre*.

511. ❧ EPISTRES MORALES & FAMI-||LIERES DV TRAVERSEVR. ||
          Seguier. ||

          Par tes escriptz as tant acquis de gloire, ||
          Que dessus toy la mort ne peult plus rien : ||
          Donc desormais a tous il est notoire, ||
          Qu'a vng tel loz, & si grand renom tien, ||
          De Trauerseur le nom ne conuient bien. ||
          Vng Trauerseur, c'est vng qui soubdain passe, ||
          Duquel la vie, auec le nom s'efface : ||
          Mais toy estant ioinct a eternité, ||
          Il n'est viuant lequel croire me face ||
          Qu'vng plus haut nom tu n'ayes merité. ||

A Poictiers, || *Chez Iacques Bouchet a l'imprimerie a la Celle,* || *& dauant* [sic] *les Cordeliers. Et a l'enseigne du Pelican par Iehan & Enguilbert* || *de Marnef.* || 1545. || ❧ Auec Priuilege || du Roy pour quatre ans. In-fol. de 6 ff. lim., 42 et 48 ff. chiffr. pour les *Epistres morales* ; 4 ff.

lim. et 83 ff. chiffr. pour les *Epistres familiéres*, et 1 f. non chiffr., v. f., fil., dos orné, tr. dor. (*Anc. rel.*)

Les *Epistres morales* se divisent en deux livres, ayant chacun une foliotation distincte. Les ff. lim. contiennent le titre, l'extrait du privilège accordé pour quatre ans à JEHAN BOUCHET, le 3 janvier 1543 [1544, n. s.] et l'argument des épîtres ; la *Table*, les *Faultes de l'Imprimerie* et le *Motif et Intention du Traversuer*.

Au v° du 6ᵉ f. lim. se trouvent des vers latins de MARTIN SEGUIER, l'auteur du dixain qui figure sur le titre.

Le v° du f. 48 du second livre contient la devise du poète : *Spe labor levis*, son anagramme : *Ha bien touché*, et la marque de *Guillaume et Jacques Bouchet* (Silvestre, n° 1267).

Cette première partie contient des choses fort curieuses, notamment l'épître « aux Imprimeurs et Libraires », où Jehan Bouchet donne la liste de ses ouvrages.

Les ff. lim. qui précèdent la seconde partie comprennent : un titre, orné de la marque de *Guillaume et Jacques Bouchet* (Silvestre, n° 1186), la *Table* et les *Faultes de l'imprimerie*.

La première pièce est l'*Epistre envoyée du Champ elisée par feu Henry, autresfois roy d'Angleterre, a Henry son fils, viij. de ce nom*, pièce dont il existe une édition séparée, et qui a été réimprimée, sans nom d'auteur, par M. de Montaiglon (*Recueil de Poésies françoises*, III, 26-71).

Les autres pièces sont pour la plupart adressées à des amis du poète.

Voici la liste des destinataires dont les noms sont indiqués :

Anglure (Jacques d'), fol. 74 a, 75 b.
[Ardilhon (Anthoine)], abbé de Fontaine le Comte, fol. 28 c, 29 d, 30 a, 36 d, 39 c, 53 a, 66 c.
Bastard (Loys), docteur en theologie et gardien du convent des fréres prescheurs a Partenay, fol. 47 c.
Berthellot, futur maire, fol. 40 d.
Bordeilles (Guy de), religieux de l'ordre sainct François, fol. 53 a.
Bouchet (Gabriel), filz de l'acteur, fol. 37 a.
Bourbon (Loyse de), abbesse de Saincte Croix de Poictiers, fol. 63 d ; — abbesse de Fontevrault, fol. 69 a.
Bourbon (Magdaleine de), abbesse de Saincte Croix de Poictiers, fol. 76 c, 77 a.
Bréche (Jehan), advocat a Tours, fol. 80 a.
Chapponneau (Jehan), docteur en theologie, de l'ordre des augustins, a Bourges, fol. 66 d.
Colin (Germain), fol. 44 b, 46 b.
Cothereau (Claude), archeprebstre de Tours, puis chanoyne prebendé en l'eglise de Paris, fol. 39 b, 56 c, 82 b.
Crissé (Le seigneur de), fol. 57 a.
Des Arpens (Michel), fol. 48 bd.
Du Bourg (François), abbé de Sainct George:, filz de monsieur le chancelier de France, fol. 78 c.

Du Fou (Françoys), seigneur du Vigean, fol. 34 d.
Du Fou (Françoys), fils, 34 d.
Emery (Germain), licentier es loix et advocat a Poictiers, fol. 32 a.
Gervaise (Pierre), assesseur de l'official de Poictiers, 23 d.
Godart (Jacques), curé et chanoyne de La Chastre en Berry, grand orateur, 82 c.
Hirlant (Robert), regent en la faculté des loix en l'université de Poictiers, 52 b.
Illiers (Anthoinéte d'), baronnesse de Clervaulx, etc., fol. 49 b.
La Fayolle, fol. 78 b.
La Gréve (Ponce de), docteur es droitz, abbé de Vallence, fol. 30 d.
L'Anglois (Bertrand), gentilhomme fort amoureux de vulgaire rethorique, fol. 19 d.
La Tremoille [[Gabrielle de Bourbon], dame de), vicontesse de Thouars, fol. 11 bd, 12 d, 25 b, 26 c.
Le Chandelier (Baptiste), conseiller du roy en sa court de parlement en Normandie, fol. 71 c.
Le Lieur (Jacques), orateur, de Rouen, fol. 65 d, 72 c, 76 a.
Le Prevost (Thomas), de Rouen, fol. 59 b.
Maryn (Jehan), licentier en droictz et advocat a Rouffec, fol. 35 a, 56 a.

BELLES-LETTRES.

Myervé (Le seigneur de), gentilhomme de bon sçavoir et bien experimenté au faict des guerres, demourant a Boulongne sur la mer, fol. 83 *b*.
Mombrun (Le seigneur de), fol. 67 *c*.
Monstereuil Bonnyn (Mme de), fol. 65 *a*.
Orange (Philibert de Chalon, prince d'), prisonnier de guerre au chasteau de Luzignen, au moys de may 1525, fol. 27 *b*.
Permantier (Jehan), ou mieux Parmentier, orateur excellent, fol. 34 *c*.
Parvy (Nicoles). Voy. Petit.
Petit (Nicoles), dit Parvy, regent de Paris, lors estudiant a Poictiers, fol. 22 *b*.
Puytesson (Jacques de), chanoine de Menigouste, fol. 58 *b*.
Rabelais (François), fol. 36 *a*.

Romanéche (Gaspar), docteur es droictz et seigneur du Pin, fol. 21 *c*.
Roussart (Loys), chevalier, maistre d'hostel de monsieur le daulphin et sieur de La Poissonnière, fol. 82 *d*.
Sagon (François de), curé de Beauvais, fol. 78 *c*.
Thibaut (Florent), fol. 42 *d*.
Thibault (François), licentier es droictz et advocat a Poictiers, fol. 41 *c*.
Tillart, 80 *d*.
Tyraqueau (André), lieutenant de Fontenay le Comte, fol. 85 *a*.
Villandry, secretaire des commandemens du roy, fol. 65 *b*.
Vivonne (André de), chevalier, seigneur d'Enville de La Mothe Saincte Eraye, fol. 27 *d*.

Jehan Bouchet a, de plus, fait entrer dans son recueil des épîtres à lui adressées par divers auteurs, savoir :

ANGLURE (JACQUES D'), fol. 74 *b*.
[BILLON], fol. 61 *d*.
BRÉCHE (JEHAN), advocat a Tours, fol. 79 *a*.
COLIN (GERMAIN), secretaire de monsieur le grand maistre de l'ordre de S. Jan de Jerusalem, fol. 43 *c*, 45 *a*.
COTHEREAU (CLAUDE), chanoyne prebendé en l'eglise de Paris, fol. 82 *b*.
DES ARPENS (MICHEL), fol. 48 *bc*.
EMERY (GERMAIN), licencier es loix et advocat a Poictiers, fol. 31 *d*.
GERVAISE (PIERRE), assesseur a l'official de Poictiers, fol. 22 *d*.
LE CHANDELIER (BAPTISTE), conseiller du roy en sa court de parlement en Normandie, fol. 70 *d*.
LE LIEUR (JACQUES), fol. 66 *a*.
LE PREVOST (THOMAS), fol. 59 *a*.
MARYN (JEHAN), licentier es droictz et advocat a Rouffec, fol. 55 *c*.
PARMENTIER (JEHAN), fol. 34 *c*.
PUYTESSON (JACQUES DE), chanoine de Menigouste, fol. 58 *a*.
RABELAIS (FRANÇOIS), homme de grandes lettres grecques et latines, fol. 35 *c*.
SAGON (FRANÇOIS DE), curé de Beauvais, fol. 73 *a*.
THIBAULT (FLORENT), fol. 42 *a*.
THIBAULT (FRANÇOIS), licentier es droictz et advocat a Poictiers, fol. 41 *b*.

Les principaux personnages mentionnés dans les épîtres sont les suivants (nous indiquons par un astérisque les éloges funèbres) :

Baillet, fol. 58 *d*. — Il s'agit probablement de Thibaut Baillet, président du parlement de Paris, qui publia les coutumes d'Anjou.
*Boilesve (Yves), mort en retournant de Poitiers à Paris, au mois d'août 1521, fol. 6 *d*.
Bouchet (Marie), fille de l'acteur, religieuse de Saincte Croix de Poictiers, fol. 76 *c*.
*Hyrlant (?), fils de Robert, fol. 52 *b*.
Marillyac, advocat, fol. 58 *d*.

Mignot, commissaire, fol. 58 *b*.
*Petit (Nicoles), grand orateur et licentier es droictz, fol. 53 *a*.
Pichereau, cousin de Jehan Bouchet, fol. 38 *d*.
*Prevost (Jacques), docteur en theologie, chanoine theologal de l'eglise cathedralle de Poictiers, fol. 47 *c*, 48 *b*.
*Vivonne (André de), chevalier, seigneur de La Chasteigneraie, seneschal de Poictou.

Le dernier f. contient au r° la marque des imprimeurs (Silvestre, n° 1186); le v° est en blanc.

512. 🕮 Conseil de 🕮 || Volentier morir. ||

¶ Ie me nomme par bon aduis ||
Conseil de morir non enuis ||
Par ce dialogue de lame ||
Et du corps mon nom vray ie clame. ||
Et apres baille Fossetier ||
Conseil de morir volentier ||
Puis fait dune oraison present ||
Pour aller au sainct sacrement. ||

¶ *Imprime en Anuers par Mar-* || *tin Lempereur. Lan M.* || *D. xxxij* [1532]. || 🕮 Pet. in-8 goth. de 24 ff. non chiffr. de 25 lignes à la page, sign. *a-c*, mar. v. jans., tr. dor. (*Trautz-Bauzonnet.*)

Voici le fac-simile du titre :

❧Conſeil de❧
Volentier morir.

¶Ie me nomme par bon aduis
Conſeil de morir non enuis
Par ce dialogue de lame
Et du corps mon nom vray ie clame.
Et apres baille Foſſetier
Conſeil de morir Volentier
Puis fait dune oraiſon preſent
Pour aller au ſainct ſacrement.

¶Imprime en Anuers par Martin Lempereur. Lan M.
D. xxxij.

Le v° du titre est blanc.

L'auteur, Julien Fossetier, prêtre d'Ath en Hainaut, fait précéder son œuvre d'une dédicace à l'empereur Charles-Quint, où il nous apprend qu'il était alors

Anchien de quatre vingz ans et plus.

Le poëme, qui est un dialogue entre l'Ame et le Corps, hérissé de renvois aux auteurs sacrés et profanes, commence ainsi :

L'Ame parle, disant :

O mon corps fait de chair et de os, pour quoy
Crains tu la mort, laquelle est du requoy....

Il est suivi de cinq petites pièces morales, savoir :

1° *Sieut une briefve et profitable Declaration du bien de mort voluntaire* (fol. cij, r°) :

Ung cescun doibt, pour de gloire fruyr,
Vivre en desir de volentier morir.....

2° *Sieut ung Recordt de la Passion, pour utilement rechepvoir le pain de l'autel* (fol. ciiij, v°) :

Il fait du corps de Jesus sainct repas
Qui masche bien les fruicts de son trespas......

3° Omnia vincit amor, *dit Vergile vers la fin de ses Bucolicques* (fol. cvj, r°) :

Amour vainct tout : Il ne crainct mort ne porte
Pour son ame estre a Dieu par l'ange offerte....

4° *Que tous biens vienent de Dieu, et que il est seul facteur de tous nos biens* (fol. cvj, v°) :

Grace aist Dieu qui per sa bonté
Me donne a vivre et volenté...

5° *Du pecheur considerant son estat* :

Je, retournant ma vie preterite,
Ne trouve en moy que vice et demerite....

M. de Montaiglon (*Recueil de Poésies françoises*, VII, 119) a donné une notice du poëme de Fossetier, mais il n'a réimprimé entièrement que le *Prologue* placé en tête de la première pièce.

Cet exemplaire a successivement appartenu à M. le baron de LA ROCHE LACARELLE (voy. le catalogue publié par M. L. Potier en 1859, n° 186), à M. SOLAR (n° 1144) et à M. W. MARTIN (n° 848); il provient, en dernier lieu, de la vente d'un amateur lyonnais [M. PARADIS], faite en 1879 (n° 268).

513. ❡ LE MOYEN DE ‖ SOY ENRICHIR ,pfi- ‖ table et vtile a toutes gens Compose ‖ par maistre Francoys girault. ‖ ❡ *On les vēd a Paris en la rue neufue.*‖ *nostre dame a lenseigne sainct Nicolas.* — [A la fin :] ❡ *Espoir de mieulx en soulas nous faict viure* ‖ *Iusque a la fin. S. d.* [vers 1525], pet. in-8 goth. de 8 ff. de 34 lignes à la page pleine, impr. en petites lettres de forme, sign. A, mar. r. jans., tr. dor. (*Trautz-Bauzonnet.*)

Au titre, un bois qui représente un clerc et un étudiant se parlant.
L'adresse est celle de *Jehan Sainct Denys*.
Les caractères sont ceux avec lesquels a été imprimée une édition de l'*Art et Science de bien parler et de soy taire*, datée du 16 mars 1527 [¹1528, n. s.], dont nous donnons plus loin un fac-simile (voy. le n° 524). On peut donc attribuer l'impression à *Guichart Soquand*.
Le *Moyen de soy enrichir*, qui a été réimprimé dans le *Recueil de Poésies françoises* de MM. de Montaiglon et de Rothschild (X, 85-95), se termine par l'acrostiche de FRANÇOIS GIRAULT. Nous en décrivons ci-dessous une édition anonyme publiée sous un autre titre.

Il est assez probable que l'auteur de ce petit poème doit être confondu avec le libraire parisien *François Girault*, que Lottin cite sous les dates de 1547 et 1549. Gilles Corrozet ne devait pas être le seul membre de la corporation des libraires qui cultivât les muses.

514. ¶ La maniere da || voir de largent / tresvtille a toutes gens : et || pour viure vertueusement. — [A la fin :] *Espoir de mieulx en soulas no' faict viure.* || 🙠 *Iusques a la* [sic]. 🙠 *S. l. n. d.* [*vers* 1525], pet. in-8 goth. de 4 ff. de 24 lignes à la page, sign *A*, mar. r. jans., tr. dor. (*Trautz-Bauzonnet.*)

Même pièce que la précédente.

Cette édition n'a qu'un simple titre de départ et le r° du 1ᵉʳ f. contient 19 vers. Voici le fac-simile des premières lignes du texte :

> ¶ La maniere da
> uoir de fargent/treſvtille a toutes gens: et
> pour viure vertueuſement.
> 🙠 Toutes gens qui deſirent ſcauoir
> Le bon moyen et maniere de viure/
> Entendez cy/ faiſant voſtre debuoir
> Deſtudier dedans mon petit liure:
> Ce quil en dict ceſt vng mot a deſire :
> Mais touteſſoys il faict bon biens auoir/
> Qui veult riche eſtre il doibt de loing preuoir.

L'imprimeur, pour faire tenir le poème en 8 pages, a dû supprimer trois strophes.

515. Lesperon || de discipline pour inciter les humains aux bõ || nes lettres / stimuler a doctrine / animer a sciẽ- || ce / inuiter a toutes bõnes oeuures vertueuses || et morales / par consequẽt pour les faire cohe- || ritiers de Iesuchrist / expressemẽt les nobles et || genereux / Lourdement forge / ⸸ rudement lime / || par Noble homme Fraire Antoine du Saix / || Commendeur de sainct Antoine de Bourg en || Bresse. 1532. || ¶ Quoy qu'il aduienne. — 🙠 La secvnde || partie de Lesperon de discipline / en laquelle est || traicte de la nourriture et instruction des en- || fants / Mesmement nobles et genereux, qui || pour lorigine / entretien / et consummation de || vraye noblesse extraicte de bonnes meurs et || gestes

magnanimes, doibuent requerir sciēce : || a ce que le sens quon quiert, soit en son temps || en eulx acquis 1532. || ¶ Quoy qu'il aduienne. — Ensemble 2 part. en 1 vol. in-4 goth., mar. r. fil., comp., dos orné, tr. dor. (*Trautz-Bauzonnet.*)

Première Partie : 14 ff. lim. et 108 ff. non chiffr., ensemble 122 ff., sign. *a*, *b* par 4, *c* par 6, *d-q* par 8, *r* par 4.

Seconde Partie : 104 ff. non chiffr., sign., *A-N* par 8.

La première partie compte vingt chapitres ; elle est précédée de vers latins et français *Aux Liseurs* et *Aux Imprimeurs*, et d'une longue épître en prose au duc Charles de Savoie, qui occupent ensemble les feuillets liminaires.

La seconde partie a 28 chapitres ; elle est suivie de vers dédiés à Philippe de La Clayette, seigneur de Vougy, d'une espèce de fatrasserie adressée à « aulcuns repargnez et singuliers amys », d'une pièce en l'honneur de Jacques de Chabannes, seigneur de La Palice, d'une *Supplication présentée au tressacré, auguste et glorieux corps de Jesuchrist*, d'un onzain intitulé : *L'Arrest de l'Esglise catholique*, et de l'*Epitaphe de Philibert Du Saix, jadis seigneur de Coursant et gouverneur de Bresse*, 1531.

La pièce la plus curieuse du volume est celle que l'auteur envoie à ses amis. On y trouve les noms de Jacques Du Bellay ; de [Guillaume Du Bellay], seigneur de Langey, « ambassadeur de majesté royalle » ; de Langhiac, abbé de Chezy ; de La Villette, bailly de Bugey ; de René Macé,

> Celluy qui a tout le loz amassé
> Que jamais homme en Europe et Asie
> Peust meriter par haulte poesie....;
> C'est l'escripvain de Royalle Cronicque
> Du Lys françois que l'on consacre a Reins,
> Tant que prieur il en est de Beaurains ;

de Pierre Gerard (à qui Du Saix adresse des vers insérés dans son *Petit Fatras*) ; de

> Pierre Martin, Apelles en paincture,
> Pére d'Ovide en metrificature,
> Le grand prelat et chief de Toyselle ;

de Simon Bourgoing, l'auteur de l'*Espinette du jeune prince*, et de Jehan de Lève. On remarque, à la fin, ces vers sur Geofroy Tory :

> Geoffroy Thory, qui divine as heu main
> Pour figurer dessus le corps humain
> La lettre antioque, ouyant que plcme ay prise
> Pour te imiter, ce bourgeon ne mesprise :
> Raisin sera, s'il a temps de meurer.
> Vueille avec nous le Seigneur demeurer !

Les vers d'Antoine Du Saix n'ont pas une grande valeur littéraire et justifient pleinement la remarque de Du Verdier (I, 139), qui, reproduisant le titre de l'*Esperon de discipline*, où le poète parle de ses vers « lourdement forgés et rudement limés », ajoute avec esprit : « et fait bien l'auteur de le confesser et de m'avoir prevenu à le dire » ; mais ils sont curieux comme documents historiques. Du reste, l'édition que nous avons décrite est d'une insigne rareté et peut être considérée comme un monument typographique important.

Les titres, imprimés en rouge et en noir, portent un fleuron à l'écu de Savoie, dont le champ est teinté en rouge, à la presse. Toutes les pages du volume sont entourées d'encadrements gravés en bois, dans le goût de Geofroy Tory. Ces encadrements ont été faits pour le livre, comme le prouvent les armes de Du Saix, son nom, et la date de 1532 contenus dans les ornements. Ils présentent huit compositions différentes, dans l'une desquelles on remarque le nom de *Girardiéres*. Ce nom, qui est celui d'une famille noble de la Bresse et du Bugey, et qui est accompagné d'un écu chargé de trois têtes de loup, est probablement celui du graveur. Peut-être y a-t-il lieu de le rapprocher de celui de Pierre Gerard, « Apelles en peinture ».

En tout cas, Du Saix a fait preuve d'infiniment plus de goût dans la décoration de ses ouvrages que dans ses compositions littéraires. L'admiration qu'il professait pour Geofroy Tory, son modèle, admiration dont témoigne le passage cité plus haut, dénote aussi chez lui un véritable sentiment artistique.

Le volume ne porte pas de nom de lieu. M. Brunet, qui reproduit le fleuron du titre (*Man. du Libr.*, II, 919; cf. Silvestre, n° 273), remarque que ce même fleuron se retrouve sur le titre du *Doctrinal de court*, de P. Michaut, imprimé à Genève par *Jacques Vivian*, en 1522, et pense que l'on doit, en conséquence, faire honneur à cet imprimeur de l'*Esperon de discipline*. Malgré les objections que le rédacteur du *Catalogue Yemeniz* (n° 1786) a élevées contre cette hypothèse, elle nous paraît d'autant plus probable que Genève était la ville où Du Saix pouvait le plus facilement faire imprimer ses œuvres. Ajoutons qu'un autre volume publié par le même auteur, l'*Oraison funèbre de Marguerite d'Autriche*, dont la Bibliothèque nationale possède un exemplaire, et dont M. de Quinsonas a reproduit le texte dans ses *Matériaux pour servir à l'histoire de Marguerite d'Autriche* (II, 387-402), porte sur le titre le même fleuron aux armes de Savoie.

Antoine Du Saix avait pour devise les mots: *Quoy qu'il advienne*. Cette devise, qui est répétée fort souvent dans ses ouvrages, se rencontre à la fin du *Dictier du comte de Nansot* (ou *Nassau*), qui termine l'édition des œuvres de Marot publiée à Avignon par *Jehan de Channey* et qui a été reproduit dans plusieurs autres éditions de l'*Adolescence Clementine* (voy. ci-après, n° 598); elle figure également au bas d'un dizain intitulé: *De quel boys se chauffe Amour*, qui est placé à la suite du *Caquet des bonnes Chamberiéres*, dans une édition que M. de Montaiglon a réimprimée (*Recueil de Poésies françoises*, V, 71-84). On pourrait, par suite, être tenté d'attribuer ces deux pièces à Du Saix; mais la première, au moins, est de Molinet, et se retrouve, sans aucune devise, dans le recueil de ses œuvres (voy. ci-dessus, n° 4717¹).

Exemplaire de M. CH. GIRAUD (Cat., n° 1238), de M. DE CHAPONAY (n° 774) et de M. LEBEUF DE MONTGERMONT (n° 303.)

Hauteur: 194; largeur: 127 millim.

516. PETITZ FATRAS || dung appren- || tis, surnommé Lesperon- || nier de discipline [Antoine Du Saix]. || 1537. || *On les vend a Paris, chez Si-* || *mon de Colines, au Soleil dor,* || *rue S. Iehan de Beauluais.* In-4 de 40 ff. chiffr., impr. en belles lettres rondes, sign. *A-E* par 8, mar.v., fil., comp.. dos orné, tr. dor. (*Trautz-Bauzonnet.*)

Le titre est orné d'un joli encadrement que l'on doit attribuer à *Geofroy Tory*, comme les autres encadrements dont se servait *Simon de Colines*.

Le volume contient 108 pièces d'inégale importance, dont 9 sont écrites en latin. Ce sont pour la plupart de petites compositions morales, des explications de proverbes, etc. On rencontre dans le volume un assez grand nombre de noms intéressants pour l'histoire de la Savoie. Plusieurs pièces sont relatives à des personnages de la famille de l'auteur: P. Du Saix, sœur Philiberte Du Saix, sœur Claudine Du Saix, sœur Marguerite Du Saix, Jehanne Du Saix, dame de Vougy, sœur Renée de Vougy. Les autres personnages nommés dans le recueil, et dont plusieurs étaient sans doute aussi des parents du poète, sont: frère Claude Monachon, Charlotte de Lucinge, sœur Marie de Lucinge, Philibert de La Galatha, Pierre Gerard de Sedane, les seigneurs de Chouax et de La Coux, La Gastellinière, commissaire des guerres, sous le nom de qui le poète adresse des vers à l'évêque de Bethléem, Benoist Fabri, lieutenant au pays de Bresse, le capitaine La Beuyère, Moland, Claudine de Lespinace, Annemond Cyberanc, seigneur de Boye, et Jacques Colin, lecteur du roi, à qui Du Saix envoie une épître latine. On remarque, en outre, les épitaphes de La Palice, du président Le Viste et de Mme de

Traves, morte à Marseille. Enfin le volume contient plusieurs pièces présentées au roi.

Exemplaire de M. DE CHAPONAY (Cat., n° 277) et de M. LEBEUF DE MONTGERMONT (n° 304.)

Hauteur : 211 ; largeur : 134 millim.

517. LES ŒVVRES DE MAISTRE || ROGER DE COLLERYE hõme tressauāt || natif de Paris. Secretaire feu monsieur Dauxerre || lesquelles il composa en sa ieunesse. Contenant || diuerses matieres plaines de grant recreatiom [*sic*] & || passetemps, desquelles la declaration est au secõd || feullet. || *On les vend a Paris en la rue neufue* || *nostre Dame a lenseigne Faulcheur.* || Auec priuilege pour deux ans. || M.D.XXX.VI [1536]. — *Fin.* Pet. in-8 de 104 ff. non chiffr. de 29 lignes à la page, impr. en lettres rondes, sign. *A-N*, mar. citr., fil., comp. de mosaïque, riche dorure à petits fers, dos orné, doublé de mar. r., dent., tr. dor. (*Trautz-Bauzonnet.*)

Au titre, la marque de *Pierre Roffet* (Silvestre, n° 150).
Au v° du titre se trouve la table.
Le volume ne contient pas d'extrait du privilège.
On connaissait au XVIII° siècle 4 exemplaires de ce recueil; on ne connaît plus aujourd'hui que l'exemplaire incomplet de la Bibliothèque nationale, celui de M. de Lignerolles, et celui-ci, d'après lequel a été faite la réimpression publiée en 1855 par M. d'Héricault dans la *Bibliothèque elzévirienne*. On trouvera dans cette réimpression tous les renseignements relatifs à la personne du poète et aux auteurs qui en ont parlé.
Cet exemplaire a successivement appartenu à SOLEINNE (Cat., n° 726) et à M. le baron J. PICHON (n° 471). La reliure a été exécutée par M. *Trautz-Bauzonnet*, d'après un volume attribué à *Padeloup*, qui, après avoir figuré à la vente Pichon (Cat., n° 29), fait aujourd'hui partie de la collection de M. le baron de La Roche Lacarelle.
Nous décrivons ci-après (n° 590) une édition séparée d'une des pièces contenues dans les œuvres de Roger de Collerye, le *Sermon pour une noce*.

518. LES GESTES DES SOL- || LICITEVRS.
Ou les lisans pourront cognoistre ||
Quest ce de solliciteur estre ||
Et qui sont leurs reformateurs. ||

¶ Cum priuilegio. — [A la fin :] *Imprime le vingt et septiesme iour de iuliet Lan* || *mille cinq cens .xxx. Par iehan guyart imprimeur de-* || *meurant Saincte coulombe.* S. l. [*Bordeaux*], pet. in-4 goth. de 10 ff. de 36 lignes à la page, sign. *A B* par 4, *C* par 2, cart.

Le titre, entouré d'un encadrement, porte la marque de *Jehan Guyart*, imprimeur à *Bordeaux* (Silvestre, n° 926).
Au v° du titre se trouve *L'humble Excouse et Protestation de l'acteur envers messieurs de la court*, en forme de ballade.
Le poème commence au r° du fol. Aij par un titre de depart ainsi conçu :
¶ *Les gestes des solliciteurs* || *cõposees p Maistre eustorg* || *de beaulieu Prestre*.

Le v° du dernier f. contient un bois représentant une galère accompagnée en chef de trois fleurs de lis et de cette devise : *Sic transit Mundus*.

L'auteur du poème, EUSTORG DE BEAULIEU, était né dans le Limousin, vers le commencement du XVIe siècle. Prêtre par profession, poète et musicien par goût, il mena dès sa jeunesse une vie de désordre, dans laquelle il eut bientôt englouti l'héritage paternel. En 1529, il engagea contre sa mère et contre ses frères un procès en rescission de partage, qui l'amena devant le parlement de Bordeaux. Ce fut à cette occasion qu'il composa les *Gestes des solliciteurs*, dont la première édition fut achevée d'imprimer par *Jehan Guyart*, à *Bordeaux*, le 23 août 1529. M. Delpit, qui a décrit cette première édition (*Origines de l'imprimerie en Guyenne*, 44), doute de l'existence de la seconde.

Le procès soutenu par Eustorg de Beaulieu donna naissance à une autre pièce du même genre, le *Pater et Ave des solliciteurs*, dont on trouvera ci-après l'édition originale. Le poète refit plus tard presqu'entièrement ses deux ouvrages et les inséra sous cette forme nouvelle dans les *Divers Rapports* (Lyon, 1537, in-8).

Voy., sur Eustorg de Beaulieu, *la France protestante*, 2e édition, II, 31-45.

519. LES GESTES DES SOL- || LICITEVRS. ||
Ou les lisans pourront congnoistre ||
Quest ce de solliciteur estre ||
Et qui sont leurs reformateurs. ||

✺ *Imprime nouuellement a Bourdeaulx* || *par Iehan Guyart Imprimeur demourant* || *deuant saincte Coulombe. M.D.xxxvij.* [1537]. In-4 goth. de 10 ff. de 37 lignes à la page, sign. *A-B* par 4, *C* par 2, mar. r. jans., tr. dor. (*A. Motte.*)

Le titre, entouré de fragments de bordures, porte la marque de *Jehan Guyart*.

Au v° du dernier f. se trouve une gravure sur bois représentant un navire armé de canons et entouré de ces vers :

Enseigne moy, mon Dieu,
Que ton vouloir je face,
Tant que au celeste lieu
Je puisse voir ta face.

Cette troisième édition n'est citée ni par M. Brunet, ni par les auteurs du *Supplément au Manuel du Libraire*. M. Delpit ne connaît non plus aucune impression exécutée par Jehan Guyart entre 1537 et 1541.

Exemplaire de M. le docteur DESBARREAUX-BERNARD (Cat., n° 343).

520. SENSVYT LE PATER || ꝫ AVE Des Solli || citeurs de /pces || Surnommez ba || teurs de paue de || credit souuent repoulsez. || ❡ Exurge deus iudica terram / qm̃ tu heredi- || tabis in omnibus gentibus. || Psalmo .lxxxj. *S. l. n. d.* [*Lyon?, vers* 1530], in-4 goth. de 4 ff. non chiffr., dont la page la plus pleine a 33 lignes, mar. bl., fil., dos orné, tr. dor. (*Bauzonnet.*)

Le titre, entouré de quatre fragments de bordure, est orné d'une grande S initiale et d'un bois qui représente un roi rendant la justice ; en voici la reproduction :

On remarquera que l'intitulé forme quatre vers analogues à ceux qui sont placés en tête de la pièce précédente.

332   BELLES - LETTRES.

Les bois qui forment le haut et le bas du cadre ont été employés par l'imprimeur *Jacques Moderne*, à Lyon, et nous en avons donné ci-dessus le fac-simile (n° 190, p. 103) ; cependant les caractères ne ressemblent pas à ceux dont se servait cet imprimeur.

Au v° du frontispice est un titre de départ ainsi conçu :

❡ *Le Pater ꝗ Aue des Solliciteurs Cōpose* || *par Maistre Eustorg de beaulieu Prestre.*

Le v° du dernier f. contient un bois qui représente le Christ en croix, assisté de la Vierge et de saint Jean.

Eustorg de Beaulieu a refait ce poème, comme il avait refait les *Gestes des Solliciteurs*, pour l'insérer en 1537 dans ses *Divers Rapports*.

Exemplaire de CAILHAVA (Cat., n° 315), de SOLAR (n° 1135) et M. le baron de LA ROCHE LACARELLE.

D. — Poésies anonymes du XV° siècle et de la première moitié du XVI°.

521. LABVZE EN COVRT. — ❡ *Explicit. S. l. n. d.* [Lyon, vers 1495 ?], in-4 goth. de 51 ff. non chiffr. de 30 lignes à la page, et 1 f. blanc., sign. *a-h* par 6, *i* par 4, mar. r. jans., tr. dor. (*Trautz-Bauzonnet*.)

Le titre, dont le v° est blanc, porte la marque de l'imprimeur lyonnais *Martin Havart*, marque dont nous avons donné ci-dessus la reproduction (voy. le n° 458).

Le volume est orné de 11 figures gravées sur bois.

L'*Abuzé en court* est une composition allégorique écrite en prose et en vers ; il est attribué à RENÉ D'ANJOU dans l'édition imprimée par *Colard Mansion*, à Bruges, avant 1480. Cette attribution a été généralement admise ; aussi M. de Quatrebarbes, l'éditeur des *Œuvres du roi René* (Angers, 1845-1846, 4 vol. gr. in-4), y a-t-il fait entrer (IV, 63-164) l'ouvrage qui nous occupe. Il a même cru y reconnaître des allusions aux malheurs du prince, obligé de quitter l'Anjou pour se réfugier en Provence.

M. Vallet de Viriville, qui a consacré au roi René un important article de la *Nouvelle Biographie générale* (XLI, 1009), ne partage pas l'avis de M. de Quatrebarbes. A l'autorité de Colard Mansion il préfère celle des manuscrits ; or, un ms. de la Bibliothèque nationale (fr. 12775, *olim* Suppl. franç., 1967) se termine par la mention suivante : *Cy fine l'Abuzé en court, composé par noble homme* CHARLES DE ROCHEFORT. Ce dernier personnage serait, selon M. Vallet de Viriville, le véritable auteur du poème.

Charles de Rochefort est inconnu dans l'histoire littéraire ; il y aurait sans doute lieu de l'identifier avec un conseiller et chambellan du duc de Bourgogne, qui était, en 1432, capitaine de gens d'armes pour Philippe-le-Bon, et premier chambellan du comte d'Estampes. Ce Charles de Rochefort mourut à Bruges en 1438. Voy. Anselme, *Hist. généalogique*, VI, 413

L'*Abuzé en court* eut un grand succès à la fin du XV° siècle ; mais, au siècle suivant, le goût des allégories avait fait place à des idées nouvelles, et Rabelais (II, vii) se moque de cet ouvrage, sous le nom de *Beliné en court*, dans le catalogue grotesque qu'il a donné des livres de l'abbaye de Saint-Victor.

522. ❡ LAMANT rēdu || par force au cou- || uent de tristesse. — ❡ *Finis. S. l. n. d.* [vers 1525], pet. in-8 goth. de 4 ff. de

BELLES-LETTRES.

20 lignes à la page, sign. *A*, mar. r. jans., tr. dor. (*Trautz-Bauzonnet*.)

Au titre, un bois qui représente un homme donnant le bras à une femme ; ce bois est entouré de quatre fragments de bordures.

⁅Lamant rēdu par force au couuent de tristesse.

Trois autres fragments de bordures se trouvent au v° du dernier f., au-dessous de 8 vers et du mot *Finis*.

Cette pièce rappelle par le titre *l'Amant rendu cordelier a l'observance d'amours*, poème attribué à Martial de Paris, dit d'Auvergne ; l'auteur anonyme aura voulu en exploiter le succès.

Notre édition est différente de celle qui a été reproduite par M. A. de Montaiglon dans le *Recueil de Poésies françoises* (IX, 321-326) et dont un exemplaire est conservé à la Bibliothèque nationale (Y. 6132 B, Rés.)

334 BELLES-LETTRES.

Iv. 3.236

523. Larrest dv Roy || des Rommains || donne au grant || cōseil de France — [A la fin :] *Imprime a Paris le premier* || *iour Dauril. S. d.* [1508], pet. in-8 goth. de 16 ff. de 30 lignes à la page, sans sign., mar. r jans., tr. dor. (*Trautz-Bauzonnet.*)

Le titre est orné d'une grande initiale ornée de fleurs, sur fond noir, mais il n'y a aucun bois au-dessous des quatre lignes de l'intitulé.

Au v⁰ du titre commence une épître en prose « A noble et puissant seigneur et chevalier, monseigneur Du Vigen », épître qui se termine au r⁰ du 2ᵉ f. Nous avons cité ci-dessus plusieurs pièces adressées par Jehan Bouchet au même personnage, François Du Fou, seigneur du Vigean, mort le 8 septembre 1536 (voy. les nᵒˢ 510 et 511).

Voici un spécimen des caractères employés pour l'impression du texte :

L'Arrest du roy des Rommains est un poème politique. La Bibliothèque nationale possède un exemplaire d'une autre édition de cette pièce, sur lequel on lit la note suivante, de la main de Cangé : « Maximilien, roi des Romains, demanda passage aux Vénitiens pour aller se faire sacrer à Rome par le pape. Louis XII se ligua avec les Vénitiens pour s'opposer au dessein du roi des Romains, qui, après avoir commencé la guerre au commencement de février, partit brusquement sur la fin du mois. Ses troupes furent battues par Alviane près de Cadore. Maximilien proposa aux Vénitiens une trêve qui fut signée le 20ᵉ d'avril 1508. »

L'Arrest du roy des Romains a été reproduit par M. de Montaiglon dans son *Recueil de Poésies françoises* (VI, 120-157). Goujet, qui en avait donné l'analyse (*Bibliothèque françoise*, X, 93), s'était trompé en l'attribuant à l'auteur de la *Complainte de Venise*. Cet auteur anonyme avait pour devise : *Tout par honneur*, tandis que la devise de notre poète est : *De bien en mieulx*. Celui-ci se nomme d'ailleurs, à la fin de la pièce, dans un acrostiche de 8 vers, dont les premières lettres donnent le nom de **Maximien**. Il existe de ce Maximien trois autres petits poèmes : *L'Advocat des dames de Paris, touchant les pardons de saint Trotet* (*Recueil de Poésies françoises*, XII, 1-36), le *Debat des Dames de Paris et de Rouen sur l'entrée du roy*, [1508] (*ibid.*, XII, 37-52), et le *Testament et Regretz de Ludovic, aultrement dict le More*.

On ne sait rien de la vie de Maximien, mais il est cité comme un des meilleurs poètes du temps dans l'avant-propos du *Contreblason de faulces amours*.

524. Sensvit lart et science de || biē parler et de soy taire Moult vtile a sca || uoir et entendre a toute personne nou- *uel-* || *lement imprime* [sic] *a Rouen* — *Explicit. S. d.* [*vers* 1500], in-4 goth. de 6 ff. de 33 lignes à la page pleine sign. *a*, mar. r. jans., tr. dor. (*Trautz-Bauzonnet.*)

Au titre, la marque de *Robinet Macé*, imprimeur à Rouen de 1498 à 1506 (Silvestre, n° 135). Cette marque est entourée de quatre fragments de bordures. Le v° du dernier f. est blanc.

Le poème, écrit en vers de douze syllabes, est une traduction de l'*Ars loquendi et tacendi* d'**Albertano da Brescia**. La traduction est fort ancienne et l'on a pu songer à l'attribuer à **Jehan de Meun**. Voy. Montaiglon et Rothschild, *Recueil de Poésies françoises*, X, 351-368.

L'*Art et Science de bien parler et de soy taire* est suivi de deux ballades et d'un huitain que nous avons rencontrés dans divers recueils, savoir :

1° *Ballade* :

Se vivre veulx en bonne paix....
Refr. C'est la chose dont plus t'enhorte.

Biblioth. du Vatican, mss. Ottoboni, n° 1212 (Keller, *Romvart*, 644) ; — *Jardin de Plaisance* (éd. de Lyon, Olivier Arnoullet, s. d., pet. in-fol. goth.), fol. 79, r°.

2° [*Huitain*], incomplet d'un vers :

Humble maintien, joyeux et assuré....

Le huitain est complet à la fin des *Notables Enseignemens et Adages* de Pierre Gringore (Paris, Françoys Regnault, vers 1527, in-8 goth.), fol. 105, v° (voy. ci-dessus, n° 475). — Cf. Biblioth. nat., mss. franç., n° 2307, fol. 61.

3° *Ballade* :

Je congnois que Dieu m'a formé...
Refr. Et si n'emende point ma vie.

Compost et Kalendrier des Bergéres (Paris, Jehan Petit, s. d., in-fol. goth.), fol. dvj, v° ; — *La Dance aux Aveugles et autres Poésies du XV. siécle*, [publiées par Douxfils] (Lille, 1748, in-12), 278.

Exemplaire de **La Vallière** (Cat. 1783, n° 2904 4), de **Lair** (Cat. 1819, n° 1744), de **De Bure** (Cat. 1835, n° 16414) et M. le baron J. **Pichon** (n° 474), provenant en dernier lieu de la vente L. **Potier** (1870, n° 787). La reliure a été ajoutée depuis.

525. Lart et science de || bien parler et soy taire auec la || maniere de mentir ⁋ dire vray || ensemble / Et aussi de mentir / || iocose sans peche. Lequel est || tresutile a scauoir/

et entendre || a toute personne. Fait et corri- || ge de nouueau. *Mil cinq cens* || *xxvii. xvi. de Mars.* — [A la fin :] ❡ *Imprime nouuellement a Paris par Maistre* || *Guichart Soquand deuāt lhostel Dieu a lenseigne* || *Sainct Martin pres petit pont.* Pet. in-8 goth. de 8 ff. de 30 lignes à la page, sign. *a*, mar. r. jans., tr. dor. (*Trautz-Bauzonnet.*)

L'édition n'a qu'un simple titre de départ, au-dessous duquel sont 14 lignes de texte. Voici un fac-simile du r° du 1ᵉʳ f. :

Lart et science de bien parler et soy taire auec la maniere de mentir & dire vray ensemble/ Et aussi de mentir/ iocose sans peche. Lequel est tresutile a scauoir/ et entendre a toute personne. Fait et corrige de nouueau. Mil cinq cens xxvii. xvi. de Mars.

Balade

Oy qui vouldras parler et taire
Retien en toy cest exemplaire
En parler point ne pecheras
Aussi ne feras en te taire
Cecy renseigne le happere
Se me croys tu lacheteras
Et a scauoir peine mettras
Car tu le doibz scauoir et faire
Toy qui vouldras parler et taire.

Soit en mengeant /parlant /ou boire/
Allant/ venant/ noise ou debatz
Si me crois tu lacheteras
Toy qui vouldras parler ou taire.

La ballade dont on vient de lire le début offre un intérêt particulier. Le personnage nommé au 5ᵉ vers :

Cecy t'enseigne Le Happère,

doit être JEHAN LE HAPPÈRE, poète dont nous n'avons rencontré le nom que dans une petite pièce intitulée : *La terrible Vie, Testament et Fin de l'Oyson* (voy. *Recueil de Poésies françoises*, X, 159 et 166). Le Happère, qui vivait au commencement du XVIᵉ siècle, ne peut être l'auteur de *l'Art et Science de bien parler* ; il n'a pu composer que la ballade qui sert d'introduction.

Cette petite pièce ne se trouve pas dans l'édition précédente. *L'Art et Science de bien parler et soy taire* est suivi ici des deux ballades et du huitain dont nous avons parlé à l'article précédent. On trouve de plus, à la fin du volume, les deux morceaux auxquels le titre fait allusion :

1°   Je veul ung chascun advertir
                Qu'on se doibt garder de mentir...

2°   *De correction fraternelle*
                Chascun est tenu d'enseigner
                Son frère charitablement...

526. LE BANQUET ‖ DV BOYS∴ — ¶ *Cy finist vng petit traictie ioyeux* ‖ *nomme le Boncquet* [sic] *du boys.* S. l. n. d. [vers 1495], in-4 goth. de 6 ff. de 32 lignes à la page, sign. *A*, mar. r. jans., tr. dor. (*Thibaron et Échaubard.*)

    Le volume n'a qu'un simple titre de départ et ne contient aucune figure. Il est imprimé avec les mêmes caractères que l'édition des *Lunettes des Princes* décrite ci-dessus (n° 464), et sort, par conséquent, des presses de *Pierre Le Caron*, à *Paris*.

lebanquet
Du Boys

Apres lennuy du mal temps yuernage
Que les buissons prennēt nouuelle cotte

    Le *Banquet du Boys* est imité des *Dictz de Franc Gontier*, petit poème de Philippe de Vitry qui eut un grand succès au commencement du XVe siècle et fut parodié par Villon.
    Notre exemplaire, qui provient des bibliothèques de CH. NODIER (Cat., n° 333) et de M. le baron de LA ROCHE LACARELLE, a servi à la reproduction en fac-similé donnée par le libraire *René Muffat* dans le *Portefeuille de l'ami des livres*, et à la réimpression qui figure dans le *Recueil de Poésies françoises*, X, 193-224.

527. BIGORNE qui mē- ‖ ge tous les hommes qui ‖ font le commandement de leurs femmes. — ¶ *Cy finissent les dictz de* ‖ *Bigorne la tresgrasse beste.* ‖ *Laquelle ne mange seulle-*‖*ment que les Hommes qui* ‖ *font entierement Le com-*‖*mandement de leurs* ‖ *Femmes.* S. l. n. d. [Lyon? vers 1537], pet. in-4 goth. de 4 ff. dont la page la plus pleine contient 23 lignes, sign. *A*, mar. r. jans., n. r. (*Trautz-Bauzonnet.*)

    Au titre, la figure de Bigorne, mangeant un homme, tandis qu'une autre victime, agenouillée devant le monstre, attend son tour.

Bigorne qui menge tous les hommes qui font le commandement de leurs femmes.

Au v° du titre, un bois qui représente un homme et une femme cueillant des fleurs à un arbuste. L'homme a le costume des docteurs : un manteau bordé d'hermine, un camail et un bonnet carré ; la femme porte une longue coiffe surmontée d'un voile.

Le bois de Bigorne est reproduit au v° du dernier f., où il est accompagné d'un fragment de bordure.

Les caractères sont ceux dont se servaient plusieurs typographes lyonnais au commencement du XVIe siècle. La date est établie par la pièce suivante, qui a dû être imprimée en même temps.

Recueil de Poésies françoises, II, 187-203.

528. 🙵 Chicheface qui mange tou- || tes les bonnes femmes — ¶ *Finis. S. l. n. d.* [*Lyon ?, vers* 1537], pet. in-4 goth. de 4 ff. de 29 lignes à la page pleine, mar. r. jans., n. r. (*Trautz-Bauzonnet.*)

<small>Au titre, un grand bois représentant une bête maigre et décharnée qui dévore une femme ; cette bête, aussi affamée que Bigorne est copieusement nourri, a deux pattes de chèvre et deux pattes de coq.</small>

Les dits de *Chicheface* sont le pendant de ceux de *Bigorne*. Bien que M. de Montaiglon en eût soupçonné l'existence (*Recueil de Poésies françoises*, II, 191), ils étaient restés inconnus à tous les bibliographes jusqu'au moment de la découverte de notre plaquette.

Celle-ci a été trouvée en Suisse, par M. Edwin Tross, en 1870, en même temps que l'exemplaire de *Bigorne*, qui vient d'être décrit; les deux pièces sont imprimées avec les mêmes caractères, dont nous donnons ici un spécimen :

⁂ Cy commencent les ditz de
Chicheface lhorrible beste. Laquelle ne menge, si
non les femmes qui font en tout temps
le cōmandement de leurs maris.

    Chicheface suis appellee
    Maigre seiche et desolee
    Et bien y a droit et raison
    Car ie ne mange seulement
Que femmes qui font le commāt
De leurs maris toute saison
Et qui regissent la maison
Sans faire leurs maris marry
Bonne femme faict bon mary.

⁋ Il y a des ans bien deux cens
Que grevee de faim me sens
Par force de grande famine
Que ien tiens vne entre mes dens
Que ie nose avaller dedans

Le poème de *Chicheface* est suivi (fol. Aiij, r°) d'une *Epistre de l'Asne au coq*, adressée par FRANÇOIS LA SALLA « a son amy Pierre Bordet ». Dans ce coq-à-l'âne, il est fait allusion aux levées extraordinaires qui eurent lieu en Autriche contre Jean Zápolya, ce qui permet de le dater de 1537. A la fin se trouve la devise : *Tout par esgard*.
Recueil de Poésies Françoises, XI, 277-292.

529. CY EST LE CHEVALIER AVS DAMES. ||
   De grant leaultez et prudence ||
   Qui pour les garder d' to' blasmes ||
   Fait grant prouesse et grāt vaillāce. ||

— ⁋ *Cy finist le Cheualier auz Da* || *mes. Imprime a Mets par* || *maistre Gaspart Hochfe* || *der La vigille de*

sain || cte Agathe. Lan. || Mil. v^e et xvi [4 févr. 1517, n. s.]
In-4 goth. de 98 ff. de 30 lignes à la page pleine, sign. *a*,
b, *c*, *p*, *r* par 6, *d*, *f*, *h*, *k*, *m*, *o*, *q* par 4, *e*, *g*, *i*, *l*,
n par 8, mar. r., fil., comp. à petits fers, doublé de mar. bl., dent. à
petits fers, tr. dor. (*Trautz-Bauzonnet*.)

Le titre, dont le verso est blanc, est orné d'un bois représentant Noble Cueur et Noblesse Feminine. Le premier de ces personnages tient à la main un cœur qu'il présente à la dame :

**Cy est le Cheualier aux Dames.
De grant leaultez et prudence
Qui pour les garder d̄ to⁹ blasmes
Fait grant prouesse et grāt vaillāce**

Le texte contient, en outre, 21 bois ainsi placés :

1° (fol. aij, r°) l'acteur endormi ; — 2° (fol. aiiij, r°) le levrier magique vient trouver l'acteur ; — 3° (fol. avj, v°) Noblesse Feminine et Noble Cueur se tiennent embrassés ; — 4° (fol. cv, r°) Noblesse Feminine et Noble Cueur en présence de Nature ; — 5° (fol. ei, r°) même bois ; —

6° (fo . eij, v°) Noblesse Feminine se complaint à Nature ; — 7° (fol. fij, r°) le bois n° 4 ; — 8° (fol. gi, v°) Nature parle à Noble Cueur ; — 9° (fol. giiij, r°) Nature mène Noblesse Feminine et Noble Cueur à la fontaine mystérieuse.; — 10° (fol. gvj, r°) Nature parle à Noble Cueur, bois différent du n° 8 ; — 11° (fol. ivj, r°) bois n° 8 ; — 12° (fol. ivij, v°) même bois ; — 13° (fol. ki, v°) Noble Cueur prend congé de Noblesse Feminine ; — 14° (fol. kij, v°) la statue portant l'inscription merveilleuse ; — 15° (fol. li, r°) Noble Cueur à genoux devant l'autel de la Vierge ; — 16° (fol. lv, r°) Noble Cueur, à cheval, frappe sur l'inscription de la statue merveilleuse. — Le piédestal porte le nom de *François Oudet*, qui est sans doute celui du graveur ; — 17° (fol. lviij, r°) Noble Cueur confond Cueur Vilain et Malle Bouche ; — 18° (fol. piij, v°) même bois ; — 19° (fol. pv, v°) Noble Cueur tue Malle Bouche ; — 20° (fol. qij, v°) Noble Cueur s'agenouille devant l'autel de la Vierge, bois différent de celui du fol. li, r° ; — 21° (fol. ri, v°) bois n° 15 ; — 22° (fol. rv, r°) bois n° 2.

Le *Chevalier aux Dames* est un des nombreux poèmes composés pour defendre les femmes contre les attaques du *Romant de la Rose* ; il doit être placé à côté du *Champion des Dames*, de Martin Franc , du *Triomphe de la cité des Dames*, de Christine de Pisan , de la *Vray disant Advocate des Dames* , de Jehan Marot , etc . L'auteur du *Chevalier* a choisi la forme du songe et de l'allégorie si chère aux poètes du XVe siècle. Il raconte qu'une fée lui a ordonné de prendre « de l'incre et de la parche » et de pénétrer dahs des lieux inconnus aux humains. Conduit par un levrier magique, il aborde dans l'île du Secret, où il rencontre Noblesse Feminine et Noble Cueur. Ces deux personnages discourent longuement sur l'amour. Noblesse Feminine mène Noble Cueur vers dame Nature et se plaint des attaques dirigées contre elle chaque jour ; elle conduit ensuite le même personnage dans un lieu où il ne voit qu'un arbre fleuri à deux branches et une fontaine d'eau noire. Après lui avoir expliqué le sens de cette allégorie, elle l'excite à venger Noblesse Feminine. Noble Cueur se met aussitôt en route et arrive dans une île où il aperçoit une statue. Une inscription jointe à la statue lui apprend que l'île est habitée par deux géants exilés, Cueur Vilain et Malle Bouche. Noble Cueur frappe la statue de son épée et voit surgir les deux géants, qu'il défait. La Vierge lui apparaît et le félicite de son courage. Le levrier rapporte le poète sur son lit, et la vision disparaît.

On ignore le nom de l'auteur du *Chevalier aux Dames*, mais ce poème, dont nous signalerons un ms. à la Bibliothèque nationale (mss. franç., n° 1692), paraît avoir eu un certain succès. Un morceau coupé dans le plaidoyer de Noble Cueur devint populaire et fut reproduit un grand nombre de fois sous le titre de *Louenge des Dames* (voy. ci-après le n° 567) ; enfin, il fut fait un abrégé du poème, intitulé : *Le Garant des Dames contre les calomniateurs de la noblesse feminine* (Biblioth. nat., Y + 6137, Rés.). Cette dernière pièce, qui compte 4003 vers, commence comme *le Chevalier aux Dames* :

Pensif et aggravé de dueil ,
Loingtain de tout confort et joye...,

et s'arrête après la *Louange des Dames*. Voy. *Bulletin de la librairie Morgand et Fatout* , n° 7523.

L'imprimeur *Gaspard Hochfeder* avait d'abord exercé à Nuremberg, où il imprimait dès l'année 1492 (Hain , n° 1134) ; il s'établit à Metz vers l'année 1500, et continua d'y exercer jusqu'en 1517.

Exemplaire de Yemeniz (Cat., n° 1653) et de M. A.-F. Didot (1878, n° 216).

530. Comment Sa- || thã et le dieu Bac || chus accuse les || Tauerniers || qui brouil || lent le || Vin. — *Cy finit la destruction des Ta* || *uerniers brouilleurs de Vins* || *vsant de faulses* || *Mesures*. S. l. n. d. [Lyon, Jacques Moderne,

vers 1540], pet. in-8 goth. de 4 ff. non chiffr. de 22 lignes à la page, sign. *A*.

Cette pièce fait partie du recueil décrit sous le n° 190 : voici le fac-simile du titre :

Comment Sa-
thā et le dieu Bac
chus accuse les
Tauerniers
qui brouil
lent le
Vin.

Le texte commence au v° même du titre.

Le chapitre CX du livre II de la *Deablerie* de d'Amerval est intitulé : *Comment Sathan accuse les taverniers qui brouillent le vin souvent*. Ce titre est en réalité celui que porte notre pièce, car les mots *et le dieu Bacchus* sont évidemment interpolés, comme le prouve le verbe *accuse* reste au singulier. Cependant, notre poème ne ressemble que par le titre au morceau de d'Amerval. Il se compose de 142 vers et commence ainsi :

> Brouilleurs de vins, qui sans compas
> Donnez a boire a tous repas
> Vins esventez aux bons pions,
> Du dieu Bacchus les champions....

Il existe sur le même sujet deux autres pièces qui ne doivent pas être confondues avec celle que nous venons de décrire : *La Plaincte du Commun contre les boulengers et ces brouilleurs taverniers ou cabareliez et autres, avec la Desesperance des usuriers* (Recueil de Poésies françoises, II, 230-237) et *La Complainte du commun Peuple a l'encontre des boulangiers qui font du petit pain et des taverniers qui brouillent le bon vin, lesquelz seront damnez au grand diable s'ilz ne s'amendent*, etc. (*ibid.*, V, 94-105).

531. La comparatiõ faicte des || douze moys de lan cõpara || gez aux .xij. eages de lõme. — *Cy finit vne bresue et vtile compara-* || *cion faicte des .xij. moys de lan aux .xij* || *eages de lõme.* S.l.n.d. [*Lyon?, vers* 1490], in-4 goth. de 12 ff., dont la page la plus pleine contient 20 lignes, sign. *a-b* par 6, mar. r. jans., tr. dor. (*A. Motte.*)

Voici le fac-simile du titre :

Le v° du titre est blanc, ainsi que le v° du dernier f.

Cette pièce, qui n'a été citée par aucun bibliographe, est fort ancienne. Malgré certains rajeunissements, on y reconnaît une œuvre du XIV° siècle. Elle commence ainsi :

> Tout ainsy com(me) les douze moys.
> Selon le droit cours de nature,
> En l'an se changent douze fois,
> Et tout ainsy la creature
> De six en six ans par droiture
> Se change, se doit enveillir :
> Viellart ne peult jeusne mourir.

On trouve dans plusieurs manuscrits un texte de la même composition qui paraît représenter la rédaction primitive. Un manuscrit conservé à l'abbaye de Westminster commence par ces mots :

> Il est voir qu'en .xij. saisons
> Se change .xij. fois ly homs,
> Tout ainsi que les .xij. mois
> Se changent en l'an .xij. fois,
> Selon le droit cours de nature...

(*Bulletin de la Société des anciens Textes français*, 1875, 33).

Un manuscrit de Genève (*ibid.*, 1877, 90) donne le même texte.

Le poème imprimé se compose d'une introduction, en deux strophes de 7 vers, et de douze chapitres, comptant chacun un huitain et un dixain. Au mois de janvier correspondant l'enfant de six ans, au mois de février l'enfant de douze ans, etc. A soixante-douze ans l'homme arrive à son mois de décembre.

532. La cōplaincte des || qvatres elemēs. Laer. Feu. Le ||
aue ꝉ terre cōcordāmens Cōtre || les mondains tāt hōmes q̃
fē- || mes. De pechez desq̇eulz horri || bles et infames /
vengēce estre || faict req̄rēt et demādēt Laq̃lle || cōmence/ et
se parfera si de bref || ilz ne samendent. Lacteur. *S. l. n. d.*,
gr. in-8 goth. de 4 ff. de 30 lignes à la page, sans chiffres,
réclames ni signatures, mar. br. jans., tr. dor. (*Trautz-
Bauzonnet.*)

Au titre, un bois grossier représentant un berger tenant sa musette à la main et entouré de son troupeau. Au-dessus de ce berger, on aperçoit dans le ciel le soleil, la lune et les étoiles.

346 BELLES-LETTRES.

Voici un spécimen des caractères employés pour le texte du poème :

Recueil de Poésies françoises, XI, 217-226.
Cet exemplaire nous a été gracieusement offert par M. R.-S. TURNER en 1875.

533. LA COMPLAINTE doulou- || reuse de lame damnee. — [A la fin :] *Imprime par Iehan trepperel. S. d.* [*vers* 1490], in-4 goth. de 18 ff. de 24 lignes, impr. en grosses lettres de forme, sign. *a* par 10, *b* par 8, mar. r. jans., tr. dor. (*Trautz-Bauzonnet.*)

Au titre, la marque de *Jehan Trepperel* (Brunet, II, 265; Silvestre n° 74).
Au v° du titre, un grand bois qui représente le Christ condamnant un pécheur aux supplices de l'enfer.
Le r° du 2ᵉ f. est occupé par un prologue en prose, dont voici les premières lignes :

y commence la comp[laincte de]
c lame damnee faicte a lutilite
⁊ salut dung chescun pecheur
En laqlle sont contenuz les regres
quelle a au lict de la mort du temps …

Les lettres restituées entre crochets ne sont pas venues à l'impression.
Le v° du dernier f. est blanc.
Cette pièce, réimprimée dans le *Recueil de Poésies françoises* (VII, 91-119), se termine par l'acrostiche de ROUGE BELOT; mais il semble que cet auteur n'ait fait que s'approprier une composition plus ancienne en y ajoutant l'introduction en prose et la conclusion de l'acteur. Il est, en effet, remarquable que ces deux morceaux ne se trouvent pas dans les manuscrits qui nous ont conservé la *Complaincte de l'Ame dampnée* (Biblioth. nat., franç. 1181, fol. 114 ; 1467, fol. 301).
Exemplaire de BALLESDENS, de COLBERT, de J.-J. DE BURE (Cat., n° 608). Chez ce dernier amateur, la *Complaincte* était réunie à une autre pièce dont elle a été séparée depuis; elle a fait partie, en dernier lieu, de la bibliothèque de M. le baron de LA ROCHE LACARELLE.

534. LA CŌPLAINCTE || du nouueau Marie. *Nouuellement Impri* || *mee a Paris.* — *Finis. S. d.* [*vers* 1525], pet. in-8 goth. de 4 ff. de 21 lignes à la page, mar. r. jans., tr. dor. (*Trautz-Bauzonnet.*)

Au titre, un bois représentant un homme, la main appuyée sur la garde de son épée, et parlant à une femme; nous en donnons la reproduction :

La cōplaincte
du nouueau Marié. Nouuellement Jmprimee a Paris.

Au r° du dernier f., au-dessous de 15 vers et du mot *Finis*, se trouve un fragment de bordure.

Le v° du même f. contient un bois qui représente un homme vêtu d'une longue robe fourrée d'hermine, donnant la main à une femme. Ce bois est une copie un peu réduite d'une figure employée à Lyon en 1478 pour une édition de *L'Istoyre de Pierre de Provence* (voy. *Gravures sur bois tirées de livres français du XVe siècle*; Paris, Labitte, 1868, in-4, n° 123).

Il existe deux compositions différentes portant le titre de *Complainte du nouveau marié*, l'une et l'autre inspirées par les *Quinze Joyes de mariage*. Celle-ci commence ainsi :

> Or escoutez communement
> Et nous vous dirons en present....

Elle est d'une rédaction plus ancienne que celle qui est décrite sous le n° suivant.

Recueil de Poésies françoises, I, 218-222.

535. La COMPLAINCTE || du nouueau marie. Auec le || dict de chascū : Lequel marie || se complainct des extensil || les qui luy fault auoir a son || mesnaige. Et est en manie || re de

chanson. Auec || la Loyaulte des || hommes. ¶ *Cy fine la complaincte du nou- || ueau marie. Auec le dict de chasun* [sic] *|| Et la loyaulte des hommes Nou- || uellement Imprimee a Lyon. S. n. n. d. [Jacques Moderne, vers* 1540], pet. in-8 goth. de 8 ff. non chiffr. de 20 lignes à la page pleine, sign. *A-B* par 4.

Cette pièce fait partie du recueil décrit sous le n° 190 ; voici le fac-simile du titre :

La complaincte du nouueau marie. Auec le dict de chascū: Lequel marie se complainct des extensilles qui luy fault auoir a son mesnaige. Et est en maniere de chanson. Auec la Loyaulte des hommes.

Le poème est le même que celui dont nous venons de parler. Le texte commence au verso même du titre par un grand O orné de rinceaux.

La souscription est placée au verso du dernier f., au-dessous de 11 lignes de texte.

Le v° de ce même f. est occupé par un petit bois qui représente un chevalier tenant une épée à la main.

536. LA COMPLAINTE du nouueau marie. — *Finit. S. l. n. d.* [*Paris, vers* 1490], in-4 goth. de 9 ff., impr. en grosses lettres

de forme, à 21 et 22 lignes à la page, et 1 f. blanc, sign. *a* par 6, *b* par 4, mar. r. jans., tr. dor. (*Trautz-Bauzonnet*.)

> Au titre, la marque de *Jehan Trepperel* (Brunet, II, 265 ; Silvestre, n° 74).
> Au v⁰ du titre, un bois satirique, gravé pour une édition des *Quinze Joyes de Mariage* (voy. *Doctrinal des nouveaulx Mariez*, n° 560).
> Le v⁰ du 9ᵉ f. contient 21 lignes et le mot *Finit*.
> Le f. blanc qui termine le vol. est bien le f. original ; la vérification a été faite lorsque la reliure nouvelle a été substituée à l'ancienne.
> Les caractères sont ceux que *Trepperel* a employés pour l'impression de la *Complainte douloureuse de l'ame damnée* (n° 533).
> Cette complainte, qui est en forme de chanson, contient une curieuse énumération de tous les objets nécessaires à un ménage ; elle a été reproduite par Téchener dans les *Joyeusetez* (Paris, 1830, in-16), sous le titre de *Complaincte de Trop tost Marié*.
> Elle commence ainsi :
>> De hors, ayssiez [*lis.* yssez] de ceste nasse!
>> De hors, ne vous y boutez plus...
>
> *Recueil de Poésies françoises*, IV, 5-17.
> Cette pièce était réunie au *Doctrinal des Femmes marie[e]s* (n° 555) et au *Doctrinal des nouveaulx Mariez* (n° 560) dans un recueil qui a successivement appartenu à LE DUC, à BIGNON, à BRUNET (n° 282), et qui provient, en dernier lieu, de la collection DIDOT (Cat. de 1878, n° 225) ; la reliure a été ajoutée depuis.

537. COMPLAINTE fai ‖ cte pour ma da- ‖ me Marguerite Archeduchesse Dau ‖ striche / duchesse doagiere de Sauoye ‖ Contesse de Bourgongne et de Vil- ‖ lars. 7c. ‖ Cum priuilegio. — *Finis. S. l. n. d.* [1530], pet. in-4 goth. de 4 ff., dont les pages les plus pleines ont 25 lignes, mar. citr. jans., tr. dor. (*Trautz-Bauzonnet*.)

> Au titre, un bois des armes impériales.
> Au v⁰ du titre, un grand bois représentant une femme, vêtue d'une longue robe, qui se tient debout devant un palais, au milieu d'un riche jardin. Au-dessus d'elle la Mort, deux flèches à la main, lui fait signe qu'elle l'attend. Ce bois est une copie réduite d'une figure qui se trouve dans les *Complainctes et Epitaphes du roy de la Bazoche*, imprimées par *Jehan Trepperel*, en 1501. Voy. *Recueil de Poésies françoises*, XIII, 386.
> Marguerite d'Autriche mourut à Malines le 30 novembre 1530, et fut enterrée à Bruges. La *Complainte* sur sa mort est probablement l'œuvre du poète NICAISE LADAM, qui reçut 6 livres « en recompense des frais et depens et de la peine par luy soustenue a avoir accompaigner [*sic*] le corps de Madame dez la ville de Gand jusques a Bruges, ou il est inhumé, et illec avoir fait les proclamations de son trespas comme il appartenoit faire. » (Quinsonas, *Matériaux pour servir à l'histoire de Marguerite d'Autriche*, III, 399).
> *Recueil de Poésies françoises*, XI, 87-100 ; — *Recueil de Chansons, Poèmes et Pièces en vers français relatifs aux Pays-Bas*, publié par les soins de la Société des Bibliophiles de Belgique, III, 75-84.

538. LES CÔTE ‖ NANCES DE LA ‖ TABLE. — *Cy finissēt les côtenāce* [sic] *de la table. S. l. n. d.* [*Lyon*, vers 1500], in-4 goth. de 4 ff. de 30 lignes à la page, sign. *a*, mar. r. jans., tr. dor. (*A. Motte*.)

> Au titre, un grand L encadré et entouré de rinceaux.
> Au-dessous des trois lignes de l'intitulé est placée la marque de *Pierre*

Mareschal et *Barnabé Chaussard*, imprimeurs à *Lyon*, de 1493 à 1515 (Silvestre, n° 116.)

Le v° du dernier f. est blanc.

Ces quatrains moraux ont été réimprimés dans le *Recueil de Poésies françoises*, I, 186-193.

Notre édition est différente de celle qui est décrite au Catal. Didot, 1878, sous le n° 219.

539. ❡ La contenan-‖ ce de la Table. *Nouuellement* ‖ *Imprimee a Paris.* — ❡ *Finis. S. d.* [*vers* 1525], pet. in-8 goth. de 4 ff. de 25 lignes à la page, sign. *A*, mar. r. jans., tr. dor. (*Trautz-Bauzonnet.*)

Au titre, un petit bois qui représente Jésus et les pelerins d'Emmaüs.

❡ La contenan=
ce de la Table. Nouuellement
Imprimee a Paris.

540. Le grāt cre ‖ do de Venise. *S. l. n. d.* [1509], in-8 goth. de 4 ff. dont les pages les plus pleines ont 23 lignes, impr. en lettres de forme, sans sign., mar. r. jans., tr. dor. (*Trautz-Bauzonnet.*)

Au titre, trois bois placés côte à côte ; la réunion des deux premiers forme une église gothique ; le troisième représente un chevalier armé d'un large sabre.

Le grāt cre dode Denise

Au v° du titre se trouve une préface en prose de « l'acteur ».

Le v° du dernier f. contient huit vers et deux petits bois : un clerc vêtu d'une longue robe, et un roi portant le sceptre et la main de justice.

Dans sa préface, le poète nous apprend qu'il s'est proposé d'imiter la *Patenostre des Genevoys* : « ... Après la souvenance d'ung nouveau *Pater* et *Ave Maria* despuis peu de temps en ça faitz et composé(e)s a la confusion des Genevoys et a la gloire du trescrestien roy, par manière de recreation advisé me suis de composer et escripre ung nouveau grant *Credo* pour la seignourie de Venise, après la composition duquel je, compositeur indigne, ay prins l'audace et vouloir a vous, reverend pére en Dieu, monseigneur de Chalon [Johan de Poupet de La Chaux], mon treschier e[t] honnoré sire et maistre, le presenter, ce que de tresbon cueur et humblement je fays, priant la vostre dignité, noblesse et seignourie le recevoir a grey, suppliant la ruralité et peu sçavance de vostre petit et obeyssant subject. »

Le *Credo* qui n'a été cité ni par M. Brunet, ni par aucun autre bibliographe, se compose de 16 strophes de 8 vers, et d'une introduction en 7 vers ainsi conçue :

> Vous avez veu la *Patenostre*
> *Des Genevoys*, deux ans y a ;
> Si avez vous au plaisir vostre
> *Des Dames l'Ave Maria*;
> Ce jour qu'on chante *alleluya*
> En nostre mére saincte esglise,
> Verrés le *Credo de Venise.*

La *Patenostre des Genevois*, dont l'auteur est André de La Vigne, fut composée en 1507, lorsque Louis XII passa les monts pour punir les Gênois révoltés. On n'en connaît aucune édition séparée, mais on en trouve le texte à la suite de la *Louenge des roys de France* (Paris, Eustache de Brie, 1508, in-8 goth.). On voit par les vers que nous venons de citer que le *Credo* fut écrit le jour de Pâques (ce jour qu'on chante *alleluya*) 1509. Le poète ne s'est pas nommé, mais il nous apprend, en terminant, qu'il était de Chalon-sur-Saône :

> Le facteur n'est pas d'Ytalie;
> A Chalon fait sa demourance :
> Qui veut sçavoir qu'il est, qu'il pence.

Dans la notice que nous avons consacrée au *Vergier d'honneur* (n° 474), nous avons relevé les noms de trois poètes chalonnais, qui entretinrent avec André de La Vigne des relations d'amitié : Jehan de Pontous, Haquinot et Rondot ; il est probable que le *Credo* est l'œuvre d'un de ces trois auteurs ; en tous cas, les derniers mots de dédicace à l'évêque Jehan de Poupet prouvent que notre pièce a été composée par un prêtre.

541. LA GRANT DANSE MACABRE || des hōmes et des fēmes || hystoriee et augmētee de || beaulx ditz en latin. || Le debat du corps ℱ de lame. || La complainte de lame dampnee. || Exhortation de bien viure ℱ bien mourir. || La vie du maūluais antecrist. || Les quinze signes. || Le iugement. — ¶ *Cy finist la danse macabre des hom-|| mes et des femmes hystoriee et augmen- || tee de personnages et beaulx ditz en la- || tin. Imprimee a lyon par Claude nonr-*[sic] *|| ry. le .xvij. iour de nouembre. Mil. ccccc, || et .xix* [1519]. Gr. in-4 goth. de 40 ff., impr. à deux col., sign. *a-k*, mar. br., doublé de mar. br., dent. à petits fers, tr. dor. (*Trautz-Bauzonnet.*)

Le titre, imprimé en rouge et en noir, est orné d'un grand L encadré et d'un bois représentant quatre morts jouant de divers instruments de musique.

Au v° du titre se trouve un bois qui représente un clerc assis devant un pupître et à qui un ange présente une banderole sur laquelle on lit ce distique latin :

> *Hec pictura decus pompam luxumque relegat,*
> *Inque choris nostris linquere festa monet.*

Au-dessus de ce bois sont placés deux distiques latins :

> *Discite vos, choream cuncti qui cernitis illam,*
> *Quantum prosit honor, gloria, divitie ;*
> *Tales estis enim matura morte futuri*
> *Quales effigie mortua turba vocat.*

Au-dessous de ce même bois sont trois autres vers latins :

> *Est commune mori ; nulli* [mors] *parcit honori*
> *Mors fera, mors nequa ; mors nulli parcit, et equam*
> *Cunctis dat legem : tollit cum paupere regem.*

Ces vers sont immédiatement suivis des deux premières strophes du poème.

Les 24 pages suivantes (fol. aij-di) contiennent chacune un grand bois, accompagné d'un texte latin et de 4 huitains français. La seconde partie du volume est ornée de 30 grands bois et de 5 petits. Parmi ces figures, on remarque (fol. dij, r⁰ et div, v⁰) le maure sonnant de la trompette, dont une réduction a été placée par les héritiers de *Barnabé Chaussard* en tête du *Monologue du Franc Archier de Baignollet*.

Le texte original de la *Danse macabre* paraît avoir été composé, en 1425, par JEHAN GERSON, et se retrouve dans plusieurs manuscrits de ses œuvres (voy. Dufour, *La Danse macabre des SS. Innocents de Paris*; Paris, 1874, in-16). Ce texte, revu en 1490 par PIERRE DESREY, de Troyes, subit ensuite une foule de modifications et d'additions successives. Voici comment est composée notre édition :

1⁰   O createur [*lis.* creature] raisonnable,
Qui desire vie eternelle... (fol. ai, c).

98 huitains, imprimés sur deux colonnes.

2⁰ *Cry de Mort* (fol. dij, a) :

Tost, tost, tost! que chascun s'avance
Main a main venir a la danse...

55 vers.

3⁰ *Les Trois Mors* (fol. dij, c) :

L'HERMITE
Ouvre les yeulx, creature chetive
Viens veoir les faitz de [la] mort excessive...

Le débat proprement dit commence au fol. diij, b, par ces mots :

LE PREMIER MORT
Si nous vous apportons nouvelles
Qui ne soient [*sic*] ne bonnes ne belles..

Cf. Biblioth. nat., mss. franç., n⁰ 1555, fol. 218 ; Montaiglon, *Recueil de Poésies françoises*, V, 60-70.

4⁰ [*La Danse macabre des femmes*] (fol. ei, n) :

Mirez vous cy, hommes et femmes
Et mettés votre affection...

Un huitain servant d'introduction (fol. diiij, d) donne en acrostiche rétrograde le nom d'ADAM CEAT, qui est peut-être fortuit.

Tost, Tost! Veuez femmes danser
Après les hommes incontinent...

5⁰ Huitain (fol. giij, c) :

A mort, a mort, a mort tout homme
Puisque j'ay sur vous seigneurie...

6⁰ [*Dits de la Mort*] (fol. giij, c) :

Je suis la Mort, de Nature ennemye,
Qui tous vivans finablement consomme...

Ce morceau est tiré de la *Dance aux Aveugles* de PIERRE MICHAULT (éd. de Lille, 1748, 67).

7⁰ *Balade* (fol. hi, b) :

Puis que ainsi est que la mort soit certaine,
Plus que aultre rien terrible et douloureuse...

Refr. : Pour bien mourir et vivre longuement.

Cf. Biblioth. nat., mss. franç., n⁰ 147, fol. 5 ; *Œuvres de Georges Chastellain*, publiées par M. Kervyn de Lettenhove, VIII. 306. L'attribution est douteuse.

8° *Le Debat du Corps et de l'Ame* (fol. hij, *c*) :

> Une grant vision, en brief escripte,
> Jadis fut revelée a Philebert l'hermite...

Le Debat du Corps et de l'Ame, dont le premier vers a été maladroitement remanié, est traduit d'un poème latin ordinairement attribué à GAUTIER MAP (voy. *Histoire littéraire de la France* XXII, 162); c'est un des textes qui se rencontrent le plus fréquemment dans les manuscrits du XIVe siècle. Voy. notamment Biblioth. nat., mss. franç., n°s 957, fol. 127; 1055, fol. 64; 1181, fol. 114 ; 2198, fol. 26. Cf. Keller, *Romvart*, 127; Viollet Le Duc, *Ancien Théâtre français* III, 325.

9° Fragment sur les Trois Morts (fol. hiij, *c*) :

LE PREMIER MORT

> Se mon regard ne vous vient a plaisir
> Par sa hydeur, qui est espouvantable..

Cette pièce se trouve, sous le titre de *Mirouer du Monde*, dans un ms. de la Bibliothèque nationale, franç. 2206, fol. 200.

Le cahier *h* de notre édition a été mal imposé. Les ff. doivent se lire dans l'ordre suivant : hij, v°; hiij, r°; hi, v°; hij, r°; hiiij, v°; i i, r°; iij, r° et v°. Le fragment que nous venons de décrire, occupant les ff. hiij, v°; et hiiij, r°, se trouve ainsi intercalé au milieu du *Debat du Corps et de l'Ame*.

10° *La douloureuse Complainte de l'Ame damnée* (fol. i iij, *a*) :

> Vous pecheurs, qui fort regardez
> Cy de moy l'horrible figure...

Cette pièce est entièrement différente de la *Complaincte douloureuse de l'Ame dampnée* dont nous avons décrit ci-dessus une édition séparée. Voy. le n° 533.

11° [*L'Art et Science de bien vivre et de bien mourir*] (fol. i iiij, *a*) :

> Qui a bien vivre veult entendre
> A mourir luy convient aprendre...

Cette pièce se retrouve dans deux manuscrits de la Bibliothèque nationale (franç., n°s 983, fol. 52, et 2307, fol. 3). Le titre que nous avons indiqué entre crochets lui est donné à la fin de l'ouvrage suivant : *Le Livre de consolations contre toutes tribulations* (Lyon, en la maison de feu Barnabé Chaussard, [1532], in-4 goth.).

12° *La Vie du maulvais Antechrist selon l'Appocalipse* (fol. i iiij, *d*) :

> O crestiens, qui voulés la gloire
> De Dieu eternelle avoir...

Pour une édition séparée de cette pièce, voy. Brunet, V, 1206.

13° *Les Quinze Signes* (fol. kij, *b*) :

> Au temps que Dieu juger vouldra,
> Comme tesmoigne l'Escripture...

Cf. Biblioth. nat., mss. franç., n° 1181, fol. 135.

14° *Le Jugement* (fol. kiij, *a*) :

> Vous qui voyez icelle pourtraicture,
> Arrestez vous, pensant profondement...

Sous un titre nouveau, *Claude Nourry* a réimprimé entièrement la *Devote Exortation* de GUILLAUME FLAMENG (voy. ci-dessus, n° 474).

542. La dāce macabre. || [l]es trois mortz ꝗ || les trois vifz. || Et les quinze signes pre- || cedens le grāt iugemēt. — [Au fol. Giij, v°:] ❡ *Cy fine la dāce macabre auecqs les* || *dictz des troys mors et des troys vifz.* || *Imprime a Lyon par Claude Nourry.* || *Lan Mil cinq cens.xxiij* [1523]. In-4 goth. de 36 ff., mar. r.; fil., comp., dos orné, doublé de mar. bl., riche dent. à petits fers, non rogné. (*Trautz-Bauzonnet.*)

Au titre, un grand L encadré, qui sert pour les deux premières lignes.
Au-dessous de l'intitulé est un bois qui représente deux morts jouant du tambourin et de la vielle.
Le v° du titre contient deux bois séparés par le quatrain suivant :

> Ce n'est que vent de la vie mondaine ;
> Mondain plaisir dure peu longuement :
> Longue saison n'a pas, mais tressoudaine ;
> Soudain mourras, et ne sçais quellement.

Le reste du volume est orné de 58 autres bois. Le v° du dernier f. est blanc.
Le texte de la *Dance macabre* :

> O creature raisonnable

commence au r° du 2ᵉ f. et compte 88 huitains ; il est suivi de la ballade :

> Puis qu'ainsi est que la mort est certaine..

(voy. le n° précédent).

Au fol. F ij, v°, commencent *Les Troys Mortz et les Troys Vifz* :

> Se nous vous apportons nouvelles
> Qui ne sont ne bonnes ne belles ..

Le prologue de « l'Hermite », qui se trouve dans l'édition précédente, ne fait pas partie de celle-ci.

Les *Trois Mortz* se terminent au fol. G iij, v°, par la souscription reproduite ci-dessus. Les 9 ff. suivants contiennent une pièce en prose qui commence ainsi :

> Ce Traité est des xv. Signes precedens le grant jugement.

> Nous trouvons, selon les docteurs, que quatre signes precederont le grant jugement general, et après ces quatre signes viendront aultre[s] .XV. signes...

Exemplaire à toutes marges, provenant de la vente Yemeniz (Cat., n° 616) et, en dernier lieu, de la collection de M. E. Odiot. Cet exemplaire, le seul connu, a servi à la description donnée par M. Brunet.

543. Le debat de || Lhomme ✝ || de Largent *Imprime nouuel* || *lement a Paris .iij. f.* — ❡ *Cy fine le* || *debat de Lhō* || *me et de Largent. Nou-* || *uellement imprime a Pa* || *ris par Alain Lotrian de* || *mourāt en la rue neufue* || *nostre Dame a lenseigne* || *de lescu de France. S. d.* [vers 1525], pet. in-8 goth. de 24 ff. de 22 lignes à la page pleine, sign. A-C, mar. r. jans., tr. dor. (*Trautz-Bauzonnet.*)

Le titre est orné d'une initiale encadrée et d'un bois qui représente l'homme et l'argent. Au-dessous de ce bois est un huitain signé de la devise de Maximien : *De bien en mieulx.* Voici la reproduction de ce titre :

Le v° du titre contient deux bois : 1° l'homme et l'argent ; 2° un cavalier remettant une bourse à un homme qui se tient debout devant lui. L'espace resté vidé entre ces deux bois et sur les côtés est occupé par trois fragments de bordures.

Les ff. Aij-Aiij, qui renferment une préface en prose, sont ornés d'une grande S initiale, d'un bois de l'homme et de l'argent, et d'un curieux bois qui représente la boutique d'un changeur, étalant son or sur une table. Les 19 ff. qui suivent (Aiiij-Cvj) contiennent chacun une figure représentant l'homme et l'argent dans des poses diverses, et 17 lignes de texte. Le f. Cvij contient au r° 16 lignes de texte et un fragment de bordure ; le v° est occupé par un rondeau et par un des bois qui représentent l'homme et l'argent. Un autre de ces bois, joint au cavalier qui donne une bourse et à trois fragments de bordure, est placé au r° du dernier f. Le v° de ce f. contient la souscription entourée d'un encadrement ; nous en donnons la reproduction ci-contre.

Il existe de ce *Debat* plusieurs éditions qui présentent entre elles des différences intéressantes. Une édition s. l. n. d., dont un exemplaire a été acquis par M. Morgand, libraire, à la vente Hamilton (Cat., n° 2394), signe le dixain placé sur le titre de la devise : *En tout patience*. L'édition de *Paris, Jehan Sainct Denys*, s. d., dont le même libraire a acheté un exemplaire à la même vente (Cat., n° 2395), remplace, comme la nôtre, la devise qui vient d'être citée par la devise du poète Maximien : *De bien en mieulx*. Il y

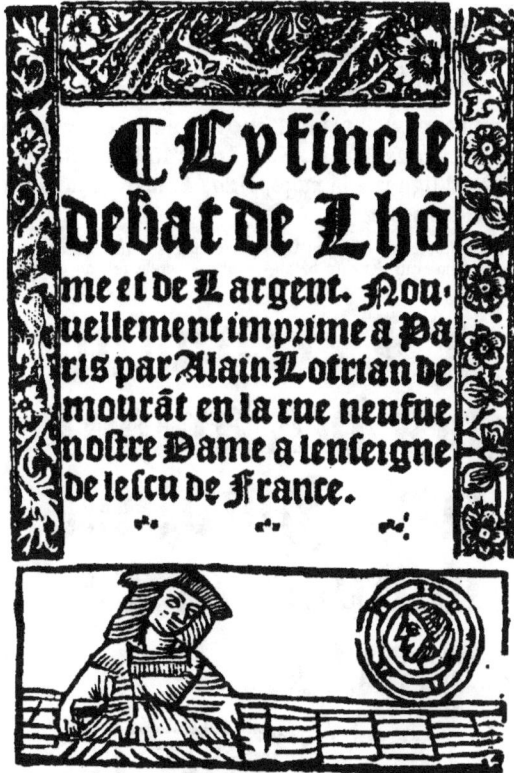

a la une supercherie évidente, car les trois éditions sont précédées d'une préface en prose, à la fin de laquelle on lit : « Laquelle disputation moy, frère CLAUDE PLATIN, religieux de l'ordre de monseigneur sainct Anthoine, ay translaté de langaige ytalien en rime françoyse. » La devise : *En tout patience* doit donc appartenir à Claude Platin, et Maximien paraît être resté étranger à la publication.

Une édition imprimée à *Lyon* par la *veufve feu Barnabé Chaussard* vers 1532, ne contient ni le dixain initial ni la préface. Ce texte mutilé est malheureusement le seul que M. de Montaiglon ait pu se procurer quand il a réimprimé le *Debat* dans son *Recueil de Poésies françoises* (VII, 302-329).

L'original italien est écrit en *ottava rima* ; il est intitulé : *Contrasto de Danaro e dell' Uomo* (Allacci, *Drammaturgia*, éd. de 1755, 215).

544. LE DEBAT DV VIN ET DE || LEAVE. — *Cy fine le debat du vin* ꝭ *de leaue. S. l. n. d.* [*Paris, vers* 1500]. pet. in-4 goth. de 6 ff. de 32 lignes à la page, sign. A, mar. v., fil., tr. dor. (*Koehler.*)

Au titre, la marque de *Michel Le Noir*, imprimeur à *Paris* de 1489 à 1520 (Silvestre, n° 59).

Le v° du dernier f. est blanc.

Le *Debat* se termine par l'acrostiche de PIERRE JAPES ; d'autres éditions portent PIERRE JAMEC.

Recueil de Poésies françoises, IV, 108-121.

Exemplaire de CROZET (Cat. 1841, n° 637), de CH. NODIER (n° 327), de YEMENIZ (n° 1667) et de M. le baron de LA ROCHE LACARELLE.

545. ❡ LE DEPROFVN ‖ DIS DES AMOV- ‖ REVX *Imprime* ‖ *nouuellemēt a* ‖ *Paris. Finis. S. d.* [*vers* 1525], pet. in-8 goth. de 4 ff. de 20 lignes à la page, sign. A, mar. r. jans., tr. dor. *Trautz-Bauzonnet*.)

Au titre, un bois représentant trois personnages : une femme qui plie une étoffe, un homme qui tient un bâton, et une seconde femme debout derrière l'homme.

Au v° du dernier f., le bois de l'homme à la main appuyée sur la garde de son épée, qui parle à une femme (voy. ci-dessus, n° 534).

Recueil de Poésies françoises, IV, 206-210.

Cet exemplaire était réuni à la *Fortune d'amours* dans un recueil qui a successivement appartenu à AUDENET (Cat. 1839, n° 196), à CH. NODIER (n° 328), à YEMENIZ (n° 1685) et à M. A.-F. DIDOT (Cat. 1878, n° 228).

BELLES-LETTRES. 359

546. ❧ La grāde mervei‖leuse desesperatiō des ‖ vsu-
riers et reneuiers ‖ cōme il son dāne. auec ‖ tous les grans
dya- ‖ bles. — ¶ *Finis. S. l. n. d.* [*Lyon, Jacques Moderne,
vers* 1540], pet. in-8 goth. de 4 ff. de 22 lignes à la page,
sign. *A*.

Cette pièce fait partie du recueil décrit sous le n° 190. Voici le fac-similé du titre :

> ❧ La grāde merueil
> leuſe deſeſperatiō des
> vſuriers et reneuiers
> cōme il ſon dāne auec
> tous les grans dya-
> bles.
>
> ¶ L'acteur commence.
> O vſuriers reneuiers manifeſtes
> Qui eſtes pis que ne ſont beſtes
> Sortes tretous de deſſus terre
> Car les diables vous venent querre
> Si meſchamment auez veſcu
> Dont bien chier vous ſera vendu
> Car par le col ſerez panduz.
> ¶ Doncques fauldra que maintenant
> Sans faire nul ſeiournement

De même qu'une autre pièce décrite ci-dessus (*Comment Sathan et le Dieu Bacchus accuse les taverniers*, etc.). ce petit poème est tout à fait dans le goût d'Eloy d'Amerval ; il n'est cependant pas de lui, et nous l'avons cherché vainement dans le *Livre de la Deablerie*. Il se compose de trois parties :

1° un préambule de l'*Acteur* dont voici le début :

> O usuriers, reneviers manifestes,
> Qui estes pis que ne sont bestes,
> Sortés tretous de dessus terre,
> Car les diables vous viennent querre... (23 v.);

2° une complainte des *Reneviers et Usuriers* :

> O grant[z] diable[s] a qui nous somme[s],
> Venez ycy tretous en somme
> Sans faire nulle demeurance.... (104 v.);

3° une *Complainte du pouvre homme :*

Helas ! moy pouvre que je suys,
Qui estoye de si grant pris.... 33 v.).

La *Desesperation* est restée inconnue à tous les bibliographes.

547. Dyalogve dv mòdain ✝ dv celestin || Auec le dit des pays — [A la fin :] *Amen. S. l. n. d.* [*vers* 1525]. in-8 goth. de 4 ff. de 28 lignes à la page, sans sign., mar. r. jans., tr. dor. (*Trautz-Bauzonnet.*)

La pièce n'a qu'un simple titre de départ, au-dessous duquel se trouvent 26 lignes de texte ; elle n'est ornée d'aucun bois.
Recueil de Poésies françoises, XIII, 219-224 ; V, 106-119.
Exemplaire de R. Heber (il faisait partie du recueil porté sous le n° 3713 de la 1ʳᵉ partie de son Catalogue) et de M. le baron J. Pichon (Cat., n° 483), acquis à la vente L. Potier, 1870 (n° 794), et relié depuis.

548. Le dialogve spiritvel || de la passion. || Lequel se doit lire en forme de oraison || et contemplation en || solitude. || Cum priuilegio. — [A la fin :] ¶ *Imprime a Paris par Iehan dupre de-* || *mourãt en la rue des porees : a lymaige sainct* || *Sebastien. Pour Regnault chauldiere de-* || *mourãt en la rue sainct Iaques a lenseigne* || *de lhõme sauuage. Et fut acheue le cinquies-* || *me iour du moys de Iuillet. Mil .ccccc. xx* [1520]. In-8 goth. de 36 ff. de 21 lignes à la page, impr. en rouge et en noir, sign. *A-D* par 8, *E* par 4, mar. r. jans., tr. dor. (*Trautz-Bauzonnet.*)

Au v° du titre est placé un bois mystique, qui représente l'âme dévote adorant le Christ.
Le privilège, rapporté *in extenso* à la fin du volume, est accordé pour trois ans à *Regnault Chaudière*, le 24 février 1519 (1520, n. s.).
Le poème commence ainsi :

Nostre Seigneur

Fille escoutez, et diligentement
Les motz notez, lesquelz presentement
Sont devant vous escriptz et prononcez...

549. Les ditz damovrs et ventes. — *Cy finẽt les ditz et râles damours. S. l. n. d.* [*Paris, vers* 1490]. in-8 goth. de 8 ff. de 27 lignes à la page, sign. *A*, mar. citr., dos et milieu ornés, tr. dor. (*Trautz-Bauzonnet.*)

Au titre, la marque de *Jehan Trepperel* (Brunet, II, 265 ; Silvestre, n° 74). Le v° du titre est blanc.
Recueil de Poésies françoises, V, 204-223.
De la bibliothèque de M. le baron de La Roche Lacarelle.

550. Les Ventes || Damovrs. || Lamant. Lamye. — *Finis. S. l. n. d.* [*Lyon, Jacques Moderne, vers* 1540], pet. in-8 goth. de 8 ff. non chiffr. de 22 lignes à la page, sign. *A-B*.

Cette pièce fait partie du recueil décrit sous le n° 190. Le titre est orné d'un bois qui reproduit une des figures gravées pour l'édition originale des *Emblèmes* d'Aciat (Paris, Wechel, 1534, in-8, p. 8.)

Es Ventes Damours.

Lamant. Lamye.

Le texte commence au v° même du titre.

Les *Ventes d'amours* paraissent avoir été primitivement un jeu de société : une dame lançait à un gentilhomme ou un gentilhomme lançait à une dame le nom d'une fleur, et, sur le champ, il fallait répondre en bouts rimés, de façon à faire un compliment ou une épigramme Ce jeu fut assez répandu au XIV° siècle pour que Christine de Pisan n'ait pas dédaigné de donner place dans ses œuvres à des *jeux à vendre*

Un ms du XV° siècle, qui faisait autrefois partie de la bibliothèque de M. Cigongne et qui appartient aujourd'hui à S A. R. Mgr le duc d'Aumale, contient un texte des *Ventes d'amours* qui ne compte pas moins de 180 couplets (voy. *Recueil de Poésies françoises*, V, 205). Les textes imprimés sont notablement moins longs; ils n'ont en moyenne que 66 couplets. Ils présentent d'ailleurs entre eux, aussi bien qu'avec les mss., de très nombreuses variantes, qu'explique la nature même du jeu. Nous croyons qu'on ne verra pas sans intérêt la description sommaire des éditions des *Ventes d'amours* qui nous sont connues :

A. Cy apres sensuiuct plusieurs || ventes damours. *S. l. n. d.* [*v.* 1490], in-4 goth de 10 ff de 19, 20, et même de 21 lignes à la page.

Cette édition, décrite par M. Brunet (V, 1123) d'après un exemplaire incomplet du titre et ne comptant que 9 ff , se compose de 63 strophes formant ensemble 322 vers ; elle commence ainsi :

    Je vous vens la lance ferrée,
    Par bonne esperance attachée....

Les éditions suivantes placent ce couplet dans le corps du texte.

A la suite des *Ventes d'amours* se trouvent des *Dictz a plaisance* en 12 vers.

L'exemplaire décrit par M. Brunet a figuré en 1878 à la vente Didot (Cat., n° 237).

B. Les || ventes damours. — *Cy finent les ventes* || *damours. S l. n. d.* [*Lyon?, v.* 1490], in-4 goth. de 10 ff. de 23 et 22 lignes à la page. sign. *a*.

Le titre est orné d'un grand L grotesque. Le v° du titre est blanc. ainsi que le v° du dernier f.

Cette édition, désignée dans le *Recueil de Poésies françoises* par la lettre *B*, commence ainsi que les suivantes par les mots :

    Je vous vens la blanche flour...

Biblioth. nat , anc. Y 3711 (9), Rés.

C. Les || ventes damours. — *Cy finent les ventes* || *damours. S l. n. d.* [*Lyon? , v.* 1490], in-4 goth. de 10 ff. de 23 et 22 lignes à la page, sign. *a*.

Cette édition est imprimée avec les mêmes caractères que l'édition precedente, qu'elle reproduit page pour page et ligne pour ligne. L'usure a seulement rendu les caractères un peu plus gras. On remarque aussi entre les deux pièces quelques légères différences typographiques pouvant permettre de les distinguer :

Fol. *aiiii*, r°, la signature est omise dans C.

Fol. *aviij*, r°, ligne 10 : B *frommage* ; C *fròmage*.

Fol. *aix*, v°, ligne 1 : B *vo' abandòne* ; C *vous abàdonne*.

Fol. *ax*, r°, ligne 20 : B *AMEN* ; C *Amen*.

Biblioth. nat., Y 6156. B (5). Rés.

D. Les ditz damours et ventes. *Cy finèt les ditz et vàtes damours. S.l. n. d.* [*Paris, Jehan Trepperel, v.* 1490], in-4 goth. de 8 ff. de 27 lignes à la page. sign. *A*.

Nous avons décrit cette édition à l'article précédent. Un autre exemplaire est conservé à la Biblioth. nat., Y 4389. B. Rés.

E. Les ventes damours. — *Cy finent les ventes damours. S. l. n. d.* [*v.* 1500], pet. in-4 goth. de 8 ff.

Le titre est orné d'un bois qui représente l'amant et l'amie debout et se parlant. La même figure est répétée au v° du titre.

Brunet, V, 1123. — Cat. Didot, 1878, n° 236.

F. Les ditz damours et ventes. *S. l. n. d.* [*Paris, v.* 1520], pet. in-8 de 8 ff.

Marque de *Guillaume Nyverd*.

Brunet, II, 763.

G. Les ventes damours. — *Cy finent les ventes damours. S. l. n. d.* [*v.* 1525], pet. in-8 goth de 8 ff. de 24 lignes à la page.

Au-dessous du titre est un bois de l'amant et de l'amie, debout et se parlant.

Biblioth. de S. A. R. Mgr le duc d'Aumale (Cat. Cigongne, n° 731).

Édition désignée par la lettre *C* dans le *Recueil de Poésies françoises*.

H. Les ventes || damours. — ¶ *Cy finent les ventes damours. S. l. n. d.* [*v.* 1525]. pet. in-8 goth. de 8 ff. de 27 lignes à la page, sign. *A*.

Au titre, un bois représentant, à gauche, un homme vêtu du costume de la fin du XVe siècle, qui semble adresser la parole à une dame. Celle-ci, qui est placée au milieu de la gravure, et qui est accompagnée de plusieurs suivantes, tient une couronne dont elle laisse tomber une fleur. Tous ces personnages sont debout dans un jardin ; derrière eux s'élève un mur surmonté d'arbustes.

L'édition est imprimée en caractères gothiques très nets. Nous avons trouvé ces mêmes caractères dans une édition de la *Malice des femmes* dont un exemplaire fait partie du même recueil.

Biblioth. munic. de Versailles, E. 332. c.

I. Les ventes damours. — *Finis. S. l. n. d.* [v. 1530], pet. in-8 goth. de 8 ff.

Le titre est orné d'un bois qui représente un religieux écrivant à un pupître.
Édition désignée par la lettre *A* dans le *Recueil de Poésies françoises*.

J. Les Ventes || Damours. || Lamant. Lamye. *S. l. n. d.* [*Lyon, Jacques Moderne*, v. 1540], pet. in-8 goth.

Édition décrite en tête de cet article.

K. Les Dicts || et Ventes || d'Amours. || Auec les responces. || *A Troyes* || *Chez Nicolas du Ruau*. || *demeurant a la Rue* || *nostre Dame. S. d.* [v. 1580], pet. in-8 de 8 ff. de 28 lignes à la page pleine. sign. *A*, titre encadré.

M. Corrard de Breban (*Recherches sur l'établissement et l'exercice de l'imprimerie à Troyes*, 3e édition, revue par O. Thierry-Poux, 60) cite de *N. Du Ruau* une impression datée de 1577 et une de 1584 ; il n'a pas connu les *Ventes d'amours*.

Biblioth. roy. de Dresde. *H. Gall*, 1780, 42.

L. Les Ventes d'amour, *Paris, Techener*, [*imprimerie de Tastu*], 1830, in-16 goth.

M. Les Ventes damours, [*Paris, imprimerie de Pinard*, 1831], in-16 goth. tiré à 42 exemplaires.

N. *Recueil de Poésies françoises*, V, 204-223.

Les *Ventes d'amours* dont nous venons de parler ne sont pas les seules qui existent. Une série de couplets de ce genre se trouve dans les *Adevineaux amoureux* (voy. p. 103 de la réimpression des *Joyeusetez*). Un ms. de la fin du XVe siècle, qui appartient à l'abbaye de Westminster, contient (fol. 45) une pièce qui commence ainsi :

> Je vous vens la giroflée :
> Dite, pucelle, sans demorée...

Deux autres rédactions très différentes sont imprimées dans un petit recueil intitulé *La Recreation, Devis et Mignardise amoureuse* (Paris, vefve Jean Bonfons, s. d., in-16), savoir :

> 1º fol. Ciij, r⁰ : Je vous vens le grain de froment...
> 2º fol. Ev, r⁰ : Je vous vens esclairs et espars...

Le succès des *Ventes damours* a été exploité dans des sens différents.

Un auteur inconnu a eu l'idée de composer sur le même cadre un poème spirituel intitulé les *Ventes damour divine* :

> Je vous vens la belle soucye :
> Saige est celuy qui se soucye...

(*Recueil de Poésies franç..* VII. 18.)

Un autre anonyme a composé sous forme de *Ventes d'amour* une grossière invective intitulée : *Demandes joyeuses d'ung amant a sa dame en manière de reproche ou villenie* ; nous parlons de cette pièce dans notre tome II à l'article *Demandes damour*.

Comme l'a fait remarquer M. Paul Meyer (*Bull. de la Soc. des anciens Textes franç.*, 1875. 28), le jeu des ventes d'amour persiste encore dans la poésie populaire On en trouve un exemple dans les *Chants populaires de la Provence publiés par M. Damase Arbaud*, I, 220.

551. LES DITZ DES BESTES. — *Cy finissent les ditz des bestes. S. l. n. d. [Paris, vers 1490]*. in-4 goth. de 4 ff. de 24 lignes à la page, sign. *a*, mar. r. jans., tr. dor. (*Trautz-Bauzonnet.*)

Le titre, dont le v° est blanc, porte la marque de *Jehan Trepperel* (Brunet, II, 265 ; Silvestre, n° 74).

Le v° du dernier f. est blanc.

Les Ditz des bestes sont une composition symbolique dérivée des *Bestiaires*, dont on connaît la vogue pendant tout le cours du moyen-âge. Notre pièce énumère 22 animaux différents, en commençant par le Lion, le Leopard, le Toreau et l'Oriflant.

Recueil de Poésies françoises, I, 256-260.

De la bibliothèque de M. le baron de LA ROCHE LACARELLE.

552. LES DITZ DES OYSEAVLX. — *Cy finēt les ditz des oyseaulx. S. l. n. d. [Paris, vers 1490]*, in-4 goth. de 4 ff. dont les pages les plus pleines ont 24 lignes, mar. r. jans., tr. dor. (*Trautz-Bauzonnet.*)

Le titre, dont le v° est blanc, porte la marque de *Jehan Trepperel* (Brunet, II, 265 ; Silvestre, n° 74).

Le texte commence ainsi :

*S'ensuyvent les Dictz des Oyseaulx,
qui disent pro et contra.*

LE COCQ *commence*

Hardy, joyeux et liberal
Me Maintiens toujours en ce monde...

Les autres oiseaux sont nommés dans l'ordre suivant : Le Faisan, l'Aigle, la Grue, le Victeur, le Fenix, le Cine, le Pellican, le Paon, la Segoigne, le Colomb, la Pardris, le Corbeau, la Torterelle, le [sic] Huppe, le Chat huant, la Pie, le Jay, le Rattelet, l'Aigle gentil, le Victeur (couplet différent du premier), Le Faucon, le Corbeau (couplet différent du premier), le Passerat, le Rossignol, la Huppe, le Papegay, l'Agasse, le Colomb (couplet différent du premier), la Chave, le Faisan (couplet différent du premier), le Vultre, le Chardonneret, le Vachellet. Le texte réimprimé par M. de Montaiglon (*Recueil de Poésies françoises*, I, 261-264) place les oiseaux dans un autre ordre et n'a que 17 couplets au lieu de 34.

De la bibliothèque de M. le baron de LA ROCHE LACARELLE.

553. LES DICTZ 7 COM- || PLAINCTES de trop Tard marie. — *Finis. S. l. n. d. [Lyon, Jacques Moderne, v. 1540]*, pet. in-8 goth. de 4 ff. de 22 lignes à la page, sign. *A*.

Cette pièce fait partie du recueil décrit sous le n° 190. Voici le fac-simile du titre :

Les dictz & complainctes de trop Tard marié.

Le texte commence au v° même du frontispice.

Le titre de cette complainte en indique suffisamment le sujet. L'homme, qui s'est engagé sur le tard dans les liens du mariage, reconnaît sa faute alors qu'il n'est plus temps d'y remédier. Le poème, écrit en septains, commence par une strophe en vers à queue annelée :

>   Je suis le Trop Tard Marié,
>   Marié suis, loué soyt Dieu !
>   Dieu m'a a bon per parié ;
>   Marié suis en tresbon lieu ;
>   Bon lieu ay pris, car au milieu
>   Du lieu suis pour m'esvertuer.
>   Vertu est le milieu trouver.

Les strophes sont au nombre de 19. Voici la dernière :

>   Prions cil qui fit ciel et terre,
>   Gens, oyseaux, bestes et poissons,
>   Qu'il nous doint paradis acquerre,
>   Si qu'en la fin venir puissons,
>   Par noz bienfaitz et oraisons,
>   Avecques tous les sainctz et sainctes,
>   Pour Dieu souffrir fault peines maintes.

Cette pièce, entièrement inconnue paraît être le prototype de la complainte composée sous le même titre par Pierre Gringore. Il n'y a, d'ailleurs, entre les deux compositions, que le rapport qui existe naturellement entre deux ouvrages traitant le même sujet. La pièce de Gringore est plus développée ;

elle se compose d'une introduction en 18 vers, de 42 strophes de 7 vers et d'un acrostiche en 8 vers, soit 320 vers en tout, tandis que notre complainte n'en compte que 133.

554. ❦ Les dictz 7 com-‖ plainctes de trop Tost marie. — ⁋ *Finis. S. l. n. d.* [*Lyon, Jacques Moderne, v.* 1540], pet. in-8 goth. de 4 ff. de 22 lignes à la page, sign. *A*.

Cette pièce fait partie du recueil décrit sous le n° 190. Voici le fac-simile du titre :

Le texte commence au v° même du titre :

Un poète inconnu a voulu répondre à la *Complaincte de Trop Tard Marié*. La réponse est, il est vrai, très inférieure à l'original. L'homme qui s'exhale en regrets ne se repent pas seulement de s'être marié trop tôt ; il se désole d'une façon plus générale d'avoir pris femme. Ses lamentations ressemblent fort aux deux *Complainctes du Nouveau Marié* et aux *Tenèbres de Mariage*. En voici le début :

    Je suis le Trop Tard Marié,
    Je ne sçay se [je] m'en repente ;
    De ma femme suis harlé :
    Nuyt et jour elle me tourmente......

L'homme maudit celui qui l'a marié, trouve ses enfants importuns et déplore les dépenses auxquelles l'entraîne sa femme.

> Car, tout premiers, me fault maison,
> Belle, bonne, grande a merveilles,
> Et garniment a grant foyson,
> Comme(nt) mantilz, touailles, corbeilles,
> Tables, treteaulx, baraulx, bouteilles.....

Cette énumération se rapproche beaucoup de celle que contient la *Complaincte du Nouveau Marié*, dont nous avons décrit ci-dessus un exemplaire (n° 536).

Notre complainte se compose de 20 strophes de 7 vers ; elle compte par conséquent 140 vers. Une édition de la même pièce que nous avons vue à la Bibliothèque nationale (Y. 6158 + Rés.) et qui est imprimée, comme une édition de la *Complaincte de Trop Tard Marié* qui y est jointe, avec les caractères de *Jehan Guyard*, à Bordeaux, ne contient que 139 vers, parce qu'un vers a été passé dans la 7ᵉ strophe.

Les *Dictz et Complainctes* eurent un grand succès ; il en existe une imitation anglaise imprimée chez *Wynkyn de Worde*, à Londres, en 1535, sous le titre suivant : *A Complaynt of them that be to soone maryed* (in-4 goth. de 13 ff.).

Un anonyme voulut concilier les poètes qui plaignaient le Trop Tost Marié et le Trop Tard Marié; il publia la *Resolution de Ny Trop Tost Ny Trop Tard Marié* (*Recueil de Poésies françoises*, III, 129-137).

Nous ferons encore remarquer qu'il existe sous le titre de *Complaincte de Trop Tost Marié* une édition de la *Complaincte du Nouveau Marié*, qui ne doit pas être confondue avec le petit poème que nous venons de décrire. Cette édition, qui a été reproduite en 1830 dans les *Joyeusetez*, commence ainsi :

> Dehors, dehors, yssez de cette nasse !
> Dehors, ne vous y boutez plus....

Voy. ci-dessus, n° 536, et *Recueil de Poesies françoises*, IV, 5-17.

555. LE DOCTRINAL DES || FEMMES MARIES [sic]. *S. l. n. d.* [*Paris, vers* 1490]. in-4 goth. de 6 ff. de 20 lignes à la page, impr. en grosses lettres de forme, sign. *A*, mar. r. jans., tr. dor. (*Trautz-Bauzonnet.*)

Au titre, la marque de *Jehan Trepperel* (Brunet, II, 265; Silvestre, n° 74).
Au v° du titre, un bois qui représente un docteur assis dans une chaire gothique, et trois personnages debout devant lui.
Le v° du dernier f. est blanc.
Le *Doctrinal*, dont il n'existe pas encore de réimpression moderne, commence ainsi :

> Femme qui es en mariage,
> A ton seul mary t'abandonne,
> Car qui son corps a plusieurs donne
> Jamais il n'est tenu pour saige.

C'est une composition entièrement différente du *Doctrinal des nouvelles Mariées* dont M. de La Borderie a donné une réimpression partielle (*De l'Imprimerie en Bretagne au XVᵉ siècle*, Nantes, 1879, in-8. 125-128), d'après l'édition imprimée par *Jehan Cres à Lantenac*, le 5 octobre 1491.

Notre exemplaire était réuni à la *Complainte du nouveau Marié* et au *Doctrinal des nouveaulx Mariez* dans un recueil qui a successivement appartenu à LE DUC, à BIGNON, à M. J.-CH. BRUNET (Cat., n° 282) et à M. A.-F. DIDOT (Cat. 1878, n° 225).

556. LE DOC- || TRINAL D'S FILLES. — ¶ *Cy fine le doctrinal des filles* || *Imprime a Lyon* || *par Pierre Mareschal. S. d.*

[*vers* 1490], in-4 goth. de 4 ff. de 30 lignes à la page, sans sign., mar. r., fil., dos orné, tr. dor. (*Koehler*.)

Le titre est orné d'un grand L encadré, de trois fragments de bordures et de la marque de *Pierre Mareschal*. Nous en donnons le fac-simile :

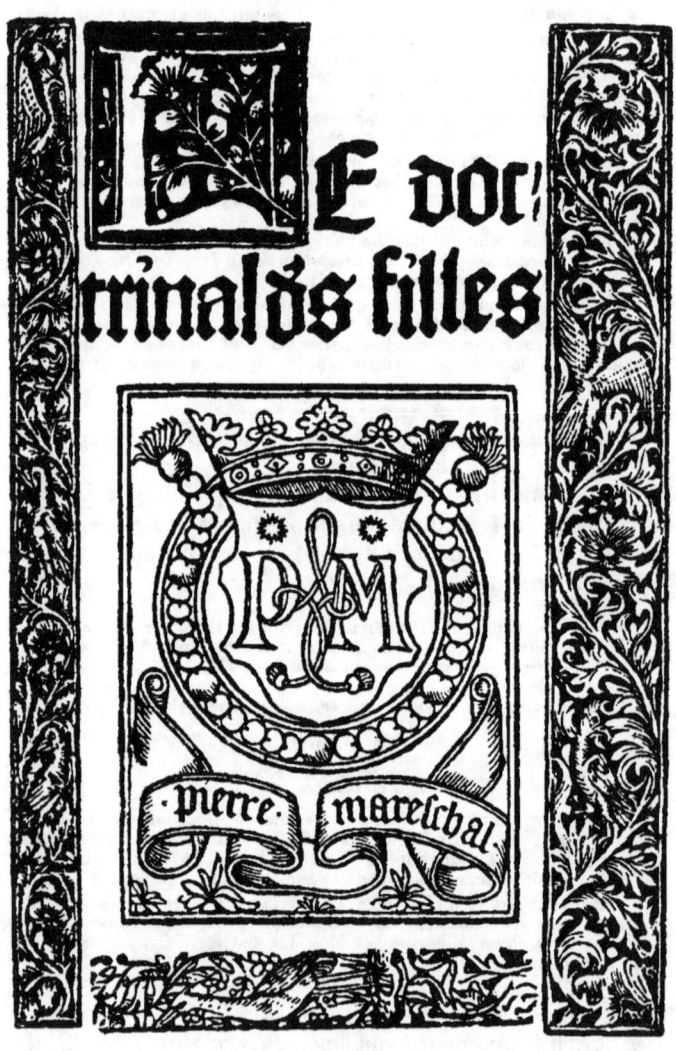

Au v° du titre, un grand bois représentant un personnage drapé, tenant la main une banderole.

Le v° du dernier f. est blanc.

Sur l'imprimeur *Pierre Mareschal*, voy. la note qui accompagne le n° 76 ci-dessus.

Le *Doctrinal des Filles*, qui se compose de 34 quatrains et qui a été réimprimé dans le *Recueil de Poésies françoises*, II, 18-24, est une œuvre fort ancienne. Il paraît avoir été connu de Chancer, qui, en 1391, en fit une sorte d'imitation beaucoup plus développée, intitulée : *How the Goode Wif thaught hir doughter*. Voy. Hazlitt, *Remains of the early Popular Poetry of England*, I, 178-192.

Exemplaire de CH. NODIER (Cat., n° 322), de SOLAR (n° 1084) et de W. MARTIN (n° 300), acquis, en 1879, à la vente d'un amateur lyonnais [M. PARADIS] (n° 209).

557. LE DOCTRINAL DES || FILLES. *S. l. n. d.* [*Angoulême, vers* 1492], in-4 goth. de 6 ff. dont chaque page contient 5 quatrains, impr. en grosses lettres de forme, sign. *A*, mar. r. jans., tr. dor. (*Trautz-Bauzonnet.*)

Au titre, un grand L gothique.

Au v° du titre, un bois qui représente une femme assise dans une chaire gothique, devant un pupître, et donnant une leçon à une jeune fille assise par terre devant elle.

Les caractères sont ceux avec lesquels *Pierre Alain* et *André Chauvin* ont imprimé à Angoulême, vers 1492, les *Auctores Octo*, dont M. L. Delisle a reproduit une page dans ses *Mélanges de Paléographie et de Bibliographie* (pl. VII).

Ces gros caractères different de ceux dont nous donnons un spécimen à l'article *Doctrine des Princes et des Servans en court* (voy. le n° 561 ci-après). Une autre production des mêmes presses a été précédemment décrite (voy. l'article *Enseignemens sainct Thomas*, n° 41) ; enfin l'on en trouvera plus loin une quatrième, *La Louenge des Dames* (n° 572).

Voici le fac-similé de la 1ʳᵉ page du texte :

f
Elle pour faire bon tresor
Crainte ayes deuāt vos yeulx
Car en fille crainte siet mieulx
Que le rubis ne fait en lor

Fille ne vous veulliesmesler
De bailler a amours auance
Dont aies apres repentance
Ne nul en faille en mal parler.

Fille soies en habits cointe
Et vous pares de grans vertus
Sans faulx semblans ne ris ne abus
Faire a ceulx dont estes acointe.

Fille quāt seres en carolle
Dances gentement par mesure
Car quāt fille se desmesure
Tel la voit qui la tient pour folle

Fille soies de vous maistresse
Et naymes fors damour cōmune
Car male bouche dit plus dune
Parolle. qui lhonneur trop blesse
a.ij.

Le *Doctrinal* se termine au bas du 5ᵉ f. r⁰. Le v⁰ de ce même f. et le r⁰ du 6ᵉ f. sont occupés par *Les dix Commandemens de la loy de Dieu*, *Les cinq Commandemens de l'Eglise* et *Les XII Articles de la foy*.
Le v⁰ du dernier f. est blanc.
Exemplaire de YEMENIZ (Cat., n° 1665) et de M. A.-F. DIDOT (Cat. 1878, n° 224).

558. LE DOC || TRINAL || DES FILLES. A || elles tresutile. — ❡ *Cy fine le doctrinal des* || *filles / a elles tresutile pour* || *les*

BELLES-LETTRES. 371

bien regir et gouuerner || *Imprime a lyon par Pierre* || *mareschal* ☩ *Barnabe chaus* || *sard. Lã. M.ccccc.* ☩. *quatre* [1504]. In-4 goth. de 4 ff. de 29 lignes à la page, sans sign., mar. r. jans., tr. dor. (*A. Motte.*)

> Au titre, un grand L encadré et entouré de rinceaux.
> Au-dessous de l'intitulé est placée la marque de *Pierre Mareschal* et *Barnabé Chaussard* (Silvestre, n° 116).
> Au v° du titre, un grand bois qui représente un personnage assis dans une chaire gothique et tenant un livre. Près de ce personnage un ange déploie un banderole.
> Le v° du dernier f. est blanc.

559. ℂ Le doctrinal || des Filles a || marier. — ℂ *Finis. S. l. n. d.* [*vers* 1525], pet. in-8 goth. de 4 ff. de 25 lignes à la page pleine, sign. *A*, mar. r. jans., tr. dor. (*Trautz-Bauzonnet.*)

> Au titre, un bois qui représente une femme debout près d'un vase de fleurs, ayant auprès d'elle un amour.

> Même pièce que les précédentes.

560. Le doctrinal des novveavlx mariez. *S. l. n. d.* [*Paris, vers* 1490], in-4 goth. de 6 ff. de 23 lignes à la page, impr. en grosses lettres de forme, sign. *a,* mar. r. jans., tr. dor. (*Trautz-Bauzonnet.*)

Au titre, la marque de *Jehan Trepperel* (Brunet, II, 265; Silvestre, n° 74). Au v° du titre, un bois gravé pour une édition des *Quinze Joyes de mariage* qui sera décrite plus loin. Ce bois, que *Trepperel* a également employé pour une édition de la *Complainte du nouveau Marié* (voy. ci-dessus, n° 536), représente un homme tiraillé par ses enfants et battu par sa femme. Le r° du dernier f. contient 24 lignes ; le v° en est blanc.

Recueil de Poésies françoises, I, 131-138.

Cet exemplaire était réuni à la *Complainte du nouveau Marié* et au *Doctrinal des Femmes marié[e]s* dans un recueil qui a figuré à la vente A.-F. Didot, en 1878 (Cat., n° 225). Voy. les n°s 536 et 555.

561. La doctrine des princes et || des servans en covrt. *S. l. n. d.* [*Angoulême, vers* 1492], in-4 goth. de 4 ff., dont la page la plus pleine a 25 lignes, mar. r. jans., tr. dor. (*Trautz-Bauzonnet.*)

Le r° du 1er f., dont nous donnons la reproduction, ne contient que les deux lignes de l'intitulé.

Au v° du titre, est placé le bois que nous avons reproduit en fac-simile à l'article *Enseignemens sainct Thomas* (n° 41).
Le v° du dernier f. est blanc.

Les caractères sont ceux de *Pierre Alain* et *André Chauvin*, qui ont imprimé à Angoulême de 1491 à 1493 (voy. les n°s 41, 557 et 577); nous reproduisons, à titre de spécimen, le r° du 2e f.

De virtute tua vocũ penuria cogit
Nos quasi vagitu deficiente loqui.
   Finalis conclusio.
Trinus/& vnus ades scribẽti.trinus in vno
Vnicus in trino sit benedictus amen.
Insõtes elegi dormite:quiescite. vobis
Cõpatior fessis iparitate pedum.
Explicit:expletũ thobiã qui leget.insc̃ et
Thobiã merita religione sequi.

   Thobias finit.

Felip libellorũ finis quos auctores
vulgo appellãt correctorũ impres
sorũq; engolisme die.pVii. mensis
maii. Anno dñi. M.cccc.lxxxxi.

Pour les princes

Amez les bons donnez aux souffreteux
Soyes larges ou il appartiendra
Durs aux mauluais et aux pures piteux
Sachiez a qui Voſtre don ſe fera
Et ce cil a deſſerui pour lauoir
Du bien cõmun faictes Voſtre debuoir
Ab ce deues ſur toutes choſes tendre
Car tous ces poins fiſt iadis aſſauoir
Ariſtote au grant roy alixandre

De dieu ſoyes en tous temps couuoiteulx
Amez ſerues et il Vous ſecoura
Gardes la loy et iuſtice a tous ceulx
Et a celluy qui contre eſſenſera
Sans eſpargner cheſcun Vous doubtera
Ne couuoites de voz ſubgetz lauoir
Voz paroles ſoient trouuees en Voir
Faictes les grans aux petis leur droit rendre
Car tous ces poins fiſt iadis aſſauoir
Ariſtote au grant roy alixandre

Encore luy diſt ne ſoyes pareceulx
Mais diligent quant il conuendra
Saiges tenes anciens et les preux
Et cheſcun ayt et ce Vous aydera
A gouuerner cy que nulz ne pourra

Pour faciliter la comparaison avec une impression portant la rubrique d'*Angoulême*, nous donnons ci-contre le fac-simile, en taille-douce, de la souscription placée à la fin d'une des éditions des *Auctores octo* que possède la Bibliothèque nationale (Cf. Delisle, *Mélanges de Paléographie et de Bibliographie* ; Paris, 1880, in-8, 311-319)

Cette édition de la *Doctrine des Princes et des Servans en court* est restée inconnue à M. Brunet, qui ne décrit que des éditions de petit format. Elle n'a pas non plus été citée par M. de Montaiglon, qui a reproduit cette pièce dans son *Recueil de Poésies françoises* (IV, 31-85). Le savant éditeur n'a pas non plus observé que , des quatre ballades qui composent la *Doctrine* , les deux premières sont d'EUSTACHE DESCHAMPS. Voy. *Œuvres complètes d'Eustache Deschamps* , I, 208 ; II , 30.

562. LA DOC- || TRINE DV PERE || AV FILZ. *S. l. n. d.* [*Lyon, vers* 1500], in-4 goth. de 4 ff. de 30 lignes à la page, sign. *a*, mar. r. jans., tr. dor. (*A. Motte*.)

Au titre, un grand L encadré et orné de rinceaux , et la marque de *Pierre Mareschal* et *Barnabé Chaussard* , imprimeurs à *Lyon* , de 1493 à 1515 (Silvestre , nº 116).
Le vº du dernier f. est blanc.
Recueil de Poésies françoises, II, 238-244.

Ces quatrains, qui ont dû subir bien des remaniements, ont probablement une origine fort ancienne. On peut les rapprocher d'une pièce latine traduite en vers allemands par Sébastien Brandt : *Consilium patris filium ad studium litterarum animantis* (voy. Hain , nº 5643 ; Weller, *Die deutsche Literatur im ersten Viertel des sechszehnten Jahrhunderts*, nos 21 et 1815); d'un petit poème anglais : *How the wise Man taught his Son*, qui figure dans le recueil de Hazlitt (*Remains of the early Popular Poetry of England*, I , 168), et d'un poème tchèque imprimé dans le *Vybor z literatury české* (1, 909).

563. LA DOCTRINE || DV PERE AV FILZ. — ¶ *Finis. S. l. n. d.* [*vers* 1525] , pet. in-8 goth. de 4 ff. de 23 lignes à la page , sign. *A*, mar. r. jans., tr. dor. (*Trautz-Bauzonnet*.)

Cette édition n'a qu'un simple titre de départ ; le rº du 1er f. contient 20 vers.

564. LES FAINTISES DV || MONDE. — *Cy finissēt les faintises du monde. S. l. n. d.* [*Paris , vers* 1490], in-4 goth. de 12 ff. de 38 lignes à la page, sign. *A-B* par 6, mar. bl. jans., doublé de mar. r., riche dent. à petits fers, tr. dor. (*Trautz-Bauzonnet*.)

Au titre, la marque de *Jehan Trepperel* (Brunet, II, 265; Silvestre, nº 74).

« Cette édition , qui n'est pas citée par Brunet , est aussi complète, bien qu'elle ne se compose que de 12 ff., que celles qui en comptent 16 et 17. Cela s'explique par le nombre des lignes à la page qui est de 38 dans celle-ci, tandis que dans les autres il n'est que de 30. On pourrait croire qu'il existe une lacune après le 10e f., qui se termine par les sept premiers vers d'une strophe , parce que le 8e vers , placé seul en tête du 11e f., ne rime pas avec un des vers précédents et ne semble pas appartenir à la stance ; mais c'est par suite d'une simple faute d'impression que ce vers n'a pas de rime. Au lieu de .
Qui sans bruit se *deschaine*,
la comparaison avec les autres éditions montre qu'il faut lire :
Qui sans bruit se *deschainera*. »
Note de M. L. POTIER.

Les *Faintises du Monde* sont généralement attribuées à Pierre Gringore, parce que le libraire *Galliot Du Pré* les a jointes en 1532 à sa petite édition du *Chasteau de Labour* (voy. le nº 493), mais rien ne prouve que cette attri-

BELLES-LETTRES.

bution soit fondée. Gringore a signé tous ses ouvrages, soit de son nom, soit de son acrostiche ; or, nous ne trouvons ici aucune indication personnelle ; aussi avons-nous cru devoir laisser les *Faintises* dans la classe des poésies anonymes.

Les *Faintises* ont été réimprimées en 1841, par M. Gratet-Duplessis (Douai, 1841, in-8) et reproduites par le même érudit dans son *Petit Tresor de Poésie récréative* (Paris, Passard, 1848, in-64), 1-87.

Notre exemplaire, qui a fait partie de la bibliothèque de M. Cigongne, provient d'une vente faite par M. J. Techener, au mois de mai 1864 (Cat., n° 317). Il a été relié depuis.

565. Les grans ✠ Mer- ‖ veilleux faictz de Nemo auec ‖ les preuileges quil a / Et la ‖ puissance quil auoir [*sic*] depuis ‖ le commencement du monde ‖ iusques a la fin. — *Finis*. S. l. n. d. [*Lyon, Jacques Moderne, vers* 1540], pet. in-8 de 8 ff. non chiffr. de 25 lignes à la page, sign. A-B.

Cette édition, restée inconnue aux éditeurs du *Recueil de Poésies françaises*, est imprimée en lettres rondes, à l'exception du titre, dont voici la reproduction :

Notre exemplaire fait partie du recueil décrit sous le n° 190.

566. Les grans ✠ mer || veillevx faitz du seigñr Nemo auec les preui || leges q̃l a /, et la puissance quil peut auoir De || puis le cõmencement du monde iusq̃s a la fin. — *Finis.* S. l. n. d. [vers 1540], pet. in-8 goth. de 8 ff. de 23 lignes à la page, sign. A, mar. r. jans., tr. dor. (*Trautz-Bauzonnet.*)

La pièce n'a qu'un titre de départ, suivi de 18 lignes de texte ; nous en donnons le fac-similé :

❡ Les grãs ✠ mer
ueilleux faitz du seigñr Nemo auec les preui
leges q̃l a / et la puissance quil peut auoir De
puis le cõmencement du monde iusq̃a la fin
  ❡ Audite verba mea / et biuet a la besta
  S:ape escript en son liure
  Escoutez se bõs voulez biure
  Deuotes gens qui cy ensemble
  Estes ainsi comme il me semble
Pour honneste cause assemblez
Et qui sans mentir me semblez
Estre gens de haultes sciences
Et de tresbonnes consciences
Jay sil vous plaist intention
De faire vne collation
Scy non pas pour vous apprendre
Mais pour delectation prendre
Car ie le fais principallement
Pour voltre reioussement
Ditfaictes paix quant ie liray
Ou aultrement ie me tairay
Quoy que tout soit sans fiction

A.i.

Un théologien du moyen-âge eut l'idée de renouveler la célèbre équivoque d'Ulysse (Homère, *Odyss.*, IX, vers 366 et suiv.) et de composer tout un sermon à la louange d'un saint que les Écritures elles-mêmes mettaient au-dessus de Dieu : *Deus cujus irae resistere Nemo potest.* Il mit sur le compte de ce dévot personnage toutes les actions dont, au dire de la Bible, des Évangiles et des Saints Pères, « Personne » n'était capable. Le sermon, qui se trouve dans un ms. du XIIIe siècle et dans plusieurs mss. postérieurs, a les allures graves et posées d'un vrai sermon. Ulrich de Hutten en fit un petit poème latin, qu'il publia en 1512 ou 1513, et qu'il remit au jour en 1516 avec d'importantes additions. Un auteur qui travaillait pour le théâtre de Lyon (Du Verdier nous apprend que c'est Jehan d'Abundance) comprit tout le parti que l'on pouvait tirer de cette vieille facétie ; il lui fut facile de faire figurer saint Nemo à côté des autres saints qui composaient le martyrologe des sermons joyeux Pourtant, un détail pouvait l'arrêter : la négation qui, en français, doit être jointe au mot « Personne » ; le poète prit le parti de conserver à Nemo son nom latin et de citer également en latin les textes sur lesquels il s'appuyait. Ce système le mettait d'accord avec la grammaire, en même temps qu'il lui permettait le mélange du latin et de la langue vulgaire, mélange que tous les auteurs de farces ont toujours considéré comme un élément comique.

Jehan d'Abundance est l'auteur de divers autres ouvrages dramatiques, imprimés a Lyon au XVIe siècle. Les seules de ses productions qui nous soient parvenues sont deux monologues dramatiques : *Les grans et merveilleux Faictz du seigneur Nemo*, dont nous venons de parler, et les *Quinze Signes descendus en Angleterre* (Biblioth. nat., Y 4437. A. Rés., et Y. 3193 (12). Rés.). dont il a été fait, vers 1860, une réimpression qui se joint à la collection Silvestre ; deux mystères : *Le Joyeux Mistére des trois roys a dix sept personnages*. dont la Bibliothèque nationale a récemment acquis une copie figurée (Ms. franç., nouvelles acquisitions, n° 4222, Rés.) et la *Moralité , Mistére et Figure de la passion de Nostre Seigneur Jesus Christ*, qui nous est connue par une édition de *Lyon, Benoist Rigaud*, s. d., in-8 (Biblioth. nat., Y. 4352. A. Rés) et par une copie manuscrite (Biblioth. nat., ms. franç. 25466. fol. 1-19) ; enfin deux farces : *Le Testament de Carmentrant*, dont nous décrirons plus loin une édition ancienne, et qui a été réimprimé en 1830, à 42 exemplaires par les soins de MM. Giraud et Veinant, et la *Farce de la Cornette*, datée de 1543 et réimprimée par MM. Giraud et Veinant en 1829, ainsi que par M. Édouard Fournier (*Le Théâtre français avant la Renaissance*, 438-445).

Du Verdier nous a conservé les titres de trois moralités de Jehan d'Abundance, qui paraissent aujourd'hui perdues bien qu'elles aient été imprimées : *Plusieurs qui n'a point de conscience. Le Gouvert d'humanité* et le *Monde qui tourne le dos a Chascun* (Du Verdier, éd. Rigoley de Juvigny, II, 324).

Les autres ouvrages de Jehan d'Abundance sont indiqués par Du Verdier et par Brunet. Les seuls qui portent une date sont la *Prosopopeie de la France a l'empereur Charles Quint sur sa nouvelle entrée faite à Paris* (Tolose, Nicolas Vieillard, in-4), qui doit être du commencement de l'année 1540, et l'*Epistre sur le bruit du trespas de Clement Marot* (Lyon, Jacques Moderne, 1544, in-8). Si nous rappelons que la *Farce de la Cornette* est de 1548, nous ne nous tromperons guère en supposant que les autres pièces dramatiques de notre auteur auront été composées entre 1540 et 1550.

Les *Faictz de Nemo* ont été réimprimés dans le *Recueil de Poésies françoises*, XI, 313-342.

567. ¶ La Fortvne || Damovrs ||

¶ Sermon ioyeulx dung verd galant ||
Et dune bergiere iolye ||
Que peut nommer chascun lisant ||
Damour la fortune ou follye.

— *Finis sic finitur* || *On les vend a paris en la rue* || *Neufue nostre Dame a* || *lenseigne de lescu* || *de France.*

V. 4. 116

S. d. [*vers* 1530], pet. in-8 goth. de 8 ff. de 26 lignes à la page, sign. *A-B*, mar. r. jans., tr. dor. (*Trautz-Bauzonnet*.

Au titre, un bois grossier qui représente un laboureur poussant une charrue le laboureur est accompagné de sa femme, laquelle tient une quenouille.

La fortune
Damours
Sermon ioyeulx dung Verd galant
Et dune bergiere iolye
Que peut nommer chascun lisant
Damour la fortune ou follye

Au v° du dernier f., 12 lignes de texte suivies de la souscription et de deux fragments de bordure.

Ce sermon joyeux, qui n'a jamais été réimprimé, commence ainsi :

Si quis amat nimium, penitet ille nimis.

Mignons, qui avez eu le cours,
Des dames portant les atours,
Sans estre batus ne fourbis,
Peut on jouir de ses amours
Sans porter satin ne velours,
En gardant moutons et brebis ?...

Notre exemplaire était joint au *De Profundis des Amoureux* (voy. le n° 545) dans un recueil qui a successivement appartenu à AUDENET (Cat. 1839, n° 196), à CH. NODIER (n° 328) . à YEMENIZ (n° 1685) et à M. A.-F. DIDOT (Cat. 1878, n° 228).

568. Le Govvernement || des trois estatz. Du || temps qui Court. — ❡ *Cy finist ce petit liure des trois estatz* || *du temps qui court Imprimé à paris p* || *Jhean* [sic] *trepperel libraire & Imprimeur* || *demourant en la Rue neufue nostre da-*|| *me a Lenseigne de lescu de France*. S. d. [*vers* 1510], pet. in-8 goth. de 28 ff. de 26 lignes à la page, sign. *A-C* par 8, *D* par 4, mar. r. jans., tr. dor. (*Trautz-Bauzonnet*.)

<small>Au titre, un bois qui représente un clerc parlant à un écolier.
Le volume est orné de quatre autres bois.
Au v° du titre, une épître « A hault prince, monseigneur Gaston de Fois, duc de Nemours ».
Ce poème satirique se termine par l'acrostiche de Pierre de La Vacherie, auteur dont le nom n'a été cité ni par La Croix du Maine ni par Du Verdier. La Vacherie nous apprend lui-même qu'il n'avait pas encore 22 ans au moment où il écrivait ; or, le *Gouvernement des Trois Estatz* a dû être composé entre 1505, année où Louis XII fit revivre en faveur de Gaston de Foix le titre de « duc de Nemours », et le 11 avril 1512, date de la mort de ce prince. Une édition, citée par M. Brunet, d'après le catalogue Barré, porte du reste la date de 1510. Le volume possédé par Barré et qui a figuré depuis dans le Catalogue Chardin (1811, n° 90), était imprimé sur vélin et orné de 5 figures enluminées ; c'était, dit-on, l'exemplaire présenté à Gaston de Foix. Voy. *Recueil de Poésies françoises*, XII, 53-104.
Notre exemplaire a été découvert par M. Jules Chenu et a fait partie de son cabinet ; il était alors incomplet du titre. M. Chenu, désireux de faire reproduire ce titre, avait cherché vainement un second exemplaire dans toutes les bibliothèques de Paris et adressé aux bibliophiles, par l'organe du *Bulletin du Bouquiniste*, un appel resté sans résultat. L'exemplaire, demeuré incomplet, figura en 1865, à la vente des livres anciens de J. Techener père (Cat., n° 1920) et fut acquis par M. L. Potier, qui a eu la bonne fortune de le compléter au moyen d'un exemplaire imparfait, mais dont le titre s'était conservé.</small>

569. La lamentation de || venise en la quelle || se cōtiēt le pais quil || ont perdu en italie || 7 hors ditalie : en frā || coys. — ❡ *Finis*. S. l. n. d. [*vers* 1509], pet. in-8 goth. de 8 ff. de 23 lignes à la page, mar. r. jans., tr. dor. (*Trautz-Bauzonnet*.)

<small>Le titre, dont le v° est blanc, n'est orné d'aucun bois.</small>

La lamentation de venise en la quellē se cōtiēt le pais quil ont perdu en italie 7 hors ditalie: en frā coys.

Voici un spécimen des caractères employés pour l'impression du texte :

> Enife fuis la defolee
> Mife en pleur ꝗ en douleur
> france:espaigne:emperent
> Maintenant mont deconfolee.
> ¶ La fortune a renuerfee
> Sa roue fur moy tant que caffee
> Elle ma rendue pres que morte
> Traicter ma de maufuaife forte
> A mon commanfement darmee
> Car foudain cupdap dominer
> Le camp francops pour terminer.

Cette pièce, écrite en vers de huit syllabes, est restée inconnue à tous les bibliographes. Elle se compose de 37 strophes.

Les quatre premiers vers sont répétés, en guise de refrain, entre toutes les strophes.

570. LE LIVRE || DE CHASCVN. || ¶ Comprenant la diuersite du viure / || gouuernement ꝗ estat des hõ- || mes. Liure tres vtille ꝗ || profitable a vng || chascun. || *Imprime nouuellement.* — ¶ *Finis. S. l. n. d.* [*Lyon, Jacques Moderne, vers* 1540], pet. in-8 goth. de 16 ff. non chiffr. de 22 lignes à la page, sign. *A-D* par 4.

Cette pièce fait partie du recueil décrit sous le n° 190. Voici le fac-similé du titre :

LE LIVRE
de chafcun.

> ¶ Comprenant la diuerfite du Viure,
> gouuernement ꝗ eftat des hõ-
> mes. Liure tres Vtille ꝗ
> profitable a vng
> chafcun.
> Imprime nouuellement.

Le v° du titre est blanc, ainsi que le v° du dernier f.

Sous le titre de *Livre de Chascun* sont réunies 5 pièces appartenant au moins à deux auteurs différents, savoir :

1° Le *Dit de Chascun* par ANDRÉ DE LA VIGNE, longue énumération qui a été imprimée à la suite du *Vergier d'honneur*, et dont quelques passages sont cités dans le *Recueil de Poésies françoises*, X, 152. Cette pièce commence ainsi :

> Pour ce que raison naturelle
> En ceste vie temporelle
> Juge des gens de toute sorte....

Elle compte 408 vers, dont voici les derniers :

> En Lombardie ou en Yberne
> Chascun par plaisir se gouverne.

Les v. 394-402 contiennent en acrostiche le nom du poète : DE LA VIGNE.

2° *Ballade*, commençant par :

> Puis qu'en chascun a [de] tels entremetz,

et dont le refrain est :

> Soit droit ou tort toute saison.

3° *Plusieurs Ditz joyeulx d'ung chascun* :

> Saturniens, gens melancolieux
> Tristes, pesans, paresseux et gens bruns....

10 strophes sur « ceulx qui tiennent de Saturne », « ceulx qui tiennent de Jupiter », « ceulx de Mars », etc. Chaque strophe compte 7 vers.

4° Avis à ceux qui ne sont pas compris dans les strophes précédentes :

> A tous vous autres faictz (as)savoir,
> Qui si bien tendez vos repulses,
> Que Dieu vous a voulu pourveoir....

7 strophes de 5 vers.

5° *Ballade*, commençant par :

> Dieu mercy la fidelité,

et dont le refrain est :

> Car sans piot l'on ne faict rien.

Cette dernière pièce est signée de la devise *Grace et Amour*, qui est celle de JEAN DANIEL, dit MAISTRE MITOU.

Les éditeurs du *Recueil de Poésies françoises* (XII, 329) ont remarqué, à propos de Jacques d'Adonville et d'André de La Vigne, que les énumérations connues sous le nom de *Dictz de Chascun* rappellent la manière des joueurs de farces. Nous en avons ici une preuve nouvelle. Jehan Daniel doit être, en effet, rangé parmi les poètes dramatiques. Ce fut lui qui, en 1518, fut chargé d'organiser les mystères représentés à Nantes, lors de l'entrée de François Ier (voy. *Vieux Noëls* [*publiés par M. Lemeignen*] ; Nantes, 1876, in-12, II, 95). Plus tard, il devint organiste de l'église Saint-Pierre, à Angers. Après avoir rempli ces fonctions de 1521 à 1523, il passa, en la même qualité, à l'église Saint-Maurice, de la même ville, où il resta de 1525 à 1533. Il écrivit alors des chansons et des noëls (voy. *Les Noëls de Jean Daniel, dit maître Mitou, précédés d'une étude par Henry Chardon* ; Le Mans, 1874, in-8) : mais il ne paraît pas avoir renoncé au théâtre. MM. Picot et Nyrop (*Nouveau Recueil de farces françaises* ; Paris, 1880, xxiij) lui ont restitué le *Franc Archier de Cherré*, monologue dramatique récité à Angers au carnaval de l'année 1524. Dans notre pièce, nous retrouvons Jehan Daniel, poète profane et très profane. Le sans-gêne avec lequel il pille André de La Vigne montre, du reste, qu'il ne se piquait pas d'une délicatesse excessive.

La devise *Grace et Amour* se retrouve à la fin de plusieurs des noëls de maître Mitou. Il s'en est également servi à la fin d'une épître que Charles de Bourdigné a imprimée en tête de la *Legende joyeuse de maistre Pierre Faifeu*, en 1531.

571. LE LIVRE DV || FAVLCON DES DAMES. — ¶ *Finis. S. l. n. d.* [*vers* 1525], pet. in-8 goth. de 24 ff. de 28 lignes à la page pleine, sign. *a-c*, mar. citr., dos et mil. ornés, tr. dor. (*Trautz-Bauzonnet.*)

Au titre, deux petits bois se faisant face, dont l'un représente une femme qui tient une fleur, et l'autre un homme qui compte sur ses doigts. Chacun de ces personnages est surmonté d'une banderole restée vide.

Le *Livre du Faulcon* est une allégorie, en prose et en vers, composée en l'honneur d'une dame appelée Isabeau Faucon, dont l'acrostiche est placé en tête du poème. Voy. *Recueil de Poésies françoises*, XII, 260-306.

Exemplaire de CH. NODIER (Cat., n° 334), de YEMENIZ (n° 1656) et de M. le baron de LA ROCHE LACARELLE, qui a fait exécuter la reliure.

BELLES-LETTRES. 383

572. La lovenge des dames
— *Cy finissent les louenges des dames.* S. *l. n. d.* [*Angoulême, vers 1492*], in-4 goth. de 7 ff. de 24 lignes à la page pleine, sign. *a*, mar. or. jans., tr. dor. (*Trautz-Bauzonnet.*)

Au titre, un grand L gothique un peu plus grand que ceux qui ont été reproduits sous les n°ˢ 557 et 561.

a louenge des dames

Au v° du titre, un bois qui représente une femme assise dans une chaire gothique et instruisant deux petites filles assises par terre devant elle.
La pièce est imprimée avec les gros caractères employés par *Pierre Alain* et *André Chauvin*, à Angoulême, pour l'impression des *Auctores octo* (voy. le fac-similé publié par M. L. Delisle dans ses *Mélanges de Paléographie et de Bibliographie*, pl. VII).

Les louenges des dames

Dames sont le iardin fertile
Racine du maine nature
Larbre conueuable et vtille
La terrienne nourriture
Dames sont la doulce pasture
Du il conuient tout homme paistre
Et toute humaine creature
Logier fructifier et naistre

Cette pièce est la même que celle qui a été insérée dans le *Recueil de Poésies françoises* (VII, 287-299) sous le titre de *Louenge et Beauté des Dames* ;

comme nous l'avons précédemment remarqué (voy. le n° 529), c'est un morceau coupé dans le *Chevalier aux Dames* :

> Dames sont le jardin fertile,
> Racine d'umaine nature...

L'édition, évidemment postérieure, que M. de Montaiglon a suivie, commence par une strophe de huit vers qui ne se trouve pas dans *le Chevalier aux Dames* et que notre édition ne contient pas. La *Beauté des Dames* est un morceau en prose qui a été également ajouté dans l'édition plus récente. Exemplaire de J.-J. DE BURE (Cat., n° 609), de YEMENIZ (n° 1688) et de M. le baron de LA ROCHE LACARELLE, qui a fait exécuter la reliure.

573. LA LOYAVLTE DES ‖ FEMMES. Auec les neuf preux de Gour ‖ mandise. Et vne Recepte pour ‖ guarir les yurongnes. — ❡ *Finis. S. l. n. d. [vers* 1530]*,* pet. in-8 goth. de 4 ff. de 24 lignes à la page, sign. A, mar. r. jans., tr. dor. (*Trautz-Bauzonnet.*)

Au titre, un bois qui représente un homme et une femme couchés dans leur lit et assaillis par quatre femmes dont les noms sont inscrits dans des banderoles : Disette, Besoing, Necessité, Souffrette.

Au v° du dernier f., au-dessous de 8 lignes de texte, un homme et une femme à la porte d'un château gothique.

La *Loyauté des femmes* est une pièce satirique qui se compose de quatre

BELLES-LETTRES.

strophes de douze vers, et d'un envoi terminés par le même refrain. L'auteur énumère dans chacune de ces strophes une série de merveilles toutes plus extraordinaires les unes que les autres, et il ajoute chaque fois que, le jour où vous verrez ces merveilles,

Lors verrez vous en femme loyaulté.

Les *Neuf Preux de Gourmandise* se retrouvent dans les *Faictz et Dictz* de Jehan Molinet (voy. l'édition décrite sous le n° 472, fol. 86, v°); mais, dans les œuvres du poète boulonnais, ils sont écrits en vers de sept syllabes, tandis qu'ils sont ici en vers octosyllabiques.

Les deux pièces ont été réimprimées dans le *Recueil de Poésies françoises*, II, 35-41.

574. La loyavlte des || femmes/ Auec les neuf Preux de Gour- || mandise / Et vne Recepte pour || guerir les yurongnes. — ¶ *Finis. S. l. n. d.* [*vers* 1530], pet. in-8 goth. de 4 ff., signés *A* en caract. romains, mar. r. jans., tr. dor. (*Trautz-Bauzonnet.*)

Au titre, le bois allégorique décrit à l'article précédent.

Au v° du dernier f., une femme tirant des bijoux d'un coffre.
Cette édition est imprimée en caractères plus gros que ceux qui ont été employés pour la précédente, aussi les pages n'offrent-elles aucun blanc.

575. LES SEPT MARCHANS || DE NAPLES. Cestassauoir/ || Laduenturier / Le religieux / Le || scolier / Laueugle / Le vila- || geois / Le marchant / || Et le Bragart. — ¶ *Cy finissent les sept marchans* || *de Naples. S. l. n d.* [*Lyon , Jacques Moderne, vers* 1540], pet. in-8 de 8 ff. non chiffr. de 24 lignes à la page , sign. *A-B*, par 4.

    Cette pièce fait partie du recueil décrit sous le n° 190 ; elle est imprimée en lettres rondes, à l'exception du titre dont voici le fac-simile :

**Les sept marchans
de Naples. Cestassauoir/
Laduenturier/Le religieux/Le
scolier/Laueugle/Le vila-
geois/Le marchant/
Et le Bragart.**

    Le v° du dernier f. est blanc.
    Les marchands dont il s'agit ici ne vendent rien ; ils ont, au contraire, acheté, et acheté fort cher
                       un dangereux caterre ,
               Lequel on dit la maladie de Naples.

    Les sept personnages dont les noms sont indiqués sur le titre se présentent à nous tour à tour et récitent une complainte sur leur triste situation.

On connaît des *Sept Marchans de Naples* trois éditions différentes, savoir :

1° S. l. n. d. [*Paris, Pierre Sergent, vers* 1540], pet. in-8 goth. de 8 ff. (Biblioth. de M. le baron de Ruble : Cat. de Lurde, n° 98).

2° S. l. n. d. [*vers* 1540], pet. in-8 goth. de 8 ff., avec un bois au titre qui représente un religieux assis devant un pupître (Musée britannique, C. 22, a. 39).

3° Celle qui est décrite ci-dessus, et qui nous paraît être la même que celle dont un exemplaire fait partie de la bibliothèque de Mgr le duc d'Aumale (Cat. Cigongne, n° 707).

Le poème a été réimprimé en 1838 par les soins de M. Veinant ; il a été, en outre, reproduit dans le *Recueil de Poésies françoises*, II, 99-112.

576. Les || Moyens || tres-vtilles & necessaires, || pour rendre le monde paisi- || ble & faire en brief reuenir || le Bon-temps. || *A Paris* || *Pour Anthoine du Breuil* || *le ieune.* || M.DC.XV [1615]. In-8 de 16 pp., mar. r. jans., tr. dor. (*Trautz-Bauzonnet.*)

Ce poème, qui date du commencement du XVIe siècle, contient divers proverbes curieux. Il n'est connu que par cette édition de 1615, reproduite par M. A. de Montaiglon, dans son *Recueil de Poésies françoises*, IV, 133-150.

La réimpression ne paraît pas toutefois avoir été faite directement sur le texte d'*Ant. Du Breuil*, mais d'après une copie fautive ; ainsi le 5e vers de l'avant-dernière strophe, qui manque à l'édition de M. de M., se lit ainsi dans l'original :

Accompagné de ses soldats (pour *soldardz*).

De même encore, à la fin de la pièce, on rencontre deux lignes qui ont la prétention d'être des vers, tandis que le *Recueil de Poésies françoises* les a imprimées comme de la prose :

Je vous ay dict les vrays moyens
De faire venir le Bon-Temps.

577. Cy cōmence || lospital damovrs — *Explicit lospital* || *damours.* S. l. n. d. [*Lyon, vers* 1485], in-4 goth. de 34 ff., dont chaque page contient deux strophes et demie, soit 20 vers, sign. *a-c* par 8, *d* par 10, mar. r. jans., tr. dor. (*A. Motte.*)

Au titre, un grand C gothique.

Au v⁰ du titre, un grand bois qui représente l'Amour décochant ses flèches sur une foule de gens de toute condition.

Les caractères indiquent que la pièce est sortie des presses lyonnaises, peut-être de celles de *Guillaume Le Roy*, avant 1500. Voici la reproduction des premières lignes du texte :

> Asses ioyeulx sans estre trop
> En la conduicte de desir
> Le iour de lan souruint atop
> En lassemblee de plaisir
> Ou ie feiz a mon beau loisir
> Le tresor donneur desployer
> Comme en vng passe de plaisir
> Et vng lieu a temps employer

L'*Ospital d'Amours* a été parfois attribué à Alain Chartier ; mais il n'est certainement pas de lui. Il y est question d'un personnage appelé :

> Le seneschal des *Chartiers*,
> Nommé *Jehan* de propre nom,

et, plus loin (fol. biiij), d'Alain Chartier lui-même, dans des termes qui rendent l'attribution inadmissible :

> Assez prez, au bout d'un sentier,
> Gisoit le corps d'un tresparfait,
> Sage et loyal, *Alain Chartier*,
> Qui en amour fist maint hault fait,
> Et par qui fut sceu le meffait
> De celle qui l'amant occy,
> Qui l'apela, quand il eut fait,
> La *belle dame sans mercy*.

578. LOSPITAL DAMOURS. — *Cy finist lospital damours. S. l. n. d.* [*Lyon, vers* 1485]. In-4 goth. de 28 ff. de 24 lignes à la page, sign. *a* et *d* par 8, *b* et *c* par 6, mar. bl., fil., dos orné, tr. dor. (*Trautz-Bauzonnet.*)

Cette édition est imprimée avec les mêmes caractères que l'édition du *Messagier d'amours*, décrite sous la lettre B dans le *Recueil de Poésies françoises* (XI, 2).

Au titre, elle contient un bois représentant le personnage ailé et couvert seulement de rameaux d'oliviers qui se trouve également sur le titre de l'édition du *Messagier d'amours* dont nous parlons. La même dame est assise auprès de lui, mais les autres personnages qui remplissent la figure sont au nombre non plus de deux, mais de quatre. Ce sont deux hommes et deux femmes qui échangent des fleurs.

Au verso du titre, un second bois représente le même personnage, assis sur une chaise, et trois couples de paysans dansant une ronde devant lui, au son du hautbois.

Lospital damours.

Ces deux figures, dont l'exécution est remarquable, se retrouvent dans l'édition du *Champion des Dames* de Martin Franc, que nous croyons pouvoir attribuer aux presses de *Guillaume Le Roy*, à *Lyon*, vers 1485 (voy. le n° 446 ci-dessus) ; elles sont placées au r° des ff. aviij et bv.
Voici un spécimen des caractères employés pour l'impression du texte :

a sses joyeux sans lestre trop
En la conduite de desir
Le tour de lan suruint acop
En lassemblee de plaisir
Ou ie sis a mon beau loisir
Le tresor donneur desployer
Com en vug passe de plaisir
Et vug lieu a temps employer

Exemplaire de Ch. Nodier (Cat., n° 1215) et de Baudeloque (n° 432), acquis à la vente Morris (n° 55).

579. [Poème sur la Peste et sur les moyens de s'en guérir.] Ms. pet. in-4 sur papier, de 32 ff., à longues lignes (fin du XVᵉ siècle), mar. v. jans., tr. dor. (*Duru.*)

Ce poème, écrit en strophes de dix vers, commence ainsi :

> En l'honneur de la Trinité
> Et de la Vierge glorieuse,
> Au prouffit et utillité
> De ceste vie perilleuse
> Qu'est en la fin tresangoiseuse,
> Je vueil donner enseignement,
> Selon mon povre entendement,
> A eschever la maladie
> Que l'on nomme communement
> En bon françoys *espydimye*.

> Pou ont les anciens dicté
> De ce qu'a present vous propose,
> Car pou ont esté visité
> De tel maladie douloureuse,
> Mais ont mené vie joyeuse
> Et vescu assez longuement.
> Or va de present autrement,
> Et pource est temps que [je] vous die
> Par quelle raison et comment
> Nous peut venir l'*espydimie*.

> Aprez, orrez la verité
> D'aucune question doubteuse,
> Et aussi de [la] qualité
> De la maladie venimeuse ;
> Vous donray aucun sentement
> A vous gouverner saigement,
> Et puis aprez, sans vilennie,
> Je donray reméde briefment
> Qui affiert a l'*espidimie*.

Il se termine au fol. 23 *b* par la strophe suivante

> Et dès ilec je vous ordonne,
> Pour guerir plus seurement,
> Remectre es mains d'une personne
> Qui ait cens et entendement
> De cyrurgie, qui tellement
> Vous gouverne par sa cience
> Que mis serez en delivrance
> De mal et de melencolie,
> Moiennant mesner atrempance
> Et maulgré toute *espidymie*

Toutes les strophes se terminent ainsi par le mot *espydimie*.

Le poème est suivi (fol. 24-32) d'un morceau en prose intitulé : *Autre Enseignement pour espidimie resister, comme il ensuit cy aprez, et par colacion féte d'un caier escript a Montpellier et signé* : Du Jardin.

Exemplaire de M. le docteur Danyau (Cat., n° 591.)

580. ⁋ Sensvyt le p̄- || despoyr de lamāt || auec le hazard damour Et vne || ballade ioyeuse des tauerniers || qui brouillēt le vin. Et aussi y a || la despence q̄ l'on peult faire par || chascun iour selon son reuenu || de toute lānee. Et premieremēt || le predespoir et hazart. || ⁋ La deesse ven⁹ 2mence.

BELLES-LETTRES.

— *Finis. S. l. n. d.* [*vers* 1525], pet. in-8 goth. de 8 ff. de 26 lignes à la page, sign. *A-B*, mar. r., fil., dos et c. ornés, tr. dor. (*Thouvenin*.)

Le titre est orné d'un fragment de bordure ; en voici la reproduction :

C Sensuyt le p̄-
despoyr de la māt
auec le hazard damour Et vne
ballade ioyeuse des tauerniers
qui brouillēt le vin. Et aussi y a
la despence q̄ lon peult faire par
chascun iour selon son reuenu
de toute lānee. Et premieremēt
le predespoir et hazart.

C La deesse venꝰ cmence.

Le *Predespoyr de l'Amant*, dont le titre même est à peine connu, est un petit poème qui compte 292 vers et dont voici le début :

LA DEESSE VENUS *commence*

Le mirouer suis nommée Venus
En gouvernant d'amours le hazart ;
Seigneurs fors et foibles sont venus
A jubé soubz mon estendart....

Les premiers vers, qui sont fort irréguliers, donnent en acrostiche ces mots : *Les anfans de Vasten vivent*, et le nom d'AMPÉRE, qui est probablement celui de l'auteur. Vasten, aujourd'hui Vastan ou Vatan, est un chef-lieu de canton du département de l'Indre, situé à 20 kilom. d'Issoudun ; quant à Ampére, ce nom nous est malheureusement inconnu.

Le *Predespoyr* appartient à la série des pièces contre les femmes, sur lesquelles on peut consulter une note insérée dans le *Recueil de Poésies françoises* (XI, 176). Après une introduction, composée de strophes récitées par Vénus et par Samson, un amant malheureux énumère tous les personnages illustres qui ont porté avant lui les chaînes de l'amour. Dans les compositions de ce genre qui nous sont connues, les exemples sont tirés uniquement de l'histoire sacrée (Samson, David, Salomon), de la fable (Hercule, Orphée, Démophon) ou des légendes de l'antiquité (Aristote et Virgile); notre poète ne s'est pas borné à l'énumération de ces personnages en quelque sorte classiques. Ce qui fait le principal intérêt de son œuvre ce sont de nombreuses allusions aux héros des romans de chevalerie : *Pierre de Provence*, *Valentin et Orson*, *Cleriadus et Meliadice*, *Paris et Vienne*, *Guy de Warwick*, *Melusine*, *Doolin de Mayence*, *Artus de Bretagne*, *Lancelot du Lac*, *Galien Rethoré*, etc.

Le *Predespoyr* est suivi de deux ballades, savoir :

1° *Ballade de ceux qui blament a tort :*

> A une dague forte et agûe
> Vueille frapper par my l'eschine....
>
> *Refr.* Qui autruy blasment sans raison.

Cette pièce, qui figure dans le *Jardin de Plaisance* (éd. de Lyon, Olivier Arnoullet, s. d., pet. in-fol. goth., fol. 69, v°) et dans un ms. de la Biblioth. nat. (franç. 2206, fol. 182), a été jointe aux poésies attribuées à Villon (éd. Jannet, 143) ; elle présente ici quelques variantes dues à ce que l'auteur du *Predespoyr* a fait entrer dans la première strophe l'acrostiche : *A Vasten*.

2° *Balade joyeuse des broulleurs de vin :*

> D'un gect de dart, d'une lance asserée,
> D'un grant faussart, d'une grosse massue....
>
> *Refr.* Les taverniers qui brouillent nostre vin.

Un fragment de cette pièce, connue sous le nom de *Ballade des Taverniers*, fut joint pour la première fois par Formey aux œuvres de Villon (édition de 1742), d'après un manuscrit que Baluze avait communiqué à La Monnoie. En 1859, M. Campaux (*François Villon ; sa vie et ses œuvres*, 64) en a retrouvé le texte entier dans un ms. de la Bibliothèque nationale (franç. 1707, fol. 43). Or, cette ballade avait été imprimée anciennement : 1° dans le *Catholicon es Maladvisez* de Laurens Des Moulins (éd. de Paris, Jehan Petit et Michel Le Noir, 1513, in-8 goth., fol. Cij, r°) ; 2° à la suite du *Predespoyr de l'amant*. Ce dernier texte offre de nombreuses variantes.

La *Despense que l'on peult faire par chascun jour* est une table indiquant le total de la dépense faite au bout de l'année par ceux qui dépensent depuis 1 denier jusqu'à 14 sous par jour. Cette table est jointe à diverses éditions des *Cris de Paris* (voy. Brunet, II, 425, 640).

581. LE PROCES des fē || mes et des pulces Cōpose p vng || Frere mineur Pelerī retournāt || des hirrelendes ou il apprint la || vraye recepte pour prēdre et fai || re mourir les pulces. Laquelle || sera declairee cy apres a la diffi- || nitiue dudict proces. *S. l. n. d.* [*vers* 1525], pet. in-8 goth. de 4 ff. de

BELLES-LETTRES. 393

26 lignes à la page pleine, sans sign., mar. r. jans., tr. dor.
(*Trautz-Bauzonnet.*)

L'édition n'a qu'un titre de départ, au-dessous duquel sont placées 13 lignes de texte.

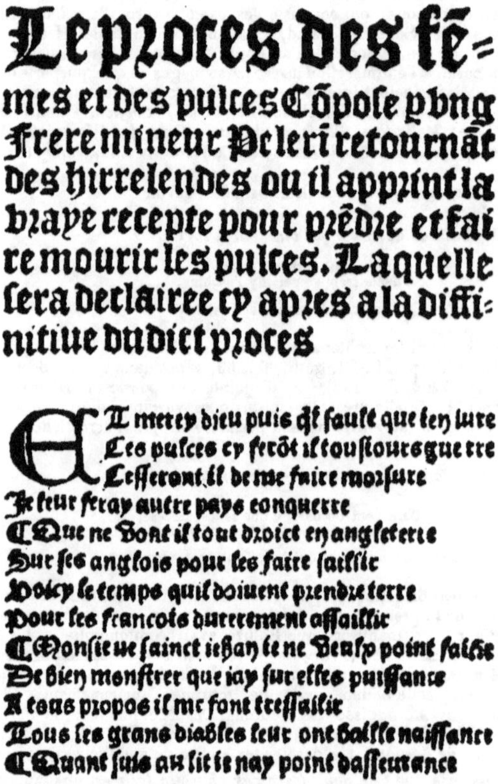

**Le proces des fé=
mes et des pulces Cõpose pvng
Frere mineur Pelerí retournãt
des hirrelendes ou il apprint la
braye recepte pour prẽdre et fai
re mourir les pulces. Laquelle
sera declairee cy apres a la diffi
nitiue dudict proces**

Et mercy dieu puis ql fault que len lute
Les pulces cy serõt il tousiours que tre
Lefferont il de me faire morsure
Je leur feray autre pays conquerre
Que ne Sont il tout droict en angleterre
Sur les anglois pour les faire saisir
Voicy le temps quil doiuent prendre terre
Pour les francois dutrement assaillir
Monsieur sainct iehan ie ne Scay point faille
De bien monstrer que iay sur elles puissance
A tous propos il me font tressaillir
Tous les grans diables leur ont baille naissance
Quant suis au lit ie nay point dasseurance

Recueil de Poésies françoises, X, 60-74.

582.   Pronosti- || catiõ nov || velle ||
        Plus approuuee que iamais ||
        Il ne s'en fist pieca de telle : ||
        Cest pour troys iours apres || iamais.

— *Finis. S. l. n. d.* [*Lyon, vers* 1540], pet. in-8 goth. de

12 ff. de 21 lignes à la page, impr. en gros caract., sign. A-C, mar. v., fil., comp., dos et coins ornés, tr. dor. (*Koehler*.)

Le titre, qui commence par un grand P entouré de rinceaux, et dont les quatre dernières lignes sont imprimées en lettres de forme, est orné, en haut et en bas, de deux bois, représentant, le premier, un jeune amoureux et le signe du Taureau; le second, un paysan qui ensemence son champ, et le signe de la Balance ; sur les côtés sont des bordures légères.

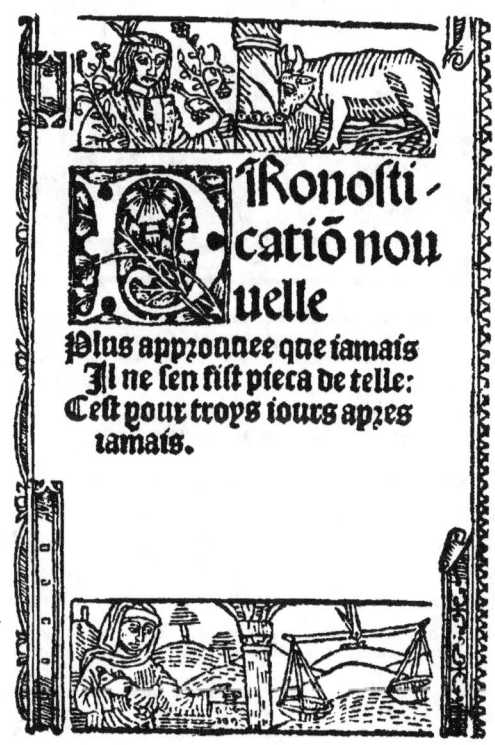

Au v° du titre se trouve un huitain qui sert de *Prologue*; ce huitain est précédé d'un P orné, plus grand que celui du titre.

Au v° du dernier f., un bois, finement gravé, qui représente un astrologue tenant une sphère à la main; devant ce personnage sont deux bergers, dont l'un, accompagné de son chien, lève la main vers le ciel; au-dessus des trois personnages on aperçoit le soleil, la lune et les étoiles. Ce bois se retrouve sur le titre d'une édition de la *Confession Margot*, qui fait partie du célèbre recueil du Musée britannique (C. 20 d.).

Les deux pièces sont imprimées avec les caractères, facilement reconnaissables, dont se servaient les héritiers de *Barnabé Chaussard*, à *Lyon*, vers 1540.

Cette *Pronostication*, composée vers 1525, a été plus tard découpée en chanson. Voy. *Plusieurs belles Chansons nouvelles* ; Paris, [Alain Lotrian], 1542, pet. in-8 goth., n° 1.

Recueil de Poésies françoises, XII, 144-167, 417-419.

Exemplaire provenant de la vente MORRIS (Cat., n° 71).

583. LES MENVS PROPOS — *Cy finent les menus propos Imprimes nouuellement a paris par Iehan treperel demourrant sur le pont nostre dame a lymaige saīct Laurēs*. S. d. [vers 1495], in-4 goth. de 12 ff. de 38 lignes à la page, sign. A-B par 6, mar. r. jans., tr. dor. (*Trautz-Bauzonnet*.)

Au titre, la marque de *Jean Trepperel*, dont Silvestre a donné une réduction (n° 74). Le texte commence au verso du titre, mais le verso du dernier f. est blanc.

Les *Menus Propos* sont une sottie jouée à Rouen en 1461 par trois sots ou badins, qui s'appelaient probablement : Cardinot, Roget et Guygart. Nous eussions dû peut-être les classer parmi les pièces de théâtre ; mais, pour ne pas troubler les habitudes reçues, nous avons pris le même parti que pour les sermons joyeux, et nous les avons maintenus parmi les poésies anonymes.

Recueil de Poésies françoises, XI, 348-396.

584. LES MENVS PROPOS. — *Cy finent les menus propos*. S. l. n. d. [*Caen, vers* 1500], pet. in-4 goth. de 12 ff. de 36 lignes à la page, sign. A-B, mar. bl., fil., dos orné. tr. dor. *Bauzonnet*, 1838.)

BELLES-LETTRES.

Au titre, la marque de *Robinet Macé*, imprimeur à *Caen*, de 1498 à 1506 (Silvestre, n⁰ 134).

Au v⁰ du titre, une grande figure en bois représentant un clerc assis dans un fauteuil, la main gauche levée ; devant lui est agenouillé un personnage qui paraît écrire sous sa dictée.

Exemplaire de M. le baron J. Pichon (Cat., n⁰ 463) ; il faisait partie d'un recueil de La Vallière (n⁰ 2904).

Voy. *Recueil de Poésies françoises*, XI, 346, B.

585. ¶ Les menvs ‖ Propos Auec ‖ le temps qui court. — [A la fin :] ¶ *Imprime nouuellement a paris p* ‖ *Alain Lotrian Imprimeur et librai-* ‖ *re demourant en la rue neufue nostre* ‖ *dame a lenseigne de lescu de France. S. d.* [*vers* 1530], pet. in-8 goth. de 16 ff. de 27 lignes à la page, sign. *A-B*, mar. r. jans., tr. dor. (*Trautz-Bauzonnet*.)

Le titre est orné d'un bois qui représente le Dialogue du fol et du sage ; en voici la reproduction :

Nous donnons de même un fac-similé du dernier f. v° :

> Vienne le temps que nully ne nous blesse
> Vienne le temps de biens en abondance
> Vienne le temps de bonne paix en france
> Vienne le temps des maulx non veuillez
> Vienne le temps de vice expulser
> Vienne le têps que la guerre soit morte
> Vienne le temps quon naille plus vestue
> De nuyt au guet et de jour a la porte
>   Envoy
> Le voysin tenlt son voysin de spouillee
> Lun tvelt laultre descober et fouiller
> Les biês dautruy on degaste et trâsporte
> Parquoy le têps est quil nous fault aller
> De nuyt au guet et de jour a la porte

> ¶ Imprime nouvellement a paris p
> Alain Lotrian Imprimeur et librai
> re demourant en la rue neufue nostre
> dame a lenseigne de lescu de france.

La ballade du *Temps qui court* :

    Adieu le temps, le soulas de jeunesse,
    Adieu le temps de joye et de plaisance......
  Refr. De nuyt au guet et de jour a la porte,

ne fait pas partie des *Menus Propos* ; elle est ajoutée ici pour la première fois
Recueil de Poésies françoises, XI, 347, D.

586. LA RESOLV ‖ CION DAMOVRS — ¶ *Cy finist la resoluciõ* ‖ *damours. S. l. n. d.* [*Paris, vers* 1490], in-4 goth. de 8 ff. de 32 lignes à la page, sign. A, mar. bl., fil., dos orné, tr. dor. (*Bauzonnet*, 1838.)

La *Resolution d'amours* est une satire violente contre les femmes ; elle est écrite dans un style trivial, mais qui se fait remarquer par une énergie peu commune. L'auteur paraît avoir été un Normand ou un Picard écrivant à Paris ; en tout cas, sa langue présente un assez grand nombre d'obscurités.

Le titre ne contient que les deux lignes reproduites ci-dessus ; il n'est orné d'aucun bois.

La resolu
cion damours

Le v° du titre est blanc.

Les caractères sont ceux de *Pierre Le Caron*, imprimeur à *Paris*, dont on connaît une impression de 1470 (*L'Aiguillon de l'Amour divin de S. Bonaventure, traduict par Gerson*), et qui, vers 1493, a exécuté l'édition des *Lunettes des princes* de Meschinot, décrite ci-dessus (n° 464).

> Combien que lindignation
> De dieu nous soit bien fort doubteuse
> Et la grande mutacion
> De fortune tresoultraigeuse
> Lamort aussi si perilleuse
> Quelle rauist tout hault a bas
> Si trouuay ie plus dangereuse
> Venus en ces menus esbas

Voy. *Recueil de Poésies françoises*, XII, 307-326.

587. RŌDEAVLX NOV ‖ VEAVLX Iusques ‖ au nombre de cent et troys / Contenant ‖ plusieurs menuz ppos q̄ deux vrays ‖ amās ont euz nagueres ensēble / de ‖ puis le commencement de leur a- ‖ mour iusques a la mort de la ‖ dame. ¶ Auec plusieurs ‖ aultres adioustez a la ‖ fin corrigez / reueuz ‖ et

ouenables au || dit propos || et ma- || tiere. || ❡ *On les vend a Paris en la rue neufue* || *nostre dame a lenseigne saince* [sic] *Nicolas.* — *Finis. S. d.* [vers 1530], pet. in-8 goth. de 42 ff. non chiffr. de 22 lignes à la page, sign. *A-E* par 8, *F* par 2, mar. r., dos et milieu ornés, tr. dor. (*Trautz-Bauzonnet.*)

> Ces rondeaulx, qui forment un petit roman d'amour, méritent d'être cités parmi les meilleures productions poétiques du commencement du XVI° siècle. C'est à tort qu'ils ont été tour à tour attribués à Jehan Bouchet et à Pierre Gringore.
> Une édition des *Cent et cinq Rondeaulx*, publiée par *Jehan Mousnier*, à Lyon, en 1540, porte sur le titre : *Ajousté xiij Rondeaulx differens, avec xxv balades differentes composées par maistre Jehan Bouchet* (Brunet, IV, 1372). Cette mention a pu faire croire que Bouchet était l'auteur de nos rondeaux ; mais un examen plus attentif du titre de l'édition lyonnaise ne permet pas de les lui attribuer. *Jehan Mousnier* dit en effet : *La Fleur et Triumphe de cent et cinq rondeaulx... composez par aucun gentil homme*, d'où il résulte que l'auteur primitif ne doit pas être confondu avec l'auteur des additions. Remarquons aussi que notre petit roman en vers décèle un homme de cour, un poète plus fin, plus délicat que le procureur au parlement de Poitiers.
> Les *Cent et troys Rondeaulx*, portés à *Cent et cinq* dans les éditions postérieures et dans le ms. publié par Edwin Tross en 1863, ne doivent pas être confondus avec un recueil intitulé : *Rondeaux en nombre trois cens cinquante, singuliers et a tous propos*, que les bibliographes, nous ne savons pour quelle raison, ont classé parmi les œuvres de Gringore (voy. Brunet, II, 1753 ; Catalogue Cigongne, n° 605). Les *Trois cens cinquante Rondeaux* ne sont en réalité qu'une compilation dont les éléments sont empruntés à divers auteurs. La première partie contient 229 pièces, qui n'ont entre elles aucun lien et dont un certain nombre se retrouvent éparses dans les mss., notamment dans un recueil que M. Bancel a publié en 1875, sous le titre de *Cent quarante cinq Rondeaux d'amours* ; la seconde partie se compose de nos 103 rondeaux, en sorte que le total des pièces est, en réalité, de 332 et non de 350. L'attribution de cette compilation à Gringore est absolument due au hasard ; elle n'est pas mieux fondée que l'attribution au même poète de la *Sottise a huit personnages* ou des *Contredictz de Songecreux*, ou l'attribution de *Pathelin* à Pierre Blanchet.
> Exemplaire de Solar (Cat., n° 1115), de M. L. Double (n° 100) et de M. A.-F. Didot (Cat. 1878, n° 190).

587 *bis*. Le Salve d'Alkimie. *Imprimé à Dijon. S. d.*, pet. in-8 goth.

> M. Brunet classe cette pièce parmi les poésies anonymes de la première moitié du XVI° siècle ; mais nous démontrerons qu'elle n'est pas antérieure à 1553. Nous avons dû, en conséquence, la classer parmi les poésies de la seconde moitié du XVI° siècle. Voy. plus loin, n° 777.

588. ❡ Sensvyt le ser || mon de sainct Belin. || Auec le sermon du poul || ₣ de la pusse. *Nouuelle-* || *ment Imprime.* — *Finis. S. l. n. d.* [*Lyon, Jacques Moderne, vers* 1540], pet. in-8 goth. de 8 ff. de 22 lignes à la page, sign. *A-B*.

Cette pièce fait partie du recueil décrit sous le n° 190 ; voici la reproduction du titre :

Le v° du titre est blanc, ainsi que le v° du dernier f.

Les deux sermons joyeux contenus dans ce petit volume sont restés jusqu'ici totalement inconnus. Ils appartiennent à la même série que le *Sermon joyeulx de monsieur sainct Haren* (*Poesies des XV*e *et XVI*e *siècles*, n° 7 ; *Recueil de Poésies françoises*, II, 325-332) ; le *Sermon joyeulx de la vie de sainct Ongnon* (*Recueil de Poésies françoises*, I, 204-209) ; le *devot et sainct Sermon de monseigneur sainct Jambon et de ma dame saincte Andoulle* (*Joyeusetez*, 1831) ; le *Sermon d'un cartier de mouton* (Le Roux de Lincy et Francisque Michel, *Recueil de Farces*, etc., I, n° 3) ; la *Vie de madame Gueline* (voy. ci-après, n° 592). et le *Sermon fort joyeulx de sainct Raisin* (voy. ci-après, n° 5903).

Le *Sermon de sainct Belin* commence ainsi :

O domina, culpa mea a mortuis exillibata ; homo capit preparandum.

> Bonnes gens, oyez mon sermon
> Que j'ey trouvé tout de nouveau
> Escript en une peau de veau,
> En parchemin notablement,
> Scellé du pied d'une jument :
> C'est le commencement et la fin
> De la vie de Sainct Belin,
> Qui fut griefvement martiré,
> Si en doit estre Dieu loué…

Le sermonneur raconte la vie et la mort du « belin », c'est-à-dire du mouton qui fut accommodé à diverses sauces.

> Et, en après, une trippière
> En eut le foye et le poulmon,
> *Qui fut extraict de boucherie...*

A partir du vers que nous avons imprimé en italiques, l'auteur a purement et simplement copié une ballade de Villon qui se rapportait au sujet (voy. éd. Jannet, 104).

Le *Sermon du Poul et de la Pusse* est plus développé. Il commence ainsi :

Audacia est de rebus deficilibus, ut caret eminet capitulis presentibus.

> On me parle de hardiment,
> De bien assaillir hardiment,
> De batailles, de champions
> Et de tous herdis compaignons...

Ces deux pièces appartiennent au XVᵉ siècle.

589. ¶ Sermon ioy- ‖ evlx de la patience des femmes obstinees ‖ contre leurs maris. Fort ioyeulx et recrea ‖ tif a toutes gens. — ¶ *Finis. S. l. n. d.* [*vers* 1530], pet. in-8 goth. de 4 ff. de 21 lignes à la page, impr. en lettres de forme, mar. r. jans., tr. dor. (*Trautz-Bauzonnet.*)

Au titre, un bois qui représente quatre personnages : un homme soufflant dans une trompette, une femme soutenue par un jeune homme, et, dans le fond, un roi portant son sceptre.

¶ **Sermon ioy-**
eulx de la patience des femmes obstinees
contre leurs maris. Fort ioyeulx et recrea
tif a toutes gens.

Recueil de Poésies françoises, III, 261-267.

590. Sermons joyeux sur divers sujets. 4 pièces en un vol. pet. in-8, mar. v. jans., tr. dor. (*Bauzonnet.*)

Voici la description des pièces contenues dans ce recueil :

1. Sermon d'vn || Fiance qui em-||prunta vn pain || sur la fournee, à rabatre || sur le temps auenir. || *A Rouen,* || *Chez Nicolas Lescuyer, pres le* || *grand portail, nostre Dame.* || 10. S. d. [vers 1595], pet. in-8 de 4 ff. non chiffr. de 27 lignes à la page.

Titre encadré, qui porte la marque de *N. Lescuyer* (Silvestre, n° 986). Le v° du titre est blanc.

Recueil de Poésies françoises, III, 5-10.

2. Sermon || ioyevx pour || aduertir la || nouuelle mariee, de ce || qu'elle doit faire la || premiere nuict. || *A Rouen,* || *Chez Nicolas Lescuyer,* || *pres le grand portail* || *nostre Dame.* || 12. S. d. [vers 1595], pet. in-8 de 4 ff. non chiffr. de 27 lignes à la page.

Le titre, entouré d'un encadrement, porte une marque de *N. Lescuyer* plus petite que la précédente.

Cette pièce, dont l'auteur est Roger de Collerye et qui figure dans le recueil de ses œuvres (voy. ci-dessus n° 517), était du nombre de celles que les joueurs de farces de profession récitaient pendant les repas de noces. Le volume publié par *Pierre Roffet* en 1536 lui donne, en effet, le titre de *Sermon pour une noce.* Il en existe deux autres éditions séparées intitulées : *Discours joyeux pour advertir la nouvelle mariee de ce qu'elle doit faire la premiére nuyct* (Rouen, Loys Costé, vers 1600, in-8 ; réimprimé chez Guiraudet, à Paris, en 1830), et *Plaisant Discours et Advertissement aux nouvelles mariées pour se bien et proprement comporter la premiere nuyct* (Lyon, 1606, in-8 ; réimprimé chez Pinard, à Paris, en 1829, et chez Salomon, à Strasbourg, en 1851.)

3. S'ensvit || le Sermon || fort ioyevx || de saint Raisin. || *A Rouen,* || *Chez Nicolas Lescuyer, pres le* || *grand portail, nostre Dame.* || 3. S. d. [vers 1595], pet. in-8 de 4 ff. de 27 lignes à la page.

Le titre, entouré d'un encadrement, porte la marque de *N. Lescuyer* (Silvestre, n° 986) ; le v° en est blanc.

Saint Raisin est probablement le premier martyr sur la vie duquel se soit exercée la verve de nos anciens joueurs de farces. En 1313 un jongleur nommé Geofroy avait composé une pièce française sur le même sujet, le *Martyre de saint Baccus*, qui a déjà de grandes analogies avec notre sermon joyeux. Ce dernier a été reproduit vers 1830, en fac-simile lithographique, d'après une édition gothique ; il a été en outre réimprimé dans les *Joyeusetez*, en 1831, et dans le *Recueil de Poésies françoises,* II, 112-117.

4. Le || Sermon || Saint Bil- || lovart, nou- || uellement Im- || primé. || *A Rouen,* || *Chez Nicolas Lescuyer,* || *pres le grand portail* || *nostre Dame.* || 4. S. d. [vers 1595], pet. in-8 de 4 ff. de 27 lignes à la page.

Le titre, entouré d'un encadrement, porte la marque de *N. Lescuyer* plus petite que la précédente ; le v° en est blanc.

Le *Sermon saint Billouart*, qui n'a jamais été réimprimé, est une des pièces les plus libres qui aient été récitées sur le théâtre au XVIe siècle ; nous avons été surpris de le trouver en tête d'un recueil ms. des poésies de Jehan Molinet (voy. ci-dessus, n° 471[1]). Voici le début de la pièce :

Jube me benedicere.

Introivit in tabernaculo,
Lachrymante recessit oculo.

Peuple devot, sur un halo,
Ce fut hersoir, au plus matin,
Que [j'] assemblay ce fort latin...

BELLES-LETTRES.

Le texte du ms. est beaucoup plus complet que le texte imprimé.

On remarquera que chacune des quatre pièces porte au titre un numéro d'ordre; c'est que Lescuyer avait l'habitude de composer des recueils factices de ses éditions populaires et les disposait en principe dans un certain ordre.

Notre recueil provient des ventes VEINANT (Cat. 1860, n° 376), DOUBLE (n° 90) et BÉHAGUE (n° 554).

591. LE TRIVM || PHE DES VESTEMENTZ, || selon le temps qui || court, faictz || au Buz. *S. l. n. d.* [*Paris ?, vers* 1545?], in-4 de 4 ff. non chiffr. de 23, 24 et 25 lignes à la page, sign. A, mar. r. jans., tr. dor. (*Trautz-Bauzonnet.*)

Le titre est imprimé en lettres rondes :

LETRIVM
phe des vestementz,
selon le temps qui
court, faictz
au Buz.

Le corps du texte est imprimé en caractères gothiques.

Le poème, qui est une satire dirigée contre la mode des « buscs », se termine par la devise : *Vivit post funera virtus*, placée autour d'un bois qui représente un écu à trois pals, au chef chargé de trois billettes. Voici la reproduction de ce bois final, en même temps qu'un spécimen des caractères gothiques :

Lautheur aux lecteurs.

Laiſſons bobances & toute gloire vaine
Penſons a dieu : car ſa mort nous menaſſe
En gaudiſſant viendra lheure ſoubdaine
Tel rit au matin au ſoir fault quil treſpaſſe/
Gloire mondaine en vng moment ſe paſſe
Queſſe de nous ſinon cendre & pourriture
De ſamender chaſcun ſon debuoir faſſe
Il fault mourir & ſi ne ſcauons lheure.

Recueil de Poésies françoises, XIII, 45-52.

592. LA VIE de || puissante et || tres-haute dame || Madame Gueline. || Reueuë & augmentee de nouueau, || par Monsieur Frippesauce. || *A Rouen*, || *Chez la vefue Iean Petit*, || *dans la Cour du Palais.* || 1612. In-8 de 16 pp., mar. r. jans., tr. dor. (*Trautz-Bauzonnet.*)

La veuve *Petit* a réuni dans le même volume deux pièces facétieuses : l'une est un sermon joyeux sur la vie d'une poule, analogue à la *Vie de saint Hareng* et à la *Vie de saint Ongnon* ; l'autre est le menu d'un repas imaginaire.
La première pièce, qui a dû être composée à Rouen vers 1550 (voy. Picot, *La Sottie en France*, 74), commence ainsi :

Quaeritur utrum capones
Et galinae meliores
Sint in brocca quam in poto,
Cum herbis, soupa et lardo....

M. Éd. Tricotel a donné chez M. A. Claudin, en 1875, une réimpression de cette pièce d'après le présent exemplaire, qui est jusqu'ici le seul connu.

BELLES-LETTRES.   405

593. La Vie et Passion de || Ma Dame saincte Marguerite || Vierge & Martyre. || ❧ *Imprimée à Troyes, Chez* || *Ieau le Coq. S. d.* [*vers* 1550], in-8 goth. de 12 ff. de 27 lignes à la page, sign. A par 8, B par 4, mar. r. jans., tr. dor. (*Trautz-Bauzonnet*.)

IV. 3.109

Le titre, imprimé en lettres rondes et entouré d'un encadrement, porte la marque de *Jean Le Coq* (Silvestre, n° 877).

M. Brunet et, d'après lui, M. Corrard de Breban (*Recherches sur l'imprimerie à Troyes*, 3ᵉ édit., 1873, 102) ont cité une *Vie de dame saincte Marguerite*, imprimée par *Jean Lecoq*, et dont le libraire René Muffat a publié, en 1861, une réimpression en fac-simile. Cette édition ne se compose que de 8 ff., tandis que la nôtre en a 12 et présente de plus cette particularité que le titre est en lettres rondes.

La *Vie de sainte Marguerite* est un poème qui remonte au XIIIᵉ siècle et qu'un grand nombre de manuscrits et d'éditions imprimées ont rendu populaire. Bien que les rajeunissements successifs qu'elle a subis l'aient étrangement défigurée, elle s'imprime encore à Épinal. Voy. Nisard, *Histoire des Livres populaires*, 1854, II, 188.

594. La voye de || paradis. — ¶ *Cy fine la voye de paradis. S. l. n. d.* [*Lyon, vers* 1500]. in-4 goth. de 4 ff. de 30 lignes à la page, sans sign., mar. r. jans., tr. dor. (*A. Motte*.)

IV. 4.154

Au titre, un grand L encadré et entouré de rinceaux.
Au-dessous de l'intitulé on voit la marque de *Pierre Mareschal* et *Barnabé Chaussard*, imprimeurs à *Lyon* de 1493 à 1515 (Silvestre, n° 116).
Recueil de Poésies françoises, III, 155-161.

Une autre édition, publiée par les mêmes imprimeurs, est intitulée : *La Voye de Paradis, avec aucunes louenges de Nostre Dame* ; mais, malgré l'addition que le titre semble indiquer, la nôtre contient exactement les mêmes pièces.

E. — Jehan et Clement Marot.

595. Iean Marot || de Caen sur les deux || heureux Voyages de Genes & Venise, victo- || rieusement mys a fin, Par le treschrestien Roy || Loys Douziesme de ce nom. Pere du Peuple. || Et veritablement escriptz par iceluy Ian Ma- || rot, alors Poete & Escriuain de la tresmagnani || me Royne Anne, Duchesse de Bretaigne, & || depuys, Valet de chambre du treschrestiē Roy || Francoys, premier du nom. || *On les vent a Paris deuant Lesglise Saincte* || *Geneuiefue des Ardens Rue Neufue Nostre* || *Dame, A Lenscigne du Faulcheur.* || Auec Priuilege pour Trois Ans. — [A la fin :] *Ce present Liure fut acheue dimprimer le* || *XXII. Iour de Ianuier. M.D.XXXII* [1532]. || *pour Pierre Roufet, dict le Faulcheur, par* || *Maistre Geufroy Tory de Bourges,*

II. 3.64

|| *Imprimeur du Roy*. In-8 de 101 ff. chiffr. (y compris le titre) et 1 f. blanc, lettres rondes, mar. br., fil., dos orné, tr. dor. (*Trautz-Bauzonnet*.)

> Au verso du titre se trouve un extrait du privilège accordé pour trois ans à *Pierre Roufet*, mais la date de ce privilège n'est pas indiquée.
> Les 2º et 3º ff. sont occupés par une *Epistre au Roy*, de CLEMENT MAROT, *faisant mention de la mort de Jan Marot, son père, autheur de ce livre*.
> Le 4º f. contient le *Prologue de* JAN MAROT, *de Caen, a la royne Anne*. Cette pièce est en prose.
> Les œuvres de Jean Marot sont imprimées ici pour la première fois. Pour d'autres éditions des œuvres de ce poète, voy. ci-après les nºˢ 599, 600, 602, 603, 604, 616.
> Exemplaire de M. LEBEUF DE MONTGERMONT (Cat., nº 295).
> Haut. : 165 ; larg. : 102 mm.

596. LADOLE || SCENCE || CLEMEN || TINE. || Autrement, Les Oeuures de Clement Marot || de Cahors en Quercy, Valet de Chambre du || Roy, composees en leage de son Adolescence. || Auec la Complaincte sur le Trespas de feu || Messire Florimond Robertet. Et plusieurs au- || tres Oeuures faictes par ledict Marot depuis || leage de sa dicte Adolescēce. Le tout reueu / cor || rige / & mis en bon ordre. || N. Beraldus, in Clementis || Adolescentiam. || Hi sunt Clementis iuueniles. aspice, Lusus. || Sed tamen his ipsis est iuuenile nihil. || *On les vend a Paris, deuant Lesglise Saincte* || *Geneuiefue des Ardens, Rue Neufue nostre* || *Dame. A Lenseigne du Faulcheur.* || Auec Priuilege pour Trois Ans. — [Au rº du dernier f. :] *Ce present Liure fut acheue dimprimer le* || *Lundy .xij. iour Daoust. Lan .M. D.* || *XXXII. pour Pierre Roffet, dict le Faul-* || *cheur. Par Maistre Geofroy Tory, Im-* || *primeur du Roy*. In-8 de 4 ff. lim., 115 ff. chiffr. et 1 f. non chiffr., mar. or., fil. et comp. en mos. de mar. bl. à la Grolier, doublé de mar. bl., riche dorure à petits fers, tr. dor. (*Trautz-Bauzonnet*.)

> Collation des ff. lim. : titre, au vº duquel sont placés deux distiques latins, l'un de PIERRE BRISSET, l'autre de GEOFROY TORY (au-dessous de ces deux petites pièces se trouve un extrait du privilège accordé pour trois ans à *Pierre Roffet* ; la date n'en est pas rapportée) ; — 1 f. pour une épître de CLEMENT MAROT « a ung grand nombre de frères qu'il a, tous enfans d'Apollo » ; — 1 f. pour la *Table* ; — 1 f. blanc.
> *P. Roffet* donna dans la même année deux éditions de l'*Adolescence Clementine*, l'une achevée d'imprimer le 12 août, l'autre le 23 novembre. La première, celle que nous venons de décrire, paraît être la plus ancienne impression des œuvres du poète ; cependant les mots « reueu et corrigé » ont excité les doutes des bibliographes. On a remarqué aussi que l'épître de Marot à ses frères est datée du 12 août 1530 dans les éditions de *Gryphius* (1538), de *Dolet* (1538, 1542 et 1545), et dans plusieurs éditions postérieures, tandis qu'elle porte ici la date du 12 août 1532. Cette remarque a induit divers auteurs à supposer l'existence d'une première édition, qui aurait paru en 1530 ;

mais jamais personne n'a vu ce volume, et il est à croire qu'il n'a jamais existé.

LADOLE SCENCE CLEMEN TINE.

Autrement, Les Oeuures de Clement Marot de Cahors en Quercy, Valet de Chambre du Roy, composees en leage de son Adolescence.

Auec la Complaincte sur le Trespas de feu Messire Florimond Robertet. Et plusieurs autres Oeuures faictes par ledict Marot depuis lcage de sa dicte Adolescēce. Le tout reueu/corige/& mis en bon ordre.

N. Beraldus, in Clementis Adolescentiam.

Hi sunt Clementis iuueniles, aspice, Lusus, Sed tamen his ipsis est iuuenile nihil.

On les vend a Paris, deuant Lesglise Saincte Geneuiefue des Ardens, Rue Neufue nostre Dame. A Lenseigne du Faulcheur.

Auec Priuilege pour Trois Ans.

Le présent exemplaire porte sur le feuillet de garde ces annotations, d'une main du XVIe siècle :

Pour HUGUES LAURENS, apothicaire, et ses amis.

Le miroyr, l'eau et la verdure
Recréent les yeulx plus que la nourriture.
On dict toujours : par raison vive ;
Qui veult bien mourir que bien vive,
Car jamais ne furent d'acord
Mauvaise vie et bonne mort.
Fay bien ce pendant qu'il est temps :
Après la mort il n'est pas temps.

L'humble attend mieulx :
LAURENS.

Haut.: 164; larg : 100 mm.

597. LADOLE || SCENCE || CLE- || MENTINE. || Ce sont les oeuures de Cle || ment Marot / nouuellement || imprimees auecques les addi || tions comme verrez en la pa- || ge tierce. || M. D. XXXIII. || ¶ *On les vēd a Lyon* || *en la maison de Fran-* || *coys Iuste. deuant no-* || *stre Dame de confort. — Finis.* || *Ce present Liure fut acheue dimprimer* || *le xxiij. iour de Feburier. Par Frā* || *coys Iuste / demourant a* || *Lyon deuāt nostre Da* || *me de Confort.* 1533 [1534 *n. s.*]. || 🅰 In-8 goth. de 3 ff. lim. et 107 ff. chiffr., format d'agenda, mar. r. jans., tr. dor. (*A. Motte.*)

Le titre est orné d'un encadrement, en haut duquel se lisent les mots *Jesus, Maria* ; la partie inférieure contient le monogramme de *François Juste*. Voici la reproduction de ce titre :

Au v⁰ du titre se trouvent les trois distiques latins de N. BERAULD, PIERRE BRISSET et GEOFROY TORY.

BELLES-LETTRES.   409

Le 2ᵉ f. est occupé par la *Table* ; le 3ᵉ, par l'épître. Cette pièce est datée, comme dans l'édition de *Pierre Roffet*, du 12 août 1532.

Le dernier f., dont le v⁰ est blanc, contient, au r⁰, 9 lignes de texte, suivies de la souscription que nous avons reproduite ci-dessus et d'un petit bois, qui représente un écu à un chevron, accompagné de deux croix pattées en chef et d'une merlette en pointe. Cet écu est entouré d'une couronne de lauriers sur laquelle on lit : Ἀγαθῇ ξὺν Θεῶ Τύχῃ. Le v⁰ de ce même f. porte la marque de *Fr. Juste* (Brunet, IV, 1042 ; Silvestre, n⁰ 210).

Cette édition, restée inconnue à tous les bibliographes, ne se compose que de la première partie des œuvres de Marot ; la *Suite de l'Adolescence Clementine* ne fut publiée pour la première fois qu'en 1534 ; *Françoys Juste* ne put la joindre qu'aux éditions qu'il publia sous cette date et sous celle de 1535. (Voy. les nᵒˢ 600 et 602).

Les additions, annoncées sur le titre, comprennent : 1⁰ *Le Pater noster et le Credo en françoys, faict et traduict par ledit C. M.*, et offert n'a guyéres a la royne de Navarre ; 2⁰ *Chant royal de la fortune et biens mondains*, composé par ung des amys de *C. Marot* ; 3⁰ *Epitaphe de Marie, fille aisnée de monsieur d'Estissac*, composé par le susdict (à la fin se trouvent les initiales F. R[OBERTET]. Ces pièces n'avaient pas encore été imprimées. Il est à remarquer que l'*Ave Maria* n'accompagne pas le *Pater*, preuve que, en 1534, la reine Marguerite rejetait, comme les protestants, la dévotion à la Vierge. Le *Pater* et le *Credo*, auxquels le poète a joint désormais l'*Ave Maria*, le *Benediction devant manger* et les *Graces pour ung enfant*, se retrouvent en tête de la *Suite de l'Adolescence*, publiée pour la première fois dans le cours de l'année 1534 ; mais, cette fois, le nom de Marguerite a disparu.

Notre exemplaire paraît avoir appartenu au poète GUILLAUME DES AUTELZ, dont la devise : *Travail en repos*, accompagnée de la date du 19ᵉ juing 1571, se lit au v⁰ du dernier f. Une seconde note ms., placée au dessous de la précédente, est ainsi conçue : *Ce livre est a moy*, ESTIENNE GROLIER, *notaire publicq a Cluny. Mense Januarii, anno 1582.* »

598. LA SVITE DE L'ADO- ‖ LESCENCE CLEMENTINE, Dont le ‖ contenu pourrez veoir a ‖ l'autre costé de ce ‖ feuillet. ‖ *On la vend a Paris en la rue neufue nostre Dame* ‖ *deuant l'Eglise saincte Geneuiefue des Ardens* ‖ *a l'enseigne du Faulcheur.* ‖ Auec Priuilege pour trois ans. ‖ 1534.—*Fin.* ‖ La Mort n'y mord. Pet. in-8 de 4 ff. et 152 pp., mar. bl., fil., dos orné, doublé de mar. r., dent., tr. dor. (*Trautz-Bauzonnet.*)

II. 5. 43

Au titre, la marque de *Pierre Roffet* (Brunet, III, 1445 ; Silvestre, n⁰ 150).

Les 2ᵉ et 3ᵉ ff. contiennent la table, l'extrait du privilège, des vers latins et français de SALOMON MACRIN, ANT. MACAULT, de Niort, et NICOLAS BOURBON, de Vandeuvre ; le 4ᵉ f. est occupé, au r⁰, par des *Proverbes enigmatiques* ; le v⁰ en est blanc.

Cette édition de la *Suite de l'Adolescence* est probablement postérieure à celle qui sera décrite sous le n⁰ 601, car elle contient à la fin l'*Accession d'une epistre de complaincte a une qui a laissé son amy*.

Le privilège, dont la date n'est pas rapportée, est accordé à la veuve de *Pierre Roffet*, dit *Le Faulcheur*.

Exemplaire de M. A.-F. DIDOT (Cat. 1878, n⁰ 241), relié depuis la vente.

599. ❧ LADOLESCEN ‖ CE CLEMEN- ‖ TINE. ‖ Aultrement, Les Oeuures de Cle- ‖ ment Marot de Cahors en Quercy, ‖ Valet de Chambre du Roy. ‖ ❧ Plus amples que les

IV. 5. 87-88

premiers || imprimez de ceste / ny aultre impres- || sion, quelques ou que ont estez im- || primez. || ¶ *On les Vend a Lyon a la Fleur || de Lys dor / en la Boutique de Guil- || laume Boulle / Librayre en la Rue || Merciere.* || 1534. In-16 de 150 ff. chiffr., 1 f. non chiffr. pour la *Table* et 1 f. pour la marque du libraire. — ♈ La svite de ladolescen || ce Clementine / dont le côtenu sensuyt. || ♈ Vne Eglogue sur le trespas de ma || dame Loyse de Sauoye mere du Roy. || ♈ Les Elegies de Lautheur. || ♈ Les Epistres differentes. || ♈ Les Chantz diuers. || ♈ Le Cimetiere. || ♈ Et le Menu. || ♈ Dictier au Comte de Nasso. || ♈ Lordōnàce de perspectiue salutaire. || ♈ Moralles Paradoxes du Lys. || ♈ *On les vend a Lyō en la Rue Mer || ciere / a la Fleur de Lys dor / en la Bou || tique de Guillaume Boulle / Libraire.* || *Auec Priuilege.* || 1534. In-16 goth. de 8 ff. et 175 pp. — Recveil || des oevvres Iehan Marot || illustre poëte Frācoys, || Contenant. || Rondeaulx. || Epistres. || Vers espars. || Chantz Royaulx. || M.D.XXXIIII [1534]. S. l., in-16 de 56 ff. non chiffr. de 26 lignes à la page pleine (non compris le titre courant), sign. *a-g*.— Ensemble 3 parties en 2 vol. in-16, mar. bl., riches comp. à la Grolier, dos ornés, doublés de mar. r., dent. à petits fers, tr. dor. (*Trautz-Bauzonnet.*)

Adolescence Clementine. — Le titre est entouré d'un encadrement; le v⁰ contient les distiques latins de N. Berauld, de Pierre Brisset et de Geofroy Tory.

Le 2ᵉ f. est occupé par l'épître de Clement Marot, laquelle est datée du 12 août 1532.

L'avant-dernier f. contient la *Table*.

Le dernier f., dont le r⁰ est blanc, porte au v⁰ la marque de *Guillaume Boullé*, réduction de celle que Silvestre a reproduite sous le n⁰ 489.

Cette édition contient les mêmes pièces que la précédente, c'est-à-dire le *Pater* et le *Credo*, le *Chant Royal* et l'*Epitaphe de Marie d'Estissac* ; on y a joint de plus : l'*Epitaphe du comte de Salles* ; la *Complaincte de dame Bazoche sur le trespas dudict comte*, trois *Rondeaux* (Au cueur ne peult ung chascun commander ; Juges, prevost, bourgeoys, marchans, commun ; Nostre maistre Geoffroy Brulart) ; *Remède contre la peste* ; Rondeau (Qui les besoignes veult bien faire) ; douze sentences en distiques ; *De la statue de Venus endormie sur le portal d'ung logis* (5 vers) ; *Dizain du trop soul et de l'affamé* ; *Sur : Juppiter ex alto* (huitain). Ces pièces, sauf peut-être le *Remède contre la peste*, qui est signé du nom de Marot, et les vers sur *la statue de Venus*, qui se retrouvent dans la *Suite de l'Adolescence*, sont les « lourderies » que le poète a désavouées dans sa préface du 31 juillet 1538 (Voy. ci-après le n⁰ 605).

Suite de l'Adolescence. — Le titre est orné du même encadrement que celui de la première partie. Les 7 ff. non chiffr. qui suivent contiennent : l'*Eglogue... sur le trespas de treshaulte et tresillustre princesse, madame Loyse de Savoye, jadis mére du roy*, une *Epytaphe* (en 4 vers) *de ladicte dame*, et trois pièces latines en l'honneur de Marot.

Outre cette églogue et ces petites pièces qui ne se trouvent pas dans l'édition originale, *Guillaume Boullé* a joint au recueil le *Dictier presenté a monseigneur de Nasso au retour de France*, *l'ordonnance de perspective salutaire*, *racourcie au poinct de Raison*, *pour bastir en Vertus*, le *Triolet d'humaine pensée*; un quatrain sur le jambonnier et le charbonnier; les *Morales paradoxes du° Lis treschrestien, dictées a son fleuron de tresheureux espoir, monseigneur le dauphin*, enfin un huitain. Le *Dictier* est de JEHAN MOLINET et se retrouve dans ses œuvres (éd. de 1531, fol. 106 a); quant aux autres pièces, deux sont signées de la devise d'ANTOINE DU SAIX : *Quoy qu'il advienne* (voy. les nᵒˢ 515 et 516 ci-dessus); la dernière est signée de la devise de CLAUDE COLET : *Tout pour le mieux* (voy. le nᵒ 651).

Guillaume Boullé n'a pas réimprimé les pièces qui précèdent les *Elegies* dans l'édition originale, savoir : le *Pater*, l'*Ave Maria*, le *Credo*, la *Benediction devant manger*, les *Graces pour ung enfant* et le *VI. Pseaulme de David*; il est vrai que le *Pater* et le *Credo* figurent à la fin de l'*Adolescence*.

La marque du libraire est répétée au v° du dernier f.

Recueil des œuvres de Jehan Marot. — Au v° du titre est placé un avis *Aux Lecteurs* ainsi conçu : « Nostre poéte Jehan Marot, lecteurs debonnaires, de tant d'œuvres qu'il a faictes ne recueillit durant ses jours que les choses contenues en ce livret, lesquelles d'avanture après sa mort se trouvérent escriptes de sa main ; et est la cause pourquoy nous appellons cecy son *Recueil*, car de mille aultres bonnes choses qu'il a faictes n'en daigna retenir un vers. Recepvez hardiment en gré, si peu qu'il y en a, car j'espére, quant l'aurez leu, que non seulement l'extimerez, mais l'aurez en admiration d'avoir tant bien escript sans sçavoir aulcunes lettres, ne grecques ne latines. »

Le volume, orné de 13 petits bois, contient : 1° *Le Doctrinal des princesses et nobles dames, faict et deduict en xxiiij rondeaux*; — 2° *Epistre des Dames de Paris au roy Françoys, premier de ce nom, estant dela les monts et ayant deffaict les Suisses*; — 3° *Epistre des Dames de Paris aux courtisans de France, estans pour lors en Italie*; — 4° *Commencement d'une Epistre de Jehan Marot a la royne Clauce* (CLÉMENT MAROT nous apprend, dans un sixain qu'il a joint à ce fragment, que la mort empêcha son père de l'achever); — 5° *La Responce de France et des Estalz aux escripvains sedicieux* (cette pièce, imprimée séparément sous le titre suivant : *La Deffence contre les Emulateurs, Ennemys et Mesdisans de France, Consolation et bon Zele des Trois Estatz*, a été reproduite dans le *Recueil de Poésies françoises*, XII, 238-251, sans que les éditeurs en aient indiqué l'auteur); — 6° *Chant royal de la Conception nostre Dame*; 7° *Chant royal en l'honneur de Jesuchrist*; — 8° *Rondeau a ce propos*; — 9° *Rondeaux* (au nombre de 50).

Le recueil se termine par cinq distiques latins signés A. GAL.

Exemplaire de YEMENIZ (Cat., n° 1709) et de M. A.-F. DIDOT (Cat. 1878, n° 242).

600. LADOLE- || SCENCE CLE || MENTINE. || Ce sont les oeuures de Cle || ment Marot / nouuellemēt || imprimees anecques [*sic*] plus de || soixante nouuelles composi || tiõs, lesquelles iamays ne fu || rent Imprimees, còme pour- || rez veoir a la fin du liure. || M.D.XXXIIII. || *On les vend a Lyon / en la* || *maison de Francoys Iuste* || *Demourant deuant nostre* || *Dame de Confort.* — *Finis.* || *Ce present Liure fut acheué d'imprimer* || *le douziesme iour de Decèbre. Par* || *Francoys Iuste / demourant* || *a Lyon, Deuant nostre* || *Dame de Con-* || *fort.* || *1534.* || ❦ In-8 goth. de 132 ff. chiffr.

412 BELLES-LETTRES.

— La Svyte || de Ladolescen- || ce Clementine / augmentee || de plusieurs dictez, qui ne- || stoient encore imprimez, cõ || me pourrez veoir en la fin du || Liure. || La Mort ny mord. || M.D.XXXIIII. || ❡ *On les vend a Lyon / en* || *la maison de Frãcoys Iuste* || *Demourant deuant nostre* || *Dame de Confort.* — *Finis.* In-8 de 62 ff. chiffr. — Recveil || des oevvres || Iehan Marot illustre poëte || Francoys, Contenant || Rondeaulx. || Epistres. || Vers espars. || Chantz diuers. || M.D.XXXIIII. || ❡ *On les vend a Lyon / en* || *la maison de Frãcoys Iuste* || *Demourant deuant nostre* || *Dame de Confort.* — *Finis.* In-8 de 41 ff. chiffr. et 1 f. non chiffr. — Ensemble 3 parties en un vol. in-8, format d'agenda, mar. v., fil., dos et coins ornés, doublé de mar. r. dent., tr. dor. (*Bauzonnet-Trautz.*)

Adolescence Clementine. — Le titre, imprimé en rouge et en noir, est

entouré du même encadrement que le titre de la première édition de *Françoys Juste* ; les mots *Jesus Maria* ont cependant été remplacés par la devise : Ἀγαθῇ Τύχῃ. Nous en donnons ci-contre la reproduction.

Au v⁰ du titre sont placés les vers latins de N. BERAULD, PIERRE BRISSET et GEOFROY TORY.

Les 2ᵉ et 3ᵉ ff. sont occupés par la *Table* et l'épître de Marot. Cette épître, datée du 12 août 1532, se termine en tête du 4ᵉ f.

Le 132ᵉ f., coté par erreur cxxij, contient, au r⁰, 9 lignes de texte, la souscription reproduite ci-dessus et le fleuron précédemment décrit. Au v⁰, se trouve la marque de *Fr. Juste* (Brunet, III, 1042 ; Silvestre, n⁰ 210).

Cette édition reproduit celle du 23 février 1533 (v. s.) jusqu'au f. 93 v⁰. Le recueil se termine par un certain nombre de pièces que l'imprimeur a réunies sous le titre suivant : *Aultres Œuvres faictes en sa maladie*. En voici la liste : 1⁰ *Au lieutenant de Bourges Gontier, qui luy escripvit en ryme* ; — 2⁰ *A Vignals, Thoulousain, escolier a Bourges, qui luy escripvit en prose, avec un rondeau* ; — 3⁰ *Ce qu'il escripvit a ses medicins en sadicte maladie* (6 pièces) ; — 4⁰ *Marot malade a monseigneur de Guyse passant par Paris* ; — 5⁰ *Dizain a Pierre Wyard* ; — 6⁰ *Epitaphe du conte de Salles* ; —7⁰ *Complaincte de dame Bazoche sur le trespas dudit conte* ; — 8⁰ *Rondeaux* (Au cueur ne peult ung chascun commander ; Juges, prevostz, bourgeoys, marchans, commun ; Notre maistre Geoffroy Brulart) ; 9⁰ *Remède contre la peste* ; — 10⁰ *Rondeau* (Qui ses besongnes veult bien faire) ; — 11⁰ *douze sentences en distiques* ; — 12⁰ *De la statue de Venus* ; — 13⁰ *Dizain du trop saoul et de l'affamé* ; — 14⁰ *Sur : Juppiter ex alto* ; 15⁰ *La Foy d'un christian : Pater, Credo, Benediction devant manger* (Fr. Juste avait déjà publié les deux premières pièces) ; —16⁰ *Rondeaux* (O quel erreur, par finiz esperitz ; O bon Jesus, de Dieu eternel filz) ; — 17⁰ *Les A Dieu nouveaulx* ; — 18⁰ *Epistre de C. Marot aux gentilz veaulx* || *Qui ont faict les A Dieu nouveaulx* ; —19⁰ *Oraison* (De teigne espesse de six doitz) ; — 20⁰ *Epistres de Clement Marot a trois sortes de dames parisiennes* ; — 21⁰ *A six dames, Dieu scait quelles, qui luy envoyérent une epistre pluine de ce qu'elles sçavent dire* ; — 22⁰ *A celles de qui ledict Marot ne vouldroyt perdre la grace* ; — 23⁰ *Ce que aulcuns theologiens plaquérent a Paris quant Beda fut forbanny, voulant esmouvoir le peuple a sedition contre le roy* ;—24⁰ *Responce de Clement Marot a l'escripteau cy dessus* ; —25⁰ *Dizain a ce propos* ;— 26⁰ *Huictain sur la contenance de* [*Maillart*], *lieutenant criminel de Paris, quant il menoyt pendre Samblançay* ;—27⁰ *Les deux Placets qu'il fist au roy* ; — 28⁰ *Rondeau de l'honneur des Dames* (Devant vos yeulx, dames, ayez honneur) ; — 29⁰ *Epitaphe de feu maistre Alexandre, president de Barroys* ; — 30⁰ *Rondeau sus les couleurs de madame la duchesse de Lorraine* ; — 31⁰ *Quadrins respondans a ce que monsieur de Sainct Ambroys le reprint sur le mot de viser* ;—32⁰ *Chant royal de la fortune et biens mondains* ; —33⁰ *Epitaphe de Marie d'Estissac*.

Les deux dernières pièces, qui sont de F. ROBERTET, terminent déjà l'édition du 23 février 1534. D'ailleurs, plusieurs des pièces rapportées ci-dessus ne sont pas de Marot. (Voy. les notes sur les n⁰ˢ 599 et 605.)

Suyte de l'Adolescence. — Le titre est orné de l'encadrement à la devise Ἀγαθῇ Τύχῃ ; au v⁰ du titre sont placées trois petites pièces latines à la louange de Marot.

Le recueil ouvre directement par les *Elegies* ; Juste ne les a fait précéder ni des poésies religieuses données par les libraires parisiens, ni de l'*Eglogue* publiée par *Guillaume Boullé* ; il n'a de même joint au recueil aucune des pièces de Molinet, d'Antoine Du Saix et de Claude Colet, maladroitement attribuées à Marot. Le recueil se termine comme l'édition de la veuve *Roffet* ; cependant le titre de la dernière épître est ainsi conçu : *Accession d'une epistre de complaincte a une qu'a laissé son amy, laquelle jusque a present n'avait esté imprimée*. Cette pièce ne figure, en effet, ni dans l'édition imprimée par *L. Cyanœus* pour la veuve *Roffet*, ni dans celle de *Guillaume Boullé* ; mais elle est dans l'édition séparée de la veuve *Roffet* (n⁰ 598).

Remarquons enfin que l'imprimeur a supprimé, après le *Quatrain pour estreines*, les vers *De la statue de Venus*, qu'il avait insérés dans la première partie.

L'édition que nous venons de décrire est la première que *Françoys Juste* ait imprimée de la *Suyte de l'Adolescence Clementine*; Marot n'avait encore donné au public que la première partie de ses œuvres lorsque parut l'édition du 23 février 1533 (v. s.).

Recueil des Œuvres Jehan Marot. — Ce recueil contient les mêmes pièces que celui qui est joint à l'édition de *Guillaume Boullé*. Le r° du dernier f. porte la marque de *Françoys Juste*.

Exemplaire de M. le docteur Desbarreaux-Bernard. (Cat., n° 337).

601. L'Adolescence || Clementine. || Autremēt, les Oeuures de Clement Marot, de || Cahors en Quercy, Valet de chambre du Roy, || composees en l'aage de son Adolescence. Auec || la complaincte sur le trespas de feu Messire Flo- || rimond Robertet. Et plusieurs autres oeuures fai- || ctes par ledict Marot depuis l'aage de sadicte ado || lescēce. Le tout reueu, corrigé & mis en bō ordre. || Auec certains Accens notez, Cest assauoir sur le e || Masculin different du Feminin, Sur les dictions || iointes ensemble par synalephes. Et soubz le e [*sic*] || quant il tient de la prononciation de le s. Ce qui || par cy deuant par faulte d'aduis n'a este faict au || langaige François, combien qu'il y fust & soyt || tresnecessaire. || *On les vend a Paris deuant l'eglise saincte* || *Geneuiefue des Ardēs, Rue neufue* || *nostre Dame, A l'enseigne du* || *Faulcheur.* || Auec priuilege pour trois ans. — [A la fin :] ¶ *Imprimé par Maistre Loys Cyaneus,* || *demourant en la Rue sainct Iaques* || *aux deux Cochetz, pour la veufue* || *de feu Pierre Roffet, dict le Faul-* || *cheur.* L'an M.D.XXXIIII [1535, n. s.]. || Le VII. iour de Mars. Pet. in-8 de 262 pp. et 1 f.
— La Svite de l'Ado- || lescence Clementine, Dont le || contenu pourrez veoir a || l'autre costé de ce || fueillet. || *On la vend a Paris en la rue neufue nostre Dame,* || *deuant l'Eglise saincte Geneuiefue des Ardens,* || *a l'enseigne du Faulcheur.* || Auec Priuilege pour trois ans. Pet. in-8 de 2 ff., 146 pp. et 1 f. — Le Premier Livre de || la Metamorphose || d'Ouide, translate || de Latin en François || par Clement Marot de Ca- || hors en Quercy, Val- || let de chambre || du Roy. || *On le vend a Paris sur le pont Sainct Mi-* || *chel, chez Estiēne Roffet dict le Faucheur* || *a lenseigne de la Rose Blanche.* || Auec priuilege. || 1534. Pet. in-8 de 3 ff. non chiffr. et 65 pp. — Ensemble 3 parties en un vol. pet. in-8, mar. or., fil., dos et milieu ornés, doublé de mar.

bl., guirlande de feuillage à petits fers, tr. dor. (*Trautz-Bauzonnet.*)

Adolescence Clementine. — Le titre reproduit celui de l'édition achevée d'imprimer par *Geofroy Tory* pour *Pierre Roffet*, le 7 juin 1533. Dans cette édition de 1533, Tory avait introduit l'accent aigu et l'apostrophe d'après les principes exposés par lui dans son *Champ fleury*. Le nouvel imprimeur, dont Roffet a emprunté les presses, a suivi les mêmes errements. — Les 4 premières pp. contiennent le titre, les vers de N. BERAULD, PIERRE BRISSET et GEOFROY TORY, un extrait sans date du privilège accordé à Pierre Roffet, et l'épître de Marot « a ung grant nombre de frères qu'il a », épître datée du 12 août 1532.

Le libraire a joint aux premières œuvres de Marot les *Aultres Œuvres faictes en sa maladie* ; mais ces additions ne sont pas absolument les mêmes que celles qui terminent l'édition de *Fr. Juste* qui vient d'être décrite. Voici la liste des pièces qu'on y trouve : 1° *Au lieutenant de Bourges Gontier* ; — 2° *A Vignals, Thoulousain* ; — 3° *Ce qu'il escripvit a ses medicins* ; — 4° *Marot malade a monseigneur de Guise* ; — 5° *Dizain a Pierre Wyard* ; — 6° *Marot envoye le livre de son Adolescence* ; — 7° *Chant royal de la fortune et biens mondains* [par F. ROBERTET] ; — 8° *Epitaphe de Marie d'Estissac*, [par le même] ; — 9° *Epitaphe du conte de Salles* ; — 10° *Complaincte de dame Bazoche* ; — 11° *Rondeaux* (Au cueur ne peult ung chascun commander ; Juges, prevostz, bourgeoys, marchans, commun ; Nostre maistre Geoffroy Brulart) ; — 12° *Remède contre la peste* ; — 13° *Rondeau* (Qui ses besoignes...) ; — 14° Douze sentences en distiques ; — 15° *Dizain du trop saoul et de l'affamé* ; — 16° *Sur : Juppiter ex alto...*

Le v° du dernier f. contient la souscription et la marque de P. *Roffet* (Brunet, III, 1445 ; Silvestre, n° 150).

Suite de l'Adolescence. — Le titre porte la marque de Roffet ; au v° du titre se trouvent la table et un extrait sans date du privilège accordé à la veuve *Pierre Roffet*.

Le 2° f. est occupé par des vers latins et français de SALOMON MACRIN, ANTOINE MACAULT, de Niort, et NICOLAS BOURBON, de Vandeuvre.

Cette édition de la seconde partie des œuvres de Marot est peut-être la première. Elle commence par le *Pater noster* publié pour la première fois par *Fr. Juste*, en 1534, à la fin de l'*Adolescence*. Au *Pater* sont joints désormais l'*Ave Maria*, le *Credo*, la *Benediction devant manger* et les *Graces pour ung enfant*. Le nom de la reine Marguerite ne figure plus en tête de ces pièces. Le recueil se termine par l'épigramme *De la statue de Venus* ; les *Proverbes enigmatiques* et l'*Epistre de complaincte a une qui a laissé son amy* n'y ont pas encore été ajoutés. Ces pièces se trouvent, au contraire, dans l'édition datée de 1534 que nous avons décrite ci-dessus (n° 598).

Le dernier f., dont le r° est blanc, porte, au v°, la marque de *Roffet*.

Premier Livre de la Metamorphose d'Ovide. — Au v° du titre est placé un extrait sans date du privilège accordé à *Estienne Roffet*, dict *le Faulcheur*.

Les 2 ff. non chiffr. qui suivent sont occupés par un *Prologue* « Au tres-illustre et treschrestien roy, Françoys, premier de ce nom ».

Les ff. lim. et le texte sont compris dans la même série de signatures (*a-d* par 8, *e* par 4).

Le v° du dernier f. est blanc.

M. Brunet indique assez confusément les éditions de Marot données par *Pierre Roffet* ou par sa veuve en 1534 ; aucune ne correspond à celle-ci.

L'édition de l'*Adolescence* imprimée par Geofroy Tory en 1533 est d'un format plus grand, et n'a que 119 ff. Les éditions de la *Suite de l'Adolescence* citées au *Manuel* se rapprochent plus de celle que contient notre recueil, sans pourtant se confondre avec elle. L'une, qui porte de même la marque de *P. Roffet*, tandis que le privilège est accordé à sa veuve, n'a que 4 ff.

lim. et 125 pp. Une autre, celle que nous avons décrite sous le n° 598, a 4 ff. lim. et 152 pp. Les éditions du *Premier Livre de la Metamorphose* citées par M. **Brunet** ne ressemblent pas non plus à celle-ci.

Les trois pièces qui composent notre recueil ont dû être imprimées par *Louis Blaublom*, imprimeur gantois, qui s'établit à Paris, vers 1529, sous le nom de *Cyaneus*, et dont les productions sont fort rares. Aucune de ces parties n'existe à la Bibliothèque nationale ; l'*Adolescence* seule se trouve à la Bibliothèque de l'Arsenal (B.-L., 6407). M. L. Potier a décrit dans le catalogue Chédeau, 1865, n° 451, un exemplaire des trois parties réunies, qui ressemblait au nôtre, sans appartenir cependant à la même édition. Cet exemplaire fait aujourd'hui partie de la bibliothèque de Mgr. le duc d'Aumale.

602. Ladole- || scence Cle || mentine. || Ce sont les œuures de Cle || ment Marot / nouuellemēt || imprimees auecque plus de || soixāte nouuelles composi- || tiōs, lesquelles iamays ne fu || rent Imprimees, cōme pour || rez veoir a la fin du liure. M. D. XXXV. || *On les vend a Lyon / en la maison de Francoys Iuste* || *Demourant deuant nostre* || *Dame de Confort.* || 1535. — *Finis.* || Ce present Liure fut acheue dimprimer || le sixiesme Iour de Feburier Par || Francoys Iuste / demourant || a Lyon, Deuant nostre || Dame de Con || fort. || 1535 [1536, n. s.] || ❧ In-8 goth. de 132 ff. chiffr. — La Svyte || de Ladolescen- || ce Clementine / augmentee || de plusieurs dictez, qui ne- || stoient encore imprimez, cō- || me pourrez veoir en la fin du || Liure. || La Mort ny mord. || M. D.XXXV. || *On les vend a Lyon / en la* || *maison de Frācoys Iuste,* || *Demourant deuant nostre* || *Dame de Confort..* — *Finis.* In-8 goth. de 62 ff. chiffr. — Le premier || Livre de la Me || tamorphose d'Ovide, Trās- || late de Latin en Françoys || par Clemēt Marot de Ca- || hors en Quercy. Vallet de || chambre du Roy. || La Mort ny mord || M. D. XXXIIII [1534]. || ¶ *On les vend a Lyon / en* || *la maison de Frācoys Iuste* || *demourant deuant nostre* || *Dame de Confort.* — || *Fin.* || La Mort ny mord. In-8 goth. de 28 ff. chiffr. — Recveil || des Œvvres || Iehan Marot illustre poëte || Françoys, Contenant || Rondeaulx. || Epistres. || Vers espars. || Chantz diuers. || M.D. XXXV [1535]. || *On les vend a Lyon / en la* || *maison de Frācoys Iuste,* || *Demourant deuant nostre* || *Dame de Confort.* — *Finis.* In-8 goth. de 41 ff. chiffr. et 1 f. non chiffr. — Ensemble 4 parties en un vol. in-8, format d'agenda, mar. r., fil., dos orné, doublé de mar. bl., dent., tr. dor. (*Bauzonnet-Trautz*, 1843.)

Adolescence Clementine : Le titre, tiré en rouge et en noir, est orné de l'encadrement reproduit ci-dessus (n°ˢ 597 et 600), avec la devise 'Αγαθὴ Τύχη.

Cette édition est en tout semblable à celle du 12 décembre 1534 ; cependant divers détails typographiques prouvent que c'est véritablement une réimpression, et non l'édition antérieure dont le titre et le dernier f. auraient été renouvelés.

La *Suyte de l'Adolescence*, également réimprimée, contient une pièce de plus que l'édition de 1534 : l'*Epitaphe de Alys, fille de joye, extraict du second livre de la Priapée*.

Premier Livre de la Métamorphose d'Ovide. — Le titre est entouré du même encadrement que celui des deux premières parties. — On lit dans la partie supérieure, en dehors du cadre : *La Metamorphose d'Ovide*. Au v⁰ du titre se trouve la devise de Marot : *La Mort n'y mord*, et, au-dessous, un bois qui représente un personnage vêtu d'une longue robe et coiffé d'un bonnet fourré, tenant à la main un rouleau de papier.

Le v⁰ du dernier f. est blanc.

Cette 3ᵉ partie ne paraît pas exister sous la date de 1535 ; les seuls exemplaires cités jusqu'ici sont datés de 1534.

Recueil des OEuvres Jehan Marot. — Cette partie est la reproduction de celle de 1534.

Exemplaire de M. le baron J. PICHON (Cat., n° 501).

Le recueil que nous venons de décrire et les volumes décrits sous les n°⁸ 597 et 600 forment l'ensemble complet des éditions de Jehan et de Clement Marot imprimées par *Françoys Juste* ; nous en décrirons plus loin (n° 607) une quatrième dont il ne fut que l'éditeur, et qu'il fit imprimer par *Jehan Barbou*.

603. LADOLE || SCENCE CLEMENTINE. || Aultrement || Les Oeuures de Clement Marot, de Cahors en || Quercy, Valet de chambre du Roy, faictes en son || adolescence, auec aultres œuures par luy compo- || sees depuis sa dicte adolescence. || Reueues & corrigees selon sa derniere recongnois- || sance oultre toutes autres impressions contrefai- || ctes ausquelles a son grant deshonneur ont este ad- || ioustees aulcunes œuures scandaleuses mal cōposees || & incorrectes desquelles craignant yceluy non seul || lement le blasme de chose si mal faicte aussy le grant || dommaige qui luy pourroit venir a cause desdictes || œuures scandaleuses a desauoue les dictes œuures || ainsi quon voirra par le contenu du liure. || *Oles* [sic] *vent a Paris a Lhostel Dalebret deuant* || *Sainct Hylaire.* || M. D. XXXVI [1536]. Petit in-8 de 129 ff. chiffr. et 1 f. blanc. — LA SVI || TE DE LADOLESCENCE || CLEMENTINE, dont le con || tenu pourrez veoir a lautre coste || de ce fueillet. || Reueue & corrigee selon sa derniere recōgnoyssan- || ce, & approuuee. Et sont toutes œuures sur ce cō || trefaictes deffendues. || *On les vent a Paris deuant Sainct Hilayre* || *a Lhostel Dalebret par Anthoine Bon-* || *nemere.* || M. D. XXXVI [1536]. Petit in-8 de 72 ff. non chiffr., sign. *A-I*. — LE PRE || MIER LIVRE DE LA || METAMORPHOSE DOVIDE, || translate de Latin en Francoys par || Clement Marot de Cahors en || Quercy, Valet de cham- || bre du Roy. || Item certaines œuures quil feit en pri- || son, non encore Imprimeez. || M.D. XXXVI [1536]. Petit in-8 de 32 ff. non chiffr., sign. *aA-dD*. — LE RE || CVEIL IEHAN MAROT || de Caen, Poete et Es- || cripuain de la magnanisme Royne An- || ne de Bretaigne, & de puys Valet || de chambre du Trescrastien [sic] || Roy || Francoys premier de || ce nom. || En lautre part de ce fueillet trouuerez par || ordre les choses contenues en ce Recueil. || *On les vent a Paris deuant sainct Hilaire a* || *Lhostel Dalebret par Anthoine Bonnemere.* || M. D.XXXVI [1536]. Petit in-8 de 43 ff. non chiffr. et 1 f. blanc, sign. *aa-ee* par 8,

BELLES-LETTRES. 419

ff par 4. — Ensemble 4 parties en un vol. pet. in-8, mar. r., dos orné, tr. dor. (*Thibaron et Échaubard.*)

Le titre de l'*Adolescence Clementine* contient un désaveu formel, de la part du poète, de certaines pièces insérées dans les éditions antérieures. A quelles pièces ce désaveu s'applique-t-il? Un examen attentif nous a convaincu que Marot tenait beaucoup moins à la suppression des œuvres « mal composées et incorrectes » qu'à celle des œuvres « scandaleuses », qui pouvaient lui causer « grant dommaige ». En effet, la *Responce de Clement Marot* au placard dirigé contre Noël Bédier, et le *Huictain sur la contenance de* [*Maillart*], *lieutenant criminel de Paris, quant il menoyt pendre Samblançay*, pièces que *Françoys Juste* avait imprimées en 1534 et en 1535 (voy. les n°s 600 et 602) ont été retranchées de cette édition, tandis que le libraire y a laissé figurer l'*Epitaphe du comte de Salles* et la *Complaincte de dame Bazoche*, que le poète a lui-même traitées de « lourderies ».

Les poésies diverses qui terminent l'*Adolescence* sont divisées ici en deux parties, savoir :

1° *Aultres Œuvres faites* [*par Marot*] *en sadicte maladie* (épîtres à Gontier, à Vignals, à ses médecins, à M. de Guyse, à Pierre Wyard et à une dame à laquelle il envoie le livre de son *Adolescence*);

2° *Aucunes Œuvres qui ne sont de la façon dudict Marot* (*Chant royal de la fortune et biens mondains*, *Epitaphe de Marie d'Estissac*, *Epitaphe du comte de Salles*, *Complaincte de dame Bazoche*; trois rondeaux déjà cités ; *Remède contre la peste faict par Clement Marot* [sic]; rondeaux et distiques déjà cités ; *Dizain* : L'autre jour ung povre estranger...; *Sur : Jupiter ex alto* ; *Sur ce mesme Juppiter ex alto*..., *rondeau* ; *Placet au roy pour Marot* ; l'*Epistre de l'Asne au Coq*, *responsive a celle du Coq en l'Asne* : Puysque ma plume est en sa voye...; *Rondeau* : En temps obscur...; *Epitaphe de Martin* ; *Rondeau du Guay* ; *Dizain de l'ymage de Venus armée* ; *Le Different de Beaulté, Force et Amour* ; *l'Alphabet du Temps present*.

Cette édition présente une particularité déjà signalée par M. L. Potier. Le cahier *b*, dont les ff. sont numérotés en chiffres arabes, tandis que les chiffres romains ont seuls été employés dans le reste du volume, contient au commencement une répétition de quelques vers, et présente par contre une lacune à la fin de la dernière page. Cette particularité n'est pas spéciale à notre exemplaire ; elle se remarque également dans celui de la Bibliothèque nationale (Y + 4496. E. Rés.), et, ce qui est plus singulier encore, on la retrouve dans l'édition publiée par *Bonnemère* en 1538. La seule explication qu'on en puisse donner c'est que les typographes ont eu sous les yeux une copie déjà imprimée, appartenant à deux éditions différentes, et qu'ils en ont reproduit tous les détails.

Exemplaire de M. E. Huillard (Cat., n° 378).

604. Ladolescence || Clementine. || Aultrement || ¶ Les Œuures de Clement Marot de Cahors en || Quercy, valet de chambre du Roy, faictes en son a- || dolescence, auec autres œuures par luy composees || depuis sa dicte adolescence, auec le dieugard de || Marot a son retour de Ferrare en France. || Reueues & corrigées selon sa derniere recongnoissan- || ce oultre toutes autres impressions contrefaictes aus- || quelles a son grant deshonneur ont este adioustees aul- || cunes œuures scandaleuses mal composées & incorre- || ctes desquelles craignāt yceluy non seullement le

blas ‖ me de chose si mal faicte aussy le grant dommaige ‖ qui luy pourroit venir a cause desdictes œuures scan ‖ daleuses a desauoue les dictes œuures ainsi quon ‖ voirra par le contenu du liure. ‖ *On les vent a Paris par Anthoine bõnemere a Lhostel* ‖ *Dalebret deuant sainct Hylaire.* ‖ 1538. Petit in-8 de 129 ff. chiffr. et 1 f. blanc. — La svite de la ‖ dolescence clementi- ‖ ne, Dont le contenu pourrez veoir a lautre ‖ coste de ce fueillet. ‖ Reueue & corrigee selon sa derniere recongnois- ‖ sance, & approuuee. Et sont toutes ‖ œuures sur ce contrefaictes ‖ deffendues. ‖ ❦ ‖ ❡ *On les vent a Paris en la Rue neufue nostre Da-* ‖ *me a lenseigne de Sainct Nicolas,* ‖ 1538. Pet. in-8 de 72 ff. non chiffr., sign. *A-I*. — Le Premier Li ‖ vre de la Metamor- ‖ phose d'Ovide trans- ‖ latee de Latin en Francoys par ‖ Clement Marot de Cahors en ‖ Quercy, Valet de cham- ‖ bre du Roy. ‖ ❦ ‖ ❡ Item certaines œuures quil feit en prison ‖ non encores imprimez. ‖ *On les vend a Paris par Anthoine Bonnemere en* ‖ *Lhostel Dalebret deuant sainct Hilaire.* ‖ 1538. Pet. in-8 de 32 ff. non chiffr., sign. *aA-dD*. — Le Recveil ‖ Iehan Marot de ‖ Caen, Poete & escriuain de la ma- ‖ gnanime Royne Anne de Bretai- ‖ gne, & de puys valet de cham ‖ bre du Treschrestien ‖ Roy ‖ Francoys premier de ‖ ce nom. ‖ ❡ En lautre part de ce fueillet trouuerez par ‖ ordre les choses contenues en ce Recueil. ‖ ❡ *On les vent a Paris par Anthoine bonnemere a* ‖ *Lhostel dalebret deuant sainct Hilaire.* ‖ 1538. Pet. in-8 de 43 ff. non chiffr., et 1 f. blanc, sign. *aa-ee* par 8, *ff* par 4. — Le dievv gard de ‖ Marot a son retour ‖ de Ferrare en France. ‖ ❦❦ ‖ ❦ *S. l. n. d.*, pet. in-8 de 2 ff. non chiffr. — Ensemble 5 parties en un vol. pet. in-8, mar. bl., fil., dos orné, doublé de mar. or., feuillages à petits fers, tr. dor. (*Trautz-Bauzonnet.*)

<small>Edition restée inconnue à tous les bibliographes ; elle offre le même texte que l'édition datée de 1536, et présente la même particularité au cahier *b* de l'*Adolescence Clementine* (voy. la note du n° 603). *Bonnemère* a modifié légèrement le premier titre pour y faire figurer le *Dieu gard*, qui ne fut composé qu'en 1538.</small>

605. Les Œvvres de ‖ Clement Ma- ‖ rot valet de ‖ chambre du ‖ roy. ‖ * ‖ Desquelles le contenu sensuit. ‖ L'adolescence Clementine, ‖ La suite de L'adolescence, ‖ { bien augmẽtees. ‖ Deux liures d'Epigrammes. ‖ Le

premier liure de la Meta- || morphose d'Ouide. || Le tout par luy autrement , & mieulx || ordonné , que par cy deuant. || La Mort n'y mord. || *On les uend a Lyon chez* || *Gryphius.*— *Fin de Ladolescence* || *Clementine.* In-8 de 90 ff. — La Svite de l'a- || dolescence || Clemen- || tine. || 🌀 || Dont le contenu sensuit || La complainte sur Robertet. || Leglogue de la mort de Madame. || Les Elegies , || Les Epistres , || Les chans divers, || Le Cymetiere, || } Augmentez. || Les Oraisons. || La Mort n'y mord. || *On les uend a Lyon chez* || *Gryphius.* In-8 de 96 ff.— Les Epigrāmes || de Clement Marot diuisez|| en deux Li- || ures. || 🌀 || La Mort n'y mord. *On les uend a Lyon chez* || *Gryphius.* In-8 de 32 ff. — Le Premier livre || de la Metamor- || phose d'Ovide , translate || de Latin en Francois || par Clement || Marot, || 🌀 || La Mort n'y mord. || *On les uend a Lyon chez* || *Griphius.*— *Fin.* || *La Mort n'y mort.* In-8 de 26 ff. — Ensemble 4 part. en un vol. in-8, mar. bl., fil., comp., dos orné, doublé de mar. r., riche dorure à petits fers, tr. dor. (*Trautz-Bauzonnet.*)

 Cette édition est, comme le titre l'annonce, disposée dans un ordre nouveau; elle inaugure la seconde famille des éditions des œuvres du poète.

 Au v° du titre de l'*Adolescence* sont placés trois quatrains de Marot « A son livre » et la liste des fautes « qu'on pourra corriger sur la marge avecques la plume ».

 Les 2° et 3° ff. contiennent une épître de Clement Marot « A ceulx qui par cy devant ont imprimé ses œuvres ». Cette préface, où le poète désavoue la *Complaincte de la Bazoche*, l'*Alphabet du Temps present*, l'*Epitaphe du conte de Sales* et plusieurs autres «lourderies», est datée de Lyon « ce dernier jour de juillet, l'an mil cinq cens trente et huict ».

 Au v° du 3° f. sont placés trois distiques latins de Nicolas Bourbon, de Vandeuvre, qui annoncent aux lecteurs une édition plus correcte que les précédentes.

 Le 4° f. contient, au r°, un titre spécial pour l'*Adolescence* et, au v°, le quatrain de Marot qui « envoye le livre de son *Adolescence* a une dame », ainsi que le distique latin de Nicolas Beraud.

 L'épître de Marot « A ung grand nombre de fréres qu'il a », qui occupe le 5° f., est datée, non plus du 12 août 1532, mais du 12 août 1530.

 Les titres de cette édition sont imprimés en lettres rondes, mais tout le texte est en petits caractères gothiques. Le premier livre des *Epigrammes* contient la pièce sur le lieutenant Maillart, qui était sans doute trop connue pour que Marot pût encore la désavouer.

606. Les oevvres || de Clement marot Valet || de Chambre du || Roy. Desquelles le contenu sensuyt. || L'adolescēce Clemētine , || La suyte de l'adolescēce. || } bien augmētees || Deux liures de Epigrāmes. || Le premier liure de la Me- || tamorphose de Ouide. || Le tout par luy autrement / & mieulx || ordonne / que par cy deuant. || La Mort ny mord.

‖ *On les vend a Paris en la grand* ‖ *salle du Palais* /
par Gilles corrozet. ‖ M. D. XXXIX [1539]. In-16 de
95 ff. chiffr. et 1 f. blanc. — La Svite de ‖ ladolescēce ‖
Clementine. ‖ 🙟 ‖ Dont le contenu sensuyt. ‖ La complainte sur Robertet, ‖ Leglogue de la mort de Madame.
‖ Les Elegies / ‖ Les Epistres / ‖ Les Chans diuers /
Augmentez. ‖ Le Cymetiere / ‖ Les Oraisons. ‖ La Mort
ny mord. In-16 de 104 ff. chiffr. — Les Epigrā ‖ mes de
Clement Marot diuisez ‖ en deux Liures. ‖ La mort ny
mord. In-16 de 32 ff. chiffr. — Le premier ‖ Livre de la
Meta- ‖ morphose Dovide ‖ Translate de Latin en ‖ Francois
par Cle- ‖ ment Marot. ‖ La mort ny mord. In-16 de 28 ff.,
chiffr. de [xxxiij] à lx. — Ensemble 4 parties en un vol.
in-16, mar. bl., riches comp., dos orné, doublé de mar. r.,
dent. à petits fers, tr. dor. (*Trautz-Bauzonnet.*)

Cette édition, imprimée en jolies lettres rondes et ornée de petites figures en bois, reproduit l'édition de *Gryphius*. Les fautes relevées par le typographe lyonnais dans ses errata ont été corrigées. Les trois dernières parties, comptant ensemble 164 ff., ne forment qu'une seule série de signatures : *AA-VV* par 8, *XX* par 4.

M. Brunet ne décrit aucune édition parisienne des œuvres de Marot à la date de 1539 ; il se borne à en citer une d'après les catalogues de Du Fay et du comte d'Hoym ; nous ne savons si celle dont ces deux amateurs possédaient des exemplaires se confondait avec la nôtre.

La reliure de ce volume porte, sur l'un des plats, la devise de Marot : *La Mort ny mord*, et, sur l'autre, la devise de Corrozet : *Plus que moins*.

607. Les Oevvres ‖ de Clement ‖ Marot Valet de chambre ‖
du Roy. ‖ Desquelles le contenu sensuit, ‖ L'adolescence ‖
Clementine, ‖ La suite de ‖ l'Adolescence, ‖ { bien augmentees ‖ Deux liures d'Epigrammes. ‖ Le premier liure de
la Meta- ‖ morphose d'Ouide. ‖ Le tout par luy autrement,
& mieulx ‖ crdonné, que par cy deuant. ‖ La Mort n'y
mord. ‖ *On les uend a Lyon chez* ‖ *Francoys Iuste.* — [A
la fin :] *Imprime a lyon* ‖ *Par Iehan Barbou.* ‖
M.D. XXXIX [1539]. Petit in-8 de 286 ff. mal chiffr., 1 f.
pour la souscription et 1 f. blanc, sign. *a-z*, *A-N*, mar. r.,
fil., comp., dos orné, doublé de mar. bl., dent. à petits fers,
tr. dor. (*Trautz-Bauzonnet.*)

Première édition de Marot avec foliotation suivie ; elle contient les mêmes pièces que l'édition donnée par *Gryphius* en 1538. La *Suite de l'Adolescence*, les *Epigrammes* et la *Metamorphose* ont des titres spéciaux compris dans la foliotation générale.

La seule addition que nous ayons constatée en parcourant cette édition est une traduction française, « par la belle Rubella », de l'épigramme de

NICOLAS BOURBON placée en tête de l'*Adolescence*. Voici cette pièce, qui paraît avoir échappé à tous les éditeurs modernes de Marot :

L'epigramme precedant du poëte Borbonius a esté translaté en françois en ceste maniére par la belle Rubella :

Ce livre cy souvent avoit esté
Jusqu'à present, telle en est la coustume,
Par meschantz gens corrumpu et gasté,
Dont l'a fallu r'apporter sur l'anclume ;
Or, maintenant est-il, amy lecteur,
Si bien remys en ordre, et tellement
Renouvellé mesmes par son autheur,
Que de Momus ne crainct le jugement.

Vive recte et gaude

Le texte de cette édition est imprimé en caractères gothiques, mais les titres et les liminaires sont en lettres rondes ou italiques. Le dernier f. de texte porte, par erreur, 285, au lieu de 286.

Exemplaire de YEMENIZ (Cat., n° 1711), de M. le baron de LA ROCHE LACARELLE et de M. E. QUENTIN-BAUCHART (*Mes Livres*, n° 61).

608. LES OEVVRES || DE CLEMENT MAROT || Valet de chambre du Roy. || Desquelles le contenu sensuit. || Ladolescence Clementine, || La suyte de Ladolescence, || Deulx liures des Epigrãmes. || Le premier liure de la Meta- || morphose de Ouide. || Vne Eglogue. || } bien augmẽtees || Le tout par luy aultremẽt & mieulx or- || donne que par cy deuant. || ☙ La Mort ny mort ❧ || ¶ *On les vẽd a Paris en la rue neufue No* || *stre dame a lenseigne sainct Nicolas.* Pet. in-8 de 100 ff. chiffr. — LA SVITE DE LA || DOLESCENCE CLE- || MENTINE. || Dont le contenu sensuit. || La complaincte de Robertet. || Leglogue de la mort de Madame || Les Elegies || Les Epistres, || Les Chantz diuers || Le Cymetiere. || Les Oraisons || Augmentez. || ☙ La Mort ny mord || M. D. X. LIIII [1544]. Pet. in-8 de 111 ff. chiffr. et 1 f. non chiffr.— LES EPIGRAM || MES DE CLE- || MENT MAROT diui || sez en deulx || liures. Pet. in-8 de 32 ff. — LE PREMIER LI || VRE DE LA META- || MORPHOSE DO- || VIDE trans || late de || Latin || En Francoys par || Clement Marot. Pet. in-8 de 31 ff., chiffr. de xxxiij à lxiij, et 1 f. non chiffr. — HISTOI || RE DE LEĀDER || & DE HERO. || ☙ Premierement faict en Grec || par Museus Poëte tres anciẽ, & || depuis mis de Latin en || Francoys, par || Clement || Marot. || Et nouuellement corrige || par ledict Marot. Pet. in-8 de 12 ff. chiffr. — ÆGLOGVE fai || cte par marot, & par luy || au Roy presentee. Pet. in-8 de 8 ff. chiffr., avec un simple titre de départ.— LES CAN- || TIQVES DE LA || PAIX , par Clement. || Marot. || Ensemble vng Dialogue, & les Estrenes faictes Par icelluy. Petit in-8 de 28 ff. chiffr. — CINQVAN- || TE DEVX PSEAV- || MES DE DAVID,

|| Traduictz en rithme Francoyse || selon la verité Hebraique, par || Clement Marot. || Avec plusieurs autres compositions tant || dudict Autheur, que d'autres, non || iamais encore imprimées. || *A Paris*, || *Chés Guillaume Thiboust, à l'enseigne* || *du Paon, a la rue Alexandre* || *Langlois.* || 1546. Pet. in-8 de 88 ff., caract. ital. — L'ENFER. Pet. in-8 de 16 ff. — Ensemble 9 parties en un vol. pet. in-8, mar. r., fil., dos orné, tr. dor. (*Trautz-Bauzonnet.*)

> L'adresse portée sur le premier titre est celle du libraire *Jehan Sainct Denys*. — Au v⁰ de ce titre se trouvent les vers de Marot « A son livre », au-dessous desquels est placé un petit bois. Les 2ᵉ et 3ᵉ ff. contiennent l'épître, datée de Lyon le 31 juillet 1538, les vers composés par NICOLAS BOURBON pour l'édition de 1538, et un petit bois.
> L'épître de Marot « a un grand nombre de frères qu'il a », épître qui occupe le 5ᵉ f., est datée, non plus du 12 août 1522, ni du 12 août 1530, mais du 12 août 1544, nouvel argument à opposer à ceux qui infèrent de la date de 1530, adoptée par *Gryphius*, l'existence d'une édition antérieure à 1532.
> L'*Adolescence*, la *Suite de l'Adolescence*, les *Epigrammes* et le *Premier Livre de la Metamorphose* reproduisent le texte donné par *Gryphius* en 1538 (n⁰ 605).
> L'*Histoire de Leander et de Hero* parut pour la première fois en 1541; nous en décrirons plus loin une édition séparée.
> L'*Æglogue* n'a qu'un simple titre de départ; elle est suivie d'un dixain de JEHAN DE CONCHES, de Valence en Daulphiné, « aux Lecteurs ».
> Les *Cantiques de la paix*, dont la première édition complète ne parut qu'après le 13 janvier 1541 (voy. Picot et Nyrop, *Nouveau Recueil de Farces*, p. xlij), portent au titre un petit bois qui représente un clerc écrivant sur un pupitre.
> Le v⁰ du dernier f. est occupé par la marque de *Jehan Bignon* (Brunet, III, 1454; Silvestre, n⁰ 102).
> L'édition des *Cinquante deux Pseaumes de David* publiée par *Guillaume Thiboust* en 1546, a été omise par M. Bovet dans la bibliographie qui accompagne son *Histoire du Psautier des Eglises réformées*. Cette édition est également restée inconnue à M. Douen, le dernier historien du Psautier huguenot.
> L'*Enfer*, qui termine le recueil, n'a qu'un simple titre de départ. Cette pièce avait paru en 1542, et nous en décrirons plus loin l'édition originale.
> De la bibliothèque de M. le comte O. DE BÉHAGUE (Cat., n⁰ 557).

609. LES || OEVVRES || DE CLEMENT || MAROT, de Ca- || hors, Vallet || de chambre || du || Roy. || * || Plus amples, & en meilleur ordre || que parauant. || *A Lyon, à l'enseigne du Rocher.* || 1544. In-8 de 479 pp. et 8 ff.—TRADVCTI- || ONS DE CLEMENT || MAROT Vallet de chambre || du || Roy. || 🜚 || La Mort n'y mord. In-8 de 264 pp. — Ensemble 2 parties en un vol. in-8, mar. bl., dent., dos orné, doublé de tabis, tr. dor. (*Biziaux.*)

> Au titre, la marque d'*Antoine Constantin* (Brunet, III, 1455; Silvestre, n⁰ 251).
> Cette édition, la dernière qui ait été publiée du vivant du poète, représente le troisième type des éditions de ses œuvres. Les pièces publiées dans l'*Adolescence*, dans la suite de l'*Adolescence*, dans les *Epigrammes*, celles

même qui avaient paru dans les *Cantiques de la paix*, sont fondues ensemble et classées sous les treize rubriques suivantes : Opuscules, Elegies, Epistres, Ballades, Chants divers, Rondeaux, Chansons, Epigrammes, Estrénes, Epitaphes, Cymetiére, Complainctes, Oraisons. Les pp. 3 et 4 sont occupées par un avis de *L'Imprimeur au Lecteur*, commençant par ces mots : « Tout ainsi, amy lecteur, que toute architecture, sans sa disposition, rend moins belle son orthographe, tant bien cymmetriée soit elle... »

Les *Traductions*, qui terminent le volume, comprennent diverses pièces nouvelles, notamment le *Second Livre de la Metamorphose*. Les *Pseaumes de David*, joints pour la première fois aux autres œuvres de Marot, sont précédés d'une épître, en vers, « Au roy treschrestien, Françoys, premier de ce nom », et d'une épître « Aux dames de France ».

Exemplaire de RENOUARD (Cat. 1852, n° 1274), de M. DE CHAPONAY (n° 267) et de M. E. ODIOT.

M. Renouard a mis sa signature sur le titre, avec la date de 1788. Il a joint au volume un portrait de Marot, gravé par *C.-S. Gaucher*, d'après *J. Holbein*.

610. LES OEVVRES DE || CLEMENT MA- || ROT, de Cahors, vallet || de chambre || du Roy. || Plus amples, & en meilleur or- || dre que parauant. || *A Paris,* || *Chez Iehan Ruelle, à l'enseigne de la* || *queue de Regnard en la rue* || *sainct Iacques.* || 1546. In-16 de 372 ff. chiffr. et 12 ff. pour la Table, caract. ital. — L'ENFER. In-16 de 16 ff., caract. ital. — CINQVAN || TE DEVX PSEAV- || MES DE DAVID, || Traduictz en rithme Francoyse || selon la verité Hebraique, par || Clement Marot. || Auec plusieurs autres compositions tant || dudict Autheur, que d'autres, non || iamais encore imprimées. || *A Paris,* || *Chés Iaques Bogard, à l'ima-* || *ge Sainct Christophle.* || 1546. In-16 de 79 ff. et 1 f. pour la Table.—Ensemble 3 part. en un vol. in-16, mar. bl. jans., tr. dor. (*Cuzin*.)

Cette édition est une combinaison de l'édition d'*Antoine Constantin*, dite édition « du Rocher », avec les éditions antérieures.

La première partie est elle-même divisée en deux parties. La 1re contient : la préface de l'édition d'*Antoine Constantin*, les épigrammes de l'auteur « A son livre » et « A sa dame », les *Opuscules*, les *Elegies*, les *Epistres*, les *Ballades*, les *Chantz divers*, les *Rondeaulx*, les *Chansons*, les *Etrennes*, les *Epitaphes*, le *Cimetiére*, les *Complaintes* et les *Oraisons*, le tout disposé dans cet ordre ; on n'y a pas joint l'*Enfer* qui forme une partie distincte. La 2e partie est précédée d'un titre, qui occupe le f. 281, et qui est ainsi conçu :

LE CONTE- || NV DES TRADV- || CTIONS DE CLE- || MENT MAROT, Vallet de || chambre du Roy. || La premiere Eglogue des Bucoliques de || Virgile. || Le Iugement de Minos. || Les tristes vers de Beroalde. || De l'Amour fugitif. || Des visions de Petrarque. || Vn Epigramme de Salmonius, Au Roy. || Le premier Liure de la Metamorphose. || Le second liure de la Metamorphose. || L'hystoire de Leander & Hero. || Six Sonnetz de Petrarque || Cinquante Pseaumes de Dauid. || La mort n'y mord.

M. Brunet (III, 1455) indique l'édition de 1546 au nom de *Guillaume Le Bret*.

L'édition des Psaumes n'a pas été citée par M. Bovet dans son *Histoire du Psautier des Eglises réformées* ; elle est, au contraire, mentionnée par M. Douen (*Clément Marot et le Psautier huguenot*, II, 509).

611. LES ŒVVRES || DE CLEMENT MA- || ROT, de Cahors, || Valletde || chambre || du || Roy. || 🙵 || *A Lyon,* || *Par Iean de Tournes.* || M. D. XLVI [1546]. In-16 de 562 pp., 12 ff. non chiffr. et 3 ff. blancs. — LES TRADV- || CTIONS DE CLE- | MENT MAROT, || Vallet de || chambre || du || Roy. In-16 de 303 pp. — Ensemble 2 parties en un vol. in-16, mar. r., fil., dos orné, doublé de mar. bl., comp. à petits fers, tr. dor. (*Trautz-Bauzonnet.*)

Au titre, la marque de *J. de Tournes* (Brunet, I, 518 ; Silvestre, n° 187).
Cette édition reproduit le texte de l'édition de 1544, dite « du Rocher » (n° 609). Elle est précédée d'un avis de l'*Imprimeur au Lecteur benivole*, avis daté de Lyon, le 16 octobre 1546, et commençant ainsi : « Saine et discréte opinion eut celuy, amy lecteur, qui premier redigea les œuvres de nostre Marot en l'ordre que depuis plusieurs, en le suyvant, ont approuvé. Et ne doubte point que, si l'autheur ne fust esté alors au nombre des vivantz, qu'il eust achevé ce à quoy je me suis après luy advisé... »
La première partie se termine par deux pièces qui ne se trouvent pas dans l'édition de 1544 : *Eglogue sur la naissance du filz de monseigneur le Daulphin* et *Congratulation a monseigneur, monsieur François de Bourbon, seigneur d'Anguyen, lieutenant general pour le roy en Piedmont, sur la victoire de Cerisoles.*

612. LES || OEVVRES || DE CLEMENT || MAROT, de || Cahors, || Vallet de || Chambre du || Roy. || *A Lyon,* || *Chez Guillaume Rouille.* || 1547. — [A la fin :] *Imprimé à Lyon* || *par Estienne* || *Roussin, et* || *Iean Au-* || *soult.* In-16 de 16 ff. et 527 pp. — TRADV- || CTIONS DE || CLEMENT MA- || ROT Vallet de || chambre du || Roy. || La Mort n'y mord. || *A Lyon, Chez Guillaume Rouille.* || 1546. — [A la fin :] *Imprimé à Lyon* || *par Estienne Roussin, et* || *Iean Au-* || *soult.* In-16 de 175 pp. — L'ENFER DE MAROT. — [A la fin :] *Imprimé à Lyon* || *par Estienne* || *Roussin, et* || *Iean Au-* || *soult.* In-16 de 127 pp., avec un simple titre de départ. — Ensemble 3 parties en un vol. in-16, réglé, mar. r., fil., comp., dos orné, tr. dor. (*Anc. rel.*)

Les titres des deux premières parties sont ornés de la marque suivante :

BELLES-LETTRES.   427

La première partie reproduit l'édition de 1544, dite « du Rocher », dont on a même réimprimé la préface. *Roville* y a joint les deux pièces imprimées, l'année précédente, par *Jean de Tournes* : l'*Eglogue sur la naissance du filz de monseigneur le Dauphin* et le *Panegyrique a monseigneur d'Anguyen*.

La seconde partie ne contient que les traductions profanes. Les *Pseaumes* ont été réunis à l'*Enfer*, qui forme la troisième partie.

613.   LES || OEVVRES DE || CLEMENT MAROT, || de Cahors, val- || let de cham- || bre du || Roy, || ★ || Reueues et aug- || mentees de nou- || ueau. || *A' Lyon,* || *Chez Guillaume* || *Rouille, à l'Escu de Venise.* || 1553. In-16 de 592 pp. — TRADVCTIONS || DE CLEMENT MA- || ROT, vallet de || chambre du || Roy. || ★ || La Mort n'y || mord. || ★ || *A' Lyon,* || *Chez Guillaume* || *Rouille à l'Escu de Venise.* || 1553. — [A la fin :] *Imprime à Lyon chez Ian Ausoult.* In-16 de 320 pp. et 8 ff. pour la *Table* des deux parties. — Ensemble 2 parties en un volume in-16, mar. r. jans., tr. dor. (*Cuzin*).

Les titres portent une petite marque de *G. Roville*, réduction de celle que Silvestre a reproduite sous le n° 216. Cette marque n'est accompagnée d'aucune devise.

Le v° du titre de la première partie contient un huitain signé de l'anagramme de CHARLES FONTAINE : *Hante le François*.

Un avis *Aux Lecteurs*, placé en tête du volume, indique que toute l'édition a été revue par le même Charles Fontaine, et rend compte des améliorations qui y ont été introduites :

« Pource, amis lecteurs » dit *Guillaume Roville*, « que par cy-devant je vous avois baillé les œuvres de Marot assez bien ordonnées et comparties chacune matiere en son lieu, non selon ma seule opinion, mais selon le jugement d'autres mieux entendus, et que j'ay congneu que tel ordre a esté bien receu, et aussi que plusieurs autres l'ont suivy, cela m'a donné courage d'essayer de mieux faire et prier les amis de l'autheur de m'y aider ; à l'un desquelz je me suis adressé, expert et entendu en la poesie françoise, pour avoir advis de luy, lequel, non seulement m'en a donné conseil, mais luy mesmes s'est offert, pour l'amitié qu'il avoit porté à l'autheur, de m'aider à le revoir et racoustrer de la sorte, comme le pourrez voir en lisant, qui est beaucoup mieux que par cy-devant, tant de l'orthographe que de la ponctuation, et autres choses dignes d'estre emendées. Et outre, j'ay recouvré, partie par son moyen, partie par autres, aucunes epistres et epigrammes de l'autheur, lesquelz avons joinctz avec les autres sur la fin d'iceux, chacun en son rang. Aussi avons aperceu quelques epigrammes faictz à l'imitation de Martial qui estoient meslez avec ceux de son invention, comme celuy à Geoffroy Bruslard, à Benest, à Merlin de Sainct Gelais, à monsieur Castellanus, de Martin et de Catin, des Poëtes françois, à Salel, lesquelz avons mis en leur rang avec les autres faictz aussi à l'imitation de Martial, qui ont esté imprimez par cydevant à part et hors du corps des œuvres ; lesquelz tous ensemble avons mis incontinent après les autres epigrammes de son invention, combien qu'aucuns pourroient par aventure dire qu'ilz eussent mieux esté avec les traductions ; mais toutesfois, au jugement de plusieurs, seront mieulx en cest endroit, mesmes que ce n'est point totalement traduction, avec ce que ce sont toutes matieres plaisantes et presque toutes d'une couleur et suite. Nous avons pareillement mis les *Oraisons* après les *Pseaumes*, nous semblant chose plus convenante que d'estre au lieu où elles estoient par cy devant, aussi que la pluspart sont traductions...... »

Les épigrammes ajoutées par le nouvel éditeur sont au nombre de 28.

Aux deux pièces que *Jean de Tournes* avait imprimées le premier en 1546, l'*Eglogue* et la *Congratulation* ou *Panegyrique*, l'éditeur en a joint une troisième, qui termine la première partie : l'*Avant Naissance du troisiesme enfant de madame la duchesse de Ferrare*.

614. LES ‖ OEVVRES ‖ DE CLEMENT MAROT, ‖ de Cahors, en Querci, ‖ Vallet de Chambre du Roy. ‖ Reveues [*sic*], augmentées de plusieurs ‖ choses, & disposées en beaucoup meil- ‖ leur ordre que ci devant [*sic*]. ‖ Plus quelques Oeuvres de Michel ‖ Marot fils dudit Marot. ‖ *A Niort*, ‖ *Par Thomas Portau.* ‖ 1596. In-16 de 8 ff., 548 et 248 pp., plus 16 ff. pour la *Table*, mar. bl., fil., dos orné, tr. dor. (*Bauzonnet-Trautz.*)

Édition importante à cause des nombreuses additions qu'elle contient. Ces additions, énumérées au verso du titre, sont les suivantes :

1. *L'Epistre en prose de Clement à Marot à Estienne Dolet*, du dernier jour de juillet 1538.
Voy. les n°s 605 et suiv.

2. *L'Epistre en prose dudit Marot, du 12ᵉ d'aoust 1530, à un grand nombre de frères qu'il a, tous enfants d'Apollon.*
Voy. la note sur le n° 596.

3. *L'Epistre en prose dudit Marot à messire Nicollas de Neufville, chevalier. chevalier de Villeroi.*
Cette dédicace, qui précède le *Temple de Cupido*, est datée de Lyon, le 15 mai 1538 ; elle remplace dans l'édition de *Gryphius*, 1538, l'épître *Au roy* qui précède l'édition originale.

4. *L'Epistre d'Estienne Dolet, avec ses annotations en marge sur l'Enfer dudict Marot.*

5. *L'Espitre dudit Marot à son ami Antoine Couillart, seigneur du Pavillon, avec un Epigramme de Michel Marot, fils unique dudit Cl. Marot.*
L'éditeur dit avoir extrait cette pièce des *Contredits aux faulses et abusives propheties de Nostradamus et autres astrologues*, publiés par le sieur Du Pavillon en 1560.

6. *Quatre Epigrammes, dont le 1ᵉʳ est de ne craindre point la mort, qui se commence :* Pourquoy voulez-vous tant durer ? ; *le 2ᵉ est aux amateurs de la saincte Ecriture ; le 3ᵉ sur l'ordonnance que le roy fit pour bastir à Paris avec proportion ; le 4ᵉ sur le dit d'un theologien.*
L'éditeur dit avoir pris les deux dernières pièces dans l'édition imprimée par *François Juste*, en 1534.

7. *Le Sermon du bon Pasteur et du mauvais, pris et extraict du diziesme chapitre de S. Jean, par Clement Marot.*
Cette pièce, publiée séparément avant 1542, avait été censurée par la faculté de théologie de Paris (voy. le n° 108).

8. *Le Balladin dudit Marot, [qui] a été corrigé en plusieurs lieus ou n'i avoit point de sens.*
Le *Balladin* ne parut pour la première fois qu'en 1545, après la mort de Marot.

La préface, qui reproduit en partie celle de l'édition du « Rocher », occupe les 2ᵉ et 3ᵉ ff. lim.; elle est suivie des vers latins composés en l'honneur de

Marot, par Nicolas Berauld, Nicolas Bourbonois [*sic*] de Vandeuvre, Antoine Macauld, Salmon Macrin, M. A., A. Gal., avec des traductions en vers français par François Mizière, Poitevin, médecin à Niort.

Ce Mizière, qui avait longtemps étudié les œuvres de Marot, a été l'éditeur du recueil.

Le volume se termine par une pièce du seigneur Du Pavillon et par quatre pièces de Michel Marot.

Un détail qui augmente encore l'intérêt de cette édition, c'est que l'imprimeur *Thomas Portau* y a observé, d'une façon presque constante, la distinction entre l'*u* et le *v*.

615. Les Œuvres de Clement Marot de Cahors, Valet de chambre du Roy. Reveües & augmentées de nouveau. *A La Haye, Chez Adrian Moetjens, Marchand Libraire près de la Cour, à la Librairie Françoise* M. DCC [1700]. 2 vol. pet. in-12, mar. r. jans., doublé de mar. bl., dent. (*Trautz-Bauzonnet*.)

Les deux volumes, dont la pagination se suit, comptent ensemble xvj et 732 pp., plus 8 ff. pour la *Table*. Le tome I s'arrête à la p. 318.

Les titres des deux parties portent la marque de *Moetjens*, avec la devise : *Amat libraria curam*.

Exemplaire non rogné qui provient de la Bibliothèque de M. le comte de La Bédoyère (Cat. 1862, n° 896) et auquel on a joint le portrait de Marot gravé par *N. de Launay* d'après *J. Holbein*. La reliure a été exécutée depuis la vente de M. de La Bédoyère.

616. Œvvres de Clement Marot Valet-de-Chambre de François I. Roy de France, Revûes sur plusieurs Manuscrits, & sur plus de quarante Editions ; Et augmentées Tant de diverses Poësies veritables, que de celles qu'on lui a faussement attribuées : Avec les Ouvrages de Jean Marot son Pere, ceux de Michel Marot son Fils, et les Piéces du Different de Clement avec François Sagon ; Accompagnées d'une Preface Historique & d'Observations Critiques [par Lenglet du Fresnoy]. *A La Haye, Chez P. Gosse & J Neaulme.* M. DCC. XXXI [1731]. Avec Privilege des Etats de Hollande & de West-Frise. 6 vol. in-12, mar. bl., fil., dos et coins ornés, tr. dor. (*Trautz-Bauzonnet*.)

Tome premier : Porlr. de Marot par *Filleul* ; xxiv et 406 pp., plus 1 f. de *Table*. — *Tome second* : xvj et 428 pp. — *Tome troisième* : xxiv et 389 pp. — *Tome quatrième* : viij et 387 pp. — *Tome cinquième* : xxiv et 392 pp. — *Tome sixième* : viij et 368 pp.

Les pp. iij-x du premier volume sont occupées par une épître « A Son Excellence monseigneur le comte d'Hoym, ministre d'état de Sa Majesté Polonoise, et son ambassadeur en France ». Cette épître, datée de Bruxelles, le 20 octobre 1730, est signée : le chevalier Gordon de Percel. L'abbé Lenglet du Fresnoy, qui s'est caché sous ce pseudonyme, a revu l'édition, en prenant pour base le texte de l'édition de *Niort*, 1596 (n° 614). Ce qui donne le plus de prix au recueil, ce sont les pièces du débat de Marot et de Sagon, qui forment le tome VI, et la table alphabétique placée à la fin de l'édition.

Exemplaire relié sur brochure.

617. ❡ Musevs ancien || Poete grec / des amours de Leander de Hero / || traduict en Rithme francoise / par Cle- || ment marot de Cahors en Quercy / || valet de chambre du Roy. — [A la fin :] *Imprime a Rouen par Guillaume de la Motte. S. d.* [*vers* 1541], pet. in-8 goth. de 12 ff. non chiffr. de 27 lignes à la page, sign. *A-C.* par 4, mar. r. jans., tr. dor. (*Trautz-Bauzonnet.*)

Édition restée inconnue à M. Brunet, qui cite trois éditions de cette pièce, deux de *Paris* et une de *Lyon*, 1541.

Voici la reproduction du titre :

Les Amours de Leander et de Hero sont suivis d'un *Epigramme pris du premier livre de Marcial.* Cette pièce, qui n'a que huit vers et qui commence ainsi :

Quand Leander, l'amant audacieux...

est signée de la devise : *Ne pis ne mieulx* ; elle est de SAINCT ROMARD.

Exemplaire de M. E. QUENTIN-BAUCHART (*Mes livres*, nº 63).

BELLES-LETTRES. 431

618. L'Enfer || de Clement || Marot de Ca- || hors en Quercy, Valet de || chambre du Roy. || ★ || Item aulcunes Ballades, & Rondeaulx appar- || tenants à largument. Et en oultre plusieurs || aultres compositions dudict Marot, || par cy deuant non imprimées. || *A Lyon,* || *Chés Estienne Dolet.* || 1542. || Auec priuileige pour dix ans. — [Au v° de la p. 61 :] *Cest Œuure fut imprimé l'an de grace Mil* || *cinq cents quarente, & deux, A Lyon* || *chés Estienne Dolet demeu-* || *rant* || *pour lors en Rue Mer-* || *ciere à l'enseigne de la* || *Dolouere* || *D'or.* In-8 de 61 pp. et 1 f., mar. r., fil., dos orné, doublé de mar. bl., riches comp. à petits fers, tr. dor. (*Trautz-Bauzonnet.*)

 Au titre, la marque de *Dolet*, avec la devise : *Scabra et impolita ad amussim dolo atque perpolio* (Silvestre, n° 389).
 Au v° du titre est placé un extrait du privilège général accordé pour dix ans à *Dolet*, le 6 mars 1537 [1538, *n. s.*].
 Les pp. 3 et 4 contiennent une épître d'Estienne Dolet à Lyon Jamet, en date de Lyon « ce premier jour de l'an de grace mil cinq cents quarante et deux », c'est-à-dire le 1ᵉʳ janvier 1543, *n. s.* L'imprimeur dit que, voulant donner une édition des œuvres de Marot, il s'est mis « à veoir tout ce que desja avoit esté imprimé de luy et recueillir tout ce qui se pourroit recouvrer entre ceulx auxquelz il faict part, en tesmoignage d'amytié, de ses labeurs et compositions ». Dolet ajoute ensuite : « Entre aultres choses j'ay trouvé son *Enfer*, non encore imprimé, sinon en la ville d'Envers, et, pource qu'en le lisant l'ay trouvé sans scandale envers Dieu et la religion, et sans toucher aulcunement la majesté des princes...., pour ces raysons j'ay conclud que la publication de si gentil œuvre estoit licite et permise, et me suis mys après pour l'imprimer en la plus belle forme et avec le plus grand aornement qu'il m'a esté possible. »
 Le v° du dernier f. porte une seconde marque (Silvestre, n° 183) accompagnés de ces mots : *Dolet. Preserve moy, o Seigneur, des calumnies des hommes.*
 Exemplaire de Ch. Nodier (Cat., n° 361), de Yemeniz (n° 1714) et de M. A.-F. Didot (Cat. 1878, n° 254), relié depuis la vente de ce dernier amateur.

619. Cinqvante || devx Pseavmes de || dauid, traduictz en rithme Frã || coise selõ la verité Hebraique, || par Clement Marot. || Nouuellement reueuz & corri- || gez, sur la copie dudict Marot. || Auecques plusieurs autres cõ- || positions, tãt dudict autheur, || que d'autre, non iamais enco- || re imprimees, || *A Paris.* || *Pour Guillaume Merlin, sur le* || *pont au change, à l'enseigne de l'homme sauluaige.* || 1550. In-16 de 88 ff. non chiffr., mar. r., dos et milieu ornés, tr. dor. (*Trautz-Bauzonnet.*)

 Le titre est orné d'un joli encadrement.
 Au v° du titre se trouvent un quatrain et un distique latins de Nicolas Bourbon et une épigraphe empruntée au Psaume 7.
 Les pièces jointes aux *Pseaumes* sont les *Commandemens de Dieu*, les

Oraisons, le *Chant royal de la Passion*, le *Chant royal de la Conception*, un *Chant royal*, dont le refrain est :

La mort est fin et principe de vie,

deux *Petis Devis chrestiens* et l'*Æglogue sur la naissance du filz de monseigneur le Dauphin*.

M. Brunet cite une édition des *Pseaumes* publiée par *Estienne Groulleau* sous la date de 1550, mais cette édition n'a rien de commun avec la nôtre, puisqu'elle compte 122 ff. L'édition de *Groulleau* est aussi la seule que mentionne M. Bovet dans l'*Histoire du Psautier des églises réformées* ; au contraire, M. Douen (*Clément Marot et le Psautier huguenot*, II, 512) a cité notre édition d'après le présent exemplaire.

620. LES PSEAVMES || mis en rime Françoise, || Par || Cl. Marot, & Theodore de Beze. || * || *A Lyon* || *Par Ian de Tournes*. || *Pour Antoine Vincent*. || M. D. LXIII [1563]. || Auec Priuilege du Roy. In-8 de 432 ff. non chiffr., sign. *A-Z, Aa-Pp, a-q* par 8, titre et texte encadrés, mus. notée, mar. bl., dos et milieu ornés, tr. dor. (*Trautz-Bauzonnet*.)

Le texte des *Pseaumes* est encadré d'ornements gravés sur bois avec une grande finesse. Ces encadrements avaient été précédemment employés par *Jean de Tournes* pour la *Metamorphose* d'Ovide, et plusieurs représentent des sujets grotesques.

Nous avons précédemment décrit un autre exemplaire de cette même édition (voy. le n° 6).

621. PLVSIEVRS || TRAICTEZ, par aucuns || nouueaulx poetes, du different || de Marot, Sagon, & la || Hueterie. || Auec le Dieu gard du- || dict Marot. || Epistre composee par Marot, de la veue du || Roy & de Lempereur. || Dont le contenu est de lautre coste || de ce fueillet. || *Parisiis* || 1539. — *Finis*. In-16 de 147 ff. et 1 f. blanc, mar. bl., fil., dos orné, riches comp. à petits fers, doublé de mar. r., guirlande de feuillage, tr. dor. (*A. Motte*.)

Les pièces contenues dans ce recueil sont :

1° *Le Coup d'essay de* FRANÇOIS DE SAGON, *secretaire de l'abbé de Sainct Ebvroul* (fol. 2-28).

2° *Response par l'ung des amys de l'imprimeur de ce petit traicté a ung incongneu contredisant le poète, disant que l'imprimeur a perdu credit*, etc. (fol. 28-29).

3° *Le Dieu gard de Marot a la court* (fol. 29-30).

Dès l'année 1538 cette pièce avait été jointe aux œuvres de Marot. Voyez ci-dessus, n° 604.

4° *Le Valet de Marot contre Sagon* (fol. 30, v°-35).

En tête de cette pièce, écrite par Marot sous le nom de son valet, sont deux distiques latins de CHRISTOPHE RICHER ; à la fin est une petite pièce latine « in eum qui scripsit in Marotum », un *Dizain conforme aux vers precedens*, par CHARLES FONTAINE, et un *Huictain envoyé a Clement Marot par ung sien amy*.

5° *La grande Genealogie de Fripelippes, composée par ung jeune poëte champestre* [MATHIEU DE VAUZELLES?] (fol. 36-41).

Cette pièce est signée des deux devises : *Tost et tard*, *Festina lente*

6° *Response a Marot, dict Fripelippes, et a son maistre Clement* (fol. 41, v°-46).

On voit par la *Remonstrance* de Claude Colet que cette pièce est de CHARLES DE LA HUETERIE.

7° *Rescript a Françoys Sagon et au jeune poëte champestre, facteur de la Genealogie de Fripelippes; avecques ung rondeau faict par Clement Marot, dudict jeune poëte* (fol. 46, v°-48).

8° *Le Rabais du caquet de Fripelippes et de Marot, dict Rat pellé*, faict par MATTHIEU DE BOUTIGNI, paige de maistre Françoys de Sagon (fol. 49-66).

Cette pièce est signée de la devise : *Vela que c'est*, devise qui rappelle fort celle de Sagon : *Vela de quoy*. La devise *Vela que c'est* a été employée par GERMAIN COLIN à la fin d'une épître qui a été publiée parmi les *Épistres morales et familiéres du Traverseur* (voy. ci-dessus, n° 511), III, fol. xlvj b. On pourrait être tenté de considérer le nom de Matthieu de Boutigni comme un simple pseudonyme de Colin; mais un passage d'une épître de Sagon à Jehan Bouchet (*ibid.*, III, fol. lxxiij ab) exclut cette supposition :

    Je dy cecy pour cause, amy Bouchet,
    Que je te vueil pour vray amy retraire,
    Au lieu d'un faulx qui se nommoit mon frére.
    Ayant dedens le cueur fainct et maling :
    J'ay dueil qu'il fault nommer Germain Colin,
    Duquel j'ay eu en amitié la basque,
    Car, me portant ung visage de masque,
    Doulx au parler en presence de moy,
    Me promettoit par lettre amour en foy,
    Et au contraire avoit en la pensée
    Inimitié contre moy pourpencée;
    Ce que diras, son epistre voyant
    Qu'a son Marot et moy fut envoyant,
    Soubz ung desir qu'il feignoit par trafficque
    De nous induyre à l'amour pacificque;
    Mais l'un de nous supporte, dore et oingt,
    Et l'autre a tort blasonne, picque et poingt;
    Qui est le poinct pour veoir la flaterie,
    Et l'amy fainct user de menterie.
    Or est ainsi que mon page avoit mis
    Cestuy Colin au rang de mes amis,
    Ayant congneu que, par frequente lettre,
    Tel envers moy se donnoit a congnoistre;
    Encor il mist, dont j'ay grand dueil, le nom
    Auprès du tien, Bouchet, dont le renom
    Des meurs, d'esprit, du desir, du service,
    D'estat, d'honneur, de plaisir d'exercice,
    Du bon vouloir, zelle, complexion,
    D'integrité et juste affection,
    Me fait avoir par raison confiance
    D'estre plus seur de la tienne alliance,
    Puis qu'ainsi est que ce sont les vrays poinctz
    Pour rendre cueurs par amitié conjoinctz.

Pour le remarquer en passant, l'*Epistre a Clement Marot et François Sagon, tendant a leur paix*, par Germain Colin, ne fait pas partie du recueil que nous décrivons; mais elle nous a été conservée par Rasse des Nœux (Biblioth. nat., mss. fr., n° 22563, fol. 27).

Le Rabais du caquet de Fripelippes et de Marot se termine par des épigrammes latines de NICOLAS DENISOT, de FRANÇOIS DENISOT et de JEHAN HUGUIER; par un dixain français de FRANÇOIS ROUSSIN, enfin par une nouvelle épigramme latine de J. Huguier, spécialement dirigée contre Christophe Richer.

9° *Remonstrance a Sagon, a La Hueterie et au poëte champestre, par maistre* DALUCE LOCET, *Pamanchois* [CLAUDE COLET, *Champenois*] (fol. 66, v°-72).

La *Remonstrance* est suivie d'un huitain et d'un dixain de CLAUDE COLET [Daluce Locet]; d'une épigramme latine signée : « BENEDICTUS SERHISÆUS, Salmuriensis »; d'une autre épigramme latine de FRANÇOIS FERRAND ; de deux petites pièces latines de JACQUES DE MABRÉE [MABRÆUS] « Maroti amantissimus »; d'un triolet de D. L.; d'un huitain de FRANÇOIS GAUCHER ; d'un huitain de D. L., et d'un triolet anonyme.

10° *Epistre a Marot, a Sagon et a La Hueterie* (fol. 72-78).

11° *Les Disciples et Amys de Marot contre Sagon, La Hueterie et leurs adherentz* (fol. 78-107).

Ce factum se compose d'un argument en prose latine ; d'une épigramme latine de JANUS PARRHASIUS, « poeta Senogalliensis »; de l'*Apologie de maistre* NICOLE GLOTELET, *de Victry en Partoys, pour Clement Marot* ; d'un poème *Pour Marot absent, contre Sagon*, par BONADVENTURE [DES PERIERS], *valet de chambre de la royne de Navarre*; de trois épigrammes latines par BONADVENTURE DES PERIERS, CHRISTOPHE RICHER et CHARLES FONTAINES [*sic*]; d'une *Epistre a Sagon et a La Hueterie*, par C. FONTAINES ; d'une *Response a Charles Huet*, dict Hueterie, *qui feit Mitouart le gris*, par C. DE LA FONTAINE, réponse précédée d'un *Dixain sur la grace de Sagon*, signé : *Trop de peu*, et d'un dixain *Sur Charles Hueterie* ; d'une *Epistre a Marot par ung sien amy* ; de trois dixains anonymes ; d'une épître de FRANÇOYS SAGOYN, *dict* SAGON, *a Fripelippes, vallet de Clement Marot* ; de deux épitaphes de Sagon, et d'un huitain anonyme.

Le nom de Nicole Glotelet paraît être un pseudonyme, cependant Vitry-en-Perthois existe, ou plutôt existait, car cette ville fut ruinée en 1544 par Charles-Quint, et le village de Vitry-le-Brûlé, près de Vitry-le-Français, en conserve seul le souvenir.

12° *Appologie faicte par le grant abbé des Conards sur les invectives Sagon, Marot, La Hueterie, pages, valetz, braquetz, et cetera* (fol. 108-110).

Sur cette pièce, voy. ci-après le n° 622.

13° *Contre Sagon et les siens, epistre nouvelle faicte par ung amy de Clement Marot.* P. S. *a Sagon et a ses Sagonneaux* (fol. 111-114).

Cette pièce se termine par des vers latins farcis de grec.

14°   *De Marot et Sagon les Tréves,
          Données jusque la fleur des febves* (fol. 115-119).

Ce poème signé : *Par l'auctorité de l'abbé des Conards, le secretaire des Conardz,* est suivi de plusieurs épigrammes, dont l'une est de CONSTANTIN LE GRANT, « secretaire de l'abbé cornu des Cornardz, a Caen », une autre, de CAROLUS, et une troisième (en latin), de MONTANUS.

15° *Response a l'abbé des Conardz de Rouen* (fol. 120-121).

Voy. le n° 622.

16° *Le Different de Clement Marot et de François Sagon* (fol. 121, v°-123).

17° *Response d'ung qui ne se nomme point à l'espitre de celuy qui ne s'est point nommé, adressée a Marot, a Sagon et Hueterie, en laquelle il blasme Sagon, disant qu'il a commencé le debat de Marot et de luy* (fol. 123, v°-125).

18° *Le Banquet d'honneur sur la paix faicte entre Clement Marot, François Sagon, Fripelippes, Hueterie et autres de leurs ligues* (fol. 126-131).

Cette pièce, signée de la devise : *Honneur en tout*, est précédée de deux distiques latins de Fran. G. Hamen. Ce personnage est peut-être l'auteur du poème français.

19° *L'Adieu envoyé aux dames de court au moys d'octobre* 1537 (fol. 131, v°-134).

Cette pièce, qui est de Marot, est suivie de la *Response d'ung cordelier* en huit vers.

20° *Epistre a Marot, par* François de Sagon, *pour luy montrer que Fripelippes avoit faict sotte comparaison des quatre raisons dudit Sagon a quatre oysons* (fol. 135-145).

Cette pièce, datée de 1538, est suivie d'un rondeau et de trois dixains « contre Groutelet, le premier des disciples marotins », c'est-à-dire contre le Nicole Glotelet, de Vitry-en-Perthois, dont nous avons parlé ci-dessus.

21° *Epistre composée par* Marot *de la veue du roy et de l'empereur* (fol. 146-147).

A la suite de cette épître est le dixain de Jehan de Conches dont il a été question ci-dessus (voy. le n° 608).

Nous avons cité plus haut (p. 433, article 8) une épître de Germain Colin qui ne fait pas partie du petit volume publié par Gilles Corrozet. Le célèbre recueil factice qui a figuré à la vente de M. Solar (Cat., n° 1169) et qui appartient aujourd'hui à M. le comte de Fresnes, contient cinq autres pièces qui se rattachent à la querelle de Marot et de Sagon, savoir : *Deffense de Sagon contre Cl. Marot*, *Epistre responsive au Rabais de Sagon* (réimprimée par Lenglet-Dufresnoy, éd. in-12, VI, 118-123), *Epistre a Marot par Fr. de Sagon*, *Le Frotte Groing du Sagouyn*, *Replicque par les amis de l'aucteur de la Remonstrance faicte a Sagon*.

622. ¶ Respōse a lab- || be des Cognars de Rouen. || ¶ *On les vend en la Rue de la chefure* || *par Iehan lhôme demourant aud' lieu* || M. D. XXX vij. Pet. in-8 goth. de 4 ff. non chiffr. de 21 lignes à la page, impr. en grosses lettres de forme mar. bl., fil., dos orné, tr. dor. (*Trautz-Bauzonnet*.)

Le titre est orné de trois petites figures en bois ; le v° en est blanc, ainsi que le v° du dernier f.

Cette *Response* est une des pièces composées à l'occasion de la querelle de Marot et de Sagon. Cette querelle eut pour principal théâtre la ville de Rouen, où Sagon était né et où il occupait un rang distingué dans la confrairie des Conards. Marot était, lui aussi, connu en Normandie, non seulement parce que son père était de Caen, mais parce qu'il avait, dans sa jeunesse, composé un chant royal pour les palinods de Rouen ; il est probable qu'il appartenait, comme Sagon, à la société des Conards. On s'explique ainsi que l'abbé, c'est-à-dire le président de cette confrairie joyeuse, ait été appelé à intervenir dans le différend pour rétablir la paix entre ses suppôts. Telle fut l'origine de l'*Apologie*, dans laquelle l'abbé, tout en prétendant rester neutre, se montrait beaucoup plus favorable à Marot qu'à son adversaire. Cette attitude lui valut, de la part d'un ami de Sagon, la *Response* dont nous venons de décrire l'édition originale.

La querelle de Marot et de Sagon, querelle à laquelle prirent part presque tous les poètes du temps, pourrait donner lieu à bien des recherches curieuses et l'on pourrait en faire le sujet d'une intéressante étude d'histoire littéraire. Cent ans plus tard le succès du *Cid* mit encore aux prises tous les poètes, soulevés contre Corneille.

Exemplaire de M. le comte D'AUFFAY (Cat., n° 259) et de M. le comte O. DE BÉHAGUE (n° 553).

623. ❡ LA DEPLORA || TION DE FRANCE sur la mort || de Clement Marot / || souuerain Poete || Francoys. || ❡ *Imprime par Iehan lhôme iouxte le- | xemple faicte · a Paris.* Auec priuilege. — ❡ *Finis,* || ❡ *Non qua vng seul. S. l. n. d.* [*Rouen*, 1544], pet. in-8 goth. de 8 ff. non chiffr. de 25 lignes à la page, sign. *A*, mar. r. jans., tr. dor. (*Trautz-Bauzonnet.*)

Au titre, un bois qui se trouve en tête de plusieurs des pièces du débat de Marot et de Sagon, et qui représente trois auteurs écrivant à trois tables différentes, les pieds appuyés sur des monstres.

En voici la reproduction :

Au v° du dernier f. se trouve une marque qui ne figure pas dans le recueil de Silvestre, et dont nous donnons le fac-simile :

La *Deploration* a été vraisemblablement imprimée en 1544, année de la mort de Marot. Les mots : *jouxte l'exemple faicte a Paris* prouvent qu'il a dû exister une édition parisienne. M. Brunet ne parle pas plus de l'une que de l'autre.

Exemplaire de M. E. QUENTIN-BAUCHART (*Mes livres*, n° 64).

F. — Contemporains et Successeurs de Marot jusqu'à Ronsard.

624. CONTROVERSES || DES SEXES MASCVLIN || & FEMENIN. || M.D. XXXVII [1537]. *S. l.*, in-16 de 295 ff. chiffr., plus 11 ff. non chiffr. pour la *Table*. — REQUESTE DV || SEXE MASCVLIN, CONTRE LE SEXE || FEMENIN. A cause de celles, || & ceulx qui mesdisent de || Lautheur du Liure, || intitule, les Con- || trouerses, des || Sexes || Masculin & Femenin. Baillee a || Dame Raison, ensemble || le plaidoye des parties, Et arrest sur ce interuenu. *S. l.*, in-16 de 14 ff. non chiffr. — Ensemble 2 part. en un vol. in-16, mar. or., riches

comp., doublé de mar. bl., guirlande de feuillage à petits fers, tr. dor. (*Trautz-Bauzonnet*.)

>Le titre est orné d'un petit bois qui représente un homme et une femme assis l'un à côté de l'autre sur un banc et comptant sur leurs doigts.
>Au v° du titre est placé un *Rondeau au Lecteur* de FRANÇOYS CHEVALIER, « natif de Bourdeaulx, collegié du collége de Foix, a Tholose ».
>Le v° du dernier f. des *Controverses* porte la marque reproduite par M. Brunet, à l'art. Marot (III, 1450).
>Cette édition, ornée de figures gravées sur bois, paraît être la même que celle que M. Brunet décrit sous la date de 1536.
>L'ouvrage de Gratien Du Pont n'est pas seulement curieux à cause du sujet qui y est traité ; il mérite d'être étudié en raison de tous les genres de poésies que l'auteur a employés. Lui-même nous apprend, dans son avant-propos, qu'il a pris la plume pour dénoncer les abus des femmes,
>
>>Pareillement aussi pour inciter,
>>Dont grandement y peuvent prouflter,
>>Les jeunes gens qui desirent apprendre
>>De composer et rhetorique entendre :
>>Ilz y verront des rithmes bien subtiles,
>>Aux apprentiz de tel art fort utiles.
>
>On trouve en effet dans les *Controverses* des ballades ordinaires, des ballades « par vers enchaînés équivoqués », des ballades « couronnées par équivoques mariés », des ballades « leonines et batelées », des rondeaux doubles, batelés, monosyllabiques, équivoqués, à vers enchaînés, etc., etc. L'auteur donna lui-même les règles de ces diverses sortes de poésies dans l'*Art et Science de rhetorique* qu'il publia à Toulouse en 1539.
>On remarque dans le deuxième livre les célèbres vers équivoqués auxquels Tabourot a fait allusion dans ses *Bigarrures* (Paris, J. Richer, 1583, in-16, fol. 29), quand il dit : « Drusac, un Tolosain rimailleur, imitant Marot en certain livre qu'il a fait contre les femmes, a composé de ces equivoques jusques au nombre de trois ou quatre cents vers. » Ce n'est pourtant pas à Drusac, c'est-à-dire à Gratien Du Pont, qu'est empruntée la pièce citée par Tabourot, bien qu'elle repose sur les mêmes équivoques. Elle est tirée d'un petit livret intitulé : *La Complaincte que fait l'amant a sa dame par amours*, dont nous connaissons deux éditions. Les vers de Drusac sont de dix syllabes ; ceux de la *Complaincte* sont des alexandrins. Voy. *Recueil de Poésies françoises*, XI, 195.
>Gratien Du Pont prit parti en 1533 contre Estienne Dolet, lors des troubles qui agitèrent l'université de Toulouse. Dolet se vengea en composant contre les *Controverses* l'épigramme suivante :
>
>>Si tuum quisquam neget esse librum
>>Utilem, prorsus temere loquatur,
>>Nempe tergendis natibus peraptus
>>Dicitur esse.
>>Nemo nec jurat piperi tegendo
>>Commodum, aut scombris quibus officinae
>>Par tuo servant operi volumen
>>Uno obolo emptum.
>
>Voy. Boulmier, *Estienne Dolet* (Paris, 1857, in-8), 55 ; Christie, 113.
>
>Du Verdier (I, 642) cite un *Antidrusac, ou Livret contre Drusac, fait à l'honneur des femmes nobles, bonnes et honnestes*, publié à Toulouse, en 1564, par François de La Borie, chanoine des deux églises de Périgueux, etc., mort en 1607 ; il semble que cet ouvrage soit aujourd'hui perdu.

625. RECVEIL || DES OEVVRES || DE FEV BONAVEN- || TVRE DES PE- || RIERS, ||*|| Vallet de Chambre de Treschrestienne Prin- || cesse Marguerite de France, Royne || de Nauarre. || ✥ || *A Lyon*, || *Par Iean de Tournes*. || 1544. || Auec

Priuilege. In-8 de 4 ff. lim., 196 pp. et 2 ff., mar. bl., fil., dos orné, tr. dor. (*Bauzonnet-Trautz.*)

<small>Le titre porte la marque de *J. de Tournes* (Brunet, I, 518; Silvestre, n° 187).

Les 3 autres ff. lim. contiennent une épître de l'éditeur, ANTOINE DU MOULIN, « A tresillustre princesse, Marguerite de France, royne de Navarre », épître datée de Lyon, le 30 août 1544. Cette pièce curieuse nous apprend que Des Périers avait lui-même témoigné le désir que ses œuvres fussent dédiées à la reine de Navarre. Antoine Du Moulin, qui avait été « de ses plus intimes et familiers amys », dit en terminant qu'il ne lui a pas été possible de réunir tous les vers sortis de la plume du poète : « Recevez donques, tresillustre royne, la belle presente hoirie telle qu'elle est, et ne prenez garde si elle n'y est tout entière, puis que ce n'est pas le larcin d'autre que de l'envieuse mort, qui encores taschoit, si je ne fusse, d'ensevelir en eternel oubly les œuvres avec le corps ; car j'espère qu'à vostre faveur nous recouvrerons encore partie de ces nobles reliques, desquelles aussi, a ce que j'ay ouy dire au defunct, avez bonne quantité riére vous, et partie en y a d'un mien congneu, à Montpelier. »

L'avant-dernier f. contient un avis de l'*Imprimeur aux Imprimeurs*, dans lequel *Jean de Tournes* s'élève contre ceux qui publient des contrefaçons au préjudice des auteurs et des libraires. « Quant à moy, dit-il, j'ay deliberé de tenir en mon imprimerie ceste mode, qu'il n'y sera imprimé aucun livre nouveau qui ayt esté premièrement imprimé par autre, que premier celuy n'ayt retiré le loyer et profit de ses peines et despenses. Si prie tous autres de nostre art qu'ilz veulent tenir cette façon de faire, et l'observer diligemment, attendu que ce sera bien faict, et cause que chascun aura ses gaingz et profitz comme il appartiendra. »

Le r° du dernier f. est occupé par un avis *Au Lecteur*, ainsi conçu : « Saches que, ayant imprimé ce que tu vois de Bonaventure, ay recouvré depuis plusieurs choses, entre lesquelles sont les *Brandons*, *Mycaresme*, *Pasques flouries*, *Pasques*, *Quasimodo* et autres plaisantes choses, dignes d'estre veues, lesquelles, avec l'ayde de Dieu, j'espère te donner à la seconde edition, ce que j'eusse faict à present, n'eust esté que elles ne sont encores mises au net ».

La promesse de l'éditeur lyonnais ne paraît malheureusement pas avoir été tenue. On ne connaît, en effet, aucune édition des œuvres de Des Périers publiée par *J. de Tournes* après celle-ci. Les pièces dont nous avons cité les titres d'après Antoine Du Moulin, n'ont pas été retrouvées. Voy. Des Périers, éd. L. Lacour (Paris, Jannet, 1856, 2 vol. in-16), I, cxxxiij.

En dehors du recueil qui vient d'être décrit et des *Nouvelles Recreations et joyeux Devis*, dont nous décrirons plus loin l'édition originale, les seuls ouvrages de Des Périers que nous possédions sont les petites pièces composées par lui en faveur de Marot (voy. ci-dessus, n° 621, art. 11) et celles qui figurent en 1547 à la suite des Œuvres de Saint-Gelais (voy. le n° 629).

Exemplaire aux armes du marquis de COISLIN. Cet exemplaire a plus tard appartenu à SAINTE-BEUVE, qui a mis sa signature sur la garde et qui y a joint diverses notes de sa main, écrites sur des feuilles volantes ; il provient, en dernier lieu, de la vente BENZON (Cat., n° 133).</small>

626. MARGVERITES || DE LA MARGVERITE || DES PRINCESSES, || tresillustre || Royne || de || Nauarre || ❦ || *A Lyon*, || *Par Iean de Tournes*. || M.D. XLVII [1547]. || Auec Priuilege pour six ans. In-8 de 541 pp. et 1 f. — SVYTE DES || MARGVERITES || DE LA MARGVERITE || DES PRINCESSES || tresillustre || Royne || de Nauarre. ❦ || *A Lyon*, || *Par Iean de Tournes*. || M.D. XLVII [1547]. || Auec Priuilege pour six ans. In-8 de 342 pp. et 1 f. — Ensemble 2 tom. en un vol.

in-8, mar. bl., dos et milieu ornés, doublé de mar. or., guirlande de marguerites à petits fers, tr. dor. (*Trautz-Bauzonnet.*)

[*Première Partie :*] Le titre porte une marque que Silvestre n'a pas reproduite. Cette marque représente l'Amour se détachant sur un fond de flammes et levant la main droite vers le soleil : une banderole qui l'entoure porte cette devise : *Per ipsum facta sunt omnia.*

MARGVERITES
DE LA MARGVERITE
DES PRINCESSES,
TRESILLVSTRE

ROYNE

DE

NAVARRE.

A LYON,
PAR IEAN DE TOVRNES.
M. D. XLVII.

Auec Priuilege pour six ans.

Au v° du titre se trouve un extrait du privilège accordé pour six ans à « Symon Silvius, dit de La Haye, escuier, valet de chambre de la royne de Navarre », à la date du 29 mars 1546, avant Pâques, c'est-à-dire 1547.

BELLES-LETTRES.   441

Les pp. 3-11 sont occupées par une épître en vers de J.[sic] DE LA HAYE à la reine Marguerite.

La p. 12 est occupée par un sonnet de M. SC[ÈVE] « Aux dames, des vertus de la tresillustre et tresvertueuse princesse Marguerite de France, royne de Navarre, devotement affectionnées. »

Au r⁰ du dernier f. une seconde marque de *J. de Tournes* (Brunet, I, 518 ; Silvestre, n⁰ 187).

Suyte : Le titre porte la marque reproduite ci-dessus.
Au v⁰ du titre est un sonnet adressé à la reine par M. SC[ÈVE].
Le r⁰ du dernier f. est blanc. Le v⁰ est orné d'un fleuron.
Haut. : 169 ; larg. : 101 mm.

627. LES || MARGVE- || RITES DE LA || MARGVERITE || des Princes- || ses, tresil- || lustre || Royne || de || Nauarre. || *A Paris,* || *Par Benoist Preuost demourant* || *en la rue Frementel, pres le* || *Cloz Bruneau, à l'enseigne* || *de l'Estoile d'Or.* || M.D. LIIII [1554]. In-16 de 398 ff. chiffr. et 2 f. non chiffr., car. ital., relié en 2 vol., mar. r., fil., dos ornés, tr. dor. (*Anc. rel.*)

Au v⁰ du titre se trouve une pièce de G. AUBERT, ainsi conçue :

Epitaphe
de Marguerite de Vallois,
royne de Navarre, etc.

Elle parle.

La couronne, l'honneur,
Les vertuz, le bonheur
Vive m'ont decorée ;
Morte, l'immortel nom,
La gloire, le renom
Me rendent bienheurée.

Le f. 249 contient, au r⁰, le titre de la *Suyte des Marguerites* et, au v⁰, le sonnet de M. SC[ÈVE].

Les 2 ff. non chiffr. qui terminent l'édition contiennent une pièce qui ne figure pas dans l'édition de 1547 : *Chant de G. AUBERT à la louenge des deux Marguerites de Valois.*

628. LE || TOMBEAV || DE MARGVERITE DE VA- || LOIS Royne de Nauarre. || Faict premierement en Disticques Latins par les trois Sœurs || Princesses en Angleterre. Depuis traduictz en Grec, Italiē, || & François par plusieurs des excellentz Poetes de la Frāce. || Auecques plusieurs Odes, Hymnes, Cantiques, Epi- || taphes, sur le mesme subiect. || *A Paris.* || *De l'imprimerie de Michel Fezandat, & Robert Grand Ion au mont S. Hilaire à l'enseigne des Grans Ions, & au Palais* || *en la boutique de Vincent Sartenas.* || 1551. || Auec Priuilege du Roy. In-8 de 104 ff. non chiffr., mar. bl., dos et milieu ornés, doublé de mar. or., guirlande de marguerites à petits fers, tr. dor. (*Trautz-Bauzonnet.*)

Au titre, la marque des imprimeurs (Brunet, IV, 1052 ; Silvestre, n⁰ 231).

Au v° du titre un portrait de Marguerite d'Angoulême, accompagné de six vers latins de ROB. HAYUS [DE LA HAYE].

Le 2⁰ f. est occupé, au r⁰, par une épître de NICOLAS DENISOT, CONTE D'ALSINOIS, « A tresillustre princesse, madame Marguerite, sœur unique du roy, duchesse du Berry », épître datée de Paris, le 25 mars 1551 [1552, n. s.], et, au v⁰, par un sonnet de P. G. T. « Aux auteurs des epitaphes de la royne de Navarre. »

Les ff. Aiij et Aiiij contiennent une épître du seigneur DES ESSARS, N. DE HERBERAY, « A mes dames, mes dames Anne, Marguerite et Jane de Seymour, sœurs, illustres princesses au païs d'Angleterre », épître datée du 22 février 1550 [1551, n. s.].

Les 4 ff. qui complètent le cahier A renferment une ode de PIERRE DE RONSARD « Aux trois sœurs Anne, Marguerite, Jane de Seymour », accompagnée de notes par l'éditeur NICOLAS DENISOT, une épigramme latine du même Denisot, la traduction de cette épigramme par l'auteur et l'*Extraict du privilége*.

Les ff. Bi-Hiij r⁰ contiennent les distiques latins des princesses anglaises, auxquels sont jointes : une traduction grecque par JEAN DORAT, une traduction italienne par J[EAN] P[IERRE] D[E] M[ESMES] et deux traductions françaises, l'une de J[OACHIM] D[U] B[ELLAY], A[ngevin], l'autre en partie de dam[oiselle] A[NTOINETTE] D[E] L[OYNES], en partie de JEAN ANTOINE DE BAÏF.

Les pièces qui terminent le volume sont signées des mêmes auteurs et de PIERRE DE RONSARD, J. DU TILLET, JACQUES GOUPIL, GIRARD DENISOT, de Nogent, MATTH. PAC, SALMON MACRIN, NICOLAS BOURBON, CLAUDE D'ESPENCE, NICOLAS DENISOT, C[HARLES DE] S[AINTE-MARTHE] ou SAMARTANUS, ANTOINE ARMAND, de Marseille, JEAN TAGAULT, PIERRE DES MIREURS [MIRABIUS], N. PERON, JACQUES B[OUJU], A[ngevin], ROBERT DE LA HAYE, J. MOREL, Embrunois, G. BOUGUIER, Angevin, et MARTIN SEGUIER.

L'avant-dernière pièce n'est signée que de la devise de JOACHIM DU BELLAY : *Coelo Musa beat*, que nous retrouvons avec le nom du poète, au

f. Hvj, v°, du recueil. La même devise a été employée plus tard, par un poète inconnu, à la fin de l'*Épistre consolatoire et Vers lugubres sur la mort pitoyable de deffunct monsieur maistre François Hurault* (Paris, P. Ramier, 1590, in-8).

Nous relèverons en passant une autre devise, employée par PIERRE DES MIREURS [MIRARIUS] : *Ignoti nulla cupido*. Cette devise nous fait connaître l'auteur de trois petites pièces insérées dans le *Recueil de Poésies françoises* (VI, 335, 337, 340).

Le r⁰ du dernier f. contient une épitaphe latine par NICOLAS DENISOT.

Le privilège, dont la date n'est pas rapportée, est accordé pour quatre ans au même Denisot.

Exemplaire de RENOUARD (Cat. 1854, n° 1276), de SOLAR (n° 1175) et de HUILLARD (n° 392).

Haut. 169; larg. 105 mm.

629. SAINGELAIS || Oeuures de luy tant en || composition, que trans- || lation, ou allusion || aux Auteurs || Grecs, & || Latins. || ** || ⚜ || *A Lyon par Pierre de Tours de-* || *uant nostre Dame de Confort.* || M.D. XLVII [1547]. In-8 de 79 pp., mar. r., dos et milieu ornés, doublé de mar. bl., riches comp. et semis de fleurs de lis, tr. dor. (*Trautz-Bauzonnet.*)

« Cette édition était restée inconnue à tous les bibliographes, lorsqu'en 1843 M. Brunet en donna la description d'après le présent exemplaire, qui lui avait été communiqué par M. Farrenc ; aucun autre n'a été encore signalé à l'attention des bibliophiles. Il y a donc jusqu'à présent de justes motifs de croire qu'il est unique.

« La disparition entière de l'édition ne peut être attribuée qu'à la suppression qui en aura été faite avant la publication, suppression qui a dû être bien exacte pour que des bibliographes presque contemporains, tels que La Croix du Maine et DuVerdier, n'aient pas eu la moindre connaissance de ce premier recueil des œuvres de Saint-Gelais.

« Cette destruction de toute une édition n'ayant pas laissé la moindre trace dans les écrits du temps, on est obligé d'en chercher la cause dans le livre lui-même, et il n'est pas difficile de l'y trouver. En effet, si l'on collationne l'édition de 1547 sur celle de 1574, on y remarque seize pièces qui n'ont pas été insérées dans la dernière, beaucoup plus complète d'ailleurs. Deux d'entre elles intitulées *Enigme*, malgré l'obscurité inhérente à leur forme, laissent percer des allusions aux querelles théologiques du temps. La seconde, notamment, dont les initiales de chaque vers donnent en acrostiche le mot *La Papalité*, est une épigramme très vive contre l'Église romaine; on conçoit qu'à cette époque de persécution religieuse, peu de temps après l'exil de Cl. Marot et le supplice d'Ét. Dolet, Saint-Gelais, le poète alors en faveur à la cour, ait jugé prudent d'anéantir un livre renfermant une pièce aussi compromettante.

« Une autre pièce intitulée : *Chanson des astres*, qui, sous des noms supposés, parle de plusieurs dames de la cour de François Ier, contient un couplet sur les amours d'Henri II (alors dauphin) et de Diane de Poitiers, dont la favorite ne dut pas être flattée.

« L'auteur dit de Diane, désignée sous le nom de la Lune :

> Le discours d'elle va baissant,
> Et l'amour de luy va croissant
> Sans se pouvoir deffaire;
> S'il l'eust veue en son beau croissant,
> Pensez qu'il eust pu faire!

« Nous ne voyons pas les raisons qui auraient pu faire incriminer les autres pièces qui n'ont pas été reproduites dans l'édition de 1574.

« Cette édition précieuse a donc, outre le mérite d'être d'une rareté inouïe, celui d'avoir conservé un assez bon nombre de vers de Saint-Gelais dont il n'existe nulle trace ailleurs. » *Note de M. L.* POTIER.

Sur un point seulement la note qu'on vient de lire doit être rectifiée. Notre exemplaire n'est pas unique ; il en existe un autre assez mal conservé, il est vrai, dans les collections de la Bibliothèque nationale (Y n. p., Rés.)

M. Prosper Blanchemain a reproduit d'après notre exemplaire, dans l'édition qu'il a donnée des *Œuvres complètes de Melin de Saint-Gelays*, en 1877, les seize pièces que le poète avait supprimées ; il a toutefois jugé inutile de réimprimer les chansons diverses qui forment la seconde partie du volume. Ces chansons sont données par l'imprimeur comme des « compositions, tant de B. Des Periers que d'autres poëtes françois » ; il ne sera pas sans intérêt d'en donner la liste :

1° *Chanson d'un amoureux* (p. 55) :
> Chargé de destresse,
> Plein d'ennuy j'accours...

Recueil et Eslite de plusieurs belles Chansons joyeuses, honnestes et amoureuses.... colligées par J. W[alcourt] (Anvers, Jean Waesberge, 1576, in-12), 270 *b*.

2° *Response* (p. 56) :
> Un et mesme maistre
> Cause nostre ennuy...

Même recueil, 271 *b*.

3° *Chanson sur une espaignolle* :
Dizied me, dama graciosa || Qu'es que si cosa (p. 57).
> Dame, sçauriez vous cognoistre
> Que ce peut estre ?

4° *Chanson par une dame* (p. 60).
> Dames, qui m'escoutez chanter
> Et me voyer danser et rire...

Chansons nouvellement composées sur divers chantz, tant de musique que rustique (Paris, Bonfons, 1548, in-8 goth.), n° 18 ; — *Le Recueil de toutes sortes de Chansons nouvelles* (Paris, veufve Nicolas Buffet, 1557, in-12), 183 *a*.

5° *Response* (p. 61) :
> La douleur qu'est celée
> N'ha point de guerison...

Recueil et Eslite de plusieurs belles chansons (Anvers, 1576, in-12). 108 *a*.

6° *Chanson* (p. 63) :
> Qui celera l'affection
> Qui souffrir ne peut fiction...

Même recueil, 62 *a*.

7° *Response* (p. 64) :
> Quand vous verrez un serviteur
> De plus d'une sollicitour...

Même recueil, 62 *a*.

8. *Chanson* (p. 65) :
> Quand vous voyez que l'estincelle
> De chaste amour sous mon esselle...

Le second et tiers Livre du Recueil de toutes belles Chansons nouvelles (Paris, veufve N. Buffet, 1559, in-16), 23 *b*. — *Recueil et Eslite de plusieurs belles Chansons* (Anvers, 1576, in-12), 62 *b*.

9. *Autre Chanson* (p. 65) :
> Si Amour n'estoit tant volage,
> Ou qu'on le peust veoir en tel aage...

Cette pièce est de Des Périers et figure dans ses œuvres (éd. de 1544, 185) avec un envoi « A Claude Bectone, Daulphinoise » ; on la retrouve, sans nom d'auteur, dans le *Recueil et Eslite de plusieurs belles chansons* (Anvers, 1576, in-12), 63 a.

10° *Response* (p. 66) :
> Si chose aymée est toujours belle.
> Si la beaulté est eternelle...

La *Response* est naturellement l'œuvre de la célèbre religieuse CLAUDE DE BECTOZ ou BECTONE, sur qui l'on peut consulter Rochas, *Biographie du Dauphiné*, I. 101 ; elle se retrouve dans les mêmes recueils que la chanson précédente. Il est fort possible que Claude soit également l'auteur des n°[s] 4 et 18.

11° *Chanson* (p. 67) :
> Puis que nouvelle affection
> Ha vaincu la perfection...

Recueil de plusieurs chansons, divisé en trois parties (Lyon, Benoist Rigaud et Jan Saugrain, 1557, in-16), 145 ; — *Le Recueil de toutes sortes de Chansons nouvelles* (Paris, veufve Nicolas Buffet, 1557, in-16), 83 a ; — *Recueil des Chansons, tant musicales que rurales, anciennes et modernes* (Paris, vefve Jean Bonfons, 1572, in-16), fol. 114 a ; — *Recueil et Eslite de plusieurs belles Chansons* (Anvers, 1576, in-12), 83 b.

12° *Response* (p. 68) :
> Ne me faictes plus remonstrance
> Que c'est de foy ou conscience...

Mêmes recueils : Lyon, 146 ; Paris, 1557, 83 b ; Paris, 1572, 114 b ; Anvers, 64 a.

13° *Chanson* (p. 68) :
> Nonobstant sa grande cruaulté,
> Je voy en elle une beaulté...

Mêmes recueils : Lyon, 146, Paris, 1557, 83 b ; Anvers, 64 b ; — *Le plaisant Jardin des belles Chansons* (Lyon, 1575, in-16), 107.

14° *Responce* (p. 69) :
> Ne pensez que par passion
> Ny par votre obstination...

Mêmes recueils : Lyon, 147 ; Paris, 1557, 84 a ; Anvers, 64 b ; — *Jardin*, 108.

15° *Chanson* (p. 69) :
> Quand une dame ha un mary
> Qui d'un serviteur est marry...

Mêmes recueils : Lyon, 148 ; Paris, 1557, 84 a ; Anvers, 65 a.

16° *Chanson* (p. 70) :
> Impossible est retraire
> Mon cœur d'entre voz mains...

Recueil et Eslite de plusieurs belles Chansons (Anvers, 1576, in-12), 234 b.

17° *Chanson* (p. 71) :
> Oppressé suis du mal d'aimer,
> Qui me cause pleurs pour soulas...

Même recueil, 255 b.

18° *Chanson par une dame* (p. 72) :

> Helas ! mon pouvre cœur,
> Qui ha tant de douleur...

Même recueil, 10 *b*.

19° *Chanson* (p. 76) :

> Au feu, au feu ! Venez moy secourir !
> Tous vrays amantz, voyez la grand'offense...

La Fleur de Poesie françoyse (Paris, Alain Lotrian, 1543, in-8 gotb.), p. 12 de la réimpression ; — *Recueil de plusieurs Chansons, divisé en trois parties* (Lyon, Benoist Rigaud et Jan Saugrain, 1557, in-16), 29 ; — *Premier Livre du Recueil des Recueils de Chansons à quatre parties*... par Loys Bisson (Paris, Nicolas Du Chemin, 1567, in-4), 18 ; — le *Recueil des Chansons, tant musicales que rurales, anciennes et modernes* (Paris, vefve Jean Bonfons, 1572, in-16), 121.

20. *Response* (p. 76) :

> A l'eau, à l'eau jettes toy vistement
> Et tu auras de ton mal allegance...

Recueil de plusieurs Chansons, divisé en trois parties (Lyon, Benoist Rigaud et Jan Saugrain, 1557, in-16), 30 ; le *Recueil des Chansons, tant musicales que rurales, anciennes et modernes* (Paris, vefve Jean Bonfons, 1572, in-16), 121.

21° *Chanson* (p. 76) :

> Mais pourquoy n'ose l'on prendre
> Le bien qui se vient offrir ?...

Recueil et Eslite de plusieurs belles Chansons (Anvers, 1576, in-12), 282 *a*.

22° *Chanson* (p. 77) :

> L'Homme.
> Ne vueillez, ma dame,
> La peine ignorer...

Recueil de plusieurs Chansons, divisé en trois parties (Lyon, Benoist Rigaud et Jan Saugrain, 1557, in-16), 143 ; — *Le Recueil de toutes sortes de Chansons nouvelles* (Paris, veufve Nicolas Buffet, 1557, in-16), 82 *a* ; — *Recueil et Eslite de plusieurs belles Chansons* (Anvers, 1576, in-12), 4 *a*.

Cet exemplaire a fait successivement partie des collections de MM. FARRENC, ALFRED CHENEST (Cat., 1853, n° 129), LÉOPOLD LEHON, DE CLINCHAMP, SOLAR (n° 1179), L. DOUBLE (n° 108) et TECHENER père (Cat., 1865, n° 1923).

630. ŒVVRES || POËTIQVES de || MELLIN || DE || S. GELAIS || ❦ || *A Lyon,* || *Par Antoine de Harsy,* || M.D. LXXIIII [1574] || Auec Priuilege du Roy. In-8 de 8 ff., 253 pp. et 1 f. blanc, v. f., tr. marbr. (*Anc. rel.*)

Édition imprimée en caractères italiques.
Collation des ff. lim. : titre avec la marque attribuée par Silvestre (n° 193) à *Jehan Frellon*, imprimeur à Lyon ; 3 ff. pour une épître « A tresdocte et vertueux seigneur, monseigneur M. Hierosme Chatillon, conseiller du roy et president en la cour de parlement de Dombes et en la seneschaussée et siége presidial à Lyon », épître signée DE HARSY, et datée de Lyon le 1ᵉʳ juillet 1574 ; 3 ff. pour la *Table* ; 1 f. contenant, au r°, un fragment d'une des épistres de CLEMENT MAROT et, au v°, l'*Extraict du Priuilége*.
Le privilège, daté du 10 mai 1574, est accordé pour six ans à A. de Harsy.
Cette édition ne contient pas les seize pièces dont il a été parlé à l'article précédent, mais elle en contient un grand nombre d'autres qui n'avaient jamais été recueillies.

BELLES-LETTRES.

631. ŒVVRES || POETIQVES de || Mellin || de || S. GELAIS. || *⁎* || *A Lyon,* || *Par Benoist Rigaud,* || M.D. LXXXII [1582]. || Auec permission. In-16 de 16 ff. lim. et 295 pp., mar. bl., dos et milieu ornés, tr. dor. (*Trautz-Bauzonnet.*)

IV. 5. 85

> Collation des ff. lim. : titre orné d'un petit bois qui représente une dame puisant de l'eau à une fontaine; 8 ff. pour l'épître d'A. DE HARSY à Hierosme Chatillon ; 6 ff. pour la *Table* et les dix vers « pris d'une des epistres de CLEMENT MAROT » ; 1 f. blanc.
> Cette édition reproduit le texte de celle de 1574.

632. ŒUVRES POETIQUES de Mellin de S. Gelais. Nouvelle Edition. Augmentée d'un très-grand nombre de Pieces Latines & Françoises. *A Paris*, M.DCC.XIX [1719]. In-12 de 4 ff., 275 pp. et 6 ff., mar. r., fil., tr. dor. (*Anc. rel.*)

VI. 2. 7

> Édition publiée par le libraire *Coustelier*. Les additions et les quelques notes qui s'y trouvent lui ont été fournies par BERNARD DE LA MONNOIE.
> Exemplaire de CH. NODIER (Cat., n° 383) et de BAUDELOQUE (n° 511), acquis à la vente TUFTON (n° 106).

633. LES OEVVRES DE || HVGVES SALEL, valet de chambre || ordinaire du Roy, īprimees par || cōmandement dudict Seigneur. || Auec priuilege pour six ans. || *Imprime à Paris pour Estiene Rof-* || *fet, dit le faulcheur, Relieur du* || *Roy, & libraire en ceste ville de* || *Paris, demourant sur le Pont. S.* || *Michel a Lanseigne de la Roze* || *blanche.* S. d. [1540], in-8 de 64 ff. chiffr., sign. *a-h*, titre encadré, mar. r., fil., dos orné, doublé de mar. bl., dent., tr. dor. (*Trautz-Bauzonnet.*)

II. 3. 66

> Le titre est entouré d'un joli encadrement dans le style de la Renaissance.
> Au v° du titre est un extrait du privilège accordé pour six ans à Hugues Salel, le 23 février 1539 [1540. n. s.].
> Le 2ᵉ f. est occupé par des vers de MICHEL NARDIN, médecin, MERLIN DE SAINCT GELAYS et CLEMENT MAROT à la louange de Salel, et par une épigramme de ce dernier au roi.
> Le volume se termine par un dixain de JEHAN DE CONCHES, de Valence en Dauphiné, « AUX LECTEURS ».
> Exemplaire de BALUZE, acquis à la vente BENZON (Cat., n° 146).

634. GENETHLIACVM || CLAVDII DOLETI, Stepha || ni Doleti, filii. || Liber uitæ communi in primis utilis, || & necessarius. || Autore Patre. || *Lugduni,* || *apud eundem Doletm* [sic], || 1540. || Cum Priuilegio ad Decennium. In-4 de 12 ff. non chiffr. de 25 lignes à la page, sign. *A-C.* — LAVANTNAIS- || SANCE DE CLAVDE DO- || LET, filz de Estienne || Dolet : premierement composée en Latin || par le pere : & maintenant par ung || sien amy traduicte en langue || Françoyse.

IV. 4. 35

Oeuure tres- || utile, & necessaire a la || uie commune: contenant, comme || l'homme se doibt gouuerner en ce monde. || *A Lyon chés Estienne Dolet.* || M.D. XXXIX [1539]. Auec priuileige pour dix ans. In-4 de 32 pp. de 29 lignes, sign. A-D. — Ensemble 2 part. en un vol. in-4, mar. r. jans., tr. dor. (*A. Motte.*)

> Le titre de chaque partie porte la marque de *Dolet* (Brunet, II, 797; Silvestre, n° 389).
>
> Le *Genethliacum* est précédé d'une épître latine de Dolet à Claude Cotereau, épître datée de Lyon le 6 des calendes de février 1539 (27 janvier 1540, n. s.); il est suivi d'une épître de Cotereau, de six distiques du même auteur et de six distiques ou *Xenia* de MAURICE SCÈVE. On n'y trouve pas les vers de *Janus Guttanus* [Jehan Des Gouttes] signalés par M. Christie.
> En tête de l'*Avantnaissance* est un avis « Au lecteur muny de bon vouloir », dans lequel le traducteur, qui a voulu conserver l'anonyme, parle fort modestement de son œuvre : « La composition latine de Dolet, » dit-il, « meritoit trop plus excellent traducteur que moy, comme pourroit estre ung Maurice Scæve, petit homme en stature, mais du tout grand en sçavoir et composition vulgaire, un seigneur de Sainct Ambroise, chef des poétes françois, ung Heroet, dict La Maison Neufve, heureux illustrateur du hault sens de Platon, ung Brodeau, aisné et puisné, tous deux honneur singulier de nostre langue, ung Sainct Gelais, divin esprit en toute composition, ung Salel, poéte aultant plus excellent que peu congneu entre les vulgaires, ung Clement Marot, esmerveillable en doulceur de poesie, ung Charles Fontaine, jeune homme de grande esperance, ung Petit Moyne de Vendosme, sçavant et eloquent contre le naturel et coustume des moyncs, ou quelques aultres dont la France est garnie en plusieurs lieux... »
> Le poème français est suivi d'une épître de CLAUDIN DE TOURAINE à Estienne Dolet. Le nom de Claudin de Touraine n'est sans aucun doute qu'un pseudonyme de CLAUDE COTEREAU, de Tours, chanoine de Paris, qui était le parrain du nouveau-né. L'épître contient deux dixains et deux huitains composés par ce personnage avant que Dolet eût écrit le *Genethliacum*.
>
> M. Brunet (II, 796) et M. Boulmier (*Estienne Dolet*; Paris, 1857, in-8, p. 285) ne citent le *Genethliacum* que sous la date de 1539. M. Christie (pp. 500-502) a le premier fait remarquer qu'il existe deux sortes d'exemplaires du *Genethliacum* sous la date de 1539; mais il n'a pu voir aucun exemplaire de l'édition de 1540. Cette édition ne contient aucun des passages que le bibliographe anglais croyait avoir été ajoutés par Dolet, en vue d'une réimpression de son œuvre. M. Christie a aussi vainement cherché un exemplaire de l'édition originale de l'*Avant-Naissance*.

635. DELIE. || OBIECT DE || PLVS HAVLTE || VERTV. || 🜚 || *A Lyon* || *Chez Sulpice Sabon, pour An* || *toine Constantin.* || 1544. || Auec priuilege pour six Ans. In-8 de 204 pp., plus 10 ff. pour l'*Ordre des Figures et Emblémes*, la *Table* et la marque de *Constantin*, mar. r., fil., dent., dos orné, tr. dor. (*Bauzonnet-Trautz.*)

> Au titre la marque d'*Antoine Constantin* (Silvestre, n° 1230), accompagnée seulement des mots : *Adversis duro.*
> Au verso du titre, la *Teneur du priviége*, lequel est accordé à *Antoine Constantin* pour six ans, à la date du 30 octobre 1543.
> Le 2ᵉ f. contient au r° un huitain *A Sa Delie*, signé de la devise de

MAURICE SCÈVE : *Souffrir non souffrir*, et, au verso, le portrait du poète, surmonté de ses initiales :

Les emblèmes gravés qui ornent le volume sont au nombre de 50.

La marque imprimée au verso du dernier f. diffère de celle du titre. C'est celle qui figure dans le recueil de Silvestre, sous le n° 251 ; toutefois, elle ne porte pas le mot *Constantin*.

Le poème, une des œuvres les plus obscures de Maurice Scève, se compose de 458 dixains dans lesquels l'auteur a inséré les emblèmes gravés sur bois. Il se termine par la devise : *Souffrir non souffrir*.

Exemplaire de M. DE CHAPONAY, de M. DESQ (Cat., n° 438) et de M. LEBEUF DE MONTGERMONT (n° 805).

Haut. 146 ; larg. 102 mm.

636. SAVLSAYE. || Eglogue, || de la Vie so- || litaire || *A Lyon*, || *Par Iean de Tournes*. || 1547. In-8 de 32 pp., caract.

ital., mar. bl., dos et mil. ornés, doublé de mar. or., riches comp. à petits fers, tr. dor. (*Trautz-Bauzonnet.*)

Au titre, la marque de *J. de Tournes* (Brunet, I, 518 ; Silvestre, n° 187).
Le texte contient (pp. 3 et 13) deux jolies figures en bois qui paraissent avoir été gravées par *Bernard Salomon*. La première offre une curieuse vue de Fourvières.
A la fin du volume se trouve la devise de MAURICE SCÈVE : *Souffrir non souffrir*.
Cette églogue est écrite dans un style simple et facile ; Maurice Scève, renonçant aux obscurités calculées de la langue des emblèmes, a su peindre avec autant de naturel que d'élégance le bonheur de la vie champêtre.
Exemplaire de CH. NODIER (Cat., n° 377), de YEMENIZ (n° 1769) et de M. LEBEUF DE MONTGERMONT (n° 306).
Haut. : 147 ; larg. : 101 mm.

637. RYMES DE || GENTILE, ET || VERTVEVSE DAME || D. PERNETTE DV || GVILLET LYON- || NOISE. || 🌣 || *A Lyon*, || *Par Iean de Tournes.* || 1545. In-8 de 80 pp., caract. ital., mar. r., comp. de mosaïque, doublé de mar. citr., riche dorure à petits fers (*Trautz-Bauzonnet*, 1878.)

Au titre, la marque de *Jean de Tournes*, (Brunet, I, 518 ; Silvestre, n° 187).
Ces poésies ont été publiées, après la mort de l'auteur, par ANTOINE DU MOULIN. Celui-ci les a fait précéder d'une épître *Aux Dames lyonnoises*, épître datée de Lyon, le 14 août 1545, dans laquelle il nous apprend qu'il a cédé aux « instantes et affectionnées remonstrances » du mari de Pernette, en se chargeant des fonctions d'éditeur. Il fait ensuite un pompeux éloge de la muse lyonnaise : « Veu le peu de temps que les cieulx l'ont laissée entre nous », dit-il, « il est quasi incroyable comme elle a peu avoir le loysir, je ne dy seulement de se rendre si parfaictement asseurée en tous instrumentz musiquaulx, soit au luth, espinette et autres, lesquelz de soy requiérent une bien longue vie à se y rendre parfaictz, comme elle estoit, et tellement que la promptitude qu'elle y avoit donnoit cause d'esbahissement aux plus experimentez, mais encores a si bien dispenser le reste de ses bonnes heures qu'elle l'aye employé a toutes bonnes lettres, par lesquelles elle avoit eu premiérement entière et familière congnoissance des plus louables vulgaires, oultre le sien, comme du thuscan et castillan, tant que sa plume en pouvoit faire foy, et après avoit jà bien avant passé les rudimentz de la langue latine, aspirant à la grecque, si la lampe de sa vie eust peu veiller jusques au soir de son eage, quand les cieulx, nous conviantz tel heur, la nous ravirent, ô dames lyonnoises, pour vous laisser achever ce qu'elle avoit si heureusement commencé, c'est a sçavoir de vous exerciter comme elle a la vertu, et tellement que, si par ce sien petit passetemps elle vous a monstré le chemin a bien, vous la puissiez si glorieusement ensuyvre que la memoire de vous puisse testifier à la postérité de la docilité et vivacité des bons espritz qu'en tous artz ce climat lyonnois a tousjours produict en tous sexes, voire assés plus copieusement que guére autre que l'on sache. »

Le v° du 8e f. est occupé par un huitain de l'*Imprimeur au Lecteur*.
Les ff. 78 v° et 79 contiennent les *Epitaphes de la gentile et spirituelle dame Pernette Du Guillet, dicte Cousine, trespassée l'an* 1545, *le* 27. *de juillet*. Ces *Epitaphes* sont signées : M SC. [MAURICE SCÈVE], D. V. Z. et I. D V. [JEAN DU VAUZELLES].
Une des odes de Pernette (p. 49), qui fait suite au poème de Melin de Saint-Gelays intitulé : *Deploration de Venus sur la mort du bel Adonis*, a été reproduite dans divers chansonniers : *Recueil de plusieurs Chansons, divisé en trois parties* (Lyon, Benoist Rigaud et Jan Saugrain, 1557, in-16),

9 ; — *Recueil et Eslite de plusieurs belles Chansons* (Anvers, 1576, in-12), 36 a. Cette pièce, qui commence ainsi :

> Amour avecques Psiches,
> Qu'il tenoit a sa plaisance...

était devenue populaire ; Du Bellay (éd. Marty-Laveaux, I, 39) la range parmi les « ouvraiges les mieux dignes d'estre nommez chansons vulgaires qu'odes ou vers lyriques. »

La reliure de ce volume est une des plus importantes que *Trautz* ait exécutées ; il en a composé le dessin de manière à former le pendant de la reliure qui recouvre les Œuvres de Louise Labé, décrites à l'article suivant.

638. EVVRES || DE || LOVÏZE LABÉ || LIONNOIZE. || 🙦 || *A Lion* || *Par Ian de Tournes.* || M. D. L. V. [1555]. || Auec Priuilege du Roy. In-8 de 173 pp. et 1 f., mar. r., comp. de mosaïque, doublé de mar. or., guirlande à petits fers, tr. dor. (*Trautz-Bauzonnet.*)

Le titre est entouré d'un élégant encadrement.

Les pp. 3-7 contiennent une épître de LOUISE LABÉ à M. C. D. B. L. [mademoiselle Clemence de Bourges, Lyonnoise]. Cette épître est datée de Lyon, le 24 juillet 1555.

Une pièce en prose, le *Debat de Folie et d'Amour*, forme la première partie du volume (pp. 9-99. Les œuvres poétiques (élégies et sonnets) occupent les pp. 100-123.

Le volume se termine par les *Escriz de divers poëtes à la louenge de Louize Labé, Lionnoize*. Ces écrits, en grec, en latin, en français et en italien, sont signés : *Non sinon la*, devise de MAURICE SCÈVE, qui se retrouve en 1562 dans le *Microcosme* ; P. [*lis.* C.] D. T. [CLAUDE DE TAILLEMONT], dont la devise est : *Devoir de voir* ; *D'immortel zélé*, devise de JEAN DE VAUZELLES, D. M. et A. F. R.

Un certain nombre de pièces sont anonymes.

Au v° de la p. 173, au-dessous des *Fautes à corriger*, on lit : *Achevé d'imprimer ce* 12. *aoust* 1555.

Le dernier f. contient le texte complet du privilège accordé pour cinq ans à Louise Labé, le 13 mars 1554 [1555, n. s.]. M. Brunet, qui a donné sa description d'après un exemplaire incomplet, a cru que le privilège annoncé sur le titre ne faisait pas partie du volume.

Malgré les louanges que Louise Labé a reçues des poètes du temps, il ne semble pas qu'elle ait été un modèle de vertu. Un document découvert dans les archives de Genève par M. Gaullieur (*Études sur la typographie genevoise*, 43) contient une curieuse déposition faite devant le consistoire, le 11 juillet 1542, par le libraire Estienne Robinet, dans l'affaire du chirurgien Jehan Ivart. Ce dernier était demandeur en divorce, parce que sa femme, amie de Loyse Labé, de Lyon, dite *la belle Cordiére*, avoit esté corrompue par ladite Loyse, au point qu'elle l'a abandonné et a voulu l'empoisonner, tant en un œuf que dans la soupe. » Robinet dit que « du present il est a chacun notoire qu'elle se gouverne fort mal et ordinairement frequente la cousine, la belle Cordiére, et tient fort mauvais train. »

Le témoignage de Claude de Rubys, rapporté par M. Gonon (*Documents sur la vie et les mœurs de Louise Labé*; Lyon, 1844, in-8), n'est pas plus favorable ; il cite en passant le nom de « ceste impudique Loyse Labé, que chascun sçait avoir fait profession de courtisane publique jusques à sa mort ».

Une chanson fort libre, intitulée : *Chanson nouvelle de la belle Cordiére de Lyon,* peut servir de commentaire aux citations qui précèdent ; en voici le début :

> L'autre jour je m'en allois
> Mon chemin droict à Lyon;
> Je logis chez la Cordiére,
> Faisant le bon compagnon :
> « Approchez vous, mon amy, »
> S'a dict la dame gorriére,
> « Approchez vous, mon amy ;
> » La nuict je ne puis dormir. »
>
> Il y vint un advocat,
> Las ! qui venoit de Fourviére ;
> Luy monstra de beaux ducatz,
> Mais ilz ne luy coustoient guére :
> « Approchez vous, advocat, »
> S'a dict la dame gorriére;
> « Prenons nous deux noz esbats,
> » Car l'on bassine noz draps. »

Voy. *Recueil de plusieurs Chansons, divisé en trois parties* (Lyon, Benoist Rigaud et Jan Saugrain, 1557, in-16), 43 ; — *Le second et tiers Livre du Recueil de toutes belles Chansons nouvelles* (Paris, veufve N. Buffet, 1559, in-16), 40 *b* ; — *Recueil des plus belles Chansons de ce temps* (Lyon, Jean d'Ogerolles, in-16).

Exemplaire de M. E. QUENTIN-BAUCHART (*Mes Livres*, n° 69). — La reliure est, dit cet amateur, « le chef-d'œuvre de *Trautz* ».

639. LES FABLES || du tresancien Eso || pe Phrigien premiere- || ment escriptes en Græc, & || depuis mises en rithme || Françoise. || Auec priuilege du Roy. || 1544. || 🙵 *De l'Imprimerie de Denis Ianot, Impri-* || *meur du Roy en langue Françoyse, Et Li* || *braire Iuré de l'Vniuersité de Paris.* S. d. [1542], in-8 de 54 ff. non chiffr., sign. A-O par 4, mar. r., fil., dos orné, tr. dor. (*Bauzonnet-Trautz.*)

Le titre est entouré d'un joli encadrement surmonté du monogramme de *Denys Janot* et de la devise : *Amor Dei omnia vincit.*

Au v° du titre est un extrait du privilège accordé pour quatre ans à l'imprimeur, le 4 août 1542.

Les ff. Aij, r°-Aiv, r° contiennent une épître en vers de GILLES CORROZET « A treshaut et trespuissant prince, monseigneur Henry, daulphin de Viennois, duc de Bretagne et premier enfant de France ».

Les fables de Corrozet sont au nombre de cent. Elles occupent chacune le r° d'un f., tandis que le v° du f. précédent contient, dans ur. riche encadrement, une figure appropriée à la fable et un quatrain qui en résume le sens moral. Les figures sont analogues à celles qui ornent l'*Hecatongraphie* ; quant aux fables, il y en a de charmantes, et l'on ne peut que s'étonner que les œuvres de Corrozet n'aient pas encore été réunies par un éditeur moderne.

L'édition que nous venons de décrire est la première ; il existe une réimpression sous la date 1544 (Brunet, I, 94).

Exemplaire de M. L. TRIPIER (Cat., n° 410) et de M. E. QUENTIN-BAUCHART (*Mes Livres*, n° 61).

640. HECATON- || GRAPHIE. || C'est à dire les descriptions de cent || figures & hystoires, contenants || plusieurs appophthegmes, prouer- || bes, sentences & dictz tant des || anciens, que des modernes. Le tout || reueu par son autheur. || Auecq' Priuilege. || *A Paris chez Denys Ianot Impri-* || *meur & Libraire.* || 1543. — ★ *Fin de Hecatomgraphie con-*

tenant cent || Emblemes, Nouuellement Imprimé || par Denys Ianot Libraire, demourant à || Paris en la rue nostre Dame| à l'en || seigne sainct Iehan Baptiste côtre saincte || Geneuiefue des Ardens. In-8 de 104 ff. non. chiffr., sign. A et O par 4, B-N par 8, mar. citr., fil., dos orné, tr. dor. (Anc. rel.)

Le titre est entouré d'un joli encadrement, au bas duquel on remarque les chardons de *Denys Janot*.

Ce volume, composé à l'imitation des *Emblémes* d'Alciat, et du *Theatre des bons engins* de Guillaume de La Perrière, est orné de 100 figures, finement gravées sur bois. Le v° du titre contient le placet adressé par *Denys Janot* au prévôt de Paris, en vue d'obtenir un privilège ; le r° du 2ᵉ f. est occupé par le texte même de ce privilège accordé au suppliant pour trois ans le 25 mai 1540.

On trouve à la suite une épître de GILLES CORROZET, Parisien, « Aux bons espritz et amateurs de lettres ». Dans cette épître, le poète exprime l'espoir que le lecteur trouvera « fruict ou plaisir » à son œuvre ; il ajoute :

C'est ce livret qui contient cent emblémes,
Authoritez, sentences, appophthegmes,
Des bien lettrez, comme Plutarque et aultres,
Et toutefois il en y a des nostres
Grand' quantité, aussi de noz amys,
Qui m'ont prié qu'en lumière fut mis
Pour le plaisir qu'on y pourra comprendre
Et pour le bien qu'on y pourra apprendre.
Et pour autant que l'esprit s'esjoyst
Quand avecq'luy de son bien l'œil joyst,
Chascune hystoire est d'ymage illustrée,
Afin que soit plus clérement monstrée
L'invention, et la rendre autenticque,
Qu'on peult nommer létre hieroglíphique,
Comme jadis faisoient les anciens
Et entre tous les vieulx Ægyptiens,
Qui denotoient vice ou vertu honneste
Par un oyseau, un poysson, une beste.
Ainsi ey faict, à fin que l'œil choysisse
Vertu tant belle et delaisse le vice ;
Aussi pourront ymagers et tailleurs,
Painctres, brodeurs, orfèvres, esmailleurs,
Prendre en ce livre aulcune fantaisie,
Comme ilz feroient d'une tapisserie.

Ce passage nous montre quelle était la destination de ces recueils d'emblèmes que les imprimeurs de Paris et de Lyon faisaient graver à si grands frais ; il explique en même temps leur extrême rareté, les artisans qui s'en servaient comme de modèles les ayant promptement détruits.

Les vers de Gilles Corrozet sont écrits d'un style simple et facile, qui fait de l'*Hecatongraphie* un des meilleurs, sinon même le meilleur ouvrage du genre.

L'édition que nous venons de décrire est plus belle, dit M. Brunet, que celle de 1540.

Exemplaire de GAIGNAT, de DIBDIN, de R. HEBER et de M. J.-CH. BRUNET (Cat., n° 303).

641. HISTOIRE MIRACVLEVSE || Auenue au Mont s. Sebastian, || en la maison de Loys || D'heirieux, à || Lyon. || 🌿 *S. l. n. d.* [*Lyon*, 1552], in-8 de 4 ff.

Au v° du titre est une épître « Au seigneur J. A. Gros ».

L'*Histoire miraculeuse* est celle d'un puisatier nommé François Peloux, qui, creusant un puits dans la maison de Loys d'Heirieux, au mont Saint-Sébastien, à Lyon, fut enseveli tout vif. Le propriétaire du terrain fit faire aussitôt des fouilles pour dégager la victime ; ces fouilles n'aboutirent qu'après sept jours de travail, et cependant François Peloux vivait encore ; il s'était soutenu en buvant de l'urine.

Tel est le récit qu'un témoin de l'accident fait en vers français et latins.

La pièce est signée de B. ANNULUS, c'est-à-dire de BARTHELEMY ANEAU. Les vers latins ont été reproduits par l'auteur à la fin de sa *Picta Poesis*, 1552, et les vers français à la fin de son *Imagination poetique*. Voy. l'article suivant.

642. IMAGINATION || POETIQVE, || Traduicte en vers François, || des Latins, & Grecs, par || l'auteur mesme || d'iceux. || Horace en l'art. || La Poësie est comme la pincture. || *A Lyon,* || *Par Macé Bonhomme.* || 1552. || Auec Priuilege. — [Au v° du dernier f.:] *Imprime* || *par Mace Bonhomme* || *a Lyon.* In-8 de 159 pp., mar. bl , fil., dos orné, doublé de mar. r., dent., tr. dor. (*Trautz-Bauzonnet.*)

Au titre, une marque de *Macé Bonhomme* que Silvestre n'a pas reproduite :

Au v° du titre, un extrait de la permission accordée pour trois ans à *Macé Bonhomme* , par le lieutenant général au gouvernement de Lyonnais, le 29 août 1552.

A la p. 3, commence une épître de BARTHÉLEMY ANEAU « Au seigneur Jean Antoine Gros, valet de chambre du Roy, tresorier des Fortifications de Lyon », épître datée du 8 septembre 1552.

Le nom de l'auteur se retrouve à la fin du volume.

Le volume est orné de 106 figures attribuées à *Bernard Salomon*, dit le *Petit Bernard* (deux de ces figures sont tirées sur le même bois).

B. Aneau nous apprend dans sa préface qu'ayant trouvé chez *Macé Bonhomme* 88 de ces bois, dont le libraire n'avait pas l'emploi, il avait eu l'idée de composer un texte qui permît de les utiliser. Telle est l'origine des élégantes compositions du poète lyonnais. Il ne s'est pas borné du reste à une simple adaptation ; dépassant les limites qu'il s'était d'abord assignées, il a fait graver 17 figures nouvelles, « afin de acomplir la centeine, avec son comble et advantage, pour remplir les feuilles blanches, pour ce que Nature est abhorrente de chose vuyde ».

La page 157 contient le récit d'un accident arrivé à trois jeunes gentilshommes, MM. de Sercy, de Corberon et de Senecey, qui furent ensevelis, en 1540, sous les ruines de la maison du Porcellet, à Lyon.

Les deux dernières pages contiennent le poème français relatif à François Peloux, dont il est parlé à l'article précédent.

643. La ievnesse dv || Banny de lyesse, escollier, estu- || diant à Tholose : en laquelle || est contenu ce qui est en || la paige sequente. || Rien ie ne quiers fors grief dueil & angoysse || Cela conuient au Banny de lyesse. || Fy de Soulas. || Auec priuilege. || 1541 || *On les vend à Paris en la rue neufue nostre* || *Dame à l'enseigne sainct Iehan Baptiste pres* || *saincte Geneuiefue des ardens, par Denys Ia-* || *not, libraire & imprimeur.* Pet. in-8. — La svytte du || Banny de Liesse, ou est || comprins ce qui est en || la seconde paige de || ce present li- || ure. || Auec priuilege. || 1541. || *On les vend à Paris, en la rue neufue nostre* || *Dame, à l'enseigne Sainct Iehan Baptiste,* || *en la boulicque de Denys Ianot Imprimeur* || *& Libraire.* Pet. in-8. — Ensemble 2 vol. pet. in-8, mar. bl., fil., dos orné, tr. dor. (*Capé.*)

1re partie : 120 ff. chiffrés (il y a une erreur de chiffre au f. 117, qui porte 107, et au f. 120, qui porte 110).

2e partie : 88 ff. chiffr.

Le privilège, rapporté en extrait au commencement de cette 2e partie, est accordé pour trois ans à Jehan Guilloteau, cousin-germain de l'auteur, à la date du 12 avril 1540, avant Pâques.

La *Jeunesse du banny de Liesse*, c'est-à-dire de François Habert, d'Issoudun, en Berry, est le plus intéressant ouvrage de cet auteur. Outre la traduction de deux fables d'Ovide, l'histoire de Piramus et Thisbé et celle de Narcissus, on y trouve des épîtres, des rondeaux, des ballades, etc., adressés à divers personnages du temps. Nous citerons en particulier un *Rondeau* « A Clement Marot, prince des poëtes françoys » (fol. 50 *a*), l'*Epitaphe de Ragot, maistre des coquins de Paris* (fol. 67 *b*), et une épigramme intitulée *De maistre Gonin, enchanteur subtil et renommé* (fol. 72 *b*). Le f. 73 r° contient un titre ainsi conçu : *La Suyte de la Jeunesse du Banny de lyesse, en laquelle est precedent le Livre des Visions fantasticques, par imitation de Virgile au sixiesme des Æneides.*

Le second volume, qui contient la véritable *Suyte du Banny de liesse*, est un recueil de pièces analogues aux précédentes. Nous y relèverons la *Deploration de la mort de M. Budée* (fol. 68 *a*), une *Epistre* intitulée : *De Clement Marot, prince des poëtes françoys* » (fol. 66 *a*) et un *Rondeau* « A ung quidam qui se disoit ressembler à Marot de stille » (fol. 71 *a*).

644. Le livre des vi- || sions fanta- || stiqves. || Auec priuilege. || *A Paris en l'imprimerie de Denys Ia-* || *not.* || 1542. Pet. in-8 de 24 ff. non chiffr. de 18 lignes à la page pleine, sign. *a-f*, caract. ital., mar. bl. jans., tr. dor. (*Trautz-Bauzonnet.*)

Le privilège, rapporté au v° du titre, est accordé pour deux ans à Ponce Roffet, libraire, le 8e jour d'août 1542.

Ce volume, que M. Brunet (III, 1127) a classé parmi les poésies anonymes, est de **François Habert**, et fait suite à la *Jeunesse du Banny de liesse*. Il renferme le troisième livre des *Visions fantastiques*, dont les deux premiers livres font partie du précédent recueil. L'auteur y a joint diverses poésies adressées au comte et à la comtesse de Saint-Paul, à Jehan-Jacques de Mesmes, « lieutenant civil de Paris, amateur des lettres », à Perrette Basilic, dame « d'excellente beaulté », qui répond au poète par un dixain, à La Roue, à Gilberte Guerin, dame de Villebouche, à Mlle de Chassincourt, à Mme de Touteville, comtesse de Sainct-Paul, etc. On y remarque particulièrement une épigramme intitulée : *De Clement Marot, poète françois* (fol. eiiij, r⁰).

645. Le Philosophe ‖ parfaict. ‖ Auec priuilege. ‖ *Imprimé à Paris pour Ponce Roffet, ‖ dict le Faulcheur, libraire demourant au ‖ Palais sur les second* [sic] *degrez, du costé de ‖ la grand salle.* ‖ 1542. Pet. in-8 de 24 ff. de 19 lignes à la page, sign. *a-f*, caract. ital. — Le Temple de ‖ Vertv. ‖ Auec priuilege. ‖ *Imprimé à Paris pour Ponce Roffet, ‖ dict le Faulcheur, libraire demourant au ‖ Palais sur les second* [sic] *degrez, du costé de ‖ la grand salle.* ‖ 1542. Pet. in-8 de 16 ff. de 19 lignes à la page, sign. *a-d*, caract. ital. — Ens. 2 part. en un vol. pet. in-8, mar. bl., reliure parsemée de fleurs dorées à petits fers, tr. dor. (*Trautz-Bauzonnet.*)

Ces deux pièces sont, comme les précédentes, de **François Habert**, d'Issoudun. Le nom de l'auteur se trouve en tête de la dédicace « A monseigneur Françoys de Bourbon, duc de Touteville, comte de Sainct-Paul », qui précède le *Philosophe parfaict*. Cette épître est suivie d'un *Huictain* « A madame Andrienne de Touteville, comtesse de Sainct-Paul ».

Le texte du *Philosophe* est orné de 7 petites figures gravées sur bois.

Le privilège, dont un extrait est placé au verso du titre, est accordé pour deux ans à *Ponce Roffet*. Il est daté du 2 juillet 1541.

Le *Temple de Vertu* est dédié à Madame Andrienne de Touteville, que nous venons de citer. Le r⁰ du 2ᵉ f. est orné d'un bois qui représente deux statues, l'Amour et la Vertu, dressées dans une salle richement décorée.

Le privilège, dont un extrait se trouve au verso du titre, est accordé pour deux ans à *Ponce Roffet*, le 18 juin 1542.

La disposition typographique et les caractères employés pour l'impression de ces deux opuscules sont exactement semblables à ceux que l'on remarque dans le *Livre des Visions fantastiques*; on doit donc y reconnaître des productions de l'imprimeur *Denys Janot*.

646. Les trois ‖ Livres de la Chry- ‖ sopee, c'est à dire L'art de faire ‖ l'Or, cōtenāts plusieurs cho- ‖ ses naturelles, traduicts de ‖ Iean Aurelle Augurel ‖ poete latin par F. ‖ Habert de ‖ Berry. ‖ *On les vend à Paris par Viuant Gaultherot, ‖ en la rue sainct Iacques, à l'enseigne ‖ sainct Martin.* ‖ 1549. ‖ Auec priuilege. — [Au verso du 71ᵉ f. :] *Imprimé à Paris, par Benoist Prœuost, demourant en la ‖ rue Frementel, a l'enseigne de l'Estoille d'or,* ‖ 1549.

In-8 de 72 ff. inexactement chiffr., sign. *A-I*, caract. ital., mar. or., dos et milieu ornés, tr. dor. (*Trautz-Bauzonnet*.)

> Le titre est entouré d'un joli encadrement dans le goût de la Renaissance.
> Au v° du titre se trouve un extrait du privilège accordé à François Habert, « poète françoys », pour trois ans, à la date du 28 septembre 1549.
> Les ff. 2 et 3 sont occupés par une épître en vers « A tresnoble et scientifique personne, monseigneur Pierre d'Acigné, chanoine et thresorier de Nantes, prieur commendataire de Lehon et de Combourg ».
> Les ff. 54 et 55 sont doubles, en sorte que le dernier f. chiffré est coté 69, et non 71.
> Le dernier f. ne contient que les *Faultes qui se sont trouvées au present livre*.
> Le poème latin d'AUGURELLO, traduit par Fr. Habert, avait paru à Venise, en 1515, sous le titre de *Chrysopoiae Libri tres*.

647. L'HISTOIRE || DE TITVS, ET GISIPPVS, et || autres petiz œuvres de Beroalde latin. Inter- || pretés en Ryme françoyse, par Françoys || Habert d'Yssouldun en Berry. || * || Auec L'exaltation de vraye & et perfaicte No- || blesse. Les quatre Amours, le nouueau Cupido, || et le Tresor de vie. De l'inuention dudict Habert. || Le tout presenté à Monseigneur de Neuers. || *A Paris.* || *De l'imprimerie de Michel Fezandat, & Robert* || *Gran Ion, a l'Enseigne des Grans Ions.* || 1551. || Auec priuilege du Roy. In-8 de 80 ff. non chiffr., sign. *A-K*, caract. ital., mar. v., fil., dos orné, tr. dor. (*Koehler*.)

> Au titre, la marque de *Fezandat et R. Granjon* (Brunet, IV, 1052; Silvestre, n° 231).
> Les 4 ff. qui suivent le titre sont occupés par une épître en vers « A tresnoble et magnanime prince, François de Cléves, duc de Nivernoys, conte du Rethel et Auxerre, per de France, gouverneur et lieutenant general pour le roy en ses pays de Champagne et Brye »; par une épître « A tresnoble et illustre princesse, Marguerite de Bourbon, duchesse de Nevers », et par un avis « Aux Amateurs de poesie françoise ».
> Les pièces qui composent le recueil sont :
> 1° *L'Histoire tresutile et delectable de Titus, Romain... et de Gisippus, Athenien..., traduction de Philippe Beroalde*.
> L'histoire de Titus et Hegesippus est rapportée par Boccace (*Decamerone*, X° journée, nouv. VIII°). La traduction latine de Filippo Beroaldo est intitulée : *Epistola ad Minum Roscium, senatorem Bononiensem, cum duobus historiis lectu jucundissimis, una Gisippi et Titi, altera Galesi, Cymonis et Iphigeniae*; elle se trouve dans les *Orationes et Carmina* de cet auteur, recueil dont la plus ancienne édition est de 1491 (Hain, n°⁵ 2949-2957), et qui fut réimprimé plusieurs fois en France au commencement du XVI° siècle.
> Nous décrirons dans la section des romans une traduction latine en prose due à Matteo Bandello, et publiée à Milan en 1508.
> 2° (fol. Ei) *L'Histoire de Tancredus, roy de Salernes, contenant les pitoyables amours de Guichard et la belle Gismunde, fille dudict Tancredus; traduction de P. Beroalde*.
> Cette histoire, qui fait le sujet de la 1re nouvelle de la IV° journée du *Decamerone* de Boccace, a été traduite en latin par Leonardo Aretino (Brunet, I, 400) et mise en vers latins par Filippo Beroaldo, sous ce titre : *Fabula Tancredi, ex Boccatio in latinum versa*. Panzer (IV, 254) cite de cette

pièce une édition imprimée, avant 1500, avec les caractères d'*Ugo de' Rugieri*, de *Bologne*. La traduction latine a été reproduite dans le recueil des *Orationes*.

3⁰ (fol. Fiiij, v⁰) *L'Homme prudent, traduction dudict Beroalde*.

L'original, intitulé : *Vir prudens*, fait partie des *Orationes, Praefationes*, etc.

4⁰ (fol. Fvj, r⁰), *Le Traicté des quatre Amours*, dédié à la duchesse de Nevers.

5⁰ (fol. Hi, r⁰). *Le Thresor de Vie.*

6⁰ (fol. Hvj, v⁰), *L'Exaltation de vraye et perfaicte noblesse*, dédiée au comte François, fils du duc de Nivernois.

7⁰ (fol. Hvj, v⁰), *Le Nouveau Cupido*, dédié au duc de Nevers.

8⁰ (fol. Kviij, r⁰), deux épigrammes.

Les dernières pièces sont des œuvres originales.

Le privilège, dont un extrait est placé au v⁰ du dernier f., est accordé pour trois ans à *Michel Fezandat*, le 24 janvier 1550 [1551, n. s.].

Exemplaire de M. le docteur DESBARREAUX-BERNARD (Cat.. n⁰ 352).

648. LES || REGRETZ || ET TRISTES LA- || MENTATIONS sur le trespas || du Treschrestien Roy || Henry II, || Composé en forme de Dialogue, par || François Habert, de Berry. || Au Lecteur. || Vers alexandrins. || Du Prince et Roy qui est esleu diuinement, || En despit de la Mort, la louange demeure, || Car combien que son corps soit mis au monumēt, || Ne pēsez que iamais de son nom l'honeur meure. || *A Paris*, || *Pour Iean Moreau, chez la veufue N.* || *Buffet, pres le college de Reims.* || 1559. In-8 de 8 ff. non chiffr., dont le dernier est blanc, sign. *A-B*.

Cette complainte est restée inconnue à M. Brunet; elle ne figure pas dans la liste des ouvrages de François Habert donnée par La Croix du Maine et Du Verdier.

Le poème est précédé de deux sonnets adressés à la reine Catherine de Médecis.

649. DESCRIPTION || poetique de || l'Histoire du beau || Narcissus. || *A Lyon* || *Chez Balthazar Arnoullet.* || M. D. XXXXX [1550]. In-8 de 39 ff. non chiffr., mar. or. jans., tr. dor. (*Trautz-Bauzonnet.*)

Au titre, une réduction de la marque reproduite par Silvestre sous le n⁰ 143.

Le v⁰ du titre est occupé par une dédicace « A M[adame] L. T. D. E. C. »

Du Verdier (éd. Rigoley de Juvigny, I, 657) et, d'après lui, M. Brunet (II, 622), attribuent la *Description poetique* à François Habert, mais cette attribution repose sur une erreur évidente. Habert a donné, il est vrai, dans la *Jeunesse du Banny de liesse* (fol. 105-111) une traduction de la *Fable du beau Narcissus, amoureux de sa beaulté, dont il mourut*; mais la traduction dont nous parlons n'a rien de commun avec la paraphrase beaucoup plus étendue qui parut en 1550. Il n'est pas probable qu'Habert ait traité deux fois le même sujet d'une manière entièrement différente, et, d'ailleurs, tous les ouvrages qu'il publia après 1545 portent son nom en toutes lettres. Nous regardons en conséquence comme parfaitement authentique l'attribution faite par un lecteur du temps sur le titre de l'exemplaire de la Bibliothèque de l'Arsenal : « De JEHAN RUZ, Bourdel[ois] ». Les ouvrages de ce poète sont d'une telle rareté que son nom n'a été recueilli ni par La Croix du Maine, ni par Du Verdier, et que M. Brunet lui-même n'a pas soupçonné son existence. En 1875, M. Tamizey de Larroque a réimprimé, d'après un exemplaire unique, appartenant à la Bibliothèque d'Auch, les *Œuvres dictées par Jehan Rus, Bourdeloys, ex jeux floraulx à Tholose* (Tholose, Guyon Boudeville, s. d., in-8); nous croyons pouvoir restituer aujourd'hui au même auteur la *Description poétique*, dont M. Tamizey de Larroque n'a point parlé.

Nous remarquerons encore, à propos de Jean Rus, qu'une des pièces qui composent le recueil de *Guyon Boudeville*, le *Triste Chant d'une dame*, *lequel on joue sur le luth* :

Fault il que mette en escript,
Fault il qu'à tous je revelle...

se retrouve, avec un moins grand nombre de couplets, dans plusieurs chansonniers du temps : dans le *Recueil de plusieurs Chansons, divisé en trois parties* (Lyon, Benoist Rigaud et Jan Saugrain, 1557, in-16, 80); dans le *Second et Tiers Livre du Recueil de toutes belles Chansons nouvelles* (Paris, veufve N. Buffet, 1559, in-16, 89 *b*); dans l'*Ample Recueil des Chansons, tant amoureuses, rustiques, musicales, que autres* (Lyon, Benoist Rigaud, 1582, in-16, 49 *a*), enfin dans le *Recueil des plus belles et excellentes Chansons en forme de voix de ville* (Paris, Locqueneux, 1588, in-16, 186 *a*). Ce dernier recueil, qui nous fait connaître la mélodie appliquée aux paroles de Jean Rus, donne la chanson :

Faut il que mette en escript...

comme une réponse à une pièce qui commence ainsi :

Souspirs ardens,
Qui au dedans...

650. LA PARFAI- || CTE AMYE. || 🐝 || Nouuellement composée par Antoine || Heroet, dict la Maison neufue. || Auec plusieurs aultres compositions || dudict •Autheur. || *A Lyon,* || *Chés Estienne Dolet.* || 1543. || Auec priuileige pour dix ans. In-8 de 95 pp. mal chiffr., mar. bl., dos et milieu ornés, doublé de mar. r., riches comp. à petits fers, tr. dor. (*Trautz-Bauzonnet*.)

Au titre, la marque de *Dolet* (Brunet, II, 797; Silvestre, n° 889). Le v° du titre contient un extrait du privilège général accordé pour dix ans à *Dolet*, le 6 mars 1587 [1538, n. s.].
Les pp. 3 et 4 sont occupées par un curieux avis d'ESTIENNE DOLET « Au Lecteur françoys », avis daté de Lyon, le 1er juin 1543. Le célèbre imprimeur y rend compte des efforts qu'il fait pour perfectionner la langue française. « Pour parvenir à mon intention », dit-il, « je ne me contente de ce que je puis faire de ma part, mais je repçoy de bien bon cueur les œuvres de plusieurs gens sçavants de nostre siècle et les mects certes en lumière de non moindre affection (diray-je plus curieusement?) que les myennes propres, comme prochainement j'ay faict toutes les œuvres de Marot, poète de facilité et grace tant singuliére que tousjours laisse ung desir de soy, et derniérement l'*Amye de court*, faicte par La Borderie. Maintenant je t'en produis ung d'une aultre estoffe, c'est a dire plus haultain et de discours plus grave comme bien congnoistras en le lysant diligemment. »
L'erreur de pagination se produit à la p. 49 qui est cotée 48; la dernière p. porte en conséquence 94 au lieu de 95.
Le v° du dernier f. contient la grande marque de *Dolet* (Brunet, II, 794;

Silvestre, n° 183), avec la devise : *Preserve moi, ô seigneur, des calomnies des hommes.*

Le volume contient quatre poèmes divers d'Heroët, savoir :

1° *La parfaicte Amye*, divisée en trois livres ;

2° *L'Androgyne de Platon, nouuellement traduict de latin en françoys* et précédé d'une épître « Au roy Françoys, premier de ce nom » (p. 65.);

3° *Aultre Invention extraicte de Platon. De n'aymer point sans estre aymé* (p. 81);

4° *Complaincte d'une Dame surprinse nouuellement d'Amour* (p. 85).

Antoine Heroët, ami de Marot et de tous les poètes du temps, devint en 1551 évêque de Digne ; il mourut en 1568.

651. L'ORAISON DE ‖ MARS aux Da- ‖ mes de la court, en- ‖ semble la Response des ‖ Dames a Mars par Cl. Colet de Rumilly en ‖ Champaigne, nouuellemēt reueuë et cor ‖ rigée oultre la precedente ‖ impression. ‖ Plus y sont adioustés de nouueau aulcuns aul- ‖ tres oeuures du dict Autheur. ‖ *Imprimé à Paris chez Chrestien Wechel de-* ‖ *meu* ‖ *rant en la rue sainct Iaques, à l'escu de* ‖ *Basle.* M. D. XLVIII [1549. n. s.]. ‖ Auec Priuilege. In-8 de 141 pp. et 1 f., mar. bl., dos et milieu ornés, doublé de mar. r., guirlande de feuillage à petits fers, tr. dor. (*Trautz-Bauzonnet.*)

Au titre la marque de *C. Wechel* dont Silvestre a donné une réduction sous le n° 1178. La même marque est répétée au v° du dernier f.

Le v° du titre est occupé par un extrait du privilège accordé à *Wechel* pour deux ans ; la date n'en est pas rapportée.

Les pp. 3 à 8 contiennent une épître de CLAUDE COLET « A noble homme, Charles de Haultcourt, escuyer, seigneur de Richeville », épître datée de Paris le 16 septembre 1544.

On trouve ensuite (pp. 9 et 10), des vers latins et grecs signés F. R., des vers français d'ANTH. PICARD ou LE PICART, et une petite pièce latine de PHILIBERT DE VIENNE, à la fin de laquelle sont les initiales E. D. M. F.

Le volume est composé de 4 parties, savoir :

1° *L'Oraison de Mars aux Dames de la court*, poème écrit vers 1540 et publié pour la première fois en 1544.

2° (p. 32) *La Response des Dames de la court au dieu Mars.* Cette pièce, terminée aussitôt après la prise de Saint-Dizier par les Impériaux (17 août 1544), est précédée ici d'une épître « Aux Dames de la court», datée de Paris le 12 février 1548 [1549, n. s.]. Elle se termine par un huitain de GILLES D'AURIGNY, accompagné de la devise : *Un pour tout.*

3° (p. 84) *L'Amoureux de vertu* [PHILIBERT DE VIENNE] *sur la Response des Dames a Mars*, « Aux Dames de France fugitives pour les guerres ». Cette pièce, qui se termine, comme l'épigramme latine citée ci-dessus, par les initiales E. D. M. F., est suivie de vers français adressés à Claude Colet par HENRY SIMON, JAN LE COQ et N. I. ;

4° *Epigramme et aultres Œuvres de* C. COLET, précédées d'une épître « A monsieur de Maupas, abbé de S. Jan de Laon », épître datée de Paris le 22 février 1548 [1549, n. s.]. On y remarque une épigramme « A un qui se vantoit d'escripre mieulx en rithme françoyse que feu C. Marot ». Le poète contre qui cette pièce est dirigée est probablement celui à qui François Habert avait déjà répondu en 1541 (voy. ci-dessus le n° 643).

Le r° du dernier f. porte une curieuse marque personnelle à Claude Colet, accompagnée de la devise *Tuto per il meglio*; nous en donnons la reproduction :

Tuto per il Meglio.

652. ❦ Le tvtevr || d'amovr. || Auquel est comprise la fortune de l'Inno- || cēt en amours. Ensemble vn liure, ou sont || Epistres, Elegiez, Complaintes, Epitaphes, || Chantz royaux, Ballades, Rondeaux & || Epigrammes : le tout composé par Gilles || d'Aurigny, dit le Pamphile. || *A Paris.* || ❦ *Chez Iehan Ruelle, en la rue sainct* || *Iacques, à la queue de Renard.* || 1553. In-16 de 96 ff., mar. brun, dos et milieu ornés, doublé de mar. r., guirlande de feuillage à petits fers, tr. dor. (*Trautz-Bauzonnet.*)

Les 2ᵉ et 3ᵉ ff. sont occupés par une épître « A monseigneur, monsieur de Maupas, abbé de Sainct Jehan de Laon », par un dixain de Claude Collet « Au lecteur », un huitain du seigneur de Cusseron « A l'amye de l'autheur, Jeanne D. L. R. », et un dixain de Henry Simon « Sur la conclusion du *Tuteur d'amour* ».

Parmi les pièces qui forment la seconde partie du volume, on remarque (fol. 69 *b*) une épitaphe de Clément Marot.

Gilles d'Aurigny, dit le Pamphile ou l'Innocent égaré, était un ami de Colet, qu'il appelle (fol. 95 *a*) « son frére d'amytié ». Les deux poètes étaient également liés avec un personnage dont La Croix du Maine (éd. Rigoley de Juvigny, I, 133) a mentionné le nom sans pouvoir citer un seul de ses ouvrages, Claude Charlot. Voy. l'*Oraison de Mars aux Dames de la court*, p. 141, et le *Tuteur d'amour*, fol. 96 *a*.

Exemplaire de M. le comte O. DE BÉHAGUE (Cat., n° 582).

653. LE || DISCOVRS DE || LA COVRT. || Auec le plaisant Recit de || ses diuersitez. || *A Paris* || *De l'Imprimerie de Philippe Danfrie, et* || *Richard Breton, Rue sainct Iacques,* || *a l'Escreuisse.* || *M. V*^{c} *Lviij.* || Auec priuilege du Roy. In-8 de 39 ff., mar. bl. jans., tr. dor. (*Trautz-Bauzonnet.*)

Volume imprimé en caractère de civilité.

Le v° du titre contient une épître en vers de FRANÇOIS GENTILLET, Dauphinois, « A monseigneur François de Grolée, baron de Gresse ».

Le r° du 2° f. est occupé par un sonnet de l'imprimeur PHILIPPE D'ANFRIE « A monsieur N. Le Breton, secretaire de tresillustre et reverendissime cardinal de Lorraine ».

Le *Discours de la Court* occupe les ff. iij à xxxix. Ce poème, que François Gentillet semble donner comme son œuvre, est tiré presque entièrement du *Discours de la Court présenté au roy par M.* CLAUDE CHAPPUYS (Paris, André Roffet, 1543, in-8). L'auteur passe successivement en revue toutes les charges de la cour, même les plus infimes, et nous en fait connaître les titulaires. Un des plus curieux chapitres est celui qui est consacré aux « excellens orateurs et poétes eternisez en la court royale » ; on y trouve les noms de Du Chastel [Castellanus], « qui fut grand aumonnier », Jacques Colin, abbé de Sainct Ambroys, Saingelais [*sic*], Salignac, « docte en grec et hebrieu », Danese, Ronsard, Joachim Du Bellay et Loys Des Masures.

Le r° du dernier f. contient un sonnet, « en la recommandation du present œuvre aux lecteurs, » sonnet qui donne en acrostiche le nom de FRANÇOIS HABERT, et qui avait fait croire à M. Desbarreaux-Bernard (*Bulletin du Bibliophile*, août 1871) que le *Discours de la Court* devait être attribué à ce dernier poète. Voy. *Supplément au Manuel du Libraire*, I, 540 ; II, 1029.

Le v° du dernier f. est occupé par un bois qui représente une femme entourée d'enfants qui jouent avec des attributs.

Exemplaire de COULON, du prince D'ESSLING, de M. le baron TAYLOR et de M. le baron J. PICHON (Cat., n° 527), relié pour M. le baron DE LA ROCHE LACARELLE.

654. REPOS DE || PLVS GRAND || TRAVAIL. || 🐍 || *A Lyon,* || *Par Iean de Tournes,* || *et Guil. Gazeau.* || M. D. XXXXX [1550]. In-8 de 141 pp. et 1 f. blanc, caract. ital., mar. bl., fil., dos orné, doublé de mar. r., dent, tr. dor. (*Trautz-Bauzonnet.*)

Recueil de poésies dont l'auteur est GUILLAUME DES AUTELZ.

Au titre, la marque de *J. de Tournes* (Silvestre, n° 188).

Les pp. 3-5 sont occupées par une épître en prose de l'auteur « A sa Saincte » ; à la p. 6 se trouve un quatrain de C. FONTEINE (sic) en l'honneur de la même personne.

Le volume contient des épigrammes, des sonnets, des odes et deux dialogues moraux, dont le second est indiqué comme ayant été représenté à Valence le dimanche de la mi-carême 1549.

Parmi les personnages à qui les petites pièces sont adressées on remarque : Maurice Scève, [P. de Thyard], « l'autheur des *Erreurs amoureuses* », Pierre Bouchage, dit Noble, Denys Sauget, Saint-Gelais, Charles Fontaine, Denys Sauvage, Jean de Veure, Antoine Du Moulin, Charles Garnier, etc.

Exemplaire de Ch. Nodier (Cat., n° 403), de Yemeniz (n° 1801 *bis*) et de M. Lebeuf de Montgermont, relié depuis la vente de ce dernier amateur.

655. Remonstrance || av pevple Françoys, de son || deuoir en ce temps, || enuers la Maiesté || du Roy. || A laquelle sont adioustez troys Eloges, || De la paix, || De la trefue, || & || De la guerre. || *A Paris,* || *Chés André Wechel, rue sainct Iean De Beau-* || *vais, à l'enseigne du cheual volant.* || 1559. || Auec priuilege du Roy. In-4 de 14 ff. mal chiffr., sig. *A-C* par 4, *D* par 2.

V.8.5

Au titre, la marque d'*André Wechel* dont Silvestre a donné une réduction grossière sous le n° 1178.

Le v° du titre contient sept distiques latins signés : *Non otiosus in otio.* G. Altarius.

Le nom de l'auteur, G. Des Autelz, est répété au v° du dernier f., où il est accompagné de la devise française *Travail en repos.*

Le poète charolais a voulu donner un pendant au fameux *Discours sur les misères de ce temps,* de Pierre de Ronsard. Il se prononce, comme lui, en faveur du parti catholique et du duc de Guise. L'*Eloge de la Paix* est dédié à Ronsard, l'*Eloge de la Trefve* à Joachim Du Bellay, et l'*Eloge de la Guerre* à Estienne Jodelle.

Ronsard répondit à Des Autelz en lui dédiant son *Elegie sur les troubles d'Amboise* (n° 675).

656. L'Instrvction de || bien et parfaictement || Escrire, tailler la Plume, & autres secrets pour se || gouuerner en l'Art d'Escriture, auec Quatrains || Moraux, mis par ordre Alphabetique, pour ser- || uir d'exemples aux maistres exercans ledict art. || Ensemble la description des premiers inuēteurs || de l'Alphabet & Caractere des Lettres. || Nouuellement reueu, corrigé, & augmenté de- || puis la derniere Impression, par Iean le Moy- || ne, Escriuain, en l'vniuersite de Paris. || Auec la copie de plusieurs Lettres missiues a- || dressées au Roy Francoys, premier de ce nō || (Pere des bonnes Lettres) à la Royne Eleo- || nor, & à autres personnes, pour apprendre || l'vsage de bien coucher par escrit. || *A Paris, pour Barbe Regnaut, rue S. Iaques,* || *à l'Elephant, deuant les Mathurins.* In-16 de 80 ff. non chiffr., sign. *A-K.* — La || Forme || et Maniere de || la Punctuation, & Ac- || cents de la Langue || Françoise. || Liure tresvtile & proffitable || pour toutes gens de Lettre. || Nouuellement reueu & cor- || rigé. || *A Paris,* || *Pour Barbe Regnault, demourant en* || *la rue sainct Iaques, à l'en-*

Iv.5.80

sei- || gne de l'Elephant, deuant || les Mathurins. || 1560. In-16 de 16 ff. non chiffr., sign. A-B. — Ensemble 2 parties en un vol. in-16, mar. r., fil., dos orné, tr. dor. (Bauzonnet, 1844.)

>   *Instruction.* — Au titre la marque de *Barbe Regnault* (Silvestre, n° 980).
>   Le volume se compose d'une épître en vers « A tresnoble et illustre seigneur, monseigneur Guillaume de Montmorency, fils de treshaut et trespuissant seigneur Anne de Montmorency, per et connestable de France »; — d'une épître en vers « sus l'excellence et utilité de l'escriture »; — d'un poème intitulé : *Des Inventeurs de l'art alphabetique et caractère des lettres;* — d'un autre poème intitulé : *La Manière de bien tailler la plume* ; — de *Plusieurs Quatrains* mis par ordre alphabetique tant de l'invention dudict *Le Moyne* que de ces (sic) *doctes escoliers à sa louenge;* — de *Plusieurs Lettres missives* (en prose) *adressées au roy Francoys, premier de ce nom, pére des bonnes lettres, à la royne Eleonor, et à madame Marguerite, sœur unique du roy Henry.*
>   Jean Le Moyne était un des calligraphes les plus renommés de son temps. On trouve dans le *Temple de Chasteté* de François Habert (Paris, M. Fezandat, 1549, in-8, fol. 7 b) une épigramme qui lui est adressée, et à laquelle il a joint lui-même une réponse.
>   La *Forme et Manière de la Ponctuation,* que Jean Le Moyne a fait imprimer à la suite de son poème, est le traité bien connu d'ESTIENNE DOLET. La première édition de cet opuscule parut à Lyon en 1540 (Brunet, II, 795). Celle-ci se termine par une épître de CHARLES DE SAINTE MARTHE « Au Lecteur françois ».
>   Exemplaire de CH. NODIER (Catal., n° 146) et de M. le baron J. PICHON (n° 259), acquis à la vente Paradis, 1879 (n° 143).

657. ŒUVRES || POETIQVES de || Louïs des Masures || Tournisien. || ❦ || Quanto superat discrimine virtus ? || *A Lion* || *Par Ian de Tournes* || *et Guil. Gazeau.* || M. D. LVII [1557]. || Auec Priuilege du Roy. In-4 de 12 ff. lim. et 80 pp., mar. r., fil., dos et coins ornés, tr. dor. (*Bauzonnet.*)

>   Le titre est entouré d'un élégant encadrement.
>   Au v° du titre est un extrait du privilège accordé pour dix ans, le 22 juillet 1557, « à M. Louis Des Masures, conseiller et secretaire de monseigneur le duc de Lorraine ».
>   Le r° du 2e f. contient un sixain signé : ANGEVILLE.
>   Le reste des ff. lim. est occupé par une épître en latin et en français « A monseigneur le cardinal de Lorraine ».
>   Nous avons décrit précédemment le premier ouvrage de Louis Des Masures, sa traduction de l'*Eneide* de Virgile. Il publia en 1557, outre ses *Œuvres poetiques,* la traduction du *Jeu des Echecs* de Vida et celle de *Vingt Psaumes de David.* Ces deux dernières productions se trouvent quelquefois jointes aux *Œuvres poetiques,* mais n'en font pas nécessairement partie.
>   Exemplaire de CH. NODIER (Cat., n° 398).

658. ❦ HYMNE || SVR LA NAIS- || SANCE DE MADAME MAR- || GVERITE DE FRANCE, fille du || Roi treschrestien Hen- || ry, en l'an 1553. Par O- || liuier de Magni Querci- || nois, auec quelques au- || tres vers Liriques de luy. || Auec Priuilege. || *Au Palais à Paris par Arnoul l'Ange-* || *lier, au second*

pillier de la grād salle. || 1553. In-8 de 34 ff. non chiffr., sign. *a-h* par 4, *i* par 2, caract. ital., mar. bl. clair jans., tr. dor. (*Trautz-Bauzonnet.*)

> Le titre est entouré d'un joli encadrement dans le goût de la Renaissance (on y remarque le monogramme et les croissants d'Henri II et de Diane de Poitiers). Le v° du dernier f. contient un extrait du privilège accordé pour deux ans à *Arnoul L'Angelier*, le 2 août 1553.

659. Les || Gayetez || d'Olivier de Magni || a || Pierre Paschal, || Gentilhomme || du Bas Pais de || Languedoc. || Non tamen est facinus molles euoluere versus, || Multa licet castè non facianda legant. || Ouid. 2. Trist. || Auec priuilege || du Roy. || *A Paris,* || *Pour Iean Dallier, demeurant sur* || *le pont sainct Michel,* || *à la Rose blanche.* || 1554. In-8 de 56 ff. non chiffr., sign. *A-O*, caract. ital., mar. bl. clair jans., tr. dor. (*Trautz-Bauzonnet.*)

> Le 2⁰ f. est occupé par une épître en vers « A Pierre de Paschal. »
> Les ff. Aiij-Biij contiennent le *Vœu du portraict de sa Marguerite, faict après le naturel* par le comte d'Alsinois [Nicolas Denisot].
> Au v° du f. Oi se trouve une pièce de P. de Ronsard « A Olivier de Magny. »
> Le privilège, dont le texte occupe le v° du Oiij et le r° du dernier f., est accordé pour six ans à *Jean Dallier*, à la date du 16 juin 1554; il est suivi d'un achevé d'imprimer du 23 du même mois.
> Le v° du dernier f. porte la rose de *Jean Dallier* (Silvestre, n° 308).

660. Les || Odes d'Oli- || vier de Magny || de Cahors || en Qvercy. || *A Paris,* || *Chez André Wechel, rue sainct Iean de Beau-* || *uais, à l'enseigne du cheual volant.* || 1559. || Auec priuilege du Roy. In-8 de 192 ff. chiffr., sign. *A-Aa*, caract. ital., mar. bl. clair jans., tr. (*Trautz-Bauzonnet.*)

> Au titre, la marque d'*A. Wechel* dont Silvestre a donné une réduction sous le n° 1178.
> Au v° du titre est un extrait du privilège accordé pour dix ans à *Wechel*. le 11 juin 1557.
> Le 2⁰ f. et le r° du 3⁰ f. contiennent une dédicace, en forme d'ode, « A monseigneur d'Avanson, conseiller du roy en son privé conseil. »
> Peu de poètes du XVI⁰ siècle ont été, depuis une quinzaine d'années, aussi souvent étudiés qu'Olivier de Magny. Ses œuvres ont été deux fois réimprimées et ont fait l'objet de commentaires plus ou moins aventureux. Ce sont surtout ses amours avec Castianire, c'est-à-dire probablement avec Louise Labé, qui ont piqué la curiosité des critiques modernes. Quelques-uns ont voulu faire honneur au compatriote de Marot des poésies publiées par la muse lyonnaise; mais cette opinion nous paraît bien peu vraisemblable. Les vers d'Olivier de Magny n'approchent pas de ceux de Louise Labé.

661. Choreïde. || Autrement, || Louenge || du Bal: || aus Dames || * || Par B. de la Tour || d'Albennas. || *A Lion* || *Par Ian*

de Tournes. || M. D. LVI [1556]. In-8 de 80 pp., mar. r., dos et milieu ornés, tr. dor. (*Trautz-Bauzonnet.*)

<small>Le titre est entouré de l'encadrement que l'imprimeur a employé pour les *Œuvres* de Louise Labé. (n° 638.)
Au v° du titre est placé un avis de J[EAN] D[E] T[OURNES] « Aus Dames », avis daté de Lyon, le 8 avril 1556.
La *Choreide* est suivie de *Chants d'amour*, d'*Epistres*, d'*Epigrammes*, etc. Parmi ces pièces diverses on remarque le *Blason du Miroir*, la *Naseide*, dédiée « au grand roy Alcofribas Nazier [François Rabelais] », l'épitaphe de Marguerite de Valois, reine de Navarre, et la traduction des vers latins « posez sus le tombeau » de cette princesse par Guillaume de La Perrière, Tholousain.
Exemplaire de M. le comte O. DE BÉHAGUE (Cat., n° 578).</small>

662. L'AMIE || DES AMIES, || Imitation d'Arioste : diuisée || en quatre liures. || Par Berenger de la Tour || d'Albenas en Viuarez. || A M. Albert, Seigneur || de Saint Alban. || *A Lyon,* || *De l'Imprimerie de Robert Grandjon.* || *Mil. V° Lviij* [1558]. In-8 de 87 ff. non chiffr., et 1 f. blanc, sign. *A-L*, caract. de civilité. — L'AMIE || RVSTIQVE, || ET AVTRES VERS DIVERS, || Par || Beranger de la Tour d'Albenas || en Viuarez || A. M. Albert, Seigneur || de Sainct Alban. || *A Lyon,* || *De l'Imprimerie de Robert Granjon.* || *Mil. V° Lviij* [1558]. In-8 de 44 ff. non chiffr., sign, *A-E* par 8, *F* par 4, caract. de civilité. — Ensemble 2 parties en un vol. in-8, mar. citr., dos et milieu ornés, tr. dor. (*Trautz-Bauzonnet.*)

<small>Le titre de chacune des deux parties porte la marque de *R. Granjon* (Brunet, II, 642 ; Silvestre, n° 172).
L'*Amie des Amies* est une traduction en vers de dix syllabes de l'épisode d'Isabelle et de Zerbin, qui fait partie du XXIV° chant de l'*Orlando furioso*.
Le poème est suivi d'un *Chant de vertu et honneur* « A monseigneur F. de L'Estrange, evesque d'Allet », de *Lettres*, de *Vers epars* et de *Fragmens de Contre Amitié*. Ces fragments sont un recueil de vers français et latins de l'abbé de La C[elle], [C. DE L'ESTRANGE], de « F. [DE L'ESTRANGE], evesque d'Allet », de C. DE LA PERRIÈRE, Tolosan, de P. DU TIERS, « gentilhomme », de JEHAN BRUN, « poëte françois », de C. DE VESC, « proto[notaire] du Theil, prevost de Valence », de J. DE BELERGA, « conseiller du roy à Carcassonne », d'HECTOR PERTIUS, « docteur », de L. DE LA GRAVIÈRE, « poëte françois », d'OLIVIER DE LA VERNADE, « grand orateur et poëte », de N. PRIVÉ [PRIVATUS], « doctor medic. », de L. JOUBERT, « doct. med. », d'A. DU MOLIN, Masconnois, de LA COUCHE, « Dalphinois », de BERENGER, dont la devise est : *De labeur heur*, de H. FABER, « medicinae professor Suessionensis », de POLLARDANUS et de JACQUES ISNARD, « Aransionensis. »
La première partie se termine par la *Moscheide*, « histoire tirée de Macaron en France. »
L'*Amie rustique*, qui forme la seconde partie, est dédiée « A N. Albert, seigneur de Sainct Alban » ; elle se divise en quatre églogues. On trouve à la suite des *Chansons*, un *Chant de vertu et fortune*, « A monseigneur C.</small>

BELLES-LETTRES.

de L'Estrange, abbé de La Celle », des épitaphes, et la *Naseide, restituée en son entier,* « A Alcofribras, Indien, roy de Nasée ». Cette dernière pièce, qui avait paru en 1556, à la suite de la *Choreide* (voy. le n° 661), est précédée ici d'une épître en prose « A B. de Rochecolombe, gentilhomme », épître datée de Musecole, le 31 décembre 1557.

Exemplaire de M. R.-S. TURNER (Cat., n° 284).

663. LES || AMOVREVSES || OCCVPATIONS de || Guillaume de la || Tayssonniere || D. de Cha- || nein, || Asçauoir Strambotz, So- || netz. Chantz, & Odes || liriques. || *A Lyon,* || *Par Guillaume Rouille.* || 1556. In-8 de 64 pp., mar. bl., fil., comp., dos orné, tr. dor. (*Trautz-Bauzonnet.*)

<blockquote>
Le titre est orné d'un bel encadrement gravé sur bois.
Au v° du titre est un sonnet « A mes-damoyzelles de Chanein et d'Estours. »
Les pp 3-8 contiennent une épître de l'auteur « A sa divine », des sonnets de B. DU TRONCHET, Masconnois, et de BENOIST PONCET, enfin un *Advertissement au Lecteur.*
Guillaume de La Tayssonnière prit part en 1554 aux guerres de religion. Plusieurs des pièces qui composent son recueil sont datées du camp de Dinan, 1554. On y remarque aussi l'*Epitaphe de feu noble G. de Maugiron, seigneur d'Igie, qui mourut à Valfinière.* l'an 1554.
Exemplaire de M. le docteur DESBARREAUX-BERNARD (Cat., n° 369).
</blockquote>

664. SOVRDINE ROYALE, || sonnant le boute- || selle, l'a- cheual, et a || l'estandart, a la no- || blesse Catholique de France, || pour le secours de nostre || Roy Tres-chrestien || Charles IXe. || Par Guillaume de la Tayssonniere gentil- || homme Dombois. || *A Paris,* || *De l'Imprimerie de Federic Morel, rue sainct* || *Iean de Beauuais, au Franc Meurier.* || M. D. LXIX [1569]. || Auec Priuilege du Roy. In-8 de 8 ff. chiffr., caract. ital., mar. r., fil., dos orné, tr. dor (*Bauzonnet-Trautz.*)

<blockquote>
Au titre une marque de *Federic Morel*, plus petite que celle dont Silvestre a donné la reproduction sous le n° 830.
Au v° du titre, un *Extrait* du privilège accordé pour quatre ans à *Federic Morel*, le 29 janvier 1569. L'achevé d'imprimer est du 17 février de la même année.
Le 2e f. est occupé par une épître « A la Majesté du Roy Tres-Chrestien ». La Tayssonnière, qui composait ses poésies tout en faisant la guerre, s'exprime ainsi : « J'estime que Vostre Majesté, Sire, cognoistra aisément par ce petit nombre de vers mesurez à la haste, en campaigne et dedans le corcellet, quelle devotion j'ay eue par cy devant à soliciter et encourager Vostre noblesse catholique de n'espargner ny les biens ny la vie pour le salut et conservation de Vostre estat et couronne. »
Le titre singulier choisi par La Tayssonnière a été plus tard imité par Chrestofle de Bordeaux, Parisien, qui a composé un *Toxin, Bouteselle et Sonne Tambour à la noblesse et gendarmerie françoyse, contre les Reistres, Allemans et autres nations, partis exprès de leurs pays avecques intention de ruyner et saccager la France* (Biblioth. nat., Y = Lb³⁴. 355 (1), Rés.).
De la bibliothèque de M. le baron de LA ROCHE LACARELLE.
</blockquote>

665. Le || Ravisse- || ment d'Orithye || Composé par B. Tag. || Dedié || à || M. Roger de Vaudetar, || Conseiilier en la Court de Parlement, || & Seigneur de Poully. || *A Paris*. || *Chez André Wechel, rue sainct Iehan de Beau-* || *uais à l'enseigne du cheual volant.* 1558 || Auec priuilege. In-8 de 23 ff. chiffr. et 1 f. non chiffr., mar. bl., dos et mil. ornés, tr. dor. (*A. Motte*.)

Au titre, la marque de *Wechel* dont Silvestre a donné une réduction sous le n° 1178.

Au v° du titre, un extrait du privilège accordé pour dix ans au même imprimeur.

Le sujet du poème est tiré de la fable XIe du VIe livre des *Métamorphoses* d'Ovide.

Le volume se termine par la devise de Barthelemy Tagault : *Agam sola virtute beatus*, et par des vers grecs et latins signés de J. Courtier (Κουρτήριος), C. Utenhove et François Thoreau (Θόριος.)

666. Le || Discovrs || du Testament de la prîse de la Ville || de Guines, composé par maistrie [*sic*] || Anthoine Fauquel, prebstre, natf [*sic*] || de la Ville & Cité d'Amiens. || ⚜ Auec deux Chansons nouuelles faicte [*sic*] sur la Prinse de || ladicte ville de Guines || *A Paris*, || *De l'Imprimerie d'Oliuier de Harsy, au* || *clos Bruneau, à l'enseigne de la Corne* || *de Cerf.* || Auec Priuilege. || 1558. In-8 de 8 ff. non chiffr., mar. r. jans., tr. dor. (*Trautz-Bauzonnet.*)

Au titre, le portrait d'un roi de France revêtu d'une cuirasse.

Au v° du titre, le texte du privilège accordé pour six mois à maître Anthoine Fauquel, le 24 janvier 1557 [1558, n. s.].

Le 2e f. contient une épître, en prose, « A noble et puissant seigneur, monsieur le vidasme d'Amiens [Louis d'Ailly] », et un huitain « Audict seigneur. »

Le *Discours* est farci de latin; l'auteur y a fait entrer un verset et demi du premier chapitre des Lamentations de Jérémie : *Vocavi amicos meos et ipsi deceperunt me*, etc.

A la suite du *Discours* se trouvent deux chansons de M. J[acques] P[ierre], dit Chasteau Gaillard.

Recueil de Poésies françoises, IV, 314-325.

Anthoine Fauquel a composé un autre poème intitulé : *Epitaphe de la ville de Calais* (Paris, Jean Cuveiller, 1558, in-8), à la suite duquel se trouve également une chanson de Jacques Pierre, dit Chasteau Gaillard (*Recueil de Poésies françoises*, IV, 304-313).

G. — Ronsard et les Poètes de la Pléiade.

RONSARD.

667. Les || Œvvres de || P. de Ronsard Gentilhomme || Vandomois, || redigees en six tomes. || *A Paris,* || *Chez Gabriel Buon au cloz Bruneau à* || *l'enseigne S. Claude.* || 1567. || Auec Priuilege du Roy. 6 tom. en 4 vol. in-4, mar. r., fil., comp. dos orné, tr. dor. (*Capé*.)

> Première édition collective des œuvres de Ronsard.
> Le titre de chaque tome porte la marque de *G. Buon* (Silvestre, n° 289).
> *Tome premier.* — Le titre porte : *Les* || *Œuures de* || *P. de Ronsard..* . || *redigées en six tomes.* || *Le Premier,* || *Contenant ses Amours diuisées en deux parties .* || *La premiere commentée par M. A. de Muret :* || *La seconde par R. Belleau*
> Le *Premier Livre des Amours* compte 124 ff., dont les 8 premiers contiennent le titre, au v° duquel est l'*Extrait du privilége*, des vers latins et français d'Adrien Turnèbe, de J. Du Bellay, de Jean Dorat, de H. R. R. H. et de Memmius Fremiot ; le portrait de Marc-Antoine de Muret ; la

> préface dressée par le même Muret « A monseigneur Adam Fumée, conseiller du roy en son parlement, à Paris », (voy. sur ce personnage

La Croix du Maine, éd. Rigoley de Juvigny, I, 5); le *Vœu*, et enfin le portrait de Ronsard.

Le *Second Livre* est précédé d'un titre particulier et compte, en tout, 88 ff. chiffr., 1 f. non chiffr. et 1 f. blanc. Au v° du titre est un sonnet de R. GARNIER. Les 2ᵉ et 3ᵃ ff. contiennent une épître de R. BELLEAU « A monsieur de S. François, conseiller du roy en sa court de Parlement, à Paris », trois distiques latins de PROPERCE et un sonnet de G. DES AUTELS.

Tome deuxiesme, (le titre porte : *Les* || *Odes de P. de* || *Ronsard*, etc.): 242 ff. mal chiffr.

Le numérotage des feuillets de ce volume ne commence qu'au second cahier (*Bb*) et se suit de 9 à 244; or le premier cahier, imprimé en dernier lieu et pour lequel on avait réservé 8 ff. n'en contient en réalité que 6. Ces ff. lim. sont occupés par le titre, au v° duquel est un *Extrait du privilége*, la *Table*, la liste des *Fautes survenues à l'impression*, le portrait de Ronsard et le discours « Au Roy. »

Tome troisiesme (le titre porte : *Les* || *Poemes de P. de* || *Ronsard*, etc.): 188 ff. — Ce volume contient en outre les *Epitaphes*, le *Livre des Sonets* et l'*Abbregé de l'Art poetique françoys*.

Tome quatriesme (le titre porte : *Les Hymnes de* || *P. de Ronsard*, etc.) : 149 ff. chiffr. et 1 f. pour l'*Extrait du privilége*. — Les 4 premiers ff. comprennent le titre (au v° duquel est le portrait de Ronsard), la *Table* et une épître d'ESTIENNE JODELLE « A madame Marguerite, duchesse de Savoye. »

Tome cinquiesme (le titre porte : *Les* || *Elegies de* || *P. de Ronsard*, etc.) : 196 ff.

Tome sixiesme (le titre porte : *Discours* || *des miseres* || *de ce Temps, Par P. de* || *Ronsard*, etc.) : 72 ff. mal chiffr. — Le f. Aij porte par erreur 4, au lieu de 2, et l'erreur de chiffre se poursuit jusqu'au dernier f., coté 74.

Le privilège, daté du 20 septembre 1560, est un privilège général accordé au poète pour tous ses ouvrages; la durée n'en est pas indiquée. Ronsard déclare en faire cession pour huit ans à *Gabriel Buon*, à dater du 4ᵉ jour d'avril 1567, « que lesdites œuvres ont esté achevées d'imprimer. »

Haut. : 234 ; larg. : 155 mm.

668. LES || OEVVRES || DE PIERRE || DE RONSARD || Gentilhomme || Vandosmois Prin- || ce des Poetes || François. || Reueues et augmentees || et Illustrees de Commentai- || res et remarques. || *A Paris,* || *Chez Nicolas Buon* || *ruë St. Iacques à l'ensei-* || *gne St Claude et de l'Homme sauuage.* || Auec priuilege du Roy. || M. DC. XXIII [1623]. 2 vol. in-fol., v. f. (*Anc. rel.*)

Les deux volumes ont une pagination continue. Le premier se compose de 9 ff. lim. et 768 pp.; le second, d'un titre, de 960 pp., chiffrées de 769 à 1728, et de 6 ff.

Les ff. lim. de la première partie contiennent : un faux-titre; un titre gravé par *L. Gaultier* ; 1 f. pour une épître « Au Roy », signée J. GALLAND, et pour les poésies latines d'ADRIEN TURNÈBE, de DU BELLAY et de J. DORAT ; 1 f., formant encart, pour le portrait de Richelet, gravé par *Picquet*, un quatrain de NIC. CHEVALIER, « premier president de la cour des Aydes, etc. », une réponse de NIC. RICHELET et un sonnet de P. PERRAULT, Tourangeau; 1 f. pour l'ode latine de J. DORAT ; 1 f. pour une ode du même, une pièce latine d'ESTIENNE PASQUIER, un sonnet de MELIN DE S. GELAIS, et l'*Extrait du privilège* ; 1 f. pour le *Sommaire du contenu en ces œuvres*, un sonnet de JOACHIM DU BELLAY, le portrait d'A. de Muret et le quatrain joint à ce portrait par *L. MEMMIUS FREMIOT* ; 1 f. pour la *Preface* de MARC-ANTOINE DE MURET ; « A monsieur Adam Fumée, conseiller du roy en son parlement à Paris » ; 1 f. pour le sonnet de « L'autheur à son livre », le *Vœu*, les portraits de Ronsard et de Cassandre, gravés en taille douce par *Cl. Mellan* et un sonnet de CL. GARNIER.

Le titre de la seconde partie porte une grande marque gravée par *L. Gaultier.*

Les commentaires joints à cette édition sont : pour les *Amours*, de M.-A. DE MURET et de REMY BELLEAU; pour les *Sonnets* et les *Odes*, de NIC. RICHELET; pour la *Franciade*, le *Bocage royal*, les *Eclogues*, les *Elegies*, de P. DE MARCASSUS ; pour les *Hymnes*, de NIC. RICHELET ; pour les *Poémes* de P. DE MARCASSUS; pour le *Discours des miseres de ce temps*, de CL. GARNIER. Les *Epitaphes* et le recueil des *Sonnets, Odes, Hymnes*, etc., qui devaient être commentés par Cl. Garnier, ont été simplement revus par M. ESTIENNE, « un des rares personnages d'entre nous », dit Garnier (p. 1404), « et qui tient de race. » On voit qu'il s'agit ici d'un membre de la famille Estienne, mais il est difficile de dire lequel.

Le second volume se termine par la *Vie de P. de Ronsard*, de CLAUDE BINET; l'*Oraison funèbre sur la mort de M. de Ronsard*, par M. DU PERRON, « depuis evesque d'Evreux et cardinal archevesque de Sens »; l'*Eclogue meslée*, de CLAUDE BINET, et le *Tombeau de P. de Ronsard*. Les auteurs du *Tombeau* sont : CL. BINET, JEAN DORAT, N. GOULU, GEORGES CRITTON,

Pierre Luer, Germ. Vaillant [de La Guesle], Pontus de Tyard, P. Binet, J.-A. de Baïf, J. Passerat, J.-A. de Thou, R. Garnier, Amadis Jamin, Jean Le Clerc, Scevole de Sainte-Marthe, Estienne Pasquier, Pierre Pithou, Ant. Loisel, Jean Galand, Bertaud, Nic. Rapin, Louis d'Orleans, Jean Herouard, médecin du roi, Federic Morel, Ant. Hotman, R. Estienne, R. Caillet, Poictevin, Ch. de La Guesle, C. Menard, G. Durant, A. de Tournebu, Ferrante Grigioni, Fiorentino, Matt. Zampini, P. Giacomini, Teb. Malespina, Cos. Ruggieri, Lodovico Martelli, R., Speron Speroni, G. Colletet et Cl. Garnier.

Outre les portraits que nous avons cités, le recueil contient neuf portraits gravés en taille douce, dont cinq sont signés de *Thomas De Leu*, savoir : Henri II (p. 318), Charles IX (p. 592), François de France, duc d'Anjou (p. 774), Henry de Lorreine, duc de Guise (p. 842), Anne, duc de Joyeuse (p. 878), Marie Stewart (p. 1170), Jehan Louys de Nogaretz de La Vallette. duc d'Espernon (p. 1230), François II, roy de France (p. 1286), et Catherine de Medicis

Le privilège, daté du 13 décembre 1621, est accordé, sans limitation de durée, à Philippes Galandius, principal du collège de Boncourt, « auquel ladite majesté, pour certaine consideration, a donné ceste grace speciale et particulière, pouvoir de tousjours disposer, à present et à l'avenir, de l'impression desdites œuvres de P. de Ronsard, etc. » Galand déclare, en conséquence, céder ses droits pour douze ans au libraire *Gabriel Buon*, qui le 9 août 1622, jour même de la cession, obtient du roi un privilège spécial de dix ans.

669. L'Hymne de || France composé || par Pierre de Ron- || sart Vandomois. || *A Paris* || *De l'imprimerie de Michel Vascosan.* || M. D. XLIX [1549]. In-8 de 8 ff. non chiffr., caract. ital., mar. bl., dos et mil. ornés, tr. dor. (*Trautz-Bauzonnet.*)

Cet *Hymne* est la première pièce de Ronsard qui ait été imprimée.

670. Ode de la || Paix par Pierre de || Ronsard Vandomois, Au Roi. || *A Paris,* || *Chez Guillaume Cauellat, Libraire iuré, de-* || *mourāt à l'enseigne de la Poulle grasse, deuant* || *le college de Cambrai.* || 1550. || Auec Priuilege. In-12 de 12 ff. non chiffr., mar. bl., dos et milieu ornés, tr. dor. (*Trautz-Bauzonnet.*)

Au titre, la marque de *Cavellat* (Silvestre, n° 398).
Au v° du titre se trouvent : un extrait du privilège accordé pour deux ans à G. *Cavellat* (la date n'en est pas rapportée), un quatrain grec de Jacques Goupil, médecin, et un distique grec d'Ant. de Baïf.
L'*Ode* est suivie d'un sonnet de Sainte-Marthe et d'un sonnet de Pierre Des Mireurs, accompagné de la devise *Ignoti nulla cupido*, dont nous avons précédemment parlé (n° 628).

671. Les qvatre premiers || livres des Odes de Pierre de Ronsard, || Vandomois. || Ensemble son Bocage. || Σῶς ὁ Τέρπανδρος. || *A Paris.* || *Chez Guillaume Canellart* [sic] *libraire iuré de l'uniuer-* || *sité de Paris, demeurant deuant le College de* || *Cambrai, a la poulle grasse.* ||

M. D. L. [1550]. || Auec Preuilege du Roi. In-8 de 10 ff. lim., 170 ff. chiffr. et 2 ff. pour les *Fautes en l'impression*, mar. bl., dos et milieu ornés, tr. dor. (*Trautz-Bauzonnet.*)

 Au titre, un distique grec de JEAN DORAT.
 Les ff. lim. contiennent en outre deux avertissements « Au Lecteur » et le *Privilége*.
 Les *Odes* de Ronsard paraissent ici pour la première fois. Cette édition originale a une réelle importance pour l'étude des œuvres du poète.
 Les deux préfaces, supprimées dans les éditions postérieures, n'ont été reproduites que dans les recueils de 1617, 1623 et 1629. La seconde de ces deux préfaces, celle où Ronsard se déclare partisan de la réforme orthographique de Louis Meigret, est surtout curieuse.
 Les *Odes* présentent un grand nombre de variantes que M. Blanchemain lui-même a négligé de relever. La partie intitulée *Bocage* contient d'autres pièces que celles qui composent le recueil donné par Ronsard en 1554.
 Le v° du 8° f. lim. contient un sonnet signé de la devise *Caelo Musa beat*, qui est celle de JOACHIM DU BELLAY. A la suite du *Bocage* se trouve une *Brève Exposition de quelques passages du premier livre des Odes de Pierre de Ronsard*, par J. M. P., puis viennent les sonnets de J.-A. DE BAÏF, R. R. S. DE LA GUILLOTIÈRE, du bas Poictou, de JEAN-PIERRE DE MESMES, qui signe seulement de la devise *Caelum non solum*, et d'A. DE LA FARE ; une pièce latine composée par PIERRE FABRI, de Toulouse, « anno aetatis suae XI. », des vers grecs de JEAN DORAT et de BAÏF, enfin une ode latine de DORAT.
 Le privilège, daté du 10 janvier 1549 [1550, n. s.], est accordé à Ronsard pour cinq ans.
 La garde de cet exemplaire porte la signature du célèbre banquier MARCUS FUGGER, d'Augsbourg.

672. LES || HYMNES || DE P. DE RONSARD, || Vandomois : || A Tresillustre et Reue- || rendissime, Odet, Cardinal || de Chastillon. || || *A Paris*, || *Ches André Wechel rue S. Iehan de Beauuais* || *à l'enseigne du cheual volant*. || 1555. || Auec Priuilege du Roy. In-4 de 185 pp. et 2 ff. — HYMNE || DE BACVS || Par Pierre || de Ronsard, || Auec la Version Latine || De Iean Dorat. || *A Paris*, || *Chés André Wechel rue S. Iehan de Beauuais* || *à l'enseigne du Cheual volant*. || 1555. || Auec Priuilege du Roy. In-4 de 29 pp. et 1 f. non chiffr. — Ensemble deux parties en un volume in-4.

 Le titre de chaque partie porte la marque de *Wechel* dont Silvestre a donné une réduction sous le n° 1178.
 Le v° du titre contient un extrait du privilège général accordé à Ronsard au mois de janvier 1553 [1554, n. s.], privilège dont la durée n'est pas indiquée. En vertu de l'ordonnance royale, le poète permet à Wechel d'imprimer les *Hymnes* et l'*Hymne de Bacus* pendant six ans.
 La première partie contient une épître « A tresillustre et reverendissime Odet, cardinal de Chastillon », suivie d'une pièce latine de JEAN DORAT, et quatorze pièces, savoir : L'*Hymne du Roy*, l'*Hymne de la Justice*, le *Temple de messeigneurs le Connestable et des Chatillons*, l'*Hymne de la Philosophie*, la *Prière à la Fortune*, les *Daimons*, l'*Hymne du Ciel*, l'*Hymne des Astres*, l'*Hymne de la Mort*, l'*Hymne de l'Or*, l'*Hercule chrestien*, précédé d'un sonnet du COMTE D'ALSINOIS [NICOLAS DENISOT], une épître « A Charles de Pisseleu, evesque de Condon », l'*Epitaphe de Loyse de Mailly*, abbesse de *Caen et du Lis*, et l'*Epitaphe de Artuse de Vernon*, dame de *Telygny*.

L'*Hymne de Bacus* fait suite à la première partie, comme l'indiquent les signatures *aa-dd*. Il est précédé d'une pièce latine de Jean Dorat, lequel a joint au poème français, non-seulement une version latine, mais une ode grecque.

673. ⁂ La Paix. || Au Roy. || Par P. de Ronsard || Vandomois. || *A Paris,* || *De l'imprimerie d'André Wechel.* || 1559. || Auec Priuilege du Roy. In-4 de 12 ff. non chiffr., sig. *A-C.*

IV.6.70

Au titre, la marque d'*A. Wechel* dont Silvestre a donné une réduction sous le n° 1178.
Au verso du titre est un extrait du privilège accordé pour dix ans à *Wechel,* à la date du 11 juin 1557.
Le volume contient trois pièces : 1° *La Paix, au Roy* (éd. Blanchemain, VI, 216-224); 2° *La Bienvenue de monseigneur le Connestable, au reverendissime cardinal de Chastillon, son nepveu* (ibid., VI, 224-228); 3° *Envoy des chevaliers aux dames, au tournay de monseigneur le duc de Lorreine* (ibid., IV, 206-208).
Faute d'avoir consulté l'édition originale, qu'il cite pourtant (IV, 71), M. Blanchemain a daté les deux pièces de 1560, tandis que l'*Advertissement au Lecteur,* rappelé ci-dessus, nous apprend qu'elles ont été composées avant la mort d'Henri II (10 juillet 1559).
Le volume sort des presses de *Robert Estienne* ; il est imprimé avec les mêmes fleurons et les mêmes caractères que le *Discours à monseigneur le duc de Savoye,* décrit ci-apres. Il est probable qu'*A. Wechel* n'était pas encore imprimeur en 1559.

IV.2.32

674. Discovrs || A Tres Hault et || Tres Puissant Prince, || Monseigneur le Duc de Sauoye. || Chant Pastoral a Mada- || me Marguerite, Duchesse de Sauoye. || Plus, || XXIIII Inscriptions en faueur de || quelques grands Seigneurs, lesquelles deuoyent seruir en la Comedie qu'on || esperoit representer en la maison de Guise par le commandement de Mon- || seigneur le Reuerendissime Cardinal de Lorraine. || Par || Pierre de Ronsard Vandomois. || *A Paris,* || *De l'Imprimerie de Robert Estienne.* || M. D. LIX [1559]. || Auec Priuilege du Roy. In-4 de 18 ff. non chiffr., sign. *A-D* par 4, *E* par 2, caract. ital.

Édition originale de ces diverses pièces.
Au titre, la marque de *R. Estienne* (Silvestre, n° 958).
Au v° du titre se trouve un *Advertissement* « Au Lecteur », dans lequel le poète nous apprend que « ce petit recueil estoit composé avant la mort du feu roy et différé d'imprimer, à cause de la commune tristesse où toute la France estoit pour le regard d'un si piteux accident. »
Au v° du dernier f. est imprimé un *Extrait du privilège.* Par lettres patentes datées de Villers-Cotterets, le 23 février 1558, le roi avait accordé à « maistre Pierre de Ronsard, conseiller et aumosnier ordinaire dudict sieur et de madame de Savoie » un nouveau privilège général, pour « faire imprimer et mettre en vente toutes et chascune de ses euvres, imprimées ou à imprimer »; — en vertu de ce privilège, le poète déclare permettre à *Robert Estienne* la publication de son *Discours.*
La titre donné ici à Ronsard est des plus curieux, car, dans les autres

privilèges que nous avons consultés, le poète est désigné sous le nom de P. de Ronsard, « gentilhomme vandomois », ou simplement « Vandomois ». La qualité d'aumônier ordinaire du roi et de la duchesse de Savoie fournit un argument précieux à ceux qui prétendent que Ronsard entra d'abord dans les ordres. Nous nous étonnons que ses biographes ne l'aient point mentionnée.

L'édition originale, dont nous venons de transcrire le titre, est fort rare; peut-être M. Blanchemain n'en a-t-il pas rencontré d'exemplaires lors de sa grande publication des *Œuvres de Ronsard*, car il n'a pas relevé les variantes que cette première impression présente sur les éditions postérieures. En voici quelques-unes que nous remarquons au début des deux pièces :

Discours au duc de Savoie (il s'agit du duc Emmanuel-Philibert, le vainqueur de Saint-Quentin), éd. Blanchemain, III, 338-349 :

P. 338, v. 11 : Et *d'un* grand roy, pour *se trop* mecognoistre ; éd. orig. : Et *un* grand roy, pour *trop se*...

P. 339, v. 9 : Des hauts *honneurs*...; éd. orig. : Des haults *estats*...

P. 340, v. 3 : Et *qu'en* ta terre... ; éd. orig. : Et *que* ta terre...

Ibid., v. 6 : ...*contre droict et raison* ; éd. orig. : *sans bien grande raison*...

P. 341, v. 7 : A qui le nord *qui* horriblement vente ; éd. orig. : A qui le Nord *plus* horriblement vente.

P. 342, v. 3 : ...alla boire *le* Rhin ; éd. orig. : ...*du* Rhin.....

Ibid., v. 20 : ...bruslant *les* villages ; éd. orig. : *nos* villages.....

P. 343, v. 32 : De tels propos *toy lors* espoinçonné ; éd. orig. : *lors toy*...

Chant pastoral a madame Marguerite, duchesse de Savoye, éd. Blanchemain, IV, 71-81.

P. 71, v. 8 : Un vif *sourgeon*... ; éd. orig. : *surjon*...

Ibid., v. 12 : ... *douce* verdure...; éd. orig. : *jeune* verdure...

Ibid., v. 13 : Qu'estre à la cour et *mendier* en vain ; éd. orig. :... *et de poursuivre* en vain...

P. 72. v. 1 . Un faux espoir qui *coule de* la main ; éd. orig. :... qui *me deçoit* la main...

Ibid., v. 3 : Avoit *declose* ; éd. orig. : Avoit *desclos*...

Ibid., v. 12 · Lorsque le ciel *à la terre sou-rit* ; éd. orig.: *avec la terre rit*...

Ibid., v. 20 : *Et là j'avise*...; éd. orig. : *Où j'avisay*...

Ibid., v. 25 : ... il avoit *son* chapeau ; éd. orig. : *un* chapeau...

P. 73, v. 2 : *Palle et pensif*...; éd. orig. : *Piteusement*, etc.

675. ELEGIE || DE P. DE RONSARD || Vandomois, sur les troubles || d'Amboise, 1560. || A || G. des Aultels Gentilhomme Charrolois. || *A Paris,* || *Chez Gabriel Buon, au clos Bruneau,* || *à l'enseigne S. Claude,* || 1563. || Auec Priuilege du Roy. In-4 de 6 ff., caract. ital.

Au titre, la marque de *Buon* (Silvestre, n° 289).

Cette pièce se retrouve parmi les *Discours* de Ronsard, mais M. Blanchemain, qui cite en note l'édition séparée (VII, 39), ne paraît pas l'avoir eue sous les yeux, puisqu'il lui donne la date de 1564. Elle présente quelques variantes qu'il n'est pas sans intérêt de signaler :

Blanch., V, 39 : Veu le temps orageux qui par l'*Europe* court ; éd. 1563 : ..... qui par la *France* court.

Blanch., *ibid.* : Ne s'arment les costez d'hommes *ayans* puissance ; éd. 1563 : ..... d'hommes *qui ont* puissance.

Blanch., *ibid.* : Ce n'est pas aujourd'hui que les rois et les princes
   Ont besoin de garder par armes leurs provinces ;
   Il ne faut acheter ni canons ni harnois,
   Mais il faut les garder seulement par la voix ;
éd. 1563 : *C'est doncques* aujourd'huy que les roys et les princes
   Ont besoin de garder par armes leurs provinces,
   Et contre leurs sujets opposer le harnois,
   Usant et de la force et de la douce voix, etc., etc.

Comme on le remarquera, les variantes ne portent pas seulement sur la forme de l'*Elegie* ; le poète y fait des retouches justifiées par les changements politiques.

Au v° du dernier f. se trouve un *Extraict* du privilège général du 20 septembre 1560, avec mention de la cession spéciale faite à *Buon* pour six ans.

676. REMONSTRANCE || AV PEVPLE DE FRANCE. || Ie vous prie freres, de prendre garde à ceux qui font || dissensions & scandales contre la doctrine que || vous auez apprinse, & vous retirés d'eux. || S. Paul. Rom. 16. || *A Paris*, || *Chez Gabriel Buon, au clos Bruneau,* || *à l'enseigne S. Claude.* || 1563. || Auec Priuilege du Roy. In-4 de 17 ff. et 1 f. blanc, caract. ital.

Au titre, la marque de *Buon* (Silvestre, n° 289).

Ce discours, un des plus beaux morceaux que RONSARD ait écrits, est une violente diatribe contre les protestants.

M. Blanchemain (VII, 54) cite cette édition originale, mais lui donne, comme à la précédente, la date de 1564, et la décrit comme ayant 16 ff. au lieu de 18. Il ne remarque pas non plus que le nom de l'auteur ne s'y trouve pas.

Quoique la *Remonstrance* ait dû être composée d'un seul jet, en sorte que le poète ne pouvait guère y introduire de changements, on y relève aussi quelques variantes :

Blanch., VII, 56 : *Volontaire, inconstant,* qui au propos chancelle ;
   éd. 1563 : *Inconstant, incertain...*
Blanch., p. 57 : Je ne sçay quel *yvrogne*, apostat Augustin ;
   éd. 1563 : Je ne sçay quel *croté...*
Blanch., p. 58 : Car *tout* corps n'a qu'un lieu... ;
   éd., 1563 : Car *un* corps n'a..., etc.

Ces variantes ne nous paraissent pas indifférentes ; elles nous montrent le soin que Ronsard apportait à la révision de ses ouvrages, et nous regrettons que son dernier éditeur n'ait pas cru devoir les recueillir.

Le privilège, dont un *Extraict* occupe le v° du 17° f., est celui du 20 septembre 1560, avec cession speciale à *Buon*. Le nom de Ronsard n'y est pas mentionné. Il porte simplement que « il est permis à l'auteur de la presente *Remonstrance* », etc.

677. RESPONSE || aux calomnies || contenues au Discours || & Suyte du Discours sur les Miseres de ce temps, || Faits par Messire Pierre Ronsard, iadis Poëte, & || maintenant Prebstre. || La Premiere par A. Zamariel : || Les deux aultres par B. de Mont-Dieu. || Ou est aussi contenue la

Metamorphose dudict || Ronsard en Prebstre. || M. D. LXIII [1563]. *S. l.*, in-4 de 30 ff. non chiffr., impr. en caract. ital., sign. *a-g* par 4, *h* par 2. — REPLIQVE sur la respon- || se faite par Messire || Pierre Ronsard, iadis Poëte et || maintenant Prestre, à ce qui luy avoit esté || respondu sur les calomnies de ses || Discours, touchant les || Miseres de ce || temps. || Par || D. M. Lescaldin. || M. D. LXIII [1563]. *S. l.*, in-4 de 55 pp., caract. ital. — Ensemble 2 parties en un vol. in-4.

Ronsard fit paraître en 1562 son fameux poème intitulé : *Discours des misères de ce temps, à la royne mère du roy*, et une suite intitulée *Continuation du Discours des misères de ce temps* (Paris, Gabriel Buon, in-4 ; cf le n° 667 ci-dessus). Ces deux pièces, dirigées contre les calvinistes, auxquels le poète attribuait tous les maux dont le royaume était affligé, lui valurent la *Response* dont nous venons de transcrire le titre. Deux auteurs protestants s'associèrent pour réfuter les assertions du poète : A. ZAMARIEL, c'est-à-dire ANTOINE DE LA ROCHE-CHANDIEU, et B. DE MONT-DIEU, que l'on croit être JACQUES GREVIN.

Au v° du titre de la première pièce se trouvent une épître en prose « A messire Pierre Ronsard », signée J. D. N., et un quatrain.

La *Response* de Zamariel occupe les ff. *aij*, r°-*ci*, r° ; celle de B. de Mont-Dieu les ff. *ci*, v°-*diij*, v°. Le f. *div* contient, au r°, une épigramme latine, le v° en est blanc. La seconde pièce de B. de Mont-Dieu commence au f. *ej*, r°, et se termine au f. *hj*, v° ; on lit à la fin : *Imprimé le 24. de Febvrier 1562*

Le dernier f. contient, au r°, un sonnet *Des qualitez de Ronsard* ; le v° en est blanc.

Le poète royal ne se tint pas pour battu : il fit paraître une nouvelle diatribe intitulée : *Responce de P. de R. aux injures et calomnies de je ne sçay quels predicans et ministres de Genève sur son Discours et Continuation des misères de ce temps* (Paris, G. Buon, 1563, in-4). Les calvinistes reprirent alors la plume. Un auteur, caché sous le pseudonyme de LESCALDIN, publia la *Replique* qui fait partie de notre recueil. Cette *Replique* est restée inconnue à M. P. Blanchemain, qui a cependant donné quelques détails sur la querelle de Ronsard avec les protestants (*Œuvres de Ronsard*, VIII, 32).

Ce recueil provient des bibliothèques de SAINTE-BEUVE et de M. A.-F. DIDOT (Cat. 1878, n° 303).

678. LES || QVATRE PREMIERS || LIVRE [sic] DE LA FRANCIADE. || Au Roy. || Tres-Chrestien, Charles, || Neufieme de ce nom. || Par Pierre de Ronsard. || Gentilhomme Vandomois. || *A Paris,* || *Chez Gabriel Buon, demeurant au Cloz bruneau,* || *à l'enseigne sainct Claude.* || 1572. || Auec Priuilege du Roy. In-4 de 14 ff. non chiffr., 229 ff. chiffr. et 1 f. bl., caract. ital.

Édition originale de la *Franciade*.

Le titre porte la marque de *Buon* (Silvestre, n° 289).

Au v° du titre est placé l'*Extrait du privilége*.

Les 13 autres ff. lim. contiennent : une épître (en prose) *Au Lecteur* ; un sonnet de RENÉ BELLET, Angevin ; *les Argumens des quatre premiers Livres de la Franciade*, par AM. JAMYN ; 14 distiques latins de GERMAIN VAILLANT DE LA GUESLE ; un sonnet français et une pièce latine signés des lettres PP., initiales du même Germain Vaillant de La Guesle, qui était abbé

478   BELLES-LETTRES.

de Pimpont ; un distique latin de J. DE LAVARDIN ; 4 distiques de JEAN DORAT ;
7 vers hexamètres latins de J. PASSERAT ; deux sonnets d'AM. JAMIN ; un
quatrain de S. NICOLAS « segretaire du roy » ; un sonnet de TROUSSILH ;
un portrait de Ronsard, au-dessous duquel est un quatrain ; un sonnet de
R. BELLEAU, et un portrait de Charles IX, au-dessous duquel est un quatrain
signé A. J[AMIN].
 De 202 à 219 la pagination du volume est des plus fautives.
 Le privilège est le privilège général donné à Ronsard le 20 septembre
1560. Le poète déclare céder ses droits sur la *Franciade* à *Buon*, pour une
durée de six ans. L'achevé d'imprimer est du 13 septembre.

679. PREMIER [-TROISIESME] LIVRE DES AMOVRS || de P. de
Ronsard. || mis en musique à IIII. parties par Anthoine de
|| Bertrand natif de Fontanges en Auuergne. || *A Paris.* || '
Par Adrian le Roy, & Robert Ballard. || *Imprimeurs du
Roy.* || M D. LXXVIII [1578]. || Auec priuilege de sa
majesté pour dix ans. 3 parties en un vol. in-4 obl., cart.

 Partie de *Tenor*.
 Premier Livre : 32 ff. — Le titre est entouré d'un joli encadrement. —
Au v° du titre se trouve une marque d'*Adrian Le Roy* et *Robert Ballard*
que Silvestre n'a pas reproduite. — Les 5 premières pages de texte contiennent deux sonnets de M. DE RANGOUSE, « conseiller en la cour de parlement de Tholose », et un sonnet de JA[CQUES] GREVIN. Ces trois pièces sont
adressées « A l'aucteur ».
 Second Livre : 24 ff., avec titre encadré. — Au v° du titre commence un
Advertissement au Lecteur qui se développe sur le r° du feuillet suivant.
 Troisiesme Livre : 20 ff., avec titre encadré, au v° duquel est placé un
Advertissement au Lecteur.
 Le musicien Anthoine de Bertrand n'est connu de M. Fétis que par le
recueil que nous venons de citer. On trouve trois pièces de lui dans le *Treiziéme Livre de Chansons à quatre et cinq parties d'Orlande de Lassus et
autres* (Paris, Le Roy et Ballard, 1573 et 1578, in-4 obl.). Voy. Eitner,
Bibliographie der Musik-Sammelwerke des XVI. und XVII. Jahrhunderts, 416.

JOACHIM DU BELLAY.

680. LES || ŒVVRES || FRANCOISES DE || IOACHIM DV-BELLAY ||
Gentilhomme Angeuin, || & Poëte excellent || de ce temps.
|| Reueuës, & de nouueau augmentees de plusieurs || Poësies
non encore auparauant imprimees. || Au Roy Treschrestien
|| Charles IX. || *A Lyon,* || *Par Antoine de Harsy.* || 1575.
In-8 de 12 ff., 559 pp. et 1 f. blanc, mar. r. jans., tr. dor.
(*Trautz-Bauzonnet.*)

 Au titre, la marque empruntée par *Antoine de Harsy* à Jehan Frellon
(Silvestre, n° 193).
 Les ff. lim. contiennent le titre, une épître « Au Roy », datée de Paris, le
20 novembre 1560 et signée G. AUBERT, un sonnet de SCEVOLE DE SAINCTE
MARTHE, et les *Tables*.
 Cette édition, publiée par Guillaume Aubert, se termine par les *Epitaphes
et autres Poesies sur la mort de Joachim Du Bellay*. Les auteurs de ces

poésies sont : Du Bellay, lui-même, qui s'était composé une épitaphe latine « quelques jours avant son trespas », J. Du Morel [sic], Embrunois, Jaques Maniquet, Jaques Grevin, Antoinette de Loines, G. Aubert, R. Belleau, Adrien Turnèbe, Claude d'Espense, Helie André, Robert de La Haye, J. Man (?), Camille de Morel, fille de Jean, Claude Rouillet, de Beaune, et Jaques de La Taille.

Les pièces de G. Aubert et de R. Belleau sont l'*Elegie* et le *Chant pastoral*, dont nous décrivons ci-après les éditions originales (nᵒˢ 682 et 683).

681. Epithalame svr || le mariage de tresillvstre || Prince Philibert Emanvel, Duc || de Sauoye, et tresillustre Prin- || cesse Marguerite de France, Sœur || vnique du Roy, et Du- || chesse de Berry : || Par Ioach. du Bellay Angeuin. || *A Paris,* || *De l'imprimerie de Federic Morel, rue S. Ian* || *de Beauuais, au franc Meurier,* || M. D. LVIII [1558]. || Auec Priuilege du Roy. In-4 de 14 ff. non chiffr., sign. *A-C* par 4, *D* par 2, caract. ital.

Au vᵒ du titre est un avis « Au Lecteur », où nous voyons que « cest Epithalame ou Chant nuptial est chanté par trois vierges natifves de Paris, filles de Jan de Morel, gentilhomme ambrunois, et de damoiselle Antoinette Deloïne, sa femme, couple non moins docte que vertueux. » Sur ces trois jeunes filles, appelées Camille, Lucrèce et Diane, voy. La Croix du Maine, éd. Rigoley de Juvigny, I, 99 ; II, 68, et Du Verdier, I, 283.

L'*Epithalame* est suivi d'un sonnet français et d'un distique latin de Charles de Utenhove, Gantois, qui n'ont pas été reproduits dans les éditions des œuvres de Du Bellay.

Au vᵒ du dernier f., un *Extraict* du privilège accordé à Morel pour le présent *Epithalame* « et autres œuvres poëtiques de Joachim Du Bellay, » le 3 mars 1557.

682. Chant pastoral || svr la Mort de Ioa- || chim dv Bellay Angevin. || Par || Remi Belleau. || *A Paris,* || *De l'Imprimerie de Robert Estienne,* || M. D. LX [1560]. In-4 de 8 ff. non chiffr., sign. *A-B*, caract. ital.

Au titre, la marque de *Robert Estienne* (Silvestre, nᵒ 1134).

Ce *Chant pastoral* fut coupé plus tard par Belleau en deux parties, placées, l'une dans la 1ʳᵉ journée de la *Bergerie* (édit. Gouverneur, II, 150-156 ; éd Marty-Laveaux I, 293-297) et l'autre dans la 2ᵉ journée (Gouverneur, II, 338-341 ; Marty-Laveaux II, 133-138).

Comme nous l'avons déjà remarqué, le poème de Belleau a été reproduit par Guillaume Aubert à la suite des Œuvres de Joachim Du Bellay (voy. le nᵒ 675).

683. Elegie svr le || Trespas de fev Ioach. || Dv-Bellay Ang. || Par || G. Aubert de Poictiers, Aduocat en la || Court de Parlement de Paris. || *A Paris,* || *De l'Imprimerie de Federic Morel, rue S. Ian* || *de Beauuais, au Franc Meurier.* || M. D. LXI [1561]. || Auec Priuilege du Roy. In-4 de 6 ff. non chiffr.

Au titre, la marque de *Federic Morel* (Silvestre, nᵒ 830).

En tête de l'*Elegie* se trouve une épître datée de Paris, le 3 janvier [1561], et adressée « A monsieur de Morel, seigneur de Grygny et du Plessis le Comte, Ambrunois. » Ce personnage était le père des trois jeunes filles dont nous avons parlé au n° 675.

L'*Elegie* est suivie d'une épitaphe latine de Joachim Du Bellay signée R. H. [ROBERT DE LA HAYE], « consiliarius regius. » Cette pièce est celle dont JACQUES GREVIN a donné la traduction à la fin de son *Theatre*. Voy. ci-après le n° 706, et ci-dessus le n° 681.

Guillaume Aubert, qui recueillit, après la mort de DU BELLAY, les œuvres du poète, y a joint son élégie (voy. le n° 680).

JEAN-ANTOINE DE BAÏF.

684. EVVRES EN || RIME de Ian || Antoine de Baif || Secretaire de || la Chambre || du Roy. || *A Paris,* || *Pour Lucas Breyer Marchant Libraire te-* || *nant sa boutique au second pilier de* || *la grand' salle du Palais.* || M. D. LXXIII [1573]. || Auec Priuilege du Roy. In-8 de 9 ff. lim. et 272 ff. chiffr. — LES AMOVRS || de Ian Antoine || de Baif. || A || Monseigneur le || Duc d'Aniou fils et || frere de Roy. || *A Paris,* || *Pour Lucas Breyer* || 1572. In-8 de 8 ff. lim. et 232 ff. chiffr. — LES IEVX de || Ian Antoine || de Baif. || A || Monseigneur le || Duc d'Alençon. || *A Paris,* || *Pour Lucas Breyer Marchant Libraire tenant* || *sa boutique au second pilier de la grand' salle* || *du Palais.* || M. D. LXXII [1572]. || Auec Priuilege du Roy. In-8 de 4 ff. lim. et 230 ff. chiffr. — LES || PASSETEMS || de Ian Antoine || de Baif. || A || Monseigneur || le Grand Prieur. || *A Paris,* || *Pour Lucas Breyer Marchant Libraire te-* || *nant sa boutique au second pilier de* || *la grand' salle du Palais.* || M. D. LXXIII [1573]. || Auec Priuilege du Roy. In-8 de 4 ff. lim. et 126 ff. chiffr. — Ensemble 4 vol. in-8.

Euvres. — Le v° du titre contient une sorte de table, indiquant l'ordre dans lequel doivent être placées les quatre parties qui composent le recueil (cet ordre est celui que nous avons observé). — Les 7 ff. lim. qui suivent contiennent une épître « Au Roy. » — Le 9e f. est occupé par un extrait du privilège général accordé à Baïf pour dix ans, le 26 juillet 1571, et relatif à tous ses ouvrages. On lit à la fin de cet extrait la mention suivante : « Ledict de Baïf a permis à *Lucas Breyer*, marchand libraire, d'imprimer ou faire imprimer ses œuvres en rime : un *Livre de pseaumes et chansons spirituelles*, le *Manuel d'Epictéte, Deux Traitez de Plutarque, de l'imagination et de la superstition*, et *Deux Dialogues de Lucian*, et ce jusques au temps contenu en sondict privilége. »

Amours. — Le v° du titre est occupé par la table. — Les 7 autres ff. lim. contiennent une épître « A monseigneur le duc d'Anjou, » et un sonnet « A Meline. »

Jeux. — Le v° du titre est occupé par la table. — Les 3 autres ff. lim. contiennent une épître « A monseigneur le duc d'Alençon. »

Les pièces réunies sous le titre de *Jeux* sont : *XIX Eclogues, Antigone, tragedie de Sophocle, Le Brave, comedie,* (imitée de Plaute et représentée en

BELLES-LETTRES.

l'hôtel de Guise, à Paris, le 28 janvier 1567, c'est-à-dire 1568, n. s.), *l'Eunuque, comedie de Terence*, et *IX Devis des Dieux, pris de Lucian*.

Passetemps. — Les 4 ff. lim. contiennent le titre et une épître « A monseigneur le Grand Prieur. »

685. COMPLAINTE || Sur le Trespas du feu Roy || Charles IX. || Par Ian Antoine de Baïf. Secretaire || de la Chambre du Roy. || *A Paris.* || *De l'Imprimerie de Federic Morel,* || *Imprimeur du Roy.* || 1574. In-4 de 6 ff. non chiffr., caract. ital. — PREMIERE || SALVTATION || AV ROY sur son Auene- || ment à la Couronne || de France || Par I. Antoine de Baïf. || *A Paris.* || *Par Federic Morel* || *Imprimeur Du Roy.* || M. D. LXXV [1575]. In-4 de 8 ff. chiffr., caract. ital. — EPISTRE AV ROY, || sous le nom de la || Royne sa Mere : || Pour l'Instruction || D'vn Bon Roy. || Par I. Antoine De Baïf. || *A Paris.* || *Par Federic Morel* || *Imprimeur du Roy,* || M. D. LXXV [1575]. In-4 de 7 ff. chiffr. et 1 f. bl. — EPITAFES || DE FEV MONSEIGNEVR || ANNE DE IOIEVSE Beaufrere || du Roy : Duc Pair & Amiral de France, || Gouuerneur de Normandie. || A Madame la Marechale || de Ioieuse. *S. l. n. d.* [*Paris*, 1587], in-4 de 2 ff. et 20 pp., caract. ital. — Ensemble 4 parties en un vol. in-4, mar. br., tr. dor.

Éditions originales.

Complainte. — Le titre porte la marque de *Federic Morel* (Silvestre, n⁰ 573).

Salutation. — Au titre, une marque de *Federic Morel* qui n'a pas été reproduite par Silvestre. Elle représente un mûrier entouré d'une banderole sur laquelle on lit une inscription grecque symbolique, et en bas : Δένδρον παιδείας.

Epistre. — Le titre porte la marque décrite à l'article précédent. — Au v⁰ du titre est un sonnet « A la Royne. »

Epitafes. — Le volume n'a qu'un simple faux-titre, après lequel est placée une épître en prose « A Madame la marechale de Joyeuse », épître signée : BAÏF.

Les épitaphes se composent de 35 sonnets, d'une pièce latine de 14 vers hexamètres, et d'une inscription latine en prose, dans le style lapidaire.

Ce recueil provient des bibliothèques de M. SOLAR (Cat., n⁰ 1239) et de M. LEBEUF DE MONTGERMONT (n⁰ 337).

686. ETRÉNES || de Poezie Fransoeze || an vers mezurés. || AJ Roe. || A la Reine Mere. || Au Roe de Poloɲe. || A Monséiɲeur Duk d'Alanson. || A Monséiɲeur le Grand || Prieur, || A Monséiɲeur de Nevęrs. || & aɪtres. || Les Bezones & Jɵrs d'Éziode. || Lęs Vęrs dorés de Pitagoras. || Anséɲemans de Faɪkilidęs || Anséɲemans de Naɪmaçe || AJs Files a marier. || Par Jan Antoęne de Baïf, Segretęre de la

|| Çanbre du Roę. || *A Paris*, || *De l'Imprimerie de Denys du Val*, *rue S. Ian de* || *Beauuais*, *au cheual volant*. || M. D. LXXIIII [1574]. || Auec Priuilege du Roy. In-4 de 2 ff. lim., 20 ff. chiffr. et 14 ff. non chiffr., mar. r., dos et milieu ornés, tr. dor. (*Trautz-Bauzonnet*.)

<small>Le v⁰ du titre contient un sonnet « Au mokęır » et un extrait du privilège général accordé pour dix ans à Baïf, le 26 juillet 1571.
Le 2ᵉ f. lim. est occupé par l'*ABC du Langaje fransoęs* et par une *Briéve Ręzon dęs metres de se livre*.
Les chiffres s'arrêtent au fol. 20 (Eiiij). Les 14 derniers ff. sont signés *a* par 6, *c* par 4, *d-e* par 2.
Les *Estrenes* sont un des plus importants ouvrages de Baïf, qui essaie de réformer à la fois l'orthographe et la prosodie. La transcription phonétique qu'il a imaginée et suivie dans ce livre est fort remarquable. Voici un tableau de son alphabet :</small>

```
a            h              p
b            i              ȣ = ou
ç = ch       k = c dur, qu  r
d            l              s
e = e        ḷ = l mouillée t
ḋ = é        m              u
ę = è, ê     n              v
f            ṇ = gn         z
g = gu       o              eu = eu
j = j, ge    aɟ = au, ô
```

<small>Quant à la prosodie, Baïf a essayé de transporter en français les mètres employés par les Grecs et les Latins. Il a composé des vers hexamètres, des vers ïambiques, saphiques, etc., d'où la rime a naturellement disparu.</small>

687. MIMES, ENSEI- || GNEMENS ET || PROVERBES || de || I. Antoine de Baif. || *A Paris*. || *Pour Lucas Breyer Marchant Libraire* || *tenant sa boutique au second pilier* || *de la grand' salle du Palais*. || 1576. || Auec Priuilege. Pet. in-12 de 42 ff. non chiffr., sign. A-C par 12, D par 6, mar. or., mil. orné, tr. dor. (*Trautz-Bauzonnet*.)

<small>Le v⁰ du titre est occupé par le portrait du poète.
M. Brunet (I, 613) dit que l'édition de 1576 contient les deux premiers livres ; elle ne contient en réalité que le premier. Ainsi que nous l'avons vérifié sur les exemplaires de la Bibliothèque nationale, le second livre ne parut qu'en 1581.</small>

688. LES || MIMES, ENSEI- || GNEMENS ET || PROVERBES || de || Ian Antoine de Baif. || Reueus & augmentez en ceste || derniere edition. *A Paris*, || *Par Mamert Patisson Imprimeur* || *du Roy. Chez Rob. Estienne*. || M. D. XCVII [1597]. || Auec priuilege. Pet. in-12 de 6 ff. lim. et 108 ff. chiffr. — CONTINVATION || des Mimes, Ensei- || gnemens et || Prouerbes || de || I. Antoine de Baif. Pet. in-12 de 4 ff. lim. et 56 ff. chiffr. — Ensemble 2 parties en un vol. pet. in-12, mar. r.

dos et milieu ornés, doublé de mar. bl. clair, riches comp. à petits fers, tr. dor. (*Trautz-Bauzonnet.*)

<small>La première partie contient le premier livre, publié en 1576, et le second livre, qui ne vit le jour qu'en 1581. Le titre porte une petite marque de *Robert Estienne*. Les 5 autres ff. lim. sont occupés par une épître « A monseigneur de Joyeuse, duc et pair de France », et par un portrait de Baïf.
La *Continuation*, qui contient les IIIe et IVe livres, paraît ici pour la première fois. Les 4 ff. lim. se composent d'un f. blanc, d'un f. pour un faux-titre et de deux ff. pour un avis « Au Lecteur. » — Le v° du dernier f. de la *Continuation* contient un extrait du privilège accordé pour neuf ans à *Mamert Patisson*, le 8 janvier 1597.</small>

Jean Dorat.

689. Novem || Cantica de Pace || Ad || Carolum Nonum || Galliæ Regem, || Ioanne Aurato Poëta Regio auctore. || Neuf || Cantiques ou sonetz de la Paix, || A || Charles Neufiesme Roy de France, || Par Iean Dorat Poëte de sa Maiesté. || *Lutetiae*, || *Vœneunt exemplaria in œdibus Ioannis Aurati, Poëtae* || *Regij*, *extra portam diui Victoris*, *sub signo Fontis.* || 1570. || Cum Priuilegio Regis. In-4 de 12 ff., mar. r. jans., tr. dor. (*Trautz-Bauzonnet.*)

<small>Le titre est orné d'un bois qui représente une femme tenant trois couronnes de laurier. Au-dessus de cette figure est placé un vers grec. Εἰρήνη πολέμων στεφανοφόρος ἐμφυλίων τρίς, et, au-dessous, un vers latin : *Pax tricorona triplex bellum civile triumphans.*
Le v° du titre contient cinq distiques latins *In trophaeum regiae Majestatis.*
Le r° du 2e f. est occupé par un grand bois allégorique. qui représente le Pouvoir royal (*Imperium*) assis entre la Prudence et la Concorde. A l'intérieur de ce bois sont placés un distique grec et un distique latin. — Au v° du même f. se trouvent encore un distique latin et un français. Deux petites pièces, l'une latine, l'autre française, remplissent le r° du 3e f.
Les neuf cantiques sont écrits en distiques latins, et accompagnés, en regard, d'une traduction française qui a la forme d'un sonet.
Cette publication fut faite à l'occasion de la paix de Saint-Germain (8 août 1570).</small>

Remi Belleau.

690. Les Œvvres || poetiqves || de Remy || Belleau. || Redigees en deux tomes. || Reucuës & corrigees en ceste || derniere impression || *A Paris.* || *Pour Gilles Gilles*, *Libraire*, *rue de S. Iehan* || *de Latran*, *aux trois Couronnes.* || M. D. LXXXV [1585]. || Auec priuilege du Roy 2 tom. en 3 vol. in-12, réglés, mar. r., fil., dos orné, tr. dor. (*Bauzonnet-Trautz*, 1845.)

<small>*Tome premier* (divisé en 2 parties) : 304 ff. chiffr. et 2 ff. non chiffr. —</small>

Le titre porte la marque de *Gilles Gilles* (Silvestre, n° 781). — Au v° du titre est indiqué « Le contenu en ce 1ᵉʳ tome ». — Les ff. 2-8 sont occupés : par une épître de Belleau « Au tres-chrestien roy de France et de Pologne, Henry III. » ; par des vers latins, français et grecs de JEAN DORAT [D'AURAT], G. VAILLANT DE LA GUESLE [G. VALENS GUELLIUS], N. GOULU, SC. DE SAINTE-MARTHE, J. DE LA GESSÉE, PASCAL ROBIN DU FAUX ; par un avis « Au Lecteur », et par la *Table des Pierres precieuses*.

La *Bergerie*, qui commence au fol. 118, est précédée : d'une épigramme latine signée PP. [GERMAIN VAILLANT DE LA GUESLE, abbé de Pimpont] ; d'une épître de Belleau « A monseigneur Charles de Lorraine, marquis d'Elbeuf », et de vers latins et français de JEAN DORAT, P. DE RONSARD, PH. DES PORTES, A. JAMYN, R. GARNIER et EST. TABOUROT, Dijonnois.

Tome second : 254 ff. chiffr., 2 ff. non chiffr. pour la *Table* et 6 ff. également non chiffr. pour le *Tombeau* du poète (*Remigii Bellaquei Tumulus*). — Le titre porte la marque de *Gilles Gilles* ; les 4 ff. suivants contiennent : une épître en prose; « Au seigneur Jules Gassot, secretaire du roi », à qui Belleau a dédié les *Odes* d'Anacréon (voy. le n° 379) ; une *Elegie* de PIERRE DE RONSARD au même, et une épigramme latine de JEAN DORAT.

Exemplaire de M. DE SOLEINNE (Catal., n° 799) et de M. le baron J. PICHON (n° 536).

691. CHANT PASTORAL || DE LA PAIX. || Par R. Belleau. || *A Paris,* || *De l'Imprimerie d'André Wechel,* || 1559. || Auec Priuilege du Roy. Pet. in-4 de 10 ff. non chiffr. de 27 lignes à la page pleine, sign. A-B par 4, C par 2, caract. ital.

Au titre, une marque de *Wechel*, qui ressemble à celles que Silvestre a publiées sous les nᵒˢ 922-924, mais qui offre cependant des variantes.
Au recto du 10ᵉ f., un extrait du privilège accordé à *André Wechel* pour dix ans, à la date du 11 juin 1557. Il faut lire 1559, car le *Chant pastoral* a été composé à l'occasion de la paix de Câteau-Cambrésis (3 avril 1559). Belleau a plus tard remanié son poème pour le faire entrer dans la *Bergerie* ; il a changé les noms des bergers qu'il met en scène, et modifié son texte, de façon à chanter, non plus Henri II et Philippe II, mais Charles IX et le duc de Guise ; non plus la paix de 1559, mais une trêve conclue entre les catholiques et les protestants.

Le *Chant pastoral* doit être rapproché du poème de Ronsard que nous avons décrit ci-dessus (n° 668).

692. SYLVA, || cui titulus || Veritas Fugiens, || Ex R. Bellaquei Gallicis versibus Latina facta, || A Florente Christiano Aurelio. || Ad Illustriss. et Sapientiss. || Principem Condæum, Ludouicum || Borbonium. || *Lutetiæ,* || *Ex officina Roberti Stephani Typographi Regij.* || M. D. LXI [1561]. In-4 de 6 ff. non chiffr., car. ital.

Au titre, la marque de *Robert Estienne* (Silvestre, n° 163).
Au verso du titre est placée une épître latine au prince de Condé.
Le v° du dernier f. porte un bois aux armes de ce prince.
La pièce traduite par Florent Chrestien parut d'abord dans un recueil intitulé : *L'Innocence premiére, l'Innocence triomphante, la Verité fugitive, à monseigneur le prince de Condé* (s. l., 1561, in-4 de 15 ff. non chiffr. et 1 f. blanc); elle a été fondue ensuite dans la première journée de la *Bergerie*, où elle porte le titre *Chasteté*.

693. EPITHALAME SVR ‖ LES NOSSES DE RENE ‖ DOLV, Conseiller et Treso- ‖ rier general de la Reine d'Ecosse, & ‖ de Denize Marcel à Paris XI. ‖ iour de Iuillet. ‖ 1569. ‖ Par R. Belleau. In-4 de 4 ff., avec un simple titre de départ, sign. A.

> Belleau a fait figurer cette pièce dans la IIe journée de sa *Bergerie*, où ce n'est plus à René Dolu, mais à Scévole de Sainte-Marthe qu'il dédie son œuvre. Le nom du premier destinataire, qui se trouvait au vers 24 a disparu. Au lieu de ces mots : « De *René* son loyal espous », Belleau écrit désormais : « De *son ferme* et loyal espoux ». Voy. Belleau, éd. Gouverneur, II, 328 ; éd. Marty-Laveaux, II, 475.

694. LES AMOVRS ET ‖ NOVVEAUX ESCHAN- ‖ GES DES PIERRES PRE- ‖ CIEVSES : vertus & pro- ‖ prietez d'icelles. ‖ Discours de la vanité, ‖ pris de l'Ecclesiaste. ‖ Eclogues sacrees, ‖ prises du Cantique ‖ des Cantiques ‖ Par Remy Belleau. ‖ *A Paris,* ‖ *Par Mamert Patisson, au logis de Rob. Estienne.* ‖ M. D. LXXVI [1576]. ‖ Auec Priuilege du Roy. In-4 de 6 ff. non chiffr., 89 ff. chiffr. (le dernier coté par erreur 90, au lieu de 89) et 1 f. pour l'*Extrait du Privilége*, caract. ital., mar. r., dos et mil. ornés, tr. dor. (*A. Motte.*)

> Collation des ff. lim. : titre, au verso duquel se trouve un grand portrait de l'auteur qui n'a pas été cité par M. Gouverneur dans sa liste des portraits de Belleau (*Œuvres de Remi Belleau*, I, lv); — 1 f. pour une épître « Au tres-chrestien roy de France et de Pologne, Henri III. »; — 4 ff. contenant des vers latins et francais de JEAN DORAT, de G. VAILLANT DE LA GUESLE, abbé de Pimpont [G. VALENS GUELLIUS P.P.] et de SCEVOLE DE SAINTE-MARTHE sur le poème des *Pierres précieuses*, plus un *Discours* [en prose] *des Pierres precieuses*.
> Le privilège, daté du 12 septembre 1571, est accordé à Remi Belleau pour « tous et chacuns les livres par luy composez en ryme françoise »; il garantit ses droits pour dix ans à partir de la première publication.
> Cette première édition du poème de Belleau ne contient que vingt-une *Pierres precieuses*, les dix autres n'ayant été publiées qu'après sa mort ; c'est la seule qui contienne le *Discours* en prose, remplacé depuis par un *Discours* en vers.

695. REMIGII BELLAQUEI ‖ POETÆ ‖ TVMVLVS. ‖ *Lutetiæ,* ‖ *Apud Mamertum Patissonium, in officina* ‖ *Roberti Stephani.* ‖ M. D. LXXVII [1577]. In-4 de 8 ff. non chiffr.

> Ce recueil contient 25 pièces de vers grecs, latins et français, signés de JEAN DORAT, N. GOULU, JEAN PASSERAT, PP. PP. [G. VAILLANT DE LA GUESLE, abbé de Pimpont], RONSARD, J.-A. DE BAÏF, PH. DES PORTES, AMADIS JAMYN, TROUSSILH, LEODEGARIUS A QUERCU [LEGER DU CHESNE], J. GESSEUS [DE LA GESSÉE], GEORGES DU TRONCHAY, PASCAL ROBIN DU FAUX, J. LE FRÈRE, LOUIS MARTEL, ROBERT ESTIENNE et F. D. B. Il. (peut-être faut-il lire F. D. B. C., c'est-à-dire François de Belleforest, Commingeois ?).

ESTIENNE JODELLE.

696 LES ŒVVRES || & MESLANGES POETIQVES || d'Estienne Iodelle || Sieur du Lymodin. || Premier Volume. || *A Paris,* || *Chez Nicolas Chesneau, rue sainct Iacques* || *à l'enseigne du Chesne verd :* || *Et* || *Mamert Patisson, rue sainct Iean de Beauuais,* || *deuant les Escholes de Decret.* || M. D. LXXIIII [1574]. || Auec Priuilege du Roy. In-4 de 8 ff. lim., 308 ff. chiffr. et 2 ff. pour *Ce qui est à corriger* et pour la *Table*, réglé, mar. olive, fil., riches comp., dos orné, tr. dor. (*Rel. du XVI*[e] *siècle.*)

Au titre, la marque de *Nicolas Chesneau* (Silvestre, n° 600). — Les 6 ff. qui suivent contiennent un discours « De la Poesie françoise et des Œuvres d'Estienne Jodelle, sieur du Lymodin », discours signé. **CHARLES DE LA MOTHE.** — Le 8 f. lim. est occupé, au r°, par un extrait du privilège, au v°, par un grand fleuron au chiffre de *Chesneau*. Le privilège, daté du 24 septembre 1574, est accordé à *Chesneau* pour six ans. L'achevé d'imprimer est du 6 novembre 1574.

Jodelle, mort au mois de juillet 1573, n'avait jamais eu le soin de réunir ses œuvres. Son ami, Charles de La Mothe, entreprit d'en donner une édition complète, aidé, nous dit-il, dans cette tâche, par Charles d'Espinay, archevêque de Dol, par Philippe de Boulainvilliers, comte de Dampmartin, par « l'ancien ami de Jodelle », Henry Simon, et par le sieur de Brunel. L'éditeur se proposait de publier cinq ou six volumes du même format, mais il ne put faire paraître que le tome premier.

Cet exemplaire, tiré sur grand papier, est recouvert d'une très riche reliure de la fin du XVI° siècle. Les plats, décorés de compartiments et de feuillages, sont ornés au centre d'un écu qui porte une tête d'ours et qui est entouré d'une cordelière. Dans les angles se trouve un double M en monogramme, chiffre qui est répété sur le dos. Ces emblèmes sont attribués à la reine **MARGUERITE DE VALOIS,** sœur d'Henri III et première femme d'Henri IV. M. Double, a qui notre volume a appartenu (Cat. 1863, n° 338) en a fait reproduire la reliure, à l'eau-forte, dans l'*Histoire de la Bibliophilie* (Paris. Techener, 1861-1862, in-fol.), pl. 24.

697. LE || RECVEIL DES || INSCRIPTIONS, FI- || GVRES, DEVISES, ET MAS- || QVARADES, ordonnces en l'hostel || de ville à Paris, le Ieudi 17. || de Feurier. 1558. || Autres Inscriptions en vers Heroïques Latins, || pour les images des Princes de la Chrestienté. || Par Estienne Iodelle Parisien. || *A Paris.* || *Chez André Wechel, à l'enseigne du Cheual* || *volant, rue S. Iean de Beauuais.* || 1558. || Auec priuilege du Roy. In-4 de 4 ff. lim., 43 ff. chiffr. et 1 f. non chiffr., mar. r., dos et coins ornés, tr. dor. (*Duru.*)

Au titre, la marque d'*André Wechel* (Silvestre, n° 131).

Au v° du titre, un extrait du privilège accordé pour dix ans à *André Wechel*, le 11 juin 1557.

Les 3 ff. qui suivent le titre contiennent une épître de Jodelle « A ses amis », un sonnet intitulé « Le Livre à la France » et une élégie latine.

Ce volume, le seul que Jodelle ait publié lui-même, contient le texte du

BELLES-LETTRES.

divertissement que le poète avait composé pour le roi au mois de février 1558. Jodelle avait voulu improviser en quatre jours des mascarades fort compliquées, mais les auteurs n'eurent pas le temps d'apprendre leurs rôles, les machinistes ne purent mettre en place leurs décors ; il en résulta une confusion que le malheureux auteur qualifie de « desastre », et qui altéra gravement sa santé.

Pontus de Tyard.

698. Les || Œvvres || poetiqves de || Pontus de Tyard, || Seigneur de Bissy : || Asçauoir, || Trois liures des Erreurs Amoureuses. || Vn liure de Vers Liriques. || Plus Vn recueil des nouuelles œuures Poëtiques. || *A Paris,* || *Par Galict du Pré, ruë S. Iaques,* || *à l'enseigne de la Galere d'or.* || 1573. In-4 de 4 ff. lim., 164 pp. et 20 ff. non chiffr. — Ponti Thyardei, || Bissiani, ad Petrum || Ronsardum, de cœlesti- || bus Asterismis Poëmatium. || *Parisiis,* || *Apud Galeotum à Prato, via Iacobœa,* || *sub Naui aurea.* || 1573. Iu-4 de 4 ff. — Ensemble 2 parties en un vol. in-4, mar. bl. clair, dos et milieu ornés, tr. dor. (*Trautz-Bauzonnet.*)

Œuvres. — Le titre est orné d'un joli encadrement dans le goût de la Renaissance. — Au v° du titre est placé un sonnet de Pierre de Ronsard. — Les 3 autres ff. lim. contiennent une épître « A une docte et vertueuse damoiselle », un sonnet intitulé *Vœu*, et une épître « A sa dame. » Cette dernière pièce est signée de la devise : *Amour immortelle.*

Les ff. non chiffr. qui sont placés à la fin du volume sont précédés d'un titre de départ ainsi conçu : *Recueil des nouvell'œuvres poetiques de Pontus de Tyard, seigneur de Bissy, par cy devant non encor imprimées.*

Poematium. — Le titre est orné de la marque de *Galiot II Du Pré* (Silvestre, n° 963). — Au v° du titre est placé une pièce latine de François d'Amboise, Parisien, accompagnée de la devise : *Musis sine tempore tempus.*

Exemplaire de M. le marquis Le Ver, relié depuis la vente.

H. — Les Contemporains des poètes de la Pléiade et leurs Successeurs jusqu'à Malherbe.

699. Les || Œvvres poetiqves || de Iacqves Peletier du Mans. || Moins, & Meilleur. || *A Paris.* || *De l'Imprimerie de Michel de Vascosan, en la Rue* || *sainct Iacques a la Fontaine.* 1547. || Auec Priuilege. In-8 de 104 ff. chiffr., sign. A-N, caract. ital., mar. bl., dos et milieu ornés, tr. dor. (*Trautz-Bauzonnet.*)

Ce recueil contient les pièces suivantes :

1° Un sonnet « A tresillustre princesse, madame Marguerite, seur unique du roy », fol. 2, r°;

2° Une épître en vers « Au treschrestien roy, François, premier de ce nom », fol. 3, r⁰;

3° *Le premier Livre de l'Odyssée d'Homére* (traduit en vers), fol. 7, r⁰;

4° *Le second Livre de l'Odyssée d'Homére*, fol. 21, v⁰ (à la fin se trouve un dixain « A monsieur Carles »);

5° Un sonnet « A monseigneur le reverendissime cardinal Du Bellay », fol. 36, v⁰;

6° *Le premier Livre des Georgiques de Virgile* (traduit en vers), fol. 37, r⁰;

7° *Autres menues Traductions de l'autheur* : Douze Sonnetz de Petrarque, Epigramme de Martial; trois Odes d'Horace, fol. 47, r⁰;

8° *Vers lyriques de l'invention de l'auteur*, fol. 64, r⁰ (on remarque parmi ces vers, fol. 79, v⁰, une Ode de PIERRE DE RONSARD, suivie de la réponse de J. Pelletier);

9° *Congratulation sur le nouveau régne de Henry, deuziesme de ce nom*, fol. 84, v⁰;

10° *Epiprammes*, fol. 86, v⁰;

11° *Les Louanges de la court contre la vie de repos*, fol. 91, r⁰;

12° Epître « A monsieur de Saint Gelais », fol. 101, r⁰;

13° Dixain de J. DU BELLAY « A la ville du Mans », fol. 103, v⁰. — Nous transcrivons cette dernière pièce que nous avons vainement cherchée dans le recueil des œuvres de Du Bellay :

> Cesse, Le Mans, cesse de prendre gloire
> En tes Grabans, ces deux divins esprizt ;
> Trop plus sera durable la memoire
> De ton renom si tu donnes le prix
> A Peletier, sus tous les mieux appris
> A translater, et qui d'invention
> N'a pas acquis moindre perfection.
> Mais, si doutteuse en est la verité
> Au temps present, laissons l'affection :
> Je m'en rapporte à la posterité.

Le privilège, dont le texte occupe le fol. 104, r⁰, est accordé pour six ans à *Michel de Vascosan, Galiot Du Pré* et *Gilles Corrozet*, libraires à Paris, le 1ᵉʳ septembre 1547.

Exemplaire de M. BENZON (Cat., n° 157).

700. L'AMOVR || DES || AMOVRS. || ✧ || VERS LIRIQVE/s. || Par Iaques Pele/tier du Mans. || *A Lyon* || *Par Ian de/ Tourne/s.* || M. D. LV [1555]. Pet. in-8 de 153 pp., 1 f. contenant la marque de *J. de Tournes* et 2 ff. blancs, titre encadré, mar. bl., dos et mil. ornés, tr. dor. (*Trautz-Bauzonnet.*)

L'*Amour des Amours*, qui forme la première partie de ce volume, est une suite de 96 sonnets, au milieu desquels sont placés deux chants plus développés. Les sonnets sont suivis de deux pièces intitulées : l'*Amour volant* et le *Parnasse*, et de 14 pièces réunies sous le titre d'*Uranie*.

Les *Vers liriques* se composent d'odes et d'épigrammes sur divers sujets.

Ce volume est imprimé avec l'orthographe et les signes spéciaux que nous avons fait connaître en décrivant le *Dialogue de l'Ortografe*, publié la même année par Jacques Pelletier chez le même imprimeur (voy. le n° 322).

701. EUVRES || POETIQVES DE || IAQVES PELETIER DV MANS, || Intituléz Louange/s. || Aveq quelque/s autre/s Ecriz du mę/me/ Auteur, || ancore/s non publiéz. || Le/ conte/nu ęt en la Page/ suivante/. || *A Paris,* || *Chez Robert Coulombel, rue/ S. Ian de/* || *Latran, à l'Anseigne/ d'Alde/.* || 1581. ||

Aueq Privilege/ du Roe. In-4 de 73 ff. chiffr. et 1 f. pour l'*Extraict du Privilege/*, mar. r. jans., tr. dor. (*Duru*, 1854.)

<small>Au titre, l'ancre aldine, marque de R. *Coulombel* (Silvestre, n° 482).

Ce recueil, entièrement différent de celui de 1547, contient : la *Louange de la Parole* (à M. de Billy, abbé de Saint-Michel-en-l'Air) ; la *Louange des trois Graces* (aux dames Des Roches, mère et fille) ; la *Louange de l'Honneur* (à Scevole de Sainte-Marthe) ; la *Louange du Fourmi* (à François de La Coudraie, de Ponthivy, en Bretagne) ; la *Louange de la Science* (à monseigneur Du Faur, c'est-à-dire à Pibrac) ; deux chants « pour mettre après les cinq Planétes decrites par l'autheur en son *Uranie* »; *aucuns Passages traduits de Virgile* (accompagnés du texte latin), et une *Remontrance à soi-mesme*, toutes pièces qui n'avaient pas encore été publiées.

Jacques Pelletier a employé dans ce volume le système orthographique que nous avons déjà fait connaître ; il y a cependant introduit quelques innovations ; ainsi il transcrit l'*l* mouillée non plus par *lh* mais par *ll*.

Le privilège, daté du 7 février 1581, est accordé pour neuf ans à *Coulombel*.

Exemplaire de M. LEBEUF DE MONTGERMONT (Cat., n° 322).</small>

702. LES || PREMIERES POËSIES || de Iaques Tahureau, dediées a Mon- || seigneur le Reuerendissime Cardinal || de Guyse. || Auec Priuilege || du Roy. || *A Poitiers*, || *Par les de Marnerfz & Bouchetz, freres.* || 1554. In-8 de 84 ff. non chiffr., sign. *A-K* par 8, *L* par 4, car. ital. — SONNETZ, ODES, ET || MIGNARDISES AMOV- || REVSES de l'Admirée, || par le mesme Autheur. || Auec priuilege du Roy. || *A Poitiers*, || *Chez les de Marnefz & Bouchetz, freres.* || 1554. In-8 de 84 ff. non chiffr., sign. *a-k* par 8, *l* par 4, caract. ital. — Ensemble 2 parties en un vol. in-8, mar. r., fil., dos orné, doublé de mar. bl. clair, dent., tr. dor. (*Trautz-Bauzonnet.*)

<small>*Poésies.* — Le v° du titre est occupé par un extrait du privilège.

Les ff. Aij-Aiij contiennent une épître « A monseigneur le reverendissime cardinal de Guyse », épître datée de Poitiers, le 1er mai 1554.

Cette première partie contient des odes et des épigrammes dédiées au roi, à la reine Marguerite, à plusieurs grands personnages de la cour et à divers poètes du temps : Saint Gelais, Baïf, La Peruse, Jodelle, etc.

Le volume se termine par un avis « Aux Lecteurs », en prose, et par un sonnet de JAN-ANTOINE DE BAÏF.

Sonnetz. — Le v° du titre est occupé par un extrait du privilège.

Le f. Aij, r° contient une épigramme grecque et un sonnet français de BAÏF.

Au r° du dernier f. se trouve la traduction en vers latins de l'épigramme grecque de Baïf, par JEAN TARON.

D'après une conjecture de M. Blanchemain (*Poésies de J. Tahureau*, 1870, I, xvij), l' « admirée » était une demoiselle de Genne, sœur de la Francine de Baïf.

Le privilège, dont le texte est joint à chacune des deux parties, est accordé pour cinq ans à *Jean et Enguilbert de Marnef*, le 7 mars 1547 (1548, n. s.).

Cet exemplaire provient de la bibliothèque d'ETIENNE BALUZE, qui a inscrit son nom sur le titre de la première partie. — Le titre des *Sonnetz* porte, d'une écriture du temps, cette devise : *Amour secrette victorieuse.* — Le v° du dernier f. de cette seconde partie a été rempli par deux sonnets de Baïf, trans-</small>

crits par une main ancienne. Le premier des deux sonnets (O doux plaisir, plein de doux pensement) est celui à cause duquel une demoiselle, dont parle Tahureau (*Poesies*, fol. Kvj, r⁰), brûla les *Amours* de Baïf ; le second commence par : O nuyt plaisante, o plaisant et doux songe !...

Exemplaire de BENZON (Cat., n⁰ 154) et de M. E. QUENTIN-BAUCHART. (*Mes Livres*, n⁰ 71).

703. LES || POESIES de || Iacques Tahu- || reau, du || Mans. || Mises toutes ensemble & dediées || au Reuerendissime Cardinal de || Guyse. || *A Paris,* || *Pour Abel l'Angelier, Libraire,* || *au premier pillier de la grand'* || *salle du pallais.* || 1574. In-8 de 8 ff. lim. et 136 ff. chiffr., mar. bl., fil., dos orné, tr. dor. (*Bauzonnet-Trautz*.)

Le titre est entouré d'un encadrement formé d'arabesques.

Les 7 ff. qui suivent contiennent : l'épître « A monseigneur le reverendissime cardinal de Guyse » ; l'*Advertissement aux Lecteurs* ; le sonnet de JAN-ANTOINE DE BAÏF ; la traduction latine du même sonnet par JEAN TARON, et la *Table*.

Cette édition contient les mêmes pièces que celle de 1554. Les éditeurs y ont ajouté (ff. 128-136) cinq pièces qui avaient paru à la suite de l'*Oraison de Jaques Tahureau au roy, de la grandeur de son règne et de l'excellence de la langue françoyse* (Paris, veufve Maurice de La Porte, 1555, in-4), savoir : *De la vanité des hommes, De la constance de l'esprit, De parler peu et de celer son secret, A P. Tahureau, son frère,* et *Contre Amour.*

De la bibliothèque de M. E. QUENTIN-BAUCHART (*Mes Livres*, n⁰ 72).

704. LES || POESIES de || Iacques Tahureau. || Du Mans. || Mises toutes ensemble & dediees au Reue- || rendissime Cardinal de Guyse. || *A Paris,* || *Pour Nicolas Chesneau, rue S. Iacques,* || *au Chesne verd.* || 1574. In 8 de 8 ff. lim. et 136 ff. chiffr.

Au titre, une marque de *Nicolas Chesneau,* qui manque au recueil de Silvestre.

Cet exemplaire appartient à la même édition que le précédent, dont il ne diffère que par le titre.

705. LA POESIE || de || Loys le Caron || Parisien || Auec Priuilege du Roy. || *A Paris.* || *Au Palais à Paris pour Pierre Thierry li-* || *braire tenant sa boutique en la Salle des* || *merciers pres la saincte Chappelle.* || 1554. In-8 de 72 ff. chiffr., mar. r., fil., dos orné, tr. dor. (*Trautz-Bauzonnet*.)

Loys Le Caron, dit Charondas, plus célèbre comme jurisconsulte que comme poète, n'avait que dix-huit ans quand il publia ce volume, entièrement consacré aux louanges de la Claire. On y trouve une suite de cent sonnets et diverses pièces amoureuses.

Au v⁰ du 2ᵉ f. est placé un sonnet adressé par la Claire elle-même à l'auteur, et signé de la devise : *De clairté plus grand' clairté.*

La devise du poète : *En clairté l'œil s'eblouit,* se lit aux foll. 27, r⁰, 38, r⁰, et 72, r⁰. La dernière fois elle accompagne un sonnet « A ma damoiselle de La Haye » et un sonnet « A la Claire. » Nous ferons remarquer en passant que la même devise est jointe, la même année, à un sonnet adressé « A ma

BELLES-LETTRES.

damoiselle Marie de La Haye », en tête de l'*Art poetique abregée* de Claude de Boissières (voy. le n° 428).
Au v° du dernier f. est un extrait du privilège accordé pour six ans à *Vincent Sertenas*, libraire à Paris, le 5 octobre 1554.
Exemplaire de M. le baron de LA ROCHE LACARELLE.

706. HYMNE a la || louange de Monsei- || gneur le Duc || de Guyse, || par I. de Amelin. || *A Paris,* || *De l'Imprimerie de Federic Morel, rue S. Ian* || *de Beauuais, au Franc Meurier.* || M. D. LVIII [1558]. || Auec Priuilege du Roy. In-4 de 4 ff. non chiffr.

    Au titre, la marque de *Fed. Morel* (Silvestre, n° 830).
    Le texte commence au v° même du titre.
    Recueil de Poésies françoises, IV, 296-303.

707. LE PREMIER || LIVRE DES VERS de || Marc Claude de Buttet || Sauoisien. || Dedié || A Tres Illustre Princesse || Marguerite de France || Duchesse de Sauoie || et de Berri. || Auquel a esté aiouté le second || ensemble l'Amalthée. || *A Paris,* || *De l'imprimerie de Michel Fezandat au* || *mont S. Hilaire à l'hostel d'Albret.* || 1561. || Auec Priuilege du Roy. In-8 de 120 ff. chiffr. et 4 ff. non chiffr., caract. ital., mar. bl., dos et mil. ornés, tr. dor. (*Trautz-Bauzonnet.*)

    Au v° du titre est placé un sonnet.
    Au v° de l'avant-dernier f. est la liste des *Fautes commises en l'impression*. Le dernier f. contient, au r°, un *Extrait* du privilège accordé pour six ans à *Michel Fezandat* (la date n'en est pas rapportée) et, au v°, un fleuron.
    M.-C. de Buttet, qui avait étudié à Paris, y avait connu plusieurs des poètes célèbres de son temps ; aussi, trouve-t-on dans le recueil de ses œuvres des vers de JEAN DORAT (fol. 36, v° — 38, v°, 76, v°) et de GUILLAUME DES AUTELS (fol. 109, v° — 110, r°). Notons également une pièce latine de JEAN-GASPARD DE LAMBERT, de Chambéry (fol. 75, v° — 75, r°).
    La dernière partie du volume est un poème sur *Amalthée*, rappelé par M.-C. de Buttet dans sa devise : Κέρας Ἀμαλθείας.

708. EPITHALAME, || OV || NOSSES DE || TRESILLVSTRE || ET MAGNANIME PRINCE || EMANVEL PHILIBERT || Duc de Sauoye, et de || tresvertueuse Prin- || cesse Marguerite de || France, Duchesse de || Berry, Seur vnique du || Roy. || Par || Marc Claude de Buttet || Sauoisien. || *A Paris,* || *De l'Imprimerie de Robert Estienne.* || M. D. LIX [1559]. || Auec Priuilege. In-4 de 14 ff. non chiffr., caract. ital.

    Au titre, la marque de *Robert Estienne* (Silvestre, n° 958).
    Les 2 ff. qui suivent contiennent une épître « A treshaulte et tresexcellente princesse, madame Marguerite de France, duchesse de Savoye et de Berry », et un extrait du privilège accordé pour trois ans à *Robert Estienne*, le 1er juillet 1559.
    L'*Epithalame* a été réimprimé dans le recueil qui précède (fol. 110, v° — 120, r°) ; cependant, l'épître en prose qui le précède, n'y a pas été reproduite.

492   BELLES-LETTRES.

709. CHANT DE IOIE || de la Paix faicte || entre le Roi de France || Henri II. & Philippe || Roi d'Espagne. || Par laques Greuin de Cler-mont. || *A Paris, || Chez Martin l'Homme, Imprimeur demeurant rue du Meurier, || pres la rue sainct Victor.* || 1559. || Auec Priuilege. In-4 de 8 ff., mar. r. jans., tr. dor. (*Trautz-Bauzonnet.*)

<small>Le privilège, dont un extrait occupe le verso du dernier f., est accordé pour six mois à *Martin L'Homme*, à la date du 8 avril 1559.</small>

710. L'OLIMPE || DE IAQVES GREVIN || de Cler-mont en Beauuaisis. || Ensemble les autres Euures || Poëtiques dudict Auteur, || A || Gerard Le'scuyer [*sic*] Pro- || thenotaire de Boulin. *A Paris, || De l'Imprimerie de Robert Estienne.* || M.D.LX [1560]. || Auec Priuilege. In-8 de 8 ff. et 216 pp., mar. bl., dos et mil. ornés, tr. dor. (*A. Motte.*)

<small>Au titre, la marque de *Robert Estienne* (Silvestre, n⁰ 958).
Le v⁰ du titre est occupé par un extrait du privilège accordé pour trois ans à *R. Estienne*, le 25 novembre 1559, et par la liste des *Fautes survenues en l'impression*.
Les 7 ff. lim. qui suivent contiennent : une épître (en prose) « A Gerard L'Escuyer, prothenotaire de Boulin »; quatre sonnets de PIERRE DE RONSARD, JOACHIM DU BELLAY, R. BELLEAU et A. DE TALON; un distique grec de CHARLES UTENHOVE (Κάρουλος οὐδὲν ὁ βίος) et un sonnet de Grevin.</small>

711. LE || THEATRE DE || IAQVES GREVIN || de Cler-mont en Beauuaisis, || A || Tresillustre et || Treshaulte Princesse || Madame Claude de France, || Duchesse de Lorraine. || Ensemble, || La seconde Partie de || L'Olimpe & de la Gelodacrye. || *A Paris, || Pour Vincent Sertenas, demeurant en la rue neuue || nostre Dame, à l'enseigne sainct Iehan l'Euan- || geliste, & en sa boutique au Palais, en la || gallerie par ou on va à la Chancellerie. || Et, || Pour Guillaume Barbé rue sainct Iehan de Beau- || uais, deuant le Bellerophon.* || M. D. LXII [1562]. || Auec Priuilege. In-8 de 12 ff. lim. et 328 pp., mar. bl., dos et mil. ornés, tr. dor. (*A. Motte.*)

<small>Le v⁰ du titre est occupé par un portrait de Grevin à l'âge de 23 ans.
Les 11 ff. qui suivent contiennent : une épître (en prose) « A madame Claude de France, duchesse de Lorraine »; un *Brief Discours pour l'intelligence de ce Theatre*; les *Fautes survenues en l'impression*; trois distiques grecs de FLORENT CHRESTIEN : l'*Extraict du Privilége*, une élégie de PIERRE DE RONSARD, et quatre distiques latins de GEORGE BUCHANAN.
La première partie de ce volume contient une tragédie : *Cesar*, et deux comédies : La *Tresorière* et *Les Esbahis*; la seconde partie, précédée d'une ode latine de FLORENT CHRESTIEN, renferme la suite de l'*Olympe*. A la fin du recueil se trouvent les *Traductions de quelques sonnets et autres opuscules de J. Grevin par J.* D'AURAT *et* FLORENT CHRESTIEN.
Le privilège, daté du 16 juin 1551, est accordé pour six ans à *Vincent Sertenas*.</small>

BELLES-LETTRES. 493

712. Proeme, || Sur l'histoire des Fran- || cois et Hommes
ver- || tueux de la maison de Medici. || A la Royne de ||
France, Mere du Roy. || *A Paris,* || *Par Robert Estienne
Imprimeur de sa Maiesté.* || M. D. LXVII [1567]. In-4 de
8 ff. non chiffr. de 30 lignes à la page, sign. *A-B*, caract.
ital., mar. v., dos et mil. ornés, tr. dor. (*Capé.*)

<blockquote>
Au titre, la marque de *Robert Estienne* (Silvestre, n° 508).

Au v° du titre, une épître de l'imprimeur « A la royne de France, mére du roy », où il est dit qu'un sien ami lui a fait voir la copie de *Proéme* et qu'il a saisi cette occasion de satisfaire au service de sa majesté. Le nom de l'auteur ne figure pas sur l'édition, mais La Croix du Maine et Du Verdier rangent cette pièce parmi les ouvrages de Jacques Grevin.

Exemplaire de M. A.-F. Didot (Cat. 1878, n° 282).
</blockquote>

713. Recveil || des Œvvres || poetiqves || de || Ian Passerat ||
Lecteur et Inter- || prete du Roy. || Augmenté de plus de la
moitié, outre les || precedantes impressions : || Dedié à Mon-
sieur de Rosny. || *A Paris,* || *Chez Claude Morel, ruë S.
Iaques à* || *l'Enseigne de la Fontaine.* || M. DCVI [1606]. ||
Auec Priuilege de Roy. In-8 de 4 ff. lim., 464 pp. et 4 ff.
non chiffr. — Ioannis || Passeratii, || Eloquentiæ || Profes-
soris, et || Interpretis || Regii, || Kalendæ || Ianuariæ, &
Varia quædam || Poëmatia. || Quibus accesserunt eiusdem
Authoris Miscella- || nea numquam antehac typis mandata.
|| *Parisiis,* || *Apud Claudium Morellum,* || *via Iacobæa,
ad insigne Fontis.* || cIɔ. Iɔc. VI [1606]. || Cum Regis priui-
legio. In-8 de 8 ff. lim., 248 pp. (dont la dernière porte
148) et 3 ff. non chiffr. — Ensemble 2 parties en un vol.
in-8, mar. bl., fil., dos orné, tr. dor. (*Trautz-Bauzonnet.*)

<blockquote>
Recueil. — Les ff. lim. contiennent : un portrait de Passerat, à l'âge de 64 ans, portrait signé : *Tho. de Leu fe.*; le titre, qui porte une marque attribuée par Silvestre (n° 569) à *Federic II Morel*; 2 ff. pour une épître « A messire Maximilian de Bethune, duc de Suilly, pair de France, marquis de Rosny, etc. », épître signée J. de Rougevalet, et pour un sonnet « Au mesme. »

Les 4 ff. qui terminent le volume contiennent le *Tombeau* de Passerat, par Des Portes, M..., Regnier, P. de Nancel, G. de Baïf, G. D. F., Jean Le Blanc, Parisien, et J. de Rougevalet. Ce dernier, qui était cousin de Passerat, portait les titres de secrétaire ordinaire de la chambre du roi, contrôleur des décimes, et greffier en chef de l'élection de Troyes. Nous ignorons la date de sa mort, mais nous savons qu'il fut enterré à St-Germain-l'Auxerrois, à Paris, à côté de son frère, Louis de Rougevalet, écuyer, gentilhomme de la vénerie du roi, valet de chambre du roi et maître d'hôtel de Pomponne de Bellièvre, mort le 4 août 1606 (voy. Lebeuf. *Hist. de la ville et de tout le diocèse de Paris*, éd. Cocheris, I, 154).

Kalendae Januariae. — Le titre porte une petite marque, représentant une fontaine, que Silvestre n'a pas reproduite. Les ff. qui suivent contiennent une épître latine de Passerat a Jean-Jacques de Mesmes (*Io. Jacobo Memmio, Henri F., libellorum supplicum in regia magistro*), épître datée de Paris le
</blockquote>

1ᵉʳ janvier 1597; l'éloge de Passerat, en latin, par SCÉVOLE DE SAINTE MARTHE ; des vers latins et grecs par FE. MOREL, autrement dit Φεδερῖχος Σαγῆρ, C. DU LIS et JEAN DACIER, enfin une répétition du portrait de Passerat.

Le poète Dulis, que nous venons de citer, n'est autre que CHARLES DU LIS, avocat-général, né vers 1559, mort vers 1632, qui descendait de Pierre Du Lis, frère de Jeanne d'Arc. M. Vallet de Viriville, qui a donné la bibliographie des ouvrages de cet auteur (*Charles Du Lis*; Paris, Aubry, 1856, pet. in-8, p. xj), n'a pas su qu'il s'était adonné à la poésie.

Les trois derniers ff. contiennent l'*Index* et un extrait du privilège accordé pour six ans à *Abel L'Angelier*, libraire et imprimeur, le 26 août [1606].

714. HYMNE || DE LA PAIX. || Par || I. Passerat Troyen. || A || Alphonse Delbene, Abbé de Haultecombe. || Auec le Commentaire de M. A. || *A Paris*, || *Chez Gabriel Buon, au clos Bruneau*, || *à l'enseigne S. Claude.* || 1563. || Auec Priuilege. In-4 de 10 ff. non chiffr., car. ital., sign. *A-C*.

Au titre, la marque de *Buon* (Silvestre, n° 289).

Le commentaire, dont nous ignorons l'auteur, est conçu dans le même esprit que les commentaires qui accompagnent divers ouvrages de Ronsard. Le dernier f. contient une *Ode* allégorique signée seulement des initiales A. D., qui sont probablement celles de l'abbé de Hautecombe, ALPHONSE DELBENE, dont nous possédons des vers latins, français et italiens.

715. LES PREMIERES || ŒVVRES de Sceuole de Sainte- || Marthe, Gentilhom- || me Lodunois. || Qui contient ses Imitations & Traductions || recueillies de diuers Poëtes Grecs & Latins. || Le tout diuisé en quatre Liures, & dedié à Monsei- || gneur le Cheualier d'Angoulesme. || *A Paris*, || *De l'Imprimerie de Federic Morel, rue sainct* || *Iean de Beauuais, au Franc Meurier.* || M. D. LXIX [1569]. || Auec Priuilege du Roy. In-8 de 8 ff. lim. et 120 ff. chiffr. mar. bl., dos et milieu ornés, tr. dor. (*Trautz-Bauzonnet*.)

Au titre, la marque de *Fed. Morel*, réduction de celle que Silvestre a reproduite sous le n° 830.

Au v° du titre est placé un extrait du privilège accordé pour six ans à *Fed. Morel*, le 16 décembre 1568. L'achevé d'imprimer est du 25 février 1569.

Les ff. lim. contiennent une épître « A monseigneur le chevalier d'Angoulesme », un avis « Au Lecteur », l'erratum et la *Table*.

Les ff. 117-120 contiennent une *Elegie* de J.-A. DE BAÏF, un sonnet de R BELLEAU, une pièce latine et deux épigrammes grecques de CHARLES DE CHASTEAUCLER [CAR. CASTELLOCLARUS], avocat au parlement de Paris, quatre sonnets de MARESCHAL, H. HENNEQUIN, P. TAMISIER et JAQUES MOYSSON.

Scévole de Sainte-Marthe n'est pas un poète chez qui l'on puisse admirer beaucoup d'invention, mais il a une forme correcte, facile et souvent heureuse. On trouve dans ses œuvres des pièces remarquables, par exemple celle qu'il intitule *Le Mariage*. Il y parle avec émotion des joies du foyer domestique, et l'on sent parler en lui le père tout dévoué à ses enfants. Ces sentiments honnêtes et purs sont peut-être cause que l'on n'a pas fait à Scévole les honneurs d'une réimpression moderne ; on a préféré remettre au jour les œuvres de bien des poètes dont le principal mérite était d'avoir composé des vers érotiques. En attendant que cette lacune soit comblée, nous recommandons au futur éditeur de comparer l'édition de 1569 avec celle de 1579 que nous décrivons ci-après. Si la seconde renferme plusieurs morceaux qui ne sont pas dans la première, par exemple l'*Hymne sur l'avant-mariage du Roy*, celle-ci est à certains égards plus complète. Voici le contenu de l'édition de 1569 (A) comparée au recueil de 1579 (B) :

A : Epître dédicatoire « Au chevalier d'Angoulesme ; » manque dans B.

A (pp. 6-13) : *Au Lecteur ;* B . fol. 92 et 93.

A (fol. 1-34) : *Le Premier Livre des Imitations ;* B, fol. 45 *a*-78 *a* (quelques transpositions dans ce dernier recueil).

A : *Le Second Livre des Imitations*. La dédicace « A M. de Faucon » manque dans B.

Genethliaque : A, fol. 36 *a*-38 *b ;* B, fol. 15 *b*-17 *b ;*

Sonnet au seigneur R. Maisonnier. — Complaintes pastorales traduites du latin : A, fol. 68 *a*-77 *b*. — Ces pièces manquent dans B.

Du latin de l'autheur. Complainte amoureuse : A, fol. 77 *b*-78 *b*. — Cette complainte manque dans B.

Elegie : Depuis que de mes yeux, etc.; A, fol. 78 *b*-80 *a ;* B, fol. 99 *b*-101 *a*.

Complainte des dames françoises sur la defense des vertugades, très curieuse pièce qui est en quelque sorte la contre-partie de la fameuse *Complaincte de monsieur le C*** : A, fol. 80 *a*-82 *b*. — Cette complainte manque dans B.

Les Loyaux Infortunez : A, fol. 38 *b*-49 *b ;* B, fol. 18 *a*-29 *b* (sous le titre de : *Les Alcyons*).

Elegie imitée du grec, à G. Aubert : A, fol. 50 *a*-51 *b ;* B, 87 *a*-88 *b*.

Sonnets tirez des sentences d'Agap : A , fol. 54 *a*-56 *b*. — B ne contient que les 2 premières pièces, fondues dans les *Divers Sonnets ;* les 7 autres manquent.

De la Providence : A, fol. 56 *b*-65 *a ;* B, fol. 78 *a*-86 *b*.

Chant chrestien sur la naissance de Jesus-Christ : A, fol. 65 *b*-67 *b*. Ce chant manque dans B.

Le Troisiesme Livre. Douze sonnets d'amour, fol. 85 *a*-88 *a*. — B ne reproduit que 11 sonnets *passim*.

Sonnet à Ronsard : A, fol. 88 *b ;* B, fol. 156 *b*.

A. *Le Quatriesme Livre*.

Ce livre contient, dans A, 60 pièces latines de Sainte-Marthe, accompagnées de leur traduction; de ces 60 pièces, 19 seulement se retrouvent, dispersées çà et là , dans B. L'édition de 1569 contient de plus la désignation d'une foule de personnages auxquels les pièces sont dédiées, puis un recueil de vers adressés au poète par divers auteurs.

Pour la constitution du texte, il importe de consulter les deux éditions qui renferment de nombreuses variantes. On trouverait à peine vingt vers de suite dans lesquels des changements n'auraient pas été introduits entre 1569 et 1579. Les premiers vers du *Palingéne* nous offrent un exemple de ces variantes :

A.

```
Je veux maints beaux discours diversement escrire.
Et ne veux pas tousjours arrester mon navire
En un mesme courant, mais ma route sera
Celle part où le vent mes voiles poussera ,
Allant de lieu en lieu et faisant navigage ,                5
Tantost en haute mer, tantost près du rivage.
Et bien que quelquefois, peut-estre, je pourray
Avecques les raisons où je me fonderay,
Cercher profondément de Nature les causes,
Et descouvrir au jour les plus secrettes choses,            10
```

Si est-ce pour le plus que je veux m'arrester
A ce que je verray qui pourra prouffter
Pour reformer la vie et les mœurs de noz hommes,
Dont l'honneur est esteinçt en ce temps où nous sommes
(Temps le plus dissolu, si j'ose dire ainsi, 15
Ne qui ayt onc esté, ne qui doive estre aussi),
Et qui pourra servir à rendre soulagée
L'âme qui bien souvent des maux est affligée.

B.

Je veux maints beaux discours diversement escrire.
Et tousjours ne veux pas arrester mon navire
En un mesme courant, mais ma route sera
Celle part où le vent mes voiles poussera,
Allant de lieu en lieu et faisant navigage,
Tantost en haute mer, tantost près du rivage;
Et bien que quelquefois je *cercheray de près*
De Nature et des cieulx les plus divins secrets,
Mon dessein toutefois et ma fin principale
C'est de traiter ici la science morale, 10
Pour remettre les meurs plus honnestes et saints,
En ce temps corrompu totalement esteints,
Et tascher doucement à rendre consolée
L'âme qui de grands maux est souvent affolée.

On sent que le poète lutte contre la langue, qu'il s'efforce d'arriver à la concision, en même temps qu'à la clarté. Cette recherche de la forme, que les variantes nous font connaître, donne aux œuvres de Sainte Marthe un sérieux intérêt. Ce ne fut pas seulement un poète latin; on peut dire que ce fut aussi un poète français.

716. LES ŒVVRES || DE SCEVOLE DE SAINTE || MARTHE. || *A Paris,* || *Par Mamert Patisson Imprimeur du Roy,* || *au logis de Robert Estienne.* || M. D. LXXIX [1579]. || Auec Priuilege du Roy. In-4 de 4 ff. non chiffr., 182 ff. chiffr. et 1 f. pour la *Table*. — SCÆVOLÆ || SAMMARTHANI || POEMATA. || Recens aucta et in || libros quindecim tributa. || *Augustoriti Pictonum.* || *Ex Typographia Ioannis Blanceti.* || *Anno* cɔ ɔ xcvi [1596]. In-4 de 6 ff., 325 pp., chiffr. de 9 à 334, et 3 ff. — Ensemble 2 parties en un vol. in-4.

Œuvres. — Au titre, la marque de *Robert Estienne* (Silvestre, n° 508).
Les 3 ff. qui suivent le titre sont occupés : par une épître « A madame la marechale de Retz »; par la table du *Contenu en ce livre;* par un avis « Aux Lecteurs »; par un sonnet « A M. Palingéne, sur la traduction de Scevole de Sainte Marthe », pièce signée : REMY BELLEAU, et par 6 distiques latins de Sc. de Sainte-Marthe.
Le volume contient cinq parties : 1° *Les Poëmes*, dont le premier est l'*Hymne sur l'avant-mariage du roy Charles IX*.; 2° *Le Palingéne*; 3° *L'Amour et les Epigrammes;* 4° *Divers Sonnets;* 5° *Metamorphoses chrestiennes*.
Le f. 94, qui précéde l'*Amour*, est blanc.

Poemata. — Le titre porte la marque de *J. Blanchet* (Silvestre, n° 1258).
Les 4 ff. qui suivent contiennent un extrait d'une lettre latine de RONSARD à Baïf, puis des vers latins d'ESTIENNE PASQUIER, de N. RAPIN, de JEAN DOUZA, fils, de GERMAIN AUDEBERT, de NICOLAS AUDEBERT, de LOUIS DE SAINTE-MARTHE, de BON. IRLANDE, conseiller au parlement de Poitiers d'ADAM BLACKWOOD et de JEAN DORAT. — Le 6ᵉ f. est occupé par l'*Index Poematum.*
Les ff. lim. imprimés en dernier lieu, selon l'usage, ne devaient d'abord

BELLES-LETTRES.

être qu'au nombre de 4, ce qui explique que la pagination ait commencé au chiffre 9.

Le recueil comprend :

Paedotrophiae Lib. III;
Silvarum Lib. III;
Lyricorum Lib. II;
Epigrammatum sive Lusuum Lib. II;
Elegorum Lib. II;
Canticorum Lib. II;
Psalmorum Lib. I.

Les ff. non chiffr. qui terminent le volume contiennent des vers de Nic. Rigault, Parisien, et les *Errata*.

Le dernier f. est blanc.

717. Hymne sur la || naissance de Francois || de Lorraine, Filz de || Monseigneur le Duc || de Guyse. || Par Sçeuole de Saintemarthe. || *A Paris,* || *De l'imprimerie de Federic Morel, rue S. Ian* || *de Beauuais, au franc Meurier.* || M. D. LX [1560]. In-4 de 4 ff. non chiffr.

Au titre, la marque de *Fed. Morel* (Silvestre, n° 830).

718. Hymne sur || l'Auant-Mariage || du Roy. || Par || Sceuole de Saincte Marthe || Gentilhomme Lodunois. || *A Paris,* || *De l'Imprimerie de Federic Morel, rue* || *S. Ian de Beauuais, au Franc Meurier.* || M. D. LXX [1570]. || Auec Priuilege. In-8 de 16 ff., mar. v., dos et milieu ornés, tr. dor. (*Trautz-Bauzonnet.*)

Au titre, une marque de *Fed. Morel*, réduction de celle que Silvestre a reproduite sous le n° 830.

Au v° du titre est un extrait du privilège accordé à *Federic Morel*, pour les œuvres de Sainte-Marthe, le 16 décembre 1568 (voy. le n° 715). L'achevé d'imprimer est du 25 octobre 1570.

L'*Hymne* est suivi d'un sonnet adressé à Scévole par Loys de Sainte-Marthe, son frère, et d'un sonnet de Pierre Joyeus, Lodunois.

Cette pièce est restée inconnue à M. Brunet.

719. Commentaires || des Gverres civiles || De nostre temps, || d'Honoré Henry Se- || cretaire de la Ville et Ci- || te d'Auignon; || Dediez || A tresillustre Seigneur, Monseigneur François Fabrice de || Serbellon, Lieutenant, & Surintendant pour no- || stre S. Pere le Pape, aux affaires de la || Guerre, en Auignon, & || au Comtat. || *Imprimé en Auignon, par* || *Pierre Roux.* || M. D. LXV [1565]. Pet. in-4 de 4 ff. lim. et 48 ff. chiffr., mar. r. jans., tr. dor. (*A. Motte.*)

Au titre, une marque de *Pierre Roux* qui manque au recueil de Silvestre.

L'œuvre d'Honoré Henry est une sorte de chronique rimée, où l'on trouve de précieux détails sur les guerres de religion, particulièrement dans le midi.

720. Svite || dv Labevr en Liesse, || de Guillaume de Poetou || Betunois. || Dedié à Monsieur Ian Van-der Noot || Escheuin

de la flourisante Anuers, || non moins noble & genereus, || que docte & vertueus. || *En Anuers* || *De l'Imprimerie Æg. Diest.* || Cum Priuilegio. || M. D LXVI [1566]. In-4 de 65 ff. chiffr. et 1 f. non chiffr., titre encadré.

> Au v° du titre, un sonnet à Vander Noot, signé de la devise : *En labeur liesse*, devise qui se retrouve au v° du dernier f.
> *La grande Liesse en plus grand labeur*, de Guillaume de Poetou, parut chez *Guillaume Sylvius*, à *Anvers*, en 1565. Le seul exemplaire complet que nous en connaissions est conservé à la Bibliothèque municipale de Versailles ; la Bibliothèque nationale n'en possède qu'un exemplaire incomplet. La *Suite* n'est guère moins rare que la première partie ; elle manque de même à toutes les collections publiques des Pays-Bas.
> Les œuvres de Guillaume de Poetou, qui sont fort peu connues, mériteraient d'être étudiées, en raison surtout des renseignements qu'elles nous fournissent sur une foule de familles d'Anvers et de Gand. Le poète paraît notamment avoir fait métier de composer des vers pour les « charites » de riches Anversois, qui probablement les offraient sous leur nom à l'objet de leurs amours. Plusieurs personnages semblent cependant avoir tenu eux-mêmes la plume, en particulier André Cuyret, dit Le Mercier, « gentil escrivain », auteur d'une épigramme qui occupe le f. 65, r°, de la *Suite du Labeur en liesse*.

721. A Iesv-Christ || Cantique pour || la memorable et insigne || Victoire des Chrestiens || contre les Turcs deuant || l'Ile de Malte, en l'An || M. D. LXV [1565] || En vers Lyriques, || par Guillaume de Pœtou Betunois. || *En Anuers.* || *De l'Imprimerie Æg. Diest.* || Cum Priuilegio. || M.D.LXVI [1566] In-4 de 8 ff. non chiffr.

> Au titre, un bois des armes d'Espagne.
> Au v° du titre, un quatrain.
> Le 2ᵉ f. contient, au r°, une épître en prose, « Aux magnifiques Magistratz et Eschevins de la celébre ville d'Anvers », et, au v°, un sonnet « A monsieur Antoine de Tassis, maistre des postes de Sa Majesté en Anvers ».

722. Les || Œvvres de || Pierre Sorel || Chartrain. || Ou sont contenuz. || Les Complaintes d'Amour. || L'Ambition à la Royne. || L'Aduertissement du monstre du Danube au Senat romain. || Les Fontaisies & Paraphrase du premier liure de lœuure & Iour d'Hesiode || La Paraphrase sur la sagesse de Salomon. || *A Paris,* || *Chez Gabriel Buon, au clos Bruneau,* || *à l'enseigne S. Claude.* || 1566. || Auec Priuilege du Roy. In-4 de 2 ff. lim. et 82 ff. chiffr., mar. r., fil., dos orné, tr. dor. (*Trautz-Bauzonnet.*)

> Au titre, la marque de *G. Buon* (Silvestre, n° 289).
> Au v° du titre est placé un extrait du privilège accordé pour six ans à *Buon*, le 19 novembre 1565.
> Le f. qui suit le titre contient, au r°, un sonnet intitulé *Advertissement à tous humains*, et, au v° un sonnet « A monsieur Archambault, secretaire et maistre des deniers de la chambre de la majesté du roy ».
> Pierre Sorel est un imitateur de Ronsard ; plusieurs des pièces contenues dans son recueil portent expressément cette mention : « à l'imitation de

Ronsard ». La plus intéressante de toutes est la *Remonstrance du monstre du Danube*, qu'il est curieux de rapprocher de la fable de La Fontaine.
Exemplaire de M. le comte O. DE BÉHAGUE (Cat., n° 599).

723. DEPLORATION || DE LA FRANCE, || sur la calamité des der- || nieres guerres ciuilles aduenues || en icelle l'an 1567. || Par || P. du Rosier Gentilhomme Bolnoys. || *A Paris,* || *Par Denis du Pré Imprimeur, demourant en la* || *rue des Amandiers, à l'enseigne de la Verité.* || 1568. In-4 de 8 ff. non chiffr., sign. *A-B*, caract. ital.

Au titre, une marque de *Denis Du Pré* que Silvestre n'a pas reproduite (voy. n° 422). Dans un avis « Au Lecteur », placé au v° du titre, l'auteur s'exprime ainsi :
« Je n'ay voulu te presenter tout l'ouvraige entier à ce coup, reservant la seconde et principale partie, qui est des presens troubles, jusques à tant que j'aye plus notoirement sondé de quel œil et affection tu la receuras. » Du Rosier ne fut sans doute pas satisfait de l'accueil qu'il reçut du public, car il ne fit pas paraître la suite annoncée.

724. REMONSTRANCE || aux Princes Françoys de || ne faire point la paix || auec les mutins || & rebelles, || A Monseigneur le || Duc d'Aumale. || *A Paris,* || *Par Denis du Pré Imprimeur, demourant rue des Amandiers, v* [sic] *l'enseigne de la Verité.* || 1567. In-4 de 10 ff. non chiffr.

Au titre, une marque de *Denis Du Pré* que Silvestre n'a pas reproduite (voy. les n°⁸ 422 et 723).
Au v° du titre se trouvent un *Sonnet* par JAQUES MOYSSON et une *Epigramme* non signée.
Le 2ᵉ f. contient une épître « A treshaut et trespuissant prince, monseigneur le duc d'Aumale, pair de France, etc. », épître signée : F. DE BELLEFOREST, et suivie d'un sonnet.
Le nom de l'auteur est répété à la fin du poème.

725. LES || DIVERSES || POESIES du || Sieur de la Fres- || naie Vauquelin. || Dont le contenu se void en || la page suiuante. || *A Caen*, || *Par Charles Macé Imprimeur* || *du Roy.* || M. DCV [1605]. || Auec priuilege de sa Maiesté. In-8 de 4 ff. et 744 pp., mar. bl., fil., dos orné, doublé de mar. or., riches comp. à petits fers, tr. dor. (*Trautz-Bauzonnet.*)

Au titre, la marque de *Ch. Macé* (Silvestre, n° 914).
Au v° du titre est placé le *Sommaire du contenu.*
Les 3 ff. qui suivent sont occupés par un avis « Au Lecteur », et par un *Extraict du privilége.* Ce privilége, daté du 23 décembre 1604, est accordé pour dix ans au sieur de La Fresnaie Vauquelin, qui déclare en avoir fait cession à Charles Macé, « devant les tabellions royaux, à Caen », le 23 juillet 1605.
Au-dessous de l'extrait du privilége sont placées les *Fautes à corriger.*
Exemplaire en GRAND PAPIER (haut. 179 mm.), acquis à la vente de M. le baron J. PICHON (Cat., n° 554) et relié depuis.

726. POVR || LA MONARCHIE || DE CE ROYAVME || Contre la Diuision. || A la Royne mere du Roy. || Par || I. Vauquelin

de la || Fresnaye. || *A Paris,* || *De l'Imprimerie de Federic Morel, rue S. Iean* || *de Beauuais au Franc Meurier.* || M. D. LXVII [1567]. || Auec Priuilege. In-8 de 10 ff. chiffr., 1 f. non chiffr. et 1 f. blanc, mar. bl., dos et milieu ornés, tr. dor. (*Trautz–Bauzonnet.*)

<blockquote>
Au titre, une marque de *Fed. Morel*, réduction de celle que Silvestre a publiée sous le n° 830.

Au v° du 10° f. un sonnet de G. LE FÈVRE DE LA BODERIE.

Le privilège, dont un extrait occupe le r° de l'avant dernier f., est accordé pour six ans à *Fed. Morel*, le 27 février 1562 (sic, pour 1567).

Vauquelin de La Fresnaye cultivait de préférence la poésie simple et facile; il fut un des premiers auteurs qui mirent à la mode en France le genre pastoral. Son poème *Pour la Monarchie de ce royaume* prouve qu'il était capable à l'occasion de faire entendre les accents du patriotisme le plus pur et le plus élevé.

Exemplaire de M. le baron J. PICHON (Cat., n° 553), relié depuis la vente.
</blockquote>

727. Vœv || A LA ROYNE. || Par Nicolas Filleul, || de Rouen. || M. DLXVIII [1568]. *S. l.*, in-4 de 6 ff., caract. ital., mar. r. jans., tr. dor. (*A. Motte.*)

<blockquote>
Nicolas Filleul est l'auteur de la tragédie d'*Achille*, jouée au collège d'Harcourt, à Paris, en 1563, de quatre églogues représentées à Gaillon, devant la reine, en 1566, et publiées sous le titre de *Theatres de Gaillon*, et de divers petits poèmes en latin et en français. Le *Vœu à la royne* est une des plus rares de ces compositions; il n'est cité ni par M. Brunet, ni par M. Frère. M. Eugène de Robillard de Beaurepaire, qui a réédité les *Theatres de Gaillon* pour la Société des Bibliophiles normands, et qui les a fait précéder d'une notice sur l'auteur, ne cite qu'un exemplaire défectueux qui appartient à la Bibliothèque de l'Arsenal.

Le *Vœu à la royne* est un simple compliment en vers, dans lequel Filleul fait l'éloge de toute la famille royale.
</blockquote>

728. ELEGIE || Sur le trépas d'Anne Duc || de Montmorency, Pair, & Connestable || de France. || Auec || Vn Panegiric Latin, & vne Ode Françoise, sur le || desastre de la France agitée des troubles, || & reuoltes ciuiles, l'an 1568. || Le tout par François d'Amboyse, Parisien. || *A Paris,* || *Pour Ph. G. de Rouille, par Denys du Pré, demeurant* || *ruë des Amandiers, à l'enseigne de la Verité.* || Auec priuilege du Roy. In-4 de 16 ff. non chiffr., car. ital., mar. r. jans., tr. dor. (*A. Motte.*)

<blockquote>
Au titre la marque de *Denys Du Pré* mentionnée ci-dessus (n°ˢ 422, 723 et 724).

Le v° du titre et le second f. contiennent: un sonnet de JACQUES MOYSSON; quatre distiques latins de PETRUS BENAEUS; un sonnet de JACQUES PREVOSTEAU; des distiques latins de H. HENNEQUIN et de J. DE BOURNEAUS; un sonnet de François d'Amboise à Lancelot de Carles, évêque de Riez, à qui le poème est dédié; une épigramme latine d'ANTOINE DU COLLET.

Anne de Montmorency, né le 15 mars 1492, mourut à Paris le 12 novembre 1567.

Cette *Elegie* est le premier ouvrage de François d'Amboise, qui n'avait que dix-huit ans quand il la composa.
</blockquote>

BELLES-LETTRES.

729. ALLEGRESSE || DE LA FRANCE, pour || l'heureuse Victoire, || obtenue entre Coignac || & Chasteauneuf, le 13. de Mars, 1569. contre || les rebelles Caluinistes. || Par M. Arnaud Sorbin, Docteur en Theologie, || & predicateur du Roy. || *A Paris,* || *Chez Guillaume Chaudiere, Rue S. Iaques,* || *à l'Enseigne du Temps, & de* || *l'Homme Sauuage.* || 1569. || Auec Priuilege du Roy. In-8 de 8 ff. non chiffr., réglé, mar. r. jans., tr. dor. (*Trautz-Bauzonnet.*)

> Au titre, la marque de *Chaudière*.
> Au v° du titre, un avis de Sorbin *Au Lecteur*.
> Le volume ne contient pas d'extrait du privilège ; mais Sorbin avait obtenu, à la date du 15 décembre 1567, un privilège général pour tous ses ouvrages.
> Arnauld Sorbin, dit de Sainte Foy, le prédicateur dont nous avons décrit plusieurs sermons (n°s 49 et 50) et diverses oraisons funèbres (n°s 338-343), n'était pas seulement un orateur et un polémiste violent, il cultivait aussi la poésie. Le chant de joie composé par lui à l'occasion de la bataille de Jarnac et de la mort de Condé est en quelque sorte le prélude de l'apologie poétique de la Saint-Barthélemi, qu'il devait publier en 1574.

730. CHANT TRIVMPHAL || sur la victoire obtenuë par le Roy, || à l'encontre des rebelles & en- || nemys de sa Maiesté. || Premierement faict en Fran- || coys, et depuis mis en Latin par || Antoine Vâlet Medecin. || ⁂ || *A Paris,* || *Chez Geruais Mallot, en la rüe S. Iean de Beauuais,* || *a l'enseigne de L'aigle d'Or.* || 1569. || Auec Priuilege du Roy. In-4 de 8 ff. chiffr.

> Au v° du titre se trouve un *Extraict* du privilège accordé pour deux ans à Antoine Valet, le 9 novembre 1569.
> Le r° du 2e f. contient une dédicace latine à JACQUES HUGON, ou HUGONIS, docteur en théologie.
> L'original français est imprimé en regard de la traduction de Valet.
> Au v° du dernier f. se trouve une pièce latine adressée à Valet par FRANÇOIS D'AMBOISE.
> Antoine Valet, de Saint-Germain, en Limousin, dont M. Brunet ne cite pas le nom, est l'auteur de divers ouvrages français et latins. Voy. La Croix du Maine, éd. Rigoley de Juvigny, I, 54 ; Du Verdier, III, 326 (article Pierre de La Roche) et IV, 24. Aux ouvrages cités par les deux bibliographes nous ajouterons le *Tombeau de messire Jean de Voyer* (Parisiis, Benenatus, 1570, in-4) et trois épigrammes, dont une en grec, qui se trouvent en tête d'une édition d'Ausone publiée à Bordeaux en 1590.

731. EPITAPHE || de la mort de || tresillustre Prince || Wolfgang, Comte Palatin du Rhin, || Duc de Bauieres & de Deux-ponts, || Prince du sainct Empire. || Auec || Vn'Ode sur les miseres des Eglises || Françoises. || *Imprimé par François Perrin pour Iean Durant.* || M.D.LXIX [1569]. || Auec Priuilege. S. l. [*Genève*], in-8 de 12 ff. non chiffr., mar. r. jans. tr. dor. (*A. Motte.*)

> Au titre, la marque de *Jean Durant* (Silvestre, n° 557).
> Les ff. Aij-Aiiij contiennent une épitaphe latine du duc Wolfgang, mort en

Limousin le 11 juin 1569, une poésie latine en l'honneur de ce prince, et la traduction française des deux pièces précédentes (l'épitaphe est traduite en prose, le poème en vers).

Le reste du volume est occupé par l'*Ode sur les misères des eglises françoises*. Ce poème, d'une facture très remarquable, a été réimprimé sans nom d'auteur en 1586, sous le titre d'*Ode sacrée de l'Eglise françoise sur les misères de ces troubles, huictiesmes depuis vingt-cinq ans en çà*, et reproduite, comme une composition anonyme, dans le *Recueil de Poésies françoises* (V, 49-59). Notre édition est signée à la fin : A. ZAMARIEL ; l'*Ode* est donc, comme les épitaphes, l'œuvre d'ANTOINE DE LA ROCHE CHANDIEU, dit ZAMARIEL ou SADEEL, gentilhomme mâconnais, qui fut ministre à Paris, à Poitiers, à Orléans, et qui mourut, en 1591, à Genève, où il s'était retiré après la Saint-Barthélemi. L'*Ode* n'a pas été citée par MM. Haag dans l'excellent article qu'ils ont consacré à Chandieu (*La France protestante*, III, 327-334); elle se retrouve cependant à la suite d'une tragédie latine de Jean Jacquemot, qui parut à Genève en 1601 : *Ehud*, *sive* Τυραννόκτονος (voy. ci-après la division POÉSIE DRAMATIQUE). L'édition de 1569 offre cet intérêt particulier qu'elle contient la musique de la première strophe.

732. HYMNE || DE CLEMENCE || composé & presenté au Roy, || par Claude Pelleiay Poeteuin Secretaire de || Monseigneur Duc d'Aniou, de Bour- || bonnois & d'Auuergne, frere || du Roy. || *A Paris,* || *Par Denis du Pré Imprimeur, demourant en la rue* || *des Amandiers, à l'enseigne de la Verité.* || 1571. In-4 de 10 ff. non chiffr., sign. *A-C*, mar. bl. jans., tr. dor. (*A. Motte.*)

Au titre, la marque de *D. Du Pré* dont il a été parlé ci-dessus. Voy. les n°ˢ 422, 723, 724 et 728.

L'*Hymne* est précédé de vers adressés à l'auteur par URBAIN DE LAVAL, SEIGNEUR DE BOISDAUFIN, JEAN DORAT, PIERRE FORCADEL et BIOSSAY.

Le nom de Caude Pellejay ne figure pas au *Manuel du Libraire*, bien que La Croix du Maine (éd. Rigoley de Juvigny, I, 147) et Du Verdier (même édition, I, 358) aient consacré l'un et l'autre un article à cet auteur. L'*Hymne de clemence* est la seule de ses poésies qui ait été imprimée. Cf. Goujet, *Biblioth. franç.*, XIII, 268. Il est question de Pellejay dans les Œuvres de Noël Du Fail (éd. de 1874, II, 23).

733. L'ENCYCLIE || DES SECRETS DE || L'ETERNITÉ. || A Treshault et Tres- || Illustre Prince Monseigneur le Duc || d'Allençon frere du Roy tres-chrestien || Charles neufiéme. || Par Guy Le Féure de || la Boderie. || *En Anuers,* || *De l'imprimerie de Christofle Plantin,* || *Imprimeur du Roy Catholique.* || AuecPriuilege. S. d. [1571], in-4 de 344 pp. et 2 ff. non chiffr.

Au titre, une marque de *Plantin*, presque semblable à celle que Silvestre a reproduite sous le n° 1014, mais qui porte les mots : *Constantia et labore*, au lieu de *Labore et constantia*.

Au v° du titre, un portrait de Guy Le Fèvre de La Boderie, à l'âge de trente ans. Ce portrait est entouré de la devise : Ἅγιος Δαβίδ ὀρφικῶς ἐνθρύει, et suivi de six vers hébraïques.

Les pp. 3-8 contiennent un *Advertissement* « Au Lecteur », la p. 9, un sonnet de l'auteur « A son livre », les pp. 10-26, un *Chant en forme d'epistre dedicatoire* « A tres-hault et tres-illustre prince, monseigneur le duc d'Allençon, frére du roy ».

L'*Encyclie*, qui a la forme d'un dialogue entre le « secretaire », c'est-à-dire le poète, et la muse Uranie, est divisée en neuf livres que l'auteur appelle « cercles », comme les cercles célestes. Cet ouvrage, empreint d'un étrange mysticisme, occupe les pp. 27-156 du volume ; il est suivi d'une pièce latine de JEAN DORAT, d'un sonnet de RENÉ DE VOYER, VISCOMTE DE PAULMY, d'un sonnet et d'une épigramme latine d'ANTOINE VALET, « docteur en medecine en l'université de Paris », d'une ode latine de CHARLES TOUSTAIN, « vicecomitani Falesianae praefectus generalis », d'une ode latine de CHARLES PASCHAL Piémontois, enfin d'un sonnet françois et d'un distique latin de NICOLAS LE FÈVRE, « frère de l'auteur ».

La seconde partie du volume (pp. 164-344) contient un *Recueil de vers, pour la pluspart leus et presentez a mondict seigneur le duc d'Alençon*. On y trouve : un *Epitalame de Charles de Valois... et de... Elisabeth d'Austriche*, un *Cantique sur l'anagrammatisme du nom de treshault et puissant prince, Henri de Valois, duc d'Anjou, frère du roy Treschrestion*, diverses autres pièces anagrammatisées en l'honneur du même prince, de Françoys de Valois, de René de Voyer, de Charles de Bourgueville, de Jean Vauquelin, sieur de La Fresnaye, et d'Anne de Bourgueville, sa femme, de Jean Morel, vicomte de Falaize, seigneur du Breuil et de La Courbonnet, de Martin de Masparreulte, seigneur d'Aulbigni, de Germaine L'Huillier, de Chrestofle Plantin, de Magdaleine Plantin, de Nicolas Le Fèvre de La Boderie, d'Anne Le Fèvre, et du poète lui-même, qui dans son nom (Guidon Le Fèvre) trouve : *L'un guide Orfée*. Les *Anagrammatismes* sont suivis de plusieurs discours, cantiques, sonnets, élégies, etc.

Les deux derniers ff. contiennent : une pièce hébraïque, le *Symbolum auctoris*, avec traduction française, les approbations des théologiens, et un extrait du privilège royal donné à *Plantin*, pour six ans, le 23 octobre 1570.

734 LE SONGE DE || LA PIAFFE. || Par || Le Seigneur du Boissereau. || *A Paris,* || *Chez Nicolas Chesneau, rue S. Iaques,* || *au Chesne verd.* || M. D. LXXIIII [1574]. || Auec Priuilege du Roy. In-4 de 4 ff. lim. et 12 ff. chiffr., mar. r. jans., tr. dor. (*Trautz-Bauzonnet.*)

Au titre une marque de *Nicolas Chesneau*, qui se rapproche de celle que Silvestre a reproduite sous le n° 915.

Au v° du titre est placé le texte du privilège accordé pour six ans à « ROBERT CORBIN, escuier, SEIGNEUR DU BOISSEREAU, en Berry », le 10 février 1574, avec mention de la cession consentie par l'auteur à *Chesneau*, le 26 février de la même année.

Les 3 ff. qui suivent le titre contiennent :

1° Une épître (en prose) « A monseigneur Des Arpentis, chevalier de l'ordre du roy, gentil-homme ordinaire de sa chambre, etc. » ;

2° Un sonnet « A mondit seigneur, *Sur l'argument de la Piaffe* » ;

3° Un sonnet « A mons. Jean Jaques de Cambray, seigneur de Solangy, conseiller du roy, maistre des requestes ordinaire de son hostel, et doyen de l'eglise de Bourges » ;

4° Les *Fautes survenues en l'Impression* ;

5° Un quatrain *Au Lecteur*.

Le *Songe de la Piaffe* est une satire assez obscure dirigée contre les gens de guerre, qui, à la faveur des troubles civils, se livraient partout au pillage. Les maraudeurs, ceux qui avaient « picoré », qui avaient dévalisé le « gaffy », ou le marchand, se croyaient le droit d'être insolents envers le pauvre peuple, tout en vivant grassement du produit de leurs rapines : c'est ce qu'on appelait faire la « piaffe ». Le poète met en scène un de ces soldats voleurs et fanfarons. Son opuscule, dont la rareté est extrême, car M. Brunet ne le cite que d'après La Croix du Maine (art. Robert Corbin) et Du Verdier (art. Boissereau), paraît avoir fourni à Gabriel Bounyn l'idée de la tragédie intitulée : *Tragedie sur la defaite et occision de la Piaffe et la Picquorée et bannissement de Mars, à l'introduction de Paix sainte et sainte Justice* (Paris, Mestayer, 1579, in-4). M. Lacroix (*Recherches biblio-*

graphiques sur des livres rares et curieux; Paris, 1880, in-8, p. 97) cite le *Songe de la Piaffe* parmi les livres perdus.

735. CINQVANTE || QVATRAINS, || 🌿 || Contenans preceptes & ensei- || gnemēs vtiles pour la vie de || l'homme, composés à l'imi- || tation de Phocylides, d'Epi- || charmus, & autres anciens || Poëtes Grecs, par le S. de || Pyb. || *A Lyon,* || *Par Iean de Tournes,* || *Imprimeur du Roy.* || M. D. LXXIIII [1574]. In-8 de 13 pp. et 1 f. blanc, mar. r. jans., tr. dor. (*Trautz-Bauzonnet.*)

Premier recueil des *Quatrains* de Pybrac, dont le succès se prolongea jusqu'au commencement du XVIIe siècle, et qui furent imités par la plupart des poètes du temps. Il en parut quatre éditions la même année; deux à *Paris*, l'une chez *Guillaume Morel* (in-4), l'autre chez *Gilles Gorbin* (in-8 de 8 ff.), une à *Lyon* (celle que nous venons de décrire) et une à *Rouen*, chez *Martin Le Megissier* (in-8 de 8 ff.). M. Brunet (IV, 628) ne cite que l'édition de *G. Morel*, qu'il n'a pas vue, mais dont l'abbé Goujet fait mention, et celle de *Jean de Tournes*.

Exemplaire de CAILHAVA (Cat., n° 374) et de VEINANT.

736. LES PLAISIRS DE LA VIE RVSTIQVE, || Extraicts d'vn plus long || Poëme composé par || le S. de Pyb. || *A Paris.* || *De l'Imprimerie de Federic Morel* || *Imprimeur ordinaire du Roy.* || M. D. LXXVIII [1578]. || Auec Priuilege. In-4 de 9 ff. chiffr. et 1 f. non chiffr.

Au titre, la marque de *Fed. Morel* (Silvestre, n° 571).
Le dernier f. contient, au r°, un fleuron; le v° en est blanc.

737. LA || IEVNESSE || D'ESTIENNE || PASQVIER. || Et sa Suite. || *A Paris,* || *Chez Iean Petit-pas, ruë sainct* || *Iean de Latran, au college de* || *Cambray.* || M. DC. X [1610]. || Auec priuilege du Roy. In-8 de 8 ff. et 799 pp., mar. r. jans., tr. dor. (*Thibaron et Joly.*)

Collation des ff. lim. : titre; 2 ff. pour un avis *Au Lecteur*, signé d'ANDRÉ DU CHESNE, l'éditeur du volume, et pour la table des *Œuvres contenues au present Recueil*; 2 ff. pour une *Ode tirée des Œuvres poetics* d'ESTIENNE JODELLE, *sur le Monophile de Pasquier*; 3 ff. contenant des vers de Pasquier « Au lecteur, sur les discours du *Monophile* », l'*Extraict du Priuilége*, et un sonnet de Pasquier « Aux Dames ». Les stances et le sonnet de Pasquier sont signés de la devise : *Genio et ingenio*.

Le volume renferme les pièces suivantes :

1. *Le Monophile* (en deux livres et en prose), publié pour la première fois en 1554.
2. Les *Colloques d'amour*, au nombre de quatre (en prose);
3. Les *Lettres amoureuses*, au nombre de vingt-quatre (en prose);
4. Les *Jeus poetiques* ;
5. La *Pastorale du Vieillard amoureux* ;
6. *Diverses Poesies selon la diversité du temps* (*Congratulation au roy Charles neufiesme*, *Sonnets, Epitaphes, Versions françoises du latin, Vers mesurez, rimez et non rimez*);
7. La *Puce*;
8. La *Main*.

La p. 329 contient un titre ainsi conçu : LES IEVS || POETIQVES || D'ESTIENNE || PASQVIER. || *A Paris,* || *Chez Iean Petit-pas*, etc.

La p. 563 contient un titre ainsi conçu : LA PVCE || OV || IEVS POETI- || QVES FRANCOIS & LATINS. || Composez sur la || Puce aux Grands Iours de Poi- || ctiers, M. D. LXXIX, dont || Pasquier feut le premier motif. || *A Paris*, etc.

Les pp. 565-568 sont occupées par un avis « Au Lecteur », un quatrain de Pasquier *Sur La Puce*, et deux pièces du même « A messire Achilles de Harlay, seigneur de Beaumont, conseiller d'estat et president en la grand chambre au parlement de Paris ».

L'histoire de la puce de Mme Des Roches est bien connue. Plusieurs personnages de distinction, magistrats et gentilshommes, qui se trouvaient en 1579 aux grands jours de Poitiers, charmaient leurs heures de loisir en cultivant la poésie. Ces beaux esprits étaient un jour réunies chez Mme Des Roches, la muse du Poitou, lorsqu'une puce vint se poser sur son sein. Ce petit incident donna l'occasion à Estienne Pasquier de rimer un bon mot en quelques vers. Tous les assistants l'imitèrent, et l'on publia, en 1582, tout un recueil d'épigrammes, odes, sonnets, etc., dont le principal mérite était de permettre une adroite louange de Mme Des Roches ou des poètes qu'elle recevait.

Estienne Pasquier ayant eu la part principale dans les jeux poétiques de la *Puce*, on en a joint le recueil à ses œuvres ; cependant la réimpression de 1610 diffère assez notablement de l'édition originale de 1582. Voici la liste des poètes qui ont pris part à ce concours d'un nouveau genre.

AMBOISE (FRANÇOIS D'), advocat, 662.
BINET (CLAUDE), advocat en la cour de Parlement, 611, 614, 622, 624, 672. Cf. 589.
BINET (JEAN), de Beauvais, 589.
BOUCHEL (LAURENT), 642.
BOULENGER (JULES CÉSAR), 657.
BRISSON (BARNABÉ), *in sanctiori praetorio consiliarius, regius in senatu parisiensi advocatus, deinde vero in eodem senatu praeses,* 579, 586, 587, 588, 667, 671, 672.
CAILLER (RAOUL), 637, 641.
CHOPIN (RENÉ), *J. C. et in suprema curia advocatus*, 591, 671, 672.
COURTIN (JACQUES) DE CISSÉ, 595.
DES ROCHES (CATHERINE), 578, 579, 620, 633, 659, 673, 674, 676.

GALLODON (RAPHAEL), *in curia parisiensi advocatus*, 634.
H[ARLAY] (ACH. D[E]), 579.
LA COULDRAYE (FRANÇOIS DE), 616, 657, 680, 681, 682.
LOISEL (ANTHOINE), 598, 664.
LOMMEAUD (P. DE), Saumurois, 644.
MACEFER, 621.
MANGOT (JACQUES), *in senatu parisiensi advocatus*, 607.
PASQUIER (ESTIENNE), 569, 573-578, 582, 587, 588, 602, 605, 607, 656, 662, 663, 671, 675, 676-680.
PITHOU (PIERRE), 606.
RAPIN (NICOLAS), 634, 650, 651, 656, 666.
SCALIGER (JOSEPH), 593, 666.
SOULFOUR (P. D.), president, 646, 647.
TOURNEBUT (ODET DE), 625, 632.

La *Main* est précédée d'un portrait et d'un titre. Le portrait, qui occupe la p. 684, est la reproduction du fameux portrait où Pasquier avait été représenté sans main. Il est signé de *Thomas De Leu*, le graveur à qui l'on doit les portraits de Passerat, de Claude Hopil, etc. Le titre, placé à la p. 685, est ainsi conçu : LA MAIN || OV || ŒVVRES POE- || TIQVES FAITS SVR || LA MAIN D'E. PASQVIER || aux Grands Iours de || Troye 1583. || *A Paris*, etc.

Ce recueil, composé à l'imitation de la *Puce de madame Des Roches*, dut son origine à un bon mot de Pasquier. Le célèbre avocat, étant venu assister aux grand jours de Troyes, avec M. de Morsan, second président du parlement de Paris, eut l'idée de se faire peindre par un artiste flamend qui se trouvait dans la ville, Jean Douy. Le portrait était déjà commencé lorsque Pasquier, sans regarder les premiers coups de pinceau, dit qu'il désirait être représenté un livre à la main. Le peintre répondit qu'il était trop tard, qu'il avait laissé les mains en dehors du tableau. L'ingénieux écrivain composa sur le champ ce distique latin, qui devint dès lors inséparable du portrait :

Nulla hic Paschasio manus est, lex Cincia quippe
Caussidicos nullas sanxit habere manus.

Le peintre exposa son ouvrage en y joignant les vers de Pasquier, et l'on vit alors se produire à Troyes une lutte poétique semblable à celle dont Poitiers avait été le théâtre quatre ans auparavant.

La réimpression de 1610 est plus complète que l'édition originale de 1584. Elle se termine (pp. 790-799) par des *Augmentations* dues à plusieurs auteurs, parmi lesquels on voit figurer Malherbe.

Voici une table complète de tous les poètes qui ont chanté la main de Pasquier ; les noms de ceux à qui sont dûs les *Augmentations* sont marqués d'un astérisque :

* [ANGOULESME] (HENRY D'), grand prieur de France, 794, 795.
ARNAULD (ANTOINE), 712.
AUDEBERT (NICOLAS), conseiller au parlement de Bretagne, 774, 775, 788.
BEAU (RENÉ). Voy. BELLUS.
BELLUS (RENATUS), 714.
* BERNARD (B.), advocat au parlement de Provence, 792.
BONEFIUS (JANUS), 742.
BONEFOY (JEAN). Voy. BONEFIUS.
* BOYER (P.), advocat au parlement de Provence, 793.
CAIGNET (JEAN), 772, 775.
CARLOMAGNUS (CAROLUS), 735.
CARRION (LOUIS), 773.
CHANDON (JEROSME), secretaire du roy, 750.
CHARLEMAGNE (CHARLES). Voy. CARLOMAGNUS.
COUGNET (ANGE), 755.
CRITON (G.), 765-768.
DAVID (C.), 746.
DELIUS (CLAUDIUS), 711.
DELLE ? Voy. DELIUS.
DENET (NICOLAS), 738, 739.
DUCATIUS [LE DUCHAT], 709.
DU PRÉ PASSY (CHRISTOPHLE), 768.
DURANT (GILLES), 713, 714, 727, 728, 760.
ESTIENNE (HENRY). Voy. STEPHANUS.
* FAVEREAU (JACQUES), de Cognac, en Saintonge, 722, 764, 765, 778, 783, 790, 791.
FAYE (J.) D'ESPESSE, ou FAYUS SPESSEUS, 715, 738.
* FRÈRE (JEAN), Lionnois, lieutenant general de la principauté de Dombes, 793, 794.
GILOT (PHILIBERT), 708.
GLISSEMAUVE (NICOLAS DE), 713, 714.
H[ARLAY] (ACH. D[E]) p[remier] president], 722.
HAMEL (JEAN), *rector Parisiensis Academiæ*, 759.
* [HESTEAU (CLOVIS), SIEUR DE] NUISEMENT, 792.

JACQUIER (JEAN), 708, 729.
JAMIN (AMADIS), 723.
LACTEUS (PETRUS) [DE LAIT?] 707.
LAIT (PIERRE DE) ?. Voy. LACTEUS.
LE BEY (D.), ou DIONYS. LEBEUS, Tricassinus, 786, 787.
LE DUCHAT. Voy. DUCATIUS.
LESCOT (PIERRE), *Lissius, Parisiensis senator*, 751.
LOISEL (ANTONIUS), *apud Aquitanos patronus*, 758, 759.
LUCAIN (DENIS), 756.
* MALHERBE (Le seigneur de), 795.
MARCEL (CLAUDE), secretaire du roy, 718.
* MAZZEI (M.), *gran vicario del serenissimo signore gran prior de Francia*, 795.
MICHAEL (N.), 768.
MORNAC (ANTONIUS), 706, 707, 716, 756, 757, 759, 764.
NAVAEUS (JANUS), *Chinonius*, 774.
NEVELET (PIERRE), SEIGNEUR DOSCH [sic], 725, 727, 732, 733, 736, 740, 742, 757, 758.
NUISEMENT. Voy. HESTEAU (CLOVIS), SIEUR DE NUISEMENT.
PASQUIER (Estienne), ou STEPHANUS PASCHASIUS, 686, 702, 706, 711, 712, 717, 719, 720, 722, 734, 736, 737, 738, 739, 742, 743, 746, 758, 773, 774, 778, 779, 784, 785, 788, 789, 796, 798.
PASQUIER (RENÉ), 755.
PAVILLON (NICOLAS - GEORGES), Parisien, 770.
PERROT (CHARLES), president, 759.
PINCÉ (JACQUES DE) [PINCAEUS] 710, 711, 715, 719, 720, 721, 728.
POGESIUS (ALEXANDER) [POUGES?] 751, 752.
POUGES (Alexandre) ?. Voy. POGESIUS.
PREVOST (A.), *Brevanius secretarius*, 755.
RAPIN (NICOLAS), *Picto*, 748.

BELLES-LETTRES.   507

REBOURS (CL.), medecin, 749.
ROCHON (JEAN) *medicus*, 771, 772.
SAINTE MARTHE (GAUCHER, autrement dit SCEVOLE DE), tresorier general de France , 784.
SANNON (J.), 716.
SÉGUIER (JEROME), 707, 709, 764.
Σερϐίνος (Λοδοίχος ὁ), 722.
SERVIN (LOUIS). Voy. Σερϐίνος.
STEPHANUS (HENRICUS) [HENRY ESTIENNE], 778, 784.
TANERIUS (CHRIST.), 743.

TAXEUS BAFONTANUS (J.), 737.
TURNÈBE (ADRIEN), fils, 701, 743-747, 752-754, 786-788.
VALLA (NICOLAS), 747.
VEAU (JEAN), conseiller, 714, 715.
VIGNIER (NICOLAS), 706.
VIGOR (SIMON), conseiller au grand conseil, 731.
VILLECOQ (MARIE DE), DAMOISELLE DE BRAGELONNE , 734, 735.
VITELLUS (J.), senator. Voy. VEAU.

Le privilège, daté du 16 juin 1610, est accordé à *Jean Petit-Pas* pour six ans.

738. LES ŒVVRES ‖ POETIQVES ‖ D'AMADIS ‖ IAMYN. ‖ Au Roy de France ‖ et de Pologne. ‖ *A Paris,* ‖ *De l'Imprimerie de Robert Estienne,* ‖ *Par Mamert Patisson.* ‖ M. D. LXXV [1575]. ‖ Auec Priuilege du Roy. In-4 de 4 ff. non chiffr., 307 ff. chiffr. et 5 ff. non chiffr. pour les *Fautes survenues en l'impression,* la *Table* et l'*Extraict du Privilége,* mar. r., fil., dos orné, tr. dor. (*Trautz-Bauzonnet.*)

Au titre, la marque de *Robert Estienne* (Silvestre, n° 508).
Les ff. lim. sont occupés par une pièce latine adressée au roi Henri III par JEAN DORAT, *De Amadis Jamini poematibus* ; par une autre pièce latine de N. LE SUEUR [SUDORIUS], conseiller au parlement de Paris ; par deux sonnets français de F. CHOUAINE, et par un troisième sonnet signé des initiales D. S.
Le volume, qui est la première édition des œuvres de Jamin , est divisé en cinq livres ; le premier contient « ce qui s'adresse à Leurs Majestez » , le IIe contient *Oriane,* le IIIe, *Callirée,* le IVe, *Artemis* et le Ve, les *Meslanges.*
Le privilège, daté du 16 avril 1575, est accordé pour six ans à « Amadys Jamin, secretaire et lecteur ordinaire du roy ».
Il existe des exemplaires dont le titre porte l'adresse suivante : *A Paris,* ‖ *Pour Robert le Mangnier Libraire iuré, rue neufue de* ‖ *nostre Dame à l'enseigne de S. Iean Baptiste :* ‖ *Et en sa boutique au Palais en la gallerie* ‖ *par où on va à la chancellerie.* ‖ M. D. LXXV [1575]. ‖ Auec Priuilege du Roy. Cette adresse est surmontée de la marque de *Le Mangnier* (Silvestre, n° 282).
Exemplaire de M. LEBEUF DE MONTGERMONT (Cat., n° 841).

739. LES ŒVVRES ‖ D'AMADIS IAMYN ‖ Secretaire et ‖ Lecteur ordinaire de la ‖ chambre du Roy. ‖ Reueuës, corrigees & augmentees en ‖ ceste derniere impression. ‖ Au Roy de France ‖ et de Pologne. ‖ *A Paris,* ‖ *Par Mamert Patisson Imprimeur du Roy,* ‖ *chez Robert Estienne.* ‖ M.D.LXXXII [1582]. ‖ Auec priuilege. In-12 de 4 ff. lim., 309 ff. chiffr. et 11 ff. non chiffr. pour la *Table,* mar. r., dos et coins ornés de feuillages à petits fers, tr. dor. (*Trautz-Bauzonnet.*)

Au titre, une marque de *Robert Estienne* qui diffère de celle que Silvestre a reproduite sous le n° 1134.
Les 3 ff. qui suivent le titre contiennent des vers adressés à Henri III, en

faveur d'Amadis Jamin, par JEAN DORAT, N. LE SUEUR [SUDORIUS], RONSARD, ANNE DE SEMUR, gentilhomme vendomois, F. CHOUAINE, CATH. DE MALLESSET et D. S.

Le privilège, dont un extrait occupe le v⁰ du dernier f., est celui du 16 avril 1575.

740. LES || PREMIERES || ŒVVRES de || Philippes || Des-Portes. || Derniere Edition, || reueüe & augmentee. || *A Paris*, || *Par Mamert Patisson Imprimeur du Roy.* || M. DC [1600]. || Auec priuilege. In-8 de 8 ff. lim., 338 ff. chiffr. et 6 ff. non chiffr. pour la *Table* et l'*Extraict du Privilége*, v. f., fil., dos orné, tr. marbr. (*Anc. rel.*)

Au titre, une petite marque de *Mamert Patisson*, accompagnée de la devise : *Noli altum sapere, sed time.*

Les 7 ff. qui suivent le titre contiennent des vers de GERMAIN VAILLANT DE LA GUESLE [G. VALENS GUELLIUS], JEAN DORAT, JEAN-ANTOINE DE BAÏF, J. GROJAN [GROJANUS], DES YVETEAUX, FR. CHOUAYNE, BIARD et un auteur qui signe des initiales M. D. L., accompagnées de la devise : *Et florida pungunt.*

Au v⁰ du 8ᵉ f. lim. est indiqué le *Contenu de ce volume.*

Le recueil se termine (fol. 337 v⁰ et 338 r⁰) par deux pièces latines de JEAN DORAT.

Le privilège, daté du 21 juin 1597, est accordé à *Mamert Patisson* pour neuf ans.

Exemplaire de M. le docteur DESBARREAUX-BERNARD (Cat., n⁰ 370), aux armes de NICOLAS-LAMBERT DE THORIGNY, conseiller à la cour des Comptes.

741. LES || ŒVVRES || POETIQVES de || Claude Turrin || Diionnois, || Diuisé [*sic*] en six liures. Les deux premiers sont || d'Elegies amoureuses & les autres de || Sonets, Chansons, Eclogues, || & Odes. || A sa maistresse. || *A Paris*, || *Chez Iean de Bordeaux, au clos Bruneau,* || *à l'enseigne de l'Occasion,* || 1572. || Auec Priuilege du Roy. In-8 de 8 ff. non chiffr. et 96 ff. chiffr., caract. ital., mar. bl., fil., dos orné, doublé de mar. or., dent., tr. dor. (*Trautz-Bauzonnet.*)

Le titre porte une marque de *Jean de Bordeaux* inconnue à Silvestre.

Au v⁰ du titre est un portrait de Mˡˡᵉ de Saillant, accompagné d'une devise grecque.

Les 7 ff. qui suivent contiennent une épître de Claude Turrin à sa maîtresse, épître datée de Dijon, le 20 juillet 1566 ; six sonnets, dont l'un est adressé par FRANÇOIS D'AMBOISE à Maurice Privoy, secrétaire de M. Des Arches, et dont un autre autre porte le nom d'AIMAR DU PERIER, gentilhomme dauphinois ; la *Table*, et un *Extrait du privilége.*

Claude Turrin, dont Colletet avait écrit une vie, malheureusement perdue, était mort avant 1572. L'imprimeur lui-même nous l'apprend dans un avis qui occupe le recto du f. 96 : « Afin que tu connoisses, lecteur, qui t'a fait ce plaisir de te mettre ce livre en lumière, je te veux advertir que tu en saches gré à MAURICE PRIVEY, secretaire de Monsieur Des Arches, maistre des requestes du roy, et à FRANÇOIS D'AMBOISE, Parisien, qui peut-estre t'est assez connu par ses œuvres. Sans l'un, la copie de ce livre, presque ensevely souz silence, ne fust pas tombée entre nos mains ; sans l'autre, qui y a recorrigé avant l'impression plusieurs choses, tant pour le sens que pour le vers, tu n'eusses pas eu ces vers si corrects, car l'autheur,

BELLES-LETTRES. 509

prevenu de la mort, avoit laissé quelques bubes parmy le beau corps de ce liure. Adieu. »

Le privilège, daté du 8 janvier 1572, est accordé pour huit ans à *Jean de Bordeaux*.

Exemplaire de M. DE CHAPONAY (Cat., n° 312 et de M. LEBEUF DE MONTGERMONT (n° 345). La reliure a été renouvelée depuis la vente des livres de ce dernier amateur.

742. LES || REGRETS ET || TRISTES LAMENTATIONS DV || COMTE DE MONGOMMERY, || sur les troubles qu'il a || esmeus au Royaume de Frāce, depuis la || mort du Roy Henry, deuxiesme de ce || nom, iusques au vingtesixiesme de Iuing || qu'il a esté executé. || Avec vne prediction sur la prinse de son || fils, en la ville de Charentan. || Par C. Dem. P. || *A Paris,* || *Pour Pierre Des-Hayes Imprimeur, demeu-* || *rant pres la porte S. Marcel,* || 1574 || Auec Priuilege. — [A la fin :] Cl. Demorenne. In-8 de 16 ff., mar. r. jans., tr. dor. (*Trautz-Bauzonnet.*)

Claude de Morenne, né à Paris, vers 1550, était encore étudiant quand il composa cette complainte ; il devint par la suite évêque de Séez, et mourut le 2 mars 1606.

743. LES ŒVVRES || POETIQVES de Clouis || Hesteau Sieur de Nuy- || sement, Secretaire de la chambre || du Roy, & de Monsieur : || Dediees à Monsieur. || *A Paris,* || *Pour Abel l'Angelier, Libraire, tenant sa* || *boutique au premier pillier de la* || *grand' Salle du Palais.* || 1578. || Auec Priuilege du Roy. In-4 de 10 ff. lim., 108 ff. chiffr. et 2 ff. non chiffr. pour la *Table*, mar. bl. jans., doublé de mar. r., riches comp. à petits fers, tr. dor. (*Trautz-Bauzonnet.*)

Au titre, la marque des Angeliers (Silvestre, n° 155).

Les 9 ff. qui suivent contiennent : une *Epistre* « A Monsieur », accompagnée d'une traduction latine par JEAN DORAT; un avis « Au Lecteur »; diverses pièces en latin, en grec et en français, par JEAN DORAT, N. GOULU [Γουλόντος], LOUIS DE BALSAC, de Rhodez, JEAN DU PERRON, J. RIVASSON, J. DE BOISSIÈRES, TITASSON, HUGUES DE GUILLERMIN, Francontois, JEAN ALLAIRE, Blesien, R. DU JARDIN et J. D. P.; l'*Extrait du Privilége* et un sonnet de l'auteur « A son livre ».

Le privilège, daté du 22 novembre 1577, est accordé à *Abel L'Angelier* pour neuf ans.

744. LES || ŒVVRES DE || MES-DAMES DES RO- || CHES de Poetiers || mere et || fille. || *A Paris,* || *Pour Abel l'Angelier, tenant sa boutique* || *au premier pillier de la grand'* || *salle du Palais.* || 1578. || Auec Priuilege du Roy. In-4 de 4 ff. et 160 pp., vél. blanc, fil., comp., tr. dor. (*Anc. rel.*)

Au titre, la marque des *Angeliers* (Silvestre, n° 155).

Les 3 ff. qui suivent sont occupés par une épître « Aux Dames », une épître (en vers) « A ma fille », et l'*Extraict du privilége*.

Le volume est divisé en deux parties. La première partie contient des *Odes*

Sonnets et *Epitaphes* de Mme Des Roches, la mère (pp. 1-52); la seconde partie est formée des œuvres de Mme Des Roches la fille. Cette dernière a composé des dialogues en prose mêlée de vers, des sonnets et des chansons. Une pièce écrite en l'honneur d'Henri III est suivie d'une traduction grecque de JOSEPH SCALIGER, et d'une traduction latine de SCÉVOLE DE SAINTE-MARTHE.

Le privilège, daté du 12 juillet 1578, est accordé pour dix ans à *Abel L'Angelier*.

Cet exemplaire porte sur la garde la signature de CLAUDE JOLY, le célèbre chanoine dont le *Recueil de maximes* fut brûlé en 1652 par la main du bourreau. Claude Joly a fait précéder le volume d'une table écrite de sa main et datée du mois de juin 1648.

Pour la *Puce de Madame des Roches*, voy. ci-dessus, n° 737.

745. LE || PREMIER LIVRE || des mignardes et || gaies Poesies || De A. D. C. || A. M. || Auec quelques traductions, imitations, & inuentions || par le mesme Autheur. || *A Paris,* || *Pour Gilles Robinot, tenant sa boutique au Palais, en la* || *gallerie, par où on va à la Chancellerie.* || M.D. LXXVIII [1578]. || Auec Priuilege du Roy. In-4 de 60 ff. chiffr., car. ital. — LE || QVATORZIESME || LIVRE de l'Iliade prins || du Grec d'Homere. || A Germain Vaillant de || Guelis Abbé de Pimpont, Conseiller du Roy || en sa Cour de Parlement. || 1578. In-4 de 23 ff. chiffr. et 1 f. non chiffr., car. ital. — Ensemble 2 parties en un vol. in-4.

Poesies. — Le v° du titre contient un sonnet « Au Lecteur ». — Le recueil se compose de sonnets, de chansons, d'élégies, de bergeries, d'épigrammes et de tombeaux. Ces tombeaux sont consacrés à Henri II, au connétable Anne de Montmorency, aux seigneurs de L'Aubespine, père et fils, à Timoléon de Cossé, comte de Brissac, au médecin Fernel, à Louis Le Roy, dit Regius, etc. Le recueil se termine (fol. 54-60) par le *Noier*, pris d'OVIDE, et par une *Version du Libera me, domine*. On trouve à la fin du f. 60 une liste des *Faultes à corriger*, mais le volume ne contient pas d'extrait du privilège.

Quatorziesme Livre de l'Iliade. — Le v° du titre contient un sonnet à « A Germain Vaillant de Guelis, abbé de Pimpont, etc. ». Le f. 23 contient 4 épigrammes. Le dernier f. est occupé, au r°, par des corrections qui se rapportent aux deux parties; le v° en est blanc.

Le poète, qui n'a signé que de ses initiales A. D. C. est, au rapport de Du Verdier (éd. Rigoley de Juvigny, I, 106), ANTOINE DE COTEL, conseiller au parlement. Ses poésies sont fort libres, beaucoup plus libres, comme le fait remarquer La Monnoye, qu'il n'aurait convenu à son état.

746. LES || ŒVVRES ET || MESLANGES POETI- || QVES de Pierre || le Loyer || Angeuin. || Ensemble, || La Comedie Nephelococugie, ou la Nuée || des Cocus, non moins docte || que facetieuse. || *A Paris,* || *Pour Iean Poupy, ruë S. Iacques* || *à la Bible d'Or.* || M. D. LXXIX [1579]. || Auec Priuilege du Roy. In-12 de 8 ff. non chiffr., 256 ff. chiffr et 6 ff. pour la *Table* et le *Priuilege*, mar. bl., fil., dos orné, tr. dor. (*Trautz-Bauzonnet.*)

Au titre, une petite marque représentant un homme qui reçoit un livre du ciel ; cette marque est accompagnée d'un monogramme et de la devise *Scripturas scrutamini. Joh.*

Les ff. lim. contiennent: une épître « A monseigneur de La Valette, le jeune, gentil-homme ordinaire de la chambre du roy, etc. », épître datée de Paris, le 9 septembre 1578 ; un sonnet « Au mesme seigneur » ; des vers adressés au poète par L. MARTEL, de Rouen, P. DE RONSARD, MARGUERITE LE LOYER, « seur de l'autheur », FRANÇOIS DE BELLE-FOREST, Comingeois, J. LE FRÈRE, de Laval, P. ROBIN DU FAUX, « gentil-homme angevin », LA MOROZIÈRE, avocat en Parlement, L. VIVANT et J. DE BOISSIÈRE. Le verso du 8ᵉ f. est occupé par un sonnet de Le Loyer, intitulé *Vœu*.

Les œuvres de Le Loyer comprennent :

1º *Les Amours de Flore*, suite de 102 sonnets, mêlés de chansons et suivis d'une *Elégie* « A sa dame », fol. 1-45 ;
2º *Odes*, au nombre de quatre, fol. 46-55 ;
3º *Idylles*, au nombre de six, fol. 55-75 ;
4º *Premier Boccage de l'Art d'aimer*, suite de 156 quatrains, fol. 75-98 ;
5º *Sonnetz politiques, ou Meslanges*, au nombre de 71, fol. 98-117 ;
6º *Epigrammes*, fol. 117-122 ;
7º *Le Muet insensé*, comédie, « A M. Chalvet, president aux enquestes au Parlement de Tholoze », fol. 122-160 ;
8º *La Comedie Nephelococugie, ou la Nuée des Cocus* (précédée d'un grand titre daté de 1578, qui occupe le recto du fol. 161, et dont le verso contient un sonnet de JACQUES LE GRAS), fol. 161-238 ;
9º *Les Folatries et Esbatz de jeunesse*, fol. 238-254.

Les ff. 255 et 256, contiennent un *Advertisement du Libraire au Lecteur*. les *Fautes survenues en l'impression*, un sonnet par S. DAVY, Angevin, et une ode par J. V. BARBOTIÈRE, Angevin, dont la devise est : *Amitié par vertu*.

Le dernier f. contient le texte du privilège accordé pour six ans à l'auteur, le 1ᵉʳ août 1578, et cédé par lui à *Jean Poupy*. L'achevé d'imprimer est du 9 septembre 1578.

47. LES || EPITRES HEROI- || QVES AMOVREVSES || AVX MVSES, dediées à Dieu, || Mecenas tres-liberal. || Par Ferrand de Bez || Parisien. || Auec l'exposition des noms propres || mise à la fin de chasque || Epistre. || *A Paris*, || *Chez Claude Micard* || *au clos Bruneau à la* || *Chaire*. || M. D. LXXIX [1579]. || Auec Priuilege du Roy. In-8 de 48 ff. chiffr., caract. ital., mar. r. jans., tr. dor. (*A Motte*.)

Le titre est orné d'un joli encadrement.
Les épîtres de Ferrand de Bez sont au nombre de dix. Les adresses dont il les fait précéder sont fort singulières. La première est envoyée « A tres-haut et tout-puissant empereur de tout le monde, tres-benin pére de tous les vivants et provoyant createur des choses necessaires, tres-veritable fondeur des cœurs et pensées humaines, Dieu, tres-bon et invincible, Mecenas tres-liberal » ; la seconde porte : « A tres-illustre dame, madame Mnemosyne » ; la troisième : « A tres-noble et tres-florissante damoiselle, madamoiselle Calliope », etc.
Chaque épître est accompagnée d'un commentaire en prose.
Le privilège, daté du 23 janvier 1579, est accordé à l'auteur pour quatre ans.

48. LE TEMPLE DES VERTUS. Ouquel, entre autres choses, est monstré, & prouué, que les huguenots, et politiques, qui degenerent de la vertu de leurs ancestres, gents de bien et

512 BELLES-LETTRES.

vrais Catholiques, doiuent estre degradez du titre & qualité de Noblesse. Dedié A Mõseigneur le Duc de Mercœur, Gouuerneur de Bretagne : Par I. Lemasle, Angeuin. Ms. pet. in-8 carré de 1 f. blanc, 117 pp. et 1 f. blanc, v. f., tr. dor. (*Thouvenin.*)

<small>Jean Lemasle est cité par Du Verdier (*Bibliothèque françoise*, éd. Rigoley de Juvigny, II, 464). Il vécut de 1533 à 1590, et ses ouvrages nous montrent qu'il était fort attaché au parti de la Ligue. Cf. Goujet, XII, 380.

Ce ms., qui paraît être autographe, a fait partie de la bibliothèque du duc DE LA VALLIÈRE (Cat. de De Bure, n° 3168) et, en dernier lieu, de celle de M. VIOLLET LE DUC (n° 333).</small>

749. LES || OMONIMES, || Satire des || Mœurs cor- || rompues de ce || siecle. || Par Antoine du Verdier, homme || d'armes de la compagnie de monsieur || le Seneschal de Lyon. || *A Lyon*, || *Par Anthoine Gryphius.* || 1572. || Auec Permission. — Fin. || *A Lyon*, || *De l'imprimerie de Pierre Roussin.* || M. D. LXXII. In-4 de 12 ff., reglé, mar. r. jans., tr. dor. (*Duru.*)

<small>Au titre, la marque d'*Antoine Gryphius* (Silvestre n° 575), accompagnée de la devise : *Virtute duce comite Fortuna.*

Le 2ᵉ f. contient un avis « Au Lecteur », avis daté « du camp », le 10 février 1569.

Le 3ᵉ f. est occupé par un sonnet de J. DE CHEVIGNI, Beaunois, et par un sonnet de F. DE BELLEFOREST, Comingeois.

Recueil de Poésies françoises, III, 97-117.

Exemplaire de VEINANT (Cat. de 1855, n° 516) et de M. DE CHAPONAY (n° 313).</small>

750. LES || PREMIERES || ŒVVRES || FRANÇOYSES || de || Iean de la Iessée, || Secretaire de la Chambre || de Monseigneur. || Premier volume. || *A Anuers*, || *De l'Imprimerie de Christofle Plantin.* || CIƆ. IƆ. LXXXIII [1583]. || Auec Priuilege du Roy, || & de son Alteze. 4 parties en un vol. in-4, mar. r., dos et coins ornés, tr. dor. (*Trautz-Bauzonnet.*)

<small>Ce premier volume, le seul qui ait paru, compte 9 ff. lim. 1503 pp., 15 ff. non chiffr. pour les *Tables*, et un f. blanc.

Le titre, orné d'un riche encadrement, porte une petite marque de *Plantin* analogue à celle que Silvestre a reproduite sous le n° 1015. — Le 2ᵉ f., qui forme encart, est occupé par un sonnet « A Monseigneur », imprimé en caratères de Civilité. — Les 7 ff. suivants contiennent : une épître « A monseigneur Françoys de France, frère unique du roy, duc de Lothier, Brabant, Gueldres, Anjou, et conte de Flandres, etc. », épître datée d'Anvers, le 20 décembre 1582 ; un faux-titre ainsi conçu : *Les* || *Ieunesses* || *de Iean de la* || *Iessée.* || *Tome premier*, et le portrait du poète à l'âge de 31 ans. Les *Jeunesses* se composent de sonnets répartis en six livres.

Les pp. 217-218 sont occupées par le titre suivant : *Les* || *Meslanges* || *de Iean de la* || *Iessée.* || *Tome second.* Ces *Meslanges*, divisés en sept livres, se composent principalement de traductions.

Aux pp. 769-770 est un troisième titre : *Les* || *Amours* || *de Iean de la* || *Iessée.* || *Tome troisieme.*</small>

Les *Amours* comprennent : la *Marguerite*, en quatre livres, la *Sevére*, en trois livres , et la *Grasinde*, en deux livres.

Le dernier titre, qui remplit les pp. 1361-1862, porte : *Les* || *Discours* || *poetiques de Iean* || *de la Iessée.* || *Tome quatrieme.*

Les *Discours*, dédiés à divers personnages de distinction, forment deux livres.

Jean de La Jessée avait accompagné le duc d'Anjou dans les Pays-Bas, et c'est sans nul doute à la protection de ce prince qu'il dut de faire paraître un recueil aussi considérable de ses œuvres. Le premier volume devait avoir une suite, qui, d'après un avis de CHRISTOFLE PLANTIN « Aux Lecteurs » (avis qui occupe le v° de le p. 1503), devait contenir « plusieurs livres d'odes, hymnes, elegies, eclogues, odes, satyres, contr' amours, tragedies et epitaphes ». L'imprimeur devait y joindre « quelques petis poëmes composez sur divers subjetz de la sainte Escriture, et quatre ou cinq livres en prose françoyse », de façon à former deux autres volumes.

Lorsque le duc d'Anjou eut été chassé des Pays-Bas, Jean de La Jessée fut entraîné dans sa chute, comme il avait été associé à sa fortune. Il ne put dès lors continuer la publication de ses œuvres ; il est même probable que les Anversois, dans leur ressentiment contre le prince français et contre les gentilshommes qui l'avaient entouré, détruisirent la plupart des exemplaires du tome premier restés en magasin chez Plantin ; on s'en expliquerait ainsi la grande rareté.

Notre exemplaire provient de la seconde vente de M. le comte DE LA BÉDOYÈRE (Cat. de 1862, n° 911). La reliure a été renouvelée depuis.

751. LARMES, || ET REGRETZ, || sur la Maladie et Trespas || de Monseigneur François || de France, Fils & Frere de Roys. || Plus, || Quelques Lettres funebres. || Par I. De La Iessée , || Secretaire de sa Chambre. || *A Paris,* || *De l'Imprimerie de Federic Morel* || *Imprimeur ordinaire du Roy.* || M. D. LXXXIIII [1584]. || Auec Priuilege dudict Seigneur. In-4 de 14 ff.

Au titre, la marque de *Fed. Morel* (Silvestre, n° 569).

752. DISCOVRS DE || LA FELICITÉ de || Messeigneurs de || la Rochefocault. || Par Iean Aubert Rhemois. || *A Rheims*, || *Chez Iean de Foigny, à l'enseigne du Lion, pres le* || *College des bons Enfans.* || 1581. In-4 de 18 ff. non chiffr., mar. r. jans., tr. dor. (*Trautz-Bauzonnet.*)

Au titre, la marque de *J. de Foigny* (Silvestre, n° 310).
Au v° du titre sont placés deux quatrains de J. Aubert « A son livre » et « Au Lecteur », et un quatrain de CLAUDE AUBERT « A l'Autheur », sur son anagramme *Éve t'a bany*.
Le 2° f, est occupé par une épître en prose • A messieurs de La Rochefoquault », épître datée de Reims, le 1ᵉʳ janvier 1381 [*sic*].
Les 3ᵉ et 4ᵉ ff. contiennent trois sonnets : « A mon-seigneur Jean de La Rochefocault, comte de Roussy », « A mon-seigneur Charles de La Rochefocault, baron de Vertueil », et « A mon-seigneur Benjamin de La Rochefocault , baron de Montignac » ; deux quatrains « A monsieur Nicolas Morelet, precepteur de messeigneurs de La Rochefocault », et diverses petites pièces adressées à J. Aubert par cinq professeurs du collège de Reims : M. ANCELIN, de Rhétel, N. TRIPLOT, CLAUDE AUBERT, frère de l'auteur, et GILLES RICHER.
Le *Discours*, qui occupe les ff. Bi-Diij, est un panégyrique des jeunes seigneurs de La Rochefoucauld. Il est suivi d'un sonnet, de trois épigrammes

514 BELLES-LETTRES.

et d'une élégie « A monsieur Claude de Bossut, baron d'Escry ». Deux des épigrammes sont signées de G. RICHER.
Ce poème est resté inconnu à M. Brunet, et le nom même de l'auteur n'est cité par aucun bibliographe.

753. LES LARMES || ET SOVSPIRS de || Iean Aimé de Cha- || uigny Beaunois, sur || le trespas tres-regretté de M. Antoine || Fiancé Bizontin, lors qu'il viuoit, Pro- || fesseur en Philosophie & Medecine, & || Medecin de la cité d'Auignon, || Dediez || A Monsieur Maistre Thomas || Serre, Conseillier du Roy tres-Chrestien, Thresorier || & Receueur general de sa marine du Le- || uant, Mortes payes, reparations & || fortifications de Prouence. || *A Paris,* || *Par Estienne Preuosteau, au clos Bruneau,* || *pres le puys Certain.* || 1582. In-8 de 96 pp. mar. bl., dos et mil. ornés, tr. dor. (*Trautz-Bauzonnel.*)

Antoine Fiancé, né à Fleuret, près de Besançon, le 1er janvier 1552, mourut le 27 mai 1581, en soignant les pestiférés d'Avignon. Il n'a laissé qu'une satire contre les pieds-plats (*Platopodologie*), c'est-à-dire contre certains envieux qui cherchaient à lui nuire.
Quant à Chavigny, né vers 1524, mort vers 1604, c'était un élève de Nostradamus; aussi est-il plus connu comme astrologue que comme poète. Du reste, ce n'est pas le seul auteur du tombeau de Fiancé; on y trouve diverses pièces de JEAN DORAT; N. GOULU; JEAN WILLEMIN, d'Arbois, médecin; FR. BRETON, de Dijon, jurisconsulte; MATHIEU GILLABON, Bourguignon; JEAN CALVET, d'Avignon; HONORÉ SERRE; VULCAIN FORGET, de Tours, médecin; JEAN-EDOUARD DU MONIN; P. VINCENT DE VADILLO [DU GUÉ?]; GILLES MARIUS, advocat en la court de parlement; DESIRÉ BARLET, d'Arbois; FRANÇOIS BONNERRIER, SEIGNEUR DU PLESSIS, et JEAN HAMILTON, Escossois.

754. LES || QVATRE PREMIERS || LIVRES DE L'VNIVERS || de M. de Norry : || Ausquels est traité du nombre, ordre & mouuement des Cieux : || La description tant Poëtique qu'Astronomique des quarante || huict Images celestes : Des sept Planettes, leurs proprietez, || grandeurs & influences. || Ensemble vne table à la fin du liure, seruant || à l'intelligence des principaux || termes Astronomiques. || Dediez à Monseigneur le Duc d'Espernon. || *A Paris,* || *Chez Gilles Beys, rue S. Iaques, au Lis blanc.* || M. D. LXXXIII [1583]. || Auec Priuilege du Roy. In-4 de 4 ff. non chiffr., 56 ff. chiffr. et 4 ff. pour la *Table*, caract. ital.

Au titre, la marque de *Gilles Beys* (Silvestre, n° 243). — Au v° du titre est placé l'*Argument des quatre livres*.
Les 3 ff. qui suivent contiennent : une épître « A monseigneur, monseigneur le duc d'Espernon, pair de France, etc. », épître datée de Paris, le 1er septembre 1583; un avis « Aux Lecteurs françois », daté du même jour; l'*Extrait du Priuilège*; le portrait de l'auteur, accompagné de la devise : ῾Ο Θεὸς καὶ ὁ Κρόνος [sic], et un sonnet « A ses enfans ».
L'ouvrage de Norry n'est pas une composition mystique comme celle de

BELLES-LETTRES. 515

Guy Le Févre de La Boderie (n° 731) ; c'est plutôt un poème didactique. On y trouve réunies, sur les trois cieux, le zodiaque, les planètes, toutes les traditions de l'antiquité. Bien que l'auteur émette la prétention de parler comme un mathématicien, il s'est beaucoup plutôt inspiré de la fable que de la science.

Le privilège, daté du 30 avril 1583, est accordé à *Gilles Beys* pour neuf ans.

755. SATYRE || AV ROY, || contre les Repu- || bliquains, || Auec || l'Alectriomachie ou || Ioutte des Coqs. || Par || Gabriel Bounin, Conseiller & Maistre des || Requestes ordinaire de feu Monseigneur, Ad- || uocat en Parlement à Paris, & Baillif de || Chasteau-roux. || *A Paris,* || *Chez Pierre Cheuillot, ruë S. Iean de Latran,* || *à l'enseigne de la Rose rouge.* || 1586. || Auec Priuilege du Roy. In-8 de 28 ff. chiffr.

'5 18 . III. 22

Au titre, une petite marque que Silvestre (n° 1292) attribue à *Jean de Heuqueville.*

La *Satyre au roy*, qui occupe les ff. 2-11, r°, est suivie (fol. 12, v°) d'un sixain de JULES-CÆSAR LE BESGUE, et d'un quatrain de B. FOURNIER, Daulph.
— L'*Alectriomachie*, précédée de divers extraits des auteurs anciens, est un poème contre la guerre civile entre les Coqs , c'est-à-dire , en réalité , entre les Français.

Le recueil se termine par des *Estrennes*, en forme de sonnets, au roi, à la reine et à divers autres personnages ; par le *Tombeau de deffunct messire, messire Paul de La Tour Landry*, vivant , chevalier de l'ordre du roy, seigneur de Baussé et Grandeffe ; par le *Tombeau de defunct Loïs de Landry, fils du seigneur et comte de Chasteau-Roux;* par le *Tombeau et Larmes de tres-vertueuse dame, Diane de Rohan, dame et comtesse de Chasteau-Roux*, etc.

A la fin du volume se trouve la devise : Πόνος δ'ἄρα κῦδος ὀρέξει.

756. IMITATIONS || tirées du Latin || de Iean Bonnefons. || Auec || Autres Amours || et Meslanges poe- || tiques de l'inuention de || l'Autheur. || *A Paris,* || *Chez Abel L'Angelier, au premier* || *pillier de la grand' sale du Palais.* || M. D. LXXXVIII [1588]. || Auec Priuilege du Roy. In-12 de 144 ff. — PANCHARIS || Io. BONEFONII || Aruerni. || *Lutetiæ, || Ex officina Abelis l'Angelier, in* || *prima columna magnae* || *aulae Palatij.* || M. D. LXXXVIII [1588]. || Cum priuilegio Regis. In-12 de 36 ff. — Ensemble deux parties en un vol. in-12, mar. bl., dos et milieu ornés, tr. dor. (*Trautz-Bauzonnet.*)

IV . 5. 68

Imitations. — Le 2ᵉ f. est occupé, au r°, par une dédicace aux Muses et, au v°, par une pièce latine de J. JACQUIER, Parisien, « Ad Ae[gidium] D[urandum] ».

Les ff. 3-24 contiennent une ode « A Jean Bonnefons », et la traduction ou l'imitation de 20 des pièces qui composent la *Pancharis.*

Le reste du volume est réservé aux *Amours et Meslanges poétiques de l'invention de l'autheur*, 1588. Ces compositions se terminent au fol. 136, r°, par la devise de GILLES DURAND DE LA BERGERIE, *Durate*, seule signature que le poète ait employée dans cette édition. Les ff. 136, v° - 144, r° sont remplis par des vers de NIC. BESANÇON, CL. BINET, C. DE KERKIFINEN,

THUILLIER, GUILL. DU PEYRAT, de Lyon, SEBASTIEN ROUILLARD, de Melun, A. D. M., J. DE LA SALLE et FR. MYRON. Plusieurs de ces auteurs citent en toutes lettres le nom de Gilles Durand [Aegidius Durandus].

Pancharis. — Ce recueil, qui se compose de 52 morceaux divers, est précédé de deux épigrammes latines de JOSEPH SCALIGER et d'ANTOINE MORNAC ; il se termine par six autres pièces signées de CL. BINET, JEAN JACQUIER, Parisien, FRANÇOIS LE DUCHAT [FRANCUS DUCATIUS], G. DU PEYRAT, Lyonnois, NIC. DENETS, Parisien, et par une épître de Jean Bonnefons à Henri III.

Le privilège, dont un extrait se trouve à la fin de chaque partie, est accordé pour sept ans au libraire *Abel L'Angelier*, le 9 janvier 1587.

757. LES || ŒVVRES || POETIQVES du || Sieur de la || Bergerie. || Auec || les Imitations tirées || du Latin de Ieau Bonnefons. || *A Paris,* || *Chez Abel l'Angelier au premier pilier* || *de la grand' sale du Palais.* || M. D. XCIIII [1594]. || Auec priuilege du Roy. In-12 de 254 ff. chiffr. et 8 ff. pour la *Table* et le *Privilége.*

Le titre porte une petite marque, tirée en taille-douce, qui représente une ligne, un triangle et un cercle combinés ensemble ; au centre sont deux petits amours ; les angles de la figure sont occupés par des attributs guerriers.

Au r° du 2° f. est une dédicace aux Muses, et, au v°, une pièce latine de JEAN BONNEFONS.

Le volume contient :

1° *L'Ile du chaste Roc, ou les premières Amours du sieur de La Bergerie,* fol. 3-42 (à la fin sont des *Stances* de J. DE LA SALLE, et un *Madrigal* de FR. MYRON) ;

2° *Camille, ou les dernières Amours du sieur de La Bergerie,* fol. 43-95 ;

3° *Les Odes,* 1594, fol. 96-176 (en tête est une pièce latine de N. RICHELET, Parisien) ;

4° *Imitations tirées du latin de* JEAN BONNEFONS. 1594, fol. 177-241 (en tête est une pièce latine de JEAN JACQUIER, Parisien) ;

5° Des vers français, latins et grecs adressés « A l'auteur » par NIC. BEZANÇON, THUILLIER, A. D. M., G. DU PEYRAT, Lyonnois, CL. BINET, DE LA ROQUE, NIC. RICHELET, Parisien, DE BRACH, BAPTISTE VIVIAN, ANT. DE SAINCTYON, (lis. CL.) DE KERQUIFINEN, FR. MYRON, J. GOUTHIÈRE, SÉBASTIEN ROUILLARD, CHARLES BERNARD, Parisien, ANT. MORNAC, JEAN CAIGNET, NIC. DENETS.

Le dernier f. contient un extrait du privilège accordé pour dix ans à *Abel L'Angelier*, le 3 septembre 1594.

758. DISCOVRS || Faict par Michel || Quillian Breton. || Dedié à Monsei- || gneur le Duc de Guyse Grand || Maistre de France, Gouuer- || neur General pour le Roy. || M. D. LXXXVIII [1588]. *S. l.*, in-8 de 11 ff. et 1 f. blanc, cart.

Ce *Discours* est un panégyrique enthousiaste du duc Henri de Guise. L'auteur loue surtout en lui son dévouement au parti catholique et son ardeur à combattre l'hérésie. Chemin faisant, il fait l'apologie de la Saint-Barthélemi.

M. Brunet n'a pas cité ce poëme, publié sous trois titres différents, savoir :

1° DISCOVRS || dedié à Monsei- || gneur le Duc de Guyse Grand || Maistre de France, Gouuer- || neur General pour le Roy. || M. Q. Breton. || M. D. LXXXVIII [1588]. In-8 de 12 ff. (Biblioth. nat., Y. n. p., Rés.)

BELLES-LETTRES.

2º DISCOVRS || Faict par Michel || Quillian Breton, etc. (c'est l'édition que nous avons décrite).

3º PANEGYRIC ou || Discours || sur les faictz || heroyques de feu || Monseigneur le Duc || de Guise. || *Pour Iacques de Varangles, rue sainct* || *Iacques contre le College du Plessis.* || Auec permission. || M. D. LXXXIX [1589]. Pet. in-8 de 12 ff. (Biblioth. nat., Y. n. p., Rés.)

Michel Quillian était sieur de La Tousche. Il prend cette qualité, en 1596, sur le titre de la *Dernière Semaine, ou Consommation du Monde* (Brunet, IV, 1018); c'est probablement à lui qu'il convient d'attribuer un quatrain, signé : LA TOUCHE, qui se trouve en tête de l'*Art poetique françois* de Pierre de Laudun d'Aigaliers (Paris, 1597, in-8).

759. LA MVSE || CELESTE || de Beroalde || de Veruille. || *A Tours,* || *Chez Iamet Mettayer,* || *Imprimeur ordinaire* || *du Roy.* || M. D. XCIII [1593]. In-12 de 42 ff., titre encadré, caract. ital., mar. r. jans., tr. dor. (*Cuzin.*)

La *Muse celeste* se compose des paraphrases du *Symbole de saint Athanase*, du *Te Deum*, du *Cantique de Zacharie*, du *Magnificat* et de divers psaumes. La pièce la plus importante est un poème en cinq chants, intitulé : *De l'Ame et de ses excellences* (fol. 26-42).

Ce recueil montre avec quelle facilité l'auteur, qui devait publier quelques années plus tard le *Moyen de parvenir*, savait varier ses sujets et son style.

760. LES || ŒVVRES || DE IEAN || GODARD, || Parisien. || Diuisees en deux Tomes. || A Henry IIII. tres-Chrestien & tresvi- || ctorieux Roy de France & de Nauarre. || Plus les Trophees du Roy composez & adioutez depuis || l'impression des presentes œuures. || *A Lyon,* || *Par Pierre Landry.* || M. D. XCIIII [1594]. 2 vol. in-8, mar. v. jans., tr. dor. (*Aug. Abadie.*)

Premier Tome : 8 ff., 315 pp., 1 f. non chiffr. et 1 f. blanc. — Le titre porte la marque de *Pierre Landry* (Silvestre, nº 390). — Le vº du titre est occupé par un portrait d'Henri IV, accompagné d'un quatrain. — Les 2 ff. qui suivent contiennent un sonnet de « l'Autheur à son livre » et des vers français et latins signés de : L. BRILLET, SIEUR DE LIMON, gentilhomme parisien; CL. LE BRUN, « Villafrancanus causidicus »; CL. PIMPERNELLE, Champenois; GRATIANUS EMICHAENUS, et ANTOINE DU VERDIER, SEIGNEUR DE VAUPRIVAS, dont l'anagramme est : *Tard ennuyé de voir*.— Les 5 derniers ff. lim. sont remplis par une épître « A Henry quatriesme, tres-chrestien et tresvictorieux roy de France et de Navarre », et par une pièce latine de LOUIS VIELLARD.

Les œuvres comprises dans ce premier volume sont : *La Flore, ou les premières Amours de Jean Godard, et La Lucresse, ou les secondes Amours.*

Second Tome : 369 pp., 10 ff. pour la *Table* et 35 pp. pour les *Trophées*. — Le titre porte la même marque que celui du tome Ier, et le vº est de même orné du portrait d'Henri IV. — Aux pp. 3-4 se trouvent deux sonnets de JEAN HEUDON, Parisien, et d'AUDEBERT HEUDON, Parisien, frère de Jean.

Les œuvres qui composent le second volume sont : *La Franciade, tragedie*, précédée d'un argument par J[EAN] H[EUDON], P[arisien] ; les *Desguisés, comœdie*, précédée d'un argument par CLAUDE LE BRUN, jurisconsulte beaujaulois, (cette pièce a été réimprimée par Viollet Le Duc, *Ancien Théatre françois*, VII, 335-462) ; la *Fontaine de Gentilly, divisée en troys livres*, la *Perdrix* ; l'*Amitié* ; la *Pauvreté* ; le *Flascon* ; les *Goguettes* et les *Meslanges*. — La *Table* est suivie d'une pièce latine de JANUS EMICHAENUS,

Arvernus. — On lit au v° du dernier f.: *Imprimé à Lyon, par Jean Tholosan.*
M. D. XCIIII.

Les *Trophées*, placés à la fin du volume, sont une suite de 34 sonnets adressés au roi. Un 35ᵉ sonnet est dédié « A illustre personnage, Pierre Forget, secretaire d'Estat ».

Exemplaire de M. le Dʳ DESBARREAUX-BERNARD (Cat., n° 386).

761. LA || BELLONE || BELGIQVE, || Contenante || La prinse des villes Calais, Ardres, & Hulst. || La prinse & reprinse de la ville de Liere. || La retraite de la Paix du Pays-bas. || Eglogue. || Sonnets sur la diuersité du temps. || Description d'aucunes cruautez perpetrées par les || Huguenots au Pays bas. || Dediée à son Altesse Illustrissime l'Archiduc Albert, || Cardinal d'Austrice. || Par Henri de Wachtendonck, escuyer, Communemaistre || de la ville de Malines. || *En Anuers,* || *Chez Antoine Thielens, à l'Estruche d'or.* 1596. || Auec Grace et Priuilege. In-4 de 99 pp.

Le recueil est précédé (pp. 3-5) de quatre sonnets adressés à l'auteur, par GLAUDE DE SAINCT MARC.

Le privilège, rapporté en extrait au v° du dernier f., est daté de Bruxelles, 1596 ; il est accordé à l'auteur pour six ans.

On lit à la fin du volume : *Typis Henrici Swingenij.*

762. LES || PREMIERES || ŒVVRES || poetiques du || Capitaine Lasphrise. || A || Cesar Monsieur. || *A Paris,* || *Pour Iean Gesselin, ruë S. Iacques,* || *à l'enseigne sainct Martin, & en sa* || *boutique au Palais, en la gallerie* || *des prisonniers.* || M. D. XCVII [1597]. || Auec priuilege du Roy. In-12 de 12 ff. lim. et 612 pp., mar. r., dos et milieu ornés, tr. dor. (*Trautz-Bauzonnet.*)

Au v° du titre se trouvent les *Prologues des livres icy contenus* et un avis *Au Lecteur.*

Les 11 ff. qui suivent sont occupés : par un sonnet et un quatrain de l'auteur « A Cesar, Monsieur » ; par diverses pièces signées : LE PLESSIS PREVOST, DE SONAN, L'ORMOIS, L. S. P., M. P., le sieur DE MASÈRE, Tourangeau ; par une épigramme, trois sonnets et trois quatrains du capitaine Lasphrise ; par le privilège et par un portrait du poète, signé de *Thomas De Leu* et accompagné de deux quatrains.

Les *Amours de Theophile* remplissent les pp. 1-136 ; la *Noemie*, qui vient ensuite (pp. 137-269), est précédée d'une ode de LE PLESSIS PREVOST et d'un sonnet signé : LE PRÉ, Poictevin. — Le portrait de l'auteur devait sans doute être répété à la p. 143, au bas de laquelle est un quatrain approprié au sujet, mais cette page est restée blanche.

Le volume renferme encore la *Delice d'Amour,* la *Nouvelle inconnue,* des *Enigmes,* l'*Allusion,* etc. Aux pp. 565-591 se trouve une pièce intitulée *Nouvelle tragi-comique,* que M. Viollet-Le-Duc a reproduite dans son *Ancien Théatre françois* (VII, 469-491).

L'auteur de ces poésies, Marc de Papillon, avait pris le nom de la terre de Lasphrise, en Touraine, où il était né vers 1555. C'était un soldat débauché, dont les vers, s'ils ne sont pas sans mérite, témoignent de la liberté des mœurs du temps ; aussi l'éditeur moderne des œuvres de Lasphrise, M. Prosper

BELLES-LETTRES.

Blanchemain, a-t-il dû se borner à en donner un choix très réduit. Les *Enigmes* notamment, que l'auteur n'avait pas craint de dédier à madame de Beauvais-Nangis, sont d'une grossièreté révoltante; elles n'ont pu être réimprimées.

César « Monsieur », dont le nom figure sur le titre du recueil, est César, duc de Vendôme, fils naturel d'Henri IV. et de Gabrielle d'Estrées, né en 1594. Il n'avait alors que trois ans; mais Lasphrise se flatte de travailler à son éducation et compte sur sa reconnaissance future :

> Quelque jour tu pourras, gonflé d'humeur louable,
> Benir de mes beaux vers les hameçons mignards
> Et plaindre mes douleurs, guerdon de mes hasards,
> N'ayant peu enfançon m'estre alors favorable.

Le privilège, daté du 31 janvier 1597, est accordé pour six ans au capitaine Lasphrise, « gentilhomme tourangeau », qui déclare en faire cession à *Leger Delas*, « imprimeur de la ville de Paris ». L'achevé d'imprimer est du 15 novembre 1597.

763. LES || PREMIERES || PENSEES. || A Madame Sœur || vnique du Roy. || *A Rouen,* || *Chez Theodore Reinsart,* || *deuant le Palais, à l'Homme armé.* || M. D. XCVIII [1598]. || Auec Priuilege du Roy. In-12 de 8 ff., 122 pp., 1 f. blanc, 259 pp., inexactement chiffr., et 4 ff. pour la *Table*, mar. bl., fil., dos orné, tr. dor. (*A. Motte.*)

Au titre, la marque de *Th. Reinsart.*
Voici la collation des 7 ff. lim. qui suivent le titre :
1 f. portant, au r°, le *Contenu de ce volume,* et, au v°, l'*Extrait du Privilége;* 3 pp. pour une épître « A Madame, sœur unique du roy », épître signée : « JEAN HAYS, du Pont-de-l'Arche, conseiller et advocat du roy au bailliage et siège presidial de Rouen » ; 4 pp. contenant un sonnet « A Son Altesse », des vers « A Phœbus » et un sonnet « Aux Muses » ; 5 pp. contenant des sonnets signés : FRANÇOIS DE LOUVENCOURT, SIEUR DE VAUCHELLES, F. VIGER, le sieur DU PLESSIS, et de petites pièces latines signées : LUDOVICUS MARTELLUS, Rotomag., JAC. DENYAUTIUS, in senatu Rotom. advocatus, N. DE HAULTE RYVE, Rothomag.
Le privilège, daté du 6 décembre 1597, est accordé pour six ans à *Théodore Reinsart.*
La première partie renferme un carton aux pp. 91-92. A côté du f. original est placé un second f. contenant une rédaction nouvelle des sonnets CI et CII et des passages en prose qui les accompagnent. Le r° du carton est coté par erreur 93, au lieu de 91. Il y a encore une erreur dans la pagination de la seconde partie. La dernière p. porte 269 au lieu de 259.

764. LES || PREMIERES || ŒVVRES || POETIQVES DE || IEHAN GRISEL. || Rouennois. || A || Tres-chrestien Roy de France & de || Nauarre, Henry IIII. || *A Rouën,* || *De l'Imprimerie* || *De Raphaël du Petit-Val, Libraire &* || *Imprimeur ordinaire du Roy.* || 1599. Pet. in-8. de 4 ff. et 135 pp., dans lesquelles sont intercalés 4 ff. non chiffr., mar. bl., comp., dos orné, doublé de mar. or., dent. à petits fers, tr. dor. (*Trautz-Bauzonnet.*)

Au titre, une marque de *R. Du Petit Val* différente de celle que Silvestre a reproduite.
Les 3 ff. qui suivent contiennent une épître « Au roy » (en prose), la

table, le privilège, trois distiques latins de JACQUES DENYAUT et un quatrain français de l'auteur.

M. Brunet et M. Frère (*Manuel du bibliogr. normand*), en donnant la description de ce volume, disent qu'il est divisé en quatre parties : les *Martiales Visions*, les *Vœux*, les *Amours*, le *Bouquet poetique*, et qu'il se compose de 4 ff. lim. et 136 pages ; mais il ne font pas mention des 4 ff. non chiffrés qui doivent se trouver entre les pages 96 et 97, et dont la présence est essentielle pour que le volume soit complet, puisqu'ils contiennent le titre et les quatre premières pièces (numérotées) de la quatrième partie, intitulée *Le Bouquet poétique*. Ces quatre feuillets, occupés par des acrostiches fort bizarres, et dont la justification est plus grande que celle du reste du volume, manquaient aux exemplaires que nous avons vus passer en vente dans ces derniers temps, notamment à celui de M. d'Auffay, vendu, en 1863, 258 fr., et à celui de M. Turquety, vendu, en 1869, 185 fr.; ils se trouvaient, au contraire, dans l'exemplaire qui a figuré à la vente H. Bordes (1873, n° 253), mais ils étaient rognés jusqu'à la lettre. Grâce à la grandeur exceptionnelle de notre exemplaire, les marges de ces 4 ff. sont restées intactes.

Le privilège, daté du 4 février 1597, est accordé pour dix ans à *R. Du Petit Val*.

Haut. 149 ; larg. 84 mm.

765. LES || PREMIERES ŒVVRES || DV SIEVR DE DEIMIER, || dediées || A la Gloire. || *A Lyon*, || *Par Claude Morillon*. || M. DC [1600]. || Auec Priuilege. In-12 de 12 ff. et 192 pp., mar. bl., fil., dos orné, tr. dor. (*A. Motte*.)

Le titre, entièrement gravé, est orné d'une figure allégorique, qui porte cette devise :

*Ni mas altos pensamientos,
Ni tan grande fuego en el alma*,

devise dont un *Sonnet*, placé au verso, nous fournit l'explication. Les 11 ff. suivants contiennent : une épître « A la Gloire » ; des vers adressés à l'auteur par LAURENS DE BERMOND, JEAN DU PERIER, CONRADE CRESSELS, B. ANCEAU, J. D. B., M. DE LAYE, JACQUES CORBIN, DU SOUHAIT, E. GREFFET ; un avis « Au Lecteur », daté de Marseille, le 9 septembre 1599, et des vers adressés par « L'autheur à sa Parthenie ».

Le corps du volume est imprimé en petites lettres italiques.

766. LA || NEREIDE || OV || VICTOIRE NAVALE. || Ensemble || Les Destins heroïques de Cleophille || & de Nereclie. || Par Pierre de Deimier. || Dediée au Roy. || *A Paris*, || *Chez P. Mettayer, Imprimeur & || Libraire ordinaire du Roy*. || M. DCV [1605]. || Auec priuilege de sa Maiesté. In-12 de 12 ff. et 312 pp., mar. v., fil., dos orné, tr. r. (*Rel. anc*.)

Le titre porte une petite marque de *P. Mettayer*, réduction de celle que Silvestre (n° 494) attribue à *Jamet Mettayer*.

Les 11 ff. lim. qui suivent le titre contiennent : une épître « Au roy », en prose ; des stances « A sa Majesté », « A la royne » et « A monseigneur le prince dauphin » ; une pièce latine signée : A.-A. BOSCO, Delphinas ; l'*Argument de la Nereïde*, par B. ALPH. A., et un sonnet de « L'autheur à son livre ».

Le sujet de la *Nereïde* est la bataille de Lépante (7 octobre 1571). Cette bataille, dans laquelle la flotte turque fut anéantie par les flottes chrétiennes, fut chantée à l'envi par toute l'Europe. La *Nereïde* est suivie (pp. 209-312) de diverses pièces que l'auteur a réunies sous le titre de *Première Partie du Printemps de Vaucluse*. Nous ne croyons pas que Deimier ait jamais publié la suite de ce recueil.

767. LA || MARIADE || D'ANTHOINE LA || PVIADE Conseiller || & Secretaire des fina || nces de la Royne Mar || guerite sur les loua || nges de la tres saincte || & tres sacree Vierge || Marie retirees de son || Cantiqe [sic] amplement ex || plique par les douze || chāts y contenus || A la Royne Marguerite duchesse || de Valois || *A Bordeaus* || *Par Sim. Millanges Imprimeur* || *ordinaire du Roy* 1600. In-12 de 6 ff. et 221 pp., caract. ital.

Le titre est inscrit au centre d'un frontispice gravé par G. C.
Les 5 ff. qui suivent contiennent : une épître (en vers) « A tres-haute, tres-puissante et tres-illustre princesse, Marguerite, royne, duchesse de Valois », et dix vers *Au Lecteur* ; un sonnet de P. LE DOUBLE ; une ôde et et un quatrain de CAMUS, et un sonnet de BERNARD LA PUJADE, fils.
Le volume se termine (pp. 85-221) par une tragédie intitulée *Jacob*.

768. LES || ŒVVRES || CHRESTIEÑES || D'ANTHOINE LA PVIADE || Conseiller et Secretaire || des Finances de la Reyne || Marguerite. || Contenant les trois || liures de la Christiade || et austres Poemes et Vers || Chrestiens. || A || Treshaute. Trespuissan || te Tresillustre Princesse || Marguerite Reyne Du- || chesse de Valois. || Auec Priuilege du Roy. || *A Paris.* || *Chez Robert Foüet, Rue* || *Sainct Iacques a l'occa-* || *sion : deuant les* || *Mathurins.* || 1604. || In-12 de 12 ff. non chiffr. et 214 ff. chiffr., caract. ital., mar. bl., fil., dos orné, tr. dor. (*Trautz-Bauzonnet.*)

Le titre est inscrit au centre d'un frontispice, gravé par C. *de Mallery*, qui représente un autel orné à droite et à gauche de deux figures supportant les instruments de la Passion ; l'entablement de l'autel est surmonté d'un médaillon de l'adoration des bergers, placé entre deux écus aux armes de Marguerite de Valois. — Les ff. qui suivent contiennent : une épître en prose « A tres-haute et tres-illustre princesse , Marguerite , royne, duchesse de Valois » ; un sonnet de PIERRE DE BRACH (pièce que M. R. Dezeimeris a omise dans la réimpression des *Œuvres poétiques* de cet auteur) ; un sonnet et un quatrain du sieur DE BEAUCAIRE ; une pièce latine de P. LE DOUBLE, conseiller au siège présidial d'Agen, imitée en vers français par La Pujade lui-même ; un sonnet de J. ARMANDIES ; un sonnet de damoiselle CATHERINE DE LA MOYSSIE, « vefve du feu sieur d'Aspremont », un quatrain signé : G. DAT ; la *Table* et le *Privilége*. Le 12ᵉ f. lim. est blanc.
Le privilège, daté du 2 juin 1603, est accordé à La Pujade, qui déclare en faire cession à *Robert Fouet*, par acte du 13 décembre 1603. L'extrait n'indique pas la durée du privilège.

769. EGLOGVE, || OV || CHANT PASTORAL || sur l'heureux et auguste || Mariage de Tres-haut , Tres-puissant || & Tresmagnanime Prince , Monseigneur le || Comte de Soissons, Gouuerneur pour le Roy en || ses Pays & Duché de Dauphiné, Grand Maistre || de France : Et de Madame la Comtesse

son espouse. || Par M. G. Bry de la Clergerie || Aduocat en la Cour de Parlement. || *A Paris,* || *Chez Pierre Bertault, au Mont Sainct Hilaire à* || *l'Estoille couronnée.* || *En Ianuier.* M. DCII [1602]. In-4 de 2 ff., 26 pp., impr. en car. ital., et 1 f. blanc.

<blockquote>
Au titre, la marque de *Bertault*, accompagnée de la devise : *Regibus astra viam monstrant*

Le 2e f. contient une épître en prose au comte de Soissons.

M. Brunet (I, 1363) ne cite de Gilles Bry de La Clergerie que divers ouvrages juridiques publiés en 1620, 1621 et 1635.
</blockquote>

770. L'Hercvle Gvespin || ov || l'Himne dv Vin || d'Orleans. || A Monsieur d'Escures Conseiller, || du Roy, Mareschal General des Logis de ses || Armées, Commissaire ordinaire des Guerres || & Intendant des Turcies & Leuées || de Loyre & Cher. || Par || Simon Rouzeau || D'orléans. || *A Orleans.* || *Par Saturnin Hotot Imprimeur ordinaire du* || *Roy, & de ladicte Ville & Vniuersité* || *demeurant à la Bible D'or.* || M. DC. V [1605]. Pet. in-4 de 6 ff. et 31 pp., mar. or., dos et milieu ornés, tr. dor (*Trautz-Bauzonnet.*)

<blockquote>
Les ff. lim. contiennent : une épître « A monsieur, monsieur d'Escures, conseiller, etc. »; un quatrain français et une *Prosopopaea* latine de Simon Rouzeau ; six distiques latins adressés à l'auteur par P. L. L., dont la devise est : *Loetor pieriis modis* ; un distique latin de C. C. ; un douzain de J. L. M.; deux quatrains d'E. R.; un quatrain de B. L, sieur de Bel Air ; un quatrain de M. L. P.; un sonnet et cinq distiques latins de N. M.; deux distiques grecs , deux distiques latins et un quatrain français de J. Du Four , J. V., et une pièce française d'E. R., dont l'anagramme est : *Ne enviez a tresor* [Estienne Rouzeau?].

La devise de Rouzeau, inscrite par lui à la fin des ff. lim. et à la f. du poème est : *Constancia cedo.*

M. Herluison, libraire à Orléans, a publié en 1860 une réimpression de l'*Hercule Guespin*, exécutée par *M. L. Perrin*, à Lyon.

Exemplaire de Méon (Cat. n° 1762) et de M. le baron J. Pichon (n° 575), relié depuis la vente de ce dernier amateur.
</blockquote>

771. Ræmvndi || Massaci Clariaci || Agenensis, et Collegii || Aurelianensis facultatis || Medicæ Decani, || Pugeae. || Seu de Lymphis Pugeacis Libri duo. || Editio secunda. || *Parisiis,* || *Apud Tussanum du Bray. S. d.* [1605], in-8 de 48 pp. — Les || Fontenes || de Povgves || de || Mre. Raimond de Massac || Docteur en Medecine, mises en || vers François, || Par || Charles de Massac son fils. || A || Madame de Neuers. || *A Paris,* || *Chez Toussaincts du Bray, au* || *Palais, en la gallerie des prisonniers.* || M. DC. V [1605]. In-8 de 8 ff. non chiffr., 44 pp., 1 f. pour l'*Extraict du Privilège*

et 1 f. blanc. — Le || treziesme || Livre des Metamor- || phoses d'Ovide mis en || vers François. || Par Raimond et Charles de || Massac Pere & Fils. || A Monsieur le Prince. || *A Paris,* || *Chez Toussainct du Bray, au* || *Palais, en la gallerie des* || *prisonniers.* || 1605. In-8 de 58 pp. et 1 f. pour l'*Extraict du Privilége.* — Ensemble 3 part. en un vol. in-8.

Le poème latin est dédié à Charles de Gonzague, de Clèves, duc de Nevers et de Rétel, — La p. 4ᵉ est occupée par une épigramme latine de Jean Spagnet (ou L'Espagnet,) conseiller au parlement de Poitiers. — A la p. 40 est une épître au lecteur par J. Le Vasseur.

La partie française contient, entre le titre et le second f. lim., 6 ff., signés F, qui ont été encartés après coup, et qui manquent à certains exemplaires, notamment à celui de la Bibliothèque nationale (Y 1429 A., Rés.). Ces ff. contiennent : une dédicace (en vers) à Catherine de Lorraine, épouse de Charles de Gonzague, de Clèves, duc de Nevers et de Rétel ; une épigramme latine signée : C. M. F. A., et les *Fautes à corriger*. Le 2ᵉ f. primitif, devenu le 8ᵉ, est occupé par une pièce latine de Nicolas Audebert, d'Orléans, conseiller au parlement de Bretagne.

Le *treziesme Livre des Metamorphoses* est précédé d'un sonnet de dédicace au prince de Condé et d'un argument en prose.

Le titre de chacune des trois parties porte une marque de *Toussaint Du Bray* qui manque au recueil de Silvestre.

Le privilège, accordé à ce libraire pour les trois ouvrages, est daté du 19 juillet 1605 ; il est d'une durée de dix ans.

772. Le || Bocage || de Iossigny. || Où est compris le Verger des Vierges, & au- || tres plusieurs pieces sainctes, tant en || vers qu'en prose. || Par Iaques le Vasseur Archidiacre || de Noyon. || A Monsieur de Bragelongne Conseiller du Roy, & || maistre ordinaire en sa Chambre des comptes. || *A Paris,* || *Par Fleury Bourriquant, au mont* || *S. Hilaire, pres le puits certain, aux* || *Fleurs Royales.* || M. DCVIII [1608]. In-8 de 151 pp. — Antitheses ov Contrepointes || dv Ciel & de la Terre. || Par Iaques le Vasseur Archi- || diacre de Noyon. || A || Monsieur Hallé Conseiller du Roy, || maistre ordinaire en sa Chambre || des comptes. || *A Paris,* || *Par Fleury Bourriquant, au* || *mont S. Hilaire, pres le puits Certain,* || *aux Fleurs Royales.* || M. DCVIII [1608]. In-8 de 102 pp. — Ensemble 2 part. en un vol. in-8.

Bocage. — Le titre porte une marque de *Fleury Bourriquant*, entourée de la devise : *Me non terra fovet ; caelesti rore viresco* (cette marque manque au recueil de Silvestre).

Les pp. 3-6 contiennent une épître (en prose) « A monsieur de Bragelonne, conseiller du roy et maistre ordinaire en sa chambre des comptes ».

Les pp. 7-13 sont occupées par des vers latins et français de Sébastien

Rouillard, de Melun, avocat au parlement de Paris, N. Bourbon, Jacques Joly, Gerizius, Toussaint Lanlu, chanoine de Chartres, et E. Boloy.

D'autres vers, signés de M. Aubery, d'Orléans, professeur de philosophie au collège de Lisieux, Hardouin Fouchier, Parisien, C. Paris, d'Orléans, et P. R. D., occupent les pp. 149-151.

Au v° de cette dernière p. sont relevées les *Omissions* et les *Fautes*.

Antithéses. — Le titre porte la marque de *Fleury Bourriquant*. — Les pp. 3-6 contiennent une épître (en prose) « A monsieur Halé, conseiller du roy etc. », et les pp. 7-9 un avis « Au Lecteur ».

Aux pp. 10-16 se trouvent des vers latins, grecs et français de Théod. Marcile [Marcilius], professeur royal, J. Crassot, professeur de philosophie, P. Vaillant [Valens], professeur de rhétorique, Jacques Joly, Senlisien, Hierosme de Bragelongne, N. de Boloy, Charles Guillemeau et J. de L'Isle.

La garde du volume porte les notes suivantes : D. Gulielmo Du Val, *philosophiae professori regio*, *datum ab authore*, et, au-dessous, d'une autre main : *Ce livre appartient a* Jehan Du Val, *medecin ordinaire du roy*, *docteur en la faculté de medecine*, *du don de son frere*, *Me Guillaume Du Val*, *professeur du roy en philosophie grecque et latine*, *et docteur en medecine*. Du Val, *Pontoisien*.

773. Tablettes || ov Qvatrains || de la Vie et de la Mort. || Par Pierre Matthieu, Conseiller du Roy. || Diuisé en deux Parties. || *A Paris*, || *Chez Estienne Perrin, ruë de Versaille, pres la porte* || *Sainct Victor*. M. DC. XIII [1613]. 2 part. en un vol. pet. in-16 obl., mar. r. jans., tr. dor. (*Trautz-Bauzonnet*.)

Les deux parties ont ensemble 56 ff., dont les signatures se suivent d'*A* à *G*. Chaque partie compte 100 quatrains, et se compose d'un f. pour le titre, d'un f. pour une épître et de 28 ff. de texte. La première centurie est dédiée à un personnage dont le nom n'est pas indiqué, mais qui était peut-être un M. de Vivefeuille, car ce nom est placé en évidence à la fin de l'épître. La seconde centurie est dédiée « A m[adamoiselle] d[e] Vaux ».

774. Tablettes || de la Vie et de la Mort. || Composées par Pierre Mathieu, || Conseiller du Roy, & Historiographe || de France. || *A Paris*, || *Chez Iean Petit-pas, ruë S. Iacques, à l'Escu de Venise, prés les Mathurins*. || M. DC. XXIX [1629]. || Auec Priuilege du Roy. — Tetrasticha || de Vita et Morte. || A Petro Mathæo Histor. Regio Gallica. || Et à Ioanne Thaumasio Aduoc. || Parisin. Latinè reddita. || *Parisiis*, || *Apud Ioannem Petit-pas, via Iacobœa*, || *sub scuto Venetiarum*. || M. DC. XXIX [1629]. || Cum Priuilegio Regis. — Ensemble 3 part. en un vol. in-16 oblong, mar. r. jans., tr. dor. (*Thibaron et Joly*.)

Les 3 parties réunies comptent ensemble 160 ff., dont les signatures se suivent.

La première partie se compose de 56 ff., dont le 1er est occupé par le titre français, le 2e par le titre latin, le 3e par une épître latine de Jean Thomas « Amplissimo et clarissimo viro, D. D. Carolo Du Lis, in suprema vertigalium regiorum curia advocato regis •, le 4ᵉ et le rᵒ du 5ᵉ par quatre distiques de JEAN THOMAS et par deux distiques signés : F. TH. — Le texte français se trouve au vᵒ des ff., et la traduction au rᵒ des ff. suivants.

Les titres de la seconde centurie occupent le vᵒ du 56ᵉ f. et le rᵒ du 57ᵉ ; ceux de la troisième centurie le vᵒ du 108ᵉ f. le rᵒ du 109ᵉ

Au vᵒ du dernier f. sont deux distiques latins de JEAN TOURNET.

I. — Poésies anonymes de la seconde moitié du XVIᵉ siècle.

a. — Poésies de divers genres.

775. LE BLASON DES BARBES || de maintenant, || chose tresioyeuse & || recreatiue. ||

   Amy Lecteur, ie ne veulx attenter ||
   Que ce blason vienne offenser tes yeulx : ||
   Ie ne l'ay faict pour mal te contenter, ||
   Mais seulement pour passetemps ioyeulx. ||

On les vend à Paris, au clos Bruneau, pres || *l'Estoille d'or, rue Frementel,* || *par Annet Briere. S. d* [1551], pet. in-8 de 4 ff., mar. r. jans., tr. dor. (*Trautz-Bauzonnet.*)

  M. Brunet (I, 970) et l'éditeur du *Recueil de Poésies françoises* (II, 210) ne citent du *Blason des Barbes* qu'une édition imprimée à *Paris* vers la fin du XVIᵉ siècle (Biblioth. nat., Y 6133 B, Rés.) et une édition publiée par *Loys Costé*, à *Rouen*, en 1602 (Biblioth. nat., Y 6118, Rés.). Ces deux réimpressions sont précédées d'un avis « Au Lecteur », dans lequel notre *Blason* est présenté comme une « censure des barbes de maintenant, qui a esté autrefoys imprimée ».

  La plaquette que nous venons de décrire est précisément l'édition ancienne qui avait échappé jusqu'ici aux recherches des bibliographes. La date en est indiquée avec certitude par la *Response* qui suit.

  Notre pièce a été reproduite d'après les éditions postérieures dans les *Blasons* de Méon (pp. 163-169), dans les *Joyeusetez* et dans le *Recueil de Poésies françoises* (II, 210-222).

  De la Bibliothèque de M. le comte O. DE BÉHAGUE (Cat., nᵒ 541).

776. LA RESPONSE & CON- || TREDICT d'vn || Barbu, || Contre le Blasonneur des barbes || de maintenant. || *A Paris,* || *Par Annet Briere, au clos Bruneau,* || *en la rue Frementel, pres* || *l'Estoille d'or.* || 1551. Pet. in-8 de 4 ff., mar. r. jans., tr. dor (*Trautz-Bauzonnet.*)

  Cette *Response*, qui fixe d'une manière précise la date du *Blason des Barbes*, est restée inconnue à M. Brunet, aussi bien qu'à l'éditeur du *Recueil de Poésies françoises*. Elle est précédée d'un *Dizain* « Aux Lecteurs », qui occupe le vᵒ du titre. Le poème commence ainsi :

   Après avoir le *Blason* entendu
   D'un barbiton et tout son pretendu,
   En m'esbatant j'ay voulu m'entremettre
   A briefvement luy respondre par métre...

De la bibliothèque de M. le comte O. DE BÉHAGUE (Cat., nᵒ 542).

777. ❡ Le Salve Dalkimie. ‖ ❡ Pource que Ignorans ont resue ‖ A calciner tout talk en myes ‖ Lon a cy fait sur Lalkimie ‖ Vne rime par le Salue. — *Finis.* ‖ ❡ *Peu et repos.* ‖ ❡ *Imprime a Dijon. S. d.* [*vers* 1553], pet. in-8 goth. de 8 ff. de 20 et 21 lignes à la page, impr. en lettres de forme, mar. r. jans., tr. dor. (*A. Motte.*)

Le titre est orné d'un bois qui représente deux alchimistes chauffant une cornue ; nous en donnons la reproduction :

Ce poème, farci de latin, et dont on n'a guère connu jusqu'ici que le titre, est une épître satirique adressée au fameux Michel Servet, qui, à la suite de ses études de médecine, fut, paraît-il, accusé de se livrer aux pratiques de l'alchimie.

Servet avait pris le nom de sieur de Villeneuve, du lieu de sa naissance, Villanueva, en Aragon ; c'est sous ce nom que l'auteur anonyme s'adresse à lui :

> *Salve* donc, sieur de Villeneufve,
> Neufve ville, non commencée ;
> Honneur te fais ou que te treuve,
> Car l'oraille as moult bien troussée.

Quelques vers plus loin, nous voyons que le novateur était alors en prison :

> *Clamamus* après la justice,
> Qui tient ton velours en prison,
> Et disons qu'il fault que juste ysse,
> Veu que es pur et sans mesprison.
> . . . .
> *Post hoc exilium*, voulons   105
> Ung rappel de ban obtenir,
> Et par chascun jour en parlons
> Pour te faire a Dijon venir ;
> Mais, si tu y peulx parvenir,
> Ne nous dis plus tant : « Attendez »,   110
> Ains faiz noz platz os devenir,
> Ou ce que tu scés *ostende*.

Cette allusion à la prison de Servet se rapporte probablement à son arrestation à Vienne, en Dauphiné, au commencement de l'année 1553.

L'auteur du *Salve*, continuant ses plaisanteries, fait une pompeuse description des merveilles que doit opérer l'alchimie. Les femmes surtout sont intéressées à ce que les doctrines nouvelles se répandent au plus vite :

> Ora donc a Dieu, devot sexe,
> Que la besoigne a bien parvienne   130
> Et que mon indigence cesse
> Et que mes orailles reviennent.
> Si les matières se conviennent,
> Chaines et anneaux *habebis* ;
> Toutes foys, quoy qu'il en arrive,   135
> Premier en prendray *pro nobis*.

Un seul passage contient une allusion aux idées religieuses de Servet.

> Mais, si tu es vrai serviteur
> De Dieu, dont la loy *sumpsisti*,
> Soyes aussi grant distributeur
> Aux povres, vrays membres *Christi*.

Nous ignorons le nom du poète dijonnais qui a composé le *Salve* ; nous n'avons jamais rencontré ailleurs la devise : *Peu et repos*. Quant à la date de 1553, que nous attribuons au poème, elle peut paraître bien moderne à ceux qui ont sous les yeux une petite plaquette imprimée en caractères gothiques, mais il ne faut pas oublier que les imprimeurs provinciaux continuèrent d'employer les lettres gothiques longtemps après que les typographes parisiens les avaient abandonnées. Pour ne citer qu'un exemple, l'imprimeur *François Trumeau*, de Troyes, fit paraître en 1563, plusieurs pièces relatives à la mort du duc de Guise, où il ne se servit que du gothique. La même tradition se conserva en Bourgogne ; ainsi, en 1589, *Jehan Des Planches* imprima encore partiellement en lettres gothiques le titre du *Cruel Assiegement de la ville de Gais*, dont nous décrivons plus loin un exemplaire (n° 1024).

Une obligeante communication de M. Claudin, le savant libraire parisien, nous a fait connaître le nom de l'imprimeur dijonnais qui a publié le *Salve d'alkimie*. Il s'appelait *Pierre Grangier*, et demeurait devant Saint-Étienne.

Voici le fac-similé du titre d'un volume imprimé par lui en 1539 (l'exemplaire appartient à M. Claudin) :

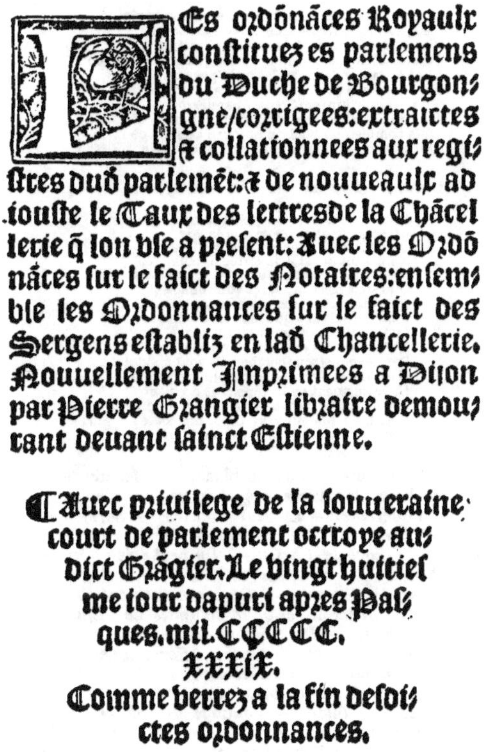

> Es ordōnāces Royaulx
> constituez es parlemens
> du Duche de Bourgon-
> gne/corigees:extraictes
> z collationnees aux regi-
> stres dud parlemēt:z de nouueaulx ad
> iouste le Taux des lettresde la Chācel
> lerie q̄ lon vse a present:Auec les Ordō
> naces sur le faict des Notaires:ensem-
> ble les Ordonnances sur le faict des
> Sergens establiz en lad Chancellerie.
> Nouuellement Imprimees a Dijon
> par Pierre Grangier libraire demou-
> rant deuant sainct Estienne.
>
> ☞ Auec priuilege de la souueraine
> court de parlement octroye au-
> dict Grāgier. Le bingt huitief-
> me iour dapuri apres Pas-
> ques. mil. CCCCC.
> XXXIX.
> Comme verrez a la fin desdi-
> ctes ordonnances.

778. CONFESSION || VRAYEMENT CHRE- || STIENNE, comprenant || sommairement tous || les principaux poincts & ar- || ticles de la Foy. || En vers François, par I. Alphutic : de || Merandonie en tomnois. || Soions tousiours, & en toute saison : || De nostre espoir, prests à rendre raison. || I. Pierre 3. || 1561. *S. l.* [*Genève?*], in-8 de 104 ff. mal. chiffr., mar. r. jans., tr. dor. (*A. Motte.*)

L'erreur dans la pagination se produit au f. 57, qui est coté 77 ; elle se continue jusqu'au dernier f., qui porte 124.

Ce poème n'est pas un simple résumé de la doctrine de Calvin, comme la *Confession de la foy chrestienne*, signée : De Nakol, que nous avons décrite ci-dessus (voy. le n° 98) ; c'est une paraphrase très développée de la *Confession de la foy, laquelle tous bourgeois et habitans de Genève et subjectz*

BELLES-LETTRES.

du pays doyvent jurer de garder et tenir (voy. le texte de cette pièce dans le volume de MM. Albert Rilliet et Théophile Dufour, intitulé : *Le Catéchisme français de Calvin publié en 1537*, etc., 101-122). L'auteur débute par une *Preface* en 126 vers, dans laquelle il fait preuve d'une verve satirique remarquable :

> Comme s'estimer sage et n'estre qu'une beste
> Ne sçauroit proceder que d'une folle teste,
> Aussi semblablement de se dire chrestien
> Et n'estre cependant rien moins qu'homme de bien,
> C'est autant qu'appeler les nues peaux de veau ;   5
> Et, tout ainsi que l'un n'a pas meilleur cerveau
> Pour l'avoir presumé, aussi pareillement
> L'autre n'est pas chrestien pour le nom seulement.
> Mais combien en void on aujourd'huy de ceux la
> Qui se ventent de l'estre et mentent de cela...

La *Confession* est écrite en vers de dix syllabes ; elle commence ainsi :

> Je croy en Dieu, non point de simple foy,
> Et seulement selon ce que je voy
> Qu'il a creé, sans aucune matiére,
> Nompoint aussi a la forme et maniere
> Des Turcs, Paiens, Juifs et autres tels   5
> Que sont ceux la, a sçavoir infidels,
> Qui, en tout temps et en toute saison,
> Rien ne suivans que leur folle raison,
> Leur fantasie et leur naturel sens,
> Et les erreurs anciens et recens,   10
> Par ce monstrans combien ils sont malduicts,
> N'estans de Dieu en la parole instruicts,
> Si lourdement se trompent et deçoient
> Qu'en leur cerveau esventé ne conçoivent
> Sinon, au lieu du vray Dieu, une idole,   15
> Bien qu'autre soit leur pensée frivolle...

Le poème est imprimé sans aucun blanc, mais les divisions sont indiquées en manchettes. Voici les titres des chapitres jusqu'au f. 92 [72] : *Foy en Dieu. — De la doctrine. — Le seul maistre. — Service de Dieu. — De Dieu. Refuge à Dieu. — De l'homme. — De la charité de Dieu envers l'homme, et de la mort de Christ. — Du peché de l'homme. — De la foy, et de l'apprehension des benefices de Dieu. — Lamentation de l'imperfection et malice de l'homme. — Du contemnement et des outrages faicts à Jesuchrist et à sa doctrine, et de la calamité de l'Eglise. — Consolation contre les scandales. — Du nombre des esleus. — Ennemis domestiques de l'Eglise. Calomniateurs et mutins. Hereticques. — Persecuteurs de l'Eglise. — De la condition des chrestiens. — La conformité des membres avec le chef. — Des bonnes œuvres, qui sont fruictz de la foy. — Des œuvres de la seconde table. — Louange des bonnes œuvres. — De ceux qui abusent du tiltre de chrestien et faulcement alléguent la misericorde de Dieu. — Le service de Dieu selon les mondains. — Bonnes œuvres en apparence. — De la dignité de la parole de Dieu.... — De l'usage des conciles. — Des sacremens. — De l'abbus des sacremens en general. — Du baptesme. — De la céne. — Abbus de la céne. — De l'outrage faict au corps de Christ*, etc.

La *Confession* compte environ 6080 vers. Elle est suivie (fol. 122 [102] v⁰ — fol. 184 [104] v⁰) du *Ravissement de Dina, fille de Jacob, traduict en vers françois selon la verité hebraïque, par le mesme autheur*.

Quel est l'auteur caché sous l'anagramme de J. ALPHUTIC DE MERANTONIE EN TOMNOIS ? M. Desbarreaux-Bernard a trouvé que ces lettres pouvaient donner le nom de *J. Pichault, d'Oisemont, en Normandie*, mais Pichault et Oisemont sont également inconnus, et il serait fruictz étonnant qu'un poème aussi considérable fût l'œuvre d'un auteur tout à fait ignoré. En l'absence de l'anagramme, on aurait pu penser à Pierre Viret ; dans le doute, nous croyons sage de nous abstenir de toute attribution.

Notre volume n'a été cité par aucun bibliographe. Cet exemplaire, le seul que l'on connaisse jusqu'ici, provient de la vente DESBARREAUX-BERNARD (Cat. n⁰ 349).

779. La vraye || Medecine qui guarit || de tous maux et plusieurs || autres, ensemble de n'auoir iamais || faute d'argent : vtile et proffita- || ble à vn chascun. || Auec plusieurs autres receptes gentilles pour res- || iouyr tous esprits melancholiques : comme pour- || rez veoir à la page suyuante. || *A Paris,* || *Pour Iean de l'Astre, demeurant pres* || *le College de Reims.* || 1575. In-8 de 11 ff. non chiffr., et 1 f. blanc, mar. bl., fil., dos orné, tr. dor. (*Trautz-Bauzonnet.*)

<small>Ces recettes facétieuses, qui comprennent la *Medecine de maistre Grimache*, ont été reproduites dans le *Recueil de Poésies françoises*, I, 154-175.
Exemplaire de Veinant (Cat. 1860, n° 382).</small>

780. Les || Regrets || et Complaintes || des Gosiers Alterez pour la || desolation du pauure || monde qui n'a || croix. || *Nouuellement imprimé à Paris.* || M. D. LXXV [1575]. In-8 de 8 ff. non chiffr., mar. bl., fil., dos orné. tr. dor. (*Trautz-Bauzonnet.*)

<small>Au titre, un bois qui représente un noin grotesque, lançant, d'une main, un gobelet et, de l'autre, une bouteille. Ce nain est le personnage emblématique auquel Guillaume de La Perrière a consacré quelques vers dans son *Theatre des bons Engins* (voy. le *Bulletin de la librairie Morgand et Fatout* I, n° 2220); mais le gobelet et la bouteille ont été ajoutés par le libraire parisien.
Les *Regrets* sont précédés d'un huitain « Aux Lecteurs » ; ils se composent de 24 huitains et d'une ballade dont le refrain est invariablement :</small>

<small>Le pauvre monde n'a plus croix,</small>

<small>c'est-à-dire n'a plus d'argent ; puis de deux dixains et d'un huitain. Voy *Recueil de Poésies françoises*, VII, 75-90.
Édition non décrite par M. Brunet.
Exemplaire de M. le comte O. de Béhague (Cat., n° 552).</small>

781. Le Varlet a lover || a tout faire. ||

<small>Ie suis varlet qui sçais tout faire, ||
Qui ne cherche qu'à trauailler, ||
Si quelqu'vn à [sic] de moy affaire, ||
Me voila prest pour besongner. ||</small>

A Rouen, || *Chez Richard Aubert, Libraire, ruë de l'Or-* || *loge, deuant le Lyon d'Or.* — *Fin.* || Par Christofle de Bordeaux || Parisien. S. d. [vers 1590], pet. in-8 de 8 ff non chiffr., mar. r., fil., dos orné, tr. dor. (*Trautz-Bauzonnet.*)

<small>Au titre, un bois qui représente un homme vêtu d'un pourpoint, un manteau sur l'épaule, un chapeau à plume sur la tête, un gant à la main
Le *Varlet à louer*, que Christophe de Bordeaux présente au publi comme son œuvre, est le second remaniement d'un monologue dramatiqu fort ancien, *Watelet de tous mestiers* (*Recueil de Poésies françoises*, XIII</small>

154-169). Une première fois, en 1537, *Watelet* subit quelques changements et fut remis à la scène sous le titre de : *Maistre Hambrelin, serviteur de maistre Aliboron, cousin germain de Pacolet (Recueil de Poésies françoises,* XIII, 170-185 ; Picot et Nyrop, *Nouveau Recueil de Farces françaises,* lxxij-lxxx, 199-216). *Hambrelin* fut à son tour corrigé et amplifié par Christophe de Bordeaux, vers 1580.

Le *Varlet à louer* a été réimprimé dans le *Recueil de Poésies françoises*. I, 89-108, et dans le *Recueil de Pièces rares et facétieuses* (Paris, Barraud, 1873, in-8), II.

Exemplaire d'AUDENET, de NODIER (Cat., n° 582), de SOLAR (n° 1278) et de M. le comte O. DE BÉHAGUE (n° 556).

782. LE VERGER || POETIQVE || diuisé en trois || Liures. || *A Lyon,* || *Par Thibaud Ancelin, Imprimeur ordinaire du Roy.* || M. D. XCVII [1597]. In-12 de 154 ff. chiffr., mar. v., fil., dos et coins ornés, tr. dor. (*Trautz-Bauzonnet.*)

Au titre, une marque plus petite que celle que Silvestre a reproduite sous le n° 452.

Les ff. 2-4 contiennent diverses pièces adressées à l'auteur par C. D. V., gentilhomme, G. DE LA C. [COULANGE?], L. H., Parisien, docteur en medecine, CHARLES DU TIN, MICHEL BLEYN, L. [Lyonnois?], et A. L., docteur es droits.

Le *Verger* est divisé en trois livres, dont le premier est dedié « Au tres-chrestien et tres-magnanime prince, Henry quatriesme, roy de France et de Navarre ». Une épigramme « Sur l'entrée de Sa Majesté en sa ville de Lyon » (fol. 16, r°) semble indiquer que l'auteur était du Lyonnais ou du Forez. Dans le III° livre, le poète anonyme dédie un sonnet « A madamoiselle d'Aalard, sur son anagramme (fol. 137: v°), une ode « Au seigneur de Canti, son trescher compaignon et amy » (fol. 138, r°), et un hymne « Au sieur de La Coulange, son frére » (fol. 141, r°).

Le poème est suivi (fol. 146, v°-154, r°) d'un curieux glossaire intitulé : *Explication sommaire et alphabetique des mots plus rares et obscurs de ce volume et de ce qui en a esté osté.*

Le. *Verger poetique* n'est pas cité par M. Brunet.

Notre exemplaire provient de la bibliothèque de M. le D° DESBARREAUX-BERNARD (Cat., n° 888).

b. — Poésies historiques.

783. COMPLAINTE || lamentable de la mort || de Monseigneur Francois || de Lorraine || Duc de Guyse, || Par L. T. || *A Paris,* || *De l'Imprimerie de Thomas Richard, à la Bible* || *d'or, deuant le College de Reims.* || 1563. In-4 de 7 ff. non chiffr. et 1 f. blanc, caract. ital., mar. r. jans., tr. dor. (*Trautz-Bauzonnet.*)

Au titre, la marque de *Thomas Richard.*

La *Complainte* est un dialogue en vers entre un passant et les Néréides ; en voici le début :

LE PASSANT

Si un Semon ou un Consus estois,
Ou de Lamus le sçavoir je portois
En mon cerveau, delivré d'un soucy
Tost je serois, qu'ay prins passant par cy.

532 BELLES-LETTRES.

Le dialogue est suivi d'un *Rondeau au Passant* :

Soubz ce tumbeau gist le corps qui pour France...

784. LA || COMPLAINTE || DV REGRET DE || GASPARD DE COL-LIGNY, || QUI FVT ALMIRAL || DE FRANCE. || ∵ || *A Lyon,* || *Par Michel Ioue.* || M. D. LXIX [1569]. In-8 de 4 ff. de 27 lignes à la page, sign. A, mar. r. jans., tr. dor. (*Trautz-Bauzonnet.*)

> Au titre, un fleuron au chiffre du Christ, avec ces mots : *Laudate nomen Domini.*
> L'année 1569 fut entièrement remplie par la guerre de religion ; Coligny, malgré les défaites successives éprouvées par l'armée protestante, avait réussi à continuer la lutte. Repoussé devant Poitiers, il ne s'en montrait pas moins un redoutable adversaire. Charles IX, désespérant de réussir par les armes, eut recours aux moyens juridiques. Un arrêt du 13 septembre 1569 declara l'amiral « crimineulx de majesté au premier chef, pertubateur et violateur de paix, ennemy de repos, tranquillité et seureté publique, chef principal et conducteur de la rebellion, conspiration et conjuration faicte contre le roy et son estat ». Coligny fut en conséquence condamné « à estre pendu et estranglé à une potence, qui, pour ce faire, sera mise et dressée en la place de Gréve, devant l'hostel de ceste ville de Paris ; son corps mort illec demourer pendu pendant l'espace de vingt-quatre heures ; après, porté et pendu au gibet de Montfaulcon, au plus hault lieu et eminent qui y soit, si pris et aprendé peult estre, sinon par figure et effigie ». Voy. *Arrest de la court de Parlement contre Gaspard de Colligny, qui fut admiral de France* (Paris, Jean Canivet et Jean Dallier, 1569, in-8).
> C'est à cette condamnation que se rapporte notre *Complainte*, dont voici les premiers vers :

> O fortune enragée encontre mes dessains,
> O sort trop inconstant, qui m'a lyé les mains...

785. LE MAGNIFIQVE || TRIOMPHE & ésiouissāce des Parisiēs || faictes en la decoratiō des Entrées du || Tres-chrestien Roy Charles, faicte le || vj Mars, (en sa ville de Paris,) Et de la Royne, || (son Espouse,) faicte le xxix. dudict mois. l'an || mil cinq cens soixante & vnze. || Par N. N. D. L. F. || *A Paris,* || *Par G. de Nyuerd, Imprimeur du Roy.* || Auec priuilege dudict Seigneur. In-8 de 8 ff. non chiffr., mar. bl., fil., dos orné, tr. dor. (*Chambolle-Duru.*)

> Au titre, un bois des armes du roi et de la reine.
> Au v⁰ du titre, un portrait du roi, accompagné d'un quatrain.
> Au r⁰ du 2ᵉ f., un portrait d'Elisabeth d'Autriche, également accompagné d'un quatrain.
> Le v⁰ du 2ᵉ f. contient un sonnet « Aux Lecteurs ».
> Le poème commence au 3ᵉ f. ; il est écrit en vers de douze syllabes et se termine par la devise *Avec le Temps.*
> Les initiales N. N. D. L. F. désignent très probablement NICOLAS NATEY DE LA FONTAINE, dont M. Brunet (IV, 19) cite un *Discours de l'origine du differend et dissention d'entre les François et les Anglois* (Paris, Guill. Nyverd, 1563, in-8).

786. DESCRIPTIONS DES || APPAREILZ, Arcs triumphaux, || Figures & Portraictz dressez en || l'honneur du Roy, au

iour de || son entrée en la ville de Paris, || le sixiéme iour de Mars, || M. D. LXXI. || *A Lyon.* || *Par Benoist Rigaud.* || Auec Permission. In-8 de 12 ff. non chiffr., mar. r., fil., tr. dor. (*Duru*, 1851.)

> Au titre, une marque qui contient le portrait et la devise de Charles IX (cette marque manque au recueil de Silvestre).— Le 2ᵉ f. contient une épître, en prose, « A reverendissime prelat, messire Charles de Guillard, evesque de Chartres », épître datée de Paris, le 6 mars 1571, et signée du nom de l'auteur : JACQUES PROVOSTEAU, Chartrain.
> Le dernier f. est blanc au r°, et contient, au v°, un petit bois qui représente les armes de France supportées par la Vérité et la Justice.
> Cette ode a été réimprimée par *L. Perrin* à Lyon, en 1868, pour le libraire *Aubry* à *Paris*.
> Exemplaire de SOLAR (Cat., n° 2688).

787. TVMBEAVX || DES BRISE- || CROIX. || Mesmes de Gaspard de Col- || ligni iadis Admiral || de France. || Tu es Iustes [*sic*], ô Seigneur, & tes iugemens droits. || *A Lyon,* || *Par Benoist Rigaud.* || 1573. || Auec permission. In-8 de 6 ff., mar. bl. jans., dos orné, tr. dor. (*Trautz-Bauzonnet.*)

> Ce volume contient une pièce latine et six pièces françaises en l'honneur de la Saint-Barthélemi. La pièce latine, qui est placée en tête, est signée de JEAN DORAT (JOANNES AURATUS, poeta regius) ; il est possible que les vers français soient également de lui, car il fut un des plus ardents apologistes du massacre des protestants. M. Marty-Laveaux, qui a fait ressortir la passion religieuse de ce poète (voy. *Œuvres de Jean Dorat*, 1875, p. xxx), n'a cependant pas mentionné les *Tumbeaux des Brise-Croix*.

788. DEPLORATION || DE LA FRANCE || SVR LA MORT DE || HAVLT ET PVISSANT PRIN- || CE MESSIRE CLAVDE DE LORRAINE DVC D'AV || MALE, PAIR DE FRANCE & LIEVTENANT GE- || NERAL POVR LE ROY EN SON DUCHÉ DE BOVR || GONGNE, occis au siege de la Rochelle au || moys de Mars l'an 1573. || *A Lyon,* || *Par Benoist Rigaud.* || 1573. || Auec permission. In-8 de 16 pp., mar. r. jans., tr. dor. (*Trautz-Bauzonnet.*)

> Au titre, une marque de *Benoist Rigaud*, accompagnée de cette devise: *Donec optata veniant.*
> Claude II de Lorraine, duc d'Aumale, second fils de Claude Iᵉʳ de Lorraine, duc de Guise, prit une part glorieuse à la défense de Metz (1553), aux batailles de Dreux (1562), Saint-Denis (1567) et Moncontour (1569). Partageant les haines de sa famille, il fut un des promoteurs de la Saint-Barthélemi. Peu de temps après le massacre, il accompagna le duc d'Anjou, plus tard Henri III, au siège de La Rochelle, mais il fut tué au mois de mars 1573. Sa mort est l'objet du poème que nous venons de décrire.
> L'auteur anonyme constate avec étonnement que la Saint-Barthélemi n'a pas absolument étouffé l'hérésie :
>
>> Je pensoy que la mort du prince des voleurs,
>> Du traistre Coligny, meit fin à nos maleurs ;
>> Je pensoy que la mort de la troupe mutine
>> Des chefs des Huguenots, de la bande maligne
>> Saccagée à Paris, fut l'assoupissement
>> Des desastres de France et de nostre tourment ;
>> Mais je voy que la mort des Huguenots est telle
>> Que les testes de l'Hidre, et que pas n'est mortelle.

Il existe deux autres éditions de la *Deploration*, l'une de *Paris*, *chez Jean Hulpeau*, 1573, in-8 (Biblioth. nat., Y n. p.), l'autre de *Rouen*, *pour Tassin Le Mesgissier*, 1573, in-8 (Biblioth. de l'Arsenal, *Rec. de Pièces sur l'hist. de France*, XCI, n° 16). M. Brunet (II, 601) ne cite que l'édition lyonnaise.

Voy. sur le même événement la *Complainte* décrite sous le n° 390, art. 62.

789. DIOGENES || ou || du Moien d'establir || apres tant de miseres & calamitez vne bonne || & asseurée paix en France, & la rendre || plus florissante qu'elle ne fust iamais. || *Imprimé a Liege.* || *L'an.* cɪɔ. ɪɔ LXXXI [1581]. In-8 de 16 ff. non chiffr. de 32 lignes à la page, sign. *A-D*, mar. bl. jans., tr. dor. (*A. Motte.*)

Le r° du 15° f., dont le v° est blanc, porte : *Imprimé a Liége l'an 1581* ; le dernier f. est blanc.

M. de Montaiglon (*Recueil de Poésies françoises*, IX, 1-58) a le premier attiré l'attention sur cette pièce, aussi curieuse au point de vue historique qu'au point de vue littéraire. L'auteur, qui espérait encore dans Henri III, paraît avoir été un protestant des Flandres.

L'exemplaire de la bibliothèque de l'Arsenal, décrit par M. de Montaiglon, n'a que 14 ff. ; on n'y trouve donc pas la souscription finale.

790. LE || GRAND ET ES- || POVVANTABLE PVR- || GATOIRE DES || PRISONNIERS. || Auec || l'Emprisonnement d'iceux. || Ou se peuuent veoir les peines innumerables, || Que l'homme par les accidens de cette vie || peut eviter & souffrir, tant en sa misere || qu'en sa prosperité. || Discours autant graue que recreatif, Auquel sont re- || presentés les felicités, & miseres de la vie humai- || ne, Pour induire chascun à bien viure, Suiure la || vertu, & euiter le vice, vray Chemin de la vie || Eternelle. || *A Paris.* || *Par Laurens du Coudret, Imprimeur demeurant aux* || *fauxbourgs S. Marcel, ruë de Coipeaux.* || Auec Priuilege du Roy. || 1583. In-8 de 24 pp., mar. r. jans., tr. dor. (*Trautz-Bauzonnet.*)

Au titre, la marque de *L. Du Coudret* (Silvestre, n° 766).

Au v° du titre est un extrait du privilège accordé pour neuf ans à *L. Du Coudret*, « maistre imprimeur en l'université de Paris », le 15 juin 1583.

Les pp. 3 et 4 contiennent une *Epigramme* et un *Sonet*, signés l'un et l'autre des initiales L. R. G. C. Ces initiales sont peut-être celles de LAURENT ROUGET, « gentilhomme charrolois », auteur d'un sonnet placé en tête des *Secondes Œuvres* de Jean de Boyssières (Paris, 1578, in-4), et à qui le même poète dédie un de ses ouvrages (*Ibid.*, fol. 75, v°).

Le *Purgatoire des Prisonniers* a été réimprimé par M. É. Fournier (*Variétés historiques et littéraires*, VIII, 201-216), qui y a joint une longue note de M. A. de Montaiglon. L'auteur de cette note, n'ayant eu sous les yeux que l'édition du XVIIe siècle décrite ci-après, croit pouvoir réfuter l'opinion du P. Lelong qui attribue notre poème au règne de François II ; il le date de l'année 1626. L'existence d'une édition imprimée en 1583 suffit pour trancher la question. Le *Purgatoire* se rapporte en réalité au règne d'Henri III.

L'édition originale est beaucoup plus complète et plus correcte que la

BELLES-LETTRES.

réimpression faite quarante ans plus tard. Le nouvel imprimeur a omis les deux pièces signées L. R. G. C.; il a particulièrement maltraité la dernière strophe (Fournier, VIII, 14) qui doit se lire ainsi :

> Avecque plus d'ennuy que de monnoye,
> Et de regret deux fois plus que de joye,
> Durant dix moys que dura ma prison,
> La plume en main et le deul au courage,
> A mes despens je dressay cest ouvrage,
> Captif de corps, d'esprit et de raison.

Le *Purgatoire* se termine à la p. 14 ; il est suivi d'une paraphrase du *De Profundis*, intitulée *Prière des Prisonniers, sur un chant pitoyable* (pp. 15-16), et d'un poëme intitulé *L'Emprisonnement*, *dédié au roy* (pp. 17-24). Cette dernière pièce a été, comme la première, reproduite vers 1624, sous le titre de : *L'Emprisonnement D. C. D., présenté au roy* (Fournier, Variétés, VIII, 211-216).

791. Le || Pvrgatoire || des Prisonniers, || Enuoyé au Roy. S. *l. n. d.* [*v.* 1625), in-8 de 9 pp.

> Cette édition est la réimpression suivie par M. Fournier (voy. la note précédente). En même temps que le *Purgatoire* il parut un autre petit poëme, dont nous possédons également un exemplaire, et qui paraît bien appartenir au XVIIe siècle :
> Le novveav || Pvrgatoire des || Prisonniers. || Remis au iugement || de ceux qui en voudront faire || l'espreuue. S. *d.*, in-8 de 16 pp.

792. Action de || graces a Dievt et || Chants de triomphe || au Roy, pour || sa victoire. || *A Paris*, || *Chez Pierre Ramier, demeurant ruë S. Iean* || *de Latran, à l'enseigne du Serpent.* || M. D. LXXXVIII [1588]. In-8 de 8 ff. non chiffr., sign. *A-B*, cart.

> Au titre, une marque représentant le serpent d'airain soutenu par deux mains qui sortent des nuages.
> Recueil de treize sonnets sur la défaite des reîtres à Auneau, le 24 novembre 1587.

793. Poesme || Francois, || sur l'Annagrame || de Tres-Illustre, et || Catholique Prince, Henry de Lorrai- || ne, Duc de Guyse, Pair, grand Maistre || de France, & Lieutenant general de sa || Majesté en toutes ses armees. || O. D. M. S. || *A Paris,* || *Pour Claude Monstroeil,* || *& Iean Richer. le ieune.* || 1588. || Auec Priuilege. In-8 de 39 pp., cart.

> Les pp. 3-8 contiennent une épître en prose « A tres-catholique et tres-illustre prince, Henry de Lorraine, duc de Guyse, etc. »
> Le *Poesme* ne compte pas moins de 902 vers, tous empreints d'une violente passion. Il se termine par l'anagramme annoncé sur le titre : *De toy grand l'heresie vaincue*, anagramme dans lequel l'auteur nous avertit que « il se trouve un T changé en un D, ce qui se peut faire, car sont deux lettres de mesme son ».
> A la suite du *Poesme* sont quatre sonnets, tous quatre terminés par le même anagramme.

794. La || D'escripton [*sic*] || du Politicque de || nostre temps. || Faict || Par vn Gentil-homme François. || *A Paris,* || *Chez*

la vefue François Plumion, || demeurant en la ruë d'*Arra* : [sic] || M. D. LXXXVIII [1588]. || Auec approbation des Docteurs. In-8 de 15 pp., cart.

Cette pièce est une violente satire contre Michel de l'Hôpital, bien qu'elle n'ait été publiée que quinze ans après la mort du chancelier. Nous en connaissons deux autres éditions séparées : l'une de *Paris, chez Guillaume Bichon*, 1588, in-8 (Biblioth. nat., Y n. p.), l'autre de *Lyon, par Jean Pillehotte*, 1591, in-8 (Biblioth. nat., Y n. p.). Notre édition présente cette particularité que les vers y sont imprimés comme de la prose.

La *Description de l'homme politique* est l'œuvre du célèbre poète ligueur LOUIS D'ORLÉANS ; on la retrouve sous son nom dans le *Banquet et Après Disné du comte d'Aréte* (Paris, Guillaume Bichon, 1594, in-8).

Voy. sur cette pièce un article de M. Édouard Tricotel dans l'*Amateur d'autographes*, 1869, p. 131.

795. DV COQ || A L'ASNE : || Sur les Tragœdies de || France. || Arnaud, a Thony. || Ensemble la Responce de || Thony, à Arnaud. || M. D. LXXXIX [1589]. In-8 de 39 pp., mar. r., fil., dos orné, tr. dor. (*Trautz-Bauzonnet*.)

Cette pièce, qui n'est pas mentionnée au *Manuel du Libraire*, se rapporte aux événements de l'année 1585 ; elle se retrouve, du moins, avec la date du mois d'août de cette année, dans le *Registre-Journal* de Pierre de L'Estoile (nouv. éd., II, 265-279).

Le *Catalogue de la bibliothèque de M. Leber* (IV, n° 473) mentionne, dans un recueil de 90 pièces manuscrites, un poème intitulé : *Coq a l'Asne de Thony sur la Ligue, les Ligueurs et Henry III*, attribué, y est-il dit, à PHILIPPE DES PORTES, et accompagné de curieuses notes d'une autre main contemporaine. Selon toute vraisemblance, ce poème se confond avec notre *Coq à l'Asne*, que l'on devrait ainsi ajouter aux œuvres de l'abbé de Tiron.

Notre édition est, non seulement plus complète que la copie suivie par les nouveaux éditeurs de L'Estoille, elle présente aussi un grand nombre de passages tout différents. Elle débute par un sonnet ainsi conçu :

Au Lecteur.

Le pape souffle au chalumeau,
Pensant arrondir son eglise ;
Pour ce le Ballaffré de Guyse
Luy sert d'un almanach nouveau.

Le roy d'Espagne est son flambeau,
Le Savoyart sa rave aiguyse,
Le couillart Lorrain symbolise
Pour prendre sa part au gasteau ;

Mais le coq n'est point abbatu,
Qui l'aube du jour nous annonce.
Sus, badauts ! Ce Louvre on enfonce.

La Ligue est elle sans vertu ?
Messieurs chascun garde sa place,
Car vous aurez tantost la farce.

Le texte imprimé suit à peu près le texte recueilli par L'Estoille jusqu'au v. 300, mais la fin est tout autre ; nos 16 derniers vers se retrouvent d'ailleurs dans la *Responce du Coq à l'Asne*, telle que la donne L'Estoille. Dans la première partie même du poème, notre plaquette fournit d'utiles corrections ; ainsi les v. 6-7 doivent être ainsi rétablis :

Pourtant le roy des Navarrois
A failly le petit Brouage.

La *Responce* est précédée d'un sonnet, comme la première épître. Thony,

BELLES-LETTRES. 537

de qui elle est censée émaner, était un fou célèbre, qui figura successivement à la cour d'Henri II et à celle de Charles IX. Les deux textes offrent pour cette seconde pièce de nombreuses variantes ; nous avons déjà remarqué que la copie de L'Estoille y a introduit les 16 vers qui terminent l'épître d'Arnaud à Thony dans notre plaquette.

L'édition de 1589 se termine par ce quatrain bien connu :

> Au temps passé de l'aage d'or,
> Crosse de bois, evesques d'or ;
> Maintenant sont changez les loix :
> Crosses d'or, evesques de bois.

Notre exemplaire provient de la bibliothèque du marquis DE MORANTE (Cat., 2ᵉ partie, nº 2524).

796. LA GRANDE || DIABLERIE || de Iean Vallette dit de Nogaret || par la grace du Roy Duc d'E- || spernon, grand Animal [sic] de France || & bourgeois d'Angoulesme sur || son departement de la court. || De nouueau mis || en lumiere, par vn des valets du || garçon du premier tournebroche || de la cuysine du commun || dudit sieur d'Espernon. || Tournez le fueillet & vous || verrez son pourtraict. || M. D. LXXXIX [1589]. S. l., in-8 de 14 pp. et 1 f., mar. r. jans., tr. dor. (*Duru*, 1851.)

Au vº du titre, un bois qui représente un diable ; on lit au-dessous :

> C'est ycy le pourtraict
> Du diable de Nogaret.

Le poème se termine, à la p. 14, par la devise : *La fin couronne l'œuvre*. et la date de 1589.

Le dernier f. contient, au rº, un huitain contre « D'O, Grillon et Biron, Espernon, La Valette », et, au vº, un portrait du duc d'Épernon.

Exemplaire de M. le baron DE LA ROCHE LACARELLE.

797. LA || CONFESSION & REPEN- || TANCE D'ESPERNON. || des maux qu'il a faict contre || les Catholiques. || Enuoyé par Zuinglius Antonius, || Gentilhomme Lyonnois, a mon || sieur son cousin de linon, gentil- || homme natif de ladite ville de || Lyon : lequel autheur est cogneu || d'vn chacun desirant l'augmenta || tion de nostre foy catholique, || a fait imprimé [sic] ceste presante cō- || fession, laquelle luy auoit este en- || uoyé [sic] de la ville de Bono en Na- || uarrois, par ledit S. d'Espernon, || son-tres intime amy. || *Imprimé à Esparnay chez Tara-* || *bin tarabat, de francfort.* S. d. [1589], in-8 de 4 ff.

La *Confession* est en prose ; elle est précédée des initiales P. I. D. P.

A la suite de la *Confession* se trouvent deux pièces en vers : la *Confession et Repentance qu'a faite d'Esnon* [sic], *des maux qu'il a perpetré* [sic] *contre nostre saincte religion chrestienne*, etc., et l'*Oraison faicte par monsieur d'Espernon à la divine bonté*. La première est accompagnée de la devise : *Solus Deus super omnia*.

798. RECEPTE || POVR LA || TOVX DV REGNARD || DE LA FRANCE. || *A Paris,* || *Chez Michel Ioüin, ruë Sainct Iacques* || *à la Souche.* || M. D. LXXXIX [1589]. In-8 de 4 ff. de 25 lignes à la page pleine. sign. *A*, mar. r. jans., tr. dor. (*A. Motte.*)

<blockquote>
La *Recepte*, qui est en prose, est suivie d'un sonnet *Sur la maladie de Henry de Valois*, et d'une épigramme latine.
Recueil de Poésies françoises, IX, 238-241.
</blockquote>

799. LE TYRAN- || NICIDE ou || Mort du Tyran. || M. D. LXXXIX [1589]. *S. l.*, in-12 de 11 pp., mar. r., fil., tr. dor. (*Koehler.*)

<blockquote>
Cette pièce n'a qu'un simple faux-titre, au v⁰ duquel se trouve une élégie latine *Ad authorem Tyrannicidii*, signée des initiales G. D. L. Le poème français est imprimé en caractères italiques très fins, à 32 lignes à la page.
La p. 11 contient une *Epitaphe de Henry III* en quatre vers; le v⁰ en est blanc.
Le *Tyrannicide* a été reproduit dans le *Recueil de Poésies françoises*, XI, 197-408.
On lit à la fin de notre exemplaire, d'une écriture du XVIᵉ siècle, le nom de QUERQUIFIGNAN. Faut-il en conclure que le *Tyrannicide*, cette violente apologie du crime politique, est l'œuvre de CLAUDE DE KERQUIFINEN, dont Du Verdier (éd. Rigoley de Juvigny, I, 350) cite trois traductions imprimées pour la première fois en 1565 et 1566, c'est ce que nous ne nous hasarderons pas à décider. L'une de ces traductions est le *Dialogue des deux natures de Christ*, de Pierre Martyr, ouvrage que Du Verdier classe avec raison parmi les livres calvinistes ; il semblerait en conséquence difficile que Kerquifinen ait pu se rallier aux doctrines de la Ligue ; cependant il est possible que, de 1565 à 1589, il soit revenu au catholicisme, et qu'il ait eu alors toute la passion d'un nouveau converti. On a vu ci-dessus (n⁰ 756) que Kerquifinen était l'ami de Gilles Durand de La Bergerie.
Ce petit volume porte sur le titre la signature de DANIEL DUMOUSTIER, le célèbre peintre mort à Paris en 1631, il provient des bibliothèques de M. VEINANT (Cat. de 1860, n⁰ 854) et de M. SOLAR (n⁰ 1272).
</blockquote>

800. LE || TESTAMENT || de la Ligue. || *A Lyon,* || *Par Pierre Dauphin.* || M. D. XCIIII [1594]. || Auec Permission. In-8 de 7 pp.

<blockquote>
Cette satire compte 150 vers, dont voici les premiers :

<blockquote>
Les filles de Pluton és tenébres conceues,
Du plus profond d'enfer eu ce monde venues,
Et nées aux destroits des rudes Apennins
Et des Alpes cornus, où les mauvais devins
Ayant preveu le sort de ma future Altesse,
Proche de majesté, firent ma petitesse
Nourrir et eslever en France bnement...
</blockquote>
</blockquote>

801. LE IEV DE || L'AFFLAC. || Auquel le Roy d'Espaigne & le Duc de Ma- || yenne ayant attaqué le Roy de France sont || par luy d'vn grand heur tous deux mis à || l'afflac. || Et l'vn & l'autre en demeure estonné, || Plus esperdu que s'il auoit tonné. || *A Lyon,* || *Par Iean Marguerite.* ||

M. D. XCV [1595]. In-8 de 7 pp., mar. r. jans., tr. dor. (*Trautz-Bauzonnet.*)

Le jeu de l'*aflac* ou *afflac* est un jeu assez ancien ; il en est question déjà dans les *Œuvres de Roger de Colerye*, dont le dernier éditeur, M. d'Héricault (pp. 56 et 285), écrit mal à propos *la flac*. Les règles de ce jeu furent recueillies au milieu du XVIe siècle par frère Samson Bédouin, l'auteur des *Noelz* récemment réimprimés par M. Chardon. La Croix du Meine (II, 399) cite, en effet, de ce religieux, les *Ordonnances et Statuts de M. de L'Aflac et du jeu de Trois* (Au Mans, par Hierosme Olivier, l'an 1569). Comme on le voit, les joueurs devaient être au nombre de trois, et le poète a profité de cette circonstance pour mettre en scène le roi d'Espagne, Mayenne et le roi de France. A la fin du jeu, le roi d'Espagne et son complice sont mis « à l'aflac », c'est-à-dire qu'ils perdent tout ce qu'ils ont dans leur bourse,

<blockquote>
Et lors Henry, voyant qu'ils estoient à l'afflac,
Leur dict : « Troussez vos quilles et prenez vostre sac ».
</blockquote>

Exemplaire de M. le marquis DE MORANTE.

802. DISCOURS || OV EPITHALAME sur || le Mariage || du Roy. || Dedié a Sa Maiesté. || Ce Herault en Paris braue. || *A Paris, || Chez Leon Cauellat, en la ruë || des Carmes à l'enseigne de la Tri- || nité & Gryphon d'argent. || Et || Chez Nicolas Deninuille || pres l'Eglise S. Hilaire.* || 1600. In-8 de 12 ff.

Au titre, un bois des armes de France.
Le 2e f. contient une épître « Au Roy », en prose, signée C. B.
Le *Discours* occupe les ff. 3-9 ; il est suivi : d'un sonnet « Au roy » ; d'un anagramme sur : « Henri de Bourbon, quatriesme roy et gouverneur des François, etc. » ; de deux quatrains ; d'un sonnet « A la royne », et d'un sonnet « A la France ». Cette dernière pièce est signée de l'anagramme : *Le Labeur est caché*.
Le dernier f. porte au r° la marque de *L. Cavellat* ; le v° en est blanc.

J. — Recueils de poésies de l'époque de Marot et de ses successeurs, jusqu'à Malherbe.

803. HECATOMPHILE || *On les vend en la rue neufue nostre Dame a lenseigne* || *sainct Nicolas, par Pierre sergent.* M.D. XXXIX [1539]. In-16 de 80 ff. mal chiffr., v. f., dent., dos orné, tr. jasp. (*Anc. rel.*)

Le titre est orné d'un bois qui représente une dame tenant une fleur. Une banderole qui se développe derrière cette dame porte le mot *Hecatomphile*.
Au v° du 1er f. est placé le titre suivant : *Hecatomphile, ce sont* || *deux Dictions Grecques* || *Composees, signifiant, Centiesme* || *Amour sciemment appropriees* || *a la dame ayant en elle au-* || *tant damours que cent au-* || *tres dames en pourroient* || *comprendre, dont a* || *present est faicte* || *mention.* || *Tournee de Vulgaire Italien en langai-* || *ge Francoys* || *Ensemble,* || *Les Fleurs de Poesie Francoyse, Et autres* || *choses solatieuses.* || *Reueus Nouuellement.*

Le texte est orné de 56 petites figures gravées sur bois. L'erreur que nous avons signalée dans le numérotage des ff. se produit après le f. 55, lequel est suivi d'un f. non chiffré; il en résulte que le dernier f. est coté 79 au lieu de 80.

Le volume se divise en deux parties : la première, qui occupe les ff. 2 à 25, r°, est une traduction française de l'*Ecatonphila* de LEONE-BATTISTA ALBERTI. Cet opuscule, dont la première édition avait paru à Venise en 1491, avait été réimprimé plusieurs fois au commencement du XVI° siècle, une fois entre autres sous le nom de Boccace (voy. Brunet, I, 131). La seconde partie commence, au f. 25, v°, par un *Prologue du disciple de l'archipoète françoys sur le livre intitulé Les Fleurs de poesie françoyse*. L'auteur de cette épître ampbigourique devait être un disciple de Marot, à qui seul paraît convenir le titre d' « archipoète ».

Les Fleurs de Poesie françoyse se subdivisent elles-mêmes en deux parties. La première, qui avait été jointe, dès l'année 1534, à la première édition de l'*Hecatomphile*, est un recueil de 62 pièces diverses : huitains, dixains, rondeaux, etc.; la seconde, ajoutée pour la première fois au volume par l'imprimeur *François Juste*, en 1537, ne contient que des blasons. Les 62 petites pièces offrent cet intérêt qu'elles ont toutes été composées à la cour de François I°ʳ, et que plusieurs émanent du roi lui-même. Voici, du reste, la table complète du recueil (nous indiquons par un astérisque, les pièces qui se retrouvent dans le *Recueil* de 1550, décrit ci-après, n° 809) :

* A Menelée et Paris je pardonne, fol. 42, v° (*Poésies du roi François I°ʳ, etc., publiées par M. Champollion-Figeac*, 1847, p. 96 ; *Œuvres de Saint-Gelais*, éd. Blanchemain, III, 280).

Adam fust faict et formé gentilhomme, fol. 53 (Biblioth. nat., ms. fr. 2206, fol. 103).

* Amour a faict empenner ses deux aelles, fol. 49 (*Saint-Gelais*, III, 47).

* Amour a faict son trophée eriger, fol. 32 (*Poésies de François I°ʳ*, p. 109).
L'éditeur de l'*Hecatomphile* admet l'attribution au roi, car il intitule ces vers : *Description du triumphe d'Amour sur tous les dieux, par le prince des poètes françoys*.

Amour amy de tous reste des siens, fol. 43 (*Poésies de François I°ʳ*, p. 158; *Saint-Gelais*, III, 285).

Amour et moy avons fait qu'une dame, fol. 48, v°.

Amour et moy en vous feront [*sic*] demeure, fol. 48, v°.

* Amour n'est pas ung Dieu, c'est ung magicien, fol. 34 (*Saint-Gelais*, III , 48).

Amour, tresbien ta divine puissance, fol. 41.

A qui est cest enfant ? A Venus, la deesse, fol. 27.

Aucuns blasment Amour, louant leur ignorance, fol. 31 , v° (*Poésies de François I°ʳ* p. 150).
L'éditeur dit que ces vers ont été composés par « le plus noble et plus parfaict des vrays amans ».

Celle qui fut de beaulté si louable, fol. 42, v° (*Poésies de François I°ʳ*, p. 159; *Saint-Gelais*, III, 285).

Celle est perfaicte Amour, la plus vraye et non faincte (*Poésies de François I°ʳ*, p. 161).
L'éditeur nomme l'auteur « le parfaict des amans ».

Ce qui est bon ne ce doibt emprunter, fol. 44.

Cesse, mon œil, de plus la regarder, fol. 42 (*Saint-Gelais*, III, 48).

Chascun t'oyant ou voyant en ta grace , fol. 47.
L'éditeur attribue cette pièce au « prince des poètes ».

Chose commune à tous n'est aggreable, fol. 44, v° (*Poésies de François I°ʳ*, p. 160).
Ce huitain est, dit l'éditeur, « du plus perfaict des vrays aymantz »

* D'en aymer trois ce m'est force et contraincte , fol. 47 (*Poésies de François I°ʳ*, p. 97 ; *Saint-Gelais*, III, 281).
L'éditeur intitule ce dixain : *Comment Amour navra de trois dars le plus perfaict des vrays amans*.

Dictes ouy, ma dame ma maistresse, fol. 45 (*Poésies de François I°ʳ*, p. 157).

Dictes sans peur ou ouy ou nenny, fol. 45, v° (*Poésies de François I°ʳ*, p. 95).

Dieu me la feit tant dignement pourveue, fol. 43, v° (Biblioth. nat., ms. fr. 1700, fol. 15).

Dieu tout puissant delivra en ce jour, fol. 46.

* Donner vous vueil certaine congnoissance, fol. 31.

En te voyant changeay ma liberté, fol. 45.

Esprit, que fais? Quoy? Cent tours en une heure, fol. 46, v°.

Estant seulet auprès d'une fenestre, fol. 41 (*Poésies de François I*ᵉʳ, p. 155).

Fortune, de mon bien envieuse et jalouse, fol. 51, v° (*Saint-Gelais*, III, 49).

Heureux est le consort qui tant te fait aymer, fol. 48, v°.

J'ey basty fondement sur verité congneue, fol. 48, v°.

Je l'ayme tant qu'elle m'en aymera, fol. 45, v° (Blioth. nat., ms. fr. 1700, fol. 15, v°).

Je ne me plainctz de toy et moins de ton effect, fol. 48.
    Ce quatrain est du « plus parfaict des vrays amans ».

Je [ne] sçay quoy semble escript en ses yeux, fol. 42.

Je n'ause estre content de mon contentement, fol. 48 (*Poésies de François I*ᵉʳ, p. 176).
    Quatrain attribué par l'éditeur au « parfaict des amans ».

Je sens au vray qu'Amour me porte hayne, fol. 44, v°.

Las! je sçay bien que je fais grande offence, fol. 51.

Las! que crains tu, amy? De quoy as deffiance, fol. 48.

Le dieu des jardins, Priapus, fol. 35.
    Douzain attribué au « prince des poètes ».

Le feu qui m'ard ne peult estre destainct, fol. 40, v°.

* L'œil trop hardy si hault lieu regarda, fol. 41, v° (*Saint-Gelais*, III, 37).
    L'éditeur de 1550 fait précéder cette pièce de ces mots : *De monsieur le cardinal de Tournon*.

Loyaulx amans, qui les durs coups sentez, fol. 36, v°.
    Ballade attribuée au « prince des poètes ». Le refrain est : C'est ce qu'il ayme, et si le tient de race.

Mal ou bien fait, j'en ay dit mon advis, fol. 28, v° (*Saint-Gelais*, I, 302; cf. Biblioth. nat., ms. fr. 2335, fol. 2).

M'amye et moy, peu de foys en long temps, fol. 44.

Mereveille est qu'Amour, plus que Mort furieux, fol. 37, v°.

Oeil, que veux tu? Je vueil au corps rentrer, fol. 49.

Plus ay de bien, plus ma douleur augmente, fol. 44, v° (*Poésies de François I*ᵉʳ, p. 96).

Pour vous donner perfaict contentement, fol. 45, v°.

Quand le corps justement reçoit punition, fol. 52.

Qui doibs je plus, ou craindre ou estimer, fol. 46, v° (*Poésies de François I*ᵉʳ, p. 153).
    Huitain attribué au « plus perfaict des vrayz aymans ».

Qu'est ce qu'Amour? Est ce une deité? fol. 27, v° (*Poésies de François I*ᵉʳ, p. 127; *Saint-Gelais*, I, 82; cf. Biblioth. nat., mss. fr. 862, fol. 1, et 2335, fol. 1).

Qui est la nymphe assise a la fenestre, fol. 50, v°.

Si ceulx qui ont vertu et grace par nature, fol. 48 (*Poésies de François I*ᵉʳ, p. 160).
    Dixain attribué au « parfaict des amans ».

Si Cupido mouroit par accident, fol. 34, v°.

* Si je maintiens ma vie seullement, fol. 43 (*Saint-Gelais*, III, 7).

Si l'ame faict aux lieux sa penitence, fol. 56, v°.

Si la pitié que j'ay eu de voz plainctes, fol. 48, v°.

S'il est ainsi qu'Amour soit jeune enfant, fol. 30, v° (*Poésies de François I*ᵉʳ, p. 149).

Si le tien cueur pretend a se pourveoir, fol. 49, v°.
    Ballade en faveur des Parisiennes contre les Lyonnaises.
    Le refrain est : Paris sans per en l'amoureux service. — Cette pièce doit être ajoutée à celles que M. Paul Meyer cite dans son curieux article sur le proverbe *Paris sans per* (*Romania*, XI, 1882, 579). On peut mentionner encore sur le même sujet une ballade dont le refrain est : Paris sans per, invincible sentence (Biblioth. nat., ms. fr. 1356, fol. 39.

* Tousjours le feu cherche a se faire veoir, fol. 33, v° (*Saint-Gelais*, III, 2).
    Ce dixain est du « plus noble des vrays amans ».

Trois Graces de Venus et trois belles Seraines, fol. 41.

Ung jour Amour, tirant à l'adventure, fol. 38.
    Chant royal, dont le refrain est : Desbender l'arc ne guerit point la playe.

Ung jour estant seullet a la fenestre, fol. 35.

Venus ayant perdu son filz vollage, fol. 29.
    Cette pièce est intitulée : *Discretion d'amour, par le prince des poetes françoys*.

Voici maintenant la liste des blasons qui forment la seconde partie du recueil :

Blason des Cheveulx, [par JEAN DE VAUZELLES], fol. 54, v°.
Blason du Sourcil, [par MAURICE SCÈVE], fol. 56.
Blason de l'OEil, [par Antoine HEROET, dit LA MAISON NEUFVE], fol. 56 (lis. 57).
Blason de la Larme, [par MAURICE SCÈVE], fol. 57 (lis. 58).
Blason de l'Oreille, [par ALBERT LE GRAND], fol. 58 (lis. 59).
Blason de la Bouche. [par VICTOR BRODEAU], fol. 59 (lis. 60), v°.
Blason du Front, [par MAURICE SCÈVE], fol. 61 (lis. 62).
Blason de la Gorge, [par MAURICE SCÈVE], fol. 61 (lis. 62).
Blason du Tetin, [par CLÉMENT MAROT], fol. 62 (lis. 63), v°.
Blason du Cueur, [par ALBERT LE GRAND], fol. 63 (lis. 64).
Blason de la Main, [par CLAUDE CHAPUYS], fol. 65 (lis. 66).
Blason du Ventre, [par CLAUDE CHAPUYS], fol. 65 (lis. 66), v°.
Blason de la Cuisse, [par LE LIEUR], fol. 67 (lis. 68).
Blason du Genoil, [par LANCELOT DE CARLES], fol. 68 (lis. 69), v°.
Blason du Pied, [par LANCELOT DE CARLES], fol. 68 (lis. 69), v°.
Blason de l'Esprit, [par LANCELOT CARLES], fol. 71 (lis. 72).
Blason de l'Honneur, [par LANCELOT DE CARLES], fol. 73 (lis. 74).
Blason de la Grace, [par LANCELOT DE CARLES], fol. 74 (lis. 75), v°.
Blason du Souspir, [par MAURICE SCÈVE], fol. 76 (lis. 77), v°.
Blason du C., [par CLAUDE CHAPUYS], fol. 77 (lis. 78), v°.
Blason du Q, [par CLAUDE CHAPUYS], fol. 78 (lis. 79).

Exemplaire du DUC DE HAMILTON (Cat. Beckford, 1882, n° 106).

804. LE PVY DV ‖ SOVVERAIN AMOVR ‖ tenu par la Deesse Pallas auec ‖ lordre du nuptial banquet ‖ faict a l'honneur d'ung ‖ des siens enfans mis ‖ en ordre par ce- ‖ luy qui porte ‖ en son nō ‖ tourne ‖ le ‖ vray perdu, ou le, vray prelude. ‖ ★★★★★★★ ‖ ★★★★ ‖ ★★ ‖ *De l'imprimerie de Iehan Petit.* ‖ *On les vent a Rouen, chez Nicolas* ‖ *de burges demourant pres du neuf* ‖ *marche deuant le pelerin. S. d.* [1543], pet. in-8 de 40 ff. non chiffr., sign. *A-K* par 4, mar. v., fil. comp., dos orné, tr. dor. (*Anc. rel.*)

Au v° du titre est placé un dixain de l'*Imprimeur aux Lecteurs*, pièce datée de 1543 et signée de la devise *Rien sans l'esprit*, qui était celle de PIERRE DU VAL, autrement dit LE VRAY PERDU ou VRAY PRELUDE.

Le *Puy du souverain amour* fut un concours de rhétorique qui eut lieu à Rouen à l'occasion du mariage d'une jeune fille appelée Catherine Vétier. Un certain nombre de poètes rouennais, portés au mysticisme, et qui semblent avoir appartenu à la secte des libertins spirituels, essayèrent de réagir contre le goût du jour. Ils voulurent chanter l'amour pur, ce qu'ils appelèrent le « souverain amour ». Trois prix furent décernés pour une ballade, un dixain et un rondeau composés sur des refrains donnés.

Le recueil commence par un avis « Aux Lecteurs benevolez », dans lequel l'éditeur, Pierre Du Val, fait connaître en style pédantesque l'origine et l'organisation du concours.

Voici la liste des auteurs dont les noms sont cités dans le texte :

AUVRELAT (MARGUERITE D'): dixain, fol. Kiij *b* (avec la devise *Le tout d'ung rien*);
AUZOULT (ADRIEN): rondeau, fol. Hij *b*;
BRÉARD (ROMMAIN): dixains, fol. Diiij, Ki, Kij; ballade, fol. Eij; rondeau, fol. Hiiij;
COUPPEL (JEHAN): rondeaux, fol. Ciiij *b*, Giiij *b*, Hiij *b*; ballades, fol. Ciiij *b*, Eiij *b*; dixains, fol. Iiij, Ki *b*, Kij *b*;
DES FRESNES (JEHAN): ballades, fol. Eij *b*, Fij; rondeaux, fol. Hij *b*, Ii: dixains, fol. Ki *b*, Kij *b*;
DES HOMMETZ: ballade, fol. Ei *b*; rondeau, fol. Hi *b*; dixain, fol. Iij *b*;
DES MINIÈRES (JEHAN): ballade, fol. Diiij *b* (avec l'anagramme *Hardiesse*

j'anyme) ; rondeaux, fol. Giij *b* (signé de l'anagramme seul), Hi *b* ; dixains, fol. Iij *b* , Ki, Kij *b* , Kiij *b* ;

DURANT (GUILLAUME) : ballade, fol. Ciij *b* ; dixain, fol. Ciiij ; rondeaux, fol. Hij ;

DU VAL (MAGDALAINE) : rondeau, fol. Di *b* ; dixain, fol. Diij *b* ; ballade, fol. Eiij ;

DU VAL (MARIE) , « seur de la predicte Magdalaine Du Val » : dixain, fol. Kiiij (avec la devise *Rien qui ne veult*) ;

[DU VAL (PIERRE)] : *Pallas parlant au dieu d'Amours*, fol. Aij *b* ; *Ballade proferée par la deesse Pallas*, fol. Biij *b* ; *Dixain de graces* (pour Magdalaine Du Val), fol. Di *b* ; dixains, fol. Iiiij, Kij, Kiiij (ces pièces ne sont signées que de la devise : *Rien sans l'esprit*) ;

FERÉ (JEHAN) : rondeaux, fol. Dij ; dixain, fol. Iiij ;

GAULTIER (PIERRE) : ballade, fol. Cij *b* ; dixain, fol. Ciij (avec l'anagramme *Legier esprit ravy*) ;

GOSSE (NICOLAS) : ballades, fol. Ci, Gi *b* ; rondeau, fol. Giiij *b* ; dixain, fol. Iij ;

HESBERT (CLEMENT) : dixains, fol. Ci *b* , Iij *b* ; ballades, Ci *b* et Fi *b* ;

HISSAFÈNES (RENÉ D') , anagramme d'HENRY DE SASSEFEN (voy. ce nom) ;

LAILLET (KATHERINE) : dixains, fol. Iiij *b* , Kij ;

LE GALLOYS : ballade, fol. Fij *b* ; rondeau, fol. Ii *b* , dixain, fol. Iiiij *b* ;

LE PREVOST (GEUFFRAY) : ballade, fol. Ei ; rondeau, fol. Hi ; dixain, fol. Iiij *b* ;

LE PREVOST (JEHAN) : ballade, fol. Gi ; dixains, fol. Hiiij, Iiiij *b* ;

RENOULD (RICHARD) : rondeau, fol. Hi *b* ;

SASSEFEN (HENRY DE) : *Ballade rejectée pourtant qu'el touche d'amour lascif* , fol. Fiiij ; *Ballade rejectée parce qu'elle est contradictoire* (cette dernière est signée de l'anagramme RENÉ D'HISSAFÈNES) ;

SPALLART (JACQUES), prebstre : dixains, fol. Diij ; ballade, fol. Fi ; rondeau, fol. Hiiij *b* ;

VETIER (KATHERINE) , ballade, fol. Gij *b* .

Une pièce est anonyme (fol. Hiij) ; un dixain est signé : L'ADOLESCENT (fol. Iiiij) ; une ballade est signée : L'INCONGNU (fol. Fiiij) ; un rondeau (fol. Hiij) et un dixain (fol. Kiij) ont pour auteur une dame « qui porte en son nom tourne : *Clamer mon Dieu* » [MARIE DU MONCEL ?] ; enfin, une ballade (fol. Fiij) est suivie, en guise de signature, de la devise : *J'espére de te servir*.

Pierre Du Val, l'éditeur du *Puy du souverain Amour* et du *Cercle d'amour*, est l'auteur de plusieurs moralités mystiques composées pour les libertins spirituels de Rouen. Il fit plus tard adhésion complète à la Réforme, et devint ministre calviniste. Il mourut à Emden en 1553. Voy. *Théâtre mystique de Pierre Du Val et des Libertins spirituels de Rouen, au XVIe siècle ; publié avec une introduction par Émile Picot* (Paris, D. Morgand, 1882, in-16).

Exemplaire de VIOLLET-LE-DUC (Biblioth. poét., p. 235) et de M. le baron J. PICHON (Cat., n° 494), acquis à la vente PARADIS, 1879 (n° 221).

805. PANEGYRIC || DES DAMOY- || SELLES DE || PARIS, || ★ || sur les neuf || Muses. || ❦ || *A Lyon,* || *Par Iean de Tournes.* || 1545. In-8 de 47 pp., caract. ital., mar. v., fil., dos orné, tr. dor. (*Koehler.*)

Au titre, la marque de *Jean de Tournes* (Silvestre, n° 187).

Le v° du titre est occupé par un dixain d'ANTOINE DU MOULIN, Masconnais, *Au Lecteur*. Ce dixain nous apprend que Du Moulin n'est pas, comme l'a cru M. Brunet, l'auteur, mais simplement l'éditeur du *Panegyric*. Celui-ci dit, en effet :

    Lecteur, si l'autheur tu ignores,
    Ne fault que moins son œuvre honores.
    O esprit, quiconque tu sois,
    Par moy auras loz et lieu ores
    Entre les poëtes françois.

Après avoir fait cette première rectification, nous pouvons donner quelques renseignements nouveaux sur le volume que nous venons de décrire.

M. A. de Montaiglon a publié, en 1866, d'après un manuscrit de la Bibliothèque de Soissons, une curieuse satire intitulée : *La Semonce faicte a Paris des Coquus, en may 1535*. Cette pièce, qui avait été attribuée à Marot, mais dont celui-ci a désavoué la paternité (voy. Marot, éd. Guiffrey, III, 700), contient une liste de trente-quatre maris malheureux : Vicourt, Plancy, Villiers, La Lande, de Molète, Boeleau, d'Amboille, Le Lieur, Mynart, Delavau, Chaliot, Menisson, Des Prunes, Chauffour, etc.

Le *Panegyric* publié par Antoine Du Moulin répond précisément aux attaques portées contre les dames de Paris. Il contient d'abord la louange de deux « damoyselles », dont le poète tient « le loz et bruit » en grand souci :

> L'une c'est la Riviére,
> D'Alençon chancelliére,
> Et l'autre la Plancy.

L'auteur énumère neuf autres dames qu'il compare aux neuf Muses : la D'Iverny, la Chaluot, la baillifve Courtin :

> D'elle pouvez apprendre
> Et gentement comprendre
> Le françoys et latin ;
> Le frére de son pére,
> Budé, que je revére,
> Les Muses enseignoit,
> Et elle estoit jeunette ;
> Petite pucellette,
> De son oncle apprenoit ;

la Chaufourt, la Mynarde, Antoinette Roger, la Vicourt, la procureuse Selva et la Perrigny. Il n'est pas douteux que le *Panegyric* n'ait été composé pour réfuter les calomnies propagées par l'auteur de la *Semonce* et qu'il ne remonte par conséquent à l'année 1535. Le poète, croyant le sujet au-dessus de ses forces, fait appel aux écrivains contemporains, à Heroet « Horace », à Sainct-Gelais « Virgile » et à Marot « Ovide », qu'il engage à chanter les dames. Il termine par un éloge de sa maîtresse :

> Blanche comme la lune,
> A laquelle Fortune
> Ne fait jamais rigueur.

A la suite du *Panegyric* se trouvent cinq strophes « A celles qui se sont plainctes d'estre au nombre des Muses » ; la dernière de ces strophes vise directement la satire dont nous avons parlé :

> Je concludz donc mes dames
> Que tous blasons et blasmes
> Se doibvent rejecter,
> Et qu'aux vaines parolles
> Des mesdisantes folles
> Ne se fault arrester.

A la suite de la pièce principale, Antoine Du Moulin en a donné quatre autres savoir :

1° *Le Triumphe des Muses contre amour* (p. 17) :

> J'ai paour d'estre desdict
> Ou n'avoir le credit....

Cette pièce, qui est écrite dans le même rythme que le *Panegyric* et doit être du même auteur, se retrouve, au milieu de diverses poésies anonymes, à la fin de l'édition des *Œuvres* de Pernette Du Guillet publiée à Paris, en 1546 elle a été jointe également à diverses éditions de *Pathelin*, dont la plus ancienne est, à notre connaissance, celle d'*Estienne Groulleau*, 1564 Le Duchat l'a réimprimée à la suite des *Quinze Joyes de Mariage* (La Haye 1726, in-12, 333).

2° *Les Obséques d'Amour* (p. 26) :

> Phebus, amy, chantez,
> En chantant escoutez....

Cette pièce a, comme la précédente, la même forme que le *Panegyric*; elle a été jointe également, en 1546, aux *Œuvres* de Pernette Du Guillet.

3° *Complaincte d'une damoyselle fugitive* (p. 34) :

Si l'on peult ouyr ma complainte
Et le mal dont je suis attainte....

4° *L'Amante loyalle qui depuis ha esté variable* (p. 38) :

Un samedy devisant à part moy,
Après disner, vivant en grand esmoy....

Exemplaire de Ch. Nodier (Cat., n° 386), de Yemeniz (n° 1698) et de M. A.-F. Didot (Cat. 1878, n° 263).

806. Opvscvles ‖ d'amovr, par He- ‖ roet, la Borderie, ‖ et autres diuins ‖ Poëtes. ‖ ❦ ‖ *A Lyon,* ‖ *Par Iean de Tournes.* ‖ M. D. XLVII [1547]. In-8 de 346 pp., caract. ital., mar. or., fil., dos orné, doublé de mar. bl. clair, dent., tr. dor. (*Trautz-Bauzonnet.*)

Au titre, la marque de *Jean de Tournes* (Silvestre, n° 187).

Le volume, dont la table se trouve au verso du titre, contient les ouvrages suivants :

1. *La Parfaicte Amye*, par Ant. Heroet, *dict* La Maison Noeuve, pp. 3-69 (voy. le n° 645, ci-dessus).

2. *L'Androgyne de Platon*, par le même, précédée d'une épître « Au roy François, premier de ce nom », et suivie d'une *Autre Invention extraicte de Platon*, pp. 69-89 (voy. le n° 645, ci-dessus).

3. *Complainte d'une dame surprinse nouvellement d'amour*, par le même, pp. 89-101 (voy. le n° 645, ci-dessus).

4. *Epistre amoureuse*, par J. C. (non portée à la *Table*), pp. 102-110.

Cette *Epistre* se retrouve, avec le nom de Jacques Colin, dans un ms. de la Biblioth. nat. (fr. 2335, fol. 37).

5. *L'Amye de court*, par La Borderie, p. 111-147.

Ce poème parut pour la première fois en 1542. Voy. Brunet, III, 717.

6. *La Contr'amye de court*, par Charles Fontaine, pp. 148-200.

Cette réponse à l'*Amye de court* parut pour la première fois, en 1542. Voy. Brunet, II, 1326.

En tête se trouve une petite pièce de Denys Sauvage « Aux Lecteurs ».

7. *L'Experience de M. Paul Angier, Carentennois, autrement dite L'Honneste Amant*, pp. 201-236.

M. Brunet (III, 717) fait remarquer que Paul Angier se confond peut-être avec le seigneur de La Borderie, mais cette supposition nous paraît peu vraisemblable. Nous ne croyons pas non plus que l'auteur de l'*Amye de court*, qui, d'après La Croix du Maine (I, 84), était normand, soit le même personnage que le jurisconsulte poitevin Jean Boiceau, seigneur de La Borderie, mort le 4 avril 1589. Jean Boiceau avait, il est vrai, composé, au commencement de l'année 1540, en l'honneur de Charles-Quint, un poème intitulé : *Le Vol de l'Aigle en France* (Paris, Jehan André, s. d., in-8 goth. de 8 ff.) ; mais Jean de La Péruse, qui fait allusion à cette pièce et au *Menologue de Robin* (voy. ci-après le n° 1025), n'eût pas manqué de rappeler des œuvres beaucoup plus connues, s'il avait pu en faire honneur à Boiceau. Aussi bien le style du *Vol de l'Aigle* n'a-t-il aucun rapport avec celui de l'*Amye de court* et du *Voyage de Constantinople*.

8. *Le Nouvel Amour* [par Almanque Papillon], pp. 237-268.

Nous ne connaissons pas d'édition séparée de ce poème ; nous savons seulement qu'il fut imprimé, en 1543, à la suite des *Questions problematiques du pourquoy d'amours*, traduites de Nicolas Léonique par François de La Couldraie (Brunet, III, 987).

9. *Discours du Voyage de Constantinoble*, par LA BORDERIE, p. 269-346.
Comme le remarque Gouget (*Biblioth. franç.*, XI, 151), ce fut en 1537 que le seigneur de La Borderie exécuta son voyage. La première édition du *Discours* parut à Lyon, en 1542. Voy. Brunet, III, 717.

Exemplaire de M. YEMENIZ (Cat., n° 1795) et de M. LEBEUF DE MONTGERMONT (n° 308).

807. LE || MESPRIS DE || LA COVRT, auec || la Vie rusti- || que. || Nouuellement traduict d'Espai- || gnol en Françoys. || L'amye de court || La parfaicte amye || La contre amye || L'androgyne de Platon || L'experience de l'amye de court, contre la || contre amye, || Le nouuel amour. || *A Paris, || Par Iehan Ruelle, libraire demou-*|| *rant en la rue S. Iacques, à l'en-*|| *seigne Sainct Nicolas.* || 1568. In-16 de 175 ff. chiffr. et 1 f. blanc, mar. bl., dos et mil. ornés, tr. dor. (*A. Motte.*)

Ce recueil contient une pièce en prose et 10 pièces en vers, dont 6 figurent déjà dans le volume précédent, savoir :

1° Épître en prose d'ANTOINE ALAIGRE « A tresreverend et tresdigne prelat, M. Guillaume Du Prat, evesque de Clermont », épître datée de Clermont, le 1er mai 1542 ; un avis du même *Au Lecteur ; Le Mespris de la court et Louange de la vie rustique*, traité traduit, en prose, de l'ouvrage espagnol d'ANTONIO DE GUEVARA, par ALAIGRE.

Cet ouvrage appartient à la même série de traités moraux que le *Philosophe de court*, de Philibert de Vienne, et le *Misaule*, traduit d'Ulrich de Hutten par Gabriel Chappuis (voy. les n°s 180 et 181). L'original espagnol, publié en 1539, est intitulé : *Libro llamado Menosprecio de la corte y Alabanza de la aldea* (voy. Brunet, II, 1799).

2° *La Parfaicte Amye, nouvellement composée par* ANTHOINE HEROET, DIT LA MAISON NEUFVE.
3° *L'Amye de court, inventée par le seigneur de* BORDERIE.
4° *La Contre Amye de court, par* CHARLES FONTAINE, Parisien.
5° *L'Androgyne de Platon, nouuellement traduict de latin en françois par* ANTHOINE HEROET, DICT LA MAISON NEUFVE.
6° *L'Accroissement d'Amour* [par le même].
7° *L'Experience de maistre* PAUL ANGIER, *Carentennois, contenant une brefve deffence en la personne de l'honneste Amant, pour l'Amye de court contre la Contre Amye.*
9° *Le nouvel Amour, inventé par le seigneur* PAPILLON.
10° *Epistre à son amy, en abhorrant fol amour, par* CLEMENT MAROT.
Cette épître est adressée à Almanque Papillon, l'auteur du *Nouvel Amour*. Voy. Marot, éd. Jannet, I, 287.
11° *L'Elegie douloureuse.*
12° *L'Epistre douloureuse de l'Amant a son amoureuse.*
Cette pièce et la précédente ne sont signées que de la devise : *Tout en espoir*.

808. TRADVCTIONS || DE LATIN EN FRAN- || COYS, Imitations, et Inuen- || tions nouuelles, tant de Clement Ma || rot, que d'autres des plus excellens || Poëtes de ce temps. || *A` Paris.* || Auecq' priuilege du Roy || *De l'imprimerie d'Estienne Groulleau, demourant* || *en la rue Neuue nostre Dame à*

l'enseigne || *saint Ian Baptiste.* || 1550. In-8 de 68 ff. non chiffr., car. ital., mar. bl., dos et mil. ornés, doublé de mar. or., guirl. de feuilles à petits fers, tr. dor. (*Trautz-Bauzonnet.*)

Au titre, la marque d'*Estienne Groulleau*. Cette marque se rapproche de celle que Silvestre a reproduite sous le n° 460, mais elle est plus allongée, et le vase est chargé d'un monogramme.

Au v° du titre est un extrait du privilège accordé pour six ans à *Estienne Groulleau*, le 30 septembre 1549. A la suite est un achevé d'imprimer du 15 novembre 1550.

Ce recueil se compose de deux parties. La première contient 34 pièces traduites de divers auteurs par CLÉMENT MAROT, et qui se retrouvent dans les œuvres du poète. La seconde partie contient 111 pièces sur lesquelles 26 ne portent aucune signature ; les 85 autres sont signées d'initiales, à l'exception d'une pièce de LAZARE DE BAÏF, d'une pièce de PIERRE DU VAL, évêque de Sées, d'une pièce de LYON JAMET et d'une pièce de SAINT-ROMARD, qui portent en toutes lettres le nom de l'auteur.

Voici un relevé des pièces qui portent un nom ou des initiales :

A. V., ou A. VIG.

Quelque mignon en prenant congé d'une, fol. Bij (*Œuvres de Marot*, éd. de Lenglet-Dufresnoy, in-12, VI, 242), v°.
Souz un espoir de parvenir, fol. Hvij, v°.

Les initiales A. Vig. désignent peut-être ANTOINE VIGNIER, Parisien, dont le nom est cité, sans autre indication, par La Croix du Maine, éd. Rigoley de Juvigny, I, 55.

B. C.

L'oyseau qui a sur tous le vol hautain, fol. Ciiij, v°.
Sur tous desirs je ne quiers rien que d'estre, fol. Cv, r°.

C. C. C. [CLAUDE COLET, Champenois.]

N a pas longtemps que je veiz Jaqueline, fol. Bvij, r°.
N'est il possible, Amour, qu'elle cognoisse, fol. Iiij, v°.

C. L. M., Lyonnois.

Estant en mer un navire agité, fol. Gi, r°.

C. M. [CLÉMENT MAROT.]

Cy gist Martin, qui pour saouller Alix, fol. Dij, r° (éd. Jannet, II, 221).
Le grand Erasme icy repose, fol Dvij, v° (II, 257).
Te veux tu enquerir, visteur, qui je suis, fol. Dvij, v°.

Cette dernière pièce est intitulée *Epitaphe de messire Jean Olivier, evesque d'Angiers.... traduict, ainsi qu'on dit, par* C. M. S'il est vrai qu'elle ait été composée par Marot, on s'explique facilement que le poète ait supprimé de ses œuvres l'éloge d'un prélat qui fit brûler les protestants.

D. B.

Celuy qui vieille amye avoit, fol. Cvij, v° (Marot, éd. de Lenglet-Dufresnoy, VI, 238).
D'un taint vermeil plus n'est ta face painte, fol. Cv, v°.
L'espousée a la nuict première, fol. Cvij, v° (*ibid.*, VI, 239).
Par la douceur qu'on voit de toutes pars, fol. Cv, v°.
Un curé plein de malice et faintise, fol. Cviij, r°.
Un cordelier tomba entre les mains, fol. Hiij, v°.
Un gros prieur, faisant son testament, fol. Cviij, r°.

DU VAL ([PIERRE]), evesque de Seez.

Pourquoy le corps du poète de France, fol. Bi, r° (Marot, éd. Lenglet-Dufresnoy, VI, 241).

G. C. [GERMAIN COLIN.]

Quelqu'un desirant estre prebstre, fol. Bv, v° (Marot, éd. Lenglet Dufresnoy, in-12, VI, 235).
Un jour Colin sa Collette aculla, fol. Cj, v°.

G. et L.

Daphnis à la chasse s'en va, fol. Hv, r°.
Chanson sous le nom de Daphnis.

J. B.

Flora, voyant malade son mary, fol. Etj, r°.
Zaleucus fit à son païs la loy, fol. Bvij, v°.

J. L. C.

Un jour j'escriviz une lettre, fol. Hvij, v°.

L.

C'est grand cas de ce maistre moine, fol. Cj, v°.

LAZARE DE BAÏF, le jeune.

Quand à Eunide un baiser gracieux, fol. Gviij, v°.

L. D.

Cy est le corps en sepulture mis, fol. Di, r°.
Nostre Thraso, demy quart de noblet, fol. Cvj, v°.
Pourtant s'ainsi bien reparée, fol. Biiij, v°.

L. H.

Trois femmes un jour disputoient, fol. Bvij, r°.

L. H. S.

La jeune fille Ysabeau me demande, fol. Diij, v°.
Menelaüs n'eut oncq' autant de joye, fol. Gvj, v°.
Par volunté testamentaire, fol. Dvij, r°.

LYON JAMET, ou L. J.

Dedans Paris bien fort l'on te menace, fol. Di, v° (signé en toutes lettres) (Marot, éd. Lenglet-Dufresnoy, VI, 240).
Frére Lubin, revenant de la queste, fol. Bvij, v° (*ibid.*, VI, 236).
Je ne veux point pour mon plaisir, fol. Ciiij, r° (*ibid.*, VI, 237).

L. M.

Alix me jure fermement, fol. Di, v° (*ibid.*, VI, 240).

L. M. N. [LA MAISON NEUFVE.]

La volupté et douleur surmonter, fol. Ciij, r°.
Si Dieu vouloit pour un jour seulement, fol. Cvij, r°.
   Cette pièce porte : H. autrement dit L. M. N [HEROET, autrement dit LA MAISON NEUFVE].
Son pouvoir est de me faire oublier, fol. Cvij, r°.

L. T.

Fiat au dos de ma requeste, fol. Bv, r°.
Un jour Amour par grand aveuglement, fol. Bvj, r°.

M.

Pour un seul coup, sans y faire retour, fol. Di, r°.

M. G.

Avec ma dame un jour j'estois couché, fol. Bvij, v°.
Cy gist un corps qui a eu le pouvoir, fol. Dvij, r°.
Frére Colin, confesseur de nonnettes, fol. Bv, v°.
   Cette pièce est attribuée à GERMAIN COLIN dans l'édition des *Traductions* publiée en 1554. Voy. Marot, éd. Lenglet-Dufresnoy, VI, 236. Dans d'autres recueils elle commence ainsi: Maistre Ambrelin, confesseur de nonnettes. Voy. *Recueil de Poésies françoises*, XIII, 423.

Passans, va, je repose, fol. Dvij, r°.
Quand on est sain et qu'il fait chaut, fol. Cv, r°.
Ma naissance fut de Cahors, fol. Ei, r° (*Epitaphe de Marot*) (Marot, éd. Lenglet-Dufresnoy, VI, 241).
Une vieille un jour confessoit, fol. Bviij, r° (*ibid.*, VI, 236).
Quoy que Langeay soit cendre desormais, fol. Hij, r°.

M. T.

Ne sois sujet au vin ny a la femme, fol. Hviij, v°.

N.

O dur mary, en ayant imposé, fol. Fi, v°.

N. B.

A vostre avis, qui est plus malheureux, fol. Iiv, r°.
Jan, se voyant trop pauvre et malheureux, fol. Ii, r°.
Jupiter, quel presage, fol. Ii, v°.

P. B.   Xaintongois.

Ne t'enquiers plus, ô passant, qui je suis, fol. Dviij, v°.

P. C.

Monsieur s'en vint en masque desguisé, fol. Cij, r°.

P. R.

Comme un cheval se polit a l'estrille, fol. Hvj, v°.

S. R. [SAINT-ROMARD.]

Alix, qui son ventre portoit, fol. Bvj, v° (Marot, éd. Lenglet-Dufresnoy, in-12, VI, 245).
Amy, qui me promets du tien, fol. Diiij, v°.
Ce Marot mort vit plus qu'il ne vivoit, fol. Ei, v°.

   Epitaphe de Marot, signée en toutes lettres : SAINT ROMARD. Cf. Marot, éd. Lenglet-Dufresnoy, VI, 241.

C'est grand cas que je ne sçaurois, fol. Diij, v°.
Cy gist qui a tousjours tenu, fol. Dij, v°.
Claudine me maudit tousjours, fol. Cvj, r°.
Collette a, je le vous confesse, fol. Diiij, r°.
Cuydez vous que ce mignon là, fol. Diiij, v°.
Helas! amy, le temps s'en fuyt et passe, fol. Fviij, v°.
Je hay et ayme; en fuyant je poursuys, fol. Ciij, r°.
Je ne veux point mes fautes excuser, fol. Evij, v°.
Je veux que m'amye soit telle, fol. Ciij, v°.
Ne m'usez plus de baisers savoureux, fol. Fvij, v°.
Or suis je doncq' demeuré le vaincueur, fol. Gi, v°.
Pleurez, joyeuses Amourettes, fol. Hiij, r°.
Puis que vous vous semblez tous deux, fol. Diiij, r°.
Quand je ne le te veux point faire, fol. Bvj, r°.
Quelle malle rage t'a prise, fol. Fvj, v°.
Qu'est ce qui gist dedans ce cercueil là, fol. Eij, r°.
Quiconques sois, amy passant, qui veux, fol. Evj, r°.

   Complainte de feu messire Philipes Chabot, admiral de France. — Nous connoissons sur la mort de ce personnage une autre pièce qui ne doit pas être confondue avec celle-ci : Veux-tu, passant, de fortune inconstante, etc. Biblioth. nat., ms. franç. n° 22560, III, p. 38.

S'il est ainsi que peu la beauté dure, fol. Bviij, v°.
Tu me promets beaucoup de bien, fol. Dv, r°.
Un bon mary, des meilleurs que l'on face, fol. Cij, v° (Marot, éd. Lenglet-Dufresnoy, VI, 237).
Un jour avint qu'un gallant engrossa, fol. Diij, r°.
Vivons, m'amye, et nous aymons, fol. Ciij, r°.

S. S.

Ainsi qu'archers d'une assemblée grande, fol. Cvj, r°.

Parmi les 29 pièces qui ne sont accompagnées d'aucune indication, les suivantes se retrouvent dans les œuvres de Saint Gelais :

   Cent mille fois et en cent mille sortes, fol. Fvj, r° (éd. Blanchemain, I, 104).
J'ay trop pensé pour bien le sçavoir dire, fol. Bv, r° (II, 120).
Je vy n'aguére un des plus beaux combatz, fol. Hv, v° (II, 1).
N'a pas longtemps fut fait une dispute, fol. Biiij, v° (II, 153).
Si celle la qui ne fut oncques mienne, fol. Cvj, v° (II, 129).

Exemplaire de M. R.-S. TURNER (Cat., n° 284), relié depuis la vente des livres de cet amateur.

809. Le || Recveil de Poe- || sie Françoyse, prinse || de plusieurs Poëtes, les plus || excellentz de ce || regne. || ❧ || *A Lyon,* || *Par Iean Temporal.* || 1550. In-16 de 48 ff. non chiffr., sign. *A-F*, car. ital., mar. bl., fil., comp. de fleurs à petits fers, tr. dor. (*Trautz-Bauzonnet.*)

Au titre, la marque de *Jean Temporal* (Silvestre, n° 186).
Le v° du 47° f. est blanc, ainsi que le r° du 48°. La marque de *Temporal* est répétée au v° de ce dernier f.
Le recueil se compose de 125 pièces diverses, dont 5 seulement sont accompagnées du nom de l'auteur. 9 de ces pièces figurent déjà dans la *Fleur de poesie françoyse* jointe à la traduction de l'*Hecatomphile* d'Alberti (voy. le n° 803).
Voici la liste des pièces que nous avons pu identifier. L'astérisque indique les pièces signées dans notre volume ; un point d'interrogation indique celles dont l'attribution est douteuse.

Victor Brodeau :

Si la beauté se perit en peu d'heures, fol. F1, r° (*Œuvres de Saint-Gelais*, éd. Blanchemain, II, 12).

Des Essars :

* Françoys le franc, qui des francz chois, fol. A5, v°.

François Ier :

A Menglac et Paris je pardonne, fol. B 5, v° (*Poësies de François Ier, etc.*, publiées par M. Aimé Champollion-Figeac, 1847, p. 96 ; *Œuvres de Saint-Gelais*, éd. Blanchemain, III, 280).
Amour a faict son trophée exiger, fol. E 5, r° (*Poësies*, p. 109).
Amour, craignant de perdre le pouvoir (*Poësies*, p. 150 ; *Saint-Gelais*, III, 283).
D'en aymer troys ce m'est force et contraicte, fol. E 3, r° (*Poësies*, p. 97 ; *Saint-Gelais*, III, 281).

L'esleu Macault :

* Biens successifz et non acquis à peine, fol. A2, r°.

Clément Marot :

* Amy Cremau, on t'a fait le rapport, fol. F3, r° (éd. Jannet, III, 63).
Amour voyant ma grande loyauté, fol. R3, r° (III, 116).
Baiser souvent n'est ce pas grand plaisir, fol. D3, v° (III, 112).
Bon jour, la dame au bel amy, fol. B4, r° (III, 116).
Dame, vous avez beau maintien, fol. D7, v° (III, 114).
En devisant à la belle Cathin, fol. B2, r° (III, 115).
En beau papier je sçay tant bien signer, fol. C7, r° (II, 168).
Force d'amour me veut souvent contraindre, fol. D5, v° (III, 113).
Honneur te guide et te met en hautesse, fol. C8, v° (II, 171).
Ysabeau, lundy, m'envoyastes, fol. E7, r° (III, 98).
J'apperçoys bien qu'Amour est de nature estrange, fol. D4 (III, 113).
Je ne fais rien que plaindre et souspirer, fol. E5, v° (III, 116).
Le plus grand mal et le plus dangereux, fol. D3, v° (III, 113).
Les cerfz en rup pour les biches se battent, fol. D3, v° (III, 54).
Le vin qui trop cher m'est vendu, fol. D3, r° (III, 112).
Macée me veut faire à croire, fol. E8, r° (III, 99).
Mars et Venus furent tous deux surpris, fol. E2, r° (III, 115).
Meur en conseil, en armes redoubtables, fol. D 8, v° (III, 52).
Pauline est riche et me veut bien, fol. F4, r° (III, 100).
Pouvres barbiers, bien morfondus, fol. C6, v° (III, 174).
Recepte pour un flux de bourse, fol. F5, v° (III, 417).
Robin mangeoit un quignon de pain bis, fol. B1, r° (III, 114).
Un nenny avecq un doux soubzrire, fol. E6, v° (III, 29).
Un jour Robin vint Margot empoigner, fol. E1, v° (III, 115).
* Voicy, amy, si tu le veulx sçavoir, fol. A2, r°.

Cette pièce, qui n'a pas été réunie aux œuvres de Marot, a paru pour la première fois, à ce que nous apprend M. Georges Guiffrey, dans les *Epigrammes de Clement Marot faitz a l'imitation de Martial*; Poitiers, Jehan et Enguilbert de Marnef, 1547, pet. in-8.

Vostre obligé, monsieur, je me confesse, fol. E8, r° (III, 117).

SAINCTE-MARTHE :

Il fut un bruit, o Marot, qu'estois mort, fol. F3, r°.

MELIN DE SAINT GELAIS :

Amour a fait rampenner ses deux aesles, fol. E2, v° (édition Blanchemain, III, 47).
? Amour craignant de perdre le pouvoir, fol. E5, v° (III, 263).
* Amour n'est pas un dieu, c'est un magicien, fol. D4, r° (III, 48).
Cheveulx, seul remède et confort, fol. B1, v° (I, 191).
Cœur prisonnier, je le vous disois bien, fol. C6, r° (II, 257).
De moins que rien a peu l'on peut venir, fol. E4, r° (I, 113).
Ne tenez point, estrangers, à merveille, fol. F4, v° (II, 151).
Non sans raison on condamne et accuse, fol. E7, v° (II, 59).
Nostre amytié est seulement, fol. E2, v° (II, 59).
O heureuse nouvelle, o désiré rapport, fol. E4, v° (II, 130).
Si je maintiens ma vie seulement, fol. E6, r° (III, 7).
Soubz ce tombeau gist une sepulture, fol. D2, r° (I, 119).
Un mary se voulant coucher, fol. E, r° (II, 256).

M. P. Lacroix a réimprimé en 1869, chez *Gay et fils*, à *Genève*, l'édition du *Recueil de vraye poesie françoyse*, publié par *Benoist Rigaud*, à *Lyon*, en 1559. Cette édition offre un certain nombre de différences avec la nôtre ; elle contient en plus :

La nuict passée une dame discrette (*Rondeau*), réimpression, p. 37.
Un pelerin que les Turcs avoient pris (*Dizain*), p. 52.
Monsieur Couillaut voulut un jour entrer (*Dizain*), p. 53.
Une nonnain tres-belle et en bon point (*Dizain*), p. 55.
O ennuy, decepvant par douceur (*Huictain*), p. 63.
Colin avoit fait marché avec une (*Huictain*), p. 68.
Une jeune femme espousée (*Douzain*), p. 74.
La liberté, cher amy Des Essars (*Envoy de Saint-Gelais ou seigneur Des Essars*), p. 75.

Par contre, on n'y trouve pas les pièces suivantes :

Quand on remonstre aux lascifz amoureux (*Dizain*), fol. A7, v°.
Comme peut on en asseurance aller (*Huictain contre Amour*), fol. D4, v°.
O faux amour, decevant par douceur (*Huictain*), fol. E6, r°.
Ne tenez point, estrangers, à merveilles (*De la nouvelle façon de porter bagues aux aureilles*), fol. F4, v°.
Renvoyez moy le tableau que sçavez (*Envoy à une damoyselle qui avoit osté un pourtraict*), fol. F4, v°.
Recepte pour un flux de bourse (*Recepte*), fol. F5, r°.
Amour a fait son trophée eriger (*Le Trophée d'amour*), fol. F5, r°.
Donner vous veux certaine cognoissance, fol. F5. v°.
Si deux tesmoings contre un seul on doit croyre (*Unzain*), fol. F6, r°.
Le ciel voyant que je suis contraint(t) faindre (*Unzain*), fol. F6, r°.
Triste œil menteur, qui pour me decepvoir (*Dizain*), fol. F6, v°.
Sans vous ouyr, j'entendz bien que vous dites (*Dizain*), fol. F6, v°.
Puis que l'on voit, ô Françoys, nostre roy (*Dizain*), fol. F7, r°.

810. SENSVIVENT || LES BLASONS || Anatomiques du corps fe || menin. Ensemble les côtre || blasons, de nouueau com- || posez, & aditionnez, Auec || les figures, le tout mis par || ordre. Composez par plu- || sieurs Poëtes contempo- || rains. Auec la table, des || dictz Blasons & contre- || blasons. *Imprimez* || *en ceste An-* || *née.* || *Pour Charles l'An-* || *gelier.* || 1550. In-16 de 86 ff. chiffr. et 2 ff. non chiffr. pour la *Table*, mar. citr., comp. de mosaïque bl. et r., doublé de mar. r., riche dent. à petits fers, tr. dor. (*Trautz-Bauzonnet*.)

M. Brunet (I, 970) a prouvé que cette édition des *Blasons anatomiques* est la première, et que celle que *Françoys Juste* aurait, d'après certains bibliographes, imprimée à Lyon, en 1536, n'existe pas.

Voici la liste des pièces contenues dans ce recueil, dont on n'a cité jusqu'ici qu'un seul exemplaire, celui de la Bibliothèque de l'Arsenal :

Blason des Cheveulx (VAUZELLES), fol. 2 *a*,
Blason du Front, (SÆVE), 4 *a*,
Blason du Sourcil (SÆVE), 4 *b*,
Blason de l'Œil (LA MAISON NEUFVE), 5 *b*,
Blason de la Larme (SÆVE), 7 *a*,
Blason de l'Oreille (ALBERT LE GRAND), 8 *a*,
Blason du Nez (J. N. d'Arles), 10 *a*,
Blason de la Jous (E. DE BEAULIEU), 11 *a*,
Blason de la Bouche (BRODEAU), 12 *a*,
Blason de la Langue (E. DE BEAULIEU), 13 *a*,
Blason de la Dent (L'ESCLAVE FORTUNÉ [MICHEL D'AMBOISE]), 14 *b*.
Blason du Nez (E. DE BEAULIEU), 15 *b*,
Blason de la Dent (E. DE BEAULIEU), 16 *b*,
Blason du Souspir (SÆVE), 18 *a*,
Blason de la Gorge (SÆVE), 19 *a*,
Blason du Tetin (CLÉMENT MAROT), 20 *b*,
Blason du Cueur (ALBERT LE GRAND), 21 *b*,
Blason de la Main ([CLAUDE CHAPUYS]), 23 *b*,
Blason du Ventre ([CL. CHAPUYS]), 24 *b*,
Blason du C.. ([CLAUDE CHAPUYS]), 26 *a*,
Blason du C.. de la Pucelle, ([CLAUDE CHAPUYS]), 26 *b*,
Blason du C.. (BOUCHETEL), 27 *b*,
Blason du Cul, 28 *b*,
Blason du Cul (E. DE BEAULIEU), 30 *b*,
Response du Blasonneur du Cul à celuy qui a faict le Blason des Blasonneurs des membres du corps feminin, 33 *b*,
Blason du Pet (E. DE BEAULIEU), 36 *b*,
Blason de la Cuisse (LE LIEUR), 38 *a*,

Blason du Genoil (LANCELOT DE CARLES), 39,
Blason du Pied (LANCELOT DE CARLES), 40 *b*,
Blason du Pied (SAGON), 43 *a*,
Blason de l'Esprit (CHARLES [LANCELOT DE CARLES]), 44 *a*,
Blason de l'Honneur ([LANCELOT DE CARLES]), 46 *b*,
Blason de Grace ([LANCELOT DE CARLES]), 48 *b*,
Blason de la Grace (SAGON), 51 *a*,
Blason de la Voix (E. DE BEAULIEU), 52 *b*,
Blason du Corps, 53 *b*,
L'Excuse du Corps pudique ([E. DE BEAULIEU]), 55 *a*,
Blason de la Mort (VAUZELLES), 57 *b*.
Contreblasons de la beauté des membres du corps humain (LA HUETERIE), 61 *a*,
Dans ces *Contreblasons* a été inséré (fol. 66 *a*) le *Contreblason du Tetin* de CLÉMENT MAROT.
Blason du Bras (JOMET GARBI, d'Apt), 77 *b*,
Epistre aux Lecteurs, en laquelle est contenu le Debat du Corps et de l'Ame (LA HUETERIE), 78 *b*,
Epistre par FRANÇOYS DE SAGON, *secretaire de l'abbé de Sainct Ebvroul, responsive à une epistre de Charles de La Hueterie*, 82 *a*,
Dizain de CHARLES DE LA HUETERIE, 85 *b*,
Aucunes Epigrammes composées par JOMET GARBI, d'Apt, 86 *a*.

Une erreur d'imposition a interverti l'ordre des pages de deux des cahiers du volume ; la même erreur a été reproduite dans la réimpression donnée par la *veuve Bonfons*.

811. BLASONS, Poesies anciennes recueillies et mises en ordre par D. M. M*** [Méon]. *Paris, Chez P. Guillemot, Librairie ancienne, passage du Saumon*, N° 49. [*De l'Imprimerie de J.-L. Chanson, rue de Sorbonne, N°2, au coin de celle des Mathurins.*] M. DCCC VII [1807]. Un tome en 2 vol. in-8 de 2 ff., IV, 4 et 369 pp., plus un f. blanc., demi-rel., dos et c. mar. r., n. r. (*Reliure du temps.*)

Exemplaire imprimé sur VÉLIN. Après la p. 64 se trouvent les cartons, paginés 52 à 64 qui contiennent les pièces libres.
Des ventes CHARDIN et BRISSART.

812. LA || RECREA- || TION, DEVIS ET MI- || GNARDISE AMOVREVSE, || Contenant plusieurs Blasons, Me- || nues pensees, Verger, Ventes, & || demandes de l'Amant à l'A- || mye, & autres propos || Amoureux. || *A Paris*, || *Pour la vefue Iean Bonfons, rue neuue* || *nostre Dame, à l'enseigne S. Nicolas*. Très-pet. in-16 de 72 ff. non chiffr. de 26 lignes à la page (y compris le titre courant), sign. A-*I* par 8, mar. v., fil., dos orné, tr. dor. (*Bauzonnet.*)

Voici la liste des pièces contenues dans ce recueil :
1° Un quatrain et un sixain *Aux Dames*, fol. Aij, r°.

2° *Epistre aux Dames* (en prose), fol. Aij, v°.
3° *La Mignardise plaisante d'Amours* (en prose), fol. Aiv, r°.
4° *Description de la nature d'Amours* (en vers), fol. Ci, v° :
> L'ardeur m'a incité, o dames de vertu...

5° *Les amoureux Devis, avec le Blason des Herbes et Fleurs* (en vers), précédés d'une épître de « L'Autheur aux Dames », en tête de laquelle sont les initiales B. D. M., et d'un huitain de J. DOUECTE, escuyer, seigneur de LA GRANDNOE, fol. Ciij, r°.

> L'AMANT.
> Je vous vens le grain de froment...

Les *Ventes d'amours* étaient un jeu de société; nous en avons précédemment parlé avec détail (voy. le n° 549).

6° *Autres Ventes plaisantes et recreatives, adjoustées de nouveau* (en vers), fol. Ev, r° :
> Je vous vens esclairs et espars...

7° *Le Blason des Herbes, Arbres et Fleurs, selon l'ordre alphabetique*, fol. Fv, r°.

Ce *Blason* est un petit dictionnaire du langage des fleurs.

8° *Le Blason de la Ligature du bouquet* (en prose), fol. Gv, r°.

9° *Demandes et Responses d'amours* (en prose), fol. Gvij, r° :
> Je vous demande si Amours avoyent perdu leur nom...

Nous décrirons plus loin deux éditions anciennes de cette pièce, qui a été attribuée à ALAIN CHARTIER.

10° *Autres Demandes d'Amours* (en prose), fol. Hij, v° :
> Dame, je vous demande et prie, par le dieu Cupido...

11° *Les menues Pensées d'Amours* (en vers), fol. Hvj, r° :

> L'AMANT
> Je pense à la grand[e] beauté...

Cette pièce est de GILLES CORROZET; nous en connaissons une édition signée de lui, dont voici la description :

❦ Les menues ‖ pēsez damours — ❦ Finis. S. l. n. d. [vers 1530], pet. in-8 goth. de 4 ff. de 20 lignes à la page, avec figg. sur bois au titre, au v° du titre et au v° du dernier f.
Musée britannique, C. 22. a. 14.

On lit à la fin de cette édition :

> L'ACTEUR
> Gilles Corrozet or envoye
> Aux amoureux sotz sans science
> Cest escript qu'il a mis en voye.
> Par l'indigent de sapience.
> *Plus que moins.*
> *Finis.*

12° *Le Jardinet ou plaisant Verger d'amours* (en vers), fol. Hviij, r° :
> A ma dame.
> Entre ses fleurs mon jugement...

13° *Demandes joyeuses d'un Amant à sa dame, en maniére de reproche ou vilennie* (en vers), fol. Iv, r° :
> Damoiselle de la derriere...

Il existe de ces *Demandes* une édition séparée dont voici la description :

❦ Demandes ‖ Ioyeuses dung Amant a sa Dame en ‖ maniere de

reproche ou vilennie. — ❡ *Finis. S. l. n. d.* [*vers* 1530], pet. in-8 goth. de 4 ff. de 26 lignes à la page.

Musée britannique, C. 22. *d.* 7.

Pour d'autres pièces du même genre voy. *Recueil de Poésies françoises* XI, 194.

Exemplaire de M. de Chaponay (Cat., n° 259) et de M. Lebeuf de Montgermont (n° 315).

813. Epitaphes || svr le Tres- || pas dv fev Messire Char- || les de Cossé, Comte de Brissac, Mareschal de || France, par diuers autheurs, tant en Grec, || Latin, François, qu'en Italien. || *A Paris,* || *De l'Imprimerie de Thomas Richard, à la Bible* || *d'or, deuant le College de Reims.* || 1564. In-4 de 8 ff. non chiffr., sign. *A-B*, car. ital.

Au titre la marque de *Th. Richard* (Silvestre, n° 580).

Ce recueil contient les pièces suivantes :

1° 4 distiques latins au comte de Cossé-Brissac, fils du défunt, signés : N. V. G. C. [Nicolas Vergesse, Grec Constantinopolitain] ;
2° 4 pièces latines à la louange du maréchal, signées: Ni. Ver[gesse] G. C.;
3° 2 pièces latines, signées : Holsterus, Suevus ;
4° 3 pièces françaises par I. P. C. [J. Prevosteau, Chartrain] ;
5° 1 pièce latine et 1 pièce grecque par Claude Monseau ;
6° 2 pièces grecques par A. B. ;
7° 1 pièce latine anonyme ;
8° 1 pièce italienne anonyme ;
9° 6 pièces françaises par P. D. M. P. (L'une de ces pièces est traduite des vers latins de Holster.)

814. Tvmbeav de treshaul- || te, trespuissante et || trescatholique Princesse || Madame Elisabeth de France, || Royne d'Espagne. || En plusieurs langues. || Recueilli de plusieurs sçauans personnages de la || France. || *A Paris,* || *Par Robert Estienne Imprimeur du Roy.* || M.D.LXIX [1569]. In-4 de 12 ff. non chiffr.

Au titre, la marque de *Robert Estienne* (Silvestre, n° 508).

Ce recueil contient 20 pièces de vers, signées de :

Jean de Cinq-Arbres [Quinquarboreus] (en hébreu) ;
François d'Amboise (en latin et en français);
Jean Dorat (en grec et en latin) :
Estienne Pasquier (en français) ;
Denys Lambin (en latin) ;
Jean-Antoine de Baïf (en français) ;
Scevole de Sainte-Marthe (en français) ;
R. Garnier (en français) ;
Hierome Hennequin (en français) ;
P. Delbene (en français) ;
J. D. P. (en latin) ;
François de Belleforest (en espagnol et en français).

Le volume se termine par une longue épitaphe latine où sont relatées toutes les circonstances de la vie de la reine.

BELLES-LETTRES. 555

815. Le Tvmbeav de messire || Gilles Bourdin, Cheua- || lier, Seigneur d'Assy, Con- || seiller au priué Conseil du Roy, & Procureur ge- || neral de sa Maiesté au Parlement de Paris. || En plusieurs langues. || Recueilli de plusieurs scauans personnages de || la France. || *A Paris*, || *Par Robert Estienne Imprimeur du Roy*. || M. D. LXX [1570]. Auec Priuilege. In-4 de 12 ff. non chiffr.

<blockquote>
Au titre, la marque de *Robert Estienne* (Silvestre n° 1134).

Ce recueil contient 24 pièces, signées de :

GILBERT GENEBRARD (vers hébreux et latins) ;
JEAN DORAT (vers grecs et latins) ;
LEGER DU CHESNE [LEODEGARIUS A QUERCU] (vers latins) ;
ESTIENNE PASQUIER (vers français) ;
JEAN-ANTOINE DE BAÏF (vers français) ;
ESTIENNE JODELLE (vers latins et français) ;
N. VERGESSE, Grec (vers latins et français) ;
J PREVOSTEAU (sonnet en français) ;
FRANÇOIS DE BELLEFOREST (élégie en français) ;
[PHILIPPE] DES PORTES (vers français) ;
CLAUDE D'ESPENCE (vers latins) ;
B. B. I. C. (vers latins) ;
J. RAMATUS (vers latins) ;
J. B. (vers latins) ;
P. TAMISIER (sonnet en français) ;
ANDRÉ THEVET (épitaphe française, en prose) ;
JACQUES MOYSSON (anagramme latin).
</blockquote>

816. Les || MARGVERITES || POETIQVES, || Tirées des plus fameux || Poëtes François. tant || anciens que modèrnes, || & || Reduites en forme de lieux || communs & selon l'or- || dre Alphabetique, || Nouuellement recueillies et mises en || lumiere par Esprit Aubert, || Auec vn Indice tres-ample || de chasque matiere. || *A Lyon*, || *Par Barthelemy Ancelin*, || *Imprimeur ordinaire du Roy*. || M. DC. XIII [1613]. || Auec priuilege de sa Majesté. In-4 de 4 ff., 1215 pp. et 14 ff. non chiffr., impr. à 2 col., mar. r. jans., tr. dor. (*Thibaron et Joly*.)

<blockquote>
Les ff. lim. comprennent le titre, l'épître dédicatoire et des vers en l'honneur d'Aubert.

Le titre, gravé par *L. Gaultier*, est divisé en plusieurs compartiments. En haut, on voit les Muses couronnant Homère ; le centre est occupé par l'intitulé, de chaque côté duquel sont placés les portraits des deux poètes à qui Aubert a fait les plus nombreux emprunts : Ronsard et Du Bartas, l'un et l'autre en costume romain ; en bas de la planche se trouve l'adresse du libraire, accompagnée, à gauche, des armes de France et de Navarre, à droite, de la marque de *Barthelemy Ancelin*.

L'épître, signée d'ESPRIT AUBERT, est adressée « A monseigneur, monseigneur Louys de La Vigne, evesque et comte d'Uzès ».

Les 2 ff. qui suivent contiennent des vers français adressés à l'auteur par : PAUL-ANTOINE D'AGART, « escuyer, de Cavaillon », ANT. DE LEURTRE, « doct.
</blockquote>

medec., Provençal », CL. MESTRAL, le protonot. PILLET, FRANÇOIS ARDUIN, « Ambrunois, licencié es droicts », ESP. GENET, « cousin et filliol de l'autheur », et le chanoine MARTIN, « de l'isle de Venice ».

Les *Marguerites* sont disposées dans l'ordre alphabétique des matières. L'auteur a rangé les extraits de ses poëtes favoris sous un certain nombre de rubriques, telles qu'*Abandonner, Abbequer* (*tenir le bec en l'eau à quelqu'un*), *Abborder, Abbreuver, Abeilles, Absence, Abus,* etc.

Les deux auteurs dont Aubert a donné le plus grand nombre de fragments sont RONSARD et DU BARTAS, puis viennent : J.-A. DE BAÏF, REMY BELLEAU, JEAN BERTAUD, DAGONEAU, PH. DES PORTES, VAUQUELIN DES YVETEAUX, J. DAVY DU PERRON, DU SOUHAIT, DE FOCH. (c'est-à-dire ALEXANDRE DE FOCHERAN, SEIGNEUR DE PONT AIMERY), FRARDOIL, GAMON, ANTOINE GARNIER, ROBERT GARNIER, D'INFRINVILLE, LA MENOR, LA ROQUE, LA VALLÉE, DE LINGENDES, MAYNARD, MALHERBE, MONTEREUL, MONTGALLAND, MONTLYARD, MOTIN, PASSERAT, PYBRAC, DE PORCHÈRES, RAPIN, NICOLAS RENAUD, TRELLON, A. DE VERMEIL, etc.

Les noms des auteurs sont indiqués en marge des extraits.

Le privilège, dont le texte occupe le r° du dernier f., est accordé pour dix ans à *Barthelemy Ancelin,* le 26 avril 1612. L'achevé d'imprimer est du 21 novembre 1612.

K. — Poètes français depuis Malherbe jusqu'à nos jours.

a. — Poésies de divers genres.

817. LES ŒVVRES || DE Mᵣₑ FRANÇOIS || DE MALHERBE, || Gentilhomme ordinaire de la || chambre du Roy. || *A Paris,* || *Chez Charles Chappellain, ruë de la Bucherie,* || *à l'image saincte Barbe.* || M.DC.XXX [1630]. || Auec Priuilege du Roy. In-4 de 26 ff. lim., 820 et 228 pp.. mar. r., fil., dos orné, tr. dor. (*Trautz-Bauzonnet.*)

Les ff. lim. se composent : du portrait de Malherbe, gravé par *Vosterman,* d'après *D. Du Monstier* ; du titre (orné d'une marque à la devise *Dulcia valiantur duris*) ; de 22 ff. pour le *Discours sur les œuvres de Mr. de Malherbe,* et de 2 ff. pour le *Privilége.*

Cette édition a été publié par FRANÇOIS D'ARBAUD, écuyer, sieur de PORCHÈRES, cousin de Malherbe. Le privilège, qui est accordé à ce personnage, pour six ans, le 11 novembre 1628, nous apprend que Malherbe lui avait, « peu auparavant son deceds, recommandé et mis entre ses mains toutes les œuvres par luy faites, composées, corrigées et augmentées, tant en prose qu'en poësie, pour les faire imprimer toutes en un volume. sans estre meslées ny accommodées avec aucunes autres œuvres, comme auraient fait cy devant quelques imprimeurs ou libraires, qui en auraient imprimé ou fait imprimer quelques piéces separement, sous privilége particulier ».

La première partie du volume contient le *Traité des Bienfaits* de SENÈQUE (pp. 1-472), et les *Lettres* de Mʳ DE MALHERBE (pp. 473-820). La seconde partie contient les *Poësies.*

Il existe, sous la même date et avec le même achevé d'imprimer du 22 décembre 1629, deux sortes d'exemplaires des *Œuvres* de Malherbe (voy. Cat. Potier, 1870, n° 921); notre exemplaire appartient au premier tirage. Il provient de JACQUES MICHEL DE LA ROCHE-MAILLET, « conseiller du roy et general en sa cour des Monnoyes », qui y a ajouté à la fin, de sa main, une table très ample, et deux pièces de Malherbe : les *Stances* publiées en 1611 dans le *Temple d'Apollon* (éd. Lalanne, I, 2) et les 6 vers sur la prise de La Rochelle (éd. Lalanne, I, 284).

Le même volume a plus tard appartenu au chanoine CL. JOLY qui y a mis

son nom avec la date de 1645 ; il provient en dernier lieu des ventes LE VER
et HUILLARD (Cat., n° 446) ; la reliure a été ajoutée depuis.

818. LES POESIES DE MALHERBE avec les Observations de
Ménage. Segonde Edition. *A Paris, Chez Claude Barbin,
au Palais, sur le segond Perron de la Sainte Chapelle.
[De l'Imprimerie de Christophe-Journal.]* M.DC.LXXXIX
[1689]. Avec Privilege du Roy. In-12 de 12 ff. lim., 585 pp.
et 14 ff. pour la *Table*, mar. r., fil., dos orné, tr. dor. (*Anc.
rel.*)

VI . 3. 35

<small>Les ff. lim. comprennent : un f. blanc ; le titre ; 6 ff. pour l'épître de
Ménage « A monseigneur Colbert, controleur general des finances, etc. »;
4 ff. pour la *Préface*.
Au v° de la p. 585 est un extrait du privilège accordé pour dix ans à
M. Ménage, « conseiller et aumosnier de la sa Majesté », le 8 mai 1650.
L'extrait est suivi d'une mention de la cession faite par Ménage à *Thomas
Jolly* et à *Louis Billaine*, et d'un rappel de l'achevé d'imprimer du 19 janvier
1666.
Exemplaire aux armes du comte D'HOYM (Cat., n° 2314), provenant, en
dernier lieu, de la bibliothèque de M. L. DOUBLE (Cat. de 1881, n° 28).</small>

819. POVR LE ROY || allant chastier la Rebellion || des Roche-
lois, et chasser les || Anglois, qui en leur faueur estoient ||
descendus en l'Isle de Ré. || Ode. *S. l. n. d.* [1628], in-4
de 17 pp. et 1 f. blanc.

IV. 2. 31

<small>Édition originale d'une des pièces les plus célèbres de MALHERBE. Le nom
de l'auteur se trouve. p. 16, à la fin de l'épître en prose qui suit l'*Ode* ; il est
répété, p. 17, à la fin du sonnet « Sur la mort du fils de l'autheur ».</small>

820. RECVEIL || DES ŒVVRES || POETIQVES || DE || I. BERTAVT,
Abbé || d'Aunay, et Premier || Aumosnier de la Royne. ||
Seconde Edition. || Augmentée de plus de la moitié outre la
|| precedente Impression. || *A Paris,* || *Pour Lucas Breyel,
au Palais en la* || *galerie où on va à la Chancellerie.* ||
M.DC.V [1605]. || Auec priuilege du Roy. In-8. — RECVEIL
|| DE QVELQVES || VERS AMOVREVX. || Edition derniere, ||
Reueüe & augmentee. || *A Paris,* || *Par Philippes Patisson
Impri-* || *meur, demeurant rüe sainct Iean de* || *Beauuais,
vis-à-vis des Escholes* || *de Decret.* || M.DC.VI [1606]. ||
Auec priuilege du Roy. In-8. — Ensemble 2 part. en un vol.
in-8, mar. bl., fil., dos orné, tr. dor. (*Trautz-Bauzonnet.*)

V. 7. 23

<small>[1re *Partie*] : titre ; 5 ff. pour des vers latins, grecs et français adressés au
poète par LÉONOR D'ESTAMPES DE VALLANÇAY, abbé de Bourgueil, BONNYNÉE,
FED. MOREL, professeur royal, N. BOURBON, P. DE NANCEL, CL. GARNIER,
DE LINGENDES, RENOUARD ; 2 ff. pour l'*Indice des poesies* et l'*Extraict du
Privilége* ; ensemble 8 ff. et 344 pp., caract. ital.
Le volume contient des cantiques, des épitaphes et des sonnets.
Le privilège, daté du 9 juin 1601, est accordé pour six ans à Bertaut, qui
déclare en faire cession à *Abel L'Angelier* et à *Lucas Breyel*.</small>

[II⁰ *Partie*] : titre, au verso duquel est l'*Extraict du Privilége* ; 1 f. pour l'avis du *Frére de l'autheur aux Lecteurs* ; 2 ff. pour la *Table* ; 2 ff. pour des vers adressés *A l'autheur* par DAVITY et DE LINGENDES ; ensemble 6 ff. non chiffr. et 98 ff. chiffr.

Le volume contient des stances, des complaintes, des chansons, un dialogue, des élégies, des fantaisies, des sonnets et des mascarades.

Le privilège, daté du 25 février 1602, est accordé pour dix ans à *Mamert Patisson*.

Cette partie ne contient point le nom de l'auteur, omission assez naturelle en tête d'un recueil de vers amoureux assez compromettants pour un abbé.

Le frère de l'auteur déclare, qu'ayant reçu du poète une copie corrigée de son ouvrage, il s'empresse de la livrer au public, de peur que celui-ci ne se ravise, voulant surtout soutenir une réputation à laquelle pourraient nuire les impressions fautives et tronquées qui ont été faites.

821. LA || CHRISTIADE, || ou Poeme sacré || contenant l'histoi- || re Saincte du Prince || de la vie, || Diuisé en cinq Liures. || Par Iean d'Escorbiac || Seigneur de Bayonnette. || *A Montauban* , || *Par Denis Haultin.* || 1613. In-8 de 24, 33, 48, 98, 74 et 69 pp., titre encadré.

Les 24 premières pages contiennent : le titre ; une épître en prose « A la Reine mére et regente » ; l'anagramme de l'auteur et celui du roi ; trois autres anagrammes, par P. TISSANDIER ; un avis « Aux Lecteurs » ; un huitain de « L'autheur aux excellents poëtes de ce temps » ; une ode de J. DE FABRE, « conseiller du roy au siége du seneschal de Lectoure, et grand ami de l'autheur » ; des stances et deux sonnets de F. FILON, « advocat en la court du seneschal d'Armagnac, establie à Lectoure » ; un sonnet anonyme ; une épigramme latine et trois sonnets de PIERRE TISSANDIER ; un sonnet de M. A. D. BENOIST ; un sonnet et deux pièces latines de J. D'ESCOBIAC, fils de l'auteur ; des vers latins, grecs et français d'ISAAC CONSTANS, « Montalbanois, docteur regent et professeur royal en medecine » ; trois nouvelles pièces de PIERRE TISSANDIER, enfin des stances et un sonnet de l'auteur.

La 2⁰ partie contient la *Promesse, ou Livre premier de la Christiade* ; la 3⁰, la *Naissance, ou Livre second* ; la 4⁰, la *Vie, ou Livre troisiéme* ; la 5⁰, le *Martyre, ou Livre quatriéme* ; la 6⁰, les *Gloires, ou Livre cinquiéme*.

Les quatre premiers livres se terminent par l'anagramme de l'auteur (*Bona Jovis accersens*) et par un quatrain latin de P. TISSANDIER. A la suite du 5⁰ livre sont divers anagrammes de l'auteur, des vers adressés par lui à P. Tissandier, des vers grecs de MICHEL LE CLERC, jurisconsulte, et la *Table des fautes principales remarquées par l'auteur en la première edition*.

La dernière partie est inexactement paginée. La p. 66 porte 56, puis viennent trois pages cotées 63, 64 et 65, au lieu de 67, 68 et 69.

J. d'Escorbiac était neveu de Du Bartas, ce qui fait dire à l'auteur d'une des pièces placées en tête du volume :

S'il est vray (ce qu'a creu le payen Pythagore)
Que les ames des morts soient transmises çà-bas
És autres corps vivans, votre oncle Du Bartas
Après son dernier jour reluit en vous encore.

822. LES || POEMES DIVERS || du Sieur de Lortigue || Prouençal, || où il est traicté de Guerre, d'Amour || gayetez, Poincts de controuerses, || Hymnes, Sonnets, & autres || Poësies. || Au Roy. || *A Paris,* || *Chez Iean Gesselin, ruë S. Iacques, à* || *l'Aigle d'or, & au Palais en la gallerie* || *des Prisonniers.* || M.DC.XVII [1617]. || Auec Priuilege du Roy. In-12

BELLES-LETTRES. 559

de 12 et 454 pp., plus 1 f., mar. r., fil., dos orné, tr. dor. (*Cuzin*.)

> Au titre, une marque qui représente un cheval ailé, accompagné de la devise *Sic aetas non retinenda fugit*.
> Les pp. 3-4 sont occupées par une épître « Au Roy » ; les pp. 5-10 contiennent : un quatrain de MALHERBE, un sonnet du SIEUR DE COLOMBY-CAUVIGNY, des distiques latins d'ANDRÉ VALLADIER, abbé de Saint-Arnould, des distiques latins de LOUIS D'ORLÉANS, un sonnet et des stances d'A. DE LORTIGUE.
> Goujet (*Biblioth. françoise*, XIV, 274) a parlé longuement de ce recueil, dans lequel on remarque plusieurs pièces facétieuses, telles que la *Felicité du debteur* (pp. 144-149), l'*Hymne du Formage* (176-184), le *Delice des Galleux* (184-192), l'*Invective contre un pedant* (196-200) et l'*Oraison funèbre de Carnaval* (445-453). Les morceaux qui offrent le plus d'intérêt, ce sont les épithaphes de Paris de Lorraine, chevalier de Guise, d'André de Brancas, sieur de Villars, amiral de France, d'André de Brancas, sieur de Robyon, de Charles de Gondi, marquis de Belle-Isle, de Louis Stuart, seigneur de Murs, de Jeanne d'Arses, dame de Solellas, etc. L'auteur, qui était né à Apt, s'appelait, en réalité, Annibal d'Ortigue, et non de L'Ortigue. Les autres membres de la famille, Jehan d'Ortigue, évêque d'Apt (1467-1482), et le romancier d'Ortigue de Vaumorière, propre fils d'Annibal, ont toujours préféré la première forme.
> Le privilège, dont la 11ᵉ p. lim. contient un extrait, est daté du 4 mars 1617 ; il est accordé pour dix ans à Annibal de L'Ortigue, qui déclare en faire cession à *Jean Gesselin*.

823. LES || BERGERIES || DE Mʳᵉ HONORAT || DE BVEIL, Cheualier || Sieur de Racan. || Dediées au Roy. || Seconde Edition reueuë & corrigée. || *A Paris,* || *Chez Toussainct du Bray, ruë sainct* || *Iacques, aux Espics meurs.* || M.DC.XXVII [1627]. || Auec Priuilege du Roy. In-8 de 203 pp. (y compris le titre), mar. r., fil., dos orné, doublé de mar. r., dent., tr. dor. (*Anc. rel.*)

> Le privilège, daté du 8 avril 1625, est accordé pour dix ans, à « messire Honorat de Bueil, chevalier, sieur de Racan », qui déclare en faire cession à *Toussaint Du Bray*, le 8 mai suivant.
> Exemplaire de M. J. TASCHEREAU (Cat., n° 1493).

824. LES || ŒVVRES || DE || N. FRENICLE, Conseiller || du Roy et General en || sa Cour des Monnoyes. || *A Paris.* || *Chez Iean de Bordeaux, Imprimeur* || *& Libraire, demeurant deuant le Palais,* || *au Lyon d'Argent.* || M.DC.XXIX [1629]. || Auec Priuilege du Roy. In-8 de 4 ff. et 268 pp. — LES || EGLOGVES || DE || N. FRENICLE. || 1629. In-8 de 4 ff., 172 pp. et 3 ff. pour la *Table*. — Ensemble 2 part. en un vol., vél. blanc, fil., tr. dor. (*Anc. rel.*)

> *Œuvres.* — Les ff. lim. contiennent : le titre ; la préface ; des vers de L. MAUDUIT, de J.-C. VILLENEUVE, de GODEAU et de C. MORIN ; l'extrait du privilège accordé pour six ans à *Jean de Bordeaux*, le 29 janvier 1629, et les *Fautes en l'impression*. L'achevé d'imprimer est du 15 mars 1629.
> *Eglogues.* — Cette partie doit nécessairement être jointe aux *Œuvres*

comme l'indique la réclame de la p. 268. Les ff. lim. contiennent : le titre, lequel ne porte pas le nom du libraire, la *Preface*, un sonnet de MALLEVILLE, un sonnet de DESLANDES et les *Fautes en l'impression*.

Cet exemplaire, qui provient de la bibliothèque de M. DE SOLEINNE (Cat., n° 1091), est imprimé sur GRAND PAPIER. Le titre porte cette note autographe, dans laquelle M. Paul Lacroix a été tenté de voir une allusion à Marion de L'Orme : *Pour la plus belle fille du monde, et la plus aymable*. Les portraits dont parle le savant rédacteur du Catalogue Soleinne appartiennent à l'*Entretien des illustres bergers* (Paris, Jacques Dugast, 1634) ; ils ne se trouvent dans aucun des exemplaires que nous avons examinés.

L'exemplaire de la Bibliothèque nationale contient, après les ff. lim., deux pièces qui ne font pas partie du volume : *Poéme au Roy sur ses victoires* (14 pp. et 1 f. blanc) et *Poéme sur la grandeur des Medicis* (9 pp. et 1 f. blanc).

825. LES || SENTIMENS || DE MESSIRE PIERRE || FORGET Cheualier || Sieur de la Picardiere, || Conseiller du Roy en son Conseil || d'Estat, & Maistre d'Hostel || ordinaire de sa Maison. || *A Paris*, || *Par Guillaume Citerne, rüe du Puits d'Arras proche la* || *Porte S. Victor, à l'Image Nostre Dame.* || M.D.C.XXX [1630]. || Auec Priuilege du Roy. In-4 de 148 pp. en tout, caract. ital., régl.

Les pp. 3-8 contiennent un avis « Au Lecteur ».
Le privilège, dont un extrait se trouve à la p. 148, est accordé pour six ans à *Guillaume Citerne*, le 7 juin 1630.

826. LA || LIESSE || De Louys Herron, || Curé de Pranzay. ||

Lætitiam vacuas mens prodere gestit in auras ||
1 Liber & lætum carmen vbique cane. ||

A Poictiers, || *Par la veufue d'Antoine Mes-* || *nier Imprimeur du Roy* || *& de l'Vniuersité.* || M.D.C.XXXVI [1636]. In-8 de 8 ff. et 239 pp.

Le titre est orné d'une marque qui porte cette devise : *De parvis grandis acervus.*

Les 7 ff. qui suivent le titre contiennent : une épître en prose « A monseigneur, monseigneur Henry-Louys Chasteignier de La Roche Pozay, tres-illustre evesque de Poitiers, etc. », épître datée de Lusignan, le 8 avril 1636 ; un sonnet « Au Lecteur » ; des vers adressés à l'auteur par J. GAUDIN, avocat au Parlement, P. MATHERET, de Langres, R. COUSTELLE, curé de Jazeneuil, V. et J. S. ; l'*Argument* ; douze vers signés de la devise de l'auteur : *Verus honor lucidus* ; l'*Approbation des Docteurs*, datée de Poitiers, le 6 avril 1636.

Le poème, divisé en cinq chants, contient l'histoire miraculeuse de Notre-Dame de Liesse. Trois chevaliers chrétiens, prisonniers au Caire, loin de se laisser entraîner à l'islamisme, réussissent à convertir la propre fille du soudan, nommée Isménie. Ils lui donnent une image miraculeuse de la Vierge, qui lui servira de soutien et de consolation. Isménie et les chevaliers se décident à quitter l'Egypte ; ils traversent le Nil et, gagnés par la fatigue, s'endorment sur le bord du fleuve. A leur réveil ils se trouvent transportés dans le Laonnois, où, par reconnaissance, ils bâtissent l'église où l'on vénère encore la sainte image.

BELLES-LETTRES. 561

827. LES || ŒUVRES || DE MONSIEUR || DE BENSSERADE. || Premiere [Seconde] Partie. || *A Paris*, || *Chez Charles de Sercy, au Palais, au sixième* || *Pilier de la Grand'Sale, vis-à-vis la Montée de la* || *Cour des Aydes, à la bonne Foy couronnée.* || M.DC.XCVII [1697]. || Avec Privilege du Roy. 2 vol. in-12, mar. bl. jans., tr. dor. (*Thibaron et Joly.*)

Première Partie : Frontispice gravé, représentant les armes de Benserade placées sur un cippe et entourées d'Apollon et des Muses (ce frontispice, signé *Le Doyen*, porte le titre et l'adresse du libraire *Sercy*); 28 ff. non chiffr. pour le titre imprimé, une épître de Sercy « A Son Altesse, monseigneur le comte d'Armagnac, grand escuier de France », un *Discours sommaire de monsieur L. T.* [*l'abbé* TALLEMANT] *touchant la vie de monsieur de Benserade*, et la *Table des Piéces*; 424 pp.; 2 ff. pour le *Privilège*.

Seconde Partie : 6 ff. (y compris un frontispice gravé par *Le Doyen*, qui représente un cadre formé d'amours et d'attributs, dans lequel est inscrit le titre); 428 pp.

Le privilège, daté du 17 mai 1696, est accordé pour huit ans à *Charles de Sercy*; il contient un éloge de Benserade que nous croyons curieux de reproduire : « Nostre amé *Charles de Sercy*, y est-il dit, marchand libraire de nostre bonne ville de Paris, Nous a fait remontrer que les œuvres du feu sieur de Benserade, de l'Académie Françoise, ont un certain air de galanterie qui ne se trouve point ailleurs, et quelque chose de si naturel et de si fin tout ensemble, qu'on sent bien qu'il en estoit plus redevable à la cour et au commerce du grand monde, qu'à ses livres et au cabinet. La manière dont il confondoit dans les vers qu'il faisoit pour les balets au commencement de nostre régne le caractère des personnes qui dansoient avec le caractère des personnages qu'ils [*sic*] representoient, estoit une espéce de secret personnel qu'il n'avoit imité de personne et que personne n'imitera peut-estre jamais de lui. Mais le talent qu'il avoit d'exceller dans un certain genre ne l'empêchoit pas de réussir dans tous ceux où il vouloit donner. Quand on lit ses ouvrages de devotion, on oublie qu'il en eût fait de galanterie. Et, si ses chansons meritérent d'estres mises en air par les plus grands maistres de l'art, on se souvient encore que son *Job*, l'un de ses sonnets, partagea long-temps la cour et la ville avec l'*Uranie*, le chef-d'œuvre du célébre Voiture. Enfin, peu de gens ont eu l'avantage de porter comme lui dans un âge avancé un esprit capable de produire de belles choses, et il est assez extraordinaire que ses derniers ouvrages ayent toute la vivacité des premiers, etc. »

L'achevé d'imprimer de la 1re partie est du 22 novembre, celui de la 2e partie, du 15 décembre 1696.

828. LES || POESIES || DE || GOMBAVLD. || *A Paris*, || *Chez Augustin Courbé, dans la petite Salle* || *du Palais, à la Palme.* || M.DC.XXXXVI [1646]. || Auec Priuilege du Roy. In-4 de de 4 ff., 304 pp. et 2 ff. de *Table*, mar. bl., fil., dos orné. (*Trautz-Bauzonnet.*)

Au titre, la marque de *Courbé*, gravée par *J. Picart*, et représentant un palmier avec cette légende : *Curvata resurgo*.

Les 8 ff. lim. qui suivent le titre contiennent un avis « Au Lecteur » et le texte du privilège accordé pour dix ans au sieur de Gombauld, gentilhomme ordinaire de la chambre du roi, le 22 septembre 1646. Le sieur de Gombauld déclare céder son privilège à *A. Courbé*. L'achevé d'imprimer est du 25 octobre 1646.

829. Les || Chevilles || de || Mᵉ Adam || Menuisier || de Neuers. || A Paris, || Chez Toussainct Quinet || au Palais, sous la montée de la || Cour des Aydes. || M. DC. XLIV [1644]. || Auec Priuilege du Roy. In-4 de 18 ff., 100 pp., 4 ff. et 315 pp.

Les ff. lim. contiennent : un portrait de maître Adam, au-dessous duquel on lit un sixain en son honneur et l'adresse du libraire ; le titre ; 12 ff., paginés 5-28, pour une épître (en vers) « A monseigneur, monseigneur le vicomte d'Arpajon, marquis de Sevirac, conseiller du roy en ses conseils, chevalier de ses ordres, lieutenant general en ses armées et en la province de Languedoc, etc. » ; 4 ff. pour une *Préface* de monsieur DE MAROLLES, abbé de Villeloin, et le *Privilége*.

Les 100 pp. qui forment la première partie du volume contiennent une longue série de vers français, latins, grecs, italiens et espagnols adressés au poète par tous les beaux esprits du temps, et réunis sous le titre d'*Approbation du Parnasse*. Ces vers sont signés : SAINCT-AMANT, BOIS-ROBERT, abbé de Chastillon, SCUDÉRY, BEYS, l'abbé SCARON, CORNEILLE, COLLETET, BENCERADE, D'ALIBRAY, DE GERARD, JANVIER, GILLET, RAGUENEAU, MONGLAS, F. MATHURIN, SALLART, RAMPALLES, D'ALIBRAY (trois nouvelles pièces), DE REAULT, MAUGIRON, DELISLE, CHEVREAU, MALOISEL, CARPENTIER DE MARIGNY, DU PELLETIER, DE VILLÈNES, DE LA CHAIRNAIS, DU PUY, DESFONTAINES, le marquis D. P. DE B., SALLARD (pour la seconde fois), DE CHARPY, P. RICHER, TRISTAN L'HERMITE, GRENAILLE, LE CADET, BEAU-SONNET, MARTIAL, TOUSSAINT QUINET (l'éditeur du recueil), BENSE-DUPUIS, LA POIRÉE, MARTIAL (pour la seconde fois), VIEUX-MARCHÉ, DAGUERRE, SAINCT MALO, le marquis D'ARIMANT, D'ARGIS, Mˡˡᵉ DE BEAU-PRÉ, ST.-GERMAIN, JEAN JACHOUET, FR. DE MEZERAY, JOANNES AQUILIUS [DE L'AIGLE], 8 ann. natus, COURADE, B. dit LA MICHE, FLORIDOR, Mˡˡᵉ D'ORGEMONT, Mˡˡᵉ DE GOURNAY, GOMBAULD, ROTROU, DE L'ESTOILLE.

Les pp. 97-100 contiennent un *Avant-Propos* « Au Lecteur », signé : DE SAINT-LAURENT.

Les 4 ff. qui suivent sont occupés par les *Noms des autheurs de l'Approbation du Parnasse*, la *Table* et les *Fautes survenues en l'impression*

Le privilège, daté du 16 avril 1644, est accordé pour dix ans à Adam Billaut, « maistre menuisier de la ville de Nevers », qui déclare en faire cession à *Quinet*. L'achevé d'imprimer est du 25 mai 1644.

830. Les || Vers heroiqves || du Sieur || Tristan Lhermite. || A Paris, || Se vendent chez l'Autheur aux Marests du Temple, ruë Neufue || Saint Claude, à la maison de Monsieur Michault. || Chez || Iean Baptiste Loyson, dans la Salle Dauphine || du Palais, à la Croix d'Or. || Et || Nicolas Portier, proche le Puits Certain, à l'Image || Saincte Catherine. || M.DC.XLVIII [1648]. || Auec Priuilege du Roy. In-4 de 6 ff. et 367 pp.

Les ff. lim. se composent : d'un front. gravé, qui représente deux palmiers soutenant une draperie, au-dessous de laquelle sont deux blasons ; du titre ; de 2 ff. pour une épître « A monsieur, monsieur le comte de Saint-Aignan » : d'un f. contenant un « Advertissement à qui lit » (on lit à la fin : *De l'imprimerie de Pierre Des Hayes. Achevé d'imprimer le vingtième de janvier 1648*) ; d'un frontispice signé *J. B. f.* et portant ce titre : *Vers maritime* [sic].

Au v° de la p. 367 est un extrait du privilège accordé pour cinq ans à Tristan L'Hermite, le 17 juin 1647.

BELLES-LETTRES. 563

831. POESIES || GALANTES || ET || HEROÏQVES || du Sieur || Tristan L'Hermite, || Contenant || Ses Amours. || Sa Lyre. || Les Plaintes d'Acante. || La Maison d'Astrée. || La Belle Gueuse. || L'Aueugle Amoureux. || Les Terreurs Nocturnes. || Diuerses Chansons. || La Comedie des Fleurs. || L'Amour trauesty. || La belle Ingrate. || Epistre burlesque. || La Seruitude. || La belle Gorge. || Et autres Pieces curieuses sur differents sujets. || Enrichies de Figures. || *A Paris,* || *Chez Iean Baptiste Loyson, ruë S. Iacques à la Croix Royale.* || M.DC. LXII [1662]. || Auec Priuilege du Roy. In-4, v. f., tr. marbr. (*Anc. rel.*)

Ce volume se compose de 5 ff. lim. et de trois ouvrages différents, que le libraire *Loyson* a réunis sous un même titre.

Les ff. lim. comprennent le front. gravé décrit ci-dessus, le titre, 2 ff. pour un *Avis au Lecteur sur le sujet des Plaintes d'Acante*, et pour un sonnet « A M. Tristan », enfin un portrait gravé par *Daret*, d'après *Du Guerrier*, en 1648.

Les trois ouvrages ont chacun une pagination séparée, savoir :

1° *Les Plaintes d'Acante et les Amours du sieur Tristan* : 2 ff. lim. et 80 pp., plus le portrait du poète, gravé par *Daret* d'après *Du Guerrier* et daté de 1648 (ce portrait est placé en regard de la p. 1).

Les ff. lim. contiennent un *Avis au Lecteur sur le sujet des Plaintes d'Acante*, un madrigal « A Sylvie », un extrait du privilège et un sonnet « A M. Tristan ».

Le privilège, daté du 28 janvier 1658, est accordé pour neuf ans à *J.-B. Loyson*.

2° *La Lyre*, « A monsieur Berthod, ordinaire de la musique du roy » : 27 pp.

3° *Vers heroïques* : front. gravé avec le titre: *Vers maritime*, 368 pp. et 4 figg.

Ce dernier ouvrage appartient à l'édition de 1648. Les deux dernières pp. seules ont été réimprimées ; au lieu du madrigal « A monsieur d'Espieu » et de l'extrait du privilège, elles contiennent des stances « A l'honneur de Sylvie ».

Les figg. sont placées en face des pp. 65 (portrait d'Isabelle-Claire-Eugénie, archiduchesse des Pays-Bas), 127 (mort d'Hippolyte), 169 (la maison d'Astrée, gravée par *Fr. Chauveau*), 243 (portrait de Saint-Aignan, gravé par *Daret*, 1645).

832. LES || POËSIES || DE || IVLES DE LA MESNARDIERE, || de || L'Academie Françoise, || Conseiller du Roy, et Maistre d'Hostel || Ordinaire de Sa Maiesté. || *A Paris,* || *Chez Antoine de Sommauille, au Palais, sur le* || *deuxiéme Perron allant à la Saincte Chappelle* || *à l'Escu de France.* [*De l'Imprimerie de Nicolas Foucault.*] || M.DC.LVI [1656]. || Auec Priuilege du Roy. In-fol. de 16 ff. et 475 pp.

Collation des ff. lim. : Frontispice gravé représentant Apollon qui joue de la lyre, tandis que les Amours dansent près de lui ; une draperie attachée à un arbre porte le titre du livre ; en bas on lit : *C. Le Brun delin.*, *Ægid. Rousselet sculp.* (ce frontispice est tiré sur papier fort, et n'appartient pas au cahier ā) ; titre imprimé ; 6 ff. pour une *Preface* « Aux honnestes gens » ; 1 f. pour le *Privilége* ; 6 ff. pour la *Table* et les *Fautes à corriger* ; 1 f. contenant un faux-titre imprimé en rouge : *Inventions. Première Partie.*

Un second faux-titre, également imprimé en rouge, et portant : *Inventions. Seconde Partie*, est placé entre les pp. 88 et 89.

Après la p. 221 est un troisième faux-titre, imprimé en rouge : *Imitations profanes. Première Partie.* Ce faux-titre, qui devrait être paginé 223-224, est suivi de 6 ff. de *Préface*, formant encart dans le volume et non compris dans la pagination.

Un quatrième faux-titre, compté pour les pp. 329-330, porte : *Imitations profanes. Seconde Partie.*

Un cinquième faux-titre, pour les *Imitations saintes*, correspond aux pp. 439-440.

Le privilège, daté du 5 novembre 1655, est accordé pour neuf ans à Hippolyte-Jules Pilet de La Mesnadière, qui en fait cession à *Antoine de Sommaville*.

L'achevé d'imprimer est du 15 avril 1656.

833. La Lyre || du ievne Apollon , || ov || la Mvse || naissante || du petit de Beauchasteau. || Dediée au Roy. || Ipsa tibi blandos fundent Cunabula flores. || *A Paris*, || *Chez Charles de Sercy, au Palais, dans la salle Dauphine*, || *à la Bonne-Foy Couronnée.* || *Et* || *Guillaume de Luynes, dans la Salle des Merciers*, || *à la Iustice.* [*De l'Impr. de Nicolas Foucault.*] || M. DC. LVII [1657]. || Auec Priuilege du Roy. In-4 de 46 ff., 280 pp. (dont la dernière est chiffr. 262), 4 ff., 144 pp. (dont la dernière est chiffr. 127), 8 ff. pour la *Table* et le *Privilége*, plus 26 portr., mar. r. jans., tr. dor. (*Thibaron et Joly.*)

Le « jeune Apollon », François-Mathieu Chastelet de Beauchasteau, né le 8 mai 1645, était fils de François Chastelet de Beauchasteau, gentilhomme, qui, vers 1630, était entré dans la troupe royale, et qui mourut au mois de septembre 1665, et de Madeleine Du Bouget, sa femme, connue sous le nom de Mlle de Beauchasteau, laquelle fut pensionnée en 1630 et mourut le 6 janvier 1683. Il eut le sort de la plupart des enfants doués d'une précocité extraordinaire. A l'âge de quatorze ans, il passa en Angleterre, où il abjura la religion catholique ; puis s'embarqua pour la Perse et disparut, sans qu'on pût savoir ce qu'il était devenu. Voy. *Histoire du Théatre françois* [*par les frères Parfaict*], IX, 412.

Collation des ff. lim. : Frontispice gravé, qui représente un encadrement formé de feuilles de chêne et de laurier, et surmonté de la lyre d'Apollon ; le centre est occupé par le titre du recueil ; une banderole, qui s'enroule autour de la couronne, porte ces mots : *Diutius regnabo* ; portrait du petit Beauchasteau, gravé par *J. Frosne*, d'après *Hans* (ce portrait est ici en double épreuve) ; titre, imprimé en rouge et en noir ; 3 ff. pour une épître « Au Roy » ; 2 ff. pour une *Preface* par Maynard ; 1 f. contenant, au r°, un avis « Au Lecteur », et, au v°, une gravure qui représente Apollon entouré des Muses, gravure accompagnée d'un quatrain de Gilbert ; 36 ff. pour l'*Approbation des Muses* ; 1 f. pour le faux-titre.

BELLES-LETTRES. 565

La collation des feuillets qui composent les deux parties est assez difficile à cause des nombreux cartons que contient l'ouvrage. Ces cartons sont au nombre de 10 pour la première partie, savoir : 1 entre les ff. Bi et Bij, 3 entre les ff. Bij et Biij, 6 entre les ff. Ci et Cij. La pagination de cette partie est relativement régulière à partir des n°s 65 et 66, qui sont omis (les cartons n'étant pas compris dans la pagination, et les deux n°s 65 et 66 ayant été omis, la pagination est de 18 n^{os} en arrière). La seconde partie contient 8 cartons.

Le volume est orné de 26 portraits tirés hors texte, savoir :
Première Partie : 1° le roi ; 2° la reine (double épreuve) ; 3° la reine d'Angleterre ; 4° la reine de Suède (double épreuve) ; 5° le duc d'Anjou (double épreuve) ; 6° le duc d'Orléans (double épreuve) ; 7° Mademoiselle (double épreuve) ; 8° le cardinal Mazarin (double épreuve) ; 9° le prince de Conti ; 10° le chancelier Séguier ; 11° le Premier Président [Pomponne de Bellièvre] (double épreuve) ; 12° le comte de Servien ; 13° Foucquet ; — *Seconde Partie* : 14° le pape Alexandre VII ; 15° Richelieu (double épreuve) ; 16° le cardinal Antoine Barberin ; 17° le cardinal d'Est [*sic*] ; 18° le cardinal Chisi [*sic*] ; 19° dom Mario Chisi [*sic*] ; 20° Son Altesse Royale de Savoye ; 21° Madame Royale (double épreuve) ; 22° Louise de Savoye ; 23° la duchesse de Bavière ; 24° Son Altesse de Modène ; 25° Son Altesse de Mantoue (triple épreuve) ; 26° dom Augustino Chisi.

Ce qui fait l'intérêt de ce volume, c'est le recueil de poésies intitulé : *Approbation des Muses*, auquel ont pris part, comme pour les *Chevilles de Me Adam*, tous les beaux esprits du temps. On y trouve 76 pièces diverses, signées : BREBEUF ; BOISROBERT, abbé de Chastillon ; SCARRON ; LE CLERC ; LA MESNARDIÈRE, « conseiller et maistre d'hostel ordinaire du roy »; DE MONTAUBAN, « advocat au parlement », GILBERT « secretaire des commandemens de la reine de Suéde et son resident en France »; G. COLLETET ; DU PIN, « tresorier des menus plaisirs de Sa Majesté »; MAGNON, « gentilhomme lyonnais »; DE SALBRAY, « valet de chambre du roy » (2 pièces); BEYS ; LAMBERT, « autheur de la *Comedie de l'Echarpe et du Bracelet* »; MONTIBAUT, « gentilhomme du païs du Mayne »; BOUTET, « gentilhomme poitevin »; BOESLEAU, « advocat au parlement », ROBINET (2 pièces); DURVAL (3 pièces); DU PELLETIER ; LE BRUN ; DE QUINOT ; LORET (3 pièces); BOSROGER, « gentilhomme de Normandie, soldat aux Gardes »; VILLIERS, « comedien de la troupe royalle » (2 pièces) ; GIOVANNI PIERONI (quatrain italien) ; l'abbé DE BURE ; MAREUIL (2 pièces); F.-P. DE LIGNIÈRES ; MAINARD, « conseiller du roy en ses conseils »; cavalier AMALTEO (sixain italien); SERVIEN ; CANU, « sieur DE BAILLEUL » (2 pièces); DU PELLETIER (pour la seconde fois) ; P. CADOT, CABOTIN ; R. P. CARNEAU, c. [célestin] ; PILLOIS ; DE CLUNI, « advocat au parlement » (2 pièces) ; DE VILLIERS (pour la seconde fois) ; COLLETET, le fils ; L'INCONNU ; BERTHOD, « de la musique du roy »; S. VICTOR ; CHAUVEAU ; DU VAL le jeune ; BOYER, « escuyer, sieur de PETIT-PUY »; SAINT GILLES (2 pièces ; JEAN-BAPTISTE DE ROCOLÈS, « historiographus regius » (épigramme latine) ; LA COSTE (sonnet espagnol) ; PELLISSERI ; mademoiselle DE COLLETET ; MASSY (2 pièces); BIGRES DE JUSSI, « conseiller du roy, tresorier, Pr D. L. C. D. A. »; LEDIGNAN ; NICOLAS FREVILLE-BESOGNE (épigramme grecque), LE NOIR « secretaire de monseigneur l'archevesque de Rouen »; DE JAVERZAC (4 pièces); F. G.; LE CAMUS, « procureur au Chastelet »; la signora BRIGIDA BIANCHI, « detta comunamente AURELIA, comica incomparabile » (pièce italienne); ANDRY ; DE L'ISLE-CHANTDIEU.

834. REMERCIMENT || AV || ROY. || *A Paris.* || M.DC.LXIII [1663]. In-8 de 7 pp., mar. r. jans., tr. dor. (*A. Motte.*)

Édition originale du *Remerciment* adressé au roi par PIERRE CORNEILLE, lorsqu'il fut compris sur la liste des auteurs à qui Louis XIV accorda des pensions. Cette pièce n'est pas signée ; mais elle fut reproduite par l'auteur à la suite du *Poème sur les Victoires du roy*, 1667 (voy. ci-après, n° 893) et

1668. On ne connaissait jusqu'ici de l'édition originale qu'un seul exemplaire qui fait partie de la collection de M. le baron A. de Ruble (Cat., n° 231).
Bibliographie Cornélienne, n° 148.

835. La || Mvse || novvelle, || ou || Les agreables diuertissemens || du Parnasse. || Par T. De Lorme, A. E. P. [Advocat en Parlement] || *A Lyon*. || *Chez Benoist Coral, ruë Merciere* || *à la Victoire*. || M. DC. LXV [1665]. In-12 de 13 ff. lim., 269 pp. et 8 ff. de *Table*, mar. amar., fil., dos orné, tr. dor. (*Trautz-Bauzonnet*.)

Les ff. lim. comprennent : un front. gravé par *N. Auroux*, tiré sur un f. séparé ; le titre, qui porte une marque accompagnée de ces deux devises : *Sat vincit qui parta tuetur, Non herba nec arbor* (allusion à la palme que tient la Victoire) ; 3 ff. pour une épître « A monseigneur, monseigneur le comte de Sault » ; 6 ff. pour des vers à ce même comte de Sault et au marquis de Ragny, ainsi que pour l'*Advis au Lecteur* ; 2 ff. pour des vers adressés à l'auteur par A. B., A. Noel et Uranie.

Les œuvres de T. de Lorme se composent de portraits, d'épilogues, d'idylles, d'élégies, de satires, de stances, d'énigmes, d'odes, de chansons, de madrigaux, etc.

836. Les || Plaisirs || de || Saint Germain || en Laye, || et de la Covr, || et || le Tableau || de la Vie humaine, || ou le Solitaire. || *A Paris*, || *Chez Gabriel Quinet, au Palais*, || *dans la Galerie des Prisonniers*, || *à l'Ange Gabriel*. || M.DC.LXV [1665]. || Auec Priuilege du Roy. In-12 de 12 ff., 137 pp. et 3 ff. blancs, mar. r. jans., tr. dor. (*Thibaron et Joly*.)

Les 11 ff. qui suivent le titre contiennent : une épître « A madame, madame de La Salle du Bois Jourdain », épître signée H. L. N.; un avis « Au Lecteur », et la *Table*.

Au v° de la page 137 est un extrait du privilège accordé pour sept ans à H. I. N., le 6 septembre 1665, et cédé par lui à *Gabriel Quinet*. L'achevé d'imprimer est du 30 octobre 1665.

La première pièce, qui a fourni le titre du recueil, contient la description des divertissements auxquels la cour se livrait à Saint-Germain. On y trouve notamment le récit des chasses faites par la reine Marie-Thérèse, chasses dont les gazettes rimées de La Gravette de Mayolas et de Robinet nous ont également conservé le souvenir.

837. Poesies || de || Madame || la Comtesse || de la Suze. || *A Paris*, || *Chez Charles de Sercy, au Palais, au* || *sixiéme Pilier de la Grand'Salle, vis à vis la* || *Montée de la Cour des Aydes, à la Bonne-* || *Foy couronnée*. || M. DC. LXVI [1666]. || Auec Priuilege du Roy. In-12 de 2 ff., 124 pp., 1 f. pour l'*Extrait du Privilége* et 1 f. blanc, mar. bl, fil., dos orné, tr. dor. (*Trautz-Bauzonnet*.)

Les œuvres de Mme de La Suze se composent d'élégies, d'odes, de madrigaux et de chansons ; elles n'occupent que les 58 premières pages du volume.

BELLES-LETTRES. 567

Le libraire nous avertit, dans un avis qui occupe la p. 59, que, « voyant que les ouvrages de madame la comtesse de La Suze ne pouvaient faire qu'un volume fort médiocre », il y a joint « les *Maximes* et l'*Almanach d'amour*, de la composition de monsieur le comte de B. R. [BUSSY-RABUTIN] », qu'il a tirés des tomes II° et V° du *Recueil des Piéces en prose*. Ce *Recueil* avait été publié par *Ch. de Sercy* de 1659 à 1662. M. Brunet (IV, 1151) ne lui assigne que 4 volumes, tout en faisant remarquer que, d'après Niceron, il en existerait un cinquième ; l'avis que nous venons de citer, émanant de *Sercy* lui-même, ne laisse aucun doute sur ce point.

Les *Maximes* et l'*Almanach d'amour* forment une espèce de manuel à l'usage des précieuses. L'*Almanach* est surtout fort curieux. D'après l'auteur, il y a en amour douze signes, qui sont : les Soupirs, la Pâleur, le Respect, l'Inégalité, la Rêverie, la Prodigalité, la Langueur, la Témérité, la Solitude, la Propreté, l'Inquiétude, les Veilles. Les douze mois ont aussi leurs noms, qui sont : Visite, Complaisance, Déclaration, Assiduité, Espérance, Tendresse, Possession, Attachement, Soupçon, Jalousie, Dépit, Indifférence. Il y a pour chacun de ces mois un calendrier dans lequel les noms des saints sont remplacés par des noms tels qu'Oroondate, Satira, Lisimacus, Parisatis, etc., etc. ; des cœurs de diverses formes occupent la place des croissants de la lune.

Le privilège, dont un extrait occupe le 2ᵉ f. lim., est accordé pour dix ans à *Ch. de Sercy*, le 30 novembre 1662. L'achevé d'imprimer est du 3 décembre 1665.

838. ODE || AVX MVSES || sur le Portrait || du Roy. || *A Paris*, || *Chez Sebastien Mabre-Cramoisy* || *Imprimeur de sa Majesté.* || M.DC.LXVII [1667]. In-4 de 17 pp. et 1 f. blanc, mar. r. jans., tr. dor. (*A. Motte*.)

Au titre, la marque de *Mabre-Cramoisy*, représentant des cigognes.
L'ode, qui se compose de 28 strophes, est signée à la fin : LE COMTE DE MODÈNE.
Au-dessous de la signature se trouve un grand fleuron représentant un soleil que deux amours entourent de lauriers.
Esprit de Raimond de Mormoiron, comte de Modène, est connu dans l'histoire politique par la part qu'il prit à l'expédition du duc de Guise à Naples (1647-1648); mais il est surtout connu dans l'histoire littéraire par ses relations avec la famille Béjart et avec Molière. Il eut de Madeleine Béjart une fille nommée Françoise, qui fut baptisée le 11 juillet 1638. L'opinion la plus répandue aujourd'hui le considère également comme le père d'Armande Béjart, qui épousa Molière le 7 février 1662. Ce qui est certain, c'est qu'il tint sur les fonts baptismaux, en 1665, avec Madeleine Béjart, le second enfant de Molière, une fille, qui reçut les noms d'Esprit-Madeleine (voy. *Les Intrigues de Molière et celles de sa femme, ou la Fameuse Comédienne, avec préface et notes par Ch.-L. Livet*; Paris, 1877, in-8, 125-182). Ces relations du comte de Modène avec Molière ont fait penser à divers auteurs que le poète comique avait eu quelque part aux ouvrages du gentilhomme. M. Paul Lacroix a soutenu cette opinion pour l'*Histoire des Revolutions de la ville et du royaume de Naples* (voy. *Bibliographie Moliéresque*, n° 228) ; il serait plus naturel de penser à une collaboration pour un ouvrage en vers tel que l'*Ode aux Muses*; mais cette pièce paraît être restée inconnue à tous les bibliographes.

839. MADRIGAVX de M. D. L. S. *A Paris, Chez Claude Barbin, sur le second Perron de la sainte Chapelle du Palais.* M.DC.LXXX [1680]. Avec Privilege du Roy. Pet.

in-12 de 4 ff. et 167 pp., mar. r., fil., dos orné, tr. dor. (*Anc. rel.*)

<small>L'auteur de ces gracieux madrigaux est ANTOINE DE RAMBOUILLET, SIEUR DE LA SABLIÈRE.
Le privilège, dont le texte occupe les 3 ff. qui suivent le titre, est accordé pour dix ans à Nicolas de Rambouillet, sieur de La Sablière, fils de l'auteur. Nicolas déclare en faire cession à *Claude Barbin*. L'achevé d'imprimer est du 9 juillet 1680.
Exemplaire aux armes du comte D'HOYM (Cat., n° 2324). Cet exemplaire appartient au premier tirage ; il contient à la p. 8 le madrigal adressé à Iris, qui, dans un grand nombre d'exemplaires, a été remplacé par une chanson, à l'aide d'un carton. Voy. Cat. Rochebillière, 1882, n° 747.</small>

840. ŒUVRES || DIVERSES || Du Sieur D*** || Avec || Le Traité || du || Sublime || ou || du Merveilleux || dans le Discours. || Traduit du Grec de Longin. || *A Paris*, || *Chez la Veuve de la Coste, à la petite Porte du Palais,* || *qui regarde le Quay des Augustins, à l'Ecu de Bretagne.* || M. DC. LXXIV [1674]. || Avec Privilege du Roi. In-4 de 3 ff., 178 pp. (dans lesquelles sont intercalés 4 ff. non chiffr. et 1 fig.), 5 ff. non chiffr., 102 pp. et 5 ff. non chiffr., mar. r., fil., dos orné, tr. dor. (*Trautz-Bauzonnet.*)

<small>Première édition collective des œuvres de BOILEAU.
Les ff. lim. comprennent : un front., gravé par *P. Landry*, qui représente Pallas faisant planter des lauriers dans les jardins du roi ; le titre, et 1 f. pour un avis « Au Lecteur ».
Les *Œuvres* se composent du *Discours au Roy*, de 9 *Satires*, du *Discours sur la Satire*, de 4 *Epistres*, de l'*Art poëtique* (après lequel sont placés 4 ff. de *Table*) et du *Lutrin*, en tête duquel est une figure de *F. Chauveau*.
Le *Lutrin*, qui ne se compose encore que de quatre chants, et qui se termine à la p. 178, est suivi d'un f. contenant le texte du privilège accordé pour dix ans au sieur D***, le 28 mars 1674. Boileau déclare en faire cession à *D. Thierry*, à charge d'y associer *L. Billaine, Cl. Barbin* et la *veuve La Coste*. L'achevé d'imprimer est du 10 juillet 1674.
Le *Traité du Sublime* forme une seconde partie, composée de 4 ff. pour la *Preface*, de 102 pp. pour le faux-titre, le texte et les *Remarques*, et de 5 ff. pour la *Table* et le *Privilége*. Le privilège et l'achevé d'imprimer sont les mêmes que dans la première partie.
On lit au v° du dernier f. : *A Paris,* || *De l'Imprimerie De Denys Thierry, ruë* || *Saint Jacques, à l'Enseigne de la Ville de Paris.* || *M.DC. LXXIV.*</small>

841. ŒUVRES || DIVERSES || DU Sr BOILEAU DESPREAUX : || Avec || le Traité || du || Sublime || ou || du Merveilleux || dans le Discours, || Traduit du Grec de Longin. || Nouvelle Edition, reveuë & augmentée. || *A Paris,* || *Chez la Veuve Claude Barbin, au Palais, sur le* || *second Perron de la Sainte Chapelle.* || M.DCCI [1701]. || Avec Privilege du Roy. Gr. in-4 de 9 ff. et 440 pp. inexactement chiffr. (la dernière est cotée 446). — TRAITÉ || DU || SUBLIME || OU || DU MERVEILLEUX

|| DANS LE DISCOURS. || Traduit du Grec de Longin. Gr. in-4 de 116 pp., 4 ff. et 82 pp., chiffr. de 119 à 200. — Ensemble 2 parties en un vol. gr. in-4.

Les ff. lim. des *Œuvres* contiennent : le frontispice gravé par *P. Landry* ; un titre imprimé en rouge et en noir ; 6 ff. pour la *Preface* ; 1 f. pour la *Liste des ouvrages contenus dans ce volume* (liste qui se rapporte aux deux parties).

La pagination se suit jusqu'à la p. 230 ; le f. suivant, dont le r° est blanc et dont le v° contient la figure gravée par *Chauveau*, en 1674, pour le *Lutrin*, ne porte pas de pagination. La p. suivante, 1re du *Lutrin*, est cotée 241. — Au v° de la p. 241 (chiffrée 249) est une seconde figure de *Chauveau*, datée de 1674. — La pagination se continue ensuite régulièrement.

La seconde partie du volume contient : le *Traité du Sublime* en 116 pp. ; 3 ff. pour la *Table* ; 1 f. pour le faux-titre suivant : *Ouvrages* || *faits* || *à l'occasion de ceux* || *de l'Auteur* ; 1 f. pour un nouveau faux-titre : *Remarques* || *de* || *Monsieur Dacier* || *sur* || *Longin* ; 82 pp., chiffrées de 119 à 200, pour la *Preface* et les *Remarques* de M. DACIER, l'*Ode in expugnationem Namurcae, ex gallica ode N. B. D. in latinam conversa*, autore CAROLO ROLIN, *regio eloquentiae professore*, et la *Lettre de monsieur* ARNAULD, *docteur de Sorbonne, à M^r P**, au sujet de la dixiéme Satire de Mr Despreaux*.

Le privilège, daté du 23 octobre 1697, est accordé pour seize ans à Boileau, qui déclare en faire cession à *Denys Thierry*. Il n'y a pas d'achevé d'imprimer.

842. ŒUVRES || DIVERSES || Du Sr Boileau Despreaux : || Avec || le Traité || du || Sublime, || ou || du Merveilleux || dans le Discours. || Traduit du Grec de Longin. || Nouvelle Edition reveuë & augmentée. || *A Paris,* || *Chez Denys Thierry, ruë saint Jacques* || *à la ville de Paris, devant les Mathurins.* || M.DCCI [1701]. || Avec Privilege du Roy. 2 vol. in-12, v. f., dos ornés, tr. dor. (*Anc. rel.*)

Dernière édition donnée par Boileau, qui mourut en 1711.

Tome premier: Front. gravé par *P. Landry* (réduction du frontispice qui orne les éditions in-4) ; titre imprimé en rouge et en noir ; 6 ff. pour la *Preface* ; 2 ff. pour la *Liste des ouvrages contenus dans les deux volumes* ; 384 pp.

Tome second: Titre : front. gravé, qui représente la Satire démasquant le Vice ; 141 pp. pour le *Discours sur la Satire*, la *Lettre à monsieur le duc de Vivonne*, la *Réponse à la Lettre que Son Excellence monsieur le comte d'Ericeyra m'a écrite de Lisbonne*, etc., le *Remerciment à messieurs de l'Académie Françoise*, les *Reflexions critiques sur quelques passages du rheteur Longin*, la *Lettre à monsieur Perrault*, la *Table* et l'*Extrait du Privilége* ; 263 pp. pour le *Traité du Sublime*, de nouvelles *Remarques sur Longin* par M. DACIER et par BOILEAU ; pour diverses poésies traduites en latin par CHARLES ROLIN, LENGLET, J.-B. DE SAINT-REMY, CLAUDE FRAGUIER, la *Lettre* M. ARNAUD, et un *Extrait du Privilége*. — A la p. 18 de la seconde partie est une fig. gravée par *Vallet*, d'après *A.-T. Paillet*.

Le privilège est celui du 29 octobre 1697. L'achevé d'imprimer est du 7 novembre 1697

842bis. ŒUVRES DIVERSES du Sr Boileau Despreaux... *Paris, Denys Thierry*, 1701. 2 vol. in-12, mar. r. jans., tr. dor. (*A. Motte.*)

Autre exemplaire de la même édition.

843. ŒUVRES DE M. BOILEAU DESPRÉAUX. Nouvelle Edition, Avec des Eclaircissemens Historiques donnes par lui-même, & rédigés par M. Brossette; augmentée de plusieurs Pièces, tant de l'Auteur, qu'aïant rapport à ses Ouvrages; avec des Remarques & des Dissertations Critiques. Par M. de Saint-Marc. *A Paris, Chez David, à la Plume d'Or. Durand, au Griffon. rue S. Jacques* MDCCXLVII [1747]. Avec Approbation et Privilege du Roi. 5 vol. in-8, mar. vert, fil., tr. dor. (*Derome le jeune.*)

>Tome *I*: Faux-titre; portrait de Boileau gravé par *J. Daulé*, d'après *Hyacinthe Rigaud*; titre orné d'un fleuron d'*Eisen*; lxxx et 488 pp.
>Tome *II*: 5 ff. et 492 pp.
>Tome *III*: 4 ff. et 536 pp.
>Tome *IV*: 3 ff. et 591 pp. — On lit à la fin: *De l'Imprimerie de J.-B. Coignard, imprimeur du roi.*
>Tome *V*: xxij et 676 pp., plus 1 f. pour l'*Approbation* et le *Privilége*.
>
>Le privilège, daté du 13 mai 1740, est accordé pour vingt ans à la veuve de *Jean-Barthélemi Alix*, libraire à Paris.
>L'édition est ornée, sur les titres, de 5 fleurons de *C. Eisen*, dont 3 ont été gravés par *Boucher*, et, dans le texte, de 38 vignettes de *C. Eisen*, gravées par *Aveline*, *La Fosse* et autres; de 22 culs-de-lampe, dont 2 seulement portent le nom du graveur *Mathey*, et de 6 figg. pour le *Lutrin*, que l'on sait avoir été dessinées et gravées par *Cochin fils*, bien qu'elles ne soient pas signées.
>Exemplaire en papier fin de Hollande, provenant de la bibliothèque du prince RADZIWILL (Cat., n° 757). La reliure porte une marque ainsi conçue: *Relié par* || *Derome le Jeune,* || *demeure présentement* || *rue St Jacques pres le Col·* || *lege du Plessis. Hôtel de* || *la Couture N° 65 en 1785.*

844. ŒUVRES DE BOILEAU, avec un nouveau commentaire par M. Amar. *A Paris Chez Lefèvre, libraire, rue de l'Éperon, n° 6.* [*De l'Imprimerie de P. Didot, l'aîné.*] MDCCCXXI [1821]. 4 vol. in-8. — CORRESPONDANCE entre Boileau Despréaux et Brossette, avocat au Parlement de Lyon, publiée sur les manuscrits originaux par Auguste Laverdet. Introduction par M. Jules Janin. Première édition complète, en partie inédite. *Paris, J. Techener, libraire, rue de l'Arbre-Sec, 52, près de la Colonnade du Louvre.* [*Imprimerie de J. Claye, rue Saint Benoît, 7.*] MDCCCLVIII [1858]. Reproduction et traduction réservées. In-8. — Ensemble 5 vol. in-8, mar. r., fil., dos ornés, tr. dor. (*Trautz-Bauzonnet.*)

>*Œuvres.* — Tome *I*: Faux-titre, portrait de Boileau, gravé par *Lignon* d'après *Rigaud*, xxxvj et 424 pp. — Tome *II*: 2 ff., xxij et 448 pp. — Tome *III*: 2 ff., xvj et 487 pp. — Tome *IV*: 2 ff., iij et 512 pp. — *Correspondance*: xxxij et 605 pp., plus 1 f.
>Exemplaire en GRAND PAPIER VÉLIN.

BELLES-LETTRES. 571

845. ŒUVRES CHOISIES de Madame Deshoulieres. *A Paris, De l'imprimerie de P. Didot l'aîné. L'an IIIe de la République.* 1795. In-18 de 2 ff., x et 173 pp., plus un portr. et 3 figg., demi-rel., mar. bl., n. r.

<small>Le portrait a été dessiné et gravé par *Rochard.*
Les 3 figures, dessinées par *Marillier*, ont été gravées par *N. Ponce, Dambrun* et *E. de Ghendt.*
Exemplaire en GRAND PAPIER VÉLIN, avec figures AVANT LA LETTRE.
Antoinette Du Ligier de La Garde, femme de Guillaume de Lafon, seigneur des Houlières, naquit en 1634 et mourut en 1694.</small>

846. POËSIES DIVERSES, contenant des Contes choisis, bons Mots, Traits d'Histoire et de Morale, Madrigaux, Epigrammes et Sonnets. Par M. Baraton. *A Paris, Chez Jean-Baptiste Delespine, ruë S. Jacques, à l'Image S. Paul. Et se vend A Brusselles, Chez Lambert Marchant Libraire au bon Pasteur au Marché aux Herbes.* M.DCC.V [1705]. In-12 de 4 ff., 304 pp. et 4 ff. pour la *Table*, réglé, mar. v., fil., dos orné, tr. dor. (*Trautz-Bauzonnet.*)

<small>Ce qui donne quelque intérêt à ce volume ce sont des madrigaux ou épigrammes sur René Descartes (p. 267), sur les ouvrages de M. Regis, « sçavant philosophe cartesien » (p. 261), sur le portrait du sçavant Pierre Nicole (p. 268), sur les ouvrages de l'illustre Pierre Corneille », le premier des poëtes dramatiques françois » (p. 269), sur les ouvrages de M. Racine, « excellent poëte dramatique » (p. 270), sur La Fosse d'Aubigny, « poëte dramatique » (p. 270), pour le portrait de M. de Saint-Evremont (p. 271), sur les excellentes traductions de M. et de Mme Dacier (p. 272), sur la mort du célèbre Jean-Baptiste de Santeuil (p. 273), pour le portrait de M. de Lemery, « medecin et fameux chymiste » (p. 273), sur les ouvrages de M. La Fontaine, « fameux poëte françois » (p. 274), sur les ouvrages de M. de Fontenelle, « celèbre academicien » (p. 274), pour messieurs de La Motte et Danchet, « fameux poëtes lyriques » (p. 275), à la mémoire de l'illustre Mme Des Houlières (p. 275), pour Mlle Chéron, « femme de M. Le Hay, ingenieur du roy » (p. 276), pour Mlle Barbier, « sur ses poëmes dramatiques d'*Arrie et Petus* et de *Cornelie, mère des Gracques* » (p. 276), sur Nicolas Poussin, « le plus grand peintre que la France ait produit » (p. 277), sur Eustache Le Sueur, « excellent peintre » (p. 277), sur Charles Le Brun, « premier peintre du roy » (p. 278), sur Pierre Mignard, « premier peintre du roy » (p. 278), pour M. de La Fosse, « peintre ordinaire du roy », et M. de La Fosse d'Aubigny, « son *neveu, poëte dramatique » (p. 279), pour M. Santerre, « excellent peintre » (p. 279), sur MM. de Troy, Rigault et de Largillière, « excellens peintres pour les portraits » (p. 280), pour M. Girardon, « sculpteur ordinaire du roy, et l'un des premiers hommes de notre siécle en son art » (p. 280), pour M. Coyzevox, « sculpteur ordinaire du roy, et l'un des plus grands hommes qu'il y ait eu dans son art » (p. 281), à M. Benoist, « peintre ordinaire du roy, et son premier sculpteur en cire ».</small>

847. POËSIES de Monsieur le Marquis de la Farre. Nouvelle Edition considérablement augmentée. *A Amsterdam* [*Paris*], *Chez J.-F. Bernard*, M.DCC.LV [1755]. In-12 de 2 ff. et 284 pp., v. f., fil., dos orné, tr. dor. (*Bozérian.*)

<small>Exemplaire relié sur brochure.
De la bibliothèque de M. le comte DE LA BÉDOYÈRE (Cat. de 1862, n° 943).</small>

848. ŒUVRES DE CHAULIEU, d'après les manuscrits de l'Auteur. *A La Haye, Et se trouve à Paris, Chez Claude Bleuet, Libraire, sur le Pont Saint-Michel.* M.DCC.LXXIV [1774]. 2 vol. in-8, mar. bl., fil., tr. dor. (*Bauzonnet.*)

> Tome premier : xij et 360 pp., plus un portrait de Chaulieu gravé par *Hubert* d'après *de Troy*. — Tome second : 2 ff. et 376 pp.
> Édition publiée par le marquis ANFRIE DE CHAULIEU, petit-neveu de l'auteur, qui a fait précéder le tome premier d'une lettre dans laquelle il fait connaître les raisons qui ont déterminé la famille de Chaulieu à livrer ses manuscrits au public.
> Exemplaire en PAPIER DE HOLLANDE.

849. ŒUVRES DIVERSES Du Sieur R**. *A Soleure. Chez Ursus Heuberger.* M DCC XII [1712]. Avec Privilege. In-12 de 2 ff., xxviii et 318 pp., plus 2 ff. de *Table*, mar. v., fil., comp., dos orné, tr. dor. (*Trautz-Bauzonnet.*)

> Première édition des Œuvres de JEAN-BAPTISTE ROUSSEAU.
> Le titre porte cette épigraphe :
>
> *Neque te ut miretur turba labores*
> *Contentus paucis lectoribus.* Horat. *Sat.* 10. L. 2.
>
> Cette publication fut faite par Rousseau à Soleure, où le comte Du Luc, ambassadeur de France en Suisse, lui avait donné asile, lorsque la fameuse affaire des couplets le força de quitter la France.
> Le privilège, daté du 12 décembre 1711, est accordé pour six ans « à monsieur Rousseau », par l'avoyer et conseil de la ville et république de Soleure. L'achevé d'imprimer est du 22 janvier 1712.

850. ŒUVRES DE ROUSSEAU. Nouvelle Édition. *A Londres* [Paris]. M.DCC.LIII [1753]. 5 vol. in-12, mar. r., fil., dos ornés, tr. dor. (*Anc. rel.*)

> Tome premier : Faux-titre, portrait de Rousseau, titre, 2 ff. d'*Avertissement* ensemble 5 ff., lim. et 335 pp. — Tome second : 2 ff. et 364 pp. — Tome troisième : 2 ff., 394 pp. et 1 f. de *Table*. — Tome quatrième : 2 ff., 370 pp. et 1 f. de *Table*. — Tome cinquième : 2 ff., 355 pp. et 1 f.
> Exemplaire aux armes de MARIE-ANTOINETTE, dauphine de France.

851. LE VICE PUNI, ou Cartouche, Poëme. Nouvelle Edition, Revûë, corrigée & augmentée par l'Auteur ; Et enrichie de Figures en Taille;-douces [*sic*] à chaque Chant. [Par Nicolas Ragot de Grandval.] *Imprimé à Anvers, & se vend, A Paris, Chez Pierre Prault, Quay de Gesvres, au Paradis.* M.DCC.XXVI [1726.] Avec Permission. In-8 de 3 ff. et 167 pp., plus un front. gravé et 16 figg., mar. v., fil., dos orné, tr. dor. (*Anc. rel.*)

> Poëme héroï-comique en 13 chants.
> Les figures, dessinées par *Bonnart*, ont été gravées par *J.-B. Scotin*. Il y en a deux pour les chants V, VII et XIII.
> Le volume se termine (pp. 153-167) par un *Dictionnaire argot-français*.

BELLES-LETTRES. 573

852. Premier [Second et Troisième] Recueil de nouvelles Pieces fugitives de Mr. de Voltaire. *A Geneve, et se trouve à Paris, Chez Duchesne rue S. Jacques, au Temple du Gout.* M.DCC.LXII [1762]. 3 vol. in-12, cart.. n. r.

<blockquote>
Premier Recueil : cxliii pp. (*Le pauvre Diable. — Le Russe à Paris. — Relation de la maladie, de la confession, de la mort et de l'apparition du jésuite Berlier* (en prose). — *Ode sur la Guerre. — Précis de l'Ecclésiaste et du Cantique des Cantiques. — Ode et Lettres à Mr. de Voltaire par Mr. Le Brun*).

Second Recueil : cxxxvj pp. (*La Femme qui a raison, comedie. — Socrate, ouvrage dramatique. — Epitre du pape à mademoiselle Clairon*).

Troisième Recueil : cxxxiv pp. (*Poëme sur la loi naturelle. — Poëme sur le desastre de Lisbonne. — Discours de Mr.* Le Franc de Pompignan, *avec la Reponse de Mr.* Du Pré de St.-Maur. — *Les Quand, notes utiles sur un discours prononcé devant l'Académie Française le* 10º *mars* 1760 (en prose). — *La Vanité, par un frère de la Doctrine chrétienne. — Sermon du rabin Akib*, en prose).
</blockquote>

853. Poësies diverses. *A Berlin, Chez Chretien Frederic Voss.* [*Imprimé chez Chretien Louis Kunst.*] M.DCCLX [1760.] In-4 de 6 ff. et 444 pp.

<blockquote>
Édition originale des poésies de Frédéric II, roi de Prusse.
Les ff. lim. comprennent : un frontispice gravé par *J. W. Meil* ; le titre, qui est orné d'un grand fleuron du même ; 1 f. pour l'*Avant-Propos de l'editeur* ; 1 f. pour la *Préface* (en vers) ; 1 f. pour la *Table* ; 1 f. pour le faux-titre.
Le volume est orné de plusieurs grands fleurons, qui paraissent avoir été gravés par *Meil*.
</blockquote>

854. Œuvres choisies de Gresset, Édition Ornée de Figures en taille douce dessinées par Moreau le jeune. *De l'Imprimerie de Didot jeune. A Paris, Chez Saugrain, rue du Jardinet. L'An deuxième.* In-18 de 174 pp. et 1 f. blanc, plus 6 figg., mar. r., fil., comp., dos orné, doublé de tabis, tr. dor. (*Reliure du temps.*)

<blockquote>
Les figures ne portent pas de nom de graveur.
Exemplaire en papier vélin, avec figures avant la lettre.
La garde du volume porte une étiquette ainsi conçue : *Relié par Durand, rue des Carmes*, nº 1.
</blockquote>

855. Les Saisons, Poëme. [Par Saint-Lambert.] Septième Édition. *A Amsterdam* [Paris]. 1775. In-8 de 467 pp.. 1 f. d'*Errata* et 7 figg., mar. r., fil., dos orné, tr. dor. (*Anc. rel.*)

<blockquote>
Les figures, dessinées par *J.-M. Moreau le jeune*, ont été gravées par *N. de Launay, B.-L. Prévost* (3), *A.-G. Duclos, J.-B. Simonnet* et *J.-P. Lebas.* Cinq de ces figures appartiennent aux *Saisons* ; les deux autres accompagnent les contes qui terminent le volume. Le texte est orné, en outre, de 5 fleurons de *Choffard*.
Exemplaire de M. le comte O. de Béhague (Cat., nº 697).
</blockquote>

856. Les Baisers, précédés du Mois de Mai, Poëme. [Par Dorat.] *A La Haye. Et se trouve à Paris, Chez Lambert, Imprimeur, rue de la Harpe. Et Delalain, rue de la Comedie Françoise*, 1770. In-8 de 119 pp., plus 1 front. gravé et une fig., mar. bl., large dent. à petits fers, tr. dor. (*A. Motte.*)

> Le frontispice a été gravé par *N. Ponce*, d'après *C. Eisen*; la figure, par *Longueil*, d'après le même artiste.
> Le volume est orné, en outre, d'un fleuron sur le titre, gravé par *J. Aliamet*, d'après *Eisen*; de 22 (M. Cohen dit à tort 23) vignettes d'*Eisen*, gravées par *Longueil* (3), *N. Ponce* (2), *L.-J. Masquelier* (3), *de Launay* (4), *C. Baquoy* (3), *J. Aliamet* (2), *D. Née* (2), *L.-Ch. Lingée* (1) et *Massard* (2); de 20 culs-de-lampe d'*Eisen* et de 2 culs-de-lampe de *Marillier*, gravés par *Longueil* (3), *D. Née* (2), *Binet* (1), *N. de Launay* (4), *J. Aliamet* (2), *L.-Ch. Lingée* (1), *C. Baquoy* (2), *N. Ponce* (2), *Massard* (4), *L.-J. Masquelier* (1).
> Exemplaire en GRAND PAPIER DE HOLLANDE (titre rouge et noir), avec les TIRAGES A PART des 47 gravures et 25 EAUX-FORTES.
> De la bibliothèque de M. RENOUARD (Cat., nos 1387 et 1388). Les dessins originaux ont été placés dans un album séparé (voy. ci-dessus n° 222).

857. Les Sens, Poëme en six chants. [Par Barn. Farmian de Rosoi.] *A Londres* [*Paris*]. M.DCC.LXVI [1766]. In-8 de 2 ff., xx et 184 pp., plus 7 figg. et 2 pll. de mus., mar. r., large dent. à petits fers, dos orné., tr. dor. (*Trautz-Bauzonnet.*)

> Les ff. lim. contiennent une épître dédicatoire « A madame de V*** » (en prose mêlée de vers).
> Les figures ont été gravées par *Longueil* d'après *Ch. Eisen* (4) et *Wille fils* (3).
> Le texte est orné de 8 fleurons par les mêmes artistes.
> Exemplaire en PAPIER DE HOLLANDE, relié sur brochure.

858. Tangu et Félime, Poëme en IV Chant [*sic*]. Par Mr de la Harpe, de l'Académie Française. *A Paris chez Pissot, Libraire, Quay des Augustins* [1780]. In-8 de 64 pp., plus 1 front., dessiné et gravé par Marillier, et 4 figg. de *Marillier*, gravées par *E. de Ghendt, Dambrun, Halbou* et *N. Ponce*, réglé, mar. v., fil., dos orné, tr. dor. (*Anc. rel.*)

> Exemplaire en GRAND PAPIER DE HOLLANDE.
> On y a joint l'*Epître à Ninon, par monsieur le comte de Schouwalow* (s. l. n. d., in-8 de 2 ff.).
> On lit sur la garde de ce volume :
> *Donné à monsieur de Chateaugiron par son ami P.-C. Caillard.*

859. Opuscules de M. le Ch^{er} de Parny. Troisieme Edition Corrigée et augmentée. *A Londres.* M.DCC.LXXXI [1781].

BELLES-LETTRES. 575

In-18 de 1 f., 284 pp. et 1 f., plus un front. gravé et 4 ff., mar. v., fil., dos orné, tr. dor. (*Anc. rel.*)

> Édition publiée par *Cazin* à *Paris*.
> Les figures ne portent aucune signature.
> Exemplaire aux armes de BÉATRIX DE CHOISEUL-STAINVILLE, DUCHESSE DE GRAMONT, ancienne chanoinesse de Remiremont, mariée en 1759, et guillotinée le 17 avril 1794.
> Ce volume est un présent de M. le marquis G. D'ADDA, de Milan.

860. ŒUVRES D'ÉVARISTE PARNY. *A Paris, Chez Debray, libraire, au grand Buffon, rue S.-Honoré, barrière des Sergens. De l'Imprimerie de P. Didot l'aîné.* M.DCCC.VIII [1808]. 5 vol. in-18, cart., n. r.

> *Tome Premier*: 252 pp. — *Tome Second*: 249 pp. et 1 f. blanc. — *Tome Troisième*: 258 pp. et 1 f. de *Table*. — *Tome Quatrième*: 228 pp. — *Tome Cinquième*: 232 pp.
> Exemplaire en GRAND PAPIER VÉLIN.

861. L'OCCASION ET LE MOMENT, ou les petits Riens. Par un amateur sans prétention [S.-P. Mérard de S. Just]. *A la Haye, Et se trouve à Paris Chez Jombert jeune, rue Dauphine.* M.DCC.LXXXII [1782]. 4 part. en 2 vol. in-18, mar. v., fil., dos ornés, tr. dor. (*Anc. rel.*)

> *Tome premier*, Ire *Partie*: 72 pp. — IIe *Partie*: 98 pp. et 1 f. bl. — *Tome Second*, Ire *Partie*: 116 pp.; IIe *Partie*: 148 pp.

862. TROIS MESSÉNIENNES. Élégies sur les malheurs de la France, Par M. Casimir Delavigne. *Imprimerie de Baudouin fils. Paris, Ladvocat, Libraire, Palais-Royal, Galerie de bois, n° 197.* 1818. In-8 de 31 pp., cart., n. r.

> Édition originale.

863. NOUVELLES MESSÉNIENNES, Par M. Casimir Delavigne. *A Paris, Chez Ladvocat, libraire, éditeur des Œuvres complètes de Shakspeare, Schiller, Byron, Millevoye. et des Chefs-d'œuvre des Théâtres étrangers.* [*De l'Imprimerie de Firmin Didot.*] M.DCCC.XXII [1822]. In-8 de 44 pp., cart., n. r.

> Édition originale.
> Le volume ne se compose en réalité que de 40 pp., le 4e f. étant paginé au v° 12 au lieu de 8.
> On lit sur le faux-titre de cet exemplaire: *A monsieur Naudet, son élève et son ami:* CASIMIR DELAVIGNE.

864. SEPT MESSÉNIENNES NOUVELLES, par M. Casimir Delavigne, de l'Académie Française. *A Paris, Chez Ladvocat, libraire*

de S. A. R. le Duc de Chartres, quai Voltaire. [Imprimerie et Fonderie de J. Pinard, rue d'Anjou-Dauphine, n° 8.] M DCCC XXVII [1827]. In-8 de 240 pp. et 1 planche de mus., cart., n. r.

Édition originale.
Les 2 premiers ff., qui sont compris dans la pagination, sont occupés par un catalogue du libraire *Ladvocat*.

865. Méditations poétiques. [Par Alphonse Prat de Lamartine.] *A Paris, au Dépôt de la Librairie grecque-latine-allemande, rue de Seine, n° 12. [De l'Imprimerie de P. Didot l'aîné.]* M.DCCC.XX [1820]. In-8 de vj et 116 pp., cart., n. r.

Édition originale.
Le titre porte cette épigraphe : *Ab Jove principium*. Virg.
Le 3ᵉ f. lim. est occupé par un *Avertissement de l'éditeur*, signé : E. G. Il faut sans doute lire C. G. [Charles Gosselin].

866. Nouvelles Méditations poétiques, par Alphonse de Lamartine. *Paris, Urbain Canel, Libraire, rue Hautefeuille, n° 5; Audin, quai des Augustins, n° 25. [De l'Imprimerie de Rignoux.]* M.DCCC.XXIII [1823]. In-8 de 3 ff. et 179 pp., cart., n. r.

Édition originale.
La 3ᵉ f. lim. contient un *Avertissement de l'éditeur*, signé : U. C.

867. Recueillements poétiques par Alphonse de Lamartine. *Paris Librairie de Charles Gosselin 9 rue Saint-Germain-des-Prés. [Imprimerie de H. Fournier et comp., rue de Seine, 14.]* M DCCC XXXIX [1839]. In-8 de xxxii et 319 pp., cart., n. r.

Édition originale, précédée d'une lettre à M. Léon Bruys d'Ouilly.

868. Éloa, ou la Sœur des Anges. Mystere. Par le Cᵗᵉ Alfred de Vigny, auteur du Trapiste, etc. *Paris. Auguste Boulland et Cⁱᵉ, libraires, rue du Battoir, n° 12. [Ambroise Tardieu, éditeur. Imprimerie de Firmin Didot.]* 1824. In-8 de 2 ff., 58 pp. et 1 f., cart., n. r.

Édition originale.
De titre porte cette épigraphe : *C'est le serpent, dit-elle; je l'ai écouté, et il m'a trompée*. (Genèse.)
Le dernier f. contient une *Notice des principaux ouvrages nouvellement publiés par Ambroise Tardieu et Boulland*.

869. Poemes antiques et modernes par le comte Alfred de Vigny. Le Déluge, Moïse, Dolorida, le Trapiste, la Neige,

BELLES-LETTRES. 577

le Cor. *Paris, Urbain Canel, éditeur, rue Saint-Germain-des-Prés*, *n° 9.* [*Imprimerie de J. Tastu, rue de Vaugirard*, *n. 36.*] 1826. In-8 de 2 ff. et 91 pp., cart., n. r.

<small>Édition originale.</small>

870. ODES ET POÉSIES DIVERSES, Par Victor-M. Hugo. — Vox clamabat in deserto. — *A Paris, Chez Pélicier, Libraire, Place du Palais-Royal n° 243.* [*Imprimerie de Guiraudet, rue Saint-Honoré, n° 315, vis-à-vis Saint-Roch.*] In-18 de 4 ff. et 234 pp., plus une fig. de *Mauduit* d'après *Devéria*, ajoutée. — NOUVELLES ODES, par Victor-M. Hugo. — Nos canimus surdis. — *A Paris, Chez Ladvocat, libraire....* [*Imprimerie et Fonderie de J. Pinard, rue d'Anjou-Dauphine, n° 8.*] M DCCC XXIV [1824]. In-18 de xxviij et 232 pp., plus une fig. d'*A. Godefroy* d'après *Devéria*. — ODES ET BALLADES, Par Victor Hugo. — Renouvelons aussi Toute vieille pensée. Du Bellay. — *Paris, Ladvocat, libraire de S. A. R. le Duc de Chartres, au Palais-Royal.* [*Imprimerie de J. Tastu, rue de Vaugirard, n° 36.*] 1826. In-18 de xx et 238 pp., plus 1 f. et une fig. de *Mauduit* d'après *Devéria*. — Ensemble 3 vol. in-18, cart., n. r.

<small>Éditions originales.</small>

871. LE SACRE DE CHARLES DIX. Ode par Victor Hugo. *Paris, Ladvocat, éditeur, au Palais-Royal. Imprimerie de J. Tastu. S. d.* [1824], in-8 de 2 ff. et 16 pp., cart., n. r.

<small>Édition originale.
Le titre est entouré d'ornements typographiques tirés en bleu.</small>

872. A LA COLONNE de la Place Vendome, ode par Victor Hugo. Parva magnis. *Paris, Ambroise Dupont et Cie, libraires, rue Vivienne, n° 16.* [*Imprimerie de J. Tastu.*] 1827. In-8 de 16 pp., cart. n. r.

<small>Édition originale.</small>

873. LES ORIENTALES, par Victor Hugo. *Paris, Charles Gosselin, libraire de S. A. R Monseigneur le Duc de Bordeaux, rue S.-Germain des Prés, n° 9. Hector Bossange, quai Voltaire, n° 11.* [*Imprimé chez Paul Renouard, rue Garencière, n° 5, F. S.-G.*]. 1829. In-8 de 2 ff., xi et 424 pp., plus un frontispice de *C. Cousin*, cart., n. r.

<small>Édition originale.</small>

874. Œuvres complètes de Victor Hugo. Poesie. V. Les Chants du Crépuscule. *Paris. Eugène Renduel, éditeur-libraire, rue des Grands-Augustins, n° 22.* [*Imprimerie et Fonderie d'Éverat, Rue du Cadran, n° 16.*] 1835. In-8 de xviii pp., 1 f., 354 pp. et 1 f. de *Table*, cart., n. r.

Édition originale des *Chants du Crépuscule*.

875. Œuvres complètes de Victor Hugo. Poésie. VI. Les Voix intérieures. *Paris. Eugène Renduel, rue des Grands-Augustins, n° 22.* [*Terzuolo, imprimeur, rue de Vaugirard, n° 11.*] 1837. In-8 de xiv pp., 1 f. et 320 pp., cart., n. r.

Édition originale des *Voix intérieures*.

876. Œuvres complètes de Victor Hugo. Poésie. VII. Les Rayons et les Ombres. *Paris, Delloye, libraire, Place de la Bourse, 13.* [*Imprimé par Béthune et Plon.*] 1840. In-8 de 2 ff., xiij pp , 1 f. et 389 pp., plus 1 f. blanc., cart., n. r.

Édition originale de ces poésies.

877. Le Retour de l'Empereur, par Victor Hugo. *Paris. Delloye, libraire, place de la Bourse, 13; et chez tous les marchands de nouveautés.* [*Imprimé par Béthune et Plon.*] 1840. In-8 de 30 pp. et 1 f. blanc, cart., n. r.
Édition originale.

878. Les Contemplations, par Victor Hugo. *Paris, Michel Lévy, 2 bis rue Vivienne; Pagnerre, rue de Seine, 18.* [*Imprimerie de J. Claye, rue Saint-Benoît, 7.*] M DCCC LVI [1856]. Droits de traduction et de reproduction réservés. 2 vol. in-8, cart., n. r.

Édition originale.
Tome I. — *Autrefois*, 1830-1843 : 2 ff. et 359 pp. — Tome II. — *Aujourd'hui*, 1843-1855 : 2 ff. et 408 pp.

879. Victor Hugo. — L'Ane. *Paris, Calmann Lévy, éditeur, ancienne maison Michel Lévy frères.* [*Impr. J. Claye. — A. Quantin et Cⁱᵉ.*] 1880. Tous droits réservés. In-8 de 4. ff. lim., 171 pp. et 2 ff., dont le dernier est blanc.

Édition originale.

880. Le Sylphe. Poésies de feu Ch. Dovalle, Précédées D'une Notice par M. Louvet, et d'une Préface, par Victor Hugo.

BELLES-LETTRES. 579

Paris, Ladvocat, Palais-Royal. [*Imprimerie de Selligue, rue des Jeûneurs, n.* 14.] M DCCC XXX [1830]. In-8 de 2 ff., xxiv et 222 pp., plus 1 f. de *Table*, cart., n. r.

    Édition originale.
    Charles Dovalle, né en 1807, se distingua dès l'âge de vingt ans par de gracieuses poésies. Il vint alors à Paris et collabora aux petits journaux; mais un directeur de théâtre, M. Mira-Brunet, ayant cru voir une insulte dans un de ses articles, le provoqua en duel et le tua, à la fin de novembre 1829.

881. PENSÉES D'AOUT, poésies. [Par Sainte-Beuve.] *Paris. Eugène Renduel, rue Christine,* 3. [*Imprimerie de Terzuolo, rue de Vaugirard, n°* 11.] 1837. In-12 de vii et 219 pp., cart., n. r.

    Édition originale.
    A la fin du volume se trouve un catalogue de **Renduel** en 4 pp.

882. POÉSIES DE THÉOPHILE GAUTIER. — Oh! si je puis un jour! André Chénier. — *Paris, Charles Mary, libraire, Passage des Panoramas ; Rignoux, imprimeur-libraire, rue des Francs-Bourgeois-S.-Michel, n°* 8. [*Impr. de Rignoux*.] 1830. In-16 de 2 ff. et 192 pp., cart., n. r.

    Édition originale.
    On a joint à cet exemplaire une lettre autographe de Gautier, datée du 22 juillet 1836, et adressée à « Monsieur Edouard Turquetty, rue du Four du Chapitre, Rennes ».

883. ALBERTUS OU L'AME ET LE PÉCHÉ Légende théologique par Théophile Gautier. *Paris, Paulin, libraire-éditeur, Place de la Bourse.* [*Impr. de Rignoux et Cie.*] 1833. In-16 de 2 ff., iv et 367 pp., cart., n. r.

    Réimpression des *Poésies* de Gautier, auxquelles l'auteur a joint une préface et 21 pièces nouvelles. La dernière est *Albertus ou l'Ame et le Péché*, qui a donné son nom au recueil.

884. LA COMÉDIE DE LA MORT, par Théophile Gautier. *Paris, Desessart, éditeur, 15, rue des Beaux Arts.* [*Imprimerie de A. Éverat et Cie, rue du Cadran,* 16.] 1838. In-8 de 4 ff., 375 pp. et 2 ff. pour la *Table*, cart., n. r.

    Édition originale.
    Les ff. lim. se composent de : 1 f. blanc ; 1 f. pour le faux-titre, au verso duquel se trouve le nom de l'imprimeur; 1 f. contenant une fig., gravée sur bois par *Lacoste jeune*, qui représente le poète, conduit par la Vérité et interrogeant le sphinx ; 1 f. pour le titre.
    La p. 375 se termine par cette mention : « A une heure après midi, jeudi 25 janvier 1838, j'ai fini ce présent volume. Gloire à Dieu, et paix aux hommes de bonne volonté. THÉOPHILE GAUTIER ».

580   BELLES-LETTRES.

885. ÉMAUX ET CAMÉES, par Théophile Gautier. *Paris, Eugène Didier, éditeur, 6, rue des Beaux-Arts.* [*Impr. Simon Raçon & Cie, rue d'Erfurth, 1.*] M DCCC LII [1852]. In-16 de 2 ff., 106 pp. et 1 f. de *Table*, cart., n. r.

Édition originale.

886. PÉCHÉS DE JEUNESSE, par Alexandre Dumas fils. *Paris, Fellens et Dufour, éditeurs, rue Saint-Thomas du Louvre, 30.* [*Typ. Lacrampe fils et Cie, rue Damiette, 2.*] 1847. In-8 de 4 ff. et 403 pp., cart., n. r.

Édition originale, dédiée à A. Dumas, père.

887. LES FLEURS DU MAL, par Charles Baudelaire. *Paris, Poulet-Malassis et De Broise, libraires-éditeurs, 4, rue de Buci.* [*Alençon, Imp. de Poulet-Malassis et De Broise.*] 1858. In-8 de 2 ff., 248 pp. et 2 ff. de *Table*, réglé, cart., n. r.

Édition originale, dédiée à Théophile Gautier.
Le titre, imprimé en rouge et en noir, porte cette épigraphe :

On dit qu'il feut couler les execrables choses
Dans le puits de l'oubli et au sepulchre encloses,
Et que par les escrits le mal resuscité
Infectera les mœurs de la postérité ;
Mais le vice n'a point pour mère la science,
Et la vertu n'est pas fille de l'ignorance.
Théodore Agrippa d'Aubigné, *Les Tragiques*, liv. II.

b. — Poésies historiques.

888. REGRETS sur || la mort de || Madame Sœur || vnique du Roy. || *A Paris.* || *Par Claude de Monstr'œil, tenant sa boutique en la* || *Cour du Palais, au nom de Iesus.* || 1604. || Auec permission. In-8 de 16 pp.

Au titre, un bois aux armes de France et de Navarre.
La p. 3 contient une épître en prose « Au Roy ».
Les *Regrets* sur la mort de Catherine de Bourbon, duchesse de Bar, se composent de 43 strophes de 4 vers alexandrins ; ils sont suivis d'une pièce « Au Roy », et d'une autre pièce « Sur la naissance de monsieur le Dauphin ».

889. LE || TRIOMPHE || du Sacre et || Couronnement || du Roy. || *A Lyon,* || *Par Iean Poyet.* || M.DCX [1610]. || Auec Permission. In-8 de 11 pp.

Au titre, les armes de France et de Navarre.
Le *Triomphe* se compose de stances « Sur le sacre et couronnement du roy », d'un sonnet « Au roy », et de stances « A la royne ». Il est signé à la fin : RABOUYN.
La reine Marie de Médicis fut sacrée et couronnée à Saint-Denis, le 13 mai 1610 ; le lendemain Henri IV tombait sous le poignard de Ravaillac.

890. COLLECTION de pièces en vers sur la mort du roi Henri IV (14 mai 1610). 18 pièces in-8.

Voici la description des pièces qui composent cette collection :

1. LA || DEPLORATION || de la Mort || lamentable de Henry le Grand || Roy de France & de Nauarre, || monstreusement [sic] assassiné par || vn garnement parricide en dia-|| blé, le 14. May 1610. || Par vn Soldat François. [*Paris*, 1610]. In-8 de 14 pp. (dont les deux premières sont blanches) et 1 f. blanc, caract. ital.

Cette pièce, composée de 69 quatrains, n'a qu'un simple titre de départ. Elle n'est pas citée par M. Tricotel, qui a consacré un long article aux poésies relatives à la mort d'Henri IV (*Variétés bibliographiques*; Paris, Gay, 1863, in-12, 171-192).

2. L'HEVREVSE || ENTREE AV || CIEL, || du feu Roy Henry || le Grand. || Noble harangue de || ses loüanges, || & || sacree Priere des Fran-|| çois, pour le Sacre du Roy nouueau. || Par Ch. de Nauieres G, S : P, R. || *A Paris*, || *Chez Pierre Mettayer*, *Imprimeur & Libraire* || *ordinaire du Roy*. || M. DC X [1610]. || Avec priuilege de sa Maiesté. In-8 de 69 pp. (la dernière chiffr. par erreur 50) et 1 f. blanc.

Au titre, la marque de *P. Mettayer*, réduction de celle que Silvestre a reproduite sous le n° 494, avec le nom de *Jamet Mettayer*.

Au verso du titre, un quatrain signé P, à, L : P, à, L. [*Pront à l'un, prest à l'autre*].

Le volume, qui contient plusieurs pièces séparées et entremêlées d'arguments en prose, se termine par des extraits de la *Henriade*, vaste poème que Navières a laissé en manuscrit, et qui ne compte pas moins de trente mille vers.

La devise de l'auteur, *Pront à l'un, prest à l'autre*, est répétée plusieurs fois dans le volume. A la fin se trouve une pièce adressée « A M. de Navières, l'autheur et Homère de notre siécle », par JEAN MOREL, principal du collège de Reims.

3. PROSOPOPEE || DE L'ASSASSIN || DV ROY. *S.l. n. d.* [1610], in-8 de 14 pp.

Cette pièce, qui compte 40 strophes de dix vers, et qui est suivie d'une *Epitaphe* en quatre vers, paraît être l'œuvre d'un protestant, fort excité contre les jésuites.

4. LES || LARMES || ET LAMEN-|| TATIONS DE LA || FRANCE. || Sur le trespas de || Henry IIII. Roy de France, || & de Nauarre. || Auec quelques Epitaphes. || *A Paris*, || *Chez Bernard Hameau*, *au clos* || *Bruneau*, *pres le puits Certain*, *à l'image* || *sainct Sebastien*. || Auec permission. *S. d.* [1610], in-8 de 12 ff., inexactement paginés.

Les *Larmes et Lamentations* sont en prose. Les *Epitaphes*, qui sont au nombre de six, n'ont pas été citées par M. Tricotel.

5. HENRICO IIII. || Christianiss. et || Inuictiss. Franc. et || Nauarræ Regi, Pio, Felici, || Augusto, patri patriæ : || Monodiæ Professorum Regiorum. || Ad || Illustriss. ac Reuerendiss. D. D. Perronium || S. R. E. Cardinalem ; Senonens. Archiepisc. || Galliarum & Germ. Primatem, magnum || Franciæ Elcemosynarium. || Βασιλεὺς ἀγαθῷ κρατερῷ τ' αἰχμητῇ. || *Parisiis*, || *Apud Joannem Libert*, *via D. Joan*. || *Lateranensis*, *prope Collegium* || *Cameracense*. || M. DC. X [1610]. In-8 de 14 pp.

Ce recueil contient une pièce latine non signée, adressée au cardinal Du Perron ; 4 pièces grecques et 2 pièces latines de FEDERIC MOREL ; des vers hébreux de PIERRE VIGNAL, et 6 épitaphes non signées. Cf. le n° 891, art. 3.

6. LAMENTATION ET || REGRETS sur la mort || de Henry le Grand. || A l'imitation Paraphrastique de la Mo-|| nodie Grecque & Latine de Fed. || Morel Interprete du Roy. || Par Isaac de la Grange. || *A Paris*, || *Chez Iean Libert*,

demeurant ruë || *Sainct Iean de Latran, prés le Col-* || *lege de Cambray.* || M. DC. X [1610]. In-8 de 7 pp.

Imitation de la principale pièce de Féd. Morel, publiée dans le recueil précédent.

7. SONNET || sur le Sacre || et Couronnement || de la Royne, || Auec les Stances lamentables de l'Au- || theur, sur la mort de tres-Auguste || Henry le Grand. || Et vn autre Sonnet dedié au Roy. || *A Paris,* || *Par Fleury Bourriquant, au mont* || *sainct Hilaire, pres le puits Certain,* || *aux Fleurs Royalles.* || M. DC. X [1610]. In-8 de 8 pp.

Au titre, les armes de France et de Navarre.
Les trois pièces sont signées à la fin : RABOUYN.
Le même auteur avait fait paraître quelques jours auparavant une pièce intitulée *Le Triomphe du Sacre et Couronnement du roy.* Voy. le n° 889.

8. STANCES || de Madamoyselle Anne de Rohan, || sur la mort du Roy. — [A la fin :] *A Paris,* || *Chez Pierre Cheualier, au* || *mont sainct Hilaire.* || cIɔ Iɔc. X [1610]. In-8 de 7 pp.

Ces stances sont remarquables ; M. Tricotel en a donné une réimpression (*Variétés bibliographiques*, 193-199), mais il ne paraît pas en avoir connu l'édition originale.

9. STANCES || ET REGRETS sur || la mort de Henry le || Grand, Roy de France & || de Nauarre. || Par Anthoine Cotteuaille. || *A Paris,* || *Chez Pierre Ramier, ruë des* || *Carmes, à l'image S. Martin.* || M.D.C. X [1610]. || Auec Priuilege du Roy. In-8 de 22 pp. et 1 f.

Les pp. 3 et 4 contiennent une dédicace en prose « A monseigneur, monseigneur de Zamet, conseiller du roy en ses conseils d'estat et privé, gentilhomme ordinaire de sa chambre, capitaine de Fontainebleau, et surintendant general de la maison de la royne ».
Au v° du dernier f. est un extrait du privilège accordé à *Pierre Ramier*, le 17 août 1610.
M. Tricotel ne fait pas mention de cette pièce.

10. STANCES || sur la mort de || Henry le Grand || P. P. G. P. || *A Paris,* || *Chez Iean Libert, dameurant* [sic] *ruë* || *Sainct Iean de Latran, pres le Col-* || *lege de Cambray.* || M. DC. X [1610]. In-8 de 12 pp., caract. ital.

La p. 3 contient un avis « Au Lecteur »; la p. 4, un *Quadrain* « Au mesme ».

11. TOMBEAV || de Tres-Haut, Tres-Auguste et Tres-Inuin- || cible prince Henry le || Grand Roy de France || & de Nauarre. || Dedié au Roy. || *A Paris,* || *Chez Ieun Libert, demeurant ruë Sainct* || *Iean de Latran, pres le College de Cambray.* || M. DC. X [1610]. In-8 de 2 ff. et 40 pp.

Le 2ᵉ f. contient une dédicace en prose « Au Roy », signée : C. GARNIER.

12. HENRICO MAGNO. || Lacrymæ || Io. Bonefonii Io. Filij || Ad Henricum Borbonium || Principem Condæum. || *Parisiis,* || *Ex Typographia Ioan Libert, via Diui Ioann. Lateranensis propre, Colle-* || *gium Cameracenso.* || M. DC. X [1610]. In-8 de 11 pp.

13. EPICEDION || HENRICI IIII. Gal- || liarum Regis & || Nauarræ. || cIɔ. Iɔ. CX [1610]. In-8 de 15 pp.

Cette pièce est un recueil de divers poèmes et anagrammes en latin.
On lit à la fin : *Haec* MICHAËL CLERICUS, *J. C. Montalbanensis, scribebat anno salutis* 1610.
Le jurisconsulte Michel Le Clerc était un ami de J. d'Escorbiac. Voy. le n° 821.

14. DIRÆ IN PARRICIDAM. || Ad || Illustrissimum || Cardinalem D. D. du Per- || ron, Archiepiscopum Seno- || nensem, & magnum Franciæ || Eleemosynarium. || *Parisiis,* || *Apud Ioannem Libert, via D. Ioan.* || *Lateranensis,*

prope Collegium || *Cameracence.* || M. DC. X [1610]. In-8 de 13 pp. et 1 f. blanc.

L'épître dédicatoire est signée : N. BORBONIUS.

Il existe de cette pièce deux traductions en vers français, l'une par D.-F. Champflour, Clairmontois, l'autre par J. Prevost, du Dorat. (Biblioth. nat.)

15. LA || SALLADE des || Iniquistes, ou les plus || excellens Vers que ces || Messieurs les Rappellez ont || approprié à leur || subiect. || Auec quelques autres vers sur la mort de Henry le Grand ; || & sur son cœur qui est a la fléche. || 1610. In-8 de 31 pp.

Ces vers sont spécialement dirigés contre les jésuites. La première pièce est signée : D. M.

16. STANCES || sur la mort || du feu Roy. || Par || Messire I. Bertaut, Euesque || de Sees, Conseiller et Pre- || mier Aumosnier de la Royne, & || Abbé de nostre Dame || d'Aunay. || *A Paris,* || *Chez Toussaincts du Bray, ruë S. Iacques* || *aux Espics meurs, & au Palais, à l'entrée de* || *la gallerie des Prisonniers.* || M. DC. XI [1611.] || Auec priuilege du Roy. In-8 de 12 pp. et 2 ff.

Au titre, la marque de T. Du Bray, avec la devise *Cultu fertilior*.

L'avant dernier f. contient un extrait du privilège donné pour six ans à *Du Bray*, le 25 octobre 1608, et lui permettant « d'imprimer ou faire imprimer les vers et œuvres poetiques, tant des sieurs Du Perron, Bertaut, que autres qu'il pourra recouvrer ». Le dernier f. est blanc.

Ces *Stances* ont été réimprimées par M. Tricotel (*Variétés bibliographiques*, 199-205).

17. TOMBEAV || de Henry le || Grand IIII. du Nom, || Roy de France & de Nauarre, || tiré d'vn plus long Poëme || de sa vie heroïque. || Par le Sieur Metezeau Secretaire & Agent || des affaires de feu Madame la Duchesse de || Bar, Sœur vnique du deffunct Roy. || *A Paris,* || *Chez Rolin Thierry, ruë S. Iacques,* || *au Soleil d'Or.* || M. DC. XI [1611]. || Auec Priuilege du Roy. In-8 de 14 pp. et 1 f.

Le dernier f. contient un extrait du privilège accordé à Métézeau, le 17 janvier 1611 (la durée n'en est pas indiquée).

18. LARMES || DE TRISTESSE, re- || nouuelees au retour || du iour, qui rauit le Roy || Henry le Grand. || Larmes de ioye, publiées à la proclama- || tion du Roy Tres-Chrestien, || Louys XIII. son fils. || Par M. D. S. G. V. || *A Paris,* || *Pour Iean Nigaud, ruë S.* || *Iacques, à l'imprimerie de* || *Taille-douce.* || M. D. C. XI [1611]. || Auec Priuilege du Roy. In-8 de 4 ff. et 56 pp.

Ce poème, dédié « A madamoiselle la duchesse de Montpensier », se compose d'un *Prologue* et de divers morceaux récités par la Vertu, la Félicité, la Justice, la Force, etc. A la fin est une pièce latine : *Obiit rex, vivat rex*.

Le privilège, dont un extrait occupe le v° du titre, est accordé à *Jean Nigaud*, pour six ans, le 13 mai 1611.

891. RECUEIL DE PIÈCES en vers sur la mort d'Henri IV. 6 pièces in-4.

152. 4.9

1. STANCE [sic] DE MADAMOYSELLE || ANNE DE ROHAN, || sur la mort du Roy. — [A la fin :] *A Paris,* || *Chez Pierre Cheualier, au mont* || *sainct Hilaire.* || cIɔ. Iɔc. x [1610]. In-4 de 7 pp.

2. COMPLAINTES || FVNEBRES || sur le Trespas || du tres-Grand & tres-Victorieux || Henry IIII. || Roy de France & de Nauarre. || *A Reims,* || *Chez Simon de Foigny Imprimeur de tres-illustre Prince* || *Louys de Lorraine Archeuesque Duc de Reims,* || *à l'enseigne du Lyon.* || 1610. In-4 de 12 pp.

Ces *Complaintes* sont l'œuvre de JACQUES DORAT, chanoine de Reims, et neveu de Jean Dorat. Au v° du titre sont placés six vers « A monsieur Dorat », signés des initiales E. D. Les pp. 10-12 contiennent : une pièce latine de N. B. [NICOLAS BOURBON], l'auteur des *Dirae in parricidam* (voy. le n° 889, article 14), intitulée *Franciae ad J. Auratum Prosopopeia*; une épigramme française de J. D. [JACQUES DORAT] et une autre épigramme française de G. B.

3. HENRICO IIII. || Christianiss. || et Inuictiss. Franc. || et Nauarræ Regi, Pio || Felici, Augusto, Patri patriæ : || Monodiæ Professorum Regiorum. || Ad || Illustriss. ac Reuerendiss. D. D. Perronium S. R. E. || Cardinalem; Senonens. Archiepisc. Galliarum & || Germ. Primatem, magnum Franciæ || Eleemosynarium. || Βασιλεὺς ἀγαθῷ κρατερῷ τ' αἰχμητῇ. || *Parisiis,* || *Apud Fed. Morellum Architypo-* || *graphum Regium.* || M. DC. X [1610]. In-4 de 19 pp.

Cette édition ne contient qu'en partie les mêmes pièces que l'édition in-8 décrite à l'article précédent. Les six épitaphes anonymes y sont remplacées par un extrait du discours latin prononcé le 21 mai 1610, au collège royal, par FRANÇOIS PARENT, professeur de littérature grecque et de philosophie; par une ode grecque et un *Epicéde ou Avanfunébre* (en vers français) du même auteur ; par une épitaphe lapidaire, enfin par une ode grecque de NICOLAS GOULU.

4. VERS || SVR LE TRESPAS || de Henry le Grand. || Composez incontinent après sa mort, & imprimez || à son anniuersaire. || Dediez a Monseigneur || Messire Honoré d'Vrfé, Comte de Chasteau- || neuf, & Baron de Chasteaumorand. || *A Paris,* || *Par Iean Libert, demeurant ruë Sainct Iean de* || *Latran, deuant le College de* || *Cambray.* || M. DC. XI [1611]. In-4 de 18 pp. et 1 f. blanc.

Ces vers anonymes sont précédés d'une épître en prose à Honoré d'Urfé.

5. CONSOLATIO || de morte || Errici Magni || Francorum et Nauarræ ||,Regis Christianissimi. || Ad. Regem. || *Parisiis,* || *Excudebat P. Mettayer, Typographus* || *& Bibliopola Regius.* || M. DCX [1610]. In-4 de 10 pp. et 1 f. blanc.

Catte pièce est signée à la fin : CAROLUS FAIUS SPESSAEUS [CHARLES FAYE D'ESPEISSES].

6. HENRICI MAGNI || Gall. et Nauarr. || Regis Christianissimi. || Manes. || Ad Sereniss. Principem Iacobum Dei gratia Magnæ || Britanniæ Regem semper Aug. || Autore Lalauanio Parisiensi. || Anno 1610. In-4 de 22 pp. et 2 ff.

Les 2 derniers ff. contiennent : une épître « D. Wothoni, regis Magnae Britanniae apud Gallos legato, cum e Gallia discederet » ; des notes et un erratum.

892. L'HYMNE || DE LA PAIX. || Chantée || par toute || la France. || Par les Laboureurs, Vigne- || rons, & autres Paysans || qui l'habitent. || Pour l'asseurance qu'il [*sic*] ont maintenant, || de paisiblement recueillir les fruicts || de leurs labeurs. || *A Paris,* || *De l'imprimerie d'Anthoine du Breuil, ruë* || *S. Iacques, au dessus de S. Benoist,* || *à la Couronne.* || M.DC.XIV [1614]. In-8 de 15 pp. — LE || CANTIQVE || DE LÀ PAIX. || Dedié || aux Amoureux || d'icelle. || M.DC.XIIII [1614]. In-8 de 7 pp. — ALEGRESSE || pour le bon || Heur De || la Reunion || de Messieurs || Les Princes. || Et de l'asseurance de leur proche retour || prés de leurs Majestez. || *A Paris,* || *Chez Iacque Bessin, ruë de la* || *Calendre deuant le Palais* || *proche le Heaulme.* || M.DC.XIV [1614].

BELLES-LETTRES. 585

In-8 de 13 pp. — Ensemble 3 pièces en un vol. in-8, mar. r. jans., tr. dor. (*Trautz-Bauzonnet.*)

893. Vers || de || Mesdamoiselles || de Rohan. || Sur la mort de Madame || la Duchesse de Neuers. || M. DC. XVIII [1618]. In-4 de 2 ff.

> Catherine de Lorraine, femme de Charles de Gonzague-Clèves, duc de Nevers et de Rhétel, et, plus tard, duc de Mantoue et de Montferrat, mourut, à 33 ans, le 8 mars 1616. Les demoiselles de Rohan, dont nous avons ici les vers, étaient filles de René de Rohan et de Catherine de Parthenay ; elles appartenaient toutes deux à la religion réformée. Catherine, née le 20 juin 1578, mourut en 1624 ; Anne, née en 1584, mourut en 1646. Nous avons déjà cité de cette dernière les *Stances sur la mort du roy* (voy. les n°^{s} 890, art. 8, et 891, art. 1).

894. [La Muze historique. Recueil de 32 Lettres en vers à Son Altesse Mademoizelle de Longueville, par Jean Loret.] Ms. pet. in-4, sur papier, de 173 ff., v. f., tr. marbr. (*Anc. rel.*)

> Les 32 lettres contenues dans ce recueil vont du 4 mai au 25 décembre 1650. Par suite d'une erreur survenue dans le numérotage, la 18e lettre porte le n° 19, et les chiffres se suivent ainsi jusqu'à 33.
> Le texte ms. offre un grand nombre de vers qui diffèrent du texte imprimé. On y remarque aussi diverses corrections qui paraissent être de la main même de Loret.
> Ce volume, qualifié par M. Livet d' « inestimable » (voy. Brunet, III, 1168), porte sur le dos les chiffres et les armes de Fouquet, et sur les plats les armes de Jeanne-Baptiste d'Albert de Luynes, comtesse de Verrue.

895. [La Muze historique. Recueil de 136 Lettres en vers à Son Altesse Mademoizelle de Longueville, par Jean Loret.] Ms. in-4, sur papier, de 544 ff.

> Ce recueil, découvert en Touraine par M. Georget, libraire à Tours, commence au 18 juin 1651, et s'arrête au 18 avril 1654. Les importantes variantes que présente le texte ms. ont été signalées par M. Luzarche dans le *Bulletin du Bibliophile* (juillet 1869).

896. [Lettres en Vers à Son Altesse Mademoizelle de Longueville. Par Jean Loret. *A Paris, chez C. Chenault rue de la Huchette.* Avec Privilége.] 1657-1664. In-fol.

> Édition originale de la *Muze historique*, publiée chaque semaine par numéro de 4 pages in-fol.
> Ce recueil contient 361 lettres, savoir :
> 1657 (13 janvier-29 décembre), 50 lettres. — A partir du 26 mai 1657, le titre porte : *Lettre en vers à Son Altesse Madame la Duchesse de Nemours*.
> 1658 (5 janvier-31 décembre), 50 lettres. — La lettre du 29 juin (3 juillet) manque.
> 1659 (8 janvier-31 décembre), 49 lettres. — Manquent les lettres du 15 (19) mars et du 22 (26) novembre.
> 1660 (7 janvier-29 décembre), 49 lettres. — Manquent les lettres des 1er (5) mai et des 7 (11) août.

1661 (5 janvier-31 décembre), 51 lettres. — Manque la lettre du 24 (28) septembre.
1662 (10 janvier-31 décembre), 48 lettres. — Manquent les lettres des 10 (14 juin), 1ᵉʳ (5) juillet et 13 (17) août.
1663 (10 janvier-31 décembre), 51 lettres.
1664 (9 janvier-31 décembre), 51 lettres.
1665 (6 janvier-31 mars), 13 lettres.

Les lettres qui composent ce recueil ont été imprimées pour être vendues à Lyon. La date est de 4 jours en retard sur celle des exemplaires qui se vendaient à Paris. On lit à la fin de la lettre du 10 février 1657 : *A Paris, chez Ch. Chenault, imprimeur ordinaire du roy, au bout du Pont S. Michel, à l'entrée de la rue de la Huchette*, 1657. *Avec Privilége de Sa Majesté. Et se vendent à Lyon, au logis du sieur Dantin, maistre tailleur d'habits, rue de Flandres, prez le bureau de la Poste.* L'adresse, plus ou moins abrégée, du sieur *Dantin* figure à la fin de chaque lettre jusqu'au 19 janvier 1658. La lettre du 26 janvier 1658 porte: *Et se vendent à Lyon par le sieur....* Il semble que l'imprimeur *Chenault* ne fût pas encore fixé sur le nom de son correspondant lyonnais. A partir du 2 février suivant, les adresses sont ainsi rétablies : *Chez Ch. Chenault, imprimeur ordin. du roy, rue de la Huchette. Et se vendent à Lyon, chez le sieur Liberal, maistre imprimeur, à la place de Confort.* Le sieur *Liberal* continue à être le dépositaire des gazettes rimées, à Lyon, jusqu'au 31 mars 1665 ; mais, à partir du 16 juillet 1659, il quitte la place de Confort et demeure, « en belle Cour, au coin de la rue de la belle Cordiére ».

VI.1.24-26

897. La Mvze || historiqve; || ou Recueïl des Lettres en Vers, || contenant les Nouvelles du temps. || Écrites a Son Altesse || Mademoizelle de Longueville. || Par le Sʳ Loret. || *A Paris, || Chez Charles Chenault, Imprimeur ordinaire du Roy, || Au bout du Pont S. Michel, à l'entrée || de la ruë de la Huchette.* || M.DC.LVIII [1658-1664] || Avec Privilege de sa Majesté. 3 vol. in-fol. mar. v., fil., comp., dos ornés, tr. dor. (*Duru et Chambolle.*)

Réimpression de la *Muze historique*, qui n'avait paru jusque là qu'en feuilles volantes.
Le recueil comprend 15 livres (5 par volume) et le commencement d'un 16ᵉ livre, interrompu par la mort de l'auteur. Chaque livre a une pagination distincte.
Livre premier, 1658 (année 1650, 32 lettres) : portrait de Loret par *Nanteuil* ; frontispice gravé par *F. Chauveau* ; titre imprimé ; 2 ff. pour une épître « Au Roy », précédée d'un grand fleuron de *F. Chauveau*; 1 f. pour la *Préface de l'autheur* ; 4 ff. pour un *Discours sur la Muze historique*, « fait par un des amis de l'autheur », un avis de « L'imprimeur aux Lecteurs », des vers encomiastiques de Colletet, de F. R., avocat en parlement, de Maloisel et de Du Pelletier, et la *Table* ; ensemble 10 ff. lim. et 108 pp. — La p. 108 contient le texte du privilège, accordé pour neuf ans à Loret, le 8 avril 1655. L'achevé d'imprimer est du 31 mars 1658.
Livre deuxième, 1659 (année 1651, 52 lettres) : titre ; 3 ff. pour une épître « A la Reyne » et la *Table* ; 1 f. pour des vers de Saint-Germain, Normand, et de D. M.; ensemble 5 ff. lim. et 192 pp. — L'achevé d'imprimer est du 1ᵉʳ avril 1659.
Livre troizième (année 1652, 52 lettres) : 188 pp. — L'achevé d'imprimer est du 31 juillet 1660.
Livre quatrième (année 1653, 48 lettres) : 156 pp.
Livre cinquième (année 1654, 52 lettres) : 174 pp.
Livre sixième (année 1655, 51 lettres) : frontispice gravé par *F. Chauveau*, qui porte la date de 1656, et 200 pp.

Livre septième (année 1656, 52 lettres) : 206 pp. — La lettre XXXVII, du 16 septembre 1656, manque comme dans tous les exemplaires connus.
Livre huitième (année 1657, 51 lettres) : 202 pp.
Livre neufième (année 1658, 51 lettres) : 220 pp. — Achevé d'imprimer le 15 février 1659.
Livre dixiéme (année 1659, 51 lettres) : 212 pp. — Achevé d'imprimer le 31 mai 1660.
Livre onziéme (année 1660, 51 lettres) : frontispice gravé par *F. Chauveau* (le même que celui qui précède le livre VI) et 204 pp.
Livre douziéme (année 1661, 53, en réalité 52 lettres) : 208 pp. — La première lettre porte par erreur *Livre onziéme*. — Il n'y a pas de lettre XL, mais c'est là une simple erreur de numérotage, car la lettre XXXIX est du 1er octobre et la lettre XLI du 8 octobre.
Livre treiziéme (année 1662, 51 lettres) : 204 pp.
Livre quatorziéme (année 1663, 51 lettres) : 214 pp.
Livre quinziéme (année 1664, 51 lettres) : 204 pp. — Achevé d'imprimer le 31 janvier.
Livre seiziéme (année 1665, 13 lettres) : 52 pp.
La dernière lettre est du 28 mars 1665 ; Loret mourut au mois de mai suivant.

Cet exemplaire provient de la bibliothèque de M. Odiot.

898. [Lettres en Vers. A Son Altesse Madame la Duchesse de Nemours. Par La Gravette de Mayolas. *A Paris, Chez Charles Chenault. Imp. & Lib. Au bout du Pont S. Michel, à l'entrée de la rüe de la Huchette, aux Armes du Roy. Auec Priuilége de S. M. Et se vendent à Lyon, chez Charles Matheuet, Marchand Libraire, rüe Merciére, à S. Thomas d'Acquin.*] 1665-1666. In-fol.

Continuation de la *Muze historique* de Loret par La Gravette de Mayolas. Notre recueil contient 55 lettres, savoir :

1665 (11 août, 16 septembre-27 décembre), 17 lettres ;
1666 (6 janvier-22 septembre), 38 lettres.

Les numéros qui composent ce volume étaient destinés à la vente à Lyon, et la date est de quatre jours en retard sur celle des exemplaires qui se vendaient à Paris.

Le correspondant lyonnais de *Chenault* n'était plus le sieur *Liberal*, qui avait eu précédemment le dépôt de la *Muze historique* de Loret (voy. le n° 996), mais un libraire appelé *Mathevet*.

Le privilège, dont le texte nous révèle le nom de l'auteur, est accordé pour neuf ans à *Chenault*, le 31 mai 1665.

La Gravette de Mayolas, dont la vie est fort obscure, avait essayé en 1658 de publier une gazette rimée faisant concurrence à la *Muze historique* (Biblioth. de l'Arsenal, B. L. 11810), mais il y avait bientôt renoncé. Devenu l'ami de Loret, il fut institué par lui-même son successeur, et continua son œuvre jusqu'au 22 septembre 1666. Après deux années d'interruption, il reprit sa gazette sous le nom de *Lettres en vers et en prose, dediées au roy*, du 9 décembre 1668 au 21 décembre 1671 (Biblioth. nat. Lc^2, 28, Rés. ; — Biblioth. de l'Arsenal, B. L. 11800 ; — Musée britannique). Nous ne connaissons de lui trois autres productions de vers : une ode sur le mariage du roy (voy. ci-après le n° 900, les *Ouvrages de Fontainebleau en françois et en espagnol*, s. d. [1661 ou 1662], dont la Bibliothèque de l'Arsenal possède un exemplaire (B. L. 11872) et des *Devises espagnoles et italiennes sur les plus remarquables personnes du royaume*, opuscule destiné à sollicter les bienfaits de divers grands personnages (M. Coulet, libraire à Montpellier, nous en a communiqué un exemplaire dédié au prince Eugène de Savoie).

899. [LETTRES EN VERS a Madame. Par Charles Robinet. *A Paris, Chez F. Muguet, ruë de la Harpe, aux trois Rois.*] 1666-1667. In-fol.

Autre continuation de la *Muze historique* de Loret.
Notre recueil contient 33 lettres, savoir :

1666 (17 octobre-26 décembre), 11 lettres ;
1667 (2 janvier-12 juin), 22 lettres.

Robinet commença ses lettres en vers, concurremment avec La Gravette de Mayolas, le 25 mai 1665, au lendemain de la mort de Loret. Bien qu'il n'ait pas signé sa gazette, son nom se trouve cité dans plusieurs passages. On lit dans la lettre du 9 août 1665 :

... Vous apprendrez chez Quinet
Ce qu'ici vous dit *Robinet* ;

Dans celle du 9 janvier 1667 :

....Si je vous faisois trop lire,
On pourroit m'appeler un plaisant *Robinet*,

Et dans celle du 13 avril 1669 :

On voit trois rares cabinets
Dont plus de mille *Robinets*,
Comme moi, seroient à leur aise.

Son prénom de *Charles* est indiqué dans les lettres des 8 novembre et 12 décembre 1665, 7 novembre 1666, 31 août 1669, 4 octobre 1670, etc.
L'auteur des *Lettres en vers à Madame* publia, du reste, en 1685, dans son dernier ouvrage, *Momus et le Nouvelliste*, un extrait du privilège obtenu par lui le 10 décembre 1665 ; il y est appelé : « Charles Robinet de S. J. »
Avant les *Lettres à Madame*, Robinet, ainsi qu'il nous l'apprend dans sa gazette du 21 juin 1665, avait écrit pendant six ans des lettres à Anne de Gonzague. La bibliothèque nationale (Lc 2, 26, Rés.) possède des fragments de ces premières lettres intitulées : *La Muse royale, à Madame la princesse Palatine*, pour les années 1656-1658. C'est à cette première gazette que se rapporte une épître de maître Adam Billaut (*Villebrequin ;* Paris, 1663, in-12), 146-151.

900. ODE du Dieu d'Amour au Dieu Mars. *S. l. n. d.* [*Paris*, 1660], in-4 de 3 ff. et 17 pp.

Poème composé à l'occasion du mariage du roi.
Les 3 ff. lim. comprennent le titre écrit à la main dans un passe-partout gravé, et une épître en vers « A monseigneur le chancelier ». L'épître et l'ode sont signées, à la fin : **LA GRAVÈTE.** Ce poète de cour est l'auteur de la gazette rimée décrite ci-dessus (n° 988) ; il avait coutume de dédier ses productions à de riches protecteurs et, grâce aux titres manuscrits qu'il employait, il pouvait varier à son gré ses dédicaces.

901. LA || MVSE || DAVPHINE || adressée || A Monseigneur || le Dauphin, || Par le Sieur de Subligny. || *A Paris*, || *Chez Claude Barbin, au Palais,* || *sur le second Perron de la Sainte* || *Chappelle.* || M.DC.LXVII [1667]. || Auec Priuilege du Roy. In-12 de 8 ff., 290 pp. (dont la dernière porte 206), et 2 ff. pour le *Privilége du Roy*, mar. bl., fil., dos orné, tr. dor. (*Thibaron et Joly.*)

Les ff. lim. comprennent : le titre ; 5 ff. pour une épître « A mademoiselle de Toussi » ; 1 f. pour l'avis du « Libraire au Lecteur » ; 1 f. pour les *Fautes d'impression qui ostent la mesure des vers*. La dernière p. est cotée par erreur 206.

Le privilège, dont le texte occupe les 2 ff. qui terminent le volume, est accordé pour dix ans à Subligny, le 11 octobre 1666. Subligny déclare en faire cession à *Claude Barbin*.

L'achevé d'imprimer est du 7 février 1667.

Première édition des lettres de Subligny sous le titre de *Muse Dauphine*. L'auteur avait publié précédemment, sous le titre de *Muse de la Cour*, deux séries de lettres en vers : l'une du 15 novembre 1665 au 25 janvier 1666 (11 lettres), l'autre du 27 mai 1666 au 24 décembre de la même année (31 lettres). Cette seconde série seule a été réimprimée sous un nouveau titre.

902. La || Mvse || Davphine || adressée || A Monseigneur || le Dauphin, || Par le Sieur de S. || *A Paris,* || *Chez Thomas Iolly, au Palais, en* || *la Salle des Merciers, à la Palme & aux* || *Armes d'Hollande.* || M.DC.LXVIII [1668]. || Auec Priuilege du Roy. In-12 de 1 f. et 290 pp. mal chiffr., mar. bl., fil., dos orné, tr. dor. (*Trautz-Bauzonnet.*)

Seconde édition collective de la *Muse Dauphine*. Elle ne diffère de la première que par le titre, ainsi que par la suppression de l'épître « A mademoiselle de Toussi », de l'avis du « Libraire au Lecteur », et des 2 ff. qui terminaient primitivement le volume. Le corps du texte est le même et paraît n'avoir pas été imprimé.

Au v⁰ du titre est placé un extrait du privilège du 11 octobre 1668. *Claude Barbin*, cessionnaire de Subligny, déclare associer à ses droits le libraire *Thomas Jolly*.

903. Poeme || svr les || Victoires || dv Roy || Traduit de Latin || en François || Par P. Corneille. || *A Paris,* || *Chez Thomas Iolly, au Palais, en la Salle* || *des Merciers, à la Palme, & aux Armes* || *d'Hollande.* || M.DC.LXVII [1667]. || Avec Privilege du Roy. In-8 de 38 pp. (y compris le titre) et 1 f. pour l'*Extrait du Privilége*, mar. r. jans., tr. dor. (*Trautz-Bauzonnet.*)

La page 3 contient un avis *Au Lecteur*. — Le *Poëme sur les Victoires du Roy* occupe les pp. 4 à 29. Le texte latin, signé du P. Charles de La Rue, jésuite, est imprimé en regard du texte français, sous le titre de *Regis Epinicion*. — La p. 30 est remplie par une épigramme latine de M. de Montmor, « premier maistre des requestes de l'hostel du roy », en deux distiques, suivie de quatre traductions ou imitations de Corneille, chacune en quatre vers. Viennent ensuite les pièces suivantes également de Corneille: *Au Roy sur son retour de Flandre*, pp. 31-35, et *Remerciment presenté au Roy en l'année* 1663, pp. 35-38 (cf. ci-dessus, n⁰ 834).

Le privilège, daté du 28 novembre 1667, est accordé pour sept ans à *Guillaume de Luines* [sic], qui déclare y associer les sieurs *Jolly* et *Billaine*. L'achevé d'imprimer est du 15 décembre 1667. Voy. l'éd. Marty-Laveaux, X, 192.

Bibliographie Cornélienne, n⁰ 151.

904. A Monseigneur, Monseigneur Talon, Conseiller du Roy en ses Conseils, et son Iᵉʳ Advocat general au Parlement,

590   BELLES-LETTRES.

Estant aux Eaux de Bourbon. Epistres. Ms. in-4 sur papier, de 46 ff., demi-rel., dos et coins mar. br., n. r.

<small>Une épître dédicatoire et quatre épîtres anonymes, du mois de septembre 1669.
Le personnage à qui elles sont adressées est Denis Talon, mort en 1698.
De la bibliothèque de M. DE LA FIZELIÈRE.</small>

905. LES PORTRAITS DE MONSEIGNEUR LE DAUPHIN. Poëmes. [Par Charles Robinet.] *A Paris, Chez Guillaume de Luyne, Libraire Juré, au Palais, au bout de la Sale des Merciers, sous la montée de la Cour des Aydes, à la Iustice. Et Laurent Rondet, ruë S. Iacques, vis-à-vis la ruë de la Parcheminerie, à la Longue-Allée.* M.DC.LXXIX [1679]. Avec Permission. In-8 de 6 ff. et 39 pp., cart., n. r.

<small>Collation des ff. lim. : titre; 5 ff. pour une épître « A monseigneur le duc de Montausier, pair de France, etc., gouverneur de monseigneur le Dauphin », épître signée : ROBINET.
Le volume contient deux poèmes : Le *Portrait de monseigneur le Dauphin, naissant* (pp. 1-21) et le *Portrait de monseigneur le Dauphin* à 17 ans (pp. 23-36) ; il se termine par un sonnet, deux madrigaux et un rondeau.</small>

906. A ‖ MONSEIGNEVR. ‖ Sur son Mariage. [Par Pierre Corneille]. *S. l. n. d.* [*Paris*, 1680], in-fol. de 4 pp. de 34 lignes, caract. ital., mar. r. jans., tr. dor. (*Trautz-Bauzonnet.*)

<small>La pièce commence par un simple titre de départ, précédé d'un fleuron qui représente Apollon entouré des Muses ; elle est signée à la fin des initiales : P. C.
Bibliographie Cornélienne, n° 173.</small>

907. RECUEIL DE PIECES CHOISIES Sur les Conquêtes & la Convalescence du Roy. *Présenté à Sa Majesté Par David l'aîné, Libraire, rue S. Jacques, à la Plume d'or.* [*De l'Imprimerie de J. B. Coignard, Imprimeur du Roy.*] M.DCC.XLV [1745]. In-8 de 3 ff., 174 pp. et 1 f., mar. r., fil., dos orné, tr. dor. (*Anc. rel.*)

<small>Les 3 ff. lim. comprennent : un frontispice, dessiné et gravé par C.-N. Cochin, *fils*; le titre, lequel est orné d'un joli fleuron non signé, et un avis de « L'Editeur au Lecteur ».
Les auteurs des pièces contenues dans ce recueil sont : ROY (4 pièces), RACINE (2 pièces), VOLTAIRE (2 pièces), VILLARET, NERICAULT DESTOUCHES, CAHAGNE, PIRON (2 pièces), DE BERNIS (3 pièces), DE LA BRUÈRE, E. L. J., PESSELIER, TANEVOT (2 pièces), « un philosophe parisien », DE ROYAUCOURT, DE LA FAUTRIÈRE, le P. R. de l'Oratoire, BREY, FRÉRON (2 pièces), RENÉ-PIERRE CORDIER, TÉAGÈNE, M. LL., DE LANOUE, CRÉBILLON (2 pièces), DE LA CHAUSSÉE, « un mousquetaire », DENESLE, BEAUCHAMPS et GUILLOT le bedaut (paysan de Chaillot).
Exemplaire portant au dos les coquilles, et, sur les plats, les masses du chancelier D'AGUESSEAU. La pièce supérieure du dos contient en outre les lettres E. B. en monogramme.</small>

908. Le Poeme de Fontenoy. [Par Voltaire.] *A Paris, De l'Imprimerie royale.* M.DCC.XLV [1745]. In-4 de 28 pp.

<blockquote>
Le titre, orné d'un fleuron non signé qui représente une médaille, porte cette épigraphe : *Disce, Puer, virtutem ex me.* Æneïd. lib. XII.
Le 2ᵉ f. contient une épître « Au Roy ».
Les pp. 5-16 sont occupées par le *Discours préliminaire*.
Voltaire nous apprend lui-même dans une de ses lettres que cette édition, imprimée au Louvre, est la septième, et il ajoute : « Elle est dédiée au roi, et la bonté qu'il a d'accepter cet hommage met le sceau à l'authenticité de la pièce. » Bengesco, *Voltaire, Bibliographie de ses œuvres*, n° 611.
</blockquote>

909. La Guerre civile de Geneve, ou les Amours de Robert Covelle. Poeme heroique. [Par Voltaire.] Avec des Notes instructives. *A Bezançon, Chez Nicolas Grandvel*, 1768. In-8 de xvj et 67 pp.

<blockquote>
D'après Quérard (*La France littéraire*, X, 307), ce poème aurait paru pour la première fois en 1768 sous la rubrique de *Londres*. Les cinq éditions datées de *Besançon* sont en tout cas plus complètes. Elles contiennent un *Epilogue*, daté de Besançon, le 30 mars 1768, où Voltaire répond avec violence aux attaques de J.-J. Rousseau et des jésuites. Notre exemplaire appartient certainement à l'une des premières éditions ; il n'a pas encore d'errata au v° de la p. 67, et n'est orné que des fleurons typographiques qui ont, sans nul doute, précédé les vignettes représentant Robert Covelle et Catherine Ferboz. Le titre porte un soleil. Voy. Bengesco, n° 630.
</blockquote>

910. L'Entrée de Danton aux Enfers, poème inédit de J.-B. Salle, publié d'après le manuscrit original par Georges Moreau-Chaslon. *Paris, J. Miard, libraire-éditeur, rue de Rivoli, 170. [Imprimé par D. Jouaust.]* M.DCCC.LXV [1865]. In-16 de xi et 52 pp., plus 2 ff., mar. r., fil., dos orné, tr. dor. (*Trautz-Bauzonnet.*)

<blockquote>
Ce volume, dédié à M. Jules Janin, n'a été tiré qu'à 154 exemplaires. Celui-ci est imprimé sur VÉLIN.
</blockquote>

c. — Fables et Contes en vers.

911. Fables || choisies, || mises en Vers || Par M. de la Fontaine. || *A Paris,* || *Chez Denys Thierry, ruë saint Jacques,* || *à l'Enseigne de la Ville de Paris.* || M.DC.LXVIII [1668]. || Avec Privilege du Roy. In-4 de 28 ff. lim., 284 pp., 1 f. non chiffr. et 1 f. blanc, mar. r., fil., dos orné, tr. dor., doublé de mar. r., dent. (*Trautz-Bauzonnet.*)

<blockquote>
Édition originale des six premiers livres des Fables.
Au titre, un fleuron, non signé, aux armes du dauphin.
Les 3 ff. qui suivent le titre sont occupés par une épître « A monseigneur le Dauphin ». Les 24 autres ff. lim. contiennent la *Préface*, la *Vie d'Ésope* et la *Table*.
Les fables, qui sont au nombre de 124 en tout, sont précédées chacune d'une
</blockquote>

vignette gravée à l'eau-forte par *François Chauveau*, et tirée en taille-douce ; il n'y a cependant que 119 figures, parce que les fables xi et xii du livre II, xv et xvi du livre IV, i et ii du livre VI sont réunies, et parce qu'il n'y a pas de vignettes pour les deux dernières fables du livre VI.

Le dernier f. de texte contient, au r⁰, l'*Epilogue* et, au v⁰, un extrait du privilège accordé à *Claude Barbin*, le 6 juin 1667, et auquel *Barbin* associe *Denys Thierry*. L'achevé d'imprimer est du 31 mars 1668.

Y.5.20

912. FABLES || NOVVELLES, || et || Autres Poësies. || De M. de la Fontaine. || *A Paris,* || *Chez Denys Thierry ruë S. Jacques à* || *l'enseigne de la ville de Paris.* || M.DC.LXXI [1671]. || Avec Privilege du Roy. In-12 de 12 ff. lim. et 184 pp., mar. r., fil., dos orné, doublé de mar. bl., dent., tr. dor. (*Trautz-Bauzonnet.*)

Les ff. lim. se composent : du titre ; de 5 ff. pour une épître « A son Altesse monseigneur le duc de Guise » ; de 5 ff. pour l'*Avertissement*, et de 1 f. pour l'*Extrait du Privilége*.

Le volume contient huit fables nouvelles, précédées chacune d'une vignette de *F. Chauveau*, savoir : *Le Lion, le Loup et le Renard, Le Coche et la Mouche, Le Tresor et les deux Hommes, Le Rat et l'Huitre, Le Singe et le Chat, Du Gland et de la Citrouille, Le Milan et le Rossignol, L'Huitre et les Plaideurs.*

Les *Poësies diverses,* placées à la suite des fables comprennent : *Le Songe de Vaux,* l'*Avanture d'un Saumon et d'un Esturgeon,* l'épître « A M. F. [Fouquet] », l'*Ode pour Madame,* l'*Ode pour la paix,* la *Balade pour la reine,* plusieurs pièces adressées à des personnages de la cour, quatre *Elegies* et *Adonis.*

Le privilège, daté du 16 février 1671, est accordé pour dix ans à *Claude Barbin,* qui y associe *Denys Thierry*. L'achevé d'imprimer est du 12 mars 1671.

Y.5.10-14

913. FABLES || CHOISIES, || mises en Vers || Par M. de la Fontaine, || & par luy reveuës, corrigées || & augmentées. || *A Paris,* || *Chez Denys Thierry, rue S. Jacques,* || *et* || *Claude Barbin, au Palais.* || M.DC.LXXVIII [1678-1679]. || Avec Privilege du Roy. 4 vol. in-12. — FABLES || CHOISIES. || Par Mʳ De la Fontaine. || *A Paris,* || *Chez Claude Barbin, au* || *Palais, sur le second Perron de la* || *Sainte Chapelle.* || M.DC.XCIV [1694]. || Avec Privilege du Roy. In-12. — Ensemble, 5 vol. in-12, mar. r., fil., dos ornés, doublés de mar. bl., dent., tr. dor. (*Trautz-Bauzonnet.*)

Tome premier : titre, orné d'un fleuron aux armes du dauphin ; 29 ff. pour l'épître « A monseigneur le Dauphin », la *Preface,* la *Vie d'Esope* et le *Privilége* ; 2 ff. de *Table* : 1 f. d'*Errata* ; 1 f. blanc ; ensemble 34 ff. lim. et 216 pp. — 59 vignettes de *F. Chauveau,* tirées en taille-douce dans le texte.

Seconde Partie, 1668 : 232 pp. (y compris le titre) et 2 ff. de *Table*. — 60 vignettes de *Fr. Chauveau.*

Troisième Partie, 1668 : 1 f. pour le faux-titre et 220 pp. (y compris le titre et 1 f. d'*Avertissement*). — 44 vignettes de *Fr. Chauveau*. — Les pp. 99-100 ne sont pas cartonnées.

Quatrième Partie, 1679 : 221 pp. (y compris le titre) et 1 f. — 44 vignettes de *Fr. Chauveau*. — Les pp. 17-18 ne sont pas cartonnées.

BELLES-LETTRES. 593

Fables choisies, 1694 : 4 ff. pour le titre (lequel porte le chiffre de *Barbin*), une épître « A monseigneur le duc de Bourgogne » et l'*Extrait du Privilége*; 230 pp., inexactement chiffrées, et 1 f. de *Table*. — 29 vignettes non signées.

Les deux premiers volumes contiennent les six livres de fables qui avaient paru en 1668.

Les IIIe et IVe parties contiennent cinq nouveaux livres, soit en tout 48 fables.

Le privilège, daté du 29 juillet 1677, est accordé pour quinze ans à La Fontaine, qui déclare en faire cession à *Denys Thierry* et à *Claude Barbin*. L'achevé d'imprimer, placé au tome Ier, est du 3 mai 1678.

Fables choisies, 1694. — L'erreur de pagination se produit aux pp. 186-187 qui sont doubles, et se continue jusqu'à la dernière page, qui est cotée 228.

Ce nouveau recueil contient 29 fables, intitulées par erreur *Livre septième*.

Le privilège, daté du 28 décembre 1692, est accordé pour six ans à *Claude Barbin*. L'achevé d'imprimer est du 1er septembre 1693.

914. FABLES DE LA FONTAINE, avec Figures gravées par MM. Simon et Coiny. *A Paris, De l'Imprimerie de Didot l'aîné*. M.DCC.LXXXVII [1787]. 6 tomes en 3 vol. in-18, cart., n. r.

Tome premier : 2 ff., 76 pp., plus 1 front. gravé et 45 figg. — *Tome second* : 2 ff., 75 pp. et 50 figg. — *Tome troisième* : 69 pp. (y compris les titres) et 1 f. blanc, plus 42 figg. — *Tome quatrième* : 110 pp. (y compris les titres) et 1 f. blanc, plus 45 figg. — *Tome cinquième* : 115 pp. (y compris les titres) et 24 figg. — *Tome sixième* : 140 pp. (y compris les titres et l'épître dédicatoire) et 68 figg.

Les figures ont été dessinées par *Vivier*, « premier peintre de S. A. S. Mgr. le duc de Bourbon », dont le nom figure sur le frontispice. Elles sont du format in-8, tandis que le texte est du format in-18.

Dans cet exemplaire, les figures sont AVANT LES NUMÉROS. On y a joint 50 EAUX-FORTES et la portion du texte qui avait été gravée dans le format in-8, avant que les éditeurs se fussent décidés à employer la typographie.

915. LE SOLEIL || ET || LES GRENOUILLES. — [A la fin :] *A Paris, || Chez Jean et René Guignard, au premier || pilier de la grand'Sale du Palais, an Sacrifice || d'Abel*. 1672. || Avec Permission. In-8 de 3 pp., mar. r. jans., tr. dor. (*Trautz-Bauzonnet*.)

« Cette fable, ou plutôt cette allégorie sur les démêlés de Louis XIV avec la Hollande, est traduite de la fable latine du P. Commire sur le même sujet, et est imprimée dans les œuvres de ce savant jésuite sous le nom de LA FONTAINE ; elle n'est signée dans l'édition originale que des initiales D. L. F. Elle a été réunie aux autres fables de La Fontaine dans l'édition de *Paris, Emler frères*, 1828, in-8 (II, 337-338). M. Paul Lacroix l'a, en outre, reproduite dans son recueil d'*Œuvres inédites* de La Fontaine. » L. POTIER.

916. FABLES OU ALLÉGORIES PHILOSOPHIQUES. [Par Dorat.] *A La Haye, Et se trouve à Paris, Chez Delalain, rue de la Comédie Françoise*. M.DCC.LXXII [1772]. 1 vol. en 4 tomes in-8, mar. r., large dent., dos orné, tr. dor. (*Duru*.)

Cet exemplaire, qui est celui d'ANT.-AUG. RENOUARD (Cat. 1854, n° 1389), offre une réunion unique de dessins originaux, d'eaux-fortes et de tirages à

38

part des jolies figures dessinées par *C -P. Marillier* et gravées par *Arrivet, Baquoy, P. Duflos, E. de Ghendt, Godefroy, N. de Launay, I. Le Gouaz, Lebeau, J.-J. Leveau, Lingée, de Longueil, Louis Legrand, Le Roy, Masquelier, D. Née, N. Ponce, Mme Ponce et Simonnet*. M. Renouard avait préféré pour le texte l'édition originale de 1772, qu'il avait complétée à l'aide de fragments empruntés à une autre édition. Quant aux illustrations, ce sont celles de 1773 jointes aux pièces exécutées spécialement pour l'édition de 1772 ; en voici un relevé dû à M. EUGÈNE PAILLET :

Tome I. — 1. Titre gravé de 1773, avec la lettre.
2.   —   DESSIN ORIGINAL à la mine de plomb.
3. Portrait de Dorat, gravé par *N. de Launay*, d'après *Denon*.
4. Titre imprimé (1772), avec fleuron.
5. Le même fleuron tiré à part.
6.   —   ea -forte.
7.   —   es lisse du DESSIN à l'encre de Chine
8. Frontispice (*La Fable et la Vérité*), état ordinaire.
9. En-tête (1772), gravure de l'édition, avec la lettre (*La Fable et la Vérité*).
10.   —   eau-forte.
11.   —   DESSIN à la mine de plomb.
12.   — (1773), tirage à part.
13.   —   DESSIN à la mine de plomb.
14. Cul-de-lampe (1873), tirage à part.
15.   —   —   DESSIN à la mine de plomb.
16. En-tête   —   tirage à part (*Audience des oiseaux*).
17.   —   —   DESSIN à la mine de plomb.
18. Cul-de-lampe   —   tirage à part.
19.   —   —   DESSIN à la mine de plomb.
20. En-tête   —   tirage à part (*Les deux Faucons*).
21.   —   —   DESSIN à la mine de plomb.
22. Cul-de-lampe   —   DESSIN à la mine de plomb.
23.   —   —   tirage à part.
24. En-tête   —   tirage à part (*Le Secret de l'éducation*).
25.   —   —   eau-forte.
26.   —   —   DESSIN à la mine de plomb.
27. Cul-de-lampe   —   DESSIN à la mine de plomb.
28.   —   —   eau-forte.
29.   —   —   tirage à part.
30. En-tête   —   tirage à part (*L'Abeille et le Papillon*).
31.   —   —   DESSIN à la mine de plomb.
32. Cul-de-lampe   —   DESSIN à la mine de plomb.
33.   —   —   tirage à part.
34. En-tête   —   tirage à part (*L'Homme et le Singe*).
35.   —   —   DESSIN à la mine de plomb.
36. Cul-de-lampe   —   DESSIN à la mine de plomb.
37.   —   —   eau-forte.
38.   —   —   tirage à part.
39. En-tête   —   tirage à part (*Le Grillon et le Rossignol*).
40.   —   —   DESSIN à la sépia.
41. Cul-de-lampe   —   tirage à part.
42.   —   —   eau-forte.
43.   —   —   dessin à la mine de plomb, maladroitement refait sur la gravure.
44. En-tête   —   tirage à part (*Le Phénix*).
45.   —   —   DESSIN à la mine de plomb.
46. Cul-de-lampe   —   tirage à part.
47.   —   —   DESSIN à la mine de plomb.
48. En-tête   —   tirage à part (*Le Fermier, le Chien et le Chat*).
49.   —   —   DESSIN à la mine de plomb.
50. Cul-de-lampe   —   DESSIN à la mine de plomb.
51.   —   —   tirage à part.
52. En-tête   —   tirage à part (*La Colombe et le Moineau*).
53.   —   —   DESSIN à la mine de plomb.
54. Cul-de-lampe   —   DESSIN à la mine de plomb.
55.   —   —   tirage à part.
56. En-tête   —   tirage à part (*Le Lièvre et le Levrier*).
57.   —   —   DESSIN à la mine de plomb.
58. Cul-de-lampe   —   DESSIN à la mine de plomb.
59.   —   —   eau-forte.
60.   —   —   DESSIN à la mine de plomb.
61. En-tête   —   DESSIN à la mine de plomb (*Le Loup, le Renard et le Loup cervier*).
62.   —   —   tirage à part.
63. Cul-de-lampe   —   tirage à part.
64.   —   —   eau-forte.
65.   —   —   DESSIN à la mine de plomb.
66. En-tête   —   DESSIN à la mine de plomb (*Le Marchand, le Cheval et le Singe*).
67.   —   —   tirage à part.

BELLES-LETTRES.

68. Cul-de-lampe (1773),		tirage à part.
69. —	—	eau-forte.
70. —	—	DESSIN à la mine de plomb.
71. En-tête	—	tirage à part (*Les trois Pommes*).
72. Cul-de-lampe	—	tirage à part.
73. En-tête	—	tirage à part (*Le Courtisan et le Songe*).
74. —	—	DESSIN à la mine de plomb.
75. Cul-de-lampe	—	DESSIN à la mine de plomb.
76. —	—	tirage à part.
77. En-tête	—	tirage à part (*La Vision*).
78. —	—	DESSIN à la sépia.
79. Cul-de-lampe	—	DESSIN à la sépia.
80. —	—	tirage à part.
81. En-tête	—	tirage à part (*Le Renard et les jeunes Lapins*).
82. —	—	DESSIN à la mine de plomb.
83. Cul-de-lampe	—	DESSIN à la mine de plomb.
84. En-tête	—	tirage à part (*Le Serpent et la Colonne*).
85. —	—	eau-forte.
86. —	—	DESSIN à la sépia.
87. Cul-de-lampe	—	DESSIN à la sépia.
88. —	—	tirage à part.
89. En-tête	—	tirage à part (*Le Chasseur et le Chevreuil*).
90. —	—	eau-forte.
91. —	—	DESSIN à la mine de plomb.
92. Cul-de-lampe	—	DESSIN à la mine de plomb.
93. —	—	tirage à part.
94. En-tête	—	tirage à part (*Le Centurion et le Singe*).
95. —	—	DESSIN à la mine de plomb.
96. Cul-de-lampe	—	DESSIN à la mine de plomb.
97. —	—	tirage à part.
98. En-tête	—	tirage à part (*L'Ane et le Lion*).
99. —	—	DESSIN à la mine de plomb.
100. Cul-de-lampe	—	DESSIN à la mine de plomb.
101. —	—	tirage à part.
102. En-tête	—	tirage à part (*L'Aigle et le Moucheron*).
103. —	—	DESSIN à la mine de plomb.
104. Cul-de-lampe	—	DESSIN à la mine de plomb.
105. —	—	tirage à part.
106. En-tête	—	tirage à part (*L'Élan et l'Homme*).
107. —	—	DESSIN à la mine de plomb.
108. Cul-de-lampe	—	DESSIN à la mine de plomb.
109. —	—	tirage à part.
110. —	—	eau-forte.
Tome II. — 1. Titre gravé (1773),		avec la lettre.
2. —		avant la lettre.
3. —	—	DESSIN à la sépia.
4. En-tête	—	tirage à part (*Le Mulot et la Fourmi*).
5. —	—	DESSIN à la sépia.
6. Cul-de-lampe	—	tirage à part.
7. —	—	DESSIN à la sépia.
8. En-tête	—	tirage à part (*Le Merle et le Ver luisant*).
9. —	—	DESSIN à la mine de plomb.
10. Cul-de-lampe	—	DESSIN à la mine de plomb.
11. —	—	tirage à part.
12. En-tête	—	tirage à part (*La Justice des animaux*).
13. —	—	DESSIN à la mine de plomb.
14. Cul-de-lampe	—	tirage à part.
15. En-tête	—	tirage à part (*Prométhée*).
16. —	—	DESSIN à la mine de plomb.
17. Cul-de-lampe	—	DESSIN à la mine de plomb.
18. —	—	tirage à part.
19. En-tête	—	tirage à part (*Le Loup et l'Ane*).
20. —	—	DESSIN à la mine de plomb.
21. Cul-de-lampe	—	DESSIN à la mine de plomb.
22. —	—	tirage à part.
23. En-tête	—	tirage à part (*La Chouette*).
24. —	—	DESSIN à la mine de plomb.
25. Cul-de-lampe	—	DESSIN à la mine de plomb.
26. —	—	tirage à part.
27. En-tête	—	tirage à part (*L'Envieux*).
28. —	—	eau-forte.
29. —	—	DESSIN à la mine de plomb.
30. Cul-de-lampe	—	DESSIN à la mine de plomb.
31. —	—	tirage à part.
32. En-tête	—	tirage à part (*La Jardinière et l'Abeille*).
33. —	—	DESSIN à la mine de plomb.
34. Cul-de-lampe	—	DESSIN à la mine de plomb.
35. —	—	tirage à part.
36. En-tête	—	tirage à part (*Les Moineaux et le Temple*).
37. —	—	DESSIN à la mine de plomb.
38. Cul-de-lampe	—	DESSIN à la mine de plomb.

BELLES-LETTRES.

```
39.  Cul-de-lampe (1773), eau-forte.
40.     —            —     tirage à part.
41.  En-tête         —     tirage à part (L'Hirondelle).
42.     —            —     eau-forte.
43.     —            —     DESSIN à la sépia.
44.  Cul-de-lampe    —     DESSIN à la sépia.
45.     —            —     eau-forte.
46.     —            —     tirage à part.
47.  En-tête         —     tirage à part (Le Loup et le Berger).
48.  Cul-de-lampe    —     tirage à part.
49.     —            —     dessin à la mine de plomb, maladroitement refait
                            sur la gravure et signé J. A.
50.  En-tête         —     DESSIN à la mine de plomb (L'Autruche).
51.     —            —     eau-forte.
52.     —            —     tirage à part.
53.  Cul-de-lampe    —     tirage à part.
54.     —            —     DESSIN à la mine de plomb.
55.  En-tête         —     DESSIN à la mine de plomb (Le Bureau et la Toilette).
56.     —            —     tirage à part.
57.  Cul-de-lampe    —     tirage à part.
58.     —            —     DESSIN à la mine de plomb.
59.  En-tête         —     DESSIN à la mine de plomb (L'illustre Mort).
60.     —            —     tirage à part.
61.  Cul-de-lampe    —     tirage à part.
62.     —            —     DESSIN à la mine de plomb.
63.  En-tête         —     DESSIN à la mine de plomb (L'Huître et l'Homme).
64.     —            —     tirage à part.
65.  Cul-de-lampe    —     tirage à part.
66.     —            —     DESSIN à la mine de plomb.
67.  En-tête         —     DESSIN à la mine de plomb (Le Sceptre et l'Eventail).
68.     —            —     tirage à part.
69.  Cul-de-lampe    —     tirage à part.
70.     —            —     DESSIN à la mine de plomb.
71.  En-tête         —     DESSIN à la mine de plomb (L'Ours et les Mouches
                            à miel).
72.     —            —     tirage à part.
73.  Cul-de-lampe    —     tirage à part.
74.     —            —     DESSIN à la mine de plomb.
75.     —            —     eau-forte.
76.  En-tête         —     tirage à part (Le Chat et le Coq).
77.     —            —     eau-forte.
78.     —            —     DESSIN à la mine de plomb.
79.  Cul-de-lampe    —     DESSIN à la mine de plomb.
80.     —            —     tirage à part.
81.  En-tête         —     tirage à part (L'Aigle et la Corneille).
82.     —            —     DESSIN à la mine de plomb.
83.  Cul-de-lampe    —     DESSIN à la mine de plomb.
84.     —            —     tirage à part.
85.  En-tête         —     tirage à part (Le Renard et le Dogue).
86.     —            —     DESSIN à la mine de plomb.
87.  Cul-de-lampe    —     DESSIN à la mine de plomb.
88.     —            —     tirage à part.
89.  En-tête         —     tirage à part (Le Faune trompé).
90.     —            —     DESSIN à la mine de plomb.
91.  Cul-de-lampe    —     DESSIN à la mine de plomb.
92.     —            —     tirage à part.
93.  En-tête         —     tirage à part (Les Refus).
94.     —            —     DESSIN à la mine de plomb.
95.  Cul-de-lampe    —     DESSIN à la mine de plomb.
96.     —            —     tirage à part.
97.  En-tête         —     tirage à part (Le Novateur).
98.     —            —     DESSIN à la sépia.
99.  Cul-de-lampe    —     DESSIN à la sépia.
100.    —            —     tirage à part.

Tome III. — 1. Titre gravé (1773), avec la lettre.
          2.  En-tête         —     tirage à part (Théone et Kia).
          3.     —            —     eau-forte.
          4.     —            —     DESSIN à la mine de plomb.
          5.  Cul-de-lampe    —     DESSIN à la mine de plomb.
          6.     —            —     eau-forte.
          7.     —            —     tirage à part.
          8.  En-tête         —     tirage à part (Le jeune Lion et le Tigre).
          9.     —            —     DESSIN à la mine de plomb.
         10.  Cul-de-lampe    —     DESSIN à la mine de plomb.
         11.     —            —     tirage à part.
         12.  En-tête         —     tirage à part (Le Lustre et la Lampe)
         13.     —            —     DESSIN à la mine de plomb.
         14.  Cul-de-lampe    —     DESSIN à la mine de plomb.
         15.     —            —     tirage à part.
         16.  En-tête         —     tirage à part (La Linotte).
         17.     —            —     DESSIN à la mine de plomb.
```

BELLES-LETTRES. 597

18. Cul-de-lampe (1773), DESSIN à la mine de plomb.
19. — — eau-forte.
20. — — tirage à part.
21. En-tête — tirage à part (*L'Écho*).
22. — — DESSIN à la mine de plomb.
23. Cul-de-lampe — DESSIN à la mine de plomb.
24. — — eau-forte.
25. — — tirage à part.
26. En-tête — tirage à part (*Le Tyran et l'Ombre*).
27. — — DESSIN à la sépia.
28. Cul-de-lampe — DESSIN à la sépia.
29. — — tirage à part.
30. En-tête — tirage à part (*Les deux Ruisseaux*).
31. — — DESSIN à la mine de plomb.
32. Cul-de-lampe — DESSIN à la mine de plomb.
33. — — tirage à part.
34. En-tête — tirage à part (*L'Âne vert*).
35. — — DESSIN à la mine de plomb.
36. Cul-de-lampe — DESSIN à la mine de plomb.
37. — — tirage à part.
38. En-tête — tirage à part (*La bonne Brebis*).
39. — — DESSIN à la mine de plomb.
40. Cul-de-lampe — DESSIN à la mine de plomb.
41. — — tirage à part.
42. En-tête — tirage à part (*Le Diamant et le Lapidaire*).
43. — — DESSIN à la mine de plomb.
44. Cul-de-lampe — DESSIN à la mine de plomb.
45. — — tirage à part.
46. En-tête — tirage à part (*La Mule et la Pantoufle du Muphti*).
47. — — DESSIN à la mine de plomb.
48. Cul-de-lampe — DESSIN à la mine de plomb.
49. — — tirage à part.
50. En-tête — tirage à part (*La Tulipe et les Bleuets*).
51. — — DESSIN à la mine de plomb.
52. Cul-de-lampe — DESSIN à la mine de plomb.
53. — — tirage à part.
54. En-tête — tirage à part (*La Fortune, l'Amour et le Destin*).
55. — — DESSIN à la mine de plomb.
56. — — eau-forte.
57. Cul-de-lampe — eau-forte.
58. — — DESSIN à la mine de plomb.
59. — — tirage à part.
60. En-tête — tirage à part (*Le Chêne et le Gland*).
61. — — DESSIN à la mine de plomb.
62. Cul-de-lampe — DESSIN à la mine de plomb.
63. — — tirage à part.
64. En-tête — tirage à part (*La Force des larmes*).
65. — — eau-forte.
66. — — DESSIN à la mine de plomb.
67. Cul-de-lampe — DESSIN à la mine de plomb.
68. — — CROQUIS à la sépia.
69. — — tirage à part.
70. En-tête — tirage à part (*L'Escargot et la Cigale*).
71. — — DESSIN à la mine de plomb.
72. Cul-de-lampe — DESSIN à la mine de plomb.
73. — — tirage à part.
74. En-tête — tirage à part (*Jeannot et le Frélon*).
75. — — eau-forte.
76. — — DESSIN à la sépia.
77. Cul-de-lampe — DESSIN à la sépia.
78. — — eau-forte.
79. — — tirage à part.
80. En-tête — tirage à part (*La Souris voyageuse*).
81. — — DESSIN à la mine de plomb.
82. — — DESSIN à la mine de plomb.
83. Cul-de-lampe — DESSIN à la sépia.
84. — — tirage à part.
85. En-tête — tirage à part (*La Poule aveugle*).
86. — — DESSIN à la mine de plomb.
87. Cul-de-lampe — DESSIN à la mine de plomb.
88. — — tirage à part.
89. En-tête — tirage à part (*L'Âne et le Cheval*).
90. — — DESSIN à la sépia.
91. Cul-de-lampe — DESSIN à la sépia.
92. — — DESSIN à la mine de plomb.
93. — — tirage à part.
94. En-tête — tirage à part (*Le Loup et le Hérisson*).
95. — — eau-forte.
96. — — DESSIN à la sépia.
97. Cul-de-lampe — DESSIN à la sépia.
98. — — tirage à part.
99. En-tête — tirage à part (*Les Voyages de la Vérité*).

598   BELLES-LETTRES.

	100.	En-tête	(1773) , DESSIN à la sépia.
	101.	Cul-de-lampe	— DESSIN à la sépia.
	102.	—	— tirage à part.
	103.	En-tête	— tirage à part (*Le Chapeau*).
	104.	—	— DESSIN à la sépia.
	105.	Cul-de-lampe	— DESSIN à la sépia.
	106.	—	— tirage à part.
	107.	En-tête	— tirage à part (*Le Conseil des animaux*).
	108.	—	— eau-forte.
	109.	—	— DESSIN à la sépia.
	110.	Cul-de-lampe	— DESSIN à la sépia.
	111.	—	— eau-forte.
	112.	—	— tirage à part.
	113.	En-tête	— tirage à part (*L'Esprit du peuple*).
	114.	—	— eau-forte.
	115.	—	— DESSIN à la sépia.
	116.	Cul-de-lampe	— DESSIN à la sépia.
	117.	—	— tirage à part.
	118.	En-tête	— tirage à part (*Le Paon et l'Arc-en-Ciel*).
	119.	—	— DESSIN à la sépia.
	120.	Cul-de-lampe	— DESSIN à la sépia.
	121.	—	— tirage à part.
	122.	En-tête	— tirage à part (*Le Bouc et le Linx*).
	123.	—	— eau-forte.
	124.	—	— DESSIN à la sépia.
	125.	Cul-de-lampe	— DESSIN à la sépia.
	126.	—	— tirage à part.
	127.	En-tête	— tirage à part (*Le Singe et le Renard*).
	128.	—	— eau-forte.
	129.	—	— DESSIN à la sépia.
	130.	Cul-de-lampe	— DESSIN à la sépia.
	131.	—	— tirage à part.
	132.	En-tête	— tirage à part (*La Goutte d'eau*).
	133.	—	— DESSIN à la sépia.
	134.	Cul-de-lampe	— DESSIN à la sépia.
	135.	—	— tirage à part.
	136.	En-tête	— tirage à part (*Les Fourmis, les Lapins et les Moineaux*).
	137.	—	— eau-forte.
	138.	—	.. DESSIN à la sépia.
	139.	Cul-de-lampe	— tirage à part.
Tome IV. —	1.	Frontispice (*La Fable et la Vérité*), état ordinaire.
	2.	—	— DESSIN à la mine de plomb.
	3.	En-tête	(1773), DESSIN à la mine de plomb (*Les Oiseaux de proie*).
	4.	—	— eau-forte.
	5.	—	— tirage à part.
	6.	Cul-de-lampe	— tirage à part
	7.	—	— eau-forte.
	8.	—	— DESSIN à la mine de plomb.
	9.	En-tête	— DESSIN à la mine de plomb (*Le Jet d'eau et le Réservoir*).
	10.	—	— tirage à part.
	11.	Cul-de-lampe	— tirage à part.
	12.	—	— DESSIN à la mine de plomb.
	13.	En-tête	— tirage à part (*Les Deux Mondes*).
	14.	—	— DESSIN à la mine de plomb.
	15.	Cul-de-lampe	— DESSIN à la mine de plomb.
	16.	—	— tirage à part.
	17.	En-tête	— tirage à part (*La Leçon d'un vieillard*).
	18.	—	— eau-forte.
	19.	—	— DESSIN à la mine de plomb.
	20.	Cul-de-lampe	— DESSIN à la mine de plomb.
	21.	—	— tirage à part.
	22.	En-tête	— tirage à part (*La Tourterelle et le Bouvreuil*).
	23.	—	— DESSIN à la sépia.
	24.	Cul-de-lampe	— DESSIN à la sépia.
	25.	—	— tirage à part.
	26.	En-tête	— tirage à part (*Le Mouton, le Renard et le Loup*).
	27.	—	— DESSIN à la mine de plomb.
	28.	Cul-de-lampe	— DESSIN à la mine de plomb.
	29.	—	— tirage à part.
	30.	En-tête	— tirage à part (*Les Animaux législateurs*).
	31.	—	— DESSIN à la mine de plomb.
	32.	Cul-de-lampe	— DESSIN a la mine de plomb.
	33.	—	— tirage à part.
	34.	En-tête	— tirage à part (*Le Lingot d'or et le Morceau de fer*).
	35.	—	— DESSIN à la mine de plomb.
	36.	Cul-de-lampe	— DESSIN à la mine de plomb.
	37.	—	— tirage à part.
	38.	En-tête	— tirage à part (*Le Tonnerre et les Grenouilles*).

BELLES-LETTRES.   599

39. En-tête   (1773),   DESSIN à la mine de plomb.
40. Cul-de-lampe   —   DESSIN à la mine de plomb.
41.   —   —   tirage à part.
42. En-tête   —   — (*Le Chemin perdu et retrouvé*).
    Cette planche est la 1re qui ait été gravée, car il y a 2 planches différentes, et celle-ci a été faite dans la prison du Châtelet.
43.   —   —   DESSIN à la mine de plomb.
44. Cul-de-lampe   —   DESSIN à la mine de plomb.
45.   —   —   tirage à part.
46. En-tête   —   tirage à part (*L'Aiglonne et les Paons*).
47.   —   —   DESSIN à la mine de plomb.
48. Cul-de-lampe   —   DESSIN à la mine de plomb.
49.   —   —   tirage à part.
50. En-tête   —   tirage à part (*Les Astrologues*).
51.   —   —   DESSIN à la mine de plomb.
52. Cul-de-lampe   —   DESSIN à la mine de plomb.
53.   —   —   tirage à part.
54. En-tête   —   tirage à part (*Le Nain d'Athènes*).
55.   —   —   eau-forte.
56.   —   —   DESSIN à la sépia.
57. Cul-de-lampe   —   DESSIN à la sépia.
58.   —   —   eau-forte.
59.   —   —   tirage à part.
60. En-tête   —   tirage à part (*La Rancune de l'Ours*).
61.   —   —   eau-forte.
62.   —   —   DESSIN à la mine de plomb.
63. Cul-de-lampe   —   DESSIN à la mine de plomb.
64.   —   —   tirage à part.
65. En-tête   —   tirage à part (*Le Philosophe et son Chien*).
66.   —   —   DESSIN à la mine de plomb.
67. Cul-de-lampe   —   DESSIN à la mine de plomb.
68.   —   —   tirage à part.
69. En-tête   —   tirage à part (*Le Laboureur et le Bourgeon*).
70.   —   —   eau-forte.
71.   —   —   DESSIN à la mine de plomb.
72. Cul-de-lampe   —   DESSIN à la mine de plomb.
73.   —   —   eau-forte.
74.   —   —   tirage à part.
75. En-tête   —   tirage à part (*La Mouche et la Fourmi*).
76.   —   —   DESSIN à la mine de plomb.
77. Cul-de-lampe   —   DESSIN à la mine de plomb.
78.   —   —   tirage à part.
79. En-tête   —   tirage à part (*L'Arc, la Flèche, l'Homme et l'Insecte*).
80.   —   —   eau-forte.
81.   —   —   DESSIN à la mine de plomb.
82. Cul-de-lampe   —   DESSIN à la mine de plomb.
83.   —   —   tirage à part.
84. En-tête   —   tirage à part (*Le Soleil et le Nuage*).
85.   —   —   DESSIN à la mine de plomb.
86. Cul-de-lampe   —   DESSIN à la mine de plomb.
87.   —   —   tirage à part.
88. En-tête   —   tirage à part (*Le Conquérant et le Pasteur*).
89.   —   —   DESSIN à la mine de plomb.
90. Cul-de-lampe   —   DESSIN à la mine de plomb.
91.   —   —   tirage à part.
92. En-tête   —   tirage à part (*Le Sylphe et le Pygmée*).
93.   —   —   eau-forte.
94.   —   —   DESSIN à la mine de plomb.
95. Cul-de-lampe   —   DESSIN à la mine de plomb.
96.   —   —   eau-forte.
97.   —   —   tirage à part.
98. En-tête   —   tirage à part (*L'Enfant et le Hochet*).
99.   —   —   DESSIN à la mine de plomb.
100. Cul-de-lampe   —   DESSIN a la mine de plomb.
101. —   —   tirage à part.
102. En-tête   —   tirage à part (*La Pie bel esprit*).
103. —   —   eau-forte.
104. —   —   DESSIN à la sépia.
105. Cul-de-lampe (1772),   dans le texte.
106. —   —   eau-forte.
107. —   —   DESSIN à la mine de plomb.
108. Cul-de-lampe (1773),   DESSIN à la sépia.
109. —   —   eau-forte.
110. —   —   tirage à part.

En résumé, le nombre des illustrations est de 459.

917. FABLES, par M. Boisard, De l'Académie des Belles-Lettres de Caën, Secrétaire du Conseil et des Finances de

Monsieur, frère du Roi. Seconde Édition. M.D.CC.LXXVII [1777]. 2 vol. in-8, demi-rel., dos et c. mar. citr., fil., tr. dor. (*Trautz-Bauzonnet.*)

Première Partie : 220 pp. (y compris les ff. lim.) et 1 f. pour le *Privilége*, plus 5 figg.

Seconde Partie : 307 pp. et 4 figg.

Le v° des faux-titres porte la mention suivante : *Ces deux Volumes se distribuent à Paris, chez Lacombe, Libraire, rue de Tournon, près le Luxembourg. Esprit, Libraire, au Palais-Royal.* On lit, en outre, à la fin de chaque volume : *De l'Imprimerie de Michel Lambert, rue de la Harpe, près S. Côme.*

Les figures, dessinées par *Monnet*, ont été gravées par *H.-L. Schmitz* (8) et *Aug. de Saint-Aubin* (1). *Monnet* est également l'auteur de 2 fleurons qui ornent les titres et de 2 culs-de-lampe placés à la fin de chaque volume. Le cul-de-lampe du tome Ier a été gravé par *Aug. de Saint-Aubin*, le fleuron du tome II par *H.-L. Schmitz*. Les deux autres vignettes ne portent aucune signature.

Exemplaire en GRAND PAPIER DE HOLLANDE, relié sur brochure.

918. LES || ŒVVRES || DE FEV MONSIEVR || DE BOVILLON, || Contenans || L'histoire de Ioconde. || Le Mary Commode. || L'Oyseau de Passage. || La mort de Daphnis. || L'amour desguisé. || Portraits. || Mascarades. || Airs de Cour. || Et plusieurs autres pieces galantes. || *A Paris*, || *Chez Claude Barbin, au Palais, vis à vis le* || *grand portail de la sainte Chapelle,* || *au signe de la Croix.* || M.DC.LXIII [1663]. || Auec Priuilege. In-12 de 1 f. pour le titre, 283 pp. et 1 f. pour le *Privilége*, dont le texte commence au v° de la p. 283, mar. r. de Tanger, tr. dor. (*Trautz-Bauzonnet.*)

Le poète Bouillon mourut en 1662. La *Joconde* parut en 1663, en même temps que celle de La Fontaine ; les deux ouvrages furent vivement discutées par les contemporains. Voy. Goujet, *Bibl. franç.*, XVII, 99, et Walckenaer, *Hist. de La Fontaine*, 1824, in-8, 136.

Le privilège, daté du 14 janvier 1663, est accordé pour sept ans à *Louis Billaine*, qui déclare y associer *Thomas Jolly, Charles de Sercy, Jean Guignard fils* et *Claude Barbin.*

L'achevé d'imprimer est du 21 mai 1663.

919. CONTES || ET NOVVELLES || EN VERS. || De M. de la Fontaine. || *A Paris,* || *Chez Claude Barbin, vis à vis* || *le Portail de la Sainte Chapelle,* || *au signe de la Croix.* || M.DC.LXV [1665]. || Auec Priuilege du Roy. In-12. — DEVXIESME PARTIE || DES || CONTES || ET NOVVELLES || EN VERS || De M. de la Fontaine. || *A Paris,* || *Chez Claude Barbin, au Palais,* || *sur le second Perron de la Ste Chapelle.* || M.DC.XLVI [sic, pour 1666]. || Auec Priuilege du Roy. In-12. — Ensemble

2 tom. en un vol. in-12, mar. citr., fil., dos orné, doublé de mar. bl., dent., tr. dor. (*Trautz-Bauzonnet.*)

Édition originale. Cette première édition avait été cependant précédée d'un fragment intitulé : *Nouvelles en vers tirée* [sic] *de Boccace et de l'Arioste, par M. de L. F.* (Paris, Cl. Barbin, in-12 de 72 pp.), qui ne contient que le *Cocu battu et content*, et la *Joconde*. Voy. Catal. Potier, 1870, n° 1019.

[*Première Partie*] : 11 et 92 pp., plus un f. pour l'*Extrait du Privilége* et 1 f. blanc.

Deuxiesme Partie : 11 et 160 pp., plus 2 ff. pour le *Privilége*.

La Ire *Partie* contient les pièces suivantes :

  1° *Joconde* ;
  2° *Richard Minutolo* ;
  3° *Le Cocu battu et contant* ;
  4° *Le Mary confesseur* ;
  5° *Conte d'une chose arrivée à C.* ;
  6° *Conte tiré d'Athenée* ;
  7° *Autre Conte tiré d'Athenée* ;
  8° *Conte de**** ;
  9° *Conte du juge de Mesle* ;
10° *Conte d'un paysan qui avoit offensé son seigneur* ;
11° *Imitation d'un livre intitulé* : *Les Arrests d'Amours* ;
12° *Les Amours de Mars et de Vénus, fragment* ;
13° *Balade.*

Le privilège, daté du 14° jour de janvier 1664, est accordé pour sept ans à *Cl. Barbin* ; il n'est relatif qu'à la *Joconde*.
L'achevé d'imprimer est du 10 janvier 1665.

La II° *Partie* contient :

  1° *Le Faiseur d'oreilles et le Raccommodeur de moules* ;
  2° *Le Berceau* ;
  3° *Le Muletier* ;
  4° *Regnauld d'Ast* ;
  5° *La Servante justifiée* ;
  6° *La Gageure des trois commères* ;
  7° *Le Calendrier des vieillards* ;
  8° *A femme avare galand escroc* ;
  9° *On ne s'avise jamais de tout* ;
10° *Le Villageois qui cherche son veau* ;
11° *L'Anneau d'Hans Carvel* ;
12° *Le Gascon puny* ;
13° *La Fiancée du roy de Garbe.*

Le privilège, daté du 30 octobre 1665 et relatif à la *Deuxième Partie des des Contes et Nouvelles en vers de M. de La Fontaine*, est accordé pour cinq ans à *Claude Barbin*, qui déclare en céder la moitié à *Louys Billaine*. — L'achevé d'imprimer est du 21 janvier 1666.

920. CONTES || ET || NOVVELLES || EN VERS. || De M. de la Fontaine. || *A Paris,* || *Chez Loüys Billaine, dans la* || *grand' Salle du Palais, au second* || *Pillier, à la Palme, & au* || *Grand Cesar.* || M.DC.LXVII [1667]. || Auec Priuilege du Roy. — DEVXIESME PARTIE || DES || CONTES || ET NOVVELLES. || En Vers. || De M. de la Fontaine. || *A Paris,* || *Chez Loüys Billaine dans la grand'Salle du Palais, au second* || *Pillier, à 'a Palme, & au* || *Grand Cesar,* || M.DC.LXVII [1667]. || Avec Privilege du Roy. — Ensemble 2 part. eu

un vol. pet. in-12, mar. citr., fil., dos orné, tr. dor. (*Trautz-Bauzonnet.*)

Réimpression des deux premières parties et seconde édition sous la date de 1667 ; elle contient les mêmes pièces que la première édition.

[*Première Partie*] : 11 pp. pour le titre et la *Preface* ; 92 pp. et 1 f. po· l'*Extrait du Privilége*. — Le 14° vers de la p. 4 est ainsi conçu :
Et de luy faire des adieux.

[*Deuxiesme Partie*] : 11 pp. pour le titre et la *Preface* ; 160 pp. de texte; 2 ff. pour le *Privilége*.

Les priviléges et les achevés d'imprimer sont les mêmes que dans l'édition précédente.

921. CONTES || ET || NOUVELLES || en Vers. || De M. de la Fontaine. || *A Paris*, || *Chez Louys Billaine, dans la grand'* || *Salle du Palais, au second Pillier,* || *à la Palme, & au Grand Cesar.* || M.DC.LXIX [1669]. || Avec Privilege du Roy. In-12 de 6 ff. et 249 pp., mar. citr., fil., dos orné, doublé de mar. bl., dent., tr. dor. (*Trautz-Bauzonnet.*)

Troisième édition originale. Elle contient les mêmes pièces que les deux premières, plus quatre nouveaux contes, savoir : *Les Frères de Catalogne* (après le *Faiseur d'oreilles*), *L'Hermite*, *Mazet de Lamporechio* et *La Coupe enchantée* (après la *Fiancée du roy de Garbe*). *La Servante justifiée* se termine (p. 119) par deux vers fort peu corrects que Charles Nodier et M. Brunet ont été les premiers à signaler, sans oser toutefois les reproduire. Cette particularité ne se trouve pas dans tous les exemplaires.

Les ff. lim. contiennent le titre, la *Preface* et la *Table*.

La *Dissertation sur la Joconde* (par BOILEAU), qui est placée à la fin du volume (pp. 222-249) n'avait pas encore été imprimée.

Au v° de la p. 249 est placé un extrait du privilége accordé à *Barbin*, le 20 octobre 1665, avec mention de l'association formée entre lui, *Louis Billaine* et *Denys Thierry*. Il n'y a pas d'achevé d'imprimer.

922. CONTES || ET || NOVVELLES || en Vers. || De M. de la Fontaine. || Troisiesme Partie. || *A Paris*, || *Chez Claude Barbin, au Palais, sur* || *le Perron de la sainte Chapelle.* || M.DC.LXXI [1671] || Avec Privilege du Roy. In-12 de 1 f. et 211 pp., mar. citr., fil., dos orné, doublé de mar. bl., dent., tr. dor. (*Trautz-Bauzonnet.*)

Édition originale de la *Troisiesme Partie* ; elle contient quinze contes qui paraissent ici pour la première fois, savoir :

1° *Les Oyes de frére Philippe* ;
2° *La Mandragore* ;
3° *Les Remois* ;
4° *La Coupe enchantée* ;
5° *Le Faucon* ;
6° *La Courtisanne amoureuse* ;
7° *Nicaise* ;
8° *Le Bast* ;
9° *Le Baiser rendu* ;
10° *Epigramme* ;
11° *Imitation d'Anacreon* ;
12° *Autre Imitation d'Anacreon* ;
13° *La Difference de beaux yeux et de belle bouche* ;

BELLES-LETTRES. 603

14° *Le Petit Chien qui secoue de l'argent et des pierreries ;*
15° *Climéne, comedie.*

L'*Extrait du privilége*, qui occupe le v° de la page 211, est un rappel des priviléges des 20 octobre 1665, 6 juin 1667 et 2 mars 1668.

L'achevé d'imprimer est du 27 janvier 1671.

923. CONTES || ET || NOVVELLES || en Vers , || De M. de la Fontaine. || Troisiesme Partie. || *A Paris* , || *Chez Claude Barbin, au Palais,* || *sur le Perron de la sainte Chapelle.* || M.DC.LXXI [1671]. || Avec Privilege du Roy. In-8 de 191 pp., mar. citr., fil., dos orné, doublé de mar. bl., dent., tr. dor. (*Trautz-Bauzonnet.*)   V. 5. 38

Réimpression qui ne paraît pas avoir été exécutée en France. Les caractères trahissent une officine hollandaise. Chaque page porte une réclame. Il est possible d'ailleurs que cette réimpression ait été exécutée pour *Barbin*, car le v° de la p. 191 contient l'extrait des priviléges, avec un rappel de l'achevé d'imprimer du 27 janvier 1671.

924. NOUVEAUX || CONTES || de Monsieur || De La Fontaine. || *A Mons* , || *Chez Gaspar Migeon Imprimeur.* || M.DC. LXXIV [1674]. In-12 de 168 pp., mar. citr., fil., dos orné , doublé de mar. bl., tr. dor. (*Trautz-Bauzonnet.*)   V. 5. 17

Édition originale de la quatrième partie des *Contes*. Elle contient :

   1° *Comment l'esprit vient aux filles ;*
   2° *L'Abbesse ;*
   3° *Les Troqueurs ;*
   4° *Le Cas de conscience ;*
   5° *Le Diable de Papefiguière ;*
   6° *Feronde, ou le Purgatoire ;*
   7° *Le Psautier ;*
   8° *Le roy Candaule et le Maitre en droit ;*
   9° *Le Diable en enfer ;*
10° *La Jument du compère Pierre ;*
11° *Pasté d'Anguille ;*
12° *Les Lunettes ;*
13° *Janot et Catin ;*
14° *Le Cuvier ;*
15° *La Chose impossible ;*
16° *Le Magnifique ;*
17° *Le Tableau.*

La Fontaine avait obtenu, on l'a vu ci-dessus, plusieurs priviléges pour ses *Contes*, mais la publication de la quatrième partie fut interdite, et elle dut être imprimée clandestinement. M. Brunet (III , 758) pense que l'édition aura été imprimée dans quelque ville de province , et regarde comme imaginaire la rubrique de *Mons* , *Gaspar Migeon* , bien qu'il y ait eu à Mons un imprimeur bien connu , appelé *Migeot*. M. Claudin , le savant auteur du Catalogue Rochebilière (n° 154) , est tenté de supposer que le volume a été imprimé à Reims ou à Châlons , par les soins du chanoine Maucroix. M. Rousselle , l'auteur de la *Bibliographie montoise* (n°⁸ 394 et 395) , croit au contraire que deux éditions des *Nouveaux Contes* de La Fontaine ont effectivement vu le jour à Mons; mais il ne dit pas pourquoi le nom de *Migeot* aurait été défiguré. Cette altération seule nous ferait rejeter l'opinion de M. Rousselle , quand même il ne nous paraîtrait pas impossible que le janséniste Migeot , l'élève de Charles Savreux , l'imprimeur ordinaire de Port-Royal à Paris, eût prêté ses presses pour la publication des *Nouveaux Contes*.

C'est contre le recueil de 1674 que fut rendue, en avril 1675, la sentence prohibitive du lieutenant de police La Reynie.

925. CONTES ET NOUVELLES en vers, Par M. de la Fontaine. *A Amsterdam* [*Paris*]. M.DCC.LXII [1762]. 2 vol. en 4 tomes in-8, mar. bl., fil., comp., dos ornés, tr. dor. (*Duru.*)

Tome I : xiv pp., 1 f., 268 pp. (plus 4 pp. d'*Avertissement*, qui n'appartiennent pas à l'édition), 1 f. de *Table*, 8 pp. pour l'*Avis au Relieur*, plus un portrait de *La Fontaine* et 39 figg.

Tome II : 1 f. pour le faux-titre, viij pp., 1 f., 306 pp., 2 ff. pour l'*Epitaphe de La Fontaine* et la *Table*, 4 ff. paginés 9-16 pour la suite de l'*Avis au Relieur*, plus un portrait d'*Eisen* et 41 figg.

Cette édition, dite « des Fermiers généraux », se termine par cinq contes qui ne sont pas de La Fontaine, savoir : La *Couturière*, le *Gascon* et la *Cruche*, par AUTEREAU; *Promettre est un et tenir est un autre*, par VERGIER; le *Rossignol*, attribué, soit à LAMBLIN, conseiller au parlement de Dijon, soit a DU TROUSSET DE VALINCOURT.

On a ajouté à cet exemplaire 16 DESSINS ORIGINAUX d'*Eisen*, les EAUX-FORTES des figures, en divers états, les TIRAGES A PART des fleurons de *Choffard*, et diverses figures qui ne font pas partie de l'édition.

Voici le détail des illustrations et des pièces ajoutées :

Tome I, Ire Partie. : Portrait de La Fontaine, par *Aug. de Saint-Aubin* (lettre grise); — id., par *Ficquet* d'après *H. Rigaud* (avec la lettre et avant la lettre, 3e état); — fleuron de *Choffard* sur le titre; — id., tiré à part; — *Avertissement*, 4 pp. chiffr. iij-vj; — petit portrait de La Fontaine, gravé par *C.-S. Gaucher* et tiré pour *Renouard* au bas de la p. viij; — faux-titre de *Joconde* (p. xv), fleuron de *Choffard*; — id. tiré à part; — en-tête du tome I, par *Choffard*; — id., tiré à part (épreuve d'artiste); — id., eau-forte; — id. tiré à part, avec deux portraits de La Fontaine par *J.-B.-M. Dupréel* et par *S.-M. Gaucher*; — eau-forte du portrait gravé par *S.-M. Gaucher*; — figure de *Joconde*, 1re édition; — id., eau-forte; — figure de *Joconde*, 2e éd.; — id., eau-forte de remarque; — figure de *Joconde* 3e éd.; — id., eau-forte; — fig. de *N. Le Mire* d'après *Eisen* (n'appartenant pas a l'édition); — fig. de *Moreau*, gravé par *Pigeot*, 1814, avant la lettre, papier fin; — fig. de *Joconde*, 4e éd.; — id., eau-forte; — p. 22, cul-de-lampe de *Choffard*; — id., tiré à part; — fig. du *Cocu battu*, gravée par *Longueil*; — id., eau-forte; — id., gravée par *Leveau*; — autre figure gravée par *N. Le Mire*, d'après *Eisen* (ne faisant pas partie de l'édition); — p. 29, cul-de-lampe de *Choffard*; — id., tiré à part; - fig. du *Mari confesseur* (2 épreuves); — autre fig. gravée par *N. Le Mire*, d'après *Eisen* (n'appartenant pas à l'édition); — figure du *Savetier*; — id., eau-forte; — autre fig., refusée; — id., eau-forte; — p. 34, cul-de-lampe de *Choffard*; — id., tiré à part; — id., eau-forte; — fig. du *Paysan*; — id., eau-forte — autre fig.; — p. 39, cul-de-lampe de *Choffard*; — id., tiré à part; — fig. du *Muletier*; — id., eau-forte; — autre fig. gravée par *N. Le Mire*, d'après *Eisen* (n'appartenant pas à l'édition); — fig. de *Gravelot*, gravée par *N. Le Mire* pour Boccace (*Dec.*, Giorn. III, 2), épreuve d'artiste; — id., eau-forte; — p. 46, cul-de-lampe de *Choffard*; — id., tiré à part; — fig. de la *Servante justifiée*; — id., eau-forte; — autre fig., refusée; — DESSIN d'*Eisen* à la mine de plomb, sur vélin; — p. 52, cul-de-lampe de *Choffard*; — id., tiré à part; — fig. de la *Gageure*, 1re éd.; — id., eau-forte; — fig. de la 2e éd.; — id., eau-forte; — autre fig., refusée; — id., eau-forte; — DESSIN d'*Eisen* sur vélin, — fig. de la 3e éd., gravée par *Lempereur*; — id., eau-forte; — fig. de la 4e éd.; — id., eau-forte; — fig. de *Cochin*, gravée par *N. Le Mire* pour Boccace (*Dec.*, Giorn. V, 7), épreuve d'artiste; — p. 67, fleuron de *Choffard*; — id., tiré à part; — fig. du *Calendrier*; — id., eau-forte; — autre fig., refusée; — DESSIN d'*Eisen* sur vélin; — p. 79, cul-de-lampe de *Choffard*; — id., tiré à part; — fig. pour *A femme avare galant escroc*; — id., eau-forte; — fig. de *C.-N Cochin*, gravée par *Flipart*, pour Boccace (*Dec.*, Giorn. VIII, 1), gravée par *J.-J. Flipart*, épreuve d'artiste; autre fig., refusée; — DESSIN d'*Eisen* sur vélin; — fig. pour *On ne s'avise jamais de tout*; — id., refusée, avec les noms des artistes : *Eisen* et *Lempereur ;* — id., refusée, avant les noms des artistes ; — DESSIN d'*Eisen* sur vélin ; — p. 86, cul-de-lampe de *Choffard ;* — id., tiré à part ; — fig. du *Gascon puni ;* — id., eau-forte ; — fig. de *J.-M. Moreau*, gravée par *J.-B. Simonet*, 1812, avant la lettre, papier fin ; — fig. non signée ; — p. 91, cul-de-lampe de *Choffard ;* — id., tiré à part ; — fig. de la *Fiancée du roi de Garbe*, 1ʳᵉ éd. ; — id., eau-forte ; — id., 2ᵉ édition, avec le nom du graveur *J. Aliamet ;* — id., eau-forte ; — id., 3ᵉ édition ; — id., eau-forte ; — p. 125, cul-de-lampe de *Choffard ;* — id., tiré à part.

Tome I, IIᵉ Partie : Faux-titre et titre du tome I ; — portr. de La Fontaine dit « au ruisseau blanc », avant la lettre ; — fleuron du titre tiré à part ; — id., eau-forte ; — DESSIN d'*Eisen* sur vélin, pour la *Coupe enchantée ;* — gravure refusée ; — autre fig., signée *De Lafosse sc.* ; — id., eau-forte ; — p. 146, cul-de-lampe de *Choffard ;* — id., tiré à part ; — id., eau-forte ; — fig. pour le *Faucon*, 1ʳᵉ édition ; — id., eau-forte ; — fig. de *J.-M. Moreau*, gravée par *J.-L. de Lignon ;* — fig. de *Cochin*, gravée par *Flipart*, pour Boccace (*Dec.*, Giorn. V, 9), épreuve d'artiste ; — fig. pour le *Faucon*, 2ᵉ édition, avant les noms ; — id., avec les noms : *Eisen* et *C. Baquoy* ; — id., eau-forte ; — fig. pour le *Petit Chien*, 1ʳᵉ édition ; — id., eau-forte ; — id., refusée ; — id., eau-forte ; — DESSIN d'*Eisen*, sur vélin ; — fig. de la 2ᵉ édition ; — id., eau-forte ; — p. 180, cul-de-lampe de *Choffard ;* — id., tiré à part ; — fig. du *Pâté d'anguille ;* — id., eau-forte ; — fig. du *Magnifique* (2 épreuves) ; — id., eau-forte ; — p. 193, cul-de-lampe de *Choffard ;* — id., tiré à part ; — id., eau-forte ; — fig. de la *Matrone d'Éphèse ;* — id., eau-forte ; — fig. de *J.-M. Moreau*, gravée par *P. Duflos*, 1776 ; — id., eau-forte ; — fig. de *Belphégor ;* — id., eau-forte ; — fig. de la *Clochette ;* — id., eau-forte ; — id., refusée ; — DESSIN d'*Eisen*, sur vélin ; — fig. de *J.-M. Moreau*, gravée par *De Villiers frères*, 1814, avant la lettre, papier fin ; — p. 221, cul-de-lampe de *Choffard ;* — id., tiré à part ; — fig. du *Glouton ;* — id., eau-forte ; — p. 223, cul-de-lampe de *Choffard ;* — id., tiré à part ; — id., eau-forte ; — fig. des *Deux Amis*, avec les noms ; — id., avant les noms ; — id., eau-forte, 2ᵉ état ; — id., eau-forte, 1ᵉʳ état ; — p. 225, cul-de-lampe de *Choffard ;* — id., tiré à part ; — id., eau-forte ; — fig. pour le *Juge de Mesle ;* — id., eau-forte ; — id., gravée par *Flipart*, refusée ; — p. 227, cul-de-lampe de *Choffard ;* — id., tiré à part ; — id., eau-forte ; — fig. pour *Alix malade* (2 épreuves) ; — p. 229, cul-de-lampe de *Choffard ;* — id., tiré à part ; — id., eau-forte ; — fig. pour le *Baiser rendu ;* — id., eau-forte ; — p. 231, cul-de-lampe de *Choffard ;* — id., tiré à part ; — fig. pour *Sœur Jeanne ;* — id., eau-forte ; — id., refusée ; — p. 233, cul-de-lampe de *Choffard ;* — id., tiré à part ; — fig. pour l'*Imitation d'Anacréon*, avant les noms ; — id., avec les noms : *Eisen* et *Lempereur ;* — id., eau-forte ; — p. 235, cul-de-lampe de *Choffard ;* — id., tiré à part ; — id., eau-forte ; — fig. pour l'*Autre Imitation d'Anacréon*, avant les noms ; — id., avec les noms : *Eisen* et *N. Le Mire ;* — id., eau-forte ; — portr. de Boileau, par *Aug. de Saint-Aubin*, lettre grise (n'appartenant pas à l'édition) ; — portrait d'Arioste, par *Ficquet*, avant la lettre ; — p. 268, cul-de-lampe de *Choffard ;* — id., tiré à part.

Tome II, Iʳᵉ Partie : Portrait de La Fontaine, gr. par *R. Delvaux*, d'après *H. Rigault*, pour les *Amours de Psyché ;* — portr. d'Eisen, gravé par *Ficquet*, d'après *Vispré ;* — id., eau-forte ; — fleuron de *Choffard*, au titre ; — id., tiré à part ; — id., eau-forte ; — portrait de La Fontaine, gravé par *J.-F. Ribault*, d'après *H. Rigault*, 1812, lettre grise, papier fin ; — au rᵒ du faux-titre des *Oies de frère Philippe*, fleuron de *Choffard* ; — id., tiré à part ; — id., eau-forte ; — p. 1, fleuron de *Choffard ;* — id., tiré à part ; — id., eau-forte ; — fig. pour les *Oies ;* — id., eau-forte ; — id., refusée ; — id., eau-forte ; — fig. de *J.-M. Moreau*, gravée par *Delvaux*, avant la lettre. papier fin ; — p. 8, cul-de-lampe de *Choffard ;* — id., tiré à part ; — id., eau-forte ; — fig. de *Richard Minutolo ;* — id., eau-forte ; — fig. de *Gravelot*, gravée par *Lempereur*, pour Boccace (*Dec.*, Giorn., III, 6), épreuve d'artiste ; — p. 18, cul-de-lampe de *Choffard ;* — id., tiré à part ; — id., eau-forte ; — fig. des *Cordeliers de Catalogne ;* — id., eau-forte ; — fig. pour le *Berceau ;* — id., eau-forte ; — DESSIN d'*Eisen*, sur vélin, refusé ; — fig. de *Gravelot*, gravée par *Lempereur*, pour Boccace (*Dec.*, Giorn., IX, 6). épreuve d'artiste ; — id., eau-forte ; — fig. pour l'*Oraison de Saint-Julien ;* — id., eau-forte ; — fig. refusée ; — id., eau-forte ; — p. 51, cul-de-lampe de *Choffard ;* — id., tiré à part ; — id., eau-forte ; — fig. pour le *Villageois qui cherche son veau ;* id., eau-forte ; — p. 53, cul-de-lampe de *Choffard ;* — id., tiré à part ; — fig. de *Hans Carvel ;* — id., non terminée ; — id., eau-forte ; — fig. de l'*Hermite*, avec les noms : *Eisen* et *Aliamet ;* — id., sans les noms : — p. 65, cul-de-lampe de *Choffard ;* — id., tiré à part ; — fig. de *Mazet de Lamporechio*, avec les noms : *Eisen* et *N. Le Mire ;* — id., eau-forte ; — fig. de *Gravelot*, gravée par *Le Mire*, pour Boccace, (*Dec.*, Giorn. III, 1), épreuve d'artiste ; — fig. de *J.-M. Moreau*, gravée par *R. Delvaux*, avant la lettre, papier fin ; — fig. de la *Mandragore ;* — id., eau-forte ; — p. 88, cul-de-lampe de *Choffard ;* — id., tiré à part ; — id., eau-forte ; — fig. pour les *Rémois*, gravée par *Longueil ;* — id., eau-forte ; — id., refusée ; — DESSIN d'*Eisen*, sur vélin ; — p. 97, cul-de-lampe de *Choffard ;* — id., tiré à part ; — fig. pour la *Courtisanne amoureuse ;* — id., eau-forte ; — p. 111, cul-de lampe de *Choffard ;* — id., tiré à part ; — id., eau-forte ; — fig. pour *Nicaise ;* — id., eau-forte ; — p. 123, cul-de-lampe de *Choffard ;* — id., tiré à part : — id., eau-forte ; — fig. pour *Comment l'esprit vient aux filles ;* — id., eau-forte ; — DESSIN d'*Eisen*, sur vélin, refusé ; — gravure de ce dessin par *N. Le Mire ;* — id., eau-forte ; — fig. de l'*Abbesse malade ;* — id., eau-forte ; — fig. pour les *Troqueurs* (2 épreuves) — id., eau-forte; — p. 141, cul-de-lampe de *Choffard ;* — id., tiré à part ; — id., eau-forte ; — fig. pour le *Cas de conscience*, couverte ; — id., découverte ; — id., eau-forte, découverte, signée : *Eisen* et *Lempereur ;* — fig. de *J.-M. Moreau*, gravée par *De Villiers frères*, avant la lettre, papier fin ; — fig. pour le *Diable de Papefiguière*, couverte ; — id., découverte ; — p. 156, cul-de-lampe de *Choffard ;* — id., tiré à part ; — id., eau-forte ; — fig. pour *Féronde ;* — id., eau-forte ; — fig. de *Gravelot*, gravée par *N. Le Mire*, pour Boccace (*Dec.*, Giorn., III, 8), épreuve d'artiste ; — p. 165, cul-de-lampe de *Choffard ;* — id., tiré à part ; — id., eau-forte.

Tome II, IIe Partie : Portrait de La Fontaine, de l'édition *Renouard*, lettre grise ; — id., eau-forte ; — frontispice des *Estampes galantes* de Boccace (par *Gravelot*), avant la lettre ; — id., eau forte ; — titre du tome I ; — fig. du *Psautier*, — fig. du *Roi Candaule*, 1re édition ; — id., eau-forte ; — fig. refusée (inconnue aux iconographes) ; — fig. de la 2e édition ; — id., eau-forte ; — p. 187, cul-de-lampe de *Choffard* ; — id., tiré à part ; — id., eau-forte ; — fig. du *Diable en enfer ;* — id., eau-forte ; — fig. de *Desenne*, gravée par *De Villiers jeune* et *Bosq*, avant la lettre, papier fin ; — fig. de *Gravelot*, gravée par *Le Mire*, pour Boccace (*Dec.*, Giorn. III, 10), épreuve d'artiste ; — DESSIN d'*Eisen*, sur vélin, refusé ; — gravure (inconnue aux iconographes) ; — id., eau-forte ; — p. 197, cul-de-lampe de *Choffard ;* — id., tiré à part ; — fig. de la *Jument du compère Pierre ;* — id., eau-forte ; — fig. de *Gravelot*, gravée par *Le Mire*, pour Boccace (*Dec.*, Giorn. IX, 10), épreuve d'artiste ; — p. 206, cul-de lampe de *Choffard ;* — id., tiré à part ; — id., eau-forte ; — fig. des *Lunettes ;* — id., eau-forte à remarques ; — fig. de *J.-M. Moreau*, gravée par *J.-B. Simonnet*, 1813, avant la lettre, papier fin ; — fig. du *Cuvier ;* — id., eau-forte ; — fig. de *Gravelot*, gravée par *Le Mire*, pour Boccace (*Dec.*, Giorn. VII, 2), épreuve d'artiste ; — fig. de la *Chose impossible ;* — id., eau-forte ; — p. 222, cul-de-lampe de *Choffard ;* — id., tiré à part ; — id., eau-forte ; — fig. du *Tableau*, gravée par *Longueil ;* — id., eau-forte ; — autre fig., refusée ; — p. 232, cul-de-lampe de *Choffard ;* — id., tiré à part ; — id., eau-forte ; — fig. du *Bât ;* — id., eau-forte à remarques ; — p. 233, cul-de-lampe de *Choffard ;* — id., tiré à part ; — id., eau-forte ; — fig. du *Faiseur d'oreilles ;* — id., eau-forte ; — p. 243, cul-de-lampe de *Choffard ;* — id., tiré à part ; — id., eau-forte ; — fig. du *Fleuve Scamandre ;* — id., eau-forte ; — id., avec les noms des artistes : *Eisen* et *J. Aliamet ;* — p. 249, cul-de-

BELLES-LETTRES. 607

lampe de *Choffard* ; — id., tiré à part ; — id., eau-forte ; — fig. de la *Confidente sans le savoir* ; — fig. du *Reméde* ; — id., sans les ornements ; — p. 263, cul-de-lampe de *Choffard* ; — id., tiré à part ; — id., eau-forte ; — fig. des *Aveux* ; — id., eau-forte ; — p. 269, cul-de-lampe de *Choffard* ; — id., tiré à part : — id., eau-forte ; — fig. du *Contrat* ; — id., eau-forte ; — DESSIN d'*Eisen*, sur vélin, refusé : — gravure du dessin refusé ; — id., eau-forte ; — p. 275, cul-de-lampe de *Choffard* ; — id., tiré à part ; — fig. des *Quiproquo* ; — id., eau-forte ; — fig. de *J.-M. Moreau*, gravée par *Mariage*, avant la lettre, papier fin ; — DESSIN d'*Eisen*. sur vélin, pour la *Couturiére*, refusé, non gravé ; — fig. pour la *Couturiére* ; — id., eau-forte ; — p. 288, cul-de-lampe de *Choffard* ; — id., tiré à part, — fig. pour le *Gascon* ; — id., eau-forte ; — p. 290, cul-de-lampe de *Choffard* ; — id., tiré à part ; — id., eau-forte ; — fig. de la *Cruche* ; — autre fig., refusée (inconnue aux iconographes) ; — p. 292, cul-de-lampe de *Choffard* ; — id., tiré à part ; — fig. pour *Promettre est un et tenir est un autre* ; — id., eau-forte ; — p. 294, cul-de-lampe de *Choffard* , — id., tiré à part ; — id., eau-forte ; — fig. des *Rossignols*, gravée par *N. Le Mire* ; — id., eau-forte ; — fig. contrefaite par *Ludovicus Götly* ; — id., eau-forte ; — DESSIN d'*Eisen*, sur vélin, refusé ; — gravure du dessin refusé ; — fig. de *B. Picard* (*Dictionnaire des Graveurs*); — p. 306, cul-de-lampe avec portrait de *Choffard*, collier blanc avec nom ; — id., tiré à part , collier barré (2 épreuves) ; — id., tiré à part, collier blanc, sans nom ; — id., eau-forte ; — id., eau-forte, portrait sans accessoires ; — p. 307, cul-de-lampe de *Choffard* ; — id., tiré à part ; — fleuron de la contrefaçon, tiré à part ; — fig. représentant la Maison de La Fontaine à Château-Thierry, gravée en 1811 par *A. D. L.*; — *Avis au relieur* ; — prospectus daté de 1767.

« En résumé, ces quatre volumes renferment 231 dessins ou gravures se rapportant à l'édition de 1762. Toutes ces pièces, d'une insigne rareté, offrent un vif intérêt parce qu'elles permettent de suivre le travail des artistes dans la confection d'un livre aussi important. On comprend aussi les motifs qui ont fait rejeter plusieurs compositions et voiler certaines nudités.

« A ces 231 pièces se trouvent jointes 52 pièces qui n'appartiennent pas à l'édition et dont quelques-unes sont fort rares, comme l'eau-forte de *Moreau* pour la *Matrone d'Ephèse*. Le prospectus, bien qu'il ne soit daté que de 1767 est fort curieux ; il prouve que l'édition des Fermiers généraux avait été tirée à un grand nombre d'exemplaires, et n'était pas encore épuisée à cette date. » Note de M. EUGÈNE PAILLET.

Exemplaire de M. A.-R. RENOUARD (Cat., n° 1314).

926. CONTES ET NOUVELLES en vers, Par M. de La Fontaine. A Amsterdam [*Paris*]. M.DCC.LXII [1762]. 2 vol. in-8, portr. et figg., mar. r., fil., dos ornés, tr. dor. (*Anc. rel.*)

Autre exemplaire de l'édition dite des Fermiers généraux.
Aux armes de MARIE-THÉRÈSE DE SAVOIE, COMTESSE D'ARTOIS, morte le 2 juin 1805.

927. CONTES ET NOUVELLES en vers Par M. de La Fontaine. A Londres [*Paris, Cazin*]. M.DCC.LXXVII [1778]. 2 vol. in-18. — CONTES ET NOUVELLES en vers par MM. Voltaire, Vergier, Sénecé, Perrault, Moncrif, & le P. Ducerceau. Tome Troisieme. *A Londres*. M.DCC.LXXVIII. In-18. — CONTES ET NOUVELLES en vers Par MM. Grécourt, Autereau, Saint-Lambert, Champfort, Piron, Dorat, la Monnoye, & François de Neufchateau. Tome Quatrieme. *A Londres*.

608   BELLES-LETTRES.

M.DCC.LXXVIII. In-18. — Ensemble 4 vol. in-18, mar. v., fil., dos ornés, tr. dor. (*Derome le jeune.*)

Tome premier : 2 ff., xxiv et 272 pp., 1 f. de *Table*, plus un portr. de La Fontaine. — *Tome second* : 1 f. pour le faux-titre, viij et 296 pp., plus 1 f. de *Table*. — *Tome troisième* : 2 ff., 246 pp. et 1 f. de *Table*. — *Tome quatrième* : 2 ff, 248 pp. et 1 f. de *Table*.

Cette édition est ornée de 116 vignettes tirées dans le texte en taille-douce (64 pour les contes de La Fontaine, 21 pour le tome IIIe, et 28 pour le tome IVe). Ces vignettes, qui ne sont pas signées, ont été attribuées à *Duplessis-Bertaux*, mais on lit à la p. 15 du tome IV : *L. Dreppe inv. sculp.*

La reliure de cet exemplaire porte la marque suivante :

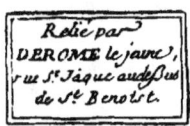

928. CONTES ET NOUVELLES, en vers, par J. de la Fontaine. *A Londres* [*Paris, Cazin*]. M.DCC.LXXX [1780]. 2 vol. in-18, mar. bleu, fil., dos ornés, doublés de mar. or., dent., tr. dor. (*Cuzin.*)

Tome premier : 2 ff., 251 pp., plus 1 portr. et 12 figg. — La *Table*, ici comme dans tous les exemplaires, n'indique que les matières contenues dans les 239 premières pp. du texte. — *Tome second* : 2 ff. et 216 pp., plus 12 figg.

Le portrait, non signé, est copié sur celui de l'édition des Fermiers-généraux.

Sur les 24 figures, 20 sont signées de *Desrais* et une de *Goujet* ; trois ne portent pas de signatures. Les gravures sont d'*Aveline*, *Delvaux*, *Deny*, *Groux*, Mme *Lingée*, *Maillet*, *H...y* et *R. D****.

929. CONTES DE GUILLAUME VADÉ [par Voltaire], édition augmentée par l'auteur d'un Supplément au Discours aux Welches. *A Geneve.* M. DCC. LXIV [1764]. In-8 de xii et 314 pp., plus 1 f. de *Table*, cart.

Cette édition est celle que M. Bengesco (*Voltaire* ; *Bibliographie de ses œuvres*, I) décrit sous le n° 661.

930. CONTES de Guillaume Vadé. [Par Voltaire.] M.DCC.LXIV [1764]. *S. l.*, in-8 de 392 pp., mar. bl. cl., fil., dos orné, tr. dor. (*Trautz-Bauzonnet.*)

Cette édition ne se confond avec aucune de celles que décrit M. Bengesco ; elle contient quatre pièces de plus que la précédente (nous les indiquons par un astérisque dans la table qui suit) :

1. *Préface de Catherine Vadé*, p. 5.
2. *Ce qui platt aux dames*, p. 18.
3. *L'Education d'un prince*, p. 36.
4. *L'Education d'une fille*, p. 45.
5. *Les trois Manières*, p. 50.

BELLES-LETTRES. 609

    6. *Théleme et Macare*, p. 67.
    7. *Azolan*, p. 73.
    8. *L'Origine des métiers*, p. 76.
    9. *Le Blanc et le Noir* (conte en prose), p. 70.
  10. *Jeannot et Colin* (conte en prose), p. 97.
  11. *Chant détaché d'un poème épique* (XVIIIe chant de la *Pucelle*), p. 110.
*12. *La Voie du sage et du peuple* (en prose), p. 126.
*13. *Defense de milord Bollinbroke* (en prose), p. 132.
*14. *Remerciment sincère à un homme charitable* (en prose), p. 142.
*15. *Le Préservatif* (en prose), p. 148.
  16. *Discours aux Welches, par Antoine Vadé* (en prose), avec la *Suite*, p. 170.
  17. *Du Théatre anglais, par Jérome Carré* (en prose), p. 201.
  18. *Des divers changements arrivés à l'art tragique* (en prose), 231.
  19. *Parallele d'Horace, de Boileau et de Pope* (en prose), p. 246.
  20. *De l'Histoire* (en prose), p. 255.
  21. *Conversation de Mr. l'Intendant des Menus, en exercice, avec Mr. l'abbé Brizel* (en prose), p. 263.
  22. *Epitre sur l'agriculture*, p. 280.
  23. *A Daphné*, p. 286.
  24. *Les Chevaux et les Anes, ou Etrennes aux sots*, p. 292.
  25. *Des Fêtes* (article du *Dictionnaire philosophique*), p. 298.
  26. *Lettre de Mr. Cubstorf* (en prose), p. 301.
  27. *Lettre de Mr. Clocpitre* (en prose), p. 306.
  28. *Lettre d'un quakre* (en prose), p. 311.
  29. *Vie de Molière* (en prose), p. 325, chiffr. 253.

931. IRZA ET MARSIS, ou l'Isle merveilleuse. Poeme en deux Chants, Suivi d'Alphonse, Conte. [Par Dorat.] Seconde Édition. *A La Haye, Et se trouve à Paris, Chez De Lalain, Libraire, rue S. Jacques.* M.DCC.LXIX [1769]. In-8 de 77 pp., plus un front. et 3 figg. — LES CERISES ET LA MÉPRISE, Contes en vers, pour servir de suite à ceux d'Alphonse et de l'Isle merveilleuse. [Par Dorat.] Seconde Édition. *A La Haye.* M.DCC.LXIX [1769]. In-8 de 42 pp. et 1 fig. — SÉLIM ET SÉLIMA, Poème imité de l'Allemand, suivi du Réve d'un Musulman, traduit d'un Poete Arabe. [Par Dorat.] Seconde Édition. Revue, & corrigée. *A Leipzik. Et se trouve à Paris, Chez De Lalain, Libraire, rue S. Jacques.* M.DCC.LXIX [1769]. In-8 de 66 pp. et 1 fig. — Ensemble 3 parties en un vol. in-8, mar. r., fil., dent., dos orné, tr. dor. (*Duru.*)

    Ce volume renferme 9 dessins originaux d'*Eisen* et 1 de *Marillier*.
    Voici le détail des illustrations :
    Irza et Marsis : DESSIN d'*Eisen* pour le frontispice ; — gravure du frontispice par *L. Legrand* ; — portr. de *Dorat*, gravé par *Dupin* (ajouté) ; — DESSIN de *Marillier* pour un second frontispice ; — DESSIN d'*Eisen* pour la fig. du *Chant premier* ; — grav. de ce dessin par *de Longueil* ; — p. 9, vignette d'*Eisen* gravée par *E. de Ghendt* ; — DESSIN d'*Eisen* pour cette vignette ; — p. 23, cul-de-lampe d'*Eisen*, gravé par *E. de Ghendt* ; — DESSIN d'*Eisen* pour ce cul-de-lampe ; — fig. du *Chant second*, gravée par *Massard*, d'après *Eisen* ; — p. 25, vignette d'*Eisen*, gravée par *E. de*

Ghendt ; — DESSIN pour cette vignette ; — p. 40, cul-de-lampe non signé — DESSIN d'*Eisen* pour ce cul-de-lampe ; — fig. d'*Alphonse*, gravée pa *Longueil*, d'après *Eisen* ; — DESSIN d'*Eisen* pour un fleuron qui ne fai pas partie de l'édition.

Les Cerises : DESSIN d'*Eisen*, grav. par *Longueil*.
Selim et Sulima : DESSIN d'*Eisen* ; — grav. par *E. de Ghendt*.
Tous les dessins sont exécutés à la mine de plomb sur vélin.

932. NOUVEAUX CONTES, par l'auteur d'Une Bataille, et de La Réunion Des cinq facultés de sentir en une. *A Liège* M. DCC. LXXIV [1774]. In-8 de 24 pp., plus un front gravé et 3 figg., mar. bl. cl. jans., tr. dor. (*Cuzin*.)

Le frontispice gravé porte : *Galerie de Tableaux ou Contes nouveaux pa un descendant de Jean Bocace Pour Servir à l'Education du beau Sexe A Tempé* 1780.
Les trois contes qui composent ce recueil sout : Les *OEufs cassés*, l *Manière de doter les filles, ou les Cerises*, et la *Bonne Patriote*.
Les figures sont signées de *Martinet*.

d. — Satires.

933. LES || SATYRES || du Sieur || Regnier. || Reueuës & aug mentées de || nouueau. || Dediées || au Roy. || *A Paris*, | *Par Abraham Guillemau.* || 1614. In-12 de 155 pp., mar. r. fil., dos orné, tr. dor. (*Trautz-Bauzonnet*.)

Les pp. 3-6 contiennent l'épître de Regnier « Au Roy », et une *Ode Regnier sur ses satyres*, par MOTIN.

934. LES || SATYRES || du || Sieur || Regnier. || Derniere Edi tion, reueuë, corrigée, & de beaucoup || augmentée, tan par le sieur de Sigogne, || que de Berthelot. || Dediées a Roy. || *A Rouen,* || *Chez Iean du Bosc, dans* || *la Court d Palais.* || 1614. In-8 de 4 ff. non chiffr., 123 ff. chiffr. e 1 f. bl.

Collation des ff. lim. : titre; 1 f. pour l' épître *Au Roy* ; 2 ff. pour des ver adressés à Régnier par MOTIN.
Le f. 101 est occupé par un titre ainsi conçu : *Autres Satyres et Foll trories, tant du sieur de Sigonne et Bertelot, qu'autres des plus signale Poëtes de ce temps*. Ces pièces sont : le *Pourpoint d'un courtisan*, le *Ha de chausse d'un courtisan*, etc.

935. LES || SATYRES || ET || AVTRES ŒVVRES || FOLASTRES d Sr Regnier. || Derniere Edition, reueuë, corrigée & augmen || tée de plusieurs pieces de pareille estoffe, tant || des Sieur de Sigogne, Motin, Touuent & || Bertelot, qu'autres de plus beaux Esprits de || ce temps. || *A Paris,* || *Chez Ar thoine Estoc en la gallerie des* || *Prisonniers.* || M.DC.XV [1617]. || Auec Priuilege du Roy. In-8 de 4 ff. non chiffr

233 ff. chiffr. et 1 f. pour le *Privilége*, v. f., dos orné, tr. r. (*Anc. rel.*)

<small>Collation des ff. lim. : titre ; 1 f. pour l'épître *Au Roy* ; 2 ff. pour les vers de MOTIN à Régnier.
Le privilége, daté du 29 septembre 1616, est accordé pour six ans à *Anthoine Du Breuil*, libraire.
Les vers de SIGONNE, BERTELOT et autres commencent au f. 110 et ne sont précédés d'aucun titre. Cette seconde partie contient cinq fois autant de matière que la partie correspondante de l'édition précédente.</small>

936. LES || SATYRES, || ET || AUTRES ŒUVRES || du || Sieur Regnier. || Derniere Edition. || *Selon la Copie Imprimée* || *A Paris.* || cIɔ Iɔ c XLII [1642]. Pet. in-12 de 4 ff., 166 pp., 2 ff. pour la *Table* et 1 f. blanc.

<small>Édition imprimée par *Bonaventure* et *Abraham Elzevier*, à *Leyde*. Une seconde édition fut publiée dans la même ville par *Jean* et *Daniel Elzevier*, en 1652. Voy. Willems, *Les Elzevier*, n° 545.
Haut. 124 mm.</small>

937. ESSAI SUR LES SATIRES de Mathurin Régnier, 1573-1613 par James de Rothschild. *Paris, Auguste Aubry, éditeur, rue Dauphine, 16.* [*Imprimerie Jouaust et fils, rue Saint-Honoré, 338.*] 1863. In-8 de 32 pp., mar. or., fil., tr. dor. (*Trautz-Bauzonnet.*)

<small>Exemplaire imprimé sur VÉLIN, auquel a été ajouté un portrait de Régnier exécuté à l'aquarelle par *F. de Courcy*.
La reliure de ce volume est un présent de M. *Trautz-Bauzonnet*.</small>

938. LES || SATYRES || DV SIEVR || DE || COVRVAL-SONNET, || Gentil-homme || Virois. || Dediees a la Reine || Mere du Roy. || *A Paris,* || *Chez Rolet Boutonné, au Palais en la* || *Gallerie des Prisonniers, pres la Chancellerie.* || M.DC.XXI [1621]. || Auec Priuilege du Roy. In-8 de 28 ff. et 112 pp. inexactement chiffr. — SATYRE || MENIPEE, || SVR LES POIGNANTES || TRAVERSES DV MARIAGE. || Par le Sieur de Courual || Gentilhomme Virois. || *A Paris,* || *Chez Rolet Boutonné, au Palais,* || *en la Gallerie des Prisonniers,* || *prés la Chancellerie.* || M.DC.XXI [1621]. || Auec Priuilege du Roy. In-8 de 102 pp., caract. ital. — Ensemble 2 part. en un vol. in-8, mar. or. jans., tr. dor. (*Trautz-Bauzonnet.*)

<small>Les feuillets lim. de la 1re partie comprennent : le titre ; 21 ff., paginés de 3 à 44, pour la dédicace et l'avis *Au Lecteur* ; 6 ff. pour les hommages poétiques adressés au poète par : MICHEL SONNET, son neveu, DE FLEURANGES, « gentilhomme picard », DES VAUX, « lieutenant aux Esleus à Vire », JEAN MARQUER, de Vire, C. TOSTAIN, de Vire, CÉSAR SONNET, fils de l'auteur, L'ESPERONNIÈRE-ANGOT et FOULERIE, « gentilhomme normand ». Le verso du 28e f. est occupé par un beau portrait de Courval-Sonnet, signé de *Matheus*</small>

La pagination de cette première partie saute, par erreur, de 99 à 200.
Le texte des satires est imprimé en caractères italiques.
La *Satire menippée*, qui paraît ici pour la première fois, n'est encore précédée d'aucune dédicace.

939. SATYRE || MENIPPEE || CONTRE || LES FEMMES. || Sur les poignantes trauerses & incommoditez || du Mariage. || Par Thomas Sonnet Docteur en Medecine || Gentilhomme Virois. *A Lyon, || Pour Vincent de Cœursilly, en ruë Tupin, à || l'enseigne de la fleur de Lys.* || Auec Permission. 1623. In-8 de 12 ff., 193 pp. et 1 f. blanc, mar. bl., fil., dos orné, tr. dor. (*Trautz-Bauzonnet.*)

Ce volume, dont M. Brunet ne donne qu'une description sommaire, est un recueil composé de la manière suivante :

Les 12 ff. lim. contiennent : le titre reproduit ci-dessus, au milieu duquel on voit un portrait de l'auteur gravé en taille-douce ; — un second titre ainsi conçu : SATYRE || MENIPPEE || CONTRE || LES FEMMES. || Sur les poignantes trauerses & incommoditez || du Mariage. || Auec || la Timethelie || ou || Censure des Femmes. || Par Thomas Sonnet Docteur en Medecine || Gentilhomme Virois. || *A Lyon*, etc.; — 2 ff. contenant une épître en prose à Gilles de Gouvets, sieur de Menil-Robert et de Clinchamp, des *Stances*, un *Sonnet* et un *Quatrain* en l'honneur du même ; — 5 ff. occupés par des vers adressés à l'auteur par ANGOT L'ESPERONNIÈRE, JEAN SONNET, advocat (frère de Thomas Sonnet), DE CERIZOLES, gentilhomme normand, ESTHER SONNET (sœur de Thomas), DE DEIMIER, et un anonyme qui écrit en italien et signe V. F. ; — 3 ff. pour un avis « Au Lecteur », des vers composés par l'auteur sur son ouvrage, en particulier sur la troisième édition, et pour le texte du *Consentement* et de la *Permission*.

Après la p. 78 est placé un f., compris dans la pagination générale, lequel contient un nouveau titre ainsi conçu : THIMETHELIE OV || CENSVRE DES FEMMES. || Satyre seconde. || En laquelle sont amplement descrites les Maladies qui || arriuent ordinairement à ceux, qui vont trop || souuent à l'escarmouche soubs la || Cornette de Venus. || Par Thomas Sonnet, Sieur de || Courual, Gentil-homme Virois. || *A Lyon, || Pour Vincent de Cœursilly, en ruë Tupin, || à l'enseigne de la fleur de Lys.* || M. DC. XXIII.

Cette seconde partie est précédée d'une dédicace « A Monsieur Du Crioult, le jeune, mon confrére, docteur en medecine », de stances adressées par Sonnet au même Du Crioult, et de deux pièces composées en l'honneur de l'auteur par ANGOT L'ESPERONNIÈRE et DE DEIMIER (pp. 81-87). Elle se termine par des *Stances* « A madamoiselle ma maistresse », et par *Six Epitaphes ou Tombeaux*. Les personnages à qui ces épitaphes sont consacrées sont : Thomas Anffrie, sieur de Clermont, lieutenant général du vicomte de Vire et oncle du poète ; François Huillard, sieur de L'Aumonderie, « tres-excellent medecin » ; le sieur de La Pinçonnière, père du poète ; Magdelaine Le Chevalier d'Aigneaux, mère du poète ; Thomas Mesguet, sieur de Vaubernard, « lequel, s'estant embarqué sur l'ocean pour aller aux Terres Neufves, fut par l'envie des mariniers jetté au profond de ses ondes ».

Après la p. 123 commence une troisième partie précédée d'un titre ainsi conçu : DEFFENCE || APOLOGETIQVE DV || SIEVR DE COVRVAL, || Docteur en Me- || decine, Gentil-hom- || me Virois. || Contre || les Censeurs de sa || Satyre du Mariage. || *A Lyon, || Pour Vincent de Cœursilly*, etc.

Cette *Deffence*, qui est en prose, est dédiée « A noble homme, Guillaume Anefrie [*sic*], sieur de Chaulieu, conseiller du roy en sa cour de parlement à Rouen, et commissaire aux requestes dudit lieu » ; elle se termine par deux pièces de vers en l'honneur de l'auteur, signées J. D. R. et H N.

BELLES-LETTRES.   613

Une quatrième et dernière partie commence après la page 159, par le titre suivant :

RESPONCE || A || LA CONTRE-SATYRE. || Par || l'Autheur des Satyres || du Mariage, et || Thimethelie. || *A Lyon*, || *Pour Vincent de Cœursilly*, etc.

Cette partie, écrite en prose, est précédée d'une dédicace « Aux Muses » ; elle se termine par une pièce en vers intitulée : *Satyre du Temps, à Theophile*.

Le volume ne contient aucune des pièces insérées dans le recueil publié en 1621 sous le titre de *Satyres du sieur de Courval-Sonnet*.

Les deux premières parties reproduisent la *Satyre menipée sur les poignantes traverses du mariage*, mais le texte est ici beaucoup plus correct et présente de nombreuses variantes. Dès le début de la *Satyre* on a rétabli deux vers omis en 1621 (vers 9 et 10) :

>   Que je hume à longs traicts de vostre eau caballine,
>   Qui des poètes saincts eschauffe la poictrine.

Les titres portent la marque de Cœursilly, qui représente un lys couronné, avec cette devise : *Crescentibus liliis crescam*.

940. LE TOVTE [*sic*] || EN TOVT des || Bons [*sic*] Bretons. || M.DC.XXIIII [1624]. In-8 de 11 pp. et 1 f. blanc, mar. r. jans., tr. dor. (*Cuzin*.)

Satire grossière contre Mme de Puisieux et d'autres dames de la cour. Le nom de *Ponts bretons* était le titre d'une chanson qui eut une grande vogue au commencement du XVIIe siècle et qui n'était même pas oubliée au siècle suivant, comme le prouve une citation de Voltaire reproduite par M. É. Fournier (*Var. hist. et litt.*, VI, 253).

La mode étant aux *Ponts bretons*, on vit paraître dans le courant de la même année deux factums en prose qui empruntèrent ce titre : *Les Ponts bretons de messieurs les Princes. Au Roy. Imprimé à Nyor, en l'année* 1624, in-8 de 28 pp., dont nous possédons un exemplaire dans notre collection de pièces historiques sur le règne de Louis XIII, et *Le Pont-Breton des Procureurs, dedié aux clercs du Palais*, M. DC. XXIV, dont nous décrirons deux exemplaires dans la division FACÉTIES, et qui a été réimprimé par M. É. Fournier (*Var. hist. et litt.*, VI, 253-277).

941. LE PASSE || PAR TOVT des || Ponts-Bretons. || Corrigé & augmenté de toutes les plus || belles pieces. || M.DC.XXIIII [1624]. In-8 de 16 pp., mar. r. jans., tr. dor. (*Cuzin*.)

Cette pièce est en partie la même que la précédente. Plusieurs des couplets primitifs ont été modifiés ou remplacés par des couplets nouveaux.

A la suite des *Ponts bretons* se trouvent des *Stance[s] satirique[s] au roy*, au nombre de 4.

942. SATIRES || Du Sieur D*** [Despréaux]. || *A Paris*, || *Chez Claude Barbin, au Palais*, || *sur le second Perron de la Sainte* || *Chapelle*. || MDCLXVI [1666]. || Avec Privilege du Roi. Pet. in-12 de 6 ff. et 71 pp., mar. citr., fil., dos orné, tr. dor. (*Trautz-Bauzonnet*.)

Collation des ff. lim. : Frontispice gravé qui représente le Vice démasqué par la Satire ; titre ; 3 ff. pour l'avis du *Libraire au Lecteur* ; 1 f. pour l'*Extrait du Privilége*.

Première édition des *Satires* de Boileau, publiée par lui-même ; elle renferme les sept premières satires, plus le *Discours au roi*, placé entre la V⁰ et la VI⁰.

Les satires II et IV avaient paru dès l'année précédente, en Hollande, dans un recueil intitulé : *Nouveau Recueil de plusieurs et diverses piéces galantes de ce temps*, et le *Discours au roi*, ainsi que les satires I, VII, IV, V et II, avait été imprimé, en 1666, dans un *Recueil contenant plusieurs discours libres moraux, en vers, et un jugement, en prose, sur les sciences où un honnéte homme peut s'occuper*. C'est l'existence de cette édition clandestine, où s'étaient glissées de nombreuses fautes, et surtout l'attribution à Boileau du *Jugement sur les sciences*, qui déterminèrent le satirique à publier une édition de ses œuvres. « Il a eu peur, dit l'avis *Au Lecteur*, que ses satires n'achevassent de se gaster en une si méchante compagnie, et il a crû enfin que, puisqu'un ouvrage, tost ou tard, doit passer par les mains de l'imprimeur, il valoit mieux subir le joug de bonne grace, et faire lui-même ce qu'on avoit déjà fait malgré lui. »

L'éditeur anonyme avait aussi imprimé des noms propres, que Boileau a fait disparaître de son livre.

Le privilège est accordé à Barbin, sous la date du 6 mars 1666. L'extrait n'en indique pas la durée.

On trouve aussi cette édition avec l'adresse suivante : *A Paris, || Chez Louis Billaine, dans la || Grand' Salle du Palais, à la Palme || & au grand Cesar.*

943. Satires || Du Sieur D*** [Despréaux] || Seconde Edition. || *A Paris, || Chez Frederic Leonard, || ruë saint Jacques, à l'Escu || de Venise.* || M.DC.LXVII [1667. || Avec Privilege du Roy. Pet. in-12 de 6 ff. et 71 pp., mar. citr., fil., dos orné, tr. dor. (*Trautz-Bauzonnet*.)

Ce recueil contient le *Discours au roi* et les sept premières satires. — L'avis du « Libraire au Lecteur », qui, avec le titre, remplit les ff. lim., a été augmenté, à la fin, de près de quatre pages. — Le privilège, dont un extrait est placé au verso du 6⁰ f. lim., est accordé à *Claude Barbin* à la date du 6 mars 1666. Il n'y est fait mention, ni de la durée des lettres royales, ni de la cession faite par *Barbin*.

944. Satires || dv || Sievr D*** [Despréaux]. || *A Paris, || Chez Louis Billaine, || Denys Thierry, || Frederic Leonard, || et || Claude Barbin.* || M.DC.LXVIII [1668]. || Avec Privilege du Roi. In-8 de 5 ff., 76 pp., 1 f. non chiffr. et 1 f. blanc. — Discovrs || sur || la || Satire. In-8 de 6 ff. non chiffr. — Ensemble 2 parties en un vol. in-8.

Les ff. lim. des *Satires* se composent du frontispice qui représente la Satire démasquant le Vice (ce front. est tiré sur un f. séparé), du titre et de 3 ff. pour l'*Avis au Lecteur*.

Le recueil contient le *Discours au roi* et les *Satires* I à IX.

Au r⁰ du f. non chiffré qui est placé après la p. 76, se trouve un *Extrait* du privilège accordé pour sept ans à *Barbin*, le 6 mars 1666, privilège auquel *Barbin* déclare associer : *Billaine, Thierry* et *Léonard*.

Le *Discours sur la Satire* n'a pas de pagination, mais il est signé F, et continue, par conséquent, les cinq cahiers des *Satires* ; il se termine par un *Extrait du Privilége* semblable au premier.

Cette troisième édition des *Satires* est restée jusqu'ici inconnue. La quatrième édition, donnée par les mêmes libraires la même année, dans un format plus petit, a fait supposer que celle-ci devait exister; mais M. Berriat-Saint-Prix n'a pu la découvrir, et M. Brunet n'a pas été plus heureux que lui.

BELLES-LETTRES.

945. SATIRES || Du Sieur D*** [Despréaux] || Quátriesme Edition. || *A Paris,* || *Chez* || *Loüis Billaine,* || *Denys Thierry,* || *Frederic Leonard,* || *et* || *Claude Barbin.* || M.DC.LXVIII [1668]. || Avec Privilege du Roy. Pet. in-12 de 3 ff. (2 ff. blancs et le titre), 14 pp., 1 f. pour l'*Extrait du Privilège* et 1 f. blanc, mar. citr., fil., dos orné, tr. dor. (*Trautz-Bauzonnet.*)

V. 7. 47

Ce volume ne contient que la VIIIe satire. Le privilège est celui du 6 mars 1666. L'extrait se termine par une mention de l'association formée entre *Barbin, Billaine, Thierry* et *Léonard.*

946. LE || TRIOMPHE || DE || PRADON || *A Lyon.* || 1684. In-12 de 7 ff. lim. et 88 pp., mar. r. jans., tr. dor. (*Trautz-Bauzonnet.*)

V. 4. 40

Les ff. lim. se composent : d'un frontispice gravé qui représente un satyre battu de verges par Mercure ; du titre ; de 4 ff. pour une épître en vers « A Alcandre », et de 1 f. pour la *Preface.*
Cette pièce est un violent factum dirigé contre Boileau et accessoirement contre Racine. Pradon dit notamment dans son *Discours* « A Alcandre » :

> Que s'il répand partout sa noire médisance,
> N'a-il pas exalté Racine en récompense,
> Cet autheur qui r'anime Alexandre, Pyrrhus,
> Achille, Bajazet, Hyppolite, Titus,
> Quand, pour se divertir, tous ces grands personnages
> Viennent en Celadons masqués dans ses ouvrages ?
> Mais, pour connoistre à fonds ses chefs-d'œuvres divers,
> Qu'on mette en un creuset Racine et tous ses vers,
> Pour qui ses partisans ont tant crié merveille,
> On n'en tireroit pas une once de Corneille.
> Si Boileau de Racine embrasse l'interest,
> A défendre Boileau Racine est toûjours prest;
> Ces rimeurs faux-filés l'un l'autre se chatouillent
> Et de leur fade encens tour à tour se barbouillent.

L'auteur explique dans sa *Preface* que Boileau n'ayant pas jugé à propos de corriger ses ouvrages dans une seconde édition, il a pris cette peine pour lui. Sa critique ne porte d'ailleurs que sur le *Discours au roy* et sur les trois premières satires, dont il reproduit le texte.

947. DIALOGUE, || OU || SATYRE X. || Du Sieur D*** [Despréaux] || *A Paris,* || *Chez Denys Thierry, ruë Saint Jacques,* || *devant la ruë du Plâtre, à la ville de Paris.* || M.DC.XCIV [1694]. || Avec Privilege du Roy. In-4 de 2 ff. et 29 pp.

II. 1. 35

Édition originale de la Xe satire de Boileau.
Le 2e f. lim. est occupé par un avis *Au Lecteur.*
Au v° de la p. 29 se trouve un *Extrait* du privilège accordé pour quinze ans au Sieur D***, à la date du 31 décembre 1683, privilège général, relatif aux *Satires,* à l'*Art poétique,* etc., dont Boileau déclare faire cession à *Denys Thierry.* L'achevé d'imprimer est du 4 mars 1694.

948. RECUEIL DE PIÈCES sur la Xe Satire de Boileau. 1694. 3 pièces en un vol. in-4.

Voici la description des pièces qui composent ce recueil :

1. RÉPONSE || A LA || SATIRE X. || du Sieur D*** || *A Paris,* || *Chez* || *Robert J. B. de la Caille, Imprimeur-Libraire,* || *ruë S. Jacques, aux trois Cailles.*

1520. 1. 61

|| *Et au Palais,* || *Guillaume Cavelier, dans la Grand Salle,* || *du côté de la Chapelle, au quatriéme Pillier, à la Palme.* || *Et* || *Charles Osmont, dans la Grand Salle, du côté* || *de la Cour des Aydes, à l'Ecu de France.* || M. DC. XCIV [1694]. || Avec Permission de Mgr. le Chancelier. In-4 de 2 ff. et 15 pp.

Les ff. lim. contiennent le titre et une préface en prose.

La *Réponse*, écrite en vers, est l'œuvre de Pradon, qui se plaint d'avoir été nommé dans la Xe satire, et se flatte d'avoir pour lui, contre Boileau, les suffrages du public.

2. Lettre || de Madame de N.... || A Madame la Marquise de.... || Sur la Satyre de M. D*** || contre les Femmes. || *A Paris,* || *Chez Nicolas Le Clerc, au milieu du Quay des Augustins,* || *à l'Image S. Lambert.* || M. DC. XCIV [1694]. Avec Permission. In-4 de 21 pp.

Pièce en prose, dont l'auteur est Pierre Bellocq, valet de chambre du roi.

3. L'Apologie || des || Femmes. || Par Monsieur P** [Perrot] || *A Paris.* || *Chez* || *la Veuve de Jean Baptiste Coignard, Imprimeur du Roy* || *et* || *Jean Baptiste Coignard Fils, Imprimeur Ordinaire du Roy,* || *& de l'Académie Françoise, rue S. Jacques, à la Bible d'or.* || M. DC. XCIV [1694]. || Avec Privilege de Sa Majesté. In-4 de 12 ff. lim. et 15 pp.

Le privilège, dont un *Extrait* occupe le v° du dernier f., est accordé pour dix ans à J.-B. *Coignard*, à la date du 12 novembre 1674; il se rapporte aux divers ouvrages en prose et en vers de M. P**. L'achevé d'imprimer est du 26 mars 1694.

« Cette *Apologie*, dit l'auteur au début de sa *Préface*, n'est point une réponse en forme à la *Satyre contre les femmes et contre le mariage*, puisqu'elle a esté composée et 10e mesme en plusieurs endroits avant que la satyre fut imprimée. C'est seulement une pièce de poesie qui défend ce que la satyre attaque, pour donner au public la satisfaction de voir sur cette matière et le pour et le contre.... »

949. Satyre || contre || les Maris. || Par le Sieur R** T. D. F. [Regnard, trésorier de France] || *A Paris,* || M.DC.XCIV [1694]. In-4 de 2 ff. et 15 pp.

L'auteur de cette satire est Regnard, le célèbre poète comique. Sa *Preface* est des plus courtes. « Quelque chose que je dise contre le mariage, écrit-il, mon dessein n'est pas de détourner ceux qui y sont portés par une inclination naturelle, mais seulement de faire voir que les dégouts et les chagrins qui en sont presque inséparables, viennent pour l'ordinaire plûtost du côté des maris que de celuy des femmes, contre le sentiment de monsieur Despreaux. »

950. Le Tableau || de la Vie & du Gouvernement || de Messieurs les Cardinaux || Richelieu || & || Mazarin, || & de Monsieur Colbert, || representé en diverses Satyres & Poësies || ingenieuses ; || avec un Recueil d'Epigrammes || sur la vie & la mort || de Monsieur || Fouquet, || & sur diverses choses, qui sont passées [*sic*] || à Paris en ce temps-là. || *A Cologne,* || *Chez Pierre Marteau.* || M.DC.LXXXXIII [1693]. In-8 de 8 ff. et 432 pp., mar. r. jans. (*Trautz-Bauzonnet.*)

Ce volume, publié en Hollande par quelque réfugié, est un recueil fort curieux de pièces satiriques composées contre Richelieu et contre les ministres de Louis XIV. En-tête se trouve une élégie latine attribuée à Fouquet lui-même ; *Fuquetus in vinculis ad Dei matrem*, mais qui n'est évidemment pas de lui. Les pp. 304-320 sont occupées par une *Lettre en vers libres à un amy, en 1666, sur le retranchement des festes par Mr. Perefixe, archevêque de Paris*, dont l'auteur est BARBIER D'AUCOUR ; les pp. 351-407 contiennent le *Paris ridicule* du célèbre CLAUDE LE PETIT, qui fut condamné pour ses vers impies à être brûlé en place de Grève.

Exemplaire NON ROGNÉ de la bibliothèque de M. le comte DE LA BÉDOYÈRE (Cat. de 1862, n° 1112), acquis à la vente LEBEUF DE MONTGERMONT (n° 477).

951. SATYRES NOUVELLES. *A Paris, Chez Pierre Aubouyn, Libraire de Mgr les Enfans de France. Pierre Emery, Charles Clouzier. Quay des Augustins, à l'Ecu de France, & à la Croix d'or. Et Jacques Villeri, ruë Vieille Bouclerie à l'Etoile*. MD.C.XCV [1695]. Avec Privilege du Roy. In-12 de 2 ff., 66 pp. et 1 f. pour l'*Extrait du Privilège*, mar. r. jans., tr. dor. (*Trautz-Bauzonnet*.)

Édition originale des *Satires* de SENECÉ.
Le privilége, daté du 26 octobre 1694, et d'une durée de huit ans, permet à *Pierre Aubouyn* de faire imprimer un livre intitulé *Les Travaux d'Apollon*, un autre livre intitulé *Caprice sur la querelle des auteurs*, et une *Satyre contre les Nouvellistes*, composés par le sieur ***.

952. LE DIX - HUITIEME SIECLE. Satire à M. Fréron. Par M. Gilbert. *A Amsterdam*. M.DCC.LXXV [1775]. In-8 de 21 pp. et 1 f. blanc, mar. r., fil., dos orné, tr. dor. (*Hardy-Mennil*.)

Édition originale.
Le titre porte cette épigraphe :
L'ardeur de se montrer & non pas de médire
Arma la vérité du vers de la Satire.
B. *Art. P.*

953. NÉMÉSIS, satire hebdomadaire, par Barthélemy. *Paris, Chez Perrotin, éditeur, rue des Filles-Saint-Thomas, n° 1er*. [*Imprimerie de David, boulevart Poissonnière, n° 4 bis.*] 1832. In-4 de 1 f. pour le titre et 420 pp., cart., n. r.

Édition originale publiée en 52 livraisons hebdomadaires. Le titre porte cette épigraphe :
.... Némésis, la tardive déesse
Qui frappe le méchant sur son trône endormi.
(André Chénier.)

954. IAMBES, par Auguste Barbier. *Paris. Urbain Canel et Ad. Guyot, rue du Bac, n. 104.* [*Imprimerie et Fonderie de G. Doyen, rue Saint-Jacques, n. 38.*] 1832. In-8 de 1 f. blanc, xxx et 144 pp., plus 1 f. de *Table* et 1 f. blanc, mar. r. jans., tr. dor. (*Cuzin*.)

Édition originale.

BELLES-LETTRES.

955. SATIRES ET POÈMES, par Auguste Barbier. *Paris, Félix Bonnaire, éditeur, 10, rue des Beaux-Arts.[Imprimerie H. Fournier et Cie, rue de Seine, n° 14 bis.]* 1837. In-8 de 2 ff., IV et 391 pp., mar. r. jans., tr. dor. (*Cuzin.*)

Édition originale.

e. — Poésies gaillardes et burlesques.

956. LES MVSES || GAILLARDES, || Recüeillies || des plus beaux || Esprits de ce tem || ps. Par A. D. B. [Anthoine Du Breuil] || Parisien, || Derniere edition reueuë || corrigée, et de beau- || coup augmentée. || *A Paris* || *De l'Imprimerie* || *d'Anthoine du* || *Brueil ruë S^t Ia-* || *ques au dessus de* || *S. Benoist à la* || *couronne.* || Auec preuilege [*sic*] du Roy. S. d. [*vers* 1609], in-12 de 4 ff. lim. et 246 ff. chiffr. mar. r., fil., dos orné, tr. dor. (*Bauzonnet-Trautz.*)

Les ff. lim. contiennent : un frontispice gravé, par *Jac. Verheyen*, qui sert de titre ; une épître de « A. D. B.. libraire, à N. L. », épître signée : Du BRUEIL ; un sixain du même « Aux beaux esprits de ce temps », accompagné de l'anagramme *Bati lieu d'honneur*, enfin un extrait du privilége accordé pour six ans à Du Breuil le 7 août 1609.
Ce recueil contient un poème intitulé *Le Royaume de la Febve*, les *Gaillardises* de PIERRE DE RONSARD, *non encore imprimées en ses œuvres* (les huit pièces publiées en 1553 sous le titre de *Livret de folastrie* sont suivies ici de deux gaillardises dont on ne connaît pas d'édition antérieure), et un grand nombre de petites pièces qui ne répondent que trop au titre choisi par l'éditeur.
Exemplaire de M. le Dr. DESBARREAUX-BERNARD (Cat., n° 490).

957. LE PARNASSE SATYRIQUE du Sieur Theophile. M.DC.LX [1660]. *S. l.*, pet. in-12 de 321 pp. (y compris le titre), mar. or., fil., dos orné, doublé de mar. bl. cl., dent. à petits fers, tr. dor. (*Trautz-Bauzonnet.*)

Édition imprimée par les *Hackius*, à *Leyde*, et qui se joint à la collection des *Elzevier*. Voy. Willems, *Les Elzevier*, n° 1705.
Haut. 130 ; larg. 73 mm.

958. LE CABINET SATYRIQUE ou Recueil parfait des vers piquans & gaillards de ce temps. Tiré des secrets cabinets des Sieurs de Sigognes, Regnier, Motin, Berthelot, Maynard, & autres des plus signalés Poëtes de ce Siecle. Derniere Edition, reueuë, corrigée, & de beaucoup augmentée. M.DC.LXVI [1666]. *S. l.* 2 vol. pet. in-12, mar. or., fil., dos ornés, doublés de mar. bl. cl., tr. dor. (*Trautz-Bauzonnet.*)

Tome *I* : 351 pp. et 4 ff. de *Table*. — Tome *II* : 343 pp. et 2 ff. de *Table*.

BELLES-LETTRES.

Cette édition, imprimée par les *Hackius à Leyde*, est, dit M. Willems (*Les Elzevier*, n° 1750), copiée textuellement sur celle de *Paris, Ant. Estoc.* dont elle reproduit l'avertissement. Elle contient cependant de plus les satires de REGNIER, imprimées dans leur ordre à la fin du second volume.

Haut. 130 ; larg. 72 mm.

959. LES RECREATIONS POËTIQVES, AMOVREVSES, ET GALANTES : Où les joyeux divertissements de la Poësie Françoise, en faveur des Melancoliques Par le Sieur Du Four C. D. M. *A Paris, Chez Iean Baptiste Loison, dans la grand'Salle du Palais, au cinquiéme pillier, à la Croix d'or. Et Henry Loison, dans la Salle Dauphine.* M.DC.LXIX [1669]. Avec Privilege du Roy. In-12 de 6 ff. et 192 pp., mar. bl. jans., tr dor. (*Duru*, 1850.)

> Les ff. lim. comprennent : le titre ; la *Preface* ; une ode « A monsieur Lisleman, medecin de la Faculté de Paris » ; des stances « A monsieur Charas, sur son *Traité des vipéres* », et l'*Extrait du privilége*.
> Le privilège, daté du 20 février 1668, ne mentionne qu'un « livre en vers françois du sieur D. F. » ; il est accordé pour cinq ans à *J.-B. Loison*.
> L'achevé d'imprimer est du 8 septembre 1669.
> « L'auteur de ces *Récréations*, DU FOUR DE LA CRESPELIÈRE, était médecin ; ses ouvrages ne brillent pas par la poésie, mais tous, dit M. Viollet-Le-Duc (*Bibliothèque poëtique*, n° 1587), rivalisent de grossièreté et de cynisme. Ils sont du reste assez rares. M. Viollet-Le-Duc n'avait pas celui-ci : peut-être l'eût-il jugé avec plus d'indulgence que les autres. » L. POTIER.

960. LA || PUCELLE || D'ORLEANS, || Poëme. || Divisé en quinze Livres. || Par Monsieur de V*** [Voltaire]. || *Louvain*, || M DCC LV [1755]. Gr. in-12 de 2 ff., 161 pp. et 1 f. blanc, mar. or., fil., dos orné. (*Trautz-Bauzonnet.*)

> Édition originale. Elle se termine par le vers :
> Elle devint plus folle que jamais.
>
> suivi de trois lignes de points et des mots : *Cœtera desunt*. La correspondance de Voltaire nous apprend que cette édition fut imprimée à *Francfort*, quoique supposée à *Louvain*. Notre exemplaire appartient à la même édition que celui qui est coté Y 5454 F. Rés. à la Bibliothèque nationale. Voy. Bengesco, *Voltaire* ; *Bibliographie de ses œuvres*, I, n° 478.
> Exemplaire NON ROGNÉ.

961. ETRENNES AUX GENS D'EGLISE, ou la Chandelle d'Arras, Poeme heroï-comique, en XVIII chants. [Par l'abbé Du Lorens.] *A Arras, aux Dépens du Chapitre.* M.DCC. LXXIV [1774]. In-8 de xvj et 142 pp., mar. citr., fil., dos orné, tr. dor. (*Trautz-Bauzonnet.*)

> Édition originale.
> Exemplaire relié sur brochure.

962. LE PARNASSE SATYRIQUE du dix-neuvième siecle, recueil de vers piquants et gaillards De MM. de Béranger, V. Hugo,

E. Deschamps, A. Barbier, A. de Musset, Barthélemy, Protat, G. Nadaud, de Banville, Baudelaire, Monselet, etc., etc., etc., etc., etc., etc. — Pigritia. Invidia. Avaritia. Superbia. Furor. Luxuria. Gula. — *Rome, à l'enseigne des sept péchés capitaux.* [Bruxelles, Poulet-Malassis.] S. d. 2 vol. in-12, mar. citr. jans., tr. dor. (*Trautz-Bauzonnet.*)

> *Tome premier*: 2 ff. et 239 pp., plus un front. [gravé par *Rops*].
> *Tome second*: 2 ff., 250 pp. et 1 f.
> Les volumes, dont les titres sont imprimés en rouge et en noir, contiennent 8 fac-simile d'autographes et 1 pl. de musique.
> Exemplaire en papier de Hollande, avec double épreuve du frontispice, en rouge et en noir.

963. LE NOUVEAU PARNASSE SATYRIQUE du dix-neuvième siècle, suivi d'un Appendice au Parnasse satyrique. *Eleutheropolis, aux devantures des libraires; ailleurs dans leurs arrière-boutiques.* [*Bruxelles, Poulet-Malassis.*] M.DCCCLXVI [1866]. In-12 de 2 ff., II et 273 pp. (plus un front. gravé), mar. citr. jans., tr. dor. (*Trautz-Bauzonnet.*)

> Exemplaire en papier de Hollande. Le frontispice (gravé par *Rops*, mais non signé) est tiré en double épreuve, en noir et en bistre. Le titre et la préface sont imprimés en rouge et en noir.

964. LES || ŒVVRES || DV SIEVR || DE || SAINT-AMANT. || *A Paris, || Chez Toussainct Quinet, au Palais, dans la petite || Salle, sous la montée de la Cour des Aydes.* || M.DC.XLII [1642]. || Auec Priuilege du Roy. 4 part. en un vol. in-4.

> *Première Partie*: titre ; 3 ff. pour une épître « A monseigneur le duc de Rets, pair de France, etc. ; » 4 ff. pour une *Preface sur les Œuvres de monsieur de Saint-Amant, par son fidelle amy* FARET, et pour l'erratum ; 2 ff. pour un *Advertissement au Lecteur*; 1 f. pour le *Privilège*; 1 f. pour la *Table*; ensemble 12 ff. et 255 pp. inexactement chiffr. (la dernière porte 245).
> *Suitte || de la || Premiere Partie || des || Œuures || du Sieur || de || Saint-Amant.* || *A Paris, || Chez Toussaint Quinet,* etc., 1642 : 75 pp. (y compris le titre).
> *Seconde Partie*, 1643 : titre ; 4 ff. pour une épître « A monseigneur, monseigneur le comte de Harcourt, gouverneur et lieutenant general pour le roy en Guyenne », et pour le *Privilège* ; 2 ff. pour un avis « Au Lecteur », les *Fautes d'impression* et la *Table*; ensemble 7 ff. et 140 pp.
> *Troisiesme Partie*, 1649 : titre ; 7 ff. pour une épître « A monseigneur le comte d'Arpajon et de Rhodès, etc. » et la *Table*; ensemble 8 ff., 134 pp. et 1 f. pour le *Privilège*.
> Le privilège de la 1re *Partie* est accordé pour vingt ans à Saint-Amant, à la date du 22 octobre 1640, et est relatif au *Passage de Gibraltar* et à la réimpression des autres œuvres de l'auteur dont le privilège était expiré. Saint-Amant en fait cession à *Toussaint Quinet*. L'achevé d'imprimer est du 31 janvier 1642.
> Le privilège de la *Seconde Partie* est accordé pour dix ans à Saint-Amant, à la date du 27 mars 1643. Il est également suivi d'une cession à *Quinet*. L'achevé d'imprimer est du 24 avril 1643.

BELLES-LETTRES.

Le privilège de la *Troisiesme Partie* est daté du 29 avril 1649 et accordé pour sept ans à Saint-Amant, qui en fait cession à *Quinet*. L'achevé d'imprimer est du 10 juillet de la même année.

Les titres des trois parties portent une marque de *Quinet*, représentant une fontaine éclairée par le soleil et accompagnée de cette devise : *Heureux qui naist ainsi*. Cette marque est signée du graveur N. Picart.

965. LA || ROME || RIDICVLE , || Caprice. *S. l. n. d.* [vers 1640], in-4 de 53 pp. et 1 f., mar. r. jans., tr. dor. (*Thibaron et Joly*.)

Le volume n'a qu'un simple faux-titre compris dans la pagination.
Nous ne connaissons pas la date de ce poème de SAINT-AMANT. M. Livet, qui a donné une édition complète des œuvres de cet auteur, n'a pas cherché à la déterminer. Une allusion au siège de La Rochelle (1628) permet de supposer que la *Rome ridicule* a été écrite peu de temps après, mais il est possible qu'elle n'ait pas été immédiatement imprimée.
L'édition que nous venons de décrire paraît être l'édition originale. Elle se termine par les vers de JOSEPH SCALIGER sur Rome et par le fameux distique d'ERASME : *Roma, vale*, etc.

966. LA || ROME || RIDICVLE. || Caprice. [Par Saint-Amant.] || M.DC.XLIII [1643]. *S. l.*, in-8 de 53 pp. et 1 f. bl.

Cette édition de petit format n'a été citée par aucun bibliographe. Elle ne contient ni les vers de J. Scaliger ni le distique d'Érasme.

967. EPISTRE || HEROÏ-COMIQVE. || A Monseigneur || le Duc || d'Orleans. || Lors que son Altesse Royale estoit au Siege || de Grauelines. || *A Paris*, || *Chez Toussaint Quinet, au Palais, sous* || *la montée de la Cour des Aydes*. || M.DC. XXXXIIII [1644]. || Auec Priuilege du Roy. In-4 de 22 pp. et 1 f. pour le *Privilège*.

La signature de SAINT-AMANT se trouve à la fin de la pièce. C'est à lui, du reste, que le privilège est accordé pour cinq ans, le 15 septembre 1644.
Le titre est orné d'une marque de *Quinet* qui représente une fleur de lis dans un écu supporté par deux anges.

968. CAPRICE. [Par Saint-Amant.] *S. l. n. d.* [*Paris*, vers 1644], in-4 de 6 pp. et 1 f. blanc.

Cette édition n'a qu'un simple titre de départ. Le r⁰ du 1ᵉʳ f. contient 22 vers.

969. LE || IVGEMENT || DE || PARIS || en vers burlesques || de || Mʳ Dassoucy. || Dedié a Monseigneur || de Lionne. || *A Paris*, || *Chez Toussainct Quinet, au Palais*, || *sous la montée de la Cour des Aides*. || M.DC.XLVIII [1648]. || Auec Priuilege du Roy. In-4 de 14 ff., 92 pp. et 2 ff. pour le *Privilège*.

Collation des ff. lim. : Frontispice gravé qui représente les trois déesses dans des costumes burlesques, sur le bord de la mer (ce frontispice porte le titre du livre, l'adresse du libraire, et la date de 1639 ; il est signé du dessi-

nateur *C. Vignon* et du graveur *H. David*) ; — titre imprimé ; — 3 pp. pour une epître en prose « A monseigneur de Lionne , conseiller du roy en ses conseils, et secretaire des commandemens de la reine » ; — 2 pp. pour un avis « Au sot Lecteur, et non au sage » ; — 3 pp. contenant des vers adressés à d'Assoucy par l'ABBÉ SCARRON ; — 3 pp. contenant des vers *Pour le sieur Quinet*, signés C. D['ASSOUCY] ; — 11 pp. contenant des vers adressés à l'auteur par TRISTAN L'HERMITE , le chevalier DE L'HERMITE SOULIERS , DU PELLETIER, C. E. DE LA CHAPELLE, F. DE LA MOTTE LE VAYER , le fils , LE BRET, DE CHAVANNES ; — 1 fig. burlesque, signée du monogramme de *Fr. Chauveau*, et représentant le jugement de Paris.
Le privilège, daté du 18 mai 1648, est accordé pour cinq ans à d'Assoucy. qui déclare en faire cession à *Quinet*.
L'achevé d'imprimer est du 24 juillet 1648.

970. RYMAILLE || sur les plus celebres || Bibliotieres || de Paris. || Par le Gyrouague Simpliste. || M.DC.XLIX [1649]. *S. l.* [*Paris*], in-4 de 4 pp.

Cette liste burlesque des grandes bibliothèques de Paris au milieu du XVIIe siècle, a été réimprimée avec un commentaire par M. A. de La Fizelière (*Paris, Aubry*, 1868, in-8).

971. HIPPOCRATE || DÉPAÏSÉ : || ou || La version paraphrasée || de ses Aphorismes ; || En vers François. || Par M. L. de F. [Fontenettes] Doct. en Med. dans P. [Poitiers]. || *A Paris, || Chez Edme Pepingué, en la grande Sale || du Palais, du costé de la Sale Dauphine.* || M.DC.LIV [1654]. || Auec Permission. In-4 de 12 ff., 174 pp. et 1 f.

Les ff. lim. comprennent : le titre, lequel est orné de la marque de *Pepingué* ; 7 ff. pour une epître « A maistre Guy Patin, docteur regent et doyen de la faculté de medecine de Paris », épître datée de Poitiers, le 20. d'octobre 1652, et signée en toutes lettres du nom de l'auteur ; pour une *Preface* en vers, trois distiques latins à la louange de l'auteur, signés : FRANC. CARRÉ, *doctor medicus pictav. et collega*, et un sonnet français, signé : H. G. C. P. ; 4 ff. pour un avis *Au Lecteur* et la *Permission d'imprimer*.
La permission est datée du 16 mai 1654.

972. L'ESCHOLE DE SALERNE En vers Burlesques. & Duo Poemata macaronica ; de Bello Huguenotico : Et de Gestis Magnanimi & Prudentissimi Baldi. *Suiuant la Copie imprimée A Paris*. M.DC.LI [1651]. Pet. in-12 de 139 pp. (y compris 1 f. blanc et 12 ff. lim. non chiffr.), mar. r., fil., comp., dos orné , doublé de mar. bl., dent. à petits fers, tr. dor. (*Trautz-Bauzonnet.*)

Ce recueil, imprimé par *Bonaventure* et *Abraham Elzevier* à *Leyde*, contient :
1[o] Une épitre « A monsieur, monsieur Patin, doyen de la tres-ancienne et tres-illustre faculté de medecine de Paris », épître datée de Leyde, le 12 décembre 1650, et signée du correcteur SIMON MOYNET, Parisien ;
2[o] Un *Advis serieux et important au Lecteur ;*
3[o] Une *Approbation des docteurs* « en vers burlesques » ;

BELLES-LETTRES.   623

4⁰ Une épître (en vers) « A monsieur Scaron, prince des poëtes burlesques »;
5⁰ Une ode burlesque « A monsieur Martin sur son *Eschole de Salerne travestie* », par FRANÇOIS COLLETET ;
6⁰ *L'Eschole de Salerne* (p. 28-58) ;
7⁰ Un avis de « L'Imprimeur au Lecteur » (pp. 59-60) ;
8⁰ *Poema macaronicum de Bello huguenotico* (pp. 61-68) ;
9⁰ *Merlini Coccaii Poema macaronicum de gestis magnanimi et prudentissimi Baldi* (pp. 69-139).

L'Eschole de Salerne est une parodie du *Regimen sanitatis* ou *Medicina salernitana*, résumé de la science médicale au moyen-âge, dont la rédaction première paraît avoir été entreprise par JEAN DE MILAN, vers la fin du X⁰ siècle, et qui fut plus tard commenté par ARNAUD DE VILLENEUVE. L'auteur de cette parodie, qui était médecin, s'appelait LOUIS MARTIN. L'édition originale parut à Paris, en 1649, in-4.

Le poème macaronique *De Bello huguenotico* est de REMI BELLEAU.

La deuxième pièce est extraite des œuvres de TEOFILO FOLENGO, dit MERLIN COCCAIE.

Voy. Willems, *Les Elzevier*, n⁰ 693.

Haut. : 132 ; larg. : 72 mm.

973. DESCRIPTION de la Ville d'Amsterdam, En vers burlesques. Selon la visite de six jours d'une semaine. Par Pierre Le Jolle. *A Amsterdam, Chés Jaques le Curieux. L'an M.DC.LXVI* [1666]. Pet. in-12 de 8 ff. (y compris un front. gravé), 317 pp. et 1 f. blanc, mar. r. jans. (*A. Motte.*)

La *Description* est précédée d'une épître « A tres-vilains, tres-sales, tres-lourds, tres-malpropres et tres-ignorants messieurs, les boueurs et cureurs des canaux d'Amsterdam ».

L'auteur de cet ouvrage, Pierre Le Jolle, n'est pas, comme on l'a dit quelquefois, un personnage imaginaire. Né à Dieppe en 1630, il fut forcé de s'expatrier pour cause de religion et s'établit à Amsterdam, où il épousa, en 1658, Hélène van Drielenburg. Voy. Willems, *Les Elzevier*, n⁰ 1756.

Exemplaire NON ROGNÉ.

f. — Recueils de poésies.

974. LE ‖ CABINET ‖ DES MVSES : ‖ Ou nouueau recueil des plus beaux ‖ vers de ce temps. ‖ *A Roüen,* ‖ *De l'Imprimerie* ‖ *De Dauid du Petit-val,* ‖ *Imprimeur & Libraire ordi-* ‖ *naire du Roy.* ‖ 1619. In-12 de 943 pp. et 8 ff. pour la *Table*, mar. bl., fil., dos orné, tr. dor. (*Cuzin.*)

Au titre, une marque de *R. Du Petit Val.*
Ce recueil est fort important pour l'étude de la poésie française au commencement du XVII⁰ siècle. La plupart des pièces qui le composent sont signées, mais les noms des auteurs ne sont pas relevés à la table ; aussi avons-nous cru intéressant d'en dresser une liste complète :

BAUDOUIN (J.), 534-536.
BERTAUT (JEAN), 73, 79, 96, 111, 113, 119, 151, 169, 175, 179, 200, 217, 227, 229, 277, 280, 323, 377, 439, 444, 447, 449, 810, 851, 888-895, 904-918, 929-943.
CHOUAYNE (FR.), 682.
CHRESTIEN (J.), 839.
COULOMBY, SIEUR DE CAUVIGNY, 922.
DAGONNEAU, 231.

DES YVETEAUX, 374, 407, 676, 683.
DU MAURIER, 351.
DU PERRON (JACQUES DAVY), 154, 176, 189, 262, 434, 436, 793-806, 815, 887, 906.
FOCHERAN (ALEXANDRE DE PONT-AIMERY, SIEUR DE). Voy. PONT-AIMERY.
HEMERY (D'), 118, 286.
HUXATTIME (D'), 309, 846.

624 BELLES-LETTRES.

INFRAINVILLE (CHARLES DE PIARD, SIEUR D') DE TOUVANT, 149, 171, 288, 289, 715, 720-734.
LA ROQUE, 249, 273.
LA SALLE (DE) ET DES TERMES, 126.
L'ASTRE (DE), 747-762.
LE METEL (ANTOINE), SIEUR D'OUVILLE. Voy. OUVILLE.
L'ESPINE (DE), 615-621.
LINGENDES (JEAN DE), 575-584.
MALHERBE (FRANÇOIS DE), 53, 54, 59, 64, 80, 87, 106, 202, 368, 371, 464, 482, 825, 918, 920.
MALOYSEL (LE C. DE), 470-481.
MAYNARD (FRANÇOIS), 168, 174, 466, 486, 489, 735-744, 763.
MOTTIN (PIERRE), 49, 51, 52, 92, 172, 210, 548-552, 602-612, 806, 820.
N. G., 525.

OUVILLE (ANTOINE LE METEL, SIEUR D'), 496, 525, 531, 533.
PIARD (CHARLES DE). Voy. INFRAINVILLE.
P. L. S. D. P., 290.
PONT-AIMBRY (ALEXANDRE DE), SEIGNEUR DE FOCHERAN, 391.
POMENY (DE), 136.
PORCHÈRES (HONORÉ DE LAUGIER, ESCUYER DE), 107, 144, 243, 247, 284, 296, 353, 355, 365, 376, 452, 627, 638.
REGNIER (MATHURIN), 44.
RENOUARD, 588, 840-845.
ROSSET, 461.
THEOPHILE (THEOPHILE DE VIAU, dit), 650-666.
TOUVANT (LE SIEUR DE), 720-734. Voy. INFRAINVILLE.
TRELON, 161, 208.
VERMEIL (A. DE), 342.
VIAU (LE SIEUR DE). Voy. THEOPHILE.

Parmi les pièces non signées, nous relevons seulement une épitaphe de Germain Pilon (p. 485), et l'*Hymne de la Paix* de JEAN PASSERAT, pp. 786-792 (voy. ci-dessus, n° 714).

975. RECVEIL || DE DIVERSES || POËSIES || DES PLVS CELEBRES || AVTHEVRS || DE CE TEMPS ; || Contenant, || La Belle Gueuse, || La Belle Aueugle. || La Muette Ingratte. || La Belle Sourde. || La Belle Voilée. || La Vieille Amoureuse. || Metamorphose des || yeux de Philis chan- || gez en Astres. || Metamorph. de Ceyx || & d'Alcyoné. || Le Temple de la Mort. || Et autres pieces curieuses. || *A Paris,* || *Chez Louis Chamhoudry, au Palais,* || *proche la saincte Chapelle, au bon Marché.* || M.DC.LII [1652]. || Auec Priuilege du Roy. Pet. in-12 de 4 ff., 74 pp. et 1 f. — RECVEIL || DE DIVERSES || POËSIES || DES PLVS CELEBRES || AVTHEVRS || DE CE TEMPS ; || Contenant, || La suite du Temple de || la Mort || Le Temple de la Gloire. || Lettre Heroïque. || La Souris. || Madrigaux sur diuer- || ses couleurs. || L'Indiscret. || Amarante au Cours. || Poësies de Monsieur || de Chandeuille. || La Dame Fardées. [*sic*]. || Requeste du Pont- || neuf. || Preambule des Insti- || tutes de Iustinian. || La Belle Sourde. || La Belle Enleuée. || La Riche laide. || L'Amant Victorieux. || Et autres pieces curieuses. || Tome II. || *A Paris,* || *Chez Louis Chamhoudry, au Palais,* || *proche la Sainte Chapelle, au bon Marché.* || M.DC.LII [1652]. || Avec Priuilege du Roy. Pet. in-12 de 1 f. pour le titre et 166 pp. — Ensemble 2 part. en un vol. pet. in-12, mar. r., fil., dos orné, tr. dor. (*Duru,* 1848.)

En tête de la première partie se trouvent une épître de LOUIS CHAMHOUDRY « A monseigneur le comte de Sainct Aignan » et un extrait du privilège. Le comte de Saint-Aignan était le protecteur de Tristan L'Hermite, aux œuvres de qui sont empruntées plusieurs des pièces du recueil. Voy. les n°s 830 et 831.

Le dernier f. de cette même partie porte au v° la souscription suivante : *A Paris, De l'Imprimerie de Sebastien Martin, ruë sainct Iacques, à l'Enseigne sainct Iean l'Euangeliste, deuant les Mathurins.*

BELLES-LETTRES.

La Belle Sourde, portée sur le titre de chacune des deux parties, ne se trouve que dans la seconde. A partir de ce petit poème (pp. 134-135), la plupart des pièces sont signées ; elles portent les initiales ou les noms de H. D. L., DU PELLETIER, DE LA GOUTTE, SARRAZIN, DE BENCERADE et D. M.
L'éditeur du recueil est JEAN CONART, l'un des maîtres d'hôtel ordinaire du roi, à qui le privilége est accordé pour six ans le 6 mars 1651. L'achevé d'imprimer est du 27 mars 1651.

Exemplaire de M. LEBEUF DE MONTGERMONT (Cat., n° 385).

976. LES MVSES || ILLVSTRES. || de Messieurs. || Malherbe. || Theophile. || L'Estoile. || Tristan. || Baudoin. || Colletet le pere. || Ogier. || Marcassus. || La Menardiere. || Carneau Celestin. || L'Affemas. || Boisleau. || Linieres. || Maynard le fils. || Colletet le fils. || Et plusieurs autres Autheurs de ce temps. || *A Paris,* || *Chez Louis Chamhoudry, au Pa-* || *lais deuant la Sainte Chapelle, à* || *l'Image S. Louys.* || || M.DC.LVIII [1658]. || Auec Priuilege du Roy. Pet. in-12 de 14 ff., 391 pp. inexactement chiffr., plus 2 faux-titres après les pp. 192 et 214, mar. or. jans., tr. dor. (*A. Motte.*)

Les ff. lim. contiennent le titre, une épître « A monseigneur le comte de S. Aignan », un avis « Au Lecteur », la *Table* et l'*Extrait du Privilége*.
Le recueil se divise en quatre parties : la *Muse serieuse*, la *Muse bachique*, la *Muse amoureuse* et la *Muse burlesque*.
La pagination du volume est des plus fautives. Elle se suit régulièrement de 1 à 192, puis vient 1 f. non coté pour le faux-titre de *la Muse bachique*, et la pagination reprend de 193 à 214. Un faux-titre pour *la Muse amoureuse* suit la p. 214, et les chiffres recommencent de 215 à 331 ; la p. 332 est chiffrée 334 ; les pp. 333 à 357 sont chiffrées 345-367 ; les pp. 358 à 368 sont chiffrées 366-376 ; enfin, les pp. 869-391 portent les n°⁸ 367-389.
Les pp. 101-102, 105-106, 323-324, 329-330 sont accompagnées de cartons où diverses fautes sont corrigées.
Le privilége, daté du 8 avril 1658, est accordé pour sept ans « au sieur FRANÇOIS COLLETET, le fils » ; il est suivi d'une mention de la cession faite par Colletet à *Pierre David* et à *Louis Chamhoudry*, et d'un achevé d'imprimer du 15 avril 1658.

977. RECUEIL || DE POËSIES || CHRESTIENNES || ET || DIVERSES. || Dedié à Monseigneur le Prince || de Conty. || Par M. de la Fontaine. || *A Paris,* || *Chez Pierre le Petit, Imprimeur & Libr.* || *ordinaire du Roy, ruë saint Jacques,* || *à la Croix d'Or.* || M.DC.LXXI [1671]. || Avec Privilege de Sa Majesté. 3 vol. in-12, mar. bl. jans., tr. dor. (*Thibaron et Joly.*)

[*Tome I.*] : Frontispice gravé, représentant un autel sur lequel s'appuient deux grandes figures : la Religion et la Charité ; un cartouche placé au centre porte ces mots : *Poesies chrestiennes ;* en bas l'adresse de *P. Le Petit ;* — titre imprimé ; — 1 f. pour l'*Epistre* « A monseigneur le prince de Conty » ; — 8 ff. pour la *Preface* et l'*Avertissement ;* — 1 f. pour le *Privilége ;* — 5 ff. pour la *Table ;* ensemble 17 ff. et 418 pp.

Tome II. : Frontispice gravé, représentant un cartouche surmonté d'une lyre et soutenu par Apollon et par la Renommée ; on lit au centre : *Poesies diverses*, et, en bas, l'adresse du libraire ; — titre imprimé ; — 5 ff. pour la *Table ;* — 424 pp.; — 4 ff. pour un *Extrait des endroits changez dans les ouvrages de M. de Malherbe* et le *Privilége.*

Tome III. : Frontispice gravé, représentant un cartouche dans lequel on lit : *Poesies diverses ;* en bas l'adresse de *P. Le Petit* et la date de 1663, qui montre que la planche avait servi pour une publication antérieure ; — titre imprimé ; — 3 ff. pour la *Table* et 368 pp.

Le privilège, daté du 20 janvier 1669, est accordé pour sept ans à LUCILE HÉLIE DE BRÈVES, pseudonyme de LOMÉNIE DE BRIENNE, véritable auteur de ce recueil, auquel La Fontaine ne fit qu'ajouter la dédicace au prince de Conti.

Voy. *Bibliographie Cornélienne*, n° 783.

978. RECUEIL || DE POESIES || CHRÉTIENNES || ET || DIVERSES. || Dedié à Monseigneur le Prince || de Conty. || Par M. de la Fontaine. || *A Paris,* || *Chez Jean Couterot, ruë S. Jacques,* || *à l'Image saint Pierre.* || M.DC.LXXXII [1682]. || Avec Privilege de Sa Majesté. 3 vol. in-12, v. f., tr. marbr. (*Anc. rel.*)

Cette édition est la même que celle de 1671 dont elle ne se distingue que par un détail. Les titres ont été refaits, et l'on a ajouté au t. Ier 6 pp., cotées 419-424, qui contiennent des *Stances chrétiennes* de l'abbé Testu sur divers passages de l'Écriture sainte et des Pères. — On lit à la fin : *Permis d'imprimer. Fait ce 20. Decembre 1678.* DE LA REYNIE.
Bibliographie Cornélienne, n° 785.

979. RECUEIL DES PLUS BELLES PIECES DES POETES FRANÇOIS, Tant anciens que Modernes, Avec l'Histoire de leur vie. Par l'Auteur des Memoires & Voyage d'Espagne [Mme d'Aulnoy]. *A Amsterdam, Chez George Gallet.* M.DC.XCII [1692]. 5 vol. pet. in-12, front. grav., titres rouges et noirs, régl., mar. r. jans., tr. ébarb. (*Trautz-Bauzonnet.*)

Tome premier : Frontispice gravé ; titre ; 2 ff. pour une épître « A messire Antoine Rusé, marquis d'Effiat », épître signée du libraire *Barbin*, qui avait publié l'édition parisienne ; 5 ff. pour la *Preface ;* 1 f. pour la *Liste des Poëtes françois contenus dans ce recueil ;* 2 ff. pour la Vie de François Corbueil, dit Villon ; ensemble 12 ff. et 395 pp.
Les 4 dernières pp. sont occupées par le *Catalogue* du libraire.

Tome second : 428 pp. (y compris le front. grav. et le titre) et 2 ff. blancs. — Le frontispice est compris dans la pagination, mais ne fait pas partie des cahiers du volume.

Tome troisiéme : 358 pp. (y compris le front. gravé et le titre) et 1 f. blanc. Même observation pour le frontispice.

Tome quatriéme : 359 pp. (y compris le front. gravé et le titre). Même observation pour le frontispice.

Tome cinquiéme : 312 pp. (y compris le front. gravé et le titre) et 2 ff. blancs. Même observation pour le frontispice.

Le frontispice est le même pour les tomes I, II, III, V ; il représente Apollon dans les nuages, couronnant Mercure qui soutient le *Recueil de Poësies ;* au-dessous d'eux sont assises les Muses. Le frontispice de la IVe

Partie représente Hercule qui apporte à une muse la lyre d'Apollon et le caducée de Mercure ; il est signé d'*A. Schoonebeck.*

Exemplaire NON ROGNÉ provenant des ventes VEINANT (Cat. de 1860, n° 350) et LEBEUF DE MONTGERMONT (n° 285).

4. — *Chansons et Cantiques.*

A. — Chansons depuis le XVIᵉ siècle jusqu'à nos jours.

980. PREMIER [— DIXIESME] LIVRE cõtenant xxv. chãsons nouuelles à qua- || tre parties en deux volumes, les meilleures & plus excellẽtes || qu'on a peu choisir entre plusieurs non encore imprimées, || par l'aduis & iugement de bons & sçauans musiciens || Contratenor & Bassus. || *Chez Nicolas du Chemin, à l'enseigne du Gryphon d'argent,* || *rue sainct Iehan de Latran.* M.D.XLIX [1549-1552]. Ens. 10 parties en un vol. in-4 obl.

Chaque livre, composé de 16 ff., porte sur le titre la *Table* des chansons et des musiciens.

Premier Livre, 1549 : 25 chansons. — On lit au v° du dernier f. : *Fin du premier Liure des chansons nouuelles* || *acheue d'imprimer le 20. iour de Ianuier 1549.* Au-dessous de ces mots est placée la marque de *Du Chemin* (Silvestre, n° 379).

Second Livre, 1549 : 26 chansons.
Tiers Livre, 1549 : 22 chansons.
Quart Livre, 1549 : 24 chansons.
Cinquiesme Livre, 1550 : 25 chansons.
Sixiesme Livre, 1550 : 25 chansons.
Septiesme Livre, 24. juillet 1550 : 29 chansons.
Huitiesme Livre, 6. jour de septembre 1550 : 25 chansons.
Neufiesme Livre, 28. de mars 1551 : 27 chansons.
Dixiesme Livre, 5. jour de juillet 1552 : 26 chansons.

Voici la table des musiciens qui ont composé ces 249 mélodies, avec le renvoi à chaque livre :

Archadelt ([Jacques]), 9, 10.
Bestard, 1.
Benoist (Ph.) 7, 8.
Bonard ([François]), 8-10.
Bonnefond, 9.
Boulland (De), 9.
Brigard, 2.
Capella (De). Voy. La Chapelle.
Cartier (A.), 10.
Certon ([Pierre]), 1, 5-9.
Cyron, ou Cyrot, 4, 9.
Clemens non Papa, 2, 4, 9.
Colin ([Pierre]), 8.
Crequillon ([Thomas]), 2, 4, 6, 8, 9.
Daniel ([Jehan]). Voy. Mitou.
Du Bar, 2, 4.
Du Buysson ([Michel]), 10.
Du Four, 2.
Du Tertre, 1, 2, 4-10.
Ebran, 7, 8.
Frougy, 3.
Gentian, 10.
Gervaise ([Claude]), 1, 4-7, 9, 10.
Godart, 5.
Goudimel ([Claude]), 1-10.
Guillaud (M.), 3-10.
Guyon ([Jehan]), 5, 7, 8.
Harcadelt. Voy. Archadelt.
Hugon, 2. Voy. La Chapelle.
James, 1.
Jambe-de-Fer ([Philibert]), 10.
Janequin ([Clement]), 1-10.
La Chapelle ([Hugon de]), 2-4.
Le Brun ([Jehan]), 2.
Le Gay Hier, 2.
Le Gendre ([Jehan]), 1-4, 10.
Le Rat, 4, 7-9.
L'Huillier, 5, 7.
Maillart ([Jehan]), 1, 2, 4, 8, 9.
Marcadé (N.), 6, 9.
Marle ([Nicolas de]), 1, 8, 9.
Martin (Cl.), 2-5, 7, 8.
Mithou ([Jehan Daniel, dit maistre]), 10.
Morel ([Clement]), 10.
Muret (M.-A.), 10.
Olivier (J.), 5.
Pagnier (N.), 1-4.
Raoult (M.), 9.
Régnes, 1-3.
Sevault, 2.
Symon (P.), 7, 9.
Villiers ([Pierre] de), 1, 4.

Ce recueil provient de la collection de M. E. DE COUSSEMAKER, de Lille. M. Eitner, qui en fait mention dans sa *Bibliographie der Musik-Sammelwerke des XVI. und XVII. Jahrhunderts,* p. 112, déclare n'en avoir rencontré aucun autre exemplaire et avoir cherché vainement les deux parties hautes.

981. PREMIER LIVRE contenant **xxvj.** || Chāsōs nouuelles en musique à quatre parties en deux || volumes *imprimees par la veufue de Pierre* || *Attaingnant, demourant à Paris en la Rue de la Harpe, pres S. Cosme.* || **xxiiii.** Iuillet, M.D.LIII [1553]. || Contratenor & Bassus. || Auec priuilege du Roy pour neuf ans. In-4 obl. de 16 ff.

>Le titre porte la *Table* des chansons, dont les mélodies ont été composées par ANDRAULT, BESANCOURT, DU BUYSSON, DU TERTRE, GARDANE, GERVAISE, GOUDIMEL, HAUVILLE, HERISSANT, JACOTIN, LACHENET, LE RAT, MORNABLE et MURET.
>Ce recueil provient, comme le précédent de la collection DE COUSSEMAKER ; M. Eitner n'en cite aucun autre exemplaire.

982. DEVX || CHANSONS || nouuelles , fort || plaisantes et || recreatiues. || L'vne contenant tous les crys de Paris, selon leur || nayue & naturelle prononciation. || L'autre, d'vn Oublieux donnant vn escu pi- || stolet à vne Dame , pour iouyr || de ses amours. || *A Lyon* , || *Par Benoist Rigaud.* || M.D.LXXI [1571]. In-8 de 4 ff., mar. r. jans., tr. dor. (*Cuzin.*)

>Au titre, un bois qui représente divers personnages chantant devant un livre de chansons.
>La première pièce commence ainsi :
>>Voullez ouyr chansonnette
>>De tous les cris de Paris....
>
>Elle se retrouve dans le *Troisiesme Livre du Recueil des Chansons* (Paris, Claude de Montre-œil , 1579, in-16), fol. 23 *a*, et dans le *Nouveau Recueil de toutes les chansons nouvelles, tant de l'amour que de la guerre* (Lyon, Benoist Rigaud, v. 1580, in-16), fol. 36 *a*.
>Voici le début de la seconde pièce :
>>Or escoutez la chanson
>>D'un oublyeux, je vous prie....
>
>On en trouve le texte, avec la mélodie , dans le *Recueil des plus belles et excellentes chansons* (Paris, Locqueneux, 1588, in-16), fol. 219 *b*.
>Ce petit recueil , inconnu à tous les bibliographes, est un présent de M. le professeur CHARLES SCHMIDT, de Strasbourg.

983. PREMIER [—VINGTQVATRIEME] LIVRE || DE CHANSONS || en forme de vau de ville || composé à quatre parties, par || Adrian le Roy [et divers autres]. || *A Paris.* || 1573 [-1584]. || *Par Adrian le Roy, & Robert Ballard.* || *Imprimeurs du Roy.* || Avec priuilege de sa magesté pour dix ans. 24 part. en un vol. pet. in-8 obl., titres encadrés.

>Partie de Tenor.
>*Premier Livre*, par Adrian le Roy, 1573, 24 ff. — *Second Livre*, de plusieurs autheurs, 1577, 16 ff. — *Tiers Livre*, de Ja. Arcadet et autres, 1573. 16 ff. — *Quatriéme Livre*, id., 1573, 16 ff. — *Cinquiéme Livre*, id., 1573, 16 ff. — *Sisiéme Livre* , id., 1578, 16 ff. — *Setiéme Livre* , de plusieurs autheurs, 1572, 16 ff. — *Huitiéme Livre*, de Jac. Arcadet et autres, 1575, 16 ff. — *Neufiesme Livre*, id., 1578, 16 ff. — *Dixiéme Livre* , d'Orlande de Lassus et autres, 1583, 16 ff. — *Unziéme Livre* , de plusieurs autheurs,

1578, 16 ff. — *Dousiéme Livre*, id., 1583, 16 ff. — *Tresiéme Livre*, id., 1578, 16 ff. — *Quatorziéme Livre*, id., 1578, 16 ff. — *Quinziéme Livre*, 1578, id., 16 ff. — *Sesiesme Livre*, id., 1584, 16 ff. — *Dixsetiéme Livre*. d'Orlande de Lassus, 1579, 16 ff. — *Dixhuictiéme Livre*, id., 1581, 16 ff. — *Dixneufiéme Livre*, d'Orlande de Lassus et autres, 1581, 16 ff. — *Vingtiéme Livre*, id., 1578, 16 ff. — *Vingtuniesme Livre*, id., 1581, 16 ff. — *Vingtdeuxiéme Livre*, id., 1583, 18 ff. — *Vingttroisiéme Livre*, id., 1583, 16 ff. — *Vingtquatriéme Livre*, de plusieurs excelens autheurs, 1583, 16 ff.

Le recueil de Le Roy et Ballard avait commencé à paraître dès l'année 1569 ; Eitner (*Bibliographie*, 176-181) en décrit diverses parties, conservées à Upsal, à Cassel et à Berlin, qui permettraient de reconstituer les vingt premiers livres de l'ouvrage.

La partie de *Bassus* de nos vingt-quatre livres est portée au Catalogue Cigongne, sous le n° 1204.

984. CANTIQVE || sur la deliurance de || Mon-seigneur le || Duc d'Alan- || çon. || 1575. *S. l.*, in-8 de 4 ff. non chiffr., mar. r. jans., tr. dor. (*Trautz-Bauzonnet*.)

Lorsqu'Henri III rentra en France pour recueillir l'héritage de Charles IX, de graves mésintelligences éclatèrent entre lui et son dernier frère, le duc d'Alençon. Celui-ci, maltraité par le roi, arrêté par ordre de la reine mère, parvint à s'échapper et se mit ouvertement à la tête des mécontents. Tel est l'évènement, la « délivrance », célébrée par l'auteur du *Cantique*. Cette pièce commence ainsi :

Sur le chant : *Quelle fureur*, etc.

Peuple françois, commence à t'esjouir,
Commence aussi à louer le Seigneur...

985. LE || RECVIL [sic] DE || CHANSONS D'AMOVRS, com- || posees par Daniel Drouin Lodunoys. || Ioinct à icelles plusieurs autres chansons de di- || uers poëtes françois. || *A Paris,* || *Par Nicolas Bonfons, ruë neuue nostre* || *Dame, à l'enseigne S. Nicolas.* || 1575. In-16 de 79 ff. chiffr. et 1 f. non chiffr., mar. r., fil., dos orné, tr. dor. (*Thouvenin*.)

Le titre est orné d'un petit bois représentant un vieillard qui cherche à s'approcher d'un satyre.

Les chansons de Daniel Drouin sont au nombre de 25 ; elles s'arrêtent au fol. 55 r°. Elles sont suivies de 14 pièces de divers auteurs, savoir :

1° (fol. 55 *b*).   Sens estre esclave et sans toutesfois estre
Seul de mon bien, seul de mon cueur lemaistre...

(*Chanson d'*ESTIENNE JODELLE, SIEUR DE LIMODIN, *pour respondre à celle de Ronsard, qui commence :* Quand j'estois libre...)

Voyez Jodelle, éd. Marty-Laveaux, II, 45.

2° (fol. 59 *a*).   Amour n'est point ce grand dieu, qui sous soy
Tient l'univers gouverné par sa loy...

JODELLE, éd. citée, II, 65.

3° (fol. 61 *b*).   Les vers des amans,
O Amour, s'armans...

JODELLE, éd. citée, II, 70.

4° (fol. 65 *a*).   J'ay sans nulle occasion
De chanter affection...

JODELLE, éd. citée, II, 74.

5° (fol. 68 b).   Je suis parmy le trouble et le soin et l'apprest
                  Dont un juste devoir rend icy chacun prest...
   JODELLE, éd. citée, II, 88.

6° (fol. 70 a).   L'amour qui loge en ma poitrine,
                  Qui mes sens divise et mutine...
   DES PORTES, éd. Michiels, 59.

7° (fol. 71 a).   Helas ! que me faut-il faire
                  Pour adoucir la rigueur...
   DES PORTES, éd. citée, 57.

8° (fol. 72 a).   Sus, sus, mon luc, d'un accord pitoyable
                  Plains la douleur qui me rend miserable...
   DES PORTES, éd. citée, 46.

9° (fol. 72 b).   Ceux qui peignent Amour sans yeux
                  N'ont pas bien sa force cogneue...
   DES PORTES, éd. citée, 21.

10° (fol. 73 b). Je ne veux jamais plus penser
                  De voir un jour recompenser...
   DES PORTES, éd. citée, 78.

11° (fol. 74 b). Las ! en vous esloignant, [madame],
                  Au moins n'emportez pas mon ame....
   DES PORTES, éd. citée, 95.

12° (fol. 75 a). Pour faire qu'une affection
                  Ne soit sujette à l'inconstance...
   DES PORTES, éd. citée, 175.

13° (fol. 76 b). Douce liberté desirée,
                  Deesse, où t'es tu retirée...
   DES PORTES, éd. citée, 127.

14° (fol. 78 a). Je suis Amour, le grand maistre des dieux ;
                  Je suis celuy qui faict mouvoir les cieux..

   RONSARD, éd. Blanchemain, IV, 131. Cette pièce est celle à laquelle répond la seconde des chansons de Jodelle citées ci-dessus.

   Exemplaire de CH. NODIER, avec son *ex musaeo* sur les plats (Cat., n° 536), acquis à la vente DESBARREAUX-BERNARD (n° 500).

986. LE PLAISANT || IARDIN des bel- || les Chansons, || Choisies entre les plus nouuelles || qu'on chante à present, non || veües par cy deuant. || Nouuellement imprimées. || *A Lyon.* || 1580. In-16 de 124 pp. et 2 f. pour la *Table*, mar. r. jans., tr. dor. (*Trautz-Bauzonnet.*)

   Au titre, un petit bois qui représente un amour.
   Sur 40 pièces contenues dans le *Jardin*, on compte 20 chants historiques. dont un seulement a été recueilli par Le Roux de Lincy, savoir :

   1° (p. 3). *Chanson nouvelle des regrets douloureux et pleurs lamentables de tres-haute et tres-vertueuse dame, Elizabeth d'Autriche, royne de France, sur la mort du roy de Charles IX...., et se chante sur le chant :* Dames, dames, je vous prie, etc. (1574) :

                  Helas ! faut-il, faut-il que je lamente
                  Le triste chant de ma face constante ..

   Cf. *Sommaire de tous les recueils des chansons* (Paris, Nicolas Bonfons, 1578, in-16), fol. 8.

2° (p. 6). *Chanson nouvelle de la resjouyssance de la deffaite de Mont-gommery, lequel a este executé sur la place de Grefve le samedy 26. jour de juin 1574 ; sur le chant de Feret :*

> Or sus, quant à moy, France,
> Je ne veus plus souffrir...

3° (p. 9). *Chanson nouvelle de la resjouissance du peuple de France, sur l'election du roy de Pologne ; sur le chant de :* La piaffe des filles (1573) :

> Esjouyssez vous, France,
> Et vous aussi, François...

4° (p. 13). *Chanson nouvelle sur l'entreprise et conspiration de la mort du roy de France ; et se chante :* Mon pére, je vous ay servy, etc. (1574) :

> Nous avons signes merveilleux
> Des elemens chacune année...

5° (p. 16). *Lamentation du roy à tout son peuple de France, sur le chant :* Dames, dames, je vous prie, etc. (1575 ?) :

> Helas ! mon peuple, aide moy à ceste heure
> A lamenter pour le mal dont je pleure...

6° (p. 19). *Chanson nouvelle sur le reglement des capitaines et soldats qui vont par les champs, qu'ils ayent à vivre doucement chez les pauvres laboureurs et autre peuple ; sur le chant :* En nostre pays de Nuz (1574) :

> Nobles aventuriers,
> Caporaux, capitaines...

7° (p. 23). *Chanson nouvelle de la victoire obtenue par le duc d'Albe à l'encontre du prince d'Orange et des huguenots du pays de Flandres ; et se chante :* Las ! que dit on en France Du camp de Luxembourg (1568) :

> Las ! que dict on en France
> Du camp des Espaignols ?...

8° (p. 31). *Chanson nouvelle sur l'exhortation que font les huguenauts fugitifs du pays de France à la ville de Sancerre, à se rendre au roy ; et se chante :* O la folle entreprise, etc. (1577) :

> Sancerre malheureuse,
> C'est à ce coup qu'il faut...

9° (p. 35). *Cantique des François composé à l'honneur de Dieu qui a renversé les mal'heureuses entreprises des mutins de France ; et se chante sur le chant :* Quant ce beau printemps je voy, etc. (1572) :

> Chautons louange et honneur
> Au Seigneur...

10° (p. 40). *Chanson nouvelle de la complainte des huguenots de France sur la mort de l'amiral Roche-Foucault et autres commandeurs de leur ligne ; ensemble le departement qu'ils font de toutes pars ; et se chante sur le chant d'*Une fille de Mante (1572) :

> Entre nous, fréres huguenots,
> Qui reignons au païs de France...

11° (p. 42). *Chanson nouvelle des complaintes et regretz de madame d'Aumale sur la mort de son mary, lequel fut tué en parlementant avec les traistes* [sic] *de La Rochelle ; et se chante sur le chant :* La Parque si terrible (1573) :

> O Dieu, quelle nouvelle !
> O Dieu, quelle douleur !...

Voy. ci-dessus le n° 411, article 62.

12° (p. 46). *Chanson nouvelle des huguenots qui se sont emparez de la ville de La Rochelle; sur le chant* : Combien heureuse [*sic*] je me puis dire (1573) :

>Traistres de La Rochelle,
>Pour vous oster d'esmoy...

Cf. *Sommaire de tous les recueils des chansons*, fol. 35.

13° (p. 54). *Chanson nouvelle des complainctes et regrets d'une dame, laquelle lamentoit la mort de son mary qui fut tué devant Sainct Valery; et se chante sur le chant* : La Parque si terrible (1568) :

>O Mort tant inhumaine,
>Tant tu me fais de tort...

14° (p. 56). *Chanson nouvelle de la louange des laboureurs sur le don de grace qu'il a pleu au roy leur faire ; sur le chant* : Veuille, mon Dieu, par ta grace :

>Or benissons la semence
>De Charles, nostre bon roy...

15° (p. 61). *Chanson pitoyable et lamentable des obséques et funerailles de... Charles de Valois..., roy de France...; et se chante sur le chant* : Plourons, chrestiens (1574) :

>O dueil piteux et lamentable,
>O créve cœur pour les François...

16° (p. 69). *Chanson nouvelle sur la douloureuse complainte des dames de La Rochelle aux soudards du camp du roy ; et se chante sur le chant* : Dames d'honneur, je vous prie à mains jointes, etc. (1574) :

>Pleurons, pleurons, dames de La Rochelle,
>Le grand malheur de ceste loy nouvelle...

17° (p. 111). *Chanson nouvelle de la sainte et divine alliance du mariage faict à Reims mardy 15. de fevrier 1575..; et se chante* : Tant que vivray tousjours je t'aymeray, etc. :

>Puis que le ciel nous va favorisant,
>A la saincte assemblée...

18° (p. 115). *Memoire de deux signes fort espouventables advenus au pays d'Angleterre...; sur le chant de* : La Parque, etc. (vers 1575) :

>Chrestiens, ne vous desplaise,
>J'ay osé sans faillir...

19° (p. 119). *Regretz lamentables sur la mort de deffunte et vertueuse princesse, madame Marie de Clefve, femme du prince de Condé; sur le chant* : Plorez, chrestiens, etc. (1574) :

>Mon Dieu, sauveur de tout le monde,
>Ce coup ayez pitié de moy...

Cf. *Nouveau Vergier florissant des belles chansons nouvelles* (Lyon, Benoist Rigaud, s. d., in-16), fol. 30 *b* ; — Le Roux de Lincy, *Chants historiques*, II, 315.

20° (p. 120). *Chanson nouvelle de la pompe et magnificence qui a esté faicte en la ville de Reims au sacre, couronnement et mariage du treschrestien Henry troisiesme..., le 13. jour de fevrier 1575 ; et se chante sur* : Quand ce beau printemps je voy, etc. :

>Or sus, tous gaillards François,
>Ceste fois...

987. CHANSON || LAMENTABLE, || Contenant les infortunes & desastres || suruenuz au Prince d'Espinoy, || depuis qu'il

s'est retiré de l'obeys-∥sance du Roy Catholicque. ∥ Reprendant au contraire le bon ∥ succes & valeureux exploictz des ∥ loyaulx Seigneurs et bõs Vassaulx ∥ de sa Ma^{té}. ∥ Sur la voix. Quand ce beau Printemps ∥ ie voy ∥ M.D.LXXXI [1581]. *S. l.*, in-8 de 8 ff. non chiffr., dont le dernier est blanc, mar. r. jans., non rogné. (*Trautz-Bauzonnet.*)

 Cette chanson, composée de 30 couplets, commence ainsi :

Depuys qu'ay faulsé ma foy,
Que j'avoy...

 Elle se retrouve dans un recueil décrit ci-dessus (n° 411, article 56). L'air sur lequel elle se chantait est celui d'une chanson de Ronsard (éd. Blanchemain, I, 220) ; on en trouve la musique notée dans le *Recueil des plus belles et excellentes chansons* (Paris, Locqueneulx, 1588, in-16), fol. 235 *b*.
 La pièce se termine par les lignes suivantes qui en indiquent suffisamment le sujet : *Fin de la chanson envoyée audict prince d'Espinoy, peu après qu'il eut failly, le jour S. Jop, X. du may 1581, de surprendre la ville de Lille; laquelle chanson a depuis esté dediée à monseigneur de Montigny, general de l'infanterie du camp de Sa M^{té}*.
 Notre exemplaire, acquis à la vente J. CAPRON (Cat., n° 639), a servi à la réimpression donnée dans le *Recueil de chansons, poëmes et pièces en vers français relatifs aux Pays-Bas*, publié par les soins de la Société des Bibliophiles de Belgique, I (Bruxelles, 1870, in-8), 71-81.

988. CHANSON∥NOVVELLE∥Pour encouraiger les Catholicques, à ∥ se preualloir contre le Prince d'O-∥ranges, ses adherens & alliez. ∥ Sur le chant De Prince de Condé, Ou ∥ quelque aultre voix à plaisir. ∥ M.D.LXXXI [1581]. *S. l.*, in-8 de 8 ff. non chiffr., dont le dernier est blanc, mar. r. jans., non rogné. (*Trautz-Bauzonnet.*)

 Cette chanson, composée par un partisan du duc de Parme, contient une allusion au siège mis par ce prince devant Cambrai, lorsqu'il tenta de s'opposer à la prise de possession des Pays-Bas par le duc d'Anjou ; elle remonte donc au mois d'août 1581. Elle compte 21 couplets de 8 vers, dont le premier commence ainsi :

Si les guerres passées
De noz voisins françois...

 Cette pièce a été, comme la précédente, reproduite dans le *Recueil de chansons* des Bibliophiles de Belgique, 1, 85-94.
 Notre exemplaire, le seul connu, provient de la vente J. CAPRON (Cat., n° 640).

989. LE ∥ IOYEVX ∥ BOVQVET des ∥ belles Chansons ∥ Nouuelles, qu'on ∥ chante à pre-∥sent. ∥ Nouuellement imprimees. ∥ A Lyon, ∥ 1583. In-16 de 62 pp. et 1 f. pour la *Table*, mar. r. jans., tr. dor. (*Trautz-Bauzonnet.*)

 Au titre, un petit bois qui représente une fontaine auprès de laquelle une femme poursuit un fou, à qui elle veut injecter la sagesse à l'aide d'une seringue.

634 BELLES-LETTRES.

Le *Bouquet* contient 17 chansons, parmi lesquelles on remarque 7 pièces historiques, savoir :

1° (p. 10). *Chanson nouvelle faicte contre ceulx de Lyvron, sur le chant* : Ils sont sortis de Nymes Cinq cens, etc. (1579) :

Rendez vous or' canailles,
Rebelles de Lyvron...

Cette pièce manque au recueil de *Chants historiques* de Le Roux de Lincy.

2° (p. 14). *Chanson nouvelle de la ville de La Mure, composée par un seigneur qui estoit au siége et prinse d'icelle ; et se chante sur le chant de la Ligue* (1579) :

Rendez vous, rendez, messieurs de La Mure;
Ne nous faictes plus coucher sur la dure...

Le Roux de Lincy, II, 388.

3° (p. 19). *Chanson nouvelle de la reduction de Carmaignolles et marquisat de Saluces en l'obeissance du roy ; sur le chant* : Quand ce beau printemps je vois, etc. (1579) :

Resjouissons nous, François,
Ceste fois...

Cette pièce manque au recueil de Le Roux de Lincy.

4° (p 30). *Chanson nouvelle de la prise du Chasteau Double, en Dauphiné, au mois de mars 1579 ; sur le chant* : Petit rossignolet sauvage, etc. :

Rossignolet des boys sauvages,
Qui chantez si mignardement...

Le Roux de Lincy, II, 385.

5° (p. 34). *Autre Chanson sur la prise de Chasteau Double de Dauphiné, sur le chant de* Sommiéres (1579) :

Pensous, amis, à Dieu donner la gloire
Et tout l'honneur de l'heureuse victoire...

Cette pièce manque au recueil de Le Roux de Lincy.

6° (p. 46). *Chanson nouvelle de la complaincte qu'ont fait les habitans de La Cherité sur la prise de ladicte ville ; sur le chant* : Tremblez, pauvre Verdun, etc. (1577) :

O malheur de vous dire
L'heure qu'entrepris onc...

Cette pièce manque au recueil de Le Roux de Lincy.

XV (p. 49). *Chanson nouvelle du siége de La Cherité, et se chante sur le chant* : Traistres de La Rochelle, etc. (1577) :

Soldatz de Cherité,
Cessez vostre rudesse...

Le Roux de Lincy, II, 333.

990. CANTIQVE || D'ACTION DE || GRACES, pour la Def- || faicte et Dissipation || de l'Armee d'Espagne, || en l'an M.D.LXXXVIII. || Sur le chant du Pseaume 50. || Pseaume 68. vers. 2. 3. 4. || 2. Que Dieu s'esleue, & ses ennemis seront espars, & ceux || qui le hayent s'enfuiront de deuant luy. || 3. Tu les

fais esvanouïr [sic] comme la fumée s'esvanouït [sic], & ||
comme la cire fond deuant le feu ; ainsi perissent les ||
meschans pour la presence de Dieu. || 4. Mais les iustes
s'esiouiront & s'esgayeront deuant Dieu || & tressailliront
de ioye. || *Imprimé à Harlem*, || *Par Gilles Romain*. ||
Pour Laurens Iacobsz demeurant à || *Amsterdam, à la
Bible d'or*. || M.D.LXXXVIII. In-8 de 4 ff. non chiffr. de
33 lignes à la page pleine, sign. *A*, mar. r. jans., tr. dor.
(*Trautz-Bauzonnet*.)

Cette pièce, relative à la défaite de l'invincible *Armada*, a été attribuée par M. Luzarche (Catalogue de 1868) à J.Fr. Le Petit, de Béthune ; mais cette attribution ne repose sur aucune raison sérieuse. Elle a été combattue par M. Ruelens dans une note sur Le Petit insérée dans le *Recueil de chansons*, publié par les Bibliophiles de Belgique, I, 105.

Notre exemplaire, qui provient, en dernier lieu, de la vente J. Capron (Cat., n° 651), est le seul qui ait été signalé jusqu'ici. Il était relié avec un fragment incomplet d'un autre volume. Ce fragment, que nous avons identifié depuis, appartenait à un poème intitulé : *La Flandre, à Monseigneur* (Anvers, 1582, in-8 de 24 pp.). Il y a donc lieu de rectifier dans ce sens la note du catalogue Capron. Ce qui avait pu induire en erreur le rédacteur de cette note, c'est que le fragment incomplet commençait à la signature B, et que le *Cantique*, en 4 ff., porte la signature A.

991. Le || Tresor || et Cabinet des || plus belles et || recreatiues
|| Chansons de nostre || temps. || Auec || Plusieurs beaux
Airs de Cour, nouuelle- || ment inuentez, par les plus excel-
|| lens Musiciens. || Et vne table, pour enseigner les Chan-
sons que || l'on desirera chanter. || *A Paris*, || *Par Fleury
Bourriquant, au mont S. Hil. S. d.* [vers 1611], in-12 de
189 pp. et 1 f. de *Table*, mar. bl., fil., dos orné, tr. dor.
(*Bauzonnet-Trautz*.)

Au titre, un petit bois qui représente deux amoureux.
Parmi les 57 pièces contenues dans ce recueil, quelques-unes ont un intérêt historique. Nous citerons :

Complainte en forme et manière de chanson d'un Juif encore vivant par le monde, qui dit avoir assisté et estre l'un de ceux qui mirent à mort et crucifièrent nostre seigneur Jesus-Christ, sur le chant : Dames d'honneur, etc.

Le bruit courant çà et là par la France,
Depuis six mois, qu'on avoit esperance... (p. 107).

Cette chanson n'a été citée par aucun des bibliographes du Juif errant.

Complainte funèbre de la royne sur le decez du roy, sur le chant : Dames d'honneur, etc. (1610) :

O ciel, ô terre, escoutez mes complaintes ;
Accompagnez mes soupirs de vos plaintes... (p. 110).

Chant royal sur le couronnement de sa Majesté tres - chrestienne Louys XIII.... sur le chant : Puisque de ses soupirs plus doux, etc. (17 octobre 1610) :

Malgré les monstres furieux,
Qui ont desolé nostre France... (p. 115).

Ode et Souhait pour le roy Louis, XIII. du nom.... sur le chant : Quand ce beau printemps je voy, etc. :

Autant qu'on voit par les prez
Diaprez... (p. 118).

Chanson nouvelle d'un Allemand qui a esté bruslé vif à Coulongne, pour avoir fait un massacre de 63 personnes, sur deux chants : Cruelle departie, etc.; Or chantons ma complainte, etc. :

A vous, simple jeur.esse,
J'offre ces vers... (p. 180).

Le *Tresor* contient, en outre, plusieurs chansons populaires, telles que : *Sont les filles de Somme* || *Qui s'en vont à Treport....* (p. 45), *C'est une dame du Palais....* (p. 47). Quant aux chansons amoureuses, elles se ressentent de l'incroyable liberté qui régnait dans le langage au commencement du XVIIe siècle ; il serait souvent difficile d'en transcrire même les titres.

Le *Tresor* ne porte pas de date, et Lottin ne cite le libraire *Fleury Bourriquant* qu'à l'année 1606; mais les pièces relatives au sacre de Louis XIII ne permettent pas de placer la publication de notre recueil avant 1611.

Exemplaire de CH. NODIER (Cat., n° 544), de M. le baron J. PICHON (n° 644) et de M. le comte O. DE BÉHAGUE (n° 788).

992. L'ESLITE DES || CHANSONS || plus belles et || amoureuses de || nostre temps. || Recueillies de plusieurs Autheurs, tant || de Paris, Roüen, que de Lyon, & || autres lieux circonuoisins. || Auec vne table à la fin, pour facilement trou- || uer les chansons que l'on desirera chanter. || *A Paris,* || *Par Fleury Bourriquant, au* || *mont S. Hilaire, pres le puits Certain,* || *aux Fleurs Royales. S. d.* [*vers* 1611], in-12 de 94 pp. et 1 f. de *Table*, mar. bl., fil., dos orné, tr. dor. (*Bauzonnet-Trautz.*)

Ce recueil contient 42 pièces dont quelques-unes sont des chansons populaires, par exemple celles-ci :

Colin, par un grand jour d'hyver... (p. 89).
Au joly bois m'en vois ;
Au joly bois j'iray... (p. 90).

Exemplaire de CH. NODIER (Cat., n° 544), de M. le baron J. PICHON (n° 645) et de M. le comte O. DE BÉHAGUE (n° 789).

993. CHANSONS || FOLASTRES || ET PROLOGVES, TANT || SVPERLIFIQVES QVE || DROLATIQVES DES COME- || DIENS FRANÇOIS. || Reueus & augmentees de nouueau, || Par le Sieur de Bellone. || *A Roüen,* || *Chez Iean Petit, tenant sa bou-* || *tique dans la Cour du Palais.* || 1612. || Auec Permission. || In-12 de 72 ff. non chiffr., sign. A-F. — LE || SECOND || LIVRE DES CHANSONS || FOLASTRES, ET PROLOGVES, || TANT SVPERLIFIQVES QVE DROLATIQVES || DES COMEDIENS FRANÇOIS. || Par Estienne Bellone, Tourengeau, || *A Roüen.* || *Chez Iean Petit, tenant sa bou-* || *tique dans la Court du Palais.* || 1612. In-12 de 144 pp. (y compris le titre).—Ensemble 2 part.

en un vol. in-12, mar. citr., fil., dos orné, tr. dor. (*Trautz-Bauzonnet.*)

Le titre du premier livre porte une marque de *Jean Petit*; celui du second livre est orné d'un bois qui représente un charlatan.
La première partie contient 21 chansons et 21 prologues en prose; la seconde partie est composée de 20 chansons et de 18 prologues. Le recueil est de la plus grande rareté et l'on n'en connaît qu'un autre exemplaire complet, qui est à la bibliothèque de l'Arsenal. C'est d'après le présent exemplaire que M. Brunet a donné la description de ce livre dans la dernière édition du *Manuel*, I, 757.
Exemplaire de M. J. TASCHEREAU (Cat., n° 1474).

994. RECVEIL || DES PLVS BEAVX || AIRS accompagnes || de Chansons à dancer, Bal- || lets, Chansons folatres, & Ba- || chanales, autrement dites || Vaudeuire, non encores || Imprimes. || TC. || Ausquelles Chansons l'on à mis la Mu- || sique de || leur chant, afin que chacun les puisse chanter || & dancer le tout à vne seule voix. || *A Caen.* || *Chez Iaques Mangeant,* || M.DC.XV [1615]. — LE || RECVEIL || DES PLVS BEL- || LES CHANSONS || DE DANCES DE CE || TEMPS. || T. C. || *A Caen,* || *Chez Iacques* || *Mangent.* || 1615. — RECVEIL || DES PLVS BELLES || CHANSONS DES || COMEDIENS FRANÇOIS. || En ce comprins les Airs de plusieurs Ballet [*sic*] || qui ont esté faits de nouueau || à la Cour. || Reueu & augmenté de plusieurs || Chansons non encor || veuës. || *A Caen,* || *Chez Iaques Mangeant. S. d.* — Ensemble 3 part. en un vol. in-12, mar. r., fil., comp., dos orné, doublé de mar. bl., dent. à petits fers, tr. dor. (*Trautz-Bauzonnet.*)

[Ire Partie]: 47 ff. chiffr. et 1 f. de *Table*. — Cette partie contient 57 chansons accompagnées des airs notés, et précédées d'un avis « Au Lecteur », dans lequel *Mangeant* expose qu'il a requis plusieurs poètes de ses amis de lui donner des paroles « sur plusieurs chants de mesure et convenables pour danser », afin de pouvoir remplacer les intruments au besoin.
[IIe Partie]: 59 ff. chiffr. et 1 f. de *Table*. — Cette partie contient 57 chansons notées.
[IIIe Partie]: 94 ff. chiffr. et 2 ff. de *Table*. — Cette partie contient 88 pièces avec airs notés. Les douze premières pièces sont empruntées aux *Chansons folastres et Prologues tant superlifiques que drolatiques des Comediens françois* (n^{os} *I-XI* et *XIII*).
Exemplaire de M. R.-S. TURNER (Cat., n° 356).

995. LE || PARNASSE || DES MVSES, || ou || Recueil des plus belles Chan- || sons à Danser. || Recherchées dans le cabinet des plus || excellens Poëtes de ce temps. || Dedié aux belles Dames. || Derniere Edition. || *A Paris,* || *Chez Charles Seuestre, sur* || *le Pont-neuf, vis à vis la* || *Samaritaine.* ||

M.DC.XXXIII [1633]. 4 part. en un vol. in-12, mar. r. jans., tr. dor. (*A. Motte.*)

Les quatre parties qui composent ce recueil ont chacune un titre distinct. mais les signatures se suivent. La première partie compte 186 pp. (y compris un front. gravé et le titre imprimé); elle contient un avis *Aux Dames* et 143 chansons amoureuses. — Au r⁰ du f. H 10 est un second titre ainsi conçu : LE || CONCERT || DES ENFANS || DE BACHVS. || Assemblez auec ses Bacchan- || tes, pour raisonner au son || des pots & des verres, les plus || beaux Airs & Chansons à sa || loüange. || Composees par les meilleurs beuueurs & || sacrificateurs de Bachus. || Dedié à leurs rouges Trongnes. || *A Paris*, etc. Cette partie, qui compte 68 pp., contient une *Ode à la louange de tous les cabarets de Paris* et 44 chansons à boire. — Le troisième titre (fol. L ix r⁰) porte : LE || SECOND TOME || DV || PARNASSE || DES CHANSONS || A DANSER. || Auquel est adjousté vn volume entier des || plus belles Chansons à Danser & || à boire, des plus excellens Poetes de ce temps. || Auec vne Table tres-ample. || *A Paris*, etc. Cette partie compte 164 pp., contenant 140 chansons, et 10 ff. de *Table*. — Le quatrième et dernier titre (fol. h 6 r⁰) porte : LE || SECOND TOME || DV || CONCERT || DES ENFANS || DE BACHUS. || Augmentées nouuellement au pre- || mier volume. || *A Paris*, etc. Cette partie se compose de 1 f. (M. Brunet dit à tort 2 ff.), 33 pp. et 1 f.; elle renferme 30 chansons.

Le titre de la 1ʳᵉ partie porte la marque de *Sevestre*, représentant un pélican avec cette devise : *En moy la mort, en moy la vie.*

Les titres des autres parties sont ornés d'une gravure en taille-douce qui représente Bacchus au milieu d'un cercle de buveurs.

996. NOVVEAV RECVEIL || de || Chansons || et Airs de Cour || pour se diuertir || agreablement. || *A Paris.* || *Chez Marin Leché, au pre-* || *mier Pillier de la grand'Salle du* || *Palais au Soleil d'Or.* || 1656. || Auec Permission. In-12 de 163 pp., mar. r., fil., dos orné, tr. dor. (*Trautz-Bauzonnet.*)

Au v⁰ du titre est un avis « Aux dames de belle humeur qui ayment la dance », avis signé : S. D. L. M.

La permission, dont le texte est rapporté au v⁰ de la p. 163, est datée du 14 juillet 1656.

On remarque dans ce recueil le *Testament de maistre* ADAM, *menuisier de Nevers*, p. 31, et l'*Air chanté aux grandes machines d'Andromède, à la gloire de nostre monarque* [par PIERRE CORNEILLE], p. 51. Voy. *Bibliographie Cornélienne*, n⁰ 782.

997. EXECVTION REMARQVABLE DE LA VOISIN, || fameuse Empoisonneuse. || Laquelle est condamnée à faire Amande honorable la Torche au || poing, ensuitte estre brulée toute viue, pour auoir empoisonné plu- || sieurs personnes de qualité, & fait mourir plus de deux mille cinq || cens enfans qu'elle a détruit au ventre de leur mere, d'autres qu'el- || le a iettez dans un four pour faire plusieurs Magies & Poisons. S. *l. n. d.* [Paris, 1680], in-4 de 2 ff.

Complainte en quatorze strophes de 6 vers de 10 syllabes, précédée d'une courte introduction en prose, et suivie d'une seconde complainte en dix strophes de 6 vers de 8 syllabes.

La pièce n'a qu'un simple titre de départ, surmonté d'un bois grossier qui représente LaVoisin sur le bûcher. La première complainte commence ainsi :

C'est aujourd'huy, n'y a plus de remise......

998. EXECVTION || ET PVNITION REMARQVABLE & || VERITABLE, d'vne femme qui a || fait amande honorable devant || Nostre-Dame, puis conduite || à la place de Gréve pour y a- || voir la teste tranchée, & ensui- || te mise au feu, convaincue de plusieurs empoisonnemens. *S. l. n. d.* [*Paris*, 1680], in-4 de 4 pp., fig. en bois.

Complainte en 9 strophes de 6 vers de 10 syllabes, précédée d'une courte introduction en prose. En voici le premier vers :

Il faut mourir, ma sentence est rendue...

Le titre contient un curieux bois représentant la décollation de La Voisin.

999. NOUVEAU RECUEIL || DES || PLUS BEAUX AIRS || DES OPERA, || ET || AUTRES CHANSONS || NOUVELLES. || Quatriéme Edition. || *A Paris* [*Hollande*], *Chez Antoine Raflé.* || M.DC.LXXXXVI [1696]. 12 part. en 2 vol. pet. in-12, mar. bl. jans. (*Trautz-Bauzonnet.*)

Chacun des volumes de ce *Recueil* est divisé en six parties, ayant chacune un titre séparé, mais dont la pagination se suit.

Le *Tome premier*, dont le premier titre est imprimé en rouge et en noir, compte 272 pp., plus 8 ff. pour la *Table*. La *Premiére Partie* s'étend de la p. 1 à la p. 47; la *Seconde Partie*, de la p. 49 à la p. 96; la *Troisiéme Partie*, datée de 1695, de la p. 97 à la p. 144; la *Quatriéme Partie*, 1695, de la p. 145 à la p. 192; la *Cinquiéme Partie*, 1695, de la p. 193 à la p. 240; la *Sixiéme Partie*, 1695, de la p. 241 à la p. 272.

Ce premier vol. contient 333 pièces françaises ou patoises, et 23 pièces néerlandaises.

Le *Tome second*, dont le premier titre, imprimé en rouge et en noir, porte la date de 1695, compte 297 pp. et 7 ff. pour la *Table*. Il est divisé en six parties, ayant chacune un titre particulier compris dans la pagination. La *Premiére Partie* s'étend de la p. 1 à la p. 48; la *Seconde Partie*, de la p. 49 à la p. 96; la *Troisiéme Partie*, de la p. 97 à la p. 144; la *Quatriéme Partie*, de la p. 145 à la p. 215 (chiffrée par erreur 115); la *Cinquiéme Partie*, de la p. 217 à la p. 264; la *Sixiéme Partie*, de la p. 265 à la p. 297. La *Premiére Partie* seule porte une date.

Ce vol. contient 334 pièces françaises ou patoises, 10 pièces italiennes, 1 pièce espagnole, 3 pièces latines, 1 pièce anglaise, 17 pièces néerlandaises et 2 pièces allemandes.

Exemplaire NON ROGNÉ.

1000. RECUEIL des plus belles Chansons et Airs de Cour, Nouvellément imprimée [*sic*]. *A Paris, Chez le Charmant Cupidon Ruë des beaux Complimens ala* [sic] *bonne foi proche de L'amour sans façon* M DCC XXII [1722], avec Privilege & approbation. 4 part. en un vol. pet. in-12, mar. bl., fil., dos orné, tr. dor. (*Trautz-Bauzonnet.*)

La première partie se compose de 12 ff. lim. (y compris le titre général) et de 48 pp. Chacune des trois autres parties compte également 48 pp. Les titres de ces trois dernières parties portent la rubrique : *A Paris, Chez Jean Le Gallard* [sic], et ne sont pas datés.

Ce recueil, imprimé en Hollande, ne contient guère que des chansons plus que gaies. Parmi les pièces contenues dans la première partie on remarque les *Tristes Adieux des filles de joye au départ pour Mississippy*, chanson composée à l'occasion des transports de filles perdues et de vagabonds que le gouvernement d'alors avait ordonnés pour « coloniser » la Louisiane.

Une autre pièce fait encore allusion à ces transports (*ib.*, p. 25) :

Allez-vous à Mississipy ?
— Vraiment, ma commére, oui...

La 2ᵉ partie contient une chanson *Sur la réjouissance des Parisiens* [lis. *Parisiens*] *et le couronnement de Louis XV* (p. 21), et une autre *Sur la joye et le grand zéle des braves bourgeois de Paris, au sujet de l'entrée de nôtre jeune monarque*... (p. 23).

1001. [RECUEIL DE ROMANCES, avec airs notés pour la guitare.] Ms. in-8 obl. sur papier divisé en 2 vol., mar. r., large dent., mil. et dos ornés, doublés de moire r., tr. dor. (*Anc. rel.*)

Ce recueil, élégamment écrit vers 1770, contient toutes les romances en vogue au milieu du XVIIIᵉ siècle. Le tome I, qui se compose de 444 pp. et 4 ff., renferme 185 pièces ; le tome II, qui compte 292 pp. et 3 ff., contient 179 pièces.

1002. CHOIX DE CHANSONS mises en musique par M. de la Borde, Premier Valet-de-Chambre ordinaire du Roi, Gouverneur du Louvre. Ornées d'estampes par J. M. Moreau. Dédiées à Madame la Dauphine. *A Paris Chez de Lormel, Imprimeur de l'Académie Royale de Musique rue du Foin Saint Jacques*, M.DCC.LXXIII [1773]. Avce [*sic*] Aprobation et Privilege du Roi. *Gravées par Moria et Mlle. Vendôme.* 4 vol. in-8, mar. r., fil., dos ornés à l'oiseau, tr. dor. (*Derome le jeune.*)

Tome premier : Portrait de M. de La Borde, gravé par *J. Masquelier* d'après *Denon*; 154 pp. et 2 ff. de *Table*. — Le titre est orné d'un fleuron de *J.-M. Moreau*. Le même artiste a dessiné l'encadrement de la dédicace et les 25 figg. qui ornent ce premier volume. Ces figg. ont été gravées par *Moreau* lui-même.

Tome II : Frontispice orné du portrait de Marie-Antoinette, gravé par *Née* et *Masquelier*, d'après *Le Bouteux*, et 153 pp., y compris 25 figg. Les figg., dessinées par *Le Bouteux*, ont été gravées par *Née* (13) et *Masquelier* (12).

Tome III : Frontispice gravé par *Née* et *Masquelier*, d'après *Le Barbier*, 150 pp. (y compris 25 figg.) et 2 ff. de *Table*. — Les figures, dessinées par *Le Barbier*, ont été gravées par *Masquelier* (13) et *Née* (12).

Tome IV : Frontispice gravé par *Née* et *Masquelier* d'après *Le Barbier*, 150 pp. (y compris 25 figg.) et 2 ff. de *Table*. — Les figures, dessinées par *Le Barbier* (20) et par *Saint-Quentin* (5), ont été gravées par *Née* (12) et par *Masquelier* (13).

Moria et *Mlle Vendôme*, dont les noms figurent sur le premier titre, ont gravé le texte et la musique des quatre volumes. Les auteurs des romances dont M. de La Borde a composé les mélodies sont : DORAT (2), MONTCRIF (5), MARMONTEL (1), PANNARD (2), M. D. F. (3), PLUMETEAU (3), BISSY (1), COLARDEAU (1), LE PRIEUR (11), SAINT-ALPHONSE (5), ROUSSEAU (1), CHABANON DE MAUGRY (1), FRANÇOIS DE NEUFCHATEAU (3), le chevalier

BELLES-LETTRES. 641

DE MENILGLAISE (12), la comtesse de MURAT (1), DENON (1), le chevalier D'ORLÉANS, grand prieur (1), LA MOTTE (1), SÉGUIER (2), SAINT-MARC (1), SAINT-LAMBERT (1), VOLTAIRE (1), enfin LA BORDE lui-même, dont la signature est remplacée par des astérisques (66). Les mélodies sont toutes de LA BORDE, sauf une (II, 130), qui est de Lady HAMILTON.

La reliure de cet exemplaire porte l'étiquette suivante :

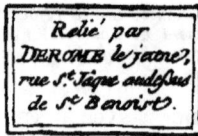

1003. CHANSONS NOUVELLES De M. de Piis, Écuyer, Secrétaire-Interprète de Mgr Comte d'Artois; Dédiées à Monseigneur Comte d'Artois. *A Paris, De l'Imprimerie de Ph.-D. Pierres, Premier Imprimeur Ordinaire du Roi, &c.* M.DCC.LXXXV [1785]. Avec Approbation & Privilège du Roi. In-12, portr., figg., mar. r., fil., dos orné, tr. dor. (Anc. rel.)

Voici la description de ce volume : Portr. de M. de Piis, par *C.-S. Gaucher*, d'après *M.-J. François* (ce portrait a été gravé pour l'*Harmonie imitative*, que M. de Piis publia la même année chez le même libraire) ; — titre ; — 1 f. contenant une dédicace au comte d'Artois gravée par *P.-P. Choffard* ; — 4 pp. pour les *Noms des auteurs qui ont composé la musique* (PICCINI, GRÉTRY, MONS, le chevalier d'AL...., CHAMPEIN, THUBÉ, DESAUGIERS, DE BLOIS, MARTINI, PHILIDOR, L. GUICHARD, Mlle VUIET) ; — 48 pp. de texte, ornées de 12 figures gravées par *C.-S. Gaucher* d'après *Le Barbier* ; — 2 ff. pour l'*Approbation* et le *Privilège* ; — 21 pp. de musique gravée.

Le privilège, daté du 20 juillet 1785, est accordé pour dix ans à M. de Piis. On voit par le texte de ce document que le recueil devait être beaucoup plus considérable et que les chansons devaient être ornées de 144 planches, avec des airs nouveaux.

1004. CHANSONS ET POÉSIES DIVERSES de M.-A. Désaugiers. Sixième Édition, considérablement augmentée. *A Paris, Chez Ladvocat, Libraire de S. A. R. le Duc de Chartres, quai Voltaire et Palais-Royal.* [*Imprimerie et Fonderie de J. Pinard, rue d'Anjou-Dauphine, no 8.*]MDCCCXXVII [1827]. 4 vol. in-12, cart., n. r.

T. I: 2 ff. et 251 pp. — T. II : 2 ff. et 251 pp. — T. III : 2 ff. et 252 pp. — T. IV : 2 ff., xliv pp., 1 f. et 211 pp., plus un fac-simile d'autographe.

Desaugiers commença lui-même la publication de cette édition, mais il mourut avant qu'elle fût achevée, le 9 août 1827. M. Merle, qui avait collaboré avec lui à un grand nombre de pièces de théâtre, se chargea de réunir la matière du IVe volume, composé de chansons qui n'avaient pas encore été imprimées.

Exemplaire en PAPIER VÉLIN.

1005. Le Terme d'un règne, ou le Règne d'un Terme ; relation véridique, écrite en forme de pot-pourri, sous la dictée de Cadet-Buteux, par Désaugiers, son secrétaire intime. *A Paris, Chez Rosa, libraire, au Cabinet littéraire, grand' cour du Palais-Royal, et galerie vitrée, n° 226.* [*De l'imprimerie de M*^{me} *V*^e *Perronneau, quai des Augustins, n° 39.*] 1815. In-8 de 43 pp., mar. r., fil., dos orné, tr. dor. (*Trautz-Bauzonnet.*)

>Édition originale.
>
>On a joint à cet exemplaire : 1° une curieuse caricature du temps, dans laquelle on voit un portrait de Napoléon, « composé de corps morts pour son ambition » : 2° une copie ms. d'une chanson de Desaugiers sur la campagne de Russie.
>
>Des collections Fossé d'Arcosse et H. Bordes (Cat. de 1873, n° 321).

1006. Chansons Morales et autres par M. P.-J. de Beranger, Convive du Caveau Moderne, Avec Gravures et Musique. *Paris, à la Librairie d'Alexis Eymery Rue Mazarine N° 30.* [*De l'Imprimerie de Poulet, quai des Augustins, n° 9.*] 1816. In-18 de 3 ff., xvj et 232 pp., broché, dans un étui en mar. bl. (*Cuzin.*)

>Les 3 ff. lim. comprennent : le faux-titre ; un frontispice gravé se rapportant à la p. 149 et représentant *Mon Curé* ; un titre gravé. Le frontispice et le titre sont tirés sur papier fort.
>
>Ce recueil, le premier que Béranger ait publié, contient une préface et 83 chansons. La musique est imprimée dans le texte, en caractères mobiles.
>
>Brivois, *Bibliographie de l'œuvre de P.-J. de Béranger*, p. 1.

1007. Chansons, Par M. P. J. de Béranger. *A Paris, Chez les marchands de nouveautés.* [*De l'Imprimerie de Firmin Didot.*] 1821. 2 vol. in-18, cart., n. r.

>*Tome I*: 246 pp. — *Tome II*: 252 pp.
>
>Le premier volume contient les mêmes chansons que le recueil de 1816, moins les 5 pièces suivantes : *Le Chien de saint Roch, De Profundis, La Bière et le Vin de Champagne, Turlututu, Amphigouri*, que l'auteur a remplacées par : *Requête des chiens de qualité, Les Parques, Traité de politique*. La préface a été augmentée d'un post-scriptum.
>
>Le second volume contient 81 chansons.
>
>Brivois, p. 3.

1008. Procès fait aux Chansons de P.-J. de Béranger ; avec le Réquisitoire de Me Marchangy ; le Plaidoyer de Me Dupin ; l'Arrêt de renvoi, et autres Pièces. *Paris. Chez les marchands de nouveautés.* [*De l'Imprimerie de Baudouin frères, rue de Vaugirard, nº 36.*] *Décembre* 1821. In-18 de 2 ff. et 188 pp., cart., n. r.

Le titre porte cette épigraphe :
Si l'on ne prend garde aux chansons
L'anarchie est certaine.
(*Chans. de Béranger.*)

Béranger, poursuivi à la requête du ministère public pour outrage à la morale publique et religieuse, fut condamné le 8 décembre 1821 en trois mois de prison et 500 francs d'amende.

Les chansons qui motivèrent cette condamnation étaient : le *Deo gratias d'un épicurien*, la *Descente aux enfers*, *Mon Curé*, les *Capucins*, les *Chantres de paroisses*, les *Missionnaires*, le *Bon Dieu*, le *Vieux Drapeau* et le troisième couplet de la *Mort du roi Christophe*.

Brivois, p. 4.

1009. PROCÈS fait à Messieurs de Béranger et Baudouin, prévenus, l'un comme Editeur, l'autre comme Imprimeur, d'avoir publié textuellement et dans son entier, l'Arrêt de la Chambre d'accusation du 27 novembre 1821, qui renvoie M. de Béranger devant la Cour d'assises, comme auteur des Chansons relatées dans ledit arrêt. *Paris. De l'Imprimerie de Baudouin frères, rue de Vaugirard, nº 36.* 1822. In-18 de 67 pp., cart., n. r.

Ce factum est réuni à un second exemplaire du *Procès* de 1821.

1010. CHANSONS NOUVELLES. Par M. P.-J. de Béranger. *A Paris, Chez les marchands de nouveautés.* [*De l'Imprimerie de Plassan, rue de Vaugirard, nº 15.* M.D.CCC.XXV [1825]. In-18 de 215 pp., cart., n. r.

Ce volume contient 53 chansons, publiées ici pour la première fois.
Exemplaire en PAPIER VÉLIN. Les pp. 101, 128 et 156 n'ont pas subi les suppressions indiquées par M. Brivois, p. 7.

1011. CHANSONS INÉDITES de M. P.-J. de Béranger. *Paris, Baudouin frères, éditeurs, rue de Vaugirard, nº 17.* [*Imprimerie de Fain, rue Racine, nº 4.*] 1828. In-18 de vij et 132 pp., cart., n. r.

4ᵉ partie originale. Elle contient 34 chansons.
Cette publication donna lieu, de la part du ministère public, à de nouvelles poursuites. Le 10 décembre 1828, Béranger fut condamné par le tribunal de police correctionnelle en neuf mois de prison et 10,000 fr. d'amende. Le libraire *Alexandre Baudouin* fut condamné en six mois de prison et 500 fr. d'amende.
Brivois, p. 16.

1012. CHANSONS NOUVELLES ET DERNIÈRES de P.-J. de Béranger, dédiées à M. Lucien Bonaparte. *Paris, Perrotin, éditeur, rue des Filles-Saint-Thomas, nº 1. Place de la Bourse.*

[*De l'Imprimerie de Jules Didot l'aîné , Rue du Pont-de-Lodi, n° 6*]. 1833. In-18 de 2 ff., xlvij et 249 pp., cart., n. r.

<small>5ᵉ partie originale. Elle contient 56 pièces.

Dans sa dédicace à Lucien Bonaparte, le chansonnier rappelle les bienfaits qu'il a reçus de lui en 1803 et termine en disant : « Puisse l'hommage de ces sentiments si vrais, si mérités, parvenir jusqu'à M. Lucien Bonaparte et adoucir pour lui l'exil où mes vœux ne sont que trop habitués à l'aller chercher. Puisse sur-tout ma voix être entendue, et la France se hâter enfin de tendre les bras à ceux de ses enfants qui portent le grand nom dont elle sera éternellement fière ! Passy, 15 janvier 1833. »

Brivois, p. 41.

Exemplaire en PAPIER VÉLIN.</small>

1013. CHANSONS DE P.-J. DE BÉRANGER, 1815-1834, contenant les dix chansons publiées en 1847. Edition elzévirienne. *Paris, Perrotin, libraire, éditeur de la Méthode Wilhem, rue Fontaine-Molière, 41.* [*Typographie Renou et Maulde, rue de Rivoli, 144.*] M DCCC LXI [1861]. In-32 de 2 ff., XIX et 624 pp. — ŒUVRES POSTHUMES DE BÉRANGER. Dernières Chansons. — 1834 à 1851 — Ma Biographie, avec un appendice et un grand nombre de notes de Béranger sur ses anciennes chansons. *Paris. Perrotin, libraire éditeur, 41, rue Fontaine-Molière, 41.* [*Imp. Simon Raçon et Comp. rue d'Erfurth, 1.*] M DCCC LXIV [1864]. Droits de traduction et de reproduction réservés. In-32 de 3 ff. et 568 pp., portr. — Ensemble 2 vol. in-32, mar. bl. cl., fil., comp., dos ornés, tr. dor. (*Trautz-Bauzonnet.*)

<small>Un des dix exemplaires tirés sur PAPIER DE CHINE.</small>

1014. CHANTS ET CHANSONS populaires de la France. *H.-L. Delloye, éditeur, librairie de Garnier, frères, Palais-Royal, Galerie vitrée, peristyle Montpensier.* [1843.] 3 vol. gr. in-8, cart., n. r.

<small>*Première Série*, 1843 : Couverture chromolithographiée par *Meulin*; titre imprimé ; frontispice, gravé par *Nargeot*, d'après *Trimolet*; 3 ff. de texte imprimés par *Felix Locquin, rue Notre-Dame des Victoires*, 16, et occupés par la *Liste des Chansons contenues dans ce volume*, et par une *Introduction* de H.-L. DELLOYE ; 112 ff. non chiffr., contenant un texte gravé, orné de figures, et la musique (ces 112 ff. forment 28 livraisons).

Deuxième Série, 1843 : Couverture chromolithographiée par *Engelmann et Graf*; titre imprimé ; frontispice, gravé d'après *Trimolet*; 3 ff. de texte imprimé contenant la *Liste des Chansons* et une *Introduction* de DU MERSAN ; 112 ff. de texte gravé, répartis en 28 livraisons ; couverture.

Troisième Série : Couverture chromolithographiée par *Engelmann et Graf*; titre imprimé ; frontispice, gravé par *Lallemand* d'après *Trimolet*, 3 ff. de texte imprimé pour la *Liste des Chansons* et une *Introduction* de DU MERSAN ; 112 ff. de texte gravé, répartis en 28 livraisons ; couverture.

Les chansons qui composent ce recueil ne sont pas, sauf quelques rares exceptions, des chansons populaires. La plupart sont dues à des auteurs</small>

connus, savoir : DESAUGIERS (4), FABRE D'ÉGLANTINE (1), DE LEYRE (1), BÉRANGER (1), M.-J. CHÉNIER (1), M⁰ ADAM BILLAUT, le menuisier de Nevers (1), le comte DE BONNEVAL (1), ÉMILE DEBRAUX (2), LA HARPE (1), RIBOUTTÉ (1), FLORIAN (4), CAZOTTE (1), MANGENOT (1), PANNARD (4), JOSEPH PAIN (1), SERVIÈRES (1), SAINT-FELIX (1), LA MOTTE-HOUDART (1), SEDAINE (3), la princesse DE SALM (1), ALEXANDRE DUVAL (2), CHATEAUBRIAND (1), MARSOLLIER (1), MONCRIF (1), DUCRAY-DUMINIL (1), ARMAND GOUFFÉ (3), FAVART (3), MONVEL (1), HOFFMANN (2), VADÉ (3), GENTIL BERNARD (1), DUFRESNY (1), FABIEN PILLET (1), BEAUMARCHAIS (1). P.-J. CHARRIN (1), l'abbé GARON (1), SÉGUR (1), MARION DU MERSAN (1), la marquise DE TRAVANET (1), DESMOUSTIERS (1), LA CHABAUSSIÈRE et ÉTIENNE (1), SCRIBE et POIRSON (1), le chevalier DE L'ISLE (1), CASIMIR MÉNÉTRIER (1), JEAN-ÉTIENNE DESPRÉAUX (1), Mme DE BOURDIC-VIOT (1), FESTEAU (1). PIGAULT-LEBRUN (1), FRANÇOIS DE NEUFCHATEAU (1), SOURIGUIÈRE DE SAINT-MARC (1), MARTIN DE CHOISY (1), DESORGUES (1), AMÉDÉE DE BEAUPLAN (1), VILLEMONTEZ (1).

Les auteurs des mélodies sont également connus pour le plus grand nombre des pièces ; ce sont : *Simon* (1), *J.-J. Rousseau* (1), *Mehul* (3), *Monsigny* (1), *Pergolèse* (1), *Mouret* (1), *A. de Garaudé* (1), *Pradher père* (1), *Martini* (1), *Dalayrac* (2), *Legros de La Neuville* (1), *Ducray-Duminil* (1), *Doche père* (1), *Dezède* (1), *Solié* (3), *Favart* (1), *Ferrari* (1), *Gaveaux* (4), *Della Maria* (1), *Despinois* (1), *Fasquel* (1), *Grétry* (1), *Devienne* (1), *Festeau* (1), *Gossec* (1), *Am. de Beauplan* (1), *Boïeldieu* (1). M. *H. Colet* a joint à toutes les chansons un accompagnement de piano.

Chaque livraison est précédée d'une notice par P. LACROIX, OURRY, N..., ***, LE ROUX DE LINCY ou DU MERSAN.

Les auteurs des dessins qui ornent le texte sont : *Trimolet*, *Steinheil*, *Daubigny*, *Giraud*, *Pascal*, *Du Bouloz*, *Rivoulon*, *Jules Boilly*, *Meissonier*, *Emy*, *E. de Beaumont*, *G. Staal*.

Les gravures ont été exécutées par : *Torlet*, *Nargeot*, *Gervais*, *Giroux*, *Daubigny*, *Ferd. Delannoy*, *Garnier*, *Alph. Boilly*, *Ph. Langlois*, *Wolff*, *Lechard*, *Alès*, *Fontaine*, *Colignon*, *Pflzer*, *Danois*, *Monin*, *Jourdain*, *Brunellière*, *Couché*, Mlle *Goujon*, *Lallemand*, *Kolb*, *Girardet*, *Bosredon*, *Gaitte*, Mme *Matthieu*, *Roze*, *Beyer*, *Mercier*, *Ransonnette*, *Raspail*, *Desjardins* et *Geoffroy*.

On a joint au tome IIIe : *La Marseillaise, paroles et musique par* ROUGET DE LISLE ; *dessins par M. Nargeot ; musique arrangée avec accompagnement de piano par M. Julien Nargeot.* [Paris, imprimerie de Pillet fils aîné, 7, rue des Grands-Augustins], in-8 de 4 ff. Cette pièce, qui n'a paru qu'en 1848, est précédée d'une notice tirée de l'*Histoire des Girondins* de LAMARTINE.

Exemplaire de premier tirage, avec les couvertures des volumes et toutes les couvertures des livraisons.

B. — Cantiques et Noëls.

1015. DEVOTE CŌTEPLATION exitant || a la crainte de dieu moult || vtile et propice a vng chacun pe || cheur voulant penser de son sa- || lut La quelle chantent les filles || repenties a paris par deuotion — *Cy finit la deuote contēplation* || *nouuellement composee a paris* || *A la requeste des filles Rendues* || *Imprimee par maistre guill'e.* || *guerson de Villelongue demou-* || *rant deuāt le colliege de reins en* || *lostel q̃ fait le coĩg du coste saīte* || *geneuiefue* | *et la on les trouuera* || *auec plusieurs beaux liures nou* || *ueaux tant en latin q̃ en frācois* || *de diuerses sciences et facultes.*

S. d. [*vers* 1520], pet. in-8 goth. de 4 ff. de 18 lignes à la page, mar. r. jans., tr. dor. (*Trautz-Bauzonnet.*)

<small>Le r⁰ du premier f. ne contient qu'un bois représentant le prophète David, bois entouré de quatre fragments de bordures. Au-dessous de ce bois on lit : *Magister guillerm' guer* ‖ *soni de villalonga.*
Le titre est placé au v⁰ du 1ᵉʳ f.
Le v⁰ du 4ᵉ f. contient les trois dernières lignes de la souscription, huit petits bois empruntés à des vies de saints et à des pronostications et un fragment de bordure.
Le cantique, composé pour les filles pénitentes de Paris, dont nous avons décrit ci-dessus les constitutions (n⁰ 122), compte 10 couplets de 8 vers ; il commence ainsi :

   Filles qui vivés en delict,
   Vous errés trop vilainement......

L'imprimeur *Guillaume Guerson de Villelongue* ne figure pas dans les listes de Lottin.</small>

1016. Sēsniuēt [*sic*] les noelz tresexcelens ‖ et contemplatifz les q̄lz châtent ‖ les filles rendues / par deuotion — *Si finissent les noelz tresdeuotz* ‖ *et ioieulx les q̄lz chantent les fil* ‖ *les rēdues. a paris par deuotion* ‖ *Nouuelemēt imprimes p̄ mai-* ‖ *stre guill'e guerson de ville lōgue* ‖ *demourāt deuāt le coliege* [*sic*] *de reins* ‖ *pres saincte geneuiefue Et la on* ‖ *les trouuera avec plusieurs bōs* ‖ *Liures nouueaulx tant en latin* ‖ *que en francoys en diuerses sci-* ‖ *ences et facultes. S. d.* [*vers* 1520], pet. in-8 goth. de 4 ff., dont la page la plus pleine contient 18 lignes, mar. r. jans., tr. dor. (*Trautz-Bauzonnet.*)

<small>Au titre, un bois représentant la crèche ; ce bois est entouré de trois fragments de bordures.
Le volume contient trois pièces savoir :

1. *Conditor alme siderum,*
   Eterna lux credentium...

2. A la venue de noel
   Chacun se doit bien resjouir... (15 couplets de 4 vers.)

3. Sur : *Je suis amye au curé.*

   Or chantons du cueur ignel,
      O noel !
   De la Vi[e]rge debonnaire
   Qui porta Dieu nostre pére,
   Le filz du roy eternel !
      O noel !   (7 couplets.)</small>

1017. [DEUX CHANSONS spirituelles pour le temps de carême.] *S. l. n. d.* [*vers* 1531], 2 placards en un vol. in-fol., mar. r. jans., non rogné (*Trautz-Bauzonnet.*)

<small>Les deux chansons réunies dans ce recueil étaient destinées à être vendues à la porte des églises pour la plus infime pièce de monnaie. Elles sont l'une et l'autre imprimées sur des feuilles volantes, dont le v⁰ est blanc, dans ce format d'agenda employé pendant le premier siècle de l'imprimerie pour les mystères, les farces et autres productions populaires. La première, dont le</small>

texte a 228 mm. de hauteur, sur 49 de largeur, est imprimée en lettres de forme très nettes ; elle commence ainsi :

Chanson nouvelle sur le chant : Qnand je fus prins devant Peronne.

Resveillez vous, cueurs endormis,
Mondains remplis de negligence...

La seconde, dont le texte mesure 238 mm. sur 55, est imprimée en caractères gothiques ordinaires ; en voici l'intitulé et les deux premiers vers :

Sur : Helas! que vous a fait mon cueur || Ma dame qui le gardez tant.

Peuple, par dure affection,
Qui as grandement offencé...

Cette seconde pièce rappelle

Le deluge qui a esté
A Romme et en autres contrées,

et paraît ainsi faire allusion à l'inondation qui eut lieu en 1530. La chanson *Helas! que vous a fait mon cueur* || *Ma dame qui le gardez* [ou *le hayez*] *tant*, était alors dans toute sa vogue. Cette pièce, qu'il ne faut pas confondre avec une autre chanson plus ancienne : *Hellas! que vous a fait mon cœur ?* || *Bien je le doy triste nommer* (Paris, *Chansons du XVe siècle*, n° 33, p. 86), est notée en 1529 par Antoine de Arena comme une « basse danse à 19 » ; on en trouve le texte dans le recueil intitulé : *Plusieurs belles Chansons*, 1535, n° XX, dans les *Chansons nouvelles* (Paris , Alain Lotrian, 1543, pet. in-8 goth., fol. 19 *b*) et dans divers chansonniers de la seconde moitié du XVIe siècle. La mélodie nous a été conservée dans le *Recueil des plus belles et excellentes chansons* (Paris, Locqueneulx , 1588, in-12), fol. 222 *a*.

Voy. *Recueil de Poésies françoises*, X, 54-60.

1018. Cantiqves || dv Premier Adve- || nement de Iesv- || Christ. || * || Par || Le Conte d'Alsinois. || Auec Priuilege du Roy. || *A Paris,* || *Chez la Veufue Maurice De la Porte.* || 1553. In-8 de 112 pp. (y compris le titre), caract. ital., mar. bl., fil., dos orné, doublé de mar. r., riche dent. à petits fers, tr. dor. (*Trautz-Bauzonnet.*)

Au titre, une petite marque reproduite par Silvestre, n° 1061.
Au v° du titre un *Extraict* du privilège accordé pour six ans à la veuve *de La Porte*, à la date du 17 décembre 1552. L'achevé d'imprimer est du même jour.
Les pp. 3 et 4 sont occupées par une épître de Nicolas Denisot, dit le conte d'Alsinois, « A ma damoiselle Antoinette de Luynes, Parisienne ».

1019. Filiabvs || Sion, Lutetiæ || Virginibus votiuum || Carmen Gallico- || latinum. || ❦ || *Absque nota* [*Parisiis* , 1560], in-8 de 15 pp., mar. r. jans., tr. dor. (*A. Motte.*)

Cette pièce contient un poème français accompagné d'une traduction latine imprimée en regard. Le poème commence ainsi :

Paix et amour et jubilation,
Et salut soit aux filles de Sion...

On lit à la fin : Ex gallicis innominato autore non prorsus malis, latina non valde bona faciebat ἀνώνυμος alter, inter rusticandum, in quadragesimae clausula, anno 1560 fidelium, ad D. N. Jesum Christum crucifixum parasceves die, pro veteri S. matris Ecclesiæ ritu, contemplandum invitatoria. »

1020. Les || Rossignols || spiritvels. || Liguez en Duo : || Dont les meilleurs accords, nom- || mément le Bas, releuent du Seigneur || Pierre Philippes, Organiste de || leurs Altezes Serenissimes. || Regaillardis au Prime-vere || de l'an 1621. || *A Valencienne*, || *De l'Imprimerie de Iean Veruliet* || *à la Bible d'or*, *l'an* 1621. Pet. in-12 de 257 pp. et 3 ff. non chiffr., mar. r., fil., dos orné, tr. dor. (*Traulz-Bauzonnet*.)

» Recueil de chansons mystiques, de cantiques et d'hymnes à deux voix (et un petit nombre à quatre voix), dédié par *Jean Vervliet* à Charles de Par, abbé de Saint-Amand. Les pp. 6-7 contiennent un petit poème : *Le Livre à l'envieux*, signé G. M. [Gabriel Meurier ?]. » Ferd. Vander Haeghen, *Bibliotheca belgica*.

Les ff. non chiffr. qui terminent le volume contiennent la *Table* et une *Approbation* datée de Douai le 15 mai 1616.

5. — *Poésies en provençal et dans les divers patois de la France.*

1021. ⁕ Chāsons || nouelles en || lēgaige pro- || uensal. *S. l. n. d.* [*v.* 1530] ; pet. in-8 goth. de 20 ff. de 23 lignes à la page pleine, sign. *A-E* par 4, mar. citr., fil., comp., dos orné, doublé de tabis, tr. dor. (*Anc. rel.*)

Premier livre imprimé en provençal qui nous soit parvenu.
Le titre est orné d'un bois qui représente diverses têtes grotesques.

Au v° du titre une figure, tirée d'un livre d'heure, dont nous donnons également la reproduction :

Les chansons, au nombre de cinq, ont été composées par les bazochiens d'Aix, entre 1518 et 1581, mais à une époque plus rapprochée de cette dernière date (voy. Bory, *Recherches sur l'imprimerie à Marseille*, 129). Elles sont accompagnées des mélodies, qui sont imprimées en caractères mobiles. Ces mélodies n'ont été reproduites ni par M. G. Brunet, ni par M. Berluc de Pérussis, à qui l'on doit des réimpressions exécutées d'ailleurs d'après une copie incomplète.

Voici la table des cinq pièces :

1. *Canson novello dau carrateyron, sur lo cant de :* Maudissio le petit chien (fol. **Aij**) :

> Maudit sia tant de ratun
> Que tant roygon, roygon, royon,
> Que tant roygon lo comun...

La chanson française qui a servi de prototype à celle-ci :

> Mauldit soit le petit chien
> Qui aboye, aboye, aboye,
> Qui aboye et ne veoit rien.

nous est connue par plusieurs farces composées au commencement du XVI° siècle : la *Farce de Calbain* (*Anc. Théâtre franç.*, II, 154), *La Farce du vendeur de livres* (p. 10 de l'édition de *Techener*) et la *Farce du Savetier* (ibid., p. 9).

Le mot *carrateyron* signifie charretier et désigne celui qui conduisait le char de la bazoche.

    2. *Autro Canson novello dau carrateyron* (fol. Aiiij, v°) :

> Ay tant d'estieu cant d'ivert,
> Tojourt regno Malgover...

    3. *Autro Canson novello dau carrateyron* (fol. Biiij, v°) :

> Non podrio anar plus mau,
> Nyga, nyga, nyga...

    4. *Autro Canson novello. Resporto as basochiens, sive les notaris* (fol. Di) :

> Ti donaray dau notarri,
> Arri dau notarri...

    5. *Autro Canson nouvello dau carrateyron* (fol. Diij) :

> Dieu aiude a paures gens;
> Los riches au trop bon temps...

Cette cinquième pièce ne figure pas dans les réimpressions.

Voici le fac-simile de la première page de texte :

Les bibliographes du midi de la France ont émis diverses opinions sur le lieu d'impression de ce volume, dont ils n'ont, du reste, parlé que par ouï dire. M. G. Brunet a pensé qu'il avait été imprimé à Marseille; M. Bory croit, au contraire, qu'il est sorti de presses lyonnaises, et prononce même le nom de

Claude Nourry. Voy. Brunet, I, 1790. Quant à nous, nous avions d'abord pensé que les *Chansons* avaient dû être imprimées à *Avignon* par *Jean de Channey*, avec le matériel employé pour la publication des *Messes* d'Eléazar Genet, dit Carpentras, et que les signes musicaux étaient ceux d'*Estienne Briard*, de Bar-le-Duc (voy. Brunet, I, 1595); mais, après une comparaison faite sur le précieux recueil d'œuvres de Carpentras que possède la Bibliothèque impériale de Vienne, nous avons dû en revenir à l'opinion de M. Bory. Il est certain que les caractères typographiques et les gravures sur bois sortent d'une officine lyonnaise ; c'est ainsi que la figure qui orne le titre a été employée par les héritiers de *Barnabé Chaussard*, et se retrouve en tête de plusieurs des farces conservées au Musée britannique.

Notre exemplaire, le seul connu, a fait partie de la bibliothèque de M. de SOLEINNE, mais ne s'est pas retrouvé lors de la vente des livres de cet amateur (voy. Cat., V, n° 585).

1022. Lov || Iardin || deys Mvsos || Provençalos. || Ou Recueil de plusieurs || Pessos en vers Prouençaus. || Recueillidos deys || Obros deys plus doctes Poëtos || d'aquest pays. || M.DC.LXV [1665]. *S. l.* [*Marseille ?*], pet. in-12 de 384 pp. inexactement chiffr. (la dernière porte 386), mar. r., fil., dos orné, tr. dor. (*Trautz-Bauzonnet*.)

Première édition de ce recueil, publié par FRANÇOIS DE BÈGUE ; on croit qu'elle a été imprimée à *Marseille*, par *Claude Garcin*. Elle contient les pièces suivantes :

1° *Comedie à sept pesonnagis*, [par CLAUDE BRUEYS], pp. 1-84 ;

2° *Cocqualani, ou Discours à baston romput*, [par CLAUDE BRUEYS], pp. 85-96 ;

3° *Leis Amours dou bergié Florizeos et de la bergiero Ollivo*, [par DAVID LE SAGE, de Montpellier], pp. 97-104 (avec une fig. à la 1re p.) ;

4° *Lou Crebo-Couer d'un paysan sur la mouert de soun ay*, [par LOUIS DE BRIANÇON DE REYNIER, d'Aix], pp. 105-120, chiffr. 107-122 (fig. à la 1re p.) ;

5° *L'Embarquement, leis Conquestos et l'huroux Viagi de Caramantran*, [par DAVID LE SAGE], pp. 121-146, chiffr. 123-148 (fig. à la 1re p.) ;

6° *Leis Statuts de seng Peire, que tous leis confraires devon gardar et observar selon sa forme et tenour*, [par FRANÇOIS DE BÈGUE, de Marseille], pp. 147-167, chiffr. 149-169 (fig. à la 1re p.) ;

7° *Comedie de l'Interez, ou de la Ressemblanço, à huech persounagis* [per CHARLES FEAU, prêtre de l'Oratoire de Marseille], pp. 169-316, chiffr. 171-318 ;

8° *La Farço de Juan dou Grau à seis persounagis*, [par FRANÇOIS DE BÈGUE], pp. 317-384, chiffr. 319-386.

La *Comedie de l'Interez*, pièce fort libre, malgré la qualité de son auteur, a été retranchée de la seconde édition publiée en 1666.

Voy. Bory, *Les Origines de l'imprimerie à Marseille*, 148-152.

Cet exemplaire provient de la bibliothèque de M. BURGAUD DES MARETS (Cat., n° 1185).

1023. Lov || Banqvet || e plesen || Discovrs d'Avgie || Gaillard Roudié de || Rabastens en Albiges. || Al cal Banquet a bel cop de sortos de mie- || ses, per so que tout lou moun n'est || pas d'vn goust. || Lou tout dediat à Mousur de Seré, Seignhour || de Courronssac. || Reueu, corrigé & augmenté de nouueau. || *A Lyon*, || *Iouxte la coppie Imprimee à Paris*, || *Par François Audebert*. || M.DC XIX [1619]. Pet.

in-12 de 284 pp. (non compris le titre), et 6 ff. pour la *Taullo* et l'*Epitro derniero*, mar. citr., fil., dos orné, tr. dor. (*Trautz-Bauzonnet*.)

> Auger Gaillard, dit « lou roudié de Rabastens », naquit à Rabastens en Albigeois dans la seconde moitié du XVIe siècle. Il exerça d'abord le métier de charron, puis s'enrôla dans une bande factieuse commandée par Guillaume de Lherm, son compatriote. Ses vers, écrits avec une grande facilité, eurent une grande vogue auprès de ses contemporains ; mais les recueils en sont devenus d'une grande rareté. M. de Clausade en a donné une réimpression, malheureusement tronquée, sous le titre de *Poésies languedociennes et françaises d'Auger Gaillard, dit lou roudié de Rabastens* (Albi, Rodière, 1843, in-12), en tête de laquelle il a placé une notice biographique et bibliographique sur l'auteur.
> L'édition de 1619 contient un portrait de Gaillard, placé au verso du titre.
> Cet exemplaire provient de la vente BURGAUD DES MARETS (Cat., n° 979).

1024. LE CRVEL ASSIE- || GEMENT DE LA VILLE || DE GAIS. || Qui a esté faicte [sic] || & mis en rime par vn citoyen de || ladicte ville de Gais en leur || langaige. || *Imprime a Dision* / *par* || *Iean des Planche* [sic]. || 1589. In-8 de 7 ff. non chiffr. et 1 f. blanc, mar. r. jans., tr. dor. (*Trautz-Bauzonnet*.)

> La ville de Gex se rendit volontairement à la France en 1589, alors que le duc de Savoie était en guerre avec les cantons suisses. C'est en l'honneur de cette prise de possession qu'un clerc de la bazoche de Dijon a composé ce récit, qui a la forme d'un monologue dramatique.
> L'édition de 1589 est restée jusqu'ici inconnue aux bibliographes. M. Brunet ne cite que deux éditions de 1594 et 1604, dans lesquels l'*Assiegement* a été réimprimé avec une autre pièce, composée sans doute par le même auteur, la *Farce de Toanneau du Treu*.
> L'éditeur de cette pièce, *Jean Des Planches*, est l'imprimeur « gaillard et jovial » pour qui Tabourot a composé le distique suivant :
>
> *Mullibellivoro Desplanctybibliopolae*
> *Praesentargento vindisatisfaciet*.
>
> (*Les Bigarrures*, éd. de 1662. p. 292.)

1025. LA GENTE || POETEVIN'RIE, ||
Tot de nouuea rencontrie, ||
Ou Talebot bain & bea, ||
Fat réponse à Robinea : ||
Lisez sou bain y ve prie, ||
Pré vous railly do sot'rie ||
De beacop de chicanours ||
Qui fasan do moéchont tours. ||

Ouecque le procez de Iorget & de san vesin, & || chonsons jeouses composie in bea Poiteuin. || Et le precés criminel d'in Marcacoin. || *A Poeters* || *Pre Ion Fleurea, Amprimour* & || *Librére do Ré & de l'Vniure*- || *sity*. 1660. Pet. in-12 de 1 f. et 108 pp. — ROLEA || DIVISI IN BEACOT || DE PECES, || OV || L'VNIVERSEOV POETEVINEA || FAT PRE DIALOGE. || E le

Dotour Medecinou qui va vére le ban || homea qu'ést au lect bien affligy. || Rincontration plaisonte & malourouse de Perot le || bea gars de se n'ariuie à Paris. || Harongue recitie deuon Mansignour l'Intondon, & || do vers fat la loüonge do Moére de Poeters. || Complointe do pouure Ieons, do malice qui quez || Soudars fasont premy lez chomps. || E peu de chonsons jeouses & ionteilles pre doncy, || & riorchy, in bea lingage Poicteuinea. || O l'ést pre deou fé corrigy & aumenty de || beacot de badinage. || *A Poeters* || *Pre Ion Fleurea*, *Amprimour & || Librére.* 1660. Pet. in-12 de 132 pp. (y compris le titre). — Ensemble 2 parties en un vol. pet. in-12, mar. r. jans., tr. dor. (*Trautz-Bauzonnet*.)

Au verso du titre de *La Gente Poitevin'rie* est place, en guise de *Privilége*, le texte de la permission accordée à *Jean Fleuriau*, « imprimeur du roy, de la ville et université », par Jean Derazes, seigneur de Verneuil, lieutenant-général en Poitou. Cette permission, datée du 27 juin 1660 et valable pour cinq ans, se réfère aux deux ouvrages compilés par *Fleuriau*.

Le recueil connu sous le titre de *Gente Poitevin'rie* parut pour la première fois en 1572, il contenait alors six pièces principales : *La Loittre de Tenot à Piarrot* (1552), le *Plet de Jon Michea* (1552), le *Menelogue de Robin* [par JEAN BOICEAU DE LA BORDERIE] (1541), la *Respondation de Talebot* (1541 ?), la *Vritable Prognosticacion do Labourours*, le *Precès de Jorget et de sen vesin* (1567), enfin quatre *Chansons jeouses in lingage poetevin*, dont une se rapporte au siège de Poitiers en 1569. L'éditeur de 1660 y a ajouté deux pièces nouvelles : *Chanson nouvelle d'in jeune garsan de village qui demandet ine feille en mariage*, et *Chanson nouvelle d'in bregè fasant l'amour à ine bregére*. Voy. un article de M. Émile Picot dans le *Literaturblatt für germanische und romanische Philologie*, I (1880), 25-31.

La seconde partie du volume, le *Rolea*, ne contient, sauf une ou deux exceptions, que des pièces composées au XVIIe siècle. Outre un certain nombre de chansons et de compliments récités devant l'intendant de Poitou, ou devant le maire de Poitiers, on y remarque divers morceaux qui ont un intérêt historique : une *Chanson vueille do sége de Luzegnan* (p. 108), qui se rapporte aux luttes de l'année 1574, puis des chansons, plus modernes, sur « la deroute du sieur de Soubize », la prise de La Rochelle, la naissance du dauphin, la prise d'Arras, la prise de Perpignan, la bataille de Rocroy, l'entrée de Louis XIII à Poitiers, le sacre de Louis XIII, etc. Les deux dernières pièces, composées au moment même où le volume allait paraître, se rapportent à la conversion de M. Cotibi, ministre à Poitiers, le jour de Pâques 1660.

L'édition de 1660 a été réimprimée par M. L. Favre à *Niort* en 1878.

6. — *Poètes italiens.*

A. — Poésies de divers genres.

1026. LES TRIVMPHES || PETRARCQVE. || ✍ *On les vend a Paris en la rue neufue Nostre Dame a* || *l'enseigne sainct Iehan baptiste pres saincte Geneuiefue* || *des Ardens par Denys Ianot Libraire.* — [Fol. 208, r° :] ✍ *Cy finissent les triumphes de Messire Francoys Pe-* || *trarcque, tresillustre*

Poete, souuerain & elegant Ora- || *teur, nouuellement redigez de son lãgaige vul-* || *gaire Tuscan en nostre diserte langue Fran-* || *coyse. Et Imprimez nouuellement a* || *paris par Denis Ianot Librai-* || *re & Imprimeur Demourant en* || *la Rue neufue nostre Dame* || *a l'enseigne Sainct Iehan* || *Baptiste, pres Saïcte* || *Geneuiefue des* || *Ardens.* || 1538. Pet. in-8 de 208 ff. chiffr., mar. v., fil., comp., dos orné (*Bauzonnet-Trautz.*)

> Au titre, un bois allégorique qui représente les attributs de l'amour : la torche, les ailes, le carquois, élevés dans les airs, tandis que les attributs de la puissance mondaine : la tiare, la couronne royale, le sceptre, la masse d'armes, le glaive, gisent par terre. On lit autour de ce bois: *Le Triumphe d'amour. Amor vincit mundum.*
> Le *Triumphe d'amour* s'arrête au fol. 52 r⁰. Le v⁰ de ce même f. porte la marque de *Denys Janot* (Silvestre, n⁰ 27). Le *Triumphe de Chasteté* (fol. 53-84), le *Triumphe de la Mort* (fol. 85-124), le *Triumphe de Renommée* (fol. 125-192), le *Triumphe du Temps* (fol. 193-200) et le *Triumphe de Divinité* (fol. 201-208) ont chacun un titre particulier, sur lequel on voit un bois allégorique, analogue à celui que nous avons décrit. Chaque partie est en outre ornée d'un certain nombre de petits bois finement gravés. Au fol. 84 v' se trouve une seconde marque de *D. Janot*, un peu plus petite que la première; une troisième occupe le v⁰ du 208 f. (Silvestre, n⁰ 27).
> Cette traduction, écrite en prose, est, croyons-nous, celle que divers manuscrits attribuent à GEORGES DE LA FORGE, Bourbonnois. Voy. Biblioth. de l'Arsenal, ms. n° 3086. Cf. *Catalogue de Mᵐᵉ la Princesse*, 1724, p. 11.

1027. EL CONTRASTO ouero battaglia delo || Carnouale ⚓ dela Quaresima. — *Finisce lo contrasto* || *del Carnouale* ⚓ *de-* || *la Quaresima. S. l. n. d.* [*vers* 1500], in-4 de 6 ff. non chiffr., impr. à 2 col.

> Cette édition, inconnue aux bibliographes, n'a qu'un simple titre de départ, lequel est imprimé en caractères gothiques.
> Au-dessous de ce titre est un bois qui représente Carême et Carnaval.
> Le poème, composé de 79 octaves, est imprimé en lettres rondes. Le r⁰ du 1ᵉʳ f. contient une octave dans chaque colonne ; chacune des colonnes suivantes en compte quatre, sauf le dernier f. qui n'en contient qu'une. Le v⁰ du 6ᵉ f. est blanc.
> Le *Contrasto* commence ainsi :
>> Al tempo che volavano epennati,
>> Tutte le cose sapevan parlare...
>
> En voici les deux derniers vers :
>> Con gran triompho e con victoria
>> Al vostro honore e fornita la storia.

1028. TVTTI I TRIONFI, || CARRI, MASCHEAATE [*sic*] || ò canti Carnascialeschi || andati per Firenze, || Dal tēpo del Magnifico Lorenzo vecchio || de Medici; quãdo egli hebbero pri- || ma cominciamēto, per infino à || questo anno presente 1559. || Con due tauole, vna dinanzi, e vna || dietro, da trouare agieuolmen || te, e tosto ogni Canto, ò || Mascherata. || *In Fiorenza* || MDLVIIII [1559]. In-8, mar. citr., comp. de mos., riche dorure à petits fers, doublé de tabis rose, tr. dor., dans un étui du temps en mar. r. (*J.-A. de Rome.*)

Le titre est orné d'un bel encadrement aux armes des Médicis.

Les auteurs des pièces contenues dans ce curieux recueil sont LORENZO DE' MEDICI (p. 1), JACOPO NARDI (p. 120), AGNOLO DIVIZIO da Bibbiena (p. 125), BERNARDO RUSCELLAI (p. 125), LODOVICO DI LORENZO MARTELLI (p. 126), GUGLIELMO ANGIOLINI (p. 129), ANTONIO ALAMANNI (p. 131), GIOVAN FRANCESCO DEL BIANCO (p. 138), SANDRO PRETI (p. 144), ALESSANDRO MALEGONELLE (p. 146), FROSINO BONINI (p. 147), il MASSA, legnaiuolo (p. 148), PIETRO CIMATORE (p. 149), BERDARDINO DELLA BOCCIA (p. 151), LUCANTONIO ALFANI (p. 155), ANTONIO DA FIRENZUOLA (p. 156), JACOPO DA BIENTINA (p. 157), NICOLÒ MACCHIAVELLI (*Canto di Diavoli*, p. 171), PIER FRANCESCO GIAMBULLARI (p. 179), CARLO LENZONI (p. 189), FILIPPO STROZZI (p. 190), PIERO DA VOLTERRA (p. 194), GIOVAMBATISTA GELLI (p. 199), FILIPPO CAMBI (p. 203), BACCIO TALANI (p. 206), NICOLÒ MARTELLI (p. 207), VETTORIO, creato DE' PUCCI (p. 209), MARGANTONIO VILLANI (p. 211), NERI PEPI (p. 213), ser FEBO, prete (p. 215), GIOVANNI DA PISTOIA (p. 217), il GOBBO DA PISA (p. 219), MICHELE DA PRATO (p. 221), FRANCESCO FORTINI (p. 227), GIOVAMBATISTA STROZZI (p. 228), GIOVAMBATISTA CINI (p. 229), GUGLIELMO, detto il GIUGGIOLA (p. 280), BATISTA DELL' OTTONAIO (p. 298). BENEDETTO VARCHI (p. 398), il LASCA (p. 410).

Le volume se composait primitivement de : 10 ff., comprenant le titre, une épître de LASCA « Allo illustrissimo et virtuosissimo s. il signore don Francesco, principe di Firenze », et la table des auteurs ; de 465 pp. et de 3 ff. pour la table des pièces; mais les pp. 299-396 qui contenaient les pièces de B. de l'Ottonaio ont été supprimées, ici comme dans presque tous les exemplaires connus ; ils ont été remplacés par la réimpression suivante :

CANZONI, O || VERO MASCHERATE || carnascialesche, || di M. || Gio. Battista dell' Ot- || tonaio, Araldo gia della || illustriss. Signoria || di Fiorenza. || Con Gratia & Priuilegio. || *Fiorenza appresso* || *Lorenzo Torrentino* || M. D. LX [1560]. In-8 de 103 pp., avec la marque de *Torrentino* au titre et au v° du dernier f.

Les pp. 3-4 de cette édition sont occupées par une épître de PAOLO DELL' OTTONAIO, chanoine de Saint-Laurent de Florence, et frère de l'auteur, « Al motto magnifico e nobilissimo M. Jacopo Salviati ». Dans cette épître, datée du 20 février 1559, on voit que, après la mort de Giambattista dell' Ottonaio, on ne retrouva plus dans ses papiers que cinquante pièces de carnaval sur environ soixante et dix qn'il avait composées.

La reliure de ce volume porte une marque dont voici la reproduction :

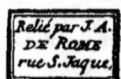

De la bibliothèque de M. DE MAC CARTHY (Cat., n° 3027).

1029. STRAMBOTTI dogni sorte : 7 Sonetti alla || bergamasca gentilissimi da cantare insu || Liuti 7 variati stormenti. *S. l. n. d.* [*vers* 1500], in-4 goth. de 6 ff., impr. à 2 col.

Au titre, un bois qui représente un page jouant de la mandoline sous la fenêtre de sa dame.

Le v° du dernier f. est blanc.

Ces *strambotti*, qui rappellent ceux de Leonardo Giustiniano, commencent par une sorte d'introduction en deux octaves, dont voici le début:

>Prima ch'i die principio a mie strambotte,
>Mille salute a l'auditor io mando,
>Aiuto chiedo a chi fe di et po nocte,
>Con li quattro elementi al suo comando...

1030. RIME DI M. PIETRO || BEMBO. — [A la fin:] *Stampate in Vinegia per Maestro Giouan An-|| tonio & Fratelli da Sabbio. Nell' anno M.D. || XXX[*1530]. Con le concessioni de tutti i Principi || de l'Italia che altri stampar non le possa, ne || uendere. In-4 de 54 ff. non chiffr., car. ital., mar. r., fil. à froid, comp. dorés, dos orné, tr. dor. (*Trautz-Bauzonnet.*)

> Édition originale.
> Le 1er f. est blanc; le 2e f. est blanc au r° et contient, au v°, le titre reproduit ci-dessus. Les poésies diverses occupent les 42 premiers ff. (sign. *A-D* par 8, *E* par 10). Une seconde partie, qui commence par un f. blanc et qui se compose de 12 ff. signés *A-C* par 4, contient une épître « Al signore Ottaviano Fregoso », épître datée de Castel-Durante le second jour du carême de l'année 1507, et un poème en ottava rima. Le v° du f. Ciij est blanc, ainsi que le f. Civ, r° et v°.

1031. CORNA || ZANO DE RE MI- || LITARI nuoua || mente con || somma di || ligentia im- || presso. || ❦ — [A la fin:] *In Vinegia. Nelle case di Pietro di Nicolini da || Sabbio. Nellanno di nostra salute. || M.D.XXXVI* [1536]. || *del mese di Marzo.* In-8 de 183 ff. chiffr. et 1 f. blanc, réglé, mar. br., comp. de mosaïque noirs et blancs, tr. dor., cis. (*Anc. rel.*)

> Au v° du titre se trouve une épître de BERNARDINO DI PHILIPPO DI GIUNTA, Fiorentino, impressore, « A gli lettori ».
> Le poème didactique de Cornazano eut un grand succès au XVIe siècle, comme l'attestent les différentes éditions que nous en connaissons et la traduction en vers espagnols publiés par Lorenzo Suarez de Figueroa en 1558.
> Cet exemplaire, relié pour GIORDANO ORSINI, porte sur les plats les armes du célèbre amateur italien, accompagnées de l'inscription suivante : *Paul. lordan. Vrs. D. Aragon.* Nous donnons ci-contre une reproduction de la reliure.
> De la première collection LIBRI (Cat. de 1847, n° 1003).

1032. CANTI XI composti dal || Bandello de le lodi de la .S. || Lucretia Gonzaga di Ga- || zuolo, è [*sic*] del vero Amo- || re, col Tempio di Pu- || dicitia, è con al- || tre cose per den- || tro poetica- || mente de- || scrit- || te. || ❦ || ❦❦ || Le .III. Parche da esso || Bandello cantate ne la || natiuità del .S. Giano || primogenito del. || S. Cesare Frego- || so, è de la .S. Go- || stanza Ran- || gona sua || consor- || te. || ❦ ❦ ❦ || ❦❦ ✚ ❦❦ — [Au f. 202, v°:] *Si stampauano in Guienna nè la Città di || Agen per Antonio Reboglio del Mese* || *di Marzo, del M.D.XLV* [1545]. In-8 de 203 ff., impr. en car. ital., et 1 f. blanc.

> Les ff. 2-4 contiennent une épître de PAOLO BATTISTA FREGOSO « A la molto illustre e virtuosa heroina, madama Gostanza Rangona e Fregosa ».

Les *Stanze* de Bandello commencent (fol. 5, r⁰) par 4 distiques latins de JULES-CÉSAR SCALIGER.

La 2ᵉ partie, qui occupe les ff. 194-202, est précédée d'une épître « Al molto illustre signore, il signor conte Guido Rangone, cavaliero del ordine di santo Michele » ; elle se termine par une pièce latine de HIERONYMUS FRACASTORIUS.

Le f. 203 contient un avis d'ANTONIO REBOGLIO « A li candidi lettori ». L'imprimeur s'excuse des fautes qui auront pu être commises par ses compositeurs, dont pas un n'entend l'italien. L'avis est suivi d'une liste d'errata.

Bandello, qui s'était réfugié à Agen avec plusieurs membres de la famille Fregoso, fut nommé évêque de cette ville le 1ᵉʳ septembre 1550. Quoi qu'il fût déjà vieux, il abandonna l'administration de son diocèse à l'évêque de Grasse, et ne s'occupa que d'écrire ses nouvelles licentieuses. Depuis un siècle, l'évêché d'Agen avait presque toujours été donné à des prélats italiens ; Bandello avait eu pour prédécesseur Jean Borgia (1438-1461), Galéas de La Rovère (1478-1487), Léonard Grosso, cardinal de La Rovère (1487-1518) et Antoine de La Rovère (1518-1538); il eut pour successeur Jean Fregoso (1555-1586).

Les *Canti* sont imprimés avec un matériel qui paraît avoir été importé d'Italie ; cependant, l'imprimeur de ce volume n'était probablement pas Italien. Nous croyons qu'il s'appelait en français *Reboul*, qu'il adopta quelques années plus tard la religion réformée, et que c'est lui qui publia, en 1558, à Strasbourg, avec un associé nommé *J. Poullain*, la *Briefve et claire Confession de foy chrestienne* de Jean Garnier.

1033. ORLANDO FURIOSO di Lodovico Ariosto. *Birmingham, Da' Torchj di G. Baskerville : Per P. Molini Librajo dell' Accademia Reale, e G. Molini.* M.DCC.LXXIII [1773]. 4 vol. gr. in-8, figg., mar. r., fil., dos ornés, tr. dor. (*Anc. rel.*)

Tomo primo : Titre ; 4 pp. pour un prospectus français des frères *Molini* ; lviij pp. pour la *Vita di Lodovico Ariosto*, *scritta dal dottore* GIOVANNI ANDREA BAROTTI, Ferrarese, les *Avvertimenti di* GERONIMO RUSCELLI et une lettre de Léon X à l'Arioste, datée de 1515 ; 362 pp. et 1 f. blanc, plus un portrait de l'Arioste, dessiné par *Eisen* d'après *Titien* et gravé par *Ficquet*, et 12 figg.

Tomo secondo, 1771 : 1 f., 450 pp., 1 f. blanc et 11 figg.

Tomo terzo, 1771 : 1 f., 446 pp., 1 f. blanc et 12 figg.

Tomo quarto, 1771 : 1 f., 446 pp., 1 f. blanc, 13 ff. pour les *Nomi de' SSi. Associati*, et 11 figg.

Les figures, dessinées par *G. Cipriani* (14), *J.-M. Moreau le jeune* (11), *Ch. Eisen* (8), *C.-N. Cochin fils* (6), *C. Monnet* (6) et *J.-B. Greuze* (1) ont été gravées par *F. Bartolozzi* (10), *L. de Launay* (18), *de Longueil* (2), *E. de Ghendt* (4), *B.-L. Prevost* (1), *B.-L. Henriquez* (1), *Massard* (1), *J.-B. Simonet* (1), *N. Ponce* (1), *A.-G. Duclos* (1), *P.-A. Martini* (2), *J.-M. Moreau le jeune* (2), *P. Choffard* (1), *Helman* (1).

Les tomes II-IV portent la date de 1771, mais l'ouvrage ne fut achevé qu'en 1774. Plusieurs des figures du tome IV portent effectivement cette dernière date, notamment la figure dessinée et gravée par *Moreau* pour le chant XXXVII.

Exemplaire de M. le Dʳ DESBARREAUX-BERNARD (Cat., n⁰ 516).

1034. LA GERUSALEMME LIBERATA di Torquato Tasso. *In Parigi* M.DCC.LXXI [1771]. *Appresso Agostino Delalain, Pietro Durand, Gio : Claudio Molini.* [*Da' torchi di*

658   BELLES LETTRES.

Francesco Agostino Quillau.] 2 vol. in-8, figg., mar. r., fil., dos ornés, tr. dor. (*Anc. rel.*)

Tomo primo : Front. gravé (portrait du Tasse); titre gravé; dédicace gravée « All' illustris. signore il s^re Egidio Earle, cavaliere inglese » (cette dédicace est signée de l'éditeur G. CONTI), et 331 pp., plus 10 figg.
Tomo secondo : Titre gravé, front. gravé (portr. de Gravelot), et 340 pp., plus 10 figg.
Les frontispices, titres et figures ont été dessinés par *Hubert Gravelot* et gravés par *B -L. Henriquez* (3), *Patas* (2), *J. Le Roy* (2), *J.-L. Rousseau* (2), *A -J. Duclos* (4), *J.-B. Simonet* (3), *L.-C. Lingée* (2), *D. Née* (2), *C. Baquoy, Mesnil, N. Ponce, Le Veau* et *Massard.* L'écriture des titres est de *Drouet.*
L'édition est ornée, en outre, de 20 vignettes avec portraits, une en tête de chaque chant, de 9 grands et 14 petits culs-de-lampes. Les fleurons, dessinés comme les figures, par *Gravelot*, ont été gravés par *J. Le Roy* (42) et *N. Ponce* (1).
Le privilège, dont le texte occupe les pp. 338-340 du tome II, est daté du 9 mai 1770 et accordé pour six ans au « sieur Conti, ancien professeur en notre école militaire ».

1035. LA GERUSALEMME LIBERATA di Torquato Tasso. Edizione quarta. *Parigi*, M.DCC.LXXXIII [1783]. *Presso G. C. Molini, Libraio rue du Jardinet.* [*Nella Stamperia di Bened. Morin.*] 2 tom. en 4 vol. in-12, mar. r., fil., dent., dos ornés, tr. dor. (*Anc. rel.*)

Tomo I : Front. gravé, titre gravé, xij et 326 pp. — *Tomo II :* Titre gravé, 333 pp. et 1 f.
Exemplaire imprimé sur VÉLIN. Chaque partie est précédée d'un titre gravé, et la tomaison se suit de I à IV.

1036. AMINTA, Favola pastorale di Torquato Tasso. *Nella Stamperia di Fr. Amb. Didot. Parigi, A spese di Gio. Cl. Molini, Librajo, rue du Jardinet.* M.DCC.LXXXI [1781]. In-8 de XVI et 112 pp., mar. v., fil., dos orné, doublé de tabis rose, tr. dor. (*Anc. rel.*)

Les ff. lim. contiennent un avis de *G. Cl. Molini* « A chi legge », et la préface de GILLES MÉNAGE.
Exemplaire imprimé sur VÉLIN. Les plats du volume portent un écu à trois épis mouvant d'un croissant, chargé en chef de trois étoiles. L'écu est timbré d'une couronne de comte.

1037. LA SECCHIA RAPITA, Poema eroicomico di Alessandro Tassoni. *In Parigi Appresso Lorenzo Prault e Pietro Durand.* [*Da' torchi di Prault.*] M.DCC.LXVI [1766]. 2 vol. in-8, figg., mar. r., fil., dos ornés, tr. dor. (*Anc. rel.*)

Tomo primo : Titre gravé ; dédicace gravée de G. CONTI à Marguerite Thornburg, sa femme; cviij pp. pour la *Vita di Alessandro Tassoni, scritta da* LODOVICO ANTONIO MURATORI, les *Riflessioni di* PIETRO PERRAULT, etc.; 128 pp. de texte et 4 figg.
Tomo secondo : Titre gravé ; 239 pp. et 8 figg.
Les titres et la dédicace ont été dessinés par *Gravelot* et gravés, le trait par *J. Le Roy*, la lettre par *Aubin ;* les 12 figures ont été gravées par *Née* (2), *Rousseau* (2), *A.-J. Duclos* (3), *J.-J. Pasquier* (2), *J.-B. Simonet* (1) et *J. Le Roy* (2), d'après *Gravelot.*

L'édition est ornée, en outre, de 12 en-têtes et 11 culs-de-lampe de *Gravelot* (3), *C.-P. Marillier* (13), *J.-B. Huet* (5), *Queverdo* (1) et *J. Le Roy* (1), gravés par *Le Roy*.

Exemplaire en PAPIER FORT, avec doubles épreuves des titres, de la dédicace et des figures, en noir et en rouge, et les tirages à part des 23 fleurons en rouge.

B. — Poésies historiques.

1038. LAMENTO delo sfortunato || Reame de Neapoli. — *Finis. S. l. n. d.* [*vers* 1504], in-4 de 4 ff., impr. en lettres rondes à 2 col.

Le titre est orné de deux bois qui représentent des batailles.

Cette complainte fait allusion à tous les maux que Naples eut à souffrir depuis la prise de la ville par Charles VIII, en 1495, jusqu'en 1504. Elle se compose d'un quatrain, en forme de refrain ; et de 51 octaves. Le quatrain est ainsi conçu :

> Son quel regno sfortunato
> Pien di pianto, danni e guerra ;
> Francia e Spagna in mar, in terra
> M'anno tutto disolato.

1039. FROTOLA NOVA contra uenitiani composta per ma || gistro Gratiano dela cita de luca no || uamente stampada. || Con gratia & priuilegio. — *Finis. S. l. n. d.* [*Lyon*, 1508], in-4 de 2 ff. de 32 lignes à la page, impr. à 2 col., lettres rondes.

L'édition n'a qu'un simple titre de départ, au-dessous duquel sont placés un bois et 11 lignes de texte. Le bois est le même que celui qui orne le titre d'une édition lyonnaise de l'*Ospital d'amour* que nous avons décrite sous le n° 578. Ce détail typographique nous permet de penser que Louis XII fit imprimer à Lyon même, avant de franchir les Alpes, des livrets populaires destinés à être distribués aux habitants des pays qu'il allait envahir. Cf. *Recueil de Poésies françoises*, X, 309.

La *Frotola* de Graziano est peut-être la même pièce que la *Frotola nova de la rovina de' Venitiani*, dont un exemplaire est décrit au Catalogue Libri, 1847, n° 1282 ; elle commence ainsi :

> Turchi, Mori e Sarazini,
> Con gran giente socoreta,
> Che Marzocho è in la rete,
> Prexo a l'Arno, con li Orsini.

1040. QVI INCOMENZA una noua || frotoleta contra ueniciani || Composta per Betuzo da || Cottignola. *S. l. n. d.* [1508], in-4 de 2 ff. de 32 lignes à la page, impr. à 2 col., lettres rondes.

Cette pièce se rapporte, comme la précédente, à l'expédition de Louis XII contre les Vénitiens en 1508 ; elle commence ainsi :

> Ogni fumo ven al basso,
> Pur mancand' a poco a poco...

A la suite de la *Frotoleta* sont deux sonnets dont voici les deux premiers vers :

> 1. Non più tardar, o Julio, padre sancto,
> Contra Venecia vendicar la offesa...
>
> 2. *Parate naves*, blataron mordaci,
> Che ormai trecento lustri son passati...

1041. La memorāda Presa de Peschera cum tutti || li successi 7 accidenti varij de Battaglie de giorni in giorni occorsi dopo la Rotta || de Agnadello data a Venetiani. Doue anchora se narra la destructione de li || medesmi cum la perdita de tutto il gia lor Stato toltoli si per il Summo || Pontifice Iulio Secundo. si per lo Augustissimo Re de Romani. || si per il Serenissimo Re de Aragonia. si per il Duca de Fer || rara : como per il Christianissimo Ludouico Re d' Francia || Inuictissimo Duca d' Milano : che Dio longamēte || cel conserue 7 mantenga cum continua || Ampliezza del suo Felicissimo || Stato. || Cum Gratia 7 Priuilegio. || ❡ [*Ex Cripta Palladia Belloniana : 7 Bielliana : Claricianaq3 : || ex qua 7 primus Cantus effluxit : sed dissimulatus || est ob primi Impressoris ineptissimi alioqui :* || *7 vnctuosi bisunetuosiq3* || *errores. S. l. n. d.* [1509], in-4 goth. de 2 ff., impr. à 2 col. en petites lettres de forme, br., n. r.

Au titre , un bois qui représente des cavaliers entrant dans un château et portant au bout de leurs lances des têtes d'ennemis.

Le poème, qui compte 30 octaves, commence au v° du titre de la manière suivante :

> Alme felici d'ogni clar poeta,
> Ch'errate per la spiaggia elysia e piana...

L'auteur parle ensuite du premier chant qu'il a publié et auquel le titre fait allusion :

> Lassai nel fin del nostro primo canto
> Como, de Bressa, prase el re l'impero
> De Bergomo, Cremona et d'ogni canto
> De quelle, insienne il territorio intero...

Le récit de la campagne reprend à la prise de Brescia et nous donne des détails sur celle de Peschiera qui fut emportée d'assaut quelques jours plus tard. Le biographe de Bayard raconte (ch. XXX) que cette place ayant voulu résister « mal en prins a ceulx de dedans, car tous y moururent, ou peu en eschappa, qui furent prins prisonniers ; entre lesquelz estoit un prouidadour de la seigneurie et son filz, qui voulurent payer bonne et grosse rançon, mais cela ne leur servit de riens, car chascun a ung arbre furent tous deux penduz , qui me sembla grande cruaulté ».

Le poète nous confirme ces actes barbares, contre lesquels il n'a même pas le mot de blâme du « loyal serviteur » ; il se contente d'ajouter que cela se passa le mercredi 30 mai.

1042. Cosa nova. || El lamēto de Italia || vniuersale e come Italia se lamenta dela || morte deli soi famosissimi figlioli Romāi || 7 scīssimi Pōtifici : 7 Senatori : 7 Consuli || Romani. 7 Principi Venetiani. Duchi. || Marchesi. Signori. Baroni. Conti talia || ni. Braceschi Perusini. Fiorētini. Gata || mela. Bartholameo cogliore. Roberto || malatesta : 7 san Seuerino : el conte Peti || gliano. Feruētissimi de Italia defensori , 7 || generosi del campo Veneto capitani. || Et al presente Italia dimanda aiuto : 7 so- || corso dal sanctissimo papa Iulio secondo : || 7 Inclyto senato Venetiano. 7 dali soi vi- || gilătissimi. miser Andrea Gritti : 7 Pau- || lo Capello del căpo pueditori . e del conte || Bernardino. el signor Lucio maluezo. el || signor Ianes. Zuă greco signor melagra. || el cōte Antonio dal pin. el ɔte Ludouico. || El ɔte Guido da modēa. el signor Giapin || el caualiero de la Volpe. el signŏ Vitello. || el signor Paulo măfron. el signor Diony || sio capitanio. e Lactantio. el Citol. Ber- || nardin. Marcho da rimine. Iam picon. || E poi se arecomăda a tutto el resto del că || do. cosi e quelli da cauallo come a piedi. — *Finis.* || *Data Rome. S. l. n. d.* [1510], in-4 goth. de 4 ff. de 46 lignes à la page, impr. à 2 col., sign. *A*.

L'édition n'a qu'un titre de départ qui occupe toute la première colonne. Au-dessous des mots *Cosa nova* se trouve un bois qui représente un combat entre deux cavaliers, sous les murs d'une forteresse. Un autre bois, qui représente l'assaut d'une ville, est placé au bas de la dernière colonne.

Le poème compte 81 octaves ; il commence ainsi :

Italia parla.
La diva illustra mia magnalma fama
El mio honore, reputatione et gloria....

1044. ¶ Istoria nova che tracta tutte le guerre che sono state a Bologna || & in el paese zoe del Papa & del christianissimo Re de franza. || con la presa de Bressa & como fu sachegiata. — *Finis. S. l. n. d.* [1512], in-4 de 4 ff. impr. à 2 col., lettres rondes.

L'édition n'a qu'un titre de départ au-dessous duquel est placé un bois qui représente deux chevaliers chevauchant entre deux châteaux gothiques.

Le poème, composé par un partisan de Louis XII, compte 48 octaves et commence ainsi :

Lucido summe re del universo,
Che choy [*sic*] ragi di Phebo illustri il cielo [*impr.* cielo]...

L'auteur n'a pas cru inutile d'indiquer en tête de la seconde strophe la date des évènements qu'il raconte :

Corsa dodeci mille e cinque cento
L'incarnation del verbo patre e filio..

L'*Istoria nova* est suivie d'une *Oratione dela gloriosa vergine del Barachan in Capitulo, narrando li evidenti miracoli qual di se presentorno li Spagnoli ale mura di Bologna con cave e foco* :

Virgo imimensa [sic], excelsa, diva, electa,
Del re unica matre, sposa e figlia...

1044. Historia nova della Ruina de Venetiani. cum lo || processo delli mali contracti che lor facano : Et una Barzeletta de Bressa che || se lamēta de la grăde desgratia occorsa in essa Cita. Cose belle e da piacere. — *Finis. S. l. n. d.* [1512], in-4 de 2 ff. impr. à 2 col., lettres rondes.

L'édition n'a qu'un titre de départ, au-dessous duquel est placé un bois qui représente une femme morte étendue à terre et dont plusieurs personnages déplorent la perte.
Le poème, qui se rapporte à la prise de Brescia au mois de février 1512, compte 25 octaves et commence ainsi :

O summo padre, eterno re di gloria,
Che tutto el mondo de nulla formasti...

Voici le début de la *Barzeletta* :

Bressa son ch'è posta in pianto.
Gran stridor el batter mani...

1045. LA VERA NOVA de Bressa de punto in pun-|| to come andata. *Nouamēte ĩpressa.* — *Finis* || p. M. C. *S. l. n. d.* [1512], in-4 goth. de 2 ff.

L'édition n'a qu'un simple titre de départ, au-dessous duquel sont placés deux petits bois. L'une de ces figures représente un assaut, l'autre, deux mulets chargés qui entrent dans une forteresse.
Le r⁰ du 1ᵉʳ f., qui ne contient que deux octaves, est imprimé a longues lignes en grosses lettres de forme ; le reste de la pièce est imprimé à 2 colonnes en caractères plus petits. A la fin se trouve un fragment de bordure et un bois qui représente une bataille.
La *Vera Nova* se compose de 15 octaves et commence ainsi :

Purificata virgo, che nel tempio
Volesti presentar il tuo figliolo...

A la suite de ce poème est une *Barzeletta*, dont voici le début :

Hor che è presa Bressa bella,
Ognun ridi e faci festa,
Perche el Gal bassa la cresta
Com el sente sta novella.

1046. QVESTA E LA VERA PROPHETIA De Vno || Imperadore Elquale Pacifichara || Li Christiani El paganesmo. || Nouamente impressa. — *Finis* || ¶ *Stampatà ĩ Venetia per Polo* || *de Danza.* Con gratia. *S. d.* [1512], in-4 goth. de 2 ff. à 2 col., impr. en lettres de forme.

L'édition n'a qu'un titre de départ, au-dessous duquel est placé un bois qui représente l'empereur, ayant à sa droite le doge de Venise et à sa gauche le pape. Le Saint-Esprit plane au-dessus du doge.
L'empereur, qui doit pacifier les chrétiens et le paganisme, n'est autre que l'empereur Maximilien, qui, après de longues négociations, entra en 1512, avec les Suisses, dans la ligue formée contre la France entre les Vénitiens et le pape. Le poète déplore d'avance le sort de Ferrare et des païens, qui sont les Français.
La pièce se compose d'un quatrain, en forme de refrain, et de 29 octaves. Le quatrain initial est ainsi conçu :

Vegnirà uno imperatore ;
Tutto il mondo meterà in pace.
Mai fu homo si verace
Poi che nacque el Salvatore ?

1047. ¶ La liga de la Illustrissima signoria de Venetia cō il chri ‖ stianissimo Re di Frāza & la exaltation de le terre ‖ che non aspetino il guasto & un Capitulo īn lau ‖ de del Signor Bartolomeo daluiano ‖ con un Dialogo ala uilanesca. — *Finis.* ‖ Con gratia & .p. *S. d.* [1513], in-4 de 2 ff., impr. à 2 col., lettres rondes.   IV.6.46

L'édition n'a qu'un simple titre de départ, au-dessous duquel est placé un bois des armes de Venise et de France. Le recto du 1ᵉʳ f. contient 13 lignes de texte dans chaque colonne.

Les Vénitiens firent alliance avec la France en 1513. Barthélemi d'Alviano, qui avait été fait prisonnier à la bataille d'Agnadel, fut alors rendu à la liberté et combattit du côté de Louis XII. Ce personnage, dont nous avons ici une sorte de panégyrique, était un des guerriers les plus renommés de son siècle. Brantôme lui a consacré un chapitre dans ses *Vies des grands capitaines* (liv. I, ch. lxiv) et, lorsqu'il mourut, le 7 octobre 1515, un poète français célébra sa mémoire (voy. *Recueil de Poésies françoises*, I, 55-67).

La *Liga* se compose d'un quatrain initial, qui sert de refrain, et de 10 *sestine*. Voici le quatrain :

> Marcho, Marcho ! Franza, Franza !
> Viva sempre in mar e in terra,
> Cosi in pace comme in guerra !
> Cresca al ciel la sua posanza !

La *Laude*, qui compte 35 strophes en *terza rima*, commence ainsi :

> *Illustrissimo D. Bartho. Liviano, generali Venetiarum capitaneo, s. G. S.*
>   Eterno et immortal secvate in terra...

Le *Dialogo*, écrit en langage rustique vénitien, ne se compose que de 26 vers ; il a pour interlocuteurs Benetto et Tofano, et commence ainsi :

> TOFANO
> E tu sentu, Benetto, quel remore
> Che se fa in pava ? Scampanendo via...

La pièce se termine par une chanson :

> Cantom tutti in paxe e amore...

1048. Qvesta e la pace da dio mandata ‖ quale da tutti era molto bramata. — *Finis. S. l. n. d.* [1516], in-4 de 2 ff. à 2 col., impr. en lettres rondes.   IV.6.44

L'édition n'a qu'un titre de départ, imprimé en caractères gothiques, au-dessous duquel est placé un bois qui représente le pape, assisté de quatre cardinaux et donnant sa bénédiction à un personnage agenouillé devant lui.

Cette pièce est relative à la paix signée le 4 décembre 1516 entre la république de Venise, le duc de Milan et l'empereur. Elle se compose de quatre parties, savoir :

1º Cantique composé d'un quatrain, qui sert de refrain, et de 10 octaves. Voici le refrain :

> Gloria sie e l'elto Dio
> E in terra pace sia,
> E a quelli che a Maria
> Hanno posto il suo disio.

2º Sonnet :

> La guerra e destruction d'ogni signore...

664   BELLES-LETTRES.

3. *Dialogo de vilani*. Interlocutori *Nale e Barba Quaioto* :

NALE.
Barba Quaioto, aldi bone novelle...

4. *Capitulo de virtù in laude di Venetia*:

Alma regina del gentil paese
Che Adria scorendo lo circunda e bagna...

C. — Poésies en dialecte tessinois, en dialecte padouan et en dialecte vénitien.

III.3.28

1049. RABISCH || dra Academiglia || dor Compa Zavargna, || nabad dra vall d' Bregn , || Ed tucch i sù fidigl soghit , con rà ricenciglia draValada. || Or cantò di suersarigl, scianscia. || *In Milano, Per Paolo Gottardo Pontio.* || Con licencia de' Superiori. — [A la fin :] *In Milano*, || *Per Paolo Gottardo Pontio* 1589. In-4 de 153 pp. et 2 ff., mar. r. jans., tr. dor. (*Trautz-Bauzonnet*.)

Au titre, un bois qui représente un homme nu ; on lit au-dessous : *Guarda chi or viser me furò ch'in dupra*.

Les pp. 3-5 contiennent une épître en vers « All' illustriss. sign. il signor conte Pirro, visconte Borromeo », épître signée : GIO PAOLO LOMAZZO, pittore.

Le célèbre Lomazzo, né à Milan en 1538, mort en 1600, est moins connu comme poète que comme peintre et comme auteur du *Trattato della pittura* (traduit en français sous le titre de *Traité des Proportions naturelles* ; Toulouse, 1649, in-fol.), il écrivit cependant des poésies de divers genres, lorsque, devenu aveugle, à l'âge de 33 ans, il dut renoncer à ses pinceaux. Ses *Rime diverse* parurent à Milan en 1587 ; quant au *Rabisch dra Academiglia dor compà Zavargna*, il semble être resté inconnu aux biographes de notre auteur. Cet ouvrage, écrit dans une langue barbare, qui est un mélange de dialecte tessinois avec le dialecte milanais, se rapporte à la corporation des portefaix de Milan (*badia dei facchini*).

Le *Rabisch* est présenté comme un recueil de poésies dues aux membres d'une académie et, de fait, un certain nombre de pièces portent les noms de « compà BORGNIN gran scanscierè drà vall de Bregn », « compà CIABUCH, consigliè drà vall de Bregn », de « compà LAMBRUSCA » , de BARBA TOGNAZZO , de BERNARDINO BALDINI , de LORENZO TOSCANO , de GIO. ANT. BUOVI , d'ALBINO SADOCHO , Nabateo , de BERNARDO RAINOLDO , de GIO. BATTISTA VISCONTE , de SIGISMUNDO FOGLIANO , de JACOMO TASSANO , de COSME DE ALDANA et de « compà CHIUSS' » ; mais tous ces noms paraissent être imaginaires, aussi bien, peut-être, que celui du val de Bregno lui-même. Lomazzo a écrit toute une histoire de cette vallée, qui n'est qu'une satire contre les académies italiennes.

Les poésies des « compères » sont écrites, non seulement dans le soi-disant dialecte de Bregno, mais en latin macaronique (pp. 11 et 17), en toscan (p. 12), en sicilien (p. 13), en argot italien (p. 14) , en français (p. 14), en grec (p. 16), en langue pédantesque (p. 19), en génois (p. 21), etc.

Le *Rabisch* proprement dit n'occupe que la seconde partie du volume ; il est précédé d'un titre spécial , qui occupe la p. 53 et qui est ainsi conçu :

I Diuersi Rabisc ouer || Suersarigl cogl' ign nassud || fura dor tegnon ar Zavarna, || Par varigl Signò, e generacigliogn, sauigl, e de || honò insci com lesciend os porà veghè, || Par ra variglietad di sognit, e canzogn basset, ò stancigl co fugn || stramenad fura à drucca cul dar forascricch Nabad, || ò cantò co siglia. || Dor gran cantò cost el so ver rettracch, || Ch'a i Penchiur, e Grotish su fù scia facch.

Au-dessous des deux derniers vers est un portrait de Lomazzo, gravé sur bois.

Le volume se termine par un petit glossaire, fort incomplet, de la prétendue langue de Bregno.

1050. RABISCH || dra || Academiglia || Dor Compa Zauargna, || nabad dra vall d' Bregn, || Ed tucch i sù fidigl soghit, con rà ri- || cenciglia dra Valada. || Or cantò di suersarigl, scianscia. || *In Milano*, || *Per Gio. Battista Bidelli*. M.DC.XXVII [1627]. || Con licenza de' Superiori. In-12 de 158 pp. et 11 ff., mar. bl., fil., dos orné, tr. dor. (*Trautz-Bauzonnet.*)

Y. 9. 35

Au titre, une marque qui représente un tigre tenant une proie dans sa gueule. Au v° du titre est placé l'*inprimatur*.
Cette édition est celle qui est décrite au catalogue Libri de 1862; elle contient le même texte que l'édition originale.

1051. SPROLICO in lengua || Pauana sbottazza in lal- || do del magnafigo messier || Mechiele battagia Poeste de Pieue lanno || 1548. recito per lome del ter- || retuorio Pauan. || Composta per lo inze- || gneole Messier Iacomo Morello: con nal- || tra slettra scritta alla so Parona. || Con gratia e priuilegio. || *Stampata in Venetia, Appresso Stephano di Alessij,* || *Alla Libraria del Caualetto, a san Borthola-* || *mio, appresso el Fontego di Thodeschi* || *in Calle de la Bissa.* || 1553. In-8 de 22 pp. et 1 f. blanc, caract. ital., mar. citr., dos et milieu ornés, tr. dor. (*Trautz-Bauzonnet.*)

IV. 3. 193

Au titre, une marque qui représente un cheval.
Le *Sprolico*, qui est écrit en prose, est suivi d'une épître (également en prose) de Morello « Alla parona del so cuore » et de deux sonnets par le même.

1052. LE LALDE, E LE SBAM- || PVORIE, della vnica. e vir- || tuliosa Ziralda: ballarina || e saltarina scaltrietta Pauana: destendue || in tuna slettra scritta in longua Paua- || na per lo argutissimo Messier Ia- || como Morello da Padoa: non || piu uenuta in luce: cosa || bellissima & ridi- || culosa. || Con gratia e priuilegio. || *In Vinegia, appresso Stephano di Allessi, alla* || *Libraria del Caualetto, al Fontego dei* || *Thodeschi, in Calle della bissa.* || 1553. In-8 de 22 pp. et 1 f. blanc, car. ital., mar. citr., dos et mil. ornés, tr. dor. (*Trautz-Bauzonnet.*)

IV. 3. 192

Au titre, la marque de *St. di Alessi*.
Les louanges de la vertueuse ballerine Ziralda ont la forme d'une lettre

adressée « A M. Martin Speciale dall' Agnolo in Pava » : elles sont suivies d'un sonnet en vers padouans.

1053. LA SFERZA, Satire Piaceuoli alla Venitiana di Sebastian Rossi. Academico Vnito. *In Venetia*, MDCLXIV [1664]. *Appresso Pietro Ant. Zamboni*. Con licenza de' Superiori. Pet. in-12 de 47 pp., mar. or., fil., dos orné, tr. dor (*Trautz-Bauzonnet*.)

La *Sferza* (le Fouet) est un recueil piquant d'épigrammes acérées et quelquefois joyeuses contre les avares, les alchimistes, les spadassins, les courtisanes, etc., au nombre de 50.
Cet opuscule est écrit en dialecte venitien; plusieurs des pièces qui le composent sont dirigées contre les détracteurs de ce patois.
Gamba ne cite ni la *Sferza*, ni même le nom de Seb. Rossi, dans sa *Serie degli scritti impressi in dialetto veneziano* (Venezia, 1832, in-16).

7. — *Poètes espagnols.*

1054. ROMANCERO || GENERAL, en || que se contienen todos || los Romances que andan impressos || Aora nueuamente || añadido, y emendado por || Pedro Flores. || Año 1614. || *En Madrid, por Iuan de la Cuesta*. || *A costa de Miguel Martinez*. || *Vendese en la calle mayor a las gradas de S. Felipe*. In-4 de 4 ff. non chiffr., 489 ff. inexactement chiffr. et 7 ff. de *Tabla*, mar. citr., fil., comp. de mos. bl., dos orné, doublé de mar. bl., riche dorure à petits fers, tr. dor. (*Trautz-Bauzonnet*.)

Cette édition, comme celle de 1604, contient intégralement les neuf parties de l'édition de 1602, plus quatre parties nouvelles.
La numérotation des ff. saute de 224 à 235, en sorte que le dernier f. chiffré est coté par erreur 499 au lieu de 489.
Le titre porte la marque de *Juan de La Cuesta*.
Les 3 autres ff. lim. sont occupés par le texte du privilège, de l'approbation, de la taxe et par un avis « Al Lector » du libraire *Miguel Martinez*.
Le privilège, daté de Madrid le 11 janvier 1614, est accordé audit *Martinez*, sans limitation de durée. La taxe est d'un ducat.
Exemplaire de GANCIA (Cat. de 1868, n° 778). Haut.: 211 ; larg.: 141 mm.

8. — *Poètes anglais et allemands.*

1055. THIS BOOK IS INTITVLEDE CONFES- || SIO AMANTIS / that is to saye || in englysshe the confessyon of || the louer maade ande compylede by || Iohan Gower squyer borne in Walys || in the tyme of kyng richard the second || which book treteth how he was confes || syde to Genyus preest of venus vpon

|| the causes of loue in his fyue wyttes || and seuen dedely synnes / as in thys || sayde book al alonge appyereth / and by || cause there been comprysede therin dy- || uers hystoryes ande fables towchynge || euery matere / I haue ordeyned a table || here folowynge of al suche hystoryes || ande fables where ande in what book || ande leef they stande in as here after || foloweth. — [A la fin :] *Emprynted at Westmestre by me* || *Willyam Caxton and fynysshede the ij* || *day of Septembre the fyrst yere of the* || *regne of Kyng Richard the thyrd* / *the* || *yere of our lorde a thousande* / *CCCC* / || *lxxxxiij* [1493 pour 1483]. In-fol. goth. de 222 ff., dont 4 ff. blancs , mar. r. jans., doublé de mar. r., comp. à petits fers, tr. dor. (*Trautz-Bauzonnet.*)

Le célèbre poème de Gower, *Confessio amantis* , paraît avoir été commencé vers 1386 et terminé en 1392 ou 1393. Il était primitivement dédié à Richard II, mais, lorsque ce monarque perdit le pouvoir, Gower, se pliant aux circonstances, renonça à la dédicace et refit son prologue. Les vers latins originaux, qui paraissent être du poète anglais lui-même, sont remplis de fautes de prosodie ; ils n'en ont pas moins été reproduits par *Caxton*, ainsi que les indications marginales qui y sont jointes.

Tous les bibliophiles connaissent la rareté des productions de *Caxton*. La *Confession amantis* est un des livres les plus importants qu'il ait imprimés ; c'est à la fois une curiosité typographique et un monument littéraire considérable. Ce qui ajoute encore au prix du livre, c'est qu'il est daté ; mais il importe de relever l'erreur qui s'est glissée dans la date. Au lieu de 1493, c'est 1483 qu'il faut lire, comme il est facile de s'en convaincre par la mention de la première année du règne de Richard III.

On ne connaît que cinq exemplaires *complets* de cette édition : celui du *British Museum*, celui du duc de Devonshire , celui du comte de Jersey, celui du comte Spenser et enfin celui-ci, qui provient de la bibliothèque de Mᵉ L. Vernon Harcourt, et qui est le plus beau de tous. Douze fragments du même livre sont encore énumérés par M. Blades dans son ouvrage sur Caxton (*The Life and Typography of William Caxton* ; London, 1863, 2 vol. in-4, II, 189) ; mais aucun des exemplaires complets ou incomplets ne peut être comparé à celui-ci , qui est à toutes marges et rempli de témoins. On en trouvera l'exacte description dans la monographie de M. Blades, II, 143, n° 15.

1056. ŒUVRES COMPLETTES D'ALEXANDRE POPE , Traduites en François. Nouvelle Édition, Revue corrigée, augmentée du Texte Anglois mis à côté des meilleures Pièces, & ornée de belles Gravures. *A Paris , Chez la Veuve Duchesne , Libraire, rue St.-Jacques , au Temple du Goût.* [*De l'Imprimerie de Cl. Simon, rue des Mathurins* pour les tomes I, II, III, V; — *De l'Imprimerie de Caillau* ou *Cailleau, rue Saint-Severin*, pour les tomes IV, VI, VII et VIII.] M.DCC.LXXIX [1779]. 8 vol. in-8, figg., mar. r., fil., dos ornés, tr. dor. (*Anc. rel.*)

Tome premier : civ-290 pp. et 1 f., plus un portrait de Pope, gravé par

Le Beau d'après *Kneller* et *Marillier*, et 3 figg. — *Tome second* : 1 f., vj et 471 pp., plus 6 figg. — *Tome troisième* : 2 ff., 466 pp. et 4 figg. — *Tome quatrième* : 2 ff. et 468 pp. — *Tome cinquième* : 2 ff., 456 pp. et 4 figg. — *Tome sixième* : 2 ff. et 479 pp. — *Tome septième* : 2 ff. et 472 pp. — *Tome huitième* : 2 ff. et 523 pp.

Cette édition, publiée par l'abbé JOSEPH DE LA PORTE, contient une *Histoire de la vie et des ouvrages de Pope*, et des traductions ou imitations dues à plusieurs auteurs. L'*Essai sur la critique* a été traduit en prose par ÉTIENNE DE SILHOUETTE, et en vers par l'abbé DURESNEL ; la *Boucle de cheveux enlevée* a été traduite en prose par l'abbé GUYOT DES FONTAINES, et en vers par MARMONTEL; le *Temple de la Renommée*, en prose par l'éditeur, en vers par Mme DU BOCAGE : l'*Epître d'Héloïse à Abailard*, en prose par l'éditeur, en vers par CHARLES-PIERRE COLARDEAU ; l'*Essai sur l'Homme*, en prose, par SILHOUETTE, en vers par l'abbé DURESNEL. Les autres morceaux paraissent avoir été traduits par l'abbé DE LA PORTE.

Les figures dessinées par *Marillier*, ont été gravées par *C. Macret* (1), *Ingouf junior* (2), *Dambrun* (2), *P. Duflos* (1), *Godefroy* (1), *A. de Launay* (1), *L. Halbou* (3), *C.-L. Gaucher* (1), *Ph. Trière* (2), *A. Romanet* (1), *Le Beau* (1) et *N. Ponce* (1).

1057. THE PRISONER OF CHILLON, and other Poems. By Lord Byron. *London : Printed for John Murray, Albemarle-street.* [*T. Davison, Lombard-street, Whitefriars, London.*] 1816. In-8 de 3 ff., 60 pp. et 1 f., cart., n. r.

Édition originale.

1058. OBERON. Ein Gedicht in vierzehn Gesängen. [Von Christ. Martin Wieland.] Pet. in-8 goth. de 156 ff. non chiffr., mar. r., fil., dos orné, tr. dor. (*Trautz-Bauzonnet*)

Édition originale.
Le titre porte : *Der Teutsche Merkur vom Jahr 1780. Ihro Römisch-Kayserlichen Majestät zugeeignet. Mit Königl. Preuss. und Churfürstl. Brandenburg. gnädigsten Privilegio. Erstes Vierteljahr. Weimar.*

FIN DU TOME PREMIER.

TABLE DES DIVISIONS.

THÉOLOGIE.

- I. — ÉCRITURE SAINTE.
    - 1. — *Versions de la Bible et des livres séparés* 1
    - 2. — *Histoires abrégées des Livres Saints. — Figures de la Bible* 11
- II. — LITURGIE 17
- III. — SAINTS-PÈRES 37
- IV. — THÉOLOGIENS.
    - 1. — *Théologie dogmatique et parénétique* 41
    - 2. — *Théologie morale* 53
    - 3. — *Théologie mystique. — Ouvrages sur le quiétisme. — Pratiques et Exercices de piété. — Préparation à la bonne mort* 56
    - 4. — *Théologie polémique* 78
- V. — THÉOLOGIE PROTESTANTE 84
- VI. — THÉOLOGIE ÉTRANGÈRE AU CHRISTIANISME 100

JURISPRUDENCE.

- I. — GÉNÉRALITÉS. — DROIT ROMAIN. — DROIT FRANÇAIS 101
- II. — LÉGISLATION DE LA LIBRAIRIE 107
- III. — MATIÈRE CRIMINELLE 112
- IV. — DROIT CANONIQUE 122

SCIENCES ET ARTS.

- I. — SCIENCES PHILOSOPHIQUES.
    - 1. — *Philosophie* (Philosophes anciens et modernes) 124
    - 2. — *Morale* (Moralistes anciens et modernes) 132
    - 3. — *Règles de la vie civile. — Éducation* 171
    - 4. — *Politique* 179

II. — Sciences naturelles.
    1. — *Histoire naturelle.* (Minéralogie.— Botanique.— Zoologie.)   182
    2. — *Médecine.* (Physiologie. — Hygiène. — Pathologie. — Chirurgie. — Toxicologie. — Parfumerie.)..........   190

III. — Sciences mathématiques.
    Astronomie. — Astrologie. — Sciences occultes.   202

IV. — Beaux-Arts.
    1. — *Dessins originaux*...............................   219
    2. — *Gravure.*
        A. — Recueils d'estampes........................   237
        B. — Costumes................................   240
    3. — *Architecture.*
        A. — Traités généraux...........................   243
        B. — Recueils de monuments d'architecture.............   248
        C. — Décoration et Ornementation. — Chiffres et Monogrammes. — Serrurerie. — Menuiserie.............   252
        D. — Catalogues de tableaux, statues, meubles et objets d'art   269
    4. — *Musique.*...   272

V. — Arts mécaniques et Métiers divers.
    1. — *Orfévrerie. — Armurerie. — Travaux à l'aiguille*.....   273
    2. — *Art culinaire*....................................   283

VI. — Exercices gymnastiques.
    1. — *Escrime*..   291
    2. — *Danse*.........   293
    3. — *Chasse et Pêche.* (Traités généraux.— Vénerie.— Chasse au filet et au fusil. — Pêche.)...................   296

VII. — Jeux.
    Échecs. — Dés. — Cartes. — Jeux divers..................   310

BELLES-LETTRES.

I. — Linguistique.
    Généralités. — Langue grecque.— Langue française. — Argot.   315

II. — Rhétorique.
    1. — *Généralités*.....................................   333
    2. — *Orateurs grecs et latins*   334
    3. — *Oraisons funèbres*................................   336
    4. — *Mélanges d'éloquence*............   390

III. — Poésies.
    1. — *Poètes grecs*....................................   392
    2. — *Poètes latins*   402

TABLE DES DIVISIONS.

3. — *Poètes français.*
- A. — Introduction 425
- B. — Poètes français depuis les origines jusqu'à Villon 433
- C. — Poètes français depuis Villon jusqu'à Marot 450
- D. — Poésies anonymes du XV° siècle et de la première moitié du XVI° 521
- E. — Jehan et Clément Marot 595
- F. — Contemporains et Successeurs de Marot jusqu'à Ronsard. 624
- G. — Ronsard et les Poètes de la Pléïade.
  - Ronsard 667
  - Joachim Du Bellay 680
  - Jean-Antoine de Baïf 684
  - Jean Dorat 689
  - Remi Belleau 690
  - Estienne Jodelle 696
  - Pontus de Tyard 698
- H. — Les Contemporains des poètes de la Pléïade et leurs successeurs jusqu'à Malherbe 699
- I. — Poésies anonymes de la seconde moitié du XVI° siècle.
  - a — *Poésies de divers genres* 775
  - b. — *Poésies historiques* 783
- J. — Recueils de poésies de l'époque de Marot et de ses successeurs jusqu'à Malherbe 803
- K. — Poètes français depuis Malherbe jusqu'à nos jours.
  - a. — *Poésies de divers genres* 817
  - b. — *Poésies historiques* 888
  - c. — *Fables et Contes en vers* 911
  - d. — *Satires* 933
  - e. — *Poésies gaillardes et burlesques* 956
  - f. — *Recueils de poésies* 974

4. — *Chansons et Cantiques.*
- A. — Chansons depuis le XVI° siècle jusqu'à nos jours 980
- B. — Cantiques et Noëls 1015

5. — *Poésies en provençal et dans les divers patois de la France* 1021

6. — *Poètes italiens.*
- A. — Poésies de divers genres 1026
- B. — Poésies historiques 1038
- C. — Poésies en dialecte tessinois, en dialecte padouan et en dialecte vénitien 1049

7. — *Poètes espagnols* 1054
8. — *Poètes anglais et allemands* 1055

LISTE

DES

PLANCHES TIRÉES HORS TEXTE.

---

1. Portrait.

2-3. Reliure des *Preces christianae*, ms. de Jarry (1652), r° et v°... n° 34

4. Titre de *La Noble Science des joueurs d'espée* (1538).......... 291

5. Spécimen des caractères employés pour l'impression des *Quinti Horatii Flacci Opera* (v. 1471) 408

6-7. Reliure en mosaïque, aux armes du comte d'Hoym, exécutée par Padeloup le jeune sur un exemplaire de *Catullus*, *Tibullus*, *Propertius* (1502), r° et v°............................ 412

8. Spécimen d'une impression exécutée à Angoulême, en 1491..... 560

9. Reliure exécutée pour Giordano Orsini sur un exemplaire de Cornazano, *De re militari* (1536)....................... 1031

www.ingramcontent.com/pod-product-compliance
Lightning Source LLC
Chambersburg PA
CBHW061957300426
44117CB00010B/1369